Meyers
Grosses
Taschen-
Lexikon

Band 4

Meyers Grosses Taschen-Lexikon

in 24 Bänden

Herausgegeben und bearbeitet von
Meyers Lexikonredaktion
2., neu bearbeitete Auflage

Band 4:
Boy – Conc

B.I.-Taschenbuchverlag
Mannheim/Wien/Zürich

Chefredaktion:
Werner Digel und Gerhard Kwiatkowski

Redaktionelle Leitung der 2. Auflage:
Klaus Thome

Redaktion:
Eberhard Anger M. A., Dipl.-Geogr. Ellen Astor,
Dipl.-Math. Hermann Engesser, Reinhard Fresow, Ines Groh,
Bernd Hartmann, Jutta Hassemer-Jersch, Waltrud Heinemann,
Heinrich Kordecki M. A., Ellen Kromphardt, Wolf Kugler,
Klaus M. Lange, Dipl.-Biol. Franziska Liebisch, Mathias Münter,
Dr. Rudolf Ohlig, Ingo Platz, Joachim Pöhls, Dr. Erika Retzlaff,
Hans-Peter Scherer, Ulrike Schollmeier, Elmar Schreck,
Kurt Dieter Solf, Jutta Wedemeyer, Dr. Hans Wißmann,
Dr. Hans-Werner Wittenberg

CIP-Kurztitelaufnahme der Deutschen Bibliothek

Meyers Großes Taschenlexikon: in 24 Bd./hrsg. u. bearb. von
Meyers Lexikonred. [Chefred.: Werner Digel u. Gerhard
Kwiatkowski]. – Mannheim; Wien; Zürich: BI-Taschenbuchverlag
ISBN 3-411-02900-5
NE: Digel, Werner [Red.]
Bd. 4. Boy–Conc. – 2., neubearb. Aufl. – 1987
ISBN 3-411-02904-8

Boy

Boy [engl.], Junge; Laufjunge, Diener, Bote.

Boyacá [span. boja'ka], Dep. in Kolumbien, 23 189 km², 1,1 Mill. E (1983), Hauptstadt Tunja. Der Kernraum liegt in der Ostkordillere; Anbau von Getreide, Kartoffeln, Bohnen, Tabak und Zuckerrohr; Rinder- und Schweinehaltung; Eisenerz-, Kohlen- und Kalkvorkommen; Smaragdabbau. In der Senkungszone am Río Magdalena Anbau von Reis, Mais, Bananen, Maniok sowie Rinderzucht; Erdölförderung.

Boyd-Orr, John [engl. 'bɔɪd'ɔː], Lord of Brechin Mearns, * Kilmaurs (Ayrshire) 23. Sept. 1880, † Newton bei Brechin (Angus) 25. Juni 1971, brit. Ernährungsforscher. - Prof. für Landw. in Aberdeen. In seinen Büchern (u.a. „Food and people" 1943) trat er für die Gründung einer weltweiten Ernährungsorganisation ein, um künftige Hungerkatastrophen zu verhindern; erhielt 1949 den Friedensnobelpreis.

Boye, Karin Maria [schwed. ,bɔjə], * Göteborg 26. Okt. 1900, † Alingsås 24. April 1941 (Selbstmord), schwed. Schriftstellerin. - Hoffnungsvoller Zukunftsglaube sowie Angst und Unruhe stehen sich in ihrer Lyrik unmittelbar gegenüber; „Kallocain" (R., 1940) ist eine düstere Zukunftsvision der totalitären Staates. - *Weitere Werke:* Astarte (R., 1931), Brennendes Silber (Ged., hg. 1963).

Boyen, Hermann von, * Kreuzburg (Ostpr.) 23. Juli 1771, † Berlin 15. Febr. 1848, preuß. Min. und Generalfeldmarschall (seit 1847). - 1803 von Scharnhorst als Mgl. in die „Militär. Gesellschaft" berufen; bereitete als Major in der Militärreorganisationskommission (1808) und als Direktor des Kriegsdepartements (1810) seine Reformen vor; wurde Generalstabschef Bülows und nach dem Befreiungskrieg 1814–19 preuß. Kriegsmin.; verwirklichte mit dem Wehrgesetz und der Einführung der allg. Wehrpflicht seine Reformen; stieß mit seinen Plänen, die Ansätze einer Demokratisierung enthielten, auf heftigsten Widerstand der Kreise der Restauration am Hof; 1841–48 erneut Kriegsminister.

Boyer, Charles [frz. bwa'je], * Figeac (Lot) 28. Aug. 1899, † Phoenix (Ariz.) 26. Aug. 1978 (Selbstmord), amerikan. Schauspieler frz. Herkunft. - Partner von G. Garbo, M. Dietrich, Ingrid Bergman; spielte u.a. in „Barcarole" (1930), „Maria Walewska" (1937),

„Triumphbogen" (1948), „Brennt Paris?" (1965), „Stavisky..." (1974).

Boykott [engl.], planmäßiges Fernhalten eines Gegners von geschäftl. oder sozialen Beziehungen ohne Einsatz rechtl. Mittel mit dem Ziel, ein bestimmtes Verhalten zu erzwingen. Der B. ist gesetzl. nicht geregelt; er ist nur insoweit rechtmäßig, als die vorgesehenen Maßnahmen sozialadäquat im Verhältnis zum angestrebten Erfolg sind. - Die Bez. „B." rührt wohl von dem engl. Gutsverwalter C. C. Boycott (* 1832, † 1897) her, der auf Grund seiner Rücksichtslosigkeit gegen die ir. Landpächter 1880 durch die ir. Landliga zum Verlassen Irlands gezwungen wurde.
Im Recht kommt der B. als Mittel des *Arbeitskampfes* vor (z.B. in Form einer Arbeits- oder Zuzugs-, aber auch einer Absatz- oder Kundensperre einerseits oder einer Einstellungssperre andererseits). Im *wirtsch. Wettbewerb* ist der B. selten geworden, da er als wettbewerbsbeschränkendes Mittel den Vorschriften des Wettbewerbsrechts zuwiderläuft. Im *Völkerrecht* wird der B. im Krieg wie im Frieden angewandt. Wird ein B.aufruf nicht befolgt, kann er durch Blockade und Embargo ersetzt werden.
Der *soziale B.* wird z.B. innerhalb von Klassen, Schichten und Gruppen gegen einen oder mehrere Außenseiter angewendet, um ein bestimmtes - meist konformes - Verhalten zu erzwingen.

Boykotthetze, svw. ↑staatsfeindliche Hetze.

Boyle [engl. bɔɪl], Kay, * Saint Paul (Minn.) 19. Febr. 1903, amerikan. Schriftstellerin. - Behandelt in ihren Romanen und Kurzgeschichten meist Probleme der Liebe; u.a. „Generation ohne Abschied" (R., 1960).
B., Robert, * Lismore (Irland) 25. Jan. 1627, † London 30. Dez. 1691, engl. Chemiker. - Sein Hauptwerk, „The sceptical chymist" (1661), machte ihn zum bekanntesten Chemiker seiner Zeit. Chem. Elemente definierte er als chem. unvermischte Körper, in die vermischte Körper mit Mitteln der Chemie zerlegt werden können. 1662 entdeckte B. den gesetzmäßigen Zusammenhang zw. Druck und Volumen der Luft (Boyle-Mariottesches Gesetz). - In der Medizin beschrieb B. zahlr. Erscheinungen (Reflexbewegungen, Funktion der Schwimmblase u.a.).
B., Roger, Baron Broghill, Earl of Orrery

(seit 1660), * Lismore (Irland) 25. April 1621, † 16. Okt. 1679, engl. Politiker und Dichter. - Unterstützte Cromwell bei der Unterwerfung Irlands, schloß sich später der Restauration an. Schrieb u. a. heroische Tragödien in klassizist. Stil, Lustspiele und Gedichte.

Boyle-Mariottesches Gesetz [engl. bɔɪl, frz. ma'rjɔt], von Robert Boyle und E. Mariotte aufgefundene Gesetzmäßigkeit: In einer bestimmten Menge eines idealen Gases ist das Produkt aus dem Druck p und dem Volumen V bei gleichbleibender absoluter Temperatur T konstant: $p \cdot V = $ const bei $T = $ const.

Boyneburg (Boineburg, Bönburg, Bemelburg, Bemmelberg), hess. Adelsgeschlecht; teilte sich noch im 12. Jh. in die Familien Boyneburgk und Boineburg (gen. Hohenstein); neben den uradligen Familien gibt es eine bayr. freiherrl. Linie, seit 1859 die großherzogl.-hess. gräfl. Linie B. und Lengsfeld.

Boy-Scout ['bɔɪskaʊt; engl.; zu boy „Junge" und scout „Kundschafter"], engl. Bez. für: Pfadfinder.

Boys Town [engl. 'bɔɪz 'taʊn], Ort unmittelbar westl. von Omaha (Nebraska, USA), der ausschließl. von Jungen und männl. Jugendlichen bewohnt und verwaltet wird; 1917 gegr. und 1936 als selbständige Gemeinde anerkannt.

Boz, Pseud. von C. ↑ Dickens.

Boza (Bosa, Busa, Busa), bierartiges Getränk, das v. a. aus Hirse, Reis oder Gerste in der Türkei hergestellt wird.

Bozen (italien. Bolzano), Hauptstadt der autonomen Provinz Bozen innerhalb der italien. Region Trentino-Südtirol, 262 m ü. d. M., 103 000 E. Konservatorium, Landesmuseum, Staatsarchiv; Handelsplatz mit Messen; Kurort; Eisen- und Aluminiumwerke, Kraftfahrzeug-, Maschinenbau; in der Umgebung Wein- und Obstbau. - Bereits in vorgeschichtl. Zeit besiedelt, 14 v. Chr. röm. Straßenstation (**Pons Drusi**). Im 7. Jh. Sitz einer langobard. Gft., im 8. Jh. fränk. (**Bauzanum**). 1027 Sitz einer Gft., die dem Bischof von Trient unterstand; zw. den Grafen von Tirol und den Bischöfen von Trient umstritten; 1531 endgültig an Tirol. 1805 mit Tirol an Bayern, 1810 an das Napoleon. Kgr. Italien, 1815 an Österreich, 1919 mit Südtirol an Italien. - Altstadt mit ma. Häusern, u. a. in der Laubengasse, z. T. mit barocken Fassaden, z. B. Merkantilgebäude (1708–27); got. Pfarrkirche (14.–15. Jh.); Franziskanerkloster mit spätroman. Kreuzgang (14. Jh.). In der Nähe bed. Burgen, v. a. Burg Runkelstein.

Božidarović, Nikola [serbokroat. bɔʒi-,da:rɔvitɛ] (Nicolaus Rhagusinus, Nicolo Raguseo), * Krušica um 1460, † Dubrovnik 1517, dalmatin. Maler. - Ging 1476 für etwa 15 Jahren nach Italien; arbeitete u. a. bei C. Crivelli; malte für Dubrovniker Kirchen zahlr. Altartafeln.

Bozzetto [italien.], Modell, insbes. plast. Entwurf einer Skulptur in Ton, Wachs u. a.

BP, Abk. für: ↑ Bayernpartei.

BP Benzin und Petroleum AG, dt. Mineralölunternehmen, Sitz Hamburg, gegr. 1904; Haupttätigkeitsgebiete: Förderung, Gewinnung, Verarbeitung und Vertrieb von Erdöl, Erdgas und Mineralien. Muttergesellschaft: The ↑ British Petroleum Company Ltd.

BPR [italien. bippi'ɛrre], Name eines italien. Architektenteams, das von L. Barbiano di Belgioioso (* 1909), E. Peressutti (* 1908, † 1976) und N. E. Rogers (* 1909) gebildet wurde und bis zum Tode von G. L. Banfi (* 1910, † KZ Mauthausen 1945) BBPR hieß. U. a. Sanatorium in Segnano (1937/38), Torre Velasca (1957) in Mailand; Ausstellungsbauten Mailand 1951, 1954, Brüssel 1958.

Bq, Einheitenzeichen für ↑ Becquerel.

Br, chem. Symbol für ↑ Brom.

BR, Abk. für: Bayer. Rundfunk.

Braak, Menno ter, * Eibergen (Prov. Geldern) 26. Jan. 1902, † Den Haag 14. Mai 1940, niederl. Schriftsteller. - Kritiker; beging nach dem Einmarsch der Deutschen Selbstmord; schrieb v. a. zeitkrit. und moralphilosoph. Essays; auch Romane.

Brabançonne [frz. brabã'sɔn; nach der belg. Provinz Brabant], Name der belg. Nationalhymne; der 1830 (Unabhängigkeit) entstandene Text wurde 1860 überarbeitet.

Brabant, histor. Gebiet in Belgien und den Niederlanden. Die Grafen von Löwen erwarben im Verlauf des 11. Jh. ein Gebiet, dessen Grenzen sich in etwa mit dem der belg. Prov. Antwerpen und Brabant und dem der niederl. Prov. Nordbrabant decken, und nannten sich nach 1150 Herzöge von B. Das Hzgt. kam 1430 an Burgund, 1477 an die Habsburger. Die Generalstaaten eroberten das nördl. B. im Achtzigjährigen Krieg und wurden 1648 in dessen Besitz bestätigt. B. wurde in der frz. Zeit (1794–1814) in 3 Dep. aufgeteilt, Grundlage der heutigen Prov., deren beide südl. nach 1830 Kernland der neuen Kgr. Belgien wurden.

Brabant, Herzog von, Titel des belg. Kronprinzen (seit 1840).

Brabanter, svw. ↑ Belgier.

Brabanter Kreuz (Lazarus-, Kleeblattkreuz), Kreuz mit kleeblattförmig endenden Armen.

Brač [serbokroat. bra:tʃ], jugoslaw. Adriainsel 15 km südl. von Split, 395 km², im Vidova gora 778 m hoch; Verwaltungszentrum ist Supetar; Marmorsteinbrüche.

Bracciolini [italien. brattʃo'li:ni], Francesco, * Pistoia 26. Nov. 1566, † ebd. 31. Aug. 1645, italien. Dichter. - Parodierte in seinem berühmtesten Werk, dem kom. Epos „Dello scherno degli dei" (1618, vollständig 1626) den übertriebenen Gebrauch der klass. Mythologie.

B., Poggio ↑ Poggio Bracciolini.

Brache, urspr. Bed.: Umpflügen („Umbrechen") des Feldes nach der Ernte; später der nicht bestellte Boden, an dem eine Regeneration (Neuaufbau der Bodenfruchtbarkeit), meist verbunden mit techn. Einwirkung (z. B. Pflügen), bewirkt werden soll. - ↑auch Sozialbrache.

Bracher, Karl Dietrich, *Stuttgart 13. März 1922, dt. Historiker und Politikwissenschaftler. - Seit 1959 Prof. in Bonn; stellv. Vors. der Kommission für Geschichte des Parlamentarismus und der polit. Parteien (1962–68 deren Präs.). – *Werke:* Die Auflösung der Weimarer Republik (1955), Die nationalsozialist. Machtergreifung (1960; zus. mit W. Sauer und G. Schulz), Die dt. Diktatur (1969), Die Krise Europas 1917–1975 (1976).

Brachfliege (Getreideblumenfliege, Hylemyia coarctata), etwa 6–7 mm große, gelbgraue, schwarz behaarte Blumenfliege; Larven minieren in den Halmen von Weizen, Roggen, Gerste oder Futtergräsern; Getreideschädling.

brachial [lat.], zum Arm, zum Oberarm gehörend; den Arm betreffend.

Brachialgewalt, rohe Gewalt.

Brachialgie [lat./griech.], Schmerzen im Arm, vorwiegend Oberarm, verursacht u. a. durch Tumoren, Nervenentzündung oder Durchblutungsstörungen.

Brachiatoren [lat.], Bez. für Primaten, deren Arme gegenüber den Beinen stark verlängert sind. Sie bewegen sich überwiegend hangelnd oder schwingkletternd fort; heute noch lebende Vertreter sind die Orang-Utans.

Brachiopoden [lat./griech.], svw. ↑Armfüßer.

Brachiosaurus [lat./griech.], Gatt. bis nahezu 23 m langer und 12 m hoher Dinosaurier aus dem oberen Malm in N-Amerika, O-Afrika und Portugal; Vorderbeine wesentl. länger als Hinterbeine, Hals sehr lang (13 bis zu 1 m lange Halswirbel); Pflanzenfresser.

Brachistochrone [griech.], Kurve zw. zwei in verschiedenen Höhen liegenden Punkten P_1 und P_2, auf der ein reibungslos unter der Einwirkung der Schwerkraft gleitender Massenpunkt in der kürzest mögl. Zeit von P_1 nach P_2 gelangt.

Brachium [lat.], svw. Oberarm (↑Arm).

Brachkäfer (Amphimallon), Gatt. der Laubkäfer mit 5 einheim., etwa 1,5–2 cm großen, bräunlichgelben, braunen oder rostroten Arten; häufigste Art ist der ↑Junikäfer.

Brachmonat (Brachet), alter dt. Name für den Monat Juni, in dem die Brache stattfand.

Brachpieper (Anthus campestris), rd. 17 cm große Stelzenart in Europa und im mittleren Asien; Oberseite sandbraun, Unterseite heller; mit auffallendem rahmfarbenen Augenstreif und langen, gelbl. Beinen; lebt v. a. in sandigem Ödland und in Dünengebieten.

Brachschwalbe (Glareola pratincola), etwa 23 cm lange Art der Brachschwalben (Unterfam. der Regenpfeiferartigen) in weiten Teilen S-Europas, Asiens und Afrikas; Oberseite olivbraun, Bauch weiß, Brust gelblichbraun mit blaßgelbem, schwarz umrahmtem Kehlfleck; Flügel dunkelbraun, Unterseite teilweise rostrot; der tief gegabelte Schwanz schwarz mit weißer Wurzel.

Brachsen (Blei, Brassen, Abramis brama), bis etwa 75 cm langer Karpfenfisch in Europa; sehr hochrückig, seitl. stark zusammengedrückt; Oberseite bleigrau bis schwärzl., meist mit grünl. Schimmer; Körperseiten heller, Bauch weißl., Flossen grau; lebt in Seen und langsam fließenden Flüssen; Speisefisch.

Brachsenkraut (Isoetes), Gatt. der Brachsenkrautgewächse (Farnpflanzen) mit etwa 60 (in M-Europa 2) Arten, vorwiegend in den gemäßigten und kalten Zonen der Nordhemisphäre; meist am Boden nährstoffarmer kalter Seen lebende, ausdauernde Pflanzen mit gestauchter Sproßachse, rosettig gestellten, pfriemförmigen, bis 1 m langen, teilweise auch schuppenförmigen Blättern.

Brachsenregion (Brassenregion, Bleiregion), unterer Abschnitt von Fließgewässern, der sich stromabwärts an die ↑Barbenregion anschließt. Charakterist. Fischarten sind neben den Brachsen v. a. Aal, Blicke, Hecht, Zander, Schleie, Karpfen, Karausche, Rotauge, Rotfeder, Nerfling. Wanderfische aus dem Meer suchen die B. zur Laichzeit auf und machen dort einen Teil ihrer Jugendentwicklung durch, z. B. Stör, Stint, Schnäpel, Maifisch, Finte. Stromabwärts folgt auf die B. die ↑Brackwasserregion.

Bracht, Eugen, *Morges 3. Juni 1842, †Darmstadt 15. Nov. 1921, dt. Landschaftsmaler. - Schüler von H. Gude; naturalist. Heide- und Gebirgslandschaften; seit 1900 Annäherung an die Worpsweder Kreis.

B., Franz, *Berlin 23. Nov. 1877, †ebd. 26. Nov. 1933, dt. Jurist und Politiker. - 1924–32 Oberbürgermeister in Essen; 1932/33 Reichskommissar für Inneres in Preußen, gleichzeitig Reichsinnenmin.; stand dem rechten Flügel des Zentrums nahe.

Brachvogel, Albert Emil, *Breslau 29. April 1824, †Berlin 27. Nov. 1879, dt. Schriftsteller. - Bekannt v. a. als Verfasser des Romans „Friedemann Bach" (1858).

Brachvögel (Numenius), Gatt. der Schnepfenvögel mit 8, etwa 35 bis 60 cm großen Arten in Europa, Asien sowie in N-Amerika; einheim. ist der ↑Große Brachvogel.

brachy..., Brachy... [griech.], Bestimmungswort in Zusammensetzungen mit der Bedeutung „kurz..., Kurz...".

Brachycera [griech.], svw. ↑Fliegen.

Brachydaktylie [griech.], Kurzfingerigkeit bzw. Kurzzehigkeit; eine angeborene erbl. Rückbildungsform einzelner oder meh-

Brachyura

rerer Finger oder Zehen (**Brachydaktyliesyndrom**).

Brachyura, svw. ↑ Krabben.

Bracken, Rassengruppe urspr. für die Hetzjagd auf Hochwild gezüchteter Jagdhunde. Aus den urspr. hochbeinigen, etwa 40–60 cm schulterhohen B. (z. B. Deutsche Bracke, ↑ Dalmatiner) wurden für die Niederjagd (bes. auf Füchse, Dachse, Hasen) kurzläufige, etwa 20–40 cm schulterhohe Rassen gezüchtet (z. B. ↑ Dackel, ↑ Dachsbracke, ↑ Bassets).

Brackenheim, Stadt im Zabergäu, Bad.-Württ., 267 m ü. d. M., 10 400 E. Weinbau. - 1246 Esslinger Stadtrecht; 1362 an Württemberg verkauft, häufig fürstl. Witwensitz. - Spätroman. Johanniskirche (13. Jh.), Renaissanceschloß (1556), Rathaus (1780).

Brackett-Serie [engl. 'brækɪt; nach dem amerikan. Astronomen F. P. Brackett, * 1865, † 1953], Spektralserie, die beim Übergang des Wasserstoffatoms von einem höheren zum viertniedrigsten Energieniveau emittiert (im umgekehrten Falle absorbiert) wird. Die Spektrallinien der B.-S. liegen im Infrarot.

brackig [niederdt.], schwach salzhaltig (gesagt von Wasser).

Brackmann, Albert, * Hannover 24. Juni 1871, † Berlin 17. März 1952, dt. Historiker. - Prof. in Marburg (1905), Königsberg (1913) und Berlin (1922), seit 1929 Generaldirektor der Preuß. Staatsarchive; bed. Forschungen zum päpstl. Urkundenwesen, zur ma. Reichsgeschichte und zu den dt. Ostbeziehungen.

Bracknell [engl. 'bræknəl], New Town 45 km westl. von London, Gft. Berkshire, 48 800 E. Hauptsitz des Meteorological Office; Generalstabsakad. der Royal Air Force.

Brackwasser [niederdt.], durch Mischung von Süß- und Salzwasser im Gezeitenbereich entstehendes, leicht salziges Wasser im Mündungsgebiet von Flüssen und in Strandseen. Auch Binnenmeere können aus B. bestehen. Grundwasser der küstennahen Festlandes kann durch eindringendes Meereswasser brackig werden.

Brackwasserregion, unterster, auf die Brachsenregion folgender Abschnitt der Fließgewässer an deren Mündung ins Meer. Charakterist. für die B. ist der häufig schwankende Salzgehalt des stets sehr trüben Wassers. Kennzeichnende Fischarten der B. sind Flunder, Kaulbarsch, Stichling und Zwergstichling, daneben Wanderfische wie Stör, Schnäpel, Stint, Maifisch und Finte.

Brackwede, Ortsteil von Bielefeld.

Brackwespen (Braconidae), Fam. der Hautflügler mit über 5 000 Arten; einheim. u. a. der Weißlingstöter.

Bradbury, Ray Douglas [engl. 'brædbərɪ], * Waukegan (Ill.) 22. Aug. 1920, amerikan. Schriftsteller. - Gesellschaftskrit. Sciencefiction-Romane und pessimist. Kurzgeschichten. - *Werke:* Der illustrierte Mann (En., 1951), Fahrenheit 451 (R., 1953), Das Böse kommt auf leisen Sohlen (R., 1963), Gesänge des Computers (En., 1969).

Bradford [engl. 'brædfəd], engl. Stadt in der Metropolitan County West Yorkshire, 15 km westl. von Leeds, 281 000 E. Anglikan. Bischofssitz; Univ. (seit 1966); Museen, Bibliothek; Bekleidungsind., Teppichherstellung, Färbereien, Metall- und Pharmaind. u. a. ﹩. - 1251 Marktrecht; bis 1311 im Besitz der Grafen von Lincoln; 1888 Stadtrecht. - Kathedrale Saint Peter (1458), Grammar School (16. Jh.), Herrenhaus Bolling Hall (14.–17. Jh.), Rathaus (1873).

Bradford-on-Avon [engl. 'brædfəd ɔn 'ɛɪvən], engl. Stadt am Avon, Gft. Wiltshire, 8 300 E. Marktzentrum des umliegenden Milchwirtschaftsgebiets. - 652 erstmals genannt. - Kirche Saint Lawrence (um 700).

Bradley [engl. 'brædlɪ], Francis Herbert, * Glasbury 30. Jan. 1846, † Oxford 18. Sept. 1924, engl. Philosoph. - Vertreter des engl. Neuhegelianismus; ging in „Erscheinung und Wirklichkeit" (1893) davon aus, daß hinter der Aufspaltung in Subjekt und Objekt ein harmon. Ganzes existiere, daß jedoch nur gefühlt, nicht begriffl. gefaßt werden könne.

B., James, * Sherborne (Dorset) Ende März 1693, † Chalford (Gloucestershire) 13. Juli 1762, engl. Astronom. - Prof. in Oxford und Greenwich; entdeckte 1728 die Aberration des Lichtes, auf Grund deren er einen exakteren Wert der Lichtgeschwindigkeit als O. Rømer berechnen konnte, und bestätigte 1748 die von I. Newton theoret. erschlossene Nutation (Schwankung) der Erdachse.

B., Omar Nelson, * Clark (Mo.) 12. Febr. 1893, † New York 8. April 1981, amerikan. General. - An den Landungen in N-Afrika, auf Sizilien, in der Normandie (1942–44) beteiligt; wirkte als Generalstabschef (seit 1947) beim Abschluß des Nordatlantikpaktes mit, trug als Chef des Vereinigten Generalstäbe (1949–1953) die Mitverantwortung für die Operationen im Koreakrieg.

Bradstreet, Anne [engl. 'brædstri:t], geb. Dudley, * Northampton (England) 1612 (?), † North Andover (Mass.) 16. Sept. 1672, amerikan. Dichterin. - Gilt als erste Dichterin Amerikas; schrieb Gedichte, Vers- und Prosaerzählungen und eine Autobiographie.

Bradwardine, Thomas [engl. 'brædwədiːn], * Hartfield (Sussex) um 1290, † Lambeth (London) 26. Aug. 1349, engl. Mathematiker, Physiker, Philosoph und Theologe. - Thomist; sein Hauptwerk, mathemat. angelegt, ist gegen die Anschauungen der Pelagianer gerichtet; Arbeiten über Dynamik.

brady ..., Brady ... [griech.], Bestimmungswort in Zusammensetzungen mit der Bed. „langsam".

Bradykardie [griech.], Verlangsamung der Herztätigkeit; Verminderung der Herzfrequenz unter 50–60 Schläge pro Minute. B. kann (ohne krankhafte Bedeutung) anlagebedingt oder (bei Sportlern) durch Training erworben sein; sie kann auch in der Rekonvaleszenz nach infektiösen Erkrankungen auftreten. Im Krankheitsfall tritt B. bei Vagusreizung (infolge Druckes auf den Nervenstamm oder infolge Hirndruckerhöhung, etwa bei Hirntumoren oder Hirnblutungen), aber auch bei Gelbsucht auf sowie bei Erregungsleitungsstörungen im Herzen.

bradytrophes Gewebe, Körpergewebe mit geringer oder fehlender Kapillarversorgung und verlangsamtem, herabgesetztem Stoffwechsel; z. B. Knorpel, Zwischenwirbelscheiben, Hornhaut, Linse, Trommelfell.

Braga [portugies. 'braɣɐ], portugies. Stadt 40 km nnö. von Porto, 208 m ü. d. M., 63 800 E. Sitz eines Erzbischofs (seit 1104); kath. Univ.; Handelsplatz für landw. Produkte, Ind.standort, Goldschmiedehandwerk. - Von den Römern gegr. Ort *(Bracara Augusta)*, seit dem 4. Jh. Bischofssitz; seit etwa 411 Hauptstadt der Sweben, 456 westgot., 716 von Arabern zerstört; Residenz der Grafen von Portugal; 1140–47 erstes weltl. und geistl. Zentrum des neuen Kgr. - Kathedrale (12. Jh.), Kirche Santa Cruz (1642), Capela dos Coimbras (1524).

Bragança [portugies. brɐ'ɣẽsɐ], portugies. Dyn. (in der männl. Linie 1640–1853 (mit Unterbrechung 1807–21) in Portugal und 1822–89 auch in Brasilien regierte; begr. 1442 von Alfons I., einem natürl. Sohn König Johanns I., als erstem Herzog von B. Die heute noch bestehende Linie des Hauses B. stammt von Dom Miguel, Sohn Johanns VI., ab, der 1834 aus Portugal verbannt worden war.

Bragança [portugies. brɐ'ɣẽsɐ] (Braganza), Stadt im östl. Hochportugal, 13 900 E. Bischofssitz (seit 1770); Handelszentrum für landw. Produkte; Seiden- und Süßwarenind. - Erhielt 1187 stadtrechtl. Privilegien. - Altstadt aus Granit erbaut; Kathedrale (16. Jh.), Burg (1187).

Bragg [engl. bræg], Sir (seit 1920) William Henry, * Wigton (Cumberland) 2. Juli 1862, † London 12. März 1942, engl. Physiker. - Vater von Sir William Lawrence B.; Prof. in Adelaide, Leeds und London. Präs. der Royal Society (1935–40); arbeitete über die Absorption radioaktiver Strahlen und bestimmte die Ionisationsfähigkeit geladener Teilchen; entwickelte zus. mit seinem Sohn ein Verfahren zur Strukturbestimmung von Kristallen und zur Bestimmung der Wellenlänge von Röntgenstrahlen. Nobelpreis für Physik 1915 zus. mit seinem Sohn.

B., Sir (seit 1941) William Lawrence, * Adelaide 31. März 1890, † Ipswich (Suffolk) 1. Juli 1971, engl. Physiker. - Prof. in Manchester und Cambridge. Stellte zus. mit seinem Vater die †Braggsche Theorie experimentell bestätigen. Nobelpreis für Physik 1915 zus. mit seinem Vater.

Braggsche Gleichung (Braggsche Reflexionsbedingung) [engl. bræg], von den engl. Physikern Sir W. H. Bragg und Sir W. L. Bragg 1913 aufgestellte Gleichung für die Beugung monochromat. Röntgenstrahlen (bzw. auch der Materiewellen von Elektronen oder Neutronen) an Kristallen.

Braggsche Kurve [engl. bræg; nach Sir W. H. Bragg und Sir W. L. Bragg], graph. Darstellung der Ionisierungsdichte von geladenen Teilchen in Abhängigkeit vom Abstand von der Strahlenquelle; die B. K. steigt mit wachsendem Abstand von der Strahlenquelle bis zu einem Maximum kurz vor dem Ende der Reichweite, fällt dann rasch auf Null ab.

Bragi, in der nord. Mythologie Sohn Wodans, Gott der Dichtkunst und der Skalden, Gemahl der Idun.

Bragi (B. Boddason), altnorweg. Dichter des 9. Jh. - Erhalten sind Reste eines Gesanges auf einen Schild mit Bildern aus Sage und Mythologie; später wurde B. als Sprecher in Odins Halle zum Gott der Dichtkunst erhöht.

Brahe, Tycho (Tyge), * Knudstrup (Schonen) 14. Dez. 1546, † Prag 24. Okt. 1601, dän. Astronom. - König Friedrich II. von Dänemark ermöglichte ihm den Aufbau eines Observatoriums auf der Insel Ven, seit 1599 Astronom Kaiser Rudolfs II. in Prag; steigerte durch Verbesserung der Beobachtungsverfahren die Meßgenauigkeit, hinterließ Kepler Aufzeichnungen über genaue Positionen des Mars, aus denen dieser die Gesetze der Planetenbewegungen ableitete; B. selbst blieb Anhänger eines von ihm modifizierten geozentr. Weltsystems.

Brahm, Otto, eigtl. O. Abraham, * Hamburg 5. Febr. 1856, † Berlin 28. Nov. 1912, dt. Kritiker und Theaterleiter. - 1889 Mitbegr. der „Freien Bühne", 1894 Leiter des Dt. Theaters, 1904–12 des Lessingtheaters in Berlin; einer der Wegbereiter des naturalist. Dramas und des naturalist. Aufführungsstils.

Brahma [Sanskrit], ind. Gott (ohne nennenswerte kult. Verehrung), ursprüngl. höchster Gott des hinduist. Pantheons, von Wischnu und Schiwa später verdrängt.

Brahmagupta, * um 598, ind. Mathematiker und Astronom in Ujjain (Gwalior). - B. verfaßte 628 ein Lehrbuch der Mathematik und Astronomie in Versform, „Brahmasphutasiddhānta"; kannte bereits die Null und das Bruchrechnen; löste astronom. Probleme auf mathemat. Wege.

Brahman [Sanskrit], in der wed. Zeit Indiens das machthaltige Wort des Priesters beim Opfer, später zentraler religionsphilosoph. Begriff: Die „Upanischaden" sehen im B. das umfassende All-Eine, das absolute, allem Seienden zugrunde liegende Prinzip, das vom Menschen nur mit negativen Umschreibungen definiert werden kann. Die Erkenntnis, daß die individuelle „Seele" (der †Atman) ident. ist mit dem B., führt zur

Brahmanas

Erlösung und zur Einsicht in den illusionären Charakter der sichtbaren Welt.

Brahmanas [Sanskrit], ind. religiöse Texte in Sanskrit, die sich an die vier Weden anschließen. Sie geben Anweisungen zur Ausführung des wed. Opfers und versuchen mit Hilfe mystisch-philosoph. Spekulation die mag. Kraft des Opfers zu erläutern und eine Kosmologie zu entwerfen.

Brahmane [Sanskrit], Angehöriger der obersten Kaste des Hinduismus, ursprüngl. ausschließl. Priester.

Brahmanismus [Sanskrit], Vorform des Hinduismus, literar. durch den „Weda", die „Brahmanas" und die „Upanischaden" belegt, inhaltl. charakterisiert durch eine zunehmend starre, ausschließl. am Opferwesen orientierte „Wissenschaft", ferner durch Kastensystem und Wiedergeburtslehre. Myst. Spekulationen (↑ Brahman) lösen nach der Epoche des „Weda" eine dem Diesseits zugewandte Lebensanschauung ab.

Brahmaputra [brama'putra, ...'pu:tra], Fluß in China (Tibet), Indien (Assam) und Bangladesch, etwa 3 000 km lang, 670 000 km² Einzugsbereich; entsteht im östl. Himalaja in 5 600 m Höhe aus 3 Quellflüssen, fließt als **Tsangpo** 1 250 km in östl. Richtung, biegt als **Dihang** nach S um, durchbricht in einer 2 400 m tiefen Schlucht die Ketten des Himalaja. Fließt, vom Eintritt in das Assamtal (B.tal) ab B. genannt, nach SW, dann nach S, ab Sadiya vielfach verzweigt in einem breiten Sumpfgelände. Gemeinsam mit dem Ganges bildet er ein etwa 44 000 km² großes Delta. Von der Mündung bis Dibrugarh über 1 300 km schiffbar.

Brahmasamadsch [Sanskrit „Gemeinde der Gottesgläubigen"], von dem Brahmanen Rammohan Roy (* 1772, † 1833) 1828 in Kalkutta gegr. hinduist. Reformbewegung. Gekennzeichnet durch den Versuch, den Monotheismus in allen (auch den ind.) Religionen zu erkennen und den Hinduismus von dessen volkstüml. Erscheinungsformen zu reinigen und zu reformieren.

Brahmischrift, ind., meist rechtsläufige Schrift, aus der sich alle ind. Schriften entwikkelten; der B. liegt vermutl. ein semit. Alphabet zugrunde.

Brahms, Johannes, * Hamburg 7. Mai 1833, † Wien 3. April 1897, dt. Komponist. - Befreundet mit dem Geiger J. Joachim, Robert und Clara Schumann. 1857–59 wirkte er als Chordirigent und Hofpianist in Detmold. 1862 ging B. nach Wien und leitete dort vorübergehend die Konzerte der Gesellschaft der Musikfreunde; nach 1875 lebte er als freischaffender Künstler in Wien und Umgebung und unternahm v. a. als Interpret eigener Werke Konzertreisen ins In- und Ausland. B. wurde von den Zeitgenossen weitgehend als Antipode Wagners betrachtet. Den Schwerpunkt seines instrumentalen Schaffens bildet die Kammermusik, deren Gestaltungsprinzipien, die motiv. Verzahnung der Gedanken und die weitgehend selbständige Durchbildung der Einzelstimmen, auch die Sinfonien kennzeichnet. Die Vokalkompositionen reichen vom Klavierlied und A-capella-Sätzen im Madrigal- oder Motettenstil auf der einen bis zu orchesterbegleiteten mehrteiligen Chorwerken auf der anderen Seite. In den Klavierliedern dominiert die lyr. Entfaltung der Singstimme. Darüber hinaus beschäftigte sich B. sein Leben lang als Sammler und Bearbeiter mit dem Volkslied. - Die zukunftweisende Bed. seines Schaffens liegt v. a. im formalen Bereich seiner Kompositionen. B. hält zwar äußerl. an den traditionellen Formschemata fest, doch werden diese nicht als von außen vorgegebenes Rezept behandelt, sondern erst sekundär aus der motiv.-intervall. Verarbeitung seines Ausgangsmaterials gewonnen. Damit hat B. v. a. auf Schönberg und seine Schule gewirkt.

Werke: *Orchesterwerke:* 4 Sinfonien: 1. c-Moll op. 68 (1855–76), 2. D-Dur op. 73 (1877), 3. F-Dur op. 90 (1883), 4. e-Moll op. 98 (1884/85); 2 Serenaden: D-Dur op. 11 (1857/58), A-Dur op. 16 (1857–59); Haydn-Variationen op. 56a (1873); Akadem. Festouvertüre op. 80 (1880); Trag. Ouvertüre op. 81 (1880/81). - *Konzerte:* Violinkonzert D-Dur op. 77 (1878); Klavierkonzert d-Moll op. 15 (1854–58), B-Dur op. 83 (1878–81); Doppelkonzert für Violine und Violoncello a-Moll op. 102 (1887). - *Kammermusik:* 2 Streichsextette op. 18 (1858–60), 36 (1864/65); 2 Streichquintette op. 88 (1882), 111 (1890); Klarinettenquintett op. 115 (1891); 3 Streichquartette op. 51, 1 und 2 (1873), 67 (1875); Klavierquintett op. 34 (1864); 3 Klavierquartette op. 25 (1861), 26 (1881), 60 (1875); 3 Klaviertrios op. 8 (1853/54; 1889), 87 (1880–82), 101 (1886); Horntrio op. 40 (1865); Klarinettentrio op. 114 (1891); 3 Violinsonaten op. 78 (1878/79), 100 (1886), 108 (1886–88); 2 Cellosonaten op. 38 (1862–65), 99 (1866); 2 Klarinettensonaten op. 120, 1 und 2 (1894). - *Klaviermusik:* 3 Sonaten: C-Dur op. 1 (1852/53), fis-Moll op. 2 (1852), f-Moll op. 5 (1853); Variationen, darunter Händel-Variationen op. 24 (1861), Paganini-Variationen op. 35 (1862/63); Balladen, Rhapsodien, Intermezzi u. a. - *Vokalmusik mit Begleitung:* „Ein Dt. Requiem" op. 45 (1866–68); Alt-Rhapsodie op. 53 (1869); „Schicksalslied" op. 54 (1871); „Nänie" op. 82 (1881); „Gesang der Parzen" op. 89 (1882); Klavierlieder („Vier ernste Gesänge" op. 120, 1896), Volksliedbearbeitungen für Singstimme und Klavier. - *Vokalmusik ohne Begleitung:* Motetten op. 29 (1860), 74 (1877), 110 (1889); 5 Gesänge für gemischten Chor op. 104 (1888); „Fest- und Gedenksprüche" op. 109 (1886–88); Lieder op. 22 (1859), 44 (1859–63), 62 (1874), 93a (1883/84) u. a. - Abb. S. 15.

📖 *Schmelzer, H. J.: J. B. Eine Biographie. Tüb. 1983. - Gal, H.: B. Leben u. Werk. Ffm. 1980.*

Brahui, literatur- und schriftlose drawid. Sprache in Pakistan im Gebiet um Kalat mit etwa 360 000 Sprechern (1961).

Brǎila [rumän. brɔˈila], Hauptstadt des rumän. Verw.-Geb. B., am linken Ufer der unteren Donau, 225 000 E. Staatstheater, Museen; bedeutendster Donauhafen Rumäniens; u. a. Werften, Zelluloseherstellung. - Neolith. Siedlungsspuren; urkundl. erstmals 1368 erwähnt; 1540 Sitz eines türk. Rajahs.

Braille, Louis [frz. brɔːj], *Coupvray (Seine-et-Marne) 4. Jan. 1809, † Paris 6. Jan. 1852, frz. Blindenlehrer. - Erblindete im 3. Lebensjahr; entwickelte 1825 die *B.-Blindenschrift,* indem er das 12-Punkte-System C. Barbiers (* 1767, † 1843) auf 6 reduzierte.

Brain, Dennis [engl. brɛɪn], *London 17. Mai 1921, † Hatfield (Hertfordshire) 1. Sept. 1957, engl. Hornist. - Gilt als bester Hornvirtuose seiner Zeit.

Brain-Drain [ˈbrɛɪndrɛɪn; engl. „Abfluß von Intelligenz"], Abwanderung von Wissenschaftlern ins Ausland.

Braine, John [engl. brɛɪn], *Bradford (Yorkshire) 13. April 1922, † London 28. Okt. 1986, engl. Schriftsteller. - Steht der literar. Gruppe der „Angry young men" nahe; Romane, u. a. „Der Weg nach oben" (1957), „Ein Mann der Gesellschaft" (1962), „One and last love" (1981).

Brainstorming [ˈbrɛɪnstɔmɪŋ; zu engl. brainstorm „Geistesblitz"], Verfahren, durch Sammeln von spontanen Einfällen innerhalb einer Arbeitsgruppe die beste Lösung für ein Problem zu finden.

Brain-Trust [engl. ˈbrɛɪntrʌst; zu brain „Gehirn" und ↑Trust], urspr. Bez. für die Berater des Präs. Franklin D. Roosevelt beim New Deal; heute allg. Bez. für ein Gremium von Fachleuten, das auf Grund bes. Erfahrungen und Kenntnisse beratende Funktionen ausübt.

Brainwashing [engl. ˈbrɛɪnˌwɔʃɪŋ], engl. Bez. für ↑Gehirnwäsche.

Braithwaite, Richard Bevan [engl. ˈbrɛɪθwɛɪt], *Banbury 15. Jan. 1900, brit. Philosoph. - Seit 1953 Prof. in Cambridge. Wichtige Beiträge zur Wissenschaftstheorie, speziell zu den Grundlagen der Wahrscheinlichkeitstheorie und Statistik.
Werke: Scientific explanation. A study of the function of theory, probability, and law in science (1953), An empiricist's view of the nature of religious belief (1955).

Bräker, Ulrich, gen. „der arme Mann im Toggenburg", *Näbis im Toggenburg 22. Dez. 1735, † Wattwil (Kt. Sankt Gallen) 11. Sept. 1798, schweizer Schriftsteller. - Sohn eines Kleinbauern, Hütejunge, Knecht, später Weber. Bed. ist seine autobiograph. „Lebensgeschichte und natürl. Ebentheuer des Armen Mannes im Tockenburg" (1789).

Brake (Unterweser), Krst. in Nds., 2-4 m ü. d. M., 17 000 E. Verwaltungssitz des Landkr. Wesermarsch; Schiffahrtsmuseum, Theater. Hafen (Umschlagplatz für Getreide, Massen- und Stückgüter), Marinestandort; Werft, Fettraffinerie, Plastik- und Kabelwerk. Durch Kanäle mit dem Ind.gebiet Hannover-Braunschweig verbunden. - 1623 Zollstätte der Grafen von Oldenburg, 1856 Stadt.

Brakhage, Stan [engl. ˈbrɛɪkɪdʒ], *Kansas City (Mo.) 14. Jan. 1933, amerikan. Filmemacher. Seine poet. Filme (seit 1953 gehören zum amerikan. Untergrundfilm, u. a. „Scenes from childhood" (1967-70), „The text of light" (1975).

Brakteaten [lat.], einseitige Abdrücke oder Durchreibungen antiker griech. Münzen mittels Goldblech, mit hohler Rückseite.
◆ Schmuckscheiben (Schmuck-B.) der Völkerwanderungszeit aus Gold-, Silber- und Kupferblech, v. a. in Skandinavien beheimatet, mit einseitig getriebenen oder geprägten figürl. Darstellungen.
◆ silberne Hohlpfennige (Blech- oder Schüsselmünzen, hole penninghe, denarii concavi) des Hoch-MA mit nur einem Stempel auf weicher Unterlage hergestellt, so daß das Bild der Vorderseite auf der Rückseite vertieft erscheint; Hauptverbreitungsgebiete: Thüringen, Niedersachsen bis zur Weser (ab etwa 1130), Brandenburg, Anhalt, Schlesien, Oberlausitz und Hessen bis zur nördl. Wetterau, auch Süddeutschland und große Teile der Schweiz.

Braktee [lat.] (Tragblatt, Deckblatt, Stützblatt, Bractea), Blatt, aus dessen Achsel ein Seitensproß (z. B. auch eine Blüte) entspringt. Das der B. am Seitensproß folgende Blatt ist die **Brakteole** (Vorblatt).

Bram [niederl.], zweitoberste Verlängerung der Masten sowie deren Takelung bei Segelschiffen.

Bramante, eigtl. Donato d'Angelo, *Monte Asdrualdo bei Fermignano (Prov. Pesaro e Urbino) 1444, † Rom 11. März 1514, italien. Baumeister. - Ursprüngl. Maler. Wurde in Rom zum Begründer der klass. Architektur der Hochrenaissance (u. a. Tempietto, ein Rundtempel im Hof von San Pietro in Montorio [1502] mit einem von antiken Bauten inspirierten Säulenumgang). Seit 1503 für Papst Julius II. tätig; Umgestaltung des Vatikanpalastes (Bauten am Belvederehof) und Beginn des Neubaus der Peterskirche nach seinem Entwurf.

Bramantino, eigtl. Bartolomeo Suardi, *Mailand um 1465, † ebd. 1530, italien. Maler und Baumeister. - Schüler Bramantes; als Maler bed. Vertreter des lombard. Cinquecento. Seine religiösen Bilder wirken unwirkl. und traumhaft, die Gestalten in sich gekehrt; im Hintergrund fast gespenst. Architekturen; u. a. „Kreuzigung" (um 1520; Mailand, Brera).

Bramarbas, Bez. (seit 1710) der kom.

Bramme

Bühnenfigur des großsprecher. Maulhelden; **bramarbasieren**, prahlen, aufschneiden.

Bramme, quaderförmiges Stahlhalbzeug; als *Roh-B.* ein durch Gießen in Stahlformen (Kokillen) erhaltenes Gußstück für die Formung im *Brammenwalzwerk.*

Bramsegel, das vierte und fünfte Segel von unten an einem rahgetakelten Mast.

Bramstedt, Bad ↑ Bad Bramstedt.

Bramstenge, oberste Verlängerung eines dreiteiligen rahgetakelten Mastes.

Bram van Velde, niederländ. Maler, ↑ Velde, Bram van.

Bramwald, Teil des Weserberglands, im Todtenberg bis 408 m hoch.

Brancati, Vitaliano, * Pachino bei Syrakus 24. Juli 1907, † Turin 25. Sept. 1954, italien. Schriftsteller. - Verfasser satir.-humorist., gesellschaftskrit. Romane und Novellen, bes. aus dem Leben der Sizilianer.

Branche ['brãːʃə; lat.-frz.], Wirtschafts-, Geschäftszweig.

Branchien [griech.], svw. ↑ Kiemen.

Branchiura [griech.], svw. ↑ Kiemenschwänze.

Brâncoveanu, Constantin [rumän. brɨŋko'veanu] ↑ Brîncoveanu, Constantin.

Brancusi, Constantin; rumän. C. Brâncuşi [frz. brãku'siː; rumän. brɨŋ'kuʃj], * Hobiţa, Gem. Peştişani (Verw.-Geb. Gorj) 19. Febr. 1876, † Paris 16. März 1957, frz. Bildhauer rumän. Herkunft. - Seit 1904 in Paris; 1908 entstand als kub. Block „Der Kuß" (Kalkstein), aber vielfach wiederholtes Motiv wird die Eiform als Urform, z. B. in den Bronzeplastiken „Schlafende Muse" (1910), „Prome-

Constantin Brancusi, Der Kuß (1908). Craiova, Muzeul de Artă

theus" (1911), „Weltanfang" (1924). Ein weiteres Formmotiv ist die „endlose Säule". Tierplastiken, u. a. „Der Hahn" (Bronze, 1941), „Vogel im Raum" (Bronze, 1941).

Brand, (Gangrän) örtl. Gewebstod (Nekrose) infolge unzureichender oder vollständig unterbrochener Blutzufuhr. Ursachen der örtl. Durchblutungsstörung sind Druck von außen, Gefäßwandveränderungen (bei Arteriosklerose, Diabetes) oder Blutpfröpfe (Thrombose). Der Gewebstod kann als **trockener** oder als **feuchter Brand** ablaufen. Beim ersteren (auch **Mumifikation**) wird das betroffene Gebiet zunächst trocken und hart, schrumpft dann und verfärbt sich schwärzlich. Beim zweiten (auch **Faulbrand**) kommt es durch zusätzl. Infektion des abgestorbenen Gewebes mit Fäulniserregern zur Gewebsverflüssigung. Kennzeichen sind schwarzblaue Verfärbung des abgestorbenen Gewebes, Blasenbildung, Fäulnisgeruch und Eiteransammlungen. Wegen der Gefahr einer Sepsis ist meist Amputation nötig.

♦ svw. ↑ Brandzeichen.

Brandabschnitt, durch massive, feuerbeständige Decken und Wände begrenzter Gebäudeteil, der eine Ausbreitung eines Brandes auf benachbarte Gebäudeteile für eine bestimmte Mindestzeit verhindern soll.

Brandberg, granit. Inselberg nördl. von Swakopmund, Namibia, 2610 m ü. d. M.; Felsmalereien (u. a. sog. White Lady).

Brandbettel ↑ Brandbrief.

Brandblase, durch Hitzeeinwirkung verursachte Gewebsschädigung mit Flüssigkeitsansammlung im Hautgewebe.

Brandbombe, Bombe, die mit leicht entzündl. Stoffen (Napalm, Phosphor) gefüllt ist; gerät beim Aufschlag in Brand.

Brandbrief, bis in das 18. Jh. bekannte behördl. Erlaubnis zum Bettel durch Brandgeschädigte oder für diese (sog. **Brandbettel**). - Heute umgangssprachl. in der Bed. dringl. Brief.

Brandenburg, Friedrich Wilhelm Graf von (seit 1795), * Berlin 24. Jan. 1792, † ebd. 6. Nov. 1850, preuß. General und Staatsmann. - Sohn König Friedrich Wilhelms II. von Preußen aus der morganat. Ehe mit Sophie Gräfin von Dönhoff; festigte als Min.-präs. 1848–50 die Autorität der Regierung durch Auflösung der Nat.versammlung und durch die oktroyierte Verfassung vom 5. Dez. 1848 und stimmte 1850 der Olmützer Punktation zu.

B., Hans, * Barmen (= Wuppertal) 18. Okt. 1885, † Bingen 8. Mai 1968, dt. Schriftsteller. - Humorvolle Erzählungen und breit angelegte Liebes-, Ehe- und Generationsromane (u. a. „Vater Ollendahl", 1938).

Brandenburg (Mark B., Mark), histor. Landschaft im Gebiet der DDR und Polens▾, umfaßt in Polen (Neumark) die Woiwodschaft Zielona Góra und den S der Woiwodschaft Szczecin, in der DDR im wesentl. die Bez. Potsdam und Frankfurt sowie den größten Teil des Bez. Cottbus und den SO des Bez. Neubrandenburg. - Nach dem Abzug german. Stämme wanderten im 7. Jh. von O Slawen ein (bed. v. a. die in der späteren Mark siedelnden Liutizen). Nach mehreren vergebl. oder nur vorübergehend erfolgreichen Versuchen, das Land dem Fränk. bzw. ostfränk.-dt. Reich einzugliedern (Kämpfe Karls d. Gr.), wurde B. von dem 1134 mit der Nordmark belehnten Askanier ↑ Albrecht I., dem Bären, endgültig der dt. Ostsiedlung und der Christianisierung erschlossen. Die Markgrafen von B. (Titel seit 1157) stiegen in den Kreis der bedeutendsten R.-Fürsten auf (seit 1177 als R.-Erzkämmerer bezeugt, später Kurfürsten). Nach dem Aussterben der Askanier (1320) gab König Ludwig IV., der Bayer, B. als erledigtes R.-Lehen seinem Sohn Ludwig d. Ä. (⚭ 1323–51), der sich aber ebensowenig wie seine wittelsbach. Nachfolger in der Mark durchsetzen konnte. Die landesfürstl. Macht wurde durch die Autorität der Landstände (1. Landtag 1345) eingeschränkt. König Sigismund belehnte 1417 den Nürnberger Burggrafen Friedrich VI. von Hohenzollern mit der Mark. Dessen Sohn Friedrich II., der Eiserne (⚭ 1440–70), machte Berlin bzw. Cölln zur Residenz. Albrecht III. Achilles legte mit der ↑ Dispositio Achillea (1473) den Grund zur dauernden territorialen Einheit der Mark, zur Trennung zw. B. und den fränk. Besitzungen der Hohenzollern und zur Festigung der Landesherrschaft. Joachim II. Hektor vollzog, nachdem sich bereits ein großer Teil der Bev. der luth. Lehre angeschlossen hatte, mit der Kirchenordnung von 1539 den entscheidenden Schritt zur Reformation. Nach dem ↑ Jülich-Kleveschen Erbfolgestreit kamen das Hzgt. Kleve, die Gft. Mark und Ravensberg an B. (1614), 1618 das Hzgt. Preußen als poln. Lehen. Im Westfäl. Frieden (1648) erhielt B. Hinterpommern, die Bistümer Halberstadt, Cammin und Minden sowie die Anwartschaft auf das Erzbistum Magdeburg (Anfall 1680). Friedrich Wilhelm, der Große Kurfürst (⚭ 1640–88), schuf den absolutist. brandenburg.-preuß. Staat. Trotz polit. Entmachtung der Landstände (letzter märk. Landtag 1652/53) verbesserten die Gutsherren ihre wirtsch. und soziale Stellung, während sich die Lage der Landbev. weitgehend bis zur Leibeigenschaft verschlechterte. 1657/60 (Vertrag von Wehlau und Friede von Oliva) erlangte der Kurfürst die Souveränität für das Hzgt. Preußen. Ab 1685 wurden Hugenotten und dann auch andere Glaubensflüchtlinge und Auswanderer (Schweizer, Pfälzer u. a.) in der Mark angesiedelt. Nach der Krönung des Kurfürsten zum „König in Preußen" (1701) geht die brandenburg. Geschichte in der Geschichte ↑ Preußens auf. - Karte S. 14.

📖 *Berlin u. die Mark B. Hg. v. H. U. Engel. Ffm. 1979. - Holmsten, G.: B. Gesch. der Mark, ihrer Städte u. Regenten. Bln. 1973. - Schultze, Johannes: Die Mark B. Bln. 1961–69. 5 Bde.*

B., Landkr. im Bez. Potsdam, DDR.

B., ehem. Bistum, 948 von Otto I. als Missionsbistum gegr., 968 dem Erzbistum Magdeburg unterstellt; 983 aufgegeben; im 12. Jh. neu umschrieben; bis Ende des MA reichsunmittelbar; nach Einführung der Reformation 1571 aufgelöst; das Kapitel, 1826 reorganisiert, bestand als ev. Stift weiter.

Brandenburger Tor, Berliner Baudenkmal (Unter den Linden), von C. G. Langhans 1788–91 errichtet; Quadriga (1794) nach Modell von G. von Schadow; heute infolge der Stadtteilung funktionslos. - Abb. S. 14.

Brandenburg/Havel, Krst. an der Havel, Bez. Potsdam, DDR, 31 m ü. d. M., 95 100 E. Verwaltungssitz des Landkr. Brandenburg; Theater; Stahl- und Walzwerk, Binnenschiffswerft, Metall-, Textilind.; Verkehrsknotenpunkt, v. a. auch im Wasserstraßennetz. - Die hevell. Hauptfeste **Brendanburg** wurde 928/929 von König Heinrich I. erobert. 948–983 Bistum (1161 wiederbegr.). Nach mehrfachem Besitzwechsel 1157 von Albrecht I. wiedereroberт (sich dann Markgraf von Brandenburg nannte). Burgbezirk auf der Dominsel; am nördl. Havelufer Marktsiedlung; südl. der Dominsel Gründung der Neustadt vor 1200. 1715 Zusammenschluß von Alt- und Neustadt, die Dominsel wurde 1930 eingemeindet; im 2. Weltkrieg stark zerstört. - Dom Sankt Peter und Paul (1165 ff.), Katharinenkirche (1401 ff.), Steintorturm (nach 1400); Altstädt. Rathaus (um 1480; Backsteingotik).

Brandenburgische Halsgerichtsordnung ↑ Bambergische Halsgerichtsordnung.

Brandente (Brandgans, Tadorna tadorna), etwa 60 cm lange Art der Halbgänse in Europa und Asien; weiß mit rostroter Binde um den Vorderkörper; Schultern und Handschwingen schwarz, Armschwingen körpernah rostrot, Flügelspiegel grün, Kopf und Hals grünlichschwarz, Schnabel rot (beim ♂ mit Höcker vor der Stirn), Beine fleischfarben, relativ lang. Die B. findet sich jedes Jahr zur Mauser in großen Mengen im Wattenmeer zw. Weser und Eider, bes. am Großen Knechtsand.

Brander, Bez. für ein mit entzündbarem und explosivem Material beladenes Seefahrzeug; wurde brennend an feindl. Schiffe herangebracht, um diese in Brand zu setzen.

Brand-Erbisdorf, Krst. im Erzgebirge, Bez. Karl-Marx-Stadt, DDR, 470–500 m ü. d. M., 9 400 E. Metallverarbeitung. - Vor 1209 entstand das Kolonistendorf **Erbisdorf,** seit etwa 1500 Silbererzabbau; kam zus. mit der Bergmannssiedlung **Brand** 1532 an Sachsen; 1912 Vereinigung; Bleierzabbau seit 1945.

Brand-Erbisdorf

Brandenburger Tor

B.-E., Landkr. im Bez. Karl-Marx-Stadt, DDR.

Brandes, Georg, eigtl. Morris Cohen, * Kopenhagen 4. Febr. 1842, † ebd. 19. Febr. 1927, dän. Literarhistoriker, Kritiker und Biograph. – Hatte großen Einfluß auf das dän. Geistesleben seiner Zeit; trat für Realismus und Naturalismus ein und machte Skandinavien mit der europ. Literatur („Die Hauptströmungen der europ. Literatur im 19. Jh.", 6 Bde., 1872–90) und dem Werk Nietzsches bekannt. Antiklerikal eingestellt, Gegner Kierkegaards. Brillante Abhandlungen über Kierkegaard (1877), Disraeli (1878), Shakespeare (1895/96), Voltaire (1916/17), Michelangelo (1921) u. a.

B., Heinrich Wilhelm, * Groden (Cuxhaven) 27. Juli 1777, † Leipzig 17. Mai 1834, dt. Physiker und Meteorologe. - Wies den kosm. Ursprung der Sternschnuppen nach; gab als erster die Anregung zu synopt. Wetterkarten (1816) und leistete wesentl. Beiträge zur Kenntnis des Wetterablaufs und seiner Vorhersagbarkeit.

Brandgans, svw. ↑Brandente.

Brandgeschoß ↑Munition.

Brandgilden ↑Feuerversicherung.

Brandgrab, vor- und frühgeschichtl.

Grab für die Beisetzung der Reste von Leichenverbrennungen, mit oder ohne Aschenurnen.

Brandi, Karl, * Meppen 20. Mai 1868, † Göttingen 9. März 1946, dt. Historiker. - Seit 1897 Prof. in Marburg, 1902–36 in Göttingen; schrieb u. a. „Die Renaissance in Florenz und Rom" (1918), „Dt. Geschichte im Zeitalter der Reformation und Gegenreformation" (2 Bde., 1927–30), „Kaiser Karl V." (2 Bde., 1937–41).

Brandklassen, amtl. Einteilung brennbarer Stoffe bzw. Objekte, die v. a. zur Kennzeichnung des Anwendungsbereiches von Feuerlöschgeräten und -mitteln dient; man unterscheidet 5 Klassen: A = feste Stoffe (außer Metallen), B = flüssige Stoffe, C = gasförmige Stoffe, D = brennbare [Leicht]metalle, E = elektr. Anlagen.

Brandknabenkraut (Brandorchis, Orchis ustulata), v. a. in S-Deutschland auf grasigen, trockenen Kalkhängen vorkommende, bis 40 cm hohe Knabenkrautart; Blütenknospen fast schwarz, Lippe der geöffneten Blüte weiß, spärl. rot punktiert; Blütenstand walzenförmig.

Brandkraut (Phlomis), Lippenblütlergatt. mit etwa 70 Arten, vom Mittelmeerraum bis China verbreitet; Kräuter, Halbsträucher oder Sträucher mit gelben, purpurfarbenen oder weißen Blüten.

Brandl (Prantl), Peter Johannes, ≈ Prag 24. Okt. 1668, † Kuttenberg 24. Sept. 1735, böhm. Maler. - Malte Altarbilder (u. a. die „Hl. Therese" in der Josephskirche auf der Prager Kleinseite, 1697) in erregender, barokker pathet. Ausdrucksweise; hervorragende Porträts, u. a. Selbstbildnisse.

Brandlegung, svw. ↑Brandstiftung.

Brandmarkung, v. a. im Altertum und MA gebräuchl. Einbrennen von Zeichen auf den Körper eines Verbrechers; als Strafe oder zur Kennzeichnung.

Brandmauer, svw. ↑Brandwand.

Brandmunition ↑Munition.

Brando, Marlon [engl. ˈbrændoʊ],

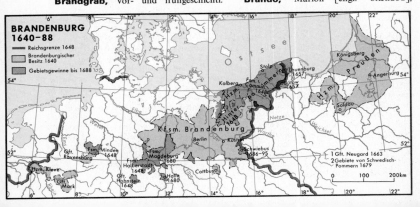

* Omaha 3. April 1924, amerikan. Filmschauspieler. - Spielte u. a. in „Endstation Sehnsucht" (1951), „Die Faust im Nacken" (1954), „Die Gräfin aus Hongkong" (1966), „Der Pate" (1971) und „Der letzte Tango in Paris" (1972) „Apocalypse now" (1979).

Brandopfer ↑ Opfer.

Brandorchis, svw. ↑ Brandknabenkraut.

Brandpfeil, seit dem Altertum verwendeter, mit Bogen- oder Wurfmaschinen verschossener Pfeil, der vor dem Abschuß in Brand gesetzt wurde.

Brandpilze (Ustilaginales), Ordnung interzellulär in Pflanzen parasitierender Ständerpilze mit etwa 1 000 Arten. Als Erreger der *Brandkrankheiten* sind die B. bes. schädl. an Getreide (z. B. Maisbeulenbrand, Flugoder Staubbrand von Hafer, Gerste, Weizen; Stein- oder Stinkbrand des Weizens); Bekämpfung mit Fungiziden.

Brandrodung, Rodung durch Fällen und anschließendes Abbrennen der Bäume und Sträucher, wobei die Wurzelstöcke vielfach im Boden verbleiben; B. wird v. a. im Rahmen des Wanderfeldbaus und der Landwechselwirtschaft angewandt.

Brandschau (Feuerbeschau), regelmäßige behördl. Kontrolle, um brandgefährl. baul. Zustände festzustellen. Sie erstreckt sich nach landesrechtl. Vorschriften auf alle Gebäude (mit Ausnahme von Ein- und Zweifamilienhäusern), insbes. auf Räumlichkeiten mit großem Publikumsverkehr.

Brandschatzung, [Geld]erpressung unter Androhung von Brandlegung und Plünderung; bes. seit dem Spät-MA (Entstehen der Söldnerheere) und im Dreißigjährigen Krieg angewendet.

Brandschutz, bau- und betriebstechn. Schutz von Anlagen gegen Brandgefährdung: Einbau von Brandwänden, Brandschutztüren, Sprinkleranlagen, Nottreppen.

Brandschutzstreifen (Brandschneise), bis 20 m breiter unbewachsener Geländestreifen parallel zu Eisenbahnstrecken oder innerhalb eines Waldes zur Eindämmung eines Waldbrandes.

Brandsohle, innere Sohle des Schuhs, aus flexiblem, pflanzl. gegerbtem Leder.

Brandstetter, Alois, * Aichmühl (heute zu Pichl bei Wels, Oberösterreich) 5. Dez. 1938, östr. Schriftsteller, Literarhistoriker. - Schreibt entlarvende satir. Prosa: „Die Abtei" (R., 1977), „Die Burg" (R., 1986).

Brandstiftung, gemeingefährl., mit hohen Strafen bedrohtes Gefährdungsdelikt nach §§ 306 ff. StGB. Der Tatbestand der **schweren Brandstiftung** des § 306 erfaßt bestimmte Räumlichkeiten, in denen sich Menschen aufzuhalten pflegen; unter bes. **schwerer Brandstiftung** (§ 307) wird eine unter den Voraussetzungen des § 306 erfolgende B. verstanden, wenn 1. entweder der Tod eines Menschen durch die B. verursacht wurde, oder 2. die schwere B. als Vorbereitungshandlung für Mord, Raub, räuber. Diebstahl oder räuber. Erpressung begangen wurde oder 3. der Täter Löschgeräte entfernt oder unbrauchbar gemacht hat, um das Löschen des Feuers zu erschweren oder zu verhindern; Gegenstand der **einfachen Brandstiftung** (§ 308) sind Gebäude und Sachen, die in fremdem Eigentum stehen. Die B. wird mit Freiheitsstrafen nicht unter einem Jahr (§ 306) bzw. von zehn Jahren bis zu lebenslängl. Dauer (§ 307) bzw. von einem bis zu zehn Jahren (§ 308) geahndet; die **fahrlässige Brandstiftung** (§ 309) hat Freiheitsstrafen bis zu drei Jahren und/oder Geldstrafe, bei Tod eines Menschen Freiheitsstrafe bis zu fünf Jahren oder Geldstrafe zur Folge.

Im *östr. Recht* (**Brandlegung**) und im *schweizer. Recht* gilt Entsprechendes.

Brändström, Elsa, * Petersburg 26. März 1888, † Cambridge (Mass.) 4. März 1948, schwed. Philanthropin. - Als Delegierte des schwed. Roten Kreuzes 1914–20 maßgebl. an der Versorgung der Kriegsgefangenen in Rußland und ihrer Rückführung beteiligt („Engel von Sibirien"); beschaffte nach dem 1. Welt-

Johannes Brahms
(1883)

Willy Brandt
(1978)

Wernher
Freiherr von Braun

krieg in den USA und in Skandinavien Mittel zur Gründung von Arbeitssanatorien und Waisenhäusern in Deutschland.

Brandt, Jürgen, * Kiel 19. Okt. 1922, dt. General. - 1975–78 Leiter der Stabsabteilung Militärpolitik und Führung im Führungsstab der Streitkräfte; seit April 1978 Vertreter der BR Deutschland im Militärausschuß der NATO; 1978–83 Generalinspekteur der Bundeswehr.

B., Willy, früher Herbert Ernst Karl Frahm, * Lübeck 18. Dez. 1913, dt. Politiker. - 1930 Mgl. der SPD, seit 1931 der SAP; emigrierte 1933 nach Norwegen, journalist. tätig; 1938 von den dt. Behörden ausgebürgert, nahm die norweg. Staatsbürgerschaft an; 1940 Flucht nach Schweden; kehrte 1945 als Korrespondent skand. Zeitungen nach Deutschland zurück, 1947 Wiedereinbürgerung unter seinem Schriftstellernamen B. und erneut Mgl. der SPD, 1949–57 sowie seit 1969 MdB; seit 1950 Mgl. des Berliner Abg.hauses, 1955–57 dessen Vors.; 1957–66 Regierender Bürgermeister von Berlin (West); 1964–87 Parteivors.; Außenmin. und Vizekanzler der Großen Koalition 1966–69; als Bundeskanzler (seit 1969) v.a. außenpolit. Aktivitäten: Unterzeichnung des Atomwaffensperrvertrags, Abschluß des Dt.-Sowjet. Vertrags 1970 und des Dt.-Poln. Vertrags 1970, aber auch in der Deutschland- und Berlinpolitik (Gipfeltreffen mit W. Stoph 1970, Viermächteabkommen über Berlin 1971); erhielt 1971 den Friedensnobelpreis; 1974 Rücktritt als Bundeskanzler († Guillaume-Affäre); seit 1976 Vors. der Sozialist. Internationale, seit 1977 der Nord-Süd-Kommission. - Abb. S. 15.

Brandts, Franz, * Mönchengladbach 12. Nov. 1834, † ebd. 5. Okt. 1914, dt. Fabrikant und Sozialpolitiker. - Führte in seiner Fabrik mustergültige soziale Einrichtungen ein; 1890 Mitbegr. des sozialreformer. „Volksvereins für das kath. Deutschland".

Brandung [niederl.], die auf die Küste bzw. auf Untiefen auflaufenden und sich überstürzenden Meereswellen, meist mit einer am Boden seewärts abfließenden Sogströmung verknüpft; wirkt meist küstenzerstörend, an Flachküsten durch Sandanlagerung auch küstenaufbauend. An Steilküsten bilden sich

Brandung. Formen der Brandungsarbeit an der Steilküste

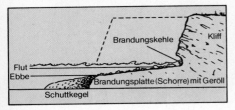

Flut
Ebbe
Brandungskehle
Kliff
Brandungsplatte (Schorre) mit Geröll
Schuttkegel

Brandungskehlen und **Brandungshöhlen;** mit dem entstehenden Geröll wird das Gestein vor der Steilküste zu einer **Brandungsplatte** (Schorre) geschliffen.

Brandungsriff, küstenparallele Sandanhäufung an Flachküsten.

Brandungsschwimmen ↑ Surfing.

Brandwand (Brandmauer), feuerbeständige und von Grund auf ohne Öffnungen und Hohlräume errichtete Wand, die beim Brand und unter Stoßbeanspruchung ihre Standsicherheit bewahrt und das Übergreifen von Feuer auf andere Gebäude oder Gebäudeabschnitte verhindert.

Brandy ['brɛndi; engl.], engl. Bez. für Weinbrand; in Zusammensetzungen auch für Liköre (Cherry-B.).

Brandys, Kazimierz [poln. 'brandɨs], * Łódź 27. Okt. 1916, poln. Schriftsteller. - Behandelt in seinen Werken Probleme des Krieges und der Nachkriegszeit in Polen, später auch der Intelligenz; u.a. „Die Verteidigung Granadas" (E., 1956), „Mutter der Könige" (R., 1957), „Der Marktplatz. Erinnerungen aus der Gegenwart" (1968), „Rondo" (1982).

Brandzeichen (Brand), in das Fell wertvoller Zuchttiere (insbes. der Zuchtpferde) gebranntes Kennzeichen, das Auskunft über die (in das Herdbuch eingetragene) Abstammung der Tiere gibt. Jedes Zuchtgestüt und jeder Zuchtverband hat sein bes. Brandzeichen.

Branković [serbokroat. 'bra:ŋkovitɕ], serb. Dynastie des 14./15. Jh.; **Đurađ (Georg) Branković** (* um 1375, † 1456), seit 1427 Fürst von Serbien, erhielt 1429 von Byzanz die Despotenwürde.

Branle (Bransle) ['brã:l(ə); frz.], frz. Gruppentanz, sowohl im Zweier-, als auch im Dreiertakt, ohne festes Tempo; beliebter Gesellschaftstanz des 16. und 17. Jh.

Branner, Hans Christian, * Kopenhagen 23. Juni 1903, † ebd. 24. April 1966, dän. Schriftsteller. - Schrieb psycholog. Romane über mensch. Einsamkeit und Angst sowie Erzählungen, Bühnenstücke und Hörspiele; u.a. „Ein Dutzend Menschen" (R., 1936), „Die Geschichte von Borge" (R., 1942).

Branntkalk, svw. ↑ Calciumoxid.

Branntwein, i.w.S. Bez. für jede Flüssigkeit mit einem hohen Gehalt an Äthanol, unabhängig von der Herkunft des Äthanols (durch alkohol. Gärung und anschließende Destillation oder durch chem. Synthese gewonnen); i.e.S. Bez. für den durch alkohol. Gärung und anschließende Destillation gewonnenen, konzentrierten Alkohol (Äthanol) und Wasser [z.T. auch Geschmacks- und Geruchsstoffen] (**Trinkbranntwein**). Als Rohstoffe für die Herstellung von B. sind alle Stoffe geeignet, die zuckerhaltig sind (Zuckerrüben, Zuckerrohr, Melasse, Molke, Früchte u.a.), oder aus denen durch entsprechende chem. oder biochem. Vorbehandlung [von Stärke,

Inulin und Zellulose] vergärfähige Zucker erzeugt werden können (Kartoffeln, Getreide, Holz, Stroh). In der BR Deutschland werden für die Herstellung von B. v. a. Kartoffeln oder Getreide verwendet. - Zur Vergärung wird die in den pflanzl. Zellen befindl. Stärke zunächst mit Wasserdampf aufgeschlossen, dann mit Hilfe von Grünmalz oder Darrmalz oder Schimmelpilz- bzw. Bakterienamylase enzymat. zu Maltose und Glucose gespalten; die zuckerhaltige Maische wird mit Hefen vergoren. Nach der Gärung liegt der Alkoholgehalt bei 8–9 Vol.-%. Die vergorene Maische wird nun „gebrannt", d. h. stark erhitzt. Dabei verdampft der während der Gärung gebildete Alkohol und wird dadurch von den festen Bestandteilen der Maische getrennt. Die fast alkoholfreie sog. **Schlempe**, die aus den unvergorenen, nichtflüchtigen Bestandteilen der Maische besteht, ist wegen ihres hohen Eiweißgehaltes ein hochwertiges Futtermittel für Masttiere. Der Alkoholdampf wird in einem Kondensator niedergeschlagen. Der so gewonnene **Rohsprit** enthält etwa 85–95 % Alkohol. Er wird für techn. Zwecke (z. B. als **Brennspiritus** zur Verbrennung oder als Lösungsmittel) verwendet; aus steuerl. Gründen wird er ungenießbar gemacht (vergällt). Aus 100 kg Stärke entstehen etwa 53 kg Äthanol. - **Feinsprit** wird in Reindestillationsanlagen aus dem Rohsprit hergestellt. Bei der Reinigung werden durch Auffangen in gesonderten Behältern der aldehydhaltige Vorlauf und der fuselölreiche Nachlauf vom Mittellauf (**Primaspiritus**) getrennt. Der ev. schädl. Nebenbestandteilen befreite Sprit dient u. a. zur Herstellung von Spirituosen, für medizin.-pharmazeut. Zwecke und zur Herstellung von Essig.

📖 *Pieper, H. u. a.: Technologie der Obstbrennerei. Stg. 1977. - Wüstenfeld, H./Haeseler, G.: Trinkbranntweine u. Liköre. Bln. u. Hamb.* [4]*1964.*

Branntweinmonopol, das neben dem Zündwarenmonopol (bis 1983) bedeutendere der in der BR Deutschland bestehenden Finanzmonopole; es ist zugleich Verwaltungsmonopol. Das B. umfaßt fünf ausschließl. Rechte, näml. 1. die Übernahme des im Monopolgebiet (Bundesgebiet) hergestellten Branntweins, 2. die Herstellung von Branntwein aus Zellstoffen, 3. die Einfuhr von Branntwein, 4. die Reinigung von Branntwein, 5. die Verwertung von Branntwein und den Branntweinhandel. Das B. wird unter der Aufsicht des Bundesmin. der Finanzen von der **Bundesmonopolverwaltung für Branntwein** mit Sitz in Offenbach (Main) verwaltet. Branntwein wird, soweit er nicht aus dem Ausland stammt, von Monopol- und Eigenbrennereien hergestellt. Diesen wird mit dem zugeteilten **Brennrecht** die Abnahme der entsprechenden Menge Weingeist durch die Monopolverwaltung zu einem festgesetzten

Übernahmepreis garantiert, der sich bei darüber hinaus produzierten Mengen um den *Überbrandabzug* vermindert. Die Verwertung geschieht durch Verkauf von unverarbeitetem Branntwein (zu ermäßigtem Preis), wobei der Verwendungszweck (als **Brennspiritus** für Heizung, Beleuchtung u. a.) vorgeschrieben ist, und von Monopoltrinkbranntwein.

In *Österreich* und in der *Schweiz* (**Alkoholmonopol**) besteht eine entsprechende rechtl. Regelung.

Branntweinsteuer, Verbrauchsteuer auf weingeisthaltige Flüssigkeiten, gestaffelt je nach dem Verwendungszweck des Branntweins. Eingeführter Branntwein wird entsprechend der B. mit dem Monopolausgleich belegt. Die B. wird von den Bundesfinanzbehörden (Zoll) verwaltet und fließt dem Bundeshaushalt zu (Gesamteinnahmen aus dem Branntweinmonopol 1978: 3,92 Mrd. DM, 1985: 4,15 Mrd. DM).

Brant, Sebastian, * Straßburg 1457 oder 1458, † ebd. 10. Mai 1521, dt. Dichter. - War Dekan der jurist. Fakultät in Basel, später Stadtsyndikus und Schreiber in Straßburg. Als volkstüml. Aufklärer nimmt er, unbeeinflußt von der Reformation, eine Mittelstelle zw. der ma. Weltanschauung und dem Humanismus ein. Zeugnis seiner didakt. Bestrebungen ist sein Hauptwerk, das 1494 in Straßburg gedruckte „Narrenschiff", über menschl. Torheiten und Unzulänglichkeiten. Das volkstüml., mit Holzschnitten versehene Werk gilt als Ausgangspunkt der Narrenliteratur und übte bed. Einfluß aus (u. a. auf Erasmus von Rotterdam, H. Sachs, Abraham a Santa Clara). B. schrieb auch religiöse, polit.-histor. Gedichte und gab Spruchsammlungen heraus.

Branting, Hjalmar, * Stockholm 23. Nov. 1860, † ebd. 24. Febr. 1925, schwed. Politiker. - 1889 Mitbegr. der Sozialdemokrat. Arbeiterpartei; 1917/18 Finanzmin.; führte als Min.präs. 1920–23 und 1924/25 weitgehende soziale Reformen durch; erhielt 1921 mit C. Lange den Friedensnobelpreis.

Brantôme, Pierre de Bourdeille, Seigneur de [frz. brã'to:m], * Bourdeilles (Dordogne) um 1540, † Brantôme (Dordogne) 15. Juli 1614, frz. Schriftsteller. - Führte ein abenteuerl. Leben; seine 1665/66 veröffentlichten Memoiren (u. a. „Das Leben der galanten Damen") geben ein farbiges Bild der zeitgenöss. frz. Gesellschaft.

Braque, Georges [frz. brak], * Argenteuil 13. Mai 1882, † Paris 31. Aug. 1963, frz. Maler. - 1905 in Paris Bekanntschaft mit den Fauves, 1907 mit Picasso, woraus sich eine enge Freundschaft und Arbeitsgemeinschaft entwickelte (1909–11). Beide schufen die Grundlage für den † Kubismus; nur Horizontale, Vertikale, Schräge und [Halb]kreisform werden verwendet; Thema ist das Stilleben oder eine Figur (Mandolinenspieler). In der

Phase des analyt. Kubismus (1909/10–12) ist es wohl B., der zur rasterhaften Bedeckung (Facettierung) des ganzen Bildraumes, zur Analyse von Gegenstand und Umgebung, vorandrängt. Im synthet. Kubismus (1912/13–20) liegt sein Beitrag bes. in der Einbeziehung von Sand, Buchstaben, Zeitungsausschnitten (erste Collagen) und Holzstrukturen ins Bild. - Nach dem 1. Weltkrieg nahm B. v. a. Kontakt mit J. Gris auf, seit 1919 entwickelte er den Kubismus zu einem persönl., zunehmend organ. Stil fort, seit 1931 neoklassizist. Periode.

Brasch, Thomas, * Westow (Yorkshire) 1945, dt. Schriftsteller. - Sein Vater Horst. B. ging mit der Fam. 1947 in die DDR, wo B. dann nicht veröffentlichen konnte; lebt seit Dez. 1976 in der BR Deutschland. Von seinen subjektivist. Geschichten, Theaterstücken und Szenarien erschienen 1977 u. a. der Prosaband „Vor den Vätern sterben die Söhne", und „Kargo. 32. Versuch auf einem untergehenden Schiff aus der eigenen Haut zu kommen". Drehte die Spielfilme „Engel aus Eisen" (1981) und „Domino" (1982). - *Weitere Werke:* Der schöne 27. Sept. (Ged., 1980), Mercedes (Dr., Uraufführung 1983), Der dreibeinige Hund (Essays, 1983).

Brasidas, ✕ Amphipolis 422 v. Chr., spartan. Heerführer. - Konnte im Peloponnes. Krieg Amphipolis in seine Hand bringen, in der Schlacht von Amphipolis gegen ein athen. Heer unter Kleon fielen beide Heerführer.

Brasil [span.], Zigarre aus dunklem, brasilian. Tabak.

Brasilholz (Brasilienholz), allg. Bez. für einige südamerikan. Farbhölzer, v. a. für Pernambukholz und Sappanholz.

Brasília, Hauptstadt Brasiliens und des Bundesdistrikts B., im östl. Hochland von Goiás, 950 km nnw. von Rio de Janeiro, 1 060 m ü. d. M. (in trop. Höhenklima), 411 000 E. Sitz eines Erzbischofs; Univ. (gegr. 1962). Verbindung zu den übrigen Landesteilen durch Straßen und v. a. Flugverkehr, seit 1967 Bahnverbindung mit Rio de Janeiro. Die Gründung einer neuen Hauptstadt im Landesinnern wurde bereits 1823 angeregt. 1956 städtebaul. Wettbewerb; Grundkonzeption ist ein Straßenkreuz aus der 13 km langen, parabelförmigen Hauptverkehrsachse mit den Wohngebieten und der 6 km langen Monumentalachse (N–S) mit den Regierungsgebäuden, den kulturellen und kommerziellen Zentren. Die Achse erweitert sich zu einer Esplanade, eingefaßt von den Ministerien. Hier liegen auch Theater u. Kathedrale. Den Abschluß bildet im SO der dreieckige „Platz der drei Gewalten", von O. Niemeyer entworfen, mit Kongreßgebäude, Oberstem Gerichtshof und Regierungspalast. ◆

B., brasilian. Bundesdistrikt im östl. Hochland von Goiás, 5 814 km², 1,177 Mill. E. (1980), Hauptstadt Brasília.

brasilianische Kunst, im 20. Jh. wurden zunächst heim. folklorist. Traditionen gepflegt, die Öffnung gegenüber der internat. Entwicklung erfolgte zuerst in der Architektur gegen Ende der 1930er Jahre, in den bildenden Künsten seit den 1950er Jahren (Biennalen von São Paulo). Internat. bekannt wurde v. a. die moderne *Architektur* in Brasilien. Le Corbusier entwarf 1936 in Rio de Janeiro in Zusammenarbeit mit dortigen Architekten (u. a. L. Costa, A. E. Reidy, O. Niemeyer) das Erziehungsministerium, das 1937–43 von L. Costa u. a. erbaut wurde. 1939 erregte der brasilian. Pavillon von O. Niemeyer und L. Costa auf der Weltausstellung in New York Aufsehen. Weitere Bauten: Halle des Flughafens Santos Dumont in Rio de Janeiro von M. Roberto (1944), Wohnhäuser im Eduardo-Guinle-Park ebd. von L. Costa (1948–54), Pedregulho-Wohnsiedlung ebd. von A. E. Reidy (1950–52), Ausstellungsgebäude in São Paulo von O. Niemeyer (1951–55), Krebskrankenhaus von R. Levi ebd. (1954), die städtebaul. Gesamtplanung von Brasília (L. Costa) mit öff. Bauten von O. Niemeyer und Gartenanlagen von R. Burle Marx.

brasilianische Literatur, die Periode völliger kultureller Abhängigkeit vom Mutterland Portugal erstreckte sich bis etwa 1750. Die erste literarisch bed. Persönlichkeit war der Jesuit J. de Anchieta. Beachtlich wegen seiner Naturschilderungen ist das Lobgedicht „Prosopopeia" (1601) von B. Teixeira (* 1545, † 1618). Das bedingt durch die Kämpfe gegen Holländer und Engländer im 17. Jh. erwachende Nationalgefühl der Brasilianer schlug sich nieder in der „História da custódia do Brasil" (1627) des Franziskaners V. do Salvador (* 1564, † 1636) bis hin zur „História da América portuguesa" (1730) des Jesuiten S. da Rocha Pita (* 1660, † 1738). Mitte des 18. Jh. schwand der portugies. Einfluß, man orientierte sich an frz. und italien. Vorbildern. Überragender Lyriker ist T. A. Gonzaga. Neben der Lyrik wurde v. a. der Dichtung gepflegt (Hauptvertreter J. B. da Gama). Bedeutendster Vertreter der Romantik (um 1830) war A. G. Dias. Als Reaktion auf den romant. Subjektivismus entstand die sozialengagierte *„Escola Condoreira".* Ihr Anliegen, die Aufhebung der Sklaverei, fand seinen stärksten dichter. Ausdruck in der Lyrik von A. de Castro Alves. Indianist. [und gesellschaftskrit.] Romane schrieb J. M. de Alencar. Der beliebteste Roman des 19. Jh. war „Innocencia" (1872) des Visconde de Taunay (* 1843, † 1899). Von den 1870er Jahren an entwickelts ich parallel die Strömungen des *Parnassianismus* und *Symbolismus* in der Lyrik, des *Realismus* und *Naturalismus* in Prosa und Theater. Hauptwerk des brasilian. Parnaß war O. Bilacs Gedichtband „Poesias". Die wichtigsten Symbolisten sind J. da Cruz e Sousa und A. de Guimarães (* 1870, † 1921).

Im Bereich der Prosa übernimmt A. Azevedo (* 1857, † 1913) die naturalist. Techniken Zolas. Außerhalb des Naturalismus nimmt der Romancier J. M. Machado de Assis (* 1839, † 1908) einen überragenden Platz ein. Es folgte eine Zeit der krit. Selbstbesinnung, in der ein neues Verhältnis zur nat. Wirklichkeit gefunden wurde. Die Exponenten und Theoretiker des brasilian. Modernismo (seit 1922) sind M. R. M. de † Andrade und J. O. de Andrade (* 1890, † 1954), Lyriker, Romancier, Dramatiker und Hg. der wichtigsten Literaturzeitschrift „Antropofagia". Die Impulse, die vom Modernismo ausgehen, sind noch bis in die Gegenwart zu verspüren, wenngleich sich die Bewegung in kleinen Gruppen aufsplitterte. Bed. Lyriker waren M. Bandeira Filho (* 1886, † 1968), J. de Lima (* 1895, † 1953) und C. Meireles (* 1901, † 1964). Im Gebiet der erzählenden Prosa entstanden mehrere große Romanzyklen über den Werdegang der einzelnen brasilian. Regionen. Ihren bisherigen Höhepunkt erreichte die regionale Thematik in den Romanen und Erzählungen von J. Guimarães Rosa (* 1908, † 1967) und von A. Aguiar Júnor (* 1915). Mit beachtl. Œuvres sind jüngere Prosaautoren hervorgetreten: O. Lins (* 1925), A. Dourado (* 1935), M. Souza (* 1946) u. a.

Brasilide [nlat.], in der anthropolog. Rassenkunde Bez. für eine die südamerikan. Tropen bewohnende Menschenrasse; kleine, kräftige Gestalt (u. a. Kariben, Aruak und Tupí).

Brasilien

(amtl. Vollform: República Federativa do Brasil; dt. Föderative Republik Brasilien), präsidiale BR in Südamerika, zw. 5° 16' n. Br. und 33° 45' s. Br. sowie 34° 46' und 74° w. L. **Staatsgebiet:** Umfaßt den Großteil des zentralen und nördl. Südamerika (47,3 % von dessen Landfläche), grenzt im N an Französisch-Guayana, Surinam, Guyana und Venezuela, in NW an Kolumbien, im W an Peru, Bolivien und Paraguay, im SW bzw. S an Argentinien und Uruguay, im O an den Atlantik (rd. 7 400 km Küstenlänge). Zu B. gehören noch mehrere Inseln im Atlantik. **Fläche:** 8 511 965 km². **Bevölkerung:** 132,6 Mill. E (1984), 15,6 E/km². **Hauptstadt:** Brasilia. **Verwaltungsgliederung:** 23 Bundesstaaten, 3 Bundesterritorien, ein Bundesdistrikt. **Amtssprache:** Portugiesisch. **Nationalfeiertag:** 7. Sept. (Unabhängigkeitstag). **Währung:** Cruzeiro (Cr$) = 100 Centavos. **Internat. Mitgliedschaften:** UN, OAS, ALALC, SELA, GATT. **Zeitzonen** (von O nach W): MEZ − 4, − 5 und − 6 Std.

Landesnatur: B., das fünftgrößte Land der Erde, hat im N Anteil am Bergland von Guayana, das durch weite Plateaus und isolierte Tafelberge charakterisiert ist; hier liegt der Pico da Neblina, mit 3 014 m ü. d. M. der höchste Berg des Landes. Das Bergland bricht nach S schroff ab zum größten trop. Tieflandgebiet der Erde, dem rd. 4,5 Mill. km² großen Amazonasbecken. Es folgt ein sanfter Anstieg zum Brasilian. Bergland, das über 50 % des Staatsgebiets einnimmt. In Küstennähe ist es herausgehoben und erreicht Höhen bis 2 890 m (Pico da Bandeira); im Landesinnern besteht es aus langgestreckten Abdachungsflächen mit Schichtstufen. Im SW erstreckt sich östl. des Paraguay das Tiefland des Pantanal. Ausgenommen vom Amazonasbekken, das sich zum Atlantik hin öffnet, ist die Küste von einem schmalen, maximal nur 80 km breiten Tieflandstreifen begleitet.

Klima: B. ist ein überwiegend trop. Land mit Differenzierungen vom innertrop. Äquatorialklima (im N) über das Klima der wechselfeuchten äußeren Tropen bis zu subtrop. Klima (im S). Die brasilian. O-Küste bis zum NO-Horn erhält durch den SO-Passat ganzjährig Niederschläge. Die im Regenschatten liegenden Binnengebiete sind z. T. arid und von Dürren bedroht. Die Sommer sind im NO und O heiß, die Wintertemperaturen liegen an der Küste bei 20 °C, im Binnenland unter 18 °C. Im Bergland werden die Temperaturen durch die Höhenlage gemildert; arid sind hier Mai–Sept. Süd-B. besitzt heiße Sommer, jedoch relativ kühle Winter mit Kaltluftvorstößen aus S, die von Mai-Aug. Nachtfröste bringen; die Niederschläge fallen überwiegend ganzjährig.

Vegetation: Fast der gesamte N wird von immergrünem trop. Regenwald (Hyläa) eingenommen. Nach S schließt sich eine Übergangsvegetation an (sog. Cerradão), eine Verzahnung von laubabwerfendem Feuchtwald und den feuchtsavannenähnl. Campos cerrados. Letztere sind v. a. im Gebiet des Planalto Central verbreitet. Babassupalmenwälder bilden den Übergang zur Caatinga (Trocken- und Dornwald, Dornsträucher, Sukkulenten), die weite Teile des semiariden NO bedeckt. Im Sertão herrschen Sukkulentenhalbwüsten vor; anschließend folgt halblaubabwerfender und laubabwerfender trop. Regenwald. Im S finden sich subtrop. Feuchtwälder, auf den Hochflächen baumloses subtrop. Grasland und Araukarienwälder. Im Gebiet von Rio Grande do Sul greifen noch Ausläufer der Pampas herüber. Der Pantanal ist period. überschwemmt; an der Küste kommen Mangrovewälder vor.

Tierwelt: Im Waldland leben Tapir, Wildschwein, Jaguar, Puma sowie kleinere Wildkatzenarten neben zahlr. Affenarten. Faultier, Gürteltier, Ameisenbär und Leguan kommen als typ. Vertreter der isolierten südamerikan. Fauna vor. Artenreichtum auch bei Vögeln und Insekten. Die Flüsse sind fischreich; in ihnen kommen u. a. der Arapaima, Pirayas, Delphine, der Flußmanati, Wasserschild-

Brasilien

kröten, Fischotter, Kaimane, der Zitteraal und die Wasserschlange Anakonda vor. In den Campos cerrados leben Pampashirsch, Waschbär, Nasenbär, Termiten und Blattschneiderameisen. Die bekanntesten der etwa 200 in B. vorkommenden Giftschlangen sind Buschmeister, Korallenschlange und Schauerklapperschlange.

Brasilien. Wirtschaftskarte

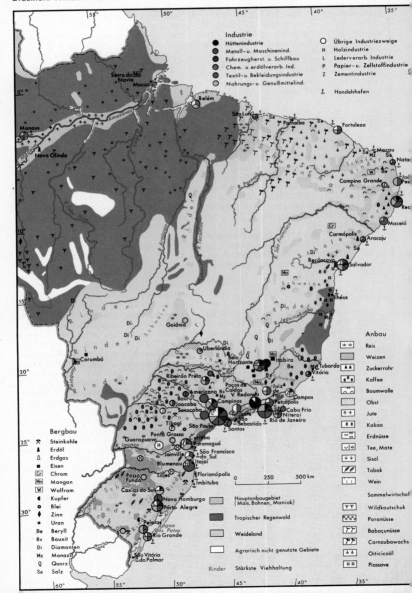

Bevölkerung: Die Bev. ist ethn. stark differenziert; etwa 60 % sind Weiße, rd. 26 % Mulatten, Mestizen und Cafusos, 11 % Neger, 1 % Asiaten (v. a. Japaner); die Zahl der Indianer wird auf 0,1–0,2 Mill. geschätzt, ihre Existenz ist bedroht durch mangelnde Koordination zw. Indianerschutz einerseits und Verkehrs- und Kolonisationsplanern andererseits. Rd. 91 % sind röm.-kath., 5 % prot.; verbreitet sind afro-brasilian. Kulte, u. a. Macumba, Umbanda, Candomblé. Rd. 70 % der Bev. leben im S und SO, im Amazonasgebiet nur 3–4 %, große Teile von B. sind unbewohnt. Das schnelle Wachstum der Städte – die Agglomeration São Paulo hat z. B. über 10 Mill. E – ist eine Folge der hohen Geburtenrate und der Landflucht, die sich in ausgedehnten Elendsvierteln (Favelas) verdeutlichen. Es besteht ein krasses Mißverhältnis zw. einer kleinen, wirtsch. starken Oberschicht und der breiten besitzlosen Masse; die Mittelschicht ist relativ klein. Schulpflicht besteht von 7–11 Jahren, der zu rd. 80 % nachgekommen wird. Neben zahlr. Hochschulen verfügt B. über 67 Univ. Das Gesundheitswesen ist nur in Ballungsräumen besser entwickelt. Die Kindersterblichkeit zählt zu den höchsten in Lateinamerika.

Wirtschaft: Führender Wirtschaftszweig ist die Landw.; zahlenmäßig überwiegen Klein- und Mittelbetriebe. Nur 4 % der landw. Nutzfläche sind Acker- und Dauerkulturland, der größte Teil dient als Weideland. Abgesehen von Weizen, deckt die Landw. den Eigenbedarf. Exportiert werden Kaffee (reguliert vom Brasilian. Kaffeeinst.), Zucker, Sojabohnen, Kakao, Mais, Tabak, Baumwolle. Durch die extensive Rinderzucht hat sich B. zu einem der führenden Fleischerzeuger der Welt entwickelt. Mit der Kolonisation, v. a. längs der Transamazônica, ist das Problem der Waldvernichtung gekoppelt, die bedrohl. Ausmaße angenommen hat. Die Reserven an unerschlossenen Bodenschätzen sind noch groß; abgebaut werden v. a. Eisen- und Manganerze, Kalk, Kohle und Salz. Die Erdölförderung, auch im Off-shore-Bereich, deckt knapp 20 % des Eigenbedarfs. Die Stromerzeugung stammt zu rd. 90 % aus Wasserkraft; geplant sind acht Kernkraftwerke. Die Ind. konzentriert sich im SO und S des Landes; führend sind neun Kernkraftwerke. Die Ind. konzentriert sich von Textilind., Autoind. samt Zulieferbetrieben, Werften, Elektro- und Elektronikind., petrochem. und Zelluloseindustrie.

Außenhandel: Von den EG-Ländern ist die BR Deutschland der wichtigste Handelspartner, gefolgt von Italien, Großbrit., Frankr. und den Niederlanden. Von großer Bed. ist auch der Handel mit den USA, Japan, Saudi-Arabien, Irak, Argentinien, Kanada, Spanien und der Sowjetunion. Die BR Deutschland kauft in B. u. a. Sojabohnen, Eisenerze, Ölkuchen, Rohkaffee, Baumwolle und Baumwollgarne,

Bett- und Tischwäsche sowie Vorhänge, Fette, Bekleidung, Kfz.teile und -zubehör; sie liefert nach B. Maschinen, Apparate, Geräte, Eisen und Stahl, chem. Grundstoffe und Verbindungen, Kfz. und -zubehör, Kunststoffe und -harze, opt. Erzeugnisse, Uhren, Metallwaren, Kunstdünger u. a.

Verkehr: Das Eisenbahnnetz (fünf Spurweiten) hat eine Länge von 30 394 km, das Straßennetz von 1,56 Mill. km. Bes. wichtig für die Erschließung des Binnenlandes sind die O–W verlaufende Transamazônica und die sie kreuzende, N–S verlaufende Fernstraße Santárem–Cuiabá. Nur im Amazonasgebiet spielt die Binnenschiffahrt eine größere Rolle. Größte Seehäfen sind Tubarão, Rio de Janeiro, São Sebastião, Santos, Pôrto Alegre und Paranaguá. 1975 gab es 980 öffentl. ✈; über internat. ✈ verfügen Brasília, Rio de Janeiro, São Paulo und Manaus.

Geschichte: *Präkolumbische Zeit:* Erste menschl. Spuren sind für etwa 8 000 v. Chr. im Inneren B. nachgewiesen (Lagoa Santa). Bereits die ersten Keramiken um 1 000 v. Chr. machen die Zweiteilung B. in Amazonasbekken und S-B. deutl. Während für S-B. eine Eigenständigkeit angenommen wird, rechnet man im Amazonasbecken mit starken äußeren Einflüssen aus Venezuela, den Guayanas und vom Oberlauf des Amazonas. *Kolonialgeschichte:* Als erste Europäer erreichten die Spanier 1500 die Küste des heutigen B. Mit Fahrten entlang der brasilian. Küste sicherte sich aber Portugal seine auf dem Vertrag von Tordesillas beruhenden Ansprüche auf dieses Land. 1531 (Gründung von São Vicente) wurde die systemat. Besiedlung eingeleitet. Eine wichtige Gründung war die des Jesuitenkollegs São Paulo durch den Indianermissionar Manuel da Nóbrega. Während der Vereinigung Portugals mit Spanien (1578–1640) war B. Angriffen der Gegner Spaniens (Engländer, Franzosen, Niederländer) ausgesetzt, die jedoch bis 1654 aus dem Land wieder vertrieben wurden (1662 endgültiger Verzicht der Niederlande auf ihre Ansprüche). Im 17. Jh. griffen die „Bandeirantes" aus São Paulo die von span. Jesuiten in Paraná und Santa Catarina gegr. Missionen, die sog. Indianerreduktionen, an. Erst die Niederlage der Bandeirantes (1641) gegen die von den Jesuiten geführten und bewaffneten Indianer beendete die portugies. Ausdehnung. Seit 1650 begann, v. a. von São Paulo aus, die Durchdringung und Besiedlung des Innern.

Bis Anfang des 19. Jh. war B. ein vom Mutterland Portugal abhängiges Vizekönigreich. Mit dem Einmarsch der Franzosen in Portugal 1807 übersiedelte der portugies. Hof nach Brasilien. Nachdem der Hof 1821 bei seiner Rückkehr nach Portugal die geforderte freiheitl. Verfassung für B. nicht verkündete, antwortete B. am 7. Sept. 1822 mit der Unabhängigkeitserklärung. Der zurückgebliebene portugies. Regent, Kronprinz Peter, der sich an die Spitze der Unabhängigkeitsbewegung gestellt hatte, wurde zum konstitutionellen Kaiser Peter I. ausgerufen. 1825 erkannte Portugal die Unabhängigkeit seiner ehemaligen Kolonie an. Unter der Herrschaft Peters II. begann der große Aufstieg von B., v. a. seiner S-Provinzen. Konsequent wurde die Einwanderung von Europäern (bis 1889 über 800 000) gefördert. Die brasilian. Wirtschaft stellte sich in dieser Zeit auf den Anbau von Kaffee um. Das Problem des Arbeitskräftemangels in den rasch wachsenden Plantagen wurde durch Import von schwarzen Sklaven aus Afrika gelöst. Auf Grund der geringen Rassenvorurteile setzte in B. eine starke Vermischung der schwarzen und der weißen, bald auch der indian. Rasse ein. Erst 1888 verfügte das Parlament die entschädigungslose Freilassung aller Sklaven. 1889 übernahm eine republikan. Verschwörung die Macht. Die Verfassung der neuen Republik von 1891 lehnte sich stark an das Vorbild der USA an. Der 1. Weltkrieg brachte, v. a. im Bundesstaat São Paulo, den Aufbau der Industrie. Er wurde jedoch durch die Weltwirtschaftskrise unterbrochen. Extremist. Parteien (Kommunisten und die faschist. Integralisten) erzielten große Stimmengewinne. Nach dem Aufstand der Kommunisten (1935) und auf Grund der anhaltenden Unruhen ließ Präs. G. Vargas (1930–45) die neu ausgearbeitete Verfassung 1937 aufheben und alle polit. Parteien verbieten. Nach dem Ende des 2. Weltkrieges nahm die Opposition gegen Vargas rasch zu und erzwang 1945 seinen Rücktritt. Vargas wurde jedoch 1950 erneut zum Präs. gewählt. 1954 forderte schließl. das Militär seinen Rücktritt. Unter Präs. Kubitschek (1956–61) wurde der innere Ausbau in B., v. a. die Industrialisierung und die Errichtung der neuen Hauptstadt Brasília, vorangetrieben. Die 1961 vom Militär geforderte Verfassungsreform zugunsten des Parlaments wurde nach einer Volksabstimmung 1963 rückgängig gemacht. Seit 1964 übt in B. das Militär die Herrschaft aus; die Position der Zentralexekutive wurde durch die neue Verfassung von 1967 erhebl. verstärkt. 1968 setzte die Militärreg. die wichtigsten Verfassungsgarantien außer Kraft. 1969 wurde die geltende Verfassung erlassen. Präs.: 1974–79 E. Geisel, seit März 1979 General J. B. Figueiredo. Im Nov. 1982 fanden allg. Wahlen statt. Mit der Wahl eines zivilen Präs. fand im Jan. 1985 die Zeit des Militärregimes ein Ende. Im Mai 1985 wurde eine Verfassungsreform verabschiedet.

Politisches System: Der Verfassung von 1969 nach ist B. eine bundesstaatl. Präsidialdemokratie. Seit 1964 hat B. eine vom Militär getragene Reg. *Staatsoberhaupt* ist der vom Bundesparlament u. Mgl. der Parlamente der Bundesstaaten auf 5 Jahre gewählte Präs. (Wiederwahl ist nicht mögl.), der als Reg.chef auch Inhaber der *Exekutive* ist. Neben der Reg. besteht ein „Nat. Sicherheitsrat". Die *Legislative* liegt beim Bundesparlament, dem Nationalkongreß; er besteht aus Abg.haus (z. Z. 479 Abg.) und Senat (69 Mgl.). Auf Grund des Wahlsystems errang bei den Wahlen zum Abg.haus 1978 die Regierungspartei ARENA mit 41,5% der Stimmen 231 Sitze, die Oppositionspartei MDB mit 58,5% nur 189 Sitze. Seitdem haben sich das brasilian. *Parteiensystem* und die Sitzverteilung im Parlament gewandelt, da 1979 zusätzl. zu den bis dahin legalen zwei Parteien die Bildung weiterer Parteien zugelassen wurde. Die ARENA wurde umgebildet zur Partido Democrático Social (PDS) mit (1982) 234 Abg.; die MDB änderte ihren Namen in Partido do Movimento Democrático Brasileiro (PMDB; 200 Abg.). Neu bildeten sich u. a. die Partido Popular und die Partido Trabalhista Brasileiro (zus. 45 Abg.). Der Einfluß der *Gewerkschaften* (über 7 Mill. Mgl.) ist gering.

Die 23 Bundesstaaten haben bei eigenen Verfassungen unterschiedl. Einrichtungen für die *Verwaltung,* Gesetzgebung und Rechtsprechung, eigene Parlamente als Legislativorgane, direkt gewählte Gouverneure als Inhaber der Exekutive. Die 3 Bundesterritorien unterstehen unmittelbar den Bundesbehörden. Es gilt fortentwickeltes portugies. *Recht.* Das Gerichtswesen gliedert sich in Zivil-, Arbeits-, Wahl- und Militärgerichte. Das Oberste Bundesgericht urteilt über Verfassungsfragen und Anklagen gegen Angehörige der Exekutive und Legislative. Bei allg. Wehrpflicht umfassen die *Streitkräfte* rd. 274 000 Mann (Heer; 183 000, Marine: 46 000, Luftwaffe: 45 000); außerdem rd. 200 000 Mann paramilitär. Kräfte.

📖 *Holtz, U.: B. Eine histor.-polit. Landeskunde. Paderborn 1980. - Kohlhepp, G.: B. Stg. 1980. - Aktuelle Perspektiven Brasiliens. Mchn. 1979. - Grabendorff, W./Nitsch, M.: B., Entwicklungsmodell u. Außenpolitik. Mchn. 1977.*

Brasilin [span.], im brasilian. Rotholz enthaltenes Glykosid, das bei Oxidation in B. das eigtl. Naturfarbstoff **Brasilein** übergeht; findet Verwendung u. a. zur Rotfärbung von Tinten, Hölzern und Textilien sowie als Mikroskopierfarbstoff.

Brasilkiefer (Brasilian. Araukarie, Araucaria angustifolia), Araukariengewächs S-Brasiliens und N-Argentiniens; bestandbildender Nadelbaum mit etwa 25–45 m hohen und 1 m dicken, weitgehend astfreien Stämmen und hoch angesetzter Krone.

Brasillach, Robert [frz. brazi'jak], * Perpignan 31. März 1909, † Paris 6. Febr. 1945 (als Kollaborateur hingerichtet), frz. Schriftsteller. - Schrieb Literaturchroniken und -essays („Les quatre jeudis", 1944) und Romane („Uns aber liebt Paris", 1936; „Ein Leben lang", 1937).

Brasilstrom, warme Meeresströmung

im Atlantik, vor der Küste S-Amerikas, von Kap Branco bis zur La-Plata-Mündung.

Braşov [rumän. braˈʃov] ↑ Kronstadt.

Brassaï [frz. braˈsɛ], eigtl. Gyula Halász, * Kronstadt (= Braşov) 19. 7. 1899, † Nizza 8. Juli 1984, frz. Photograph ungar. Herkunft. - Seit 1923 zunächst als Maler und Journalist in Paris; seine Nachtaufnahmen der Pariser Unter- und Halbwelt (1933 veröffentlicht, dt. 1976 u. d. T. „Das geheime Paris") sind bed. Zeugnisse realist. Photographie. Seine „Graffiti-Photographien" innerhalb von 25 Jahren entstandene Aufnahmen von in Mauern eingeritzten trivialen Zeichen, die er selbst als „Zwitterkunst der übelbeleumdeten Gassen" bezeichnet, halten bes. deren tachist. und informelle Wirkung fest.

Brasselett [lat.-frz.], Armband; in der Gaunersprache für: Handschelle.

Brassen [niederl.], Taue zum Drehen der Rahen.

Brassen, (Abramis) Gatt. der Karpfenfische mit 3 Arten; ↑ Zobel, ↑ Zope und B. (↑ Brachsen).

◆ (Meerbrassen, Sparidae) Fam. bis 1,3 m langer Barschfische mit etwa 200 Arten, v. a. in den Küstengewässern trop. und gemäßigter Meere; u. a. ↑ Zahnbrasse, ↑ Goldbrasse, ↑ Rotbrasse und ↑ Graubarsch.

Brassenregion, svw. ↑ Brachsenregion.

Brassens, Georges [frz. braˈsɛ̃:s], * Sète (Hérault) 22. Okt. 1921, † ebd. 30. Okt. 1981, frz. Chansonnier. - Schrieb Texte und Melodien zahlr. typ. Pariser Chansons und Songs, die er auch selbst vortrug.

Brasseur, Pierre [frz. braˈsœ:r], eigtl. P. Espinasse, * Paris 22. Dez. 1905, † Bruneck (Trentino-Tiroler Etschland) 14. Aug. 1972, frz. Schauspieler. - Charakterdarsteller: Filme: „Hafen im Nebel" (1938), „Die Kinder des Olymp" (1945), „Die Mausefalle" (1957), „Affäre Nina B." (1961).

Brassica [lat.], svw. ↑ Kohl.

Braten, das Garen von Fleisch, Fisch, usw. in heißem Fett oder Öl in Pfannen oder anderen Gefäßen oder in Folie im eigenen Saft. Beim B. von Fleisch gerinnt das Eiweiß der Fleischoberfläche, das Fett schmilzt z. T. aus, der rote Blutfarbstoff wird zerstört und gebräunt. Dabei bilden sich angenehm riechende Zersetzungsprodukte (Bratengeruch). Das Fleisch verliert beim B. etwa 19 bis 24 % seines Gewichts.

Brătescu-Voineşti, Ion Alexandru [rumän. brəˈteskuvojˈneʃtj], * Tîrgovişte 1. Jan. 1868, † Bukarest 14. Dez. 1946, rumän. Schriftsteller. - Schrieb psycholog. Erzählungen mit zeitkrit. Tendenz.

Brătianu [rumän. brəˈtjanu], Ion C., * Piteşti 2. Juni 1821, † Florica 16. Mai 1891, rumän. Politiker. - Spielte bei der Vereinigung der Donaufürstentümer 1859 eine maßgebende Rolle; trug wesentl. zur Vertreibung des Fürsten Cuza bei und förderte die Thronbe-

steigung Karls von Hohenzollern-Sigmaringen (1866); 1868 kurzfristig Min.präs.; 1876–1888 als Führer der nat.liberalen Partei erneut Min.präs. (mit kurzer Unterbrechung 1881); festigte die außenpolit. Stellung seines Landes; führte zahlr. Reformen durch (allg. Wahlrecht, Bodenreform).

B., Ion (Ionel) I. C., * Florica 20. Aug. 1864, † Bukarest 26. Nov. 1927, rumän. Politiker. - Sohn von Ion C. B.; mehrmals Min.; 1909–11, 1914–18, 1918/19 und 1922–26 Min.präs.; seit 1909 Vors. der Liberalen Partei; setzte bei Kriegsausbruch die Neutralität Rumäniens durch; trat 1916 an der Seite der Entente in den Krieg ein; Mitbegr. der Kleinen Entente.

Bratislava ↑ Preßburg.

Brätling (Bratling, Birnenmilchling, Brotpilz, Milchbrätling, Lactarius volemus), in Mischwäldern wachsende Art der Milchlinge; orangebrauner, weißen Milchsaft führender, bis 12 cm hoher, geschätzter Speisepilz; Hutdurchmesser 7–15 cm.

Bratsche [zu italien. viola da braccio, eigtl. „Armgeige"], das Altinstrument der modernen Violinfamilie, ↑ Viola.

Bratschenschlüssel ↑ Altschlüssel.

Bratschi, Robert, * Lengnau (BE) 6. Febr. 1891, † Bern 24. Mai 1981, schweizer. Politiker und Gewerkschaftsführer. - Seit 1922 sozialdemokrat. Nationalrat, 1934–53 Präs. des Schweizer. Gewerkschaftsbundes.

Bratsk, sowjet. Stadt an der Angara, RSFSR, 236 000 E. Technikum für Holzverarbeitung; Bodenempfangsstation für Fernmeldesatelliten; Aluminiumwerk, Holzverarbeitungskombinat; Hafen, ⚓. - Gegr. 1631 als Festung an der Angara. Aus einer Zeltstadt des Staudammbaus entwickelte sich das neue B., 1955 Stadt. Das alte B. ist vom Stausee überflutet.

Bratsker Stausee, Stausee der Angara oberhalb von Bratsk, in Sibirien, RSFSR, 5 494 km², 179,1 Mrd. m³; 125 m hoher Staudamm mit Straße und Eisenbahn. Wasserkraftwerk seit 1961 in Betrieb.

Bratspill ↑ Spill.

Brattain, Walter Houser [engl. brætn], * Amoy (China) 10. Febr. 1902, amerikan. Physiker. - Gemeinsam mit J. Bardeen entwickelte er 1947 den ersten Transistor. Er erhielt 1956 mit Bardeen und W. Shockley für die Entdeckung und Aufklärung des Transistoreffekts den Nobelpreis für Physik.

Bratteli, Trygve Martin, * Nøtterøy 11. Jan. 1910, † Oslo 20. Nov. 1984, norweg. Politiker. - Seit 1950 Abg. der Storting, mehrmals Min.; 1964–75 Vors. der (sozialdemokrat.) Arbeiterpartei; 1971/72 und 1973–76 Ministerpräsident.

Braubach, Max, * Metz 10. April 1899, † Bonn 21. Juni 1975, dt. Historiker. - 1928–67 Prof. in Bonn; Arbeiten zur rhein. Landesgeschichte, zur europ. Geschichte des 17. und 18. Jh. sowie zur Zeitgeschichte.

Braubach, Stadt am Mittelrhein, Rhld.-Pf., 71 m ü. d. M., 3 500 E. Fremdenverkehr; Wein- und Obstbau; Blei- und Silberhütte. - 691/692 erstmals erwähnt; 1276 Stadtrecht. - Die Marksburg ist die einzige unzerstörte Burg am Mittelrhein (13.–18. Jh.).

Brauch, oft in Verbindung oder synonym mit „Sitte" verwendet, in den letzten Jahrzehnten jedoch im allg. umschrieben als von der Sitte gefordertes, sozial bestimmtes, bei gewissen Anlässen geübtes, traditionelles Verhalten. Gegenstand der *B.forschung* sind die ↑Tradition (die dem B. histor. Legitimation und Bed. gibt), die erneuernde Wiederholung (durch die das Traditionelle vergegenwärtigt wird) und die Stilisierung, mit der Verhaltensweisen zu überlieferbaren Mustern werden. Heute versucht die B.forschung, Ausbildung und Wandel des B.tums in der Bindung an Ort, Zeit und Trägerschicht, an wirtsch., soziale und ideolog. Verhältnisse zu erfassen und in ihrer urspr. Bed. (funktional) zu erklären. Zu einer umfassenden *B.geschichte* gibt es erst Ansatzpunkte. - Öffentl. Gebärden, die den Charakter von B. haben, sind z. B. Grundsteinlegung und Richtfest, erster Spatenstich und Durchschneiden eines Bandes zur Freigabe einer fertiggestellten Straße, die Taufe von Schiffen und Flugzeugen, die Übergabe eines goldenen Stadtschlüssels, die Siegerehrung von Sportlern mit Kranz und Pokal, die verschiedenen „Tage", z. B. des Kindes, des Baumes, des Tieres usw.

Brauchitsch, Manfred von, * Hamburg 15. Aug. 1905, dt. Automobilrennfahrer. - Gewann auf Mercedes-Benz-Wagen u. a. 1937 den Großen Preis von Monaco und 1938 den Großen Preis von Frankreich.

B., Walter von, * Berlin 4. Okt. 1881, † Hamburg 18. Okt. 1948, dt. Generalfeldmarschall. - 1938 als Nachfolger von W. von Fritsch zum Oberbefehlshaber des Heeres ernannt; nach wiederholten Differenzen mit Hitler in dessen strateg. Planung im Dez. 1941 verabschiedet; starb in brit. Haft.

Brauchwasser, für gewerbl. oder industrielle Zwecke bestimmtes Wasser, das nicht als Trinkwasser benutzt werden darf; v. a. in Gartenbaubetrieben verwendet.

Brauer, Erich (Arik), * Wien 4. Jan. 1929, östr. Maler und Radierer und Liedersänger. - Bed. Vertreter der Wiener Schule des phantast. Realismus; horizontlose Landschaften, in denen oft „fürchterlich-prachtvolle" (B.) Gestalten, techn. anmutende Gebilde und seltsame Flugkörper im Mittelpunkt stehen.

B., Ludolf, * Gut Hohenausen (Kreis Thorn) 1. Juli 1865, † München 25. Nov. 1951, dt. Mediziner. - Förderte die Entwicklung von chirurg. Maßnahmen zur Heilung der Lungentuberkulose.

B., Max, * Ottensen (= Hamburg) 3. Sept. 1887, † Hamburg 2. Febr. 1973, dt. Kommunalpolitiker (SPD). - 1919 Bürgermeister,

1924 Oberbürgermeister von Altona; 1933 von den Nationalsozialisten abgesetzt und verhaftet, in der Emigration (bis 1946); 1946–1953 und 1957–60 1. Bürgermeister von Hamburg; 1961–65 auch MdB.

B., Theodor, * Kleve 16. Jan. 1880, † Saint Paul (Minn.) 19. März 1942, dt. Sozialwissenschaftler. - Prof. in Karlsruhe und Köln, 1933 emigriert; Schriften v. a. zur Lohn- und zur kath. Gewerkschaftspolitik.

Brauerei, Gewerbebetrieb zur Herstellung (Brauen) von Bier. Das Brauwesen entwickelte sich aus kleinen Anfängen in den Klöstern und Städten im MA. Heute sind B. hochtechnische Fabrikationsanlagen. Zum Produktionsablauf ↑ Bier.

Brauerpech, zum Abdichten der Fugen von Holzfässern verwendete geschmacks- und geruchsfreie Masse aus Kolophonium, Pech, Harzölen, Paraffinen und Erdfarben.

Braugerechtigkeit, Recht zum Betrieb des Brauereigewerbes, das i. d. R. mit einem Grundstück verbunden war, aber auch als persönl. Recht ausgestaltet sein konnte; seit 1. Jan. 1873 aufgehoben.

Braugersten, Sommergerstensorten mit geringem Eiweiß- und hohem Stärkegehalt sowie großer Keimschnelligkeit; Verwendung zur Malzbereitung für Brauereizwecke.

Braun, Alexander [Heinrich], * Regensburg 10. Mai 1805, † Berlin 29. März 1877, dt. Botaniker. - Prof. in Freiburg im Breisgau, Gießen und Berlin. B. schuf ein natürl. System zur Bestimmung der Pflanzen; mit Ergänzungen von A. W. Eichler, A. Engler und R. Wettstein die Grundlage des modernen Systems bildet.

B., Caspar, * Aschaffenburg 13. Aug. 1807, † München 29. Okt. 1877, dt. Holzschneider und Verleger. - Gründete 1838 eine „Xylograph. Anstalt", die Prachtwerke (u. a. „Nibelungenlied") herausbrachte, und erweiterte sie mit dem Buchhändler F. Schneider zum Verlag B. & Schneider, in dem seit 1844 die „Münchner Bilderbogen" und die „Fliegenden Blätter" erschienen.

B., Eva ↑Hitler, Adolf.

B., Felix, * Wien 4. Nov. 1885, † Klosterneuburg 29. Nov. 1973, östr. Lyriker, Erzähler und Dramatiker. - Als Lyriker dem Wiener Impressionismus, als Dramatiker bes. Grillparzer verpflichtet; zeichnet in seinen Romanen ein farbiges Bild der untergehenden Donaumonarchie. - *Werke:* Der Schatten des Todes (R., 1910), Agnes Altkirchner (R., 1927, 1957 u. d. T. Herbst des Reiches), Das Nelkenbeet (Ged., 1966).

B., Harald, * Berlin 26. April 1901, † Xanten 24. Sept. 1960, dt. Filmregisseur und Drehbuchautor. - Drehte u. a. die Filme „Zwischen Himmel und Erde" (1941), „Nachtwache" (1949), „Königliche Hoheit" (1953).

B., Heinrich, * Pest (= Budapest) 23. Nov. 1854, † Berlin 8. Febr. 1927, dt. Sozialpolitiker. - ∞ mit Lily B.; 1883 Mitbegr. der „Neuen Zeit", 1888–1903 Hg. des „Archivs für soziale Gesetzgebung und Statistik", 1892–95 des „Sozialpolit. Zentralblattes", 1905–07 der „Neuen Gesellschaft", 1911–13 der „Annalen für Sozialpolitik und Gesetzgebung".

B., Karl Ferdinand, * Fulda 6. Juni 1850, † New York 20. April 1918, dt. Physiker. - Prof. in Marburg, Straßburg, Karlsruhe, Tübingen. Entdeckte den Gleichrichtereffekt bei Sulfiden; erweiterte Le Chateliers „Prinzip des kleinsten Zwanges" zum ↑ Le-Chatelier-Braunsche Prinzip; erfand die Braunsche Röhre (↑ Elektronenstrahlröhre); bahnbrechende Entwicklungsarbeiten auf dem Gebiet der Funktechnik. Nobelpreis 1909 (mit G. Marconi).

B., Lily, * Halberstadt 2. Juli 1865, † Berlin 8. Aug. 1916, dt. Schriftstellerin. - ∞ mit Heinrich B.; war führend in der dt. Frauenbewegung tätig; Mgl. der SPD. Neben Romanen und Dramen stehen ihre „Memoiren einer Sozialistin" (2 Bde., 1909–11), die v. a. als Zeugnis der Zeit wichtig sind.

B., Matthias (M. Braun von Braun), * Oetz (Tirol) 25. Febr. 1684, ☐ Prag 16. Febr. 1738, böhm. Bildhauer. - Wichtigster Vermittler Berninischer Gedanken für Böhmen. Er schuf hochbarocke Statuen und Gruppen, z. B. die hl. Liutgardis auf der Prager Karlsbrücke (1710), Steinfiguren in der Klemenskirche in Prag (um 1715) und vor dem Hospital in Kuks (um 1719). Im Wald bei Kuks schlug B. 1726–31 aus dem Gestein die Gruppen „Bethlehem".

B., Otto, * Königsberg (Pr) 28. Jan. 1872, † Locarno 14. Dez. 1955, dt. Politiker (SPD). - Seit 1911 im Parteivorstand; Mgl. des preuß. Abg.hauses seit 1913, der Weimarer Nat.versammlung, 1920–33 MdR; 1918–21 preuß. Landw.min.; 1920–33 preuß. Min.präs. (mit kurzer Unterbrechung 1921 und 1925; „Roter Zar von Preußen"); die kampflose Räumung dieser Machtposition nach der Wahlniederlage und dem Preußenputsch der Reichsregierung von Papen 1932 ebnete Hitler den Weg zur Macht; am 6. Febr. 1933 durch Verordnung des Reichspräs. endgültig amtsenthoben; emigrierte 1933 in die Schweiz.

B., Volker, * Dresden 7. Mai 1939, dt. Schriftsteller. - Lebt in Berlin (Ost). *Werke:* Provokation für mich (Ged., 1965), Kriegs-Erklärung (Ged., 1967), Wir und nicht sie (Ged., 1970), Das ungezwungene Leben Kasts (En., 1972), Tinka (Dr., 1973), Es genügt nicht die einfache Wahrheit. Notate (1976), Unvollendete Geschichte (E., 1977), Hinze-Kunze-Roman (1986).

B., Wernher Freiherr von, * Wirsitz (= Wyrzysk) 23. März 1912, † Alexandria (Va.) 16. Juni 1977, amerikan. Physiker und Raketeningenieur dt. Herkunft. - Befaßte sich seit 1930 mit Problemen der Raketentechnik; 1932 Mitarbeiter des Heereswaffenamtes, 1937

techn. Direktor des Raketenwaffenprojektes der Heeresversuchsanstalt in Peenemünde. Entwicklung der ersten automat. gesteuerten Flüssigkeitsrakete A 4 (später V 2). Seit 1945 in den USA; seit 1959 Mitarbeiter der NASA; ab 1960 Entwicklung großer Trägerraketen („Saturn"-Raketen) für das amerikan. Raumfahrtprogramm; hatte wesentl. Anteil an der Entwicklung des amerikan. Raumfahrtprogramms durch die Konstruktion von künstl. Satelliten und die Vorbereitung des Mondflugprogramms (↑ Apollo-Programm) der NASA. - Abb. S. 15.

Braun, Bez. für jede Farbempfindung, die durch ein Gemisch von orangefarbenem bis karminrotem und gelbgrünem bis blauem Licht hervorgerufen wird oder durch Mischung von orangegelben Farben und Schwarz oder Violettblau in unterschiedl. Anteilen zustande kommt.

Braun AG, Unternehmen der Elektroindustrie, Sitz Frankfurt am Main, gegr. 1921 von W. M. Braun (* 1890, † 1951); seit 1961 AG; Produktion: Elektrorasierer, Haushalts-, Hörfunk-, Tonband- und Phonogeräte, Filmkameras; Mehrheitsaktionär ist der amerikan. Gillette-Konzern.

Braunalgen (Phaeophyceae), hochentwickelte Klasse der Algen mit rd. 2000, überwiegend marinen Arten. B. sind, mit Ausnahme der in riesigen Mengen in der Sargassosee treibenden Sargassumarten, festsitzend. Die einfachsten B. besitzen fädige, verzweigte Thalli. In den echten Geweben der großen B. (Tange) finden sich bereits Assimilations-, Speicher- und Leitgewebe. Die B.zelle führt mehrere, meist linsenförmige Chromatophoren, in denen (neben Chlorophyll) u. a. das für die braune bis olivgrüne Farbe der meisten B. verantwortl. Karotinoid Fucoxanthin vorkommt. Von ständig wachsender industrieller Bedeutung sind die aus B. gewonnene Alginsäure und deren Produkte.

Braunau am Inn, Bezirkshauptstadt an der Mündung der Mattig in den Inn, Oberösterreich, 352 m ü. d. M., 16 200 E. Bezirksgericht; Handelsakad.; Aluminiumhütte, Eisengießerei, Schirmfabrik, Herstellung von Waagen. - 1125 erstmals genannt (**Prounaw**); 1779 erstmals, 1816 endgültig von Bayern zu Österreich. - Got. Pfarrkirche (15. Jh.); Geburtsstadt von Adolf Hitler.

Braunauge (Dira maera), etwa 5 cm spannender, dunkelbrauner Augenfalter, v. a. in lichten Wäldern der Gebirge und Hügellandschaften Europas; mit je einem mittelgroßen, schwarzen, hell gekernten Augenfleck auf den Vorderflügeln und 2–5 kleinen, schwarzen Augenflecken auf den Hinterflügeln.

Braunbär (Ursus arctos), ursprüngl. über fast ganz N-Amerika, Europa und Asien verbreitete Bärenart mit zahlr. Unterarten; heute in weiten Teilen des ehem. Verbreitungsgebietes ausgerottet und im wesentl. auf große Waldgebiete dünn besiedelter Gegenden (bes. der Gebirge) beschränkt; Vorkommen in Europa: O- und SO-Europa, Skandinavien, Pyrenäen, NW-Spanien; u. a. ↑ Eurasischer Braunbär, ↑ Alaskabär, ↑ Grizzlybär.

Braune, Wilhelm [Theodor], * Großhiemig bei Bad Liebenwerda 20. Febr. 1850, † Heidelberg 10. Nov. 1926, dt. Germanist. - Zahlr. seiner bis in die Gegenwart immer wieder aufgelegten Werke sind Standardwerke der Germanistik, u. a. „Sammlung kurzer Grammatiken german. Dialekte" (hg. seit 1880, von B. darin das Gotische, 1880, und das Althochdt., 1886), „Althochdt. Lesebuch" (1875).

Braune Bienenlaus ↑ Bienenläuse.

Brauneisenstein (Brauneisenerz, Limonit), eines der wichtigsten, durch Verwitterung anderer eisenhaltiger Minerale entstandenen Eisenerze, das wegen seiner unterschiedl. Erscheinungsformen viele Namen hat, z. B. Raseneisenerz, Penningerz, brauner Glaskopf, Bohnerz.

Braunelle, (Prunella) Gatt. der Lippenblütler mit 5 Arten, in Europa bis N-Afrika. In M-Europa 3 Arten, darunter die **Gemeine Braunelle** (Prunella vulgaris), bis 30 cm hoch, mit bis 15 mm großen bläul., selten weißen Blüten, auf Wiesen und Waldrändern häufig; ferner die **Großblütige Braunelle** (Prunella grandiflora) mit bis 25 mm langen, bläul., selten weißen Blüten; in Trockenrasen und lichten Wäldern.
◆ svw. ↑ Kohlröschen.

Braunellen (Prunellidae), Fam. der Singvögel mit 12 Arten (in der einzigen Gatt. **Prunella**) in Europa und Asien sowie in N-Afrika; etwa 12–18 cm lang, überwiegend braun und grau gefärbt, mit schmalem Schnabel. - Einheim. Arten sind ↑ Heckenbraunelle und ↑ Alpenbraunelle.

Brauner, Victor [frz. bro'nɛːr; rumän. 'brauner], * Piatra Neamţ 15. Juni 1903, † Paris 12. März 1966, frz. Maler rumän. Herkunft. – Graph. aufgefaßte, streng ornamental komponierte Bilder voller Bedrohungen.

Brauner Bär (Arctia caja), etwa 65 mm spannender Schmetterling bes. auf Wiesen und Waldlichtungen Europas, Asiens und N-Amerikas; Vorderflügel braun mit weißen Binden, Hinterflügel rot mit schwarzblauen Flecken.

Braunerde ↑ Bodenkunde.
Brauner Enzian ↑ Enzian.
Brauner Jura ↑ Dogger.
Braunfäule, Bez. für verschiedene Pflanzenkrankheiten, bei denen durch Pilzbefall meist braune Flecken auftreten, z. B. Fruchtfäule der Tomaten, Knollenfäule der Kartoffeln, Schwarzadrigkeit des Kohls.

Braunfelchen, Bez. für die aus der Uferregion des Bodensees als ↑ Silberfelchen bekannten Fischarten, wenn diese im freien See leben und eine ins Braune gehende Körperfärbung bekommen.

Braunfels, Stadt sw. von Wetzlar, Hessen, 236 m ü. d. M., 9 700 E. Luftkurort; Metallverarbeitung, Brauerei. - Burg B. (13. Jh.) wurde 1384 Hauptsitz der Grafen von Solms-B. Im 17. Jh. Stadt, 1815 an Preußen. - Zahlr. barocke Fachwerkbauten. Das Schloß (13.–14. Jh.) wurde im 19. Jh. umgebaut.

Braunit [nach dem dt. Kammerrat W. Braun, * 1790, † 1872] (Hartmanganerz), grau bis braunschwarz glänzendes Mineral, $3 Mn_2O_3 \cdot MnSiO_3$; Dichte, 4,7–4,9 g/cm^3; Mohshärte 6–6,5; wichtiges Manganerz.

Braunkehlchen (Saxicola rubetra), etwa 12 cm lange Schmätzerart (Fam. Drosseln) in Europa und M-Asien; Oberseite des ♂ braun mit hellerer Streifung, Unterseite rahmfarben mit rostbrauner Brust und Kehle; weiße Flecken an den Seiten der Schwanzwurzel und auf den Flügeln, weißer Augenstreif; ♀ etwas heller, in der Zeichnung verwaschener.

Braunkohl, svw. ↑ Grünkohl.

Braunkohle, aus untergegangenen Wäldern hauptsächl. im Tertiär entstandene erdige bis faserige Kohle; braun- bis schwarzfarbig, mit hohem Wasser- (bis zu 67 %) und Aschegehalt, mit vielen bituminösen Produkten aus dem Verkohlungsvorgang (zerstörte Huminanteile). B. lagert oberflächennah und wird im Tagebau gefördert; dient im wesentl. als Brennstoff zur Energieerzeugung in therm. Kraftwerken (Heizwert zw. 4 000 und 28 000 kJ/kg); als Brikett wird sie im Hausbrand und in der Klein- und Mittelind. verwendet. Durch Schwelung werden B.wertstoffe (Teer, Öl, Benzin, Gase und Koks) gewonnen. Die großen B.ablagerungen von Bitterfeld, Halle/Saale, Leipzig, Borna, Meuselwitz, Zeitz und Weißenfels besitzen eine erhebl. Bed. für die Energieversorgung der DDR. Die wichtigsten B.reviere der BR Deutschland liegen in der Kölner Bucht, bei Helmstedt, in Hessen und in Bayern.
Die **Weltförderung** betrug 1983 1,08 Mrd. t. Die wichtigsten B.förderländer 1983: DDR 277,9 Mill. t; UdSSR 154,8 Mill. t; BR Deutschland 124,3 Mill. t; Tschechoslowakei 98,9 Mill. t; Jugoslawien 58,2 Mill. t.

Braunlage, Stadt im Harz, Nds., etwa 600 m ü. d. M., 6 800 E. Heilklimat. Kurort und Wintersportplatz. - Eisenerzvorkommen, wurden bis ins 18. Jh. abgebaut; 1934 Stadt.

Brauns, Heinrich, * Köln 3. Jan. 1868, † Lindenberg i. Allgäu 19. Okt. 1939, dt. Sozialpolitiker. - Kath. Priester; 1919 Mgl. der Nat.versammlung, 1920–33 MdR (Zentrum); 1920–28 Reichsarbeitsminister.

Braunsberg (Ostpr.) (poln. Braniewo), Stadt in Ostpreußen, Polen▼, 30 km nö. von Elbing, 14 000 E. Verarbeitung landw. Erzeugnisse. - 1249 erstmals erwähnt; erhielt 1254 als **Brunsberg** Stadtrecht; Mgl. der Hanse, erster Sitz der ermländ. Bischöfe; 1466

poln., 1722 preuß.; im 2. Weltkrieg zu 80 %
zerstört. - Erhalten u. a. die barocke Heilig-
kreuzkirche, die spätgot. Trinitatiskirche, das
barocke Rathaus sowie Teile der Stadtmauer
(14. und 15. Jh.).
Braunsche Röhre [nach K. F. Braun]
↑ Elektronenstrahlröhre.
Braunschliff ↑ Holzschliff.
Braunschweig, Stadt an der Oker, Nds.,
70 m ü. d. M., 251 000 E. Verwaltungssitz des
Reg.-Bez. B.; Biolog. Bundesanstalt für Land-
und Forstwirtschaft, Forschungsanstalt für
Landw., Physikal.-Techn. Bundesanstalt,
Luftfahrt-Bundesamt, Gemeinschaftsfor-
schungsinst. für physikal. und chem. Biologie,
Inst. für Holzforschung, Inst. für Verfahrenstechnik, Internat. Schulbuchinst.; TU (gegr.
1745), Hochschule für Bildende Künste, Ver-
waltungs- und Wirtschaftsakademie, Niedersächs. Musikschule, Ev. Akademie; Staatstheater; botan. Garten; Landmaschinenbau
Nahrungsmittelind.; u. a. Konserven, Zucker),
außerdem Fahrzeugbau, Eisenbahnsiche-
rungsanlagen, Fahrräder, Elektrotechnik,
Feinmechanik und Optik, chem. Ind., Herstellung von Klavieren; Brauereien und Verlage. - 1031 zuerst erwähnt, aus zwei
Kaufmannssiedlungen und einer Burg hervorgegangen. Residenz Heinrichs des Löwen.
Stadtrecht 1227 bestätigt; im 13./14. Jh. gemeinsame Ratsverfassung der fünf Weichbil-
der; Beitritt zur Hanse. Einführung der Reformation 1528; seit 1753 Hauptstadt von B.-
Wolfenbüttel. - Sankt Blasius (heute ev. Dom)
von Heinrich dem Löwen 1173–95 neu errichtet, Sankt Ägidien (1278– um 1300), Sankt
Martini (um 1275 ff. zur frühgot. Hallenkirche
umgestaltet). Burg Dankwarderode (1173–
95), der Löwe auf dem Burghof wurde 1166
von Heinrich dem Löwen zum Zeichen seiner
Hoheit und Gerichtsbarkeit errichtet. Alt-
stadtmarkt mit Altstadtrathaus (13.–15. Jh.).
Das Gewandhaus erhielt 1589 eine Re-
naissancefassade. Der alte Hauptbahnhof
(1843–44) ist der älteste dt. Bahnhofsbau.
B., Reg.-Bez. in Niedersachsen.
B., Bez. mehrerer Territorien und Häuser
der Welfen sowie eines ehem. dt. Hzgt. und
Landes. **Altes Haus Braunschweig:** Bei der
Teilung des Hzgt. ↑ Braunschweig-Lüneburg
(1267) erhielt Albrecht I. das Ft. B., das schon
um 1286 in die Ft. ↑ Grubenhagen, ↑ Göttingen
und ↑ Wolfenbüttel geteilt wurde. - **Mittleres
Haus Braunschweig:** Aus einer abermaligen
Teilung entstanden 1428 neu die Ft. Lüneburg und B. (aus Calenberg, Wolfenbüttel,
seit 1463 auch Göttingen; Hauptlinie Calenberg, 1432–73 eigenständiges Wolfenbütteler
Ft.). 1495 brachte eine neue Teilung abermals
ein eigenes Ft. Wolfenbüttel hervor, das sich
nach der Hildesheimer Stiftsfehde (1519–23)
mit der Linie Calenberg-Göttingen in das eroberte Stiftsgebiet teilte und 1584 das Ft. Calenberg-Göttingen erbte. Mit der Inbesitz-

nahme von Grubenhagen 1596 (bis 1617) wurde der ganze S des welf. Machtbereichs in
einer Hand vereint. 1634 starb die Wolfenbütteler Linie aus. - **Neues Haus Braunschweig:**
Gründung des Neuen Hauses B. durch die
Dannenberger Linie des Hauses Lüneburg,
die das Ft. Wolfenbüttel (ohne Calenberg und
Grubenhagen) erhielt (seit 1735 deren Nebenlinie B.-Bevern) und seit 1753 in Braunschweig regierte. Gehörte 1807–13 zum Kgr.
Westfalen, konstituierte sich 1813 etwa in den
Grenzen des alten Ft. Wolfenbüttel neu, doch
setzte sich das Bez. Hzgt. B. endgültig durch.
Nach Erlöschen des Hauses B. (1884) bestand
eine preuß. (bis 1906) bzw. mecklenburg. (bis
1913) Regentschaft; 1913–18 regierte Hzg.
Ernst August. - **Freistaat:** Kurzlebige Räterepublik, seit 1918 sozialdemokrat. bzw. bürgerl. geführte Regierungen (republikan. Verfassung ab 1921); seit 1933/34 ohne Eigenständigkeit, 1945 wiederhergestellt, ging 1946
im Land Nds. auf.
Braunschweiger Löwe, von Heinrich
dem Löwen 1166 auf dem Hof der Burg Dankwarderode in Braunschweig aufgestelltes
Standbild seines Wappentieres.
Braunschweiger Tracht ↑ Volkstrach-
ten.
Braunschweigische Staatsbank,
1765 gegr., bis 1970 bestehendes ältestes öffentl.-rechtl. Kreditinstitut Deutschlands.
Braunschweig-Lüneburg, aus dem
Besitz (Allod) der Welfen durch die Belehnung
Ottos I. (1235) entstandenes dt. Hzgt., das
reichsrechtl. bis 1806 bestand, aber schon
1267 in die Ft. ↑ Braunschweig und ↑ Lüneburg
geteilt wurde.
Braun von Braun, Matthias ↑ Braun,
Matthias.
Braunwurz (Scrophularia), Gatt. der Ra-
chenblütler mit etwa 200 Arten auf der Nordhalbkugel, in M-Europa 6 Arten, am bekanntesten die in feuchten Wäldern und an Gräben
wachsende **Knotige Braunwurz** (Scrophularia
nodosa), eine bis 1 m hohe Staude mit
vierkantigem Stengel, knolligem Wurzelstock, kugeligen, trübbraunen Blüten in Rispen und eiförmigen Kapselfrüchten.
Brausepulver, Natriumhydrogencarbo-
nat mit Zusätzen von Zitronen- und anderen
wohlschmeckenden Fruchtsäuren, die beim
Auflösen des Gemisches in Wasser Kohlendioxid unter Aufbrausen freisetzen.
Braut, svw. Verlobte (↑ Verlöbnis).
Brautente (Aix sponsa), etwa 40 cm lange
Ente, v. a. an bewaldeten Steh- und Fließgewässern S-Kanadas und der USA; ♂ im
Prachtkleid mit violettfarbenen Kopfseiten,
grün schillernden, den Nacken weit überragenden Scheitelfedern und rötl. Schnabel;
Körperoberseite dunkel, Flanken gelblichbraun, Unterseite weiß; ♀ unscheinbar bräunlichgrau mit weißer Zone um die roten Augen;
in Europa in Parkanlagen.

Brautexamen, in der kath. Kirche vorgeschriebene Prüfung vor einer Eheschließung, ob die Bedingungen für eine gültige und erlaubte Ehe vorliegen; i. d. R. verbunden mit einem **Brautunterricht** (Belehrung über die Ehe).

Brautgeschenke ↑ Verlöbnis.

Bräutigam, svw. Verlobter (↑ Verlöbnis).

Brautkauf ↑ Kaufheirat.

Brautkinder, die aus einem Verlöbnis hervorgegangenen Kinder. Sie sind rechtl. grundsätzl. nichtehel. Kindern gleichgestellt; jedoch besteht nach den Bestimmungen der §§ 1740a bis g BGB eine bes. [erleichterte] Legitimationsmöglichkeit, wenn das Verlöbnis durch den Tod eines Elternteils aufgelöst worden ist.

Brautkleidung, besteht aus dem (meist weißen) Brautkleid, Brautkranz (Sinnbild der Jungfräulichkeit) und Schleier; von bes. Bedeutung im Hochzeitsbrauch, gehörte zur erbrechtl. festgelegten Ausstattung.

Brauttür, Name des Nordportals got. Kirchen, vor denen Trauungen stattfanden.

Brauweiler ↑ Pulheim.

Brava, südwestlichste der Kapverd. Inseln, 64 km², bis 977 m hoch.

Brave Westwinde, Bez. für die beständigen Westwinde auf den Meeren der gemäßigten Breiten. Auf der Südhalbkugel werden die B. W., da sie in etwa 40° s. Br. mit bes. Heftigkeit auftreten, **Brüllende Vierziger** (engl. roaring forties) genannt.

bravo [italien. „wacker, wild" (zu griech.-lat. barbarus „fremd")], Ausruf oder Zuruf des Beifalls und der Anerkennung: gut!, sehr gut!, vortrefflich!; Superlativ: **bravissimo,** sehr gut!.

Bravo, Río ↑ Rio Grande.

Bravour [bra'vu:r; lat.-frz.], Tapferkeit, Schneid; Geschicklichkeit, Meisterschaft.

Bravourstück [bra'vu:r], Glanzleistung, Glanznummer.

Bray-Steinburg, Otto Graf von [frz. brɛ], * Berlin 17. Mai 1807, † München 9. Jan. 1899, bayr. Politiker. - Jurist; 1846/47 und 1848/49 Außenmin.; 1860–70 und 1871–97 Gesandter in Wien; 1870/71 erneut Außenmin., zugleich Vors. im Ministerrat; schloß die Verträge über Bayerns Eintritt in das Dt. Reich ab.

Brazza, Pierre **Savorgnan de** [frz. bra'za], * Castel Gandolfo 25. Jan. 1852, † Dakar 14. Sept. 1905, frz. Afrikaforscher und Kolonisator italien. Herkunft. - Erforschte 1875–78 den Ogowelauf; gründete auf seiner 2. Reise (1879/80) u. a. Brazzaville; Regierungs- (seit 1883) und Generalkommissar (seit 1886) von Frz.-Äquatorialafrika.

Brazzaville [frz. braza'vil], Hauptstadt der VR Kongo (seit 1960), am rechten Ufer des Kongo, am S-Ufer des Stanley Pools, 331 m ü. d. M., 422 000 E. Kath. Erzbischofssitz; Univ. (seit 1972); Institut Pasteur, frz. Station zur Satellitenortung, Bibliothek, Lehrerseminar, zoolog. Garten. - Bed. Ind.zentrum (Nahrungs- und Genußmittel, Kunststoffwaren, Metallmöbel u. a.). Endpunkt der Kongoschiffahrt und der Bahnlinie vom Hafen PointeNoire, Fährverkehr nach Kinshasa; internat. ✈. - 1880 als Verwaltungszentrale des Frz. Kongogebiets gegr., seit 1904 Rang einer Hauptstadt von Frz.-Äquatorialafrika, benannt nach P. Savorgnan de Brazza.

Brazzavillestaaten [frz. braza'vil], nach einer Konferenz in Brazzaville 1960 ben. Gruppe afrikan. Staaten (Dahomey, Elfenbeinküste, Gabun, Kamerun, Kongo-Brazzaville, Madagaskar, Mauretanien, Niger, Obervolta, Senegal, Tschad, Zentralafrikan. Republik).

BRD, häufig verwendete, nichtamtl. Abk. für: **B**undes**r**epublik **D**eutschland.

Brdywald [tschech. 'brdi], Gebirgszug sö. von Pilsen, ČSSR; im Praha 862 m hoch; Blei-, Zink-, Silber- und Uranvorkommen.

Bréa, Louis [frz. bre'a], * Nizza um 1450, † um 1523, frz. Maler. - Lombard. und niederländ. Einflüsse, u. a. Paradiesaltar in Santa Maria di Castello in Genua (1513).

Break [brɛ:k, engl. brɛik „Durchbruch"], im *Sport* Bez. für 1. einen Durchbruch aus der Verteidigung heraus (v. a. beim Eishokkeyspiel); 2. Konterschlag, Durchbrechen des gegner. Aufschlages (Tennis); 3. Trennkommando des Ringrichters beim Boxkampf.

◆ im *Jazz* Bez. für eine kurze, rhythm.-melod. „Kadenz", die vom improvisierenden Instrumentalisten oder Sänger solist. dargeboten wird, während das Ensemble pausiert.

◆ zweiachsiger, offener Pferdewagen mit Kutschbock, Quer- und Längssitzen.

◆ Bez. für PKW in Kombiausführung mit großer, meist hochklappbarer Hecktür.

Breakdance [engl. 'brɛikdɑ:ns; von engl. break „brechen" und dance „Tanz", übertragen „mit dem Körper sprechen"], aus den USA stammender Modetanz zu elektron. Funkmusic (↑ Funk), mit artist., roboterhaften rhythm. Bewegungen; urspr. Straßentanz.

Breakfast [engl. 'brɛkfəst, eigtl. „das Fastenbrechen"], engl. Bez. für Frühstück.

Bream, Julian [engl. bri:m], * London 15. Juli 1933, engl. Gitarrist und Lautenist. - Internat. angesehener Interpret alter und neuer Musik. Gründer des **Bream-Consort** zur Pflege alter Musik.

Breccie ['brɛtʃe; italien.] (Bresche, Brekzie), Gestein, das aus miteinander verkitteten, eckigen Gesteinsbruchstücken besteht.

Brechbohnen, rundhülsige, fleischige, leicht durchzubrechende Gartenbohnen.

Brechbühl, Beat, * Oppligen (Kt. Bern) 28. Juli 1939, schweizer. Schriftsteller. - Gedichte und Romane mit individualist. - und skurrilen Elementen. - *Werke:* Kneuss (R., 1970), Nora und der Kümmerer (R., 1974), Traumhämmer (Ged., Auswahl 1977), Die Glasfrau (En., 1985).

Brechdurchfall, Bez. für verschiedene Erkrankungen des Magen-Darm-Kanals, die mit Erbrechen und starkem Durchfall verbunden sind. Ursächl. spielen v. a. Infektionen mit Enteroviren, Salmonellen, Shigellen und Kolibakterien eine Rolle, u. a. bei verseuchten Nahrungsmitteln.

Brechen, in der Textiltechnik Bez. für das Freilegen der Fasern aus den Pflanzenstengeln durch Zerbrechen der Stengel mit einer *Breche.*

◆ svw. ↑ Erbrechen.

Brecher, (Sturzsee) eine Meereswelle mit überstürztem Wellenkamm und bes. starkem Aufprall; B. entstehen bei Sturm oder in der Brandung im flachen Wasser.

◆ Maschine zur Grobzerkleinerung harter Stoffe durch Druck oder Schlag.

Brechkraft (Brechwert), der Kehrwert der Brennweite f eines abbildenden opt. Systems: $D = 1/f$. Die Einheit der B. ist die Dioptrie.

Brechmittel (Emetika), Stoffe, die unmittelbar (z. B. Apomorphin) oder auf reflektor. Wege durch Reizung der Schleimhaut von Magen, Darm, Schlund oder Kehlkopf das Brechzentrum erregen und dadurch den Brechakt auslösen. Bei akuten Vergiftungen durch die Magenspülung ersetzt.

Brechnußbaum (Strychnos nux-vomica), bis 15 m hoher Baum der Gatt. Strychnos in S-Asien; Blätter eiförmig, gekreuzt gegenständig; Blüten grünlich-gelb, in Trugdolden. Früchte beerenartig, 2,5–6 cm groß, orangerot, mit bitter schmeckenden Samen (**Brechnuß**), die etwa 1 % Strychnin u. a. Alkaloide enthalten und als Brech- und Abführmittel verwendet werden.

Brechreiz, vom Brechzentrum ausgelöste unangenehme, oft mit Übelkeit, Ekel, Speichelfluß, Würgen in Hals und Speiseröhre verbundene Mißempfindung, gewöhnl. unmittelbar vor dem Erbrechen.

Brecht, Arnold, * Lübeck 26. Jan. 1884, † Eutin 11. Sept. 1977, amerikan. Politologe dt. Herkunft. - 1921–27 Ministerialdirektor im Reichsinnenministerium, danach stimmführender Bevollmächtigter Preußens im Reichsrat; 1933 entlassen; 1933–54 in New York; nach 1945 Berater bei der Gründung der BR Deutschland und der Verabschiedung des GG. Wichtige Werke zur polit. Theorie; schrieb Memoiren.

B., Bertolt, eigtl. Eugen Berthold Friedrich B., * Augsburg 10. Febr. 1898, † Berlin 14. Aug. 1956, dt. Schriftsteller und Regisseur. - Lebte seit 1924 in Berlin, zunächst Dramaturg bei Max Reinhardt, dann freier Schriftsteller und Regisseur; 1933 Emigration; lebte u. a. in der Schweiz, in Dänemark (1933–39), Schweden, Finnland, den USA (1941–47); 1949 Rückkehr nach Berlin (Ost), wo er mit seiner Frau Helene Weigel das ↑ „Berliner Ensemble" gründete. - B. gehört zu den einfluß-

reichsten Autoren des 20. Jh. Bes. bestimmend für sein Leben und Schaffen wurde die Erfahrung des 1. Weltkrieges, die ihn zum erbitterten Kriegsgegner machte, und die allmähl. Hinwendung zum Marxismus (ab 1926). Er versuchte immer bewußter, seine Dichtung in den Dienst der kommunist. Bewegung zu stellen, ohne aber selbst je der Partei beizutreten. - Sein Schaffen entwickelte sich vom rauschhaft bejahten Nihilismus und Individualismus der Frühwerke – z. B. „Baal" (entstanden 1918/19, gedruckt 1922), „Im Dickicht der Städte" (1921–24, gedruckt 1927), „Mann ist Mann" (1924–26, gedruckt 1926), „Die Dreigroschenoper"(1928, gedruckt 1929) – zum Glauben ans Kollektiv und zur strengen Disziplin der sog. „Lehrstücke" – z. B. „Die Maßnahme" (1929/30, gedruckt 1931), „Die hl. Johanna der Schlachthöfe" (1929–31, gedruckt 1932) –, um schließl. in den Meisterdramen der Exilzeit – z. B. „Leben des Galilei" (1. Fassung entstanden 1938, 3. Fassung gedruckt 1955), „Mutter Courage und ihre Kinder" (1939, gedruckt 1949), „Herr Puntila und sein Knecht Matti" (1940, gedruckt 1950), „Der gute Mensch von Sezuan" (1938–41, gedruckt 1953), „Der kaukas. Kreidekreis" (1944/45, gedruckt 1949) – diese Gegensätze in dichter. vollendeter Synthese zu versöhnen. Der Zwiespalt zw. menschl. Freiheit und sozialer Gerechtigkeit, Glücksverlangen des einzelnen und Notwendigkeit des Opfers ist das Grundproblem, um das B. ständig kreist. Fast gleichzeitig mit den Stücken entstand die Theorie des sog. „ep. [später auch dialekt.] Theaters" – dargelegt in „Der Messingkauf" (1939/40, gedruckt 1963) und „Kleines Organon für das Theater" (1948, gedruckt 1949) –, die auf die Aktivierung des Zuschauers durch Erkenntnis zielt und deren Schlüsselbegriff die vieldiskutierte Verfremdung („V-Effekt") ist. B. schrieb außer

Brechung eines Lichtstrahls mit Teilreflexion (links) und Totalreflexion (α Einfallswinkel, β Brechungswinkel)

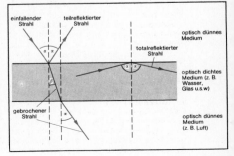

Brechung

Dramen und Lyrik – z. B. „Hauspostille" (1927), „Svendborger Gedichte" (1939) – auch Romane, Kurzgeschichten, „Kalendergeschichten" (1949), Hörspiele, Dialoge, Pamphlete, lehrhafte Prosa und ein Ballett („Die sieben Todsünden [der Kleinbürger]", 1933, gedruckt 1959). Bes. Beachtung verdienen auch die postum veröffentlichten „Schriften zur Literatur und Kunst" (1966), die „Schriften zur Politik und Gesellschaft" (1968) sowie die aufschlußreichen „Texte für Filme" (1969).

Weitere Werke: Aufstieg und Fall der Stadt Mahagonny (Oper, 1929, mit K. Weill), Dreigroschenroman (1934), Das Verhör [später: Die Verurteilung] des Lukullus (Hsp., 1940; Oper 1951, mit P. Dessau), Der aufhaltsame Aufstieg des Arturo Ui (Dr., 1941, gedruckt 1957), Turandot oder Der Kongreß der Weißwäscher (Dr., 1953/54, gedruckt 1967), Flüchtlingsgespräche (Dialoge, entstanden hauptsächl. 1940/41, gedruckt 1961).

📖 *Jeske, W.: B. Brechts Poetik des Romans. Ffm. 1984. - Klotz, V.: B. B. Wsb. ⁴1980. - Hecht, W., u. a.: B. B. Sein Leben u. Werk. Bln. ³1977. - Grimm, R.: B. B. Die Struktur seines Werkes. Nürnberg ⁶1971.*

Bertolt Brecht
(1927)

Brechung, (Refraktion) Änderung der Ausbreitungsrichtung von Wellen an der Grenzfläche zweier Medien, in denen sie verschiedene Ausbreitungsgeschwindigkeiten besitzen. Fällt eine ebene Wellenfront aus einem Medium 1 (in dem die Wellen die Geschwindigkeit v_1 haben) schräg auf die Oberfläche eines anderen Mediums 2 (Wellengeschwindigkeit v_2), so breitet sich von jedem Punkt, der von der Wellenfront getroffen wird, eine als Elementarwelle bezeichnete Kugelwelle aus. Da die einzelnen Punkte der Oberfläche durch den schrägen Einfall zeitl. nacheinander erregt werden, gehen die Elementarwellen von Punkt zu Punkt etwas später aus. Die in das Medium 1 zurücklaufenden Elementarwellen überlagern sich zu der re-flektierten Teilwelle, die in das Medium 2 hineinlaufenden zu der gebrochenen Teilwelle. Da die Wellen im ersten Medium in der Zeit t die Strecke $v_1 \cdot t$, im Medium 2 die Strecke $v_2 \cdot t$ zurücklegen, ergibt sich durch Überlagerung der Elementarwellen im Medium 2 eine gegen die ursprüngl. Richtung geneigte Wellenfront. Bildet die Ausbreitungsrichtung der einfallenden Welle, d. h. die Richtung der einfallenden Strahlen, mit dem auf der Grenzfläche senkrecht stehenden Einfallslot den Einfallswinkel α, die Ausbreitungsrichtung der gebrochenen Welle mit dem Einfallslot den *Brechungswinkel β*, so gilt für das Verhältnis der Sinus das von W. Snellius formulierte **Snelliussche Brechungsgesetz** $\sin\alpha/\sin\beta = v_1/v_2 = n_{21}$; den für eine bestimmte Wellenlänge konstanten Wert n_{21} dieses Verhältnisses nennt man die **relative Brechzahl** (früher auch Brechungsindex, -koeffizient oder -exponent genannt) des zweiten Mediums in bezug auf das erste. Da die Ausbreitungsgeschwindigkeiten von Wellen verschiedener Frequenz im allg. verschieden voneinander sind, ist auch die relative Brechzahl frequenzabhängig. In der Optik, wird die Brechzahl i. d. R. auf das Vakuum bezogen. Bezeichnet man die Geschwindigkeit des Lichts im Vakuum mit c_0, so gilt für einen Lichtstrahl, der, vom Vakuum kommend, in einem Medium gebrochen wird, das **Brechungsgesetz** $\sin\alpha/\sin\beta = c_0/c = n$; so bezeichnet man n als die **absolute Brechzahl** des Mediums, oft auch als Brechzahl schlechthin. Die Brechzahl des Vakuums ist also gleich 1; für flüssige und feste Stoffe ergeben sich im allg. Werte zw. 1 und 2, z. B. für gewöhnl. Glas 1,5, für Wasser 1,33, für Luft unter Normalbedingungen 1,000293. Für die relative Brechzahl n_{12} eines Stoffes mit der absoluten Brechzahl n_1 gegen einen anderen mit der absoluten Brechzahl n_2 gilt: $n_{12} = n_1/n_2 = c_2/c_1$, wobei c_1 bzw. c_2 die Geschwindigkeiten des Lichts im Medium 1 bzw. im Medium 2 sind. Gilt $n_1 > n_2$, so bezeichnet man das Medium mit der Brechzahl n_1 als das *opt. dichtere*, das mit der Brechzahl n_2 als das *opt. dünnere* Medium. Die B. ist eine der grundlegenden Phänomene der Optik, auf dem die Wirkungsweise nahezu aller opt. Geräte beruht (↑ Abbildung, ↑ Linsen). - Abb. S. 29.

◆ (B. von Feldlinien) die sprunghafte Richtungsänderung der elektr. bzw. magnet. Feldlinien an der Grenzfläche zweier Materialien mit unterschiedl. Dielektrizitätskonstante bzw. Permeabilitätskonstante.

◆ in der *Sprachwiss.* die Veränderung bestimmter Vokale (unter dem Einfluß eines unbetonten Vokals der Nebensilbe oder bestimmter Folgekonsonanten).

Brechungsfehler (Refraktionsanomalien, Refraktionsfehler), durch Brillen behebbare Augenfehler, die v. a. dadurch entstehen, daß entweder der Augapfel zu kurz oder zu lang gebaut ist, wodurch sich die parallel einfallenden Strahlen nicht auf der Netzhaut, sondern dahinter oder davor vereinigen.

Brechwurz, svw. ↑ Haselwurz.

Brechwurzel (Ipekakuanha, Cephaelis ipecacuanha), bis 40 cm hohes, halbstrauchiges Rötegewächs in Brasilien; Wurzeln braun mit tiefen, ringförmigen Wülsten, getrocknet als B. (Rio-Ipekakuanha) im Handel, medizin. zur Schleimlösung und gegen Amöbenruhr verwendet.

Brechzentrum, im verlängerten Mark, nahe dem Atemzentrum gelegenes vegetatives Nervenzentrum, das den Brechakt auslöst. Das B. kann unmittelbar (z. B. durch das zentral wirksame Apomorphin) oder auf reflektor. Wege (z. B. über die Magenschleimhaut) erregt werden.

Breda, niederl. Stadt, 40 km sö. von Rotterdam, 119 000 E. Zentrum der Baronie van B.; kath. Bischofssitz; Akad. der Bildenden Künste, Schauspiel- und Musikschule, Niederl. Wiss. Inst. für Fremdenverkehr, Militärakad.; Theater, Bibliotheken und Museen; Waffen- und Munitionsfabrik, Gießerei, Maschinenbau, Elektroind., Textil- und Nahrungsmittelind., Hafen; Fremdenverkehr. - Entstand im 12. Jh. bei einer Burg, um 1252 Stadtrecht; im 15. Jh. Wohnsitz der Grafen von Nassau. - Liebfrauenkirche (13. Jh.; brabant. Gotik); Rathaus (1766-68), Schloß (15.-17. Jh.).

Bredel, Willi, * Hamburg 2. Mai 1901, † Berlin 27. Okt. 1964, dt. Schriftsteller. - Mgl. der KPD, 1933 KZ-Haft, Flucht über Prag nach Moskau, 1945 Rückkehr nach Deutschland; lebte in Berlin (Ost); in seinem Erzählwerk dem sozialist. Realismus verpflichtet, schrieb B. v. a. polit. Gesellschaftsromane, u. a. Romantrilogie „Verwandte und Bekannte" (1943-53).

Bredenborn ↑ Marienmünster.

Bredouille [brəˈdʊljə; frz.], Verlegenheit, Bedrängnis.

Breeches [ˈbrɪtʃɪs; engl.], Reithose, die im Gesäß und an den Hüften weit, an den Knien und Unterschenkeln eng ist.

Breg, 48 km langer rechter Quellfluß der Donau, entspringt nördl. von Furtwangen im Schwarzwald, Bad.-Württ.

Bregen (Brägen), norddt. Bez. für: Gehirn vom Schlachttier; auch umgangssprachl. übertragen auf menschl. Gehirn, Verstand.

Bregenz, Hauptstadt des östr. Bundeslandes Vorarlberg, am Bodensee und Pfänder, 400 m ü. d. M., 25 000 E. Sitz der Landesregierung, einer Bezirkshauptmannschaft, Handelsakad., Techn. Mittellehr- und Versuchsanstalt, Theater; Museum; Hafen. Textil-, Elektro-, Nahrungsmittelind., Fremdenverkehr; alljährl. stattfindende Festspiele auf der Seebühne. - Nö. eines röm. Erdkastells entstand die Siedlung **Brigantium;** um 260 Zerstörung durch die Alemannen; bis ins

4. Jh. blieb die Oberstadt röm. Festung; Ende des 5. Jh. alemann.; Burg an Stelle der röm. Oberstadt (802 **Castrum Brigancia**); seit Mitte des 10. Jh. Residenz der Udalrichinger; um 1200 Stadtrecht, 1330 Marktprivileg. 1408 an die Grafen von Montfort, 1451 an die Habsburger, nun Verwaltungsmittelpunkt von Vorarlberg. - Pfarrkirche Sankt Gallus (1097 erwähnt) mit beherrschendem W-Turm; Kloster Mehrerau (erneuert 1779-81); Altes Rathaus (1511), zahlr. Barockbauten, u. a. Gasthaus zum Kornmesser (um 1720), Ruinen der Burg Hohenbregenz. - Abb. S. 32.

Bregenzerwald, Teil der nördl. Voralpen, östl. des Bodensees, gliedert sich in den *Hinterwald* in Vorarlberg, Österreich, und den auf Teile des westl. Allgäus in SW-Bayern übergreifenden *Vorderwald;* die höchsten Gipfel sind Hochifen (2 232 m) und Kanisfluh (2 047 m).

Brehm, Alfred [Edmund], * Renthendorf (Thüringen) 2. Febr. 1829, † ebd. 11. Nov. 1884, dt. Zoologe und Forschungsreisender. - Zoodirektor in Hamburg und Gründer des Berliner Aquariums. Sein Hauptwerk „Tierleben" (6 Bde., 1864-69; Jubiläumsausg., hg. v. C.W. Neumann, 8 Bde., 1928/29) wurde vielfach übersetzt und gilt noch heute als Standardwerk für biolog. Interessierte.

B., Bruno, * Ljubljana 23. Juli 1892, † Altaussee (Steiermark) 5. Juni 1974, östr. Schriftsteller. - Schildert in seinen histor., z. T. umstrittenen Romanen bes. die Welt des alten Österreich.

Werke: Die Throne stürzen (R.-Triologie, 1951), Aus der Reitschul'! (R., 1951), Das 12jährige Reich (R.-Trilogie, 1961).

B., Christian Ludwig, * Schönau bei Gotha 24. Jan. 1787, † Renthendorf (Thüringen) 23. Juni 1864, dt. luth. Pfarrer und Ornithologe. - Vater von Alfred B.; einer der Begründer der dt. Ornithologie; legte eine Sammlung von etwa 15 000 Vogelbälgen an, von denen 371 als Typus beschrieben worden sind.

Breisach am Rhein, Stadt, sw. des Kaiserstuhls, Bad.-Württ., 191-227 m ü. d. M., 10 000 E. Zentralkellerei; Textil-, elektrotechn. Ind., Tapetenherstellung; Rheinhafen. - Um 369 röm. Kastell auf dem Berg (**Mons Brisiacus**), um 400 aufgegeben. 1002 kam die Burg Breisach in die Hand der Bischöfe von Basel, die vor 1146 eine Stadt gründeten. Im 13.-15. Jh. zeitweise in Reichsbesitz bzw. freie Reichsstadt, 1331 erstmals, 1425 endgültig in habsburg. Besitz, seit 1648 frz., als Festung ausgebaut. 1700 an Österreich, 1805 an Baden. Die Werke wurden 1743 geschleift, die Oberstadt 1793 weitgehend, die Unterstadt 1945 vollständig zerstört. - Münster Sankt Stephan, im Kern roman. (um 1300 got. erneuert) mit Jüngstem Gericht von M. Schongauer (1488-91) und spätgot. Hochaltar (1523-26) des Meisters H. L.; Rheintor (1670) mit Prunkfassade.

Breisgau, Landschaft am Oberrhein, Bad.-Württ., zw. dem Rhein im W, dem Schwarzwaldrand im O, dem Markgräfler Land im S und der Ortenau im N. Städt. Zentren sind Freiburg im Breisgau und Breisach am Rhein. - Um 400 erstmals genannt; bezeichnete seit karoling. Zeit eine Gft. (erst zähring., kam im 11. Jh. an die Badener, 1190 an ihre hachberg. Linie). Der (nördl.) „niedere" B. wurde 1318 an die Grafen von Freiburg verpfändet. Teile des B. brachten die Habsburger im 14./15. Jh. an sich, machten sie zu einer Landvogtei und ließen sich 1478 mit der Landgrafschaft im B. belehnen. Seit 1805 zu Baden.

Breisgau-Hochschwarzwald, Landkreis in Baden-Württemberg.

Breit, Ernst, * Rickelshof (Dithmarschen) 20. Aug. 1924, dt. Gewerkschafter. - Seit 1971 Vorsitzender der Dt. Postgewerkschaft; 1982 als Nachfolger von H. O. Vetter zum Vors. des Dt. Gewerkschaftsbundes (DGB) gewählt.

B., Gregory, * Nikolajew 14. Juli 1899, † Salem (Oreg.) 13. Sept. 1981, amerikan. Physiker russ. Herkunft. - Lehrte u. a. in New York und an der Yale University. Beiträge zur relativist. Quantenmechanik wechselwirkender Elektronen sowie zur Theorie der Kernkräfte und Kernstruktur.

Breitbach, Joseph, * Koblenz 20. Sept. 1903, † München 9. Mai 1980, dt.-frz. Schriftsteller und Journalist. - Schreibt in dt. und frz. Sprache; sein Roman „Bericht über Bruno" (1962) schildert die Spielregeln der Macht; auch Erzählungen („Die Rabenschlacht u. a. Erzählungen", 1973) und Dramen.

Breitbandantibiotika (Breitspek-

Bregenz. Altstadt mit Stadtmauer und Martinsturm

trumantibiotika), Antibiotika, die gegen zahlr. verschiedene Erreger (u. a. grampositive und gramnegative Bakterien, Rickettsien, große Viren, Protozoenarten) wirksam sind.

Breitbandkabel, Spezialkabel zur Übertragung von hochfrequenten Wechselströmen, z. B. ↑ Koaxialkabel.

Breitbandkommunikation, Sammelbez. für (an ein spezielles Kabelnetz gebundenen) Formen von Telekommunikation, für die wegen der Menge der pro Zeiteinheit übertragenen Informationsgesamtheit aus übertragungstechn. Gründen ein verhältnismäßig großer Frequenzbereich (mehrere MHz) erforderl. ist. Zur B. zählen (im Ggs. zu schmalbandigen Übermittlungsvorgängen wie Funken, Telefonieren, Fernschreiben) v. a. Fernsehen (Kabel-, Überwachungsfernsehen), Bildtelefon, Telekonferenzen, schnelle Daten- und Standbildübertragung, bei gleichzeitiger Möglichkeit des Empfängers, mit dem Sender in Kontakt zu treten.

Breitbandstraße (Breitbandwalzwerk), vollautomat. arbeitende Walzstraßenanlage, in der 8–20 cm dicke erhitzte Brammen in mehreren Stufen zu 60–200 cm breiten und 1,25–10 mm dicken Stahlblechen ausgewalzt werden.

Breitbildverfahren (Breitwandverfahren), Sammelbez. für Filmaufnahme- und -wiedergabeverfahren, die das Höhen-Breiten-Verhältnis von 1 : 1,37 des Normalfilmverfahrens verändern. Eine Möglichkeit zur Erzielung breiterer Bilder ist die Verwendung mehrerer Projektionseinrichtungen und mehrerer Filme, deren Projektionsbilder sich zu einem breiten Bild ergänzen *(Cinerama, Cinemiracle);* wird heute nicht mehr verwendet. Das *Todd-AO-Verfahren* benutzt Spezialkameras und -projektoren mit 65 mm

breitem Film (Kopien auf 70-mm-Film). Am einfachsten ist die Umstellung der Kameras und Projektoren auf Breitformat durch die Verwendung von Objektivvorsätzen mit Zylinderlinsen (Anamorphot), die bei der Aufnahme das breite Szenenbild auf das Seitenverhältnis 1 : 1,37 des Normalfilms zusammenquetschen und bei der Projektion auf das Breitleinwandformat von 1 : 2,55 entzerren *(Cinemascope).*

Breite, (geograph. B.) der Winkel zw. dem in einem Punkt auf die Erdoberfläche gefällten Lot und der Äquatorebene.

◆ (geomagnet. B.) der Winkel zw. der Verbindung eines Punktes der Erdoberfläche mit dem Erdmittelpunkt und der Ebene des magnet. Äquators.

◆ (ekliptikale B.) der Winkelabstand eines Gestirns von der Ekliptik.

Breiteneffekt ↑ Höhenstrahlung.

Breitenfeld, Ortsteil von Lindenthal bei Leipzig, DDR; 1631 vernichtende Niederlage des Heeres der Liga unter Tilly durch die Schweden und die mit ihnen vereinigte sächs. Armee; 1642 Sieg der Schweden unter Torstensen über die Kaiserlichen.

Breitenkreise ↑ Gradnetz.

Breitenschwankung, Schwankung der Rotationsachse der Erde (und damit der Polhöhe).

Breithaupt, dt. Feinmechanikerfamilie in Kassel. Bed. Vertreter:
B., Friedrich Wilhelm, * Kassel 23. Juli 1780, † ebd. 20. Juni 1855. - Sohn von Johann Christian B; erfand die erste Kreisteilmaschine (1803–12) und gab dem Hängekompaß die heutige Form.
B., Georg August, * Kassel 17. Aug. 1806, † ebd. 14. Febr. 1888. - Sohn von Friedrich Wilhelm B; baute 1850 die erste Längenteilmaschine auf Meterbasis.
B., Johann Christian, * Hartenauer Hof bei Darmstadt 23. Juni 1736, † Kassel 1. April 1799. - Gründete 1762 in Kassel eine mechan. Werkstätte, aus der die noch heute bestehende Fabrik Geodät. Instrumente F. W. Breithaupt & Sohn (seit 1832) hervorging.

Breithorn, Name zweier vergletscherter Gipfel in den Berner Alpen: Lauterbrunner B. 3 782 m, Lötschentaler B. 3 785 m hoch.
B. (Zermatter B.) vergletscherter Gipfel in den Walliser Alpen, auf der schweizer.-italien. Grenze, 4 160 m hoch.

Breitinger, Johann Jakob, * Zürich 1. März 1701, † ebd. 13. Dez. 1776, schweizer. Philologe und Schriftsteller. - Freund und Mitarbeiter ↑ Bodmers, mit dem er in seiner „Crit. Abhandlung von dem Wunderbaren und dessen Verbindung mit dem Wahrscheinlichen in der Poesie (1740) für eine relative Betonung des poet. Enthusiasmus eintrat; nach B. soll das Kunstwerk die Gemüt bewegen.

Breitkopf & Härtel ↑ Verlage (Übersicht).

Breitlauch, svw. ↑ Porree.

Breitnasen (Neuweltaffen, Platyrrhina, Ceboidea), Überfam. der Affen in M- und S-Amerika; 3 Fam.: ↑ Kapuzineraffenartige (↑ auch Springtamarin) und ↑ Krallenaffen.

Breitrandschildkröte (Testudo marginata), etwa 25–35 cm lange Landschildkröte in M- und S-Griechenland.

Breitrüßler (Maulkäfer, Anthribidae), weltweit, v. a. in subtrop. und trop. Gebieten verbreitete Käferfam. mit über 2 700 etwa 2–50 mm großen Arten, davon 36 in Europa, 17 einheim.; einfarbig dunkel oder kontrastreich gezeichnet, meist mit kurzem, breitem, abgeflachtem Rüssel. Die Larven zahlr. trop. Arten bohren in Samen (Vorratsschädlinge), z. B. der ↑ Kaffeekäfer.

Breitscheid, Rudolf, * Köln 2. Nov. 1874, † KZ Buchenwald 24. Aug. 1944, dt. Politiker. - Schloß sich 1912 der SPD an; 1917 Mgl. der USPD; 1918/19 preuß. Innenmin.; MdR 1920–33 zunächst für die USPD, dann die SPD, deren Fraktionsvors. und Hauptsprecher in außenpolit. Fragen; 1926–30 Mgl. der dt. Völkerbundskommission; 1940 von der Vichy-Reg. an die Gestapo ausgeliefert, kam 1944 bei einem Luftangriff um.

Breitschwanz, Handelsbez. für Pelzwaren aus dem kurzen, glatten, charakterist. moirierten, noch ungelockten Fell nicht ausgetragener oder bei der Geburt gestorbener Lämmer des Karakulschafs.

Breitseite, Längsseite eines Schiffes.

◆ Zusammenfassung aller Geschütze eines Kampfschiffes, die gleichzeitig nach einer Schiffsseite hin schießen können; auch das gleichzeitige Abfeuern dieser Geschütze.

Breitspurbahn, Eisenbahn, die im Unterschied zur Normalspurbahn (1 435 m) eine größere Spurbreite besitzt (UdSSR 1,524 m, ebenso in Finnland und der Mandschurei; 1,600 m in Irland, Brasilien und z. T. in Australien; Spanien und Portugal 1,676 m).

Breitstreifenflur ↑ Flurformen.

Breitwandverfahren, svw. ↑ Breitbildverfahren.

Breker, Arno, * Elberfeld (= Wuppertal) 19. Juli 1900, dt. Bildhauer. - 1938–45 Prof. der Staatl. Hochschule für bildende Künste Berlin. Aufträge für die Repräsentationsbauten des Nationalsozialismus. Zahlr. Porträtbüsten (Bronze).

Brekzie ↑ Breccie.

Brel, Jacques, * Brüssel 8. April 1929, † Bobigny 9. Okt. 1978, frz. Chansonsänger belg. Herkunft. - Besang in seinen z. T. satir. Liedern u. a. seine Heimat Flandern und die „kleinen Leute"; sozialkrit. engagiert, wandte er sich gegen die bürgerl. Gesellschaft.

Bremen, Hauptstadt des Landes B., an beiden Seiten der unteren Weser, 5 m ü. d. M., 324 km², 540 000 E. Univ. (1971 eröffnet), Hochschulen für Nautik, Technik, Sozialpädagogik, Wirtschaft, Kunst; Museen, u. a. Übersee museum, Focke-Museum, Kunst-

Bremen

Bremen.
Flagge
und Wappen

halle, Staatsbibliothek, Staatsarchiv; mehrere Theater; Sitz der Landesregierung und zahlr. Behörden; Wertpapierbörse; botan. Garten, Aquarium. - 1619–22 Bau des Vorhafens Vegesack, 1827 Gründung von Bremerhaven, seit 1886 Korrektion der ·Weser, so daß große Seeschiffe bis B. fahren können. Im 19. Jh. größter europ. Auswandererhafen, Weltmarkt für Baumwolle, Tabak und Petroleum. - In den neuen, überwiegend als Tidehäfen gebauten brem. Häfen verkehren v. a. Regelfrachtschiffe eines weltweiten Linienverkehrs. Hafenorientierte Ind., u. a. Werften, Jutespinnereien, Tabakind., Öl-, Getreide- und Reismühlen, Schokoladenfabriken, Kaffeeröstereien und Tauwerkfabriken. Nach dem 2. Weltkrieg Ansiedlung weiterer Ind.-zweige. - Kirchsiedlung auf der Domdüne, hierher 845 Verlegung des Erzbistums Hamburg. Marktprivilegien 888 und 965; am Weserufer entstand eine Kaufmannssiedlung, die mit der Domsiedlung verschmolz; 1186 städt. Privilegien. Um 1300 Ummauerung der ·Stadtteile (1350: 20000 E). Bis ins 20. Jh. i. d. R. vom Rats- bzw. Senatspatriziat regiert.

Bremen. Roland

Beitritt zur Hanse 1358; 1522 reformiert, später kalvinist.; Reichsunmittelbarkeit 1541 anerkannt, 1646 bestätigt. 1806 Freie Hansestadt, 1810–13 frz. und 1815–66 Mgl. des Dt., seit 1867 des Norddt. Bunds. Seit 1871 zum Dt. Reich, seit 1888 zum Reichszollgebiet. Militärrevolte 1918; Ausrufung der Räterepublik 1919, von der Reichsregierung nach wenigen Wochen gestürzt. Parlamentar.-demokrat. Regierung durch Verfassung 1919/20. Ab 1933 mit Oldenburg von einem Reichsstatthalter regiert. 1945 der amerikan. Militärregierung unterstellt, die 1947 das Land B. proklamierte. - Dom (11.–13. Jh.) nach zwei Vorgängerbauten; Rathaus (1405–10) mit bed. Figurenzyklus, 1608–12 Umbau im Stil der Weserrenaissance. Neues Rathaus (1910–14); Roland (um 1405), Schütting (1536–38; heute Handelskammer); Pfarrkirche Unserer Lieben Frauen (1229; im 14. Jh. erweitert). Schwerste Kriegsschäden, 1950–60 Wiederaufbau. Die Böttcherstraße wurde 1926–31 in ma. und expressionist. Formen gestaltet. Seit 1956 entstand der Stadtteil Neue Vahr (sozialer Wohnungsbau); Stadthalle (1964).

B., (amtl. Freie Hansestadt Bremen) kleinstes Land der BR Deutschland, an der unteren Weser, besteht aus den 60 km voneinander entfernten Landesteilen ↑Bremen und ↑Bremerhaven, 403,77 km², 677000 E (1986) Sitz der Landesregierung ist Bremen. - Die Wirtsch. des Landes ist durch die beiden Häfen geprägt (Güterumschlag 1983: 25 Mill. t) sowie durch die mit ihnen verbundenen Ind.-zweige. - Autobahnanschluß, ⚐.

Geschichte: ↑Bremen (Stadt).

Verfassung: Nach der Verfassung von 1947 liegt die Gesetzgebung, außer bei einem Volksentscheid, beim Landesparlament, der *Bürgerschaft,* deren 100 Mgl. auf 4 Jahre gewählt werden. Die Landesregierung *(Senat),* Träger der Exekutive, besteht aus den von der Bürgerschaft gewählten Senatoren und wählt zwei von diesen zu Bürgermeistern, von denen einer gleichzeitig Senatspräs. ist.

B., Hochstift, 787/788 gegr., 864 endgültig aus der Metropolitanhoheit der Erzbischöfe von Köln gelöst und mit dem nach B. verlegten Erzbistum Hamburg vereinigt; Zentrum der Missionsaktivität der Reichskirche für die skand. und ostseeslaw. Länder; nach 1236 Aufbau eines Territorialgebiets zw. Niederelbe und Niederweser, Verwaltungsmittelpunkt und Hauptsitz war Bremervörde, da die Stadt Bremen sich frühzeitig der erzbischöfl. Hoheit entzogen hatte; nach 1558 unter luth. Administratoren; 1648 als weltl. Hzgt. der Krone Schweden zugeteilt, 1719 zu Hannover.

Bremen, Name mehrerer Passagierdampfer des Norddt. Lloyd. Die erste B. (2675 BRT, bis 570 Passagiere) wurde 1858 in Dienst gestellt. Die vierte B., mit 51735 BRT das größte je gebaute dt. Passagierschiff, bot Platz für mehr als 2200 Passagiere, führte ein Postflugzeug mit und gewann 1929 auf der Jungfernfahrt mit 27,85 Knoten und erneut 1933 das Blaue Band; fiel 1941 einem Brand zum Opfer. Die 1957 als fünfte B. angekaufte ehem. frz. Pasteur (32 360 BRT, 23 Knoten) wurde 1959 in Dienst gestellt, aber 1971 wegen mangelnder Rentabilität wieder verkauft (1980 auf der Schleppfahrt zum Abwracken gesunken).

Bremer, Fredrika, *Tuorla bei Turku 17. Aug. 1801, † Årsta (= Stockholm) 31. Dez. 1865, schwed. Schriftstellerin. - Mit sozial und religiös bestimmten Romanen Vorkämpferin der Frauenemanzipation. - *Werke:* Die Familie H. (R., 1829), Die Nachbarn (R., 1837), Hertha (R., 1856).

Bremer Beiträger, Bez. für eine Gruppe Leipziger Studenten, Hg. und Mitarbeiter der 1744–48 in Bremen erschienenen Zeitschrift „Neue Beiträge zum Vergnügen des Verstandes und Witzes". Die B. B. waren aus der Schule Gottscheds hervorgegangen, neigten aber der freieren Kunstauffassung Hallers, Bodmers und Breitingers zu. Die Beiträge der Zeitschrift schlossen krit. und polem. Abhandlungen aus, sie sollte allein literar. Sprachrohr sein. Die bedeutendsten Mitarbeiter waren J. A. und J. E. Schlegel, J. A. Cramer, K. C. Gärtner, G. W. Rabener, C. F. Gellert, F. W. Zachariae, N. D. Giseke und J. A. Ebert.

Bremerhaven, Stadt im Land Freie Hansestadt Bremen, zu beiden Seiten der Geestemündung in die Weser, 136 000 E. Fachhochschulen für Technik, Schiffsbetriebstechnik; Inst. für Meeresforschung; mehrere Museen, u. a. Dt. Schiffahrtsmuseum, Fischereimuseum; Theater; Nordseeaquarium. Bis zum 1. Weltkrieg v. a. Auswanderer- und Passagierhafen, 1926 Bau der 300 m langen Columbuskaje; Fischereihafen mit Seefischmarkt. 1964 wurde die vollautomat. Erzumschlaganlage Weserport in Betrieb genommen; 1971 Einweihung des Containerkreuzes B., 542 500 m². Die Ind. ist v. a. auf Schiffbau und Fischverarbeitung (Gefrierfisch) ausgerichtet. - 1827 Bau des neuen **Bremer Havens** auf bis dahin hannoverschem Territorium; 1847 Endpunkt der ersten Dampferlinie zw. dem europ. Festland und Amerika, 1851 Stadt, 1857 Haupthafen des Norddt. Lloyd; 1939 Wesermünde angegliedert; der Hafen blieb brem.; 1947 kam Wesermünde an Bremen, seitdem Bremerhaven.

Bremer Presse, Privatpresse, die 1911 von L. Wolde und W. Wiegand zus. mit H. von Hofmannsthal, R. Borchardt und R. A. Schröder in Bremen gegr. wurde. Die B. P. wurde 1919 nach Bad Tölz verlegt, 1921 von dort nach München, wo sie 1944 einging.

Bremervörde, Stadt an der Oste, Nds., 17 900 E. Seemannsschule; Mittelpunkt eines landw. Umlandes; Torfwerke, Herstellung von Kunststoffverpackungen, Oberbekleidung und Möbeln. - Nach 1110 Anlage der Burg Vorde und einer Zollstätte, 1219 an die Bremer Erzbischöfe und Ausbau zur Residenz. Im 14. Jh. Marktflecken, seit 1635 B. gen.; 1852 Stadt.

Bremgarten (AG), Hauptort des Bez. Bremgarten im schweizer. Kt. Aargau. 15 km westl. von Zürich, 381 m ü. d. M., 4 800 E. Garnison; Textilind. - Am Reußübergang um 1200 gegr. 1258 Stadtrecht. - Kirche (13. Jh., im 15./16. Jh. erweitert), Kapuzinerkloster (1618–21), Schlößli (gegen 1561; im 17./18. Jh. erweitert); drei Türme der ehem. Stadtbefestigung; gedeckte hölzerne Brücke.

Bremische Evangelische Kirche ↑ Evangelische Kirche in Deutschland (Übersicht).

Bremsbelag ↑ Bremse.

Bremsdynamometer, Meßvorrichtung für das von einer Maschine (z. B. Motor) abgegebene Drehmoment (**Bremsmoment**). Wird gleichzeitig die Wellendrehzahl gemessen, so läßt sich die von der Kraftmaschine abgegebene Leistung (**Bremsleistung**) errechnen (geschieht auf dem *Bremsprüfstand*).

Bremse [eigtl. „Nasenklemme" (zu niederdt. prame „Druck")], techn. Vorrichtung zum Verzögern oder Verhindern eines Bewegungsablaufs. *Reib[ungs]-B.* wandeln die Bewegungsenergie in Wärme um bzw. halten den ruhenden Körper durch Reibung fest. Hierzu gehört sowohl die **Backenbremse (Radialbremse),** die als *Außenbacken-B.* oder *Klotz-B.* ihre Bremsbacken radial von außen an den Umfang eines Rades bzw. einer Bremstrommel oder als *Innenbacken-B.* radial von innen an eine Bremstrommel anpreßt (*Trommelbremse*), als auch die **Scheibenbremse (Axialbremse),** bei der die Bremskörper zangenförmig von außen an eine umlaufende Scheibe (*Teilscheiben-B.*) oder auch zwei Scheiben, die einen feststehend, die anderen umlaufend (*Vollscheiben-B.*), gegeneinander gedrückt werden. Zu diesen Vollscheiben-B. gehört die *Lamellen-B.*, bei der mehrere Scheiben, die abwechselnd auf sich drehenden und dem stillstehenden Teil drehfest verbunden sind, zum Bremsen gegeneinandergedrückt werden. Reib-B. sind die *Bandbremse* und die beim Rangieren zum Abbremsen rollender Schienenfahrzeuge verwendeten *Bremsschuhe (Hemmschuhe).* Auch elektr. Maschinen können als B. verwendet werden. Ein über die Leerlaufdrehzahl angetriebener Gleichstromnebenschlußmotor wirkt als Generator bremsend und dient z. B. bei Bergbahnen wegen der Rückgewinnung elektr. Energie als *Nutz-B.;* Reihenschlußmotoren müssen zum Bremsen vom Netz getrennt, und die anfallende Energie in Widerständen vernichtet werden (Anwendung z. B. als *Senk-B.* beim Ablassen von Lasten, als *Widerstands-B.* oder *Kurzschluß-B.* für elektr. Bahnen auf Gefällstrecken). Als *Senk-B.* für Hebezeuge dienen *Wirbelstrom-B.*, bei denen ein steuerbares

Bremsen

Magnetfeld auf eine mit der Welle fest verbundene Eisenscheibe bremsend einwirkt. Kfz. müssen mit zwei unabhängig voneinander arbeitenden Bremssystemen ausgerüstet sein. Personenwagen haben als *Feststell-B.* eine *Hand-B.*, die über Seilzug oder *Bremsgestänge* mechan. auf die Bremsanlage einer Achse einwirkt. Das zweite Bremssystem ist heute eine *hydraul. Bremsanlage*, die auf alle vier Räder wirkt; sie besteht im wesentl. aus dem *Bremspedal*, dem *Haupt[brems]zylinder*, der *Bremsleitung*, den *Rad[brems]zylindern*, den *Bremsbacken* sowie aus den jeweils mit dem Rad verbundenen, bei Fahrt umlaufenden *Bremstrommeln.* Beim Drücken des Bremspedals bewegt sich im Hauptzylinder ein Kolben, verschließt die Ausgleichsbohrung zum Ausgleichsbehälter und verringert das Volumen im Druckraum. Dadurch wird *Bremsflüssigkeit* (Hydrauliköl) verdrängt und im geschlossenen Leitungssystem Druck erzeugt, der die im *Rad[brems]zylinder* bewegl. angeordneten Kolben auseinanderpreßt und die Bremsbacken entgegen der Kraft einer Rückzugsfeder gegen die Bremstrommel drückt. Der auf der Bremsbacke aufgeklebte oder aufgenietete *Bremsbelag* aus hitzebeständigem abriebsfestem Material reibt auf der Bremstrommel und wandelt die Bewegungsenergie in Wärmeenergie um. Ein am Hauptzylinder angebrachter *Bremslichtschalter* schaltet bei Druckanstieg die *Bremsleuchten* ein. Backen-B. werden in verschiedenen Ausführungen gebaut: Bei der *Simplex-B.* ist je Rad nur ein *Radzylinder* für beide halbkreisförmige Bremsbacken vorhanden. Dagegen wird bei der *Duplex-B.* jede Bremsbacke durch einen Radzylinder betätigt. Die *Auflaufbacken* werden infolge der Reibung durch die drehende Bremstrommel zusätzl. an die Trommel gepreßt, wodurch sich eine Selbstverstärkung der Bremskraft ergibt *(Servo-B.).* Die *Einkreisbremsanlage* verliert bei einer Undichtheit im System ihre gesamte Wirksamkeit. Bei der *Zweikreisbremsanlage* sind zwei unabhängige Bremskreise an einen Tandemhauptzylinder angeschlossen. Bei Ausfall eines Bremskreises bleibt der zweite wirksam.
Infolge schlechter Wärmeabfuhr läßt die Bremsleistung der Trommel-B. nach *(Fading).* Diesen Nachteil weist die *Scheiben-B.* nicht auf. Die durch den Fahrtwind gekühlte *Bremsscheibe* ist von scheibenartigen Bremsbelägen in einem sattelförmigen Gehäuse zangenartig umgeben. Beim Bremsen werden die Beläge beidseitig gegen die Bremsscheibe gepreßt. Scheiben-B. sind weitgehend unempfindl. gegen langdauernde Belastung. Da bei vielen Fahrzeugen eine zu hohe Fußkraft erforderl. werden würde, sind diese mit einem **Bremskraftverstärker** ausgerüstet. Diese Geräte arbeiten auf Grund der Differenz zw. Innendruck im Ansaugkrümmer und Außen-

druck. Der Bremskraftverstärker bildet mit dem Hauptzylinder eine Baugruppe. Das zylinderförmige Gehäuse des Bremskraftverstärkers wird durch einen membranartigen Arbeitskolben in zwei druckdichte Kammern geteilt. Über den Anschluß ist die eine Kammer mit dem Ansaugrohr verbunden. Bei laufendem Motor herrscht in dieser Kammer Unterdruck; wird das Bremspedal betätigt, so wandert die Kolbenstange mit Arbeitskolben vorwärts, nimmt den flexiblen Teil des Ventilsystems mit, wodurch die Verbindung zw. beiden Kammern unterbrochen wird. Preßt sich der Arbeitskolben in eine elast. Dichtung, so strömt durch das Ventilsystem Außenluft in die zunächst unter Vakuum stehende zweite Kammer. Dadurch wandert der Kolben mit Stange vorwärts, wodurch der Tandemkolben des Tandemhauptzylinders ebenfalls vorwärts bewegt wird. Der dadurch im Hydrauliksystem ansteigende Druck bewirkt den Bremsvorgang. Wird das Bremspedal nicht mehr betätigt, so wandert unter Federkraft die Kolbenstange zurück, und das Ventilsystem gibt die Verbindung zur Steuerbohrung und dem Vakuumkanal frei. Es folgt ein Druckausgleich zw. beiden Kammern, und alle Kolben bewegen sich in ihre Ausgangsstellung zurück. Die B. ist wieder gelöst.
Für schwere Lastwagen reicht der Unterdruck-Bremskraftverstärker nicht aus. Um auch bei einer Vollbremsung mit kleinen Pedalkräften auszukommen, verwendet man bei der *Druckluftbremse* als Hilfskraft Druckluft. Sie wird in einem Kompressor erzeugt und in Behältern gespeichert. Die Druckluft übernimmt die Funktion der Bremsflüssigkeit. Schwere Kraftfahrzeuge sind vielfach mit einer zusätzl. *Motor-B.* ausgerüstet, bei der durch [teilweises] Verschließen der Auspuffleitung die in den Zylindern zurückgehaltenen Verbrennungsgase bremsend auf den Motor wirken. *Getriebe-B.* greifen bei Fahrzeugen an den kraftübertragenden Teilen an. [Wohn]anhänger besitzen als *Anhänger-B.* vielfach eine *Auflauf-B.*, die durch die beim Bremsen des Zugfahrzeuges auf den Anhänger einwirkende Auflaufkraft von selbst in Tätigkeit tritt. - Abb. S. 38.
📖 *Gräter, H.: Service-Fibel f. den Kfz.-Bremsendienst. Würzburg* ²*1978. - Habeck, A.: B. Braunschweig* ³⁻⁸ *1962–65. 3 Tle.*

Bremsen [niederdt.; zu althochdt. breman „brummen"] (Viehfliegen, Tabanidae), weltweit verbreitete Fam. der Fliegen mit rund 3 000 bis etwa 3 cm langen Arten; meist grauschwarz bis braungelb gefärbt; Kopf kurz und sehr breit, meist seitl. den Brustabschnitt überragend; Augen sehr groß, bei den ♂♂ in der Mitte aneinanderstoßend, bei den ♀♀ durch die schmale Stirn getrennt, meist metall. glänzend. Die ♀♀ haben einen kräftigen, dolchartigen Stechrüssel, mit dem sie an Säugetieren Blut saugen. Die ♂♂ der B.

sind ausschließl. Blütenbesucher. - Die B. fliegen mit Vorliebe an warmen, schwülen Tagen. Übertragen z. T. Krankheitserreger.

Bremsflüssigkeit ↑Bremse.

Bremsklappen, in die Tragflächen oder den hinteren Teil des Rumpfes eines Flugzeugs eingelagerte, schwenkbare Platten, die zur Erhöhung des Luftwiderstandes, insbes. beim Landen, ausgefahren werden.

Bremskraftverstärker ↑Bremse.

Bremsleistung ↑Bremsdynamometer.

Bremsleitung ↑Bremse.

Bremsmoment ↑Bremsdynamometer.

Bremsschlupfregler (Antiblockiereinrichtung), Regeleinrichtung, die bei Bremsvorgängen das Blockieren der Räder von Flugzeug- oder Kfz-Fahrwerken verhindert, so daß eine optimale Bremswirkung erzielt wird. Kfz-B. werden unter der Bez. *ABS* (Abk. für Antiblockiersystem), *ABV* (automat. Blockierverhinderer), *AS* (Anti-Skid), *ASR* (Antischlupfregelung), *SCS* (Stop Control System) u. a. zunehmend in Pkws, aber auch in Nutzfahrzeuge eingebaut.

Bremsschuh (Hemmschuh), keilförmiger Gleitkörper aus Stahl zum Auffangen und Abbremsen von Schienenfahrzeugen im Rangierbetrieb.

Bremsstäbe, svw. ↑Absorberelemente.

Bremsstrahlung, elektromagnet. Strahlung, die ein geladenes Teilchen (z. B. Elektron) beim Durchlaufen des Feldes eines Atomkerns auf Grund der damit verbundenen Ablenkung bzw. Abbremsung aussendet. Beliebige Ablenkwinkel führen zu einem kontinuierl. Spektrum; obere Grenze entspricht der gesamten kinet. Energie des Teilchens und liegt im Gebiet der Röntgenstrahlung.

Bremsverzögerung ↑Anhalteweg.

Bremsweg ↑Anhalteweg.

Bremszylinder ↑Bremse.

Brendel, Alfred, * Loučná nad Desnou (Nordmähr. Gebiet) 5. Jan. 1931, östr. Pianist. - V. a. bekannt als Interpret von Mozart, Beethoven, Schubert und Liszt.

Brenndolde (Brennsaat, Cnidium), Gatt. der Doldenblütler mit etwa 20 Arten in Eurasien; in Deutschland nur selten die bes. auf Moor- und feuchten Waldwiesen sowie an Gräben wachsende **Sumpfbrenndolde** (Cnidium dubium), 30–60 cm hohes, zweijähriges Kraut mit 2-bis 3fach fein gefiederten Blättern, weißen Blüten und 2 mm langen, eiförmigen, schwach rippigen Früchtchen.

Brenneisen, svw. ↑Thermokauter.

◆ (Brandeisen) Stempel aus Eisen, der im Feuer erhitzt zur Kennzeichnung (*Brennmarke*) von Tieren dient.

Brennelement (Brennstab, Brennstoffelement), stabförmiger Behälter (z. B. aus Magnesium, Zircaloy) oder Graphithohlkugeln zur Aufnahme spaltbaren Materials (Uran, Plutonium). Die B. werden in den Kern (*Core*) des Reaktors eingebracht.

Brennen, Verfahren zur Erhöhung der Alkoholkonzentration in alkoholhaltigen Flüssigkeiten.

◆ Verfahren zur chem. Umwandlung durch Einwirkung höherer Temperaturen auf bestimmte Rohstoffe (z. B. Kalk) oder Halbfertigprodukte (z. B. keram. Erzeugnisse).

Brennende Liebe (Lychnis chalcedonica), Lichtnelkenart im östl. Rußland; bis 1 m hohe Staude mit breitlanzettförmigen bis eiförmigen, spitzen, rauhhaarigen Blättern; Blüten scharlachrot, an den Enden der Stengel trugdoldig gehäuft; auch Zierpflanze.

◆ (Verbena peruviana) Eisenkrautart in Argentinien und Brasilien; etwa 15 cm hohe Staude mit liegenden, an den Enden aufgerichteten Stengeln und zinnoberroten Blüten in Köpfchen; als Zierpflanze kultiviert.

Brenner, Otto, * Hannover 8. Nov. 1907, † Frankfurt am Main 15. April 1972, dt. Gewerkschaftsführer. - Nach 1945 Mitbegr. der Gewerkschaften und der SPD in Niedersachsen; seit 1952 Vors. der IG Metall; seit 1961 Präs. des „Internat. Metallarbeiterbundes".

Brenner ↑Alpenpässe (Übersicht).

Brenner, Vorrichtung zum Verbrennen festen, flüssigen oder gasförmigen Brennstoffs. Zu diesem Zweck wird im B. der Brennstoff mit der zur Verbrennung notwendigen Luft zusammengebracht. Beim *Parallelstrom-B.* treffen sich Luft und Brennstoff in parallelen Strahlen am B.mund, beim *Kreuzstrom-B.* treffen sie sich kreuzend vor dem B.; beim *Wirbelstrom-B.* wird durch Verwirbelung eine bes. gute Vermischung von Brennstoff und Luft erreicht.

Brennerei, gewerbl. Betrieb zur Herstellung von Branntwein. Man unterscheidet die den **Eigenbrennereien** (die landw. B. (Kartoffel- und Korn-B.), die gewerbl. B. (meist Melasse-B.) und die Obst-B., zu denen auch die Wein-B.) zählen. Als **Monopolbrennereien** werden B. bezeichnet, die entweder von der Bundesmonopolverwaltung betrieben werden oder Branntwein aus Zellulose herstellen.

Brennessel (Urtica), Gatt. der Nesselgewächse mit etwa 35 Arten in den gemäßigten Gebieten; an Blättern und Stengeln ↑Brennhaare. - 2 einheim. Arten: **Große Brennessel** (Urtica dioica), bis 1,5 m hohe, mehrjährige, zweihäusige Ruderalpflanze mit gegenständigen, längl.-eiförmigen, am Rand grob gesägten Blättern; **Kleine Brennessel** (Urtica urens), bis 50 cm hohes, einjähriges, einhäusiges Gartenunkraut mit rundl.-eiförmigen bis ellipt. Blättern.

Brennfleckenkrankheit, Bez. für verschiedene, durch Deuteromyzeten hervorgerufene Pflanzenkrankheiten, v. a. bei Bohnen, Erbsen, Gurken; gekennzeichnet durch dunkelbraune, eingesunkene Flecken mit wulstigen Rändern.

Brenngase, brennbare techn. Gase und Gasgemische, die natürl. vorkommen (Erd-

Brennglas

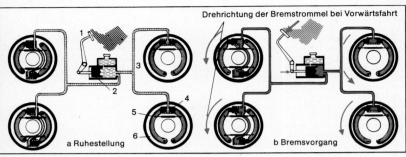

Drehrichtung der Bremstrommel bei Vorwärtsfahrt

1 Bremspedal, 2 Hauptzylinder, 3 Bremsleitung, 4 Radzylinder, 5 Bremsbacken, 6 Bremstrommel

a Ruhestellung   b Bremsvorgang

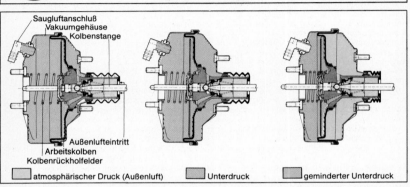

Saugluftanschluß
Vakuumgehäuse
Kolbenstange

Außenlufteintritt
Arbeitskolben
Kolbenrückholfelder

☐ atmosphärischer Druck (Außenluft)   ☐ Unterdruck   ☐ geminderter Unterdruck

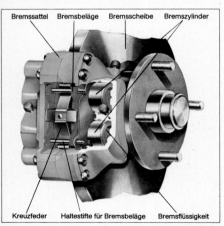

Bremssattel Bremsbeläge Bremsscheibe Bremszylinder

Kreuzfeder Haltestifte für Bremsbeläge Bremsflüssigkeit

Bremse. Oben: schematische Darstellung einer hydraulischen Bremsanlage (Trommelbremsen): 1 Bremspedal, 2 Hauptzylinder, 3 Bremsleitung, 4 Radzylinder, 5 Bremsbacken, 6 Bremstrommel; Mitte: Wirkungsweise eines Vakuum-Bremskraftverstärkers in Lösestellung (links), Teilbremsstellung (Mitte) und Vollbremsstellung; links: teilschematische Darstellung einer Vierzylinder-Festsattel-scheibenbremse mit ihren wesentlichen Bauteilen

gas) oder künstl. aus festen (Kohle), flüssigen (Erdöl) oder gasförmigen Rohstoffen (Biogas) hergestellt werden. Techn. Heizgase mit hohem Kohlenwasserstoffgehalt (z. B. Erdgas) werden als **fette Gase** (Starkgase) bezeichnet; an Kohlenwasserstoffen arme B., sog. **Armga-**se (Schwachgase) entstehen durch Vergasung fester Brennstoffe.

Brennglas, allg. eine Sammellinse, in deren Brennpunkt einfallendes [Sonnen]licht so hohe Temperaturen erzeugt, daß leicht entzündbare Stoffe in Brand geraten.

Brennhaare, (Nesselhaare) v. a. bei Brennesselgewächsen vorkommende, borstenförmige, ein- oder wenigzellige Pflanzenhaare, die im Zellsaft gelöste, hautreizende Giftstoffe enthalten; Wand des Haars im oberen Teil verkieselt, Haarspitze bauchig erweitert und bei Berührung schief abbrechend, so daß der Haarstumpf wie eine Injektionsspritze wirkt.

◆ (Gifthaare, Toxophoren) brüchige oder leicht ausfallende hohle Haare bei verschiedenen Schmetterlingsraupen; enthalten ein Sekret, das in der Haut des Menschen außerordentl. starken Juckreiz und heftiges Brennen verursachen kann.

Brennkammer, ein an einer Seite offener Behälter in Kraftmaschinen und Energiewandlern (z. B. Gasturbinen) bzw. Antriebsaggregaten (z. B. Luftstrahl- und Raketentriebwerke), in dem die Brenn- oder Treibstoffe unter gleichzeitiger Zufuhr verdichteter Luft, reinen Sauerstoffs oder eines Sauerstoffträgers verbrannt werden. Die entstehenden Verbrennungsgase strömen mit hoher Geschwindigkeit durch die Öffnung und dienen als Antriebsmittel.

Brennofen, zum Brennen von Keramikgegenständen u. a. verwendeter Ofen. Die benötigten Temperaturen liegen zwischen 800 und 1 500 °C (Ziegelsteine bis 1 100 °C, Steingut bis 1 300 °C, Porzellan bis 1 500 °C).

Brennpunkt, (Fokus) derjenige Punkt auf der opt. Achse eines abbildenden opt. Systems (z. B. einer Linse oder eines Hohlspiegels), in dem sich (im Idealfall) parallel zur opt. Achse einfallende Strahlen nach der Brechung bzw. Reflexion schneiden.

◆ in der *Chemie* Bez. für die Temperatur, bei der eine brennbare Flüssigkeit nach Annähern einer Zündflamme zu brennen beginnt und weiterbrennt.

◆ in der *Mathematik* ↑ Kegelschnitte.

Brennrecht ↑ Branntweinmonopol.

Brennschere, elektr. beheiztes oder über einer Flamme erhitztes, scherenförmiges Instrument zum Kräuseln der Haare.

Brennschluß, der Zeitpunkt, in dem das Triebwerk einer Rakete zu arbeiten aufhört.

Brennschneiden, Trennen metall. Werkstoffe mit dem Schneidbrenner. Für Eisenwerkstoffe werden vorzugsweise Gas- bzw. Autogenschneidbrenner eingesetzt, die mit Sauerstoffüberschuß arbeiten: Unter Einwirkung des Sauerstoffs wird das Eisen unter starker Wärmeabgabe zu Eisenoxid (Fe_3O_4) verbrannt und aus der Trennfuge ausgeschleudert. Weitere Möglichkeiten sind Lichtbogen-Schneidverfahren und Elektronenstrahlschneiden.

Brennspannung, die Spannung, die zur Aufrechterhaltung des Entladungsvorganges in Gasentladungslampen nach dem Zünden der Lampen erforderl. ist. Die B. ist z. B. bei Leuchtstofflampen wesentl. niedriger als die Netzspannung von 220 V und v. a. von Länge des Entladungsrohres abhängig.

Brennspiritus ↑ Branntwein, ↑ Branntweinmonopol.

Brennstab, svw. ↑ Brennelement.

Brennstoffe, natürl. (Kohle, Erdöl, Erdgas) oder veredelte (Brikett, Koks, Gas, Ben-

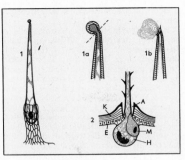

Brennhaare: die Spitze des Brennhaares (1) bricht leicht ab (1 a). Aus der scharfen Bruchstelle tritt Nesselsaft aus (1 b); Gifthaar einer Raupe (2): A Alveole, E Epidermis, H zu einer Giftdrüse umgebildete Haarmutterzelle, K Kutikula, M Membranzelle

zin, Öl) feste, flüssige oder gasförmige Stoffe, die zur wirtsch. Wärmeerzeugung verbrannt werden können. Die B. enthalten als wertvolle Hauptbestandteile Kohlenstoff (Hauptträger der Wärmeentwicklung) und Wasserstoff (wesentl. für die Entzündbarkeit und Brennbarkeit), die mit Sauerstoff verbrennen. Die Bewertung der B. erfolgt durch Bestimmung des Brennwertes und der Brenngeschwindigkeit. Nukleare B. sind Kernstoffe, aus denen durch Kernspaltung Energie gewonnen werden kann (↑ Kernbrennstoffe).

Brennwerte wichtiger Brennstoffe	
feste Brennstoffe	spezif. Brennwert in kJ/kg
Holz (lufttrocken)	16 800
Torf (lufttrocken)	16 380
Rohbraunkohle	13 020
Braunkohlenbrikett	21 000
Steinkohle	34 860
Anthrazit	bis 36 120
Hüttenkoks	30 660
flüssige Brennstoffe	spezif. Brennwert in kJ/kg
Benzin	43 260
Dieselkraftstoff	44 520
Benzol	40 320
Rohpetroleum	42 000
Steinkohlenteeröl	37 800
Äthylalkohol	29 988
Methylalkohol	19 572
Octan	48 300
Hexan	48 510
Toluol	42 882
Spiritus	25 326

Brennstoffelement

Brennstoffelement, svw. ↑Brennelement.

Brennstoffzelle, elektr. Stromquelle, in der durch elektrochem. Oxidation („kalte Verbrennung") eines Brennstoffs mit [Luft]-sauerstoff chem. Energie direkt in elektr. Energie umgewandelt wird. Die B. besteht im Prinzip aus zwei porösen Metallelektroden (z. B. Silber und Nickel), die in einen Elektrolyten (z. B. Schwefelsäure oder Kalilauge) eintauchen. Unter Druck wird an die Kathode Wasserstoff (H_2), an die Anode Sauerstoff (O_2) geblasen. An der Kathode gibt der Wasserstoff je Atom ein Elektron ab und geht in das positiv geladene Wasserstoffion über, während sich die Kathode negativ auflädt. An der Anode nimmt der Sauerstoff je Atom zwei Elektronen auf und wird in das zweifach negativ geladene Sauerstoffion bzw. zwei einfach geladene Hydroxylionen umgewandelt, während sich die Anode infolge Elektronenmangels positiv auflädt. So entsteht zw. beiden Elektroden eine Spannung von etwa 1 V. Verbindet man beide Elektroden miteinander durch Anschließen eines elektr. Verbrauchers (z. B. Glühlampe), so fließen die Elektronen von der Kathode zur Anode und leisten dabei elektr. Arbeit. Gleichzeitig wandern die an der Anode gebildeten Sauerstoffionen durch den Elektrolyten zur Kathode und vereinigen sich dort mit den Wasserstoffionen unter Bildung von Wasser. Verwendet wird die B. in der Raumfahrt und in Versuchsfahrzeugen; noch keine großtechn. Anwendung wegen unwirtsch. hoher Kosten. - Abb. S. 44.

Brennweite, Abstand des Brennpunktes von einer Linse, einem Linsensystem oder einem gekrümmten Spiegel. Bei dünnen symmetr. Linsen wird die B. von der *Linsenebene*, bei dicken Linsen oder Linsensystemen von der treffenden *Hauptebene* und bei gekrümmten Spiegeln von der *Scheitelebene* aus gemessen.

Brennwert, bei Heizgeräten (z. B. Ölöfen) die auf eine bestimmte Zeiteinheit bezogenen Wärmemengenabgabe, angegeben in kJ/h bzw. kcal/h.
♦ diejenige Wärmemenge (Verbrennungswärme), die bei vollständiger Verbrennung von 1 kg einer Substanz frei wird *(chem. B.)*. Von bes. Bedeutung ist der *physiolog.* B. von Nahrungsstoffen. Er stimmt für die Stoffklassen der Kohlenhydrate (etwa 4 000 kcal ≈ 17 MJ) und Fette (etwa 9 300 kcal ≈ 40 MJ) mit dem *chem.* B. überein.

Brenta, norditalien. Fluß, entspringt sö. von Trient, mündet südl. von Chioggia in einem künstl. Bett in die Adria, 170 km lang.

Brentagruppe, Gebirgsgruppe in den südl. Kalkalpen, Italien, im vergletscherten Tosa 3 173 m ü. d. M.

Brentano, lombard. Adelsgeschlecht, urkundl. 1282 erstmals erwähnt; teilte sich im 14. Jh. in die Linien Gnosso, Tremezzo, Toccia (erloschen) und Cimaroli (erloschen). Die Linie Tremezzo war seit dem 17. Jh. in Deutschland ansässig; 1888 als **Brentano di Tremezzo** in den hess. Adelsstand erhoben. Bed.:

B., Bernard von, * Offenbach am Main 15. Okt. 1901, † Wiesbaden 29. Dez. 1964, dt. Schriftsteller. - Bruder des Politikers Heinrich von B.; 1933 Emigration in die Schweiz, lebte seit 1949 in Wiesbaden. Schildert in den beiden Romanen „Theodor Chindler" (1936) und „Franziska Scheler" (1945) den Zerfall einer bürgerl. Familie.

B., Bettina, dt. Dichterin, ↑Arnim, Bettina von.

B., Clemens, * Ehrenbreitstein (= Koblenz) 8. Sept. 1778, † Aschaffenburg 28. Juli 1842, dt. Dichter. - Sohn der Maximiliane B., Bruder der Bettina von Arnim; ∞ 1803 mit S. Mereau. Enge Freundschaft mit A. von Arnim, mit dem er die Volksliedersammlung „Des Knaben Wunderhorn" (3 Bde., 1806–08) herausgab. 1809–18 meist in Berlin, wo Luise Hensel seine Rückkehr zum kath. Glauben bewirkte. 1819–24 lebte er zurückgezogen in Dülmen bei Münster (Westf.) bei der stigmatisierten Nonne Anna Katharina Emmerick, deren Visionen er literar. frei verarbeitete. Nach ihrem Tod führte er ein unstetes Leben. - B. war einer der bedeutendsten Dichter der Hochromantik. Er besaß eine überquellende Schöpferkraft, die jedoch, bedingt durch sein ruheloses Wesen und seine innere Widersprüchlichkeit, oft eine systemat. Bändigung fehlte. B. versuchte sich in fast allen literar. Gattungen. Meisterhafter Erzähler in seinen Novellen und in den teils neu-, teils nachgedichteten Märchen; bed. Lyriker. - *Werke:* Godwi (R., 1801), Geschichte vom braven Kasperl und dem schönen Annerl (E., 1838), Gockel, Hinkel, Gackeleia (Märchen, 1838), Romanzen vom Rosenkranz (vollständig hg. 1912).

B., Franz, * Marienberg (= Kamp-Bornhofen, Rhein-Lahn-Kreis) 16. Jan. 1838, † Zürich 17. März 1917, dt. Philosoph und Psychologe. - B., 1864 Priester, 1872 Prof. in Würzburg, 1874 in Wien; trat 1873 aus Protest gegen Lehrentscheidungen aus der kath. Kirche aus. B. schuf die Grundlagen für die Phänomenologie, indem er psych. Phänomene als auf etwas außerhalb des Bewußtseins Liegendes ausgerichtet (intentional) begreift. Untersuchungen zur Logik der Sprache. - *Werke:* Vom Ursprung sittl. Erkenntnis (1889), Psychologie vom empir. Standpunkt (3 Bde., 1874–1928), Wahrheit und Evidenz (1929), Religion und Philosophie (1955).

B., Heinrich von, * Offenbach am Main 20. Juni 1904, † Darmstadt 14. Nov. 1964, dt. Politiker. - Mitbegr. der CDU in Hessen, 1946–49 hess. MdL, Mgl. des Parlamentar. Rats, 1949–64 MdB, 1949–55 und 1961–64

STAMMTAFEL DER FAMILIE BRENTANO IN DEUTSCHLAND
LINIE TREMEZZO (Übersicht)

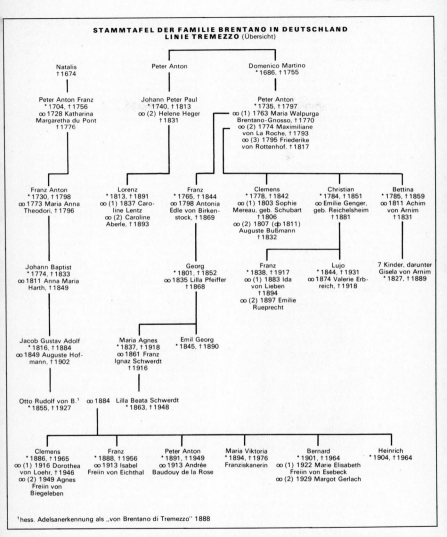

Natalis
† 1674

Peter Anton

Domenico Martino
* 1686, † 1755

Peter Anton Franz
* 1704, † 1756
∞ 1728 Katharina
Margaretha du Pont
† 1776

Johann Peter Paul
* 1740, † 1813
∞ (2) Helene Heger
† 1831

Peter Anton
* 1735, † 1797
∞ (1) 1763 Maria Walpurga
Brentano-Gnosso, † 1770
∞ (2) 1774 Maximiliane
von La Roche, † 1793
∞ (3) 1795 Friederike
von Rottenhof, † 1817

Franz Anton
* 1730, † 1798
∞ 1773 Maria Anna
Theodori, † 1796

Lorenz
* 1813, † 1891
∞ (1) 1837 Caro-
line Lentz
∞ (2) Caroline
Aberle, † 1893

Franz
* 1765, † 1844
∞ 1798 Antonia
Edle von Birken-
stock, † 1869

Clemens
* 1778, † 1842
∞ (1) 1803 Sophie
Mereau, geb. Schubart
† 1806
∞ (2) 1807 (⚭ 1811)
Auguste Bußmann
† 1832

Christian
* 1784, † 1851
∞ Emilie Genger,
geb. Reichelsheim
† 1881

Bettina
* 1785, † 1859
∞ 1811 Achim
von Arnim
† 1831

Johann Baptist
* 1774, † 1833
∞ 1811 Anna Maria
Harth, † 1849

Georg
* 1801, † 1852
∞ 1835 Lilla Pfeiffer
† 1868

Franz
* 1838, † 1917
∞ (1) 1883 Ida
von Lieben
† 1894
∞ (2) 1897 Emilie
Rueprecht

Lujo
* 1844, † 1931
∞ 1874 Valerie Erb-
reich, † 1918

7 Kinder, darunter
Gisela von Arnim
* 1827, † 1889

Jacob Gustav Adolf
* 1816, † 1884
∞ 1849 Auguste Hof-
mann, † 1902

Maria Agnes
* 1837, † 1918
∞ 1861 Franz
Ignaz Schwerdt
† 1916

Emil Georg
* 1845, † 1890

Otto Rudolf von B.[1]
* 1855, † 1927   ∞ 1884   Lilla Beata Schwerdt
* 1863, † 1948

Clemens
* 1886, † 1965
∞ (1) 1916 Dorothea
von Loehr, † 1946
∞ (2) 1949 Agnes
Freiin von
Biegeleben

Franz
* 1888, † 1956
∞ 1913 Isabel
Freiin von Eichthal

Peter Anton
* 1891, † 1949
∞ 1913 Andrée
Baudouy de la Rose

Maria Viktoria
* 1894, † 1976
Franziskanerin

Bernard
* 1901, † 1964
∞ (1) 1922 Marie Elisabeth
Freiin von Esebeck
∞ (2) 1929 Margot Gerlach

Heinrich
* 1904, † 1964

[1] hess. Adelsanerkennung als „von Brentano di Tremezzo" 1888

Fraktionsvors. der CDU/CSU; vertrat als Außenmin. 1955–61 die Außenpolitik Adenauers; gilt als eigtl. Autor der Hallsteindoktrin.

B., Lujo (Ludwig Josef), * Aschaffenburg 18. Dez. 1844, † München 9. Sept. 1931, dt. Nationalökonom. - Bruder von Franz B.; Prof. in Breslau, Straßburg, Wien, Leipzig und München; Mitbegr. des „Vereins für Socialpolitik"; B. zählt zu den Kathedersozialisten; er setzte sich für die Gewerkschaftsbewegung ein. - *Werke:* Die Arbeitergilden der Gegenwart (2 Bde., 1871/72), Die klass. Nationalökonomie (1888), Der wirtschaftende Mensch in der Geschichte (1923).

B., Maximiliane, * Mainz 31. Mai 1756, † Frankfurt am Main 19. Nov. 1793, Jugendfreundin Goethes. - Tochter von Sophie La Roche, Mutter von Clemens B. und Bettina von Arnim.

Brenz, Johannes, * Weil (= Weil der Stadt) 24. Juni 1499, † Stuttgart 11. Sept. 1570, dt. luth. Theologe. - Seit 1522 Prediger in Schwäbisch Hall, führend beteiligt am Aufbau der luth. Landeskirche Württembergs.

Brenz, linker Zufluß der Donau, Bad.-Württ., entfließt dem B.topf (Karstquelle, Schüttung 1,2 m³/s) in Königsbronn auf der Schwäb. Alb, mündet bei Lauingen (Donau); 56 km lang.

Brenzcatechin (1,2-Dihydroxybenzol), giftiges, stark bakterientötend wirkendes, zweiwertiges Phenol; findet Verwendung als photograph. Entwickler und dient zum Färben von Haaren und Pelzen.

Brenztraubensäure (2-Ketopropansäure, 2-Oxopropansäure), CH_3-CO-COOH; einfachste, aber wichtigste 2-Oxocarbonsäure. Die B. spielt in einer Reihe von Stoffwechselvorgängen (v. a. in Form ihrer Ester, den ↑ Pyruvaten) eine bed. Rolle als Zwischenprodukt, so v. a. beim Abbau der Kohlenhydrate im Organismus.

Brera, 1651 ff. nach den Plänen von F. M. Richini erbauter Palast in Mailand (ehem. Jesuitenkolleg); beherbergt u. a. die Pinacoteca di B., eine Gemäldegalerie italien. Meisterwerke.

Bresche ↑ Breccie.

Leonid Iljitsch
Breschnew (1978)

Breschnew, Leonid Iljitsch [russ. 'brjeʒnɪf], * Dneprodserschinsk (Ukraine) 19. Dez. 1906, † Moskau 10. Nov. 1982, sowjetischer Politiker. - Seit 1937 Funktionär der KPdSU; seit 1952 im ZK, 1952/53 und 1956-1957 Kandidat und seit 1957 Mgl. des Präsidiums der KPdSU, 1960-64 außerdem Vors. des Präsidiums des Obersten Sowjets der UdSSR und damit nominelles Staatsoberhaupt; seit Okt. 1964 1. (seit April 1966 General-) Sekretär der KPdSU; außenpolit. v. a. um die Sicherung der Weltmachtstellung der UdSSR und deren Hegemonie in Osteuropa bemüht, innenpolit. Fortsetzung des wirtsch.-techn. Modernisierungsprozesses bei restau-

rativen Tendenzen; 1975 Armeegeneral, 1976 Marschall der Sowjetunion; seit 1977 als Vors. des Präsidiums des Obersten Sowjets Staatsoberhaupt.

Breschnew-Doktrin ['brjeʒnɪf], zur (nachträgl.) Rechtfertigung der militär. Intervention der UdSSR in der ČSSR 1968 von sowjet. Parteiideologen entwickelte und von L. I. Breschnew vertretene Doktrin von der „beschränkten Souveränität" und dem „beschränkten Selbstbestimmungsrecht" aller sozialist. Staaten.

Brescia [italien. 'breʃʃa], italien. Stadt in der Lombardei, 149 m ü. d. M., 215 000 E. Hauptstadt der Prov. B.; Bischofssitz; Handelshochschule; Museen, Gemäldegalerie, Biblioteca Queriniana; Waffen-, Maschinen-, Kraftfahrzeug- und Flugzeugbau, Bekleidungs- und Elektroind.; alljährl. Ind. messe. - Als **Brixia** Hauptort der gall. Cenomanen, 218 v. Chr. röm. Stützpunkt, 49 v. Chr. Munizipium, seit 27 v. Chr. Kolonie. 452 von Attila zerstört, 6.-8. Jh. Mittelpunkt eines langobard. Hzgt. Im 12. Jh. Mgl. des Lombardenbundes; 1428-1797 im Besitz der Rep. Venedig, dann zur Zisalpin. Republik und zum Napoleon. Kgr. Italien, 1815-59 zu Österreich, 1849 Aufstand der „Zehn Tage", dann an Italien. - Roman. Alter Dom (Rotonda) (11./12. Jh.) mit Krypta (8. Jh.), Neuer Dom (1604 ff.), Stadtpalast „Loggia" (1492-1574).

Bresgen, Cesar, * Florenz 16. Okt. 1913, östr. Komponist. - Prof. am Mozarteum in Salzburg (seit 1939). In seiner Musik tritt v. a. das Spielerisch-Musikantische hervor; er komponierte u. a. Jugendopern („Der Igel als Bräutigam", 1949; „Der Mann im Mond", 1958), Orchester-, Kammermusik.

Breslau (poln. Wrocław), Hauptstadt des Verw.-Geb. Wrocław in Schlesien, Polen▾, am Oberlauf der Oder, 119 m ü. d. M., 631 000 E. Sitz eines kath. Erzbischofs, Univ. (gegr. 1811, neu gegr. 1945), TU (gegr. 1910), Hochschulen für Landw., Wirtschaft, Musik, Bildende Künste; Medizin. Akad., Bibliotheken, Staatsarchiv, Diözesanarchiv; Museen (u. a. Schles. Museum); fünf Theater; Zoo. Nahrungsmittelind., Maschinen- und Waggonbau, Werft, Elektroind., Herstellung von Präzisionsinstrumenten u. a.; zwei Oderhäfen, ✈. - Bereits vor- und frühgeschichtl. Handelsplatz. Im 10. Jh. gegr. (**Wortizlawa**) als befestigte Siedlung auf der Dominsel, um 1100 einer der „sedes principales" des Piastenreiches, 1163 Sitz eines Teil-Hzgt. der schles. Piasten. Neben der 1149 erwähnten Stadt (Civitas) wurde um 1225 eine Marktsiedlung nach dt. Recht gegr. (von Zerstörung durch die Mongolen (1241) Stadtneugründung. Die 1263 am linken Oderufer als Tuchmachersiedlung gegr. Neustadt wurde 1327 mit der Altstadt vereinigt; seit Mitte 14. Jh. Mgl. der Hanse. Seit 1327/35 zur böhm. Krone; 1523 prot., 1526 an Habsburg. Der Dreißigjährige Krieg führte zur Rekatholisierung. 1742 preuß. Im 2. Weltkrieg zu 70 % zerstört. - Nach 1945 sorgfältige Restauration bzw. Rekonstruktion, u. a. Kathedrale Johannes des Täufers (urspr. 13./14. Jh.), got. Pfarrkirche Sankt Elisabeth (urspr. 13.–15. Jh.), barockes Jesuitenkollegium (urspr. 1728–42; heute Univ.), Ossolineum (1675–1715), got. Rathaus (14./15. Jh.; heute histor. Museum), barocke Patrizierhäuser.

Ⓦ. *Elze, G.: B. gestern u. heute.* Leer 1979.

B., Erzbistum, im Jahre 1000 als Suffraganbistum von Gnesen gegründet. B. umfaßte das Land beiderseits der oberen Oder. Nach Einführung der Reformation wurde B. im 17. Jh. teilweise rekatholisiert. Nach der Säkularisierung wurde B. 1821 erweitert, neu umschrieben und dem Hl. Stuhl direkt unterstellt. 1929/30 wurde B. Erzbistum mit den Suffraganbistümern Berlin, Ermland und der Freien Prälatur Schneidemühl. Im Juni 1972 wurde das Erzbistum B. neu umschrieben. Das Gebiet wurde aufgeteilt in das Erzbistum B. (seit 1976 besetzt) und die Bistümer (zeitweilig Apostol. Administraturen) Cammin-Stettin, Landsberg (Warthe) und Oppeln. Der westl. der Oder-Neiße-Linie liegende Teil, vom Erzbischöfl. Amt Görlitz verwaltet, wurde Apostol. Administratur mit Sitz in Görlitz. Das Bistum Berlin, als Suffraganbistum zur Kirchenprov. B. gehörte, wurde zur gleichen Zeit exemt.

Bresse [frz. brɛs], histor. Gebiet in O-Frankr., flachkuppige Landschaft, durchschnittl. 200 m ü. d. M., zahlr. Seen; zentraler Ort ist das im S gelegene Bourg-en-Bresse. - Erstmals im 7./8. Jh. genannt; Ende des 14. Jh. im Besitz der Grafen von Savoyen, 1423 Prov. B. mit der Hauptstadt Bourg-en-Bresse; 1538–59 erstmals, 1601 endgültig frz.

Bresson, Robert [frz. brɛ'sõ], * Bromont-Lamothe (Puy-de-Dôme) 25. Sept. 1907, frz. Filmregisseur. - Drehte Filme von großer kompositor. Strenge, u. a. „Tagebuch eines Landpfarrers" (1950, nach dem Roman von G. Bernanos), „Der Prozeß der Jeanne d'Arc" (1962), „Mouchette" (1967, nach dem Roman von G. Bernanos), „Der Teufel möglicherweise" (1977), „Das Geld" (1983).

Brest, frz. Hafenstadt an der breton. W-Küste, am N-Ufer der 150 km² großen **Rade de Brest,** deren meerwärtige Öffnung nur 2 km breit ist, 156 000 E. Univ. (gegr. 1969), ozeanograph. Forschungszentrum, Marinemuseum, Gemäldegalerie u. a.; Bau von Kriegsschiffen, u. a. Atom-U-Boote, Marinearsenal; Elektro- und Elektronikind. (u. a. Radaranlagen). Kriegs- und Handelshafen; ☒. - Röm. Kastell **Gesobricate,** im 9. Jh. Burg; 1239 an die Hzg. der Bretagne, seit 1341 zu deren Linie Montfort; 1342–97 engl., wurde 1491/99 frz.; seit 1515 in Kronbesitz, 1593 Stadtrecht. 1631 Ausbau zum Kriegshafen; 1940 Ausbau zum größten dt. U-Boot-Stütz-

punkt am Atlantik; schwere alliierte Bombenangriffe. - Schloß (12. Jh.; im 17. Jh. umgestaltet).

B. [russ. brjɛst] (bis 1921 Brest-Litowsk), sowjet. Gebietshauptstadt an der Mündung des Muchawez in den Bug, Weißruss. SSR, 214 000 E. Bauingenieurhochschule, PH; Museen, Theater. Nahrungsmittel- und Textilind.; Bahnknotenpunkt und Hafen; mit Dnjepr-Bug-Kanal verbunden; ☒. - Urkundl. erstmals 1017 erwähnt. Nach der 3. Teilung Polens Rußland zugesprochen, 1921–39 poln.; im 2. Weltkrieg stark zerstört.

Brest-Litowsk ↑Brest.

Brest-Litowsk, Frieden von, erster Friedensschluß im 1. Weltkrieg. Der Vertrag wurde in der weißruss. Stadt Brest nach Verhandlungen seit Dez. 1917 am 3. März 1918 von der Sowjetregierung und den Mittelmächten unterzeichnet. Rußland verlor durch Preisgabe von Finnland, Livland, Estland und Kurland, Polen, Litauen, Ukraine, Georgien und der armen. Gebiete Kars, Ardahan und Batum ein Territorium von 1,42 Mill. km² mit einer Bev. von über 60 Mill. Menschen und 75 % seiner bisherigen Stahl- und Eisenindustrie. Zusätzl. wurde die Sowjetmacht zur Zahlung von 6 Mrd. Goldmark verpflichtet. Von den Westmächten am 11. Nov., von der Sowjetregierung am 13. Nov. 1918 für nichtig erklärt.

Brest-Litowsk, Union von, Vereinigung der orth. ukrain. mit der röm.-kath. Kirche zur ↑ruthenischen Kirche. Die Union wurde am 23. Okt. 1595 in Rom geschlossen und auf der Synode in Brest-Litowsk (16.–20. Okt. 1596) bestätigt. Nach dem 2. Weltkrieg wurde die unierte Kirche von der UdSSR der orth. Kirche zwangseingegliedert.

Bretagne [brə'tanjə], größte und westlichste Halbinsel in Frankr.; Verwaltungszentrum der Region B. ist Rennes. Geolog. ist die B. Teil des Armorikan. Gebirges, durchzogen von den Höhenzügen Montagnes d'Arrée (Naturpark), Landes du Méné, Montagnes Noires und Landes de Lanvaux, bedeckt von Wald und atlant. Heiden. Die Küste ist felsig und stark gegliedert. Fast rein ozean. Klima; erst im Becken von Rennes kontinentale Einflüsse; die Winter sind mild und regenreich, die Sommer relativ kühl und trocken; Hecken und Wälle dienen dem Schutz gegen die W-Winde; Blockfluren und Weilersiedlungen, stellenweise auch Einzelhofsiedlung, herrschen vor. Intensiv bewirtschaftetes Grünlandgebiet, wichtiger Rind- und Pferdezucht. Butter- und Käselieferant; Anbau von Saat- und Frühkartoffeln, Frühgemüse, Artischocken, Tomaten, Erdbeeren; Intensivgeflügelhaltung, Schweineund Pferdezucht. Die Fischereiwirtschaft konzentriert sich v. a. auf die Häfen Lorient, Douarnenez und Concarneau; Austernzuchten; Tanggewinnung. Abbau von Kaolin, Uran- und Zinnerzen; modernes Gezeiten-

Breton

kraftwerk an der Rance, Kernkraftwerk in den Montagnes d'Arrée; Fremdenverkehr. **Geschichte:** Während des Neolithikums eines der Hauptzentren der europ. Megalithkultur. Nach der Mitte des 1. vorchristl. Jt. erfolgte die Einwanderung kelt. Stämme; 56 v. Chr. unterwarf Cäsar die B. (kelt.: **Armorika**) der röm. Herrschaft (gehörte erst zur Prov. Lugdunensis, etwa seit 300 zur Prov. Lugdunensis II). Vom 5. Jh. an wanderten kelt. Briten (Bretonen) von Britannien ein. 497 bis etwa 630 unter merowing. Herrschaft, später zeitweise unter lockerer karoling. Oberhoheit (755 die Breton. Mark um Nantes und Rennes), seit 845/846 unabhängiges Territorium; geriet seit Anfang des 10. Jh. unter frz. Lehnshoheit; 952 unter normann. Schutzherrschaft, seit 1113 engl. Lehen, fiel 1166 an das Haus Plantagenet, 1213 an eine kapeting. Nebenlinie, 1341/65 an das Haus Montfort; 1515 zur frz. Krondomäne.
📖 *Rother, F./Rother, A.: Die B. Köln* [8]*1983. - Metken, G.: Breton. Reiseb. Mchn.* [5]*1979. - Poisson, H.: Histoire de la B. St-Brieuc 1966.*

Breton, André [frz. brə'tõ], * Tinchebray (Orne) 19. Febr. 1896, † Paris 28. Sept. 1966, frz. Schriftsteller. - Ausgehend von den Symbolisten, gestaltete er unter dem Einfluß Freuds psychoanalyt., später okkultist. Themen; Theoretiker des Surrealismus („Manifeste du surréalisme", 1924; „Second manifeste du surréalisme", 1930). - *Weitere Werke:* Mont de piété (Ged., 1919), Nadja (Prosa, 1928), Arcane 17 (Ged., 1945), La clé des champs (1952), L'art magique (1956).

Bretón de los Herreros, Manuel [span. breˈtɔn de los ɛ'rːeɾos], * Quel (Prov. Logroño) 19. Dez. 1796, † Madrid 8. Nov. 1873, span. Dichter. - Schrieb etwa 200 Bühnenstücke (u. a. „A Madrid me vuelvo", 1828), z. T. Bearbeitungen fremder (bes. frz.) Dramen; auch Lyriker und Satiriker.

Bretonen, Name für Briten, die sich seit dem 5. Jh. n. Chr. wegen der Invasion der Angeln, Sachsen, Jüten in Britannien in der Armorika (= Bretagne) niederließen.

bretonische Literatur, die *ältere b. L.* ist von geringer Bed., da schon im MA die polit. und kulturell führenden Bevölkerungsschichten zur frz. Sprache übergingen. Von der *Mitte des 15. Jh.* an existiert eine *mittelbreton. L.* meist religiösen Inhalts: lat. oder frz. Vorbildern nachgestaltete Mysterienspiele, Passionen, Heiligenleben. Im 19. Jh. entstand erstmals eine eigenständige b. L. Bed. sind v. a. die von F.-M. Luzel gesammelten breton. Volkslieder: „Gwerziou Breiz-Izel" (2 Bde., 1868–74), „Soniou Breiz-Izel" (2 Bde., 1890). Die eigtl. Blüte der b. L. fällt ins *20. Jh.* Die bedeutendsten Vertreter sind J.-P. Calloc'h, Verfasser der Gedichtsammlung „Ar en deulin" (mit frz. Übersetzung: „À Genoux", 1935), der Dramatiker T. Malmanche, von dem „Gurvan, ar marc'heg estrañjour" (Gurvan, der fremde Ritter, 1945) stammt, und J. Riou, dessen Sammlung von Kurzgeschichten u. d. T. „Geotenn ar Werc'hez (Das Gras der Jungfrau) 1934 erschien.

bretonische Sprache, zur britann. Gruppe der kelt. Sprachen gehörende Sprache, die im westl. Teil des ehem. Herzogtums der Bretagne (Basse-Bretagne) von rd. 800000 Menschen gesprochen wird. Man unterscheidet *Alt-Bretonisch* (von der Einwanderung bis 1100), *Mittel-Bretonisch* (1100 bis 1659) und *modernes Bretonisch,* dessen Beginn mit dem Erscheinen der Grammatik von Père Maunoir (1659) angesetzt wird.

Brettchenweberei, den Übergang von der Bandflechterei zur heutigen Webtechnik bildendes Handwebverfahren. Durch kleine quadrat., sechs- oder achteckige Brettchen (Kantenlänge etwa 6 cm), die an den Ecken durchbohrt sind, werden Fäden (Kettfäden) gezogen und die Brettchen fast parallel zum Fadenverlauf eng aneinandergelegt; die festgespannten Fäden bilden dann die Kette, der Raum dazwischen das Fach. Führt man nun durch das Fach den Schußfaden und dreht die Brettchen in ihrer Ebene, so drehen sich die Kettfäden umeinander und legen den Schußfaden fest; dieser wird zurückgeführt und durch abermalige Drehung erneut festgelegt usw.; er verbindet die so entstehenden „Schnüre" zu einem festen Gewebe (in primitivster Form ein *Schnurband*).

Bretten, Stadt im sö. Kraichgau, Bad.-Württ., 170 m ü. d. M., 23200 E. Melanchthon-Museum; Herstellung von Haushaltsgeräten, Kunststoffpreßwerk. - Aus drei frühma. Siedlungskernen zusammengewachsen, 766 erstmals erwähnt, Hauptort der 1109–1254 nachgewiesenen Gft. B.; 1282 als Stadt genannt.

Bretton Woods [engl. 'brɛtən 'wʊdz], Ort in New Hampshire, USA, in den White Mountains. - Nach dem Tagungsort B. W. werden die dort am 23. Juli 1944 geschlosse-

Brennstoffzelle. Schematische Darstellung der chemischen Vorgänge

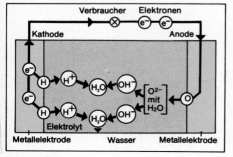

nen Verträge über die Gründung des Internat. Währungsfonds und der Weltbank **Bretton-Woods-Abkommen** genannt.

Brettspiele, Bez. für alle Unterhaltungsspiele, die auf Spielbrettern mit Steinen oder Figuren gespielt werden. Ein Teil der B. sind reine Verstandesspiele, z. B. Schach, Mühle, Dame, Halma, bei einem anderen Teil werden die Steine auf Grund gewürfelter Zahlen bewegt, z. B. Mensch ärgere dich nicht. Andere B. sind die Geduldspiele, z. B. Solitär.

Brettwurzeln, seitl. zusammengedrückte, brettförmige Wurzeln, v. a. von trop. Maulbeerbaum- und Sterkuliengewächsen; z. T. über dem Boden verlaufend und (bis zu einer Höhe von mehreren Metern) den Stamm hinaufziehend. Die B. haben im wesentl. Stützfunktion, dienen aber auch der Atmung.

Breu (Preu), Jörg, d. Ä., * Augsburg um 1475, † ebd. zw. Mai und Oktober 1537, dt. Maler. - Seine bedeutendsten Werke entstanden 1500–02 in Österreich: der Bernhardsaltar in der Stiftskirche in Zwettl Stift (1500), der Altar der Kartäuserkirche in Aggsbach Dorf (1501), und v. a. der Passionsaltar in Melk (1501/02). Steht der Donauschule nahe. Das Spätwerk („Geschichte Samsons", um 1530; Basel, Kunstmuseum) ist manieristisch.

Breuer, Josef [ː -], * Wien 15. Jan. 1842, † ebd. 20. Juni 1925, östr. Arzt. - Untersuchte mit S. Freud die Bed. unverarbeiteter Seeleneindrücke für die Entstehung von Neurosen („Studien über Hysterie", mit S. Freud, 1895).

B., Lee [engl. ˈbrɔɪə], * Philadelphia 6. Febr. 1937, amerikan. Dramatiker. - In seinen innovativen und experimentellen Stücken adaptiert B. dramat. Vorlagen, z. B. von Sophokles in „Gospel at Colonnus" (Erstaufführung 1983); bemüht sich um Ausweitung des Theaters auf eine visuelle Performanz im Sinne des „total theatre" („A prelude to death in Venice", Erstaufführung 1980; „Sister Suzie cinema", Erstaufführung 1980), parodiert moderne Kultur („Shaggy dog animation, Erstaufführung 1978).

B., Marcel Lajos [engl. ˈbrɔɪə], * Pécs 21. Mai 1902, † New York 1. Juli 1981, amerikan. Architekt ungarischer Herkunft. - Studium am Bauhaus. Verwendete als einer der ersten gebogenes Stahlrohr für Stühle. 1937–46 Prof. an der Harvard University in Cambridge (Mass.). Bed. funktionalist. Bauten mit starker plast. Gliederung.

Werke: Haus Harnischmacher in Wiesbaden (1932), UNESCO-Gebäude in Paris (mit P. L. Nervi und B. Zehrfuß; 1953–58), IBM-Forschungszentrum in La Gaude (1960/61), Whitney-Museum of American Art in New York (1963–66).

B., Peter [ː -], * Zwickau (?) um 1472, † ebd. 12. Sept. 1541, dt. Bildschnitzer. - Seit 1504 eigene Werkstatt in Zwickau; ausdrucksstar-

ke Werke: „Christus in der Rast" (um 1500; Freiberg, Stadt- und Bergbaumuseum), „Beweinung Christi" in der Marienkirche in Zwickau (um 1502).

Breughel [ˈbrɔʏɡəl, niederl. ˈbrøːxəl], fläm. Malerfamilie, † Bruegel.

Breuil, Henri [frz. brœj], * Mortain (Manche) 28. Febr. 1877, † L'Isle-Adam bei Paris 14. Aug. 1961, frz. Prähistoriker und kath. Geistlicher. - Seit 1910 Prof. in Paris; grundlegende Arbeiten zur Typologie und Chronologie des Paläolithikums; Begründer der systemat. Erforschung der vorgeschichtl. Kunst, bes. der Höhlenkunst.

Breve [lat.], päpstl. Erlaß in kurzgefaßter Form.

Breviarium [zu lat. brevis „kurz"], Titel für polit., statist. oder jurist. Berichte.

Brevier [lat.], aus mehreren Büchern zum prakt. Gebrauch zusammengestelltes Buch, das das † Stundengebet der röm.-kath. Kirche in der Ordnung des Kirchenjahrs enthält; seit dem frühen MA nur unwesentl. verändert, seit dem 2. Vatikan. Konzil auch in den Landessprachen.

brevi manu [lat.], Abk. b. m. oder br. m., kurzerhand, ohne Förmlichkeiten.

Brevis [lat. „kurze (Note)"], musikal. Notenwert der † Mensuralnotation.

Brewstersches Gesetz [engl. ˈbruːstə; nach dem brit. Physiker Sir D. Brewster, * 1781, † 1868], Zusammenhang zw. Reflexion und Polarisation eines Lichtstrahls. Fällt ein Lichtstrahl so auf die Grenzfläche zweier nichtmetall. Medien unterschiedl. opt. Dichte, daß der reflektierte Strahl und der gebrochene Strahl einen Winkel von 90° miteinander bilden, dann ist der reflektierte Strahl vollständig linear polarisiert. Der Einfallswinkel, bei dem das der Fall ist, wird als **Brewsterscher Winkel** bezeichnet.

Breysig, Kurt, * Posen 5. Juli 1866, † Bergholz-Rehbrücke bei Potsdam 16. Juni 1940, dt. Kulturhistoriker. - Schüler G. von Schmollers, 1896–1934 Prof. in Berlin; betrachtete die Geschichte der Menschheit als gesetzmäßig verlaufenden Werdeprozeß. Beeinflußte ihn seinen Arbeiten O. Spengler; verfaßte u. a. „Der Stufenbau und die Gesetze der Weltgeschichte" (1905).

Breytenbach, Breyten [afrikaans ˈbrəitənbax], Pseudonym Jan Blom, * Bonnievale (Kapprov.) 16. Sept. 1939, afrikaanser Schriftsteller. - Lebte seit 1961 in Paris; wurde 1975 in Südafrika mit falschem Paß verhaftet und zu neun Jahren Haft verurteilt; 1982 nach Frankreich abgeschoben. In der Haft führte er ein Tagebuch, das als „Wahre Bekenntnisse eines Albino-Terroristen" (1984) erschien. - *Weitere Werke:* Lotus (Ged., 1970), Met ander woorde (1973), Kreuz des Südens, schwarzer Brand (Ged. und Prosa, 1974), Augenblicke im Paradies (R., 1976), Schlußakte Südafrika (Ged. und Prosa 1984).

Brězan, Jurij [sorb. 'briẓan], * Räckelwitz (Landkr. Kamenz) 9. Juni 1916, sorb. Schriftsteller. - Gilt als wichtigster Vertreter der obersorb. Gegenwartsliteratur, schreibt auch in dt. Sprache. Sein Hauptwerk ist die zeitgeschichtl. interessante Romantrilogie „Der Gymnasiast" (1958), „Semester der verlorenen Zeit" (1960), „Mannesjahre" (1964); B. schrieb auch „Bild des Vaters" (R., 1982).

Brezel, Gebäck aus verschiedenartigem Teig, das an verschlungene Arme erinnert.

Brězina, Otokar [tschech. 'brẓɛzina], eigtl. Václav Jebavý, * Počátky 13. Sept. 1868, † Jaroměřice nad Rokytnou 25. März 1929, tschech. Dichter. - Zählt zu den führenden tschech. Symbolisten mit z.T. hymn. Lyrik; bed. Verdienste um den literar. Essay. - *Werke:* Winde von Mittag nach Mitternacht (Ged., 1897), Baumeister am Tempel (Ged., 1899), Hände (Ged., 1901), Musik der Quellen (Essay, 1903).

Brianchonscher Satz [frz. briã'ʃõ; nach dem frz. Mathematiker C. Brianchon, * 1783, † 1864], geometr. Lehrsatz: In jedem Tangentensechseck eines regulären Kegelschnittes schneiden die Verbindungslinien der (jeweils durch zwei Ecken getrennten) Gegenecken einander in einem Punkt, dem **Brianchonschen Punkt.**

Briançon [frz. briã'sõ], Paßstadt in den frz. S-Alpen, 80 km osö. von Grenoble, mit 1 326 m ü.d.M. höchstgelegene Stadt Europas, 9 700 E. Fremdenverkehr. - Von Vauban im 17. und 18.Jh. befestigte Altstadt; Kirche Notre-Dame (1705–18).

Briand, Aristide [frz. bri'ã], * Nantes 28. März 1862, † Paris 7. März 1932, frz. Politiker. - Advokat, Journalist; wurde 1902 Abg.; zw. 1906 und 1932 19 Jahre lang Regierungs-Mgl. als Außenmin. (zuletzt 1925–32) oder Min.präs. (1909–11, 1913, 1921/22, 1925/26, 1929); verließ 1906 die Sozialist. Partei; versuchte nach 1918 mit dem Instrument des Völkerbunds, durch Abrüstungspolitik und eine Politik der Versöhnung mit Deutschland ein kollektives Sicherheitssystem zu schaffen (u.a. Locarnopakt 1925, Briand-Kellogg-Pakt 1928, Rheinlandräumung 1930); erhielt 1926 zus. mit G. Stresemann und mit Sir J. A. Chamberlain (für 1925) den Friedensnobelpreis; verfaßte u.a. „Frankr. und Deutschland" (Einleitung von G. Stresemann, 1928).

Briand-Kellogg-Pakt [frz. bri'ã, engl. 'kɛlɔg; nach A. Briand und F. B. Kellogg], am 27. Aug. 1928 in Paris durch das Dt. Reich, die USA, Belgien, Frankr., Großbrit., Italien, Japan, Polen und die ČSR unterzeichneter völkerrechtl. Vertrag, mit dem der Krieg als Mittel zur Lösung internat. Streitfälle verurteilt und auf ihn als Werkzeug nat. Politik in den zwischenstaatl. Beziehungen verzichtet wurde. Dem Pakt traten zahlr. Staaten, auch die UdSSR, bei (schließl. 63). Sein materieller Inhalt ging in die Satzung der UN auf.

Bridge [brɪtʃ; engl. brɪdʒ], aus dem Whist hervorgegangenes, von vier Personen mit 52 frz. Karten gespieltes Kartenspiel. Die einander gegenübersitzenden Spieler bilden ein Paar, das gegen das andere spielt.

Bridgeport [engl. 'brɪdʒpɔːt], Hafenund Ind.stadt am Long Island Sound, 70 km nö. von New York, USA, 143 000 E. Kath. Bischofssitz; Univ. (gegr. 1927). - 1639 angelegt.

Bridgetown [engl. 'brɪdʒtaʊn], Hauptstadt von Barbados, an der SW-Küste, 7 500 E. Hafen- und Handelsplatz der Insel, Fremdenverkehr; internat. ✈. - 1627 gegründet.

Bridgman, Percy Williams [engl. 'brɪdʒmən], * Cambridge (Mass.) 21. April 1882, † Randolph (N.H.) 20. Aug. 1961, amerikan. Physiker und Wissenschaftstheoretiker. - Prof. in Harvard; entwickelte Verfahren zur Erzeugung sehr hoher Drücke (bis zu 425 000 bar) und untersuchte die physikal. Eigenschaften von Flüssigkeiten und Festkörpern unter solchen Bedingungen; veröffentlichte wissenschaftstheoret. Untersuchungen, in denen er die der Physik zugrunde liegenden Begriffe und Konzepte krit. prüfte. Nobelpreis für Physik 1946.

Brie [frz. bri], histor. Gebiet in Frankr., im Zentrum des Pariser Beckens.

Brie [frz. bri], aromat. Weichkäse, urspr. aus der Landschaft Brie.

Brief [zu vulgärlat. breve (scriptum) „kurzes (Schriftstück); Urkunde"], schriftl. Mitteilung an einen bestimmten Adressaten als Ersatz für mündl. Aussprache, „Hälfte eines Dialogs" (Aristoteles). - Zum eigtl. privaten B. trat der offizielle B. für Mitteilungen oder Anweisungen, die der dokumentierenden Schriftform bedürfen (Erlasse usw.), und der nur scheinbar an einen einzelnen Empfänger gerichtete, auf polit. Wirkung berechnete „offene Brief".

Die **Geschichte** des B. reicht bis ins *Altertum* zurück: Zahlr. Original-B. auf Papyrus aus Ägypten und auf Tontafeln aus Mesopotamien (3.–1. Jt.) sind erhalten. Das A. T. hat viele B. überliefert, u.a. den Urias-B. (2. Sam. 11,14). Größere B.sammlungen sind aus röm. Zeit erhalten, das auch den B. in Versen als literar. Gattung pflegte (Horaz, Ovid). An Umfang und Bedeutung ragt der B.wechsel Ciceros (über 900 B. in 37 Büchern) neben dem des jüngeren Plinius heraus. Die B. des *MA* wurden oft von Klerikern an den Höfen und in den Klöstern verfaßt. Sie dienten polit. Zwecken (Kaiser-B.) ebenso wie dem geistl. persönl. Meinungsaustausch hierher gelehrten Schreiber. Den ersten Höhepunkt in der Geschichte des deutschsprachigen B. stellten die kraftvolle, in persönl. Ton gehaltene Korrespondenz und die Sendschreiben *Luthers* dar, der an die Episteln des NT anknüpfte. Eine eigenständige, bis in die Gegenwart fortdauernde B.kultur bildete sich seit dem *17. Jh. in Frankr.* (Pascal, Montesquieu, Voltaire) und *Deutschland* im 18. Jh. Nebeneinander entstanden eine subjektive B.sprache, die von *Pietismus* (Spener) und *Empfindsamkeit* (Klopstock) bis zu den *Romantikern* reicht (Brentano), und ein rationaler, dabei doch von der Persönlichkeit der Autoren individuell geprägter B.stil aus dem Umkreis der *Aufklärung* (Lessing: „B., die neueste Literatur betreffend", 1759–65, Herder: „B. zur Beförderung der Humanität", 1793–97, Winckelmann, Lichtenberg), dem die *dt. Klassik* (Goethe, Schiller: „Über die ästhet. Erziehung des Menschen", 1795; Humboldt, Kant, Hegel) und die *Realisten* (Storm, Keller, Fontane) verpflichtet sind. Im *20. Jh.* hat die allg. B.kultur an Boden verloren, bed. Nachlaß-B. gibt es z. B. von Rilke, Hofmannsthal, Musil, T. Mann, Kafka, Else Lasker-Schüler, als rein literar. Form die „B. an einen jungen Katholiken" von H. Böll (1958; in Anschluß an A. Camus: „Lettres à un ami allemand", 1944). 📖 *Honnefelder, G.: Der B. im Roman. Bonn 1975.* - *Steinhausen, G.: Gesch. des dt. B. Zur Kulturgesch. des dt. Volkes. Dublin u. Zürich* ²*1968. 2 Bde.* - *Rogge, H.: Fingierte B. als Mittel polit. Satire. Mchn. 1966.*

◆ Bez. für Angebot im Börsenwesen.

Briefadel, im Unterschied zum Uradel der durch Adelsbrief eines Souveräns verliehene Adel.

Briefbombe, Brief mit Sprengstoff, der beim Öffnen explodiert.

Briefdrucksache ↑Drucksache.

Briefgeheimnis, Grundrecht, zus. mit dem Post- und Fernmeldegeheimnis in Art. 10 GG verbürgt, durch §§ 202,354 StGB strafrechtl. geschützt. Es betrifft alle schriftl. Mitteilungen von Person zu Person. Gesetzl. Einschränkungen des B.: für nachrichtendienstl. Zwecke und Zwecke der Strafverfolgung (§§ 99, 100 StPO), für Zwecke der Untersuchungshaft, des Konkursverfahrens (§ 121 Konkursordnung) und der Zollnachschau (§ 6 Zollgesetz). Einen ähnl. verfassungsrechtl. Schutz genießt das B. in *Österreich* und in der *Schweiz.*

Briefing [engl. ˈbriːfɪŋ; zu lat. brevis „kurz"], aus der engl.-amerikan. Militärsprache übernommener Ausdruck für kurze Einweisung, Lagebesprechung, Unterrichtung.

Briefkurs, Kurs, zu dem ein Wertpapier angeboten wird.

Briefmaler, auf das Malen kleiner Heiligenbilder und Spielkarten, später auch auf das Kolorieren von Drucken (Flugblättern, Erbauungsschriften, Kalender usw.) spezialisierte Maler (15.–18. Jh.).

Briefmarken, aufklebbare Wertzeichen zum Freimachen (Frankieren) von Postsendungen, werden von den Postämtern als Quittungen für vorausbezahlte Postgebühren in verschiedenen Wertstufen (Stückelungen) verkauft, als Dienstmarken jedoch auch im innerdienstl. Verkehr der Post verwendet. Die Herstellung der B. erfolgt – ein- oder mehrfarbig – im Hoch-, Tief- oder Offsetdruck. Die Druckbogen, meist aus Spezialpapier bestehend (zum Schutz gegen Fälschungen mit Wasserzeichen versehen), auf der Rückseite gummiert, umfassen i. d. R. 25, 30, 50 oder 100 B., die in der Frühzeit der Briefmarke meist mit der Schere auseinandergetrennt werden mußten, heute jedoch stets gezähnt (perforiert) sind.

Zu den „allg. Ausgaben" gehören v. a. die Dauer- oder Freimarken, die gewöhnl. über Jahre hinweg an allen Postschaltern eines Landes erhältl. sind. Daneben erscheinen zu bes. Anlässen (Gedenktage, Jubiläen, Ausstellungen, Olymp. Spiele usw.) **Sonderbriefmarken,** die manchmal auch in Form eines Blocks oder Gedenkblattes ausgeführt werden.

Die erste B. im heutigen Sinne wurde 1840 in Großbrit. eingeführt. Noch in den 40er Jahren des vorigen Jh. gaben auch einige schweizer. Kt., Brasilien, die USA, die Insel Mauritius, Belgien und Frankr. B. aus. Die erste dt. B. erschien 1849 in Bayern („schwarzer Einser"), es folgten ab 1850 Sachsen, Preußen und spät. der dt. Bundesstaaten. 📖 *Brühl, C.: Gesch. der Philatelie. Hildesheim 1985.* - *Tröndle, L.: B.kunde. Das Hdb. f. Philatelisten. Mchn. 1978.*

Briefmarkenkunde ↑Philatelie.

Briefroman, Roman aus einer Folge von Briefen eines oder mehrerer fingierter Verfasser ohne erzählende Verbindungstexte, u. a. S. Richardsons „Pamela" (1740), Rousseaus „Julie oder die neue Heloise" (1759); der dt. B. erlebte seinen Höhepunkt in Goethes „Die Leiden des jungen Werthers" (1774).

Briefsteller, urspr. Bez. für jemanden, der für andere Briefe schrieb; seit Mitte des 18 Jh. Titel für ein Buch mit Anleitungen und Mustern für formvollendete Briefe.

Brieftauben (Reisetauben), aus verschiedenen Rassen der Haustaube gezüchtete Tauben von kräftigem, gedrungenem Körperbau mit schlankem Hals und Kopf; B. sind bes. flugtüchtige und ausdauernde Tauben mit ausgeprägtem Heimfindevermögen. Sie legen unter günstigen Bedingungen an einem Tag 800–1 000 km zurück. Ihre durchschnittl. Reisegeschwindigkeit beträgt bei gutem Wetter etwa 60 km pro Stunde (Höchstgeschwindigkeit über 90 km pro Stunde). B. wurden bereits seit dem Altertum zur Nachrichtenübermittlung verwendet, insbes. für militär. Zwecke. Meist wird die auf dünnem Papier oder ähnl. Material aufgezeichnete Nachricht in leichten Kapseln am Bein der B. befestigt. Heute werden B. v. a. bei Wettflügen eingesetzt.

Briefverteilung, von Hand oder automat. Sortieren und Einordnen der von der Post zu befördernden Briefsendungen. In *au-*

Briefwahl

tomat. Briefverteileranlagen wird ein Brief in mehreren Schritten bearbeitet: 1. *Aufstellen* entsprechend der Position von Anschrift und Briefmarke in der *Briefaufstellanlage.* 2. *Stempeln;* fluoreszierende Briefmarken (seit 1962 bei der Deutschen Bundespost) werden mit ultraviolettem Licht abgetastet. 3. *Codierung,* d. h. Aufdrucken fluoreszierender, phosphoreszierender oder magnet. Farbzeichen entsprechend der Postleitzahl; automat. Codierung bei maschinengeschriebenen Zahlen, sonst Bearbeitung von Hand. 4. *Codeabtastung* und automat. Verteilung in entsprechende Fächer.

Briefwahl, eine unter bestimmten Voraussetzungen bei den meisten Wahlen in der BR Deutschland zugelassene Form der Stimmabgabe, bei der der Wähler, wenn er am Wahltag nicht am Wahlort anwesend ist oder durch andere Umstände an der persönl. Ausübung des Wahlrechts verhindert ist, seine Stimme nicht im Wahlraum abzugeben braucht, sondern Wahlschein und Stimmzettel in verschlossenen Umschlägen an den Wahlleiter sendet.
In *Österreich* gibt es die B. nicht. In der *Schweiz* wird die B. **Stimmabgabe auf dem Korrespondenzwege** genannt.

Brieg (poln. Brzeg), Stadt in Niederschlesien (Polen▾), an der Oder, 150 m ü. d. M., 35 000 E. Herstellung von Landmaschinen, Elektromotoren, Nahrungsmittelind. - 1235 erstmals erwähnt; 1248/1327 Stadtrecht, wurde dt. besiedelt, 1675 habsburg., 1742 preuß. Im 2. Weltkrieg zu 80 % zerstört. - Ehem. Kirche der Franziskaner (14. Jh.; im 16. Jh. Zeughaus), barocke Pfarrkirche (17./18. Jh.); Renaissanceschloß der Piasten (14. Jh.).

Brienz (BE), Gemeinde im schweizer. Kt. Bern, am NO-Ende des **Brienzer Sees** (14 km lang, bis 2,5 km breit, von der Aare durchflossen), 567 m ü. d. M., 2 800 E. Geigenbau- und Schnitzerschule; Fremdenverkehr.

Brienzer See ↑ Brienz.

Bries (Kalbsmilch), Thymusdrüse des Kalbes; wegen seiner leichten Verdaulichkeit oft als Krankenkost verwendet.

Brigach, 43 km langer linker Quellfluß der Donau, entspringt bei Sankt Georgen im Schwarzwald, Bad.-Württ.

Brigade [frz.; zu italien. briga „Streit"], kleinster Großverband aller Truppengattungen, der in der Lage ist, selbständig Kampfaufträge durchzuführen; bis 1918 Verband zweier Regimenter gleicher Waffengattung.
◆ in kommunist. Staaten unter produktionstechn. Gesichtspunkten gebildetes kleinstes Kollektiv von Ind.- bzw. Landarbeitern.

Brigadegeneral ↑ Dienstgradbezeichnungen (Übersicht).

Brigadier [brigadi'e:; italien.-frz.], Leiter einer Arbeitsbrigade.
◆ Kommandeur einer Brigade; ↑ auch Dienstgradbezeichnungen (Übersicht).

Briganten (lat. Brigantes), zahlenmäßig stärkster Stamm der Kelten in Britannien; 71/80 n. Chr. durch die Römer unterworfen; Hauptort Isurium (= Aldborough).

Briganten [italien.], Bez. für Aufwiegler, Unruhestifter, auch für Straßenräuber und Freibeuter; im 14. Jh. auch für die Söldner.

Brigantier (lat. Brigantii), kelt. Vindelikerstamm am Bodensee mit dem Hauptort Brigantium (= Bregenz).

Brigantine [italien.; zu brigare „kämpfen"], im Spät-MA getragene leichte, Oberkörper und Lenden deckende Schutzrüstung aus Leder oder starkem Stoff, außen mit Metallplättchen dicht besetzt.

Brigantinus lacus, lat. Name des Bodensees.

Brigantium ↑ Bregenz.

Brigg [engl.; Kurzform von italien. brigantino, eigtl. „Raubschiff"], früher ein kleines Segelschiff mit zwei vollgetakelten, d. h. mit Rahsegeln besetzten Masten (Fock- und Großmast) und zusätzl. Gaffelsegel am Großmast. Bei der *Schoner-B.* (*B.schoner;* v. a. in S-Europa auch als *Brigantine* bezeichnet) ist nur der Fockmast vollgetakelt, am Großmast befinden sich Schratsegel (wie beim Schoner).

Brig-Glis, Hauptort des Bez. Brig im schweizer. Kt. Wallis, 681 m ü. d. M., 9 600 E. Lederind., Möbelfabrikation, Telefonbau u. a., Fremdenverkehr; Sammelpunkt des Verkehrs über Grimsel, Simplon, Furka und durch den Lötschbergtunnel. - 1215 erstmals erwähnt. - Barocke Kollegiumkirche der Jesuiten (1685) mit Jesuitenkollegium (1663–73); Stockalper-Palast (1658–78).

Briggssche Logarithmen [nach dem engl. Mathematiker H. Briggs, * 1561, † 1630], dekad. Logarithmen zur Basis 10.

Brighella [zu italien. briga „Mühe, Unannehmlichkeit"], Figur der Commedia dell'arte: ein verschlagener Bedienter, der die Ausführung der von ihm angezettelten Intrigen meist dem Arlecchino (Harlekin) überläßt.

Brighton [engl. braitn], Stadt an der engl. Kanalküste, 146 000 E. Mittelpunkt einer städt. Agglomeration, die sich über 50 km entlang der Küste hinzieht. Univ. (gegr. 1961), TH, Kunstschule, landw. Forschungsinst.; Theater; brit. Spielwarenmesse. - Im 18. Jh. Entwicklung vom Fischerdorf zum Bade- und Kurort (Heilquellen); königl. Wochenendresidenz; 1854 Stadt. - Royal Pavilion (1787, 1815–1818) in pseudoorientel. Stil.

Brigid (Brigida, Brigit, Brigitta), hl., * Fochart (= Faugher, Nordirland) um 453, † Kildare 1. Febr. (?) 523, ir. Nationalheilige. - Gründerin des Klosters Kildare; Reliquien in Belém (Portugal).

Brigitta, weibl. Vorname, ↑ Brigitte.

Brigitta, ir. Heilige, ↑ Brigid.

Brigitte (Brigitta), weibl. Vorname kelt. Ursprungs.

Brijuni [serbokroat. bri,ju:ni] ↑ Brionische Inseln.

Brikett [niederl.-frz.], aus feinkörnigem Material (z. B. getrockneter Braunkohle, Steinkohlenstaub, Feinerzen, Futtermitteln) mit oder ohne Bindemittel gepreßter Körper in Quader-, Würfel- oder Eiform. Die B.herstellung (**Brikettierung**) ist bei vielen Rohstoffen, die sich in feinkörniger Form nicht oder schlecht verarbeiten lassen, erforderlich.

Brikole [frz.], Rückprall des Billardballes von der Bande.

Bril (Brill), Paul, * Antwerpen 1554, † Rom 7. Okt. 1626, fläm. Maler. - Seit etwa 1582 in Rom. Bed. sind v. a. seine späteren Landschaftsbilder, die unter dem Einfluß A. Elsheimers entstanden.

Brillant [brıl'jant; frz.; zu briller „glänzen"], in bes. Form (im sog. *Brillantschliff*) geschliffener Diamant, ausgezeichnet durch starke Lichtbrechung und seinen funkelnden Glanz. Die heutige Schlifform des B. entwickelte sich aus der natürl. oktaedr. Kristallform des Diamanten. Dabei erhält der B. insgesamt 56 geometr. genaue Facetten sowie eine Tafel im Oberteil und eine sog. Kalette im Unterteil. Im Oberteil sind rund um die Tafel insgesamt 32 Facetten geschliffen, die Unterseite weist neben der Kalette 8 untere Hauptfacetten und 16 Rondistfacetten auf. Die Ober- und Unterteil trennende Ebene wird als *Rondistebene* bezeichnet, die umlaufende Kante als *Rondiste*.

Brillantine [brıljan'ti:nǝ; frz.], kosmet. Präparat für Glanz und Festigung der Frisur (pflanzl. u. a. Öle).

Brillanz [brıl'jants; frz.], Glanz, Feinheit.

Brillat-Savarin, Jean Anthelme [frz. brijasava'rɛ̃], * Belley (Ain) 1. April 1755, † Paris 2. Febr. 1826, frz. Schriftsteller. - Bekannt v. a. durch seine „Physiologie des Geschmacks" (1825), ein Lehrbuch der zeitgenöss. Gastronomie und der Tafelfreuden.

Brille [urspr. Bez. für das einzelne Augenglas (nach dem Beryll, der in geschliffener Form als Linse verwendet wurde)], Vorrichtung aus einem Traggestell (Fassung) mit Ohrenbügeln und zwei Brillengläsern zum Ausgleich der Fehlsichtigkeiten der Augen und zu ihrem Schutz gegen mechan. Einflüsse oder schädl. Strahlung.

Die **Brillenfassung** besteht aus Kunststoff (Zelluloid, Acetat, Schildpatt und plast. Materialien), Metall (Buntmetalle mit galvan. Auflagen, Golddoublé, Gold, Aluminium [eloxiert und gefärbt]) u. a.

Brillengläser

Gläser ohne opt. Wirkung (Sichtscheiben): Verwendung als farbige Schutzgläser (z. B. beim Schweißen) und als *Sonnenschutzgläser*. Diese dienen zur Dämpfung des sichtbaren Lichtes und zur Absorption des ultravioletten Strahlenanteils intensiver Sonnenstrahlung. Man unterscheidet zw. durchgefärbten Gläsern, Überfanggläsern (farbloses Glas, dem eine Farbglasschicht aufgeschmolzen ist), im Vakuum bedampften Gläsern und polarisierenden Gläsern (Mehrschichtgläsern) zur Unterdrückung polarisierter Lichtreflexe (z. B. von Wasserflächen). *Phototrope (lichtempfindl.) Gläser* sind in unbelichtetem Zustand farblos oder leicht getönt (10 % Absorption); unter der Einwirkung der UV-Strahlung des Sonnenlichts erfolgt Schwärzung (bis 60 % Absorption); nach Aufhören der Bestrahlung Rückkehr in den Ausgangszustand mit zeitl. Verzögerung. Das phototrope Verhalten beruht auf submikroskop., in das Glas eingebetteten Silberhalogenidkristallen. Ähnl. wie bei der Photographie werden die Silberhalogenidkristalle durch kurzwelliges Licht dissoziiert und zu atomarem Silber reduziert, das lichtabsorbierend wirkt. *Strahlungsschutzgläser* sind vorzugsweise Sichtscheiben mit starker Absorption in den dem Sichtbaren benachbarten Spektralbereichen (Ultraviolett, Infrarot). *Sicherheitsgläser:* 1. gehärtete Gläser als Schutz gegen Augenverletzungen und für sportl. Zwecke; bei Bruch zerfällt das Glas in stumpfe Splitter; 2. *Verbundgläser* (verkittete Mehrschichtengläser); sie bestehen aus zwei Gläsern, zw. denen eine Kunststofffolie liegt; 3. Kunststoffgläser aus organ. Material; sie sind splittersicher und weisen eine große Bruchfestigkeit auf.

Gläser mit opt. Wirkung (sphär., zylindr. oder prismat. Wirkung, gemessen in Dioptrien bzw. Prismendioptrien): *Achsensymmetr. B.gläser* sind: 1. *sphär. Gläser* mit beiderseits kugelförmig gekrümmten Oberflächen, z. B. *Plusgläser* (Konvexgläser) mit sammelnder

Brillant. Ansicht 1 von der Seite,
2 von oben, 3 von unten,
4 Schliff eines Brillanten:
a Unterteil zu dick (Lichtstrahl verläßt den Stein seitlich),
b Unterteil zu dünn (Lichtstrahl verläßt den Stein an der Unterseite),
c ideales Verhältnis

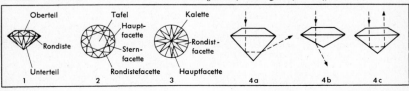

Oberteil	Tafel	Kalette			
Rondiste	Hauptfacette Sternfacette	Rondistfacette			
Unterteil	Rondistefacette	Hauptfacette			
1	2	3	4a	4b	4c

Brillenbär

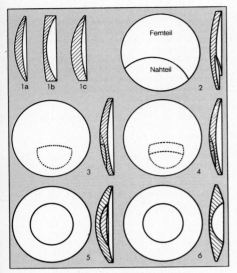

Brille. 1 Sphärische Brillengläser im Schnitt: a Plusglas (sammelnde Wirkung), b Minusglas (zerstreuende Wirkung), c prismatisches Glas (Ausgleich von Stellungsanomalien); **2** Mehrstärken-Brillenglas aus einem Stück; **3** Zweistärkenglas (verschmolzen); **4** Dreistärkenglas (verschmolzen); **5** Lentikularglas mit sammelnder Wirkung; **6** Lentikularglas mit zerstreuender Wirkung (Lentikularausschliff)

Wirkung zum Ausgleich von Über- bzw. Weitsichtigkeit oder Alterssichtigkeit und *Minusgläser* (Konkavgläser) mit zerstreuender Wirkung zum Ausgleich von Kurzsichtigkeit; 2. *asphär. Gläser* mit einer nicht kugelförmigen Oberfläche. Die zweite Fläche kann sphärisch oder torisch (tonnenförmig) sein. Verwendung vorzugsweise als Stargläser. *Achsenunsymmetr. B.gläser* sind: 1. *astigmat. Gläser* mit in zwei zueinander senkrechten Meridianschnitten unterschiedl. Krümmungsradien bzw. Scheitelbrechwerten (Dioptrien). Diese Differenz wird als Zylinderwirkung bezeichnet. Astigmat. Gläser dienen der Korrektion einer Stabsichtigkeit (Astigmatismus) des Auges. 2. Bei *prismat. Gläsern* ist ein Prisma (Glaskeil) bestimmter Stärke und Basislage aufgeschliffen. Sie dienen zur Unterstützung oder zur Wiederherstellung des binokularen Sehens (Fusion) vorwiegend bei Stellungsanomalien des Auges. 3. Sind in einem B.glas zwei oder drei opt. Wirkungen für verschiedene Sehentfernungen vereinigt, so spricht man von *Zwei-* bzw. *Drei-*

stärkengläsern (*Bi-* bzw. *Trifokalgläser*). Die den Sehentfernungen entsprechenden Bereiche des Brillenglases werden Fern-, Zwischen- und Nahteil genannt. Der Übergang vom Fern- zum Nahteil erfolgt stufenweise, während er bei *Gleitsicht- oder Progressivgläsern* kontinuierl. erfolgt. Diese sog. *Mehrstärkengläser* gleichen bei Alterssichtigen das verringerte Akkommodationsvermögen aus, so daß wieder scharfes Sehen in allen Entfernungen mögl. ist. 4. *Lentikulargläser (Tragrandgläser)* weisen starke opt. Plus- oder Minuswirkung auf bei eingeschränktem zentralem Sehteil und dünn geschliffenem Randteil. 5. *Fernrohr-B.* für hochgradig Schwachsichtige haben ein vergrößerndes Fernrohrsystem; Fehlsichtigkeiten sind durch Zusatzlinsen ausgleichbar. ⟤ *Reiner, J.: Auge u. B. Stg.* [3]*1978.* - *Kühn, G./Roos, W.: Sieben Jh. B. Mchn.; Düss. 1968.*

Brillenbär (Andenbär, Tremarctos ornatus), etwa 1,5–1,8 m körperlange pflanzenfressende Bärenart im westl. S-Amerika (einzige Bärenart auf der südlichen Halbkugel); Schulterhöhe etwa 75 cm, Schwanz rund 7 cm lang; Fell zottig, schwarz bis schwarzbraun, meist mit auffallender gelbl. bis weißl. Zeichnung im Gesicht (dort häufig eine brillenähnl. Markierung bildend), am Hals und auf der Brust. Bestand bedroht.

Brillenfassung ↑ Brille.

Brillenhämatom, brillenförmig aussehender Bluterguß (Hämatom) in beide Ober- und Unterlider infolge direkter Einwirkung von stumpfer Gewalt oder infolge eines Gesichtsschädelbruchs, seltener eines Schädelbasisbruchs.

Brillensalamander (Salamandrina), Salamandergatt. mit der einzigen gleichnamigen Art *(Salamandrina terdigitata)* im westl. Italien; etwa 7–10 cm lang; Oberseite matt- schwarz mit je einem gelbroten Fleck über den Augen.

Brillenschlangen, svw. ↑ Kobras.

Brillenschote (Brillenschötchen, Biscutella), Gatt. der Kreuzblütler mit 7 Arten im Mittelmeerraum und in M-Europa; in Deutschland nur die **Glatte Brillenschote** (Biscutella laevigata) auf trockenen Weiden und Felsen, 15–30 cm hohe Staude mit verholztem Wurzelstock, grundständiger Rosette aus keilförmigen Laubblättern, und gelben Blüten in rispigem Blütenstand. Die Früchte (Schötchen) ähneln mit ihren beiden fast kreisrunden, scheibenförmig abgeflachten Hälften einer Brille.

Brilon, Stadt und Luftkurort im nö. Sauerland, NRW, 455 m ü.d.M., 24 500 E. Kalkspatgewinnung, Eisengießerei. - Bei dem 973 gen. B. (heute Altenbrilon) 1184 Anlage des befestigten Orts B., um 1220 Stadt, Mgl. der Hanse, im 15. Jh. führende Stadt im Hzgt. Westfalen. - Propsteikirche (13.–14. Jh.), Rathaus (barocke Fassade 1752).

Brimborium [frz.; letztl. zu lat. breviarium „Brevier"], unwesentl. Gerede, Umschweife, Krimskrams.

Brîncoveanu, Constantin (Brâncoveanu), * 15. Aug. 1654, † Konstantinopel 26. Aug. 1714, Fürst der Walachei (1688–1714). - Behauptete sich über 25 Jahre gegenüber seinen osman. Oberherren, den Habsburgern und Rußland durch geschickte Balancepolitik; im April 1714 von der Pforte abgesetzt, mit seinen Söhnen hingerichtet; verdienstvoller Förderer von Kunst, Bildungswesen, Druckwesen.

Brindisi, italien. Stadt in Apulien auf einer Halbinsel, 11 m ü. d. M., 92 000 E. Hauptstadt der Prov. B.; Erzbischofssitz; chem. und petrochem. Werke, Nahrungs- und Genußmittelind., Militär-, Fischerei-, Handels- und Passagierhafen; ✈. - Angebl. von dem griech. Helden Diomedes gegr. (griech. **Brentesion,** lat. **Brundisium**); 266 v Chr. röm., 244 Kolonie latin. Rechts; Flottenstützpunkt, Endpunkt der Via Appia; 668 von den Langobarden, 868 aus sarazen. Hand von Kaiser Ludwig II. erobert; 1071 normann.; Einschiffungsplatz für die Kreuzfahrer; 1509 an Spanien, 1860 an Italien. - Castello Svevo von Kaiser Friedrich II. nach 1229 errichtet, im 15. und 16. Jh. erweitert. Dom (13. und 18. Jh.).

Brinellhärte [nach dem schwed. Metallurgen J. A. Brinell, * 1849, † 1925], Zeichen HB, Einheit für die Härte eines Stoffes.

Bringschuld, Schuld, bei der im Ggs. zur Holschuld die Leistung auf Gefahr und Kosten des Schuldners dem Gläubiger zu übermitteln ist.

Brinkman, Johannes Andreas, * Rotterdam 22. März 1902, † ebd. 6. Mai 1949, niederl. Architekt. - Baute mit L. C. van der Vlugt (* 1894, † 1936) u. a. die Van-Nelle-Fabrik in Rotterdam (1928/29), ein hervorragendes, frühes Beispiel einer funktionalen Stahlbetonkonstruktion. Beide bauten auch das erste scheibenförmige Wohnhochhaus, das Bergpolderhaus in Rotterdam (1934–35).

Brinkmann, Carl, * Tilsit 19. März 1885, † Oberstdorf 20. Mai 1954, dt. Nationalökonom und Soziologe. - Prof. in Heidelberg, Berlin, Erlangen und Tübingen; versuchte, die Nationalökonomie mit der Soziologie und mit Wirtschafts- und Sozialgeschichte zu verknüpfen. *Werke:* Nationalökonomie als Sozialwissenschaft (1948), Soziolog. Theorie der Revolution (1948), Wirtschafts- und Sozialgeschichte (²1953).

B., Rolf Dieter, * Vechta 16. April 1940, † London (Unfall) 23. April 1975, dt. Schriftsteller. - Schrieb Erzählwerke und Gedichte, wobei er Sprache, Bilder und Stoffe aus der Welt des Films, der Werbung, der Comic strips u. a. verwendete. - *Werke:* Raupenbahn (En., 1966), Keiner weiß mehr (R., 1968), Die Piloten (Ged., 1968), Gras (Ged., 1970), Auf der Schwelle (Hsp., 1971).

Brinkmann AG, Martin, dt. Konzern der Tabakwarenind., Sitze Bremen und Hamburg, gegr. 1813.

Brio (con brio, brioso) [italien.], musikal. Vortragsbez.: mit Feuer, mit Schwung, lebhaft.

Brioche [bri'ɔʃ; frz.], feines Hefegebäck.

Brion, Friederike, * Niederrödern 19. April 1752, † Meißenheim bei Lahr 3. April 1813. - Freundin Goethes. Pfarrerstochter, die Goethe in seiner Straßburger Zeit 1770 in Sesenheim kennen und lieben lernte (Sesenheimer Lieder und Gedichte); dem Abschied 1771 folgte noch ein Besuch Goethes 1779.

Brionische Inseln (serbokroat. Brijuni), jugoslaw. Inselgruppe an der Küste des Adriat. Meeres, durch den Kanal von Fažana von Istrien getrennt; ehem. Sommerresidenz von Präs. Tito auf der größten Insel.

Briquetage [brikə'taːʒə; niederl.-frz.], seit 1740 Sammelbez. für tönerne Arbeitsgeräte vorgeschichtl. Salzsiedestätten.

brisant [frz.], hochexplosiv, sprengend.

Brisanz [frz.], zertrümmernde Wirkung von Sprengstoffen mit hoher Detonationsgeschwindigkeit.

Brisbane [engl. 'brızbən], Hauptstadt von Queensland, Australien, am B. River, der hier in die Korallensee mündet, Metropolitan Area 1,138 Mill. E. Verwaltungs-, Wirtschafts- und Kulturzentrum von Queensland, Sitz eines anglikan. und eines kath. Erzbischofs; Univ. (gegr. 1909), Bibliotheken, Nationalgalerie, Museen, Observatorium, zoolog. und botan. Garten. Schwer- und Textilind., Erdölraffinerien; Fleisch-, Fischkonservierung, Zuckerraffinerien, Spaghettifabrik. Der Hafen ist durch Ausbaggerung auch für Seeschiffe zugängl.; Containerhafen; ✈. - Der B. River wurde 1823 erforscht, 1824 Anlage einer Strafkolonie (1842 geschlossen). Seit 1859 Hauptstadt.

Brise, günstiger Segelwind, unterschieden in leichte, schwache, mäßige und frische Brise.

Brisesoleil [frz. brizɔ'lɛj, eigtl. „Sonnenbrecher"], Betonblenden mit vertikalen und horizontalen Strukturen, die der Fassade bzw. den Fenstern vorgesetzt sind. Von Le Corbusier 1933 entwickelt und zuerst 1937 beim Ministerium für Erziehung in Rio de Janeiro angewandt.

Brisolett (Brisolette) [frz.], gebratenes Kalbfleischklößchen.

Brissago, Badeort im schweizer. Kt. Tessin, am W-Ufer des Lago Maggiore, 2 000 E. Tabakfabrik. - B. bildete im MA eine eigene Republik, die direkt dem Kaiser unterstand.

Brissot, Jacques Pierre [frz. bri'so], gen. B. de Warville, * Chartres 15. Jan. 1754, † Paris 31. Okt. 1793, frz. Journalist und Revolutionär. - Einer der Führer der Girondisten in der Gesetzgebenden Körperschaft 1791; trat als Vors. des außenpolit. Ausschusses wie danach im Konvent für die Kriegspolitik des revolutionären Frankr. ein; 1793 angeklagt, abgeurteilt und hingerichtet.

Bristol [engl. brɪstl], engl. Stadt oberhalb der Mündung des Avon in das Severnästuar, 388 000 E. Verwaltungssitz der Gft. Avon; anglikan. Bischofssitz; Univ. (gegr. 1909), TH; Theaterhochschule, landw. Versuchsanstalt, Baptistenkolleg; neurolog. Forschungsinst., Bibliothek, Museum, Kunstgalerie, zwei Theater; Zoo. Luft- und Raumfahrtind.; Bau von Lokomotiven, Eisenbahnwagen, Autobuskarosserien und Maschinen; bed. chem. Ind.; Hafen; ⚓. - Frühsächs. und normann. Befestigung; Blüte um 1500–1750 (Monopol für den Zuckerhandel; Sklavenhandel). Im 2. Weltkrieg stark zerstört. - Kathedrale (1142 ff., im 14. Jh. erneuert), Theatre Royal (1766), Börse (1743).

Bristol Bay [engl. 'brɪstl 'bɛɪ], Bucht des Beringmeers an der SW-Küste Alaskas.

Bristolkanal [engl. brɪstl], Bucht des Atlantiks zw. walis. S-Küste und Cornwall.

Britannicus, Tiberius Claudius Caesar, * 12. Febr. 41, † kurz vor dem 12. Febr. 55. - Sohn des Kaisers Claudius und der Valeria Messalina; von seiner Stiefmutter Agrippina d. J. zugunsten Neros aus der Nachfolge verdrängt, auf dessen Befehl vergiftet.

Britannien (lat. Britannia), seit Cäsar dem lat. Name für England und Schottland; seit dem 6. vorchristl. Jh. den Griechen und Phönikern bekannt; Invasion Cäsars 55 und 54 v. Chr.; 43–50 Eroberung durch Claudius bis zum Humber und Severn, abgeschlossen durch Agricola (78–85); Bau des Hadrianswalls 122, des Antoninuswalls 142. Die Prov. B. umfaßte die bisherigen (kelt.) Stammesgebiete, dazu 28 Civitates, u. a. Verulamium (beim heutigen Saint Albans) und 4 Kolonien: Eboracum (heute York), Lindum (heute Lincoln), Glevum (heute Gloucester), Camulodunum (heute Colchester); 197 in 2 Prov., im Zuge der Diokletian. Neuordnung Ende 3. Jh. in 4 Prov. unterteilt; seit dem 3. Jh. zunehmende Christianisierung; seit dem Ende des 3. Jh. Invasionen aus Schottland (Pikten) und vom Festland her (Sachsen, Franken, Angeln); nach mehrfacher gewaltsamer Befriedung und Abzug röm. Truppen verstärkte sächs. Invasionen und Niedergang der röm. Kultur; im 5./6. Jh. durch die Angelsachsen erobert.

Briten (lat. Britanni, Britones; Britannen, Britannier, Britonen), Sammelname für die Einwohner Britanniens im Altertum (u. a. Ikener, Trinobanten, Belgen, Dumnonen, Katuvellauner, Briganten, Silurer, Kaledonier bzw. Pikten).

Britische Inseln, Inselgruppe in NW-Europa, umfaßt Großbritannien, Irland, Man, Wight, die Hebriden, Shetland- und Orkneyinseln sowie viele kleine Inseln.

Britische Salomoninseln ↑Salomoninseln.

Britisches Museum (engl. The British Museum), Bibliothek und Museum in London, gegr. 1753 durch Parlamentsakte. Erhielt 1823–57 ein neues Gebäude im klassizist. Stil nach Entwürfen von Sir R. Smirke (vollendet von dessen Bruder S. Smirke, der 1855–57 den runden Lesesaal schuf; seitdem erweitert). Die *Bibliothek* besitzt seit 1757 das Pflichtexemplarrecht für das Brit. Reich. Unter den reichen Sammlungen sind bes. berühmt die sog. Elgin Marbles, unter denen siʒh die Skulpturen (Metopen, Friese, Giebel) des Parthenon in Athen befinden. - ↑auch Bibliotheken (Übersicht), ↑Museen (Übersicht).

Britisches Reich und Commonwealth [engl. 'kɔmənwɛlθ] (engl. British Empire and Commonwealth), Gemeinschaft des Vereinigten Kgr. von Großbrit. und Nordirland mit den Kronkolonien und sonstigen abhängigen Staaten sowie folgenden unabhängigen Staaten: Austral. Bund, Bahamas, Bangladesch, Barbados, Botswana, Dominica, Fidschi, Gambia, Ghana, Grenada, Guyana, Indien, Jamaika, Kanada, Kenia, Kiribati, Lesotho, Malawi, Malaysia, Malta, Mauritius, Nauru (indirekt), Neuseeland, Nigeria, Papua-Neuguinea, Saint Lucia, Saint Vincent, Salomonen, Sambia, Seychellen, Sierra Leone, Singapur, Sri Lanka, Swasiland, Tansania, Tonga, Trinidad und Tobago, Tuvalu (indirekt), Uganda, Westsamoa, Zypern. Ursprünge: Die Grundlagen der engl. Seemacht wurden im 16. Jh. gelegt (1559 Rückzug vom europ. Festland, 1588 Sieg über die span. Armada). Es folgte die Zeit der großen engl. Handelskompanien, v. a. der Ostind. Kompanie. Die Kompanie, die 1600 das Monopol für den engl. Ostindienhandel erhielt, bestand bis 1858 und legte den Grund für das brit. Imperium des 19. Jh. Engl. Handelskompanien verschafften sich seit 1612 Stützpunkte für die Route nach Westindien. Die Afrikakompanie setzte sich an der Goldküste fest, um sich einen Anteil am Sklavenhandel zu sichern. Die Eroberung Jamaikas 1655 gab England eine sichere Basis im Karib. Meer. An der ind. Küste wurde 1639 Madras gegründet. 1662 fiel Bombay an die engl. Krone. Abseits dieser Stützpunkte entwickelten sich im 17. Jh. entlang der nordamerikan. O-Küste Siedlungskolonien, denen die Überbevölkerung in England und die Emigration von Puritanern, Mgl. von Sekten und Katholiken zugute kamen. Nach Virginia (1607) und Massachusetts (1621) wurden Connecticut, Rhode Island, Maine, New Hampshire, Vermont, Maryland, North und South Carolina besiedelt. Die Niederländer wurden aus Nieuw Amsterdam vertrieben, das nun den Namen New York erhielt. W. Penn gründete 1681/82 Pennsylvania. Alle diese Kolonien und Stützpunkte blieben unter loser engl. Aufsicht. Export und Import der Kolonien waren an die engl. Schiffahrt gebunden.

Von 1688 bis 1815: Nach dem Niedergang

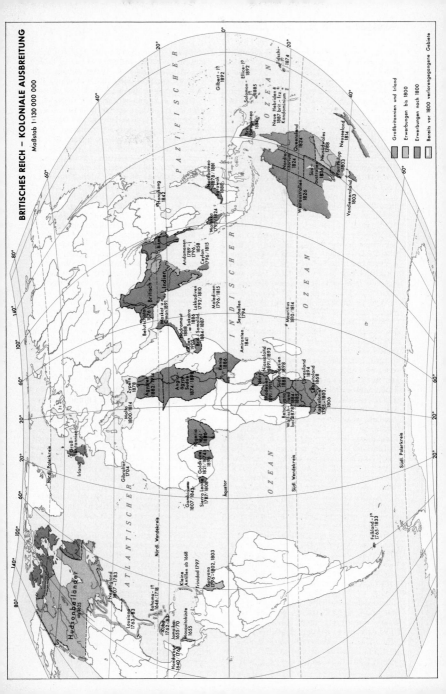

BRITISCHES REICH – KOLONIALE AUSBREITUNG

Maßstab 1:130 000 000

Großbritannien und Irland

Erwerbungen bis 1800

Erwerbungen nach 1800

Bereits vor 1800 verlorengegangene Gebiete

Atlantischer Ozean
Pazifischer Ozean
Indischer Ozean

Nördl. Polarkreis
Nördl. Wendekreis
Äquator
Südl. Wendekreis
Südl. Polarkreis

Groß-
britannien

Groß-
Irland

Gibraltar 1704

Hudsonbailänder ab 1625

Neufundland 1607–1783

Bahama – In
1646–1718

Louisiana 1763–83

Jamaika 1655/70

Honduras 1640–1763

Mosquitoküste 1655

Kleine Antillen ab 1668

Trinidad 1797

Guayana 1796–1802, 1803

Falkland – In 1765/1833

Gambia 1807/1843

Sierra Leone 1787/1808

Goldküste 1821/1871, 1893

Nigeria 1861/1914

Zypern 1878

Malta 1800/1814

Ägypten 1882/1914

Anglo-Äg. Sudan 1874/1899

Angola

Aden 1839
Br.-Somali 1884/1887

Sokotra 1886

Hadramaut 1888

Oman 1891

Beludschistan 1876

Britisch-Indien

Birma

Andamanen 1796,
1858

Ceylon 1796/1815

Lakkadiven 1792/1810

Malediven 1796/1815

Amiranten 1841

Seschellen 1794

Mauritius 1810/1814

Kenia 1888

Njassaland 1891/1893

Uganda 1890/1894

Betschuanaland bis 1878

Walfischbai 1878

Südrhodesien 1888/1898

Swasiland 1868

Basutoland 1868

Transvaal 1877

Kapkolonie 1795–1803, 1806

Hongkong 1842

Borneo 1878/1881
Sarawak 1888

Molukken 1811/1824

Neuguinea 1884

Bismarck-Archipel 1884

Salomon-In 1886/1899

Neue Hebriden brit.–frz. Kondominium 1887

Ellice – In 1892

Gilbert – In 1892

Fidschi-In 1874

Nordaustralien 1824

Queensland 1824

Westaustralien 1826

Süd-Australien 1834

Neusüdwales 1788

Port Phillip 1834

Vandiemensland 1803

Neuseeland 1814

der span. und dann der niederl. Seemacht wurde Frankr. der Hauptrivale. Der Span. Erbfolgekrieg (1701–13/14) sicherte England/Großbrit. mit dem Erwerb von Gibraltar den Zugang zum Mittelmeer und verschaffte ihm die Hudson-Bay-Länder, Neufundland und Akadien von Frankr. Die brit.-frz. Kolonialrivalität, die in Indien und in Nordamerika ihren Höhepunkt erreicht hatte, entlud sich im Siebenjährigen Krieg (1756–63), der das Ende der frz. Herrschaft in Kanada brachte. Der Handelsverkehr im nunmehr ausgebildeten ersten brit. Imperium diente v. a. in London konzentrierten Interessen. Dies traf auf den offenen Widerstand der 13 Siedlerkolonien in Nordamerika, die sich 1776 als „Vereinigte Staaten von Amerika" für unabhängig erklärten. Im Kampf gegen das revolutionäre Frankr. und Napoleon I. (1793–1815) konnte Großbrit. den Grund für ein neues Kolonialimperium legen: Ceylon (1796), Trinidad (1797), Malta (1800), Tasmanien (1803), Kapstadt (1806). In Indien, das nunmehr Schwerpunkt des brit. Kolonialreiches war, wurde das alte Faktoreiensystem der Kompanien durch polit. Herrschaft ersetzt. Der territoriale Kolonialismus des 19. Jh. war geboren. Von 1815 bis 1914: Nach 1815 besaß Großbrit. die absolute Vormachtstellung auf den Weltmeeren. Weitere Stützpunkte wurden Singapur 1819, die Falklandinseln 1833, Aden 1839 und Hongkong 1842. Zunehmend von brit. Siedlern bevölkert wurden Australien (seit 1820) und Neuseeland (seit 1840). Der Welthandel war vorwiegend brit. und Freihandel fiel mit den brit. Interessen zusammen. Verantwortl. Selbstreg. wurde 1840 für das vereinigte Ober- und Niederkanada verwirklicht, 1852 für Neuseeland, 1855 für Neufundland, Neusüdwales, Victoria und Tasmanien, 1856 für Südaustralien, 1859 für Queensland, 1872 für die Kapkolonie, 1890 für Westaustralien und 1893 für Natal. Die Bez. „Dominion" wurde erstmals 1867 für das vereinigte Kanada gewählt. Weitere Zusammenschlüsse benachbarter Gebiete vollzogen sich 1901 in Australien und 1910 in Südafrika. - Gegenüber dieser Entwicklung zur Selbstreg. war Indien ein Sonderfall. Nach dem muslim. Aufstand von 1857/58 gingen Territorium und Eigentum der Ostind. Kompanie, die schon 1833 ihre kommerzielle Monopolstellung verloren hatte, an die brit. Krone über; der Generalgouverneur rückte zum Vizekönig auf. Nach 1871 stand die brit. Politik im Zeichen eines offensiven Imperialismus. Der brit. Premiermin. B. Disraeli stützte sich in Indien auf das islam. Element und suchte über die islam. Welt des Nahen Ostens eine Brücke nach Indien aufzubauen (1875 Ankauf der Suezkanalaktien). Er veranlaßte 1876 die Proklamation der Königin Viktoria zur Kaiserin von Indien. 1878 trat die Türkei Zypern an Großbrit. ab. Nach der

Besetzung Ägyptens 1882 war die Mittelmeerroute nach Indien ausreichend gesichert. Im imperialist. Ringen um Afrika sicherte sich Großbrit. zw. 1884 und 1900 Njassaland, Betschuanaland, Rhodesien, Kenia, Uganda und Nigeria. Im Sudan wurde 1898 das anglo-ägypt. Kondominium errichtet. Hinter dieser Machtpolitik standen verbreitete Vorstellungen von der Kap-Kairo-Linie und der Singapur-Kairo-Linie als künftigen Achsen des Imperiums. Die brit. imperialist. Propaganda setzte Weltfrieden und brit. Weltherrschaft in eins. Die Abkehr von dieser imperialen Machtpolitik bahnte sich mit dem Burenkrieg (1899–1902) an, der heftige Kritik im Mutterland auslöste und die weltpolit. Isolierung Großbrit. offenbar machte. Die Reg. sah sich genötigt, die Entwicklung zur Selbstreg. der weißen Siedlerkolonien weiterzuführen. 1907 bestanden dann folgende Dominions: Kapland, Kanada, Australien, Neuseeland, Natal, Transvaal und Neufundland. Ihnen gegenüber blieb Indien unter dem Vizekönig. 1909 wurden hier ein Wahlrecht mit hohem Zensus eingeführt und die legislativen Befugnisse erweitert, doch von einem Parlamentarismus brit. Musters war man weit entfernt. Von 1914 bis 1939: Die brit. Kriegserklärung 1914 wurde für das ganze Empire ausgesprochen und eine gemeinsame Kriegführung durchgesetzt. Aber die Reichskonferenz von 1917 ließ nur noch ein „Imperial Commonwealth" der autonomen Dominions gelten. Indien erreichte den Zutritt zu den Reichskonferenzen und eine offizielle brit. Erklärung, wonach die verantwortl. Selbstreg. Indiens angestrebt wurde. Der Dominionstatus blieb ihm allerdings noch verwehrt. In Versailles 1919 verhandelten und unterzeichneten die Dominions mit; alle, außer Neufundland, wurden Mgl. des Völkerbundes, auch Indien (1920), das auch als Quasi-Dominion den Versailler Friedensvertrag 1919 unterzeichnete. Die Reichskonferenz von 1926 (endgültig das Statut von Westminster 1931) schuf das „British Commonwealth of Nations" mit den Dominions (Irland, Kanada, Neufundland [bis 1934], Australien, Südafrikan. Union und Neuseeland) als „autonomen Gemeinschaften innerhalb des brit. Empire, gleich im Status, in keiner Weise einander in inneren und äußeren Angelegenheiten untergeordnet, obwohl durch eine gemeinsame Bindung an die Krone vereinigt und als Mgl. des Brit. Commonwealth of Nations frei assoziiert" (Balfour). Auch die farbigen Völker sollten allmähl. zu voller Selbstreg. kommen, entsprechend dem liberal-pazifist. Ideengut des Völkerbundes, das sich auch im System der Völkerbundsmandate niederschlug. Erweiterte konstitutionelle Befugnisse wurden Indien, Rhodesien, Birma (1923) und Ceylon (1924) gewährt. Eine parlamentar. Verfassung mit allg. Wahlrecht erhielten 1931 Ceylon und 1937

Birma, das von Indien getrennt wurde. Indien blieb das Hauptproblem, das auch die Londoner Round-Table-Konferenzen 1930–32 mit Vertretern der ind. Nationalbewegung nicht lösen konnten. Seit 1939: Im 2. Weltkrieg bewährte sich der Zusammenhalt des Commonwealth. Die Dominions traten, mit Ausnahme Irlands, der brit. Kriegserklärung bei. Indien wurde automat. einbezogen, was den scharfen Protest des Indian National Congress hervorrief. 1940 räumte Großbrit. den USA gegen Waffenlieferungen zahlr. Stützpunkte ein. Es verlor durch das jap. Vordringen 1941/42 sämtl. Besitzungen in Ostasien. 1943 erklärte Birma auf jap. Betreiben seine Unabhängigkeit. Nach Indien vermochten die Japaner allerdings nicht vorzudringen. Die USA verbanden ihren Krieg mit einem antikolonialist. Befreiungsprogramm, das ebenso wie die brit.-amerikan. Atlantikcharta (1941) den Emanzipationsbewegungen Auftrieb gab. Nach dem Kriege gewann Großbrit. seine Kolonien und Völkerbundmandate zurück, die nunmehr als „Treuhandgebiete der UN" galten. Der Fortgang der Entkolonisation war aber angesichts der machtpolit. Schwächung Großbrit. nicht mehr aufzuhalten. In der liberal-pazifist. Tradition traf die brit. Labourreg. (seit 1945) weitreichende Entscheidungen zugunsten der Befreiungsbewegungen. Birma wurde endgültig als unabhängige Republik anerkannt und schied aus dem Commonwealth aus (1948). 1947 erhielt Indien seine volle Selbständigkeit. Durch den Ggs. zw. hinduist. Kongreßpartei und Moslemliga bildeten sich zwei Staaten, Indien und Pakistan, die zunächst Dominions, 1950 bzw. 1956 aber Republiken innerhalb des Commonwealth wurden; Pakistan trat 1972 aus. Auch Ceylon erreichte 1948 den Dominionstatus. Aus dem „British Commonwealth of Nations" wurde in der nachkolonialen Ära das „Multiracial Commonwealth", eine neuartige Partnerschaft verschiedener Rassen und Staatsformen, die jedem Mgl. Vorteile bot. In den zwei Jahrzehnten nach 1950 erreichte dann die Mehrzahl der Kolonien ihre Unabhängigkeit. Nur wenige von ihnen gaben ihre Mitgliedschaft in der Gemeinschaft auf, so Irland (1949) und Südafrika (1961), dessen Apartheidpolitik als mit der Commonwealthidee unvereinbar verurteilt wurde. 1948 räumten die brit. Truppen Palästina, wo der jüd. nat. Rat den Staat Israel proklamierte. 1956 wurde der Sudan nach Aufhebung des anglo-ägypt. Kondominats unabhängige Republik. Zypern wurde 1961 unabhängiges Mgl. des Commonwealth, Malta 1964. Bis 1971 gab Großbrit. alle Schutzgebiete östl. von Sues (ausgenommen Kronkolonie Hongkong, Chagos Islands, Brunei) auf. In Ozeanien wurden 1962 Westsamoa, 1970 Tonga und Fidschi unabhängig. - In Amerika wurden

nach dem Zerfall der 1958 gegr. Westind. Föderation 1962 Jamaika sowie Trinidad und Tobago unabhängige Mgl., 1966 Guyana und Barbados. - Die größten Veränderungen ergaben sich in Afrika. Nach Auflösung der 1953 gebildeten Föderation Rhodesien und Njassaland (1963) wurden 1964 Nordrhodesien als Republik Sambia und Njassaland unter dem Namen Malawi selbständige Mgl., ebenso Ghana (1960), Nigeria (1960), Tanganjika (1961) und Sansibar (1963), die sich 1964 als Tansania zusammenschlossen, Sierra Leone (1961), Uganda (1962), Kenia (1963), Gambia (1965), Betschuanaland als Botswana (1966), Basutoland als Lesotho (1966), Mauritius (1968) und Swasiland (1969). Das seit 1964 Rhodesien gen. Südrhodesien proklamierte zur Aufrechterhaltung seiner weißen Minderheitsherrschaft 1965 einseitig seine Unabhängigkeit. 1979 übergangsweise erneut unter brit. Herrschaft gestellt, erlangte es im Frühjahr 1980 unter dem Namen Simbabwe seine internat. anerkannte Unabhängigkeit unter einer schwarzen Mehrheitsregierung. 1972 wurde das von Pakistan abgespaltene Bangladesch Mgl. des Commonwealth. Ihre Unabhängigkeit erreichten 1973 die Bahamas, 1974 Grenada, 1975 Papua-Neuguinea, 1976 die Seychellen, 1978 die Salomonen, Dominica und die Gilbert Islands (jetzt Tuvalu), 1979 die Ellice Islands (jetzt Kiribati), Saint Lucia und Saint Vincent, 1980 die Neuen Hebriden (jetzt Vanuatu), 1981 Belize (bis 1973 Brit. Honduras), Antigua und Barbuda, 1983 Saint Christopher and Nevis (jetzt Saint Kitts-Nevis), 1984 Brunei. Innere Autonomie wurde 1966 Hongkong, 1967 den Westind. Assoziierten Staaten und 1968 den Bermudainseln gewährt. Kleine Gebiete wie Montserrat, die Falklandinseln u. a. blieben Kronkolonien, andere Schutzgebiete unter der brit. Krone.

Ⓛ McIntyre, W. D.: *The Commonwealth of Nations. Origins and impact, 1869–1971.* Minneapolis (Minn.) 1977. - Höpfl, H.: *Gesch. Englands u. des Commonwealth.* Ffm. [2]1973. - *Cambridge history of the British Empire.* Hg. v. J. H. Rose u. a. London [1-2]1929–63. 8 Bde.

Britisch-Guayana, ehem. brit. Kolonie an der NO-Küste Südamerikas, ↑ Guyana.

Britisch-Honduras ↑ Belize.

Britisch-Kolumbien ↑ British Columbia.

British Aerospace [engl. 'brɪtɪʃ 'ɛərəspeɪs], Abk. BAe, brit. Unternehmen der Luft- und Raumfahrtindustrie, Sitz London; umfaßt u. a. die British Aircraft Corporation Ltd. (BAC), die Hawker Siddeley Aviation Ltd. und die Scottish Aviation Ltd. - Die BAe entstand 1977 durch Zusammenschluß unter gleichzeitiger Verstaatlichung. 1981 wurde die BAe teilprivatisiert, 1985 wieder vollständig privatisiert.

British Airways [engl. 'brɪtɪʃ 'ɛəweɪz] ↑ Luftverkehrsgesellschaften (Übersicht).

British-American Tobacco Company Ltd.

British-American Tobacco Company Ltd. [engl. 'brɪtɪʃ ə'mɛrɪkən tə'bækoʊ 'kʌmpənɪ 'lɪmɪtɪd], größter Konzern der Tabakwarenind. der Welt, Sitz London.

British Antarctic Territory [engl. 'brɪtɪʃ ænt'ɑktɪk 'tɛrɪtərɪ], brit. Kolonie in der Antarktis, umfaßt die Süd-Orkney-Inseln, die Süd-Shetland-Inseln und einen Sektor des Festlands bis zum Südpol. Bis auf 16 Forschungsstationen verschiedener Nationen unbewohnt. Verwaltungssitz Stanley (Falklandinseln).

British Broadcasting Corporation [engl. 'brɪtɪʃ 'brɔːdkɑstɪŋ kɔːpə'reɪʃən], Abk. BBC, staatl. brit. Rundfunkgesellschaft; Sitz London; 1922 gegr., war bis 1926 eine privatrechtl. AG („British Broadcasting Company"); 1927 in eine öff.-rechtl. Anstalt mit königl. Charter umgewandelt. Wird durch Gebühren finanziert; sendet Hörfunk-, seit 1946 auch regelmäßig Fernsehprogramme.

British Columbia [engl. 'brɪtɪʃ kə'lʌmbɪə] (dt. Brit.-Kolumbien), westlichste Prov. Kanadas, 948 600 km², 2,87 Mill. E (1984), Hauptstadt Victoria.

Landesnatur: Im NO hat B. C. Anteil an den Interior Plains, rd. 90 % der Fläche liegen aber im Gebirge. Im O steigen die vergletscherten Rocky Mountains von einer bei rd. 1 500 m ü. d. M. gelegenen Fußhügelzone steil an, höchster Berg ist der Mount Robson (3 954 m ü. d. M.; Naturpark). Nach W schließt sich eine schmale Längssenke (900–1 200 m ü. d. M.) an, durch die u. a. der Columbia River und der Fraser River fließen, im W begrenzt von einem Gebirgszug mit Höhen zw. 2 400 und 3 500 m. Es folgt eine breite Zone von Plateaus in Höhen über 1 000 m, nach W begrenzt von den **Coast Mountains**, die im Mount Waddington 4 041 m ü. d. M. erreichen. Der durch Fjorde stark gegliederten Küste sind zahlr. Inseln vorgelagert, u. a. Vancouver Island; hier erreicht das Inselgebirge Höhen von über 2 000 m. Das Klima ist im Küstenbereich relativ ausgeglichen mit hohen Niederschlägen; nach O nehmen diese stark ab. Neben Nadelwald kommen Mischwälder mit Schwarzpappeln und Zedern vor. In den Wäldern leben Grizzly- und Schwarzbär.

Bevölkerung, Wirtschaft: Etwa 2 % der Bev. sind Indianer, bei den Einwanderern dominieren Briten, gefolgt von Deutschen, Skandinaviern, Franzosen, Niederländern und Ostasiaten. Die Wirtsch. verfügt über ein reiches natürl. Potential: auf dem Waldreichtum basieren Zellulose- und Papierfabriken sowie zahlr. Sägewerke. Abgebaut werden Kupfer-, Zink-, Blei- und Molybdänerze, v. a. im Kootenay-Gebiet und bei Merritt; Eisenerze werden u. a. auf Vancouver Island gewonnen. Erdöl- und Erdgasfelder liegen nördl. des Peace River (Pipeline nach Vancouver); der Abbau von Kohle und die Gewinnung von Gold ist zurückgegangen. Bed. Lachsfischerei und -verarbeitung. Die Plateaus sind v. a. Rinderweideland; am Unterlauf des Fraser River wird Gemüse angebaut, im Gebiet des Okanagan Lake befinden sich Obstplantagen und Weinberge. Die Nutzung der Wasserkräfte ließ neue Ind. entstehen, z. B. die Aluminiumhütte in Kitimat. Bed. hat u. a. auch die Nahrungsmittel- und die chem. Industrie.

Verkehr: B. C. verfügt über ein Eisenbahnnetz von 7 344 km Länge, darunter zwei transkontinentale Strecken, die den Pazifik bei Vancouver bzw. Prince Rupert erreichen. Das Straßennetz hat eine Länge von 43 668 km, dazu gehören Teile des Transkanada Highway im S und des Alaska Highway im N. Internat. ⚓ in Vancouver und Victoria.

Geschichte: Erkundung der Küste durch span. Seefahrer im 18. Jh.; 1778 nahm J. Cook das Land für die brit. Krone in Besitz; 1789 Besetzung der Niederlassung durch Spanier. Nach 1800, v. a. ab 1833 Besiedlung von B. C.: Vancouver Island 1849 Kronkolonie. 1858 Beginn der Besiedlung des Festlandes und Gründung der Kolonie B. C.; 1866 Vereinigung beider Kolonien zur Kronkolonie B. C., die sich 1871 als 6. Prov. dem Kanad. Bund anschloß; 1872 bzw. 1903 Festlegung der umstrittenen Grenzen zu den USA durch Schiedsverfahren.

British Council [engl. 'brɪtɪʃ 'kaʊnsl], Einrichtung Großbrit. zur Förderung und Verbreitung der engl. Sprache und Kultur im Ausland; gegr. 1934, Hauptsitz: London. Schwerpunkte der Arbeit (in rd. 70 Ländern): Ausbildungsförderung von Englischlehrern, Unterhaltung oder Subventionierung von Leih- und Handbüchereien, Organisation von Veranstaltungen aller Art. Sitz des B. C. in der BR Deutschland ist Köln.

British Empire and Commonwealth [engl. 'brɪtɪʃ 'ɛmpaɪə ənd 'kɔmənwɛlθ] ↑Britisches Reich und Commonwealth.

Brithish Forces Broadcasting Service [engl. 'brɪtɪʃ 'fɔːsɪz 'brɔːdkɑstɪŋ 'sɜːvɪs], Abk. BFBS, Sender der brit. Truppen in der BR Deutschland mit Sitz in Köln. Entstand 1964 als Nachfolger des „British Forces Network" (Abk. BFN).

British Indian Ocean Territory [engl. 'brɪtɪʃ 'ɪndɪən 'oʊʃən 'tɛrɪtərɪ], 1965 errichtete brit. Kolonie im westl. Ind. Ozean, umfaßt die südl. der Malediven gelegenen Chagos Islands, nur von Militär bewohnt.

British Leyland Motor Corporation Ltd. [engl. 'brɪtɪʃ 'leɪlənd 'moʊtə kɔː'reɪʃən 'lɪmɪtɪd], Abk. BLMC, größter brit. Automobilkonzern, Sitz London, entstanden 1968 durch Fusion der Leyland Motors Ltd. mit der British Motor Holdings (BMC); Marken: Austin, Jaguar, Leyland, Morris, Rover, Triumph.

British Museum, The [engl. ðə 'brɪtɪʃ mjuː'zɪəm] ↑Britisches Museum.

British Petroleum Company Ltd.
[engl. 'brɪtɪʃ pɪ'troʊljəm 'kʌmpənɪ 'lɪmɪtɪd],
Abk. BP, brit. Erdölkonzern, Sitz London;
entstanden 1954 aus der früheren Anglo-
Iranian Oil Company (AIOC). Erschließt
Erdölvorkommen im Iran und bes. in Kuwait.
British Steel Corporation [engl.
'brɪtɪʃ 'stiːl kɔːpə'reɪʃən], Abk. BSC, staatl.
brit. Konzern der Eisen- und Stahlind., Sitz
London; entstanden 1967 durch Verstaatlichung und Verschmelzung von 13 Unternehmen der Stahlindustrie.
British Virgin Islands [engl. 'brɪtɪʃ
'vəːdʒɪn 'aɪləndz] ↑ Jungferninseln.
Britomartis, kret. Göttin, der griech. Ar-
temis wesensverwandt.
Britschka [poln.], offener, leichter Reise-
wagen.
Britten, Benjamin [engl. brɪtn], * Lowes-
toft (Suffolk) 22. Nov. 1913, † Aldeburgh (Suffolk) 4. Dez. 1976, engl. Komponist. - Seine
Kompositionen kennzeichnet eine flüssige
Schreibweise, verbunden mit techn. Versiert-
heit, und das Vermögen, mit sparsamen Mitteln Atmosphäre zu umreißen und Wirkung
zu erzielen. Bed. auch als Pianist und Dirigent,
der alle Uraufführungen seiner Opern selbst
leitete.
Opern: Peter Grimes (1945), The rape of Lu-
cretia (1946), Albert Herring (1947), The beg-
gar's opera (1948), Billy Budd (1951), A mid-
summer night's dream (1960), Owen Wingra-
ve (1971), Der Tod in Venedig (1973). - *Orchesterwerke:* Variationen über ein Thema von
Frank Bridge (1937), Simple symphony
(1934), The young person's guide to the orchestra (1945, Variationen über ein Thema von
Purcell). - *Chorwerke:* War requiem (1962, zur
Einweihung der im 2. Weltkrieg zerstörten
Kathedrale von Coventry).
Britting, Georg, * Regensburg 17. Febr.
1891, † München 27. April 1964, dt. Schriftsteller. - Höhepunkt seiner Erzählkunst war
der eigenwillige, humorist. Roman „Lebenslauf eines dicken Mannes, der Hamlet hieß"
(1932); phantasievolle Lyrik; im Alterswerk
Bevorzugung strenger Formen (Ode, Sonett).
Brixen (italien. Bressanone), italien. Stadt
und Kurort am Zusammenfluß von Eisack
und Rienz, in der Region Trentino- Südtirol, 559 m ü. d. M., 16 200 E. Bischofssitz (seit
992); Priesterseminar; Bibliothek; Fremdenverkehr; Weinbau. - Im 9. Jh. als **Pressena**
(später **Brixina**) bezeugt, 901 an die Bischöfe
von Säben, deren Sitz seit dem 10. Jh.; 1805
an Bayern, 1815 wieder an Österreich, 1919
an Italien. - Dom (1745–55; roman. Vorgän-
gerbau), Kreuzgang (um 1200–1360) mit Fresken. Die Arkaden der Laubengasse stammen
aus dem MA; fürstbischöfl. Hofburg (um
1270, v. a. 1591–1600).
B., Bistum, urspr. in Säben bestehendes
Bistum, das in der 2. Hälfte des 10. Jh. nach
B. verlegt wurde. 1803 säkularisiert. 1964

wurde B. als Bistum **Bozen-Brixen** (Bolzano-
Bressanone) errichtet und der Kirchenprov.
Trient unterstellt. - Bei einer Gesamtbev.
(1977) von 421 000 E. gibt es 418 000 Katholi-
ken. In 328 Pfarreien sind 861 Welt- und
Ordenspriester tätig.
Brixia, antike Stadt, ↑ Brescia.
Brjansk, sowjet. Gebietshauptstadt, an
der Desna, RSFSR, 424 000 E. Trans-
portmaschinenbau-, Holzwirtschaftshoch-
schule; Theater; Stahlwerk, Dieselmotoren-
bau, Kammgarnkombinat. - Urkundl. erst-
mals 1146 erwähnt. Vom 13. Jh.–Mitte 14. Jh.
Hauptstadt eines Teil-Ft., 1356 zum Groß-Ft.
Litauen, 1500 zum Groß-Ft. Moskau. Im 2.
Weltkrieg stark zerstört.
Brjussow, Waleri Jakowlewitsch, * Moskau 13. Dez. 1873, † ebd. 9. Okt. 1924, russ.
Dichter. - Wurde als wegweisender Form-
künstler Führer der russ. Symbolisten, schrieb
auch histor. Romane und übertrug Werke
von Vergil, Dante, Goethe, Poe und Verlaine.
Brno [tschech. 'bṛnɔ] ↑ Brünn.
Broad Church [engl. 'brɔːd 'tʃəːtʃ, eigtl.
„breite Kirche"] (Broad Church Party), eine
der drei Richtungen in der ↑ anglikanischen
Kirche, gekennzeichnet durch soziale Aktivi-
täten und religiöse Toleranz.
Broad Peak [engl. 'brɔːd 'piːk] ↑ Berge
(Übersicht: Erstbesteigung ausgewählter Berge).
Broadway [engl. 'brɔːdweɪ „breiter
Weg"], eine der Hauptstraßen der Stadt New
York, USA, verläuft, z. T. schräg zum Schach-
brettgrundriß der Straßennetzes, von der S-
Spitze von Manhattan bis zur nördl. Stadt-
grenze, etwa 25 km lang; v. a. durch seine
Theater bekannt.
Broadwood & Sons, Ltd, [engl.
'brɔːdwʊd ənd'sʌnz 'lɪmɪtɪd], brit. Klavierfa-
brik, um 1728 in London gegr.; bis heute
eine der führenden Weltfirmen.
Broca, Paul, * Sainte-Foy-la-Grande (Gi-
ronde) 28. Juni 1824, † Paris 9. Juli 1880,
frz. Chirurg und Anthropologe. - Einer der
bedeutendsten Chirurgen seiner Zeit; Entdek-
ker nach ihm benannten Sprachzentrums
in der dritten linken Stirnwindung des Groß-
hirns.
Broca-Formel [nach P. Broca], Formel
zur Berechnung des Körpersollgewichtes (in
kg) aus der Körperlänge (in cm) abzügl. 100.
Bei einer Körpergröße von 175 cm ergibt
sich demnach ein Körpersollgewicht von 75
kg.
Broccoli [italien.], svw. ↑ Spargelkohl.
Broch, Hermann, * Wien 1. Nov. 1886,
† New Haven (Conn.) 30. Mai 1951, östr.
Dichter. - Bei der Besetzung Österreichs 1938
verhaftet, nach Freilassung emigrierte er in
die USA, Prof. in New Haven. Als einer der
ersten in der dt.sprachigen Literatur sprengt
er die traditionelle Erzählweise, verwendet
neue Stilmittel (innerer Monolog, Wechsel

Brochantit

der Ausdrucksformen je nach Gegenstand), bezieht wiss. Erkenntnisse, Reflexionen und Träume in seine Dichtung ein und geht von der Prosa in Lyrik über. Sein wichtigstes Werk ist der Roman „Der Tod des Vergil" (1947). - *Weitere Werke:* Die Schlafwandler (R.-Trilogie, 1931/32), Die Schuldlosen (R., 1950), Der Versucher (R., hg. 1953).

Brochantit [nach dem frz. Mineralogen A. J. F. M. Brochant de Villiers, *1772, †1840], smaragdgrünes bis schwärzlichgrünes, durchsichtiges bis durchscheinendes, in körnigen, monoklinen Kristallen auftretendes Mineral, $Cu_4[(OH)_6SO_4]$; Mohshärte 3,5 bis 4; Dichte 3,97 g/cm³.

Brock, Bazon ['batson; griech. bázon, eigtl. „Schwätzer"], *Stolp (Ostpommern) 2. Juni 1936, dt. Kulturtheoretiker. - „Beweger" des kulturellen Lebens; betont die Alltagsästhetik, d. h. Kunst als Kulturtechnik im Alltag. Initiator der Besucherschulen der Documenta und aktivierender neuer Lehrformen (action-teaching). Schrieb u. a. „Ästhetik als Vermittlung" (1977).

Brockdorff, seit dem frühen 13. Jh. bezeugtes holstein.-dän. Adelsgeschlecht; es bestehen noch Linien in Schleswig-Holstein und Dänemark (seit 1672 bzw. 1838 gräfl.) sowie der 1814 in Bayern immatrikulierte, 1706 in den Reichsgrafenstand erhobene fränk. Zweig.

B.-Rantzau, Ulrich Graf von, *Schleswig 29. Mai 1869, †Berlin 8. Sept. 1928, dt. Diplomat und Politiker. - Ab Dez. 1918 als Staatssekretär Leiter des Auswärtigen Amtes, danach Außenmin. Febr. bis Juni 1919; bemühte sich vergebl., die Bedingungen des Versailler Vertrages zu mildern und trat aus Anlaß der Vertragsunterzeichnung, die er ablehnte, zurück; ging trotz Bedenken gegen den Rapallovertrag als erster Botschafter in die Sowjetunion (1922-28); befürwortete eine Annäherung an Moskau und trug entscheidend zum Zustandekommen des Berliner Vertrages (1926) bei.

Brocken, höchster Berg des Harzes (DDR), 1142 m hoch; runde, oberhalb der Waldgrenze gelegene Kuppe; an den Flanken Klippen und Blockmeere. - Seit dem 18. Jh. tourist. Erschließung; in der Mythologie als **Blocksberg** Schauplatz der Walpurgisnacht.

Brockengespenst [nach dem Brocken], vergrößert erscheinender Schatten des Beobachters auf einer Nebelwand bei tiefstehender Sonne.

Brockhaus, Friedrich Arnold, *Dortmund 4. Mai 1772, †Leipzig 20. Aug. 1823, dt. Verleger. - Gründete 1805 den Verlag F. A. Brockhaus (1805 Amsterdam, 1811 Altenburg, 1817/18 Leipzig, wo er auch eine Druckerei anschloß). Nach Enteignung des Leipziger Hauses seit 1953 in Wiesbaden ansässig, firmierte der Verlag wieder als F. A. B. Seit 1. Jan. 1984 ist er mit dem Bibliographischen

Institut AG zur Firma **Bibliographisches Institut & F. A. Brockhaus AG** vereinigt. Hauptarbeitsgebiet des Verlages sind Lexika; 1809 brachte F. A. B. ein von ihm 1808 gekauftes, von R. G. Löbel und C. W. Franke 1796 begonnenes Lexikon u. d. T. „Conversations-Lexikon" (1809, 6 Bde.) heraus, das seine 15. Auflage als „Der Große Brockhaus" 1928-35 (20 Bde.) erlebte; nach dem 2. Weltkrieg erschien die 16. Auflage in 12 Bänden, 1966-74 die 17. Auflage u. d. T. „Brockhaus Enzyklopädie" in 20 Bänden, 1977-81 die 18. Auflage des „Großen Brockhaus" in 12 Bänden, seit 1986 die 19. Auflage u. d. T. „Brockhaus Enzyklopädie" in 24 Bänden. - ↑auch Verlage (Übersicht).

Brockmann, Hans Heinrich, *Buxtehude 18. Okt. 1903, dt. Chemiker. - Prof. in Posen und Göttingen; entwickelte die Adsorptionschromatographie zur Trennung von organ. Verbindungen.

Brod, Max, *Prag 27. Mai 1884, †Tel Aviv-Jaffa 20. Dez. 1968, östr.-israel. Schriftsteller. - Zionist, emigrierte 1939 nach Tel Aviv; Freund Kafkas, dessen Werk er postum herausgab. Vielseitiger Schriftsteller mit weitgespanntem Themenkreis: kulturphilosoph. Essays, histor. Romane, Novellen, z. T. autobiograph. Inhalts, Liebesromane, religiöse Dichtung. - *Werke:* Romantrilogie: Tycho Brahes Weg zu Gott (1916), Reubeni, Fürst der Juden (1925), Galilei in Gefangenschaft (1948); F. Kafka (Biogr., 1937), Streitbares Leben (Autobiogr., 1960, erweitert 1969).

Broda, Hans Christian, *Wien 12. März 1916, †ebd. 1. Febr. 1987, östr. Jurist und Politiker (SPÖ). - Seit 1959 Abg. zum Nationalrat; Justizmin. 1960-66 und 1970-83. War an der Ausarbeitung des Staatsvertrags beteiligt.

Brodem, von heißen Flüssigkeiten aufsteigender Dunst, Dampf.

Broederlam, Melchior [niederl. 'bru:dərlam], 1381-1409 in Ypern nachweisbarer niederl. Maler. - Das einzig sichere Werk sind die im Auftrag des Herzogs Philipp des Kühnen von Burgund gemalten Flügel für einen Altar der Kartause von Champmol (bei Dijon; 1394-99). In der feinen Lichtbehandlung wohl die bedeutendste niederl. Malerei, die vor den Werken der Brüder van Eyck geschaffen wurde.

Broek, Johannes Hendrik van den [niederl. bru:k], *Rotterdam 4. Okt. 1898, †Den Haag 6. Sept. 1978, niederl. Architekt. - 1937 assoziierte er sich mit J. A. Brinkman, 1948 mit J. B. Bakema (*1914, †1981), mit dem er entscheidend am Wiederaufbau Rotterdams beteiligt war.

Bröger, Karl, *Nürnberg 10. März 1886, †Erlangen 4. Mai 1944, dt. Lyriker und Erzähler. - Arbeiterdichter, dessen Themen das Erlebnis des Krieges und die Welt des arbeitenden Menschen sind; autobiograph. Bericht: „Der Held im Schatten" (1919).

Broglie [frz. brɔj], frz. Adelsgeschlecht, seit dem 13. Jh. in Piemont beheimatet; 1643 kam ein Zweig der Familie nach Frankr. und erhielt 1742 den erbl. Herzogstitel. Aus dieser Familie gingen zahlr. bed. frz. Politiker (u. a. **Achille Léon Victor Herzog von Broglie** [* 1785, † 1870], 1832–36 frz. Außenmin. sowie 1830 und 1835/36 auch Min.präs., und **Albert Victor Herzog von Broglie** [* 1821, † 1901], 1873/74 Min. und 1877 Min.präs.), Heerführer (u. a. die Marschälle **François Marie Herzog von Broglie** [* 1671, † 1745] und **Victor François Herzog von Broglie** [* 1718, † 1804]) sowie Wissenschaftler hervor, u. a.:
B., Louis Victor Prinz von (seit 1960 Herzog), genannt L. de B., * Dieppe 15. Aug. 1892, † Louveciennes bei Paris 19. März 1987, frz. Physiker. - Prof. in Paris. Konzipierte 1923/24 eine grundlegenden Ideen über den Welle-Teilchen-Dualismus; er führte den Begriff der Materiewellen ein, mit dem er die Bohrsche Quantenbedingung und das Auftreten stabiler Elektronenbahnen in den Atomen erklären konnte. Gab damit den Anstoß zur Entwicklung der Wellenmechanik durch E. Schrödinger. Nobelpreis für Physik 1929 (zus. mit O. W. Richardson).
B., Maurice 6. Herzog von, genannt M. de B., * Paris 27. April 1875, † Neuilly-sur-Seine 14. Juli 1960, frz. Physiker. - Bruder von Louis Victor Prinz von B.; Mgl. der Académie française; bed. Arbeiten zur Spektroskopie, über Röntgen- und Gammastrahlen.

Broglie-Wellen (De-Broglie-Wellen) [frz. brɔj; nach L. V. Herzog von Broglie], svw. ↑ Materiewellen.

Brok, tom (ten Brok), ostfries. Häuptlingsgeschlecht des 14./15. Jh.: **Ocko I. tom Brok** (1376–91), machte Aurich zum Mittelpunkt einer ausgedehnten Herrschaft; **Keno II.** (1399–1417) einigte Ostfriesland; **Ocko II.** (1417–27) nannte sich Häuptling von Ostfriesland, unterlag aber 1427 Focko Ukena und starb 1435 als letzter seines Geschlechts.

Brokat [italien., zu broccare „durchwirken"], Gewebe mit Jacquardmusterung, häufig von Gold- und Silberfäden durchzogen.

Brokatglas, Glas mit eingeschmolzenen Gold- und Silberfäden.

Brokdorf, Gem. am rechten Ufer der Elbe, 15 km sw. von Itzehoe, Schl.-H., 830 E. Kernkraftwerk, dessen Inbetriebnahme gegen zahlreiche Proteste durchgesetzt wurde.

Broken Hill [engl. 'brouken 'hil], Bergbaustadt am Main Barrier Range, Australien, 28 000 E. ⚒. Bei B. H. liegen die bedeutendsten silberhaltigen Blei-Zink-Erzlagerstätten Australiens.

Broker ['bro:kər; engl. 'brouke], svw. Börsenmakler (angloamerikan. Bereich), in der BR Deutschland v. a. der Makler bei Warentermingeschäften.

Brokkoli [italien.], svw. ↑ Spargelkohl.

Brokoff, Ferdinand Maximilian, * Rothenhaus (= Cervený Hrádek) bei Komotau 12. Sept. 1688, † Prag 8. März 1731, böhm. Bildhauer. - Arbeitete in Prag und schuf u. a. Figuren für die Karlsbrücke (der „Hl. Franz von Borgia", 1710), die Negeratlanten am Palais Czernin-Morzin (1714), die Mariensäule auf dem Burgplatz (um 1725) und den Kalvarienberg in der Galluskirche.

Brom [zu griech. brõmos „Gestank"], chem. Symbol Br, nichtmetall. Element aus der VII. Hauptgruppe des Periodensystems der chem. Elemente; Halogen; Ordnungszahl 35, mittlere Atommasse 79,904; bei Normaltemperatur ist B. eine dunkelrotbraune Flüssigkeit, Schmelzpunkt $-7,2\,°C$, Siedepunkt $58,8\,°C$, Dichte $3,12\ g/cm^3$. Im gasförmigen Zustand liegt es als Molekül (Br_2) vor. Seine wäßrige Lösung heißt **Bromwasser.** Entsprechend seiner Stellung im Periodensystem tritt B. in seinen Verbindungen überwiegend einwertig auf (Bromide). Kommt in der Natur nur in Form von Bromiden vor, z. B. im Bromkarnallit der Staßfurter Abraumsalze oder als Magnesiumbromid im Meerwasser. B. ist Ausgangsprodukt für eine große Anzahl von organ. Synthesen (Farbstoffe, Arzneimittel, Lösungsmittel u. a.). In der Form des Silberbromids (AgBr) spielt es in der Photoind. eine wichtige Rolle. Als Additiv zu Antiklopfmitteln wird Äthylenbromid (1,2-Dibrommethan), CH_2Br-CH_2Br, verwendet.

Bromaceton (Brompropanon), $CH_3-CO-CH_2Br$, eine wasserhelle, flüchtige Verbindung, „Tränengas"; selbst in großer Verdünnung ruft es noch ein Brennen und Tränen der Augen hervor.

Bromakne ↑ Bromvergiftung.

Bromate [griech.], die Salze der Bromsäure (↑ Bromsauerstoffsäuren), allg. Formel: Me^IBrO_3.

Brombeere [zu althochd. brama „Dornstrauch"] (Rubus fruticosus), formenreiche Sammelart der Rosengewächsgatt. Rubus mit zahlr., z. T. schwer unterscheidbaren Kleinarten und vielen Bastarden in Wäldern und Gebüsch; Sprosse zweijährig, mit der Spitze bogig dem Erdboden zuwachsend, dort wurzelnd und erneut austreibend; mit kräftigen Stacheln, 3–7zählig gefiederten Blättern und schwarzroten bis schwarzen, glänzenden, Sammelsteinfrüchten; zahlr., v. a. in N-Amerika gezüchtete Kultursorten (z. B. ↑ Loganbeere), manche auch stachellos.

Brombeerzipfelfalter (Grünling, Callophrys rubi), in M-Europa weit verbreitete, etwa 25 mm spannende Zipfelfalterart, oberseits dunkelbraun (♂ mit hellerem, ovalem Fleck), unterseits fast einfarbig grün; Raupe lebt v. a. an Brombeerpflanzen.

Bromberg (poln. Bydgoszcz), poln. Stadt 100 km nö. von Posen, 358 000 E. Hauptstadt des Verw.-Geb. Bydgoszcz; tierärztl. Forschungsinst.; Museum, Stadtbibliothek, mehrere Theater, Philharmonie; Herstellung von

Bromeliazeen

Kühlschränken, Schiffszubehör, Autokarosserien, Elektro- und Nahrungsmittelind.; größter Binnenhafen N-Polens, Bahnknotenpunkt. - Um die hölzerne Burg einer Kastellanei entstand im 12. Jh. die Siedlung; 1346 Magdeburger Stadtrecht. Wirtsch. Blüte im 15. und 16. Jh.; Niedergang im 17. Jh.; 1772–1920 bei Preußen. Die stark zerstörte Stadt wurde nach 1945 ausgebaut und industrialisiert. - Spätgot. Pfarrkirche (1460–1502); Kirche der Bernhardiner (16. Jh., im 19. Jh. umgebaut).

Bromeliazeen (Bromeliaceae) [zu ↑Bromelie], svw. ↑Ananasgewächse.

Bromelie (Bromelia) [nach dem schwed. Botaniker O. Bromel, *1639, †1705], Gatt. der Ananasgewächse mit etwa 35 Arten im trop. Amerika; meist große, ananasähnl., erdbewohnende Rosettenpflanzen; Blätter lang und starr, am Rand mit Dornen besetzt; Blüten in Blütenständen. Die Beerenfrüchte einiger Arten sind eßbar. Auch allg. Bez. für als Zierpflanzen kultivierte Ananasgewächse.

Bromfield, Louis [engl. 'brɔmfiːld], *Mansfield (Ohio) 27. Dez. 1896, †Columbus (Ohio) 18. März 1956, amerikan. Schriftsteller. - Verfasser erfolgreicher Gesellschafts- und Reiseromane, insbes. Indienromane, u. a. „Der große Regen" (1937).

Bromide [griech.], Salze der Bromwasserstoffsäure, die alle das einwertig negative Bromidion Br⁻ besitzen. Bes. techn. Bedeutung besitzen die Silber- (Photographie), Ammonium- und Kaliumbromid.

Bromierung [griech.], Einführung von Brom in eine organ. Verbindung.

Bromismus [griech.], svw. ↑Bromvergiftung.

Bromo, Vulkan auf O-Java, Indonesien, 2 392 m hoch.

Brompräparate, bromhaltige Arzneimittel, meist Beruhigungs- oder Schlafmittel. Die Salze des Broms dämpfen die Erregbarkeit des Zentralnervensystems. Brom reichert sich jedoch allmähl. im Körper an und ruft dann u. U. eine chron. Bromvergiftung hervor; diese Anreicherung läßt sich durch gleichzeitige Kochsalzzufuhr vermindern.

Bromsauerstoffsäuren, Verbindungen des Broms, die saure Eigenschaften zeigen und in denen das Brom als Zentralatom negativ geladener Komplexe auftritt. Von der schwachen *Bromsäure(I)*, HBrO, sind nur die Salze (Bromite(I)) beständig. Die *Bromsäure(III)*, BrO₂ und die *Bromsäure(V)*, HBrO₃, sind nur in wäßriger Lösung beständig; die Salze sind die Bromate(III) bzw. Bromate(V). Die *Bromsäure(VII)*, HBrO₄, und ihre Salze, die Bromate(VII) sind starke Oxidationsmittel.

Brömsebro [schwed. brœmsə'bruː], Ort in Schweden, 30 km nö. von Karlskrona, 250 E. Im Frieden von B. (1645) am Ende des schwed.-dän. Krieges verlor Dänemark

seine strateg. Stellung im Ostseegebiet und die Vormacht in N-Europa.

Bromsilber, svw. Silberbromid (↑Silberhalogenide).

Bromsilberdruck (Rotationsphotographie), Kopierverfahren zur maschinellen Herstellung von photograph. Abzügen (v. a. für Ansichtskarten), bei dem mit Bromsilbergelatine beschichtetes, auf Rollen aufgewickeltes Papier abschnittsweise unter den montierten Halbtonnegativen hindurchgezogen und automat. belichtet und entwickelt wird.

Bromsilbergelatine, Bromsilbersuspension in Gelatine; wird als lichtempfindl. Schicht auf Photoplatten, Filmen und Photopapier verwendet.

Bromthymolblau, Indikator zur pH-Wert-Bestimmung; geht bei den pH-Werten 6,0 bis 7,6 von Gelb in Blau über.

Bromus [griech.-lat.], svw. ↑Trespe.

Bromvergiftung (Bromismus), Sammelbez. für eine Gruppe von Krankheitserscheinungen, die auf einer Überempfindlichkeit des Organismus gegen Brom bzw. Bromverbindungen oder auf einer über längere Zeit erfolgenden Einnahme von Brompräparaten beruhen. Charakterist. sind v. a. Konzentrationsschwäche, Schlaflosigkeit, Halluzinationen, Gewichtsabnahme und **Bromakne** (Hautausschlag mit entzündeten braunroten Knoten). Auch nach Einatmen von Bromgasen (bes. in der chem. Industrie) kann eine B. auftreten.

Bromwasserstoff, HBr, Wasserstoffverbindung des Broms, bildet ein farbloses, stechend riechendes Gas, dessen wäßrige Lösung als **Bromwasserstoffsäure** bezeichnet wird. Die B.säure ist eine starke Säure, sie löst viele Metalle unter Wasserstoffentwicklung und Bildung von ↑Bromiden.

bronchial [griech.], zu den Ästen der Luftröhre (oder Bronchien) gehörend, diese betreffend.

Bronchialasthma ↑Asthma.

Bronchialkatarrh, svw. ↑Bronchitis.

Bronchialkrebs (Bronchialkarzinom) ↑Lungenkrebs.

Bronchien (Bronchen, Bronchi, Einz.: Bronchus) [griech.], die stärkeren Äste der sich gabelnden Luftröhre der Landwirbeltiere (einschließl. Mensch). Die B. verästeln sich in feine und feinste **Bronchiolen** mit jeweils mehreren blind endenden Alveolen; diese sind mit der respirator. Membran, an der der Gasaustausch mit dem Blut stattfindet, ausgekleidet. Die Wände der Luftröhre und der B. sind durch Knorpelspangen (bei Säugern) oder Knorpelringe (bei Vögeln) versteift, so daß das Lumen der Luftröhre und der B. stets offen ist. Die Bronchiolen sind knorpelfrei. Die B. sind von einer Schleimhaut mit Flimmer- und Becherzellen ausgekleidet. Die Zilien des Flimmerepithels befördern den von Drüsen zw. den Knorpelspangen ausgeschiedenen Schleim und damit eingedrungene

Fremdkörper (Staubteilchen u. ä.) nach außen. Glatte Muskelfasern in der Wand, v. a. der Bronchiolen, dienen zur Veränderung der Bronchialweite.

Bronchiolitis [griech.] ↑ Bronchitis.

Bronchitis [griech.] (Bronchialkatarrh), akute oder chron. Schleimhautentzündung der Luftröhrenäste (Bronchien), oft gleichzeitig auch der Luftröhre **(Tracheobronchitis)**. Die **akute Bronchitis**, meist eine Tracheo-B., ist gelegentl. Begleiterscheinung von Infektionskrankheiten, sie kann auch durch Einatmung chem. Reizstoffe oder Staubteilchen entstehen. Am häufigsten tritt sie jedoch bei Unterkühlung des Körpers oder bei vorliegendem Virusinfekt als mehr oder weniger selbständige Erkrankung auf. Die ersten Erscheinungen der akuten B. sind Wundgefühl hinter dem Brustbein und trockener Husten; starker Husten erzeugt Brustschmerzen. Der Auswurf ist zunächst spärl., zäh und glasig. Er wird dann flüssig und durch die Einwanderung weißer Blutkörperchen schließl. eitrigschleimig. Zuletzt können größere Mengen von Auswurf entleert werden. Das Fieber, begleitet von Kopfschmerz, Unwohlsein oder Appetitlosigkeit, steigt über 38 °C an. Die akute B. klingt im allg. innerhalb weniger Tage ab. Die Behandlung besteht v. a. in Inhalationen.

Die **chron. Bronchitis** kann bei wiederholtem Rückfall aus der akuten B. entstehen. Bes. die kalte Jahreszeit, feuchtes Nebelklima, allerg. Reaktionen und chron. Rauch-, Stauboder Chemikalienreize fördern die chron. Bronchitis. Auch Herzkrankheiten oder Staublungenerkrankungen können mit chron. B. einhergehen. Unter den schädl. chem. Faktoren spielt der Tabakrauch eine bes. Rolle **(Raucherbronchitis)**. Haupterscheinung der chron. B. ist der hartnäckige Husten mit schleimigem Auswurf, der oft zu Lungenblähung (↑ Emphysem) mit folgender Einengung der Lungenstrombahn und Versagen der rechten Herzkammer führt.

Die **kapillare Bronchitis** (B. capillaris, **Bronchiolitis**), eine B. der feinsten Luftröhrenverzweigungen (Bronchiolen), kommt bei Säuglingen, aber auch bei älteren Menschen im Verlauf oder Anschluß an Masern, Keuchhusten und Grippe vor. Sie ist eine schwere Erkrankung, die mit lebensbedrohl. Luftmangel und dessen äußeren und inneren Anzeichen einhergeht (Nasenflügelatmen, inspirator. Einziehung des Brustkorbs oberhalb des Brustbeins und seitl. am unteren Brustkorbrand, keuchende Atmung, Blässe und schließl. Blausucht); fieberloser Verlauf kann bes. heimtück. sein.

Bronchographie [griech.], Röntgendarstellung der Luftröhrenäste nach Einfüllung eines Röntgenkontrastmittels.

Bronchoskopie [griech.] (Luftröhrenspiegelung), Betrachtung der Luftröhre und ihrer Verzweigungen mit Hilfe eines Bronchoskops (↑ Endoskope). Die B. dient u. a. der genauen Ortung und Entfernung von Fremdkörpern, zur Früherkennung von Tumoren, zur Entnahme von Gewebe und Abstrichen für die histolog. Untersuchung.

Bronchus [griech.], der rechte bzw. linke Hauptast der Luftröhre; i. w. S. auch deren Verästelungen bis zu den Bronchiolen.

Bronn, Heinrich Georg, * Ziegelhausen (= Heidelberg) 3. März 1800, † Heidelberg 5. Juli 1862, dt. Zoologe und Paläontologe. - Prof. in Heidelberg; einer der Wegbereiter der Abstammungslehre in der Paläontologie; stellte Versteinerungen chronolog. zusammen.

Bronnbach, ehem. Zisterzienserkloster bei Reicholzheim (= Wertheim), Main-Tauber-Kreis, Bad.-Württ.; 1151 gegr., 1803 säkularisiert. Die nach 1157 erbaute Kirche ist eine roman. dreischiffige Basilika mit Querschiff und Chor mit halbrunder Apsis. Das Innere wurde später barock ausgestaltet. Nach 1945 von Kapuzinern bezogen.

Bronnen, Arnolt, eigtl. Arnold Bronner, * Wien 19. Aug. 1895, † Berlin 12. Okt. 1959, östr. Schriftsteller. - Gehört mit B. Brecht und F. Bruckner zu den Bühnenavantgardisten im Berlin der 20er Jahre, wechselte 1929 von den Linken zur äußersten Rechten über, nach 1945 Kommunist, zuletzt Theaterkritiker in Berlin (Ost). - *Werke:* Vatermord (Dr., 1920), Anarchie in Sillian (Dr., 1924), arnolt bronnen gibt zu protokoll (Autobiogr., 1954), Aisopos (R., 1956).

Bronsart von Schellendorf, Paul * Danzig 25. Jan. 1832, † Schettnienen bei Braunsberg (Ostpr.) 23. Juni 1891, General und Min. - Kriegsmin. 1883–89; setzte 1887/88 eine umfassende Reorganisation der Armee durch.

Bronschtein, Leib ↑ Trotzki, Leo.

Brønsted, Johannes Nicolaus [dän. 'brœnsdəð], * Varde 22. Febr. 1879, † Kopenhagen 17. Dez. 1947, dän. Chemiker. - Entwickelte zus. mit N. Bjerrum und unabhängig von T. M. Lowry die nach ihm benannte *B.sche Säure-Base-Theorie* (↑ Säure-Base-Theorie).

Brontë [engl. 'brontɪ], Anne, * Thornton (Yorkshire) 17. Jan. 1820, † Scarborough (Yorkshire) 28. Mai 1849, engl. Dichterin. - Schrieb einige Gedichte für die Lyrikanthologie ihrer Schwestern Charlotte und Emily Jane und den Roman „Agnes Grey" (1847).

B., Charlotte, *Thornton (Yorkshire) 21. April 1816, †Haworth (Yorkshire) 31. März 1855, engl. Schriftstellerin. - Gab eine Lyrikanthologie (auch mit Gedichten ihrer Schwestern Anne und Emily Jane) heraus. Schrieb vielgelesene Romane, u. a. „Jane Eyre" (1847).

B., Emily Jane, * Thornton (Yorkshire) 20. Aug. 1818, † Haworth (Yorkshire) 19. Dez. 1848, engl. Schriftstellerin. - Schwester von

Brontosaurus

Anne und Charlotte B.; Hauptwerk ist der Roman „Wutheringshöhe" (3 Bde., 1847), in dem Motive des Schauerromans durch psycholog. Charakteranalyse verfeinert wurden.

Brontosaurus [griech.] (Apatosaurus), Gatt. ausgestorbener, bis etwa 30 m langer Dinosaurier im oberen Malm N-Amerikas und Portugals; vordere Extremitäten wesentl. kürzer als die hinteren, Hals außergewöhnl. kräftig, Schädel klein, gestreckt.

Bronx [engl. brɒŋks], nördl. Stadtteil von New York, USA.

Bronze [ˈbrõːsə; roman.], Sammelbez. für Kupferlegierungen mit mehr als 60 % Kupfergehalt, die nicht als Messing gelten, d. h. entweder überhaupt kein Zink enthalten oder aber neben den Hauptlegierungszusätzen nur geringfügige Anteile an Zink aufweisen, z. B. *Glocken-B.* (20–30 % Sn). B. haben gute Dehnungs- und Bearbeitungseigenschaften, hohe Verschleißfestigkeit und Korrosionsbeständigkeit. - Seit vorgeschichtl. Zeit für Waffen, Geräte, Schmuck und Plastiken verwendet.

Bronzefarben [ˈbrõːsə], metall. Pigmente mit schuppenförmigen Teilchen, z. B. Aluminium-, Gold- und Kupferblättchen, die in Verbindung mit Bindemitteln wie Dextrin oder Vinylharzen für Anstriche verwendet werden, z. B. zur Verzierung und als Korrosionsschutz. Kupfer-B. dienen daneben auch als Unterwasserschutz bei Schiffsrümpfen.

Bronzeguß [ˈbrõːsə], Guß von Gebrauchs-, kunsthandwerkl. und künstler. Gegenständen aus Bronze. Der B. ist seit dem 3. Jt. v. Chr. belegt. Die gebräuchlichsten Gußverfahren sind Herdguß, Schalen- und Kokillenguß, Wachsausschmelzgußverfahren, Teilformverfahren in Formsand (↑ Gießverfahren).

Bronzekrankheit [ˈbrõːsə], ↑ Addison-Krankheit.

Bronzekunst [ˈbrõːsə], in den verschiedenen Verfahren des Bronzegusses geschaffene Bildwerke.
Frühe Hochkulturen und Antike: Die frühesten Werke entstammen den Hochkulturen des Vorderen Orients (z. B. der akkad. Kopf aus Ninive, vermutl. der Kopf des Königs Sargon, 2. Hälfte des 3. Jt. v. Chr.; Bagdad, Irak-Museum). Die kostbaren archaischen chin. Bronzen werden ins 2. Jt. v. Chr. datiert. Die antike B. beginnt mit den voll gegossenen minoischen Bronzestatuetten Kretas des 2. Jt. v. Chr. Als Erfinder des Hohlgusses ganzer Statuen gilt Theodoros von Samos (6. Jh. v. Chr.). In der klass. Epoche (5. Jh. v. Chr.) entstanden der Wagenlenker von Delphi und der Gott vom Kap Artemision in Athen. Bes. berühmt waren die Erzbildnerwerkstätten von Sikyon und Argos (Polyklet). Auch bei den Etruskern (Chimäre aus Arezzo, um 400 v. Chr.; Florenz, Museo Archeologico) und in der röm. Kaiserzeit fand die B. breiteste Anwendung (Reiterstatue des Mark Aurel in Rom). Bei den antiken Statuen waren die Augen farbig eingelegt, die Lippen plattiert, Haare und Gewandteile häufig vergoldet.
MA: Eine neue Blütezeit der B. setzte in der Romanik ein. Die ältesten Türen mit Reliefs (Hildesheim und Augsburg) entstammen dem 11. Jh., Türen des 12. Jh. blieben in Italien sowie in Gnesen und Nowgorod erhalten. Bed. sind daneben einige Grabplatten (des Rudolf von Schwaben, Merseburg/Saale, 11. Jh., der Erzbischöfe Friedrich und Wichmann, Magdeburg, 12. Jh.) und Taufbecken in Lüttich (Reiner von Huy) und Hildesheim sowie die großen siebenarmigen Leuchter. In der *Gotik* bestimmten Architekturformen die Gestalt der Geräte, bes. im Maasgebiet (Dinanderien) und in Skandinavien.
Neuere Zeit: Die Führung geht mit der Renaissance auf Italien über, wo A. Pisano in der 1. Hälfte des 14. Jh. eine Tür für das Baptisterium zu Florenz schuf, der in der 1. Hälfte des 15. Jh. zwei weitere von L. Ghiberti folgen. Daneben sind Iacopo della Quercia (Taufbrunnen in Siena) und Donatello (Hochaltar in der Kirche „Il Santo" in Padua) tätig. Figürl. Kleinbronzen entstanden v. a. durch Giovanni da Bologna und A. Riccio. In Deutschland beherrschte die in Nürnberg ansässige Familie Vischer fast die gesamte Produktion. Im 17. Jh. entstehen u. a. bed. Brun-

Brontosaurus. Skelett

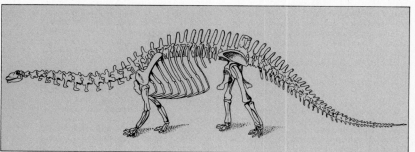

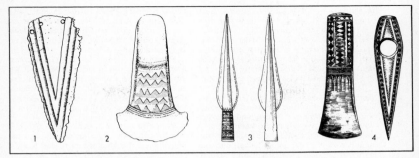

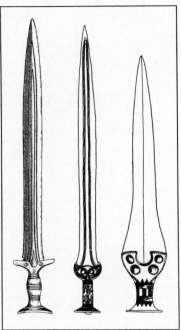

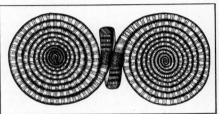

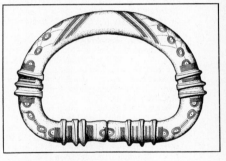

Bronzezeit. Oben: 1 triangulärer Dolch,
2 irisches Flachbeil, 3 Lanzenspitzen,
4 Axt; links: Mörigenschwert und zwei
Vollgriffschwerter; Mitte rechts:
Spiralarmband; unten rechts: Armring

nen (H. Gerhard in Augsburg), auch die Bronzearbeiten A. Schlüters. Mit dem Denkmal des 19. Jh. tritt die B. noch einmal in den Vordergrund. Bronzekünstler des 20. Jh. sind A. Rodin, E. Barlach, A. Maillol, H. Moore, A. Giacometti, M. Marini, G. Manzù u. a. 📖 *Vergoldete Bronzen. Hg. v. H. Ottomeyer und P. Prooschel. Mchn. 1986. 2 Bde. - Berman, H.: Encyclopedia of bronzes, sculptors and founders. 1800–1930. Chicago (Ill.) 1974–79. 4 Bde.*

Bronzezeit ['brõːsə], Kulturperiode zw. Ende 3. und Anfang 1. Jt. v. Chr., in der Bronze das wichtigste Rohmaterial v. a. für Schmuck-

gegenstände und Waffen war. Im Dreiperiodensystem zw. Stein- und Eisenzeit eingeschoben, kann die B. in ihren räuml. und zeitl. Dimensionen mit diesen jedoch kaum verglichen werden. Eine ausgeprägte B. gab es nur im größten Teil Europas (Kerngebiete: M-Europa, N-Italien, O-Frankr., S-Skandinavien, Baltikum, Polen, NW-Balkan), in Teilen N-Afrikas (Maghreb, N-Mauretanien, ägypt. Niltal) und in vielen Teilen Asiens (Vorder- und Z-Asien, NW-Indien, S-Sibirien, China, z. T. Hinterindien und Indonesien). Eine durchgehende Periodisierung der B. ist nur

im zentraleurop. Kerngebiet in großen Zügen mögl.: frühe B. (Anfang 2. Jt.–16. Jh.), mittlere B. (16.–13. Jh.) und späte B. (13.–8. Jh.; Urnenfelderzeit). - Wo Bronze zuerst bewußt hergestellt wurde, ist umstritten. Frühe Zentren der B. lagen in Böhmen und M-Deutschland (Aunjetitzer Kultur; Anfang 2. Jt.) und in SW-England (Wessexkultur; wahrscheinl. 1. Hälfte 2. Jt.).
Kennzeichnend für die B. sind eine gewisse soziale Differenzierung (handwerkl. Spezialisierung für Bronzegewinnung und -bearbeitung erforderl.; soziale Hervorhebung einzelner Persönlichkeiten durch die reiche Ausstattung der sog. Fürstengräber belegt) und eine vorwiegend bäuerl. Wirtschaftsform. Unterschiedl. Grabformen (frühe B.: Hockergräber; mittlere B.: überwiegend Hügelgräber; späte B.: Urnenbestattung in Flachgräbern). Zu den Funden gehören u. a. Schmuckstücke (Arm-, Bein-, seltener Fingerringe, Anhänger, Nadeln, in der späten B. Fibeln), Waffen (Beile, Äxte, Lanzen- und Pfeilspitzen, Dolche, Dolchstäbe, später Schwerter), seltener und meist erst in der späten B. Rüstungsteile (Helme, Panzer, Beinschienen, Schilde); figurale Kunstwerke selten, getriebene Bronzegefäße in der späten B. häufig. Vorherrschend ist eine abstrakte Ornamentik mit Zickzack-, Stern- und Spiralmotiven.
⚏ *Müller-Karpe, H.: Hdb. der Vorgeschichte. Bd. 4. Mchn. 1980.*

Bronzino, Agnolo [italien. bronˈdziːno], eigtl. Agnolo di Cosomo, * Monticelli bei Florenz 17. Nov. 1503, † Florenz 23. Nov. 1572, italien. Maler. - Schüler und Mitarbeiter Pontormos; bed. Vertreter des florentin. Manierismus, v. a. hervorragender Porträtist (u. a. Mgl. der Fam. Medici).

Bronzit [broˈsiːt; roman.], faseriges, oft bronzeartig schillerndes Mineral, (Mg, Fe)-SiO₃; Dichte 3,2–3,5 g/cm³; Mohshärte 5,5.

Brook, Peter [engl. brʊk], * London 21. März 1925, engl. Bühnen- und Filmregisseur. - Inszenierte mit großem Erfolg v. a. Stücke von Shakespeare. Internat. bekannt seine eng an der Bühneninszenierung orientierte Filmversion des Stücks von P. Weiss „Die Verfolgung und Ermordung des Jean Paul Marat ...“ (1967).

Brooke, Rupert Chawner [engl. brʊk], * Rugby (Warwickshire) 3. Aug. 1887, ✕ auf Skiros bei Euböa 23. April 1915, engl. Dichter. - Sein Sonett „The soldier“ wurde zum klass. engl. Gedicht des 1. Weltkrieges.

Brooklyn [engl. ˈbrʊklin], Stadtteil von New York, USA, auf Long Island.

Brookmeyer, Robert („Bob“) [engl. ˈbrʊkmaiə], * Kansas City 19. Dez. 1929, amerikan. Jazzmusiker. - Ventilposaunist und Pianist; sein Spiel ist dem Blues verhaftet.

Brooks Range [engl. ˈbrʊks ˈreindʒ] ↑Alaska (Landesnatur).

Broonzy, William Lee Conley („Big Bill“)

[engl. ˈbruːnzi], *Scott (Miss.) 26. Juni 1893, † Chicago 14. Aug. 1958, amerikan. Jazzmusiker. - Wurde v. a. in den 30er Jahren als Bluesgitarrist und sich selbst begleitender Bluessänger bekannt.

Brosamer, Hans, * Fulda (?) kurz vor 1500, † Erfurt (?) nach 1554, dt. Maler, Holzschneider und Kupferstecher. - Zählt mit seinen Kupferstichen zu den Kleinmeistern unter dem Einfluß H. Aldergrevers; Porträt des Fuldaer Kanzlers Johannes von Othera (1536).

Brosche [zu frz. broche, eigtl. „Spieß“], Ansteaknadel aus [Edel]metall, oft mit Steinen verziert. Frühe Formen in der Renaissance. Die eigtl. Blütezeit der B. ist das 19. Jh. (Biedermeier).

Broschüre (Broschur) [frz.], buchartiges Fertigprodukt, dessen Buchblock oder Falzbogen nicht mit einer festen Buchdecke umgeben ist, sondern in einen gefalzten Kartonumschlag eingehängt (d. h. eingeleimt) ist.

Brosio, Manlio Giovanni, * Turin 10. Juli 1897, † ebd. 14. März 1980, italien. Politiker und Diplomat. - Als einer der führenden Vertreter der Liberalen 1943/44 Mgl. des Komitees für Nat. Befreiung; 1944–46 mehrmals Min.; 1946–64 Diplomat; 1964–71 NATO-Generalsekretär.

Brossard, Sébastien de [frz. brɔˈsaːr], ≈ Dompierre (Orne) 12. Sept 1655, † Meaux (Seine-et-Marne) 10. Aug. 1730, frz. Komponist und Musiktheoretiker. - Schrieb das erste frz. Musiklexikon, das bed. „Dictionnaire de musique“ (1703).

Brosse, Salomon de [frz. brɔs], * bei Verneuil-sur-Oise 1571, ☐ Paris 9. Dez. 1626, frz. Baumeister. - Als Hofbaumeister Heinrichs IV. und der Maria von Medici in Paris erbaute er u. a. das Palais de Luxembourg (1615–31). Für die Kirche Saint-Gervais-Saint-Protais (1616–21) schuf er die erste barocke Kirchenfassade in Frankreich.

Brot [zu althochdt. prōt, eigtl. „Gegorenes“], aus Getreidemehlen (v. a. Weizen- und Roggenmehl), sowie Wasser und Salz unter Verwendung von Triebmitteln (Hefe, Sauerteig) hergestellte Backwaren. Die Ausgangsstoffe werden gemischt und geknetet. Dabei erfolgt die Teigbildung auf Grund der mechan. Behandlung und infolge der verschiedenen im Mehl enthaltenen Stoffe.
Die Teiglockerung erfolgt durch die biolog. und chem. Wirkung von Hefe oder Sauerteig. Hefe wird v. a. bei der Weizenteigbereitung verwendet. Bei Roggenmehl wird vorwiegend Sauerteiggärung angewandt, die v. a. durch Milchsäurebakterien und Essigsäurebildner bewirkt wird.
Das B. wird im Backofen bei Temperaturen von 100 bis 270 °C gebacken. Die Backtemperatur und die Backzeit (zw. 0,6 und 35 Stunden) richten sich nach der B.sorte. Zu den Hauptbrotsorten zählen neben dem Misch-B.,

dem reinen Weizen-B. und dem reinen Roggen-B. die Vollkorn-B. (mit Weizen- oder Roggenschrot; z. B. Graham-B., ein Weizenschrot-B.). *Spezial-B.* müssen mindestens eine der folgenden Voraussetzungen erfüllen: 1. Verarbeitung von Mahlerzeugnissen, die nach bes. Verfahren hergestellt werden (z. B. Steinmetz-B.); 2. Verwendung von Rohstoffen, die allg. nicht üblich sind (z. B. Buttermilch-B.); 3. Verwendung von Mahlerzeugnissen, die nicht dem B. getreide entstammen; 4. Anwendung bes. Backverfahren.

Rechtliches: Nach Aufhebung des Brotgesetzes vom 17. 7. 1930 i. d. F. vom 21. 4. 1969 zum 22. 12. 1981 gelten für die Zusammensetzung von B. die allg. Bestimmungen des Lebensmittelrechts. Das Gewicht eines frischen Brotes muß mindestens 500 g betragen und durch 250 ohne Rest teilbar sein, geschnittenes B. in Packungen darf nur in den Gewichten 125 g, 250 g und 500 g vertrieben werden.

Geschichte: Vorgänger des B. ist der Fladen. Schon früh wurden die Fladen auf heißen Steinen geröstet. Sauerteig-B. war bereits bei den alten Kulturvölkern des Orients bekannt. In Griechenland wurde die Kunst der B. bereitung verfeinert (Zusatz von Milch, Eiern, Fett, Gewürzen). Die Einführung der Hefe als Triebmittel wird den Galliern zugeschrieben. - Seit dem 8. Jh. wurde in M-Europa Getreidebrei weitgehend durch das B. verdrängt, das seit dem 12./13. Jh. (v. a. aus Roggenmehl hergestellt) zu einem wichtigen Nahrungsmittel wurde.

B. spielt im *Glauben* und *Brauch* eine große Rolle. Brotschänder (und Geizige) wurden in der Sage bestraft. Dem geweihten B. werden bes. Wirkungen zugeschrieben. Ein anderes, auf das A. T. zurückgehendes Legendenmotiv ist das des immerwährenden Brotes. - B. wurde, meist zusammen mit Salz, als Zeichen der Gastfreundschaft bei der Hochzeiten als Symbol für Ehe und Familie überreicht.

▯ *Haffner, E.:* B.-Fibel. Ffm. ³1986. - *Niessen, F.:* Botschaft des Brotes. Von Brauchtum u. Heiligkeit des Brotes. Kevelaer 1985. - *Schäfer, W.:* B. backen. Ravensburg ⁸1985. - *Rau, R.:* Das tägl. B. Freib. 1984.

Broteinheit (BE), Einheit zur Berechnung der Kohlenhydratmenge für die Diät (bei Zuckerkrankheit); 1 BE entspricht 12 g Kohlenhydraten bzw. 20 g Weißbrot.

Brotfruchtbaum (Artocarpus communis), auf Neuguinea und den Molukken heim. Maulbeergewächs; bis 20 m hoher Baum, weit ausladende Krone. Aus den ♀ Blütenständen entwickeln sich eßbare, stärkereiche, kopfgroße, fast kugelige, bis 2 kg schwere Scheinfrüchte (**Brotfrüchte**) mit ölreichen Samen; in den Tropen häufig kultiviert.

Brot für die Welt, Hilfsaktion der Ev. Kirche in Deutschland, getragen von der „Diakon. Arbeitsgemeinschaft Ev. Kirchen in Deutschland", der außer den Landeskirchen

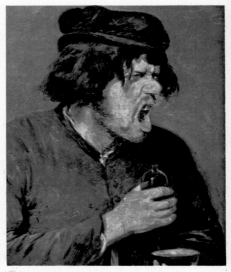

Adriaen Brouwer, Der bittere Trank (undatiert). Frankfurt, Städelsches Kunstinstitut

auch Freikirchen und andere Gemeinschaften angehören. Erstmals 1959 durchgeführt; ruft seit 1961 jährl. zu Spendenaktionen auf; soll neben Katastrophenhilfe konstruktive Hilfe („Hilfe zur Selbsthilfe") geben; gefördert werden u. a. Wirtschafts-, Sozial-, Gesundheits- und Bildungseinrichtungen in Afrika, Asien und S-Amerika.

Brotkäfer (Stegobium paniceum), etwa 2–3 mm großer, längl.-ovaler, rostroter bis brauner, dicht und fein behaarter Klopfkäfer; Haus- und Vorratsschädling, lebt bes. in Backwaren und anderen Mehlprodukten.

Brotnußbaum (Brosimum alicastrum), Maulbeergewächs im trop. Amerika; Baum mit längl., kleinen Blättern und kugeligen Blütenständen; der Kautschuk enthaltende Milchsaft von jungen Pflanzen ist genießbar; Samen haselnußähnl., werden geröstet oder zu Brot verarbeitet gegessen; Holz hart, feinporig, weißl., wird als Bauholz genutzt.

Brotröster (Toaster), Haushaltsgerät, in dem mittels elektr. beheizter Glühkörper Brotscheiben geröstet werden. Bei modernen Geräten dient ein stufenlos regelbarer Bimetallschalter zur Einstellung der gewünschten Bräune, die Abschaltung erfolgt automatisch.

Brotschriften (Textschriften, Werkschriften), im Druckwesen Bez. für Schriften, die allg. für den Satz von Büchern, Broschüren und Zeitschriften verwendet werden (mit denen die Buchdrucker „ihr Brot verdienten").

Brotwurzel ↑Jamswurzel.

Brougham, Henry Peter Baron B. and Vaux [engl. bruːm], * Edinburgh 19. Sept. 1778, † Cannes 7. Mai 1868, brit. Politiker und polit. Schriftsteller. - Rechtsanwalt; Mgl. des Unterhauses 1810–12 und 1816–30 und des Oberhauses ab 1830. Vorkämpfer für Abschaffung des Sklavenhandels, Neuorganisation und Verbesserung des Schulwesens und der Gerichtsverfassung; unterstützte 1828/29 die Katholikenemanzipation; Lordkanzler 1830–34.

Brouwer, Adriaen [niederl. ˈbrɔu̯wər], * Oudenaarde 1605 oder 1606, † Antwerpen im Jan. 1638, fläm. Maler. - Bed. Genremaler. 1624–30 in Haarlem und dort vermutl. Schüler von F. Hals, seit 1631 in Antwerpen. B. mälte' neben Landschaften v. a. Bauern- und Volksszenen, von denen bes. die Wirtshaus- und Prügelszenen bekannt sind (z. B. „Schlägerei zwischen fünf Bauern", Alte Pinakothek, München). - Abb. S. 65.

Brown [engl. braʊn], Charles [Eugène Lancelot], * Winterthur 17. Juni 1863, † Montagnola 2. Mai 1924, schweizer. Elektrotechniker. - Gründete 1891 zus. mit Walter Boveri die Firma B., Boveri & Cie. in Baden (Schweiz).

B., Charlie ↑Peanuts.

B., Clifford, * Wilmington (Del.) 30. Okt. 1930, † Chicago 26. Juni 1956, amerikan. Jazzmusiker. - Brillanter Trompeter des modernen Jazz.

B., Ford Madox, * Calais 16. April 1821, † London 11. Okt. 1893, brit. Maler. - Seit 1844 in London, stieß durch D. G. Rossetti zu den Präraffaeliten; z. T. sehr große Gemälde (Birmingham, Manchester).

B., George Alfred, brit. Politiker, ↑George-Brown, Baron of Jevington.

B., Herbert Charles, * London 22. Mai 1912, amerikan. Chemiker brit. Herkunft. - Prof. an der Purdue University in Lafayette (Ind.); bed. Arbeiten in der physikal., anorgan. und organ. Chemie über die Zusammenhänge zw. Molekülstruktur und chem. Verhalten von Stoffen; erhielt 1979 den Nobelpreis für Chemie (zus. mit G. Wittig).

B., James, * bei Toccoa (Georgia) 4. Juni 1929, amerikan. Popmusiker. - Seit 1956 einer der erfolgreichsten und bedeutendsten Soulmusik-Interpreten.

B., John, * Torrington (Conn.) 9. Mai 1800, † Charlestown (W. Va.) 2. Dez. 1859, amerikan. Vorkämpfer für die Sklavenbefreiung. - Unterstützte flüchtige Sklaven und bekämpfte mit Mord- und Terroraktionen die Sklavenhalter. Beim Überfall auf ein Waffenarsenal in Harpers Ferry (W. Va.) 1859 von Regierungstruppen gestellt, zum Tode verurteilt und gehängt.

B., Michael Stuart, * New York 13. April 1941, amerikan. Genetiker. - Prof. an der Univ. von Texas in Dallas, ab 1977 auch Direktor des Zentrums für Erbkrankheiten; erhielt 1985 für Forschungen über den Cholesterinstoffwechsel den Nobelpreis für Physiologie oder Medizin (zus. mit J. L. Goldstein).

B., Raymond Matthews („Ray"), * Pittsburgh 13. Okt. 1926, amerikan. Jazzmusiker. - Einer der bedeutendsten Bassisten des modernen Jazz; auch Komponist und Musikverleger.

B., Robert, * Montrose (Schottland) 21. Dez. 1773, † London 10. Juni 1858, brit. Botaniker. - Entdeckte die Nacktsamigkeit bei Nadelhölzern und Zykadeen. Er erkannte 1831 den Kern als wesentl. Bestandteil der Zelle („nucleus cellulae") und entdeckte 1827 die ↑Brownsche Molekularbewegung.

Brown, Boveri & Cie. AG (BBC) [braʊn boˈveːri ɔnt ˈkɔmpani], Elektrokonzern. Das Stammhaus wurde 1891 in Baden (Schweiz), die dt. BBC 1900 in Mannheim gegr.; Tätigkeitsgebiete: Energieversorgung (einschließl. Reaktorbau), Haushaltsgeräte und andere Elektrogeräte.

Browne [engl. braʊn], Charles Farrar, * Waterford (Me.) 24. April 1834, † Southampton 6. März 1867, amerikan. Humorist. - Bekannt als Artemus Ward nach einer von ihm erfundenen humorist. Figur, deren fiktive Briefe er veröffentlichte.

B., Hablot Knight, Pseudonym Phiz, * Lambeth (= London) 15. Juni 1815, † West Brighton 8. Juli 1882, brit. Zeichner. - Holzschnittillustrationen zu Werken von Ch. Dickens.

Browning [engl. ˈbraʊnɪŋ], Elizabeth Barrett, geb. Barrett, * Coxhoe Hall (Durham) 6. März 1806, † Florenz 29. Juni 1861, engl. Dichterin. - ∞ mit Robert B., mit dem sie nach Italien ging. Als bedeutendstes Werk gelten die meisterhaften „Sonette aus dem Portugiesischen" (1847, dt. von Rilke), in denen sie ihre Liebe zu Robert B. Ausdruck gibt. Sozialkrit. bestimmte Werke, z. B. die Gedichte „The cry of the children" (1841).

B., Robert, * Chamberwell (= London) 7. Mai 1812, † Venedig 12. Dez. 1889, engl. Dichter. - Lebte bis zum Tod seiner Frau Elizabeth Barrett B. in Italien; danach Rückkehr nach England. Seine Werke sind v. a. durch Streben nach Objektivität und bewußte Psychologisierung gekennzeichnet. - *Werke:* Pippa vorüber (lyr. Dr., 1841), Die Tragödie einer Seele (Trag., 1846), Dramatis Personae (Ged., 1864), Der Ring und das Buch (Epos, 4 Bde., 1868/69).

Browning [engl. ˈbraʊnɪŋ; nach dem amerikan. Erfinder J. M. Browning, * 1855, † 1926], Pistole mit Selbstladeeinrichtung. Kennzeichen: fester Lauf, hin- und hergleitender Verschluß, Patronenmagazin im Griff.

Brownsche Molekularbewegung [engl. braʊn], erstmals von dem brit. Botaniker R. Brown im Jahre 1827 beschriebene, durch Molekülstöße verursachte unregelmäßige Bewegung kleinster, in einer Flüssigkeit oder einem Gas verteilter Teilchen.

Brown-Séquard, Charles Édouard [frz. brunse'ka:r], *Port Louis auf Mauritius 8. April 1817, † Sceaux bei Paris 2. April 1894, frz. Mediziner. - Prof. in Paris; arbeitete u. a. über die Physiologie der Nerven und Muskeln sowie über Nerven- und Rückenmarkserkrankungen; er beschrieb die **Brown-Séquard-Halbseitenlähmung,** eine halbseitige Lähmung nach halber Querdurchtrennung des Rückenmarks.

Broz, Josip, jugoslaw. Politiker, ↑ Tito.

BRT, Abk. für: Bruttoregistertonne (↑ Registertonne).

Brubeck, David W. („Dave") [engl. 'bru:bɛk], *Concord (Calif.) 6. Dez. 1920, amerikan. Jazzpianist. - Studierte u. a. bei D. Milhaud und A. Schönberg; gründete 1951 das Dave Brubeck Quartett, eines der erfolgreichsten Ensembles des modernen Jazz.

Bruce [engl. bru:s], schott. Adelsgeschlecht anglonormann. Herkunft seit dem 11. Jh.; gehörte ab 1290 zu den Anwärtern auf den schott. Thron; aber erst Robert I. wurde König von Schottland (1306–29). Mit dessen Sohn, König David II. (1329–71), starb die Familie aus, die Erbfolge ging auf die ↑ Stuarts über.

Bruce, Sir David [engl. bru:s], *Melbourne 29. Mai 1855, †London 27. Nov. 1931, brit. Mediziner austral. Herkunft. - Entdeckte u. a. den Erreger des Maltafiebers (1887) und gilt als Mitentdecker des Erregers der Schlafkrankheit.

Brucellosen [nach Sir D. Bruce], Sammelbez. für seuchenhaft auftretende, meldepflichtige Erkrankungen bei Tier und Mensch, die durch Bakterien aus der Gatt. Brucella hervorgerufen werden (z. B. ↑ Bang-Krankheit, ↑ Maltafieber).

Bruce of Melbourne, Stanley Melbourne [engl. 'bru:s əv 'mɛlbən], Viscount (seit 1947), *Melbourne 15. April 1883, † London 25. Aug. 1967, austral. Politiker. - 1918–1929 und 1931–33 Mgl. des Abg.hauses des Austral. Bundes; 1921–23 Schatzmin.; 1923–1929 Min.präs.; zugleich Außenmin.; 1931–33 Min.resident in London, dort 1933–45 Hoher Kommissar (Vertreter des Dominions); seit 1947 Mgl. des brit. Oberhauses.

Bruch, Max, *Köln 6. Jan. 1838, † Berlin 2. Okt. 1920, dt. Komponist. - Mit seinen stilist. an Brahms ausgerichteten Werken, die mit starker Betonung des melod. Elements dem Publikumsgeschmack entgegenkamen, war er einer der angesehensten Komponisten seiner Zeit. Von seinen Kompositionen sind heute das Violinkonzert g-Moll (op. 26, 1868) und „Kol Nidrei" für Violoncello und Orchester (op. 47, 1881) am bekanntesten.

B., Walter, *Neustadt an der Weinstraße 2. März 1908, dt. Ingenieur und Fernsehpionier. - Entwickelte u. a. das PAL-Farbfernsehsystem, das die auf den Übertragungsstrecken auftretenden Farbfehler automat. korrigiert

(am 3. Jan. 1963 erstmals vorgeführt), sowie ein Transcodiergerät zur Umsetzung von Farbfernsehsendungen aus dem frz. SECAM-System ins PAL-System.

Bruch, svw. ↑ rationale Zahl.

◆ Quotient zweier ganzer (allg. reeller oder komplexer) Zahlen; Schreibweise $\frac{p}{q}$ oder p/q (mit $q \neq 0$); p heißt **Zähler,** q heißt **Nenner.** Einen B. mit dem Zähler 1 (z. B. $^1/_2$, $^1/_3$) nennt man **Stammbruch.** Beim **echten Bruch** (z. B. $^3/_4$) ist der Zähler kleiner, beim **unechten Bruch** (z. B. $^3/_2$) größer als der Nenner. **Uneigentl. Brüche** sind dem Wert nach ganze Zahlen (z. B. $^3/_3$, $^2 5/_5$). B. mit gleichem Nenner heißen **gleichnamige Brüche** (z. B. $^1/_4$, $^3/_4$), solche mit ungleichen Nennern **ungleichnamige Brüche.** Wichtige **Rechenregeln** der *B.rechnung:* gleichnamige B. werden addiert (subtrahiert), indem man die Zähler addiert (subtrahiert) und den gemeinsamen Nenner beibehält (z. B. $^2/_3 + ^5/_3 = ^7/_3$). Ungleichnamige B. werden zunächst durch Erweitern oder Kürzen auf einen gemeinsamen Nenner *(Hauptnenner)* gebracht (z. B. $^1/_2 - ^1/_3 = ^3/_6 - ^2/_6 = ^1/_6$). B. werden multipliziert, indem man Zähler mit Zähler und Nenner mit Nenner multipliziert (z. B. $^2/_3 \cdot ^3/_5 = ^6/_{15}$). Ein B. wird durch einen andern dividiert, indem man den Dividenden mit dem Kehrwert des Divisors multipliziert (z. B. $^5/_7 : ^2/_3 = ^5/_7 \cdot ^3/_2 = ^{15}/_{14} = 1^1/_{14}$).

◆ Trennung des Kristall- oder Materialgefüges in einem Werkstoff unter Einwirkung äußerer Kräfte. Ein **Trennbruch (Trennungsbruch)** wird durch Normalspannungen bewirkt; seine *B.fläche* verläuft senkrecht zur größeren Normalspannung und sieht körnig, rauh und kristallinisch glänzend aus. Ein **Scherbruch (Schiebungsbruch, Gleitbruch)** tritt auf, wenn die größte auftretende Schubspannung die Scherfestigkeit des Werkstoffs erreicht. Die B.fläche ist matt und oft durch die Gleitung geglättet. Nach dem Verformungsgrad unterscheidet man den **Sprödbruch** (geringe Verformung) und den **Verformungsbruch** (mit starker Brucheinschnürung). Nach der Beanspruchung, die zum B. führt, unterscheidet man den **Zugbruch,** den **Druckbruch,** den **Biegebruch** und den **Torsionsbruch** (**Verdrehbruch**). Zu hohe Schwingungsbeanspruchung führt zum **Dauerbruch (Dauerschwingungsbruch).**

◆ in der *Mineralogie* das Zerbrechen von Mineralen unter Schlageinwirkung in B.stükke mit unterschiedl. geformten B.flächen. Die Beschaffenheit der B.flächen kann zur Identifizierung des Minerals dienen. Man unterscheidet *muscheligen B.,* *ebenen B.,* *unebenen B.,* *glatten B.,* *faserigen B.,* *splittrigen B.* und *erdigen B.* (zur Geologie ↑ Verwerfung).

◆ in der *Medizin:* 1. (**Eingeweidebruch, Hernie**) das Hindurchtreten von Teilen der Bauch- oder Brusteingeweide durch eine vorgebildete oder neu entstandene Lücke (*B.pforte*), die u. U. stark verengt sein kann

(B.ring). Der **innere Eingeweidebruch** entsteht innerhalb der Bauch- oder Brusthöhle selbst, z. B. bei Verlagerung von Darmschlingen in eine Bauchfelltasche oder beim Hindurchtreten von Baucheingeweiden durch einen Zwerchfellspalt in die Brusthöhle (Zwerchfellbruch). Beim **äußeren Eingeweidebruch** tritt der B.inhalt (u. a. Darmschlingen) durch eine Bauchwandlücke als hautüberzogene Ausstülpung des Bauchfells *(B.sack)* geschwulstähnl. an der Körperoberfläche aus. **Angeborene Eingeweidebrüche** kommen bei intrauteriner Fehlentwicklung und Bindegewebsschwächen vor. Der **erworbene Eingeweidebruch** tritt vorwiegend an schwachen Stellen der Bauchwand, häufig im Bereich natürl. Kanäle, auf; dazu gehören der Leistenkanal (**Leistenbruch;** Anzeichen ist eine leicht schmerzhafte Vorwölbung in der Leistengegend, die bes. beim Husten oder Pressen deutl. zu sehen bzw. zu tasten ist), der Nabelring (**Nabelbruch;** entsteht nach Dehnung der Nabelnarbe, beim Kind durch Husten und Schreien, beim Erwachsenen durch Schwangerschaft, Fettleibigkeit u. a.), die Region unterhalb des Leistenbandes (**Schenkelbruch;** v. a. bei Frauen vorkommend, wobei der Bruchsack unterhalb des Leistenbandes austritt) und Zwerchfellücken. Bei **Narbenbrü-**

Die Brücke. Ernst Ludwig Kirchner, Die Maler der Künstlervereinigung „Die Brücke" (1925). Von links: Mueller, Kirchner, Heckel, Schmidt-Rottluff. Köln, Wallraf-Richartz-Museum

chen liegt die B.pforte im Bereich schlecht verheilter, breiter Operations- oder Verletzungsnarben. Eine lebensgefährl. B.komplikation ist z. B. die *B.einklemmung* infolge Kotstauung und Entzündung; der in der B.pforte eingeklemmte B.sack kann nicht mehr in die Bauchhöhle zurückgleiten und muß alsbald operiert werden.

2. (**Muskelbruch**) Durchtritt eines Muskels durch eine Verletzung entstandene Lücke in der anliegenden Bindegewebshülle.

3. (**Knochenbruch, Fraktur**) die vollständige oder teilweise Durchtrennung eines Knochens. Ursache ist meist ein einmaliges Trauma mit direkter (Schlag, Stoß) oder indirekter Gewalteinwirkung. Man unterscheidet Dreh-, Biegungs-, Stauchungs-, Abriß- und Abscherbrüche. Bei der *Fissur* (**Spaltbruch**) liegt keine Verschiebung der getrennten Knochenteile vor. Beim *offenen B.* (**komplizierter B.**) sind die Weichteile durchtrennt und die darüber liegende Haut durchbohrt. Die Einrichtung eines gebrochenen Knochens erfolgt unter örtl. oder allg. Betäubung. Zur Ruhigstellung dienen Gipsverband, Dauerzug oder operatives Zusammenfügen (z. B. Knochennagelung). Offene Knochenbrüche erfordern Wundverschluß innerhalb von sechs bis acht Stunden.

◆ svw. Falzbruch (↑ Falzen).

◆ wm. Bez. für einen abgebrochenen grünen Zweig, u. a. am Hut eines Schützen als Symbol für die Inbesitznahme eines erlegten Stück Wildes.

◆ svw. Sumpfland (↑ Moor).

Bruchband (Bracherium), mechan. Hilfsmittel zum Zurückhalten eines Eingeweidebruchs; besteht aus einem Schenkelriemen mit federndem Stahlband, das ein daran befestigtes Druckkissen auf die Bruchpforte (↑ Bruch) preßt.

Bruchfaltengebirge ↑ Gebirge (Geologie).

Bruchfrucht, svw. ↑ Gliederfrucht.

Bruchkraut (Tausendkorn, Herniaria), Gatt. der Nelkengewächse mit etwa 25 Arten in Europa und im westl. Asien; niedrige Kräuter oder Halbsträucher mit winzigen unscheinbaren Blüten; in M-Europa 4 Arten, darunter das **Kahle Bruchkraut** (Herniaria glabra) mit kahlen Blättern und das **Behaarte Bruchkraut** (Herniaria hirsuta) mit steifhaarigen Blättern; beide Arten mit zu etwa 10 in Knäueln stehenden Blüten, auf sandigen Plätzen, Triften, an Wegrändern; als harntreibendes Mittel verwendet.

Bruchlandung, Landung, bei der größere Schäden am Flugzeug verursacht werden.

Bruchsal, Stadt am W-Rand des Kraichgaus, Bad.-Württ., 115 m ü. d. M., 36 500 E. Landesfeuerwehrschule; Bad. Landesbühne, Schloßmuseum. Metallverarbeitende, elektrotechn. und feinmechan. Ind.- Königshof 976 belegt; 1188–90 Bau einer bischöfl. Burg;

Anfang 13. Jh. Markt- und Stadtrechte. 1676 von frz. Truppen teilweise, 1689 völlig niedergebrannt. Wiederaufbau im 18. Jh., Verlegung der Residenz der Bischöfe von Speyer nach B. (1720). 1803 an Baden. 1945 stark zerstört. - Pfarrkirche Sankt Peter, Grablege der Speyerer Bischöfe (1740–46). Barockschloß (1722 ff.; wiederaufgebaut) mit Treppenhaus von B. Neumann; Schloßgarten (1746) im frz. Stil.

Bruchstein, von Felsen abgesprengter, unbearbeiteter Naturstein.

Bruchstufe, durch eine Verwerfung bedingte Geländestufe.

Bruchteilsgemeinschaft, im Recht eine Gemeinschaft, bei der ein Recht mehreren Personen gemeinschaftl. zu bestimmten Anteilen (ideellen Bruchteilen) zusteht, ohne daß sich die Beteiligten [wie bei einer Gesellschaft] zu einem gemeinsamen Zweck verbunden haben (§ 741 BGB). Hauptfall: Miteigentum [nach Bruchteilen]. Der Anteil eines jeden Teilhabers ist ein Recht am ganzen, ungeteilten Gegenstand, das jedoch durch die gleichartigen Rechte der übrigen Mitberechtigten eingeschränkt wird. Keinen Beschränkungen unterliegt das Anteilsrecht selbst, das nach den für das gemeinschaftl. Vollrecht geltenden Bestimmungen veräußert, belastet und gepfändet werden kann.

Bruchwald, Gehölzvegetation auf organ. Naßböden in der Verlandungszone von Flachmooren und Gewässern. Häufigste Ausbildungsformen des B. sind Erlenbruch und Birken-Kiefern-Bruch.

Bruchzone, Gebiet großräumiger Verwerfungen.

Brück, Gregor, latinisiert Pontanus, eigtl. Heintze, * Brück bei Magdeburg 1483, † Jena 15. (20.?) Febr. 1557, kursächs. Jurist und Politiker. - 1519 zum kursächs. Hofrat und 1520 zum Kanzler (bis 1529) berufen; Hauptverfasser der Protestation von Speyer (1529), regte die Abfassung des Augsburger Bekenntnisses an, ermöglichte die Gründung des Schmalkald. Bundes, beeinflußte die Konsistorialverfassung der ev. Landeskirchen und das ev. Eherecht.

Bruck an der Leitha, Bezirkshauptstadt 35 km sö. von Wien, Niederösterreich, 158 m ü. d. M., 7 200 E. Zuckerfabrik. - Vorgeschichtl. und von den Römern besiedelter Platz am Übergang einer Römerstraße über die Leitha, seit dem 11. Jh. Dorf mit Martinskirche, daneben im 13. Jh. Stadtanlage (Festung an der ungar. Grenze); Stadt 1239. - Barocke Pfarrkirche (1696–1702 und 1738–40); Harrachsches Schloß (13. Jh.; 18.–19. Jh. erneuert) mit engl. Garten (um 1829).

Bruck an der Mur, östr. Bezirkshauptstadt in der Steiermark, 487 m ü. d. M., 15 100 E. Bundesförsterschule, -handelsakad.; Museum; Kabelherstellung, Papierfabrik, Holzind., Teppichweberei. - Früh besiedelt;

860 erstmals genannt; 1263 planmäßige Neuanlage im Schutz der Burg Landskron. - Pfarrkirche (got. umgestaltet); zahlr. Häuser des 16. Jh., „Kornmeßhaus" (1499–1505, mit venezian. und spätgot. Steinmetzarbeit).

Brücke, Ernst Wilhelm Ritter von, * Berlin 6. Juni 1819, † Wien 7. Jan. 1892, östr. Physiologe dt. Herkunft. - Seit 1849 Prof. in Wien; von bes. Bedeutung waren seine Untersuchungen über Nerven- und Muskelsystem, Blutkreislauf, Verdauung, physikal. und physiolog. Optik, die Physiologie der Körperzelle und die Chemie der Eiweißsubstanzen.

Brücke ↑ Brücken.

◆ (Pons) nur bei Säugetieren (einschließl. Mensch) vorhandener Teil des Hirnstamms, unterhalb des Kleinhirns zw. Mittelhirn und verlängertem Mark. Beim Menschen hat sie die Form eines Wulstes und besteht zum großen Teil aus querverlaufenden Neuhirnfasern, zw. denen Zellansammlungen (**Brückenkerne**) verstreut sind, welche Schaltstationen für Bahnen darstellen, die Großhirn- und Kleinhirnrinde verbinden.

◆ in der *Zahnmedizin* der Zahnersatz, der eine Zahnlücke schließt und dabei vom übrigen Restgebiß gestütz wird.

◆ Kurzform für die Kommandobrücke auf Schiffen.

◆ (akust. B.) ↑ Schustersche Brücke.

◆ (Meßbrücke) ↑ Brückenschaltung.

◆ beim *Ringen* Verteidigungsmaßnahme: Hohlkreuzstellung mit Fersen und Kopf auf dem Boden.

◆ in der *Bodengymnastik* starkes Rückwärtsbeugen des Rumpfes, bis die Hände den Boden berühren.

◆ kleiner längl. [Orient]teppich.

Brücke, Die, 1905 in Dresden von E. L. Kirchner, E. Heckel und K. Schmidt-Rottluff gegr. Künstlergemeinschaft, der M. Pechstein (1906–12), E. Nolde (1906/07), O. Mueller (seit 1910), C. Amiet u. a. beitraten; Sammelpunkt des dt. Expressionismus. Neben der Malerei wandten sich die Mitglieder v. a. dem Holzschnitt und der Lithographie zu. Die B. brachte 1906–11 sechs „B.-Mappen" heraus, veranstaltete bis 1910 jährl. Ausstellungen, übersiedelte 1910 nach Berlin und bestand bis 1913.

Brücken, B. dienen zur Überführung eines oder mehreren Verkehrswege über Hindernisse wie z. B. Schluchten, Flüsse oder andere Verkehrswege. Das Hindernis bestimmt im wesentl. die Stützweite und Höhe der B., mit Ausnahme bewegl. B., die bei nicht ausreichender Höhe durch Drehen, Heben oder Klappen z. B. Schiffen den Weg freigeben. Die Wahl eines B.systems ist vorwiegend durch das vorhandene Geländeprofil, die Baugrundverhältnisse und durch die Art des zu tragenden Verkehrsweges (erforderl. *lichte Weite* und *Höhe*) bestimmt. Ästhet. Gesichtspunkte bei der Einordnung in die Landschaft sind

Brücken

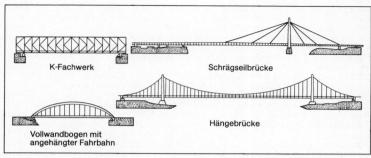

Brücken.
Schematische Darstellung
verschiedener Brückenarten

ebenfalls zu beachten. Zur Berechnung der B. sind Lastannahmen festgelegt worden, die in Normen zusammengefaßt sind. Dabei sind u. a. Lastfälle aus Eigengewicht, Verkehr, Temperatur, Wind, Kriechen und Schwinden (bei Beton-B.), Stützensenkung und Vorspannung vom Statiker zu untersuchen. Hauptbestandteile einer B.: *Überbau:* Er überspannt die unter ihm liegende Öffnung; zu ihm zählt man das Haupttragwerk, dessen Lager und die Fahrbahn. *Unterbau:* Besteht aus Widerlagern (Pfeilern) und Fundamenten.

Stahlbrücken: Die wichtigsten Teile einer Stahl-B. sind die *Fahrbahntafel* (Träger der Verkehrslast), abgestützt auf den *Fahrbahnrost* (Längs- und Querträger); dieser wird getragen vom *Hauptträger,* der über Lager und Stützen die Kräfte an die *Unterbauten* (Pfeiler und Widerlager) weiterleitet. Neuerdings gliedert man die Fahrbahn in das Tragwerk der

Eisenbahnbrücke über den
Firth of Forth (Fertigstellung 1890)

B. ein, indem man die Fahrbahn als *orthotrope Platte* ausbildet. Die Fahrbahn kann dann selbst waagerechte Kräfte aufnehmen und einzelne Verbände können entfallen. Diese Bauweise ist außerordentl. wirtschaftl. und zeichnet sich durch große Stahlersparnisse aus. Nach den Bauweisen unterscheidet man: *Vollwand-B.:* Hauptträger bestehen z. B. aus I- oder IP-Walzträgern oder aus Stegblech und Gurtungen, wobei die Stegbleche ausgesteift sind. *Fachwerk-B.:* Die Fachwerke bestehen aus zug- und druckfesten Stäben, die in den Knoten in der modernen Bauweise steif miteinander verbunden werden; meist bei Stützweiten von 100–250 m, bei Eisenbahn-B. schon ab 50 m angewandt. Bes. bekannt sind K-Fachwerk und Rautenfachwerk. *Schrägseil-B.:* Der Hauptträger wird von büschelförmig oder parallel gespannten Seilen gegen Pylonen abgespannt; die Spannweite beträgt meist zw. 200 und 300 m. *Bogen-B.:* Die Stahlbögen (Spannweiten 30–511 m) erhalten i. d. R. zwei Kämpfergelenke. Die Widerlager müssen erhebl. Horizontalkräfte aufnehmen; daher wird oft ein Zugband in das Bogensystem aufgenommen. *Hänge-B.:* Für größte Weiten vorteilhafte Bauweise. Die

Brücken

Name, Ort	Konstruktion	Gesamt-länge	max. Spannweite
Lake Pontchartrain-B., Louisiana	Vollwand-Balken-Brücke	38,6 km	17 m
Chesapeake Bay-B., Virginia	Vollwand-Balken-Brücke	19,3 km	22 m
Verrazano-Narrows-B., New York	Hängebrücke	4 170 m	1 298 m
Köhlbrand-B., Hamburg	Schrägseilbrücke	3 940 m	325 m
Loire-B., Saint-Nazaire	Schrägseilbrücke	3 357 m	404 m
Forth-B., westl. Edinburgh	Hängebrücke	2 400 m	1 006 m
Golden Gate-B., San Francisco	Hängebrücke	2 150 m	1 280 m
Bosporus-B., Istanbul	Hängebrücke	1 560 m	1 074 m
Rhein-B., Bendorf	Balkenbrücke	1 029 m	208 m
Fehmarnsund-B., Großenbrode-Fehmarn	Vollwand-Stabbogen-brücke	964 m	248 m
Europa-B., südl. Innsbruck	Balkenbrücke	785 m	198 m
Rhein-B., Duisburg-Neuenkamp	Schrägseilbrücke	777 m	350 m
Rhein-B., Düsseldorf-Oberkassel	Schrägseilbrücke	590 m	258 m

Hauptträger hängen an Kabeln oder Ketten (*Ketten-B.*), die über *Pylone* (Stützpfeiler) geführt sind.

Massivbrücken: Nach der Bauweise unterscheidet man vorwiegend: *Bogen-B.:* Sie können als Zweigelenk-, Dreigelenk- oder als eingespannte Gewölbe ausgeführt sein. Kennzeichnend ist die Formgebung nach der Stützlinie. Solange die Stützlinie innerhalb des Kernquerschnittes verläuft, treten nur Druckkräfte im Bogen auf, die über die Kämpfer in die Widerlager abgeleitet werden. Die Fahrbahn wird an den Bogen angehängt oder auf den Bogen aufgeständert. *Balken-B.:* Bei kleineren Spannweiten in Form von frei aufliegenden Balken (oder Plattenbalken) oder durchlaufenden Trägern. *Rahmen-B.:* B. mit lotrechten oder schräggestellten Tragsäulen. Die Balken sind an die Stützen fester eingespannt als bei durchlaufenden Trägern, dadurch ergeben sich größere Stützmomente und kleinere Feldmomente; eine geringfügige Erhöhung der Spannweiten gegenüber Durchlaufträgern ist möglich.

Verbundbrücken: Bei diesen B. bestehen die Hauptträger aus Stahlträgern, verbunden mit einer Betonplatte. Die Verbundwirkung setzt voraus, daß die Schubkräfte in der Berührungsfläche zw. Stahlträger und Betonplatte übertragen werden können. Der Beton übernimmt dann die Druckspannungen, der Stahl die Zugspannungen. Mit Beton ummantelte Walzträger werden als Verbundträger bei breiten Eisenbahn-B. mit kleinen Stützweiten verwendet.

Die **Geschichte** des B.baus beginnt mit dem über einen Bach oder über eine Schlucht gestürzten Baum. Über einfache, kurze Balken führt die Entwicklung zu größeren *Schwebe-B.*, deren Stützweite durch lange, aus Holzstämmen gebildete Kragarme verkürzt ist. Herodot beschreibt eine Brücke aus Zedern- und Zypressenholz, die bereits etwa 600

Straßenbrücke.
Köhlbrandbrücke (1974) in Hamburg

Jahre v. Chr. von Nebukadnezar über den Euphrat geschlagen wurde. Es folgen *Schiffs-B.*, die bes. für Kriegszüge gebraucht wurden. Die Phöniker erfanden den wasserfesten Mörtel, in Mesopotamien und Ägypten wurden die ersten Gewölbe gebaut, die bald auch im B.bau Eingang fanden. Im 6. Jh. v. Chr. entstand die erste röm. *Steinbrücke.* Beispielhaft ist die 136 v. Chr. gebaute Engelsbrücke (Pons Aelius) in Rom. Über *Aquädukte,* meist mehrstöckige Bogenreihen, versorgten die Römer ihre Städte mit Wasser. Bes. ausdrucksvoll ist der im 2. Jh gebaute Pont du Gard bei Nîmes in Frankreich. In China wurden bereits unter Kaiser Shih Huang Ti (✉ 221–209) Kettenhänge-B. gebaut. Erst Mitte des 12. Jh. (1147) entstand die erste große dt. Brücke mit 16 Bogen über die Donau in Regensburg, etwas später die Elbbrücke in Dresden, die Mainbrücke in Würzburg, die Moldaubrücke (Karlsbrücke) in Prag und 1345 die Ponte Vecchio in Florenz. Der Holzbrückenbau erlebte eine neue Blütezeit. Mittels Bogen, Spreng- und Hängewerken wurden die Fahrbahnträger entlastet und dadurch größere weite Weiten erzielt (Rheinbrücke Schaffhausen, erbaut 1754, Spannweite 110 m).

Eisen bzw. Stahl traten in Wettbewerb mit Stein und Holz. In Chazelet (Frankr.) wurde 1875 die erste Eisenbetonbrücke der Welt, in Seifersdorf (DDR) die erste dt. Eisenbahnbrücke in Eisenbeton (Spannweite 10 m) gebaut. Gegen Ende des 19. Jh. wurde die Beton erstmals durch Anspannen der Stahleinlagen vorgespannt *(Spannbetonbauweise).* Das Zeitalter des Stahlbaues begann mit dem Bau der Severnbrücke (1777–79) bei Coalbrook (Großbrit.), der ersten gußeisernen Bogenbrücke (Spannweite rd. 30 m). In weniger als 200 Jahren führte die Entwicklung bis zur 1967 fertiggestellten Verrazano-Narrows-Brücke in New York (Mittelfeld rd. 1 300 m). Neu- und weiterentwickelte Materialien und Techniken verbunden mit den ständig steigenden Anforderungen des modernen Verkehrswesens bieten dem B.bau noch weite Entwicklungsmöglichkeiten.

📖 *Holst, K. H.: B. aus Stahlbeton u. Spannbeton. Bln. 1985. - Roik, K., u. a.: Schrägseil-B. Bln. 1985. - Weidemann H.: Balkenförmige Stahlbeton- u. Spannbeton-B. 2 Tle. Düss. ²1984.*

Brückenau ↑Bad Brückenau.

Brückenbindung, eine chem. Bindung 2. Art (Nebenvalenzbindung; Bindungsstärke bis zu 21 kJ/mol), die über ein Atom (**Brückenatom**) oder eine Atomgruppe zwei Molekül[rest]e aneinanderbindet oder Assoziationen bewirkt, z. B. ↑Wasserstoffbrückenbindung.

Brückenechsen (Rhynchocephalia), Ordnung bis etwa 2,5 m langer, langschwänziger, überwiegend landbewohnender Reptilien mit kurzem Hals; Schädel hat im Schläfenbe-

reich zwei Durchbrechungen, zw. denen ein Knochenstück eine „Brücke" zum Schuppenbein bildet; einzige noch lebende Art ↑Tuatera.

Brückenkern ↑Brücke (Anatomie).

Brückenkopf, Stellung am feindwärts gelegenen Ende einer Brücke; die Basis für weitere Kampfhandlungen der eigenen Truppen auf dem Feindufer und zur Sicherung der Brücke gegen feindl. Angriffe; i. w. S. Bez. für jeden takt. oder strateg. wichtigen Stützpunkt, der aus dem Frontverlauf herausragt.

Brückenlegepanzer, gepanzertes Kettenfahrzeug, das eine Brücke in zusammengeklapptem Zustand trägt und sie ohne fremde Hilfe auslegen und einholen kann.

Brückenschaltung (Meßbrücke), Zusammenschaltung mehrerer elektr. Widerstände, Kondensatoren oder Spulen in einer Stromverzweigung, durch die sich mit einer Nullmethode Widerstände, Kapazitäten und Induktivitäten bestimmen lassen. Eine häufig verwendete B. ist die ↑Wheatstone-Brücke.

Bruckner, Anton, * Ansfelden 4. Sept. 1824, † Wien 11. Okt. 1896, östr. Komponist. - 1845 Lehrer in Sankt Florian, 1848 Organist an der Stiftskirche, 1855 Domorganist in Linz, 1868 Prof. am Wiener Konservatorium, 1875 auch Lektor an der Wiener Univ., 1878 Hoforganist; berühmter Improvisator. Komponierte erst mit 40 Jahren seine ersten vollgültigen Werke. Er geriet in den Streit zw. „Neudeutschen" (Liszt, Wagner) und „Traditionalisten" (Brahms). Volle Anerkennung wurde ihm erst relativ spät zuteil. - Von Wagner übernahm B. Harmonik und Instrumentation, die er jedoch völlig selbständig verwendete. Andere Einflüsse kamen von Beethoven und Schubert, daneben auch aus der geistl. Musik des 16. und 17. Jh. Die chor.-blockhafte Behandlung des Orchesters, die Mischung von Klangfarben hat B. vom Orgelspiel übernommen. Aufgewachsen in den kirchl. Traditionen, ist seine Kunst ganz aus seiner geradezu naiven Frömmigkeit zu verstehen. Charakterist. für seine Werke sind harmon. Kühnheiten, große Steigerungswellen und rhythm. Energie, die u. a. in den oft vom oberöstr. Volkstanz beeinflußten Scherzi hervortritt, ebenso die kontrapunkt. Verarbeitung der Themen.

Werke: *Orchesterwerke:* 9 Sinfonien. 1. c-Moll (1865/66), 2. c-Moll (1871/72), 3. d-Moll (1873), 4. Es-Dur (1874), 5. B-Dur (1875–77), 6. A-Dur (1879–81), 7. E-Dur (1881–83), 8. c-Moll (1884–87), 9. d-Moll (1887–96), unvollendet). - *Kammermusik:* Streichquintett (1879). - *Geistliche Musik:* 3 Messen (d-Moll 1864, e-Moll 1866, f-Moll 1867), Te Deum (1881), 150. Psalm (1892).

B., Ferdinand, eigtl. Theodor Tagger, * Wien 26. Aug. 1891, † Berlin 5. Dez. 1958, östr.-dt. Dramatiker. - Gründete das Renaissance-Theater in Berlin (1923), ging 1933 wieder nach Österreich, von hier aus Emigration nach Frankr. und in die USA, nach der Rückkehr 1951 Dramaturg in Berlin (West). B. schrieb kraß naturalist., zeit- und gesellschaftskrit. Dramen, im Spätwerk Versdramen, z. T. mit antiken Stoffen, u. a. „Krankheit der Jugend" (1929), „Die Verbrecher" (1929), „Elisabeth von England" (1930), „Simon Bolivar" (1945), „Das irdene Wägelchen" (1957).

Brückner, Christine, * Schmillinghausen (= Arolsen). 10. Dez. 1921, dt. Schriftstellerin. - Novellen, Dramen, Hörspiele und Romane, u. a. „Die Zeit danach" (R., 1961), „Nirgendwo ist Poenichen" (R., 1977), „Die Quints" (R., 1985).

B., Eduard, * Jena 29. Juli 1862, † Wien 20. Mai 1927, dt. Geograph und Klimatologe. - Prof. in Bern, Halle/Saale und Wien. Arbeiten über Klimaschwankungen, Gletscherkunde und Glazialmorphologie.

Bruder, männl. Nachkomme im Verhältnis zu den anderen Nachkommen der gleichen Eltern.
Im Sprachgebrauch der *Religionen,* bes. des A. T. und des N. T., wird das Wort B. nicht nur auf den leibl. Bruder angewandt, sondern auch im übertragenen Sinn verwendet für nahestehende Personen (so auch im profanen Bereich). - *B.liebe* und *Brüderlichkeit* gelten im Christentum als unabdingbare Forderung an jeden einzelnen. - Orden und Bruderschaften der christl. Kirchen kennen die Anrede B. für Mgl. der jeweiligen Institution.

Brüdergemeine (Erneuerte Brüderunität, Ev. Brüderkirche, Herrnhuter Brüdergemeine), ein von N. L. Graf von Zinzendorf am 13. Aug. 1727 in Herrnhut (Oberlausitz) gestiftetes kirchl. Gemeinwesen. Keimzelle der B. war die 1722 von Christian David auf Zinzendorfschem Landbesitz gegr. Handwerkerkolonie Herrnhut. Seelsorge, Belehrung durch die Hl. Schrift und eine gemeinsame Lebensordnung trugen zum raschen Aufblühen der B. bei. 1736 wurde Zinzendorf aus Sachsen ausgewiesen (1737 Weihe zum Bischof der Herrnhuter B.); Tochtergründungen von Herrnhut in der Wetterau (Marienborn 1736; Herrnhaag 1738). Nach der 1749 erfolgten Zustimmung zum Augsburger Bekenntnis erlangte die B. in Sachsen staatl. Anerkennung. Durch die äußere Mission (u. a. Grönland, Südafrika, N-Amerika) wuchs die B. über eine innerkirchl. Erneuerungsbewegung hinaus. Die B. ist ein selbständiger Zweig des Pietismus, vorübergehend mit schwärmer. Zügen, im Mittelpunkt ihrer Theologie steht Christus. Sie pflegt ein enthusiast. Christentum der Tat und ist auf missional. Gebiet äußerst aktiv. Bes. bekannt sind die von ihr jährl. hg. „Losungen". Das Zentrum der B. in der BR Deutschland ist in Bad Boll.
 Unitas Fratrum. Zs. für Gesch. u. Gegenwartsfragen, Hg. v. H. Erbe u. a. (seit 1978).

Brüder Jesu (Herrenbrüder), an mehre-

ren Stellen des N. T. genannte Personen, so z. B. Mark. 6,3: Jakobus, Joses (Joseph), Judas, Simon. Es werden auch Schwestern Jesu, jedoch nicht namentl., genannt. Daß es sich bei diesen Personen um entfernte Verwandte Jesu und nicht um leibl. B. J. handele, wird z. T. mit Blick auf das kath. Dogma von der immerwährenden Jungfräulichkeit Marias behauptet.

Bruderschaften, in der kath. Kirche zu freiwilligen Werken der Frömmigkeit, Buße und Nächstenliebe zusammengefaßte Vereinigungen von Laien, die meist nicht durch Gelübde oder Regeln gebunden sind. Oft veranstalten sie eigene Andachten, Prozessionen und Wallfahrten. Die Ursprünge gehen auf Kollegien von Totenbestattern und Krankenpflegern des 4. Jh. zurück. - Den B. entsprechen in den ev. Kirchen die † Kommunitäten.

Brüder und Schwestern des freien Geistes, libertinist. christl. Gemeinschaften, die seit der Mitte des 13. Jh. zunächst in Süddeutschland, dann auch in Frankr. und den Niederlanden auftraten und das ganze 14. Jh. über bestanden. Sie verwarfen die christl. Lehren von Schöpfung und Erlösung und propagierten die „Freiheit des Geistes", die von der Auffassung abgeleitet wurde, die menschl. Seele stehe jenseits von Gut und Böse.

Brüder vom gemeinsamen Leben, Ende des 14. Jh. aus dem Anhängerkreis des niederl. Laienpredigers Gerd Groote (* 1340, † 1384) hervorgegangener Zusammenschluß von Klerikern und Laien, die sich ohne feierl. Gelübde einem mönch. Leben verpflichteten und v. a. auf schul. Gebiet wirkten.

Bruder Wernher, mittelhochdt. Fahrender und Spruchdichter des 13. Jh., wahrscheinl. aus Österreich. - Seine v. a. polit. Sprüche (1227–48) sind Zeitdokumente für die Auseinandersetzung zw. Kaiser und Papst.

Bruegel [ˈbrɔʏɡəl, niederl. ˈbrøːxəl] (Breugel, Brueghel), fläm. Malerfamilie. Bed.:

B., Abraham, * Antwerpen 22. Nov. 1631, † Neapel (?) um 1690. - Sohn von Jan B. d. J.; war in Rom, später in Neapel. Blumen- und Früchtestilleben.

B., Jan, d. Ä., gen. der „Samt-" oder „Blumen-B.", * Brüssel 1568, † Antwerpen 13. Jan. 1625. - Sohn von Pieter B. d. Ä.; 1592–94 in Rom, dann in Mailand, 1597 Meister in Antwerpen. Malte neben kleinformatigen Landschaften mit Staffage v. a. Blumenstilleben in einem warmen, zarten, „samtigen" Kolorit.

B., Jan, d. J., ≈ Antwerpen 13. Sept. 1601, † ebd. 1. Sept. 1678. - Sohn von Jan B. d. Ä.; malte in der Art seines Vaters.

B., Pieter, d. Ä., gen. der „Bauernbreughel", * Breda (?) zw. 1525 und 1530, † Brüssel 5. Sept. 1569. - Schüler von P. Coecke van Aelst, 1551 Meister in Antwerpen, 1552/53 Italienreise (Zeichnungen für eine Stichfolge der „Großen Landschaften", 1555), 1563 siedelte

Bruegel

Pieter Bruegel d. Ä., Bauernhochzeit (Ausschnitt; um 1568). Wien, Kunsthistorisches Museum

er nach Brüssel über. Seine Werke können dem Manierismus zugerechnet werden. Seine Landschaften mit Staffage, bibl. Szenen, Szenen aus dem Bauernleben, Monatsbilder, Genreszenen u. a. sind oft mit hintergründiger Bed. befrachtet.

Werke: Die Sprichwörter (1559), Der Triumph des Todes (um 1560; Madrid, Prado), Kinderspiele (1560; Wien, Kunsthistor. Museum), Turmbau von Babel (1563; ebd.), Das Schlaraffenland (1567; München, Alte Pinakothek), Die Parabel von den Blinden (1568; Neapel, Museo e Gallerie Nazionali di Capodimonte).

📖 *Ertz, J.: J. B. d. Ä. Köln 1981. - Mettra, C.: B. Dt. Übers. Stg. 1978.*

B., Pieter, d.J., gen. der „Höllenbreughel", * Brüssel um 1564, † Antwerpen 1638. - Sohn von Pieter B. d. Ä.; u. a. spukhafte Szenen und Höllenbilder.

Bruges [frz. bry:ʒ], frz. Name für † Brügge.

Brugg, Hauptstadt des Bez. B. im schweizer Kt. Aargau an der Aare, 8 900 E. Museum; Technikum; Garnison; Sitz des schweizer. Bauernsekretariats. Metallverarbeitende Ind., Kabelwerke, Textilind. - 1020 habsburg. Eigenbesitz; 1284 Stadtrecht; 1415 von Bern erobert. - Spätgot. Stadtkirche (1479–81), Rathaus (15. Jh.), Zeughaus (1673).

Brügge (amtl. Brugge, frz. Bruges), belg. Stadt 40 km wnw. von Gent, 118 000 E. Verwaltungssitz der Prov. Westflandern; kath. Bischofssitz; Akad. der Bildenden Künste, Konservatorium, Europakolleg; Archive; Museen; der Hafen (über 1 800 m Kais) ist mit Gent, Ostende und Sluis durch Kanäle verbunden, über den 12 km langen **Brügger Seekanal** mit dem Vorhafen Zeebrugge an der Nordsee; gestiegen ist v. a. der Containerumschlag; Fischereihafen, Erdgasterminal; Schiffbau und -reparaturen, Motorenbau, Stahlind., Bau von Radio- und Fernsehgeräten, Glasind. - Entstand um eine Burg der Grafen von Flandern, die 892 erstmals genannt wird. Erste Stadtumwallung um 1127, zweite zw. 1297 und 1300; Anfang 13. Jh. Marktort; bald führende Rolle innerhalb Flanderns; Niedergang durch Versandung der Fahrrinne und Rückgang der flandr. Tuchherstellung. - Frühgot. Kathedrale (13./14. Jh.), Liebfrauenkirche (13.–15. Jh.) mit den Grabmälern Karls des Kühnen und seiner Tochter Maria von Burgund, Heiligblutkapelle (um 1150), spätgot. Jerusalemer Kirche (1427); Beginenhof (gegr. im 13. Jh.). Hallen (13.–15. Jh.) mit dem 85 m hohen Belfried (Ende 13. Jh.), got. Rathaus (14. Jh.), Justizpalast (1722–27), ehem. Stadtkanzlei (1533), Johannishospital (13.–15. Jh.), ehem. Gruuthuse-Palast (15. Jh.); drei Stadttore.

Brüggemann, Hans, * Walsrode um 1480, † nach 1523, dt. Bildschnitzer. - In Husum nachweisbar 1514–23. Berühmt ist sein 1521 vollendeter Bordesholmer Altar aus der Kirche des Augustiner-Chorherrenstifts Bordesholm (seit 1666 im Dom von Schleswig), ein riesiger Schnitzaltar, angeregt von niederl. Werken.

Brugger, Ernst, * Bellinzona (Tessin) 10. März 1914, schweizer. Politiker. - Mgl. der Freisinnig-demokrat. Partei der Schweiz; 1970–77 Bundesrat (Volkswirtschaftsdepartement); 1974 Bundespräsident.

Brügger Seekanal ↑ Brügge.

Brugmann (Brugman), Karl, * Wiesbaden 16. März 1849, † Leipzig 29. Juni 1919, dt. Sprachwissenschaftler und Indogermanist. - 1882 und erneut seit 1887 Prof. in Leipzig, 1884 in Freiburg im Breisgau. Die strenge Beobachtung der sog. Lautgesetze führte zur Begründung der „Morpholog. Untersuchungen auf dem Gebiete der indogerman. Sprachen" (6 Bde., 1878–1910, mit H. Osthoff). B. vertrat den Grundsatz der ausnahmslosen Geltung der Lautgesetze und begr. damit das Programm der Junggrammatiker. - *Weiteres Werk:* Grundriß der vergleichenden Grammatik der indogerman. Sprachen (2 Bde., 1886–1892; zweite Bearbeitung 1897–1916).

Brühen, Übergießen von Lebensmitteln mit heißen Flüssigkeiten. Dabei werden teils unerwünschte Geschmacksstoffe beseitigt, die Beschaffenheit zum Verzehr geeignet gemacht und gleichzeitig Schmutz und Mikroorganismen von der Oberfläche entfernt.

Brühl, thüring. Adelsgeschlecht; wohl 1344 erstmals urkundl. erwähnt; 1737/38 Erhebung in den Reichsgrafenstand, Bed.:

B., Heinrich Graf von, * Gangloffsömmern (Landkr. Sömmerda) 13. Aug. 1700, † Dresden 28. Okt. 1763, kursächs. Minister. - Setzte 1733 die Wahl Friedrich Augusts II. zum König von Polen (als August III.) durch; 1738 alleiniges Vortragsrecht, 1746 zum Premiermin. ernannt, bestimmte völlig die sächs. Politik; erwarb großen persönl. Reichtum; nach seinem Tod entdeckte man, daß er der Staatskasse 4,6 Mill. Taler schuldete.

Brühl, Stadt sw. von Köln, NRW, 41 900 E. Braunkohlenind. (seit dem 18. Jh.). - Um 1180 Burghof, 1284 Burg der Erzbischöfe von Köln, deren bevorzugte Residenz bis ins 16. Jh.; um 1285 Neuanlage der Stadt B. auf gitterförmigem Grundriß; im 18. Jh. kurköln. Nebenresidenz. - Barockschloß Augustusburg (1725–28; Treppenhaus von B. Neumann).

Bruhns, Nicolaus, * Schwabstedt (Landkr. Nordfriesland) 1665, † Husum 29. März 1697, dt. Komponist. - Schüler von Buxtehude; von seinem für die Zeit vor Bach bed. Werken sind 12 Kirchenkantaten und einige Orgelstücke erhalten.

Bruitismus [bryi'tısmʊs; zu frz. bruit „Lärm"], Richtung in der Musik, die das Geräusch als Material in die Komposition einbezieht.

Brukterer (lat. Bructeri), german. Stamm, Ende 1. Jh. v. Chr., den Friesen und Chauken benachbart, an der Ems siedelnd; stießen 8 v. Chr. zur Lippe vor; 4 n. Chr. von den Römern unterworfen; um 97 von den Chamaven und Angrivariern fast ausgerottet, gingen später in den Franken auf.

Brüllaffen (Alouattinae), Unterfam. der Kapuzinerartigen mit der einzigen Gatt. Alouatta (6 Arten) in M- und S-Amerika; Körperlänge bis etwa 70 cm, Schwanz etwa körperlang, als Greiforgan ausgebildet; Gliedmaßen relativ kurz und kräftig, Füße und Hände groß; Kopf flach mit vorspringender Schnauze, Gesicht nackt; Fell dicht und weich, an der Kehle oft bartartig verlängert, die Färbung von Schwarz über Dunkelbraun und Braunrot bis Gelbbraun; Schildknorpel des Kehlkopfs stark vergrößert, dient der Lautverstärkung der bes. bei den ♂♂ außerordentl. kräftigen, brüllenden Stimme. Bekannte Arten sind der **Rote Brüllaffe** (Alouatta semiculus), braunrot bis rostbraun gefärbt, Körperlänge bis 65 cm und der **Schwarze Brüllaffe** (Alouatta caraya) mit schwarzem Fell, ♀ gelbl.-olivbraun.

Brüllende Vierziger ↑ Brave Westwinde.

Brumaire [frz. bry'mɛːr „Nebelmonat"], 2. Monat des Kalenders der Frz. Revolution (22.; 23. bzw. 24. Okt. bis 20., 21. bzw. 22. Nov.); bekannt der 18. B. (9. Nov. 1799), der Tag des Staatsstreichs, durch den Napoleon Bonaparte Erster Konsul wurde.

Brummell, George Bryan [engl. 'brʌməl], * London 7. Juni 1778, † Caen (Calvados) 30. März 1840. - Modegeck („Beau Brummell"); zählte zu den Freunden des Prinzen von Wales (des späteren Georg IV.) und gilt als Urbild des Dandy.

Brun I., hl., * um 925, † Reims 11. Okt. 965, Erzbischof von Köln (seit 953). - Bruder Ottos I., d. Gr., 951 zum Erzkanzler ernannt; 953 Herzog von Lothringen; gilt als Schöpfer der otton. Bildungspflege, Förderer der von Gorze ausgehenden Klosterreform, einer der bedeutendsten Vertreter des otton. Reichskirchensystems.

Brun von Querfurt, hl., genannt Bonifatius, * Querfurt um 974, † in Sudauen (Ostpreußen) 14. Febr. oder 9. März 1009, sächs. Missionar. - Mit den Ottonen verwandt; in Rom Benediktiner geworden (998), veranlaßte er die Errichtung eines Missionszentrums in Polen durch Mönche seiner Umgebung. 1004 Erzbischof für die östl. Heiden. B. ist einer der bedeutendsten Vertreter der extrem aszet. Bewegung um die Jahrtausendwende; Verfasser mehrerer Viten.

Brun, Charles le [frz. brœ̃], frz. Maler, ↑ Le Brun, Charles.

B., Rudolf, * um 1300, † Zürich 17. Sept. 1360, Ritter, Bürgermeister von Zürich. - Stürzte 1336 v. a. mit Handwerkern den primär vom Kaufmannsstand getragenen Rat Zürichs; wurde nach erzwungener Verfassungsänderung auf Lebenszeit gewählter Bürgermeister; mußte 1351 ein ewiges Bündnis mit den eidgenöss. Waldstätten schließen; 1356 Ausgleich mit den Habsburgern.

Brunai ↑ Brunei.

Brunch [engl. brʌntʃ; Kw. aus engl. **br**eakfast „Frühstück" und l**unch** „Mittagessen"], spätes, ausgedehntes, reichl. [Wochenend]frühstück und zugleich Mittagessen.

Brundage, Avery [engl. 'brʌndɪdʒ], * Detroit (Mich.) 28. Sept. 1887, † Garmisch-Partenkirchen 8. Mai 1975, amerikan. Sportfunktionär. - 1952–72 Präs. des Internat. Olymp. Komitees (IOC).

Brundisium, antike Stadt, ↑ Brindisi.

Bruneck (italien. Brunico), Hauptort des italien. Pustertals, Region Trentino-Südtirol, 835 m ü. d. M., 11 600 E. Textil- und Holzind., keram. Werkstätten; Fremdenverkehr. - Burg und Stadt B. wurden bald nach 1250 von Bischof Bruno von Brixen gegr. - Schloß B. (1251, mehrfach erweitert); Stadtmauer mit Tortürmen und einem Rundturm; spätbarocke Spitalkirche (1765); alte Häuser (15. und 16. Jh.).

Brunei ↑ Bandar Seri Begawan.

Brunei

(malaiisch Brunai), Sultanat in SO-Asien, liegt an der NW-Küste von Borneo. **Fläche:** 5 765 km². **Bevölkerung:** 214 000 E (1983), 34,2 E/km². **Hauptstadt:** Bandar Seri Begawan. **Verwaltungsgliederung:** 4 Distrikte. **Amtssprache:** Malaiisch; im Amtsgebrauch auch Englisch üblich. **Währung:** B.-Doller (BR$). **Internat. Mitgliedschaften:** UN, Commonwealth, ASEAN. **Zeitzone:** MEZ + 7 Std.

Landesnatur: Beide Teile des durch den malays. Gliedstaat Sarawak zweigeteilten Sultanats liegen größtenteils in der Küstenebene, der nö. reicht 70 km landeinwärts bis zur Crocker Range in 1 850 m Höhe. B. hat äquatoriales Regenklima; rd. 90 % sind mit trop. Regenwald bedeckt.

Bevölkerung: Die Bevölkerung setzt sich zu 65 % aus Malaien, zu 20 % aus Chinesen, zu 7,9 % aus Altmalaien zus., der Rest sind 11,5 % Gastarbeiter. Der Islam ist Staatsreligion.

Wirtschaft, Verkehr: Von den landw. Produkten werden Kautschuk und Pfeffer exportiert sowie Holz. Haupteinnahmequelle ist Erdöl, zum größten Teil aus Off-shore-Feldern; sie ermöglicht Steuerfreiheit und zahlr. moderne soziale Einrichtungen. - Von den 1 423 km Straßen ist die 102 km lange Autostraße von der Hauptstadt nach Kuala Belait die wichtigste. Die Royal B. Airlines fliegt Hongkong, Singapur und Malaysia an. Internat. ☒ bei Bandar Seri Begawan.

Geschichte: Ein hinduist. Reich B. ist seit dem 9. Jh. nachweisbar; gehörte im 14. Jh. zum Reich von Madjapahit; um 1410 islamisiert. Im 16. Jh. brachten die Spanier den ganzen N unter ihre Herrschaft; 1841 kam der ganze S an den Briten J. Brooke; das kleine Restsultanat wurde 1888 brit. Protektorat; 1941–45 jap. besetzt. Gemäß einem Vertrag mit Großbrit. von 1979 erhielt B. am 1. Jan. 1984 die volle Unabhängigkeit.

Politisches System: Die Verfassung von 1959 ist seit 1962 z. T. außer Kraft gesetzt. Staats-

oberhaupt ist der Sultan, seit 1967 Muda Hassanal Bolkiah. Dem Min.rat (Exekutive) sitzt der Sultan vor. Der Gesetzgebende Rat bestand aus 20 vom Volk gewählten Mgl. und dem vom Sultan ernannten Speaker. Die Streitkräfte umfassen 3 950 Mann (Heer 3 500, Marine 350, Luftwaffe 100), hinzu kommen 2 650 Mann in paramilitär. Verbänden.

Brünelle ↑ Prünelle.

Brunelleschi (Brunellesco), Filippo [italien. brunel'leski], * Florenz 1377, † ebd. 15. April 1446, italien. Baumeister. - Hauptvertreter der Frührenaissance in Florenz. Zunächst Goldschmied und Bildhauer. Begann seine Laufbahn als Baumeister mit der berühmten Zweischalenkuppel des Florentiner Doms (Modell 1418). Die Alte Sakristei in San Lorenzo, die B. 1419 ff. baute, ist der erste Zentralbau der Renaissance. Zur gleichen Zeit begann er auch den Bau des Findelhauses (ältestes Beispiel von bogentragenden Säulen). 1421 ff. erbaute B. San Lorenzo, eine Basilika, bei der das gebundene System nicht nur auf den Grundriß, sondern auch auf den Aufriß bezogen ist. 1430 ff. entstand die Pazzikapelle im 1. Hof von Santa Croce, wohl sein bedeutendstes Werk, ein Zentralbau mit Vorhalle. 1436 ff. begann er den Bau von Santo Spirito, in seinen strengen Maßen der „klass." kirchl. Innenraum der Frührenaissance. B. gilt auch als Entdecker der perspektiv. Konstruktionen.

brünett [frz.], braunhaarig, braunhäutig.

Brunfels, Otto, * Mainz um 1488, † Bern 25. Nov. 1534, dt. Humanist. - Sein Kräuterbuch „Herbarium vivae eicones" (3 Bde., 1530–40) wirkte v. a. durch die naturgetreuen Illustrationen von Hans Weiditz d. J. bahnbrechend in der neueren Botanik.

Brunhild (Brunhilde), alter dt. weibl. Vorname, eigtl. „Kämpferin in der Brünne" (Brustpanzer).

Brunhilde (Brünhild, altnord. Brynhild), german. Sagengestalt. In der nordgerman. Mythologie eine Walküre, die wegen Ungehorsams gegenüber Odin verstoßen und zur Strafe in Schlaf versenkt wird (Märchenmotiv: Dornröschen). - Im „Nibelungenlied" ein Riesenweib, das sich nur in Wettkämpfen gewinnen läßt (Märchenmotiv: Turandot). Ihre myth. Vorgeschichte, die in den nordgerman. Liedern gestaltet ist, spielt noch ins Geschehen des „Nibelungenliedes" hinein, z. B. ihre ungeklärte Bekanntschaft mit Siegfried. Ein weiteres Märchenmotiv ist die Bindung ihrer übermenschl. Kraft an ihre Jungfernschaft.

Brunhilde (Brunichilde), * um 550, † 613, fränk. Königin. - Seit 567 ∞ mit Sigibert I. von Austrien; regierte nach dessen Ermordung (575) im austras.; ab 592 auch im burgund. Teilreich; unterlag dem Bündnis des austras. und burgund. Adels; zu Tode geschleift. Ihr Name lebt vermutl. im „Nibelungenlied" fort.

Brunhoff, Jean de [frz. bry'nɔf], * Paris 9. Dez. 1899, † Montana (Kt. Wallis) 16. Okt. 1937, frz. Graphiker. - Schuf die Figur des Bilderbuchelefanten „Babar", Regent eines Elefantenstaates.

Bruni, Leonardo, gen. Aretino, * Arezzo um 1369, † Florenz 9. März 1444, italien. Humanist. - Bekannt als Übersetzer griech. Autoren, als latein. Schriftsteller und Briefschreiber, auch als Verfechter der Volkssprache (Volgare; Biographien Dantes, Petrarcas, Boccaccios in italien. Sprache) und als Historiograph.

Brunico ↑Bruneck.

brünieren [frz.], sehr dünne, anorgan. Schutzschichten auf Eisen-, Aluminium- oder Kupferwerkstoffen durch Eintauchen in chem. Lösungen oder in Salzschmelzen erzeugen.

Brünigpaß ↑Alpenpässe (Übersicht).

Brüning, Heinrich, * Münster 26. Nov. 1885, † Norwich (Vt.) 30. März 1970, dt. Politiker. - Aus kath. Kaufmannsfamilie; 1920–30 Geschäftsführer des christl. Dt. Gewerkschaftsbundes; 1924–33 MdR (Zentrum); setzte als führender Finanzpolitiker 1925 die Begrenzung des Lohnsteueraufkommens auf 1,2 Mrd. Mark durch (Lex B.); übernahm

Brunnen. 1 Schematische Darstellungen eines Schachtbrunnens,
2 eines abessinischen Brunnens,
3 eines Horizontalfilterbrunnens

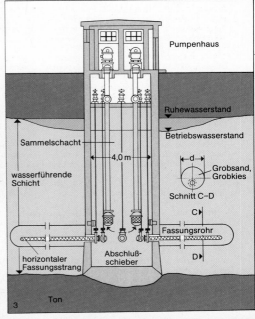

Ruhewasserstand

Betriebswasserstand ← (bei Wasserentnahme)

wasserführende Schicht

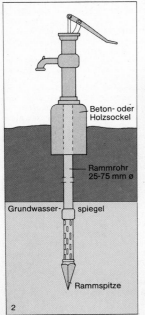

Beton- oder Holzsockel

Rammrohr 25-75 mm ø

Grundwasser- spiegel

Rammspitze

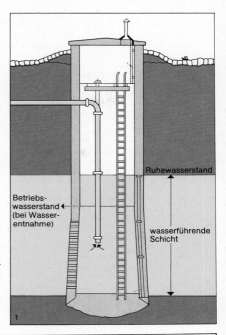

Pumpenhaus

Ruhewasserstand

Betriebswasserstand

Sammelschacht

4,0 m

wasserführende Schicht

Grobsand, Grobkies

Schnitt C–D

Fassungsrohr

horizontaler Fassungsstrang

Abschlußschieber

Ton

Ende 1928 fakt. die Führung des Zentrums, 1929 die Leitung der Reichstagsfraktion; 1933 Parteivors.; wurde am 30. März 1930 von Hindenburg zum Reichskanzler eines von Fraktionsbindungen unabhängigen Kabinetts berufen. Nahziel B. war eine Sanierung der Reichsfinanzen, um die Voraussetzungen für die Lösung der Reparationsfrage und zur Bekämpfung der Massenarbeitslosigkeit zu schaffen. Ging ab Sept. 1930 zu einer parlamentar. tolerierten Präsidial-Reg. über, wobei er seine wirtschafts- und finanzpolit. Maßnahmen mit Hilfe von Notverordnungen durchsetzte und sich zur Auflösung des Reichstages bevollmächtigen ließ; schuf bis zum Frühjahr 1932 die wesentl. Voraussetzungen für die Revision der Reparationen; wurde am 30. Mai 1932 auf Betreiben General von Schleichers entlassen. 1934 Flucht in die Niederlande; seit 1935 in den USA (Prof. in Harvard seit 1939); nach seiner Rückkehr in die BR Deutschland 1951–54 Prof. in Köln; zog sich 1957 endgültig in die USA zurück; 1970 erschienen seine Memoiren. - Abb. S. 85.
⟐ *Treviranus, G. R.: Das Ende v. Weimar. H. B. u. seine Zeit.* Düss. 1968.

Brunn, Heinrich von (seit 1882), * Wörlitz 23. Jan. 1822, † Schliersee 23. Juli 1894, dt. Archäologe. - Prof. in München; unternahm u. a. grundlegende Forschungen, anhand literar. Quellen die klass. griech. Vorbilder für die röm. Kopien zu finden.

Brünn (tschech. Brno), Hauptstadt des Verw.-Geb. Südmähr. Gebiet, ČSSR, 219 m ü. d. M., 381 000 E. Kath. Bischofssitz; Univ. (gegr. 1919), TH, landw. und veterinärmedizin. Hochschule, Konservatorium; Oper, mehrere Theater, Museen (u.a. Mähr. Museum); Zoo. Textilind., Maschinenbau, Baustoff- u. a. Ind.; internat. Messen; ♘. - Burgsiedlung um 800; ab 1197 Residenz der Markgrafen von Mähren. Im 12./13. Jh. Einwanderung von Deutschen; 1243 Iglauer Stadtrecht. Im 19. Jh. Entwicklung zum Ind.zentrum; Hochburg der tschech. Sozialdemokratie. Im 2. Weltkrieg Zentrum der dt. Rüstungsind. - Got. Dom (15. Jh.), got. Kirche des Augustinerklosters (14. Jh.), ehem. Kapuzinerkloster (1656), Jesuitenkirche (1589–1602), barocke Minoritenkirche (1729–33); Altes Rathaus (Spätgotik und Renaissance), Neues Rathaus (ehem. Dominikanerkloster, im 19. Jh. erweitert), Zitadelle (13. Jh.; 1621–1855 östr. Staatsgefängnis); Menin-Stadttor.

Brünne ↑ Rüstung.

Brunnen, techn. Anlage zur Erfassung von Grundwasser[strömen] und Förderung von Trink- und Nutzwasser (bei natürl. B., z. B. den artes. B., tritt Wasser auf Grund seines hydrostat. Überdrucks zutage).

Brunnenarten: Man unterscheidet allg. den *vollkommenen B.,* der durch den Grundwasserleiter bis zur darunter befindl. undurchlässigen Schicht reicht, und den *unvollkommenen*

B., der nur in den Grundwasserleiter eintaucht. Der **Schachtbrunnen** ist eine Anlage, bei der ein gemauerter oder betonierter Schacht von etwa 1 bis 4 m Durchmesser auf die undurchlässige wassertragende Schicht abgeteuft wird. Das Wasser der wasserführenden Schicht tritt in der in diesem Bereich durchlässigen Wandung in das Innere des Schacht-B. ein und wird von dort abgepumpt. Der **Bohrbrunnen (Rohrbrunnen)** wird bis zur wasserführenden Schicht vorgetrieben und mit einem (mit schlitzförmigen Öffnungen in Höhe der wasserführenden Schichten versehenen) Metallrohr ausgekleidet.

Der einfachste Bohr-B. ist der **abessinische Brunnen (Abessinierbrunnen).** Er ist nur für die Entnahme kleiner Wassermengen (Gärten, Einzelhäuser) und zur Beobachtung des Grundwasserstandes geeignet. Wegen der Korrosions- und Verkrustungsgefahr baut man heute prakt. nur noch **Kiesfilterbrunnen.** Dabei muß der B. mit einem so großen Bohrdurchmesser hergestellt werden, daß man zw. Filterrohr und Bohrloch eine ausreichend starke Kiesschüttung einbringen kann; sie soll das Eindringen von Sand verhindern. Wenn die Ausdehnung und der Zulauf des Grundwasserstromes es gestatten, wird zur Gewinnung größerer Wassermengen eine *Brunnenreihe (Brunnengalerie)* angelegt. Eine moderne Bauform zur Förderung von Grundwasser aus noch zur großer Tiefe ist der **Horizontalfilterbrunnen.** Im Ggs. zur B.reihe bietet der Horizontalfilter-B. die Vorteile einer großen betriebl., Einheit (Tagesleistung bis zu 30 000 m³). Der Horizontalfilter-B. besteht aus einem senkrechten Schacht mit meist 4 m Durchmesser. Die Schachttiefe beträgt je nach der Tiefe der günstigsten wasserführenden Schicht 10 bis 40 m. Oberhalb des Schachtgrundes sind sternförmig waagerecht in die wasserführende Schicht vorgetriebene Fassungsrohre (Durchmesser 150 bis 350 mm, Länge jeweils 30 bis 40 m) und Schachtmantel aus. Jedes Fassungsrohr ist im B.inneren mit einem Schieber verschließbar, so daß der Wasserzufluß geregelt werden kann. Der Schacht wird zur Erdoberfläche meist durch ein Pumpenhaus abgeschlossen.

Geschichte: Seit der Jungsteinzeit sind in M-Europa *Schacht-B.* mit hölzernen Einfassungen belegt. Als Formen finden sich neben dem *Schöpf-* oder *Zieh-B.* der *Röhren-* oder *Lauf-B.* Der städt. B. wurde schon im 6. Jh. v. Chr. in griech. Ansiedlungen architekton. gestaltet (oft als B.haus), das röm. Nymphäum war reich verziert. Der *Schalen-* oder *Trog-B.* fand in der röm. Stadt Aufstellung, im Atrium christl. Basiliken, im islam. Kulturkreis, im MA in den B.häusern an den Kreuzgängen der Klöster und als Markt-B. Typ. ist der *Stock-B.* aus mehreren Schalen (Maulbronn, Goslar). In der Gotik steht neben ihm auch die Form des Stock- oder Röhren-B. als

turmartiges Gebilde mit Fialen und Maßwerk sowie Figuren inmitten eines runden oder polygonalen Beckens (Nürnberg, Schöner Brunnen, 1385–96). In der Renaissance trat das figurenbekrönte Säulenmotiv an seine Stelle. Der Schalen- oder Trog-B. wie der Stock-B. wurde in Renaissance und Barock zur Figurenkomposition, beliebt waren auch Felsenmotive. Im 17. und 18. Jh. wurden der *Spring-B.* und die *Fontäne* entwickelt (Gartenkunst). Mit dem Jugendstil-B. von G. Minne (Entwurf 1898) wurde wieder eine originelle Lösung gefunden. - Abb. S. 77 und S. 82.
☊ *Boeminghaus, D.: Wasser im Stadtbild. B. - Objekte - Anlagen. Mchn. 1980. - Bieske, E./Bieske, E.: Bohr-B. Mchn. u. Wien ⁶1973. - Bieske, E.: Hdb. des B.baus. Bln. 1956–65. 3 Bde.*

Brunnenfaden (Crenotrix polyspora), fadenförmig wachsendes Bakterium. In eisen- und manganhaltigem Wasser lagern sich die entsprechenden Hydroxide in der das Bakterium umgebenden Scheide ab. Massenentwicklung in Wasserleitungen (**Brunnenpest**).

Brunnenhaus, kleiner Bau für die Brunnenanlage, schon in der Antike, in ma. Klöstern im allg. gegenüber dem Refektorium am Kreuzgang gelegen.

Brunnenkrebse (Höhlenkrebse, Niphargus), Gatt. der Flohkrebse mit rd. 50, bis etwa 3 cm langen, farblosen, augenlosen Arten, davon etwa 10 einheimisch. Die B. leben gewöhnl. unterird. in Höhlengewässern, Brunnen, Quellen und im Grundwasser.

Brunnenkresse (Nasturtium), weltweit verbreitete Gatt. der Kreuzblütler mit etwa 40 Arten; Stauden mit gefiederten Stengelblättern; Blüten in Trauben mit weißen, sich lila verfärbenden Kronblättern. Bekannt sind 2 Arten in Quellen und Bächen: **Echte Brunnenkresse** (Nasturtium officinale), deren rundl. Lappen gefiederte Blätter (auch im Winter) einen schmackhaften Salat liefern; **Kleinblättrige Brunnenkresse** (Nasturtium microphyllum) mit im Winter rotbraunem Laub.

Brunnenmolche (Typhlomolge), Gatt. der Lungenlosen Salamander mit 2 Arten, darunter der bis etwa 13,5 cm lange **Texanische Brunnenmolch** (Typhlomolge rathbuni) in Brunnenschächten und Höhlengewässern SW-Texas; Augen unter der Haut liegend; Gliedmaßen außergewöhnl. lang und dünn, Schwanz mit Flossensaum.

Brunnenmoose (Bachmoose, Fontinalaceae), Fam. der Laubmoose mit 70 Arten (davon 14 in M-Europa), v.a. in den Süßgewässern der gemäßigten und wärmeren Zonen der Nordhalbkugel; Blätter 3–6 mm lang, ganzrandig, in 3 Reihen angeordnet. Der bekannteste Vertreter in M-Europa ist das reich verzweigte, bis 30 cm hohe, vorwiegend in fließenden Gewässern vorkommende **Gemeine Brunnenmoos** (Fontinalis antipyretica) mit kielförmig gefalteten Blättern.

Brunnenpest ↑Brunnenfaden.

Brunnenvergiftung, zum *Strafrecht* ↑gemeingefährliche Vergiftung.
♦ svw. Verleumdung; hinterlistige, ehrenrührige Kampfmaßnahmen, bes. in der Politik.

Brunner, Emil, * Winterthur 23. Dez. 1889, † Zürich 6. April 1966, schweizer. ev. Theologe. - 1924–53 Prof. für systemat. und prakt. Theologie in Zürich; Mitbegr. der ↑dialektischen Theologie, die er teilweise im Ggs. zu K. Barth weiterführte. Seine Ethik steht unter dem Motto „Ordnung" und „Gerechtigkeit". - *Werke:* Der Mittler (1927), Das Gebot und die Ordnungen (1932), Der Mensch im Widerspruch (1937), Dogmatik (1946–49).

B., Guido, * Madrid 27. Mai 1930, dt. Diplomat und Politiker (FDP). - Im Auswärtigen Amt 1970–72 Pressesprecher, 1972–74 Leiter des Planungsstabes. 1972–74 auch Botschafter und Leiter der Delegation der BR Deutschland bei der Konferenz über Sicherheit und Zusammenarbeit in Europa; 1974–80 Mgl. der EG-Kommission (seit 1977 Kommissar für Forschung, Wiss. und Energie; Okt. 1980–Jan. 1981 MdB, bis Juni 1981 Wirtschaftssenator in Berlin (West).

B., Otto, * Mödling 21. April 1898, † Hamburg 12. Juni 1982, östr. Historiker. - Prof. in Wien und Hamburg; Werke zur Verfassungs- und Sozialgeschichte des Spät-MA und der frühen Neuzeit, u.a. „Land und Herrschaft" (1939).

Bruno, alter dt. männl. Vorname, eigtl. „der Braune" als Bez. des Bären.

Bruno I. ↑Brun I., hl.

Bruno von Köln (B. der Kartäuser), hl., * Köln 1030/35, † in der Kartause San Stefano (Kalabrien) 6. Okt. 1101, Stifter des Kartäuserordens. - Seit 1057 Leiter der Domschule in Reims; ging wegen Auseinandersetzungen mit dem Erzbischof von Reims um 1083 mit sechs Gefährten zu Hugo von Grenoble, der ihm das Felsengebiet Cartusia bei Grenoble überließ, wo B. 1084 die erste Kartause (La Grande ↑Chartreuse) gründete, aus der der Orden der ↑Kartäuser entstand. - Fest: 6. Oktober.

Bruno von Querfurt, hl., ↑Brun von Querfurt, hl.

Bruno, Giordano, Taufname Filippo B., * Nola bei Neapel 1548, † Rom 17. Febr. 1600, italien. Naturphilosoph. - 1563 Dominikaner in Neapel; fiel 1592 durch Verrat in die Hände der Inquisition, die ihm v.a. wegen seiner Lehren von der Unendlichkeit der Welt und der Vielheit und Gleichwertigkeit der Weltsysteme den Prozeß machte. Er wurde nach siebenjähriger Haft verbrannt. - B. schließt die Unendlichkeit des Weltalls aus der Unendlichkeit Gottes, die die Annahme verbiete, Gott könne nur Endliches geschaffen haben. - Neben philosoph. Abhandlungen, Lehrgedichten und Dialogen stehen Sonette und eine Kömodie („Il candeleio", 1582).

Brunsbüttel, Stadt an der Mündung

Brunst

des Nord-Ostsee-Kanals in die Unterelbe, Schl.-H., 1,6 m ü. d. M., 12 600 E. Radarstation, Lotsendienst, Fährverkehr, petrochem. Ind., Phosphatwerk, Stahl- und Leichtmetallind., Kernkraftwerk; Hafen- und Schleusenanlagen. - Nach Deichbruch (1717) beim seit 1286 bekannten Dorf B. Neueindeichung (1762/63), sog. „Neuer Koog" (Neusiedlergemeinde); Name beider Gemeinden 1907–70 **Brunsbüttelkoog;** 1949 Stadt.

Brunst [zu althochdt. brunst „Brand, Glut"] (Brunft, Östrus), bei Säugetieren ein durch Sexualhormone gesteuerter, period. auftretender Zustand geschlechtl. Erregbarkeit und Paarungsbereitschaft. Die B. tritt entweder nur einmal jährl. oder mehrmals jährl. in bestimmten Abständen auf. Die B. ist u. a. von der Reifung der Geschlechtszellen abhängig und äußert sich in bes. Ausprägungen der sekundären Geschlechtsmerkmale sowie in bes. Verhaltensweisen, Paarungsrufen oder in der Produktion stark duftender Locksubstanzen. In der Jägersprache wird die B. des Raubwildes **Ranzzeit,** des Schwarzwildes **Rauschzeit,** die der Hasen und Kaninchen **Rammelzeit** genannt. - ↑ auch Balz.

brüsk [italien.-frz.], schroff, barsch, rücksichtslos; **brüskieren,** schroff behandeln, vor den Kopf stoßen.

Brussa (Bursa) ↑ Orientteppiche (Übersicht).

Brüssel (amtl. frz. Bruxelles, niederl. Brussel), Haupt- und Residenzstadt Belgiens, Verwaltungssitz der Prov. Brabant, im Tal und auf den Talhängen der Zenne, 15 bis 74 m ü. d. M., 139 000 E. Die Agglomeration

Brüssel. Maison du Roi (1875–85)

Groß-B. hat 982 400 E. Sitz aller zentralen Verwaltungsstellen, Hauptsitz der Institutionen der EG, Sitz der NATO, Synode der Prot. Kirche in Belgien; zwei Univ. (gegr. 1834 und 1970), staatl. Fakultät für Veterinärmedizin, theolog. Fakultät, Handelshochschulen, Musikkonservatorium, Militärschule, militärgeograph. Institut, Sternwarte, meteorolog. Inst.; Museen, Archive, Nationalbibliothek, Nationaloper, Nationaltheater. Sitz zahlr. Handelsunternehmen, Effektenbörse, internat. Messen; Weltausstellung 1958. Maschinen- und Apparatebau, Textil-, Druckerei-, Photo-, Möbel-, Papier- und chem. Ind.; Teppichherstellung, Leder- und Tabakverarbeitung, Nahrungsmittelind. Der B.-Rupel-Kanal ermöglicht das Anlaufen des Hafens durch Schiffe bis 3 000 t; der Charleroi-B.-Kanal verbindet B. mit dem Sambre-Ind.-gebiet; internat. ⌘.

Geschichte: Reste neolith. Besiedlung; B. ist ab Ende 7. Jh. belegt; Ende 10. Jh. Bau einer Burg, Keimzelle der städt. Siedlung Handelsposten), schon um 1100 mit einer Ringmauer umgeben; Hauptstadt der burgund. Niederlande; im 15. Jh. Residenz, höchste kulturelle Blüte. Führende Rolle im Kampf der aufständ. Niederlande gegen die span. Herrschaft; ab 1578 Hauptstadt der Generalstaaten. Zerstörung durch frz. Truppen (1695), seit 1713 östr.; 1794 frz., Hauptstadt des Dep. Dyle; 1815 als 2. Hauptstadt zum Vereinigten Kgr. der Niederlande. Von B. ging 1830 die Revolution aus, die zur Unabhängigkeit Belgiens führte. Im neuen Kgr. fielen B. sämtl. zentralörtl. Funktionen zu. In beiden Weltkriegen von dt. Truppen besetzt.

Bauten: Got. Kathedrale Saint-Michel (ehem. Stiftskirche Saint-Gudule, 1226–1665), Notre-Dame-de-la-Chapelle (12./13. und 15. Jh.), Notre-Dame-des-Victoires (15. Jh.); aus dem Barock Notre-Dame-de-Bon-Secours (1664–69) und Saint-Jean-Baptiste-au-Béguinage (1657–76); Rathaus in brabant. Hochgotik (1402–50), zahlr. Zunfthäuser (Ende 17. Jh.) am histor. Marktplatz. Klassizist. Königl. Platz (Ende 18. Jh.) mit Repräsentativbauten. Justizpalast (1866–83), Börse (1871–73), Königl. Schloß (1782–84; nach Brand wiederhergestellt), Palast der Nationen (1779–83), die Galerien Saint-Hubert (1846/47, erste überdachte Ladengalerie Europas), 102 m hohes Atomium (1958).

Brüsseler Pakt ↑ Westeuropäische Union.

Brüsseler Spitzen, seit dem 17. Jh. in Brüssel geklöppelte oder genähte Spitzen, die aus einzelnen Mustermotiven zusammengesetzt und dabei durch Stäbe verbunden werden.

Brüsseler Vertrag ↑ Westeuropäische Union.

Brussilow, Alexei Alexejewitsch * Tiflis 31. Aug. 1853, † Moskau 17. März 1926, russ.

General. - Leitete 1916 an der SW-Front die nach ihm benannte erfolgreiche russ. Offensive in Galizien und Wolynien; 1917 Oberbefehlshaber des Heeres.

Brust, (Pectus) bei Wirbeltieren (mit Mensch) der sich an Kopf oder Hals anschließende, von den Rippen umschlossene Teil des Rumpfes, der die Vorderextremitäten trägt und die Brusteingeweide (Herz, Lunge) einschließt (↑ Brustkorb). Bei den höheren Wirbeltieren und beim Menschen wird auch nur die Vorderseite des Oberrumpfes als B. bezeichnet, bei den Gliederfüßern die Unterseite des zw. Kopf und Hinterleib gelegenen Körperabschnittes.

◆ (Mamma) paarig angelegtes, aus dem Milchdrüsenkörper, Binde- und Fettgewebe bestehendes weibl. Organ an der Vorderseite des menschl. Brustkorbs.

Brustbein (Sternum), in der vorderen Mitte des Brustkorbs der meisten Wirbeltiere gelegene knorpelige oder verknöcherte, schildförmige Bildung; beim Menschen ist das B. ein längl., platter Knochen, der dem Brustkorb Zusammenhalt gibt. - Das B. ist eine wichtige Blutbildungsstätte. Bei Blutkrankheiten führt man hier von außen die ↑Sternalpunktion zur Diagnose durch.

Brustdrüsen, Bez. für die Milchdrüsen des Menschen und mancher Säugetiere.

Brustdrüsenentzündung (Mastitis), in 98 % der Fälle während des Stillens auftretende, meist durch bestimmte Staphylokokkenstämme hervorgerufene Entzündung der Brustdrüse der Frau. Zur Verhütung der B. ist gründl. Brustpflege gegen Schrundenbildung und peinl. Sauberkeit während des Stillens notwendig.

Brustdrüsenkrebs, svw. ↑Brustkrebs.

Brustfell (Pleura), doppelwandige, häutige Auskleidung der Brusthöhle der höheren Wirbeltiere (einschließl. Mensch). Die Außenwand *(Pleura parietalis)* stellt die Innenauskleidung der Brusthöhle dar, die vollkommen von der Lunge ausgefüllt ist; die derbe Innenwand *(Lungenfell, Pleura pulmonalis, Pleura visceralis)* liegt fest der Oberfläche der Lunge an. Das B. scheidet eine eiweißhaltige Flüssigkeit aus, durch die sich die Lunge bei der Atembewegung reibungsfrei bewegen kann.

Brustfellentzündung, svw. ↑Rippenfellentzündung.

Brustflossen ↑Flossen.

Brusthöhle (Cavum thoracis), nach außen und oben vom knöchernen Gerüst des Brustkorbs allseitig abgeschlossener, nach unten vom Zwerchfell begrenzter, vom Brustfell ausgekleideter Raum. Die seitl. Partien der B. werden von den beiden Lungenflügeln, der zw. diesen liegende *Mittelfellraum (Mediastinum)* von Herz, Lymphgefäßen, Nerven, Speiseröhre und vom ↑Thymus ausgefüllt. Das Zwerchfell wölbt sich v. a. in der Ausatmungsstellung weit in den Brustkorb vor.

Brustkorb (Thorax), Skelettkorb der Wirbeltiere (einschließl. Mensch), der von den Brustwirbeln, Rippen und dem Brustbein gebildet wird und der die in die Brusthöhle eingebetteten Lungen, das Herz, die Hauptschlagadern, die Luft- und die Speiseröhre umschließt. Beim Menschen setzt sich der B. aus 12 mit den Brustwirbeln zweimal gelenkig verbundenen, paarigen Rippen zusammen, wobei die oberen 7 Rippen daran am Brustbein ansetzen, während die nachfolgenden 3 auf jeder Seite mit der 7. Rippe in Verbindung stehen. Die 11. und 12. Rippen enden frei. - Die durch Bänder geschützten Gelenke zw. den Rippen und Wirbelkörpern und die knorpeligen Rippenansätze am Brustbein ermöglichen die Atembewegungen. Der B. vergrößert und verkleinert sich bei der Atmung. - Abb. S. 82.

Brustkrebs (Brustdrüsenkrebs, Mammakarzinom), in 99 % aller Fälle bei Frauen auftretende, bösartige Geschwulst der Brustdrüsen, die meist vom Drüsenepithel ausgeht. I. d. R. beginnt der B. unmerkl. im Innern der Brust, in dem man einen (fast immer) schmerzlosen kleinen, harten, gegen das übrige Drüsengewebe nicht verschiebl. Knoten ertasten kann, der nur allmähl. weiterwächst. Oft verwächst die Haut über dem Krebsknoten und sieht dann (wie manchmal auch bei der Brustwarze) wie eingezogen aus. Schließl. wird die Haut durchbrochen, und es entsteht durch Gewebszerfall und Infektion ein Krebsgeschwür. Schon frühzeitig werden die benachbarten Lymphknoten am äußeren Rand des Brustmuskels und in der Achselhöhle von den Krebszellen befallen, die von dort bis zu entfernten Lymphknoten in der Schlüsselbeingrube, unter dem Schulterblatt und (selten) im Inneren des Brustkorbs vordringen. - Die *Behandlung* des B. besteht in der operativen Entfernung der erkrankten Brustdrüse, des großen und kleinen Brustmuskels sowie der Lymphknoten in Achselhöhle und Schlüsselbeingrube; meist schließt sich dem Eingriff eine Röntgenbestrahlung an.

Brustkreuz ↑Pektorale.

Brustschwimmen ↑Schwimmen.

Bruststimme (Brustregister), Bez. für die tiefe Lage der menschl. Stimme, bei der hauptsächl. die Brustwand in Schwingungen gerät, im Ggs. zur Kopfstimme.

Brüstung, Geländer an Balkons, Brüken; der Wandteil unterhalb eines Fensters.

Brustwarze, brustständige ↑Zitze, beim Menschen zwei haarlose, von einem Hof (**Warzenhof**) umgebene, warzenförmige Erhebungen auf der Brust, in denen bei der Frau die Ausführgänge der Brustdrüsen und freier Talgdrüsen münden. Im Warzenhof finden sich Schweiß- und Talgdrüsen, außerdem apokrine Drüsen, die der Befeuchtung der Warze und der Lippen des Säuglings beim Stillen dienen. Durch Einlagerung von

Brustwerk

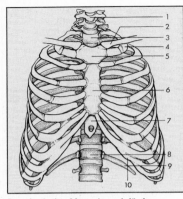

Brustkorb des Menschen: 1 fünfter Halswirbel, 2 Schlüsselbein, 3 erster Brustwirbel, 4 erste Rippe, 5 Handgriff des Brustbeins, 6 Mittelstück des Brustbeins, 7 Schwertfortsatz des Brustbeins, 8 zwölfter Brustwirbel, 9 zwölfte Rippe, 10 Rippenbogen

Melanin erhält die B. ihre dunkelbraune Farbe. Sie ist durch ein elast.-muskulöses System zur Erektion fähig und gehört zu den ↑ erogenen Zonen des Körpers.

Brunnen.
Stockbrunnen im Brunnenhaus der ehemaligen Zisterzienserabtei Maulbronn (um 1350)

Brustwerk, ein mit kleineren Pfeifen besetztes Werk der Orgel, das unterhalb des Hauptwerks angebracht ist (urspr. ein eingebautes Regal).

Brustwurz, svw. ↑ Engelwurz.

brut [bryt; lat.-frz.] ↑ Schaumwein.

Brut, die aus den abgelegten Eiern schlüpfende Nachkommenschaft v.a. bei Vögeln, Fischen und staatenbildenden Insekten (hier nur die Larven).

Brutalismus [lat.], Richtung der modernen Architektur. Das Erscheinungsbild der Bauten soll unmittelbar von Material und Funktion der Bauelemente bestimmt sein, d.h. Konstruktion, Material und techn. Installation bleiben unverhüllt bzw. ablesbar. Zuerst in England (A. und P. Smithson, Secondary School in Hunstanton, 1954). Um 1956 wurde der Begriff auf Le Corbusiers Ausdruck „béton brut" (Beton mit den Spuren der Verschalung) bezogen. Weitere Vertreter: J. Lynn und I. Smith, in Italien V. Viganò. Elemente des B. finden sich in einem Großteil moderner Architektur (in jüngster Zeit z.B. Centre Georges-Pompidou in Paris von R. Piano und R. Rogers, eröffnet 1977).

Brutalität [lat.], rohes Verhalten, Gefühllosigkeit, Gewalttätigkeit; dazu: brutal.

Brutapparat, elektr. beheizte Anlage, in der bis mehrere tausend Eier zugleich bei bestimmter Temperatur bebrütet werden.

Brutbeutel (Marsupium), bei den Beuteltieren in der unteren Bauchregion des Muttertiers gelegene Hautfalte zur Aufnahme der Neugeborenen, in die die für die Versorgung des Jungen wichtigen Zitzen münden.

Brutblatt (Bryophyllum), Gatt. der Dickblattgewächse mit über 20 Arten auf Madagaskar und 1 Art in den Tropen; Stauden, Halbsträucher oder Sträucher; Blätter am Rande meist Brutknospen bildend; Blüten glockig, meist groß und auffällig gefärbt, hängend, in Blütenständen; Zierpflanzen.

Brüten, bei Vögeln die Übertragung der Körperwärme von einem Elterntier (meist vom ♀) auf das Eigelege, damit sich die Keime zu schlüpfreifen Jungtieren entwickeln können. Zum B. wird oft ein ↑ Brutfleck ausgebildet.
◆ Gewinnung von Kernbrennstoff, der durch therm. Neutronen spaltbar ist; erfolgt in sog. **schnellen Brütern** (↑ Kernreaktor).

Brutfleck, bei Vögeln während der Brutzeit durch Ausfallen von Federn am Bauch entstehende nackte Hautstelle, die durch Erweiterung der Gefäße bes. gut durchblutet wird und die Eier direkt der Körpertemperatur aussetzt.

Brutfürsorge, Vorsorgemaßnahmen der Elterntiere für ihre Nachkommenschaft, die mit dem Zeitpunkt der Eiablage oder dem Absetzen der Jungen beendet sind. Alle weiteren pfleger. Maßnahmen werden als ↑ Brutpflege bezeichnet. Die wichtigste Form der

B. ist die Eiablage an geeigneten Orten, wobei die Elterntiere folgendes beachten: 1. Schutz und Tarnung der Eier, z. B. Ablage in von Natur aus geschützten Stellen oder in Erdlöchern, Bohrgängen, Blattüten usw.: Umspinnen mit Gespinstkokons u. ä., 2. ausreichende Sauerstoffversorgung; 3. Vermeidung jeder Behinderung beim Schlüpfen; 4. Vorhandensein günstiger Nahrungsbedingungen für die ausgeschlüpften Tiere.

Brutkasten (Inkubator), Wärmebett, in dem Frühgeburten aufgezogen werden; Sauerstoffgehalt, Luftfeuchtigkeit und Temperatur können reguliert und konstant gehalten werden. Zum Infektionsschutz wird die Luft durch sterilisierende Filter in den B. gepumpt. Seitl. am B. sind mit Manschetten verschließbare Öffnungen angebracht, die es erlauben, alle Pflegemaßnahmen ohne Änderung des inneren Milieus des B. vorzunehmen.

Brutknospen (Bulbillen), mit Reservestoffen angereicherte zwiebel- (Brutzwiebeln) oder knollenartige (Brutknöllchen), zur Ausbildung von Seitenwurzeln befähigte Knospen, die sich ablösen und der vegetativen Vermehrung dienen.

Brutkörper, Fortpflanzungseinheiten in Form von Thallus- bzw. Sproßteilen oder Seitensprossen bei Algen, Leber- und Laubmoosen, Farn- und Samenpflanzen.

Brutparasitismus, in der Zoologie Bez. für: 1. die Erscheinung, daß manche ♀ Vögel (z. B. der Kuckuck) unter Ausnutzung des Brutpflegeinstinktes einer anderen Vogelart das Ausbrüten der Eier und die Aufzucht der Jungtiere überlassen; 2. das Schmarotzen von Insekten oder deren Larven in den Eiern oder Larven anderer Insekten.

Brutpflege (Neomelie), in der Zoologie Bez. für alle angeborenen Verhaltensweisen der ♀ und ♂ Elterntiere, die der Aufzucht, Pflege und Beschützung der Nachkommen dienen. Die B. beginnt nach der Eiablage bzw. nach dem Absetzen der Larve oder der Jungen (↑ dagegen Brutfürsorge). Die B. bezieht sich zunächst auf die Bewachung und Versorgung der Eier bzw. der Brut. Zu den B.handlungen zählen das Wärmen der Jungtiere (bei Vögeln und Säugern), das Herbeischaffen von Nahrung, das Füttern der Larven durch Arbeiterinnen bei staatenbildenden Insekten, das Sauberhalten und der Unterricht in typ. Verhaltensweisen des Nahrungserwerbs.

Brutschrank, in der *Biologie* und *Medizin* verwendeter, elektr. beheizbarer Laborschrank, dessen Innentemperatur von einem Thermostaten konstant gehalten wird; dient v. a. zur Aufzucht von Mikroorganismen.

Bruttium, antiker Name Kalabriens; nach den **Bruttiern** ben., die nach 356 v. Chr. griech. Kolonien eroberten, 300–295 gegen Syrakus, 278–275 gegen Rom kämpften; 272 von Rom unterworfen; stellten sich 216 auf Hannibals Seite; im 2. Jh. v. Chr. romanisiert.

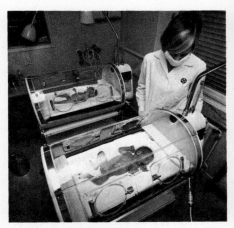

Brutkästen mit Frühgeburten

brutto [lat.-italien.], roh, gesamt, ohne oder vor Abzug.

brutto für netto, Handelsklausel, der zufolge sich der Preis der Ware nach dem Bruttogewicht richtet.

Bruttogewicht, Gewicht der Ware einschließl. Verpackung.

Bruttogewinn, in der Gewinn-und-Verlust-Rechnung svw. Rohgewinn.

Bruttoinlandsprodukt   ↑ Sozialprodukt.

Bruttoinvestition, Gesamtzunahme des Realvermögens der Wirtschaft eines Gebiets in einer Periode. Die B. umfaßt die Bruttoanlageinvestition und die Vorratsinvestition. Die B., vermindert um die Ersatzinvestition, ergibt die **Nettoinvestition.**

Bruttoproduktionswert, Summe aus 1. den zu Marktpreisen bewerteten Gütern und Dienstleistungen, die ein Wirtschaftssubjekt in einer Periode anderen in- und ausländ. Wirtschaftssubjekten verkauft; 2. dem zu Herstellungskosten bewerteten Mehrbestand an eigenen Halb- und Fertigerzeugnissen; 3. den zu Herstellungskosten bewerteten selbsterstellten Anlagen. Nach Abzug der Vorleistungen erhält man den Nettoproduktionswert, die sog. **Bruttowertschöpfung.**

Bruttoraumzahl, Abk. BRZ, Schiffsvermessungsbegriff, der im Juli 1982 weltweit die bisher übl. Bruttoregistertonne (BRT) ablöste. Während bei der Vermessung nach BRT die Maße der Innenkanten der Räume genommen wurden, wird nun nach der BRZ alles von der Außenhaut des Schiffes her bemessen. Als **Nettoraumzahl** (Abk. NRZ) wurde das 0,3fache der BRZ festgelegt.

Bruttoregistertonne ↑ Registertonne.

Bruttosozialprodukt ↑ Sozialprodukt.

Bruttovermögen (Rohvermögen), Gesamtwert der Vermögensbestände eines Wirtschaftssubjekts ohne Berücksichtigung der auf diesem lastenden Vermögen lastenden Schulden.

Brutus, Beiname des röm. Geschlechts der Junier; bekannt v. a.:

B., Decimus Junius B. Albinus, * um 81, † 43, Prätor (45). - Zeichnete sich als Legat Cäsars und Flottenkommandant vor Massilia aus (49), Statthalter von Gallia transalpina (48–46), dann von Gallia cisalpina (44/43), designierter Konsul für 42; nahm an der Verschwörung gegen Cäsar teil; kämpfte im sog. Mutinens. Krieg ab 44 gegen M. Antonius, der ihn ermorden ließ.

B., Lucius Junius, nach röm. Überlieferung Begr. der röm. Republik (509 v. Chr.). - Er und Tarquinius Collatinus waren die ersten Konsuln.

B., Marcus Junius, * 85, † bei Philippi (Makedonien) etwa Mitte Nov. 42 (Selbstmord), Prätor urbanus (44). - Trat im Bürgerkrieg auf die Seite des Pompejus; nach der Schlacht von Pharsalos (48) von Cäsar begnadigt und gefördert: Verwaltung von Gallia cisalpina (46/45), Designation zum Konsul für 41; beteiligte sich als Verfechter der alten Res publica führend an der Verschwörung gegen Cäsar; rüstete seit Ende 44 im O, unterlag aber Antonius 42.

Brutzwiebeln ↑ Brutknospen.

Brüx (tschech. Most), tschech. Bez.hauptstadt an der Biela, 62 000 E. Neben Dux Mittelpunkt im Hauptfördergebiet des nordböhm. Braunkohlenreviers (Tagebau); chem. Ind. - Im 13. Jh. Stapelrecht; 1273 Stadt. Spätgot. Stadtkirche (1517–32).

Bruxelles [frz. bry'sɛl] ↑ Brüssel.

Bruyère, La ↑ La Bruyère, Jean de.

Bruyèreholz [bry'jɛ:r; frz./dt.], Handelsbez. für ein hell- bis rotbraunes, bis kopfgroß verdicktes, häufig schön gemasertes Wurzelholz der Baumheide, aus dem v. a. Tabakspfeifen hergestellt werden.

Bruyn [brɔyn], Bartholomäus, d. Ä., * Wesel (?) 1493, † Köln 1555, dt. Maler. - Seit 1515 in Köln tätig. Vertreter eines niederländ. beeinflußten Manierismus. Altarbilder (Flügelgemälde vom ehem. Hochaltar des Essener Münsters 1522–25) und Bildnisse.

B., Günter de, * Berlin 1. Nov. 1926, dt. Schriftsteller. - Lebt in Berlin (Ost); hervorgetreten als Erzähler, u. a. „Ein schwarzer, abgrundtiefer See" (1962), und Romanautor, „Der Hohlweg" (1963), „Buridans Esel" (1968), „Neue Herrlichkeit" (1984).

Bryan, William Jennings [engl. 'braɪən], * Salem (Ill.) 19. März 1860, † Dayton (Tenn.) 26. Juli 1925, amerikan. Politiker. - Rechtsanwalt; unterlag in den Präsidentschaftswahlen 1896, 1900 und 1908 als Kandidat der Demokraten; 1913–15 Außenmin.; Sozialreformer, Pazifist und Gegner des Dollarimperialismus.

Bryant, William Cullen [engl. 'braɪənt],

* Cummington (Mass.) 3. Nov. 1794, † New York 12. Juni 1878, amerikan. Dichter. - Erster bed. Lyriker der USA; seine Gedichte sind teils Reflexionen über Leben und Tod („Thanatopsis", 1811), teils Naturschilderungen oder indian. Lieder.

Bryan-Verträge [engl. 'braɪən] (amerikan. Friedensverträge), auf Betreiben von W. J. Bryan 1913/14 zw. den USA und 21 anderen Staaten geschlossenes völkerrechtl. Abkommen zur Vermeidung krieger. Auseinandersetzungen; gelten zumeist noch heute; verpflichten die Vertragsparteien, vor Aufnahme von Feindseligkeiten erst den Bericht einer 5köpfigen, im voraus bestellten internat. Untersuchungskommission abzuwarten.

Bryaxis, griech. Bildhauer des 4. Jh. v. Chr. - Der Überlieferung nach Athener, dem Namen nach vielleicht Karer. Schuf u. a. vermutl. die Friese der Nordseite des Mausoleums von Halikarnassos (heute im Brit. Museum, London).

Brygos, att. Töpfer, tätig etwa 500–470. - Mit ihm ident. ist vielleicht der sog. **Brygosmaler** (tätig etwa 495–470); auf 5 Schalen erscheint die Signatur des Töpfers B.; zahlr. Zuschreibungen; einer der Hauptmeister der strengen, rotfigurigen Vasenmalerei.

Bryologie [griech.] (Mooskunde), Wissenschaft und Lehre von den Moosen.

Bryophyten [griech.], svw. ↑ Moose.

Bryozoa [griech.], svw. ↑ Moostierchen.

BRZ, Abk. für: ↑ Bruttoraumzahl.

BSP, Abk. für: Bruttosozialprodukt.

Bt., engl. Abk. für ↑ Baronet.

Btx (BTX), Abk. für: ↑ Bildschirmtext.

Bubastis, Hauptstadt des 18. unterägypt. Gaues, im östl. Nildelta; Ruinen mehrerer Tempel vom 3. bis 1. Jt.

Bube (Bauer, Valet, engl. Jack), in der frz. Spielkarte das dem Unter (bzw. Wenzel, im Skat auch Junge genannt) entsprechende Blatt der dt. Karte.

Buber, Martin (Mordechai), * Wien 8. Febr. 1878, † Jerusalem 13. Juni 1965, jüd. Religionsforscher und Religionsphilosoph. - Nach Philosophiestudium bei W. Dilthey und G. Simmel begann B. seit 1905 den ostjüd. Chassidismus zu erforschen. Gab die Zeitschriften „Der Jude" (1916–24) und „Die Kreatur" (1926–30, mit J. Wittig und V. von Weizsäcker) heraus. Begann 1925 mit F. Rosenzweig eine neue Übersetzung des A. T. ins Deutsche, die er 1929 allein weiterführte und nach gründl. Revision älterer Teile 1961 abschloß. B. lehrte seit 1923 jüd. Religionswissenschaft und Ethik an der Univ. Frankfurt am Main. Sein Buch „Ich und Du" (1923) befruchtete auch christl. Theologie und Ethik. Ging 1938 nach Palästina, wo er bis 1951 Philosophie und Soziologie lehrte, 1952 erhielt er den Friedenspreis des Dt. Buchhandels, 1963 den Erasmus-Preis. - *Weitere Werke:* Begegnung, Autobiograph. Fragmente (1960), Der Jude und sein Judentum (1963), Nachlese (1965).

📖 *Oberparleitner, H.: M. B. und die Philosopie. Ffm.1983. - Kohn, H.: M. B. Sein Werk u. seine Zeit. Wsb. ⁴1979. - Oliver, R.: M. B. Dt. Übers. Hdbg. 1968.*

Buber-Neumann, Margarete, * Potsdam 21. Okt. 1901, dt. Schriftstellerin. - 1926 Mgl. der KPD; emigrierte 1935 in die UdSSR; 1938–40 in einem sibir. Zwangslager, wurde 1940 der SS übergeben und im KZ Ravensbrück interniert. Ihren Lebensweg beschrieb sie in den Büchern „Als Gefangene bei Stalin und Hitler" (1949) und „Von Potsdam nach Moskau. Stationen eines Irrweges" (1957).

(seit 1617); 1651–81 Prior in Sankt Johann in Feldkirch; Verfasser u. a. von „Germania topo-chrono-stemmatographica sacra et profana" (4 Bde., 1655–78).

Bucer, Martin ['butsər], eigtl. M. Butzer, * Schlettstadt 11. Nov. 1491, † Cambridge 27. (28.) Febr. 1551, dt. Reformator und Humanist. - Dominikaner, wurde 1518 Anhänger der Reformation. B. mußte, nachdem er in Weißenburg (Elsaß) die Reformation eingeführt hatte, nach Straßburg fliehen. Er bemühte sich seit 1533 um die Organisation des Gemeindelebens (Kirchenzucht, ev. Konfirmation) und als Mitverfasser der Confessio Tetrapolitana um die Einigung der Protestan-

Martin Buber   Heinrich Brüning   Pearl S. Buck (1967)

Bubikopf, am Herrenschnitt orientierte kurzgeschnittene Damenfrisur der 1920er Jahre.

Bubnoff, Serge von, * Petersburg 27. Juli 1883, † Berlin 16. Nov. 1957, dt. Geologe und Paläontologe. - Prof. in Breslau, Greifswald und Berlin (Ost). Arbeiten zur Lagerstättenkunde, Tektonik und Geologie des kristallinen Grundgebirges, zur regionalen Geologie Deutschlands und zur Entwicklungsgeschichte der Erde.

Bubo [lat.], svw. ↑ Uhus.

Bubo (Mrz. Bubonen) [griech.], akute oder chron. Schwellung der Lymphknoten in der Leistenbeuge, bei Geschlechtskrankheiten, Furunkulose und Pest.

Bucaramanga, Hauptstadt des Dep. Santander in Kolumbien, auf der W-Abdachung der Ostkordillere, 1 018 m ü. d. M., 459 000 E. Bischofssitz; Univ. (gegr. 1948), Seruminst.; Handelszentrum eines Agrargebiets; Zementfabrik; Metallind., Tabakverarbeitung, Textilind.; ⚒. - Gegr. 1622.

Bucchero ['bukero; italien.], etrusk. Vasengattung; schwarze Tongefäße mit Reliefs oder eingeritztem Dekor (8.–4. Jh.).

Bucelin, Gabriel ['butsəli:n], eigtl. G. Butzlin, * Diessenhofen (Thurgau) 27. Dez. 1599, † Weingarten 9. Juni 1681, schweizer. Historiker und Genealoge. - Benediktiner

ten und vermittelte im Abendmahlsstreit; die Wittenberger Konkordie von 1536 ist v. a. sein Werk. B. gewann großen Einfluß auf Landgraf Philipp von Hessen, Als Gegner des Augsburger Interims mußte er 1548 Straßburg verlassen und folgte einem Ruf des Erzbischofs Thomas Cranmer von Canterbury nach England; dort Prof. in Cambridge.

Buch, Leopold von, Frhr. von Gellmersdorf, * Schloß Stolpe bei Angermünde 26. April 1774, † Berlin 4. März 1853, dt. Geologe. - Erforschte den Vulkanismus; gab 1826 die erste „geognost. Karte Deutschlands" heraus; prägte den Begriff „Leitfossil".

Buch [zu althochdt. buoh „zusammengeheftete Buchenholztafeln" (auf denen man schrieb)], mehrere, zu einem Ganzen zusammengeheftete bedruckte, beschriebene oder auch leere Blätter, die in einen B.einband (Buchdecke) eingebunden sind. Darüber hinaus wird auch jedes geheftete oder klebgebundene (Broschüre, Taschenbuch) literar. Erzeugnis als B. bezeichnet.

Geschichte: Über die Anfänge des B. ist wenig bekannt. Inschriften wurden meist auf Stein gemeißelt oder in Metall geritzt. Im Vorderen Orient wurden seit etwa 3000 v. Chr. Schriftenzeichen in Tontafeln eingedrückt, die dann getrocknet und manchmal gebrannt wurden. Ein weiterer Beschreibstoff war Leder. In Indien wurden Blätter benutzt, in China mindestens seit 1300 v. Chr. mit Bambus zusammengehaltene Bambus- oder Holzstreifen. Die frühesten erhaltenen Dokumente auf pflanzl. Beschreibstoff sind die Papyri. Zunächst wurden Einzelblätter verwendet, seit dem 2. Jt. v. Chr. finden sich B.rollen aus aneinandergeklebten Einzelblättern. In Kleinasien wurde seit 2. Jh. v. Chr. Pergament zur B.herstellung verwendet. Schreibtafeln sind schon bei Homer bezeugt, mit Wachs bezogene bei Herodot (5. Jh. v. Chr.). Diese Tafeln wurden an der linken Längsseite zusammengebunden oder mit Scharnieren, Ringen und Riemen zusammengehalten. Seit etwa Christi Geburt wurden auch Papyrus- und Pergamenthefte (Kodizes) angelegt, die meist recht unhandl. Format annahmen. Ein Kodex besteht aus einer Vielzahl gleich großer Pergamentblätter, die, in der Mitte gefaltet, ineinandergelegt und mit Faden geheftet und zw. Holzdeckeln oder -rahmen eingebunden sind.

Das Papier wurde zwar schon im 2. Jh. v. Chr. in China erfunden, aber erst im 8. Jh. n. Chr. wurde die Technik der Papierherstellung von den Arabern übernommen und gelangte mit ihnen nach S-Europa. Im 15. Jh. bestand ein Großteil der Handschriften bereits aus Papier, nach der Erfindung des Buchdrucks wurde das Pergament rasch durch das billigere Papier verdrängt: seit 1500 etwa hatte das B. weitgehend seine heute noch übl. Gestalt. Die Neuzeit der B.geschichte beginnt mit Gutenbergs Bibeldruck (1455). Gutenberg druckte i. d. R. Auflagen von 150–200 Exemplaren. Nach 1480 stieg die Auflagenhöhe teilweise auf 1 000; von Luthers Übersetzung des N. T. (Septemberbibel) wurden 1522 schon 5 000 Exemplare gedruckt. 1522–34 gab es 85 Ausgaben von Luthers N.T.; zw. 1534 und 1574 wurden 100 000 Exemplare der vollständigen Bibelübersetzung Luthers verkauft. Neben die vielen religiösen Inkunabeln traten bald wiss. Werke und Dichtungen.

Das B. ist bis heute ein wichtiger Träger der geistigen Kommunikation, des Austausches von Ideen und Informationen geblieben, trotz des Aufkommens von Hörfunk, Fernsehen, Datenverarbeitung. – ↑ auch Buchkunst.

📖 *Funke, F.: B.kunde. Ein Überblick über die Gesch. des B.- u. Schriftwesens. Mchn.* [4]*1978. - Presser, H.: Das Buch vom B. 5000 Jahre B.gesch. Hannover* [2]*1978.*

Buchanan [engl. bju:ˈkænən], George, * Killearn (Stirlingshire) Febr. 1506, † Edinburgh 29. Sept. 1582, schott. Humanist. - Kam in Paris mit den Gedanken der Reformation in Berührung, wurde in Schottland wegen seiner gegen die Franziskaner gerichteten satir. Schriften „Somnium" und „Franciscanus" als Ketzer verurteilt und mußte fliehen (über Paris nach Bordeaux). Nach seiner Rückkehr nach Schottland trat er 1562 zum Protestantismus über; Gegner Maria Stuarts; verfocht die Lehre vom Tyrannenmord und trat für die Volksrechte ein. Schuf ein bed. Werk über die Geschichte Schottlands („Rerum Scoticarum historia", 1582), daneben auch lat. Tragödien und Psalmenparaphrasen.

B., James, * Stony Batter bei Mercersburg (Pa.) 23. April 1791, † Wheatland (Pa.) 1. Juni 1868, 15. Präs. der USA (1857–61). - Jurist; 1812 und 1814 als Vertreter der Federalist party in das Repräsentantenhaus gewählt, gehörte 1820–31 als Demokrat dem Kongreß an; 1834–45 Senator für Pennsylvania; Außenmin. 1845–49; 1853–56 Gesandter in London; brachte viel Sympathien für die Einstellung der Südstaaten (z. B. Sklaverei) auf, focht aber im Sezessionskrieg auf seiten der Union und unterstützte A. Lincoln.

B., James McGill, * Murfreesboro (Tenn.) 2. Okt. 1919, amerikan. Wirtschaftswissenschaftler. - Seit 1963 Direktor des von ihm gegr. Center for Study of Public Choise (heute Teil der Univ. Fairfax bei Washington), seit 1983 Prof. an der George-Mason-Univ. im US-Staat Virginia; erhielt für die „Entwicklung der kontakttheoret. und konstitutionellen Grundlagen der ökonom. Beschlußfassung" 1986 den sog. Nobelpreis für Wirtschaftswissenschaften.

Buchanan [engl. bju:ˈkænən] (Grand Bassa), liberian. Prov.hauptstadt an der Mündung des Saint John River, 24 300 E. Endpunkt der Bahnlinie aus dem Nimba, Eisenerzaufbereitung und -verschiffung; moderner Tiefwasserhafen; Fischerei; ⚓. - 1837 gegr.

Buchara, sowjet. Gebietshauptstadt, Mittelpunkt einer gleichnamigen Oase in der Sandwüste Kysylkum, Usbek. SSR, 204 000 E. PH, polytechn. Abendhochschule, Theater; Bearbeitung von Karakulschaffellen, Seidenraupenzucht, Seidenfabrik, Bekleidungsfabriken, Weinkellerei, Fleischkombinat; ⚓. - Als Mittelpunkt Transoxaniens mindestens seit dem 7. Jh. v. Chr. besiedelt; urkundl. erstmals im 6. Jh. n. Chr. erwähnt. Im 6. und 7. Jh. n. Chr. teilweise von Türken besetzt; 709 unter arab. Herrschaft; Sitz eines Emirats innerhalb der Prov. Chorasan. 892 Residenz und Hauptstadt eines Reichs, das sich vom O- und S-Ufer des Kasp. Meeres bis zum Indus erstreckte; 999 wieder türk. 1219/20 eroberten die Mongolen unter Dschingis-Khan Transoxanien, B. wurde fast vollständig zerstört. Um 1370 verdrängte Timur-Leng die Nachkommen Dschingis-Khans; Eroberung Transoxaniens durch die usbek. Schaibaniden 1500. Abd Allah II. (1556–98) baute die Stadt zur Residenz aus. Sitz eines unabhängigen Khanats bis zur russ. Eroberung des Gebiets B. 1868. - Ismail-Samani-Mausoleum (Ende des 9. Jh. n. Chr.), Kaljan-Moschee (12. Jh., 1540/41 umgebaut, Minarett von 1127, Ulugbek-Medrese (1417/18; 1585 renoviert), Miri-Arab-Medrese (1535/36), Abdulasis-Khan-Medrese (1651/52).

Buchara (Bochara) ↑ Orientteppiche (Übersicht).

Bucharin, Nikolai Iwanowitsch, * Moskau 9. Okt. 1888, † ebd. 15. März 1938, sowjet. Politiker und Wirtschaftstheoretiker. - Seit 1906 Mgl. des linken Flügels der Sozialdemokrat. Arbeiterpartei; 1911 Verbannung nach Sibirien und Flucht nach Deutschland; wesentl. Rolle in der Oktoberrevolution (Leiter des bolschewist. Aufstandes in Moskau), enger Kampfgenosse Lenins (ZK-Mgl. und Chefredakteur der „Prawda" seit 1917); unterstützte als Mgl. des Politbüros (seit 1924) und Vors. der Komintern (seit 1926) zunächst den Kurs Stalins, wandte sich dann jedoch gegen dessen Zwangskollektivierungs- und Industrialisierungspläne; von Stalin ausgeschaltet, verlor 1929 sämtl. polit. Ämter; 1937 verhaftet, nach Schauprozeß hingerichtet; zahlr. Arbeiten zu ökonom. und polit. Fragen, u. a. „Theorie des histor. Materialismus" (1922).

Buchau, Bad ↑ Bad Buchau.

Buchbesprechung ↑ Rezension.

Buchbinderei, Handwerks- oder Ind.betrieb, in dem die abschließenden Arbeitsgänge der Buchfertigung durchgeführt werden. Bei der Buchherstellung unterscheidet man nach Ausführung der Druckarbeiten drei Phasen: 1. die Buchblockherstellung, 2. die Deckenherstellung und 3. das Vereinigen *(Einhängen)* von Buchblock und Decke.

In der **Handbuchbinderei** erfolgt die Einzelanfertigung meist wertvoller Bücher in Arbeitsgängen, die stark handwerkl. ausgerichtet sind. Der auf Vollständigkeit geprüfte *(kollationierte)* Buchblock, an dem durch Kleben der Vor- und Hintersatz an den ersten und letzten Bogen bereits befestigt ist, wird auf der Heftlade auf Gaze oder Kordel geheftet, durch Rückenrunden weiterbearbeitet, in die Decke eingehängt und abgepreßt.

In der **industriellen Buchbinderei** werden Bücher weitgehend maschinell gebunden: Die aus der Druckerei angelieferten bedruckten Bogen (Rohbogen) werden zunächst in einer *Rüttelanlage* Kante auf Kante gebracht. Nach dem Schneiden in der *Schneidmaschine* werden die Rohbogen in *Schwert-* oder *Stauchfalzmaschinen* so gefaltet, daß sich das Rohformat des Buches und die richtige Reihenfolge der Seitenzahlen ergibt. Der erste Bogen eines Buches enthält z. B. die Seiten 1–16 oder auch 1–36 und wird als Signatur 1 bezeichnet; der zweite Bogen enthält die Seiten 17–32 oder auch 37 bis 72 (Signatur 2) usw. Diese verschiedenen gefalzten Signaturen werden auf der *Zusammentragmaschine* zum kompletten Buchblock zusammengelegt. Die Kontrolle der Vollständigkeit *(Kollationierung)* erfolgt durch Prüfen der auf jedem Falzbogen aufgedruckten *Flattermarke.* Das Verbinden der Falzbogen untereinander erfolgt i. d. R. durch Fadenheften oder Klebebinden. Zur engeren Verbin-

dung der Falzbogen untereinander werden die Buchblöcke am Rücken geleimt. Es folgt das Beschneiden der Blöcke im *Dreischneider.* Dann wandert der Buchblock weiter in die *Schnittfärbemaschine,* die den Farbschnitt am Kopf des Buchblocks anbringt, in die *Rundemaschine,* in der der Rücken des Buches gerundet wird, und in die *Kap(i)tal-* und *Hinterklebemaschine.* Dort werden vollautomat. ein rückenverstärkendes Papier und das kopf- und fußverzierende Kap(i)talband angebracht.

In der *Einhängemaschine* wird der Buchblock in die in gesonderten Arbeitsgängen gefertigte Decke eingehängt. Die Buchdecke wird voll- oder halbautomat. auf der *Deckenmaschine* aus zwei im Format dem Buchblock angepaßten Pappen, der Rückeneinlage und dem Bezugstoff (z. B. Leinengewebe, kunststoffbeschichtetes Papier) mit Heißleim hergestellt. Beim Einhängen wird der Buchblock auf ein Schwert aufgeschoben, das den Buchblock zw. den Leimwalzen hindurchführt (wobei die beiden äußeren Seiten des Blocks mit Leim benetzt werden) und ihn dann in die Decke drückt. Das Buch wird kurz vorgepreßt, um dann im großen Stapel in der Stockpresse unter Druck zu trocknen. Es folgen nun noch das Falzeinbrennen (Gelenk, Verbindung Rücken–Decke), das Nachsehen, das Umlegen des Schutzumschlags und das Verpacken des Buches (meist in Schrumpffolie). Beim **Klebebindeverfahren** (z. B. *Lumbeckverfahren),* einem modernen Buchbindeverfahren bes. für Taschenbücher, Kataloge o. ä., werden die beschnittenen Buchblöcke am Rücken mit einer Spezialleimung versehen. - Abb. S. 88.

📖 *Wiese, F.: Der Bucheinband. Eine Arbeitskunde.* Hannover ⁶1983.

Buchblock, aus Blättern oder Falzbogen bestehender, gehefteter bzw. gebundener, beschnittener Teil des Buches; wird mit der Buchdecke verbunden.

Buchdecke, starrer Einband, der den Buchblock umgibt. - ↑ auch Buchbinderei.

Buch der Natur, seit Augustinus in der christl. Literatur des MA gebräuchl. Metapher zur Bez. der physikal. Welt als einer „zweiten Schrift", durch die sich Gott neben der Hl. Schrift dem Menschen mitteilt.

Buch der Weisheit, bibl. Buch, ↑ Weisheit.

Buch des Lebens ↑ Lebensbuch.

Buchdruck, ältestes, in der heutigen Form auf die um 1440 erfolgte Erfindung Gutenbergs zurückgehendes Druckverfahren. Der B. zählt zur Gruppe der Hochdruckverfahren, d. h., der Druck erfolgt von einer Druckform, bei der die druckenden Stellen erhöht liegen. Derartige Hochdruckformen werden aus Drucktypen, Gußzeilen, Druckplatten zusammengesetzt. Beim Rotationsdruck werden um den Plattenzylinder der Rotationsdruckmaschine halbrunde Stereos

Buchbinderei

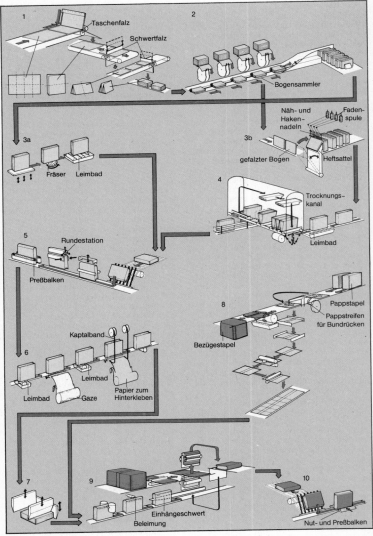

Buchbinderei.
Schematische Darstellung der Fertigungsstraße
einer Buchbinderei mit den Fertigungsstadien:
1 falzen, 2 zusammentragen,
3a klebebinden, 3b fadenheften,
4 beleimen und trocknen, 5 runden,
6 begazen und kaptalen, 7 Dreimesserschnitt,
8 Decken anfertigen, 9 einhängen,
10 Falz einbrennen

oder aus einem Stück bestehende Wickeldruckplatten befestigt.

Beim Druckvorgang werden die erhabenen Stellen der Druckplatte mit Druckfarbe eingefärbt und durch Anpressen auf den Druckträger (v. a. Papier) übertragen. Die Wahl der Druckmaschine hängt von Druckart und Auflagenhöhe ab. Akzidenzdruck in kleiner Auflage erfolgt mit Tiegeldruckmaschinen, der anspruchsvolle Werk- und Bilderdruck mit Flachform-Zylinderdruckmaschinen; Großauflagen (v. a. Zeitungen und Zeitschriften) werden mit Rotationsdruckmaschinen (sog. *Rotations-B.*). Bücher werden auch im Offset- und Tiefdruckverfahren gedruckt.

Geschichte: Obgleich bereits im Altertum in Ägypten und Rom eingefärbte Stein- und Metallstempel mit figürl. Darstellungen, Buchstaben oder ganzen Wörtern verwendet wurden und bis ins MA überkommen sind, ist der Beginn des B. in China zu suchen, wo vor mehr als 1 200 Jahren die Technik des Tafel- oder Blockdruckes bekannt war: In eine Platte aus Metall oder Holz wurde der Text eingeschlagen bzw. eingeschnitten. Da jede Druckplatte nur einmal verwendet werden konnte, begann man im 11. Jh., mit bewegl. Lettern aus Ton zu drucken. Über die Araber gelangte die Technik des Tafeldrucks nach W-Europa (Ende des 14. Jh.). Sie wurde aber bereits kurze Zeit später durch den B. mit bewegl. Lettern aus Metall verdrängt. Gutenberg unternahm seit etwa 1436 in Straßburg, ab 1440 in Mainz Versuche mit einzelnen, beliebig zusammensetzbaren sog. Typenstempeln. Aus diesen fügte er Druckformen zusammen und druckte mit ihnen (ab etwa 1445) mit Hilfe einer von ihm entwickelten Druckerpresse. Seine Leistung lag in der Bewältigung des Problems des Letterngusses und des Pressens. Die Typenstempel waren zunächst aus Holz, dann aus Blei, später auch aus Eisen oder Kupfer. Die neue Technik verbreitete sich schnell über ganz Europa: Italien überflügelte Deutschland bald in der Anwendung der neuen Technik; um 1500 hatte z. B. allein Venedig bereits 150 Druckereien. Weitere entstanden u. a. in Paris, Leiden, Amsterdam, Basel und London. - Die ersten Drucker bemühten sich, die handgeschriebenen Bücher genau nachzuahmen. Erst in den folgenden Jahrzehnten wurde es allg. übl., alle Elemente des Buches mechan. zu vervielfältigen, d. h. Initialen usw. in Holz oder Metall zu schneiden und sogar mehrfarbig zu drucken. Es entstanden auch bes. Schriftarten, die den techn. Problemen des B. Rechnung trugen: Während Gutenberg für seine Bibel (1455) neben Interpunktionszeichen u. a. 47 Groß- und 243 Kleinbuchstaben brauchte, um der Tendenz der got. Verschmelzung gerecht zu werden, erleichterte die von Jenson entwickelte und seit etwa 1520 allg. verwendete Antiqua mit ihren isolierten Lettern den Schriftguß wesentl. In der 1. Hälfte des 16. Jh. entstand ferner in der Fraktur eine leichter lesbare und herstellbare got. Schriftart, die in Deutschland und im westslaw. Bereich bis ins 20. Jh. in Gebrauch war. Um 1570 war die Umstellung von der Handschrift auf den B. vollzogen. Von nun an vervollkommnete sich v. a. das techn. Verfahren des B., bes. seit Ende des 19. Jh. - ↑ auch Drucken.

Bucheinband (1. Hälfte des 7. Jh. n. Chr.). Monza, Domschatz

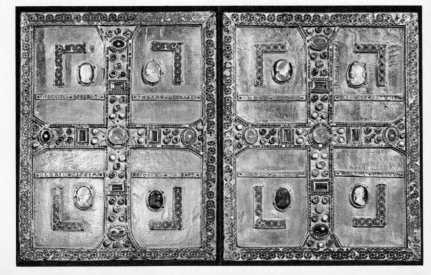

Buchdrucker

🕮 Presser, H.: Buch u. Druck. Krefeld 1978. -
↑ auch Buch.

Buchdrucker (Ips typographus), etwa 4–6 mm großer, rötl. bis schwarzbrauner, leicht gelb behaarter Borkenkäfer. Durch Fraß der Larven im Bast entsteht das für den B. kennzeichnende, sehr regelmäßige Fraßbild zw. Splintholz und Borke.

Buche, (Fagus) Gatt. der Buchengewächse mit etwa 10 Arten in der gemäßigten Zone der nördl. Halbkugel; sommergrüne Bäume mit ungeteilten, ganzrandigen oder fein gezähnten Blättern, kugelig gebüschelten Blüten und dreikantigen Früchten (Bucheckern); wichtige Holzpflanzen: ↑ Rotbuche sowie **Amerikan. Buche** (Fagus grandiflora) in N-Amerika; Holz mit weißem Splint und rotem Kern, schwer, sehr fest, zäh, sehr dauerhaft und, da geruchlos, v. a. für Gegenstände, die mit Nahrungsmitteln in Berührung kommen, verwendet; **Orientbuche** (Kaukasus-B., Fagus orientalis) im sö. Europa und in Vorderasien, z. T. in Kultur, Blätter vorn verbreitert.
◆ Bez. für das Nutzholz einiger Buchenarten (↑ Hölzer, Übersicht).

Bucheckern (Buchelin, Buchelkerne), Früchte der Rotbuche; 12–22 mm lange, einsamige, scharf dreikantige, glänzend braune Nußfrüchte, die zu zweien in einem bei der Reife holzigen, sich mit 4 bestachelten Klappen öffnenden Fruchtbecher sitzen; Samen reich an Öl (bis 43%), Stärke und Eiweiß, durch Saponin leicht giftig.

Bucheinband, Deckel und Rücken eines Buches, die (meist mit Leinen oder Leder bezogenem Karton) die Titel und Verfasserangaben tragen; moderne Taschenbücher mit flexiblem, oft farbig illustriertem B. Bei den Prachtbänden der karolingisch-otton. Zeit ist der vordere Holzdeckel oft mit getriebenem Goldblech überzogen und mit edlen Steinen, Perlen und Email geschmückt; sonst bezog man ihn mit gestempeltem Wildleder. In der hochroman. Zeit verwendete man Kalb- und Ziegenleder und Stempel von großem Formenreichtum, bis ins spätgot. Einbänden (Kalb- oder Schweinsleder) setzte die Verwendung von Rollen und Platten anstelle von Einzelstempeln ein. Diese beherrschten den B. im 16., 17. und 18. Jh. Unter dem Einfluß islam. Einbandtechnik (feines Maroquin, Pappe anstelle des Holzdeckels, Vergoldung, Arabesken- und Maureskenschmuckformen) entwickelte sich der künstler. hochstehende europ. Renaissance-B. Die Auftraggeber ließen die Deckelmitte oft mit ihren Wappen schmücken. Die Einbandkunst behauptete auch im 17. und 18. Jh. einen hohen Stand (v. a. auch Silbereinbände, die schon seit dem späteren MA übl. waren), erneut im Jugendstil. - Abb. S. 89.

Buchelmast, Bez. für das Fruchten der Rotbuche; tritt erstmals ein, wenn die Bäume zw. 40 und 80 Jahre alt sind und wiederholt sich dann (als **Vollmast**) alle 5–8 Jahre.

buchen, eintragen, registrieren; bezeichnet sowohl die Bestellung durch den Kunden als auch die Registrierung der Bestellung (Buchung).

Buchengallmücke (Buchenblattgallmücke, Mikiola fagi), etwa 4–5 mm große, schwarzbraune Gallmücke mit rötl. Hinterleib. Das ♀ legt seine Eier an Blatt- und Triebknospen der Rotbuche ab. Die Larve erzeugt auf der Oberseite der Buchenblätter etwa 4–12 mm hohe spindelförmige, anfangs grüne, später rötl. bis bräunl., harte Gallen.

Buchengewächse (Fagaceae), Fam. zweikeimblättriger Holzgewächse mit 7 Gatt. und etwa 600 Arten in den gemäßigten Breiten und in den Tropen; Früchte einzeln oder gruppenweise von einem Fruchtbecher umgeben; meist sommergrüne oder immergrüne Bäume mit einfachen Blättern und unscheinbaren, meist eingeschlechtigen, einhäusigen, einzeln in Büscheln oder Kätzchen stehenden Blüten; wichtige Nutzpflanzen: ↑ Buche, ↑ Eiche, ↑ Edelkastanie.

Buchenland ↑ Bukowina.

Buchen (Odenwald), Stadt an der Grenze des Odenwalds gegen das Bauland, Bad.-Württ., 14 500 E. Maschinenbau, Werkzeug- und Kunststoffabrik. - 774 erstmals gen., um 1255 Stadtrecht. - Spätgot. Stadtpfarrkirche (1503–07), Rathaus (1717–23), Reste der Stadtbefestigung.

Buchenrotschwanz (Rotschwanz, Dasychira pudibunda), etwa 4 (♂) bis 5 (♀) cm spannender einheim. Schmetterling; Vorderflügel weißgrau mit mehreren dunklen Querbinden und Flecken, Hinterflügel weißl. mit weniger deutl. dunkler Fleckung, ♂ insgesamt dunkler als ♀; Larven verursachen im Herbst zuweilen Kahlfraß in Buchenwäldern.

Buchenwald, großes nat.-soz. Konzentrationslager auf dem Ettersberg bei Weimar für Kriminelle und aus rass., religiösen oder polit. Gründen Verfolgte; 1937–45 wurden rd. 240 000 Menschen aus 32 Nationen nach B. verschleppt; von ihnen fanden dort schätzungsweise 56 500 den Tod; nach Kriegsende bis 1950 von der sowjet. Besatzungsmacht als Internierungslager benutzt; heute Mahnmal und Gedenkstätte.

Buchenzeit ↑ Holozän (Übersicht).

Bucher, Lothar, * Neustettin 25. Okt. 1817, † Glion bei Montreux 10. Okt. 1892, dt. Publizist und Politiker. - 1848 radikaldemokrat. Abg. der preuß. Nationalversammlung, 1849 der 2. Kammer; 1850–61 in London im Exil; später enger Mitarbeiter Bismarcks; nach 1890 an der Niederschrift der „Gedanken und Erinnerungen" Bismarcks beteiligt.

Bücherbohrer (Bücherwurm, Ptilinus pectinicornis), etwa 4–5 mm langer, schwarzer oder brauner Klopfkäfer; Flügeldecken gelbbraun, Fühler und Beine rötl. gelbbraun,

Fühler säge- (♀) oder kammartig (♂). Der B. (auch die Larven) befällt häufig Möbel und durchbohrt hölzerne Geräte und Bücher mit Holzeinbänden.

Büchergilde Gutenberg Verlagsgesellschaft mbH, 1924 auf Initiative des Bildungsverbandes der dt. Buchdrucker in Leipzig gegr. Buchgemeinschaft, 1947 in Frankfurt am Main neugegr.; gehört je zur Hälfte dem DGB und der IG Druck und Papier.

Bücherläuse (Troctidae), weltweit verbreitete Fam. sehr kleiner, abgeflachter, meist flügelloser Staubläuse; leben bes. unter morscher Rinde, an gefälltem Holz und in Vogel- und Insektennestern, auch in feuchten Wohn- und Lagerräumen; befallen feucht gelagerte Nahrungsmittelvorräte, alte Bücher, Papier und Tapeten, auch Insektensammlungen und Herbarien; rund 14 einheim., etwa 0,7–1,5 mm große Arten.

Bücher Mose, Bez. für die ersten fünf Bücher des A. T., die ↑ Pentateuch. - Das sog. 6. und 7. *Buch Mosis (Moses)* wurde wahrscheinl. 1849 erstmals gedruckt und spielt bis in die Gegenwart als Zauberbuch (↑ Zauberbücher) eine Rolle.

Buchersitzung (Tabularersitzung), Erwerb eines Grundstücks durch jemanden, der zu Unrecht 30 Jahre lang als Eigentümer im Grundbuch eingetragen war und während dieser Zeit das Grundstück im Eigenbesitz gehabt hat.

Bücherskorpion (Chelifer cancroides), etwa 2,5–4,5 mm großer, bräunl., weltweit verbreiteter Afterskorpion; lebt v. a. in Bücherregalen, Herbarien, Wäscheschränken und Betten, ernährt sich hauptsächl. von Staubläusen.

Bücherverbot, im kath. Kirchenrecht das Verbot von Büchern, die gegen die kath. Glaubens- und Sittenlehre verstoßen.

Bücherverbrennung, aus Anlaß eines polit. oder kirchl. Bücherverbots oder als Zeichen eines Protests geübte Demonstration (bes. seit der Inquisition); 1817 verbrannten Studenten beim Wartburgfest reaktionäre Literatur; am 10. Mai 1933 wurden in den dt. Univ.städten die Bücher verfemter Autoren (u. a. Feuchtwanger, S. Freud, E. Kästner, Kisch, H. Mann, Remarque, Tucholsky, A. Zweig) verbrannt.

Bücherwurm, svw. ↑ Bücherbohrer.

Bücherwurm, spött. Bez. für einen übereifrigen Bücherleser.

Buchfink (Fringilla coelebs), etwa 15 cm große Finkenart in Europa, N-Afrika und Teilen W-Asiens; auffallende, doppelt weiße Flügelbinde und grüner Bürzel; ♂ mit schieferblauem Scheitel und Nacken, kastanienbraunem Rücken, grünl. Bürzel und zimtfarbener Unterseite; ♀ unscheinbar olivbraun, unterseits heller.

Buchformat, Maßeinheit, nach der die Größe eines Buches angegeben wird. Die Zahl der beim Falzen entstehenden Blätter führte zu den Formatbezeichnungen: 2 Blatt (2°, *Folio*), 4 Blatt (4°, *Quart*), 8 Blatt (8°, *Oktav*), 12 Blatt (12°, *Duodez*), 16 Blatt (16°, *Sedez*). Heute gibt die Formatbez. die Höhe eines Buches an (querformatige Bücher erhalten den Zusatz „Quer-". z. B. Quer-Oktav):

Sedez:	bis 15 cm Höhe
Klein-Oktav:	bis 18,5 cm Höhe
Oktav:	bis 22,5 (oder 25) cm Höhe
Groß-Oktav:	bis 25 cm Höhe
Lexikon-Oktav:	bis 30 cm Höhe
Quart:	bis 35 cm Höhe
Groß-Quart:	bis 40 cm Höhe
Folio:	bis 45 cm Höhe
Groß-Folio:	über 45 cm Höhe

Nach den Richtlinien der Dt. Bibliothek in Frankfurt am Main werden die B. von Werken unter 10 cm und über 45 cm Höhe in Zentimetern angegeben.

Buchführung (Buchhaltung), zeitl. und sachl. geordnete, lückenlose Aufzeichnung aller erfolgs- und vermögenswirksamen Geschäftsvorfälle. Die B. umfaßt das Sammeln von Belegen, das Formulieren von Buchungssätzen, die Eintragung auf Konten, den Abschluß der Konten (Ermittlung der Salden) zum Ende einer Periode und das Aufstellen des Periodenabschlusses. Einen Überblick über die geführten Konten und die Prinzipien, nach denen sie eingeteilt werden, gibt der Kontenplan. Formal werden die Konten in Kontenklassen, -gruppen und -arten eingeteilt und mit Dezimalzahlen gekennzeichnet. Die B. umfaßt als Teilbereiche die Finanz-(Geschäfts-) und die Betriebsbuchhaltung. Die **Finanzbuchhaltung** dient der Aufzeichnung der Außenbeziehungen einer Betriebswirtschaft. Zur Durchführung dieser laufenden Registrierung sind eine Zahlungs- und eine Leistungskontenreihe (Geld- und Finanz- bzw. Ein- und Verkaufskonten) erforderlich. Die **Betriebsbuchhaltung** löst sich von den betriebl. Zahlungsströmen, indem sie unmittelbar auf den innerbetriebl., leistungsbezogenen Werteverzehr gerichtet ist. An die Stelle der Erfolgskomponenten Aufwand und Ertrag treten die Begriffe Kosten und Leistungen (↑ Kalkulation, ↑ Kostenrechnung).

Die Aussagefähigkeit der B. bei der Vermögens- und der Erfolgsermittlung wird primär von dem zugrundeliegenden B.system beeinflußt. Generell zu unterscheiden sind die kameralist., die einfache und die doppelte Buchführung.

Die **kameralist. Buchführung** (auch Verwaltungs- oder Behörden-B. genannt) verzeichnet Einnahmen und Ausgaben und ermittelt in Form eines Soll-Ist-Vergleichs die Abweichungen von den jeweiligen [Haushalts-]plänen. Der Abschluß der kameralist. B. besteht

Buchgeld

in der Feststellung eines Überschusses oder eines Defizits. Die **einfache Buchführung** stellt eine reine Bestandsverrechnung dar, welche nur die eingetretenen Veränderungen der Vermögensposten in chronolog. Reihenfolge festhält. Dabei besteht jede Buchung ledigl. in einer Last- oder Gutschrift. Der Erfolg wird durch Gegenüberstellung des Reinvermögens (Eigenkapital) am Anfang und am Ende einer Rechnungsperiode ermittelt, ohne die einzelnen Erfolgskomponenten (Aufwand und Ertrag) zu berücksichtigen. Entnahmen in Geld oder Waren sind der Differenz hinzuzufügen, Einlagen entsprechend abzusetzen. Die **doppelte Buchführung** (Doppik) ermittelt den Erfolg einmal durch Bestandsvergleich (Bilanz) und andererseits durch eine eigenständige Aufwands-und-Ertrags-Rechnung. Jeder Geschäftsvorfall hat dabei zwei wertgleiche Buchungen (Soll- und Habenbuchung) zur Folge. Die doppelte B. umfaßt somit zwei Kontenreihen, die Bestandskonten (Vermögens- und Kapitalwerte) und die Erfolgskonten (Aufwand und Ertrag). Eine Variante der doppelten B. ist die **amerikan. Buchführung**, die nur in Kleinbetrieben angewendet werden kann, weil bei ihr Grundbuch und Sachkontenbuch zum Journalhauptbuch zusammengefaßt werden.

Die B.vorschriften umfassen die Buchführungspflicht und die Grundsätze ordnungsmäßiger Buchführung. Die allg. **Buchführungspflicht** wird im HGB (§ 38 Abs. 1) definiert; jeder Kaufmann ist verpflichtet, Bücher zu führen und in diesen seine Handelsgeschäfte und die Lage seines Vermögens ersichtl. zu machen. Eine steuerl. B.pflicht besteht seit Inkrafttreten der Abgabenordnung (AO) 1919 Die **Grundsätze ordnungsmäßiger Buchführung** (GoB) sind z. T. aus Gesetzen (z. B. AktG und HGB) zu entnehmen; aber auch Rechtssätze der Gerichte, herrschende Meinungen in der Fachliteratur, gesicherte Erkenntnisse der Betriebswirtschaftslehre, gutachtl. Stellungnahmen des Instituts der Wirtschaftsprüfer, des Dt. Industrie- und Handelstages und der Industrie- und Handelskammern sowie B.anschauungen und in der betriebl. Praxis angewendete B.regeln ordentl. Kaufleute stellen Inhalte bzw. Leitlinien der GoB dar.

📖 *Hesse, K.:* B. u. Bilanz. Bln. ⁷1985. - *Bähr, G./Fischer-Winkelmann, W. F.:* B. u. Bilanzen. Wsb. 1978.

Buchgeld, svw. ↑Giralgeld.

Buchgemeinschaft (Buchgemeinde, Buchklub, Lesering), verlagsartiges Unternehmen, das für seine Bücher (auch Schallplatten) Käufer sucht, die sich meist ähnl. den Abonnenten von Zeitschriften für eine bestimmte Mindestzeit – meist ein Jahr – zur Abnahme einer festgelegten Anzahl von Büchern verpflichten. Die von der B. angebotenen Bücher sind i. d. R. vorher bereits in einem Verlag erschienen, von dem die betreffende B. eine Lizenz erworben hat. U. a. „Bertelsmann Lesering", „Dt. Bücherbund", „Büchergilde Gutenberg", „Dt. Buchgemeinschaft", in Österreich „Buchgemeinschaft Donauland", in der Schweiz B. „Ex Libris", in den USA „Book-of-the-Month-Club".

Buchgewinn, der sich bei Abschluß der Handelsbücher am Ende einer Periode ergebende Gewinn eines Unternehmens.

Buchhalter, Beruf mit kaufmänn. Ausbildung (z. B. Ind.-Kaufmann), Fachkraft für alle im Rahmen der Buchführung anfallenden Tätigkeiten, oft spezialisiert (Lohn-B., Kontokorrent-B.). Weiterbildung zum Bilanzbuchhalter möglich.

Buchhaltung, svw. ↑Buchführung.

Buchhandel, Wirtschaftszweig, der durch Herstellung, Vervielfältigung und Verbreitung von Büchern jeder Art deren wirtsch. Nutzung ermöglicht. Gegenstände des B. sind durch graph., photomechan. und phonograph. Vervielfältigung marktfähig gemachte geistige Erzeugnisse, insbes. Bücher und Zeitschriften, ferner Landkarten, Atlanten, Globen, Kalender, Kunstblätter, Lehr- und Lernmittel, Spiele, Musikalien, Schallplatten u. a. Bild- und Tonträger sowie sonstige der Information und Unterhaltung dienende Medien, vielfach auch Zeitungen, Papier-, Schreibund Büroartikel, z. T. Agentureinrichtungen für kulturelle Veranstaltungen.

Struktur: Der dt. B. ist als mehrstufiges System strukturiert mit herstellendem B. (Verlag), verbreitendem B. (v. a. Sortiment), Zwischen-B. und den Buchgemeinschaften. Im **Verlagsbuchhandel** wählen Verlagslektoren oder die von ihr Beauftragten unter den von Autoren angebotenen Manuskripten aus, was sie für veröffentlichenswert, marktgerecht, erfolgsträchtig oder förderungswürdig erachten, oder sie regen, v. a. für Sachbücher in wachsendem Maß, mögl. Autoren zur Manuskripterstellung an. Der Verlag erwirbt durch Vertrag mit dem Autor das Recht zur wirtsch. Verwendung des „geistigen Eigentums" des Urhebers. Der Autor erhält ein Honorar in Form eines prozentualen (oft nach verkaufter Auflage gestaffelt) Anteils vom Preis der verkauften Bücher oder als Pauschale. Der Verlag nutzt das Verlagsrecht außer zur Buchveröffentlichung auch zur Verbreitung des Werks durch Hörfunk, Fernsehen, Presseabdruck, Bühnenaufführung, Verfilmung, Übersetzung usw. *(Nebenrechte).* Mit der techn. Herstellung seiner Erzeugnisse beauftragt der Verlag fremde oder auch eigene Betriebe (graph. Gewerbe). Er bestimmt über die Buchgestalt (Satz, Druck, Papier, Einband, Illustration usw.), setzt den Verkaufspreis fest, zu dessen Einhaltung der Endverkäufer verpflichtet ist (Preisbindung), und bestimmt den Händlerrabatt.

Der **verbreitende Buchhandel** bezieht die fertigen Verlagserzeugnisse direkt beim Verlag oder über den Zwischen-B., er ist die Einzelhandelsstufe zum Verkauf an den Endabnehmer. Die wesentlichste Form ist der *Sortiments-B.* mit offenem Ladengeschäft, über den etwa 60 % aller Verlagserzeugnisse an die Käufer gelangen. Weitere Betriebsformen sind der *Reise-B.*, der seine Kunden durch reisende Buchvertreter anspricht und vorwiegend auf Großobjekte mit Ratenzahlung spezialisiert ist, der *Versand-B.*, der durch Anzeigen und Prospektversand wirbt, der werbende *Buch- und Zeitschriftenhandel* mit Schwerpunkt im Abonnementsgeschäft, der durch die Standortbesonderheit charakterisierte *Bahnhofs-B.*, der *Warenhaus-B.* sowie das *Antiquariat*, ferner der *Kunst-* und die *Musikalienhandel.*

Der **Zwischenbuchhandel** dient einem Teil der Sortimentseinkäufe - v. a. dem Besorgungsgeschäft als rationelle Lieferquelle, weil er Bezug von Büchern verschiedener Verlage aus einer Hand mit kurzen Wegen ermöglicht. Seine Betriebsformen sind der Groß-B., der Kommissions-B., das Barsortiment und das Großantiquariat. Die Kataloge der Barsortimente sind neben der Dt. Bibliographie der Dt. Bibliothek die wichtigsten Nachschlagewerke des Buchhandels.

Die ↑Buchgemeinschaften stellen eine Sonderform des B. dar, weil sie sowohl verlegerisch tätig sind, als auch direkt oder in Zusammenarbeit mit dem B. an ihre Abnehmer verbreiten.

Organisation: Spitzenorganisation des B. in der BR Deutschland ist der Börsenverein des Dt. Buchhandels e. V., Frankfurt am Main. Träger der wirtsch. Unternehmungen der B.organisation ist die *Buchhändler-Vereinigung GmbH* in Frankfurt am Main, in deren Verlag das Fachorgan des B., das Börsenblatt für den dt. B. (Frankfurter Ausgabe), die „Dt. Bibliographie", das „Adreßbuch des dt. B.", die „Schriftenreihe des Börsenvereins" und andere Fachveröffentlichungen erscheinen. Sie ist auch Unterhaltsträger der Dt. Buchhändlerschule, der Fachschule des Dt. B. und des Dt. Buchhändler-Seminars, alle Frankfurt am Main. Die Ausstellungs- und Messe-GmbH ist Träger der jährl. internat. Frankfurter Buchmesse und von Buchausstellungen im Ausland. Weitere Einrichtungen für Buch und B. sind die Dt. Bibliothek in Frankfurt am Main als zentrale Archivbibliothek, die Buchhändler-Abrechnungs-Gesellschaft mbH (BAG) zur Erleichterung des Abrechnungs- und Zahlungsverkehrs, das „Sozialwerk des dt. B.", das „Archiv für Soziologie und Wirtschaftsfragen des B.", das „Archiv für Geschichte des Buchwesens" und verschiedene Wettbewerbe und Literaturpreise. In der DDR betreibt der Leipziger Kommissions- und Groß-Buchhandel die Auslieferung aller inländ. und importierten Literatur. Im- und Export werden von der Dt. Buch-Export

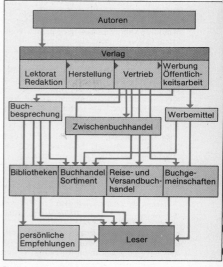

Buchhandel. Weg des Buches vom Manuskript zum Leser (schematisch)

und -Import GmbH abgewickelt. Das Sortiment (Bucheinzelhandel) umfaßt den volkseigenen B. (Volksbuchhandlungen, ehrenamtl. Buchverkäufer in verschiedenen Betrieben, Agenturen), Buchhandlungen mit staatl. Beteiligung sowie Privatbuchhandlungen. Verband der Verleger und Buchhändler in der DDR ist der Börsenverein der Dt. Buchhändler zu Leipzig.

Geschichte: In der Antike bestand bei Ägyptern, Griechen und Römern als Vorläufer des B. der Verkauf von Wachsplatten und Papyrusrollen, die nach Diktat in größerer Anzahl hergestellt wurden. Im 13. Jh. tauchten in Univ.städten Buchhändler (lat. stationarii) auf, die Andachts-, Gedicht- und Arzneibücher in Abschriften vertrieben. Einen eigtl. B. gibt es erst seit Erfindung der Buchdruckerkunst (um 1440). Die „Druckerverleger" vertrieben ihre Erzeugnisse zunächst selbst, indem sie die Handelsmittelpunkte besuchten. Bald schickten sie Reisende, sog. „Buchführer", aus, die auf Messen, Märkten, in Klöstern, Dörfern, Gasthöfen Bücher feilhielten. Zunächst war die Frankfurter Messe Mittelpunkt des buchhändler. Verkehrs, nach der Reformation wurde es Leipzig. Die Zunahme des Interesses am Lesen beim Mittelstand seit dem 18. Jh., die Ausbreitung der Schulpflicht, schließl. die Aufhebung der Verlagsprivilegien im Dt. Reich 1867 und die Einführung einer begrenzten Schutzfrist bewirkten ein beträchtl. Zunahme an Neuerscheinungen und der Auflagen. Der damit einsetzende Preiswettbewerb wirkte sich positiv auf die Ausbreitung der Bücher aus. Nach dem 1. Weltkrieg kam (wie auch nach dem 2. Weltkrieg) in Deutschland eine Blütezeit für die Buchgemeinschaften. Der B. der BR Deutschland erreichte zw. 1950 und 1970 neuen Anschluß an den internat. B. sowie eine konjunkturell sehr stabile Phase. Ende der 60er Jahre machten sich jedoch Krisenerscheinungen bemerkbar, die teilweise auf das starke Vordringen jüngerer Unterhaltungsmedien (v. a. Fernsehen, Publikumszeitschriften) zurückzuführen sind, teilweise auf die erhebl. Steigerung der Kosten bei der Herstellung und dem Vertrieb der Bücher. Dadurch wurde ein Schrumpfungs- und Konzentrationsprozeß sowohl beim herstellenden wie auch beim verbreitenden B. ausgelöst.

☇ *Buch u. B. in Zahlen. Ausg. 1986. Hg. v. Börsenverein des Dt. B. e. V. Ffm. 1986. - Widmann, H.: Gesch. des B. Wsb.* [2]*1975. - Hdb. des B. Hg. v. P. Meyer-Dohm u. W. Strauß. Hamb.* [1-2]*1974–77. 4 Bde.*

Buchhändler-Abrechnungs-Gesellschaft mbH, Abk. BAG, vom Verein für buchhändler. Abrechnungsverkehr e. V. und der Buchhändler-Vereinigung GmbH, beide Frankfurt am Main, gemeinsam getragene Clearinggesellschaft zur Rationalisierung der Abrechnungen und Zahlungen innerhalb des Buchhandels, Sitz Frankfurt am Main, gegr. 1953 als Nachfolgegesellschaft der 1923 in Leipzig gegr. BAG.

Buchheim, Lothar-Günther, * Weimar 6. Febr. 1918, dt. Schriftsteller. - Gründete einen Kunstbuchverlag; Sammler expressionist. Kunst; schrieb u. a. den Kriegsroman „Das Boot" (1973), „Der Luxusliner" (1980).

Buchheister, Carl, * Hannover 17. Okt. 1890, † ebd. 2. Febr. 1964, dt. Maler. - Einer der Pioniere der abstrakten Malerei. 1923–26 lyr., 1926–34 konstruktivist. Bilder, in denen er die Farbwerte z. T. durch Materialwerte ersetzt, nach 1945 Bilder des abstrakten Expressionismus und Materialbilder.

Buchillustration, die Ausstattung gedruckter Bücher mit Bildern, entweder auf der Textseite oder auf bes. Blättern bzw. Seiten, wobei die Bilder den Text erläutern (lat. „illustrare") sollen. - Nach der Erfindung des Buchdrucks im *15. Jh.* werden v. a. die volkssprachl. Bücher mit z. T. kolorierten Holzschnitten ausgestattet. Berühmte illustrierte Bücher sind der „Ulmer Äsop", Terenz' „Eunuch", B. von Breydenbachs „Reise in das Heilige Land", „Schedels Weltchronik", Brants „Narrenschiff", die Lübecker Bibel. In Frankr. werden die Livres d'heures (Stundenbücher) mit Metallschnitten illustriert. Die „Hypnerotomachia Poliphili" des F. Colonna (Venedig 1499) gilt als schönstes Holzschnittbuch der italien. Renaissance. - Im *16. Jh.* sind die von Kaiser Maximilian angeregten Prunk-

werke (u. a. „Theuerdank") mit bes. großartigen Illustrationen ausgestattet (Holzschnitte von A. Dürer, H. Burgkmair d. Ä., H. Schäufelin u. a.). Neben Bibeln (Wittenberger Lutherbibel durch G. Lemberger) werden botan. (Kräuterbücher), medizin. (A. Vesal) u. a. wiss. Werke illustriert. Oft aufgelegt wird Petrarcas „Trostspiegel". In der 2. Jh.hälfte arbeitet u. a. Jost Amman für den Frankfurter Verleger S. Feyerabend. In den Niederlanden ist Lucas van Leyden zu nennen. Der Holzschnitt wird nach und nach vom Kupferstich abgelöst. - Im *17. Jh.* spielen die Familien de Bry, Merian und Braun-Hogenberg mit ihren topograph. Kupferstichwerken eine beherrschende Rolle. Dem barocken Lebensgefühl entsprechen die Festbücher (u. a. Prunkwerk zur Krönungsfeier Ludwigs XIV.). Zahlr. naturwiss. Werke (A. M. S. Merian; Comenius' „Orbis pictus") und Reisebücher werden illustriert. Die Ausgaben dt. Romane und Dramen haben meist nur sog. Titelkupfer. - Im *18. Jh.* (Rokoko) werden v. a. auch Kaltnadel und Aquatinta benutzt: F. Boucher, H. H. Gravelot, C. Eisen, C. N. Cochin d. J., J. H. Fragonard; J.-M. Moreau d. J. ist im Spätwerk dem Klassizismus zuzurechnen. In der dt. B. sind die Radierungen des Berliners D. Chodowiecki populär, in der Schweiz illustriert S. Gessner seine Werke. In England sind die Bilderfolgen von Hogarth Höhepunkt gesellschaftskrit. Illustration. W. Blake, der als Vorläufer des Surrealismus gilt, setzt mit seinen Radierungen hinüber ins *19. Jh.,* das neue Techniken (Holzstich, Stahlstich, Lithographie und photomechan. Reproduktionsverfahren) einbezieht. In England ragen nach Blake T. Rowlandson und bes. G. Cruikshank hervor, der neben H. K. Browne u. a. als Dickens-Illustrator berühmt wird. Große Mode sind illustrierte Zeitschriften („Punch"). Die frz. B. ist in Zeitschriften wie „Charivari" (Daumier) und durch Künstler wie E. Delacroix, Grandville, T. Johannot und v. a. G. Doré, der Klassiker wie Dante, Shakespeare, Rabelais, Balzac illustriert hat, hervorragend vertreten. In der Schweiz arbeiten R. Toepffer und M. Disteli („Münchhausen"). Auch viele bed. dt. Maler arbeiten für die B., so A. von Menzel, M. von Schwind, L. Richter. Reine Illustratoren sind u. a. F. von Pocci (Lieder, Märchen), O. Speckter (W. Heys Fabeln für Kinder, Andersen), T. Hosemann (E. T. A. Hoffmann). Eine wichtige illustrierte Zeitschrift sind die „Fliegenden Blätter", eine bekannte Serie die „Münchener Bilderbogen". W. Busch erlangt durch seine Bildergeschichten ebenso große Popularität wie der Arzt H. Hoffmann mit seinem „Struwwelpeter" (↑ auch Bilderbuch). Eine Wende erfolgt in den *neunziger Jahren des 19. Jh.* von England aus (Kelmscott Press unter W. Morris; W. Crane; A. Beardsley). Der Holzschnitt wird neu belebt, das Buch als Gesamtkunstwerk aufgefaßt. Der Einfluß

greift auf Deutschland über: (M. Behmer, H. Vogeler), Pressen gründen E. Preetorius, F. W. Kleukens, Rudolf Koch. Künstler wie M. Slevogt, Barlach, Kubin, Max Beckmann, Kokoschka und HAP Grieshaber widmen sich der B. In Frankr., wo Toulouse-Lautrec als großer Vorläufer und Anreger gilt, schaffen fast sämtl. führenden Künstler (P. Bonnard, A. Baillol, A. Derain, Matisse, Braque, Picasso, Léger, Miró, Dali, auch M. Ernst) Originalgraphik für luxuriöse Ausgaben.
□ *Geck, E.: Grundzüge der Gesch. der B.* Darmst. 1982.

Buchklub, svw. ↑ Buchgemeinschaft.

Buchkredit, ein sich im laufenden Geschäftsverkehr ergebender, in den Büchern erscheinender Kredit, meist als Kontokorrentkredit.

Buchkunst, die künstler. Gesamtgestaltung eines Buches von der typograph. Gestaltung über Buchschmuck (Vignetten) und -illustration bis zur Einbandgestaltung. Die B.ma. Handschriften und Frühdrucke wurde vorbildl. für die engl. Reformbestrebungen des 19. Jh. (Kelmscott Press von W. Morris, 1890–98), die B. des Jugendstils der Jh.wende und z. T. die Bestrebungen moderner Kunstschulen des 1. Drittels des 20. Jh. (Bauhaus).

Buchmacher, aus dem engl. Begriff „book-maker" übernommene Bez. für einen Unternehmer, der Wetten auf jegl. Ereignisse mit unbestimmtem Ausgang als Risikoträger annimmt; er ist Kontrahent, nicht Vermittler des Wettenden.

Buchmalerei (Buchillumination, Miniaturmalerei), Bildschmuck einer Handschrift. Zur B. rechnen Bild und Ornament: Hauptminiatur sowie Zier der Anfangsbuchstaben (Initial), des Zeilenausgangs und des Blattrandes. Miniatur oder Initialzier nimmt zuweilen eine ganze Seite ein; solche ganzseitigen Miniaturen können sich auch auf Doppelblättern gegenüberstehen. In ma. Handschriften finden sich Miniaturen vornehml. an Kapitelanfängen, und meistens ist eine Miniatur Teil einer Bildfolge. Als künstler. Techniken kommen vor: Federzeichnung, aquarellierende Tönung, Grisaille und Deckfarbenmalerei, mit der zus. auch Blattgold verwendet wird. Die ma. B. knüpft v.a. an die Spätantike an. Andererseits hatten insulare und merowing. Schulen im 7. und 8. Jh. einen eigenen Stil geschaffen; sie waren kelt. und syr.-kopt. Vorbildern verpflichtet. In ir. Handschriften wurde die Initialzier entwickelt. Die Aufträge für die Illuminierung liturg. Texte in der Zeit Karls d. Gr. ließen bed. Schulen entstehen: Aachen, Reims, Metz, Tours und gegen Ende des 9. Jh. die frankosächs. Schule in Nordostfrankr. Unter den sächs. Kaisern traten die Reichenau, Köln, Trier-Echternach, Salzburg, Regensburg, Hildesheim und Fulda hervor. Otton. Schulen entfernten sich seit Anfang des 11. Jh. von der illusionist. Raum-

Buchmalerei. Initial D, Folchartpsalter (2. Hälfte des 9. Jh.). Sankt Gallen, Stiftsbibliothek (oben); Darstellung eines Ritters im Bade aus der Großen Heidelberger Liederhandschrift (Anfang des 14. Jh.). Heidelberg, Universitätsbibliothek (unten)

und Körperdarstellung spätantiker Tradition; die Reichenau zeigt strenges Bildgefüge und monumentalisierende Gebärdensprache vor Goldgrund; Köln: lockere kolorist. Malweise; Echternach: vielfigurige Erzählfolgen auf Streifenbildern. Die engl. Schulen von Winchester und Canterbury steigern Anregungen aus der karoling. B. zu maler. und graph. Ausdruck großer Erregtheit (Benedictional of Saint Aethelwold, 975–80; London, Brit. Museum). In der 2. Hälfte des 11. Jh. verfestigt sich die Kontur allgemein zum Flächenmuster, die Farbe erhält die Funktion, Flächen zu füllen (Albanipsalter, wohl vor 1123; Hildesheim, Sankt Godehard). Unter dem Einfluß byzantin. Vorbilder (Blüte byzantin. Miniaturen in expressivem Stil seit Mitte des 11. Jh., gegen Ende des 12. Jh. antikisierender Stil) erwacht um 1200 in England und Frankr. Verständnis für Volumen und Proportion des menschl. Körpers. Entsprechende Einflüsse fehlen in Deutschland nicht: Evangeliar (Goslar, Rathaus), Große Heidelberger Liederhandschrift (frühes 14. Jh.; Heidelberg, Universitätsbibliothek) und Willehalmhandschrift (1334; ehem. Kassel, Landesbibliothek). Die B. des Pariser Hofs trägt in der Zeit zw. 1200 und 1400 die stilist. Entwicklung in N-Europa in wesentl. Phasen, seit etwa 1325 unter dem Einfluß italien. (Jean Pucelle), seit dem Ende des 14. Jh. niederl. Stilelemente. Für Jean Herzog von Berry (1416) und seine Livres d'heures (Stundenbücher und Psalter waren seit Mitte des 13. Jh. verbreitet) arbeiteten die bedeutendsten Buchmaler der Zeit: Jacquemart de Hesdin, die Brüder Limburg u. a. Alttestamentl. sowie mytholog. und geschichtl. Stoffe werden von den Buchmalern des 13./14. Jh. und des 1. Drittels des 15. Jh. in ritterlich-höf. Szenerie der eigenen Zeit vergegenwärtigt. Im 15. Jh. ragt Jean Fouquet mit seinen fläm. beeinflußten realist. Stilelementen hervor (Antiquités judaïques, wohl 1470–76; Paris, Bibliothèque Nationale), aber auch die Schulen von Gent und Brügge (Breviarium Grimani; Meister der Maria von Burgund). Die sehr eigenständige mozarab. und roman. B. Spaniens des 10. bis 12. Jh. läßt sich an illuminierten Handschriften des Beatus-Kommentars zur Apokalypse verfolgen, es herrscht naturferner Flächenstil vor. Die Illuminationen zu den Cantigas König Alfons' X., die Weisen, von Kastilien und León (13. Jh.) gehören zu den anmutigsten Beiträgen zur Gattung der Bilderzählung. Die italien. B. zeigt in der 2. Hälfte des 14. Jh. bed. Beispiele von Naturstudium. Im 15. Jh. tritt Florenz mit der humanist. Buchdekoration hervor. Ein spätes Beispiel der Renaissance-B. ist das Farnese-Stundenbuch (1546; New York, Pierpont Morgan Library).

📖 Weitzmann, K.: Spätantike u. frühchristl. B. Dt. Übers. Mchn. 1977. - Ancona, P./Aeschlimann, E.: Die Kunst der B. Dt. Übers. Köln 1969.

Buchman, Frank Nathan David [engl. ˈbʊkmən], * Pennsburg (Penn.) 4. Juni 1878, † Freudenstadt 7. Aug. 1961, amerikan. luth. Theologe schweizer. Herkunft. - 1921 Gründer der † Oxfordgruppenbewegung, aus der 1938 die Bewegung der † Moralischen Aufrüstung entstand.

Büchmann, Georg, * Berlin 4. Jan. 1822, † ebd. 24. Febr. 1884, dt. Philologe. - 1864 Hg. der Zitatensammlung „Geflügelte Worte. Der Citatenschatz des dt. Volkes" (³¹1970).

Buchmesse † Frankfurter Buchmesse, † Leipziger Buchmesse.

Buch mit sieben Siegeln, nach Apk. 5,1 Bez. für schwer Begreifbares.

Buchner, Eduard, * München 20. Mai 1860, † Focşani (Rumänien) 13. Aug. 1917, dt. Chemiker. - Prof. u. a. in Berlin, Breslau und Würzburg. Entdeckte 1897, daß die alkohol. Gärung des Zuckers durch ein in der Zelle enthaltenes Enzym, die Zymase, bewirkt wird; 1907 Nobelpreis für Chemie.

Büchner, Georg, * Goddelau bei Darmstadt 17. Okt. 1813, † Zürich 19. Febr. 1837, dt. Dramatiker. - Bekämpfte die reaktionären Verhältnisse im Großherzogtum Hessen und mußte wegen seiner revolutionären Flugschrift „Der hess. Landbote" (1834) im Frühjahr 1835 nach Straßburg fliehen; seit Oktober 1836 Privatdozent für Medizin in Zürich. - B. steht als Dramatiker zw. Romantik und Realismus. Durch die Charakterzeichnung (psycholog. Durchleuchtung der Personen und ihrer Handlungen) und die scharfe Hervorhebung des Sozialen (naturalist. Milieudarstellung) und seine neuartigen stilist. und dramaturg. Mittel ist B. neben Grabbe der bedeutendste Bahnbrecher des neuen Dramas. Seine Technik der Aneinanderreihung von Szenen und Bildern ohne kausalen Zusammenhang kann als Vorwegnahme des ep. Stils gelten; entsprechend modern erscheint die Auflösung des klass. Dialogs zu expressionist. wirkenden Monologfetzen. Sein Drama „Dantons Tod" (1835) zeigt an der Frz. Revolution den unbedingten „Fatalismus der Geschichte", Von gleich großer Bedeutung ist das 1836 entstandene, unvollendet gebliebene Drama „Woyzeck". Außerdem hinterließ B. das zeitsatir. Lustspiel „Leonce und Lena" (entstanden 1836) sowie ein Novellenfragment über den Sturm- und- Drang-Dichter Lenz.

B., Ludwig, * Darmstadt 29. März 1824, † ebd. 1. Mai 1899, dt. Arzt und Philosoph. - Bruder von Georg B.; prakt. Arzt in Darmstadt. Vertrat in seinem weitverbreiteten Hauptwerk „Kraft und Stoff" (1855, in 15 Sprachen übersetzt) einen radikalen Materialismus; propagierte den Darwinismus.

Buchrolle, die älteste, im Altertum gebräuchl. Form des Buchs. Die B. (liber, volumen, rotulus) bestand aus Papyrus- oder Pergamentblättern, die zu langen Bahnen aneinandergeklebt und in Spalten (Kolumnen) in der Breite der einzelnen Blätter parallel den Längsseiten beschrieben wurden; beim Lesen wurden sie nach links abgerollt. Im 4./5. Jh. vom Kodex verdrängt, im MA aber vereinzelt noch für bes. Zwecke verwendet.

Buchsbaum [lat./dt.] (Buxus), Gatt. der Buchsgewächse mit etwa 40 Arten, vom atlant. Europa und dem Mittelmeergebiet bis nach Japan verbreitet; immergrüne, einhäusige Sträucher oder kleine Bäume; Blätter lederartig, Kapselfrüchte mit 3 Hörnern. - Bekannte Arten: **Immergrüner Buchsbaum** (Buxus sempervirens), heim. im Mittelmeergebiet und in W-Europa; 0,5 bis (selten) 8 m hoher, dichter Strauch mit bis 3 cm langen, eiförmigen Blättern, Blüten eingeschlechtig, in Knäueln; gut beschneidbarer Zierstrauch; **Japan. Buchsbaum** (Buxus microphylla), heim. in Japan, 1–2 m hoch, mit kleineren, an der Spitze meist ausgerandeten, am Grund keilförmigen, 8–25 mm langen Blättern; Zierstrauch.

Buchschriften, Schriftarten, die in ma. handgeschriebenen Büchern (Kodizes) - im Unterschied zu den Geschäfts- und Urkundenschriften, den Kursiven - verwendet wurden bzw. in gedruckten Büchern verwendet wurden.

Buchschulden, Verbindlichkeiten, die lediglich in den Büchern eines Kaufmanns oder in einem Staatsschuldenbuch eingetragen und nicht in Wertpapieren verbrieft sind.

Buchse [oberdt. (zu ↑Büchse)], Hohlzylinder aus Metall oder Kunststoff, der in Führungen, Lagerbohrungen, Zylindern (hier oft auch als *Büchse* bezeichnet) zur Verbesserung des Laufs bzw. der Beweglichkeit von Achsen, Stangen, Wellen, Kolben usw., zur Verminderung des Verschleißes und wegen der Möglichkeit des Austauschs bei zu großem Verschleiß eingesetzt wird.
◆ (Steckbuchse) meist mit einer Isolierung umgebene metall. Kontakthülse zum Einfügen eines Steckers, wodurch ein leicht lösbarer elektr. Kontakt hergestellt wird.

Büchse [zu griech.-lat. pyxis „Dose aus Buchsbaumholz"], Gewehr (speziell Jagdgewehr) mit gezogenem Lauf (sog. Büchsenlauf) zum Verschießen von Kugelgeschossen aus Patronen (im Ggs. zu der zum Schrotschuß bestimmten Flinte). Die einläufige B. ist einschüssig oder (als **Repetierbüchse**) mehrschüssig. Gewehre mit zwei Läufen werden als **Doppelbüchse** bezeichnet, speziell solche mit zwei übereinanderliegenden Büchsenläufen als **Bock**[**doppel**]**büchse**. Bei einer **Büchsflinte** sind ein Büchsenlauf und ein Flintenlauf miteinander verbunden (bei der **Bockbüchsflinte** übereinander).
◆ svw. ↑Dose.

Büchsenlicht (Schußlicht), wm. Bez. für den Zeitabschnitt der Morgen- und Abenddämmerung, der dem Jäger eine gerade noch ausreichende Helligkeit zum Schießen bietet.

Büchsenmilch (Dosenmilch) ↑Kondensmilch.

Büchsflinte ↑Büchse.

Buchsgewächse [lat./dt.] (Buxaceae), Fam. zweikeimblättriger, meist immergrüner Holzgewächse; 6 Gatt. mit etwa 60 Arten, v. a. in gemäßigten und subtrop. Gebieten der Alten Welt; Blätter meist ledrig und ganzrandig, die unscheinbaren eingeschlechtigen Blüten stehen einzeln, in Ähren oder Knäueln; als Zierpflanzen werden manche Arten von ↑Buchsbaum, ↑Pachysandra und ↑Sarcococca kultiviert.

Buchs (SG), Hauptort des schweizer. Bez. Werdenberg nahe der liechtenstein. Grenze, Kt. Sankt Gallen, 453 m ü. d. M., 9 100 E. Verkehrsknotenpunkt, Grenzbahnhof an der Strecke Zürich–Innsbruck; Sitz internat. Transportunternehmen, von Handelsfirmen und Banken. - Nach Brand 1839 mit breiten Straßen wieder aufgebaut.

Buchstabe [zu gleichbedeutend althochdt. buohstap (Bez. für das im Unterschied zum Runenstab im Buch verwendete lat. Schriftzeichen)], Schriftzeichen zur graph. Wiedergabe sprachl. Elemente. Bes. geheiligten B. (A und O, INRI u. a.) werden im Volksglauben Schutz- und Abwehrkräfte zugeschrieben.

buchstabieren, die Buchstaben eines Wortes in der Reihenfolge angeben, in der sie in dem betreffenden Wort auftreten, oft in Form von Kennwörtern wiedergegeben.

Buchstabiermethode, eine veraltete Form des Erstleseunterrichts (Nennung der Buchstabennamen: z. B. Hans = ha, a, en, es); das Verfahren wurde im 19. Jh. durch die ↑Lautiermethode abgelöst.

Buchteln [tschech.], Mehlspeise aus Hefeteig, mit Pflaumenmus oder Mohn gefüllt, in gefetteter Pfanne gebacken.

Buchung, 1. in der Buchführung das Verbuchen (Eintragen) von Belegen auf Konten; 2. Registrierung einer Bestellung.

Buchungsbeleg, zur buchhalter. Erfassung eines Geschäftsvorfalls dienende Unterlage. Es lassen sich *externe* B. (z. B. Rechnungen, Bankauszüge) und *interne* B. (z. B. für Rückstellungen, Abschreibungen, Umbuchungen) unterscheiden.

Buchungsmaschinen, Büromaschinen zum maschinellen Verbuchen von vermögensändernden Geschäftsbelegen sowie anderer Buchungsarbeiten (z. B. Lohnberechnung, Lagerbuchhaltung, Bankkontenführung), die zugleich Schreib- und Rechenarbeiten erledigen. Man unterscheidet: 1. nichtrechnende B. (Schreibmaschine mit breitem Wagen und Vorsteckeinrichtung); 2. rechnende B. mit vielfältigen automat. Funktionen (Nummernprüfung, Datumdruck, automat. Zwischen- und Endsummen, Konteneinzug,

Buchungssatz

Zeilenfindung u. a.), auch mit gleichzeitiger Lochstreifenerstellung. Klassifikation nach Zählwerken, Programmiermöglichkeiten, Tastaturen (numerisch, alphanumerisch) und nach elektromechan. bzw. elektron. Bauart; 3. Sondergruppe der Registrier-Buchungsautomaten oder Buchungsregistrierkassen mit mehreren Speicher- und Druckwerken, so daß ein gleichzeitig erfolgender sog. Mehrfachoriginaldruck mögl. ist.

Buchungssatz, standardisierte Formulierung eines für die Buchführung relevanten Geschäftsvorfalls. Der B. hat die allg. Form: zu belastendes Konto an zu erkennendes Konto.

Buchwald, Art[hur], *Mount Vernon (N. Y.) 20. Okt. 1925, amerikan. Journalist. - Bekannt durch humorist.-satir. Kolumnen für „New York Herald Tribune" (Paris-Ausgabe) und „The Washington Post".

Buchweizen (Heide[n]korn, Fagopyrum), Gatt. der Knöterichgewächse mit zwei einjährigen Arten, am bekanntesten der **Echte Buchweizen** (Fagopyrum esculentum); Heimat vermutl. M- und W-China, kultiviert im Asien und M-Europa; bis 60 cm hoch, Blätter dreieckig-herzförmig, zugespitzt, Blüten mit 5 weißen oder rötl. Blütenhüllblättern, in Doldenrispen; Nußfrüchte etwa 5 mm lang, scharf dreikantig, zugespitzt; die enthülsten Samen werden v. a. als Rohkost, Suppeneinlage und als B.grütze verwendet.

Buchwert, der Ansatz, mit dem Anlage- und Umlaufvermögen in den Büchern und Bilanzen eines Kaufmanns verzeichnet sind; Ggs.: Anschaffungs- und Wiederbeschaffungswert, Marktwert.

Buck, Pearl S[ydenstricker] [engl. bʌk], Pseud. John Sedges, *Hillsboro (W. Va.) 26. Juni 1892, † Danby (Vt.) 6. März 1973, amerikan. Schriftstellerin. - Tochter eines Missionars, in China aufgewachsen; 1922–32 Prof. für engl. Literatur in Nanking. In ihrem Werk schildert sie v. a. den chin. Menschen im Konflikt zw. Tradition und Moderne. Nobelpreis 1938. - *Werke:* Ostwind–Westwind (R., 1930), Die gute Erde (R., 1931), Die Mutter (R., 1934), Das geteilte Haus (R., 1935), Land der Hoffnung, Land der Trauer (R., 1939), Die Frauen des Hauses Wu (R., 1946), Die Töchter der Madame Liang (R., 1969), Die Frauen des Hauses K. (R., 1970), Der Regenbogen (R., 1975). - Abb. S. 85.

Bückeberge, Höhenzug des Weserberglandes, zw. Bad Eilsen und dem Deister, Nds., bis 367 m hoch.

Bückeburg, Stadt am N-Fuß des Wesergebirges, Nds., 63 m ü. d. M., 20 400 E. Ev.-luth. Landesbischofssitz; Hubschraubermuseum; Niedersächs. Staatsarchiv; Geräte-, Maschinen- und Fahrzeugbau; keram. Ind. - Vor 1300 Bau einer Wasserburg am Hellweg, Keimzelle der Siedlung. Nach Bränden (1541 und 1586) Neuanlage. 1608 Residenz der Gra-

fen von Schaumburg; 1609 Stadt. Bis 1946 Hauptstadt des Landes Schaumburg-Lippe. - Stadtkirche (1611–15), Schloß (14. und 16. Jh.), z. T. Weserrenaissance.

Buckel [zu lat. buccula „kleine aufgeblasene Backe"], angeborene oder erworbene (z. B. rachit., altersbedingte) krankhafte Verkrümmung der Wirbelsäule nach hinten; der Form nach unterschieden als Rund-B. (Kyphose) und Spitz-B. (Gibbus).

Buckelfliegen (Rennfliegen, Phoridae), Fam. der Fliegen mit über 1 500 etwa 0,5–6 mm großen, grauschwarzen, braunen oder gelbl. Arten. Die B. fliegen wenig, sie laufen mit ruckartigen, schnellen Bewegungen.

Buckelquader, Hausteine, die an der Vorderseite (Haupt) nur roh (daher bucklig) bearbeitet wurden. Zuerst von den Römern verwendet, in spätröm. Zeit und im MA an den Häuptern mit Kantenschlag, später auch mit Profil. V. a. bei den starrf. Wehrbauten um 1200 verwendet. - ↑ auch Bossenwerk.

Buckelrind, svw. ↑ Zebu.

Buckelwal (Megaptera novaeangliae), etwa 11,5–15 m langer, etwa 29 t schwerer Furchenwal; am Kopf und an den Flossen knotige Hautverdickungen, auf denen 1–2 Borsten stehen; Oberseite schwarz, Unterseite heller, Kehle und Brust weiß; auf jeder Seite des Oberkiefers etwa 400 bis etwa 60 cm lange Barten; vorwiegend in küstennahen Gewässern.

Buckelzikaden (Buckelzirpen, Membracidae), weltweit verbreitete Zikadenfam. mit rund 3 000 meist bizarr gestalteten, teilweise bunt gezeichneten, kleinen bis mittelgroßen Arten, meist mit gutem Springvermögen. Vom Halsschild ausgehende Fortsätze von ungewöhnl. vielfältiger Gestalt können ein Mehrfaches der Körperhöhe erreichen und sich bis zum Flügelende erstrecken. Nur 2 Arten sind einheim., eine davon ist die ↑ Dornzikade.

Buckingham [engl. ʹbʌkɪŋəm], engl. Earl- und Herzogstitel, zuerst belegt Ende 11. Jh., Herzogstitel in den Familien Stafford 1444–1521, Villiers 1623–87, Sheffield 1703–1739, Grenville (Herzöge von B. und Chandos) 1822–89.

Buckingham Palace [engl. ʹbʌkɪŋəm ʹpælɪs], Residenz der engl. Könige am Saint James Park in London (Westminster), 1705 als Landhaus für den Herzog von Buckingham erbaut, mehrmals umgebaut und erweitert. Im B. P. bed. Gemäldegalerie.

Buckinghamshire [engl. ʹbʌkɪŋəmʃɪə], südostengl. Gft.

Bückler, Johann ↑ Schinderhannes.

Bucklige Welt, Hügelland in Niederösterreich und im Burgenland.

Bückling [niederdt.] (Pökling), Handelsbez. für den eingesalzenen und anschließend bei starker Hitze geräucherten Hering.

Buckram, svw. ↑ Bougram.

Buckwitz, Harry, * München 31. März 1904, dt. Theaterintendant und Regisseur. - 1945–51 Direktor der Münchener Kammerspiele, 1951–68 Generalintendant der Städt. Bühnen Frankfurt am Main, 1970–77 künstler. Direktor des Schauspielhauses Zürich.

Bucureşti [rumän. buku'reʃtj] ↑ Bukarest.

Buda ↑ Budapest.

Budaeus, eigtl. Guillaume Budé, * Paris 26. Jan. 1468, † ebd. 23. Aug. 1540, frz. Humanist. - Legte den Grundstock der späteren Bibliothèque Nationale. B. umfangreiches gelehrtes Werk war grundlegend für die Erforschung des röm. Rechts, des Maß- und Münzsystems sowie der Gräzistik („Commentarii linguae graecae", 1529).

Budapest [ungar. 'budɔpɛʃt], Hauptstadt von Ungarn, auf beiden Seiten der Donau, 100–245 m ü. d. M., 2,06 Mill. E. Ungar. Akad. der Wiss., 7 Univ., zahlreiche andere Hochschulen; Nationalbibliothek; Museen, u. a. das Nationalmuseum, 2 Opernhäuser, Theater; Freilichtbühnen; botan. Garten; Zoo. - Wichtigste Ind.stadt Ungarns; Messen Festspiele, über 50 Thermalheilquellen. Größter Verkehrsknotenpunkt in Ungarn. Hafenanlagen, u. a. Freihafen für die internat. Donauschiffahrt; 6 große Straßenbrücken, 2 Eisenbahnbrücken, Fährverbindungen über die Donau, älteste U-Bahn auf dem europ. Kontinent (seit 1896); internat. ✈.

Geschichte: 1872 durch die Zusammenlegung der beiden 1148 erstmals erwähnten Städte **Buda** und **Pest** entstanden. Schon früh besiedelt; röm. Legionslager **Aquincum** am pannon. Limes. Durch Veteranensiedlungen entstand die Stadt Aquincum, 124 n. Chr. Stadtrecht, 184 Kolonie, Residenz der Statthalter der Prov. Pannonia inferior; die Aravisker hielten hier ihre Landtage ab. Im 10. Jh. erstes Herrschaftszentrum der Magyaren. 1241 von den Mongolen zerstört. Im 13. Jh. Wiederaufbau der beiden Städte, erste königl. Burg (seit Mitte 14. Jh. ständige Residenz der ungar. Könige); 1541 endgültig durch die Osmanen erobert. Buda war Sitz eines Paschas; 1686 Vertreibung der Osmanen. Im 18. Jh. wurde Buda wieder Hauptstadt Ungarns. 1848 waren Buda und Pest Zentren des ungar. Vormärz. 1872 als B. Hauptstadt der transleithan. Reichshälfte; im 2. Weltkrieg und beim Aufstand 1956 schwere Schäden.

Bauten: In **Aquincum** Überreste aus röm. Zeit, u. a. Heiligtümer des Mithraskultes; Grabstelen und Grabbeigaben (1. und 2. Jh. n. Chr.), Sarkophage (3. und 4. Jh.), Fragmente einer Orgel (Hydraulis; 228 n. Chr.). In Pest: urspr. roman., im 15. Jh. got. erneuerte Pfarrkirche (während der osman. Zeit Moschee, 1725–40 barockisiert), klassizist. Nationalmuseum (1837–47), Kunstgewerbemuseum (1893–96; Jugendstil), Staatsoper (1875–84), neugot. Parlament (1884–1904). In Buda: spätbarok-

Buddha. Kolossalfigur (1252). Kamakura

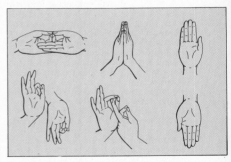

Buddhismus. Symbolische Gesten. Oben (von links): Meditation, Gebet, Schutzgewährung; unten (von links): zwei Gesten des Lehrens, Wunscherfüllung

ke Sankt-Anna-Pfarrkirche (1740–70), Franziskanerkirche (1753–70), türk. Bäder, Burgberg mit der Matthiaskirche (13./15. Jh.); 16.–17. Jh. Moschee), Altes Rathaus (1692–1744; jetzt Burgmuseum), neuroman. Fischerbastei (1901/02).

📖 *Tóth-Epstein, E.:* Histor. Enzyklop. v. B. Budapest 1974. - *Mesterházi, L.:* Tausendjähriges B. Kassel 1970.

Buddha [Sanskrit „der Erwachte, der Erleuchtete"] (tibet. Sangsgyas, chin. Fo, jap. Butsu) (Ehrentitel des Siddhartha Gautama), * Kapilawastu 560, † bei Kusinara vermutl. 480, Stifter des Buddhismus. - B. stammte aus dem zur Kschatrija-Kaste gehörenden Geschlecht der Schakja von Kapilawastu; daher bezeichnete man ihn als **Schakjamuni** („weiser

Buddhismus

Einsiedler aus dem Schakja-Geschlecht"). Eine häufige Selbstbez. in seinen Reden war **Tathagata** („der so [d. h. auf dem Heilsweg] Gegangene").
Im Luxus lebend, beeindruckten den B. bei vier Ausfahrten aus dem väterl. Schloß die Begegnungen mit einem Alten, einem Kranken, einem Toten und einem Mönch so sehr, daß er, um die Vergänglichkeit der Welt als Asket zu überwinden, nachts heiml. seine Familie verließ und, nach der traditionellen Formulierung, „aus dem Haus in die Hauslosigkeit" zog. Strenge Askese, die ihn an den Rand des Todes führte, brachte ihn der Erleuchtung nicht näher. Erst als er einen „mittleren Weg" zw. Überfluß und Askese wählte, erlangte er im Alter von 35 Jahren unter einem Feigenbaum bei Bodh Gaya die Erleuchtung. Nach anfängl. Zögern begann er seine Verkündigung mit einer Predigt im Wildpark Isipatana bei Varanasi (Benares). Ereignisse der folgenden Jahre, in denen der B. mit seinen ersten Anhängern in Magadha und angrenzenden Gebieten lehrend umherzog, lassen sich chronolog. nicht einordnen. Beim Ort Kusinara erkrankte B. an Ruhr und starb.
Nicht nur dem histor. Siddhartha Gautama wurde der Titel und die Qualität des Buddha zuerkannt. Vielmehr kennt der Buddhismus auch andere Verkünder seiner Lehre, die aus eigener Kraft zur Erleuchtung gelangt sind. Nach buddhist. Anschauung ist die Reihe der Buddhas, von denen nie zwei zur gleichen Zeit auftreten können, in Vergangenheit und Zukunft unendlich. Der Name des nächsten B. ist **Maitreja**. - Abb. S. 99.
📖 *Oldenberg, H.: B. Sein Leben, seine Lehre, seine Gemeinde. Essen 1983.*

Buddhismus, Weltreligion, ben. nach ihrem Stifter Buddha; sie beruht auf dessen Lehre und Ordensgründung. Die erste Predigt Buddhas, in der traditionellen Formulierung das „Inbewegungsetzen des Rades der Lehre", war nicht allein der Anfang der Ausbreitung buddhist. Gedanken, sondern zugleich die Begründung der *Ordensgemeinschaft* buddhist. Mönche (des **Sangha**), denen Buddha nach seiner Predigt die erbetene Mönchsweihe erteilte. Erst nach anfängl. Ablehnung nahm Buddha auch Frauen in seinen Orden auf. Nicht den strengen Gesetzen des Mönchtums unterworfen sind die Laienanhänger.
Die *Lehre* Buddhas war häret. gegenüber dem ↑Brahmanismus, insofern sie mit der religiösen Autorität der ↑Weda brach. Buddha übernahm jedoch die Wiedergeburtslehre. Das gleiche gilt für die qualitative Bestimmung jeder neuen Existenz durch ↑Karma; je nach gutem oder bösem Karma, das durch gute oder böse Taten angesammelt wird, kommt der Mensch nach seinem Tode in neue gute oder schlechte Existenz. Doch distanzierte sich Buddha von der Erlösungslehre der ↑Upanischaden, indem er den Gedanken von

der Erlösung durch die Erkenntnis der Identität von ↑Brahman und ↑Atman ersetzte durch den Gedanken des Nirwana, des „Verwehens", der Vernichtung des Leidens, des Verlöschens des „Durstes", d. h. der Lebensgier. Im Mittelpunkt der Predigt des Buddha stehen dementsprechend die „vier edlen Wahrheiten": die edle Wahrheit vom Leiden, von der Entstehung des Leidens, der Vernichtung des Leidens und dem zur Vernichtung des Leidens führenden Weg. Dieser Weg ist der „edle, achtteilige Pfad": rechte Anschauung, rechtes Wollen, rechtes Reden, rechtes Tun, rechtes Leben, rechtes Streben, rechtes Gedenken, rechtes Sichversenken. Die buddhist. *Ethik* steht im Dienst der Buddhist.erlösung. Diesem Ziel dienen die Forderungen der Gewaltlosigkeit (Ahimsa), der mitleidigen Liebe (Maitri), sowie der Enthaltsamkeit. Da Buddha sowohl kult. Handlungen als auch metaphys. Fragen bewußt ablehnte, wurde und wird die Frage diskutiert, ob der Urbuddhismus eine *Religion* ist, da Gott oder *Götter* keine absolute oder überwertige Qualität besitzen, insofern Buddha die Existenz der Götter zwar nicht geleugnet, sie aber als erlösungsbedürftig gekennzeichnet und der Existenzweise des Mönches wertmäßig untergeordnet hat.
Der *ind. B.* erfuhr unter der Herrschaft des Königs Aschoka (🕮 268–227) eine Blütezeit. Doch waren bereits auf dem Konzil zu Vaischali (um 380 v. Chr.) erhebl. Differenzen innerhalb des Ordens zutage getreten. Sie führten zur Spaltung in die beiden Richtungen („Fahrzeuge") des ↑Hinajana-Buddhismus und ↑Mahajana-Buddhismus, die seitdem in ihrer Lehre und Ausbreitungsgeschichte unterschiedl. Wege gingen. - Abb. S. 99.
📖 *Conze, E.: Der B. Dt. Übers. Stg. ⁷1981. - B. der Gegenwart. Hg. v. H. Dumoulin. Freib. u. a. 1970. - Schlingloff, D.: Die Religion des B. Bln. 1962–63. 2 Bde.*

buddhistische Kunst, die vom Buddhismus geprägte Kunst in Indien, Indonesien, Hinterindien, Z- und O-Asien (Entfaltungs- und Blütezeit von etwa 200 v. Chr. bis 1500 n. Chr.). Fast jedem Kunstwerk liegt letztl. ein ind. Prototyp zugrunde, denn von Indien strahlte die b. K. seit der Guptaperiode (4.–7. Jh.) nach allen Richtungen aus. Für den Sakralbau ist hier insbes. der Stupa zu nennen, Malerei und Bildnerei entwickeln feste ikonograph. Traditionen.
Ikonographie: Neben der Gestalt des Buddha wird in der b. K. eine ganze Hierarchie hl. Gestalten dargestellt. Eine Dreiergruppe bildet oft Buddha mit zwei Bodhisattvas. Sie werden meist in ind. Fürstentracht dargestellt. Sie werden auch einzeln dargestellt (bes. ↑Awalokiteschwara). Die Dreiergruppe wird häufig vergrößert durch zwei Jünger des Buddha in Mönchstracht. Vier Himmelskönige (Lokapalas), als Krieger gepanzert, schüt-

zen Buddha und die Lehre nach den vier Himmelsrichtungen; zwei ebenfalls dräuende Athletengestalten haben als Torwächter (Dwarapalas) dieselbe Aufgabe. Über dem Buddha oder einer anderen hl. Gestalt bringen himml. Wesen (Apsaras) ihre Verehrung mit Blumen und Musik dar. Weisheitskönige (Widjaradschas) verkörpern in dämon. Erscheinung die Weisheit des Buddha Wairotschana. Aus dem ind. Pantheon gingen eine Reihe von Götterfiguren als Glückbringer und Nothelfer in die b. K. ein, u. a. Brahma und Indra. Auch der Mensch wird von der b. K. dargestellt: Auf höchster Stufe stehen die bereits erleuchteten Arhats (Schüler des Buddha). Bilder der großen Patriarchen entstanden, z. B. des Bodhidharma (Daruma), des Begründers des Zen-Buddhismus. Die buddhist. Gestalten oder auch ihre Symbole können nach bestimmten Schemata (in einem Mandala) geometr. angeordnet werden und stellen dann ein Abbild des Weltganzen dar. ⓌSeckel, D.: Kunst des Buddhismus. Baden-Baden ²1980. - Plaeschke, H.: B. K.: Das Erbe Indiens. Wien u. a. ²1975.

Buddleja [nach dem brit. Botaniker A. Buddle, * 1660, † 1715], svw. ↑Schmetterlingsstrauch.

Budé, Guillaume [frz. by'de], frz. Humanist, ↑Budaeus.

Budget [bʏ'dʒeː; frz.-engl.; zu lat. bulga „lederner Geldsack"], Haushalt einer Körperschaft des öffentl. Rechts.

budgetär [bʏdʒe...], das Budget betreffend.

Budgetbewilligungsrecht (Budgetrecht) [bʏ'dʒeː], Befugnis des Parlaments, die für einen bestimmten Zeitraum erwarteten Staatseinnahmen und -ausgaben (Staatshaushalt) durch förml. Gesetz (Haushaltsgesetz)

verbindl. festzustellen (↑Haushaltsrecht).

budgetieren [bʏdʒe...], ein Budget aufstellen.

Budgetrecht [bʏ'dʒeː], i.e.S. svw. Budgetbewilligungsrecht; i.w.S. svw. Haushaltsrecht.

Büdingen, Stadt und Luftkurort nö. von Frankfurt am Main, Hessen, 135 m ü. d. M., 17 100 E. Akkumulatorenfabrik, Fertighausbau, Holzverarbeitung, Textilind. - Aus einem fränk. Königshof entstanden. Zw. Stadt (1321 zuerst so gen.) und Burg wurde ein großer Marktplatz angelegt; im 15. Jh. Zusammenschluß der Neustadt mit der Altstadt durch eine Befestigung; 1517–1806 (mit Unterbrechungen) Sitz der Linie Isenburg-B. - Stadtkirche (1476–91); Schloß (ehem. stauf. Wasserburg, nach 1160; ausgebaut im 15./16. Jh.); spätgot. Rathaus, Wohnhäuser des 15.–18. Jh.

Büdinger Wald, Landschaft am S-Rand des Vogelsberges, Hessen, nach W und SW hin von einer etwa 100 m höhen Landstufe begrenzt.

Budjonny,   Semjon   Michailowitsch,

Buddhistische Kunst. Bodhisattwa Padmapani (7. Jh. n. Chr.). Ajanta (rechts); Großer Stupa. Sanchi (3. Jh. v. Chr.–1. Jh. n. Chr.) (unten)

Budo

* Kosjurin (Gebiet Rostow am Don) 25. April 1883, † Moskau 26. Okt. 1973, sowjet. Marschall (1935). - Gewann 1919–21 als erfolgreicher „roter" Reiterführer im Kampf gegen die „Weißen" und Polen legendären Ruhm; befehligte im 2. Weltkrieg die Truppen an der SW-Front (1941) und im N-Kaukasus (1942); ZK-Mgl. 1939–52, seit 1938 Mgl. des Präsidiums des Obersten Sowjets.

Budo [jap.], Oberbegriff für alle jap. Kriegskünste mit wertbildenden geistigen und erzieher. Inhalten (z. B. Judo, Karate), die heute als Kampfsport- oder Selbstverteidigungssysteme verbreitet sind.

Budweis (tschech. České Budějovice), Hauptstadt des Verw.-Geb. Südböhm. Gebiet (ČSSR), an der Mündung der Maltsch in die Moldau, 93 000 E. Bischofssitz, pädagog. Inst.; Maschinenbau, Holz-, Papier-, Bleistift- und Nahrungsmittelind. - 1265 gegr. mit allen städt. Rechten; 1641 stark zerstört. 1827 wurde die erste Pferdebahn Europas (auf Holzschienen) von Linz nach B. eröffnet. - Got. Marienkirche (13. Jh.), Dom (1649) mit 72 m hohem Glockenturm, ehem. Salzhaus mit spätgot. Treppengiebel (1531), ehem. Fleischbänke (16. Jh.), Barockrathaus (1727–31), Bischofspalast (18. Jh.); Rabensteiner Turm (14./15. Jh.).

Buenaventura, kolumbian. Hafenstadt in der Bahía de B. des Pazifiks, 166 000 E. Fischerei; Tanninfabrik, Sägewerke, Nahrungsmittelind.; moderne Hafeneinrichtungen. - Gegr. 1540.

Buenos Aires, Hauptstadt von Argentinien, am Río de la Plata, 200 km², 2,92 Mill. E. Sitz des Parlaments, der Bundesregierung und der obersten Organe aller Verwaltungsbereiche, eines Erzbischofs und wiss. Gesellschaften; Nationalbibliothek, Nationalarchiv.; zwei staatl. Univ. (gegr. 1821 und 1959), 6 private Univ., TH, Konservatorium, Kunsthochschule, Journalistenfachschule, Goethe-Inst., Museen, botan. und zoolog. Garten; viele Theater. Automobilwerke, Textil-, Nahrungs- und Genußmittelind., Holzverarbeitung, chem. Werke, Schuhfabrikation, graph. Gewerbe. Im Verkehr mit Übersee sind die Häfen von B. A. führend; städt. und internat. ✈. - Puerta de Nuestra Señora Santa María del Buen Aire wurde 1535 gegr., 1541 wegen Kämpfen mit den Indianern und daraus folgenden Versorgungsschwierigkeiten aufgegeben. Zweite Stadtgründung 1580; 1776 zur Hauptstadt des neugebildeten Vize-Kgr. La Plata erhoben. 1810 Zentrum der Revolution gegen die Spanier, 1816 Hauptstadt der Konföderation am Río de la Plata, 1861 Hauptstadt der Republik Argentinien. - Die urspr. Stadtanlage von 1580 folgt dem in den span. Kolonien verbindl. Schachbrettschema, Stadterweiterungen hielten sich an das vorgegebene Schema. Seit 1945 ersetzten zunehmend Hochhäu-

ser und Wohnblöcke die alten ein- und zweigeschossigen Wohn- und Geschäftshäuser. Kathedrale (1755–1823), Cabildo (Sitz des Bürgerrats; 1711, mehrfach umgestaltet).

B. A., argentin. Provinz in der Pampa húmeda, an der Atlantikküste, südl. des Río de la Plata und des unteren Paraná, 307 571 km², 10,87 Mill. E (1980), Hauptstadt La Plata. Während das Gebiet um Groß-Buenos-Aires weitgehend industrialisiert ist, bildet der Rest ein teilweise intensiv genutztes Landw.gebiet mit Rinder-, Schweine- und Schafzucht; Imkerei. Anbau von Weizen, Hafer, Mais, Sonnenblumen. Bed. Intensivkulturen zur Versorgung von Groß-Buenos-Aires.

Buenos Aires, Lago, größter See Patagoniens (Chile und Argentinien), 150 km lang, 2210 km², 217 m ü. d. M.; entwässert über den Río Baker zum Pazifik.

Büfett [by'fɛt, by'fe:; frz.], (Buffet, östr. auch Büffet) im 16. Jh. aufkommender, meist zweigeschossiger Schrank, dessen Mitte zum Aufstellen von Prunkgeschirr oder zum Anrichten z. T. nischenartig offen ist.

◆ Schanktisch in Gaststätten, Theke.

Buff, Charlotte, * Wetzlar 11. Jan. 1753, † Hannover 16. Jan. 1828. - 1772 Freundin Goethes in Wetzlar; heiratete 1773 J. C. Kestner; in vielen Zügen Vorbild für die Lotte in Goethes „Werther"; ihr Wiedersehen mit Goethe 1816 in Weimar wurde von T. Mann in dem Roman „Lotte in Weimar" (1939) dichter. gestaltet.

Buffa [lat.-italien.], Bez. für Schwank, Posse, Opera buffa.

Buffalo [engl. 'bʌfəloʊ], Stadt im Bundesstaat New York, USA, am O-Ufer des Eriesees, 357 000 E (Metropolitan Area 1980: 1,2 Mill. E). Kath. Bischofssitz; Colleges, Kunstakad., Bibliotheken, Museen; Binnenhafen; Umschlagplatz v. a. für Getreide aus dem Mittleren Westen und Kanada; Nahrungsmittelind., Maschinen-, Auto- und Flugzeugbau, Eisen- und Stahlgewinnung, u. a. Erdölraffinerien, Druckereien, Verlage. - 1687 frz. Gründung von Fort Niagara; die Siedlung entstand erst Ende des 18. Jh.

Buffalo Bill [engl. 'bʌfəloʊ 'bɪl], eigtl. William Frederick Cody, * Scott County (Iowa) 26. Febr. 1846, † Denver (Colo.) 10. Jan. 1917, amerikan. Pionier und Offizier. - Kämpfte als Kavallerieoffizier 1868–72 und 1876 gegen die Indianer; erhielt seinen Namen durch seine Fertigkeit im Erlegen von Bisons als Versorgungsleiter beim Bau der Pazifikbahn 1867/68; seit 1883 als Schausteller in den USA und in Europa bekannt durch seine „Wildwestschau".

Buffalogras [engl. 'bʌfəloʊ] (Büffelgras, Buchloe dactyloides), in den Kurzgrasprärien der mittleren USA vorherrschendes und bestandbildendes Süßgras; dürrefestes Weidegras mit oberird. Ausläufern.

Büffel [griech.], zusammenfassende Bez.

für 2 Gatt. der Rinder in Asien und Afrika; Körper relativ plump, massig, Körperlänge etwa 1,8–3 m, Hörner nach hinten gerichtet oder seitl. stark ausladend; Gatt. *Asiat. B.* (Bubalus) mit den Arten ↑Anoa, ↑Wasserbüffel; Gatt. *Afrikan. B.* (Syncerus) mit der einzigen Art ↑Kaffernbüffel.

Büffelbeere (Shepherdia), Gatt. der Ölweidengewächse mit 3 Arten in N-Amerika; zweihäusige Sträucher oder bis 6 m hohe Bäume mit längl. Blättern; Beerenfrüchte gelblichrot bis braunrot, die der *Silber-B.* (Shepherdia argentea) säuerl., eßbar.

Buffet, Bernard [frz. by'fɛ], * Paris 10. Juli 1928, frz. Maler und Graphiker. - Hart konturierte, graue, trostlose Bilder; schuf auch riesige Insektenplastiken.

Buffo [lat.-italien.], Sänger kom. Rollen in der Oper (Opera buffa), nach Stimmlagen unterschieden in Baß-B. und Tenor-B.

Buffon, Georges Louis Leclerc, Graf von [frz. by'fõ], * Montbard (Côte-d'Or) 7. Sept. 1707, † Paris 16. April 1788, frz. Naturforscher. - Direktor des Jardin des Plantes in Paris; Verfasser einer berühmten 44bändigen „Histoire naturelle générale et particulière". B. lehnte im Ggs. zu Linné ein künstl. System in der Natur ab und nahm vielfach Gedanken der modernen Entwicklungstheorie voraus.

Bufo [lat.], Gatt. der Kröten mit rd. 250, etwa 2 cm bis über 20 cm körperlangen, fast weltweit verbreiteten Arten; Körper rundl., flach, mit zieml. kurzen Gliedmaßen, mit Schwimmhäuten; Haut meist warzig; 3 einheim. Arten: ↑Erdkröte, ↑Kreuzkröte, ↑Wechselkröte.

Bufotoxine, svw. ↑Krötengifte.

Bug (russ. Sapadny B. „Westl. B."), linker Nebenfluß des Narew (UdSSR und Polen), entspringt auf der Wolyn.-Podol. Platte, bildet z. T. die Grenze der Weißruss. SSR gegen Polen, mündet 30 km nördl. von Warschau, 776 km lang, 300 km schiffbar; Verbindung zum Dnjepr und zur Memel.

Bug, vorderster, spitz zulaufender Teil eines Schiffes, auch Vorderteil eines Flugzeuges.

Bug, Südlicher ↑Südlicher Bug.

Bugajew, Boris Nikolajewitsch ↑Bely, Andrei.

Buganda, ehem. Kgr. in Z-Uganda, in dem fast ganzjährig gut beregneten, sanftwelligen Rumpfflächenland nw. des Victoriasees, einer der ↑Himastaaten; um 1500 gegr.; der König (Kabaka) herrschte absolutist. bis in die Kolonialzeit (1894); nach 1962 der wichtigste, weitgehend selbständige Bundesstaat Ugandas; 1967 wurde die Selbständigkeit B. durch die neue Verfassung, die Uganda zum Einheitsstaat erklärte, aufgehoben.

Bugatti, Ettore [italien. bu'gatti, frz. byga'ti], * Mailand 15. Sept. 1881, † Paris 21. Aug. 1947, frz. Automobilkonstrukteur italien. Herkunft. - Baute die ersten Kompressorennwagen und erzielte selbst bed. Erfolge

im Rennsport; gründete 1907 in Molsheim (Elsaß) ein Automobilwerk, das heute v. a. Flugmotoren und Triebwagen produziert.

Bügel, bei Blechblasinstrumenten die Stimmbögen.

Bügelechtheit, Eigenschaft eines Gewebes, beim Bügeln und Dämpfen sein Aussehen nicht mehr zu verändern.

Bügeleisen, Vorrichtung zum Bügeln (Plätten) von Textilien; früher meist schuhförmige Eisenplatte mit Griff. Aufheizung: 1. Auf der heißen Ofenplatte; 2. durch Einführen eines heißen Eisenbolzens (Plättstahl) oder 3. durch Einfüllen glühender Holzkohle. Heute durchweg *elektr. B.;* Leistungsaufnahme bis 1 000 Watt. Temperaturregelung über Thermostat und Einstellknopf (Nylon, Seide, Wolle, Baumwolle, Leinen). Elektr. *Dampf-B.* mit kleinem Wasserbehälter (nur entmineralisiertes bzw. destilliertes Wasser verwenden!). Auf Knopfdruck tritt Dampf aus Düsen in der (polierten) Bodenplatte und dämpft das Bügelgut. **Bügelmaschine** für den Haushalt: Unter hohem Anpreßdruck wird das Bügelgut von einer stoffbespannten, angetriebenen Bügelwalze über eine inn. elektr. beheizte, muldenförmige Platte transportiert; Walzen- bzw. Arbeitsbreite 60–90 cm.

Bügelhorn, Sammelbez. für Blechblasinstrumente mit weitem, kon. Rohr und Kesselmundstück, z. B. Flügel-, Alt-, Tenorhorn, Bariton, Tuba, Helikon, Sousaphon.

Bügelmaschine ↑Bügeleisen.

Bügelmeßschraube ↑Meßschraube.

bügeln (plätten), ein textiles Gewebe durch Anwendung von Wärme, Feuchtigkeit und Druck glattmachen oder ihm eine bes. Form geben (dressieren; z. B. eine Hose mit einer Bügelfalte versehen).

Bügelsäge ↑Säge.

Bugenhagen, Johannes, * Wollin 24. Juni 1485, † Wittenberg 19. April 1558, norddt. Reformator. - 1509 Priester; 1523 Pfarrer, 1533 Prof. in Wittenberg. Mitarbeiter Luthers, Verfasser zahlr. Kirchenordnungen.

Buggy ['bagi, 'bʊgi; engl. 'bʌgɪ], leichter, einspänniger, meist offener Wagen; in England urspr. mit zwei, in den USA mit vier hohen Rädern.
◆ in den USA entstandener Kfz-Typ: geländegängiges Freizeitauto, sog. „fun car", mit offener Karosserie [mit Überrollbügel].

Bugholzmöbel, Möbel (insbes. Sitzmöbel) aus Holzteilen, die nach dem Dämpfen gebogen wurden.

Bugi, jungmalaiisches Kulturvolk in SW-Celebes und auf Borneo; Muslime; Ackerbau (Reis), hochentwickelte Seeschiffahrt.

Bugsierschiff [niederl./dt.], kleines Schiff zum Schleppen großer Hochseeschiffe im Hafenbereich.

Bugspriet, schräg über den Bug hinausragendes Rundholz bei Segelschiffen; trägt den Klüverbaum.

Bugstrahlruder ↑ Ruder.

Bugwulst (Taylor-Wulst), busenförmig ausgebildete Vorstevenform unterhalb der Wasserlinie; verringert den Wasserwiderstand des Schiffskörpers.

Buhl, Hermann, * Innsbruck 21. Sept. 1924, † am Chagolisa (Indien) 27. Juni 1957 (abgestürzt), östr. Bergsteiger. - Bezwang als erster am 3. Juli 1953 im Alleingang den Nanga Parbat und 1957 den Broad Peak im Himalaja.

Bühl, Stadt sw. von Baden-Baden, Bad.-Württ., 22 500 E. Marktort für das agrar. Umland (Zwetschgenspezialkulturen); chem. Fabrik, Eisengießerei. - 1283 erstmals erwähnt, 1835 Stadt.

Buhle, urspr. Koseform für Bruder, dann Bez. für nahen Verwandten, schließl. für den Geliebten (die Geliebte; auch *Buhlerin*).

Bühler, Charlotte, * Berlin 20. Dez. 1893, † Stuttgart 3. Febr. 1974, dt. Psychologin. - ∞ mit Karl B.; u. a. Prof. in Wien (1929–38) und Los Angeles (ab 1945); experimentelle Untersuchungen zur Kindes- und Jugendpsychologie und Studien zur Erforschung des menschl. Lebenslaufs auf der Basis vergleichender Betrachtung von Biographien. Schuf mit H. Hetzer die ersten, dem Kleinkindalter angepaßten Entwicklungs- bzw. Intelligenztests (*B.-Hetzer-Tests*, Baby-Tests) zur Prüfung von frühkindl. Verhaltensrichtungen. - *Hauptwerke:* Kleinkindertests (1932; zus. mit H. Hetzer), Der menschl. Lebenslauf als psycholog. Problem (1933), Prakt. Kinderpsychologie (1938), Psychologie im Leben unserer Zeit (1962).

B., Karl, * Meckesheim (Baden) 27. Mai 1879, † Los Angeles 24. Okt. 1963, dt. Psychologe. - ∞ mit Charlotte B.; Prof. in München, Dresden, Wien (1922–38), emigrierte 1939 in die USA. Bed. Arbeiten auf den Gebieten der Denk- und Willenspsychologie, der Gestaltpsychologie, der Kinder- und Tierpsychologie und der Sprachtheorie (Systematisierung der Sprach- und Ausdrucksphänomene, ↑ Organonmodell). - *Hauptwerke:* Abriß der geistigen Entwicklung des Kindes (1918), Ausdruckstheorie (1933), Sprachtheorie (1934).

Buhne [niederdt.] (Abweiser), ins Flußbett oder Meer hineinragender Dammkörper zur Strömungsregulierung und zum Uferschutz.

Bühne, eine gegen den Zuschauerraum abgegrenzte, meist erhöhte Spielfläche für szen. Darstellungen. - Zur Geschichte der Bühne und der Bühnentechnik ↑ Theater.

Bühnenaussprache (Bühnensprache), die auf der Bühne übl. oder vorgeschriebene Aussprache der Schriftsprache oder Hochsprache. Für das dt. Sprachgebiet wurde nach früheren Versuchen (u. a. von Goethe) die B. 1898 schriftl. festgelegt und von T. Siebs in dem Werk „Dt. B." publiziert. Die dt. B. wurde für die ganze dt. Hochsprache auch in den Schulen und im Deutschunterricht bestimmend.

Bühnenbearbeitung, durch Streichungen oder Ergänzungen im Text, Auswahl und Umstellung von Szenen durch Regisseure und Dramaturgen im Hinblick auf eine Aufführung umgestaltete Theaterstücke. - ↑ auch Bearbeitung.

Bühnenbild, Darstellung der Schauplätze eines Bühnenwerkes mit den Mitteln der Malerei und Architektur und/oder mit Hilfe von Requisiten, auch mit Lichtmalerei. Ob im antiken Theater die Skene bereits illusionist. ausgestaltet wurde, ist umstritten. Die Bühnen des MA und zum größen Teil auch noch des 16. Jh. begnügten sich meist mit der Andeutung der räuml. Verhältnisse; an Requisiten wurden Thron, Tisch u. a. verwendet. Die neuzeitl. Illusionsbühne (als Guckkastenbühne) wurde im Italien der Renaissance v. a. für die prunkvolle Ausstattung der Opern entwickelt. Die Szene war perspektiv. gemalt (zunächst Zentralperspektive - Torelli in Paris, Burnacini in Wien; seit dem 18. Jh. Winkelperspektive mit mehreren Fluchtpunkten - F. Galli da Bibiena); rückwärtiger Abschluß durch den Prospekt, seitl. durch Kulissen. Die Bühnenmaschinerie wurde ausgebaut (Flugapparate, Versenkungen u. a.), bes. im Barock. Der Forderung der Einheit des Orts der frz. Klassik entsprach eine Vereinfachung des B., wie es erneut im frühen 19. Jh. versucht wurde. Die Meininger waren um die histor. Authentizität der Dekorationen und Kostüme bemüht, der Naturalismus um die photograph. exakte Wiedergabe der Wirklichkeit. Im 20. Jh. Rückgriff auf die klassizist. Bühnenarchitektur Schinkels bei E. G. Craig („Craigism"); einfache geometr. Figuren (Scheiben) als Grundformen der Spielfläche, Lichtregie anstelle gemalter Dekorationen, parallel zu choreograph. Stilisierung der Bewegung auf der Bühne bei G. Appia und in seiner Nachfolge in W. Wagners Bayreuther und Stuttgarter Inszenierungen; Treppenbühnen seit dem Expressionismus; Offenlegung der Bühnenmaschinerie seit Brecht (als Desillusionierung). Weitgehender Verzicht auf Dekoration steht heute neben traditionelleren Formen.

Bühnenhaus, Teil des Theatergebäudes, der die Bühne enthält, sowie Ankleide-, Aufenthalts-, Probe-, Lagerräume, Werkstätten.

Bühnenmusik, die zu einem Bühnenwerk (Schauspiel, Oper, Operette) gehörende Musik, die selbst einen Teil der Handlung bildet oder in enger Beziehung zu ihr steht. In der Oper und Operette eine auf der Bühne gespielte Musizierszene (z. B. die Tanzszene in W. A. Mozarts „Don Giovanni", im Schauspiel die **Inzidenzmusik,** eine für den Handlungsablauf unentbehrl. musikal. Beigabe wie Fanfaren, Märsche, Tanz- oder Liedeinlagen (z. B. Gesang der Ophelia in Shakespeares „Hamlet"). B. wird auf oder hinter der Bühne oder, wenn das Musizieren auf der Szene vorgetäuscht wird, im Orchesterraum gespielt. Zur B. wird auch die **Schauspielmusik** gezählt, die die Akte eines Dramas mit Ouvertüre, Zwischenakt- und Schlußmusik umrahmt und Teile der Handlung untermalt oder ausdeutet (z. B. L. van Beethovens Musik zu Goethes „Egmont"); sie wird stets im Orchesterraum ausgeführt und ist, da vom Autor nicht eingeplant, austauschbar und entbehrlich.

Bühnensprache, svw. ↑ Bühnenaussprache.

Bühnenvertrieb (Theaterverlag), Vermittlungsstelle für die Aufführung von Bühnenstücken; der B. berät Bühnen und Autoren und rechnet die Honorierung von tantiemenpflichtigen Stücken ab.

Bührer, Jakob, * Zürich 8. Nov. 1882, † Locarno 22. Nov. 1975, schweizer. Schriftsteller. - Setzt sich in seinen satir. Romanen und Dramen krit. mit der bürgerl. Gesellschaft der Schweiz auseinander.

Buick, David Dunbar [engl. ˈbjuːɪk], * in Schottland 17. Sept. 1854, † Detroit 5. März 1929, amerikan. Ingenieur und Industrieller. - Erfand ein Verfahren, Metall mit Porzellan zu überziehen; gründete 1903 die Buick Motor Car Company (jetzt in der General Motors Corporation).

Builder [engl. bɪldə], svw. ↑ Skelettsubstanzen.

Built-in-flexibility [engl. ˈbɪlt-ɪn-flɛksɪˈbɪlɪtɪ „eingebaute Anpassungsfähigkeit"], in das System öff. Einnahmen und Ausgaben eingebaute Mechanismen, die ohne erneute Entscheidungen des Gesetzgebers oder der Verwaltung bewirken (daher sog. „automat." Charakter), daß in Phasen der Rezession z. B. durch hohe staatl. Leistungen aus der Arbeitslosenversicherung die private Nachfrage angeregt wird, in Phasen der Hochkonjunktur große (stabilisierend wirkende) Überschüsse bei den Sozialversicherungsträgern entstehen. Ähnl. gilt für die Progression im Einkommensteuertarif (Rezession: Steuereinnahmen steigen langsamer als die privaten Einkommen; Hochkonjunktur: private Nachfrage wird durch schnell steigende Steuer vermindert).

Buin, Piz, Doppelgipfel in der Silvrettagruppe, auf der östr.-schweizer. Grenze, 3 312 bzw. 3 255 m hoch, auf der Nordseite vergletschert.

Buisson, Ferdinand [frz. bɥiˈsõ], * Paris 20. Dez. 1841, † Thieuloy-Saint-Antoine (Oise) 16. Febr. 1932, frz. Pädagoge und Politiker. - 1896–1906 Prof. an der Sorbonne; trat als radikalsozialist. Abg. 1902–24 maßgebl. für die Trennung von Staat und Kirche ein; verfocht Frauenstimm- und Proportionalwahlrecht; Mitbegr. und langjähriger Vors. der frz. Liga der Menschenrechte; erhielt 1927 mit L. Quidde den Friedensnobelpreis.

Buitenzorg [niederl. ˈbœʏtənzɔrx] ↑ Bogor.

Bujiden (Buwaihiden), pers. Dyn., herrschte 940/945–1055.

Bujumbura [frz. buʒumbuˈra], Hauptstadt von Burundi am N-Ufer des Tanganjikasees, 141 000 E. Kultur- und Wirtsch.zentrum des Landes, Sitz eines kath. und eines luth. Bischofs und einer Provinzialverwaltung; Univ. (gegr. 1960), Verwaltungshochschule, medizin. Forschungslaboratorium, Inst. für Landwirtschaftswiss., meteorolog. Station. Textil- und Nahrungsmittelind., Metallverarbeitung u. a., Hafen; internat. ⚓.

Bukanier [frz.] ↑ Flibustier.

Bukarest (rumän. Bucureşti), Hauptstadt Rumäniens, 80 m ü. d. M., 1,96 Mill. E, städt. Agglomeration 2,21 Mill. E. Sitz der Regierung und ihrer Organe, des Patriarchen und Metropoliten der rumän.-orth. Kirche sowie eines kath. Erzbischofs; Univ. (gegr. 1864), TH; Akad. der Sozialist. Republik Rumänien, Bibliotheken, Staatsarchiv, mehrere Theater, Opern- und Operettenhäuser, Staatsphilarmonie, 2 Symphonieorchester; Gemäldegalerie, Museen, u. a. Freilichtmuseum (Dorfmuseum, gegr. 1936); Maschinenbau, metallverarbeitende Ind., elektrotechn. und chem. Ind.; polygraph. Kombinat, zwei ⚓. - Neolith. Siedlungsspuren; Reste dak. und röm. Niederlassungen. Marktflecken wohl im 13. Jh.; 1459 erstmals urkundl. erwähnt; im 15./16. Jh. Mittelpunkt der Walachei. 1595 von den Osmanen niedergebrannt, im 17. Jh. wiederaufgebaut. 1821 nach dem Volksaufstand unter Tudor Vladimirescu Mittelpunkt des revolutionären Geschehens. Zentrum der Revolution von 1848 und des Kampfes um die Vereinigung der rumän. Fürstentümer; seit 1862 Hauptstadt. Zerstörung im 2. Weltkrieg und durch Erdbeben 1977. - Curtea-Veche-Kirche (1545–54), Patriarchalkirche (1654–58), Stavropoleoskirche (1724), Schloß Mogoşoaia (1688–1702); Brîncoveanustil), neoklassizist. Königsschloß (1930–37; jetzt Sitz des Staatsrates), Athenäum (1885–88), Justizpalast (1890–95), Palast der Großen Nationalversammlung (1907), Haus der Scînteia (1956) mit Lenindenkmal.

Bukavu, Prov.hauptstadt in Zaïre, am S-Ufer des Kiwusees, 1 500 m ü. d. M., 209 000 E. Kath. Erzbischofssitz; biolog. Forschungsstation, geolog. Museum, botan. Garten; Zinnerzaufbereitung, Nahrungsmittel-, Textil-, Pharmaind.; Knotenpunkt mehrerer Fernstraßen, Hafen, ⚓ auf rwand. Staatsgebiet; Fremdenverkehr. - 1922 gegr.

Buke [jap. ˈbu,ke, buˈke], die Familien des jap. Kriegsadels im Gegensatz zu denen des Hofadels (↑ Kuge); entstanden als Klasse im 12. Jh. und hatten bis Ende der Feudalzeit 1868 deren polit. Führung in Japan; die Oberschicht bildeten die Daimio, an deren Spitze der Schogun mit seiner Familie stand.

Bukett [frz.], Blumenstrauß.

◆ (Blume) Duft- und Geschmacksstoffe des Weins; entsteht i. d. R. durch Umsetzung der Weinsäuren mit Alkohol zu angenehm riechenden Estern.

Bükkgebirge, zentraler Teil des Nordungar. Mittelgebirges, höchste Erhebung Istállós-kő (959 m).

bukolische Dichtung [zu griech. būkolikós „die Hirten betreffend, ländlich"] (Bukolik, Hirtendichtung), Dichtung, die ein Bild vom beschaul. Dasein bedürfnisloser Hirten in einer liebl. Landschaft (seit Vergil „Arcadia" gen., deshalb auch Bez. **arkadische Poesie**) entwirft. Theokrit ist der erste bed. Vertreter in der griech., Vergil der bedeutendste in der röm. Literatur („Bucolica"). Der bukol. Roman entstand im Hellenismus (erhalten ist nur „Daphnis und Chloe" von Longos). Die b. D. lebte wieder auf in der italien. Renaissance, u. a. bei Petrarca.

Bukowina [russ. buka'vinʊ] (Buchenland), Gebiet am Osthang der Waldkarpaten, im Quellgebiet von Pruth und Sereth mit (1850–1918) 10442 km²; der N gehört zur UdSSR (Ukrain. SSR), der S zu Rumänien. - Im späten 14.Jh. brachte das Ft. Moldau die B. unter seine Kontrolle. Nach dem russ.-türk. Krieg (1768–74) gestand Rußland 1774 die Besetzung der B. durch Österreich zu. 1775 mußte das Osman. Reich das Gebiet an Österreich abtreten, in das ab 1782 neben Rumänen und Ukrainern auch Deutsche einwanderten und das 1850 als Hzgt. im Rahmen der Doppelmonarchie den Status eines Kronlandes erhielt. 1918 entschied sich die B. für den Anschluß an Rumänien; 1940 besetzte die UdSSR die Nord-B.; 1941 gliederte sich Rumänien die Nord-B. wieder ein, mußte sie jedoch 1947 an die UdSSR abtreten, die das Gebiet 1944 besetzt hatte.

Bukowski, Charles, * Andernach am Rhein 16. Aug. 1920, amerikan. Schriftsteller. - Seit frühester Kindheit in den USA; seit 1956 in Los Angeles ansässig. Schreibt in knapper, aber drast. Sprache Stories, Romane und Gedichte über das Leben in den Randzonen der bürgerl. amerikan. Gesellschaft (u. a. „Aufzeichnungen eines Außenseiters", 1969; „Der Mann mit der Ledertasche", 1971, „Hot Water Music", 1983).

Bukranion [griech.], v. a. röm. Dekorationsmotiv in Gestalt eines gemalten oder skulptierten Rinderkopfes oder -schädels.

Bülach, Hauptort des schweizer. Bez. B., Kt. Zürich, im unteren Glattal, 12 000 E. Garnison; Maschinen- und Motorenbau, Fabrikation von Registrierkassen, Eisengießerei, Glashütte. - Vor 1384 zur Stadt erhoben; 1384 östr., 1409 an Zürich verpfändet, 1412 Zentrum einer Obervogtei.

Bulatović, Miodrag [serbokroat. bu‚la:tɔvitɕ], * Okladi bei Bijelo Polje (Montenegro) 20. Febr. 1930, serb. Schriftsteller. - Setzt sich in seinem schonungslosen Erzählwerk mit Kriegszeit und der jüngsten Vergangenheit auseinander. Schrieb als eine Art Fortsetzung zu S. Becketts „Warten auf Godot" das Drama „Godot ist gekommen" (1965). - *Weitere Werke:* Der rote Hahn fliegt himmelwärts (R., 1959), Der Held auf dem Rücken des Esels (R., 1964), Der Krieg war besser (R., 1968), Der fünfte Finger (R., 1977).

Bulawayo [engl. bʊlə'weɪoʊ], Stadt in SW-Simbabwe, 1 360 m ü. d. M., 414 000 E. Hauptstadt von Matabeleland, Sitz eines anglikan. Bischofs; meteorolog., seismolog. Station; Nat. Bibliothek, Nationalmuseum; internat. Handelsmesse, Textilind., Herstellung von landw. Geräten; nahebei Asbestabbau und Goldgewinnung; Verwaltungssitz der rhodes. Eisenbahnen, Eisenbahnreparaturwerkstätten, ⚒. - 1894 gegr.; wurde 1943 City.

Bulbärparalyse [griech.], Lähmung der Lippen-, Zungen-, Gaumen- und Kehlkopfmuskeln infolge Schädigung und Erkrankung der motor. Hirnnervenkerne im verlängerten Mark. Anzeichen der B. sind verlangsamte, kloßige Sprache (**Bulbärsprache**), Kau- und Schluckbeschwerden, Heiserkeit, zuweilen auch Stummheit.

Bulben [griech.], Bez. für knollige, zwiebelähnl. Pflanzenorgane, v. a. bei Orchideen.

Bulbillen [griech.], svw. ↑Brutknospen.

Bülbüls [arab.-pers.] (Haarvögel, Pycnonotidae), Fam. der Singvögel mit rd. 110 sperlings- bis amselgroßen Arten in den Tropen und Subtropen Afrikas und Asiens; kurzhalsig, mit zieml. langem Schwanz und kurzen Flügeln; Färbung unauffällig; ♂♂ und ♀♀ gleich gefärbt. Als Stubenvogel wird der **Rotohrbülbül** (Pycnonotus jocosus) mit weiß und rot gefärbten Ohrdecken gehalten.

Bulbus [griech.], in der *Anatomie* Bez. für zwiebelförmig verdickte Organe oder Körperteile; z. B. B. oculi („Augapfel"); B. aortae (natürl. Verdickung der Aorta oberhalb ihres Ursprungs am Herzen).

◆ in der *Botanik* ↑Zwiebel.

Bule [griech.], Bez. für die mit verschiedener Funktion in fast allen griech. Staaten nachweisbare Ratsversammlung; Funktionen: u. a. Vorberatung der Anträge an die Volksversammlung, Ausführung der Volksbeschlüsse, Beaufsichtigung der Staatsverwaltung, Vertretung des Staates nach außen, bes. Staatsgerichtshof. In Athen bestand die B. unter Solon aus 400 gewählten Mgl. (**Buleuten**), nach der Reform des Kleisthenes aus 500 Ratsherrn. Verdrängte im 5. Jh. v.Chr. den Areopag aus seinen polit. Funktionen.

Bulette [zu frz. boulette „kleine Kugel"], in Berlin Bez. für ein Hackbratenklößchen.

Buleuten [griech.] ↑Bule.

Bulfinch, Charles [engl. 'bʊlfɪntʃ], * Boston 8. Aug. 1763, † ebd. 4. April 1844, amerikan. Architekt. - Sein architekton. Stil wurde

weitgehend vom engl. Palladianismus bestimmt. Bauleiter des Kapitols in Washington
1818 (Vollendung der Flügel). Sein bedeutendster Bau ist wohl das Maine State Capitol
in Augusta (1829/30).

Bulgakow, Michail Afanasjewitsch,
* Kiew 15. Mai 1891, † Moskau 10. März
1940, russ.-sowjet. Schriftsteller. - Von Gogol
beeinflußter, oft wegen seiner objektiven Darstellung des sowjet. Alltags angegriffener satir.
Erzähler; wurde erst nach 1953 rehabilitiert. -
Werke: Die weiße Garde (R., 1925), Die Tage
der Geschwister Turbin (Dr., 1926), Der Meister und Margarita (R., postum 1966/67).

B., Sergei Nikolajewitsch, * Liwny (Gouv.
Orel) 16. Juli 1871, † Paris 12. (14.?) Juli 1944,
russ. Religionsphilosoph und Theologe. -
1901–06 Prof. der Nationalökonomie in
Kiew, Marxist. Kehrte mit seinem Freund
N. A. Berdjajew zur Kirche zurück; 1918 Priester, 1923–39 Prof. am Orth. Theolog. Institut
in Paris.

Bulganin, Nikolai Alexandrowitsch,
* Nischni Nowgorod 11. Juni 1895, † Moskau
24. Febr. 1975, sowjet. Politiker. - Bekleidete
seit den 1930er Jahren leitende Positionen
in Stalins Partei- und Staatsapparat: 1937
Mgl. des ZK, 1938–41 stellv. Vors. des Rats

Bulgarien. Wirtschaftskarte

der Volkskommissare; seit 1948 Mgl. des Politbüros; 1947 Marschall der Sowjetunion,
1947–49 und 1952–55 Verteidigungsmin., seit
1955 Min.präs.; 1958 als Regierungschef
amtsenthoben und aus dem Politbüro, 1961
auch aus dem ZK entfernt.

Bulgaren, südslaw. Volk; im 7. Jh. durch
Mischung eingedrungener, aus Innerasien
stammender protobulgar. Turkvölker mit den
ansässigen slaw., thrak. und awar. Elementen
entstanden.

Bulgarien

(amtl. Vollform: Narodna Republika Balgari-
ja), sozialist. Republik in SO-Europa, zw.
44° 13′ und 41° 14′ n. Br. sowie 22° 22′ und
28° 37′ ö. L. **Staatsgebiet:** Umfaßt einen Teil
der östl. Balkanhalbinsel südl. der Donau;
B. grenzt im N an Rumänien, im O an das
Schwarze Meer, im SO an die Türkei, im
S an Griechenland und im W an Jugosla-
wien. **Fläche:** 110912 km². **Bevölkerung:** 8,97
Mill. E (1984), 80,9 E/km². **Hauptstadt:** Sofia.
Verwaltungsgliederung: 28 Bezirke (Okrag).
Amtssprache: Bulgarisch. **Nationalfeiertag:**
9. Sept. **Währung:** Lew (Lw) = 100 Stótinki
(St). **Internat. Mitgliedschaften:** UN, COME-
CON, Warschauer Pakt. **Zeitzone:** Osteurop.
Zeit, d. i. MEZ + 1 Std.

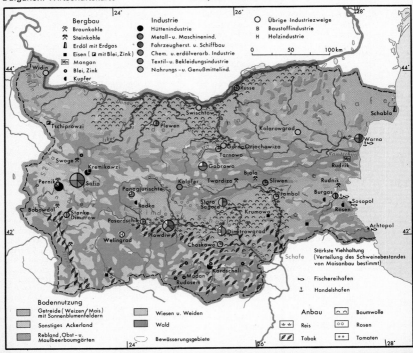

Bulgarien

Landesnatur: B. hat Anteil an mehreren O–W verlaufenden Landschaftsräumen. Es folgen von N nach S: auf die breite Donauebene das Donauhügelland (zw. 100 und 400 m ü. d. M.), der Vorbalkan (zw. 100 und fast 1 500 m ü. d. M.), der Balkan (im Botew 2 376 m hoch). Seiner S-Flanke ist der Gebirgszug der Sredna gora angegliedert. Im mittleren Abschnitt geht sie in die weite Maritzaniederung über. Südl. der Maritza erhebt sich die Thrak. Masse, gegliedert in mehrere Gebirge: westl. der nach S fließenden Struma die Osogovski Planini, zw. Struma und Mesta im N die Rila, im S der Pirin, östl. der Mesta das Mittelgebirge der Rhodopen.

Klima: B. liegt im Übergangsgebiet vom mittelmeer. zum osteurop. Kontinentalklima; die Sommer sind heiß und trocken, die Winter kalt oder kühlregnerisch.

Bevölkerung: Rd. 88 % der Bev. sind Bulgaren, 9 % Türken, zu den Minderheiten zählen Makedonier, Rumänen, Zigeuner, Juden und Armenier. Die Mehrzahl der Bev. bekennt sich zur orth. bulgar. Nationalkirche, daneben gibt es Muslime, Katholiken, Protestanten und Juden. Schulpflicht besteht von 7–16 Jahren. Das Schulsystem ist stark auf die spätere berufl. Tätigkeit ausgerichtet. Neben 27 Hochschulen verfügt B. über 3 Univ.

Wirtschaft: Existenzgrundlage für einen Großteil der Bev. ist die Landw., sie ist in sog. Agrar-Ind.-Komplexe geordnet, d. h. jeweils mehreren LPGs sind Ind. und Vermarktungseinrichtungen zugeordnet. Der Anteil an Sonderkulturen ist groß, u. a. Sonnenblumen, Baumwolle, Tomaten, Paprika, Reis, Wein, Rosen, Tabak. Lavendel. Viehzucht wird v. a. in den Gebirgen betrieben. Das Schwergewicht der Ind. liegt auf Maschinenbau und Hüttenwesen, das die im Land geförderten Erze aufbereitet, ferner auf Elektronik und Elektrotechnik, Leichtmetall- und chem. Ind.; Erdölraffinerie und petrochem. Ind. in Burgas. An erster Stelle in Europa steht B. in der Ausfuhr äther. Öle. Bed. sind Nahrungs- und Genußmittelind., sowie Textil- und Bekleidungsind. Erdöl und Erdgas werden im NW und an der Schwarzmeerküste gefördert. Der Tourismus ist eine wichtige Einnahmequelle.

Außenhandel: Die UdSSR ist der wichtigste Handelspartner, gefolgt von der DDR, Polen u. a. Ostblockstaaten sowie Kuba. Von den EG-Ländern steht die BR Deutschland an 1. Stelle, sie importiert aus B. v. a. Textilien, NE-Metalle, Pelzwaren, Eisen und Stahl, Gemüse, Rohtabak, Käse und Quark und liefert nach B. u. a. Maschinen, Eisen und Stahl, Garne und Gewebe, Kunststoffe und -harze.

Verkehr: Das Eisenbahnnetz hat eine Länge von 4 279 km (1984), das Straßennetz ist 33 042 km lang. Die Binnenschiffahrt beschränkt sich auf die Donau (Häfen Lom und Russe). Wichtigste Seehäfen sind Warna und Burgas. Die staatl. Luftverkehrsgesellschaft BALKAN fliegt europ., nordafrikan. und vorderasiat. Städte an, sie bedient 11 inländ. ✈, deren wichtigste bei Sofia, Plowdiw, Warna und Burgas liegen.

Geschichte: Erstes histor. faßbares Volk auf dem Gebiet des heutigen B. sind die Thraker. Sie wurden teilweise verdrängt von den Illyrern, kulturell beeinflußt von den Griechen und im 5. Jh. v. Chr. in das Makedon. Reich einbezogen. Im 2. Jh. kam das heutige B. unter röm. Herrschaft. Das Byzantin. Reich mußte die Gründung des 1. Bulgar. Reiches nach einer schweren Niederlage 681 vertragl. anerkennen. Der byzantin. Einfluß führte zur Annahme des orth. Christentums durch Boris I. (864) und zur Einführung der kyrill. Schrift. Unter Simeon I., d. Gr. (✉ 893–927), erreichte das 1. Bulgar. Reich seine größte Macht und Ausdehnung (Titel „Zar der Bulgaren" seit 918, Erhebung des bulgar. Erzbischofs zum Patriarchen). Unter seinen Nachfolgern zerfiel das Reich. B. wurde Byzanz einverleibt und kirchl. dem Erzbistum Ochrid unterstellt. Das 2. Bulgar. Reich entstand nach einem Aufstand unter der Führung der Brüder Peter und Assen (1185). Die Dyn. der Assen konnte den territorialen Bestand des 1. Bulgar. Reiches nahezu wiederherstellen und B. zeitweise zur führenden Balkanmacht aufsteigen lassen. Nach der Schlacht bei Welbaschd (= Kjustendil) geriet B. 1330 unter serb. Einfluß. Zugleich löste es sich in mehrere Teilreiche auf und wurde 1393 Teil des Osman. Reiches. Erst im 18. Jh. setzte die Wiedergeburt bulgar. Selbstbewußtseins ein. Die Einrichtung des bulgar. Exarchats (1870/72) führte zum Schisma zw. der griech. und der bulgar. Kirche (bis 1945). Die erfolgreichen Freiheitskämpfe der Griechen, Serben und Rumänen sowie die Wirkung der russ.-türk. Kriege führten auch in B. zur Bildung bewaffneter Freischarlergruppen. Blutig niedergeschlagene Aufstände führten schließl. zum russ.-türk. Krieg von 1877/78, der im Vorfrieden von San Stefano ein befreites Großbulgarien ergab, das auf dem Berliner Kongreß aber auf ein tributäres Ft. reduziert wurde. Südbulgarien verblieb als autonome Prov. Ostrumelien beim Osman. Reich. Das Ft. B. erhielt unter russ. Ägide eine liberale Verfassung, Alexander von Battenberg wurde zum Fürsten gewählt. Die nat. bulgar. Bestrebungen Alexanders I. führten zur Gegnerschaft Rußlands und schließl. zum Thronverzicht des Fürsten (1886). Als sein Nachfolger wurde 1887 Ferdinand von Sachsen-Coburg-Gotha gewählt, dem es 1908 gelang, die jungtürk. Reg. die formelle Unabhängigkeit von B. durchzusetzen und sich zum Zaren zu krönen zu lassen. Als treibende Kraft des Balkanbundes (1912) trug B. die Hauptlast des 1. Balkankrieges und begann den 2. Balkankrieg gegen Serbien und Griechenland (1913). Die bulgar. Armeen wurden jedoch geschlagen. In den Friedensverträgen von Bukarest und Konstantinopel verlor B. große Teile der im 1. Balkankrieg gewonnenen Territorien, zusätzl. die Süddobrudscha an Rumänien. Im 1. Weltkrieg schloß sich B. 1915 den Mittelmächten an und besetzte die von ihm beanspruchten Gebiete. Der Vertrag von Neuilly nahm B. 1919 diese Gebiete wieder ab.

Unter Zar Boris III. (1918–43) kam es im Juni 1923 wegen wirtsch. und polit. Schwierigkeiten zu einem Staatsstreich und zur Ermordung von Min.präs. A. Stamboliski. Im Sept. versuchte die Bulgar. Kommunist. Partei unter W. Kolarow und G. Dimitrow die neue Reg. der Demokrat. Sammlung unter A. Zankow zu stürzen; dieser Sept.aufstand wurde jedoch blutig niedergeschlagen. Nach einem Militärputsch 1934 kam es zur Auflösung der polit. Parteien. Seit 1935 regierte Boris III. durch persönl. Beauftragte. 1940 erwirkte B. die Rückgabe der Süddobrudscha von Rumänien, 1941 schloß sich B. dem Dreimächtepakt an und wurde von dt. Truppen besetzt. B., das der Sowjetunion nicht den Krieg erklärt hatte, wurde von der sowjet. Kriegserklärung (5. Sept. 1944) und dem Einmarsch der Roten Armee am 8. Sept. überrascht. Nach dem Putsch der Vaterländ. Front vom 9. Sept. erwirkte deren Reg. einen Waffenstillstand und trat in den Krieg gegen Deutschland ein (28. Okt.). In den Wahlen von 1945 erhielt die Vaterländ. Front, in der die Kommunisten die Oberhand gewonnen hatten, 88,2 % der Stimmen. Sie bildet das heute formell die Reg., nachdem sich 1948 die Bulgar. KP mit der Bulgar. Sozialdemokrat. Partei vereinigt hatte. Nach der Regierung K. Georgiew (1944–46), unter der eine Bodenreform durchgeführt wurde, leiteten G. Dimitrow (1946–49), W. Kolarow (1949–50) und W. Tscherwenkow (1950–56) die Reg. Letzterer wurde als Vertreter des Personenkults im Zuge der Entstalinisierung von A. Jugow (1956–62) abgelöst, der aus allen Gründen seine Ämter auf dem VIII. Parteikongreß an T. Schiwkow (seit 1962) verlor. In der Folge arbeitete B. wirtsch. und polit. sehr eng mit der Sowjetunion zusammen. Zeitweilig entstand im Westen sogar der Eindruck, als könnte B. bereit sein, seine staatl. Selbständigkeit zugunsten der Sowjetunion aufzugeben. Die Politik Schiwkows wurde jedoch in der 2. Hälfte der 1970er Jahre als Anlehnung an die Sowjetunion, soweit dies wirtsch. Vorteile bringt, beurteilt. Der wirtsch. Erfolg des Landes bestätigt diese These. Die bulgar. Außenpolitik ist daneben in den 1970er Jahren v. a. durch die Verbesserung der Beziehungen zu Jugoslawien gekennzeichnet, mit dem es jedoch weiterhin Meinungsverschiedenheiten über die makedon. Frage gibt. In einer sog. „Bulgarisierungskampagne" wurden 1984/85 Angehörigen der türk. Minderheit bulgar. Namen aufgezwungen.

Politisches System: Nach der 1971 in einem Referendum angenommenen Verfassung ist B. eine sozialistische VR. Kollektives *Staatsoberhaupt* ist der Staatsrat; der Vors. des Staatsrates (seit 1971 T. Schiwkow) vertritt B. völkerrechtl. Als oberstes Organ der Nationalversammlung ist der Staatsrat das höchste ständig amtierende Machtorgan. Der Ministerrat als oberstes Organ der *Exekutive* und der Verwaltung wird von der Nationalversammlung eingesetzt und ist ihr verantwortl. Die Nationalversammlung („Sobranje") mit 400 Mgl. ist höchstes Vertretungsorgan. Die Volksvertreter werden (bei Wahlpflicht aller Bürger ab 18 Jahren) alle 5 Jahre (zuletzt 1986) über die Einheitslisten der „Vaterländ. Front" gewählt. Sie treten i. d. R. zweimal im Jahr zusammen. Bei der Nationalversammlung liegt zwar die *Legislative*, sie beschränkt sich aber im wesentl. auf eine Bestätigung der vom Staatsrat erlassenen Dekrete. Die führende staatl. und gesellschaftl. Rolle der Bulgar. Kommunist. Partei (Balgarska Komunistitscheska Partija, Abk. BKP), 1903 aus der 1891 gegr. Sozialdemokrat. Partei hervorgegangen (heutiger Name seit 1919), ist in der Verfassung fest verankert; ihr Erster Sekretär ist der Vors. des Staatsrats, T. Schiwkow. Daneben besteht die 1899 gegr. Agrarunion (Balgarski Semedelski Naroden Sojus, Abk. BSNS). Beide *Parteien* und die *gesellschaftl. Organisationen*, Ausführungsorgane der Bulgar. KP, sind in der „Vaterländ. Front" vereinigt. *Verwaltungsmäßig* ist B. in 28 Bezirke untergliedert, die begrenzte Selbstverwaltung durch gewählte Volksräte besitzen. Das *Rechtswesen* ist am sowjet. Vorbild orientiert. Die Richter der Volksgerichte werden vom Volk, die Richter auf Bezirksebene durch die Volksräte gewählt, die Richter des Obersten Gerichts und der Generalstaatsanwalt werden von der Nationalversammlung gewählt. Die *Streitkräfte* haben bei allg. Wehrpflicht eine Stärke von 147 300 Mann (davon Heer 105 000, Luftwaffe 33 800 und Marine 8 500). Daneben bestehen paramilitär. Einheiten in Stärke von rd. 173 000 Mann.

📖 *Hess, G.: B. Landeskundl.-geograph. Überblick. Lpz. 1978. - Stefanov, I., u. a.: B.: Land, Volk, Wirtschaft in Stichworten. Wien 1975.*

bulgarische Kunst, aus thrak. Zeit sind Fürstengräber erhalten (Kasanlak). Frühbyzantin. Kirchen finden sich in Sofia, Nessebar, Goljamo Belowo und Perutschiza. Nach der Christianisierung der Bulgaren setzte sich der byzantin. Einfluß auf allen Gebieten der Kunst durch. Der interessanteste Kirchenbau ist die Rundkirche von Preslaw (10. Jh.), die neben der Hauptapsis acht Apsidiolen hatte (Mauern etwa 2 m hoch erhalten). Die Kuppel wurde von zehn Säulen getragen. Nur in Bulgarien hat sich ein zweistöckiger (byzantin.) Kirchentypus erhalten. Einige Kirchen in Nessebar gehören stilist. der mittelbyzantin.

bulgarische Literatur

Architektur an, dem Übergang von der Kuppelbasilika zur Kreuzkuppelkirche. Die Zeugnisse des 2. Bulgar. Reiches sind bis auf wenige Wandmalereien im Komnenenstil (Kloster Bojana, 1259) zerstört. Die Malerei in der Höhlenkirche von Iwanowo bei Russe, gestiftet von Zar Iwan Alexander (⚭ 1331–71), sind ein hervorragendes Beispiel der Paläologenkunst. Vom 15.–18. Jh. bewegte sich die b. K. in den von der Mönchskunst des Athos vorgezeichneten Bahnen. Als spezif. bulgar.-makedon. Kunst entwickelte sich die Holzschnitzerei, bes. an Kirchentüren und Ikonostasen (Schulen von Debar und Samokow). N. Petrow (* 1881, † 1916) gilt als Begründer der modernen b. K.; ihm zur Seite stellten sich u. a. S. Skitnik (* 1883, † 1943) und W. Dimitrow-Maistora (* 1882, † 1960).

📖 *Kunstdenkmäler in Bulgarien. Hg. von R. Hootz. Mchn. 1983. - Boschkow, A.: Die bulgar. Malerei. Von den Anfängen bis zum 19. Jh. Dt. Übers. Recklinghausen 1969.*

bulgarische Literatur, die *ältere b. L.* knüpft an das kirchl.-literar. Wirken der beiden Slawenlehrer Kyrillos und Methodios († Altkirchenslawisch) an und ist v. a. durch geistl. Inhalte gekennzeichnet. Erste Blüte unter dem bulgar. Zaren Simeon d. Gr. (⚭ 893–927). Vom 12.–14. Jh. kam neben der geistl. Dichtung (Apokryphen, Heiligendichtung) auch weltl. Literatur auf (z. B. Trojaroman, Alexanderroman). Bis ins 17. Jh. gab es keine

Bulgarische Kunst. Gottesmutter (Fresko; um 1083). Kloster Batschkowo (links); geschnitzte Holztür (14. Jh.). Kloster Rila, Nationalmuseum (rechts)

bed. literar. Leistungen mehr. Unberührt davon aber entwickelte sich eine reiche Volksdichtung (Brauchtums- und Heldenlieder). Die *neuere b. L.* setzte im Zuge einer nat. Wiedergeburt ein; sie diente zunächst dem Befreiungskampf gegen die osman. Herrschaft und verherrlichte nach 1878 den nat. Sieg. Zu nennen sind v. a. P. R. Slaweikow, C. Botew, I. Wasow (Roman „Unter dem Joch", 1889) und A. J. Konstantinow, der sich von dem Pathos der Freiheitsdichtung distanzierte. Westl. Einflüssen öffnen sich um die Jh.wende die Symbolisten P. Slaweikow und P. Jaworow; in den 1920er Jahren sind die Prosaisten E. Pelin und J. Jowkow zu nennen. Die *b. L. nach dem 2. Weltkrieg* ist im wesentl. nach den Maximen des sozialist. Realismus ausgerichtet (u. a. S. Z. Daskalow, D. Dimow, D. Talew).

📖 *A biobibliographical handbook of Bulgarian authors. Hg. v. K. L. Black. Engl. Übers. Columbus 1982.*

bulgarische Musik, bis zur Befreiung von der osman. Herrschaft 1878 weitestgehend beschränkt auf Volksmusik und einstimmigen Kirchengesang. Die noch heute lebendige bulgar. Volksmusik ist Spiegel der musikal. Kultur der Südslawen. Der einstimmige Kirchengesang nahm seinen Anfang mit den Missionaren Kyrillos und Methodios und deren Schülern (v. a. Kliment) im 9. Jh. Als das Land 1018 unter die Herrschaft der Byzantiner fiel, wurde auch deren Choraltradition übernommen und in den folgenden Jh. gepflegt. Mit der Wiedererlangung der bulgar. Selbständigkeit im Jahre 1878 beginnt die Ausbildung der bulgar. Kunstmusik, deren

erster großer Vertreter der Dvořák-Schüler Dobri Christow (* 1875, † 1941) wurde. Die Vertreter der Avantgarde verbinden einheim. Volksmusikelemente mit Einflüssen westl. Kompositionstendenzen.

bulgarische Sprache, kyrill. geschriebene Sprache, die in Bulgarien gesprochen wird und zur südslaw. Sprachgruppe gehört. Bulgar. Sprachkolonien bestehen dazu in N-Griechenland, W-Makedonien, Rumänien und Bessarabien (UdSSR). Die ersten *altbulgar.* Sprachdenkmäler sind aus dem 10. Jh. überliefert (↑ Altkirchenslawisch). Die *mittelbulgar.* Phase umfaßt das 12. bis 14. Jh. und zeigt neben lautl. Veränderungen (Nasalvokalwechsel) bereits den Übergang von der altbulgar. analyt. zur neubulgar. synthet. Deklination. Der Türkeneinfall (Ende des 14. Jh.) unterbricht die sprachkulturelle Entwicklung für fast 500 Jahre (1878). Das *Neubulgar.*, das sprachl. mit dem 15. Jh. im wesentl. ausgebildet ist, wird erst im Zuge der nat. Wiedergeburt des 19. Jh. gegen das Griech. und Russ.-Kirchenslaw. zur Schriftsprache erhoben. - Die b. S. weist im Rahmen der slaw. Sprachen bes. Eigentümlichkeiten auf (Verlust der analyt. Deklination und des Infinitivs, Ausbildung bes. Verbalkategorien, nachgestellter Artikel; die wenigstens z. T. als Balkanismen interpretiert werden müssen.

Bulimie [griech.], svw. ↑ Heißhunger.

Bulkfrachtschiff [engl./dt.] ↑ Massengutfrachter.

Bull [engl. bʊl], John, * in Somerset (?) um 1562, † Antwerpen 12. oder 13. März 1628, engl. Komponist. - Schrieb 145 Virginalstükke (45 im „Fitzwilliam Virginal Book"), Anthems und Lamentationen.

B., John ↑ John Bull.

B., Olaf [norweg. bʊl], * Kristiania 10. Nov. 1883, † Oslo 23. Juni 1933, norweg. Lyriker. - Schrieb sprachl. und formal vollendete Gedichte abseits aller literar. Strömungen, z. T. mit pessimist. Grundton.

Bull (Compagnie des Machines B., Abk. CMB) [frz. 'byl], frz. Unternehmen der Computerind., gegr. 1935, ben. nach dem norweg. Ingenieur F. R. Bull. 1964, gemeinsam mit General Electric, Gründung der *Bull-General Electric;* 1970 Gründung der *Honeywell Informations Systems Inc.* (HIS, Teilhaber: General Electric und Honeywell); aus diesem Konzern wurde die *Compagnie Honeywell Bull* ausgegliedert (CMB: 34 %, HIS: 66 %).

Bulla [lat.], hohle Amulettkapsel (rund, herz- oder halbmondförmig) aus Metall oder Leder, die im antiken Rom von Knaben bis zur Mündigkeit, von Mädchen bis zur Heirat und von Triumphatoren getragen wurde.

Bullant, Jean [frz. by'lã], * Écouen (Val-d'Oise) um 1515, † ebd. 13. Okt. 1578, frz. Baumeister. - 1557–59 und seit 1570 Leiter der königl. Bauten u. a. bei den Tuilerien,

in Fontainebleau und in Chambord. Außerdem Schloß Écouen (1556) und als Höhepunkt das Schloß von Chantilly (1567).

Bullauge [niederdt.], dick verglastes, rundes Schiffsfenster.

Bulldogge [engl.] (Englische Bulldogge), kurzhaarige, gedrungene, schwerfällig wirkende, jedoch bewegl. und temperamentvolle engl. Hunderasse (Schulterhöhe 40–45 cm, Zwergform 35–40 cm); mit großem, viereckigem Schädel, mit gestauchtem Nasenrücken und verkürztem Schnauzenteil; tief herabhängende Oberlefzen.

Bulldozer [...do:zɐr; engl.], schweres Raupenfahrzeug für Erdbewegungen, bes. zur Geländeeinebnung (Planierraupe).

Bulle [lat.], Bez. für Siegel aus Metall von kreisrunder Form. **Goldbullen** waren den Herrschern vorbehalten und wurden zur Besiegelung bes. feierl. und wichtiger Urkunden v. a. byzantin. und abendländ. Kaiser (seit Justinian bzw. Karl d. Gr.) verwendet. **Silberbullen** sind nur vereinzelt nachweisbar, v. a. in Byzanz und Venedig (16./17. Jh.). **Bleibullen** waren in Südeuropa die geläufigste Siegelform. Sie finden sich bes. auch im byzantin. Bereich und seit dem 6. Jh. in der päpstl. Kanzlei. Befestigt wurden die B. an der Urkunde mit Seiden- oder Hanffäden, auch mit Lederriemen.

◆ Bez. für die mit einer B. versiegelte Urkunde, v. a. bestimmte Gruppen der Papsturkunden. Sie betreffen die wichtigsten Rechtsakte des Hl. Stuhls (z. B. Errichtung und Umschreibung von Bistümern, Kanonisationen).

Bulle, männl., geschlechtsreifes Tier bei Rindern, Giraffen, Antilopen, Elefanten, Nashörnern, Flußpferden u. a.; bei Hausrindern wird der B. auch häufig als **Stier** bezeichnet.

Bulletin [byl'tɛ̃:; lat.-frz.], amtl. Bekanntmachung, Tagesbericht; auch regelmäßiger Bericht über die Sitzungen wiss. Gesellschaften und Titel wiss. Zeitschriften.

Bullinger, Heinrich, * Bremgarten (AG) 18. Juli 1504, † Zürich 17. Sept. 1575, schweizer. ref. Theologe, Historiker und Kirchenführer. - 1523 Lehrer in Kappel, 1529 Pfarrer in Bremgarten und 1531 Nachfolger Zwinglis als Leiter der Züricher Kirche; verfaßte die 1566 gedruckte Confessio Helvetica posterior.

Bullkater, aufziehende schwarze Gewitterwolke; Metapher für die Bewegung des Getreidefeldes im Wind; Kinderschreckgestalt.

Bullock, Alan Louis Charles, Baron of Leafield in the County of Oxfordshire (seit 1976) ['bʊlək], * Trowbridge 13. Dez. 1914, brit. Historiker. - Mit F. W. Deakin Hg. der „Oxford history of modern Europe" (1956 ff.); v. a. polit.-biograph. und historiograph. Studien zur Neueren Geschichte („Hitler", 1952).

Bullterrier [engl.], aus Bulldoggen und Terriern gezüchteter, mittelgroßer, kurzhaariger, kräftiger engl. Rassehund mit spitzen Stehohren und Hängerute; Kopf lang, mit breiter Stirn; rein weiß, weiß mit schwarzen, rotbraunen oder gelben Flecken, gelb oder dunkelgestromt mit weißen Abzeichen.

Bully [engl. 'bʊlɪ], das von zwei Spielern ausgeführte Anspiel beim Hockey, Roll- und Eishockeyspiel.

Bülow ['by:lo], mecklenburg. Adelsgeschlecht; erstmals 1154 genannt; bed.:

B., Andreas von, * Dresden 17. Juli 1937, dt. Politiker (SPD). - Mgl. der SPD seit 1960, MdB seit 1969; ab 1977 parlamentar. Staatssekretär beim Bundesmin. der Verteidigung; Nov. 1980–Okt. 1982 Min. für Forschung und Technologie.

B., Bernhard Heinrich Martin Fürst von (seit 1905), * Klein-Flottbek (= Hamburg) 3. Mai 1849, † Rom 28. Okt. 1929, dt. Politiker. - Seit 1874 im diplomat. Dienst; wurde 1894 Botschafter in Rom, 1897 Staatssekretär im Auswärtigen Amt; 1900 zum Reichskanzler und preuß. Min.präs. berufen. Verkörperte mit seiner Außenpolitik den Drang des industriellen Deutschland zur Weltgeltung und das Bestreben der alten Machteliten, das bestehende Gesellschaftsgefüge zu bewahren. Seine unentschlossene Haltung gegenüber Großbrit. und Rußland (Politik der „freien Hand") führte zus. mit dem Flottenbau zur weltpolit. Isolierung des Dt. Reiches. Innenpolit. trat B. durch die Bildung des konserativ-liberalen „B.-Blocks" im Reichstag hervor. Demissionierte nach Schwächung seiner Position auf Grund der Daily-Telegraph-Affäre, nach Zerbrechen des „B.-Blocks" an der Wahlrechtsreform sowie Ablehnung der Reichsfinanzreform 1909. Bed. seine „Denkwürdigkeiten" (4 Bde., postum 1930–31).

B., Friedrich Wilhelm Graf (seit 1814) B. von Dennewitz, * Falkenberg (Altmark) 16. Febr. 1755, † Königsberg (Pr) 25. Febr. 1816, preuß. General. - Generalmajor seit 1808; bereitete als Generalgouverneur in Ost- und Westpreußen seit 1812 die preuß. Erhebung gegen Napoleon I. vor; zeichnete sich 1813 durch Siege bei Großbeeren und Dennewitz sowie in der Völkerschlacht bei Leipzig aus; kämpfte 1813/14 erfolgreich in den Niederlanden und hatte erhebl. Anteil am Sieg Blüchers bei Laon (1814); trug 1815 wesentl. zum Sieg über Napoleon bei Belle-Alliance bei.

B., Hans Graf von (1810/16), * Essenrode (Landkr. Gifhorn) 14. Juli 1774, † Bad Landeck i. Schl. [in Schlesien] 11. Aug. 1825, preuß. Minister. - Führte als Finanzmin. 1808–11 unter König Jérôme von Westfalen eine erfolgreiche Steuerreform durch; 1813–1818 preuß. Finanzmin., seit 1818 Min. für Handel und Gewerbe; konnte seine Steuerreform bis auf das (für die wirtsch. Entwicklung Preußens wichtige) Zollgesetz beim König nicht durchsetzen.

B., Hans Guido Frhr. von, * Dresden 8. Jan.

1830, † Kairo 12. Febr. 1894, dt. Pianist und Dirigent. - Kapellmeister in Zürich und Sankt Gallen; heiratete 1857 F. Liszts Tochter Cosima, die ihn 1868 wegen R. Wagner verließ; 1867 Hofkapellmeister in München, 1877–79 Hofkapellmeister in Hannover, 1880–85 Hofmusikintendant in Meiningen; 1887 ließ er sich in Hamburg nieder. Zur gleichen Zeit war er Dirigent der Berliner Philharmoniker. Sein sicherer Sinn für detaillierte Werkdeutung, sein Eintreten für zeitgenöss. Komponisten (J. Brahms) und seine orchestererzieher. Arbeit machten B. zu einem richtungweisenden Dirigenten.

Bultmann, Rudolf, * Wiefelstede 20. Aug. 1884, † Marburg 30. Juli 1976, dt. ev. Theologe. - 1916 Prof. in Breslau, 1920 in Gießen, 1921 in Marburg; Schüler von J. G. W. Herrmann, führender Vertreter der ↑dialektischen Theologie. B. untersuchte in bed. exeget. Arbeiten in Anwendung der formgeschichtl. Methode auf das N. T. den vorliterar. Formungsprozeß der kleinsten literar. Einheiten der synopt. Evangelien und erkannte ihren Erzählstoff als in der frühchristl. Gemeinde entstanden. Die Rekonstruktion einer histor. Biographie Jesu oder eines (psycholog.) Bildes seiner Persönlichkeit ist damit unmöglich. Im Zusammenhang mit der Anwendung histor.-krit. Methoden entwickelt er die „existentiale Interpretation", die durch den Aufsatz „N. T. und Mythologie" (1941) als Programm der ↑Entmythologisierung bekannt wurde; sie versucht, das in der Bibel „zum Ausdruck kommende Verständnis der menschl. Existenz" herauszuarbeiten. Existenz ist geschichtl. Existenz, Existenz in der Entscheidung zw. Uneigentlichkeit (Status der Sünde) und Eigentlichkeit (Status des Glaubens); der Übergang von dem Status der Sünde in den Status des Glaubens ist nur auf Grund der Tat Gottes (Kreuz, Auferstehung) möglich. - *Werke:* Die Geschichte der synopt. Tradition (1921), Jesus (1926), Glauben und Verstehen (1933, 4 Bde.), Das Johannes-Evangelium (1941, ¹⁹1968 u. d. T. Das Evangelium des Johannes), Offenbarung und Heilsgeschehen (1941), Das Urchristentum im Rahmen der antiken Religionen (1949), Theologie des N. T. (1953), Die drei Johannesbriefe (1957, ⁸1969).

📖 *Fuchs, E.: Hermeneutik.* Tüb. ⁴1970. - *Marlé, R.: B. u. die Interpretation des N. T.* Dt. Übers. Paderborn ²1967. - *Schmithals, W.: Die Theologie R. Bultmanns.* Tüb. ²1967.

Bulwer-Lytton, Edward George Earle Lytton, Baron Lytton of Knebworth (seit 1866) [engl. 'bʊlwə 'lɪtn], * London 25. Mai 1803, † Torquay 18. Jan. 1873, engl. Schriftsteller und Politiker. - 1831–41 als Liberaler, 1852–66 als Konservativer Mgl. des Unterhauses, seit 1866 als Lord Lytton Mgl. des Oberhauses. Erfolgreich waren seine Bühnenstücke und histor. Romane („Die letzten Tage von Pompeji", 1834; „Rienzi, der letzte Tribun", 1835, hiernach schuf Wagner seine Oper). Bed., von Arno Schmidt z. T. neu übersetzte viktorian. Gesellschaftsromane sind „Dein Roman: 60 Spielarten engl. Lebens" (1851/52), „Was wird er damit machen" (1858), „Kenelm Chillingly" (1873).

Bumbry, Grace [engl. 'bʌmbrɪ], *Saint Louis (Mo.) 4. Jan. 1937, amerikan. Sängerin (Mezzosopran). - Sang 1961 als erste Schwarze in Bayreuth die Venus in R. Wagners „Tannhäuser"; auch geschätzte Liedinterpretin.

Bumerang ['bu:məraŋ, 'bʊ...; austral.-engl.], gewinkeltes oder leicht gebogenes Wurfholz der Eingeborenen Australiens (nicht bei allen Stämmen vorkommend), auch Sportgerät. Der B. ist von plankonvexem oder asymmetr. bikonvexem Querschnitt, wobei die Ebenen der beiden Arme leicht gegeneinander verdreht sind; dadurch ist es möglich, daß der B. zum Werfer zurückkehrt (jedoch nicht bei allen Arten).

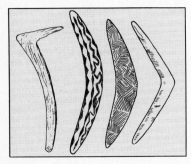

Bumerang. Formen verschiedener Bumerange der Eingeborenen Australiens (links gewöhnliches Wurfholz)

Buna ⓦ [Kw. aus **Bu**tadien und **Na**trium], synthet. Kautschuk, aus Butadien unter Verwendung von Natrium (als Katalysator) hergestellt. Heute wird bes. die Mischpolymerisation mit Butadien und Styrol durchgeführt (Buna S). Neuartige Katalysatoren ermöglichte die Polymerisation bei etwa +5 °C (Kaltkautschuk).

Bunche, Ralph Johnson [engl. bʌntʃ], *Detroit (Mich.) 7. Aug. 1904, † New York 9. Dez. 1971, amerikan. Diplomat. - Übernahm 1946 den Treuhänderausschuß als Direktor im Sekretariat der UN; nach dem Tode F. Bernadottes erfolgreiche Vermittlung am Beginn des Israel.-Arab. Krieges (1949 Unterzeichnung eines Waffenstillstands zw. Israel und den arab. Staaten); erhielt 1950 den Friedensnobelpreis; als Untergeneralsekretär der UN 1968–71 enger Berater U Thants.

Bund, in der *Theologie* wichtigste Bez. für das bes. Verhältnis des Gottes Israels, Jahwe, zu seinem Volk, aber auch Zentralbegriff für das Verhältnis von Gott und Mensch und der Menschen untereinander. Das Bewußtsein, Jahwes Volk zu sein, hatte Israel von Anfang an, so bei der Herausführung aus Ägypten (2. Mos. 3,7ff.) und bei der Gotteserscheinung am Sinai (2. Mos. 25, 9–11). Nach christl. Glauben schloß Gott in Christus den ↑ Neuen Bund, der aller Welt angeboten wird.
◆ in der *Soziologie* nach H. Schmalenbach eine Beziehung als eigenständige Kategorie zw. „Gemeinschaft" und „Gesellschaft", die bes. von Spontaneität und Enthusiasmus für das Ziel und den Führer des B. getragen wird. Wichtigste Merkmale der B. sind: gemeinsame ideolog. Orientierung der B.-Mgl., eine personale Beziehung der Mgl. untereinander, mehr oder weniger weitgehende Abschließung gegen Nicht-Mgl., unabdingbare Unterordnung unter die Führungsinstanzen.
◆ bei Bundesstaaten Bez. für den Zentralstaat im Gegensatz zu den Gliedstaaten (Ländern).
◆ (Bünde) Bez. für Querleisten auf dem Griffbrett von Saiteninstrumenten, die die Saiten abteilen und das saubere Greifen eines Tons erleichtern (z. B. bei Gitarre und Gambe).
◆ umgangssprachl. kurz für: Bundeswehr.

BUND, Abk. für: ↑ Bund für Umwelt und Naturschutz Deutschland e. V.

Bund, Der, schweizer. Zeitung, ↑ Zeitungen (Übersicht).

Bund demokratischer Wissenschaftler ↑ Hochschulpolitik.

Bund der Deutschen Katholischen Jugend, Abk. BDKJ, 1947 gegr. Dachorganisation der Verbände der dt. kath. Jugend.

Bund der Evangelischen Kirchen in der Deutschen Demokratischen Republik, am 10. Juni 1969 verkündeter und in Kraft getretener Zusammenschluß der ev. Kirchen in der DDR ohne organisator. Zusammenhang mit der EKD. Organe sind die Synode (Theologen und Laien) und die Kirchenkonferenz.

Bund der Kommunisten, polit. Organisation dt.-sprachiger Intellektueller, Handwerker und Arbeiter 1847–52, aus dem „Bund der Gerechten" (seit 1837) entstanden; war vor und nach der Revolution von 1848 und 1849 v. a. in London, Brüssel, Paris und in der Schweiz verbreitet; programmat. seit 1847 wesentl. von Marx und Engels geprägt; erhielt mit dem Kommunist. Manifest eine wirksame Theorie, nachdem im „Bund der Gerechten" die auf einen religiösen Sozialismus basierenden Konzeptionen W. Weitlings vorgeherrscht hatten; löste sich 1852 auf.

Bund der Kriegsblinden Deutschlands ↑ Blindenselbsthilfeorganisationen.

Bund der Landwirte, Abk. BdL, 1893 gegr. einflußreichster Interessenverband im

Bund der Pfadfinder

Dt. Kaiserreich mit dem Ziel, die durch den Industrialisierungsprozeß gefährdete Vormachtstellung der Landw. in Politik und Wirtschaft zu verteidigen; fakt. durch vielfache Personalunion mit der Deutschkonservativen Partei verbunden; rückte mit stark antisemit. geprägter und gegen Liberalismus und Pluralismus gerichteter Propaganda in die Nähe vorfaschist. Bewegungen; ging 1921 im Reichslandbund auf.

◆ Abk. BdL, zur Interessenwahrnehmung sudetendeutscher Bauern in der ČSR 1919 gegr. polit. Partei; löste sich 1938 zugunsten der Sudetendeutschen Partei auf.

Bund der Pfadfinder ↑Pfadfinder.

Bund der Sozialdemokratischen Parteien der Europäischen Gemeinschaft, 1974 gegr. Zusammenschluß der nat. Mitgliedsparteien der Sozialist. Internationale in den 9 bzw. 10 Mgl.staaten der EG; hervorgegangen aus dem seit 1957 bestehenden Verbindungsbüro der sozialist. und sozialdemokrat. Parteien der EWG- bzw. EG-Mitgliedsstaaten.

Bund der Steuerzahler e. V., parteipolit. neutraler, unabhängiger, gemeinnütziger Verein, der die Interessen der Steuerzahler dem Staat gegenüber vertritt; gegr. 1949, Sitz Wiesbaden. Setzt sich v. a. für die Durchführung einer organisator. Reform der Verwaltung und für die sinnvolle Einordnung der Finanzwirtschaft der öffentl. Hand in die Gesamtwirtschaft ein.

Bund der Vertriebenen, Vereinigte Landsmannschaften und Landesverbände, Abk. BdV, 1957 durch den Zusammenschluß des **Bundes der vertriebenen Deutschen** und des **Verbandes der Landsmannschaften** gebildete Spitzenorganisation der Heimatvertriebenen; umfaßt 20 Bundeslandsmannschaften und 11 Landesverbände mit zus. rd. 2,4 Mill. Mgl.; Sitz: Bonn.

Bund Deutscher Architekten, Abk. BDA, Spitzenorganisation der freischaffenden dt. Architekten mit Sitz in Bonn.

Bund Deutscher Mädel ↑Hitlerjugend.

Bund Deutscher Offiziere, 1943 gegr. Organisation nicht nur kommunist. gesinnter dt. Offiziere in sowjet. Kriegsgefangenschaft unter Vorsitz des Generals W. von Seydlitz. Rief neben dem Nationalkomitee Freies Deutschland die Offiziere der Wehrmacht zur Beendigung des Krieges durch Widerstand gegen Hitler auf; im Nov. 1945 aufgelöst.

Bund Deutscher Pfadfinder ↑Pfadfinder.

Bünde, Stadt im Ravensberger Hügelland, NRW, 34 400 E. Tabak- und Zigarrenmuseum; Zigarrenind. u. a. - Im 9. Jh. zuerst erwähnt, 1719 Stadtrecht. - Stadtkirche (13. Jh.), Fachwerkhäuser (18. und 19. Jh.).

Bündelpfeiler, in der got. Baukunst Pfeiler, um dessen Kern ↑Dienste angeordnet sind.

Bund entschiedener Schulreformer, eine pädagog. Vereinigung mit sozialrevolutionären Tendenzen; 1919 in Berlin-Schöneberg gegr.; der Bund löste sich 1933 auf. Auf seinem Programm standen u. a. die elast. ↑Einheitsschule, die eine Lebens- bzw. Produktionsschule (↑Arbeitsschule) sein sollte, sowie einheitl. Lehrerbildung an Hochschulen, Schulgeldfreiheit u. a.

Bundesadler ↑Hoheitszeichen.

Bundesakademie für öffentliche Verwaltung, 1969 im Geschäftsbereich des Bundesmin. des Innern errichtete Fortbildungsstätte für Angehörige der öffentl. Verwaltung; Sitz Bonn.

Bundesakte, svw. ↑Deutsche Bundesakte.

Bundesämter, durch einen das Fachgebiet kennzeichnenden Zusatz ergänzte Bez. für zahlr. Bundesoberbehörden (↑Übersicht). Nach östr. *Verfassungsrecht* sind die B. eigene Behörden des Bundes, die regelmäßig einem Bundesmin. untergeordnet sind und die kraft der Bestimmung des Art. 102 B-VG auch in den Ländern Angelegenheiten der Vollziehung besorgen dürfen. Im *schweizer. Bundesrecht* sind B. Dienstabteilungen eines Departements. - Übersicht S. 115–117.

Bundes-Angestelltentarifvertrag, Abk. BAT, Tarifvertrag vom 23. 2. 1961 zw. dem Bund, der Tarifgemeinschaft dt. Länder und der Vereinigung kommunaler Arbeitgeberverbände einerseits sowie der DAG und der Gewerkschaft ÖTV andererseits zur Regelung der Rechtsverhältnisse v. a. der Angestellten von Bund und Ländern in der BR Deutschland (ausgenommen Angestellte der Dt. Bundesbahn und der Dt. Bundespost). In Kraft getreten am 1. April 1961.

Bundesanleihen, [Inhaber]schuldverschreibungen der BR Deutschland oder der Sondervermögens des Bundes: Dt. Bundesbahn, Dt. Bundespost, Ausgleichsfonds. Die Emission erfolgt durch das Bundesanleihekonsortium unter Führung der Dt. Bundesbank (ohne Quote).

Bundesanstalten, in der BR Deutschland Einrichtungen des Bundes mit bestimmten Verwaltungs- oder Forschungsaufgaben; z. T. Nachfolger der früheren Reichsanstalten. U. a.: **Bundesanstalt für Arbeitsschutz und Unfallforschung,** Dortmund; **Bundesanstalt für Geowissenschaften und Rohstoffe,** Hannover; **Bundesanstalt für Flugsicherung,** Frankfurt am Main; **Bundesanstalt für landw. Marktordnung,** Frankfurt am Main; **Bundesanstalt für Materialprüfung,** Berlin (West); **Physikal.-Techn. Bundesanstalt,** Braunschweig und Berlin (West); **Bundesanstalt für Straßenwesen,** Köln. Die B. sind i. d. R. selbständige jurist. Personen und gehören zur mittelbaren Bundesverwaltung.

Bundesanstalt für Arbeit, Abk. BA, Körperschaft des öffentl. Rechts mit Selbstverwaltung im Geschäftsbereich des Bundesmin. für Arbeit und Sozialordnung; Sitz Nürnberg, errichtet 1952 als **Bundesanstalt für Arbeitsvermittlung und Arbeitslosenversicherung**, seit 1969 jetziger Name. Vorgängerin ist die 1927 gegr. **Reichsanstalt für Arbeitsvermittlung und Arbeitslosenversicherung.** Nach dem ArbeitsförderungsG (AFG) vom 25. 6. 1969 obliegen der BA die Berufsberatung, die Arbeitsvermittlung, die Förderung der berufl. Ausbildung, Fortbildung und Umschulung, die Arbeits- und Berufsförderung Behinderter, die Gewährung von Leistungen zur Erhaltung und Schaffung von Arbeitsplätzen, die Gewährung von Arbeitslosengeld, Arbeitsmarkt- und Berufsforschung. Der Hauptstelle unterstellt sind Landesarbeitsämter, Arbeitsämter, 558 Nebenstellen und andere Dienststellen (u. a. die Fachhochschule Mannheim). Die Selbstverwaltung in der BA ist dreistufig aufgebaut: Zentrale Organe sind der Verwaltungsrat und der Vorstand; daneben besteht bei jedem Landesarbeitsamt und Arbeitsamt ein Verwaltungsausschuß. Alle Selbstverwaltungsorgane setzen sich zu je einem Drittel aus Vertretern der Arbeitnehmer, der Arbeitgeber und der öffentl. Körperschaften (Bund, Länder und Gemeinden) zusammen, die Amtsdauer beträgt 6 Jahre. Finanzielle Grundlage der Dienste und Leistungen der BA sind die Beiträge zur Arbeitslosenversicherung. - Der BA obliegt unter der Bez. „**Kindergeldkasse**" die Durchführung des Bundeskindergeldgesetzes.

Bundesanwalt, 1. ein [nichtleitendes] Mgl. der Bundesanwaltschaft beim Bundesgerichtshof; 2. der Vertreter des Oberbundesanwaltes beim Bundesverwaltungsgericht.
In der *Schweiz* ist der B., der vom Bundesrat gewählt wird und unter dessen Aufsicht und Leitung steht, Chef der **Bundesanwaltschaft**, einer Abteilung des eidgenöss. Justiz- und Polizeidepartements. Er ist v. a. in Bundesstrafsachen als Staatsanwalt tätig, dazu kommen zahlr. Aufgaben in der Justizverwaltung des Bundes (u. a. Leiter der polit. Polizei).
Bundesanwaltschaft, staatsrechtl. Bez. für Rechtspflegeorgane, 1. den *Generalbundesanwalt* beim Bundesgerichtshof als selbständiges Glied der Staatsanwaltschaft; zuständig sowohl in den Strafsachen, die zur Zuständigkeit des Bundesgerichtshofs gehören als auch in den zur Zuständigkeit der Oberlandesgerichte im ersten Rechtszug gehörenden Strafsachen (Staatsschutzdelikte); 2. den *Oberbundesanwalt* (tätig als Vertreter des öffentl. Interesses), 3. den *Bundesdisziplinaranwalt*, 4. den *Bundeswehrdisziplinaranwalt* (alle beim Bundesverwaltungsgericht).

Bundesanzeiger, Abk. BAnz., vom Bundesmin. der Justiz auf kommerzieller Basis herausgegebenes Publikationsorgan, das werktägl. außer montags erscheint. Der B. bringt in seinem amtl. Teil Verkündungen, Bekanntmachungen von Behörden, [staatl.] Ausschreibungen und Sonstiges. Der nichtamtl. Teil enthält im wesentl. Parlamentsberichterstattung über Bundestag und Bundesrat. Im Teil „gerichtl. und sonstige Bekanntmachungen" werden u. a. öffentl. Zustellungen und Aufforderungen der Gerichte sowie Bekanntmachungen von Handelsgesellschaften veröffentlicht. Die **Zentralhandelsregister-Beilage** enthält die Publikation der Eintragungen in das Handelsregister.

Bundesapothekerkammer, ↑ Apothekerkammer.

Bundesarbeitsgemeinschaft der Freien Wohlfahrtspflege e. V., 1950 gegr. Zusammenschluß der Spitzenverbände der freien Wohlfahrtspflege zur Koordinierung der Arbeit der angeschlossenen Verbände und Mitwirkung an der Sozialgesetzgebung; Sitz: Bonn.

Bundesarbeitsgericht, Abk. BAG, BArbG, oberster Gerichtshof des Bundes auf dem Gebiet der Arbeitsgerichtsbarkeit; Sitz: Kassel.

Bundesarchiv, zentrales Archiv für die BR Deutschland; untersteht dem Bundesmin. des Innern; 1952 errichtet, Sitz: Koblenz; verwahrt das zur dauernden Aufbewahrung bestimmte Schriftgut der Bundesregierung, der obersten und oberen Bundesbehörden, die Akten der ehem. zonalen und bizonalen Verwaltungen und des Vereinigten Wirtschaftsgebietes; die Archivalien des Dt. Bundes und des Dt. Reiches bis 1945, der Wehrmacht

BUNDESÄMTER IN DER BUNDESREPUBLIK DEUTSCHLAND

Bundesamt	Hauptaufgaben
Bundesamt für den Zivildienst, Köln (1973; 7)	Anerkennung und Betreuung der Beschäftigungsstellen für Zivildienstpflichtige, Heranziehung und Betreuung (Ausbildung, Fürsorge) der Zivildienstpflichtigen
Bundesamt für die Anerkennung ausländ. Flüchtlinge, Zirndorf (1965; 4)	Entscheidung über die Anträge ausländ. Flüchtlinge auf Anerkennung als Asylberechtigte

Anmerkung S. 116

Bundesamt	Hauptaufgaben
Bundesamt für Ernährung und Forstwirtschaft, Frankfurt am Main (1965; 6)	Genehmigungsstelle bei Einfuhr, Ausfuhr und Transit von Erzeugnissen der Ernährungs- und Landwirtschaft, Marktordnungsstelle für die in den EG bestehenden gemeinsamen Marktorganisationen (Eier, Geflügel, Obst, Gemüse, Wein, Fischereierzeugnisse, u. a.)
Bundesamt für Finanzen, Bonn-Bad Godesberg (1971; 1)	Mitwirkung an der steuerl. Betriebsprüfung, zentrale Sammlung und Auswertung von Unterlagen über steuerl. Auslandsbeziehungen, Berechnung und Zahlbarmachung der Beamten- und Versorgungsbezüge für die meisten Bundesressorts
Bundesamt für gewerbl. Wirtschaft, Eschborn/Taunus (1954; 9)	Ausführung von Rechtsvorschriften auf den Gebieten des Außenwirtschaftsverkehrs und der innerdt. Wirtschaftsbeziehungen, Genehmigung der Ein- und Ausfuhr von Kernbrennstoffen und radioaktiven Stoffen, Statistiken über Rohstoffe, Überwachung von vorratspflichtigen Unternehmen der Erdölindustrie
Bundesamt für Schiffsvermessung, Hamburg (1951; 8)	Schiffsvermessung und Ausstellung der Meßbriefe
Bundesamt für Sera und Impfstoffe (Paul-Ehrlich-Institut), Frankfurt am Main (1972; 7)	Prüfung und Zulassung von Sera, Impfstoffen und Arzneimitteln, Forschung auf diesen Gebieten, Entwicklung von Standardpräparaten
Bundesamt für Verfassungsschutz, Köln (1950; 4). Landesämter für Verfassungsschutz bei den obersten Landesbehörden	Sammlung/Auswertung von Auskünften, Nachrichten u. sonstigen Unterlagen über 1. Bestrebungen, die gegen die freiheitl. demokrat. Grundordnung, den Bestand und die Sicherheit des Bundes oder eines Landes gerichtet sind, 2. sicherheitsgefährdende oder geheimdienstl. Tätigkeiten für eine fremde Macht. Keine polizeil. Befugnisse
Bundesamt für Wehrtechnik und Beschaffung, Koblenz (1957; 3)	techn. Entwicklung, Erprobung, Güteprüfung und Beschaffung des Materials für die Bundeswehr
Bundesamt für Zivilschutz, Bonn-Bad Godesberg (1958; 4)	Ausbildung leitender Zivilschutzkräfte, Zivilschutzplanung und -forschung, Warndienst-, Schutzbaumaßnahmen. Die eingegliederte Bundesanstalt Technisches Hilfswerk (THW) leistet techn. Hilfe bei Katastrophen und Unglücksfällen
Bundesaufsichtsamt für das Kreditwesen, Berlin (West) (1962; 1)	Überwachung der Tätigkeit der Kreditinstitute nach Maßgabe der einschlägigen Gesetze (KreditwesenG, HypothekenbankG u. a.), Erteilung und Versagung der Erlaubnis zum Betrieb von Kreditinstituten, Aufsicht über die Bausparkassen
Bundesaufsichtsamt für das Versicherungswesen, Berlin (West) (1951; 1)	Beaufsichtigung der privaten Versicherungsunternehmen, Genehmigung der Tarife in der Kfz-Versicherung, Aufsicht über den Pensions-Versicherungs-Verein
Bundesausgleichsamt, Bad Homburg v. d. H. (1952; 4)	Durchführung der Lastenausgleichsgesetze, des Kriegsgefangenenentschädigungsgesetzes, des Häftlingshilfegesetzes, Abwicklung der Wertpapierbereinigung, Verwaltung des Ausgleichsfonds

Die erste Zahl in der Klammer gibt das Jahr der Errichtung an, die zweite Zahl gibt das Bundesministerium (BM) an, in dessen Geschäftsbereich das Bundesamt liegt; dabei bedeuten: 1 BM der Finanzen; 2 BM der Justiz; 3 BM der Verteidigung; 4 BM des Innern; 5 BM für Arbeit und Sozialordnung; 6 BM für Ernährung, Landwirtschaft und Forsten; 7 BM für Jugend, Familie und Gesundheit; 8 BM für Verkehr; 9 BM für Wirtschaft; 10 Direkt dem Bundeskanzler unterstellt.

Bundesamt	Hauptaufgaben
Bundesgesundheitsamt, Berlin (West) (1952; 7)	Projekt- und Auftragsforschung auf dem Gebiet der öffentl. Gesundheitspflege, Zulassung und Überwachung von Arznei- und Betäubungsmitteln, medizin. Statistik
Bundeskartellamt, Berlin (West) (1957; 9)	Durchsetzung des Verbots wettbewerbsbeschränkender Verträge und Verhaltens, Durchführung der Fusionskontrolle, Entscheidung über Anträge auf Erteilung einer Kartellerlaubnis, Mißbrauchsaufsicht über marktbeherrschende Unternehmen und über Preisempfehlungen
Bundeskriminalamt (BKA), Wiesbaden und Bonn-Bad Godesberg (1951; 4)	Nat. Zentralbüro der Interpol; Bekämpfung des Straftäters, soweit er sich internat. oder über das Gebiet eines Landes hinaus betätigt, Sammlung und Auswertung aller Nachrichten und Unterlagen für die polizeil. Verbrechensbekämpfung, Errichtung von erkennungsdienstl. und kriminaltechn. Einrichtungen, Verbrechensforschung, Erstattung von Gutachten für Strafverfahren, Verfolgung des internat. organisierten illegalen Waffen-, Munitions-, Sprengstoff-, Betäubungsmittelhandels, Bekämpfung des Terrorismus
Bundesoberseeamt, Hamburg (1950; 8)	Berufungs- und Beschwerdeinstanz in Seeunfalluntersuchungsverfahren
Bundessortenamt, Hannover (1953; 6)	Entscheidung über Erteilung des Sortenschutzes für Neuzüchtungen landw. Nutzpflanzen, Eintragung von Sorten in die Sortenliste, Führung eines Sortenverzeichnisses für Gemüsesorten
Bundesversicherungsamt, Berlin (West) (1956; 5)	Aufsicht über Träger, Verbände und Einrichtungen der Sozialversicherung, Durchführung von Vermögensverwaltung und Abwicklung nach dem Rechtsträger-AbwicklungsG
Bundesverwaltungsamt, Köln (1959; 4)	Erledigung von zahlr. Verwaltungsaufgaben in eigener Zuständigkeit, Ausbildungsbehörde für den mittleren und gehobenen nichttechn. Dienst, Berufsförderung der Beamten, Entschädigung und Wiedergutmachung; Ausländerzentralregister, Staatsangehörigkeitsangelegenheiten
Deutsches Patentamt, München, Dienststelle in Berlin (West) (1949; 2)	Wahrnehmung der Aufgaben des gewerbl. Rechtsschutzes (Patentwesen), Information durch zahlr. Veröffentlichungen
Kraftfahrt-Bundesamt, Flensburg-Mürwik (1951; 8)	Typprüfung für Kfz. und Kfz.-Teile, Sammlung von Daten über Kfz., Führung des Verkehrszentralregisters
Luftfahrt-Bundesamt, Braunschweig (1954; 8)	Musterzulassung und Verkehrszulassung von Luftfahrtgeräten, Führung der Luftfahrzeugrolle, Prüfung der Verkehrssicherheit von Luftfahrtgeräten, Erlaubniserteilung für Verkehrs- und Berufsflugzeugführer, Hubschrauberführer, Flugnavigatoren, Prüfung des techn. und flugbetriebl. Zustandes und der finanziellen Leistungsfähigkeit der Luftfahrtunternehmen, fachl. Untersuchung von Störungen und Unfällen beim Betrieb von Luftfahrzeugen, Mitwirkung beim Such- und Rettungsdienst für Luftfahrzeuge
Presse- und Informationsamt der Bundesregierung, Bonn (1949; 10)	Unterrichtung des Bundespräs. und der Bundesregierung über die weltweite Nachrichtenlage, Erforschung und Darstellung der öffentl. Meinung, Unterrichtung der Bürger und der Massenmedien über die Politik der Bundesregierung, Vertretung der Regierung auf den Pressekonferenzen
Statist. Bundesamt, Wiesbaden, Zweigstelle Berlin (West), Außenstelle Düsseldorf (1953; 4)	Statistiken für Bundeszwecke, Aufstellung der volkswirtschaftl. Gesamtrechnung; zahlr. Fachveröffentlichungen
Umweltbundesamt, Berlin (West) (1974; 4)	Wissenschaftl. Unterstützung des Bundesmin. in allen Angelegenheiten des Immissionsschutzes und der Abfallwirtsch., Umweltplanung, Umweltdokumentation

und der abgetrennten dt. Gebiete; Archivgut von Verbänden und Institutionen mit überregionaler Bedeutung und der ehem. polit. Parteien, Nachlässe bed. Persönlichkeiten, Quellen zur Zeitgeschichte, Dokumentarfilme u. a.; zahlr. Veröffentlichungen.

Bundesärztekammer ↑ Ärztekammern.

Bundesassisen, schweizer. Schwurgericht, bestehend aus den 3 Richtern der Kriminalkammer des Bundesgerichts und 12 Geschworenen, welche über die Tatfrage absprechen (urteilen). Die B. urteilen über Hochverrat gegen die Eidgenossenschaft, Aufruhr und Gewalttat gegen die Bundesbehörden und über Verbrechen und Vergehen gegen das Völkerrecht.

Bundesassistentenkonferenz
↑ Hochschulpolitik.

Bundesaufsicht, in der BR Deutschland die Befugnis der Bundesregierung, die Ausführung der BG durch die Länder zu beaufsichtigen (Art. 84–85 GG). Führen die Länder die BG *als eigene Angelegenheit* aus, so erstreckt sich die Aufsicht darauf, daß die Länder die BG dem geltenden Rechte gemäß ausführen. Führen die Länder die BG *im Auftrag des Bundes* aus, so erstreckt sich die B. auf die Gesetzmäßigkeit der Ausführung.

Bundesauftragsverwaltung ↑ Auftragsverwaltung.

Bundesausbildungsförderungsgesetz, Abk. BAföG, ↑ Ausbildungsförderung.

Bundesausgleichsamt ↑ Bundesämter (Übersicht).

Bundesautobahnen ↑ Autobahn.

Bundesbahn ↑ Deutsche Bundesbahn.

Bundesbahnen ↑ Österreichische Bundesbahnen, ↑ Schweizerische Bundesbahnen.

Bundesbank ↑ Deutsche Bundesbank.

Bundesbaudirektion, 1950 errichtete Bundesoberbehörde mit Sitz in Berlin (West), im Geschäftsbereich des Bundesmin. der Finanzen. Aufgabenbereich: Bearbeitung von Bauangelegenheiten des Bundespräs., Bundesrates, Bundeskanzlers und der Bundesmin. sowie des Bundes im Ausland.

Bundesbaugesetz, Abk. BBauG, das durch das ↑ Städtebauförderungsgesetz ergänzte BG zur Vereinheitlichung des Städtebaurechts im Gebiet der BR Deutschland. Das B. soll eine geordnete Bebauung des Grund und Bodens sicherstellen und sieht Maßnahmen zur Ausweisung und Erschließung von Bauland, zur Änderung des Eigentums und der Grenzen an Grundstücken und zur Belebung des Bodenmarktes vor. Im einzelnen enthält das B. Bestimmungen über die Bauleitplanung und deren Sicherung (Veränderungssperre, Bodenverkehr, gesetzl. Vorkaufsrecht der Gemeinden), die Regelung der baul. und sonstigen Nutzung, die Bodenordnung (Baulandumlegung, Grenzregelung), die Enteignung zu den in § 85 genannten Zwecken, die Erschließung, die Ermittlung von Grundstückswerten und das Verfahren vor den Kammern (Senaten) für Baulandsachen.

Bundesbeauftragter für den Zivildienst, durch Kabinettsbeschluß 1970 geführte Dienststelle im Bundesmin. für Arbeit und Sozialordnung; Aufgaben: Betreuung der Zivildienstpflichtigen und Fachaufsicht über die Verwaltung des zivilen Ersatzdienstes.

Bundesbehörden, zum dt. Recht ↑ Bundesverwaltung.
Nach *östr. Verfassungsrecht* sind B. Verwaltungsorgane, deren Errichtung und Organisation dem Bunde zukommt. Im *schweizer. Recht* sind die B. die in der BV erwähnten Kollegialorgane der schweizer. Eidgenossenschaft: Bundesversammlung, Bundesrat, Bundeskanzlei und Bundesgerichte. In der Praxis aber werden auch der Bundeskanzler, der General der Armee und das Eidgenöss. Versicherungsgericht als B. betrachtet.

Bundesblatt, in der Schweiz Organ zur Veröffentlichung der Entwürfe zu den BG, der Berichte für die Bundesversammlung und der Beschlüsse des Bundesrats. Das B. wird wöchentl. wenigstens einmal in den drei Amtssprachen von der Bundeskanzlei herausgegeben.

Bundesdistrikt (Bundesterritorium), in einigen Bundesstaaten ein bundesunmittelbares, zu keinem der Bundesstaaten (Bundesländer) gehörendes Territorium, das Sitz der Bundesbehörden (Hauptstadt) ist und einer Sonderverwaltung untersteht, z. B. in Australien das *Australian Capital Territory* (Canberra), in den USA der *District of Columbia* (Washington, D. C.).

Bundesdisziplinaranwalt, Bundesbehörde im Geschäftsbereich des Bundesmin. des Innern, Sitz: Frankfurt am Main, mit der Aufgabe, die einheitl. Ausübung der Disziplinargewalt zu sichern sowie die Interessen des öffentl. Dienstes und der Allgemeinheit in jeder Lage des Disziplinarverfahrens wahrzunehmen.

Bundesdisziplinargericht ↑ Disziplinargerichtsbarkeit.

Bundesdruckerei, dem Bundesmin. für das Post- und Fernmeldewesen unterstehender Betrieb des Bundes mit Sitz in Berlin (West) und mehreren Fertigungsstätten in der BR Deutschland. Die B. führt Aufträge des Bundes und der Länder aus (u. a. Druck von Banknoten, Postwertzeichen und Gesetzblättern).

bundeseigene Verwaltung (bundesunmittelbare Verwaltung), in der BR Deutschland der Vollzug von BG durch eigene Behörden im Gegensatz zum Vollzug durch [bundesunmittelbare] Körperschaften und Anstalten des öffentl. Rechts oder durch Landesbehörden (Art. 86 GG). In b. V. werden geführt der auswärtige Dienst, die Bundesfinanzverwaltung, die Dt. Bundesbahn, die Dt. Bundespost, die Verwaltung der Bundeswasserstraßen und der Schiffahrt, die Bundeswehrverwaltung und die Luftver-, kehrsverwaltung.

Bundesentschädigungsgesetz, Abk. BEG, Kurzbez. für das „Gesetz zur Entschädigung für Opfer der nat.soz. Verfolgung" i. d. F. vom 14. 9. 1965; regelt im wesentl. die ↑ Wiedergutmachung.

Bundesexekution, im Dt. Bund gemäß Art. 31 der Wiener Schlußakte in Verbindung mit der Exekutionsordnung von 1820 ein Mittel zur Vollstreckung gerichtl. und gerichtsähnl. Entscheidungen sowie zum Vollzug der Bundesakte und anderer Grundgesetze des Bundes, von Bundesbeschlüssen und Bundesgarantien gegen „pflichtwidrige" Bundesglieder. Exekutionsbeschlüsse wurden 1830 gefaßt gegen Karl II., Herzog von Braunschweig, 1834 gegen die Freie Stadt Frankfurt, 1864 gegen Dänemark und 1866 als formlose B. durch die Mobilmachung des Bundesheeres gegen Preußen. Mit der B. verwandt, aber von dieser zu trennen, ist die ↑ Bundesintervention. Zum Recht im Hl. Röm. Reich bis 1806 ↑ Acht, im Dt. Reich ab 1871 ↑ Reichsexekution. Zum geltenden Recht ↑ Bundeszwang. Im *östr. Verfassungsrecht* ist eine B. gegen die Länder nicht vorgesehen. Im *schweiz.* kann der Bundesrat, um die Kt. zur Erfüllung ihrer bundesmäßigen Verpflichtungen zu zwingen, mit Zustimmung der Bundesversammlung die notwendigen VO zur Ausführung des Bundesrechts erlassen, Bundessubventionen zurückhalten und [sogar militär.] Gewalt anwenden.

Bundesfernstraßen, öffentl. Straßen, die ein zusammenhängendes Verkehrsnetz bilden und einem weiträumigen Verkehr dienen oder zu dienen bestimmt sind (§ 1 Abs. 1 Satz 1 B.gesetz vom 6. 8. 1961 [mehrfach geändert]. Sie gliedern sich in Bundesautobahnen und Bundesstraßen [einschließl. der Ortsdurchfahrten]. Eigentümer der B. und Träger der Baulast ist der Bund. Verwaltet werden die B. von den Ländern oder den nach Landesrecht zuständigen Selbstverwaltungskörperschaften im Auftrage des Bundes.

Bundesfestungen, Festungen des Dt. Bundes: zunächst Luxemburg und Landau in der Pfalz, später kamen Mainz (1816), Ulm (1840) und Rastatt (1841) hinzu.

Bundesfinanzhof, Abk. BFH, oberster Gerichtshof des Bundes auf dem Gebiet der Finanzgerichtsbarkeit, Sitz: München.

Bundesflagge ↑ Hoheitszeichen.

Bundesforschungsanstalten, Einrichtungen des Bundes mit bestimmten Forschungsaufgaben. Die B. sind entweder rechtl. unselbständig oder bundesunmittelbare Anstalten des öff. Rechts. U. a.: **Bundesforschungsanstalt für Fischerei,** Hamburg; **Bundesforschungsanstalt für Landeskunde und Raumordnung,** Bonn-Bad Godesberg.

Bundesfürsten, die Landesherren der dt. Einzelstaaten 1871–1918; regierten im wesentl. als konstitutionelle Monarchen, hatten mit Ausnahme des preuß. Königs jedoch die eigtl. Attribute der Souveränität eingebüßt.

Bundesgartenschau ↑ Gartenbauausstellungen.

Bundesgendarmerie, in Österreich ein uniformierter, bewaffneter, militär. organisierter Wachkörper zur Aufrechterhaltung der öff. Ruhe, Ordnung und Sicherheit, der aber nur außerhalb des Bereiches einer Bundespolizeibehörde tätig wird. Die B. wird durch das im Bundesmin. für Inneres eingerichtete **Gendarmeriezentralkommando** geleitet; in den Ländern bestehen eigene **Landesgendarmeriekommandos.** Als Regel kann gelten, daß in jeder Gemeinde ein **Gendarmeriepostenkommando** besteht. Die B. ist dem Sicherheitsdirektor bzw. dem Bezirkshauptmann unterstellt, Gerichte und Staatsanwaltschaften können unmittelbar über die B. verfügen.

Bundesgenossenkrieg, Krieg Athens 357–355 gegen die vom 2. Att. Seebund abgefallenen Mgl.staaten Chios, Kos, Rhodos, Byzanz; durch die Niederlage Athens in Ionien und ein pers. Ultimatum beendet.

◆ Krieg Philipps V. von Makedonien und der Achäischen Bundes 220–217 gegen den Ätol. Bund und Sparta; führte zum Frieden von Naupaktos und vorübergehender Aussöhnung der Gegner.

◆ (Mars. Krieg) der 91–89 bzw. 82 geführte Krieg Roms gegen seine italischen Bundesgenossen, provoziert durch die aus wirtsch. wie rechtl. Gründen seit der Gracchenzeit erhobene Forderung der Bundesgenossen nach dem röm. Bürgerrecht. Nach anfängl. Niederlagen lenkte Rom rasch ein. Alle Italiker südl. des Po erhielten das Bürgerrecht (↑ Foederati).

Bundesgerichte, in Bundesstaaten Gerichte des Gesamtstaates, die organisator. [und oft auch im Instanzenzug] unabhängig neben den Gerichten der Einzelstaaten bestehen. In der BR Deutschland sind gemäß Art. 92, 95, 96 GG B. die obersten Gerichtshöfe des Bundes (Bundesarbeitsgericht, Bundesfinanzhof, Bundesgerichtshof, Bundessozialgericht, Bundesverwaltungsgericht), der Gemeinsame Senat der obersten Gerichtshöfe des Bundes sowie das Bundespatentgericht, das Bundesdisziplinargericht und die Wehrdienstgerichte. Einen bes. Platz unter den Gerichten des Bundes nimmt das Bundesverfassungsgericht ein.

Nach *östr. Recht* ist die Ausübung der Gerichtsbarkeit ausschließl. Sache des Bundes; alle in Österreich bestehenden Gerichte sind daher B. In der *Schweiz* sind nur die höchsten Gerichte B. Ihre Mgl. werden von der Bundesversammlung auf die Dauer von 6 Jahren gewählt. Die B. wenden nur Bundesrecht an. B. sind: 1. das **Bundesgericht,** Sitz: Lausanne,

Bundesgerichtshof

das mehrere Abteilungen hat (staats- und verwaltungsrechtl. Abteilung, 2 Zivilabteilungen, Schuldbetreibungs- und Konkurskammer, Anklagekammer, Kriminalkammer, Bundesstrafgericht, Kassationshof in Strafsachen, außerordentl. Kassationshof zur Beurteilung von Nichtigkeitsbeschwerden und Revisionsgesuchen gegen Urteile der Bundesassisen), und 2. das **Eidgenössische Versicherungsgericht**, Sitz: Luzern, das als organisator. selbständige Sozialversicherungsabteilung des Bundesgerichts gilt.

Bundesgerichtshof, Abk. BGH, oberster Gerichtshof des Bundes im Bereich der ordentl. Gerichtsbarkeit, Sitz: Karlsruhe. Der BGH ist mit dem Präs., den Senatspräs. als Vors. der einzelnen Senate und Richtern [am B.] besetzt; diese werden durch den Bundesmin. der Justiz gemeinsam mit dem Richterwahlausschuß berufen und vom Bundespräs. ernannt. Der BGH gliedert sich in Zivil- und Strafsenate, jeweils mit 5 Mgl. einschließl. des Vors. besetzt. Daneben bestehen Fachsenate für Anwalts-, Patentanwalts-, Steuerberater-, Wirtschaftsprüfer- und Notarsachen sowie das Dienstgericht des Bundes.
In *Zivilsachen* entscheidet der BGH über die Revision gegen die Berufungsurteile der Oberlandesgerichte, über die Sprungrevision gegen Urteile der Landgerichte sowie über die Beschwerde gegen die Entscheidungen der Oberlandesgerichte, durch die die Berufung als unzulässig verworfen wird. In *Strafsachen* ist er zuständig für die Entscheidung über die Revision gegen Urteile der Oberlandesgerichte in Staatsschutzsachen und die Schwurgerichte sowie der großen Strafkammern der Landgerichte im ersten Rechtszug und über die Beschwerde gegen bestimmte Entscheidungen der Oberlandesgerichte in Staatsschutzsachen sowie gegen Verfügungen des Ermittlungsrichters des BGH.
Bei dem BGH ist ein **Großer Senat für Zivilsachen** sowie ein **Großer Senat für Strafsachen** gebildet, die jeweils aus dem Präs. des BGH und aus 8 Mgl. bestehen und dann entscheiden, wenn in einer Rechtsfrage ein Senat von der Entscheidung eines anderen Senats abweichen will oder wenn es sich um eine Rechtsfrage von grundsätzl. Bedeutung handelt, bei der die Fortbildung des Rechts oder die Sicherung einer einheitl. Rechtsprechung in Frage steht und der mit der Rechtsfrage befaßte Senat die Entscheidung des Großen Senats herbeiführt. Will ein Zivilsenat von der Entscheidung eines Strafsenats oder ein Strafsenat von der eines Zivilsenats abweichen, so entscheiden die **Vereinigten Großen Senate,** die aus dem Präs. des BGH und sämtl. Mgl. der Großen Senate bestehen.

Bundesgesellschaften, privatwirtsch. geführte Kapitalgesellschaften, deren Aktien i. d. R. überwiegend im Besitz der BR Deutschland sind. Die wichtigsten industriel-

len B. sind in den Konzernen VEBA AG, Salzgitter AG, Industrieverwaltungsgesellschaft mbH, Vereinigte Industrie-Unternehmungen AG, Saarbergwerke AG und Volkswagenwerk AG zusammengefaßt.

Bundesgesetzblatt, Abk. BGBl., das in Art. 82 Abs. 1 GG vorgesehene ausschließl. Verkündungsblatt für Gesetze und wichtigste Verkündungsblatt für Rechtsverordnungen (RVO) der BR Deutschland, herausgegeben vom Bundesmin. der Justiz. Die erste Ausgabe vom 23. 5. 1949 enthielt das GG. Seit 1951 erscheint das B. in zwei Teilen; Teil I enthält Gesetze, Verordnungen, Anordnungen; Teil II enthält zwischenstaatl. Verträge, Abkommen und Bekanntmachungen sowie Rechtsvorschriften auf dem Gebiet des Zolltarifwesens. - Vorläufer war das 1871–1945 erscheinende **Reichsgesetzblatt** (RGBl.).
In *Österreich* ist das B. (Abk. BGBl.) die period., vom Bundeskanzleramt herausgegebene Druckschrift, die u. a. zur Verlautbarung der Gesetzesbeschlüsse des Nationalrates, der vom Nationalrat genehmigten Staatsverträge, der allg. Entschließungen des Bundespräs. und der RVO der Bundesregierung und Bundesmin. bestimmt ist.

Bundesgesetze, Rechtsnormen, die in einem Bundesstaat von den gesetzgebenden Organen des Bundes erlassen werden († Gesetzgebung).

Bundesgrenzschutz, Abk. BGS, 1951 errichtete, dem Bundesmin. des Innern unterstellte Sonderpolizei des Bundes (Sollstärke: etwa 21 000 Mann) zum Schutz des Bundesgebietes gegen verbotene Grenzübertritte und sonstige Störungen der öffentl. Ordnung im Grenzgebiet bis zu einer Tiefe von 30 km und zum Einsatz in gesetzl. geregelten Fällen (BundesgrenzschutzG vom 18. 8. 1972). Im Verteidigungsfall und in Fällen des inneren Notstandes kann der B. im gesamten Bundesgebiet als Polizeitruppe eingesetzt werden. Im Verteidigungsfall haben die Beamten Kombattantenstatus. Der B. setzt sich zusammen aus der **Grenzschutztruppe** und dem **Grenzschutzeinzeldienst.** Eine Spezialeinheit des B. zur Bekämpfung des Terrorismus ist die 1972 gebildete **Grenzschutzgruppe 9 (GSG 9),** die aus rd. 180 Freiwilligen besteht und mit modernsten Geräten und Waffen ausgerüstet ist.

Bundeshauptkasse, die dem Bundesmin. der Finanzen unterstehende Zentralkasse, bei der laufend alle Einnahmen des Bundes zusammengefaßt werden und die Bedarfsstellen für ihre Bundesausgaben mit Geld versorgt sowie alle Haushaltseinnahmen und -ausgaben abrechnet und die Gesamtrechnung erstellt.

Bundeshaus, Bez. 1. in der BR Deutschland für das Gebäude des Dt. Bundestags in Bonn, 2. in der Schweiz für den Tagungsort der eidgenöss. Räte.

Bundesheer, das Heer eines Bundesstaates. In *Österreich* die vom Bund unterhaltene, militär. organisierte Wehrmacht, deren Aufgaben der Schutz der Grenze der Republik *(Neutralitätsschutz)* und die Assistenzleistung (die Mitwirkung des B. zum Schutz der verfassungsmäßigen Einrichtungen, zur Aufrechterhaltung der Ordnung und Sicherheit im Innern und zur Hilfeleistung bei Elementarereignissen und Unglücken außergewöhnl. Umfangs) sind. Selbständiges militär. Einschreiten ist nur zulässig, wenn die zuständigen Behörden durch höhere Gewalt funktionsunfähig geworden sind und bei weiterem Zuwarten unwiederbringl. Schaden entstünde. Den Oberbefehl über das B. führt der Bundespräsident.

Bundesinstitute, Einrichtungen des Bundes mit vorwiegend wiss. Aufgaben. U. a.: **Bundesinstitut für Berufsbildung,** Berlin (West); **Bundesinstitut für Bevölkerungsforschung,** Wiesbaden; **Bundesinstitut für Bildungsforschung,** Berlin (West); **Bundesinstitut für ostwissenschaftl. und internat. Studien,** Köln; **Bundesinstitut für Sportwissenschaft,** Köln.

Bundesintervention, im Dt. Bund gemäß Art. 26 der Wiener Schlußakte in Verbindung mit der Exekutionsordnung von 1820 ein Mittel der - erbetenen oder unerbetenen - Bundeshilfe zur Abwehr innerer Unruhen, v. a., wenn eine Regierung nicht mehr zur Aufrechterhaltung der verfassungsmäßigen Ordnung imstande war; Beispiele: die 1850 auf dän. Forderung erfolgte B. in Holstein und die 1850 eingeleitete Bundesintervention in Kurhessen.

Bundesjugendplan, 1950 eingeleitetes Programm der Bundesregierung auf dem Gebiet der Jugendhilfe, das im Zusammenwirken mit den Ländern (Landesjugendpläne), Gemeinden und Gemeindeverbänden sowie den Trägern der freien Jugendhilfe durchgeführt wird. Schwerpunkte der Förderung nach dem B. sind u. a. die polit., kulturelle, sportl. (Bundesjugendspiele), die soziale und berufsbezogene Bildung der Jugend, internat. Jugendarbeit sowie die Jugendarbeit zentraler Organisationen (z. B. Dt. Bundesjugendring).

Bundesjugendring ↑ Deutscher Bundesjugendring.

Bundesjugendspiele, seit 1966 vom Bundesmin. für Jugend, Familie und Gesundheit durchgeführte sportl. Leistungswettkämpfe der Jugendlichen (8.–20. Lebensjahr) im Geräteturnen, im Schwimmen und in der Leichtathletik (seit 1980 für alle Schulen bis zur Klasse 10 verbindlich).

Bundeskanzlei, in der Schweiz die bes. Aufsicht des Bundespräs. unterstellte Kanzlei der Bundesversammlung und des Bundesrates. Sie ist u. a. damit beauftragt, die eidgenöss. Wahlen und Abstimmungen zu organisieren und die Bundesgesetzgebung zu veröffentlichen.

Bundeskanzler, im *Norddt. Bund* (1867–71) der durch das Bundespräsidium ernannte Vors. des Bundesrats und Leiter der Bundesexekutive. Fakt. war das Amt mit dem des preuß. Außenmin. und Min.präs. verbunden. In der *BR Deutschland* ist der B. Leiter der Bundesregierung; er wird vom Bundestag auf Vorschlag des Bundespräs. ohne Aussprache auf die Dauer der Legislaturperiode (meist 4 Jahre) gewählt (Art. 63 GG). Der B. muß nicht Mgl. des Bundestages sein. Zum B. gewählt ist, wer die Stimmen der Mehrheit der Mgl. des Bundestages auf sich vereinigt. Wird der Vorgeschlagene nicht gewählt, so kann der Bundestag innerhalb von 14 Tagen mit einer entsprechenden Mehrheit einen B. wählen. Kommt auch innerhalb dieser Frist keine Wahl zustande, so findet ein neuer Wahlgang statt, in dem der gewählt ist, der die meisten Stimmen erhält. Der Bundespräs. muß den Gewählten innerhalb von 7 Tagen ernennen, wenn dieser die Mehrheit des Bundestages erhalten hat; erreichte er diese Stimmenzahl nicht, muß ihn der Bundespräs. entweder ernennen oder den Bundestag auflösen. Die übrigen Mgl. der Bundesregierung werden auf Vorschlag des B. vom Bundespräs. ernannt und entlassen (Art. 64 GG). Der B. bestimmt die Richtlinien der Politik und trägt dafür die Verantwortung; er leitet die Geschäfte der Bundesregierung nach einer von dieser beschlossenen und vom Bundespräs. genehmigten Geschäftsordnung. Zu den Kompetenzen des B. gehört, daß er im Verteidigungsfall der Befehls- und Kommandogewalt über die Streitkräfte hat, die sonst beim Bundesmin. der Verteidigung liegt. Der B. ernennt einen Bundesmin. zu seinem Stellvertreter (Vizekanzler). Nach Art. 69 GG endigt das Amt des B. mit dem Zusammentritt eines neuen Bundestages. Der Bundestag kann dem B. nur dadurch das Mißtrauen aussprechen, daß er mit der Mehrheit seiner Mgl. einen Nachfolger wählt und den Bundespräs. ersucht, den B. zu entlassen; der Bundespräs. muß diesem Ersuchen entsprechen. Zw. Antrag und Wahl müssen 48 Stunden liegen **(konstruktives Mißtrauensvotum).** Findet ein Antrag des B., ihm das Vertrauen auszusprechen, nicht die Zustimmung der Mehrheit der Mgl. des Bundestages, so kann der Bundespräs. auf Vorschlag des B. innerhalb von 21 Tagen den Bundestag auflösen. Unmittelbar dem B. unterstehen das Presse- und Informationsamt der Bundesregierung, der Bundesnachrichtendienst, der Bevollmächtigte der Bundesregierung in Berlin (West) und der Leiter der Ständigen Vertretung der BR Deutschland in der DDR. In *Österreich* ist der B. der Vors. der Bundesregierung, die als Kollegialorgan die Staatsgeschäfte leitet. Er wird vom Bundespräs. ernannt. In der *Schweiz* wird der Vorsteher der Bundeskanzlei als B. bezeichnet. Er wird

BUNDESMINISTERIEN DER BUNDESREPUBLIK DEUTSCHLAND

Bundesministerium* (B.)	Hauptzuständigkeitsbereiche
Auswärtiges Amt (AA)	↑ auswärtige Angelegenheiten
B. der Finanzen (BMF)	Bundeshaushalt; oberste Leitung der Bundesfinanzbehörden; Regelung der finanziellen Beziehungen zw. Bund und Ländern; Verwaltung der Bundeshauptkasse; finanzielle Maßnahmen zur Liquidation des Krieges (einschl. Wiedergutmachung), Durchführung des Lastenausgleichs; Währungs-, Geld- und Kreditpolitik
B. der Justiz (BMJ)	Justizgesetzgebung, Rechtswesen des Bundes, Überprüfung von Gesetz- und Verordnungsentwürfen anderer B. auf Einhaltung der Rechts- und Verfassungsmäßigkeit, Vorbereitung der Wahl der Bundesrichter beim Bundesverfassungsgericht und bei allen obersten Gerichtshöfen des Bundes
B. der Verteidigung (BMVtdg)	Verteidigungsfragen, Bundeswehr
B. des Innern (BMI)	Verfassungsrecht, Staatsrecht, allg. Verwaltung, Verwaltungsgerichtsbarkeit, Verfassungsschutz, zivile Verteidigung, Rechtsverhältnisse in der öff. Verwaltung, Sport und Leibesübungen, Medienpolitik, Statistik, öff. Fürsorge, Raumordnung und Kommunalwesen
B. für Arbeit und Sozialordnung (BMA)	Versorgung der Kriegsbeschädigten und Kriegshinterbliebenen, Arbeitsrecht einschl. Betriebsverfassung, Arbeitsschutz, Arbeitsvermittlung, Sozialversicherung einschl. Arbeitslosenversicherung, Technik in Medizin und Krankenhaus, Gebührenrecht für Ärzte u. a. Gesundheitsberufe
B. für Bildung und Wissenschaft (BMBW)	Grundsatzfragen in Wissenschaftsförderung, Bildungsplanung und -forschung; Ausbildungsförderung, berufl. Bildung, Rahmengesetzgebung für das Hochschulwesen
B. für das Post- und Fernmeldewesen (BMP)	Dt. Bundespost
B. für Ernährung, Landwirtschaft und Forsten (BML)	Ernährungs-, Land- und Forstwirtschaft, Fischereiwesen
B. für Forschung und Technologie (BMFT)	Koordination der Forschung im Zuständigkeitsbereich des Bundes, Grundlagenforschung; Förderung der technolog. Entwicklung, der Datenverarbeitung, Kernforschung, Weltraumforschung
B. für innerdeutsche Beziehungen (BMB)	Fragen der nat. Einheit, Förderung der Beziehungen der beiden dt. Staaten
B. für Jugend, Familie, Frauen und Gesundheit (BMJFFG)	Schutz der Familie; Ehe- und Familienrecht; Kindergeldgesetzgebung; familienpolit. Fragen; Jugendwohlfahrt, Jugendschutz; Gesundheitswesen: Human- und Veterinärmedizin, Arzneimittel, Apothekenwesen, Lebensmittelwesen
B. für Raumordnung, Bauwesen und Städtebau (BMBau)	Städtebau, Wohnungsbau, Siedlungswesen, Wohnungswirtschaft, Bauten auf dem Gebiet des Zivilschutzes
B. für Verkehr (BMV)	Eisenbahnwesen, Straßenverkehr, Binnenschiffahrt, Seeverkehr, Luftfahrt, Straßenbau, Wasserbau, Wetterdienst
B. für Wirtschaft (BMWi)	Wirtschaftspolitik und -verwaltung (europ. zwischenstaatl. wirtsch. Zusammenarbeit u. a.)
B. für wirtschaftliche Zusammenarbeit (BMZ)	wirtsch. Zusammenarbeit mit dem Ausland, v. a. mit Entwicklungsländern, Grundsätze, Programm und Koordination der Entwicklungspolitik; Durchführung der Techn. Hilfe
B. für Umwelt, Naturschutz und Reaktorsicherheit	Reaktorsicherheit, Umweltgrundsatzangelegenheiten

* Frühere Namen von umbenannten Ministerien sind in der Übersicht „Kabinette der Bundesrepublik Deutschland" verzeichnet.

von der Bundesversammlung gleichzeitig mit dem Bundesrat auf die Dauer von 4 Jahren gewählt.

Bundeskanzleramt, Abk. BK, das dem Bundeskanzler unterstellte zentrale Planungs-, Lenkungs- und Koordinierungsorgan, dessen der Bundeskanzler sich zur Vorbereitung und Durchführung seiner Aufgaben bedient (Vorläufer: Reichskanzlei).

In *Österreich* ist das B. die vom Bundeskanzler geleitete Behörde, die instanzen- und organisationsmäßig den Charakter eines Bundesministeriums hat. Zu den Aufgaben des B. gehört die Führung aller die Bundesregierung als Kollegialorgan betreffenden Angelegenheiten.

Bundeskartellamt, ↑ Bundesämter (Übersicht), ↑ auch Kartellrecht.

Bundesknappschaft, Körperschaft des öffentl. Rechts; Sitz: Bochum; Trägerin der Knappschaftsversicherung.

Bundeskriminalamt, ↑ Bundesämter (Übersicht).

Bundeslade, altisraelit. Heiligtum (bis 587 v. Chr.); Kasten (Lade) aus Akazienholz (5. Mos. 10, 1ff. u. a.) mit den hölzernen Gesetzestafeln.

Bundesländer, die Gliedstaaten eines Bundesstaates. Im Sprachgebrauch des GG werden die Gliedstaaten der BR Deutschland nicht als B., sondern als Länder bezeichnet.

Bundesliga, in der BR Deutschland in zahlr. Sportarten bestehende höchste Spielklasse, u. a. im Fußball (geteilt in 1. und 2. B.), Handball, Basketball, Eishockey, Ringen, Amateurboxen, Hockey, Tischtennis.

Bundesmarine, Bez. für die Kriegsmarine eines Bundesstaats, für die dt. Kriegsmarine 1848–52 und 1866–71.

Bundesminister, Mgl. der Bundesregierung (Art. 62 GG); ernannt und entlassen vom Bundespräs. auf Vorschlag des Bundeskanzlers. Außer durch Entlassung, die jederzeit erfolgen kann, endet ihr Amtsverhältnis stets mit dem des Bundeskanzlers. Innerhalb der vom Bundeskanzler bestimmten Richtlinien der Politik leitet jeder B. seinen Geschäftsbereich selbständig und eigenverantwortlich (Art. 65 GG). Die B. dürfen neben ihrem Ministeramt kein anderes besoldetes Amt, kein Gewerbe und keinen Beruf ausüben.

In *Österreich* besteht eine gleichartige Regelung hinsichtl. der Ernennung und Entlassung der B. (Art. 70 B-VG). Bei einem Mißtrauensvotum des Nationalrates (Anwesenheit der Hälfte der Mgl. erforderl.) ist der B. durch den Bundespräs. seines Amtes zu entheben.

Bundesministerien, in einem Bundesstaat die für jeweils einen bestimmten Geschäftsbereich zuständigen obersten Verwaltungsbehörden.

In der *BR Deutschland* steht an der Spitze eines B. ein Bundesmin. Die Ministerialverwaltung wird von einem oder mehreren Staatssekretären geleitet (↑ auch parlamentarischer Staatssekretär). Jedes B. gliedert sich in Fachabteilungen und in eine Zentralabteilung (für Organisation, Haushalts- und Personalangelegenheiten); die Abteilungen sind in Referate untergliedert. Die Zuständigkeiten der Referate werden durch einen Organisationsplan geregelt; die Verteilung der Dienstgeschäfte und die Aufteilung des Personals bestimmt der Geschäftsverteilungsplan. Zum Geschäftsbereich eines B. gehören Bundesoberbehörden, Bundesanstalten und -institute; beigeordnet sind dem B. Beiräte, Ausschüsse, Kommissionen und andere beratende Gremien.

Die Zahl der B. ist nicht durch das GG festgelegt, sondern wird von der Bundesregierung und durch den Haushaltsbeschluß des Bundestages bestimmt.

Bundesmonopolverwaltung für Branntwein ↑ Branntweinmonopol.

Bundesnachrichtendienst, Abk. BND, aus der „Organisation Gehlen" hervorgegangener, unmittelbar dem Bundeskanzleramt unterstehender Geheimdienst zur Beschaffung von Nachrichten aus dem Ausland; Sitz: Pullach bei München. Im Inland darf er nur tätig werden, um sich selbst gegen Spionage zu schützen. Der B. unterliegt nur in beschränktem Umfang einer parlamentar. Kontrolle.

Bundesoberbehörden, in der BR Deutschland Behörden der unmittelbaren Bundesverwaltung, die einer obersten Bundesbehörde (Bundesministerium) unmittelbar unterstehen und deren örtl. Zuständigkeitsbereich auf das ganze Bundesgebiet erstreckt, z. B. Bundesämter, Bundesanstalten.

Bundesoberseeamt ↑ Bundesämter (Übersicht).

Bundespatentgericht, Abk. BPatGer, 1961 gebildetes Bundesgericht für bestimmte Angelegenheiten des gewerbl. Rechtsschutzes (z. B. für Entscheidungen über Beschwerden, gegen Beschlüsse des Dt. Patentamtes); Sitz: München.

Bundespolizei, in Österreich ein uniformierter und bewaffneter Wachkörper zur Aufrechterhaltung von Ruhe und Ordnung, der nur im Bereich einer Bundespolizeibehörde (in Wien, den Landeshauptstädten und einigen anderen Orten wie Wels, Villach, Sankt Pölten) tätig wird. Die B. untersteht dem Bundesmin. für Inneres.

Bundespost ↑ Deutsche Bundespost.

Bundespräsident, das Staatsoberhaupt eines Bundesstaates.

In der *BR Deutschland* wird der B. ohne Aussprache von der Bundesversammlung gewählt. Wählbar ist jeder Deutsche, der das Wahlrecht zum Bundestag besitzt und das 40. Lebensjahr vollendet hat. Die Amtszeit

des B. dauert 5 Jahre; einmalige anschließende Wiederwahl ist zulässig. Zur Wahl des B. tritt die Bundesversammlung, die vom Präs. des Bundestages einberufen wird, spätestens 30 Tage vor Ablauf der Amtszeit des B., bei vorzeitiger Beendigung spätestens 30 Tage nach diesem Zeitpunkt zusammen. Als B. ist gewählt, wer die Stimmen der Mehrheit der Mgl. der Bundesversammlung erhält; wenn diese Mehrheit in zwei Wahlgängen von keinem der Bewerber erreicht wird, ist gewählt, wer in einem dritten Wahlgang die meisten Stimmen erhält. Der B. darf weder der Regierung noch einer gesetzgebenden Körperschaft des Bundes oder eines Landes angehören. Außerdem darf er kein anderes besoldetes Amt, kein Gewerbe und keinen Beruf ausüben und weder der Leitung noch dem Aufsichtsrat eines auf Erwerb gerichteten Unternehmens angehören. Bei seinem Amtsantritt muß der B. vor den Mgl. des Bundestages und Bundesrats einen Amtseid ablegen. Die *Befugnisse* des B. werden im Falle seiner Verhinderung oder bei vorzeitiger Erledigung des Amtes vom Präs. des Bundesrats wahrgenommen. Zu seinen Befugnissen gehören: Vorschlagsrecht für die Wahl des Bundeskanzlers, dessen Ernennung und Entlassung (auf Ersuchen des Bundestages); Ernennung und Entlassung der Bundesmin. auf Vorschlag des Bundeskanzlers; Einberufung des Bundestages und dessen Auflösung (in zwei Ausnahmefällen, ↑ Bundeskanzler); Ernennung und Entlassung der Bundesrichter, Bundesbeamten, Offiziere und Unteroffiziere, soweit gesetzl. nichts anderes bestimmt ist; Recht der Begnadigung im Einzelfall; Ehrungen (Verleihung des Bundesverdienstkreuzes); Ausfertigung der Gesetze nach Gegenzeichnung und Verkündung im Bundesgesetzblatt; Erklärung des Gesetzgebungsnotstandes entsprechend den Bestimmungen der Art. 81 GG. Anordnungen und Verfügungen des B. bedürfen zu ihrer Gültigkeit der Gegenzeichnung durch den Bundeskanzler oder den zuständigen Bundesmin. Dies gilt nicht für die Ernennung und Entlassung des Bundeskanzlers, die Auflösung des Bundestags nach Art. 63 GG und das Ersuchen des B. an den Bundeskanzler, die Geschäfte bis zur Ernennung seines Nachfolgers weiterzuführen (Art. 69 GG).
Der B. vertritt den Bund völkerrechtl.; er schließt im Namen des Bundes die Verträge mit auswärtigen Staaten und beglaubigt und empfängt die Gesandten. Der B. verkündet den vom Bundestag festgestellten Eintritt des Verteidigungsfalles. Stehen dem Zusammentritt des Bundestages unüberwindl. Hindernisse entgegen, so kann bei Gefahr im Verzug der B. mit Gegenzeichnung des Bundeskanzlers diese Feststellung treffen und verkünden. Der Bundestag oder der Bundesrat können den B. wegen vorsätzl. Verletzung des GG

oder eines anderen Bundesgesetzes mit $^2/_3$-Mehrheit vor dem Bundesverfassungsgericht anklagen, das den B. nach einem Schuldspruch des Amts entheben kann. Dem B. steht zur Durchführung seiner Aufgaben das **Bundespräsidialamt** zur Verfügung, das von einem Staatssekretär geleitet wird und in 7 Referate gegliedert ist. Der Chef des Bundespräsidialamts hat die Aufgabe, den B. zu beraten und ihn über die laufenden Fragen der allg. Politik und die Arbeit der Bundesregierung und der gesetzgebenden Körperschaften zu unterrichten.
In *Österreich* hat der B. eine ähnl. verfassungsrechtl. Stellung wie in der BR Deutschland (↑ Österreich, politisches System).
In der *Schweiz* vertritt der B. den Staat nach außen und führt den Vorsitz im Bundesrat, dem er als Chef eines Departements angehört. Das Amt wechselt jährl. nach dem Dienstalter.
📖 Ziller, G.: Der B. Bonn ^{3}1970.
Bundespräsidialamt   ↑ Bundespräsident.
Bundespressekonferenz, Vereinigung von über 350 Bonner Korrespondenten dt. Zeitungen, Zeitschriften, Nachrichtenagenturen und Rundfunkanstalten; tritt dreimal wöchentl. zusammen, i. d. R. mit dem Regierungssprecher als Gast der Journalisten. Neben der B. gibt es den **Verein der Auslandspresse** in Bonn mit rd. 270 Mgl.
Bundesprüfstelle für jugendgefährdende Schriften, Behörde im Geschäftsbereich des Bundesmin. für Jugend, Familie und Gesundheit; zuständig für den publizist. Jugendschutz. Die Behörde wird nur auf Antrag tätig; indizierte Schriften werden im Bundesanzeiger bekanntgemacht.
Bundesrat, föderatives Verfassungsorgan eines Bundesstaates, durch das die Gliedstaaten bei der Gesetzgebung und Verwaltung des Bundes mitwirken.
Im *Norddeutschen Bund* (1867–71) und im *Deutschen Reich* (1871–1918) bestand der B. als oberstes Bundesorgan aus den Vertretern der Mgl. des Bundes. Er umfaßte 1911 61 Stimmen (einschließl. Elsaß-Lothringen; davon entfielen auf Preußen 17 Stimmen). Die Reichsgesetzgebung wurde durch B. und Reichstag ausgeübt. Die Übereinstimmung der Mehrheitsbeschlüsse beider Versammlungen war zu einem Reichsgesetz erforderl. Der B. beschloß über die dem Reichstag zu machenden Vorlagen und die von diesem gefaßten Beschlüsse. Die Beschlußfassung erfolgte i. d. R. mit einfacher Mehrheit, bei Stimmengleichheit gab der Präsidialstimme den Ausschlag. Der B. bildete aus seiner Mitte ständige Ausschüsse, zu deren wichtigsten der Ausschuß für auswärtige Angelegenheiten zählte. Den Vorsitz im B. und die Leitung der Geschäfte hatte der Reichskanzler, der vom Kaiser ernannt wurde. Änderungen der

Verfassung, die auf dem Wege der Gesetzgebung erfolgten, galten als abgelehnt, wenn sie im B. 14 Stimmen gegen sich hatten.

In der *BR Deutschland* besteht der B. aus Mgl. der Länderregierungen (z. Z. 41, ohne Berlin [West]), die sie bestellen und abberufen. Die B.mitglieder der gleichen Regierung können einander vertreten; sie sind im Plenum und in den Ausschüssen (außer im Gemeinsamen Ausschuß und im Vermittlungsausschuß) an die Weisungen ihrer Regierungen gebunden. Jedes Land hat mindestens 3 Stimmen, Länder mit mehr als 2 Mill. E 4, Länder mit mehr als 6 Mill. E 5 Stimmen. Jedes Land kann so viele Mgl. entsenden, wie es Stimmen hat. Die Stimmen eines Landes können nur einheitl. und nur durch anwesende Mgl. oder deren Vertreter abgegeben werden. Als autonomes Verfassungsorgan gibt sich der B. eine Geschäftsordnung und wählt seinen Präs. (Amtsdauer: 1 Jahr). Der Präs. ist der Bundespräs. im Falle seiner Verhinderung oder bei vorzeitiger Erledigung des Amtes. Der B. verhandelt – nach Vorberatung durch seine Ausschüsse – öff. und faßt Beschlüsse mit der Mehrheit seiner Stimmen. Er wählt ein Drittel der Mgl. des Gemeinsamen Ausschusses sowie die Hälfte der Bundesverfassungsrichter und ist zur Präsidentenanklage befugt. Die Mgl. des B. haben jederzeit Zutritt und Rederecht im Bundestag. Eine gleichzeitige Mitgliedschaft in B. und Bundestag ist ausgeschlossen. Den Ausschüssen des B. können auch Beauftragte der Landesregierungen angehören. Diese Bestimmung hat deshalb in der Praxis eine große Bed., weil sie dazu führte, daß die Spezialarbeit in den Ausschüssen vorwiegend durch Beamte der Landesverwaltungen geleistet wird.

Eine starke Stellung hat der B. im ↑ Gesetzgebungsverfahren; für einen Teil der Gesetze ist seine Zustimmung erforderlich, bei den übrigen kann sein Einspruch vom Bundestag überwunden werden. Auch beim Erlaß von bestimmter Rechtsverordnungen und Verwaltungsvorschriften ist die Bundesregierung an die Zustimmung des B. gebunden. Weitere Zuständigkeiten besitzt der B. im Gesetzgebungsnotstand und bei anderen Notstandsfällen, bes. im Verteidigungsfall.

In *Österreich* vertritt der B. als 2. Kammer ebenfalls die Länderinteressen (↑ Österreich, politisches System).

In der *Schweiz* vertritt der ↑ Ständerat die Kantone. Als B. wird die Bundesregierung bezeichnet (↑ Schweiz, politisches System).

Bundesräte, in der Schweiz die Mgl. der Regierung des Bundes.

Bundesrechnungshof, Abk. BRH, 1950 eingerichtete selbständige oberste Bundesbehörde; Sitz: Frankfurt am Main. Der B. ist nur dem Gesetz unterworfen, die Bundesregierung hat ihm gegenüber keine Weisungsbefugnis; die Mgl. des B. besitzen richterl. Unabhängigkeit. Der B. prüft auf Grund Art. 114 Abs. 2 GG alle Einnahmen und Ausgaben, das Vermögen und die Schulden des Bundes und überwacht die Haushalts- und Wirtschaftsführung der Bundesbehörden und jener Stellen, die Bundesmittel erhalten (Sozialversicherung, Arbeitslosenversicherung usw.). Der Präsident des B. ist außerdem kraft Amtes Bundesbeauftragter für Wirtschaftlichkeit in der Verwaltung.

Bundesrecht, die in einem Bundesstaat vom Bund erlassenen Rechtsvorschriften (Bundesverfassung, Bundesgesetze, Bundesrechtsverordnungen). In der BR Deutschland gilt ein Teil des ehem. Reichsrechts als B. fort (Art. 124, 125 GG).

Bundesregierung, oberstes kollegial gebildetes Organ der Exekutive eines Bundesstaats.

In der *BR Deutschland* besteht die B. aus dem Bundeskanzler und den Bundesmin. (Art. 62 GG). Sie hat die Aufgabe, der gesamten Staatstätigkeit eine bestimmte Richtung zu geben und für die Einhaltung dieser Linie durch die ihr unterstellten Instanzen zu sorgen. Ihre wichtigsten Aufgaben und Rechte sind: Ausübung der auswärtigen Gewalt, insbes. Abschluß völkerrechtl. Verträge; Gesetzesinitiative; Erlaß von Rechtsverordnungen, allg. Verwaltungsvorschriften und Organisationsakten; Ausübung der Bundesaufsicht und des Bundeszwanges; Zustimmung zu ausgabenerhöhenden und einnahmemindernden Beschlüssen des Bundestages; Gegenzeichnung von Maßnahmen des Bundespräs.; Antrag auf Feststellung des ↑ Verteidigungsfalles. Die B. ist in ihrer Amtsführung vom Vertrauen des Bundestages abhängig. Gestürzt werden kann sie jedoch nur dadurch, daß der Bundestag mit der Mehrheit seiner Mgl. einen neuen Bundeskanzler wählt und damit die gesamte B. zum Rücktritt zwingt. Einzelne Min. dagegen können vom Bundestag nicht gestürzt werden. Verfassungsrechtl. zulässig sind ledigl. Mißbilligungsbeschlüsse, die dem Min. eine polit. Verwarnung erteilen, rechtl. aber keine Abgangspflicht zur Folge haben. Die Mgl. der B. müssen dem Bundestag und dem Bundesrat auf Verlangen Rede und Antwort stehen (Interpellationsrecht), haben ihrerseits zu allen Sitzungen des Bundestages und des Bundesrates sowie ihrer Ausschüsse Zutritt und müssen jederzeit gehört werden. Der Bundeskanzler schlägt die Min. dem Bundespräs. zur Ernennung und Entlassung vor, leitet die Geschäfte der B. nach einer vom Kollegium beschlossenen und vom Bundespräs. genehmigten Geschäftsordnung, bestimmt die Richtlinien der Politik und trägt dafür die Verantwortung gegenüber dem Bundestag **(Kanzlerprinzip).** Innerhalb dieser Richtlinien leitet jeder Min. seinen Geschäftsbereich selbständig und unter eigener Verant-

Bundesrepublik Deutschland

wortung (**Ressortprinzip**). Die B. als Kollegium entscheidet über alle Angelegenheiten von allg. innen- oder außenpolit., wirtsch., sozialer, finanzieller oder kultureller Bed., insbes. über Meinungsverschiedenheiten zw. den Min., über Gesetzesentwürfe und über die Ernennung bestimmter Bediensteter (**Kollegialprinzip**).

Nach *östr. Verfassungsrecht* ist die B. das mit den obersten Verwaltungsgeschäften des Bundes betraute Kollegialorgan (↑ Österreich, politisches System).

Bundesrepublik Deutschland

Bundesstaat in Mitteleuropa, zw. 47° und 55° n. Br. sowie 6° und 14° ö. L. **Staatsgebiet**: Erstreckt sich von Nord- und Ostsee bis zu den Alpen, grenzt im NW an die Niederlande, Belgien und Luxemburg, im W an Frankr., im S an die Schweiz und Österreich, im O an die ČSSR und die DDR, im N an Dänemark sowie an Nord- und Ostsee; zur BR Deutschland gehören u. a. die Ostfries. Inseln, Helgoland, der überwiegende Teil der Nordfries. Inseln und Fehmarn. **Fläche**: 248 717 km². **Bevölkerung**: 61,02 Mill. E (1985), 245 E/km². **Hauptstadt**: Bonn. **Verwaltungsgliederung**: 10 Bundesländer. **Amtssprache**: Deutsch. **Nationalfeiertag**: 17. Juni. **Währung**: Deutsche Mark (DM) = 100 Pfennige. **Internat. Mitgliedschaften**: UN, EG, Europarat, WEU, OECD, GATT, NATO. **Zeitzone**: MEZ (mit Sommerzeit).

Landesnatur: Die BR Deutschland hat Anteil an vier breitenparallel verlaufenden Naturräumen: Norddeutsches Tiefland, Mittelgebirgsschwelle, Alpenvorland und Alpen. Das Norddt. Tiefland umfaßt Marschen und die Geest, der Endmoränenzüge streckenweise ein bewegtes Relief verleihen. Mit weiten Buchten (Niederrhein. Tiefland, Münsterland) greift es in die Niederungen von Rhein, Ems und Weser tief in die Mittelgebirgsschwelle ein, deren N-Fuß von der Bördenzone, einem Gürtel mächtiger Lößaufwehungen, begleitet wird. Die auf die varisk. Gebirgsbildung zurückgehenden Mittelgebirge zerfallen in eine Vielzahl kleinerer Landschaftseinheiten. Einen ausgedehnten Grundgebirgskörper stellt das Rhein. Schiefergebirge dar, das in der Eifel und im Westerwald durch tertiären Vulkanismus überprägt wurde. Ihm gliedern sich im O die kleingekammerten, von Senken und jungen Vulkangebieten (Vogelsberg, Rhön) durchsetzten Einheiten des Hess., des Weser- und des Leineberglandes an. Die östl. Gebirgsumrandung der BR Deutschland bilden der westl. Teil des Harzes, das Fichtelgebirge, der Oberpfälzer und der Bayer. Wald sowie Teile des Böhm. Massivs. In den von den östl. Randhöhen des Oberrheingrabens (Spessart, Odenwald, Schwarzwald) schwach

einfallenden Schichten des postvarisk. Deckgebirges bildete sich auf Grund der Wechsellagerung verschieden widerstandsfähiger Gesteine eine bis zur Donau und zu den altkristallinen Massiven im O reichende Schichtstufenlandschaft aus, die jenseits des Rheins ihre Fortsetzung in der Haardt und im Pfälzer Wald findet; dieser wird durch das Nordpfälzer und Saar-Nahe-Bergland vom Rhein. Schiefergebirge getrennt. Zw. Alb, Bayer. Wald und der Gebirgsmauer der Nördl. Kalkalpen, die als südlichste Großlandschaft in der BR Deutschland einen markanten Abschluß setzen, erstreckt sich der westl. Abschnitt des Alpenvorlandes, dessen Landschaftsbild von der Eiszeit geprägt wurde. Donau, Rhein, Weser und Elbe mit ihren Nebenflüssen entwässern das Land.

Klima: Das Klima zeigt den Übergang vom ozean. feucht-gemäßigten W zum kontinentalen O mit seinen wärmeren Sommern und kälteren Wintern. Die Temperaturen verzeichnen ein Maximum im Juli und ein Minimum im Jan. Die Wintertemperaturen nehmen nach O ab, die Niederschläge fallen zu allen Jahreszeiten. Eine langanhaltende Schneedecke findet sich nur in den Nördl. Kalkalpen.

Vegetation: Die BR Deutschland liegt in der mitteleurop. Zone der sommergrünen Laubwälder. In NW-Deutschland herrschen, abgesehen von den Hochmooren, an Kiefern arme Eichen-Birken-Wälder vor. Von Menschen zerstörte Waldgebiete werden heute weitgehend von Heidegebieten eingenommen (Lüneburger Heide). Die Waldgebiete der Mittelgebirge zeigen eine starke Artendifferenzierung. Die Kammlagen, vereinzelt mit Hochmoorbildung, sind vielfach waldfrei. Zum Typ der Bergmischwälder zählt die Vegetation des von zahlr. Niedermooren durchsetzten Alpenvorlandes; auf Kalkschottern findet sich hier auch die Kiefer. Die Mischwälder setzen sich in den Nördl. Kalkalpen fort mit Buche, Bergahorn und Fichte, doch ist der natürl. Waldgrenze in etwa 1 800 m Höhe immer mehr in den Vordergrund tritt. Über dem Krummholzgürtel folgt die Zwergstrauchstufe, darüber alpine Matten.

Tierwelt: Der urspr. Bestand hat sich weitgehend verändert. Viele Großtiere sind ausgerottet (Auerochse), auf wenige Individuen beschränkt oder werden nur noch in Naturschutzgebieten gehegt (Elch, Adler, Uhu). Gemsen wurden im Schwarzwald, Muffelwild in vielen Gegenden der BR Deutschland erfolgreich angesiedelt. Jagdbar sind u. a. Hirsch, Reh, Wildschwein und Feldhase. Sehr vielfältig ist die Vogelwelt; zahlr. Kulturflüchter wurden durch Kulturfolger ersetzt. Der Fischbestand ging durch Verschmutzung der Gewässer zurück. Von den durch Einwanderung und Einschleppung in den Bereich der BR Deutschland gelangten Tierarten wurden viele zu Schädlingen.

VERWALTUNGSGLIEDERUNG (Stand 31. 12. 1984)

Land	Fläche in km²	Einwohner in 1 000	Hauptstadt
Baden-Württemberg	35 751	9 241	Stuttgart
Bayern	70 553	10 956	München
Bremen	404	666	Bremen
Hamburg	755	1 592	Hamburg
Hessen	21 114	5 535	Wiesbaden
Niedersachsen	47 450	7 216	Hannover
Nordrhein-Westfalen	34 068	16 703	Düsseldorf
Rheinland-Pfalz	19 847	3 624	Mainz
Saarland	2 568	1 051	Saarbrücken
Schleswig-Holstein	15 727	2 614	Kiel
Berlin (West)*	480	1 849	Berlin (West)

* Die Bestimmung der Verfassung von 1950, nach der Berlin (West) ein Land der BR Deutschland ist, gilt gegenwärtig nicht; auch nach dem Viermächte-Berlinabkommen ist Berlin (West) „kein konstitutiver Teil" der BR Deutschland.

Bevölkerung: Das kontinuierl. Wachstum der Bev. nach dem 2. Weltkrieg ist, neben einem anfängl. Geburtenüberschuß, v. a. auf Zuzug von außen zurückzuführen. 9,7 Mill. Heimatvertriebene und Flüchtlinge kamen aus ehem. dt. Ostgebieten und den angrenzenden Staaten O- und SO-Europas. Bis 1961 war die Zuwanderung aus der DDR maßgebl. am Wachstum beteiligt. Seit den 1960er Jahren spielte die konjunkturbedingte Zuwanderung ausländ. Arbeitskräfte die größte Rolle; die Bev. selbst verzeichnete seit 1972 sogar einen Überschuß der Sterbefälle. Die Bev.abnahme nach 1973 ist auch durch Abwanderung ausländ. Arbeitnehmer und ihrer Familien bedingt. 1985 lebten noch 4,38 Mill. Ausländer in der BR Deutschland. Die Geburtenrate war 1978 eine der niedrigsten aller europ. Länder (0,94 %); für den ausländ. Bev.teil errechnete sich eine Geburtenziffer von 1,87 %, für den dt. nur von 0,87 %. 1980 stieg die Geburtenrate erstmals seit 1972 wieder über 1 %. - Die Bev.verteilung ist recht unterschiedl., v. a. bedingt durch das seit rd. 100 Jahren anhaltende Wachstum der wirtsch. und städt. Ballungsgebiete. Der älteste Ballungsraum ist das Ruhrgebiet; weitere Räume der Bev.konzentration sind das Rhein-Neckar-Gebiet, das Rhein-Main-Gebiet, das Saarland, Hannover, München und Nürnberg/Fürth. Unter den Städten haben nach dem 2. Weltkrieg v. a. die Großstädte ein überdurchschnittl. Wachstum erfahren; erst in der jüngsten Gegenwart sind hier fast ausnahmslos Bev.verluste zu verzeichnen, in erster Linie verursacht durch Abwanderung in die Stadtrandgebiete. - 43,3 % der Bev. gehören der kath. Kirche, 43 % den ev. Kirchen an. Das *Bildungswesen* unterliegt der Kulturhoheit der Länder. Die allg. Schulpflicht beträgt 9 Jahre, ein 10. Schuljahr wird angestrebt. Einer Grundschule (4 Jahre) schließen sich die Hauptschule (5 Jahre) bzw. Realschu-

le (6 Jahre), bzw. Gymnasium (9 Jahre) oder Gesamtschule an. In verschiedenen Ländern sind Erprobungs-, Orientierungs-, Beobachtungs- oder Förderstufen zwischengeschaltet. Auf die allg. Schulpflicht folgt eine dreijährige Berufsschulpflicht, falls keine weiterführende Fach- oder Hochschule besucht wird. 1985/86 gab es 231 Hochschulen, darunter 69 Univ. und 10 Gesamthochschulen. - Das Gesundheitswesen ist hochentwickelt (390 E je Arzt). **Wirtschaft:** Mit der Zusammenlegung der amerikan. und brit. Besatzungszone zum „Vereinigten Wirtschaftsgebiet" (1947), der Währungsreform und der Gründung der Bank dt. Länder (1948) waren bereits vor Gründung der BR Deutschland wichtige Weichen für die wirtsch. Entwicklung gestellt. Mit der Verabschiedung des GG wurde insofern ein Rahmen für die Wirtschaftsordnung abgesteckt, als darin (zum ersten Mal in der dt. Geschichte) das Prinzip des Sozialstaats verankert wurde. Nähere Bestimmungen hinsichtl. der wirtsch. Ordnung wie etwa die zuvor in der hess. Landesverfassung festgelegte Überführung von Schlüsselind. in Gemeineigentum enthält das GG allerdings nicht. Der wirtsch. Wiederaufbau, dessen Tempo aus durch die Mittel aus dem Marshallplan positiv beeinflußt wurde, erfolgte nach der v. a. von A. Müller-Armack entwickelten und von L. Erhard angewandten Konzeption der ↑sozialen Marktwirtschaft. Die in den ersten Jahren erzielten hohen Zuwachsraten des Bruttoinlandsprodukts (1950: 18 %; 1951: 12 %; ↑auch Sozialprodukt) begründeten den Ruf des dt. „Wirtschaftswunders". Auch in den folgenden Jahren wuchs die dt. Wirtschaft in vergleichsweise hohen Raten. Damit war ein Abbau der Arbeitslosigkeit bis auf eine Quote von 1957 noch 3,5 % möglich. Die Handelsbilanz erreichte beträchtl. Aktivsalden (1958: 5,9 Mrd. DM). Damit einher ging die Eingliederung der BR

Bundesrepublik Deutschland

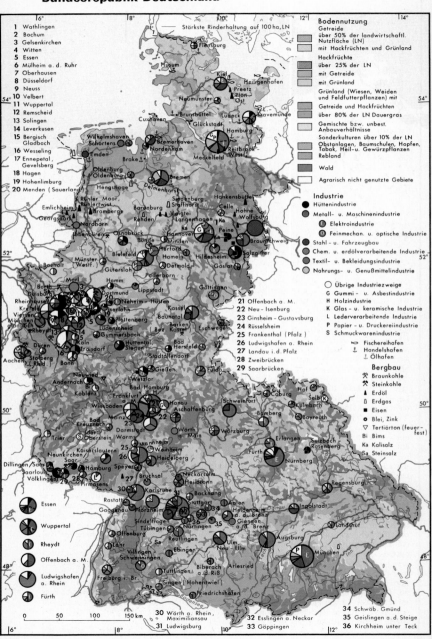

1 Wathlingen
2 Bochum
3 Gelsenkirchen
4 Witten
5 Essen
6 Mülheim a. d. Ruhr
7 Oberhausen
8 Düsseldorf
9 Neuss
10 Velbert
11 Wuppertal
12 Remscheid
13 Solingen
14 Leverkusen
15 Bergisch Gladbach
16 Wesseling
17 Ennepetal, Gevelsberg
18 Hagen
19 Hohenlimburg
20 Menden (Sauerland)

21 Offenbach a. M.
22 Neu-Isenburg
23 Ginsheim-Gustavsburg
24 Rüsselsheim
25 Frankenthal (Pfalz)
26 Ludwigshafen a. Rhein
27 Landau i. d. Pfalz
28 Zweibrücken
29 Saarbrücken

30 Wörth a. Rhein, Maximiliansau
31 Ludwigsburg
32 Esslingen a. Neckar
33 Göppingen
34 Schwäb. Gmünd
35 Geislingen a. d. Steige
36 Kirchheim unter Teck

Bodennutzung

Getreide
über 50% der landwirtschaftl. Nutzfläche (LN)
mit Hackfrüchten und Grünland

Hackfrüchte
über 25% der LN
mit Getreide
mit Grünland

Grünland (Wiesen, Weiden und Feldfutterpflanzen) mit
Getreide und Hackfrüchten
über 80% der LN Dauergras

Gemischte bzw. unbest. Anbauverhältnisse

Sonderkulturen über 10% der LN
Obstanlagen, Baumschulen, Hopfen, Tabak, Heil-u. Gewürzpflanzen
Rebland

Wald

Agrarisch nicht genutzte Gebiete

Industrie

● Hüttenindustrie
● Metall- u. Maschinenindustrie
Ⓔ Elektroindustrie
Ⓞ Feinmechan. u. optische Industrie
● Stahl- u. Fahrzeugbau
● Chem. u. erdölverarbeitende Industrie
● Textil- u. Bekleidungsindustrie
○ Nahrungs- u. Genußmittelindustrie

○ Übrige Industriezweige
G Gummi- u. Asbestindustrie
H Holzindustrie
K Glas- u. keramische Industrie
L Lederverarbeitende Industrie
P Papier- u. Druckereiindustrie
S Schmuckwarenindustrie

⤚ Fischereihafen
⚓ Handelshafen
⚓ Ölhafen

Bergbau

✳ Braunkohle
✳ Steinkohle
▲ Erdöl
⌂ Erdgas
■ Eisen
◉ Blei, Zink
▽ Tertiärton (feuerfest)
Bi Bims
Ka Kalisalz
Sa Steinsalz

Essen
Wuppertal
Rheydt
Offenbach a. M.
Ludwigshafen a. Rhein
Fürth

Stärkste Rinderhaltung auf 100 ha LN

0   50   100   150 km

Deutschland als gleichberechtigter Partner in die Weltwirtschaft. Wichtige Stationen dieser Entwicklung waren der Beitritt zum Internat. Währungsfonds und zur Weltbank (1952) und die Unterzeichnung der Röm. Verträge (1957). Auch durch die Anpassung an die weltwirtsch. Arbeitsteilung bedingt, wurden Veränderungen in der Wirtschaftsstruktur in Gang gesetzt. Betroffen waren v. a. die Landw., deren Beitrag zum Bruttoinlandsprodukt von 10,2 % 1950 auf 6,0 % 1960 zurückging, und der Bergbau, bei dem sich die Verschiebung in der Zusammensetzung der Energieträger zugunsten des Erdöls in einer Verringerung des Anteils am Nettoproduktionsvolumen von 1950 12,1 % auf 1960 6,6 % bemerkbar machte. Insgesamt blieb jedoch das Wachstum der Wirtschaft, wenn auch mit 1958 und 1963 nur geringen Raten, bis 1966/67 ungebrochen. Dieser Wachstumsprozeß war freilich auch mit ordnungspolit. unerwünschten Begleiterscheinungen verbunden, insbes. einer zunehmenden Konzentration und einer ungleichen Vermögensverteilung. - Die von 1961–65 bereits verminderte Wachstumsrate des realen Bruttoinlandsprodukts wurde zum ersten Mal in der Rezession von 1966/67 rückläufig. Wurde in den Jahren zuvor Vollbeschäftigung erreicht, ja sogar ein Arbeitskräftemangel, der den Zustrom ausländ. Arbeitnehmer auslöste, stieg jetzt die Zahl der Arbeitslosen auf über 600 000. Für die Wirtschaftspolitik brachte diese Entwicklung einen bedeutsamen Einschnitt; der öffentl. Hand wurde eine aktivere Rolle bei der Beeinflussung der Konjunktur v. a. vermittels ihrer Haushaltspolitik zugewiesen. Als gesetzl. Grundlage dafür trat das seit 1964 diskutierte Stabilitätsgesetz 1967 in Kraft. Es zielt u. a. auf eine Verbesserung der Möglichkeiten für eine antizykl. Finanzpolitik, z. B. durch Bildung bzw. Auflösung von Konjunkturausgleichsrücklagen, Vorziehung, bzw. Verzögerung geplanter Investitionen, Beschränkung bzw. Erhöhung der Kreditaufnahme der öffentl. Hand. 1967 wurden zwei Sonderhaushalte der Bundesregierung in einer Höhe von insgesamt 7,7 Mrd. DM zur Belebung der Wirtschaft verabschiedet. Die Tarifabschlüsse im Jahr 1967 brachten die bis dahin geringsten Lohnerhöhungen in der Geschichte der BR Deutschland. Diese binnenwirtsch. Faktoren, verbunden mit einer günstigen Situation auf dem Weltmarkt, führten zu einem stürm. Aufschwung der Produktion Ende der 1960er Jahre. Erkauft wurde dieser Aufschwung mit stärkerer Exportabhängigkeit der Wirtschaft und steigenden Inflationsraten. Zu Beginn der 1970er Jahre stand bei weiter steigendem Bruttosozialprodukt im Vordergrund der wirtschaftspolit. Diskussion der Zielkonflikt zw. Preisstabilität und Vollbeschäftigung. Zugleich stieg der Außenbeitrag zum Bruttosozialprodukt von 11,3 Mrd.

DM (1970) auf 38,5 Mrd. DM (1974). - Die Ölkrise Ende 1973 bedeutete für die Konjunktur einen neuen Wendepunkt, der sich allerdings schon vorher abgezeichnet hatte. Dabei wurde die Wirtschaftspolitik in der BR Deutschland zum ersten Mal mit dem Problem der „Stagflation" konfrontiert, einer Stagnation der Produktion mit einer hohen Zahl von Arbeitslosen bei gleichzeitiger Inflation. Zwar konnte in den folgenden Jahren der Anstieg des Preisniveaus gedämpft werden, es blieb jedoch eine hohe Arbeitslosenquote (1 auch Arbeitsmarkt), die teils konjunkturell, teils strukturell bedingt ist. Wie in vielen anderen westl. Industrieländern schwächte sich das Wachstum des realen Bruttosozialprodukts 1980 auch in der BR Deutschland beträchtlich ab. Der konjunkturelle Niedergang setzte sich in den beiden folgenden Jahren fort und führte sowohl 1981 als auch 1982 zu einem realen Rückgang der wirtschaftl. Aktivität. 1982 erreichte das reale Bruttosozialprodukt lediglich das Niveau von 1979. Erst im Jahre 1983 deutete sich ein allmähl. Aufstieg aus dem Konjunkturtal an. Die seit Ende des zweiten Weltkrieges längste Stagnationsphase hatte drast. Folgen für den Arbeitsmarkt. Der Verlust von Arbeitsplätzen bei gleichzeitiger Zunahme der Zahl der Erwerbspersonen (geburtenstarke Jahrgänge) führte zu einem rapiden Anstieg der Arbeitslosigkeit, die auch in den folgenden Jahren nicht abgebaut wurde.

Außenhandel: Nach dem Anteil am Welthandel liegt die BR Deutschland hinter den USA an zweiter Stelle. Dem schon traditionellen Defizit der Dienstleistungs- und Übertragungsbilanz steht ein positiver Saldo der Handelsbilanz gegenüber, zu dem v. a. Maschinen- und Fahrzeugbau beitragen. Mehr als drei Viertel der Exporte gehen dabei in industrialisierte westl. Länder, doch hat sich die Bed. des Exports in die OPEC-Staaten seit der Ölkrise stark erhöht. Während die Exporte zum überwiegenden Teil aus dem Bereich der Investitionsgüterind. stammen, spielen bei den Importen Roh- und Grundstoffe die Hauptrolle.

Verkehr: Während der Güterverkehr zum großen Teil auf Schiene und Wasser abgewickelt wird, steht beim Personenverkehr der Individualverkehr auf der Straße mit weitem an der Spitze. Auch beim öffentl. Personenverkehr überwiegt der Straßenverkehr. Durch Neubauten v. a. bei Autobahnen wurde das *Straßennetz* bis überörtl. Verkehrs bis 1985 auf 8 198 km Bundesautobahnen, 31 485 km Bundesstraßen, 63 306 km Landesstraßen und 70 056 km Kreisstraßen erweitert. Die Länge der Gemeindestraßen wurde für 1981 auf rd. 305 000 km geschätzt. Dennoch ergibt sich beim Straßenverkehr zu den Stoßzeiten häufig eine Überlastung des Straßennetzes an bes. neuralg. Punkten. 1985 waren über 30 Mill. Kraftfahrzeuge zugelassen. Auf 100 E kamen rd.

Bundesrepublik Deutschland

42 Pkws. Das *Schienennetz* der Dt. Bundesbahn betrug 1984 - nach Verringerungen in den letzten Jahren - 27 798 km. Der Neu- bzw. Ausbau von Schnelltrassen ist in Arbeit. Durch die *Binnenschiffahrt* werden v. a. Sand und Kies sowie Heizöl und Kraftstoffe befördert; wichtigster Binnenhafen ist Duisburg, wichtigste Binnenwasserstraße der Rhein. Die *Handelsflotte* umfaßte 1984 1 388 Schiffe mit 5,93 Mill. BRT. Größter Überseehafen ist Hamburg. Der *Luftverkehr* wird v. a. von der „Dt. Lufthansa AG" bestritten; größter Flughafen ist Frankfurt am Main.

Geschichte: Nachdem es den Alliierten nach dem 2. Weltkrieg v. a. durch das Aufkommen des Ost-West-Gegensatzes nicht gelungen war, ein einheitl. deutschlandpolit. Konzept zu finden, forcierten auf dem Höhepunkt des kalten Krieges die westl. Besatzungsmächte die Gründung eines aus den frz., brit. und amerikan. Besatzungszonen bestehenden dt. Teilstaates. Wichtige Schritte zu dieser Teillösung waren die am 20. Juni 1948 durchgeführte Währungsreform und die am 1. Sept. 1948 erfolgte Konstituierung des ↑ Parlamentarischen Rates, der das als provisor. Verfassung gedachte „Grundgesetz" (GG) ausarbeitete, das am 23. Mai 1949 verkündet wurde. Die UdSSR reagierte auf die Gründung der BR Deutschland am 7. Okt. 1949 mit der Gründung der DDR (↑ deutsche Geschichte). Nach der 1. Bundestagswahl (14. Aug. 1949; ↑ Übersicht) war die gemeinsame Fraktion von CDU und CSU vor der der SPD stärkste Fraktion, die unter ihrem Parteivors. K. Adenauer als erstem B.kanzler mit der FDP und der Dt. Partei (DP) eine kleine Koalition bildete. Die gegen Bedenken auch in der eigenen Fraktion getroffene Entscheidung Adenauers, der SPD die Mitarbeit an der 1. B.reg. zu verweigern, sowie die außen- und wirtsch.polit. Schwerpunkte der von der Reg. Adenauer verfolgten Politik führten zu einer schweren innenpolit. Konfrontation zw. der Koalition und der von K. Schumacher geführten SPD. *Außenpolit.* erstrebte Adenauer die feste Integration der BR Deutschland in W-Europa und im Bündnissystem des W, um v. a. die volle Souveränität zu erreichen und gleichzeitig durch Stärkung des westl. Bündnisses die UdSSR zur Herausgabe der DDR zu zwingen *(Politik der Stärke)*, und machte zur Erreichung dieser Ziele erhebl. Vorleistungen (z. B. Eintritt in die Internat. Ruhrbehörde, Lösung der Saarfrage, Angebot einer dt. Wiederaufrüstung). Etappen der Erlangung der Souveränität waren das Petersberger Abkommen (1949), die Revision des Besatzungsstatuts (1951), der Beitritt zur Europ. Gemeinschaft für Kohle und Stahl (Montanunion, 1951/52) sowie die Unterzeichnung des Vertrages über die Europ. Verteidigungsgemeinschaft (EVG) und des Deutschlandvertrags (1952), die die UdSSR mit Hilfe eines am 10. März 1952

unterbreiteten Friedensvertragsvorschlages, der die Wiedervereinigung Deutschland in einem blockfreien, neutralen Staat vorsah, vergebl. zu verhindern suchte. Erst auf Grund der 1955 in Kraft getretenen ↑ Pariser Verträge, die u. a. die Mitgliedschaft in der Westeurop. Union und in der NATO vorsahen, erhielt die BR Deutschland die Souveränität, die jedoch durch Vorbehaltsrechte der Westmächte eingeschränkt wurde. Der *innenpolit.* Einfluß Adenauers wurde in der 2. (1953) und 3. (1957, absolute Mehrheit der CDU/CSU) B.tagswahl entscheidend gegenüber der SPD gestärkt, die sowohl Adenauers Westorientierung als auch die Wiederbewaffnung der BR Deutschland ablehnte. Darüber hinaus führten Verbote der rechtsextremen Sozialist. Reichspartei (SRP, 1952) und der KPD (1956), die Einführung der Fünfprozentklausel (1953) sowie der Mindestanzahl von drei Direktmandaten (1956) als Voraussetzung zum Einzug einer Partei in den B.tag zur Verringerung des Parteienspektrums und zu einem Dreiparteiensystem (CDU/CSU, SPD, FDP). Wichtigste Ursache der Wahlerfolge der CDU/CSU und der innenpolit. Stabilität war ein durch die Marshallplanhilfe in Gang gesetzter und durch die Währungsreform unterstützter wirtsch. Aufschwung, der sich in einem (gegen den Widerstand der für Planwirtschaft und Sozialisierung der Schlüsselindustrien eintretenden SPD, jedoch mit der Unterstützung der Besatzungsmächte eingeführten) privatkapitalist. Wirtschaftssystem, der *sozialen Marktwirtschaft*, entwickelte und in den Jahren des Wiederaufbaus zu einem ungeahnten quantitativen Wachstum („dt. Wirtschaftswunder") und relativem Wohlstand breiter Schichten, gleichzeitig aber zur Wiedereinführung der überkommen einseitigen Vermögensverteilung und Anhäufung privater wirtsch. Macht führte, deren gesellschaftspolit. Konsequenzen nach der Wiederaufbauphase deutl. wurden. Der Wirtschaftsaufschwung der 1950er Jahre erleichterte jedoch die soziale Eingliederung der Vertriebenen und Flüchtlinge, die Beseitigung der Kriegsfolgelasten (↑ auch Lastenausgleich) sowie die Rentenreform 1957 (dynam. Rente) und bewirkte, daß sich die SPD in ihrem ↑ Godesberger Programm 1959 marktwirtsch. Argumenten öffnen mußte.

Die Ende der 1950er Jahre im Zeichen des atomaren Patts einsetzende ↑ Entspannungspolitik leitete mit dem Abflauen des kalten Krieges eine Krise der weiterhin verfolgten Politik der Stärke ein, da weder ein Aufgehen der BR Deutschland in einem gemeinsamen Westeuropa noch die Wiedervereinigung erreicht wurde. Trotzdem beharrte Adenauer auf dem Alleinvertretungsanspruch, erkannte die DDR nicht an, verhinderte mit Hilfe der ↑ Hallsteindoktrin die Aufnahme diplomat. Beziehungen der DDR mit westl. Staaten,

blockierte aber gleichzeitig eine Öffnung der BR Deutschland gegenüber östl. Staaten. V. a. die 2. Berlinkrise 1958–61 und der von der BR Deutschland und den westl. Alliierten hingenommene Bau der Berliner Mauer (1961) zeigten das Scheitern dieser Politik auf; auch die Europapolitik (↑ Europäische Gemeinschaften) blieb ohne die erhofften Erfolge. Vom Ende der 1950er Jahre an geriet die Reg. Adenauer in Schwierigkeiten. Bei den Bundestagswahlen 1961 verlor die CDU/CSU ihre absolute Mehrheit, 1963 erzwang ihr Koalitionspartner, die FDP, Adenauers Rücktritt. Sein Nachfolger als B.kanzler wurde der als Wirtschaftsmin. populäre L. ↑ Erhard (CDU), dem jedoch eine Überwindung der innen- und außenpolit. Stagnation nicht gelang. An seiner Führungsschwäche, Desintegrationserscheinungen in der CDU/CSU, dem Beginn einer wirtsch. Rezession mit hoher Arbeitslosenrate, überraschenden Landtagswahlerfolgen der Nationaldemokrat. Partei (NPD) und am Verlust der CDU-Reg.mehrheit in NRW scheiterte die Reg. Erhard bereits in Nov. 1966 durch den Rücktritt der FDP-Min. Der polit. Ausweg aus dieser Situation wurde in der Bildung einer *Großen Koalition* aus CDU/CSU und SPD unter K. G. ↑ Kiesinger (CDU) als B.kanzler und W. ↑ Brandt (SPD) als Außenmin. gesucht, die jedoch eine Schwächung der parlamentar. Opposition mit sich brachte (die FDP besaß nur 9,9 % der B.tagsmandate) und zum weiteren Erstarken der NPD sowie zur Bildung der ↑ außerparlamentarischen Opposition (APO) führte, einer Protestbewegung, die eine umfassende Diskussion um die Revision des GG, eine Reform des Parlamentarismus und eine allg. Demokratisierung von Staat und Gesellschaft auslöste. Gegen den Widerstand der APO und der FDP verabschiedete die Große Koalition 1968 die Notstandsgesetzgebung.
Die große Koalition stellte bereits 1966 die Weichen für eine neue, der amerikan. Entspannungspolitik angemessene Außenpolitik dem Osten gegenüber *(Ostpolitik)*, deren Erfolge jedoch ausblieben. Erst die nach der B.tagswahl vom 28. Sept. 1969 sich konstituierende Koalitionsreg. von SPD und FDP unter W. Brandt als B.kanzler *(sozialliberale Koalition)* überwand diese außenpolit. Stagnation, indem sie gegen den erbitterten Widerstand v. a. der CDU/CSU-Opposition auf Alleinvertretungsanspruch und Hallsteindoktrin verzichtete, die Grenzen zu Polen bzw. zwischen der BR Deutschland und der DDR respektierte, worauf ihr 1970 der Abschluß des ↑ Deutsch-Sowjetischen Vertrags und des ↑ Deutsch-Polnischen Vertrages sowie das ↑ Viermächteabkommen über Berlin gelangen. Darüber hinaus kam es zu intensiveren Kontakten zw. den beiden dt. Staaten (v. a. die Treffen Brandt-Stoph in Erfurt und Kassel 1970), die zu Vertragsverhandlungen über den

1972 abgeschlossenen und am 21. Juni 1973 in Kraft getretenen ↑ Grundvertrag führten. Im September 1973 wurden daraufhin die BR Deutschland und die DDR in die UN aufgenommen. Im Dez. 1973 wurde der Dt.-Tschechoslowak. Vertrag unterzeichnet. Innenpolit. war die Reg. Brandt mit dem Anspruch angetreten, eine Reg. der inneren Reformen zu sein, die das v. a. von der außerparlamentar. Opposition als ungerecht und unsozial kritisierte Wirtsch.- und Gesellschaftssystem sozial gerechter gestalten sollten. Die wichtigsten Vorhaben (v. a. Bildungsreform, Mitbestimmungsgesetzgebung) gelangen nicht; erfolgreich waren die Bemühungen um die Reform des Betriebsverfassungsgesetzes (1972). V. a. die Ostpolitik der sozialliberalen Reg. hatte zu heftigen Auseinandersetzungen in der Öffentlichkeit und im B.tag geführt, die die innenpolit. Atmosphäre vergifteten. Nachdem Abg. von SPD und FDP zur CDU/CSU übergewechselt waren, versuchte die Opposition die Reg. Brandt durch ein konstruktives Mißtrauensvotum am 24. April 1972 zu stürzen; ihr Kandidat, R. Barzel, erreichte jedoch am 27. April die erforderl. absolute Mehrheit nicht. Bei der daraufhin vorgezogenen B.tagswahl am 19. Nov. 1972 wurde die SPD erstmals stärkste Fraktion. Die v. a. infolge der Erdölkrise sich verschärfende wirtsch. Entwicklung mit steigenden Inflationsraten und Arbeitslosenquoten ließ die innenpolit. Reformpolitik der Reg. Brandt weiter stagnieren und schwächte ihr Ansehen. Der sog. Extremistenbeschluß von 1972 und seine unterschiedl. Handhabung in den Bundesländern verschärfte das innenpolit. Klima. Am 7. Mai 1974 trat Brandt zurück, nachdem ein wichtiger Mitarbeiter im B.kanzleramt als Spion entlarvt worden war (Guillaume-Affäre). Neuer B.kanzler wurde H. Schmidt, der eine stärker pragmat. ausgerichtete Politik verfolgte, v. a. Wirtschaftskrise, Inflation und Arbeitslosigkeit nat. und internat. zu bekämpfen suchte. Die weltweite Wirtschaftskrise bestimmte auch nachhaltig die außenpolit. Aktivitäten der Reg., die keine markanten Neuorientierungen in der westl. Bündnispolitik, der Europapolitik und der Ostpolitik erkennen ließ. Die B.tagswahlen am 3. Okt. 1976 gewann der SPD/FDP-Koalition nur knapp, bildete aber wiederum eine Koalitionsreg. unter Schmidt, die sich 1977 v. a. mit der Sanierung der Renten- und Krankenversicherung und 1977/78 mit der Bekämpfung des nat. und internat. Terrorismus befaßte. Nach Ansicht ihrer Kritiker verfolgte die Reg. Schmidt nun keine sozialen Erneuerungen mehr, sondern widmete sich v. a. der Verwaltung und Erhaltung von Bestehendem – nicht dessen Fortentwicklung. Die zunehmende Unzufriedenheit und Enttäuschung in der Bevölkerung zeigte sich bei den meisten Landtagswahlen auch in einer Stärkung der CDU/CSU, was

KABINETTE DER BUNDESREPUBLIK DEUTSCHLAND

Kabinette (seit 1949)

Kabinette	konstituiert	Koalition	Bundeskanzler	Vizekanzler
1. K.:	15. 9.1949	CDU, CSU, FDP, DP	K. Adenauer CDU	F. Blücher FDP
2. K.:	20.10.1953	CDU, CSU, FDP, DP, GB/BHE[1]	K. Adenauer CDU	F. Blücher FDP/FVP
3. K.:	28.10.1957	CDU, CSU, DP[2]	K. Adenauer CDU	L. Erhard CDU
4. K.:	14.11.1961	CDU, CSU, FDP	K. Adenauer CDU	L. Erhard CDU
5. K.:	14.12.1962	CDU, CSU, FDP	K. Adenauer CDU	L. Erhard CDU
6. K.:	17.10.1963	CDU, CSU, FDP	L. Erhard CDU	E. Mende FDP
7. K.:	26.10.1965	CDU, CSU, FDP	L. Erhard CDU	E. Mende FDP
8. K.:	1.12.1966	CDU, CSU, SPD	K. G. Kiesinger CDU	W. Brandt SPD
9. K.:	21.10.1969	SPD, FDP	W. Brandt SPD	W. Scheel FDP
10. K.:	15.12.1972	SPD, FDP	W. Brandt SPD	W. Scheel FDP
11. K.:	16. 5.1974	SPD, FDP	H. Schmidt SPD	H.-D. Genscher FDP
12. K.:	15.12.1976	SPD, FDP	H. Schmidt SPD	H.-D. Genscher FDP
13. K.:	5.11.1980	SPD, FDP[3]	H. Schmidt SPD	H.-D. Genscher FDP
14. K.:	4.10.1982	CDU, CSU, FDP	H. Kohl CDU	H.-D. Genscher FDP
15. K.:	30. 3.1983	CDU, CSU, FDP	H. Kohl CDU	H.-D. Genscher FDP
16. K.:	12. 3.1987	CDU, CSU, FDP	H. Kohl CDU	H.-D. Genscher FDP

Kabinette	B.-Min. des Auswärtigen[4]	B.-Min. des Innern	B.-Min. der Justiz	B.-Min. der Verteidigung
1. K.:	K. Adenauer CDU	G. Heinemann CDU; ab 11.10.50 R. Lehr CDU	T. Dehler FDP	
2. K.:	K. Adenauer CDU; ab 7.6.55 H. v. Brentano CDU	G. Schröder CDU	F. Neumayer FDP (Febr. 56 FVP); ab 16.10.56 H.-J. v. Merkatz DP	T. Blank CDU; ab 16.10.56 F. J. Strauß CSU
3. K.:	H. v. Brentano CDU bis 17.10.61	G. Schröder CDU	F. Schäffer CSU	F. J. Strauß CSU
4. K.:	G. Schröder CDU	H. Höcherl CSU	W. Stammberger FDP	F. J. Strauß CSU
5. K.:	G. Schröder CDU	H. Höcherl CSU	E. Bucher FDP	F. J. Strauß CSU; ab 9.1.63 K.-U. v. Hassel CDU
6. K.:	G. Schröder CDU	H. Höcherl CSU	E. Bucher FDP	K.-U. v. Hassel CDU
7. K.:	G. Schröder CDU	P. Lücke CDU	R. Jaeger CSU	K.-U. v. Hassel CDU
8. K.:	W. Brandt SPD	P. Lücke CDU; ab 2.4.68 E. Benda CDU	G. Heinemann (SPD); ab 26.3.69 H. Ehmke SPD	G. Schröder CDU
9. K.:	W. Scheel FDP	H.-D. Genscher FDP	G. Jahn SPD	H. Schmidt SPD; ab 7.7.72 G. Leber SPD
10. K.:	W. Scheel FDP	H.-D. Genscher FDP	G. Jahn SPD	G. Leber SPD
11. K.:	H.-D. Genscher FDP	W. Maihofer FDP	H.-J. Vogel SPD	G. Leber SPD
12. K.:	H.-D. Genscher FDP	W. Maihofer FDP; ab 8.6.78 G. R. Baum FDP	H.-J. Vogel SPD	G. Leber SPD; ab 16.2.78 H. Apel SPD
13. K.:	H.-D. Genscher FDP ab 17.9.82 H. Schmidt SPD	G. R. Baum FDP ab 17.9.82 J. Schmude SPD	H.-J. Vogel SPD; ab 28.1.81 J. Schmude SPD	H. Apel SPD
14. K.:	H.-D. Genscher FDP	F. Zimmermann CSU	H. A. Engelhard FDP	M. Wörner CDU
15. K.:	H.-D. Genscher FDP	F. Zimmermann CSU	H. A. Engelhard FDP	M. Wörner CDU
16. K.:	H.-D. Genscher FDP	F. Zimmermann CSU	H. A. Engelhard FDP	M. Wörner CDU

Kabinette	B.-Min. für Forschung und Technologie
10. K.:	H. Ehmke SPD
11. K.:	H. Matthöfer SPD
12. K.:	H. Matthöfer SPD; ab 16.2.78 V. Hauff SPD
13. K.:	A. v. Bülow SPD
14. K.:	H. Riesenhuber CDU
15. K.:	H. Riesenhuber CDU
16. K.:	H. Riesenhuber CDU

[1] nach der Kabinettsumbildung am 16.10.1956 CDU, CSU, FVP, DP.
[2] ab 1.7.1960 CDU, CSU.
[3] ab 17.9.1982 SPD-Minderheitskabinett.
[4] seit 15.3.1951.
[5] Mai 1971–Dez. 1972 mit Wirtschaft vereinigt.
[6] 1949–53: Angelegenheiten des Fernmeldewesens.
[7] 1961–69.
[8] 1953–57: Familienfragen, 1957–63: Familien- und Jugendfragen, 1963–69: Familie und Jugend, 1969–86: Jugend, Familie und Gesundheit.

Kabinette der Bundesrepublik Deutschland (Forts.)

Kabinette	B.-Min. der Finanzen[5]	B.-Min. für Wirtschaft	B.-Min. für Arbeit u. Sozialordnung	B.-Min. für Ernährung, Landwirtschaft u. Forsten
1. K.:	F. Schäffer CSU	L. Erhard CDU	A. Storch CDU	W. Niklas CSU
2. K.:	F. Schäffer CSU	L. Erhard CDU	A. Storch CDU	H. Lübke CDU
3. K.:	F. Etzel CDU	L. Erhard CDU	T. Blank CDU	H. Lübke CDU; ab 29.9.59 W. Schwarz CDU
4. K.:	K. H. Starke FDP	L. Erhard CDU	T. Blank CDU	W. Schwarz CDU
5. K.:	R. Dahlgrün FDP	L. Erhard CDU	T. Blank CDU	W. Schwarz CDU
6. K.:	R. Dahlgrün FDP	K. Schmücker CDU	T. Blank CDU	W. Schwarz CDU
7. K.:	R. Dahlgrün FDP; ab 4.11.66 K. Schmücker CDU	K. Schmücker CDU	H. Katzer CDU	H. Höcherl CSU
8. K.:	F. J. Strauß CSU	K. Schiller SPD	H. Katzer CDU	H. Höcherl CSU
9. K.:	A. Möller SPD; ab 13.5.71 K. Schiller SPD; ab 7.7.72 H. Schmidt SPD	K. Schiller SPD	W. Arendt SPD	J. Ertl FDP
10. K.:	H. Schmidt SPD	H. Friderichs FDP	W. Arendt SPD	J. Ertl FDP
11. K.:	H. Apel SPD	H. Friderichs FDP	W. Arendt SPD	J. Ertl FDP
12. K.:	H. Apel SPD; ab 16.2.78 H. Matthöfer SPD	H. Friderichs FDP; ab 7.10.77 O. Graf Lambsdorff FDP	H. Ehrenberg SPD	J. Ertl FDP
13. K.:	H. Matthöfer SPD; ab 28.4.82 M. Lahnstein SPD	O. Graf Lambsdorff FDP ab 17.9.82 M. Lahnstein SPD	H. Ehrenberg SPD; ab 28.4.82 H. Westphal SPD	J. Ertl FDP ab 17.9.82 B. Engholm SPD
14. K.:	G. Stoltenberg CDU	O. Graf Lambsdorff FDP	N. Blüm CDU	J. Ertl FDP
15. K.:	G. Stoltenberg CDU	O. Graf Lambsdorff FDP ab 27.6.84 M. Bangemann FDP	N. Blüm CDU	I. Kiechle CSU
16. K.:	G. Stoltenberg CDU	M. Bangemann FDP	N. Blüm CDU	I. Kiechle CSU

Kabinette	B.-Min. für das Post- u. Fernmeldewesen[6]	B.-Min. für Verkehr	B.-Min. für das Gesundheitswesen[7]	B.-Min. für Jugend, Familie, Frauen und Gesundheit[8]
1. K.:	K. H. Schuberth CSU	H.-C. Seebohm DP		
2. K.:	S. Balke (1.1.54 CSU); ab 13.11.56 E. Lemmer CDU	H.-C. Seebohm DP		F.-J. Wuermeling CDU
3. K.:	R. Stücklen CSU	H.-C. Seebohm (20.9.60 CDU)		F.-J. Wuermeling CDU
4. K.:	R. Stücklen CSU	H.-C. Seebohm CDU	E. Schwarzhaupt CDU	F.-J. Wuermeling CDU
5. K.:	R. Stücklen CSU	H.-C. Seebohm CDU	E. Schwarzhaupt CDU	B. Heck CDU
6. K.:	R. Stücklen CSU	H.-C. Seebohm CDU	E. Schwarzhaupt CDU	B. Heck CDU
7. K.:	R. Stücklen CSU	H.-C. Seebohm CDU	E. Schwarzhaupt CDU	B. Heck CDU
8. K.:	W. Dollinger CSU	G. Leber SPD	K. Strobel SPD	B. Heck CDU; ab 2.10.68 Ä. Brauksiepe CDU
9. K.:	G. Leber SPD; ab 7.7.72 L. Lauritzen SPD	G. Leber SPD; ab 7.7.72 L. Lauritzen SPD	K. Strobel SPD	
10. K.:	H. Ehmke SPD	L. Lauritzen SPD		K. Focke SPD
11. K.:	K. Gscheidle SPD	K. Gscheidle SPD		K. Focke SPD
12. K.:	K. Gscheidle SPD	K. Gscheidle SPD		A. Huber SPD
13. K.:	K. Gscheidle SPD; ab 28.4.82 H. Matthöfer SPD	V. Hauff SPD		A. Huber SPD; ab 28.4.82 A. Fuchs SPD
14. K.:	C. Schwarz-Schilling CDU	W. Dollinger CSU		H. Geißler CDU
15. K.:	C. Schwarz-Schilling CDU	W. Dollinger CSU		H. Geißler CDU ab 26.9.85 R. Süssmuth CDU
16. K.:	C. Schwarz-Schilling CDU	J. Warnke CSU		R. Süssmuth CDU

[9] 1949–61: Wohnungsbau, 1961–69: Wohnungswesen, Städtebau und Raumordnung, 1969–72: Städtebau und Wohnungswesen; [10] gegründet am 20.10.1955, bis 1957: Atomfragen, 1957–62: Atomenergie und Wasserwirtschaft, 1962–69: Wiss. Forschung; [11] 1949–53: Angelegenheiten des Marshall-Planes; [12] 1949–57: gesamtdt. Fragen; [13] 1969 aufgehoben; [14] 1949–57: Angelegenheiten des Bundesrates, 1969 aufgehoben; [15] 1957–62: wirtsch. Besitz des Bundes, 1969 aufgehoben; [16] 1964–66: Sonderaufgaben und Verteidigungsrat; [17] ausgeschieden bei Umbildung des Kabinetts am 16.10.1956; [18] Chef des Bundeskanzleramts; [19] ab 6.6.1986.

Kabinette der Bundesrepublik Deutschland (Forts.)

Kabinette	B.-Min. für Raumordnung, Bauwesen u. Städtebau[9]	B.-Min. für Bildung u. Wissenschaft[10]	B.-Min. für wirtschaftl. Zusammenarbeit[11]	B.-Min. für innerdeutsche Beziehungen[12]
1. K.:	E. Wildermuth FDP †9.3.52; ab 16.7.52 F. Neumayer FDP		F. Blücher FDP	J. Kaiser CDU
2. K.:	V.-E. Preusker FDP (Febr. 56 FVP)	F.J. Strauß CSU; ab 16.10.56 S. Balke CSU	F. Blücher FDP (Febr. 56 FVP)	J. Kaiser CDU
3. K.:	P. Lücke CDU	S. Balke CSU		E. Lemmer CDU
4. K.:	P. Lücke CDU	S. Balke CSU	W. Scheel FDP	E. Lemmer CDU
5. K.:	P. Lücke CDU	H. Lenz FDP	W. Scheel FDP	R. Barzel CDU
6. K.:	P. Lücke CDU	H. Lenz FDP	W. Scheel FDP	E. Mende FDP
7. K.:	E. Bucher FDP; ab 4.11.66 B. Heck CDU	G. Stoltenberg CDU	W. Scheel FDP; ab 4.11.66 W. Dollinger CSU	E. Mende FDP; ab 8.11.66 J.B. Gradl CDU
8. K.:	L. Lauritzen SPD	G. Stoltenberg CDU	H.J. Wischnewski SPD; ab 2.10.68 E. Eppler SPD	H. Wehner SPD
9. K.:	L. Lauritzen SPD	H. Leussink; ab 15.3.72 K. v. Dohnanyi SPD	E. Eppler SPD	E. Franke SPD
10. K.:	H.-J. Vogel SPD	K. v. Dohnanyi SPD	E. Eppler SPD	E. Franke SPD
11. K.:	K. Ravens SPD	H. Rohde SPD	E. Eppler SPD; ab 8.7.74 E.K. Bahr SPD	E. Franke SPD
12. K.:	K. Ravens SPD; ab 16.2.78 D. Haack SPD	H. Rohde SPD; ab 16.2.78 J. Schmude SPD	M. Schlei SPD; ab 16.2.78 R. Offergeld SPD	E. Franke SPD
13. K.:	D. Haack SPD	J. Schmude SPD; ab 28.1.81 B. Engholm SPD	R. Offergeld SPD	E. Franke SPD
14. K.:	O. Schneider CSU	D. Wilms CDU	J. Warnke CSU	R. Barzel CDU
15. K.:	O. Schneider CSU	D. Wilms CDU	J. Warnke CSU	H. Windelen CDU
16. K.:	O. Schneider CSU	J. W. Möllemann FDP	H. Klein CSU	D. Wilms CDU

Kabinette	B.-Min. für Vertriebene, Flüchtlinge und Kriegsgeschädigte[13]	B.-Min. für Angelegenheiten des Bundesrates u. der Länder[14]	Bundesschatzministerium[15]	B.-Min. für besondere Aufgaben[16]
1. K.:	H. Lukaschek CDU	H. Hellwege DP		
2. K.:	T. Oberländer GB/BHE (März 56 CDU)	H. Hellwege DP; ab 7.6.55 H.-J. v. Merkatz DP		R. Tillmanns CDU †12.11.55; H. Schäfer FDP[17] (Febr. 56 FVP) W. Kraft GB/BHE[17] (Juli 55 CDU) F.J. Strauß CSU bis 19.10.55
3. K.:	T. Oberländer CDU bis 4.5.60; ab 27.10.60 H.-J. v. Merkatz DP (24.8.60 CDU)	H.-J. v. Merkatz DP (24.8.60 CDU)	H. Lindrath CDU †27.2.60; ab 8.4.60 H. Wilhelmi CDU	
4. K.:	W. Mischnick FDP	H.-J. v. Merkatz CDU	H. Lenz FDP	H. Krone CDU
5. K.:	W. Mischnick FDP	A. Niederalt CSU	W. Dollinger CSU	H. Krone CDU
6. K.:	K. H. Krüger CDU; ab 17.2.64 E. Lemmer CDU	A. Niederalt CSU	W. Dollinger CSU	H. Krone CDU L. Westrick CDU[18] (ab 15.6.64) H. Krone CDU
7. K.:	J.B. Gradl CDU	A. Niederalt CSU	W. Dollinger CSU	L. Westrick CDU
8. K.:	K.-U. v. Hassel CDU; ab 7.2.69 H. Windelen CDU	C. Schmid SPD	K. Schmücker CDU	
9. K.:				H. Ehmke SPD[18]
10. K.:				E. K. Bahr SPD u. W. Maihofer FDP
16. K.:				W. Schäuble CDU

Kabinette	B.-Min. für Umwelt, Naturschutz u. Reaktorsicherheit[19]
15. K.:	W. Wallmann CDU
16. K.:	W. Wallmann CDU

u. a. zur Folge hatte, daß 1979 mit K. Carstens zum 1. Mal in der Geschichte der BR Deutschland ein Kandidat der B.tagsopposition zum Bundespräs. gewählt wurde. Nach der Nominierung von F. J. Strauß zum Kanzlerkandidaten der CDU/CSU (Juli 1979) konnte die SPD allerdings bei den Landtagswahlen 1980 im Saarland und in NRW bemerkenswerte Erfolge erzielen. Außenpolit. suchte die B.reg. die Auswirkungen der durch den sowjet. Einmarsch in Afghanistan ausgelösten Ost-West-Krise auf ihr Verhältnis zur Sowjetunion und insbes. zur DDR so gering wie mögl. zu halten. Die B.tagswahlen vom 5. Okt. 1980 bestätigten bei einer deutl. Stärkung der FDP die sozialliberale Koalition unter H. Schmidt. Angesichts der sich verschärfenden Wirtschaftskrise (1981: 1,3 Mill. Arbeitslose; 1982: 1,8 Mill.) ergaben sich in der Wirtschafts-, Finanz- und Sozialpolitik zunehmend Konflikte zw. den Koalitionspartnern (u. a. über die Höhe der staatl. Kreditaufnahme, die Belastungen für niedrigere und höhere Einkommensgruppen). Bei den Beratungen über den B.haushalt 1983 brach die sozialliberale Koalition auseinander. Unter schweren innerparteil. Auseinandersetzungen vollzog die Mehrheit der FDP den Wechsel zur Koalition mit der CDU/CSU. Am 1. Okt. 1982 stürzte der B.tag durch ein konstruktives Mißtrauensvotum H. Schmidt und wählte den CDU-Vors. H. Kohl zum B.kanzler. Nach der Verabschiedung des Haushalts 1983 und einiger Begleitgesetze, die weitere soziale Belastungen brachten, wurden vorgezogene B.tagswahlen herbeigeführt. Im Wahlkampf spielte auch die bereits vorher von der ↑ Friedensbewegung bekämpfte mögl. Aufstellung amerikan. Mittelstreckenraketen entsprechend dem ↑ NATO-Doppelbeschluß eine Rolle. Entscheidend war jedoch die Wirtschafts- und Sozialpolitik. Bei der B.tagswahl am 6. März 1983 verfehlte die CDU/CSU die absolute Mehrheit nur knapp, die FDP zog entgegen vielen Prognosen wieder in den B.tag ein, die SPD verlor 4,7 % der Stimmen, neu in den B.tag kamen die Grünen. Die Koalitionsreg. aus CDU/CSU und FDP unter H. Kohl wurde fortgesetzt. Der im Wahlkampf versprochene wirtschaftl. Aufschwung zeigte sich am Jahresende 1983 nur in bescheidenen Ansätzen; die Arbeitslosigkeit nahm weiter erhebl. zu. Die erklärte Politik der Koalition, die Überwindung der Krise weitgehend den „Selbstheilungskräften des Marktes" zu überlassen, rief den massiven Protest von Gewerkschaften und SPD hervor. Zur Belastung der Regierung entwickelte sich Ende 1983 die sog. Flick-Affäre, v. a. die Anklage gegen Bundeswirtschaftsmin. Lambsdorff (FDP) wegen Bestechlichkeit. Das gescheiterte Vorhaben der Koalition, ein Amnestiegesetz für Steuerstraftaten im Zusammenhang mit Parteispenden zu verabschieden, führte ebenso zu parteipolit. Auseinandersetzungen wie die Arbeitskämpfe

in der Metall- und Druckindustrie (Mai–Juli 1984) um die Verkürzung der wöchentl. Arbeitszeit. – Außenpolit. betonte die Koalition, trotz Änderungswünschen der CSU v. a. in der Südafrika- und Entwicklungspolitik, die Kontinuität der Außen-, Deutschland- und Sicherheitspolitik. Das zentrale außenpolit. Problem der Regierung Kohl bildete die Frage der atomaren Mittelstreckenraketen in Europa. Im Gefolge des NATO-Doppelbeschlusses von 1979 waren seit Nov. 1981 amerikan.-sowjet. Verhandlungen geführt worden. Im Protest gegen die bei einem Scheitern der Verhandlungen beabsichtigte Aufstellung atomarer Mittelstreckenwaffen in der B. D. bildete sich eine breite Friedensbewegung, die seit 1981 u. a. mehrere Großdemonstrationen mit jeweils mehreren hunderttausend Teilnehmern veranstaltete.

Die Sensibilisierung der Bev. gegen die von Atomwaffen ausgehenden Gefahren wurde Ende April 1986 verstärkt, als der Reaktor in der sowjet. Stadt Tschernobyl ausbrannte und sich eine radioaktive Wolke über Europa ausbreitete, die einen Großteil der dt. Gemüseernte verseuchte. Nach zunächst planlosem Agieren berief Bundeskanzler Kohl Anfang Juni den Frankfurter Oberbürgermeister W. Wallmann an die Spitze des neugeschaffenen Ministeriums für Umwelt, Naturschutz und Reaktorsicherheit.

Bei den Bundestagswahlen im Jan. 1987 mußte die SPD Verluste hinnehmen. Ihr Stimmenanteil sank bei einer Wahlbeteiligung von 84,3 % (1983: 89,1 %) auf 37,0 % (38,2 %); die Reg.parteien CDU und CSU mußten mit 34,5 % (1983: 38,2 %) bzw. 9,8 % (10,6 %) noch größere Stimmenverluste hinnehmen. Eigentl. Sieger der Wahl waren die FDP mit 9,1 % (1983: 7,0 %) und die Grünen mit 8,3 % (5,6 %). Nach langwierigen Koalitionsverhandlungen wurde am 11. März 1987 Bundeskanzler Kohl in seinem Amt bestätigt; am 12. März wurden die Min. der neuen Koalitionsreg. aus CDU, CSU und FDP vereidigt.

Politisches System: *Staatsform und Gesellschaftsordnung:* Die BR Deutschland ist ein demokrat., sozialer und föderativer B.staat, der die Länder Baden-Württemberg, Bayern, Hessen, Niedersachsen, Nordrhein-Westfalen, Rheinland-Pfalz, Saarland, Schleswig-Holstein sowie die Stadtstaaten Bremen und Hamburg umfaßt. Berlin (West) ist auf Grund der Vorbehalte der Besatzungsmächte kein integraler Bestandteil der BR Deutschland; die staatl. Ordnung wird durch das ↑ Grundgesetz festgelegt. Staatsform ist die parlamentar. Demokratie. Die Staatsgewalt geht vom Volke aus *(Volkssouveränität);* sie wird vom Volke in Wahlen und Abstimmungen und durch bes. Organe der Gesetzgebung *(Legislative),* der vollziehenden Gewalt *(Exekutive)* und der Rechtsprechung *(Judikative)* ausgeübt. Eine strikte Trennung der drei Staats-

Ergebnisse der Bundestagswahlen 1949–87 (ohne Berlin [West])

Wahlen	14. Aug. 1949		6. Sept. 1953		15. Sept. 1957		17. Sept. 1961	
Wahlberechtigte (Mill.):	31,2		33,1		35,4		37,4	
Wahlbeteiligung (%):	78,5		85,8		87,8		87,7	
	Stimmen in %	Mandate	Stimmen in%	Mandate	Stimmen in%	Mandate	Stimmen in %	Mandate
CDU/CSU	31,0	139	45,2	243	50,2	270	45,3	242
SPD	29,2	131	28,8	151	31,8	169	36,2	190
FDP/DVP	11,9	52	9,5	48	7,7	41	12,8	67
DP, ab 1961 GDP	4,0	17	3,3	15	3,4	17	2,8	–
GB/BHE	–	–	5,9	27	4,6	–	–	–
Zentrum	3,1	10	0,8	3	0,3	–	–	–
Bayernpartei (BP)	4,2	17	1,7	–	0,5	–	–	–
KPD	5,7	15	2,2	–	–	–	–	–
DFU	–	–	–	–	–	–	1,9	–
DRP	1,8	5	1,1	–	1,0	–	0,8	–
sonstige	9,1	16	1,5	–	0,5	–	0,2	–
insgesamt	100	402	100	487	100	497	100	499

Wahlen:	19. Sept. 1965		28. Sept. 1969		19. Nov. 1972		3. Okt. 1976	
Wahlberechtigte (Mill.):	38,5		38,6		41,4		42,1	
Wahlbeteiligung (%):	86,8		86,7		91,1		90,7	
	Stimmen in%	Mandate	Stimmen in%	Mandate	Stimmen in%	Mandate	Stimmen in%	Mandate
CDU/CSU	47,6	245	46,1	242	44,9	225	48,6	243
SPD	39,3	202	42,7	224	45,8	230	42,6	214
FDP/DVP	9,5	49	5,8	30	8,4	41	7,9	39
GDP	–	–	0,1	–	–	–	–	–
Bayernpartei	–	–	0,2	–	–	–	–	–
DFU	1,3	–	–	–	–	–	–	–
DKP	–	–	–	–	0,3	–	0,3	–
NPD	2,0	–	4,3	–	0,6	–	0,3	–
sonstige	0,3	–	0,8	–	–	–	0,3	–
insgesamt	100	496	100	496	100	496	100	496

Wahlen:	5. Okt. 1980		6. März 1983		25. Jan. 1987	
Wahlberechtigte (Mill.):	43,2		44,1		45,3	
Wahlbeteiligung (%):	88,6		89,1		84,3	
	Stimmen in %	Mandate	Stimmen in %	Mandate	Stimmen in %	Mandate
CDU/CSU	44,5	226	48,8	244	44,3	223
SPD	42,9	218	38,2	193	37,0	186
FDP/DVP	10,6	53	7,0	34	9,1	46
Grüne	1,5	–	5,6	27	8,3	42
DKP	0,2	–	0,2	–	–	–
NPD	0,2	–	0,2	–	0,6	–
sonstige	0,1	–	0,1	–	0,7	–
insgesamt	100	497	100	498	100	497

gewalten (↑Gewaltentrennung) sieht das GG nicht vor, so daß verschiedene Formen der Gewaltenüberschneidung mögl. sind. Die Festlegung des GG auf diese Staatsform, auf das Mehrparteienprinzip, auf die Gewähr der Chancengleichheit für alle polit. Parteien und ihr Recht auf verfassungsmäßige Bildung und Ausübung einer Opposition wird zusammenfassend als *freiheitliche demokratische Grundordnung* bezeichnet, wobei diese Ordnung jedoch auf kein bestimmtes Wirtschaftssystem festgelegt ist. Allen Bürgern werden vom GG wichtige ↑Grundrechte, insbes. das Recht auf Leben, auf körperl. Unversehrtheit und die Freiheit der Person, garantiert. Obwohl die B.länder Staaten mit eigener Staatsgewalt und eigenem Staatsgebiet sind, liegt die höchste Staatsgewalt, die ↑Souveränität, allein beim Bund; B.recht bricht Landesrecht (Art. 31 GG). Die Länder können zur Erfüllung ihrer verfassungsrechtl. oder gesetzl. B.pflichten von der B.reg. angehalten werden (Art. 37 GG). Die verfassungsmäßige Ord-

nung in den Ländern muß den Grundsätzen des republikan., demokrat. und sozialen Rechtsstaates entsprechen. Den Gemeinden und Gemeindeverbänden steht das Recht der kommunalen Selbstverwaltung zu (Art. 28 GG). Eine Staatskirche besteht nicht.

Regierungssystem: Staatsoberhaupt ist der ↑Bundespräsident (seit 1979 K. Carstens). Er wird von der ↑Bundesversammlung auf 5 Jahre gewählt. Die ↑Bundesregierung steht neben dem B.präs. oberstes Organ der *vollziehenden (exekutiven) Gewalt.* Sie besteht aus dem ↑Bundeskanzler und den ↑Bundesministern. *Rechtsetzende (legislative) Gewalt* haben auf Grund der föderalist. Struktur der ↑Bundestag als Bundesparlament sowie die Länderparlamente. Das GG unterscheidet ausschließl., konkurrierende und Rahmengesetzgebung (↑Gesetzgebung); der B.reg. steht ein Initativrecht *(Gesetzesinitiative)* zu. Der B.tag ist das einzige B.organ, das unmittelbar vom Volk gewählt wird. Durch den ↑Bundesrat wirken die Länder bei der Gesetzgebung und Verwaltung des Bundes mit (Art. 50 GG). *Parteien und Verbände:* Nach dem GG sollen die polit. Parteien bei der polit. Willensbildung des Volkes mitwirken; ihre innere Ord-

Bundesrepublik Deutschland.
Vereinfachende schematische
Darstellung des politischen Systems

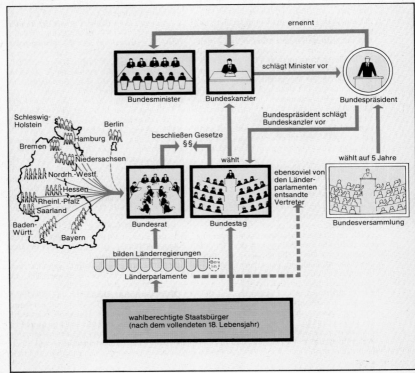

nung muß demokrat. Grundsätzen entsprechen; über die Herkunft ihrer Mittel müssen sie öffentl. Rechenschaft ablegen (Art. 21 GG). Zw. 1961 und 1983 waren im B.tag nur die Christl. Demokrat. Union (CDU) und die Christl.-Soziale Union (CSU), die seit 1949 eine gemeinsame Fraktion bilden, die Sozialdemokrat. Partei Deutschlands (SPD) und die Freie Demokrat. Partei (FDP) vertreten. Zusätzl. zu diesen gibt es seit der B.tagswahl 1983 auch eine Fraktion der Grünen im B.tag. Andere Parteien, wie die Nationaldemokrat. Partei Deutschlands (NPD) oder die Dt. Kommunist. Partei (DKP) scheiterten an der Fünfprozentklausel. Nur die Wahl zum 3. B.tag (1957) ergab eine absolute Mehrheit für eine Fraktion - die der CDU/CSU -, ansonsten mußten jeweils Koalitionsregierungen gebildet werden. Seit Okt. 1982 bilden CDU/CSU und FDP eine Koalition.

Wenngleich sie im GG nicht erwähnt werden, nehmen neben den Parteien verschiedene *Interessenverbände* Einfluß auf die individuelle Meinungs- und die polit. Willensbildung. Die Kanäle des Verbandseinflusses sind je nach Art der anstehenden Entscheidungen die Parteien, das Parlament oder die Reg. Wichtige Spitzenverbände sind der B.verband der Dt. Industrie e.V. (BDI), der Dt. Ind.- und Handelstag (DIHT) sowie die Bundesvereinigung der Dt. Arbeitgeberverbände e.V. (BDA), denen als zentrale Organisationen der Arbeitnehmer der Dt. Gewerkschaftsbund (DGB) als Dachorganisation von 17 Einzelgewerkschaften der Arbeiter, Angestellten und Beamten sowie die Dt. Angestellten-Gewerkschaft (DAG) und der Dt. Beamtenbund (DBB) u. a. kleinere Organisationen gegenüberstehen. Ein starker, direkter und unkontrollierbarer Einfluß der Verbände auf Parteien, Fraktionen und Landes- bzw. B.reg. wird gelegentl. als die im GG verankerte Volkssouveränität und demokrat. Ordnung unterlaufend kritisiert.

Die *Verwaltung* geschieht durch Behörden des Bundes (↑ Bundesverwaltung) und der Länder (↑ Landesverwaltung).

Rechtswesen: Durch die Verankerung des *Rechtsstaatsprinzips* wird in der BR Deutschland staatl. Handeln den Gesetzen unterworfen und diese *Gesetzmäßigkeit staatl. Handelns* durch eine umfassende Rechtsschutzgarantie und durch die Unabhängigkeit der Gerichte sichergestellt. Die Stellung der Justiz wurde durch die Möglichkeit, zur Überprüfung polit. Entscheidungen und Vereinigungen auf ihre Verfassungsmäßigkeit das B.verfassungsgericht anzurufen, erhebl. verstärkt. Seit 1949 wurden die größtenteils Ende des 19. Jh. kodifizierten Gesetze den neuen Bestimmungen des GG angepaßt.

Landesverteidigung: Es besteht allgemeine Wehrpflicht, die in der ↑ Bundeswehr in einer Dienstzeit von 15 (ab 1. Juni 1989: 18) Mona-

ten abgeleistet werden kann; unter bestimmten Voraussetzungen ist auch ein ↑ Zivildienst mögl. Die Gesamtstärke der B.wehr betrug 1984 495 000 Mann (darunter Heer 335 600, Luftwaffe 106 000, Marine 36 200). Daneben bestehen als paramilitär. Kräfte die Truppen des Bundesgrenzschutzes (rd. 20 000 Mann).

Soziales: Das GG verpflichtet den Staat, für einen Ausgleich sozialer Gegensätze und eine gerechte Sozialordnung zu sorgen (*Sozialstaatsprinzip*); es garantiert die Koalitionsfreiheit, freie Berufswahl, verpflichtet zum gemeinnützigen Gebrauch des Eigentums und ermöglicht die Verstaatlichung von Boden, Naturschätzen und Produktionsmitteln. Auf dieser Grundlage entstanden neue Sozialgesetze, die Kündigungsschutz, Tarifvertragsrecht, Mutterschutz, Betriebsverfassung, Personalvertretung, Mitbestimmung, Lastenausgleich, die verschiedenen Sozialversicherungen, Sozialhilfe, Arbeitsförderung und -beschaffung, Vermögensbildung u. a. regeln und ein weitgehendes System der *sozialen Sicherung* schufen, dessen Elemente jedoch auf Grund der anhaltend schlechten Wirtschaftslage, der hohen Arbeitslosenquote und daraus resultierender Engpässe in allen Sozialversicherungszweigen von der Reg. z. T. empfindl. beschnitten wurden.

⊞ *Lehmann, Hans Georg: Chronik der Bundesrepublik D. 1945/49–1983.* Mchn. ²1983. - *Hesse, K.: Grundzüge des Verfassungsrechts der B. D.* Karlsruhe ¹²1980. - *Das Parteiensystem der B. D.* Hg. v. D. Staritz. Opladen ²1980. - *Beyme, K.: Das polit. System der B. D.* Mchn. ²1980. - *Claessens, D., u.a.: Sozialkunde der B. D.* Düss. u. Köln ¹⁰1980. - *Fuchs, G.: Die B. D.* Stg. ³1980. - *Schuon, T.: Wirtschaftsu. Sozialgesch. der B. D.* Stg. 1979. - *Schäfers, B.: Sozialstruktur u. Wandel der B. D.* Stg. ²1979. - *Rupp, A. K.: Polit. Gesch. der B. D. Eine Einf.* Stg. 1979. - *Die B. D. Entstehung, Entwicklung, Struktur.* Hg. v. W.-D. Narr u. D. Thränhardt. Mchn. 1979. - *Sontheimer, K.: Die verunsicherte Republik. Die B. nach 30 Jahren.* Mchn. 1979. - *Hdb. des polit. Systems der B. D.* Hg. v. K. Sontheimer u. H. H. Röhring. Mchn. ²1978. - *Glastetter, W.: Die wirtschaftl. Entwicklung der B. D. im Zeitraum 1950 bis 1975.* Bln. u. a. 1977.

Bundesrichter, bis zum 1. Okt. 1972 Bez. für Richter an den obersten Gerichtshöfen des Bundes; jetzige Bez.: Richter [am Bundesgerichtshof usw.].
In *Österreich* sind alle Richter grundsätzlich B., in der *Schweiz* sind B. ausschließl. die Mgl. der beiden Bundesgerichte.

Bundesschatzbrief, im Jan. 1969 von der Regierung der BR Deutschland am Kapitalmarkt eingeführtes (Inhaber-)Wertrecht. Der B. ist ein Sparbrief mit festen. Eigenschaften (Laufzeit 6 bzw. 7 Jahre, Mindestnennbetrag 100 DM, Zinssatz ansteigend): er soll einerseits der Eigentums- und Vermögensbildung der Bev., andererseits der Kapitalbeschaffung für öffentl. Investitionen dienen.

Bundesschuldenverwaltung, selbständige Bundesbehörde mit kollegialer Verfassung im Geschäftsbereich des Bundesmin. der Finanzen; Sitz: Bad Homburg v. d. H. (mit Zweigstelle in Berlin [West]). Ihre Hauptaufgaben sind Verwaltung und Kontrolle der Schulden und Bürgschaften des Bundes, der Bundesbahn und Bundespost, Kontrolle über die Einhaltung der gesetzl. Kreditermächtigung, Abwicklung der Anleihen des Dt. Reiches, der Reichsbahn, Reichspost und des ehem. Landes Preußen.

Bundes-Seuchengesetz, Kurzbez. für das Gesetz zur Verhütung und Bekämpfung übertragbarer Krankheiten beim Menschen i. d. F. vom 18. 12. 1979. Das Gesetz enthält Vorschriften über meldepflichtige Krankheiten, über die Verhütung übertragbarer Krankheiten und deren Bekämpfung und bes. Vorschriften für Schulen und sonstige Gemeinschaftseinrichtungen.

Bundessicherheitsrat, Abk. BSR, seit dem 28. Okt. 1969 neue Bez. für den früheren **Bundesverteidigungsrat.** Der BSR hat als Kabinettsausschuß die Aufgabe, Fragen der Sicherheitspolitik, insbes. auf allen Gebieten der Verteidigung, sowie Fragen der Abrüstung und Rüstungskontrolle zu beraten, Vorentscheidungen zu treffen oder Entscheidungen des Bundeskanzlers oder der Bundesregierung vorzubereiten; der Vorsitz liegt beim Bundeskanzler.

Bundessiegel, Amtssiegel für alle Bundesbehörden. Das *große B.* zeigt den von einem Kranz umgebenen Bundesadler; das *kleine B.* zeigt ebenfalls den Bundesadler, jeweils hinzugefügt ist das Signum der siegelführenden Behörde.

Bundessozialgericht, Abk. BSG, oberster Gerichtshof des Bundes auf dem Gebiet der Sozialgerichtsbarkeit; Sitz: Kassel.

Bundessozialhilfegesetz ↑Sozialhilfe.

Bundesstaat, 1. eine staatsrechtl. Verbindung mehrerer Staaten in der Weise, daß ein neuer Staat entsteht (Gesamtstaat), die Gliedstaaten jedoch weiterhin ihre Staatseigenschaft behalten (↑auch Föderalismus). Im B. haben sowohl die Gliedstaaten als auch der Gesamtstaat eigene, unabgeleitete Staatsgewalt, d. h., die Gliedstaaten leiten ihre Staatsgewalt nicht vom Gesamtstaat ab, sie sind ihm nicht untergeordnet. Die Staatsgewalt ist durch die jeweilige Verfassung zw. Gesamtstaat und Gliedstaaten aufgeteilt. Diese sind zu bundesfreundl. Verhalten (**Bundestreue**) verpflichtet, d. h. alle am Bündnis Beteiligten haben zu seiner Festigung und zur Wahrung seiner und der Belange seiner Glieder beizutragen. Ein B. kann durch einen Bündnisvertrag der Gliedstaaten (so die Gründung des Dt. Reiches 1871) oder durch die verfassunggebende Gewalt des Volkes

(so die Gründung der Weimarer Republik 1919 und die Gründung der BR Deutschland 1949) entstehen. Die für die Organisation des B. kennzeichnende Aufteilung der staatl. Aufgaben kann entweder in der Weise vorgenommen werden, daß Gesamtstaat und Gliedstaaten jeweils für bestimmte Materien zuständig sind, in denen sie sowohl die Gesetzgebung wie auch die vollziehende Gewalt und die Rechtsprechung ausüben (so z. B. in den USA), oder die jeweiligen Zuständigkeiten können nach Materie und Funktion unterschiedl. aufgeteilt sein, so daß in manchen Bereichen die Gesetzgebung Sache des Gesamtstaates, der Vollzug der Bundesgesetze dagegen Sache der Gliedstaaten ist. Letztere Regelung trifft für die BR Deutschland zu. 2. auch Bez. für die Gliedstaaten des Gesamtstaats.

Bundesstellen, in der BR Deutschland Einrichtungen des Bundes mit meist beratenden und fördernden Verwaltungsaufgaben: *B. für Außenhandelsinformation* (Köln), *B. für Büroorganisation und Bürotechnik* (Darmstadt), *B. für Entwicklungshilfe* (Frankfurt am Main; bis 1975).

Bundesstrafprozeß, in der Schweiz das rechtl. geregelte Verfahren, in dem die der Gerichtsbarkeit des Bundes (Bundesassisen, Bundesstrafgericht, Bundesverwaltung) unterstellten Verbrechen, Vergehen und Übertretungen verfolgt und beurteilt werden.

Bundesstraßen ↑Bundesfernstraßen.

Bundestag, im *Dt. Bund* (1815–66) Bez. für die ↑Bundesversammlung.

◆ (Dt. Bundestag) in der *BR Deutschland* die aus Wahlen hervorgegangene Volksvertretung. Kraft der allein ihm zukommenden unmittelbaren demokrat. Legitimation nimmt der B. eine bes. Stellung unter den Verfassungsorganen ein. Er wählt und stürzt den Bundeskanzler, wählt die Hälfte der Mgl. der Bundesversammlung und ²/₃ der Mgl. des Gemeinsamen Ausschusses, ist zur Präs.anklage befugt, wählt die Hälfte der Bundesverfassungsrichter und entsendet Mgl. in den Richterwahlausschuß, der die Bundesrichter wählt. Der B. ist das zentrale Organ der polit. Willensbildung, das in seiner personellen Zusammensetzung die im Volk vorhandenen polit. Kräfte widerspiegeln soll. Er ist zugleich das oberste Gesetzgebungsorgan, ermächtigt die Reg. zum Erlaß von Rechtsverordnungen, stellt durch Gesetz den Haushaltsplan fest, erteilt die Zustimmung zu völkerrechtl. Verträgen (durch *Ratifikationsgesetz*) und entscheidet im Verteidigungsfall. Als oberstes Kontrollorgan hat er die Bundesregierung einschließl. der ihr unterstellten Verwaltung zu überwachen. Er hat das Recht, jedes Mgl. der Bundesregierung einer Befragung zu unterziehen (Interpellationsrecht) sowie parlamentar. Untersuchungen durchzuführen. Als Hilfsorgan bei der Ausübung der parlamentar. Kontrolle über die Bundeswehr und zum Schutze der Grundrechte der Soldaten beruft der B. den Wehrbeauftragten. Die Abhörpraxis der Exekutive wird durch bes. Kontrollorgane überwacht. Bei der Kontrolle über das Haushaltsgebaren der Regierung wird der B. durch den Bundesrechnungshof unterstützt, der einmal im Jahr dem B. über seine Prüfungsergebnisse zu berichten hat.

Der B. wird in allg., freien, geheimen, unmittelbaren und gleichen Wahlen nach dem durch das Bundeswahlgesetz festgelegten System der personalisierten Verhältniswahl gewählt. Ihm gehören 496 Abg. an, die zur Hälfte direkt, zur Hälfte über Listen gewählt werden (zu mögl. Überhangmandaten ↑Wahlen). Hinzu kommen 22 nicht voll stimmberechtigte Berliner Abg. Die einer Partei zugehörigen Abg. bilden innerhalb des B. eine Fraktion. Die *Wahlperiode* dauert i.d.R. 4 Jahre, kann aber vorher durch Auflösung des B. enden. Die Neuwahl findet im letzten Vierteljahr der Wahlperiode statt, im Falle der Auflösung spätestens nach 60 Tagen. Der B. tritt spätestens am 30. Tag nach der Wahl, jedoch nicht vor Ende der Wahlperiode des letzten B. zusammen. Für die Gesetzgebungsarbeit des B. gilt der Grundsatz der ↑Diskontinuität. Der B. nimmt die Wahlprüfung vor, gibt sich eine Geschäftsordnung und wählt seine Organe (Präsident, Präsidium, Ältestenrat, Schriftführer, Ausschüsse). Der *Präsident* vertritt den B., ist die oberste Dienstbehörde der B.beamten, übt das Hausrecht und die Polizeigewalt im Gebäude des B. aus und leitet u.a. seine Sitzungen. Der Präs. und seine Stellvertreter bilden das *Präsidium.* Zentrales Lenkungsorgan des B. ist der Ältestenrat. Das Plenum verhandelt öffentl., die Ausschüsse dagegen tagen grundsätzl. nicht öffentlich. Sie suchen dies durch verstärktes Abhalten von sog. Hearings auszugleichen. - ↑auch Parlamentarismus.

📖 *Zeh, W.: Der Dt. B.* Düss. ³1978. - *Schäfer, Friedrich: Der B.* Opladen. ³1977.

Bundesterritorium, svw. ↑Bundesdistrikt.

Bundestreue ↑Bundesstaat.

Bundesurlaubsgesetz ↑Urlaub.

Bundesverband Bürgerinitiativen Umweltschutz e.V., Abk. BBU, 1972 in Mörfelden-Walldorf gegr. Zusammenschluß von (1983) rund 1 000 Bürgerinitiativen und zahlreichen Einzelmitgliedern, die der Erhaltung und Wiederherstellung der natürl. Lebensgrundlagen, den Schutz der Natur und der durch Umweltgefahren bedrohten öffentl. Gesundheit anstrebt; Sitz: Frankfurt am Main. Angeschlossen ist dem BBU das Umweltwissenschaftl. Inst. in Stuttgart.

Bundesverband der Deutschen Industrie e.V., Abk. BDI, Spitzenorganisation der Ind.fachverbände in der BR Deutschland; Sitz: Köln, gegr. 1949, vertritt

die wirtsch. und wirtschaftspolit. Interessen der dt. Industrie.

Bundesverband für den Selbstschutz, Abk. BVS, bundesunmittelbare Körperschaft des öffentl. Rechts (seit 1960); Sitz: Köln; untersteht der Aufsicht des Bundesmin. des Innern und wird vom Bund finanziert. Der BVS hat die Aufgabe, die Bev. über die Wirkung von Angriffswaffen und über Schutzmöglichkeiten aufzuklären.

Bundesverdienstkreuz, Kurzbez. für den ↑Verdienstorden der Bundesrepublik Deutschland.

Bundesvereinigung der Deutschen Arbeitgeberverbände e.V., Abk. BDA, Spitzenorganisation der ↑Arbeitgeberverbände in der BR Deutschland; Sitz: Köln.

Bundesverfassungsgericht, Abk. BVerfG, BVG, ein allen übrigen Verfassungsorganen gegenüber selbständiger Gerichtshof des Bundes; errichtet am 7. 9. 1951. Sitz: Karlsruhe. Seine Entscheidungen binden alle anderen staatl. Organe, auch den Bundestag. Das B. ist selbst Verfassungsorgan, hat einen eigenen Einzelplan im Bundeshaushalt und eine eigene, dem Präs. des B. unterstellte Verwaltung. Die Zuständigkeiten des B. und die Grundzüge der Richterwahl sind im GG (Art. 93, 94) geregelt, die Rechtsstellung der Richter, die Verfassung und das Verfahren des Gerichts im Gesetz über das B. i.d.F. vom 3. 2. 1971. Das B. ist ein sog. *Zwillingsgericht* mit 2 Senaten, besetzt mit je 8 Richtern. Die beiden Senate zusammen bilden das Plenum des B., das zuständig ist, wenn ein Senat in einer Rechtsfrage von der Meinung des anderen Senats abweichen will. Die Richter werden je zur Hälfte vom Bundestag und Bundesrat gewählt, vom Bundespräs. ernannt und vereidigt. Während der Bundesrat die Richter direkt mit Zweidrittelmehrheit wählt, werden die vom Bundestag zu berufenden Richter in indirekter Wahl von einem vom Bundestag nach den Regeln der Verhältniswahl gewählten zwölfköpfigen Wahlmännerausschuß bestimmt. 3 Richter jedes Senats werden aus der Zahl der Richter an den obersten Gerichtshöfen gewählt. Den Präs. des B. und seinen Stellvertreter wählen Bundestag und Bundesrat im Wechsel. Die Richter dürfen neben ihrer Richtertätigkeit nur das Amt eines Hochschullehrers ausüben. Ihre Amtszeit dauert 12 Jahre; eine anschließende oder spätere Wiederwahl ist ausgeschlossen.

Bundes-Verfassungsgesetz, Abk. BVG, nach östr. Verfassungsrecht 1. ein BG, für dessen Zustandekommen die Anwesenheit von mindestens der Hälfte der Mgl. des Nationalrates und eine Mehrheit von ⅔ der abgegebenen Stimmen notwendig ist; 2. Bez. für die geltende östr. Verfassung (B.-V. vom 1. 10. 1920 i. d. F. von 1929).

Bundesverkehrswacht e.V. ↑Verkehrswacht.

Bundesversammlung, im *Deutschen Bund* (1815–66; auch Bundestag gen.) nach Art. 4 der Dt. Bundesakte das Bundesorgan, das die Angelegenheiten des Bundes unter dem Bundespräsidium Österreichs besorgte. In der B. waren alle Gliedstaaten durch Bevollmächtigte im Range von Gesandten vertreten, die nur nach den Instruktionen ihrer Regierungen abstimmen konnten. Das Plenum umfaßte 69 Stimmen (entsprechend der Größe der einzelnen Bundesstaaten aufgeteilt). Die B. tagte ständig, konnte sich jedoch nach Erledigung der Geschäfte auf bestimmte Zeit vertagen. Die B. hatte ihren Sitz in Frankfurt am Main und war zuständig für die auswärtigen, militär. und inneren Angelegenheiten des Bundes. In der BR Deutschland ist die B. das Organ, durch das der Bundespräs. gewählt wird (Art. 54 GG). Die B. besteht aus den Mgl. des Dt. Bundestages und einer gleichen Anzahl von Mgl., die von den Volksvertretungen der Länder nach den Grundsätzen der Verhältniswahl gewählt werden. Sie wird vom Präs. des Bundestages einberufen. - Für *Österreich* und die *Schweiz* ↑ Österreich (polit. System), ↑ Schweiz (polit. System).

Bundesversicherungsamt ↑ Bundesämter (Übersicht).

Bundesversicherungsanstalt für Angestellte, Abk. BfA, Körperschaft des öff. Rechts mit dem Recht der Selbstverwaltung, Träger der gesetzl. Rentenversicherung der Angestellten für das Gebiet der BR Deutschland und Berlins (West); Sitz: Berlin (West). Die BfA wurde durch Gesetz vom 7. 8. 1953 als Nachfolgerin der ehem. *Reichsversicherungsanstalt für Angestellte* errichtet, deren Vermögen auf die BfA überging. Die Organe der BfA sind *Vertreterversammlung* und *Vorstand*, die je zur Hälfte aus Vertretern der Versicherten und der Arbeitgeber bestehen.

Bundesversorgungsgesetz, Abk. BVG, Kurzbez. für das Gesetz über die Versorgung der Opfer des Krieges i. d. F. vom 22. 6. 1976 (↑ Kriegsopferversorgung).

Bundesvertrag, das Abkommen von 1815, genehmigt von den Teilnehmern des Wiener Kongresses und beschlossen von den schweizer. Kantonen. Er stellte in der Schweiz den Staatenbund wieder her.

Bundesvertriebenengesetz, Abk. BVFG, Kurzbez. für das Gesetz über die Angelegenheiten der Vertriebenen und Flüchtlinge i.d.F. vom 3. 9. 1971 (↑ Lastenausgleich, ↑ Vertriebene).

Bundesverwaltung, im Recht der BR Deutschland 1. der Vollzug von BG und die sonstige, vom Bund ausgeübte Verwaltung durch eigene Behörden des Bundes (**bundesunmittelbare Verwaltung**) oder durch Körperschaften und Anstalten des öff. Rechts, die der Aufsicht des Bundes unterstehen (**mittelbare Bundesverwaltung**); 2. die Gesamtheit der

Behörden des Bundes. Die B. in diesem Sinne hat je nach Verwaltungszweig einen ein- bis dreistufigen Behördenaufbau. Die Zentralstufe besteht aus den **obersten Bundesbehörden,** die keiner anderen Behörde unterstellt sind (Bundespräsidialamt, Bundeskanzleramt, Bundesministerien und Bundesrechnungshof) und den **sonstigen Zentralbehörden,** die einer obersten Bundesbehörde unterstellt sind und deren örtl. Zuständigkeit sich auf das ganze Bundesgebiet erstreckt (Bundesoberbehörden, Bundesämter, Bundesstellen, Bundesinstitute, nicht rechtsfähige Bundesanstalten). Im Gegensatz dazu erstreckt sich die örtl. Zuständigkeit der Behörden der Mittel- und Unterstufe jeweils nur auf einen bestimmten Teil des Bundesgebietes. Behörden der **Mittelstufe** sind Oberfinanzdirektionen, Wehrbereichsverwaltungen, Oberpostdirektionen, Bundesbahndirektionen, Wasser- und Schifffahrtsdirektionen. Behörden der **Unterstufe** sind Hauptzollämter, Kreiswehrersatzämter, Postämter, Betriebs- und Verkehrsämter der Dt. Bundesbahn, Wasser- und Schiffahrtsämter.

Nach *östr. Recht* ist B. die Vollziehung des Bundesrechts durch Verwaltungsbehörden. Man unterscheidet: 1. *unmittelbare B.,* deren Träger eigene Bundesbehörden sind (z. B. Finanzamt, Bundespolizei); 2. *mittelbare B.,* die vom Landeshauptmann und den ihm unterstellten Landesbehörden besorgt wird.

In der *Schweiz* ist „B." die Staatstätigkeit auf dem Gebiet der öffentl. Verwaltung, soweit sie von Bundesbehörden ausgeübt wird; sie umfaßt: auswärtige, Militär-, Finanz-, Justiz- und innere Verwaltung.

Bundesverwaltungsgericht, Abk. BVerwG, BVG, oberster Gerichtshof des Bundes auf dem Gebiet der [allg.] Verwaltungsgerichtsbarkeit sowie (seit 1967) der Disziplinargerichtsbarkeit des Bundes und der Wehrdienstgerichtsbarkeit. Sitz der *Revisions*- und der *Disziplinarsenate* ist Berlin (West), Sitz der *Wehrdienstsenate* München.

Bundeswaffengesetz ↑ Waffenrecht.

Bundeswahlausschuß ↑ Bundeswahlleiter.

Bundeswahlgesetz, Gesetz vom 7. 5. 1956 i. d. F. vom 1. 9. 1975 mit der Bundeswahlordnung vom 8. 11. 1979, in dem für die Bundestagswahlen das Wahlsystem, die Wahlorgane, Wahlrecht und Wählbarkeit, Vorbereitung der Wahl, Wahlhandlung, Feststellung der Wahlergebnisse sowie Erwerb und Verlust der Mitgliedschaft im Bundestag geregelt werden.

Bundeswahlleiter, vom Bundesmin. des Innern ernanntes Wahlorgan zur Vorbereitung und Durchführung von Wahlen zum Dt. Bundestag; der ist zugleich Vors. des **Bundeswahlausschusses,** dem 6 vom B. berufene Wahlberechtigte angehören.

Bundeswappen ↑ Hoheitszeichen.

Bundeswasserstraßen

Bundeswasserstraßen, Gesamtheit der ehem. Reichswasserstraßen, die gemäß Art. 89 GG in Eigentum und Verwaltung des Bundes übergegangen sind. Sie umfassen die Seewasserstraßen und grundsätzl. auch alle dem allg. Verkehr dienenden Binnenwasserstraßen. Bau, Unterhaltung und Verwaltung der B. besorgen Behörden des Bundes (Wasser- und Schiffahrtsstraßenverwaltung).

Bundeswehr, Bez. für die Streitkräfte der BR Deutschland. Der Aufbau erfolgte nach dem 5. Mai 1955; die verfassungsrechtl. Voraussetzungen wurden durch Grundgesetzänderungen vom 26. 3. 1954 und vom 19. 3. 1956 geschaffen. Zunächst nur Freiwillige; ab 1956 jedoch allg. Wehrpflicht; die Angehörigen der B. sind entweder *Wehrpflichtige, Soldaten auf Zeit* oder *Soldaten auf Lebenszeit* (Berufssoldaten). Die zahlenmäßige Stärke der B. betrug 1984 495 000 Mann. Die B. gliedert sich in Heer, Luftwaffe, Marine, Sanitäts- und Gesundheitswesen sowie Zentrale militär. B.dienststellen. Befehls- und Kommandogewalt hat gemäß Artikel 65a GG der Bundesminister der Verteidigung (sie geht jedoch im Verteidigungsfall auf den Bundeskanzler über); ihm untersteht der Generalinspekteur der Bundeswehr mit dem Führungsstab der Streitkräfte; bes. Aufgaben hinsichtl. der B. haben die B.verwaltung und der Wehrbeauftragte des Bundestages. Dem Führungsstab des **Heeres** im Bundesministerium der Verteidigung unterstehen das *Heeresamt* (zuständig für die Schulen u. Lehrtruppen des Heeres, die Erarbeiten von Grundlagen für Führungs-, Kampf- und Einsatzgrundsätze, für Rüstung, Ausbildung, dienstl. Anweisungen an Korps und Territorialkommandos), das Feldheer und das Territorialheer. Das *Feldheer* umfaßt 3 Korps (inklusive Korps-Verfügungs- und Versorgungstruppen) mit insges. 12 Divisionen (6 Panzerdivisionen, 4 Panzergrenadierdivisionen, 1 Gebirgs- und 1 Luftlandedivision einschließl. Divisionstruppen). Das *Territorialheer,* das der in nat. Verantwortung geführte Teil des Heeres und gliedert sich auf verschiedenen Bereichsebenen (Territorial-, Wehrbereichs-, Verteidigungsbezirks-, Verteidigungskreiskommandos) in Führungsstäbe mit den diesen unterstellten Truppen und Dienststellen. 1984 hatte das Heer eine Stärke von rund 335 600 Mann, davon das Territorialheer 44 200. Dem Führungsstab der **Luftwaffe** im Bundesministerium der Verteidigung sind das *Luftwaffenamt* (zuständig für zentrale Luftwaffenaufgaben: Ausbildung, Rüstung, Transport, Sanitätswesen u. a.), das *Luftflottenkommando* (die Einsatzverbände der Luftwaffe, bestehend aus 2 Takt. Divisionen und 2 Luftverteidigungsdivisionen) und das *Luftwaffenunterstützungskommando* (die logist. Verbände und Dienststellen der Luftwaffe) unterstellt. Die Luftwaffe hatte 1984 eine Stärke von 110 540

Mann und besaß 486 Kampfflugzeuge. Dem Führungsstab der **Marine** im Bundesverteidigungsministerium unterstehen das *Marineamt* (zuständig für Ausbildung, Rüstung und Sanitätsdienst in der Marine), das *Flottenkommando* (alle Kampfeinheiten, die schwimmenden Unterstützungseinheiten der Marine sowie Einrichtungen auf dem Festland, die für deren Einsatzführung notwendig sind) und das *Marineunterstützungskommando* (dem die Aufrechterhaltung der materiellen Einsatzbereitschaft der Marinestreitkräfte obliegt). Die Marine hatte 1984 eine Stärke von 36 200 Mann und besaß 237 schwimmende Einheiten. Dem Inspekteur des **Sanitäts- und Gesundheitswesens** im Bundesministerium der Verteidigung untersteht als Fachvorgesetztem der Sanitätsdienst in den Teilstreitkräften und in den Zentralen militär. B.dienststellen. Er ist zugleich unmittelbarer truppendienstl. Vorgesetzter des *Sanitätsamtes der B.* als der Kommandobehörde für die nachgeordneten zentralen Sanitätsdienststellen der B. Unter den **Zentralen Militärischen Bundeswehr-Dienststellen,** die dem Stellvertreter des Generalinspekteurs der B. unterstellt sind und den Streitkräften gemeinsame Aufgaben wahrnehmen, hat das *Streitkräfteamt* (früher B.amt) bes. Stellung. **Das Heer** hat den Auftrag, mit den der NATO assignierten Teilen in den zugewiesenen Gefechtsstreifen der Vorneverteidigung zu führen. Im Verteidigungsfall ist das I. Korps (Münster) zus. mit belg., brit., niederl. und amerikan. Großverbänden der Northern Army Group (NORTHAG) in Mönchengladbach, das II. und III. Korps (Ulm bzw. Koblenz) zusammen mit amerikan. und kanad. Großverbänden der Central Army Group (CENTAG) in Mannheim unterstellt. Das Territorialheer hat unter nat. Kommando die Operationsfreiheit der NATO-Streitkräfte in der BR Deutschland sicherzustellen und mit der zivilen Verteidigung zusammenzuarbeiten. Die Aufgaben der **Luftwaffe** im Gesamtgefüge der NATO sind: Luftaufklärung, Luftraumüberwachung, Luftverteidigung im integrierten Luftverteidigungssystem der NATO, Kampf gegen feindl. Luftstreitkräfte am Boden, Abriegelung des Gefechtsfeldes und in der Tiefe des Raumes, unmittelbare Bekämpfung von feindl. Land- bzw. Seestreitkräften und Lufttransport. Die Luftwaffe ist mit ihren Einsatzverbänden der 2. bzw. 4. Alliierten Takt. Luftflotte (Mönchengladbach bzw. Ramstein-Miesenbach) zugeteilt. Im Verteidigungsfall soll die **Marine** durch Abwehr von Angriffen auf die Küsten der Ost- und Nordsee das Territorium der NATO-Anliegerstaaten und die Ostseezugänge schützen. Darüber hinaus soll dem Gegner die Verbindungswege zw. Ostsee und Atlantik zu unterbrechen sowie gemeinsam mit den Verbündeten die eigenen Nachschublinien in der Nord-

BUNDESWEHR. KOMMANDOSTRUKTUREN DES HEERES, DER LUFTWAFFE UND DER MARINE

| Inspekteur des Heeres | | | | Inspekteur der Luftwaffe | | | Inspekteur der Marine | | |

Inspekteur des Heeres

Feldheer	Heeresamt	Territorialheer

- Korps (3)
  - Korpstruppen
- Territorialkommandos (3)
  - Verfügungstruppen, Versorgungskommandos

- Divisionen (12)
  - Panzerdivisionen (4), Panzergrenadierdivisionen (4), Jägerdivisionen (2), Gebirgsdivision, Luftlandedivision
  - Divisionstruppen
- Wehrbereichskommandos (5)
  - Verfügungs- und Logistiktruppen, Heimatschutzkommandos (6)

- Brigaden (36)
  - Panzerbrigaden (16), Panzergrenadierbrigaden (12), Jägerbrigaden (3), Gebirgsbrigaden (2), Luftlandebrigaden (3)
  - Brigadeeinheiten
- Verteidigungsbezirkskommandos (29)

- Bataillone
- Verteidigungskreiskommandos

Inspekteur der Luftwaffe

Luftflottenkommando	Luftwaffenamt	Luftwaffenunterstützungskommando

- Luftwaffendivisionskommandos (4)
  - Jagdbombergeschwader (6)
  - Jagdgeschwader (2)
  - leichte Kampfgeschwader (2)
  - Aufklärungsgeschwader (2)
  - Flugkörpergeschwader (2)
  - Flugabwehrraketenregiment (6)
  - Fernmelderegiment (2)
- Luftwaffenausbildungskommando, Luftwaffenführungsdienstkommando, Lufttransportkommando
  - Flugbereitschaft
  - Luftwaffentransportgeschwader (2)
  - Hubschraubertransportgeschwader
  - Fernmelderegiment (2)
  - Luftwaffenausbildungsregiment (5)
- Luftwaffenunterstützungsgruppenkommandos (2); Materialamt
  - Luftwaffenversorgungsregimenter (8)
  - Fernmelderegimenter (2)

Inspekteur der Marine

Flottenkommando	Marineamt	Marineunterstützungskommando

- Zerstörerflottille (5 Geschwader)
- Amphib Gruppe (1 Geschwader + 2 Kompanien)
- Schnellbootflottille (5 Geschwader)
- U-Bootflottille (2 Geschwader)
- Flottille der Minenstreitkräfte (5 Geschwader)
- Versorgungsflottille (2 Geschwader)
- Marineführungsdienstkommando
- Marinefliegerdivision (4 Geschwader)

- Marineabschnittskommandos (2)
  - Unterstützungsverbände/-einrichtungen

Bundeswehrhochschulen

see zu sichern. Koordiniert werden diese Aufgaben durch den Befehlshaber der Alliierten Streitkräfte Ostseezugänge in Karup (Dänemark) mit dem nachgeordneten Befehlshaber der Alliierten Seestreitkräfte Ostseezugänge. 🕮 *Unsere B.? Hg. v. R. Steinweg. Ffm. 1981. - Hdb. der B. Bonn 1978. - Range, A.: Das Heer der B. Gesch., Organisation, Laufbahnen. Stg. 1977.*

Bundeswehrhochschulen ↑Hochschulen der Bundeswehr.

Bundeswehrverwaltung, zivile, für alle Teilstreitkräfte der Bundeswehr zuständige, dem Verteidigungsmin. unterstehende Verwaltung. Die B. dient den Aufgaben des Personalwesens und der unmittelbaren Deckung des Sachbedarfs der Streitkräfte. Die Aufgaben der B. werden wahrgenommen vom **Bundeswehrverwaltungsamt,** mit nachgeordneten Behörden (Bundeswehrverwaltungsstellen im Ausland, Rechenzentren der Bundeswehr, Kleiderkasse), von den **Wehrbereichsverwaltungen** mit nachgeordneten Behörden der unteren Verwaltungsstufe, von der **Bundesakademie für Wehrverwaltung und Wehrtechnik,** vom **Bundessprachenamt,** den **Bundeswehrverwaltungsschulen** I bis IV, vom **Bundesamt für Wehrtechnik und Beschaffung** und im Bereich der Streitkräfte von sog. „Abteilungen Verwaltung".

Bundeszentrale für politische Bildung, seit 1963 Bez. für die 1952 gegr. Bundeszentrale für Heimatdienst, eine dem Bundesmin. des Innern unterstellte, nicht rechtsfähige Bundesanstalt; insbes. finanzielle Unterstützung und Förderung im polit. Tagungen, Lehrgängen, Veröffentlichungen. Hg. der polit. Wochenzeitung „Das Parlament" und der „Informationen zur polit. Bildung".

Bundeszentralregister, zentrales Register für die BR Deutschland, das in Berlin (West) vom Generalbundesanwalt beim Bundesgerichtshof geführt wird. In das B. werden eingetragen: strafgerichtl. Verurteilungen, Entmündigungen, bestimmte Entscheidungen von Verwaltungsbehörden, Vermerke über die Zurechnungsunfähigkeit, Entscheidungen über Unterbringungen wegen Geisteskrankheit, Geistesschwäche, Rauschgiftoder Alkoholsucht. Behörden können Suchvermerke und Steckbriefnachrichten im Register niederlegen. Das B. erteilt jeder Person auf Antrag ein Zeugnis über den sie betreffenden Inhalt des Zentralregisters (**Führungszeugnis**). Ferner werden an Behörden Führungszeugnisse über bestimmte Personen erteilt. Eintragungen über strafgerichtl. Verurteilungen werden nach Ablauf einer bestimmten Frist getilgt. Rechtsgrundlage für das B. ist das BundeszentralregisterG vom 18. 3. 1971. Hinsichtl. der strafgerichtl. Verurteilungen ist das B. an die Stelle der früheren Strafregisters getreten. Bei dem B. wird auch das Erziehungsregister geführt.

Bundeszwang, in der BR Deutschland nach Art. 37 GG das Recht des Bundes, ein Land, das die ihm nach dem GG oder einem anderen Bundesgesetz obliegenden Bundespflichten nicht erfüllt, durch geeignete Maßnahmen mit Zustimmung des Bundesrats dazu zu zwingen, seinen Pflichten nachzukommen. Zur Durchführung des B. hat die Bundesreg. oder ihr Beauftragter das Weisungsrecht gegenüber allen Ländern und ihren Behörden. Gegen seine Durchführung kann das Bundesverfassungsgericht angerufen werden.

Bund Freiheit der Wissenschaft e. V. ↑Hochschulpolitik.

Bund für Umwelt und Naturschutz Deutschland e. V., Abk. BUND, Organisation zur Förderung des ökolog. Verständnisses, Sitz Bonn; rd. 128 000 Mgl. (1986).

bündig, in ein und derselben Ebene liegend, nicht überstehend.

bündische Jugend ↑Jugendbewegung.

Bund-Länder-Kommission für Bildungsplanung und Forschungsförderung, Abk. BLK, 1970 durch Verwaltungsabkommen zw. Bund und Ländern errichtet; Sitz: Bonn. Mgl. sind die Länder und 7 Vertreter der Bundesregierung. Bis 1973 erarbeitete die Kommission den Bildungsgesamtplan und das Bildungsbudget bis 1985 (von den Regierungen des Bundes und der Länder gebilligt), seither Ausarbeitung von mittelfristigen Stufenplänen v. a. zur berufl. Bildung und zur Weiterbildung.

Bündner Fleisch (Engadiner Fleisch), gepökeltes, luftgetrocknetes Rindfleisch; Herstellung v. a. im Engadin (Kt. Graubünden).

Bündnis, völkerrechtl. Vertrag zw. souveränen Staaten über die Leistung von Beistand im Kriegsfall bzw. über eine wechselseitige Verteidigung im Falle eines Angriffs durch einen oder mehrere Drittstaaten.

Bündnisfall, Sonderfall des äußeren Notstands (↑Ausnahmezustand), der die Bundesreg. ermächtigt, ohne vorherige Einschaltung des Bundestages Notstandsrecht auf der Grundlage und nach Maßgabe eines Beschlusses anzuwenden, der von einem internat. Organ im Rahmen eines Bündnisvertrages mit Zustimmung der Bundesreg. gefaßt worden ist (Art. 80a Abs. 3 GG). Im B. darf die Reg. die sog. einfachen Notstandsgesetze und die auf ihnen basierenden RVO anwenden.

Bundschuh, im MA die über die Knöchel reichende Fußbekleidung des Bauernstandes, die mit Riemen über dem Fuß festgebunden wurde.
◆ in der 1. Hälfte 15.Jh. Name und Feldzeichen aufständ. Bauernverbände; erster großer B.aufstand 1493 in Schlettstadt, 1502 Bistum Speyer, 1513 Breisgau, 1517 Oberrhein (unter Führung von Joß Fritz).

Bungalow [...lo; ind.-engl.], freistehendes eingeschossiges Wohnhaus mit Flachdach.

Bungsberg, mit 168 m ü. d. M. höchste Erhebung von Schl.-H. (40 km sö. von Kiel).

Bunguraninseln ↑ Natunainseln.

Bunin, Iwan Alexejewitsch, * Woronesch 22. Okt. 1870, † Paris 8. Nov. 1953, russ. Dichter. - Emigrierte 1920 nach Frankr. Die Lyrik B. ist im allg. distanzierter als seine Erzählwerke, mit denen er die russ. Tradition Puschkins, Gontscharows und Turgenjews fortsetzt und an den frz. realist. Roman anknüpft. Im Spätwerk abstrakte, visionäre, pessimist. Eindrücke. Nobelpreis 1933. - *Werke:* Das Dorf (R., 1910), Suchodol (R., 1912), Die Grammatik der Liebe (En., 1915), Der Herr aus San Francisco (Nov., 1916), Im Anbruch der Tage (R., erschienen 1927–39).

Bunker [engl.], meist unterird. Schutzanlage für militär. Zwecke und für die Zivilbev. (heute vorwiegend aus Stahlbeton).

♦ großer Behälter zur Lagerung pulveriger, körniger oder flüssiger Stoffe (z. B. Bunkerkohle oder Bunkeröle auf Schiffen).

Bunsen, [Christian] Karl [Josias] Frhr. von, * Korbach 25. Aug. 1791, † Bonn 28. Nov. 1860, preuß. Diplomat und Gelehrter. - Seit 1824 Gesandter beim Vatikan; wurde 1829 Generalsekretär des mit seiner Hilfe neu errichteten archäolog. Inst. in Rom; 1838 aus Rom abberufen; seit 1842 Botschafter in London; verhandelte im Auftrag der dt. Nationalversammlung, deren Mgl. er 1848/49 war, mit Dänemark über Schleswig-Holstein, mußte aber 1852 das Londoner Protokoll unterzeichnen; erhielt 1854 seinen Abschied.

B., Robert Wilhelm, * Göttingen 30. März 1811, † Heidelberg 16. Aug. 1899, dt. Chemiker. - Prof. in Marburg, Breslau und Heidelberg; entwickelte 1859 zus. mit G. Kirchhoff die ↑ Spektralanalyse, mit deren Hilfe ihnen die Entdeckung des Cäsiums (1860) und Rubidiums (1861) gelang; erfand das Eiskalorimeter (1870), die Wasserstrahlpumpe, das Fettfleckphotometer und den ↑ Bunsenbrenner. Er begr. ein neues maßanalyt. Verfahren, die Jodometrie. 1841 ersetzte er in elektr. Batterien das Platin durch Kohle (B.-Element). Ihm zu Ehren wurde 1901 die „Dt. Elektrotechn. Gesellschaft" in „Dt. Bunsengesellschaft für angewandte physikal. Chemie und Elektrochemie" umbenannt.

Bunsenbrenner [nach R. W. Bunsen], 1855 erfundener Leuchtgasbrenner, bei dem das aus einer Düse ausströmende Gas mit der Verbrennungsluft durch eine verstellbare Öffnung ansaugt. - Abb. S. 146.

Bunsen-Element [nach R. W. Bunsen], ein galvan. Element (Primärelement) mit amalgamierter Zinkanode, die in verdünnte Schwefelsäure taucht, und einer in Salpetersäure tauchenden Kohlekathode; liefert bis 1,96 V je nach Säuregehalt.

Bunshaft, Gordon [engl. 'bʌnʃɑːft] ↑ Skidmore, Owings & Merill.

Buntbarsche (Zichliden, Cichlidae),

Fam. der Barschfische mit rund 600, etwa 3–60 cm langen Arten in S-, M- und im südl. N-Amerika, in Afrika sowie im südl. Indien; leben überwiegend im Süßwasser; häufig sehr bunt, mit ausgeprägtem Farbwechsel, v. a. bei den ♂♂, die auch oft bed. größer als die ♀♀ sind; oft hochrückig, manchmal seitl. stark abgeflacht bis scheibenförmig, aber auch langgestreckt bis nahezu spindelförmig; nur eine Rückenflosse. Zahlr. Arten sind ↑ Maulbrüter. Beliebte Aquarienfische sind u. a. Tüpfelbuntbarsch, Streifenbuntbarsch, Zwergbuntbarsch, Segelflosser, Diskusfische, Prachtmaulbrüter.

Buntblättrigkeit, durch Ausfall von Blattfarbstoffen oder gestörte Ausbildung bestimmter Blattfarbstoffkomponenten (auf Grund von Mutationen, Mangelerscheinungen oder Virusinfektionen) bedingte Verfärbung von Blättern oder Blatteilen. - ↑ auch Panaschierung.

Buntdruck ↑ Drucken.

bunte Listen, Wählervereinigungen in der BR Deutschland, die unter maßgebl. Beteiligung bestimmter Gruppen (v. a. Umweltschützer, K-Gruppen, Spontis, Feministinnen, Homosexuelle) sich mit einem zu den gegebenen Verhältnissen alternativen Gesellschaftsprogramm in den 1970er Jahren zur Wahl stellten.

Buntkäfer (Cleridae), weltweit verbreitete Käferfam. mit über 3 600, etwa 2–25 mm langen Arten, davon 64 in Europa, 18 in Deutschland; fast stets langgestreckt, meist bunt gefärbt, oft metall. blau bis grün mit roten, orangefarbenen oder gelben Querbändern auf den Flügeldecken, nicht selten mit auffallend starker, struppiger Behaarung. - Einheim. Arten sind u. a. Immenkäfer, Borkenkäferwolf, Hausbuntkäfer.

Buntmetalle, ungenaue Bez. für die Schwermetalle (außer Eisen), die selbst farbig sind oder farbige Legierungen bilden, z. B. Kupfer, Blei, Zink, Zinn, Nickel, Kobalt und Cadmium.

Buntsandstein, älteste Abteilung der german. Trias; überwiegend rote Sandsteine; liefert nährstoffarme Böden; Baustein.

Buntspecht, (Großer B., Dendrocopos major) etwa 25 cm langer Specht in Europa, N-Afrika sowie in Asien; Oberseite schwarz mit je einem großen, weißen Schulterfleck, ♂ mit rotem Nackenfleck; Unterseite bis auf die rote Unterschwanzregion weiß. Der B. ist ein Baumbewohner, er frißt Insekten, Kiefern- und Fichtensamen. Während der bereits im Winter beginnenden Balzzeit trommeln beide Geschlechter mit dem Schnabel an abgestorbenen Stämmen oder Ästen.

♦ (Mittlerer B.) svw. ↑ Mittelspecht.

♦ (Kleiner B.) svw. ↑ Kleinspecht.

Buñuel, Luis [span. bu'nuɛl], * Calanda (Prov. Teruel) 22. Febr. 1900, † Mexiko 29. Juli 1983, span. Filmregisseur. - Drehte anfangs

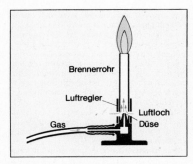

Bunsenbrenner. Funktionsweise

surrealist. Filme („Der andalus. Hund", 1928), wandte sich dann (in Mexiko) realist.-sozialkrit. Filmen zu (u. a. „Die Vergessenen", 1950). Weitere Filme sind u. a. „Der Weg der zum Himmel führt" (1951), „Viridiana" (1961), „Der Würgeengel" (1962), „Tagebuch einer Kammerzofe" (1963), „Belle de jour" (1967), „Tristana" (1970), „Der diskrete Charme der Bourgeoisie" (1972), „Dieses obskure Objekt der Begierde" (1978). Memoiren: „Mein letzter Seufzer" (1983).

Bunyan, John [engl. ˈbʌnjən], * Elstow bei Bedford 28. Nov. 1628, † London 31. Aug. 1688, engl. Schriftsteller. - Laienpriester einer puritan. Gemeinschaft; mehrmals im Gefängnis wegen Mißachtung eines Predigtverbots der Stuarts. Dort schrieb er das Erbauungsbuch „The pilgrim's progress" (2 Teile, 1678 und 1684, dt. 1685 u. d. T. „Eines Christen Reise nach der Seeligen Ewigkeit..."), in dem er allegor. den Weg des Gläubigen zur Unsterblichkeit darstellt und die Kräfte, die die christl. Existenz zu bedrohen oder zu retten vermögen. Das Buch wurde eines der meistübersetzten Werke der Weltliteratur.

Bunzlau (poln. Bolesławiec), Stadt in Niederschlesien, Polen⁎, am Bober, 39 000 E. Sitz einer Bez.verwaltung; Zentrum des Kupfererzbergbaus im nördl. Sudetenvorland, chem. Ind.; Steingut und Töpferwarenherstellung. - 1202 als Kastellanei erwähnt, Mitte 13. Jh. Magdeburger Stadtrecht, gehörte bis 1309 zum piast. Hzgt. Glogau, kam 1392 an die böhm. Krone, 1742 an Preußen; im 2. Weltkrieg stark zerstört. - Histor. getreuer Wiederaufbau der Altstadt (Barock- und Renaissancearchitektur).

Bunzlauer Gut, nach Bunzlau benannt., seit dem 16. Jh. hergestelltes Steingutgeschirr; bräunl. Scherben, außen braun und innen weiß glasiert.

Buol-Schauenstein, Karl Ferdinand Graf, * Regensburg 17. Mai 1797, † Wien 28. Okt. 1865, östr. Diplomat und Minister. - 1852–59 Min. des Äußeren; Rücktritt nach Fehlschlag des Sardin.-Frz.-Östr. Krieges.

Buonaiuti, Ernesto, * Rom 24. April 1881, † ebd. 20. April 1946, italien. Theologe. - 1903 kath. Priester, 1915–32 Prof. der Kirchengeschichte in Rom. Führender Vertreter des Modernismus (1921 exkommuniziert); verlor 1932 als Gegner des Faschismus seine Professur; 1935–39 Gastprof. in Lausanne.

Buonaparte ↑Bonaparte.

Buonarroti ↑Michelangelo.

Buontalenti, Bernardo, * Florenz 1536, † ebd. 25. oder 26. Juni 1608, italien. Baumeister. - Vertreter des florentin. Manierismus. Im Dienste der Medici vorwiegend in Florenz tätig. Obergeschoß der Uffizien, v. a. die Tribuna (1580–88), ein achteckiger Kuppelbau; Grotte im Boboli-Garten (1583–88); Fassade von Santa Trinità (1593/94).

Buphthalmus [griech.], svw. ↑Hydrophthalmus.

Buraida, Oasenstadt im Innern Saudi-Arabiens, 350 km nw. von Ar Rijad, 70 000 E. Dattelpalmenhaine, Getreideanbau, Kamel- und Rindermärkte; Zementwerk; ⚒.

Buraimi, Al, Oasengruppe im O der Arab. Halbinsel (Abu Dhabi und Oman), am W-Fuß des Omangebirges, 275 m ü. d. M.; intensive Landw.; zahlr. neue Gärten um die alte Oase, ausgedehnte Erschließungsgebiete bis zu 20 km von der Oase entfernt.

Burano, Insel in der Lagune von Venedig.

Burckhardt, Carl, * Lindau bei Zürich 13. Jan. 1878, † Ligornetto (Tessin) 24. Dez. 1923, schweizer. Bildhauer. - Schuf v. a. Monumentalwerke in Stein und Bronze in Zürich und Basel (Reliefs und Freifiguren); auch Maler und Kunstschriftsteller.

B., Carl Jacob, * Basel 10. Sept. 1891, † Vinzel 3. März 1974, schweizer. Historiker, Schriftsteller und Diplomat. - Seit 1932 Prof. in Genf; 1937–39 Hoher Kommissar des Völkerbundes in Danzig; organisierte als Mgl. des IRK (seit 1934), dessen Präs. er 1944–48 war, zahlr. Hilfsaktionen vor und während des 2. Weltkrieges. 1945–50 Gesandter der Schweiz in Paris; verfaßte u. a. „Richelieu" (3 Bde., 1935–67); Erinnerungen „Meine Danziger Mission 1937–39" (1960). Erhielt 1954 den Friedenspreis des Dt. Buchhandels.

B., Jacob, * Basel 25. Mai 1818, † ebd. 8. Aug. 1897, schweizer. Kultur- und Kunsthistoriker. - 1855–58 Prof. in Zürich, seit 1858 in Basel; gilt als Begr. der wiss. Kunstgeschichte im heutigen Sinn und als Klassiker wiss. histor. Prosa; seine kunsthistor. und histor. Hauptwerke sind „Cicerone" (1855; eine „Anleitung zum Genuß der Kunstwerke Italiens"), „Die Zeit Constantins des Großen" (1853), „Die Cultur der Renaissance in Italien" (1860), „Griech. Kulturgeschichte" (4 Bde., 1898–1902). In den kulturpessimist. „Weltgeschichtl. Betrachtungen" (1905) deutete er vom einem konservativen humanist. Standpunkt aus die polit., techn. und sozialen Tendenzen seiner Zeit.

Burdach, Konrad, * Königsberg (Pr) 29. Mai 1859, † Berlin 18. Sept. 1936, dt. Germanist. - 1887 Prof. in Halle/Saale, seit 1902 in Berlin; arbeitete v. a. über ma. Literatur, entdeckte den „Ackermann aus Böhmen" des Johannes von Tepl wieder; schrieb u. a. „Reimar der Alte und Walther von der Vogelweide" (1880) und „Vom MA zur Reformation" (22 Bde., 1892–1939).

Burda Druck und Verlag GmbH † Verlage (Übersicht).

Burdigala, antike Stadt, † Bordeaux.

Burdon, Eric [engl. 'bɔːdn], * Newcastle 11. Mai 1941, brit. Rockmusiker (Sänger). - Bei „The Animals" 1962–66 einer der wichtigsten nicht-schwarzen Soulmusik-Interpreten; widmete sich vorübergehend Acid- und Psychedelic-Rock, kehrte 1969 zum Blues zurück.

Buren, Martin Van † Van Buren, Martin.

Buren [niederl. „Bauern"] (Boeren, Afrikaners), Nachkommen der seit 1652 in Südafrika eingewanderten niederl. und dt. Siedler; sprechen Afrikaans; zogen 1835–38 im Großen Treck nach N und gründeten mehrere kleine Republiken, von denen nach 1860 der Oranjefreistaat und die Südafrikan. Republik übrigblieben.

Büren, Stadt sw. von Paderborn, NRW, am Zusammenfluß von Afte und Alme, 210–255 m ü. d. M., 17 700 E. Landesgehörlosenschule; Zement- und Möbelind. - Stadtrecht 1195. - Spätroman. Pfarrkirche Sankt Nikolai (13. Jh.), ehem. Jesuitenkirche Maria Empfängnis (1754–60).

Büren an der Aare, Hauptort des schweizer. Bez. Büren, 10 km östl. von Biel (BE), 2 800 E. Fabrikation von Uhren und elektron. Geräten. - 1393 bern., 1798 Sitz eines bern. Landvogts. - Spätgot. Kirche (um 1510), Landvogteischloß (1620–23), Rathaus (um 1500).

Burenkrieg, Konflikt zw. Großbrit. und den Burenrepubliken Oranjefreistaat und Südafrikan. Republik, verursacht durch die brit. Politik, die nach der Errichtung eines geschlossenen Kolonialreiches vom „Kap bis Kairo" und nach den Gold- und Diamantenfeldern S-Afrikas strebte, verschärft durch die strenge Ausländergesetzgebung und die Verweigerung des vollen Bürgerrechts für eingewanderte Briten und Angehörige anderer Staaten (womit sich die Buren vor den sog. „Uitlanders" schützen wollten), durch den Jameson Raid (1895), die Krügerdepesche und das Bündnis zw. der Südafrikan. Republik und dem Oranjefreistaat (1897). Die Kampfhandlungen entwickelten sich zunächst sehr günstig für die Buren, hatten aber im Verlauf der brit. Gegenoffensive (1900) die Besetzung und Annexion der Burenrepubliken zur Folge. Auf den folgenden Guerillakrieg der Buren antworteten die Briten mit der Taktik des verbrannten Erde und der Internierung von Frauen und Kindern in Konzentrationsla-

gern. Der Friede von Vereeniging (1902) machte die Burenrepubliken zu brit. Kolonien, die bis 1907 Selbstverwaltung erhielten.

Buresch, Karl, * Großenzersdorf 12. Okt. 1878, † Wien 16. Sept. 1936, östr. christl.-sozialer Politiker. - Jurist; 1919–33 Nationalrat, 1922–31 und 1932/33 Landeshauptmann von Niederösterreich, 1931/32 Bundeskanzler, 1933–35 Finanzmin., 1935/36 Min. ohne Geschäftsbereich.

Bürette [frz.], mit geeichter Skala versehenes, durch einen Hahn verschlossenes Glasrohr, das in der Maßanalyse zum Bestimmen von Volumenmengen dient.

Burg, Landkr. im Bez. Magdeburg, DDR.

Burg [ursprüngl. „(befestigte) Höhe"], histor. Bauanlage mit der Doppelfunktion „Wohnen und Wehren"; diente der adeligen Führungsschicht als Residenz, Wohn-, Verwaltungs- und Amtssitz sowie als Schutzanlage. - Im weiteren Sinn umfaßt die Bez. B. auch alle ehem. bewohnbaren vor- und frühgeschichtl. Wehranlagen **(Wallburg)** inner- und außerhalb Europas, die vielfach eng mit Stadtbefestigungen, Palast- und Tempelbauten verbunden waren. Im engeren Sinn umfaßt die Bez. B. die aus Stein errichtete **Feudalburg** des europ. MA vom 11.–16. Jh. In der Ebene oder auf der Talsohle wurde die *Wasser-B.* mit nassen oder der *Niederungs-* (auch *Tief-*) *B.* mit trockenen Schutzgräben erbaut. Auf oder an Berghöhen entstand die *Höhen-B.*, als *Gipfel-B.* auf der allseitig unangreifbaren Spitze oder Kuppe eines Berges, als *Hang-B.* auf einem Felsen am Berghang und als *Sporn-B.* auf einem auslaufenden Felsgrat oder Bergsporn. Die *Höhlen-* oder *Felsen-B.* besaß ganz oder teilweise in den Felsen gemeißelte Gemächer. Besitzrechtl. werden unterschieden *Allodial-B.* (volles Grundeigentum) und *Lehns-B.* Je nach gesellschaftl. Stand des Besitzers gab es *Reichs-B.* (Pfalzen), *Grafen-B.*, *Ministerialen-B.*, geistl. oder weltl. *Landes-*, *Dynastien-B.*, *Bischofs-B.*, *Kloster-B.* und *Amts-B.* Eine Sonderstellung nehmen die *Ordens-B.* in Spanien, die *Kreuzfahrer-B.* in Kleinasien und am östl. Mittelmeer sowie die *Kloster-B.* des Dt. Ordens und die *Kirchen-B.* ein. Der gegenseitigen Sicherung und Vorwarnung dienten die *Abschnitts-* oder *Doppel-B.*, der Belagerung einer gegner. B. die *Trutz-B.* - Die Frühform der ma. B. war die im gesamten Mitteleuropa bekannte *Turmhügel-B.* oder *Motte* des 9.–11. Jh., ein bewohnbarer hölzerner oder steinerner Turm auf einem künstl. Erdhügel, umgeben von Wall und Graben; im normann. Kulturbereich (N-Frankr., England, S-Italien) entstand im 11./12. Jh. der *Donjon.* Die wehr- und bautechn. Erfahrungen des 12. und 13. Jh. führten zu einer verstärkten Entwicklung von Ringmauern mit Zwingern und Flankentürmen, von Schießscharten, Pechnasen, Wehrgängen mit Wurfschachtreihen (sog. Maschiculi) und von Schießkammern oder

Burg a. d. Wupper

Kasemattengängen. In den roman. Ländern und in England setzte sich dabei seit dem 13.–15. Jh. überwiegend die Kastellform mit streng regelmäßig-rechteckigem Anlagesystem durch. In Deutschland und Skandinavien entwickelten sich zwei eigene Baukörper für die Wehr- und Wohnaufgabe: Bergfried und Palas. Unter dem Einfluß frz. B.baukunst breitete sich im dt. Raum seit dem 14. Jh. auch der Wohnturm stärker aus. Ein Torturm mit Wehrerkern oder (seit etwa 1200) mächtige flankierende Doppeltürme sicherten den B.eingang; eisenbeschlagene Holztore, Fallgatter und Zugbrücken sowie Pechnasen oder Pecherker schützten das Tor. Die B.baukunst der Spätgotik (Ende 14.- Anfang 16. Jh.) führte in den roman. Ländern zu überwiegend typengleichen, sehr monumentalen Bauanlagen, in Deutschland und Skandinavien zu immer individuelleren Lösungen. Erst ab Mitte des 15. Jh. (Einsatz von Schießpulvergeschützen) wurde das Bild der B. grundlegend geändert: Die Ringmauern wurden dicker, niedriger und durch Schießkammern ausgehöhlt, den Bergfried ersetzten Bastions- und Batterietürme, mächtige Gräben und Wälle bildeten Abwehrringe; es begann die Epoche des Festungsbaus.

📖 *Boschke, F. L.: Ritter, Burgen, Waffen. Stg.*

Burg (schematisch): 1 Bergfried, 2 Verlies, 3 Zinnenkranz, 4 Palas, 5 Kemenate (Frauenhaus), 6 Vorratshaus, 7 Wirtschaftsgebäude, 8 Burgkapelle, 9 Torhaus, 10 Pechnase, 11 Fallgatter, 12 Zugbrücke, 13 Wachturm, 14 Palisade (Pfahlzaun), 15 Wartturm, 16 Burgtor, 17 Ringgraben, 18 Torgraben

1985. - Hotz, W.: Kleine Kunstgesch. der dt. B. Darmst. ⁴1979.

Burg a. d. Wupper, Ortsteil von ↑Solingen.

Burgas, bulgar. Hafenstadt zw. drei Strandseen und dem Golf von B., 178 000 E. Hauptstadt und kulturelles Zentrum des Verw.-Geb. B.; chem.-techn. Hochschule, Museen; Theater, Oper; Erdölraffinerie, chem. und pharmazeut. Ind., Nahrungsmittel-, Textil-, holzverarbeitende Ind. Meersalzgewinnung. Fischereihafen; Fremdenverkehr, ⚓.

Burg auf Fehmarn, Stadt im Landkr. Ostholstein, auf Fehmarn, Schl.-H., 6 000 E. Der Hafen liegt 1,5 km südl. in **Burgstaaken** am Burger Binnensee. Ostseebad in **Burgtiefe** auf der 3 km entfernten Nehrung. - 1329 als Stadt genannt. - Spätgot. umgestaltete Nikolaikirche (dreischiffige Hallenkirche).

Burg b. Magdeburg, Krst. am O-Rand der Elbniederung, DDR, 29 000 E. Maschinenfabriken, Feinwalzwerk, Schuhfabrik, Knäckebrotfabrik. - 948 erstmals als Stadt belegt. - Spätroman. Unterkirche (12. Jh.), spätgot. Oberkirche (15. Jh.).

Burgdorf, Stadt, 20 km nö. von Hannover, Nds., 28 700 E. Nahrungsmittel-, Textil-, Silberwaren- u. a. Ind. - Nach 1260 erwähnt, etwa im 15. Jh. Stadt. - Klassizist. Stadtkirche (1809–15).

B., Hauptort des schweizer. Bez. B., Kt. Bern, 18 km nö. von Bern, 15 400 E. Technikum; Bibliothek, Museum; Markt- und Verwaltungsort des unteren Emmentals, Fabrikation von landw. Maschinen, Schuh- und Textilind.; Käsereien. - 1175 erstmals erwähnt, 1273 Stadtrecht; 1384 an Bern verkauft. - Spätgot. Stadtkirche (1471–90) Schloß (um

Burg. Gesamtanlage einer Höhenburg
(Hardegg an der Thaya, links)
und einer Wasserburg
(Sirmione)

1200), Schloßkapelle mit Fresken (um 1330);
Teile der Stadtmauer.

Bürge, derjenige, der eine Bürgschaft
übernommen hat.

Burgenland, östlichstes östr. Bundes-
land, an der ungar. Grenze, erstreckt sich
in N–S-Richtung knapp 200 km; durchschnittl. etwa 30 km, bei Sieggraben nur etwa
4,5 km breit; 3965 km², 268000 E (1984),
Hauptstadt Eisenstadt.
Landesnatur: Das nördl. B. umfaßt die Neusiedler Bucht mit den Randgebirgen (Leitha-
gebirge, Rosaliengebirge, Ödenburger Gebirge) und dem Neusiedler See, einem 30 km
langen Steppensee, dessen südl. Teil zu Ungarn gehört. Nö. des Sees liegt die Parndorfer
Heide, östl. der Seewinkel, westl. das Eisen-
städter Becken, beides Ausläufer der Kleinen
Ungar. Tiefebene. Das mittlere B. umfaßt den
Hügel- und Terrassenland um Oberpullen-
dorf östl. der Buckligen Welt, im S liegt das
Günser Gebirge mit der höchsten Erhebung
des B., dem Geschriebenstein, 888 m ü. d. M.
Das südl. B., ein Riedel- und Hügelland, ist
Teil der Grazer Bucht. Das Klima ist konti-
nental, die Vegetation kontinental-pannon.
Bevölkerung: Histor. bedingt leben im B. ne-
ben der dt.sprachigen Bev. kroat. und magyar.
Minderheiten mit voller kultureller Autono-
mie. Vorherrschend sind Straßen- und
Angerdörfer mit Streckhöfen.
Wirtschaft: Angebaut werden Getreide, Kartoffeln, Zuckerrüben, Kernobst und Beeren,
im N Feldgemüse und Salat für den Wiener
Markt, im Ruster Hügelland und am S-Fuß
des Leithagebirges Weinbau, im Wulkatal Ta-
bak-, im Seewinkel Hanfanbau. Die Ind. verarbeitet v. a. Agrarprodukte, daneben keram.
Ind., Ziegeleien, Kalkstein- und Basaltbrüche,
Schmucksteinind. (Abbau von Edelserpentin
bei Bernstein); Antimonerzvorkommen bei
Stadtschlaining, Asbestvorkommen bei Rech-
nitz. Der Fremdenverkehr konzentriert sich

auf den Neusiedler See und auf Heilbäder.
Verkehr: Das B. wird von mehreren Eisen-
bahnnlinien gequert. Zwischen dem B. und
Wien besteht ein reger Pendlerverkehr.
Geschichte: Im Altertum Durchgangsland;
etwa vom 9. Jh. an als Bestandteil der Pannon.
Mark des Ostfränk. Reiches dt. besiedelt; geriet nach 907 unter ungar. Herrschaft. Vom
14. Jh. an kam fast das gesamte B. durch Ver-
pfändungen an östr. Herren unter habsburg.
Einfluß und fiel 1526 mit der ungar. Krone
an das Haus Österreich. Noch vor Mitte des
16. Jh. wandte sich der größte Teil der Bev.
dem Luthertum zu, doch setzte sich ein Jh.
später die Gegenreformation durch. Die gegen Ende 19. Jh. einsetzende Magyarisierungs-
politik des ungar. Staates führte zu schweren
Spannungen mit der volksdt. Minderheit.
Nach dem Frieden von Saint-Germain-en-
Laye (1919) und dem Venediger Protokoll
(1921) fiel das B. an Österreich; Ödenburg
blieb bei Ungarn. 1938–45 auf Niederösterreich und die Steiermark aufgeteilt, 1945 wiederhergestellt. - Bez. B. wegen der dt. Namen
der ehem. ungar. Komitate Wieselburg,
Ödenburg, Preßburg und Eisenburg.
📖 *Lajta, H.: B. Ein Kunst- u. Kulturlex.* Wien
1983.

Bürgenstock, Aussichtsberg mit Luftkurort in den schweizer. Alpen, am S-Ufer
des Vierwaldstätter Sees, 1128 m hoch; auf
ihn führt die erste elektr. Seilbahn der Welt
(1888).

Bürger, Gottfried August, * Molmers-
wende (Landkr. Hettstedt) 31. Dez. 1747,
† Göttingen 8. Juni 1794, dt. Dichter. - Stand
dem „Göttinger Hain" nahe. Brachte – neben
Goethe – mit seinen Balladen einen neuen,
volkstüml. Ton in die dt. Dichtung (u. a. „Le-
nore", 1774; „Der wilde Jäger", „Das Lied
vom braven Mann"). B. übersetzte und erweiterte die Münchhausen-Geschichten von R.
E. Raspe; auch Übersetzer (u. a. Homer,
Shakespeare).

Bürger [urspr. „Burgverteidiger", dann
„Burg-, Stadtbewohner"], im MA der freie,
vollberechtigte Stadtbewohner, zunächst v. a.
die Oligarchie der wohlhabenden „Ge-

Bürgerantrag

schlechter". Erst im ausgehenden MA erweiterte sich, oft unter langwierigen innerstädt. Kämpfen, der Kreis der B., die Anteil am polit. und sozialen Leben der Stadt hatten. Das B.recht war erbl. und in erster Linie begründet auf städt. Grundbesitz. Kein B.-recht besaßen Juden, Kleriker und v. a. unterbürgerl. Schichten (Gesellen, Gesinde, Arme). Im Zeitalter des Absolutismus entstand der Begriff des „exemten" B., der, frei von städt. dingl. oder steuerl. Lasten, dem Staat diente oder zum unternehmer. Großbürgertum zählte. Neben diesem heute meist krit. verwendeten B.begriff entstand im 20. Jh. der des [polit. und sozial vollberechtigten] Staatsbürgers.

Bürgerantrag, in Bad.-Württ. schriftl. Antrag von mindestens 30 % der Bürger einer Gemeinde auf Behandlung einer bestimmten Angelegenheit durch den Gemeinderat. Ist der B. zulässig, muß der Gemeinderat oder dessen zuständiger beschließender Ausschuß innerhalb von 3 Monaten die Angelegenheit behandeln.

Bürgerbegehren, in Bad.-Württ. Antrag der Bürger einer Gemeinde auf Durchführung eines ↑ Bürgerentscheids.
◆ in Hessen schriftl. Antrag der Bürger einer Gemeinde, daß das zuständige Gemeindeorgan über eine bestimmte Angelegenheit berät und entscheidet. Der Antrag muß von mindestens 20 % der Gemeindebürger unterzeichnet sein. Die zuständigen Organe sind verpflichtet, über den Gegenstand des B. binnen 6 Monaten zu beraten und binnen 6 weiteren Monaten zu entscheiden.

Bürgerhaus. Frankfurt, Steinernes Haus (1464)

Bürgerentscheid, Entscheidung einer Gemeindeangelegenheit durch die Bürger der betreffenden Gemeinde. Vorgesehen nur in Bad.-Württ. Ein B. ist durchzuführen, wenn der Gemeinderat dies mit Zweidrittelmehrheit beschließt, oder auf Grund eines Bürgerbegehrens (muß von mindestens 15 % der Gemeindebürger unterzeichnet sein). Die beim B. gestellte Frage ist in dem Sinne entschieden, in dem sie von der Mehrheit der gültigen Stimmen beantwortet wurde, sofern diese Mehrheit mindestens 30 % der Stimmberechtigten beträgt. Der B. hat die Wirkung eines endgültigen Beschlusses des Gemeinderats.

Bürgerfunk, svw. ↑ CB-Funk.

Bürgerhaus, Bez. für das städt. Familienwohnhaus, das auch der Berufsausübung dienen kann (seit dem 12. Jh.). Die einzelnen Häuser wurden in Häuserzeilen aneinandergebaut. Das B. ist vom städt. Herrenhaus (Palais) und vom neuzeitl. Mietshaus abzugrenzen. Zu unterscheiden sind der niederdt. und der oberdt. B.typus. Das **niederdt. Bürgerhaus** hat seinen Vorläufer im nordwesteurop. Hallenhaus (seit etwa 500 v. Chr. nachgewiesen). Der Einraum (Diele) diente der Berufsausübung ebenso wie dem Haushalt (Wohnen, Schlafen und Kochen). Im Laufe der Entwicklung kamen niedrige Speichergeschosse dazu, wurde der Einraum unterteilt, gegen Ende des MA richtete man auch die oberen Geschosse zum Wohnen ein. Das **oberdt. Bürgerhaus** scheint von Beginn an auf Mehrräumigkeit angelegt gewesen zu sein. Vielfach findet sich als Ausgangsform das sog. „Zweifeuerhaus" mit einem Herdraum als Küche oder Werkstatt und mit einer heizbaren Stube. Eine Mehrgeschossigkeit hat sich bereits früh herausgebildet (dank röm. Erfahrungen des Hausbaus). - Seit dem 13. Jh. tritt das steinerne B. auf, Breslau schrieb es bereits 1272 vor.
Statt Giebelreihen wurden seit dem 15. Jh. Traufenhäuser, deren Dachfirst zur Straße parallel läuft, gebaut. Die Traufenstellung erlaubt große Fassadenbreiten.
Die wirtsch. Blüte des Bürgertums im MA spiegelt sich bes. in den Patrizierhäusern wider. Im 18. Jh. hat das Vorbild der Schlösser und Palais zu übersichtl. Geschoß- und Grundrißteilungen der B. geführt.

Bürgerinitiative, von polit. Parteien und anderen Verbänden unabhängiger Zusammenschluß gleichgesinnter Bürger zur Verfolgung bestimmter Interessen ihrer Mgl., einzelner Bev.gruppen oder der Bev. insgesamt. Die ersten B. entstanden 1968/69; inzwischen ist ihre Zahl auf mehrere Tausend gewachsen. Den Anstoß zur Bildung von B. gaben (wirkl. oder vermeintl.) Mängel, Mißstände oder Fehlplanungen v. a. auf den Gebieten der Bildung und Erziehung, des Verkehrs, der Stadtplanung und des Umweltschutzes. Am bedeutsamsten ist die Aktivität von B. heute im Umweltschutz; die meisten der auf diesem Gebiet tätigen B. sind im „Bundesverband B. Umweltschutz e. V." zusammengeschlossen. Die Mehrzahl der B. verfolgt relativ eng umgrenzte, zeitl. befristete Ziele. Die rasch zunehmende Bed. von B. warf die Frage auf, ob dies als Folge eines Versagens des Parteiensystems der BR Deutschland zu werten sei. Das Verhältnis der B. zum Parteiensystem wie zu den einzelnen im Bundestag vertretenen Parteien ist ebenso unterschiedlich wie ihr polit. Standort; es reicht von strikter Neutralität bzw. Zusammenarbeit mit allen Parteien über Anlehnung an eine einzelne, meist die in der betreffenden Region in Opposition stehende Partei bis hin zur Ablehnung aller (im Bundestag vertretenen) Parteien oder des Parteiensystems überhaupt. Über den Charakter von B. hinausgehend ist die Kandidatur (v. a. von B. im Bereich des Umweltschutzes als **grünen Listen**; ab 1979 Teilnahme als Partei „Die Grünen" an Wahlen auf Bundes-, Landes- und Gemeindeebene) bei Wahlen, damit die unmittelbare Konkurrenz zu den „etablierten" Parteien. Die von den B. eingesetzten Mittel sind unterschiedl. (eigene Arbeitsleistungen, Eingaben an Parlamente, Reg. und v. a. Verwaltungsbehörden, Mobilisierung der Bev. u. a.). Z. Zt. wird diskutiert, ob den B. die Möglichkeit eröffnet werden soll, Maßnahmen der Verwaltung gerichtl. anzufechten (durch ↑ Verbandsklage).

📖 *Guggenberger, B.: B. in der Parteiendemokratie. Stg. 1978. - Pelinka, A.: B., gefährlich oder notwendig? Freib. 1978.*

◆ in Rhld.-Pf. schriftl. Antrag der Bürger einer Gemeinde, daß der Bürgermeister dem Gemeinderat eine bestimmte Angelegenheit zur Beratung und Entscheidung vorlegt. Der Antrag muß von einem nach der Einwohnerzahl der Gemeinde gestaffelten Prozentsatz der Bürger (2–5 %) unterzeichnet sein.

Bürgerkönig, Beiname des frz. Königs Louis Philippe.

Bürgerkrieg, eine bewaffnete Auseinandersetzung verschiedener Gruppen in einem Staat (z. B. von Aufständischen und Regierungstruppen), mit dem Ziel, die Herrschaft zu erringen oder zu bewahren. Die völkerrechtl. Stellung der Aufständischen hängt davon ab, ob sie von anderen Staaten bereits de facto oder de jure anerkannt worden sind. Bei der *De-facto-Anerkennung* können die Aufständischen, sofern sie einen bestimmten Teil des Staates tatsächl. beherrschen, mit dritten Staaten Verträge abschließen und dritte Staaten ihre Schutzrechte gegenüber den eigenen Staatsangehörigen in den von den Aufständischen beherrschten Gebieten geltend machen. Bei der *De-jure-Anerkennung* muß zu den Voraussetzungen der De-facto-Anerkennung noch hinzukommen, daß die Aufständischen die Gesetze und Re-

geln des Krieges beachten und für den anerkennenden Staat eine Notwendigkeit besteht, mit den Aufständischen in nähere Beziehung zu treten. Auch im B. gelten die Abmachungen der Genfer Konventionen.

bürgerliche Ehrenrechte ↑ Ehrenrechte.

Bürgerliches Gesetzbuch, Abk. BGB, das seit dem 1. 1. 1900 in Deutschland geltende Gesetzeswerk, in dem der größte Teil des allg. Privatrechts (d. h. bürgerl. Recht im engeren Sinn) geregelt ist.

Geschichte: Nach der Gründung des Dt. Reiches (1871) setzte sich die Forderung nach einer einheitl. Privatrechtskodifikation für ganz Deutschland durch. Der erste Entwurf eines BGB wurde 1888 veröffentlicht, der zweite 1895. Dieser wurde nach verschiedenen Abänderungen am 1. 7. 1896 vom Reichstag als Gesetz angenommen, das zus. mit einem Einführungsgesetz und einer Neufassung des HGB in Kraft trat.

Aufbau: Das BGB gliedert sich in 5 Bücher: 1. Der allg. Teil enthält die grundsätzl., für alle privatrechtl. Rechtsverhältnisse geltenden Regeln (z. B. über Rechts- und Geschäftsfähigkeit, Willenserklärungen, Verträge, Vertretung, Verjährung). 2. Das Recht der Schuldverhältnisse regelt die Rechtsbeziehungen zw. Gläubiger und Schuldner, und zwar in allg. Vorschriften und bes. Vorschriften, die sich mit einzelnen Arten von Schuldverhältnissen (wie Kauf, Miete, Gesellschaft) befassen. 3. Das Sachenrecht handelt von Besitz, Eigentum und anderen Rechten an Sachen.

Bürgerhaus.
Goslar, Haus Marktstraße 1 (1526)

bürgerliches Recht

4. Das Familienrecht ordnet die persönl. und vermögensrechtl. Beziehungen zw. Ehegatten, Eltern und Kindern und Verwandten sowie das Vormundschafts- und Pflegschaftsrecht. 5. Das Erbrecht regelt den Vermögensübergang im Todesfalle.

Entwicklung: Die ursprüngl. Absicht, im BGB das gesamte Privatrecht (außer dem Handelsrecht) zu regeln, hatte sich nicht verwirklichen lassen. Weite Rechtsgebiete, wie das Höfe-, Berg-, Wasser-, Fischerei-, Forst-, und Jagdrecht, waren der Landesgesetzgebung vorbehalten geblieben. Abzahlungskauf, Verkehrs-, Urheber- und Privatversicherungsrecht wurden in Reichsgesetzen außerhalb des BGB geregelt, ebenso weite Teile des Wohnungs-, Arbeits-, Siedlungs- und Pachtrechts. Seit 1945 geht die Rechtsentwicklung dahin, Sondergesetze abzubauen und das bürgerl. Recht durch Abänderung des BGB fortzuentwickeln. So wurde 1953 das Testamentsrecht wieder in das BGB eingegliedert. Die Gleichberechtigung von Mann und Frau, die Gleichstellung der nichtehel. mit den ehel. Kindern, das soziale Mietrecht und das Familienrecht wurden im Rahmen des BGB neu geregelt. In der *DDR* war das BGB (Ausnahme: Familienrecht) bis zur Einführung des Zivilgesetzbuches am 1. 1. 1976 formell in Kraft. In *Österreich* entspricht dem BGB das Allgemeine bürgerl. Gesetzbuch, in der *Schweiz* das Zivilgesetzbuch und das Obligationenrecht. ⊔ *Mitteis, H./Lieberich, H.: Dt. Rechtsgesch. Mchn.* [17]*1984.* - *Wieacker, F.: Privatrechtsgesch. der Neuzeit. Gött.* [2]*1967.*

bürgerliches Recht, i. w. S. das gesamte Privatrecht im Ggs. zum öff. Recht; i. e. S. das im BGB und seinen Nebengesetzen geregelte allg. Privatrecht.

bürgerliches Trauerspiel, Drama, dessen trag. Konflikt dem bürgerl. Lebensbereich entstammt. Lessing („Miß Sara Sampson", 1755, und v. a. „Emilia Galotti", 1772) machte die Auseinandersetzung mit dem Adelsstand zum Grundthema auch der Folgezeit. Vorbilder fand er in der engl. Literatur (u. a. in G. Lillos „Der Kaufmann von London", 1731). Als bedeutendstes dt. b. T. gilt Schillers „Kabale und Liebe" (1784). Im 19. Jh. stand die Kritik am bürgerl. Stand selbst im Mittelpunkt (Hebbels „Maria Magdalene", 1844). Die sozialkrit. Dramen des Naturalismus knüpften an das b. T. an (G. Hauptmanns „Rose Bernd", 1903).

Bürgermeister, 1. Gemeindeverfassungsorgan mit unterschiedl. Zuständigkeit (↑ Gemeindeverfassungsrecht); 2. in den Stadtstaaten Berlin (West) (Regierender B.), Bremen und Hamburg (Erster B.) Verfassungsorgane, deren Stellung der eines Min.präs. in den übrigen Ländern der BR Deutschland entspricht.

Bürgerministerium, Bez. für das nach dem Abschluß des östr.-ungar. Ausgleichs 1867 in Zisleithanien 1867/70 amtierende Kabinett, das überwiegend aus Min. bürgerl. Abkunft (z. T. geadelt) bestand.

Bürger-Prinz, Hans, * Weinheim 16. Nov. 1897, † Hamburg 29. Jan. 1976, dt. Psychiater und Neurologe. - Prof. in Leipzig und Hamburg; arbeitete v. a. auf den Fachgebieten der Psychopathologie sowie der klin. und forens. Psychiatrie; 1936–68 Direktor der Psychiatrischen und Nervenklinik der Univ. Hamburg; bis 1960 Präs. der Dt. Gesellschaft für Psychiatrie und Nervenheilkunde. 1950 gründete er die Gesellschaft für Sexualwissenschaft, deren Leitung er später H. Giese übertrug. Bekanntestes Werk ist „Ein Psychiater berichtet" (1971).

Bürgerrecht, bes. Rechtsstellung, die aus dem Status als Bürger eines Gemeinwesens im Unterschied zu dem als Einwohner erwächst. *Staats-B.* sind die jemandem als Bürger eines Staates zustehenden Rechte, insbes. das Wahlrecht. *Gemeinde-B.* sind das aktive und passive Wahlrecht bei Gemeindewahlen. Das *östr. Recht* kennt nur die einheitl. Staatsbürgerschaft. In der *Schweiz* ist jeder Kantonsbürger zugleich Schweizer Bürger und Bürger einer Gemeinde. Keines dieser drei Bürgerrechte kann für sich allein bestehen.

Bürgerrechtsbewegung, die Gesamtheit der organisierten Bemühungen um Durchsetzung von Menschen- und Bürgerrechten; insbes. die B. für Rechtsgleichheit der Farbigen und Beseitigung der Rassenvorurteile in den USA (↑ auch Rassenfrage). Dem Versuch, auf gerichtl. Wege die gesetzl. Diskriminierung der farbigen Minderheit zu bekämpfen (seit 1910), folgten Demonstrations- und Boykottkampagnen, um Gleichberechtigung in den Schulen und Univ. der S der USA durchzusetzen. Protestmärsche führten zu einer Beschleunigung der Bürgerrechtsgesetzgebung, die im Juli 1964 in Kraft trat. Nach der Ermordung M. L. Kings im April 1968 kam es zur Radikalisierung und zur Abspaltung der Black-power-Bewegung. Für die Rechte der schwarzen Mehrheit kämpft die B. in Südafrika, während die B. in N-Irland für die polit.-soziale Gleichstellung der Minderheit der Katholiken eintritt. V. a. seit den 1970er Jahren bemühen sich in den europ. kommunist. Staaten oppositionelle Gruppen, die auch als B. bezeichnet werden, um die Durchsetzung von Menschen- und Bürgerrechten, häufig unter Berufung auf die KSZE-Schlußakte.

Bürgerschaft, 1. Gesamtheit aller Bürger eines polit. Gemeinwesens; 2. Bez. für die Parlamente der Länder Bremen und Hamburg.

Bürgertum, Bez. für den in der Stadt ansässigen Bev.teil, der insbes. im europ. MA neben Adel und Kirche einen eigenen Stand bildete und bis Ende des 18. Jh. als soziale und gesellschaftl. Klasse eine polit. Vorrang-

stellung gewann. Unabhängig von antiken Vorläufern (B. in der griech. Polis und in der röm. Civitas) entwickelte sich das B. des MA in engem Zusammenhang mit der Entfaltung des europ. Städtewesens. Die stärksten Impulse für die Entwicklung des B. gingen von Siedlungsteilen aus, die sich schon früh in engem räuml. Anschluß an die älteren Befestigungen (civitas oder urbs) ausgebildet hatten (suburbium, burgus, Wik). Unter ihren Bewohnern traten die Fernhandelskaufleute als wirtsch. stärkste Gruppe hervor. Oft in Gilden organisiert, bildeten sie eigene Kaufmannsrechte aus. Sie übernahmen die Führung in dem im 11. Jh. einsetzenden Kampf der Stadtbewohner um kommunale Selbstverwaltung. Entscheidend wurde dabei das Phänomen des bürgerl. Schwurverbandes (coniuratio), das die verschiedenen Gruppen der städt. Bev., Kaufleute, die in Zünften zusammengeschlossenen Handwerker und die ansässigen Ministerialen des Stadtherrn, einte. Diese Kämpfe, das gemeinsame Stadtrecht, auch eine neue, positive Bewertung der manuellen Arbeit ließen ein für das B. charakterist. Gemeinschaftsbewußtsein entstehen, wenngleich es keineswegs eine homogene Bev.schicht war. Bis Ende des 13. Jh. erkämpfte sich das europ. B. weitgehend die kommunale Selbstverwaltung, soweit sie nicht bereits bei der Gründung neuer Städte von vornherein verliehen worden war.
Die Bed. des ma. B. lag v. a. auf wirtsch. und kulturellem Gebiet. Es spielte als ausschließl. Träger des Nah- und Fernhandels die entscheidende Rolle bei der Intensivierung des Marktaustausches und der Verkehrswirtschaft, wobei es oft zu Bündnissen von Städten oder Zusammenschlüssen von Unternehmern kam (Hanse; Merchant adventurers in England). Im Zusammenhang damit bildete sich seit dem 14. Jh. in Italien, im 15. Jh. auch in Oberdeutschland eine bürgerl. internat. Hochfinanz heraus (Vorbereitung der Epoche des Frühkapitalismus). Als Auftraggeber der bildenden Künste und Förderer der Literatur und humanist. Studien wurde das B. neben dem Adel zum bed. Träger einer Laienkultur, doch es war auch den religiösen Bewegungen der Zeit (Bettelorden, Mystik, Waldenser) eng verbunden. Im Zeitalter des Absolutismus begann sich die Bed. des Begriffs „Bürger" grundlegend zu wandeln: Als „Bürgerliche" wurden nun gerade auch Personen bezeichnet, denen das Hauptmerkmal des traditionellen Bürgers - die durch den Bürgereid bekräftigte Zugehörigkeit zu einer städt. Gemeinschaft - fehlte: Angehörige gelehrter Berufe, Beamte, Händler, Bankiers, Verleger, Manufakturisten. Das B. war nicht nur vom absolutist. Staat geförderte Hauptträger des techn. und wirtsch. Fortschritts (Verlagswesen, Manufaktur), sondern auch der weiteren großen Emanzipationsbewegung der Neuzeit,

der Aufklärung; zur klass. Ideologie des B. wurde der Liberalismus. Zw. der ökonom. und kulturellen Bed. des B. und seiner polit. Rolle klaffte jedoch ein eklatanter Widerspruch, v. a. in Frankr. Nicht zufällig erreichte gerade dort die Auseinandersetzung zw. B. und Ancien régime zuerst ihren Höhepunkt: Das Ziel der freien Entfaltung der Persönlichkeit u. der Selbstbestimmung des freien Individuums verlangte die Beseitigung obrigkeitl. Bevormundung auf allen Gebieten, auf dem der Wirtschaft ebenso wie auf der der Kultur und dem der Politik. Die endgültige Überwindung des „Feudalsystems" durch die Frz. Revolution 1789 leitete das klass. Zeitalter des B. ein. Die Anerkennung allg. Menschen- und Bürgerrechte in der Unabhängigkeitserklärung der USA wie ihre programmat. Verkündung in der Frz. Revolution bedeutete jedoch nicht, daß das besitzende B. bereit gewesen wäre, die polit. Macht in die Hände der besitzlosen Volksmassen zu legen. Vielmehr sollte durch ein nach dem Steueraufkommen abgestuftes Wahlrecht und/oder durch institutionelle Korrektive (Gewaltenteilung) dem demokrat. Prinzip der Mehrheitsherrschaft Schranken gesetzt werden. In den großen westl. Demokratien - den USA, Großbrit. und Frankr. - hat sich jedoch das demokrat. Prinzip weit stärker durchgesetzt, als es den Intentionen des Frühliberalismus entsprach.
In M-Europa dagegen, wo die Beamtenherrschaft des aufgeklärten Absolutismus als Katalysator bürgerl. Emanzipation wirkte, kam zunächst in der sozialen und polit. Revolution 1848 verspätet der Ggs. von „Bildungs-" und „Besitz-B." und vorindustrieller Machtelite zum Ausbruch. Ihr Verlauf und partielles Scheitern waren v. a. bestimmt von dem sozialen Frontwechsel, den das B. angesichts der polit. Emanzipationsbewegung des sich aus absinkenden Klein-B. und Manufakturarbeitern bildenden Proletariats vollzog. Diese Wendung schwächte die Durchsetzungskraft der bürgerl. und der liberalen Parteien und trug entscheidend zu dem Rückgang der Verfassungsentwicklung in Deutschland nach 1866/71 bei (partielle „Refeudalisierung". In der 2. Hälfte des 19. Jh. förderte dies den modernen Cäsarismus, der v. a. hinsichtl. seiner Technik der Massenbeeinflussung zu den Wegbereitern faschist. Bewegungen im 20. Jh. zu zählen ist. Faschist. Bewegungen waren erfolgreich in den Ländern, in denen sich das B. entweder sozioökonom. (Italien) oder polit. (Deutschland) nicht voll hatte entwickeln können. Die relative Unterentwicklung des B. bzw. des Mittelstandes in einer Reihe überwiegend agrar. Länder Europas, die in der Zwischenkriegszeit zu autoritären oder faschistoiden Regimen übergingen, wird als die wichtigste strukturelle Ursache für das Scheitern des demokrat. Regierungssystems angesehen. Auch in Rußland ist die

polit. Entwicklung nicht ohne die traditionelle Schwäche des einheim. B. zu verstehen. Die histor. Bedingungen, unter denen sich das B. herausbildete, scheinen damit bis in die unmittelbare Gegenwart fortzuwirken. Zumindest in der Theorie haben bestimmte Maximen des revolutionären B., wie die demokrat. Legitimation und Kontrolle von Macht und Herrschaft weltweite Anerkennung gefunden.

⚇ *Kofler, L.:* Zur Gesch. der bürgerl. Gesellschaft. Neuwied ⁷1979. - *Ennen, E.:* Die europ. Stadt des MA. Gött. u. Zürich ³1979. - *Weber, Max:* Wirtschaft u. Gesellschaft. Hg. v. J. Winckelmann. Tüb. ⁵1976. 3 Bde.

Burgfriede, im MA die Sicherung verstärkten Schutzes und Friedens im Bereich ummauerter Anlagen (Burg, Stadt), innerhalb dessen jede Fehde untersagt war und Friedensbruch streng bestraft wurde; zugleich Bez. dieses Bezirks selbst.
◆ polit. Schlagwort für verabredete Einstellung innenpolit., v. a. parteipolit. Auseinandersetzungen zur Überbrückung nat. Ausnahmesituationen; in Deutschland zw. den Fraktionen des Dt. Reichstags (1914–17), in Frankr. durch die Union sacrée.

Burggraf (mittellat. burggravius, prefectus), ma. Amt, später erbl. Titel; urspr. mit den militär. und gerichtl. Befugnissen eines Grafen ausgestattet, aber früh dem Wandel der gräfl. Funktionen im Umbau der Herrschaftsstrukturen des Reiches seit Mitte 11. Jh. unterworfen. Das Amt des B. wurde erbl., trat in Konkurrenz zur Gewalt der Stadtherrn und wurde von diesen im 12. und 13. Jh. zurückgedrängt; der B. stieg meist zum Stadtvogt oder Schultheiß ab.

Burggrafenamt, histor. Gebiet in Südtirol, zw. Bozen und Naturns, ehem. Gerichts- und Amtsbezirk des Burggrafen auf Burg Tirol bei Meran, Kern des tirol. Landesft.

Burgh [engl. 'bʌrə], die dem engl. Borough entsprechende Gemeinde in Schottland.

Burghausen, bayer. Stadt, an der Salzach, 362 m ü. d. M., 16 900 E. Erdölraffinerie, Solarzellenforschung. - Um 1130 als Stadt bezeichnet, kam 1164 an die Wittelsbacher; 1255–1505 eine Residenz der Hzg. von Niederbayern. - Burg, durch Gräben in mehrere Höfe unterteilt (seit 1253 erbaut; mehrfach umgebaut; spätgot. Pfarrkirche (1353–1500), got. Spitalkirche (nach 1504 erneuert), Wohnhäuser (17. und 18. Jh.), Stadtmauer.

Burghley (Burleigh), William Cecil, Baron [engl. 'bɔːlɪ], * Bourne (Lincolnshire) 18. Sept. 1520, † London 4. Aug. 1598, engl. Politiker. - Mgl. des Unterhauses seit 1534, seit 1571 im Oberhaus; von Elisabeth, deren Thronbesteigung (1558) er betrieb, zum Staatssekretär, 1572 zum Großschatzmeister ernannt; bestimmte als erster Min. und Berater Elisabeths I. die engl. Politik; hatte we-

sentl. Einfluß auf die volle Durchsetzung des Protestantismus in England sowie auf die auswärtige Politik. Der erfolgreiche Seekrieg gegen Spanien führte zur Begründung der engl. Weltmachtstellung.

Burgiba, Habib (frz. Bourguiba; arab. Bu Rkiba), * Monastir 3. Aug. 1903, tunes. Politiker. - 1934 Begründer der Neo-Destur-Partei; 1934–36, 1938–42 und 1952–54 in frz. Haft; setzte sich an der Führung der Neo-Destur-Partei durch; wurde 1956 Min.präs., 1957 auch Staatspräs.; modernisiert innenpolit. durch sozialreformer. Programme das Agrarland Tunesien, sucht außenpolit. enge Anlehnung an den Westen; lehnt den arab. Nationalismus unter ägypt. Führung ab.

Burgkmair, Hans, d. Ä., * Augsburg 1473, † ebd. 1531, dt. Maler, Zeichner und Holzschneider. - 1488–90 Lehre bei M. Schongauer in Colmar, mehrfach in Italien; 1498 Meister in Augsburg. Führender Maler der Augsburger Renaissance. Seine Hauptwerke sind der Johannesaltar (1518; München, Alte Pinakothek) und der Kreuzigungsaltar (1519; ebd.). Die späteren Werke (u. a. „Esther vor Ahasver", 1528; ebd.) zeigen manierist. Züge. B. malte und schnitt auch vorzügl. Porträts. Als Zeichner für den Holzschnitt war B. wesentl. an den Prunkhandschriften Kaiser Maximilians I. beteiligt (v. a. „Theuerdank", „Weißkunig"). - Abb. Bd. 1, S. 495.

Burglengenfeld, bayer. Stadt an der Naab, 347 m ü. d. M., 10 000 E. Zement-, Textilind. - 1250 Markt, 1542 Stadt.

Bürglen (UR), schweizer. Gemeinde am Eingang des Schächentals, Kt. Uri, 551 m ü. d. M., 3 500 E. Tellmuseum; Fremdenverkehr. - Frühbarocke Pfarrkirche (1682–85); spätgot. Tellskapelle (1582 gestiftet).

Burgos, span. Stadt in der Nordmeseta, 856 m ü. d. M., 156 000 E. Verwaltungssitz der Prov. B.; Erzbischofssitz; archäolog. Museum; Gießereien, keram. Ind., Textilfabriken, Düngemittel-, Papier-, Leder- und Möbelind., Herstellung von Reifen, Photomaterial und Spielkarten, Fremdenverkehr. - 882 als befestigter Platz gegr., Ausbau zur Festung; Mitte des 10. Jh. löste sich das Gebiet von B. als Gft. Kastilien von León. Nach deren Vereinigung Hauptstadt des Kgr. Kastilien. Erlangte eine Monopolstellung im Wollexport. Im Span. Bürgerkrieg bis 1939 Sitz der Reg. Franco. - Frühgot. Kathedrale (begonnen 1221; ausgebaut im 14.–18. Jh.) mit zweischossigem und got. Kreuzgang (14. Jh.), got. Kirche San Esteban (1280–1350); spätgot. Feldherrnpalast (15. Jh.), Casa de Miranda (1545; jetzt Provinzialmuseum), Arco de Santa María (1535–53, ehem. maur. Stadttor).

Bürgschaft, der [meist einseitig verpflichtende] Vertrag, in dem der Bürge dem Gläubiger eines anderen (des Hauptschuldners) verspricht, für die Erfüllung der [gegenwärtigen oder künftigen] Verbindlichkeit des

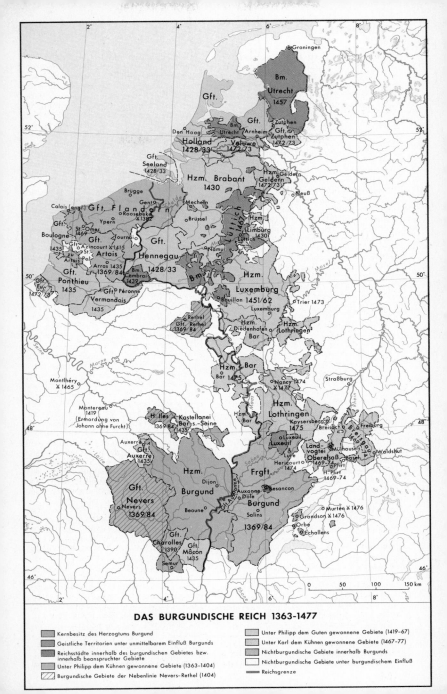

DAS BURGUNDISCHE REICH 1363-1477

Kernbesitz des Herzogtums Burgund

Geistliche Territorien unter unmittelbarem Einfluß Burgunds

Reichsstädte innerhalb des burgundischen Gebietes bzw. innerhalb beanspruchter Gebiete

Unter Philipp dem Kühnen gewonnene Gebiete (1363-1404)

Burgundische Gebiete der Nebenlinie Nevers-Rethel (1404)

Unter Philipp dem Guten gewonnene Gebiete (1419-67)

Unter Karl dem Kühnen gewonnene Gebiete (1467-77)

Nichtburgundische Gebiete innerhalb Burgunds

Nichtburgundische Gebiete unter burgundischem Einfluß

Reichsgrenze

anderen einzustehen; gesetzl. geregelt in den §§ 765–777 BGB. Zum gültigen Abschluß eines B.vertrages ist (von seiten des Bürgen) ein in allen wesentl. Teilen vollständiges, schriftl. *B.versprechen* erforderl., außer wenn der Bürge Vollkaufmann und die B. für ihn ein Handelsgeschäft ist (§ 350 HGB). Die B. begründet eine neben die Hauptschuld tretende, selbständige Verbindlichkeit des Bürgen mit folgenden Besonderheiten: 1. Die Bürgenschuld ist vom jeweiligen Bestand der Hauptschuld abhängig. Nichtigkeit, gänzl. oder teilweises Erlöschen und Erweiterung der Hauptschuld infolge schuldhafter Vertragsverletzungen des Hauptschuldners führen Nichtigkeit, Erlöschen oder Erweiterung der Bürgenschuld herbei. Der Bürge darf die Befriedigung des Gläubigers so lange und so weit verweigern, wie der Hauptschuldner zur Rückgängigmachung des Vertrags mit dem Gläubiger oder der Gläubiger zur Aufrechnung gegen die Hauptschuld berechtigt ist. 2. Die Bürgenschuld ist der Hauptschuld nachgeordnet. Der Bürge darf seine Leistung verweigern, sofern der Gläubiger nicht die Zwangsvollstreckung gegen den Hauptschuldner ohne Erfolg betrieben und auch versucht hat, sich aus einem Pfand- oder Zurückbehaltungsrecht an einer beweg. Sache zu befriedigen *(Einrede der Vorausklage)*. Außer durch Untergang der Hauptschuld erlischt die Bürgenschuld durch Erlaß, Vereinigung von Hauptforderung und Bürgenschuld, Kündigung, ferner bei Preisgabe von Sicherheiten durch den Gläubiger, soweit der Bürge sich aus ihnen hätte befriedigen können. *Arten:* 1. **Selbstschuldner. Bürgschaft,** bei der die Einrede der Vorausklage ausgeschlossen ist. 2. **Ausfallbürgschaft.** 3. **Teilbürgschaft** (für einen Teil der Hauptschuld). 4. **Höchst-(Limit)bürgschaft.** Sie erstreckt sich auf die gesamte Hauptschuld, ist aber auf einen Höchstbetrag beschränkt. 5. **Zeitbürgschaft.** Der Gläubiger muß den Schuldner innerhalb einer vereinbarten Zeit in Anspruch nehmen. Andernfalls wird der Bürge frei. 6. **Kreditbürgschaft, Kontokorrentbürgschaft.** Die B. sichert ein Kredit- oder Kontokorrentverhältnis. Dabei kann die Bürgenschuld unbegrenzt und der Kredit begrenzt oder die Bürgenschuld begrenzt (Höchst-B.) und der Kredit unbegrenzt sein. 7. **Mitbürgschaft.** Mehrere verbürgen sich [gleichzeitig oder nacheinander] für dieselbe Hauptschuld. Sie sind Gesamtschuldner. 8. **Nachbürgschaft** (After-B.). Eine B. dafür, daß der Vorbürge (Hauptbürge) die ihm obliegende Verpflichtung erfüllen wird. 9. **Rückbürgschaft.** Sie sichert den Rückgriffsanspruch des Bürgen gegen den Hauptschuldner. - In *Österreich* und in der *Schweiz* gilt eine im wesentl. entsprechende Regelung.

Burgstaaken ↑ Burg auf Fehmarn.

Burgtheater (bis 1918 Hofburgtheater), östr. Bundestheater in Wien; von Maria Theresia 1741 als *Theater nächst der Burg* am Michaelerplatz gegr.; von Joseph II. 1776 zum Nationaltheater erklärt. Das neue Haus am Ring (1884–88 erbaut von C. Frhr. von Hasenauer nach Ideen von G. Semper) wurde im 2. Weltkrieg weitgehend zerstört und 1953–55 wieder aufgebaut. Das B. pflegt seit Beginn neben dem klass. Repertoire (Höhepunkte unter J. Schreyvogel, H. Laube und F. von Dingelstedt) auch das zeitgenöss. Drama. - Dem B. ist ein Kammertheater angeschlossen.

Burgtiefe ↑ Burg auf Fehmarn.

Burgund, Name mehrerer Dynastien: Pfalzgrafen *(gräfl. Haus)* in B. (Franche-Comté) waren um 980–1155 Nachkommen des Königs Berengar II. von Italien sowie 1248–1331 eine Seitenlinie. Im frz. Hzgt. B. folgten 963 auf einheim. Herzöge Angehörige der Kapetinger, 1032–1361 (ab 1331 auch in der Franche-Comté) in einer Nebenlinie des frz. Königshauses *(Haus Altburgund)*. Nach ihrem Aussterben begründete 1363 der frz. Königssohn Philipp (II.), der Kühne, das *Haus Neuburgund* (erloschen 1477/91). Zwei burgund. Schwiegersöhne Alfons' VI. von Kastilien und León begründeten um 1095 das *portugies. Haus* (1139 Könige, 1383 erloschen) und das *kastil. Haus* (1126–1369 Könige), dem die Bastardlinie *B.-Trastámara* folgte. Sie erbte 1412 auch die Krone Aragonien (mit Sizilien und 1458 Neapel in eigenen Linien), die sich 1469 vereinigten (1516/55 erloschen).

Burgund (frz. Bourgogne), histor. Landschaft und Region in Frankr. zw. Saône und oberer Loire; Regionshauptstadt Dijon. B. erhielt seine histor.-landschaftl. Einheit als Durchgangsland und Verkehrsvermittler zw. Rhone-Saône-Gebiet und Pariser Becken einerseits sowie den Oberrheinlanden andererseits, aber auch als geistig-kulturelles Zentrum (Cluny, Cîteaux). B. ist überwiegend agrar. orientiert. Am Fuß der Côte d'Or, im Mâconnais, Beaujolais und um Chablis liegt das zweitgrößte frz. Weinanbaugebiet. Ind.-zentren sind Dijon, Chalon-sur-Saône und Le Creusot.

Königreich Burgund: Das spätere B. war seit 52 v. Chr. endgültig röm., gehörte seit 26 v. Chr. zur Prov. Lugdunensis und seit 297 zur Prov. Lugdunensis I. 443 wurden die Reste der von den Hunnen besiegten Burgunder in Savoyen (Sapaudia) als Foederati des Reiches angesiedelt (Hauptstadt seit 461 Lyon). 532–34 eroberten die Franken das in sich uneinige Kgr. Bei der Teilung des Fränk. Reichs von 843 fiel B. mit Ausnahme der zum Westreich geschlagenen Gebiete des späteren Hzgt. B. an das Mittelreich Kaiser Lothars I., dann als eigenes Teilreich (Kgr. Provence) an seinen Sohn Karl, nach dessen Tod (863) Streitigkeiten um B. ausbrachen. Graf Boso von Vienne, Schwiegersohn Kaiser Ludwigs II., ließ sich 879 in dem von ihm aufgebauten Herrschaftsgebiet von Lyon bis zur Rhonemündung zum König ausrufen (Kgr. Nieder-B. oder ↑Arelat). In der heutigen W-Schweiz und Franche-Comté errichtete 888 der Welfe ↑Rudolf I. († 912?) das Kgr. Hoch-B. König Konrad († 993) erwarb 950 auch Nieder-B. Dieses vereinigte Kgr. Arelat stand in starker Abhängigkeit vom Dt. Reich, an das es nach dem Tod Rudolfs III. († 1032) fiel, dessen Herrschaftsbasis in B. jedoch stets schwach blieb. 1365 ließ sich Kaiser Karl IV. als letzter dt. Herrscher in Arles zum König von B. krönen. Nach der Verselbständigung der schweizer. Eidgenossenschaft (1648) und dem Verlust der Franche-Comté an Frankr. (1679) verblieben als Teile des alten B. nur Savoyen, die württemberg. Gft. ↑Mömpelgard und das Bistum Basel bis Ende des 18. Jh. im Reichsverband.

Herzogtum Burgund: Gleichzeitig mit den Kgr. Hoch- und Nieder-B. entwickelte sich westl. der Saône das Hzgt. B., in dem der Bruder Bosos von Nieder-B., Richard der Gerechte († 921) die Herzogswürde erlangte. Seit 963 in kapeting. Hand, wurde das Hzgt. 1032 Stammland des kapeting. Hauses Alt-B. Eine zentrale polit. und kulturelle Rolle in Europa errang B. unter dem Haus Neu-B. (1363–1477). Hzg. Philipp der Kühne († 1404) erhielt 1384 durch Heirat Flandern, Nevers, Rethel und Artois sowie die Frei-Gft. B. (↑Franche-Comté) als Reichslehen, 1390 durch Kauf die Gft. Charollais. Sein Enkel Philipp der Gute († 1467) erwarb durch Kauf Namur (1429), durch Erbschaft Brabant und Limburg (1430), durch polit. Druck Hennegau, Holland und Luxemburg. Karl der Kühne († 1477) gewann durch Pfandschaft die habsburg. Oberrheingebiete, durch Eroberung 1473 das Hzgt. Geldern. Der auf vielerlei Weise zusammengebrachte Länderkomplex vom Zentralmassiv bis zur Zuidersee gehörte z. T. zum Hl. Röm. Reich, z. T. zu Frankr., doch konnte beider Lehnshoheit kaum aufrechterhalten werden. Als Karl der Kühne versuchte, ein geschlossenes Kgr. B. zu schaffen, fiel er 1477 im ↑Burgunderkrieg. B. kam über seine Erbtochter Maria († 1482) größtenteils an die Habsburger, Frankr. erhielt 1493 das Hzgt. B. und die Picardie. - Karte S. 155.

📖 *Prevenier, W./Blockmans, W.: Die burgund. Niederlande.* Weinheim 1986. - *Boehm, L.: Gesch. Burgunds.* Stg. ²1979.

Burgunder (lat. Burgundiones, Burgundii, Burgunden), ostgerman. Volk, zuerst genannt von Plinius dem Älteren; im 1. Jh. n. Chr. zw. Oder und Weichsel siedelnd, im 3. Jh. am Main nachweisbar, drang A. 5. Jh. in die Gegend von Worms und Speyer eingedrungen; nachdem ein großer Teil 436 durch Hunnen vernichtet worden war (histor. Kern der Nibelungensage) wurde der Rest 443 am W-Rand der Alpen angesiedelt. - ↑auch Burgund.

Burgunderkrieg (1474–77), Bez. der zunächst in Übereinkunft mit Frankr. und dem Kaiser geführten Feldzüge der Schweizer Eidgenossen gegen Herzog Karl den Kühnen von Burgund mit den Entscheidungssiegen bei Grandson (1476), Murten (1476) und Nancy (1477).

Burgunderreben (Pinotreben), vom *Blauen Spätburgunder* (Pinot noir; tiefdunkle Beeren) abstammende Rebsorten. Die wichtigsten sind: *Ruländer* (frz. Pinot gris, dt. auch Grauburgunder), *Weißburgunder, Pinot meunier* (dt. Müller-Rebe oder Schwarzriesling) und *Samtrot* (Klonenzüchtung aus Pinot meunier), als wertvollste Sorte gilt der *Blaue Spätburgunder.* In Deutschland v. a. in Baden (Kaiserstuhl, Ortenau), aber auch in der Rheinpfalz, im Rheingau und an der Ahr angebaut.

Burgunderweine, Weine, die in Burgund im Saônetal zw. Dijon und Lyon in vier Weinbaugebieten angebaut werden. Von N nach S: Côte d'Or, südwestl. Dijon (unterteilt in Côte de Nuits und Côte de Beaune), Côte de Mâconnais, Côte de Chalonnais und Côte de Beaujolais. Insgesamt werden pro Jahr nur etwa 240 000 hl geerntet, davon ³/₄ Rot- und ¹/₄ Weißweine (u. a. Chablis).

Burgundische Pforte, 20–30 km breite Senke zw. Vogesen und Jura.

Burgundischer Reichskreis ↑Reichskreise.

burgundisches Kreuz, zwei nach Art des Andreaskreuzes schräg gekreuzte Äste (mit Ansätzen abgehauener Zweige); neben dem Burgund. Wappen geführt und dem Orden vom Goldenen Vlies beigegeben; von den belg. ↑Rexisten und span. Traditionalisten wieder aufgegriffen.

Burgus [german.-spätlat.], in der Spätantike kleineres Militärlager (Wehrturm bzw. kleines Kastell) mit eigener Rechtspersönlichkeit, zur Grenzsicherung eingerichtet, v. a. mit german. Truppen besetzt.

Burgwald, Bergland nördl. von Marburg zw. Wetschaft, Ohm und Wohra, Hessen, im Heukopf 421 m hoch.

Burgward (Burgwardei), zu einer Burg gehörender Verwaltungs- und Gerichtsbezirk, der etwa Mitte des 10. Jh. als Untergliederung der Marken an der Ostgrenze des Hl. Röm. Reiches in der Gegend von Magdeburg entstand.

Burián von Rajecz, Stephan Freiherr (seit 1918 Graf) ['buːriaːnf ɔn 'rajɛts], * Stupava bei Preßburg 16. Jan. 1851, † Wien 20. Okt. 1922, östr.-ungar. Diplomat und Min. ungar. Herkunft. - 1903–1912 und 1916–18 östr.-ungar. Finanzmin.; bemühte sich in seiner ersten Amtsperiode vergebl. um volle innere Befriedung der 1908 annektierten, seinem Ministerium verwaltungsmäßig unterstellten Gebiete Bosniens und der Herzegowina; operierte auch als östr.-ungar. Außenmin.

Buridan

Buridan

1915/16 und April bis Okt. 1918 erfolglos. Verfaßte Erinnerungen.

Buridan, Johannes, * Béthune (?) um 1295 (?), † nach 1366, frz. scholast. Philosoph. - Rektor der Univ. Paris 1328 und 1340; gemäßigter Nominalist. In der Moralphilosophie erkannte er eine gewisse Entscheidungsfreiheit an († Buridans Esel).

Buridans Esel [nach J. Buridan], moralphilosoph. Gleichnis, nach dem ein Mensch nicht zw. zwei gleich großen Gütern wählen könne, ähnl. einem Esel, der sich für keinen von zwei gleich großen Heuhaufen entscheiden kann und deshalb verhungert.

Burjaten (Burjäten), mongol. Volk in der Burjat. ASSR (UdSSR), im Burjat. Nat. Kr. Aginskoje und im Burjat. Nat. Kr. Ust-Ordynski, in der nördl. Mongol. VR und im nö. China. Hirtennomaden, auch seßhafte Ackerbauern, die in Filzjurten bzw. Holzhäusern wohnen.

Burjatische ASSR (Burjätische ASSR), autonome Sowjetrepublik innerhalb der RSFSR, am O- und S-Ufer des Baikalsees, 351 300 km², 985 000 E (1984), Hauptstadt Ulan-Ude. Die B. ASSR ist ein Gebirgsland, in dem Hochflächen vorherrschen, im zentralen Teil meist 2 300–2 400 m ü. d. M., darüber kuppelartige Gipfel. - Extremes Kontinentalklima; reich an Bodenschätzen, u. a. Braunkohlen, Erze, Graphit, Glimmer. Viehzucht und Anbau von Futterpflanzen, Weizen und Zuckerrüben. Die B. ASSR wird von der Transsib durchquert; direkte Eisenbahnverbindung von Ulan-Ude nach Ulan Bator und China.

Geschichte: Die Burjaten siedelten urspr. in der nördl. Mongolei, kamen im 12./13. Jh. in die heutigen Wohngebiete; Anschluß des Baikalgebietes an Rußland 1689; Errichtung der Sowjetmacht 1918; 1923 Bildung der Burjat.-Mongol. ASSR; 1958 Umbenennung in Burjat. ASSR.

Burka [russ.], halbkreisförmig geschnittener Mantelumhang der Kaukasier aus dickem, rauhem Wollstoff.

Burkart † Burkhard.

Burke [engl. bə:k], Edmund, * Dublin 12. Jan. 1729, † Beaconsfield 9. Juli 1797, brit. Publizist und Politiker. - Seine Schrift „Betrachtungen über die Frz. Revolution" (1790), in der er die Ziele der Frz. Revolution und ihrer Parteigänger in Großbrit. verurteilte, wurde eine wesentl. theoret. Grundlage des europ. Konservatismus. Die unmittelbare Erfahrung der traditionellen brit. Institutionen und Rechte als Grundvoraussetzung der brit. Verfassung veranlaßten B., den rationalist. Staatsidealen der Aufklärung eine organ. Staatslehre entgegenzustellen. Begr. eine psycholog. Ästhetik, die u. a. Kant und Lessing beeinflußte.

B., Richard, * New York 29. März 1932, ir. Politiker. - 1969–77 Parlamentsabg. (Fine Gael); 1973–76 Erziehungsmin.; 1977–80 und seit 1982 Mgl. der EG-Kommission (Verbraucherfragen, Verkehrs- und Steuerpolitik).

B., Robert O'Hara, * Saint Cleran's (Grafschaft Galway) 6. Mai 1820, † beim Cooper Creek (Queensland) 28. Juni 1861, brit.-austral. Offizier und Forschungsreisender. - Durchquerte 1860/61 mit anderen zuerst den austral. Kontinent in S–N-Richtung.

Burkhard (Burchard, Burghard, Burkhart, Burkart), alter dt. männl. Vorname (althochdt. burg „Burg" und althochdt. harti, herti „hart").

Burkhard, Paul, * Zürich 21. Dez. 1911, † Zell (Kt. Zürich) 6. Sept. 1977, schweizer. Komponist. - Bekannt v. a. durch musikal. Komödien, z. B. „Das Feuerwerk" (1948, darin das populäre Lied „O mein Papa").

B., Willy, * Leubringen bei Biel (BE) 17. April 1900, † Zürich 18. Juni 1955, schweizer. Komponist. - Aus seinem Werk, das alle Gattungen umfaßt, ragen die Oratorien „Das Gesicht Jesaias" (1935) und „Das Jahr" (1941), die A-cappella-Kantate „Die Sintflut" (1955) und die Oper „Die schwarze Spinne" (1949, 2. Fassung 1954) heraus.

Burkina Faso

Republik in Westafrika, zw. 9° 30' und 15° n. Br. sowie 2° 10' und 5° 30' w. L. **Staatsgebiet:** Es grenzt im W und N an Mali, im NO an Niger, im SO an Benin, im zentralen S an Togo und Ghana, im westl. S an die Republik Elfenbeinküste. **Fläche:** 274 200 km². **Bevölkerung:** 6,36 Mill E (1982), 23 E/km². **Hauptstadt:** Ouagadougou. **Verwaltungsgliederung:** 25 Prov.; **Amtssprache:** Frz. **Nationalfeiertag:** 11. Dez. **Währung:** CFA-Franc (F C.F.A.) = 100 Centimes (c). **Internationale Mitgliedschaften:** UN, OAU, Conseil de l'Entente, ECOWAS, OCAM, CEAO, UMOA, der EWG assoziiert. **Zeitzone:** Greenwicher Zeit, d. i. MEZ − 1 Std.

Landesnatur: Der größte Teil des Landes liegt im Sudan, nur der N ragt in die Sahelzone hinein. B. F. ist im wesentl. eine in 200–300 m Höhe gelegene Fastebene, der zahllose Inselberge aufsitzen. Im Sandsteintafelland des SW werden Höhen von fast 750 m erreicht. Hier im SW entspringt der schwarze Volta, der einzige ganzjährig wasserführende Fluß des Staates. **Klima:** Der S und der zentrale Teil liegen in den wechselfeuchten Tropen mit einer Regenzeit (Mai/Juni–Sept./Okt.) und einer vom Harmattan bestimmten Trockenzeit. Der N hat Trockenklima (nur 3 humide Monate). **Vegetation:** Entsprechend dem Klima findet sich im S Feuchtsavanne, im Zentrum Trokkensavanne, die nach N in Dornstrauchsavanne übergeht. **Tierwelt:** Antilopen, Löwen, Elefanten, Krokodile, Flußpferde sowie zahlr. Vogelarten.

Bevölkerung: Sie gliedert sich in rd. 160 Stammesgruppen, die zum größten Teil sudan. Klassensprachen sprechen. Die bedeutendste Gruppe ist mit knapp 50 % die der Mossi. 70 % der Bev. sind Anhänger von traditionellen Religionen, 25 % Muslime, 5 % Christen. B. F. ist dicht besiedelt. insbes. im Raum der Hauptstadt. Das Schulsystem ist nach frz. Vorbild aufgebaut. Seit 1974 verfügt B. F. über eine Univ. in Ouagadougou.

Wirtschaft: B. F. ist ein Agrarland. Die Viehwirtschaft (Ziegen, Rinder, Schafe, Hühner u. a.) ist bedeutender als der Ackerbau, der weitgehend in Brandrodungswanderfeldbau betrieben wird. Angebaut werden u. a. Hirse, Mais, Reis, Süßkartoffeln, Jams, Maniok, Hülsenfrüchte, Erdnüsse, Sesam und Baumwolle B. F. ist arm an Bodenschätzen (u. a. Mangan). Die Ind. verarbeitet v. a. landw. Erzeugnisse. Wichtigster Ind.standort ist Bobo-Dioulasso.

Außenhandel: Ausgeführt weden Lebendvieh, Baumwolle, Erdnüsse, Sesam, Häute und Felle, eingeführt Erdölprodukte, Garne, Textilwaren, nichtelektr. und elektr. Maschinen und Geräte, Zucker, Getreide, Kfz., Eisen und Stahl, Arzneimittel u. a. Wichtigste Partner sind Frankr., Elfenbeinküste, Mali und die BR Deutschland.

Verkehr: B. F. verfügt über eine Eisenbahnstrecke von 517 km Länge (d. i. der letzte Abschnitt der Bahnlinie von Abidjan [Elfenbeinküste] nach Ouagadougou). Das Straßennetz ist 16 660 km lang, davon sind rd. 5 600 km Allwetterstraßen. B. F. ist Teilhaber an der Fluggesellschaft Air Afrique. Internat. 🛬 in der Hauptstadt und in Bobo-Dioulasso.

Geschichte: Die Franzosen konnten die drei Reiche der Mossi von Ouagadougou, Yatenga und Tenkodogo 1896 ohne größere Kämpfe erobern. 1919 wurde das gesamte Territorium als Kolonie Obervolta konstituiert und Frz.-Westafrika eingegliedert, allerdings 1932 aufgelöst und unter die Kolonien Elfenbeinküste, Soudan und Niger aufgeteilt. Im Rahmen der Frz. Union wurde Obervolta 1947 als Territorium wiederhergestellt. 1958 konstituierte sich die autonome Republik Volta (1959 in Obervolta umbenannt) innerhalb der Frz. Gemeinschaft, sie erhielt am 5. Aug. 1960 die volle Unabhängigkeit. Vorwiegend wirtsch. Schwierigkeiten führten zur Jahreswende 1965/66 zu einem Militärputsch unter der Führung von General S. Lamizana. 1974–77 waren als polit. Parteien verboten. Nachdem 1976 eine Reg. überwiegend aus Zivilisten gebildet, im Nov. 1977 durch Volksentscheid eine neue demokrat. Verfassung angenommen und im April 1978 Parlamentswahlen durchgeführt worden waren, wurde General Lamizana (im 2. Wahlgang) im Mai 1978 zum Präs. wiedergewählt. In einem von dem Obersten S. Zerbo geführten unblutigen Putsch wurden am 25. Nov. 1980 Präs. und Reg. gestürzt; die Ver-

fassung wurde außer Kraft gesetzt, das Parlament aufgelöst. Die polit. Macht übernahm ein Militärkomitee, bis es durch einen erneuten Militärputsch am 7. Nov. 1982, nach dem Sturz S. Zerbos, aufgelöst wurde. Der neue Machthaber, J. B. Ouedraogo, wurde im Aug. 1983 von T. Sankara gestürzt, der Landesname in B. F. geändert.

Politisches System: Seit dem Militärputsch vom Nov. 1980 ist die Verfassung von 1977 außer Kraft gesetzt. Die Funktionen des *Staatsoberhaupts*, der *Exekutive* und der *Legislative* liegen beim „Nationalen Revolutionsrat" unter Vors. von T. Sankara. Das Einkammerparlament ist aufgelöst, ebenso die polit. Parteien; alle polit. Aktivitäten wurden verboten. Es bestehen mehrere *Gewerkschaftsverbände*. *Verwaltungsmäßig* ist B. F. in 25 Prov. gegliedert. Das *Rechtswesen* ist nach frz. Vorbild organisiert. Neben Magistratsgerichten in den Prov. gibt es 4 Gerichte erster Instanz, ein Appellationsgericht, einen Hohen und einen Obersten Gerichtshof. Die *Streitkräfte* umfassen rd. 3 775 Mann (einschl. Luftwaffe); daneben gibt es rd. 900 Mann starke paramilitär. Kräfte.

📖 *Hofmeier, R./Schönborn, M.:* Polit. Lex. Afrika. Mchn. 1984. - *McFarland, D. M.:* Historical dictionary of Haute Volta. Metuchen (N. J.), 1978. - *Benoit, M.:* Introduction à la géographie des aires pastorales soudaniennes de Haute-Volta. Paris 1977.

Bürkli, Karl, * Zürich 23. Juli 1823, † Mettmenstetten (Kt. Zürich) 20. Okt. 1909, schweizer. Sozialpolitiker und Publizist. - Maßgebl. Mitwirkung bei Gründung und Verwaltung des ersten schweizer. Konsumvereins in Zürich; Mgl. des Zürcher Kantonsparlaments, 1868 des Zürcher Verfassungsrates und 1893–1901 des Großen Rates; beeinflußte die schweizer. sozialdemokrat. Arbeiterbewegung im Sinne der „direkten Demokratie".

Burleigh William Cecil, Baron [engl. 'bəːlɪ] ↑ Burghley, William Cecil, Baron.

burlesk [italien.-frz.; zu lat. burrae „Possen"], als literar. Bez. seit der Mitte des 16. Jh. von Italien ausgehend für eine neue Stilart spaßhaften, grobsinnl. Spotts verwendet.

Burleske, nach dem Adjektiv burlesk gebildete Bez. urspr. für derbkom. Improvisationsstücke in der Art der Commedia dell'arte, dann auch für Werke, die der Posse und Farce nahestehen.

◆ musikal. Komposition von ausgelassenem, heiterem Charakter.

Burlington Industries Inc. [engl. 'bəːlɪŋtən 'ɪndəstrɪz ɪn'kɔːpəreɪtɪd], größter Textilkonzern der Welt, Sitz Greensboro (N. C.); Hauptprodukte: Garne, Gewebe, Teppiche; ausländ. Tochtergesellschaften, darunter: Gladbacher Wollindustrie GmbH, Mönchengladbach, Burlington-Schappe AG, Stoffel AG, St. Gallen.

Burliuk, David [engl. bɔː'ljuːk] (Burljuk), *Charkow 21. Juli 1882, † New York 10. Febr. 1967, russ.-amerikan. Maler. - 1910 gründete er mit Majakowski u. a. in Moskau eine Futuristengruppe (Manifest 1912) und entwickelte 1910 den „Kubofuturismus", in dem splittrige Formen zu Bewegungsabläufen geordnet sind. Seit 1922 in den USA.

Burma, Staat in Asien, † Birma.

Burmastraße † Birmastraße.

Burnacini, Lodovico Ottavio [italien. burna'tʃiːni], *Mantua (?) 1636, † Wien 12. Dez. 1707, italien. Baumeister und Theateringenieur. - Seit 1652 in Wien in kaiserl. Diensten. Neben Bauaufträgen entwarf B. v. a. Dekorationen, Kostüme und Bühnenmaschinen für mehr als 100 Opern und Festspiele (Zeichnungen in der Östr. Nationalbibliothek).

Burne-Jones, Sir Edward Coley [engl. 'bɔːn-'dʒoʊnz], eigtl. Jones, * Birmingham 28. Aug. 1833, † London 17. Juni 1898, engl. Maler und Zeichner. - Schloß sich den Präraffaeliten an. Märchenhaft-verträumte Bilder nach ma. Stoffen; u. a. „Die goldene Treppe" (1880; London, Tate Gallery); auch Glasfenster, Gobelins u. a.; illustrierte Chaucer (1896). Gilt als Vorläufer des Jugendstils.

Burnet, (Sir seit 1951) Frank MacFarlane [engl. 'bɔːnɪt], * Traralgon (Victoria) 3. Sept. 1899, † Melbourne 31. Aug. 1985, austral Mediziner. - Bed. Forschungen auf dem Gebiet der Infektions- und Viruskrankheiten. Auf der Grundlage der immunolog. Arbeiten von P. B. † Medawar entwickelte B. seit 1949 eine Theorie, nach der die Fähigkeit zur Immunitätsreaktion nicht vererbt, sondern während der Entwicklungszeit eines Lebewesens erworben wird. Daraus schloß er, daß die immunolog. Toleranz im embryonalen Stadium auch auf körperfremde Substanzen ausgedehnt werden kann, so daß körperfremde Gewebe im Falle einer späteren Einpflanzung als körpereigen toleriert würden. Seine These konnte experimentell bestätigt werden. Er erhielt 1960 - zus. mit Medawar - den Nobelpreis für Physiologie oder Medizin.

Burnham [engl. 'bɔːnəm], Daniel Hudson, Partner von John W. † Root.

B., James, *Chicago 22. Nov. 1905, amerikan. Soziologe und Publizist. - 1932–54 Prof. in New York; urspr. Trotzkist, übte später scharfe Kritik an der sowjet. Politik und deren totalitärer Entwicklung; bekannt durch seine Theorie der Managergesellschaft; u. a. „Das Regime der Manager" (dt. 1948).

B., Linden Forbes Sampson, *Georgetown 20. Febr. 1923, † ebd. 6. Aug. 1985, guyan. Politiker. - Begr. 1955 die gemäßigt-sozialist. Partei des Nat. Volkskongresses (PNC); 1964–68 Premiermin. eines Koalitionskabinetts, seit 1968 einer Einparteienregierung.

Burns [engl. bɔːnz], Eedson Louis Millard, * Westmount (Quebec) 17. Juni 1897, kanad. General. - 1954–56 Chef der UN-Waffenstillstandskommission für Palästina, 1956–1959 Chef der UN-Polizeitruppen im Nahen Osten; Berater der kanad. Reg. für Abrüstungsfragen 1960–68; Prof. in Ottawa 1971–1973.

B., John, * London 20. Okt. 1858, † ebd. 24. Jan. 1943, brit. Gewerkschafter und Politiker. - Organisierte 1889 den Londoner Dockarbeiterstreik; 1892–1918 liberaler Abg. im Unterhaus; 1905–14 Min. für Lokalverwaltung; legte 1914 als Handelsmin. aus Protest gegen den brit. Kriegseintritt sein Amt nieder.

B., Robert, * Alloway bei Ayr 25. Jan. 1759, † Dumfries 21. Juli 1796, schott. Dichter. - Bedeutendster schott. Dichter neben Scott, Vorläufer der Romantik. In seinen volkstüml. lyr. und ep. Dichtungen verwertet er oft alte schott. Quellen. Viele seiner Lieder (u. a. „My heart's in the Highlands") wurden zu Volksliedern. Wegen ihres drast. Humors wurde die urwüchsige Verserzählung „Tam o' Shanter" (1790) berühmt.

Burnus [arab.-frz.; zu griech.-lat. birrus „kurzer Mantel mit Kapuze"], Übergewand der Beduinen, ein weiter, langer Umhang mit Kapuze.

Büro [frz.; zu lat. burra „zottiges Gewand"], urspr. ein grober Wollstoff, mit dem Schreib- und Arbeitstische überzogen wurden, dann diese selbst sowie die Schreibstube und das Arbeits- und Amtszimmer; ferner die Arbeits-, Dienst- und Geschäftsstelle; auch die Gesamtheit der in einer Dienststelle tätigen Personen.

Bürohaus † Verwaltungsbauten.

Bürokratie [frz.; zu † Büro und griech. krátos „Kraft, Macht" (analog zu „Demokratie" u. a.)], Form staatl., polit. oder privat organisierter Verwaltung, die durch eine hierarch. Befehlsgliederung *(Instanzenweg)*, durch klar abgegrenzte Aufgabenstellungen, Befehlsgewalten, Zuständigkeiten und Kompetenzen, durch berufl. Aufstieg in festgelegten Laufbahnen, durch feste, an die jeweilige Funktion gekoppelte Bezahlung sowie durch genaue und lückenlose Aktenführung sämtl. Vorgänge gekennzeichnet ist. Der Begriff B. wurde bereits 1745 von V. Seigneur de Gournay geprägt und war urspr. auf die zunehmend rationalisierte und vom Berufsbeamtentum durchgeführte staatl. Verwaltung bezogen. Diese Organisationsform ist jedoch universell anwendbar und wurde daher auch auf andere Verwaltungsformen, z. B. auf Parteien, Verbände und Wirtschaftsunternehmen übertragen, da sie als bes. leistungsfähig und rational angesehen wurde. V. a. seit Beginn des 20. Jh. bildete sich in Wirtschaftsunternehmen das Stellenprinzip heraus, das analog zur Beamtenorganisation durch feste Funktions- und Rollenbeschreibungen gekennzeichnete Arbeitsplätze bei Auswechselbarkeit des Stelleninhabers und nach bestimmten Tätigkeitsmerkmalen eingestellte und entlohnte Angestellte kennt. Vor der Übernahme des B.modells auf alle Vorgänge in Staat, Gesellschaft und Wirtschaft (**Bürokratisierung**) wird heute jedoch verstärkt gewarnt, da bürokrat. Verwaltungen die Tendenz zur Verselbständigung und Eigengesetzlichkeit aufweisen, die ihre eigtl. Ziele, Prinzipien und Aufgaben vergessen läßt.

Büromaschinen, Sammelbez. für die im Bürobetrieb eingesetzten, heute meist elektr. betriebenen Maschinen und Maschinensysteme. Die wichtigsten B. sind: Schreibmaschinen, Diktiergeräte, Vervielfältigungsgeräte, Rechenmaschinen, Buchungsmaschinen und Fakturiermaschinen. Hilfsgeräte sind u. a. Falz-, Heft- und Klebemaschinen, Numerierungs- und Stempelmaschinen, Kuvertier-, Frankier- und Brieföffnungsautomaten, Schneidevorrichtungen unterschiedl. Art, Zähl- und Sortiermaschinen. - Die moderne Entwicklung ist durch den zunehmenden Einsatz von Arbeitsplatz- bzw. Personalcomputern bestimmt, die mit Hilfe von Textverarbeitungsprogrammen, Programmen zur Verwaltung von Dateien u. a., angeschlossenen Druckern und Telekommunikationsanlagen (für Telex, Telefax, Dateldienste, Bildschirmtext u. a.) einen grundlegenden Wandel in der Bürotechnik mit sich brachten.

Burri, Alberto, * Città di Castello 12. März 1915, italien. Materialbildner. - Materialmontagen aus Sacklumpen (seit 1950; „Sacchi"), Holz (seit 1956; „Legni"), Blech (um 1958; „Ferri") und Kunststoffolien (seit 1961) mit Brandspuren, Schnitten, Durchlöcherungen und Knitterwirkungen.

Burroughs [engl. ˈbʌroʊz], Edgar Rice, * Chicago 1. Sept. 1875, † Los Angeles 19. März 1950, amerikan. Schriftsteller. - Verfaßte u. a. die „Tarzan"-Romane.

B., William S[eward], * Saint Louis (Mo.) 5. Febr. 1914, amerikan. Schriftsteller. - Vorbild der amerikan. † Beat generation. Schreibt, beeinflußt u. a. von H. Melville, F. Kafka und v. a. J. Genet, schockierend-beißende Satiren auf die moderne Gesellschaft, u. a. „Junkie". Bekenntnisse eines unbekehrten Rauschgiftsüchtigen" (R., 1953), „The naked lunch" (R., 1959), „Nova Express" (R., 1964), „Dead Roads" (R., 1983).

📖 *Mottram, E.:* W. B. London 1977.

Bursa (früher Brussa), türk. Stadt in NW-Anatolien, 445 000 E. Hauptstadt des Verw.-Geb. B.; Inst. für Seidenraupenzucht; Seidenwarenherstellung, Konserven-, Metallind., Kfz.-Teilmontagewerk, Zementfabrik. Fremdenverkehr; Seilbahn auf den Ulu Dağ; Badeort (Schwefel- und **salzhaltige** Thermalquellen). - Um 184 v. Chr. als **Prusa** gegr., 74 v. Chr. an Rom, 1326 von Osmanen eingenommen; 1361-1453 deren Hauptstadt; später mehrmals Residenz von Gegensultanen; im 17. Jh. Nebenresidenz. - Große Moschee (14./15. Jh.), Grüne Moschee (vollendet 1423),

Moschee Murads II. (1447), Moschee Bajasids I. Yıldırım (um 1400).

Bursche [eigtl. „Angehöriger einer † Burse"], allgemein: junger Mann, Jüngling, Halberwachsener.

◆ beim *Militär* zur Bedienung v. a. der Offiziere abkommandierter Soldat.

◆ das vollberechtigte aktive Mgl. einer student. Korporation (im Ggs. zum † Fuchs).

Burschenschaft, eine farbentragende waffenstudent. Korporation, mit anderen heute im Verband der Dt. B. zusammengeschlossen. Die Bestimmungsmensur bleibt seit 1971 der Entscheidung der einzelnen B. überlassen.

Ende des 18. Jh. bedeutet das Wort „Burschenschaft" dasselbe wie „Studentenschaft". F. L. Jahn formte das Wort zum polit. Begriff im Sinne des Freiheitskampfes gegen Napoleon I. (1811), verstanden als Einigungsbewegung der bisher in Landsmannschaften zersplitterten Studentenschaft. In Jena gaben am 12. Juni 1815 die Landsmannschaften ihre Selbständigkeit auf (**Jenaische Burschenschaft**). Ihre Farben Schwarz und Rot, mit goldener Einfassung, entlehnten sie der Uniform des Lützowschen Freikorps. Die Einigung der Studenten sollte als Vorbild für die polit. Einigung der dt. Nation wirken. Das Wartburgfest vom 18. Okt. 1817 vereinte über 500 Burschen von fast allen dt. Hochschulen. Die Verfassung einer „Allgemeinen Dt. B." wurde am 18. Okt. 1818 von den Vertretern der B. von 14 Universitäten unterzeichnet. Die - schon vorher entstandene - Denkschrift „Die Grundsätze und Beschlüsse des 18. Oktobers", v. a. von H. Riemann unter Mitwirkung H. Ludens 1818 verfaßt, formulierte das liberal-nat. Programm der B.: staatl., wirtsch. und kirchl. Einheit Deutschlands, eine konstitutionelle Monarchie mit Ministerverantwortlichkeit, einheitl. Recht mit öffentl. Verfahren und Geschworenengerichten, Rede- und Pressefreiheit, Selbstverwaltung, allg. Wehrpflicht u. a. Radikale Gruppen wollten eine Republik (bes. die Gießener „Schwarzen" unter K. T. Follen). Bes. infolge der Ermordung A. von Kotzebues durch einen Anhänger Follens (K. L. Sand) konnte Metternich die † Karlsbader Beschlüsse durchsetzen. Beim Hambacher Fest (1832) wurde das burschenschaftl. Schwarz-Rot-Gold zum erstenmal als Volksfahne gefeiert. - Die in den 1840er Jahren einsetzende sog. **Progreßbewegung** betrieb eine allg. „Demokratisierung" der Hochschulen (Aufhebung der Fakultäten, gebührenfreies Studium, student. Beteiligung bei der Besetzung der Lehrstühle und der Wahl der akadem. Behörden). Höhepunkt war das zweite Wartburgfest (Pfingsten 1848). - In Deutschland verlor nach der Gründung des Dt. Reiches die polit. Zielsetzung an Bedeutung, konservatives Gedankengut und student. Brauchtum prägten das Leben der B., student. Gruppen neben anderen. 1883–1934 bestand als Gesamtverband der Allgemeine Dt. Burschenbund, daneben entfaltete sich seit 1902 die Dt. B. (DB), Nachfolgeorganisation älterer Convente. 1950 kam es in Marburg zur Wiedererrichtung der Dt. Burschenschaft.

burschikos [zu ↑Bursche], sich jungenhaft gebend, betont ungezwungen, ungeniert; salopp, formlos.

Burse [zu griech.-mittellat. bursa „Beutel, (gemeinsame) Kasse"], im Spät-MA (14. Jh.) Bez. der aus Stiftungen getragenen Wohn- und Kosthäuser für Studenten oder Handwerksgesellen. Heute gelegentl. Name für student. Wohnheime.

Bursfelde, ehem. Benediktinerabtei an der oberen Weser, 1093 gegr. und von der Abtei Corvey aus besiedelt; roman. Basilika aus dem 12. Jh.; in der Reformationszeit prot., in der Säkularisation aufgelöst. Den Titel „Abt von B." trägt jeweils der Senior der ev. theolog. Fakultät in Göttingen.

Bursitis [griech.], svw. ↑Schleimbeutelentzündung.

Burst [engl. bəːst „Ausbruch"] (Radioburst, Strahlungsausbruch), bei Eruptionen auf der Sonne auftretende Erhöhung der Intensität der Radiofrequenzstrahlung.

Bürste, ein mit Borsten, kurzen Pflanzenfasern oder Drahtstücken *(Draht-B.)* bestecktes Reinigungsgerät (meist aus Holz oder Kunststoff) zum Entfernen (Abbürsten) von haftenden Schmutzteilchen, Staub, Rost u. a., zum Auftragen eines Reinigungs- oder Poliermittels (z. B. Zahnpasta, Schuhcreme).
◆ (Kohlebürste) klötzchenförmiger Preßkörper aus Elektrographit oder amorphem Kohlenstoff (urspr. z. B. Kupferdrahtbündel), der als federnd geführter Schleifkontakt bei elektr. Maschinen den Stromübergang zw. rotierenden stromführenden Teilen (Schleifringe, Anker) und feststehenden Leitern ermöglicht.

Burte, Hermann, eigtl. H. Strübe, * Maulburg bei Lörrach 15. Febr. 1879, † Lörrach 21. März 1960, dt. Schriftsteller. - Verherrlichte in seinem Weltanschauungsroman „Wiltfeber, der ewig Deutsche" (1912) in völk. Gesinnung ein german.-nat. Sendungsbewußtsein. Daneben formal-konservative Lyrik, Mundartgedichte, Übersetzungen.

Burton [engl. bəːtn], Gary, * Andersen (Ind.) 23. Jan. 1943, amerikan. Jazzmusiker (Vibraphon). - Mgl. des Stan Getz Quartetts (1964–66); verbindet lyr. Spiel mit großer Virtuosität. Schuf eine Synthese aus Elementen von Popmusik und Jazz.
B., Richard, eigtl. R. Jenkins, * Pontrhydyfen (Wales) 10. Nov. 1925, † Genf 5. Aug. 1984, brit. Schauspieler. - 1964–74 ∞ mit Elizabeth Taylor. Wurde als Filmstar in Hollywood-Filmen berühmt, u. a. „Blick zurück im Zorn" (1959), „Cleopatra" (1962), „Becket" (1963),

„Wer hat Angst vor Virginia Woolf?" (1966), „Die Stunde der Komödianten" (1967), „König für 1000 Tage" (1970), Das Mädchen und der Mörder" (1972), „Equus" (1978).

Burton upon Trent [engl. 'bəːtn ə'pɔn 'trɛnt], engl. Stadt am Trent, Gft. Stafford, 48 000 E. Brauereien. - Seit dem 13. Jh. Marktrecht, 1878/1901 Stadtrecht.

Buru, indones. Insel der S-Molukken, 140 km lang, 90 km breit; bis 2429 m hoch; Hauptort Namlea.

Burundi

(amtl. Vollform: Republika y'Uburundi, frz. République du Burundi), Republik in O-Afrika, zw. 2° 30′ und 4° 30′ s. Br. sowie 29° und 31° ö. L. **Staatsgebiet:** B. grenzt im O und SO an Tansania, im W an Zaïre und im N an Rwanda. **Fläche:** 27 834 km². **Bevölkerung:** 4,92 Mill. E (1983), 176,8 E/km². **Hauptstadt:** Bujumbura. **Verwaltungsgliederung:** 8 Prov. **Amtssprachen:** Französisch und Kirundi; Handelssprache auch Swahili. **Nationalfeiertag:** 1. Juli (Unabhängigkeitstag). **Währung:** Burundi-Franc (F.Bu.) = 100 Centimes. **Internat. Mitgliedschaften:** UN und OAU, der EWG und dem GATT assoziiert. **Zeitzone:** Osteurop. Zeit; d. i. MEZ + 1 Std.

Landesnatur: Im W gehen die ausgedehnten, stark zerschnittenen Hochflächen (um 1 500 m ü. d. M.) in einen bis 2 670 m aufragenden Gebirgszug über, der verhältnismäßig steil zum Zentralafrikan. Graben (800–1 100 m ü. d. M.) mit dem Tanganjikasee und dem ihm vom Kiwusee zufließenden Rusizi abfällt.
Klima: B. hat äquatoriales Regenklima mit zwei Regenzeiten (Sept.–Dez. und März–Mai).
Vegetation: In den feuchtesten Gebieten tritt stellenweise Nebelwald auf, sonst ist Feuchtsavanne weit verbreitet.
Bevölkerung: 85 % der Bev. gehören die Hutu (Bauern) an, 13 % dem Hirtenvolk der Tussi; 1 % Pygmäen; daneben leben in B. Europäer, Asiaten und Flüchtlinge aus Rwanda. 63 % sind Christen, überwiegend kath., 33 % Anhänger traditioneller Religionen, 1 % Muslime. Schulpflicht besteht von 6 bis 12 Jahren; Univ. in Bujumbura (gegr. 1960).
Wirtschaft: 90 % der landw. Produktion dienen der Selbstversorgung. An Bodenschätzen wird Zinn ausgebeutet.
Außenhandel: Kaffee ist das wichtigste Exportgut, mit großem Abstand gefolgt von Baumwolle, Häuten und Fellen sowie Mineralien. Eingeführt werden Nahrungsmittel und Getränke, chem. und pharmazeut. Erzeugnisse, Fahrzeuge, Maschinen. Wichtigste Handelspartner sind die EG-Länder, die USA, Japan, Iran, die DDR, Kanada u. a.
Verkehr: Das Straßennetz, meist Pisten, ist

6 400 km lang; im Binnenhafen von Bujumbura am Tanganjikasee erfolgt prakt. der gesamte Umschlag der Ein- und Ausfuhrgüter. Die Hauptstadt verfügt über einen internat. ✈.

Geschichte: Wahrscheinl. im 17. Jh. von den Tussi gegr.; ab 1890 Teil von Dt.-Ostafrika, wurde mit Ruanda 1919 als Völkerbundsmandat und 1946 als UN-Treuhandgebiet unter belg. Verwaltung gestellt. 1962 unabhängiges Kgr.; 1966 Republik. Staatsoberhaupt und Regierungschef war ab 1966 M. Micombéro - durch Staatsstreich 1966 selbst zur Macht gelangt -, der 1976 von J.-B. Bagaza (* 1946) gestürzt wurde. Die Macht lag zunächst beim Obersten Revolutionsrat (30 Mgl., nur Offiziere), dessen Funktionen im Jan. 1980 an das im Dez. 1979 gewählte Zentralkomitee (49 Mgl.) der Einheitspartei UPRONA übergingen. Bagaza, zuvor Präs. des Obersten Revolutionsrates, wurde für 5 Jahre zum Parteipräs. und Leiter des Zentralkomitees gewählt; er ist seit 1976 Staatspräsident.

Politisches System: Nach der Verfassung von 1981 soll der Präs. als *Staatsoberhaupt* und oberster Träger der *Exekutive* für eine Amtszeit von fünf Jahren vom Volk gewählt werden. Als einziger Kandidat bei den Präsidentschaftswahlen soll jeweils der Parteipräsident der Einheitspartei UPRONA zugelassen sein. Die *Legislative* liegt bei einer auf fünf Jahre gewählten Nationalversammlung; zu den Wahlen sind nur von der UPRONA aufgestellte Kandidaten zugelassen. *Einheitspartei* in B. ist die Unité pour le Progrès National (UPRONA), gegr. 1958 und seit 1966 einzige Partei, mit 1 Mill. Mgl. In die UPRONA integriert sind eine Jugendorganisation, eine Frauenorganisation und der *Gewerkschaftsbund* Union des Travailleurs du Burundi. *Gerichtswesen* nach belg. Vorbild: Gerichte erster Instanz, ein Berufungsgericht, ein Oberster Gerichtshof. *Verwaltungsmäßig* ist B. in 8 Prov. geteilt, die in 18 Bez. (Arrondissements) und 118 Gemeinden weiter untergliedert sind. Die *Streitkräfte* von B. umfassen rd. 5 200 Mann. Daneben gibt es paramilitär. Kräfte in Stärke von etwa 1 500 Mann.

Burunduk [russ.] (Eutamias sibiricus), etwa 15 cm körperlanges Erdhörnchen, v. a. in Rußland, N-Japan und in großen Teilen Chinas; Fell kurz, dicht und rauh; Rücken grau mit 5 breiten, schwarzen Längsstreifen; Körperseiten gelblichgrau, der etwa 10 cm lange Schwanz buschig behaart.

Bury, John Bagnell [engl. 'bɛrɪ], * Monaghan (Irland) 16. Okt. 1861, † Rom 1. Jan. 1927, ir. klass. Philologe und Historiker. - 1893 Prof. in Dublin, 1902 in Cambridge; einer der bedeutendsten Gelehrten auf dem Gebiet der spätantiken und byzantin. Geschichte; Hg. von E. Gibbons „History of the decline and fall of the Roman Empire" (7 Bde., 1896-1900).

Bury [engl. 'bɛrɪ], engl. Stadt 15 km nördl. von Manchester, 68 000 E. Textilindustrie.

Bury Saint Edmunds [engl. 'bɛrɪ snt 'ɛdməndz], engl. Stadt 45 km östl. von Cambridge, Gft. Suffolk, 29 000 E. Anglikan. Bischofssitz; Landmaschinenbau, Mühlen- und Brauereiind. - Klostergründung um 633; Wallfahrtsort; im 12. Jh. ummauert und Marktrecht. - Reste der Benediktinerabtei (11. Jh.); Kirche Saint James (12. und 15. Jh.).

Bürzel [zu althochdt. bor „Höhe"], (Sterz) Schwanzwurzel der Vögel, aus dem die oft auffällig gefärbten Schwanzfedern wachsen. ◆ (Pürzel) wm. Bez. für den Schwanz von Bär, Dachs, Rothirsch und Schwarzwild.

Bürzeldrüse, auf der Rückenseite des Bürzels der Vögel gelegene Hautdrüse, die ein ölartiges Sekret (**Bürzelöl**) ausscheidet, das mit dem Schnabel über die Gefieder verteilt wird und die Federn vor Austrocknung und Durchnässung schützt.

Burzenland, Teil von Siebenbürgen; Zentrum Kronstadt.

Bus, Kurzbez. für: Omnibus.

Bus [engl. bʌs], in der Datenverarbeitung ein Bauteil, das den Datenfluß zw. den einzelnen Komponenten einer Datenverarbeitungsanlage regelt.

Busch, Adolf, * Siegen 8. Aug. 1891, † Guilford (Vt.) 9. Juni 1952, dt. Violinist. - Bruder von Fritz B.; gründete 1919 das *B.-Quartett*, 1926 das *B.-Trio* (mit seinem Bruder Hermann B. und R. Serkin), ging 1926 nach Basel, 1940 in die USA. Bes. geschätzt als Beethoven- und Brahms-Interpret.

B., Ernst, * Kiel 22. Jan. 1900, † Berlin (Ost) 8. Juni 1980, dt. Schauspieler und Sänger. - Spielte v. a. nach 1950 beim Berliner Ensemble Rollen in Brecht-Stücken; bed. Sänger von polit. Songs und Agitationsliedern.

B., Fritz, * Siegen 13. März 1890, † London 14. Sept. 1951, dt. Dirigent. - Bruder von Adolf B.; war 1919–22 Operndirektor in Stuttgart, 1922–33 in Dresden; trug wesentl. zur Verdi-Renaissance in Deutschland bei; ging 1933 nach Amerika; beteiligt am Ausbau der Festspiele in Glyndebourne.

B., Hans, * Jüchen (Kreis Grevenbroich) 27. Febr. 1884, † Darmstadt 16. Dez. 1973, dt. Physiker. - Prof. in Jena und Darmstadt; begründete die geometr. Elektronenoptik und die Elektronenmikroskopie.

B., Wilhelm, * Wiedensahl bei Stadthagen 15. April 1832, † Mechtshausen (Landkreis Hildesheim-Marienburg) 9. Jan. 1908, dt. Dichter, Zeichner und Maler. - In München Mitarbeiter der „Fliegenden Blätter" und der „Münchner Bilderbogen" (1859–71). B., eine bed. Doppelbegabung, ist in unerreichter Meister des epigrammat. knappen Textes, verbunden mit satir. Bilderfolgen. Stellt pessimist. das Spießbürgertum in seiner Verlogenheit und Selbstzufriedenheit bloß, z. T. mit grotesken Übersteigerungen. Auch Prosawerke, Graphikblätter, zahlr. Gemälde (Genrebilder und Landschaften).

Werke: Max und Moritz (1865), Der Hl. Antonius von Padua (1870), Die fromme Helene (1872), Kritik des Herzens (Ged., 1874), Maler Klecksel (1884), Eduards Traum (Prosa, 1891), Der Schmetterling (E., 1895), Schein und Sein (Ged., 1909).

Busch, svw. ↑Strauch.

◆ Dickicht aus Sträuchern in trop. Ländern; sperrige und dornige Sträucher bilden einen *Dorn-B.* (z. B. in Dornsavannen).

Buschbohne ↑Gartenbohne.

Büschelentladung, eine selbständige Entladung, die an Spitzen und Kanten hochspannungsführender Teile als Folge der dort bes. hohen elektr. Feldstärke auftritt. Sie zeigt sich in Form kleiner, fadenförmiger, leuchtender Entladungskanäle (Büschel). Eine häufig zu beobachtende B. ist das ↑Elmsfeuer.

Büschelhornmücken (Büffelmücken, Chaoboridae), Fam. der Mücken mit kurzen, nichtstechenden Mundwerkzeugen.

Büschelkiemer (Syngnathoidei), Unterordnung fast ausschließl. mariner Knochenfische, bes. in trop. und subtrop. Gebieten; zwei Fam. ↑Seenadeln und ↑Röhrenmäuler.

Buschhornblattwespen (Diprionidae), auf der nördl. Erdhalbkugel verbreitete Fam. der Pflanzenwespen mit rd. 60, bis etwa 10 mm langen Arten, davon etwa 20 einheim.; meist dunkel gefärbt, Körper kurz und plump, ♂♂ mit lang gefiederten Fühlern; Forstschädlinge, z. B. Kiefernbuschhornblattwespe.

Buschido [jap. „Weg des Kriegers"], neuere Bez. für die Regeln der Lebensführung des jap. Ritters (Buschi, Samurai): Treue, Mut, Ehrfurcht, Höflichkeit, Achtung vor dem Feind, Selbstzucht, Ehre, Opfer des Lebens für den Herrn u. a.

Buschir, iran. Hafenstadt auf einer Halbinsel am Pers. Golf, mit heißem und trockenem Klima, 45 000 E.

Buschkatze, svw. ↑Serval.

Buschklepper, [berittener] Strauchdieb, Wegelagerer.

Buschmann, Friedrich Ludwig, * Friedrichroda 1805, † Hamburg 1. Okt. 1864, dt. Instrumentenmacher. - Gilt als der eigtl. Erfinder der Mund- und Handharmonika, übertrug das Saugluftsystem auf die Physharmonika (Vorläufer des Harmoniums).

Buschmänner, Volk in Namibia, Botswana und Angola, bildet mit den Hottentotten die khoisanide Rasse. Im Durchschnitt 144 cm groß (Männer); Hautfarbe helles, fahles Gelb- oder Rötlichbraun, starke Runzelung und Faltenbildung der Haut, spärl. Behaarung, kurzes, enge Spiralen bildendes Kraushaar, Fettsteiß, breite, flache Nase. Die B. sind Wildbeuter; Waffen sind Bogen mit vergifteten Pfeilen, auch Speere. Die B. leben in Familien oder Lokalgruppen zus., von denen jede ihr eigenes Jagd- und Sammelrevier hat; kein Häuptlingstum. Neben einem Glauben an Hochgottgestalten, Heilbringer und Schöpfergottheiten animist. und mag. Vorstellungen (Glaube an Tote).

Wilhelm Busch
(Selbstbildnis,
1894)

Buschmannkunst, Bez. für die zw. N-Rhodesien und Kapland auf Felswänden und in Höhlen gefundenen Steingravierungen und Malereien. Die B. ist bis ins 19. Jh. belegt. Die Schöpfer standen den heutigen Buschmännern zumindest nahe, es waren Jäger und Rinderhirten. Nur für die Neuzeit ergeben sich Datierungsmöglichkeiten (Ziege und Esel wurden 1689 aus Persien, Pferd und Merinoschaf um 1800 eingeführt). Höhepunkte bilden die mehrfarbigen Kompositionen des Zentrums (Drakensberge, Kei River), in der Südgruppe (Wilton) rote, langgezogene Menschen- und Handdarstellungen, in der Westgruppe ebenfalls mehrfarbige Gruppenkompositionen, charakterist. die aufgesetzten Perlenschnüre („White Lady"). Überall ist der Stil bewegt, Rhythmus und Komposition sind von höchster künstler. Qualität. Raum und Landschaft sind nur selten angedeutet. Mag., kult. und Jagdszenen herrschen vor.

Buschmannland, Landschaft in der nw. Kapprov., Republik Südafrika, südl. des Oranje; extensive Schafzucht.

Buschmannsprachen, in S-Afrika urspr. beheimatete Sprachen, die weder Bantu- noch Hottentottensprachen sind; von 6 500–11 000 Menschen gesprochen. Die B. gehören den Khoi-San-Sprachfamilie an. Hervortretendes Merkmal in der Phonetik: Schnalz- oder Klicklaute (bis zu 5 verschiedene), daneben ejektive und stark behauchte Konsonanten sowie gepreßte und nasale Vokale. Die B. sind Tonhöhensprachen.

Buschmeister (Lachesis muta), bis etwa 3,75 m lange (und damit größte) Grubenotter, v. a. in den gebirgigen, trop. Regenwäldern des südl. M-Amerika; Oberseite gelbbraun bis rötlichgelb oder grau, mit hellgerandeten schwarzen, meist rautenförmigen oder dreieckigen Flecken längs der Rückenmitte; unterseits gelblichweiß. Gefährl. Giftschlange.

Buschneger (Maron), Bez. für die im Hinterland von Frz.-Guayana und Surinam lebenden Nachkommen der im 18. Jh. entlaufenen Sklaven; sie schlossen sich zu neuen Stammesverbänden zus., sprechen eine europ.-afrikan. Mischsprache. Sie übernahmen den indian. Feldbau und vermitteln den Handel zw. Küstenbev. und Indianern.

Buschor, Ernst, * Hürben bei Krumbach (Schwaben) 2. Juni 1886, † München 11. Dez. 1961, dt. Archäologe. - 1921–29 Direktor des dt. Archäolog. Instituts in Athen, dann Prof. in München. Berühmt durch seine Ausgrabungen auf Samos (1925–39). Verfaßte u. a. „Griech. Vasenmalerei" (1913), „Altsam. Standbilder" (1934–61), „Die Plastik der Griechen" (1936), „Griech. Vasen" (1940).

Buschwindröschen (Anemone nemorosa), bis 30 cm hohes Hahnenfußgewächs, v. a. in Laubwäldern und auf Wiesen Europas; ausdauernde Pflanze mit fiederschnittigen Blättern und einer bis 3 cm großen weißen (häufig rötl. bis violett überlaufenen) Blüte.

Busen, die weibl. Brüste; auch svw. Brust, Herz als Sitz der Empfindung und des Gefühls.

Busenello (Businello), Giovanni Francesco, * Venedig 1598, † Legnaro (Padua) 1659, italien. Dichter. - Librettist Cavallis und Monteverdis.

Busento, kleiner süditalien. Fluß, entspringt im kalabr. Küstengebirge, mündet bei Cosenza in den Crati, etwa 15 km lang. - Im Bett des B. wurde der Westgotenkönig Alarich I. begraben (Ballade „Das Grab im B." von A. von Platen).

Bush [engl. bʊʃ], Alan Dudley, * London 22. Dez. 1900, brit. Komponist. - Studierte Komposition an der Royal Academy of Music in London und Klavier u. a. bei A. Schnabel in Berlin; wurde 1925 Kompositionslehrer an der Royal Academy of Music. Schrieb Orchester-, Chor-, Bühnenwerke und Kammermusik. In Texten und Schriften vertritt er eine sozialist. Kunstauffassung.

B., George Herbert Walker, * Milton (Mass.) 12. Juni 1924, amerikan. Politiker (Republikaner). - Wirtschaftswissenschaftler; seit Jan. 1981 Vizepräs. der USA.

Bushati [alban. buʃati] (Bushatli), nach ihrem Grundbesitz in Bushat bei Shkodër ben. alban. Familie, die 1763–1831 N-Albanien beherrschte.

Bushel [bʊʃl], Hohlmaß bes. für rieselfähige Güter (z. B. Getreide); Einheitenzeichen bu oder bus; in Großbritannien: 1 bu = 36,3687 Liter, in den USA: 1 bu = 35,2393 Liter.

Business [engl. 'bɪznɪs], engl. Bez. für Geschäftsleben, Geschäftstätigkeit, Unternehmen, Geschäftzigkeit; **Big Business,** Großunternehmen, zusammenfassende Bez. für Großindustrie.

Busiris, Name altägypt. Orte, ↑ Abu Sir.

Buskerud [norweg. ˌbʉskəruː], Verw.-Geb. in SO-Norwegen, reicht vom Oslofjord und Dramsfjord bis zur Hardangervidda, 14 933 km², 218 000 E (1984), Hauptstadt Drammen. Waldreich mit holzverarbeitender Ind., Einzugsgebiet großer Wasserkraftwerke; Fremdenverkehr.

Busnois, Antoine [frz. by'nwa], † Brügge 5. Nov. 1492, fläm. Komponist. - Einer der führenden Komponisten der 2. Hälfte des 15. Jh., galt schon zu Lebzeiten als großer Meister des Chansons.

Busoni, Ferruccio, * Empoli bei Florenz 1. April 1866, † Berlin 27. Juli 1924, italien.-dt. Komponist und Pianist. - Zunächst internat. Karriere als Konzertpianist. Im Mittelpunkt seines Schaffens stehen Werke für Klavier, in denen er teilweise die tonalen Schranken verläßt. Virtuose Transkriptionen und zahlr. stark revidierte Editionen (Bach, Mozart). Komponierte auch Opern, u. a. „Turandot" (1917) und „Doktor Faust" (1925, von Ph. Jarnach vollendet).

Buß, Franz Joseph Ritter von (seit 1863), * Zell am Harmersbach 23. März 1803, † Freiburg im Breisgau 31. Jan. 1878, dt. Jurist und Politiker. - Prof. in Freiburg im Breisgau, 1848 Präs. des 1. dt. Katholikentags, 1848/49 Mgl. der Frankfurter Nat.-Versammlung (großdt.) und 1874 MdR (Zentrum); forderte 1837 eine Arbeiterschutzgesetzgebung, verfocht eine kirchl. Sozialismus konservativständ. Prägung.

Bussarde [lat.-frz.] (Buteoninae), mit über 40 Arten weltweit verbreitete Unterfam. bis 70 cm langer Greifvögel; mit meist langen, breiten, zum Segeln (bzw. Kreisen) geeigneten Flügeln, mittellangem bis kurzem abgerundetem Schwanz und relativ kurzen, doch scharfkralligen Zehen. Zu den B. gehören z. B. ↑ Aguja, in M-Europa ↑ Mäusebussard und ↑ Rauhfußbussard.

Buße [urspr. „Nutzen, Vorteil"], allgemein das Bemühen um die Wiederherstellung eines durch menschl. Vergehen gestörten Verhältnisses zw. Menschen und der Gottheit, das sowohl das Individuum als auch eine Gemeinschaft betreffen kann. Die B. kann stellvertretend durch einen ↑ Sündenbock vollzogen werden, der Genugtuung für kollektive Vergehen leistet. Sie kann sich ferner der Mittel des Opfers und der Reinigungsriten bedienen, die häufig in sakralen Waschungen bestehen. Beichte, das Gelöbnis von Bußwerken und Askese sind meist Ausdruck einer subjektiven Bußgesinnung, der das Bewußtsein von Sünde zugrunde liegt und die echte Reue und Sinnesänderung erstrebt. - In der kath. Kirche ↑ Bußsakrament.

◆ *Rechtsgeschichte:* In der älteren Rechtsprechung bedeutet B. Genugtuung, Leistung an den widerrechtl. Verletzten (meist in Geld).
◆ im *Strafrecht* eine mögl. Form des Ausgleichs an einen durch üble Nachrede, Körperverletzung und Verleumdung Verletzten; 1974 beseitigt.

Bussen, weithin sichtbarer Berg im nördl. Oberschwaben, 767 m hoch; Reste prähistor. Kulturen, die erkennbaren Wälle und Gräben stammen aber wohl aus dem frühen MA.

Büßerschnee, an Pilgergestalten erinnernde Formen von Schnee, Firn und Gletschereis in trop. Hochgebirgen (bes. Südamerikas); entsteht durch starke Sonneneinstrahlung bei geringer Luftfeuchtigkeit.

Bußgeld (Geldbuße), Ahndungsmittel, das für Ordnungswidrigkeiten, d. h. Verstöße gegen Ordnungsnormen, insbes. des Straßenverkehrs-, Luftverkehrs-, Wirtschafts- und Steuerrechts, angedroht ist. Das **Bußgeldverfahren** ist v. a. im Gesetz über Ordnungswidrigkeiten i. d. F. vom 2. 1. 1975 geregelt. Bei geringfügigen Ordnungswidrigkeiten können Polizei und Verwaltungsbehörde den Betroffenen verwarnen oder ein Verwarnungsgeld erheben. Bei erheblicheren Ordnungsverstößen erläßt die Verwaltungsbehörde einen Bußgeldbescheid, in dem eine Geldbuße verhängt sowie eine Nebenfolge (z. B. ein Fahrverbot) ausgesprochen werden kann. Legt der Betroffene innerhalb einer Woche gegen den Bußgeldbescheid *Einspruch* ein, entscheidet das Amtsgericht über den Einspruch. Im B.-verfahren bei Wettbewerbsverstößen entscheidet zunächst die Kartellbehörde, auf Einspruch das Oberlandesgericht und auf die Rechtsbeschwerde der Bundesgerichtshof.

Bussotti, Sylvano, * Florenz 1. Okt. 1931, italien. Komponist und Regisseur. - Als Komponist vertritt er ein an Cage orientiertes Prinzip der „action music", dem als Notierungsweise die musikal. Graphik gerecht wird (u. a. „Mit einem gewissen sprechenden Ausdruck" für Kammerensemble, 1963). Seine Idee des „totalen Theaters" erscheint in „Lorenzaccio..." (1972) realisiert.

Bußsakrament, Sakrament der kath. Kirche und anderer christl. Kirchen (manche Ostkirchen, altkath. Kirche u. a.), in dem der Sünder Gottes Vergebung erlangt. Die heutige Form des B., die Ohrenbeichte, besteht im Bekenntnis der schweren Sünden, in der Bereitschaft zur Umkehr, d. h. in der Reue, sowie in der Annahme des auferlegten Bußwerkes. In der Lossprechung wird dem Sünder dann durch den Priester die Wiederversöhnung mit der Kirche zugesagt, die immer als von der Wiederversöhnung mit Gott begleitet gilt.

Buß- und Bettag, am vorletzten Mittwoch des Kirchenjahres in den dt. ev. Kirchen begangener Tag der Besinnung, in den Ländern der BR Deutschland gesetzl. Feiertag; in der Schweiz als Eidgenöss. Buß- und Bettag am 3. Sonntag im September.

Busta, Christine, eigtl. C. Dimt, * Wien 23. April 1915, östr. Lyrikerin. - Gestaltete moderne Lebensprobleme in einer herben, schlichten Sprache.
Werke: Der Regenbaum (Ged., 1951), Lampe und Delphin (Ged., 1955), Unterwegs zu älteren Feuern (Ged., 1965), Inmitten aller Vergänglichkeit (Ged., 1985).

Bustamante y Sirvén, Antonio Sánchez de [span. busta'mante i sir'βen], * Havanna 13. April 1865, † ebd. 24. Aug. 1951, kuban. Jurist. - Prof. in Havanna, Mgl. des Haager Schiedsgerichtshofs (seit 1908) und des Internat. Gerichtshofs in Den Haag (1922-45). Die 6. Panamerikan. Konferenz in Havanna (1928) nahm einen von ihm ausgearbeiteten Entwurf eines „Gesetzbuches für Internat. Privatrecht" an, das 1931 als **Code Bustamante** in zahlr. mittel- und südamerikan. Staaten in Kraft trat.

Büste [italien.-frz.], plast. Darstellung eines Menschen in Halbfigur oder nur vom Kopf bis zur Schulter. - ↑ auch Bildnis.

Bustelli, Franz Anton, * Locarno 11. April 1723, † München 18. April 1763, dt. Porzellanbildner italien.-schweizer. Herkunft. - B. arbeitete wahrscheinl. zuerst an der Wiener Porzellanmanufaktur, ehe er (1754) Modelleur an der Porzellanmanufaktur Nymphenburg wurde. Bed. Rokokofiguren, u. a. aus der Commedia dell'arte.

Büstenhalter, Abk. BH, um 1920 aufgekommen, Teil der weibl. Unterkleidung, als Stütze und zur Formung der Brust getragen.

Bustrophedon [griech. „in der Art der Ochsenkehre (beim Pflügen)"] (Furchenschrift), regelmäßiger Wechsel der Schreibrichtung von Zeile zu Zeile in altgriech. und altlat. Inschriften.

Busuki [neugriech.], griech. Lauteninstrument, in der Volksmusik verwendet; wahrscheinl. türk.-arab. Herkunft.

Büsum, Gemeinde an der Meldorfer Bucht, Schl.-H., 5 900 E. Größter Fischereihafen an der schleswig-holstein. Nordseeküste; Werft; Seeheilbad.

Butadien [Kw.] (Butadien-(1,3)), $CH_2=CH-CH=CH_2$, ungesättigter Kohlenwasserstoff; wegen seiner Neigung zur Polymerisation ein wichtiger Ausgangsstoff für die Herstellung von synthet. Kautschuk (↑ Buna).

Butandiole [Kw.], vier strukturisomere zweiwertige Alkohole der allg. Formel $C_4H_8(OH)_2$. Techn. Verwendung als Lösungsmittel, Weichmacher und Zwischenprodukt bei der Herstellung von Tetrahydrofuran und Butadien.

Butane [griech.], zu den Alkanen gehörende Kohlenwasserstoffe der Bruttoformel C_4H_{10}; man unterscheidet das geradkettige n-Butan, $CH_3-(CH_2)_2-CH_3$, und das verzweigte Isobutan (2-Methylpropan), $CH_3-CH(CH_3)-CH_3$. Man verwendet sie zur Herstellung von Butadien, Alkylatbenzin und als Heizgas.

Butanole [griech.; arab.] (Butylalkohole), in vier strukturisomeren Formen auftretende Hydroxylderivate des Butans, allg. Bruttoformel C_4H_9OH; werden in der chem. Ind. als Lösungsmittel verwendet.

Butansäuren, svw. ↑Buttersäuren.

Butare, Stadt im S von Rwanda, 1 750 m ü. d. M., 22 000 E. Kulturelles Zentrum des Landes; kath. Bischofssitz; Nat. Univ. von Rwanda (gegr. 1963), Handelszentrum; Straßenknotenpunkt, ✈. - Gegr. 1927 als **Astrida.**

Bute, John Stuart, Earl of [engl. bju:t], * Edinburgh 25. Mai 1713, † London 10. März 1792, brit. Politiker. - Erzieher und danach Günstling des späteren Königs Georg III.; suchte als Premiermin. und Erster Schatzkanzler (1762/63) einen raschen Friedensschluß im Siebenjährigen Krieg, erneuerte den Subsidienvertrag mit Preußen nicht und verständigte sich 1762 mit Frankr. über den Abschluß des Krieges; stützte die Absicht Georgs III., ohne Parteien zu regieren.

Butenandt, Adolf [Friedrich Johann], * Lehe (= Bremerhaven) 24. März 1903, dt. Biochemiker. - Seit 1933 Prof. in Danzig, seit 1936 Leiter des Kaiser-Wilhelm-Instituts für Biochemie in Berlin (seit 1956 Max-Planck-Institut für Biochemie in München), 1960–71 Präs. der Max-Planck-Gesellschaft. B. schrieb mehrere grundlegende Arbeiten über Geschlechtshormone (Isolierung und Konstitutionsermittlung); erhielt 1939 (zus. mit L. Ružička) den Nobelpreis für Chemie.

Butenland [niederdt.] ↑Binnenland.

Buthelezi, Chief Gatsha [engl. bu:tə'leızı], * Mahlabatini (Kwazulu) 27. Aug. 1928, südafrikan. Stammesführer und Politiker. - 1953 als Häuptling des Buthelezi-Stammes eingesetzt; 1970 zum Leiter der Territorialbehörde der Zulu gewählt; seit 1972 Chefmin. des „Heimatlandes" Kwazulu; bekämpft seit 1976 die Politik der südafrikan. Reg., den „Heimatländern" die Unabhängigkeit zu gewähren, die das nur der Schaffung von Arbeitsreservoiren diene; gründete mit dem Ziel, eine Einheitsfront der südafrikan. Schwarzen zu erreichen, 1976 die Black Unity Front, die 1977 verboten wurde; seit 1978 Führer der Black Alliance.

Butjadingen, durch Seedeiche geschützte Marschhalbinsel zw. Jadebusen und Wesermündung; v. a. Pferde- und Rinderzucht.

Butler [engl. 'bʌtlə], Josephine Elizabeth, * Milfield Hill (Northumberland) 13. April 1828, † Wooler (Northumberland) 30. Dez. 1906, brit. Sozialreformerin. - Unterstützte die Reformbewegung, die der Frau den Weg zum Universitätsstudium ebnen sollte; wurde bekannt v. a. durch die Initiative gegen die staatl. Reglementierung der Prostitution.

B., Nicholas Murray, * Elizabeth (N. J.) 2. April 1862, † New York 7. Dez. 1947, amerikan. Philosoph und Publizist. - Prof. an der Columbia University 1890–1902, seitdem bis 1945 deren Präs.; 1925–45 Präs. der Carnegiestiftung für den internat. Frieden; erhielt 1931 mit J. Addams den Friedensnobelpreis.

B., Reg[inald] Cotterell, * Buntingford (Hertford) 28. April 1913, † Berkhamstead (Hertford) 23. Okt. 1981, brit. Bildhauer und Zeichner. - Architekt; kam über seine Tätigkeit als Schmied zur Bildhauerei. Spannt seine Bronzefiguren (weibl. Torsi) mit Hilfe eines Gerüsts im Raum auf.

B., Richard Austen, Baron (seit 1965) of Saffron Walden, * Attok Serai (Pakistan) 9. Dez. 1902, † Great Yeldham (Essex) 2. März 1982, brit. Politiker. - 1929–65 konservativer Unterhausabg.; seit 1941 Mgl. der konservativen Kabinette; hatte als Schatzkanzler 1951–55 maßgebl. Einfluß auf die Reprivatisierung der Wirtschaft. 1957–62 Innenmin.; 1959–61 Vors. der Konservativen; 1963/64 Außenmin.

B., Samuel, ≈ Strensham (Worcestershire) 8. Febr. 1612, † London 25. Sept. 1680, engl. Schriftsteller. - Sein Hauptwerk ist das von „Don Quijote" beeinflußte kom.-heroische Epos „Hudibras" (3 Bde., 1663–78), wie es gegen die Schwächen des Puritanismus gerichtete Verssatire.

B., Samuel, * Langar (Nottinghamshire) 4. Dez. 1835, † London 18. Juni 1902, engl. Schriftsteller. - Durch Essays und Schriften zur Kunsttheorie von starkem Einfluß auf die nachviktorian. Literatur. Schrieb den utop. Roman „Erewhon" (1872) und den autobiograph. Roman „Der Weg allen Fleisches" (1903).

Butler ['batlər; engl.; zu altfrz. bouteillier „Kellermeister" (zu spätlat. but[t]icula „Fäßchen")], Chefdiener eines größeren Haushalts, bes. in England.

Buto, ägypt. Ort im nw. Nildelta, heute Tall Al Farain. Verehrungsstätte der unterägypt. Kronengöttin Uto in Gestalt einer Kobra (Uräusschlange); wird von brit. Archäologen ausgegraben.

Buton ↑Butung.

Butor, Michel [frz. by'tɔːr], * Mons-en-Barœul (Dep. Nord) 14. Sept. 1926, frz. Schriftsteller. - Vertreter des ↑Nouveau roman, auch Hörspiele, Essays zur Literatur und Malerei, Gedichte. - *Werke:* Paris - Passage de Milan (R., 1954), Der Zeitplan (R., 1956), Paris - Rom oder Die Modifikation (R., 1957), Stufen (R., 1960), Intervalle (E., 1973), Matière de rêves (Prosa, 5 Bde., 1975–85), Boomerang (1978), Envois (Prosa, 1980), Brassé d'avril (1982), Exprès (Envoi 2, 1983).

Butte [engl. bju:t], Stadt in SW-Montana, USA, in den Rocky Mountains, 1 760 m ü. d. M., 37 200 E. Bergakad., bed. Erzbergbauzentrum. - Gegr. 1864 als Goldsucherlager.

Butte [zu niederdt. butt „stumpf, plump"] (Bothidae), Fam. der Plattfische mit zahlr. Arten, v. a. in den Flachwasserzonen des Atlantiks, Mittelmeers und Ind. Ozeans; Körper relativ langgestreckt, Augen fast ausschließl. auf der linken Körperseite; Speisefische, z. B. ↑Lammzunge.

Bütte [zu mittellat. butina „Flasche, Gefäß"], oben offenes, hölzernes Daubengefäß, das sich nach unten verengt.
♦ in der Papierherstellung ein großer, ovaler Mischbehälter mit einem Rührwerk.

Büttel [zu althochdt. butil „Bekanntmacher"] (Fronbote, Gerichtsknecht), ehem. Bez. für einen Gerichtsboten; gehörte zu den niederen Vollstreckungsbeamten.

Büttenpapier, handgeschöpftes Papier mit gefransten Rändern; die in Wasser schwimmenden Papierfasern werden mit einem Sieb aus der Bütte geschöpft.

Büttenrede, launige Festrede oder närr. Vortrag beim Karneval; das Vortragspult ist in Form einer Bütte gestaltet.

Butter [zu griech. bútyron „Kuhquark"], ein aus Milch gewonnenes, etwa 80 % Milchfett und etwa 20 % Wasser enthaltendes Speisefett, dem Kochsalz oder amtl. zugelassene (pflanzl.) Farbstoffe zugesetzt sein können. Herstellung: Aus der Milch wird zunächst, meist durch Zentrifugieren, der Rahm gewonnen. Danach wird er bei der Herstellung von Süßrahm-B. zur Rahmreifung gekühlt. Für Sauerrahm-B. gibt man zu Beginn der Reifung eine Mischkultur von Milchsäurebakterien (Säurewecker) zu und läßt dann den Rahm reifen. Beim Buttern wird der reife Rahm mechan. bearbeitet, bis sich die Fettkügelchen in einer kompakten und formbaren Masse vereinigen, die sich von der Hauptmenge der wäßrigen Phase, der Buttermilch, abtrennen läßt. Die dabei entstehende B.milch wird abgesiebt, die B.klümpchen gewaschen, mit etwas Salz geknetet und zu B.ballen geformt. 25 kg Milch liefern etwa 1 kg B. Die fertige B. wird zur Verhinderung der Wasserverdunstung in quaderförmige Stücke von $\frac{1}{8}$, $\frac{1}{4}$ oder $\frac{1}{2}$ kg Gewicht ausgeformt und in Pergamentpapier, kaschierter Aluminiumfolie oder Kunststoffolien verpackt; sie kann bei Temperaturen unter 0 °C ohne Qualitätsminderung monatelang gelagert werden. In ernährungsphysiolog. Hinsicht liegt der Wert der B. in den hohen Resorptionsgeschwindigkeit der Fettsäuren und im Gehalt an fettlösl. Vitaminen. Die Weltproduktion von B. betrug 1984 7,7 Mill. t; Hauptproduktionsländer (1984; Produktion in 1 000 t): Sowjetunion (1 497), Indien (740; einschl. Ghee), Frankreich (560), USA (500), BR Deutschland (482), DDR (309), Neuseeland (292), Polen (289).

Butterbaum (Pentadesma butyraceum), Guttibaumgewächs an der Küste des Golfes von Guinea; bis 40 m hoher Baum, dessen dunkelbraune, melonenförmige Früchte sehr fetthaltige, kastaniengroße Samen (**Lamynüsse**) enthalten, aus denen Speisefett (**Kanyabutter**) gewonnen wird.

Butterberg, Bez. für die in der EWG (auch als Folge der Subventionspolitik) über den Bedarf hinaus produzierte Butter. Sie wird auf Kosten der Gemeinschaft in Kühlhäusern gelagert und von Zeit zu Zeit mit finanziellen Einbußen (da unter dem Weltmarktpreis) abgegeben. Ähnl. gilt auch für andere landw. Erzeugnisse (z. B. Schweinefleisch).

Butterbirne, Sammelbez. für Birnensorten, die durch ihr schmelzend-weiches Fruchtfleisch gekennzeichnet sind; z. B. die Sorten Alexander Lucas, Gellerts Butterbirne.

Butterblume, volkstüml. Bez. für Löwenzahn, Sumpfdotterblume und andere gelbblühende Pflanzen.

Butterfett (Butterschmalz), aus dem Fettbestandteil der Butter bestehendes, gelbes, haltbares Speisefett, das v. a. zum Kochen und Backen verwendet wird.

Butterfische (Pholidae), Fam. der Schleimfischartigen im nördl. Atlantik und Pazifik; Körper langgestreckt, schlank und seitl. abgeflacht, Rückenflosse sehr lang; Haut glatt mit tiefliegenden Schuppen. In den europ. und amerikan. N-Atlantikküsten kommt der bis etwa 25 cm lange **Butterfisch** (Pholis gunellus) vor. Färbung meist gelbl. bis rötl.-braun mit helleren Querbändern und 9–13 schwarzen, hellgelb umrandeten Flecken an der Rückenflossenbasis.

Butterfly [engl. 'bʌtəflaɪ], Spreizsprung im Eis- und Rollkunstlauf.

Butterflystil [engl. 'bʌtəflaɪ] ↑Schwimmen.

Buttermilch, bei der Verbutterung zurückbleibende saure Magermilch, die noch alle wichtigen Vitamine und Mineralstoffe der Milch enthält.

Butterpilz (Butterröhrling, Suillus luteus), bis 10 cm hoher Röhrling mit gelbbis schokoladebraunem, bei Feuchtigkeit schleimig glänzendem Hut mit zitronengelber Unterseite und Stielring; kommt v. a. in sandigen Kiefernwäldern vor; Speisepilz.

Butterröhrling, svw. ↑Butterpilz.

Buttersäurebakterien, anaerobe, grampositive, sporenbildende Bakterien, die Kohlenhydrate zu Buttersäure vergären.

Buttersäuren (Butansäuren), zwei strukturisomere gesättigte Monocarbonsäuren der allg. Bruttoformel C_3H_7COOH; verursachen den Geruch ranziger Butter. Ihre fruchtartig riechenden Ester, die Butyrate, dienen als Duftstoffe und Fruchtessenz.

Buttigieg, Anton [bʊtɪ'dʒi:g], * auf Gozzo 19. Febr. 1912, † Kappara (Malta) 5. Mai 1983, maltes. Lyriker und Politiker. - Jurist; 1959–61 Präs. der Labour Party; 1971–76 Justizmin.; 1971–74 auch stellv. Premiermin.; 1976–81 Staatspräs. der Republik Malta; förderte als Lyriker maßgebl. die Weiterentwicklung der maltes. Sprache.

Buttlarsche Rotte, aus dem Pietismus hervorgegangene pseudoreligiöse Gemeinschaft mit sexuell libertinist. Charakter, 1702 in Allendorf (= Bad Sooden-Allendorf) von Eva de Vésias, geb. von Buttlar (* 1670, † nach 1717) begr., die selbst als „himml. Sophia" (d. h. Weisheit) auftrat und zus. mit 2 Männern ein „Abbild der Trinität" darstellen wollte.

Button [engl. bʌtn „Knopf"], Ansteckplakette (meist mit einer Aufschrift), mit der man seine (polit.) Meinung („Meinungsknopf") oder Einstellung zu erkennen gibt.

Butuan, philippin. Hafenstadt im NO von Mindanao, 172 000 E. Kath. Bischofssitz; Handelsstadt. - 1565 erstmals von Spaniern besucht.

Butung (früher Buton), indones. Insel in der Bandasee, vor der sö. Halbinsel von Celebes, 150 km lang und 60 km breit, bis 1 190 m ü. d. M.; nur schmale Küstenebenen. Hauptort: Baubau an der südl. W-Küste.

Butuntum ↑ Bitonto.

Butyl- [griech.], Bez. der chem. Nomenklatur für die Atomgruppierung

$$-CH_2-CH_2-C_2H_5.$$

Butylalkohole, svw. ↑ Butanole.

Butylen [griech.] (Buten), ungesättigter gasförmiger Kohlenwasserstoff; in der Kunststoffind. vielfach verwendet. Chem. Strukturformeln der drei Isomeren:

$CH_2=CH-CH_2-CH_3$	Buten-(1)
$CH_3-CH=CH-CH_3$	Buten-(2)
$CH_3-\underset{\mid}{C}=CH_2$	2-Methylpropen, Isobuten
CH_3	

Butylkautschuk, Synthesekautschuk (Mischpolymerisat) aus Isobutylen mit 5 % Isopren, die die Vulkanisierung von Polyisobutylen erst ermöglichen; zur Herstellung von Schläuchen, schlauchlosen Reifen, Gefäßauskleidungen verwendet.

Butyrate [griech.], Salze oder Ester der Buttersäuren.

Butyrometer [griech.], Gerät zur Bestimmung des Fettgehaltes der Milch.

Butzbach, Stadt am O-Abfall des Taunus zur Wetterau, Hessen, 199 m ü. d. M., 21 200 E. Technikerschule, Maschinen- und Apparate-, Klimaanlagen-, Schuh- und Nahrungsmittelind. - Erstmals 773 erwähnt, 1321 Stadtrechte. Viereckiger Markt inmitten der nahezu runden Anlage der Altstadt. Fachwerkhäuser (17./18. Jh.), Rathaus mit Uhr von 1630; spätgot. Markuskirche und Michaelskapelle.

Butze [niederdt.] ↑ Alkoven.

Butzenscheiben, runde Fensterglasscheiben (etwa 10 cm Durchmesser) mit einseitiger Verdickung in der Mitte, dem Butzen; in Blei gefaßt (14.–16. Jh.; 19. Jh.).

Butzenscheibenlyrik, von P. Heyse geprägte, abschätzige Bez. für ep.-lyr. Dichtungen in der Nachfolge V. von Scheffels. Thema ist das MA als unwirkl.-künstl. Idylle, als heile Welt der Kaiserherrlichkeit, der Ritterkultur, des Minnesangs, der Wein- und Burgenromantik und eines freien Vagantentums. Sie ist bis heute v. a. durch student. Kommersbücher verbreitet.

Bützow ['byːtso, 'bytso], Krst. in Mecklenburg, Bez. Schwerin, DDR, 10 500 E. Zentrum eines landw. Umlandes; chem., Holz- und Papierind.; Binnenhafen. - Wahrscheinl. 1229 gegr., Hauptresidenz der Bischöfe von Schwerin bis zur Einführung der Reformation. - Pfarrkirche (13. Jh.).

B., Landkr. im Bez. Schwerin, DDR.

Buxtehude, Dietrich, * Oldesloe (?) 1637 (?), † Lübeck 9. Mai 1707, dt. Komponist und Organist. - Seit 1668 Organist an der Marienkirche in Lübeck, wo er die „Abendmusiken" berühmt machte. Er komponierte u. a. mehr als 100 Kantaten, Klaviersuiten und -variationen sowie Orgelwerke (u. a. Choralbearbeitungen, Tokkaten, Präludien und Fugen), die J. S. Bach beeinflußten, der den damals weithin berühmten Organisten 1705 besuchte.

Buxtehude, Stadt 20 km sw. von Hamburg, Nds., 5 m ü. d. M., 32 600 E. Ingenieurakad. für Bauwesen; Metall-, Nahrungsmittel-, Baustoff- und Kunststoffind. - 959 gen. als Umschlagplatz; Stadt 1285 als Grenzsicherung gegr. - Petrikirche (dreischiffige Basilika, vermutl. 1289–96).

Buxton, Sir Thomas Fowell [engl. 'bʌkstən], * Castle Hedingham (Essex) 1. April 1786, † Norfolk 19. Febr. 1845, brit. Philanthrop. - Schwager von Elisabeth Fry; machte sich als Mgl. des Unterhauses 1818–1837 ab 1822 v. a. zum Sprecher der Bewegung für die Abschaffung der Sklaverei in den brit. Kolonien und für die Humanisierung des Strafvollzugs.

Buxton [engl. 'bʌkstən], engl. Stadt und Kurort (radioaktive Quellen), 35 km sö. von Manchester, 307 m ü. d. M., 21 000 E. Tagungs- und Kongreßstadt. - Bereits den Römern bekannt (**Aquae Arnemetiae**), seit 1917 Stadt.

Buxus [lat.], svw. ↑ Buchsbaum.

Buysse, Cyriel [niederl. 'bœysə], * Nevele bei Gent 20. Sept. 1859, † Deurle aan Leie 26. Juli 1932, fläm. Schriftsteller. - Urwüchsiger Schilderer des fläm. Volkes; realist. Romane und Erzählungen, u. a. „Ein Löwe von Flandern" (R., 1900), „Arme Leute" (En., 1901).

Büyük Menderes nehri (Mäander), Fluß in W-Anatolien, Türkei, entspringt in mehreren Quellflüssen sw. von Afyon, mündet sö. der Insel Samos in das Ägäische Meer, rd. 400 km lang, bildet zahlr. Mäander.

Buzău [rumän. buˈzəʊ], rumän. Stadt am S-Rand der O-Karpaten, 128 000 E. Metallurg. und chem., Papier- und Zellstoffind., Erdöl-

raffinerie (Pipeline von Ploieşti). - 1431 urkundl. erwähnt. Um 1500 Bistumssitz. - Bi-
schofskirche (um 1500, 1650 erneuert), Banu-
Kirche (1722).

Buzentaur [...'tauǝ; italien.] (Bucintoro),
nach einem Untier der griech. Sage ben.
Prunkbarke venezian. Dogen.

Buzzati, Dino, eigtl. D. B.-Traverso,
*Belluno 16. Okt. 1906, † Mailand 28. Jan.
1972, italien. Schriftsteller. - Sein von Kafka
und Maeterlinck beeinflußtes Erzählwerk behandelt in einer durch Sprache und Form
zum Ausdruck gebrachten Dualität von Realismus und symbolhafter Absurdität das Phänomen der Angst und die Fragwürdigkeit
menschl. Existenz. - *Werke:* Die Männer vom
Gravetal (R., 1933), Das Geheimnis des Alten
Waldes (R., 1935), Die Festung (R., 1940),
Das Haus der sieben Stockwerke (Dr., 1953),
Amore (R., 1963), Orphi und Eura (Bilderge-
schichte, 1969).

BVG, Abk.:
◆ für: Bundesverfassungsgericht.
◆ für: Betriebsverfassungsgesetz.
◆ für: Bundesverwaltungsgericht.

BWV, Abk. für: Bach-Werke-Verzeichnis:
„Themat.-systemat. Verzeichnis der musikal.
Werke von Johann Sebastian Bach" (⁵1973)
hg. von W. Schmieder.

Byblos (akkad. Gubla, hebr. Gebal), bed.
Hafenstadt des Altertums (heute Dschubail,
300 E), 30 km nördl. von Beirut; frühste
Besiedlung für das Neolithikum bezeugt;
kommerzieller und religiöser Mittelpunkt der
phönik. Mittelmeerküste; wichtige Funde zur
Schriftentwicklung; nach noch unentzifferten
Vorstufen älteste phönik. Texte auf dem Sarkophag des Königs Achiram (um 1000
v. Chr.?). Erhalten u. a. Tempel der Balat Gubla († Baal), wohl 2. Hälfte 3. Jt. v. Chr.; aus
der Römerzeit Reste eines Theaters, eines
Nymphaeums sowie einer Säulenstraße;
Burgruinen des 12. Jh. aus der Zeit der Kreuzzüge.

Bygdøy [norweg. ˌbygdœj], norweg. Halbinsel im Oslofjord, mit Freiluftmuseum, See-
fahrtsmuseum, Wikingerschiffen (u. a. Ose-
bergschiff), F. Nansens Schiff „Fram", T.
Heyerdahls Floß „Kon-Tiki" u. a.

Bylazora, antike Stadt, † Titov Veles.

Bylinen [russ.], ep. Heldenlieder der russ.
Volksdichtung; sie berichten, z. T. märchen-
haft-phantast. ausgeschmückt, über histor.
Ereignisse und Personen (Wladimir d. Gr.,
Iwan den Schrecklichen, Peter d. Gr. u. a.).
B. entstanden im 11./12. Jh. in Kiew, im
13./14. Jh. in Nowgorod und - als Höhepunkt
- im 16. Jh. in Moskau. Diese höf. Kunst wurde seit dem 17. Jh. als Volkskunst weiter-
tradiert.

Bypass [engl. 'baipɑːs], allg. für Umfüh-
rung [einer Strömung], Nebenleitung (z. B.
in Turbinentriebwerken).
◆ Überbrückung eines krankhaft veränderten

Blutgefäßabschnittes durch Einpflanzung eines Stückes einer (meist körpereigenen) Vene
oder Arterie oder eines Kunststoffschlauchs.

Byrd [engl. bǝːd], Richard Evelyn, *Winchester (Va.) 25. Okt. 1888, † Boston 11. März
1957, amerikan. Marineoffizier und Polarfor-
scher. - Überflog am 9. Mai 1926 (nach eigenen Angaben; neuerdings angezweifelt) von
Spitzbergen aus mit Floyd Bennet erstmals
den Nordpol. Auf seiner 1. Antarktisexpedi-
tion (1928-30) gelang ihm 1929 der erste Flug
zum Südpol. Auf dieser und drei weiteren
Großexpeditionen (1933-36, 1939-41, 1946/
1947) gelang vom Flugzeug aus die Erforschung und Aufnahme fast der gesamten Küste und großer Inlandgebiete der Antarktis.
B. (Bird), William, *1543, † Stondon Massey
(Essex) 4. Juli 1623, engl. Komponist. - 1570-
1618 Mgl. der königl. Kapelle, seit 1572 als
Organist. Komponierte zahlr. kirchenmusikal. Werke, gilt als der erste bed. engl. Madri-
galkomponist und zeichnete sich auch mit
seinen Sololiedern aus. Noch wichtiger wurde
er durch seine Cembalomusik als Begründer
der engl. Virginalistenschule.

Byrds, The [engl. ðǝ 'bǝːdz; Phantasiena-
me], amerikan. Rockmusikgruppe 1964-73,
zu der u. a. die Sänger und Gitarristen J.
McGuinn (*1942) und D. Crosby (*1941)
gehörten; orientierte sich zunächst *a. an
der Folk-, später auch stärker an der Country-
musik; Songs mit literar. Qualität.

Byrnes, James Francis [engl. bǝːnz],
*Charleston (S. C.) 2. Mai 1879, † Columbia
(S. C.) 9. April 1972, amerikan. Politiker (Demokrat). - 1911-25 Mgl. des Repräsentantenhauses, 1931-41 Senator; Richter am
Obersten Bundesgericht 1941/42; nahm an
der Konferenz von Jalta teil; trat als Außenmin. (1945-47) seit 1946 für eine Verstän-
digungspolitik gegenüber Deutschland ein;
1951-55 Gouverneur von South Carolina.

Byron [engl. 'baiǝrǝn], George Gordon
Noel Lord, *London 22. Jan. 1788, † Meso-
longion (Griechenland) 19. April 1824, engl.
Dichter. - Verließ 1816 nach einem gesellschaftl. Skandal England für immer, nachdem
er schon vorher ein bewegtes Wanderleben
geführt hatte; Reise in die Schweiz, Bekanntschaft mit Shelley; dann in verschiedenen
Städten Italiens bis zur Fahrt nach Griechenland, wo er im Dienst der griech. Freiheitsbewegung (am Fieber) starb. B. stand, obwohl
Romantiker, z. T. noch unter dem Einfluß
der formalen Klarheit des Klassizismus. Die
Mischung von Melancholie, stilist. und for-
maler Ironie, heiterem Witz und scharfer Satire wurde auch für die byronist. Modedich-
tung des 19. Jh. kennzeichnend. Lockere, oft
sorglose Formung, sprachl. Virtuosität und
Vorliebe für das Satanische waren Gründe
für den Erfolg seiner Verserzählungen.
Werke: Ritter Harold's Pilgerfahrt (Dichtung,
1812-19), Der Korsar (E., 1814), Manfred

(Dr., 1817), Don Juan (ep. Fragment, 1819–1824), Cain (Dr., 1821), Die Vision des Gerichts (Ged., 1822), Himmel und Erde (Mysterium, 1823).

B., John, * Newstead Abbey (Nottinghamshire) 8. Nov. 1723, † London 10. April 1786, brit. Admiral und Entdecker. - Großvater von George Gordon Noel Lord B.; 1764–66 in die Südsee entsandt; entdeckte die Tokelau- und einige der Gilbertinseln.

Byronismus [bai...], nach dem engl. Dichter Lord Byron ben. Stil- und Lebenshaltung zu Beginn des 19. Jh. (Pessimismus, Skepsis, Weltschmerz, Lebens- und Kulturmüdigkeit).

Byrrangagebirge, Gebirgszug auf der Halbinsel Taimyr, im nördl. Sibirien, UdSSR, etwa 1 000 km lang, im O bis 1 146 m hoch.

Byß, Johann Rudolf, * 11. Mai 1660, † Würzburg 11. Dez. 1738, schweizer. Maler. - Dekorationsmalereien im Stil des italien., v. a. röm. Barocks: u. a. in Pommersfelden, Stift Göttweig, Residenz Würzburg.

Byssus [griech.], urspr. ein außerordentl. feines, durchschimmerndes, sehr haltbares Gewebe. Aus B. wurden Gewänder gearbeitet sowie Mumienbinden. Heute bezeichnet man mit B. ein feinfädiges, hochporöses, weiches und geschmeidiges Hemden- bzw. Unterwäschegewebe in Dreherbindung.

◆ Sekretfäden, die bestimmte Muscheln aus einer Fußdrüse (*B.drüse*) ausscheiden; erhärten im Wasser und halten das Tier an Felsen u. a. fest. - ↑auch Muschelseide.

Byssusseide, svw. ↑Muschelseide.

Byte [engl. bait; Kw.], in der Datenverarbeitung die kleinste adressierbare Informationseinheit, besteht meist aus 9 Binärstellen (8 Datenbits, 1 Prüfbit). 1 B. ermöglicht die Verschlüsselung von 256 verschiedenen Zeichen. 1 024 B. bezeichnet man als 1 Kilobyte (kByte, KB).

Bytom [poln. 'bitɔm] ↑Beuthen O. S.

Byzantiner, Bewohner der Hauptstadt des Byzantin. Reiches, Konstantinopel (ehem. Byzantion); i. w. S. die Untertanen des Byzantin. Reiches.

◆ in der Neuzeit (v. a. polit.) Schimpfwort zur Charakterisierung unterwürfiger, heuchelnder und verschlagener Gesinnung.

byzantinische Kunst, sie erwächst im 5./6. Jh. bruchlos aus den spätantiken und frühchristl. Traditionen. Sie hat v. a. auf die Nachbarvölker (Armenier, Georgier, Syrer, Kopten, Nubier), aber auch in den kath. Westen hinein bes. auf Venedig und das normann. Sizilien, S-Frankr., aber auch auf ganz W-Europa intensive Einflüsse ausgeübt. Die Entwicklung der b. K. wird zweimal unterbrochen: durch den Bilderstreit (1. Phase: 726–780, 2. Phase: 815–842) und durch die Eroberung Konstantinopels durch die Kreuzfahrer (1204). 1453 findet sie ihr Ende. Wenn auch dank der Umwandlung der Kirchen in Moscheen v. a. kirchl. Wandmalereien und Mo-

saiken erhalten blieben (sie wurden übertüncht), war die zeitgenöss. profane b. K. doch der kirchl. Kunst ebenbürtig.

Frühbyzantin. Zeit: (Wenig erhalten; im Bilderstreit zerstört.) Neben großen Basiliken entstehen die Kuppelbasiliken (Hagia Sophia in Konstantinopel), Basiliken mit eingestelltem kreuzförmigem Kuppelbau (Hagia Sophia in Saloniki), die Urform der Kreuzkuppelkirche (Osios David in Saloniki), kreuzförmige Kuppelkirchen (Hagios Johannes in Ephesus; Apostelkirche in Konstantinopel). Kuppelträger sind Pfeiler oder Stützen, im Quadrat angeordnet. Der Zerstörung entgingen insbes. die Zeugnisse in Ravenna (bes. auch Mosaiken).

Mittelbyzantin. Zeit: Nachdem das Konzil von Nizäa 787 die orthodoxe Bilderlehre festgelegt und das von Konstantinopel 842/843 sie wieder in Kraft gesetzt hat, erlebt die

Byzantinische Kunst.
Kaiser Justinian I. mit Erzbischof
Maximian und Gefolge (um 547).
Wandmosaik im Chor von San Vitale in
Ravenna (Mitte); Die Brotvermehrung
(Ausschnitt; um 1315–20).
Gewölbemosaik in der Chorakirche
in Istanbul (unten)

b. K. ihre höchste Blüte unter der makedon. Dyn. In der Architektur wird die Kreuzkuppelkirche zum beherrschenden Typ; dazu entsteht ein neuer Typ, von einem Quadrat mit 8 Stützen wird vermittels Trompen zum Rund übergeleitet (Osios Lukas, Dafni u. a.). Führende Kunstgattung ist die Malerei. Sie zeigt neben antikisierenden Werken der sog. makedon. Renaissance (Mosaiken der Hagia Sophia in Konstantinopel, Pariser Psalter, Handschriften auf dem Athos und dem Sinai, Ikonen auf dem Sinai und auf Zypern) eine stark linear bestimmte, flächengebundene Stilrichtung, die an Tendenzen der Spätantike anknüpft (Mosaiken der Hagia Sophia in Saloniki, Osios Lukas, Nea Moni auf Chios; Buchmalereien aus Klöstern in Konstantinopel; Wandmalerei: Krypta von Osios Lukas u. a.). In der Kleinkunst sind bes. die Elfenbeinschnitzereien, Gold- und Emailarbeiten, Gemmen, Intagli und Glaspasten als bezeichnende Produkte der b. K. zu nennen. Auch das Kunstgewerbe (Glas, Bergkristall, Textilien wie Seide und Brokat) blühte. - Um die Mitte des 11. Jh. unter den Komnenen ändert sich der Stil völlig; beide Stilrichtungen der makedon. Zeit gehen in einem neuen expressiven Stil auf. Typ. Denkmäler sind, neben ausgezeichneten Miniaturen, z. B. die Malereien in Nerezi und Kurbinovo (Jugoslawien) sowie in Kastoria (Griechenland) und die Mosaiken von Dafni. Ende des 12. Jh. kommt daneben eine neue antikisierende Malerei auf (Wladimir, Rußland; Lagudera auf Zypern). Diese komnen. Stile werden ep. Nizäa und im Epirus nach 1204 weitergepflegt, während in Serbien byzantin. Maler die Hochblüte der serbischen Kunst einleiten und den paläolog. Stil der b. K. vorbereiten.

Spätbyzantin. Zeit: Der paläolog. Stil ist gekennzeichnet durch Gewinnung von Räumlichkeit, Bildtiefe und neue Körperlichkeit der Figuren (Mosaiken der Chorakirche in Konstantinopel und der Apostelkirche in Saloniki; die Malereien in Mistra und Saloniki sowie auf dem Athos; Ikonenmalerei). Die Eroberung durch die Osmanen 1453 hat diese Entwicklung auf Klöster abgedrängt, bes. auf dem Athos lebte der spätpaläolog. Stil fort. ⍰ *Grabar, A.: Byzanz. Die b. K. des MA. Dt. Übers. Baden-Baden* [3]*1979. - Reallex. zur b. K. Hg. v. K. Wessel u. M. Restle. Stg. 1966 ff. Bis 1986 sind 3 Bde. erschienen.*

byzantinische Literatur, alle literar. Schöpfungen in griech. Sprache 330–1453 n. Chr. (Eroberung Konstantinopels); in der Hauptsache Prosaliteratur, daneben aber auch z. T. bed. dichter. Schöpfungen, v. a. innerhalb der christl. kirchl. Hymnenpoesie. Innerhalb der sog. reinsprachl. Literatur, die hochsprachl. Schaffen fortsetzte, ragten im Bereich der Prosa zahlr. bed. Werke der **Geschichtschreibung** heraus: im 6. Jh. Prokop von Caesarea und Agathias Scholastikos, im

12. Jh. Johannes Kinnamos und Niketas Choniates, im 13. Jh. Georgios Akropolites, im 14. Jh. Georgios Pachymeres, Johannes Kantakuzenos und Nikephoros Gregoras, im 15. Jh. Johannes Dukas und Demetrios Chalkokondyles. Daneben existierte eine umfangreiche chronist. Literatur (u. a. Theophanes Confessor, 8. Jh., und Michael Psellos, 11. Jh.). Den Hauptteil des Prosaschrifttums machten **theolog. Werke** aus. Hauptvertreter waren Leontios von Byzanz (6. Jh.), Maximos Confessor (6./7. Jh.), Johannes, von Damaskus (8. Jh.), Photios (9. Jh.), Michael Kerullarios (11. Jh.) und Gregorios Palamas (14. Jh.). Daneben sind die Werke der † byzantinischen Philosophie zu stellen. Verbreitet waren auch Kommentare zur griech. Geographie, griech. Grammatiken, Wörterbücher und Glossenwerke (u. a. von Photios sowie die „Suda"). Die **Poesie** war v. a. durch ein tiefes religiöses Empfinden bestimmt, das eine außerordentl. reiche ma. griech. Hymnodik hervorbrachte. Bedeutendster Vertreter war Romanos. Andreas von Kreta (7./8. Jh.) schuf eine neue poet. Gattung, den sog. Kanon (religiöse Dichtungen in jamb. Versmaß). Der größte Vertreter der weltl. reinsprachl. Poesie war Georgios Pisides (7. Jh.). Das gedankl. originellste Lebenswerk byzantin. profaner Poesie hinterließ Theodoros Prodromos (12. Jh.); aus der spätbyzantin. Ära sei Manuel Philes (13./14. Jh.) als Verfasser insbes. geistreicher Epigramme genannt.

Zu den ältesten Beispielen der **volkssprachl. Literatur** gehören die großen ep. Erzählungen (Belisarroman, „Digenis Akritas", Chronik von Morea, Achilleis, Alexanderroman. Die berühmten rhod. Liebeslieder des 14. Jh. sind der Beginn neugriech. Literatur. Der Begegnung mit dem Abendland verdankt die b. L. die Entstehung mehrerer Ritterromane, u. a. „Kallimachos und Chrysorrhoe". Zum volkssprachl. Tierroman gehört der „Physiologus", der auch in lat. Versionen im MA weit verbreitet war. Aus der volkssprachl. Prosaliteratur ist v. a. der ma. Roman „Barlaam und Josaphat" zu nennen, ferner die Chroniken des Leontios Machairas und Georgios Bustrones. ⍰ *Hunger, H.: Die hochsprachl. profane Lit. der Byzantiner. Mchn. 1978. 2 Bde. - Beck, H. G.: Kirche u. theolog. Lit. im byzantin. Reich. Mchn.* [2]*1977.*

byzantinische Musik, vorwiegend im Dienste der Kirche stehende, streng vokale Musik. Sie ist in vielen Handschriften überliefert (die ältesten aus dem 10. Jh.). Sie war in ihrem Grundzug einstimmig. Die Liturgie der Kirche beruht nicht nur auf der Hl. Schrift, sondern auch auf einem sehr breiten Repertoire religiöser Hymnendichtungen. Wichtige Hymnendichter sind der Melode Romanos († kurz nach 555), Andreas von Kreta (7./8. Jh.), Johannes von Damaskus (8. Jh.), Kosmas von Jerusalem (8. Jh.) und

Theodoros Studites (* 759, † 826). Die b. M.
übte etwa bis zur Jt.wende einen mächtigen
Einfluß auf die Kultur des O und des W
aus. So haben die Südslawen und Russen
bei ihrer Christianisierung im 9. bzw. 10. Jh.
auch die byzantin. Gesänge übernommen, die
ins Kirchenslaw. übersetzt wurden. Zahlr.
griech. Gesänge wurden ins Lat. übersetzt
und in die Liturgie der Westkirche aufgenommen. Vielfache Beziehungen verknüpfen die
mittellat. mit der byzantin. Musiktheorie.
Von Byzanz hat der W die Lehre von den
12 Tonarten und die Choralnotation übernommen. Auch die weltl. Musik spielte eine
große Rolle, hat sich aber bis auf einige Akkla-
mationen zu Ehren der Kaiser nicht erhalten.
⊔ *Hymnen der Ostkirche. Hg. v. K. Kirchhoff
u. C. Schollmeyer. Dt. Übers. Münster* ²1960.
*Neudr. 1979. - Wellesz, E.: A history of Byzan-
tine music and hymnography. London* ²1961.
   byzantinische Philosophie, die b. P.
ist gekennzeichnet durch Versuche, die antiken philosoph. Traditionen bes. des Platonismus und des Aristotelismus dem christl. Glauben anzupassen. Dies geschieht weitgehend
durch Kommentierung der Philosophie Platons und des Aristoteles, wobei eigene Gedanken als Ergänzung, Umdeutung oder auch
Kritik vorgetragen werden. - In der b. P. des
7.–10. Jh. knüpfen Stephanos von Alexandria
(6./7. Jh.) und Arethas an den Neuplatonismus
an, während Johannes von Damaskus zur
Grundlegung seiner christl. Dogmatik die
Aristotel. Philosophie benutzt. Auf dem
Höhepunkt der b. P. im 11./12. Jh. stehen sich
mit M. Psellos einerseits und mit Johannes
Italos, der die abendländ. Dialektik in die
b. P. einführt, sowie Eustratios von Nikaia

Byzantinische Kunst. Alabasterpatene
(11. Jh.). Venedig, Kirche San Marco

andererseits Vertreter platon. bzw. aristotel.
Denkrichtung gegenüber. Im 13. Jh. setzt mit
Bekanntwerden der Philosophie des westl.
Abendlandes, beginnend mit den Übersetzun-
gen von M. Planudes aus dem Lat., eine Neu-
orientierung der b. P. ein. Das 14. Jh. steht
im Zeichen der Auseinandersetzung um die
hesychast. Mystik (↑ Hesychasmus).
   Byzantinisches Reich (Byzanz,
Ostrom), abendländ. Bez. für das Oström.
Reich.
Spätantik-frühmittelalterl. Zeit (330/395–

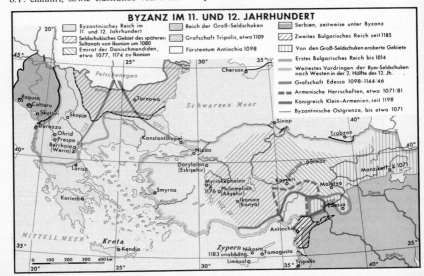

BYZANZ IM 11. UND 12. JAHRHUNDERT

Legend:
- Byzantinisches Reich im 11. und 12. Jahrhundert
- Seldschukisches Gebiet des späteren Sultanats von Ikonion um 1080
- Emirat der Danischmendiden, etwa 1077, 1174 zu Ikonion
- Reich der Groß-Seldschuken
- Grafschaft Tripolis, etwa 1109
- Fürstentum Antiochia 1098
- Serbien, zeitweise unter Byzanz
- Zweites Bulgarisches Reich seit 1185
- Von den Groß-Seldschuken eroberte Gebiete
- Erstes Bulgarisches Reich bis 1014
- Weitestes Vordringen der Rum-Seldschuken nach Westen in der 2. Hälfte des 12. Jh.
- Grafschaft Edessa 1098-1144/46
- Armenische Herrschaften, etwa 1071/81
- Königreich Klein-Armenien, seit 1198
- Byzantinische Ostgrenze, bis etwa 1071

Byzantinisches Reich

610): Das B. R., das seine Grundlage in der Tetrarchie Diokletians (285–305) hat, entstand nach der Einweihung Byzantions als neue röm. Hauptstadt Konstantinopel durch Konstantin I., d. Gr. (330), bei der endgültigen Teilung des Röm. Reiches (395). Das in seinen Anfängen den Balkan bis zur Donau, Kleinasien, Syrien, Ägypten und Libyen umfassende Ostreich suchte nach dem Zusammenbruch des Weström. Reiches (476) Justinian I. (527–565) nochmals auf den gesamten Mittelmeerraum auszudehnen: u. a. Eroberung des von den Vandalen beherrschten N-Afrika (533/534), Vernichtung der Ostgoten in Italien durch die Feldherren Belisar und Narses (535–555). Unter Justinians Nachfolger gingen die Eroberungen großenteils wieder verloren (Italien 568 bis auf das später sog. Exarchat Ravenna an die Langobarden).

Mittelbyzantin. Zeit (610–1204): In der durch die Einfälle von Awaren und Slawen hervorgerufenen schweren Krise rettete Kaiser Herakleios (610–641) das B. R. durch Verwaltungs- und Heeresreformen vor dem Untergang, wenngleich die militär. Mißerfolge anhielten; der Prov. im O gingen Anfang des 7. Jh. an das neupers. Reich, nach vorübergehender Rückeroberung ab 636 an die Araber verloren, die sogar 674–678 und 717/718 Konstantinopel belagerten. Die wechselvollen Auseinandersetzungen mit den Arabern in einem großen Teil des B. R. begleiteten nahezu die ganze byzantin. Geschichte. Auch die ständigen Konflikte mit dem mächtigen Bulgarenreich, das sich Ende des 7. Jh. südl. der Donau gebildet hatte, wurden bis ins 12. Jh. zu einer schweren Belastung für das B. R. (↑ auch Bulgarien, Geschichte). In der 2. Hälfte des 11. Jh. erschienen die Seldschuken in Kleinasien und schlugen die byzantin. Truppen 1071 bei Manzikert entscheidend. Die Petschenegen, die Mitte des 11. Jh. die Donau überschritten und 1090/91 Konstantinopel belagerten, konnten bis 1122 niedergeworfen werden. Die Niederlage von Myriokephalon 1176 im Kampf gegen die Rum-Seldschuken (Sultanat von Ikonion) aber bedeutete das Ende der Großmachtstellung des B. R. Auch das Verhältnis zw. Byzanz und den christl. Mächten des Abendlands war keineswegs spannungsfrei. Die Päpste erkannten nach dem Zusammenbruch des Weström. Reiches bis zu Hadrian I. (772–795) die Oberhoheit des byzantin. Kaisers an. Entscheidende Bed. für die byzantin. Geschichte gewann allerdings die zunehmende, erst 1054 in die endgültige Trennung mündende Entfremdung von der röm. Kirche, die sich schon im Akazian. Schisma (484–519), v. a. aber im Streit um den päpst. Primat gegenüber dem Patriarchen von Konstantinopel gezeigt hatte. Im 8. Jh. trat sie mit dem erst 843 beendeten Bilderstreit (Ikonoklasmus) in eine neue Phase, zumal dieser sich mit dem durch die Anleh-

nung des Papsttums an das aufstrebende Fränk. Reich hervorgerufenen polit. Ggs. verband. Die Kaiserkrönung Karls d. Gr. durch den Papst in Rom (800) bedeutete für das sich als einzigen legitimen Erben des antiken röm. Reiches betrachtende B. R. eine ungeheure Herausforderung (↑ auch Zweikaiserproblem). Wenn der Ggs. zw. den beiden Kaiserreichen auch die weitere Entwicklung entscheidend bestimmte, bildete der Anerkennung des westl. Kaisertitels durch Michael I. (812) doch die Grundlage des künftigen Verhältnisses beider Reiche. Die Reste der byzantin. Herrschaft im W wurden schließl. durch die Normannen beseitigt (1071 Verlust Baris, des letzten süditalien. Stützpunkts des B. R.). Die Kreuzzüge, obgleich urspr. durch Hilferufe des byzantin. Kaisers gegen die Seldschuken initiiert, schufen neue Konflikte; schließl. waren es die Kreuzfahrer, die auf dem Weg zum 4. Kreuzzug erstmals Konstantinopel eroberten (17. Juli 1203 und 13. April 1204), womit die Geschichte des byzantin. Kaiserreiches bis 1259/61 endete.

Spätbyzantin. Zeit (1204–1453): Das B. R. wurde unter die Venezianer (v. a. bed. Häfen, Inseln, ein Teil Konstantinopels) und die übrigen Kreuzfahrer aufgeteilt (Entstehung des ↑ Lateinischen Kaiserreichs von Konstantinopel, des Kgr. von Thessalonike, der Ft. Achaia und Athen). Eigenständige griech. Reiche bildeten sich um Trapezunt, Nizäa und Epirus. Nachdem Johannes III. Dukas Batatzes, Kaiser von Nizäa 1222–54, den größten Teil der lat. Besitzungen in Kleinasien sowie Thrakien und Makedonien erobert hatte, gelang dem Usurpator Michael VIII. Palaiologos (1259–1282) neben der Rückeroberung großer westgriech. Landstriche die Wiedereroberung Konstantinopels (25. Juli 1261), doch wurde das B. R. unter seinen Nachfolgern unbed.; die Osmanen besetzten um die Wende um 14. Jh. die byzantin. Besitzungen in Kleinasien, im NW drangen die Serben, in Thrakien die Bulgaren weiter nach S vor. Die durch Thronwirren und Bürgerkrieg (1341–54) bedingte militär. und finanzielle Zerrüttung des B. R. ermöglichte seit 1354 das Übergreifen der Osmanen auf die europ. Festland. Sie eroberten fast die ganze Balkanhalbinsel und belagerten 1394–1402 und 1422 Konstantinopel. Die militär. Unterstützung, die sich der Kaiser von der Union von Florenz mit der röm. Kirche (1439) aus dem Abendland erhoffte, blieb aus; mit der Eroberung Konstantinopels durch die Osmanen (29. Mai 1453) ging das B. R. unter.

Die innere Entwicklung des Reiches: Die Grundlage der byzantin. Staatsordnung war die unumschränkte Selbstherrschaft (Autokratie) des Kaisers, die nur an die Grundsätze der Religion und Sittlichkeit gebunden war. Reste der röm. Tradition, derzufolge die kaiserl. Gewalt durch den Senat, die Kurien der

HERRSCHERLISTE DES BYZANTINISCHEN REICHES

324–337	Konstantin (I.) der Große
337–361	Konstantius
361–363	Julian Apostata
363–364	Jovian
364–378	Valens
379–395	Theodosius I.
395–408	Arcadius
408–450	Theodosius II.
450–457	Markian
457–474	Leon I.
474	Leon II.
474–475	Zenon, 1. Regierungszeit
475–476	Basiliskos
476–491	Zenon, 2. Regierungszeit
491–518	Anastasios I.
518–527	Justin I.
527–565	Justinian I.
565–578	Justin II.
578–582	Tiberios I.
582–602	Maurikios
602–610	Phokas
610–641	Herakleios
641	Konstantin III. und Heraklonas
641	Heraklonas
641–668	Konstans II.
668–685	Konstantin IV.
685–695	Justinian II., 1. Regierungszeit
695–698	Leontios
698–705	Tiberios II.
705–711	Justinian II., 2. Regierungszeit
711–713	Philippikos
713–715	Anastasios II.
715–717	Theodosius III.
717–741	Leon III.
741–775	Konstantin V.
775–780	Leon IV.
780–797	Irene
797–802	Irene
802–811	Nikephoros I.
811	Staurakios
811–813	Michael I. Rangabe
813–820	Leon V.
820–829	Michael II.
829–842	Theophilos
842–867	Michael III.
867–886	Basileios I.
886–912	Leon VI.
912–913	Alexander
913–959	Konstantin VII. Porphyrogennetos
920–944	Romanos I. Lekapenos
959–963	Romanos II.
963–969	Nikephoros II. Phokas
969–976	Johannes I. Tsimiskes (Tzimiskes)
976–1025	Basileios II.
1025–1028	Konstantin VIII.
1028–1034	Romanos III. Argyros
1034–1041	Michael IV.
1041–1042	Michael V.
1042	Zoe und Theodora
1042–1055	Konstantin IX. Monomachos
1055–1056	Theodora, 2. Regierungszeit
1056–1057	Michael VI.
1057–1059	Isaak I. Komnenos
1059–1067	Konstantin X. Dukas
1068–1071	Romanos IV. Diogenes
1071–1078	Michael VII. Dukas
1078–1081	Nikephoros III. Botaneiates
1081–1118	Alexios I. Komnenos
1118–1143	Johannes II. Komnenos
1143–1180	Manuel I. Komnenos
1180–1183	Alexios II. Komnenos
1183–1185	Andronikos I. Komnenos
1185–1195	Isaak II. Angelos
1195–1203	Alexios III. Angelos
1203–1204	Isaak II. Angelos (2. Regierungszeit) und Alexios IV. Angelos
1204	Alexios V. Murtzuphlos
1204–1222	Theodor I. Laskaris
1222–1254	Johannes III. Dukas Batatzes (Vatatzes)
1254–1258	Theodor II. Laskaris
1258–1261	Johannes IV. Laskaris
1259–1282	Michael VIII. Palaiologos
1282–1328	Andronikos II. Palaiologos
1328–1341	Andronikos III. Palaiologos
1341–1391	Johannes V. Palaiologos
1347–1354	Johannes VI. Kantakuzenos
1376–1379	Andronikos IV. Palaiologos
1390	Johannes VII. Palaiologos
1391–1425	Manuel II. Palaiologos
1425–1448	Johannes VIII. Palaiologos
1449–1453	Konstantin XI. (Dragases) Palaiologos

Dynastien

Bis 363:	Konstantinische Dynastie
379–457:	Theodosianische Dynastie
457–518:	thrakische Dynastie
518–610:	Justinianische Dynastie
610–711:	Dynastie des Herakleios
717–802:	syrische Dynastie
820–867:	amorische Dynastie
867–1056:	makedonische Dynastie
1059–1078:	Dynastie der Dukas
1081–1185:	Dynastie der Komnenen
1185–1204:	Dynastie der Angeloi
1204–1261:	Dynastie der Laskaris
1259–1453:	Dynastie der Paläologen

hauptstädt. Bev. und das Heer eine gewisse Einschränkung fand, beseitigte Leon VI. (886–912). Einen entscheidenden Schritt zu der dem B. R. und seinem Kaisertum eigentüml. griech. Prägung hatte schon Herakleios mit der Einführung des Griech. als Amtssprache und des alten griech. Herrschertitels Basileus getan. Andererseits wurden bed. röm. Traditionen durch das B. R. vermittelt, insbes. das röm. Recht, das in mehreren von byzantin. Kaisern veranlaßten Sammlungen zusammengefaßt wurde (v. a. Codex Theodosianus [438] Theodosius' II., ↑ Corpus Juris Civilis Justinians I., ↑ Basilika Leons VI.).

Die kirchl. Fragen wurden in frühbyzantin. Zeit nach röm. Auffassung als Staatsangelegenheit behandelt, doch auch im B. R. setzte sich die Kirche im MA als eigener Machtfaktor durch, so daß man nur bedingt von einem Cäsaropapismus sprechen kann.

Die gesamte Verwaltung lag in den Händen des Kaisers und seiner Beamten. Die Zentralverwaltung, urspr. unter der Aufsicht des Magister officiorum, war seit der Reform des Herakleios in Logothesien (Ministerien) gegliedert. Die nach der diokletian.-konstantin. Ordnung streng in Zivil- und Militärverwaltung getrennte Provinzialverwaltung wurde von Herakleios durch die Einrichtung der Themen als Verwaltungseinheiten unter der militär. und (bis ins 11. Jh.) zivilen Leitung je eines Strategen grundlegend umgestaltet. Gleichzeitig schuf Herakleios eine Bauernmiliz, die allerdings im 11. Jh. zunehmend durch Söldner ersetzt wurde, da die Zahl der freien Bauern durch die Ausbildung des Feudalismus stark zurückging, der ein wichtiger Faktor der Gesellschaftsstruktur wurde.

🕮 *Schreiner, P.: Byzanz.* Mchn. *1986. - Ostrogorsky, G.: Gesch. des Byzantin. Staates.* Mchn. ²*1980.*

Byzantinismus [griech.], Bez. zunächst für das byzantin. Hofzeremoniell, dann abwertend für eine bes. unterwürfige Haltung und ein kriecherisches bzw. schmeichlerisches Benehmen.

Byzantinistik [griech.] (Byzantinologie), Bez. der wiss. Fachdisziplin, die sich mit Geschichte, Literatur, Kunst, Kultur des griech. MA v. a. innerhalb der Gebiete des byzantin. Kaiserreichs von 330 n. Chr. bis 1453) sowie mit der Ausstrahlung byzantin. Kultur nach Westeuropa, v. a. aber nach dem Balkan und Rußland befaßt.

Byzantion ↑ Istanbul.

Byzanz ↑ Istanbul.

◆ Bez. für das ↑ Byzantinische Reich.

B. Z., dt. Zeitung, ↑ Zeitungen (Übersicht).

BZ am Abend, dt. Zeitung, ↑ Zeitungen (Übersicht).

C, der dritte Buchstabe des Alphabets. Im Altlat. hat C sowohl den Lautwert [g] als auch den Lautwert [k]. Im klass. Latein gibt C nur den Lautwert [k] wieder. Frühestens seit dem 5. Jh. setzte sich vor e und i der Lautwert [ts] durch, während vor a, o und u [k] beibehalten wurde. Im Engl., Französ., Katalan. und Portugies. wird C vor e und i [s], im Italien. und Rumän. [tʃ], im Span. [θ] ausgesprochen.

◆ (c) in der *Musik* die Bez. für die 1. Stufe der Grundtonleiter C-Dur, durch ♯ (Kreuz) erhöht zu *cis*, durch ♭-(b) Vorzeichnung erniedrigt zu *ces*.

◆ (Münzbuchstabe) ↑ Münzstätte.

C, chem. Symbol für ↑ Kohlenstoff.

C, röm. Abk. für: Gajus (Caius); auch: u. a. Caesar, Calendae, Centurio, Civitas, Colonia, Consule (Consulibus), condidit.

C, Einheitenzeichen für die Ladungseinheit ↑ Coulomb.

◆ Abk. für: Celsius, bei Temperaturangaben in Grad Celsius (°C).

◆ röm. Zahlzeichen für 100 (lat. centum).

c, Vorsatzzeichen für den Vorsatz ↑ Zenti....

◆ Formelzeichen für die Lichtgeschwindigkeit.

C. (c.), Abk. für lat.: Canon (↑ Kanon [im Kirchenrecht]).

C 14 (¹⁴C), chem. Zeichen für das radioaktive Kohlenstoffisotop mit der Massenzahl 14; auf der Bestimmung des Mengenverhältnisses ¹⁴C/¹²C (¹²C stabiles Kohlenstoffisotop) beruht die bes. für archäolog. Untersuchungen wichtige **C-14-Methode** (Radiokarbonmethode) zur ↑ Altersbestimmung organ. Reste.

Ca, chem. Symbol für ↑ Calcium.

ca., Abk. für lat.: *circa* („ungefähr, etwa").

c. a., Abk. für: ↑ coll'arco.

Caacupé [span. kaaku'pe], Hauptstadt des paraguay. Dep. La Cordillera, 55 km osö. von Asunción, 9 100 E. Zentrum eines Land- und Forstwirtschaftsgebietes; Wallfahrtsort. - Gegr. 1770.

Caaguazú [span. kaayɥa'su], Dep. in Paraguay, dessen O-Teil zum Amambayplateau, der W-Teil zum Paraguaytiefland gehört, 11 474 km², 299 000 E (1982), Hauptstadt Coronel Oviedo. Im N überwiegend subtrop. Regenwald; nahe der brasilian. Grenze Eisen- u. Kupfererzvorkommen; im SW Anbau von Orangen, Tabak u. Zuckerrohr; Viehzucht.

Caatinga [indian.-portugies. „weißer Wald"], Gehölzformation des semiariden NO-Brasilien, mit überwiegend regengrünen und teilweise dornigen Bäumen, Dornsträucher und Sukkulenten.

Caazapá [span. kaasa'pa], Hauptstadt des Dep. C., im Paraguaytiefland, 160 km sö. von Asunción, 2 900 E. Zentrum eines land- und forstwirtsch. Gebietes. - Gegr. 1607.

C., Dep. in S-Paraguay, 9 496 km², 110 000 E. (1982), Hauptstadt C. Der größte Teil (SW) liegt im Paraguaytiefland, der NO gehört zum Amambayplateau; im fruchtbaren Tiefland Anbau von Orangen und Zukkerrohr, Viehzucht.

Cabaletta [italien.], kurze Arie, Kavatine.

Caballero, Francisco Largo ↑ Largo Caballero, Francisco.

Caballero [kabal'jeːro, kava...; span., eigtl. „Reiter" (zu lat. caballus „Pferd")], im ma. Spanien Angehöriger des niederen Adels, dessen Sozialstatus urspr. auf dem Kriegsdienst zu Pferde beruhte; auch Bez. für Angehörige geistl. Ritterorden; seit der Neuzeit allg. span. Bez. für: Herr.

Cabalministerium, abschätzige Bez. für den königl. Rat Karls II. von England 1667–73; nach den Anfangsbuchstaben der Namen seiner Mgl. (Clifford, Arlington, Buckingham, Ashley, Lauderdale) und wegen seiner Geheimdiplomatie (engl. cabal „Kabale, Intrige") genannt.

Cabanatuan, Hauptstadt der philippin. Prov. Nueva Ecija, auf Luzon, 138 000 E. Wichtiger Marktort.

Cabanilles, Juan, * Algemesí (Prov. Valencia) 4. oder 5. Sept. 1644, † Valencia 29. April 1712, span. Komponist. - Seit 1665 Organist an der Kathedrale von Valencia; führender span. Orgelmeister seiner Zeit.

Cabaret Voltaire [frz. kabarɛvɔl'tɛːr] ↑ Dada.

Cabell, James Branch [engl. 'kæbəl], * Richmond (Va.) 14. April 1879, † ebd. 5. Mai 1958, amerikan. Schriftsteller. - Stellt ironisierend eine myth. Scheinwelt dar; u. a. „Jürgen" (R., 1919).

Cabet, Étienne [frz. ka'bɛ], * Dijon 1. Jan.

1788, † Saint Louis (Mo.) 9. Nov. 1856, frz. Schriftsteller und utop. Sozialist. - Urspr. Rechtsanwalt; schrieb den kommunist.-utop. Staatsroman „Reise nach Ikarien" (1842); konnte seine Ideen eines kommunist. Gemeinwesens (seit 1848 in den USA) nicht verwirklichen.

Cabezón, Antonio de [span. kaβe'θɔn] (Cabeçon), * Castrojeriz bei Burgos 1500, † Madrid 26. März 1566, span. Komponist. - Seit 1543 Hofmusiker Philipps II. Zu seinen Lebzeiten gedruckte Kompositionen erschienen in einem Sammelwerk von L. Venegas de Henestrosa („Cifra nueva", 1557).

Cabimas [span. ka'βimas], venezolan. Hafenstadt am NO-Ufer des Maracaibosees, 159 000 E. Sitz eines Bischofs; Zentrum der Erdölförderung im und am Maracaibosee. - Gegr. 1936.

Cabinda [portugies. kɐ'βindɐ], Distrikt von Angola, Exklave am Atlantik zw. Zaïre und Kongo, 7 270 km², 108 000 E (1985), Waldnutzung (wertvolle trop. Hölzer); am Anstieg des Hochlandes Kaffee- und Kakaoplantagen; vor der Küste Erdölförderung. Hauptort und Verwaltungszentrum ist der Hafenort **Cabinda** an der südl. Küste.

Cable length [engl. 'kɛɪbl 'lɛŋθ] ↑ Kabellänge.

Cabochiens [frz. kabɔ'ʃjɛ̃], frz. Aufständische unter Führung des Pariser Schlachters und Tierhäuters Simon Caboche, die sich im Kampf zw. den Häusern Burgund und Orléans 1411 und 1413 auf die Seite der Bourguignons schlugen und, gestützt auf die Unterschichten, ein Schreckensregiment führten, bis sie von den Parteigängern der Orléans (Armagnacs) niedergeworfen wurden.

Cabochon [kabɔ'ʃɔ̃; frz.], mugelig, d. h. gewölbt geschliffener Schmuckstein (Mondsteine, Opale u. a.).

Caboclo [brasilian. ka'boklu; indian.-portugies.], Nachkomme aus einer Verbindung zw. frühen portugies. Siedlern und eingeborenen Frauen in Brasilien.

Cabora-Bassa-Staudamm [portugies. kɐ'βɔrɐ 'βasɐ], Staudamm im unteren Sambesi (Moçambique), 100 km nw. von Tete; staut den Sambesi zu einem See von 2 800 km²; Baubeginn 1966, kommerzielle Inbetriebnahme der ersten Ausbaustufe Anfang 1977; nach Fertigstellung der (vorläufig) letzten Ausbaustufe 1979 Gesamtleistung von 1 760 MW. Der Strom wird auf Grund eines Vertrags überwiegend in die Republik Südafrika geleitet; ein Teil ist für Moçambique selbst bestimmt.

Cabot [engl. 'kæbət], John, italien. Seefahrer, ↑ Caboto, Giovanni.

C., Sebastian, italien. Seefahrer, ↑ Caboto, Sebastiano.

Cabotage [...'taːʒə] ↑ Kabotage.

Cabot Lodge, Henry [engl. 'kæbət 'lɔdʒ], ↑ Lodge, Henry Cabot.

Caboto

Caboto, Giovanni (John Cabot), * Genua um 1450, † um 1499, italien. Seefahrer in engl. Diensten. - Erreichte 1497, wahrscheinl. in Labrador, das er für China hielt, das amerikan. Festland, wahrscheinl. 1498 Grönland und befuhr die nordamerikan. O-Küste, vielleicht bis Florida.

C., Sebastiano (Sebastian Cabot), * Bristol, London oder Venedig zw. 1474 und 1483, † London 1557, italien.-engl. Seefahrer und Kartograph. - Sohn von Giovanni C.; erforschte 1526–30 in span. Diensten Río de la Plata, Paraná und Uruguay; entwarf 1544 eine berühmte Weltkarte; suchte seit 1548 in engl. Diensten nach der Nordöstl. Durchfahrt.

Cabral [portugies. kɐˈβral], Luis de Almeida, * Bissau 1931, Politiker von Guinea-Bissau. - Organisator und einer der Führer des Kampfes gegen die portugies. Kolonialverwaltung: seit 1973 Staatschef, seit 1974 Präs. des Staatsrates von Guinea-Bissau; im Nov. 1980 durch Militärputsch gestürzt.

C., Pedro Alvares, * Belmonte um 1467, † wahrscheinl. 1520, portugies. Seefahrer. - Entdeckte 1500 die O-Küste Brasiliens, die er für das portugies. Krone in Besitz nahm; gründete später in Vorderindien bei Calicut portugies. Handelsniederlassungen; kehrte 1502 nach Lissabon zurück.

Cabot Strait [engl. ˈkæbət ˈstrɛɪt], 110 km breite Meeresstraße zw. Cape Breton Island und Neufundland, verbindet den Sankt-Lorenz-Golf mit dem Atlantik.

Cabo Verde [portugies. ˈkaβu ˈverdə] (República do C. V.), portugies. Name von ↑ Kap Verde.

Cabrera ↑ Balearen.

Cabriolet ↑ Kabriolett.

Caccia [ˈkatʃa; lat.-italien. „Jagd"], italien. lyr.-musikal. Gattung des 14. und 15. Jh., die eine Jagd oder andere turbulente Szenen des Volkslebens nachahmt.

Caccini, Giulio [italien. katˈtʃiːni], gen. G. Romano, * Tivoli bei Rom um 1550, † Florenz 10. Dez. 1618, italien. Komponist und Sänger. - Mgl. der Florentiner Camerata; mit „Euridice" (1600) und „Dafne" (verloren) an der Ausbildung der Oper beteiligt.

Cáceres [span. ˈkaθeres], span. Stadt in Estremadura, 80 km nö. von Badajoz, 439 m ü. d. M., 72 000 E. Verwaltungssitz der Prov. C.; Sitz des Bischofs von Coria-C.; Handelszentrum für landw. Erzeugnisse. - Entstand aus dem röm. *Castra Caecilia*; 1229 den Mauren entrissen; Stadtrecht im 19. Jh. - Die von einer röm.-arab. Mauer umgebene Altstadt wird beherrscht vom Turm der got. Kirche San Mateo.

Cachenez [kaʃˈneː, kaʃəˈneː; frz., eigtl. „verbirg die Nase"], quadrat. Halstuch aus Seide u. ä.

Cachoeira do Sul [brasilian. kaˈʃueɪra du ˈsul], Stadt 160 km westl. von Pôrto Alegre,

60 m ü. d. M., 40 000 E. Zentrum des größten Reisanbaugebietes Brasiliens; Endpunkt der Schiffahrt auf dem Rio Jacuí, Bahnstation, ☒.

Cachou [kaˈʃuː; frz.], svw. ↑ Katechu.

Cachucha [kaˈtʃʊtʃa; span.], andalus. Solotanz im langsamen ³/₄-Takt mit Kastagnettenbegleitung.

Cäcilia, hl., legendäre Märtyrerin. Seit dem späten MA Patronin der Kirchenmusik, weil in der Legende ihres Martyriums „klingende Orgeln" erwähnt werden. Abgebildet mit Orgel; Fest: 22. Nov.

Cäcilie (Cäcilia, Zäzilie, Zäzilia), weibl. Vorname lat. Ursprungs, der auf den altröm. Geschlechternamen Caecilius zurückgeht. Frz. Form: Cécile, engl. Form: Cecily.

Cäcilien-Verband (Allgemeiner C.-V. für die Länder der dt. Sprache, Abk. ACV), Organisation zur Pflege der kath. Kirchenmusik in der BR Deutschland, in Österreich und in der Schweiz; 1868 von F. X. Witt gegründet und 1870 päpstl. bestätigt.

CAD ↑ Computer.

Cadarache [frz. kadaˈraʃ], frz. Kernforschungszentrum 50 km nö. von Marseille.

Cadaverin ↑ Kadaverin.

Caddie [ˈkɛdi, engl.; zu ↑ Kadett], Junge, der die Golfschläger der Spieler trägt.
♦ zweirädriger Wagen zum Transportieren der Golfschläger.

Caddo [engl. ˈkædoʊ], i. w. S. indian. Sprachfamilie, i. e. S. eine Konföderation von mehreren Indianerstämmen (u. a. Pawnee) im südl. Präriegebiet der USA.

Cadenabbia, italien. Ort am W-Ufer des Comer Sees, Teil der Gemeinde *Griante,* 201 m ü. d. M.; Luftkurort. - Nahebei die Villa Carlotta (18. Jh.) mit Terrassengärten und Park sowie einer Kunstsammlung.

Cadillac Motor Car Company [engl. ˈkædɪlæk ˈmoʊtə ˈkɑː ˈkʌmpəni], amerikan. Unternehmen der Kfz.-Ind., Sitz Detroit (Mich.), gegr. 1903; seit 1909 Division der General Motors Corporation.

Cádiz [span. ˈkaðiθ], span. Hafenstadt am Ende eines Strandwalls an der Bucht von C., außerdem durch eine Brücke mit dem Festland verbunden, 158 000 E. Verwaltungssitz der Prov. C.; Bischofssitz; Königl. Span.-Amerikan. Akad., Konservatorium, medizin. Fakultät der Univ. Sevilla; Naturhafen; Schiffbau und -reparaturen; Flugzeugind., Maschinenbau u. a.; Fremdenverkehr.

Geschichte: Gadir wurde um 1100 v. Chr. von phönik. Kauffahrern gegr.; entwickelte sich seit etwa 500 v. Chr. zur bedeutendsten Handelsstation Karthagos im Atlantikverkehr; schloß sich 206 v. Chr. freiwillig an Rom an (**Gades**) und wurde neben Tarragona zur bedeutendsten Stadt auf iber. Boden. Cäsar verlieh ihr als erster Stadt außerhalb Italiens das Bürgerrecht; war in der Kaiserzeit nach Rom die zweite Stadt im W des Imperiums.

711 von den Arabern erobert, 843 von den Normannen geplündert und zerstört; seit 1262 endgültig im Besitz Kastiliens; 1509–1778 (neben Sevilla) Handelsmonopol mit den span. Überseegebieten; während der Napoleon. Kriege Zentrum des span. Widerstandes gegen die Franzosen; die während der Belagerung von 1810–12 hier tagenden verfassunggebenden Cortes beschlossen 1812 die von nat. und liberalem Geist geprägte Verfassung von C. Die revolutionären Bewegungen von 1820 und 1868 nahmen hier ihren Anfang; im Span. Bürgerkrieg seit 1936 in der Hand der Nationalisten (wichtigster Hafen für die Überführung der in N-Afrika stationierten Truppen General Francos).

Bauten: Alte Kathedrale (13. Jh.; 1596 zerstört, 1602 ff. wiederaufgebaut), neue Kathedrale (1722–1838), Kirche Santo Domingo (ab 1645), Altstadt mit weißen Häusern und charakterist. Aussichtstürmchen.

Cádiz, Bucht von [span. ˈkaðiθ], Teil des Golfes von Cádiz, durch eine Nehrung teilweise abgeschlossen, von einer 1 400 m langen Brücke überspannt.

Cádiz, Golf von [span. ˈkaðiθ], Bucht des Atlant. Ozeans an der SW-Küste der Iber. Halbinsel (Spanien und Portugal).

Cadmium (Kadmium) [griech.; von der Sage mit König Kadmos in Verbindung gebracht, der die Technik des Erzschmelzens erfunden haben soll], chem. Symbol Cd, metall. Element aus der II. Nebengruppe des Periodensystems der chem. Elemente, Ordnungszahl 48, mittlere Atommasse 112,4, Dichte 8,65 g/cm³, Schmelzpunkt 321 °C, Sie-

Caen. Abteikirche Saint-Étienne (um 1064–77)

depunkt 765 °C. C. oxidiert an der Luft rasch; das weiche, silberweiße Metall läßt sich sehr gut zu dünnen Folien und Drähten ausziehen. In der Natur kommt es mit Zink im Galmei vor und in Form von **Cadmiumsulfid** (C.blende, C.gelb) und **Cadmiumcarbonat** vor.

C. erhält man hauptsächl. als Nebenprodukt bei der Zinkgewinnung. Es wird verwendet als korrosionshemmender Überzug auf metall. Werkteilen, zur Herstellung leicht schmelzbarer Legierungen, als Bestandteil von Lagermetallegierungen, als Elektrodenmaterial in galvan. Elementen. - Von den ausnahmslos zweiwertigen Verbindungen des C. dienen das gelbe bis orangefarbene $C.sulfid$ (CdS) und das feuerrote $C.selenid$ (CdSe) als sehr beständige Kunstmalerfarben (**Cadmiumpigmente**); CdS wird außerdem zur Herstellung von Photoelementen, Transistoren und Bildverstärkern gebraucht; $C.sulfat$ ($CdSO_4$) wird u. a. als Elektrolytflüssigkeit für Batterien verwendet. C. und seine Verbindungen sind in größeren Dosen für Mensch (↑ Itai-Itai-Krankheit), Tier und Pflanze stark giftig. Da C. in der Natur nicht abgebaut wird und sich daher in der Umwelt anreichert, kommt der Reduzierung der C.emissionen und der Einschränkung der Verwendung dieses Umweltgiftes große Bedeutung zu.

Cadmiumchlorid, $CdCl_2$, wird u. a. als Absorptionsmittel für Schwefelwasserstoff sowie als Trocknungsmittel verwendet.

Cadmiumoxid, CdO, die Sauerstoffverbindung des Cadmiums; amorphes Pulver, das für Glasuren und galvan. Cd-Überzüge verwendet wird.

Cadmiumpigmente ↑ Cadmium.

Cadmiumsulfidzelle ↑ Photowiderstand.

Caedmon

Caedmon (Cadmon, Cedmon) ['kɛ:tmɔn, engl. 'kɛdmən], † um 680, erster bekannter christl. Dichter angelsächs. Sprache. - Verf. eines [fragmentar. erhaltenen] Schöpfungsliedes in Langzeilen.

Caelum ['tsɛ:lʊm; lat.] ↑ Sternbilder (Übersicht).

Caen [frz. kã], frz. Hafenstadt in der Normandie, an der Orne, 8 m ü. d. M., 114 000 E. Verwaltungssitz des Dep. Calvados und der Region Basse-Normandie; Univ. (gegr. 1432), technolog. Universitätsinst., Schule für Hydrographie; Metall-, Elektro-, chem., Textil- und Nahrungsmittelind.; ⚓. - 1027 erstmals erwähnt; Stadt seit 1203; 1204 erstmals in frz. Besitz, endgültig 1450; während der Frz. Revolution 1793 eines der Zentren der Girondisten; 1944 fast völlig zerstört; Wiederaufbau nach neuem Plan. - Abb. S. 179.

Caere ['tsɛ:re] (etrusk. Cisra), eine der ältesten (Anfang des 1. Jt. v. Chr.) und größten etrusk. Städte (heute Cerveteri), 40 km nw. von Rom am Tyrrhen. Meer, bed. Handelsplatz; 353 v. Chr. von Rom unterworfen; Ausgrabungen einer großen Nekropole (Gräber aus dem 7. Jh. v. Chr. bis zum 1. Jh. n. Chr.).

Caernarvon [engl. kə'nɑ:vən] (Carnarvon), walis. Hafenstadt an der Menai Strait, 9 300 E. Verwaltungssitz der Gft. Gwynedd; Ferien- und Segelsportzentrum. - Sö. von C. lag das 75 n. Chr. angelegte röm. Kastell **Segontium,** das seit Ende des 4. Jh. lokalen Fürsten als Sitz diente. Die Siedlung entstand um eine Kirche des 5. Jh.; 1284 Stadtrecht und Hauptstadt des Ft. Wales. - Normann. Burg.

Caesalpinie (Caesalpinia) [tsɛ...; nach A. Cesalpino], Gatt. der Caesalpiniengewächse mit etwa 120 Arten in den Tropen und Subtropen; Bäume und Sträucher mit doppelt gefiederten Blättern und in Rispen stehenden, gelben oder roten Blüten und zusammengedrückt erscheinende, ledrige Hülsenfrüchte; einige Arten liefern Farbhölzer.

Caesalpiniengewächse [tsɛ...] (Caesalpiniaceae), Fam. trop. und subtrop. Holzpflanzen mit zweiseitig symmetr. Blüten und gefiederten Blättern. Zu den C. gehören u. a. die Gatt. ↑ Afzelia, ↑ Caesalpinie, ↑ Johannisbrotbaum, ↑ Judasbaum.

Caesar, Gajus Julius ['tsɛ:zar] ↑ Cäsar.

Caesar ['tsɛ:zar] (Mrz. Caesares), Beiname im röm. Geschlecht der Julier; seit Augustus (dem Adoptivsohn Julius Cäsars) Name, der die Zugehörigkeit zum Kaiserhaus kennzeichnet, seit Claudius Bestandteil der kaiserl. Titulatur, seit Hadrian auch Titel des designierten Nachfolgers, in der Tetrarchie Diokletians Titel der als Nachfolger der ranghöheren Kaiser bestimmten Unterkaiser; in Byzanz (Kaisar) seit dem 7. Jh. durch den Titel Basileus ersetzt; blieb in Herrschertiteln erhalten (Kaiser, Zar).

Caesarea [tsɛ...], Name antiker Städte: **C.** (C. Palaestinae, C. Palaestina, C. am Meer), Ruinenstätte in der Scharonebene, 54 km nördl. von Tel Aviv; in der Nähe einer phönik. Burg (Stratonsturm) angelegt; nach Ausbau durch Herodes den Großen als eine der bedeutendsten Städte Palästinas 6 n. Chr. Sitz der röm. Prokuratoren; 69 zur Kolonie erhoben, Hauptstadt der röm. Prov. Syria Palaestina, seit dem 2. Jh. Bischofssitz; um 640 von den Arabern und 1101 von den Kreuzfahrern erobert, 1265 von Sultan Baibars I. zerstört; Ausgrabungen des röm. C. seit 1956, ferner Ruinen u. a. aus der Kreuzfahrerzeit.

C. (C. in Kappadokien, C. Mazaca oder C. Eusebea) ↑ Kayseri (Türkei).

C. (C. in Nordafrika, C. Mauretaniae) ↑ Cherchell (Algerien).

C. Philippi in Palästina, ↑ Banijas (Syrien).

Caesarius von Heisterbach [tsɛ...] ↑ Cäsarius von Heisterbach.

Caesarius, Johannes [tsɛ...], * Jülich um 1468, † Köln 1550, dt. Humanist. - Bed. Gräzist, Verfasser von Lehrbüchern zur Grammatik und Rhetorik; Lehrer bed. Humanisten (Agrippa von Nettesheim, Bullinger u. a.).

Caesaromagus, antike Städte, ↑ Beauvais, ↑ Chelmsford.

Caesena, antike Stadt, ↑ Cesena.

Caetani (Gaetani), italien. Adelsfamilie, seit dem 12. Jh. nachgewiesen, in den Linien Neapel (im 15. Jh. ausgestorben), Pisa (1652 im Zweig C. di Sermoneta aufgegangen) und Anagni, die sich um 1420 in die Zweige C. d'Aragona und den noch in Rom lebenden C. di Sermoneta (seit 1526 Herzöge) teilte.

Caetano, Marcelo José das Neves Alves [portugies. kɐj'tɐnu], * Arganil 17. Aug. 1906, † Rio de Janeiro 26. Okt. 1980, portugies. Jurist und Politiker. - 1933–68 Prof. für Verfassungs- und Verwaltungsrecht, 1959–62 Rektor der Univ. Lissabon; seit 1936 enger polit. Mitarbeiter Salazars; 1944–47 Kolonialmin., 1949–55 Präs. der Ständekammer, 1955–58 Leiter des Präsidialmin.; seit 1968 Min.präs., 1974 durch Militärputsch gestürzt; ging ins Exil nach Brasilien.

Café [frz.] ↑ Kaffeehaus.

Cafeteria [span.], Imbißstube bzw. Restaurant mit Selbstbedienung.

Caffe (Caffee, Caffé), Daniel, * Küstrin 21. Juli 1750, † Leipzig 16. Jan. 1815, dt. Maler. - Einzel- und Gruppenporträts in Pastell sowie mytholog. und Genredarstellungen.

Caffieri, aus Italien stammende, in Frankr. tätige Bildhauerfamilie, die sich im 17. und 18. Jh. v. a. durch kunstgewerbl. Bronzearbeiten einen Namen machte.

Cafuso [brasilian. ka'fuzu], Mischling in Brasilien, dessen einer Elternteil Neger, der andere Indianer ist.

Cagayan de Oro [span. kaɣa'jan de 'oro], Hafenstadt an der N-Küste der philippin. Insel Mindanao, am Cagayan; 227 000 E. Hauptstadt der Prov. Misamis Oriental; kath. Bischofssitz; Univ. (gegr. 1933); internat. ⚓.

Cage, John [engl. keɪdʒ], *Los Angeles 5. Sept. 1912, amerikan. Komponist und Pianist. - Zunächst an der Zwölftontechnik orientiert, bezieht C. seit den 50er Jahren den Zufall ein, was letztl. zur Aufhebung der Komposition als eines individuellen Werkes führt. Er komponierte u. a. Werke für Schlagzeug, „präpariertes Klavier" (1938), „Music for Piano" (1952–56), „Mozart Mix" (Tonband, 1965).

Cagliari [italien. 'kaʎʎari], italien. Stadt an der S-Küste von Sardinien, auf einem Vorgebirge zw. zwei Strandseen, 224 000 E. Verwaltungssitz der autonomen Region Sardinien und der Prov. C.; Erzbischofssitz; Univ. (gegr. 1596), Inst. für sard. Studien; Ind.- und Handelszentrum der Insel, u. a. Meersalzsalinen, Erdölraffinerie; Hafen, Werften, Fischereistation; ♐. - Wahrscheinl. karthag. Gründung, wurde 238 v. Chr. röm. (**Carales**), fiel 454 an die Vandalen, wurde 534 byzantin., nach dem 7. Jh. vorübergehend unter sarazen. Herrschaft; teilte dann die Geschicke Sardiniens; im 16. Jh. zur Festung gegen türk. Angriffe ausgebaut; im 2. Weltkrieg stark zerstört.- Röm. Amphitheater (2. Jh.), roman.-got. Dom (im 17. Jh. erneuert); Kuppelkirche Santi Cosma e Damiano (5. Jh.) mit Chor (11. Jh.). Die pisan. Befestigungsmauer ist z. T. erhalten.

Cagliostro, Alessandro Graf von [italien. kaʎ'ʎɔstro], eigtl. Giuseppe Balsamo, *Palermo 8. Juni 1743, †Schloß San Leone bei Urbino 26. Aug. 1795, italien. Abenteurer und Alchimist. - Trat in Westeuropa, v. a. Deutschland, Großbrit. und Frankr. als Alchimist und Geisterbeschwörer auf, fand bald Zugang zu den höchsten Kreisen und erwarb großen Reichtum. Wegen seiner Betrügereien zu häufigem Ortswechsel gezwungen; 1786 aus Paris ausgewiesen, da er in die ↑Halsbandaffäre verwickelt war; 1789 in Rom zum Tode verurteilt, 1791 begnadigt; verbrachte sein Leben fortan im Gefängnis; literar. Gestaltung seines Lebens bzw. von Episoden daraus bei Schiller und Goethe.

Cagnes-sur-Mer [frz. kaɲsyr'mɛːr], frz. Stadt an der Côte d'Azur, 35 200 E. Museen, u. a. das Haus des Malers Renoir; Pferderennbahn; keram. Ind.; Blumenzucht, Weinbau; Seebad Cros-de-Cagnes. - Über der Altstadt die Grimaldi-Burg (13./14. Jh., im 17. Jh. zum Schloß umgestaltet).

Cagney, James Francis [engl. 'kægnɪ], *New York 17. Juli 1904, †Stanfordville (N. Y.) 30. März 1986, amerikan. Schauspieler. - Neben H. Bogart einer der wichtigsten Darsteller in Filmen der „schwarzen Serie" (u. a. „Der FBI-Agent", „Die öffentl. Feind").

Cagniard de la Tour (Cagniard de Latour), Charles Baron (seit 1819) [frz. kaɲardəla'tuːr], *Paris 31. Mai 1777, †ebd. 5. Juli 1859, frz. Ingenieur und Physiker. - Erfand u. a. eine Lochsirene, mit der er erstmals die Schwingungszahl von Tönen bestimmte;

stellte fest, daß Gase bei erhöhtem Druck flüssig werden und erkannte, daß bei der alkohol. Gärung Mikroorganismen beteiligt sind.

Cagoule [frz. ka'gul „Mönchsrock" (zu lat. cucullus „Kapuze")], 1932–40 Bez. für frz. polit. Geheimorganisation mit faschist. Tendenz. Die von Kreisen der Wirtschaft und des Militärs unterstützten **Cagoulards** führten Terroraktionen und Attentate gegen linksgerichtete Politiker durch und schlossen sich nach 1940 überwiegend der Vichy-Regierung, z. T. der Résistance an.

Cahiers de la Quinzaine [frz. kajedlakɛ'zɛn „vierzehntägige Hefte"], literar. Reihe, in deren Heften C. Péguy 1900–14 außer eigenen Werken Autoren vorstellte wie R. Rolland, G. Sorel, J. Benda, Jean und Jérôme Tharaud, J. Schlumberger, A. Suarès.

Cahiers du Cinéma [frz. kajedysine'ma „Kinohefte"], wichtigstes Organ (1953–69) der europ. Filmkritik.

Cahors [frz. ka'ɔːr], frz. Stadt im Quercy, am Lot, 95 km nördl. von Toulouse, 19 700 E. Verwaltungssitz des Dep. Lot; Bischofssitz (seit dem 3. Jh.); erste staatl. frz. Kochhochschule. Marktzentrum eines Wein- und Tabakbaugebietes. - **Cadurcum,** Hauptort der kelt. Kadurker, hieß in röm. Zeit **Divona**; Hauptort des fränk. Pagus („Gau") Cadurcinus, aus dem die Gft. Quercy entstand; im 12. Jh. engl., dann zu Toulouse und infolge der Albigenserkriege zur Krone; im MA eine der reichsten frz. Städte. 1332 Gründung einer Univ. (1751 mit der von Toulouse zusammengelegt). - Kathedrale (geweiht 1119; 13.–15. Jh. umgestaltet).

Caicosinseln [engl. 'kaɪkəs] ↑Turksund Caicosinseln.

Caillaud, Aristide [frz. ka'jo], *Moulins (Deux-Sèvres) 28. Jan. 1902, frz. Laienmaler. - Seine Bilder zeichnen sich durch expressive Farbigkeit aus.

Caillaux, Joseph [frz. ka'jo], *Le Mans 30. März 1863, †Mamers (Sarthe) 22. Nov. 1944, frz. Finanzwissenschaftler und Politiker. - 1892 Prof. in Paris, seit 1898 radikaler Abg.; hatte entscheidenden Anteil an der Einführung der Einkommensteuer; konnte als Min.präs. 1911/12 die 2. Marokkokrise beilegen; 1918 auf Betreiben Clemenceaus verhaftet und 1920 wegen Begünstigung defätist. Stimmungen angeklagt, 1925 begnadigt, 1925, 1926, 1935 jeweils kurze Zeit Finanzmin.; seit 1925 Senator.

Caillié, René Auguste [frz. ka'je], *Mauzé-sur-le-Mignon (Deux-Sèvres) 19. Sept. 1799, †La Baderre bei Paris 17. Mai 1838, frz. Afrikaforscher. - Brach 1827, verkleidet als Ägypter, aus Sierra Leone nach Timbuktu auf, das er 1828 erreichte; kehrte als erster Europäer von dort zurück (durch die westl. Sahara nach Marokko).

Caillois, Roger [frz. kaj'wa], *Reims 3. März 1913, †Paris 21. Dez. 1978, frz. Schrift-

Ça ira

steller. - Bed. Essayist; u. a. „Poétique de Saint-John Perse" (1954); „Pontius Pilatus. Ein Bericht" (1961).

Ça ira [frz. sa-i'ra „es wird gehen"], Lied der Terroristen während der Frz. Revolution, ben. nach dem Refrain „Ah, ça ira, ça ira, ça ira, les aristocrates à la lanterne".

Cairdküste [engl. kɛəd] ↑Coatsland.

Cairn [engl. kɛən; gäl. carn], i. w. S. Name für angehäufte Steinhügel (z. B. Landmarken), i. e. S. Bez. für die aus Steinen aufgeschütteten Hügel über Gangkammergräbern der Megalithkultur in Großbritannien.

Cairngorm Mountains [engl. 'kɛəngɔːm 'maʊntɪnz], Gebirgsmassiv in den Highlands (Schottland), im Ben Macdhui 1 309 m hoch, mit dem größten Naturschutzgebiet Großbritanniens.

Caisson [kɛ'sõː; frz.], versenkbarer Kasten aus Stahl oder Stahlbeton, der nach dem Prinzip der Taucherglocke Arbeiten unter Wasser ermöglicht.

Caissonkrankheit [kɛ'sõː] ↑Druckfallkrankheit.

CAJ, Abk. für: ↑Christliche Arbeiter-Jugend.

Cajamarca [span. kaxa'marka], Hauptstadt des nordperuan. Dep. C., in einem großen Becken der Anden, 2 750 m ü. d. M., 50 000 E. Sitz eines Bischofs; TU (gegr. 1965); landw. Versuchsstation; Handelszentrum; Textil- und Lederind.; heiße Schwefelquellen mit Ruinen eines Inkapalastes (Los Baños del Inca). - 1533 ließ F. Pizarro in A. den Inkaherrscher Atahualpa erdrosseln.
C., Dep. in NW-Peru, in der W-Kordillere der Anden, im N an Ecuador grenzend, 35 418 km², 1,046 Mill. E (1981). Hauptstadt Cajamarca.

Cajetan von Thiene, hl., eigtl. Gaetano da Tiene, * Vicenza Okt. 1480, † Neapel 7. Aug. 1547, italien. Ordensgründer. - Gründete 1524 die Kongregation der ↑Theatiner.

Cajetan, Thomas (italien. Gaetano), eigtl. Jacobus de Vio, * 20. Febr. 1469, † Rom 9. oder 10. Aug. 1534, italien. Kardinal (seit 1517). - Bedeutendster kath. Theologe der Reformationszeit, 1494–1507 Prof. in Padua, Brescia, Pavia und Rom, 1508 Generaloberer der Dominikaner, 1518 Erzbischof von Palermo, 1519 Bischof von Gaeta. Als Legat des Papstes verhandelte er nach Ende des Reichstages in Augsburg 1518 mit Luther.

Cajun [engl. 'kɛɪdʒən], westl. von New Orleans, USA, abgeschlossen lebende Volksgruppe, Nachkommen der von den Briten nach 1755 vertriebenen Bewohner ↑Akadiens; sprechen einen mit engl. Elementen durchsetzten frz. Dialekt.

Cakewalk [engl. 'kɛɪkwɔːk „Kuchentanz"], ein am Ende des 19. Jh. entstandener afroamerikan. Gesellschaftstanz mit Ragtime-Rhythmus.

cal, Einheitenzeichen für: ↑Kalorie.

Calabar [engl. 'kæləbɑː], Hauptstadt des nigerian. Bundesstaates Cross River, im Mündungsgebiet des Cross River, 103 000 E. Sitz eines kath. Bischofs; Univ. (gegr. 1975), TH (gegr. 1973); Marktzentrum (Ölbaumkulturen, Kautschukpflanzungen); Furnierwerk; Hochseehafen; 舟.

Calabria, lat. und italien. für ↑Kalabrien.

Calais [frz. ka'lɛ], frz. Hafenstadt und Seebad an der schmalsten Stelle der Straße von Dover, Dep. Pas-de-Calais, 76 500 E. Wichtigster europ. Passagierhafen für den Personenverkehr nach Großbrit.; Textil-, Metall-, Papier- und Nahrungsmittelind.; 舟 in C.-Marck. - Die Unterstadt Saint-Pierre, 1885 mit C. vereinigt, bestand schon in röm. Zeit (**Petressa**); 1180 Stadtrecht; entwickelte sich im 13. Jh. zum Haupthafen für den Verkehr mit England mit bed. Fernhandel; nach Eroberung durch König Eduard III. von England (1347) wichtigster engl. Stützpunkt auf dem Festland bis 1558. Im 2. Weltkrieg stark zerstört, moderner Wiederaufbau. - Das neue Rathaus (1910–22) wurde 1895 die Plastik von A. Rodin „Die Bürger von C." (1884–86) aufgestellt, zur Erinnerung an den Opfergang der sechs Bürger, die 1347 Geiseln Eduards III. waren, jedoch begnadigt wurden.

Calais, Straße von [frz. ka'lɛ] ↑Dover, Straße von.

Calaküste [span./dt.], Typ der Steilküste des westl. Mittelmeerraumes, charakterisiert durch kleine halbrunde Buchten (Calas).

Calama, chilen. Stadt im Großen Norden, an der Bahnlinie und Straße von Antofagasta nach La Paz, 2 270 m ü. d. M., 99 000 E. Verwaltungssitz eines Dep.; größte agrar. Siedlung in der Atacama; 舟. - 15 km sö. das Sonnenobservatorium Moctezuma.

Calamagrostis [griech.], svw. ↑Reitgras.

Calamiangruppe, philippin. Inselgruppe zw. den Inseln Palawan und Mindoro, etwa 1 500 km², Hauptinsel Busuanga (Abbau von Manganerzen). Leprakolonie auf der Insel Culion.

Calamus [griech.], svw. ↑Rotangpalmen.

calando [italien.], musikal. Vortragsbez.: gleichzeitig an Tonstärke und Tempo abnehmend.

Calanscio, Serir [italien. ka'lanʃo], ostlibysches Wüstengebiet von 4 000 km N–S und 500 km O–W-Erstreckung; flachwellige Kieswüste, die nach S zu sandiger wird. Am NO-Rand das Erdölfeld **Serir.**

Calanthe [griech.], svw. ↑Schönorchis.

Calapan, philippin. Hafenstadt an der N-Küste der Insel Mindoro, 33 000 E. Verwaltungssitz der Prov. Mindoro Oriental; Fährverbindung nach S-Luzon. - 1679 gegr.

Calar Alto, höchste Erhebung der Sierra de los Filabres, im äußersten Süden der span. Prov. Almeria, 2 168 m ü. d. M. Observatorium des Max-Planck-Instituts für Astronomie (Teil eines dt.-span. astronom. Zentrums).

Calatayud [span. kalata'juð], span. Stadt 60 km sw. von Zaragoza, 532 m ü. d. M., 17 000 E. Marktzentrum des Jalón- und Jilocatales. - Das iber. **Bilbilis** war wegen seiner Waffenherstellung berühmt; nach arab. Herrschaft 1120 zurückerobert; 1366 Stadt.

Calathea [griech.], svw. ↑ Korbmarante.

Calatrava, Orden von [span. kala'traβa], ältester und bedeutendster span. Ritterorden, ben. nach der maur. Festung C., begr. 1158; 1486 bzw. 1523 gingen Großmeisterwürde und Einkünfte an die span. Krone über; erhielt im 17. Jh. den Charakter eines Verdienstordens.

Calau, Krst. im Bez. Cottbus, DDR, 25 km westl. von Cottbus, 70–100 m ü. d. M., 6 800 E. Das Gebiet von C. gehört zum nw. Teil des Niederlausitzer Braunkohlengebietes. - Wohl im Schutze der gleichnamigen dt. Burg (10. Jh.) in der Nähe einer älteren wend. Siedlung Anfang des 13. Jh. gegr.

C., Landkr. im Bez. Cottbus, DDR.

Calaverit [nach dem Vorkommen im County Calaveras (Calif.)], weißgelbes, monoklines Mineral, AuTe$_2$ (Goldtellurid), mit bis zu 44 % Goldgehalt, daneben bis zu 4 % Silber; Mohshärte 2,5; Dichte 9,3 g/cm^3.

Calcarea [lat.], svw. ↑ Kalkschwämme.

Calceola [lat.], svw. ↑ Pantoffelkoralle.

Calceolaria [lat.], svw. ↑ Pantoffelblume.

Calceus [...tse-ŏs; lat.], die zur Toga getragene Riemensandale der Römer; je nach Breite der beiden Riemen konnte der C. auch den ganzen Fuß umschließen; die Senatoren trugen rot Riemen.

Calciferole [Kw.], internat. Bez. für die ↑ Vitamine der D-Gruppe; man unterscheidet das **Ergocalciferol** (Vitamin D$_2$) und das **Cholecalciferol** (Vitamin D$_3$).

Calcit [lat.] (Kalkspat, Doppelspat), sehr häufiges, oftmals gesteinsbildendes Mineral aus der Gruppe der Carbonate; chem. Zusammensetzung CaCO$_3$ (Calciumcarbonat); Färbung weiß bis gelbl., rötl., grünl. und bräunl., durchsichtig oder undurchsichtig. Klarer C. zeigt starke opt. Doppelbrechung, daher fanden große Kristalle (**Isländ. Doppelspat**) vielfach Verwendung in opt. Instrumenten.

Calcitonin [lat.] (Kalzitonin, Thyreocalcitonin), in der Schilddrüse gebildetes Polypeptid mit Hormonwirkung, das als Gegenspieler des ↑ Parathormons wirkt, d. h., es senkt den Calcium- und Phosphatspiegel des Blutes und vermindert den durch das Parathormon gesteuerten Knochenabbau.

Calcium (Kalzium) [zu lat. calx „Kalkstein, Kalk"], chem. Symbol Ca, metall. Element aus der II. Hauptgruppe (Erdalkalimetalle) des Periodensystems der chem. Elemente; Ordnungszahl 20, mittlere Atommasse 40,08, Dichte 1,55 g/cm^3, Schmelzpunkt 839 °C, Siedepunkt 1 484 °C. C. ist ein silberglänzendes, sehr weiches Metall, das jedoch wegen seiner Reaktionsfähigkeit nur in Verbindungen vorkommt. Die wichtigsten C.minerale sind die Carbonate der chem. Zusammensetzung CaCO$_3$ (Calcit, Kalkstein, Kreide, Marmor) und MgCa(CO$_3$)$_2$ (Dolomit, Ankerit), ferner Gips und Flußspat. Gewonnen wird C. durch Elektrolyse von geschmolzenem C.chlorid. Verwendet wird das reine Metall als Zusatz zu Legierungen von Bahnund Lagermetallen und als Reinigungs- und Trockenmittel in der chem. Industrie. Von den stets zweiwertigen Verbindungen dient der ↑ Kalkstickstoff als hochwertiger Stickstoffdünger, **Calciumsulfat,** CaSO$_4$, als Bau-, Modell- und Formgips sowie als Zusatz zu Kreiden und weißen Malerfarben. Letzteres tritt in der Natur als Anhydrit und Gips auf. Von bes. Bed. für den Aufbau von Knochen sowie für die Bildung von Schalen und Gehäusen sind die C.phosphate. Von physiolog. Bed. ist der C.gehalt des Blutes (sog. Blutcalciumspiegel), der mit dem Stoffwechselsystem zusammenhängt. Der Mensch soll tägl. etwa 0,8–1,1 g. C. zu sich nehmen; diese Menge wird i. d. R. schon durch die normale Nahrungsaufnahme gewährleistet.

Calciumcarbid (Karbid), CaC$_2$, wichtige Calciumverbindung, die aus Kalk und Koks bei 2 300 °C im Lichtbogen eines elektr. Ofens hergestellt wird; Verwendung als Reduktionsmittel in der Metallurgie und zur Herstellung von ↑ Acetylen und ↑ Kalkstickstoff.

Calciumcarbonat, CaCO$_3$, neutrales Calciumsalz der Kohlensäure; gesteinsbildend (Calcit, Aragonit, Marmor); in CO$_2$-haltigem Wasser geht C. langsam in Lösung unter Bildung des leichterlösl. **Calciumhydrogencarbonats**; beim Verdunsten des Wassers bildet sich unlösl. CaCO$_3$ zurück. Auf diesem Vorgang beruht in der Natur die Entstehung von Höhlen und Grotten in Kalksteingebieten und die Bildung von Stalaktiten und Stalagmiten in Tropfsteinhöhlen, ebenso die Abscheidung von Kesselstein.

Calcit. Rhombischer Kristall (Sonora, Mexiko)

Calciumhalogenide, Verbindungen des Calciums mit den Halogenen, F, Cl, Br, J. **Calciumfluorid,** CaF_2, tritt in der Natur als Flußspat auf. Es dient u. a. als Flußmittel bei der Gewinnung vieler Metalle. Das hygroskop. **Calciumchlorid,** $CaCl_2$, findet Verwendung als Kühlmittel, Imprägniermittel von Holz, Auftaumittel für vereiste Straßen und Abbindebeschleuniger von Beton. Wasserfreies $CaCl_2$ ist ein sehr wirksames Trockenmittel. Das gemischte Salz der Salzsäure und der hypochlorigen Säure wird unter der Bez. ↑Chlorkalk als Desinfektionsmittel verwendet.

Calciumhydrogensulfit, $Ca(HSO_3)_2$, nur in wäßriger Lösung beständiges saures Calciumsalz der schwefligen Säure; die wäßrige Lösung dient als Lösungsmittel bei der Gewinnung von Zellstoff nach dem Sulfitverfahren.

Calciumhydroxid (gelöschter Kalk), $Ca(OH)_2$, eine aus Calciumoxid durch Zugabe von Wasser entstehende Verbindung mit stark bas. Eigenschaften (↑Kalk); die klare Lösung wird als **Kalkwasser,** die milchigtrübe, ungelöstes C. enthaltende Suspension als **Kalkmilch** bezeichnet. Der beim Verrühren von CaO mit Wasser entstehende **Kalkbrei** dient v. a. zur Herstellung von Mörtel.

Calciumoxid (Ätzkalk, gebrannter Kalk, Branntkalk, Luftkalk), CaO, Sauerstoffverbindung des Calciums, wird durch Brennen von Kalk gewonnen; dient als bas. Zuschlag bei der Gewinnung vieler Metalle im Hochofen und zur Herstellung von Mörtel und Düngemitteln.

Calciumphosphate, Calciumsalze der Phosphorsäuren; *primäres C. (Calciumdihydrogenphosphat),* $Ca(H_2PO_4)_2$, *sekundäres C. (Calciumhydrogenphosphat),* $CaHPO_4$, und *tertiäres C.,* $Ca_3(PO_4)_2$, sind Bestandteile vieler Phosphatdünger. Die hydroxyl- und carbonathaltigen Formen *Hydroxylapatit,* $Ca_5OH(PO)_3$ bzw. *Carbonatapatit,* $Ca_3(PO_4)_3 \cdot 2CaCO_3 \cdot H_2O$, sind Bestandteil der Knochen und Zähne.

Calciumsulfat ↑Calcium.

Calculus [lat.], röm. Bez. des Stimmsteins für Abstimmungen.

◆ ↑Kalkül.

Calcutta [engl. kæl'kʌtə] ↑Kalkutta.

Caldara, Antonio, * Venedig (?) um 1670, † Wien 26. Dez. 1736, italien. Komponist. - Seit 1716 Vizekapellmeister am Wiener Hof; komponierte über 100 Opern, Serenaden und dramat. Kantaten, mehr als 30 Oratorien, Kirchenmusik, Sinfonien, Kammer- und Klaviermusik sowie weltl. Vokalwerke.

C., Polidoro, italien. Maler, ↑Polidoro da Caravaggio.

Caldarium ↑Kaldarium.

Caldas, Dep. in Z-Kolumbien, 7 888 km², 871 000 E (1983). Hauptstadt Manizales. Erstreckt sich von der Westkordillere über das Tal des Río Cauca und die Zentralkordillere bis zum Río Magdalena. Hauptagrargebiete sind die Gebirgshänge; in der Magdalenasenke Erdölförderung.

Caldas da Rainha [portugies. 'kaldɐʒ ðɐ rrɐ'iɲɐ], portugies. Heilbad, 75 km nördl. von Lissabon, 15 000 E. Schwefelthermen (34,5 °C, rheumat. Erkrankungen); Porzellan-, Fayencenmanufaktur.

Calder, Alexander [engl. 'kɔːldə], * Lawton (Pa.) 22. Juli 1898, † New York 11. Nov. 1976, amerikan. Plastiker. - Auf bewegl. (motorgetriebene) Konstruktionen folgten seit den dreißiger Jahren die ersten hängenden und stehenden, vom Luftzug bewegten „Mobiles" aus Draht und farbigen Metallplatten. Daneben z. T. mächtige stehende „Stabiles".

Caldera, Rafael, * San Felipe 24. Jan. 1916, venezolan. Jurist und Politiker. - Gründete 1946 die Christl. Soziale Partei (COPED); an der Ausarbeitung der venezolan. Verfassung von 1961 maßgebl. beteiligt; 1968–74 Staatspräs.; seit 1980 Präs. des Interparlamentar. Rates.

Caldera (Mrz. Calderen) [span., eigtl. „Kessel"], Riesenkrater, entsteht durch Einbruch eines Vulkans nach Entleerung der oberflächennahen Magmakammer.

Calder Hall [engl. 'kɔːldə 'hɔːl], Standort eines kommerziellen engl. Kernkraftwerks (seit 1956) in Cumbria, südl. von Whitehaven; in der Nähe die Wiederaufarbeitungsanlage ↑Sellafield.

Calderón de la Barca, Pedro [span. kalde'rɔn de la 'βarka], * Madrid 17. Jan. 1600, † ebd. 25. Mai 1681, span. Dramatiker. - Neben Lope de Vega der bedeutendste span. Dramatiker des sog. Goldenen Zeitalters, der anders als jener die Inspiration zu seinem Werk nahezu ausschließl. aus der gelehrten Tradition von Antike und Christentum gewinnt. Entscheidender Bewegungsgrund der Handlungen seiner Stücke ist die Ehre, die die in histor. oder allegor. Beispielhaftigkeit erstarrten Normen einer zum Untergang verurteilten aristokrat. Ordnung spiegelt. Von C. sind 120 Comedias (weltl.) und 80 Autos sacramentales (geistl. Dramen) sowie 20 kleinere Werke bekannt; die erweisen immer wieder das Gespür ihres Verfassers für bühnenwirksame Strukturierung der Handlung, die die psycholog. Nuancierung bes. der weibl. Charaktere ebenso stützt wie der metaphernreiche Stil, dessen normative Strenge nicht selten in die Nähe scholast. Disputieren gerät. C. Werk hat zumindest seit dem 19. Jh. großen Einfluß auf verschiedene Nationalliteraturen (Deutschland, England, Frankr.) ausgeübt und ist im Deutschland des 20. Jh. v. a. durch Hugo von Hofmannsthals Salzburger Bearbeitung des „Großen Welttheaters" von 1922 und Max Kommerells „Beiträgen zu einem dt. C." von 1946 bekannt geblieben.

Werke: Das Haus mit zwei Türen (entstanden

1629, gedruckt 1632), Die Andacht zum Kreuz (1634), Balthasars Nachtmahl (entstanden um 1634, gedruckt 1664), Der standhafte Prinz (1636), Das Leben ist Traum (1636), Der Arzt seiner Ehre (1637), Der wundertätige Magus (entstanden 1637, gedruckt 1663), Der Richter von Zalamea (entstanden 1642, gedruckt 1651), Die Tochter der Luft (uraufgeführt 1653, gedruckt 1664), Das Schisma von England (1672).

📖 *Heydenreich, T.: P. C. de la B. Erlangen 1982. - Flasche, H.: Über C. Wsb. 1980.*

Caldwell [engl. 'kɔːldwəl], Erskine, * White Oak (Ga.) 17. Dez. 1903, amerikan. Schriftsteller. - Stellt in realist., sozialkrit. Erzählwerken die Welt der Neger und der „White nigger" (unterprivilegierte Weiße) dar, z. B. in dem Roman „Die Tabakstraße" (1932).

C., [Janet] Taylor, Pseud. Max Reiner, * Prestwich bei Manchester (England) 7. Sept. 1900, † Greenwich (Conn.) 30. Aug. 1985, amerikan. Schriftstellerin. - Erfolgreiche Unterhaltungsromane, u. a. „Mit dem Herz eines Löwen" (1970).

Calembour [kalã'buːr; frz.], scherzhaftes Spiel mit der unterschiedl. Bed. gleich oder ähnl. lautender Wörter.

Calenberg, von der gleichnamigen Burg aus im 13./14. Jh. gebildetes welf. Territorium; umfaßte zunächst nur das heutige Calenberger Land zw. Leine und Deister; 1432–73 erstmals eigenständiges Ft. unter der Hauptlinie des Mittleren Hauses Braunschweig; seit 1463 Eingliederung des Ft. Göttingen (C.-Göttingen), ging später in Hannover auf.

Calenberger Land, Landschaft zw. Leinebogen und Deister, Nds.

Calendae [lat.] ↑ Kalenden.

Calendula [lat.], svw. ↑ Ringelblume.

Caleta Córdoba [span. kaˈleta ˈkɔrðoβa], Erdölhafen bei ↑ Comodoro Rivadavia.

Calf [kalf; engl. kaːf], Kalbsleder; für Bucheinbände und Schuhe.

Calgary [engl. ˈkælgərɪ], kanad. Stadt im S der Prov. Alberta, am Rand der Fußhügelzone der Rocky Mountains, 620 000 E. Sitz eines kath. und eines anglikan. Bischofs; Univ. (gegr. 1945), Inst. für Technologie und Kunst, College; Freilichtmuseum, Zoo (mit Sauriernachbildungen); jährl. Rodeo (Stampede). Zentrum eines Viehzucht- und Ackerbaugebiets sowie bed. Erdöl- und Erdgasfelder; Verkehrsknotenpunkt, ✈. - 1751–58 frz. Fort, 1876 in Fort C. umbenannt. Die Entwicklung begann, als die Canadian Pacific Railway C. erreicht hatte (1883).

Calhoun, John Caldwell [engl. kəlˈhuːn], * bei C. Mills, Abbeville District (S. C.) 18. März 1782, † Washington 31. März 1850, amerikan. Politiker. - 1810–17 Mgl. des Repräsentantenhauses, 1817–25 Kriegsmin.; 1825–32 Vizepräs.; schuf eine umfassende Theorie des amerikan. Regierungssystems;

Alexander Calder, Stabile, farbige Stahlplatten (1962)

setzte sich als Bundessenator (1832–44 und 1845–50) für die Autonomie der Südstaaten ein; stand als Außenmin. 1844/45 hinter der Annexion von Texas.

Cali, Hauptstadt des Dep. Valle del Cauca in W-Kolumbien, im Tal des Río Cauca, 1 103 m ü. d. M., 1,232 Mill. E. Sitz eines Erzbischofs; zwei Univ. (gegr. 1945 bzw. 1958). Bahnknotenpunkt, Handelszentrum für W-Kolumbien in einem fruchtbaren Landw.gebiet, Ind.standort; ✈. - Gegr. 1536.

Caliche [span. kaˈlitʃe], ungereinigter Chilesalpeter; gebildet als terrestr. Salzabscheidung; Rohstoff für Düngemittel.

Calicut [engl. ˈkælɪkət], ind. Stadt an der Malabarküste, 270 km sw. von Bangalore, Kerala, 394 000 E. Univ. (gegr. 1968); Baumwollverarbeitung, Kaffeeaufbereitung, Gewinnung von Pflanzengiften; Werften. Exporthafen für landw. Produkte, Reede 5 km vor der Küste. - Seit dem 9. Jh. Hauptstadt eines Kgr., vor Ankunft der Europäer bedeutendster Handelshafen an der ind. SW-Küste; am 20. Mai 1498 landete dort Vasco da Gama.

Calidris [griech.], svw. ↑ Strandläufer.

California [engl. kælɪˈfɔːnjə] ↑ Kalifornien.

Californium [nach der University of California (Berkeley), dem 1. Herstellungsort], chem. Symbol Cf; stark radioaktives, künstl. hergestelltes Metall aus der Gruppe der ↑ Transurane im Periodensystem der chem. Elemente; Ordnungszahl 98.

Caliga [lat.], der genagelte Stiefel des röm. Soldaten.

Caligula (Gajus Julius Caesar Germanicus) [eigtl. „Soldatenstiefelchen" (die er als Kind trug], * vermutl. Antium (= Anzio) 31. Aug. 12 n. Chr., † Rom 24. Jan. 41, röm. Kaiser (seit 37). - Sohn des Germanicus und Agrippinas der Älteren; nach dem Tod des

Tiberius zum Kaiser ausgerufen; machte sich bald durch Gewalttätigkeiten verhaßt; strebte eine monarch. Herrschaft im Stil hellenist. Könige an; 39 Niederschlagung einer Militärrevolte am Rhein; nach Rückkehr von einer gegen Britannien gerichteten Expedition zur Kanalküste (40) durch Prätorianer ermordet.

Calima, archäolog. Kultur in Kolumbien, am Oberlauf des Río Calima, östl. von Buenaventura; datiert 500 v. Chr.; berühmt durch ihre zahlr. Goldobjekte.

Călimăneşti [rumän. kəlimə'neʃtj], rumän. Kurort am Fuß der Südkarpaten, am Alt, 280 m ü. d. M., 8 000 E. Heilquellen (Entzündungen, Rheuma, Erkrankungen der Atemwege). 3 km nördl. liegt das Kloster **Cozia** (1387/88; Fassaden in byzantin. Stil, Fresken 14. und 18. Jh.).

Cälius Antipater ↑ Cölius Antipater.

Calix [lat.], Kelch, Becher, Pokal.

Calixt, Georg, eigtl. Callisen, Kallissen, * Medelby bei Flensburg 14. Dez. 1586, † Helmstedt 19. März 1656, dt. ev. Theologe. - Prof. In Helmstedt; Anhänger Melanchthons.

Calixtiner ↑ Kalixtiner.

Calixtus ↑ Kalixt.

Calla [griech.], svw. ↑ Drachenwurz.

Callaghan, James [engl. 'kæləhən], * Portsmouth 27. März 1912, brit. Gewerkschafter und Politiker. - Abg. im Unterhaus für die Labour Party seit 1945; 1947–50 parlamentar. Staatssekretär im Verkehrsministerium; gehört seit 1957 (mit Unterbrechungen) dem Vorstand der Labour Party an; seit 1961 deren Finanzexperte; 1964–67 Schatzkanzler; 1967–70 Innen-, 1974–76 Außenmin.; 1976–79 Premiermin., 1979/80 Oppositionsführer; Parteiführer der Labour Party bis 1980.

Callao [span. ka'jao], wichtigste peruan. Hafenstadt, 10 km westl. von Lima, 479 000 E. Verwaltungssitz; Meeresinstitut; Marinestützpunkt (auf der Isla San Lorenzo). U. a. Werften, Trockendock, Gießereien, Reifenfabrik, Gefrierfleisch-, Fischmehl- und Fischkonservenfabriken. Durch Eisenbahn (älteste Südamerikas, eröffnet 1851), Straßenbahn und Autostraßen mit Lima verbunden. - 1537 gegr., während der Kolonialzeit der führende Pazifikhafen des span. Amerika.

Callao, El [span. ɛl ka'jao], Ort in SO-Venezuela, am Río Yuruari, 210 km osö. von Ciudad Bolívar, 85 m ü. d. M., 5 000 E. Zentrum eines Goldbergbaugebietes (seit Ende des 19. Jh.).

Callas, Maria, eigtl. M. Kalojeropulos (Kalogeropoulos), * New York 2. Dez. 1923, † Paris 16. Sept. 1977, italien. Sängerin griech. Abkunft. - Sang seit 1947 an den ersten Opernbühnen Europas und den USA als führende Sopranistin.

Callenberg, Johann Heinrich, * Molschleben bei Gotha 12. Jan. 1694, † Halle/Saale 16. Juli 1760, dt. Semitist und ev. Theologe. - 1727 Prof. für semit. Philologie in Halle, 1739 auch für Theologie. Auf C. geht die pietist. Judenmission zurück; gründete 1728 das Institutum Judaicum in Halle; bemühte sich auch um die Mission unter den Muslimen.

Callgirl [engl. 'kɔːlgɜːl], durch telefon. Anruf (engl. call) vermittelte Prostituierte.

Callimachus ↑ Kallimachos.

Callipteris [griech.], fossile Gatt. der Samenfarne vom Karbon bis zum Perm. Die Art **Callipteris conferta** ist das wichtigste pflanzl. Leitfossil des Rotliegenden; charakterisiert durch doppelt gefiederte, bis etwa 80 cm lange Blattwedel.

Callisto [nach Kallisto, der Geliebten des Zeus (lat. Jupiter)], einer der Galileischen Monde (IV) des Planeten Jupiter, sider. Umlaufzeit 16,689 Tage, Bahnradius 1 884 000 km, Durchmesser 4 848 km, Dichte 1,79 g/cm^3.

Callistus ↑ Kalixt.

Callitriche [griech.], svw. ↑ Wasserstern.

call money [engl. 'kɔːl 'mʌnɪ], im Bankwesen svw. tägl. Geld.

Callot, Jacques [frz. ka'lo], * Nancy 1592 oder 1593, † ebd. 24. März 1635, frz. Zeichner und Radierer. - Nach Ausbildung in Rom 1612–21 in Florenz tätig, seit 1621 lebte C. wieder in Nancy. Gekonnte Darstellung von Massenszenen wie Einzelfiguren, die er in eine Art Bühnenraum stellte. Bes. berühmt sind die Radierungen „Misères de la guerre" in 2 Folgen (1633/35), die die Greuel des Dreißigjährigen Krieges schildern.

calmato (calmando) [italien.], musikal. Vortragsbez.: beruhigt (bzw. beruhigend), ruhig.

Calmette, Albert [frz. kal'mɛt], * Nizza 12. Juli 1863, † Paris 29. Okt. 1933, frz. Bakteriologe. - Prof. am Institut Pasteur in Paris; entwickelte 1921 zusammen mit C. Guérin den BCG-Impfstoff gegen Tuberkulose.

Calonder, Felix, * Schuls (Graubünden) 8. Dez. 1863, † Zürich 14. Juni 1952, schweizer. Politiker. - Rechtsanwalt; Führer der Freisinnig-Demokrat. Partei; als Bundesrat (1913–20) bis 1919 Chef des Polit. Departements (Äußeres); 1918 Bundespräs.; 1922–37 Vors. der zur Durchführung der Genfer Konvention über Oberschlesien eingesetzten dt.-poln. Völkerbundskommission.

Calor [lat.], Wärme, Hitze; in der Medizin eines der klass. Symptome der Entzündung.

Calotte ↑ Kalotte.

Calpurnia, letzte Gemahlin Cäsars (seit 59). - Aus röm. plebej. Geschlecht. Durch einen Traum in der Nacht vor Cäsars Ermordung erschreckt, warnte sie Cäsar vergebl., an der Senatssitzung teilzunehmen.

Calque (Calque linguistique) [kalk (lẽ-gųis'tik); frz. „(linguist.) Nachbildung"], sprachl. Lehnprägung, bei der fremdsprachl. Wort- oder Satzgut mit Mitteln der aufnehmenden Sprache nachgebildet wird (z. B. „Wolkenkratzer" nach engl. „skyscraper").

Caltanissetta, Stadt in Sizilien, 90 km

Maria Callas   Johannes Calvin   Hélder Pessôa Câmara

westl. von Catania, 588 m ü. d. M., 62 000 E. Hauptstadt der Prov. C.; Bischofssitz; Bergbauschule; archäolog. Sammlungen, Bibliothek; Zentrum des sizilian. Schwefelbergbaus; Straßenknotenpunkt; Mineralquellen in der Nähe. - 1087 von dem Normannen Roger I. erobert. - Dom (1570–1622) mit Fresken des 18. Jahrhunderts.

Caltex [engl. ˈkæltɛks], Abk. für: California **Tex**as Oil Corp., New York, Mineralölunternehmen, Tochtergesellschaft der Chevron Oil Co./Standard Oil of California, San Francisco, und der Texaco Inc., New York.

Calumet ↑ Kalumet.

Calvados, frz. Dep. in der Normandie.

Calvados, frz. Apfelbranntwein aus ↑ Cidre (urspr. aus der Normandie, Dep. C.).

Calvaert, Denys [niederl. ˈkɑlvaːrt], auch Dionisio Fiammingo, * Antwerpen zw. 1540 und 1545, † Bologna 16. April 1619, fläm.-italien. Maler. - Gründete eine einflußreiche Malerschule in Bologna, wo u. a. G. Reni und Domenichino seine Schüler waren.

Calvaria [lat.] (Calva, Calvarium, Hirnschale, Schädelkalotte), in der *Anatomie* Bez. für das aus Stirnbein, Scheitelbeinen und Hinterhauptsbein bestehende Schädeldach.

◆ in der *Theologie* ↑ Golgatha.

Calvarium [lat.], in der Anthropologie Bez. für den Schädel ohne Unterkiefer.

Calvin, Johannes [-ʾ; frz. kalˈvɛ̃], eigtl. Jean Cauvin, * Noyon 10. Juli 1509, † Genf 27. Mai 1564, frz.-schweizer. Reformator. - C. besuchte in Paris das Collège de la Marche und das Collège Montaigu und studierte 1528–32 in Orléans und Bourges Jurisprudenz. 1532 wurde er in Paris Lizentiat der Rechte. Er betrieb auch humanist. Studien. Spätestens im Herbst 1533 wurde er ein offener Verfechter der Reformation. Er mußte deshalb Paris verlassen und ließ sich 1535 in Basel nieder. Hier schrieb er die erste Fassung seines theolog. Hauptwerkes, die „Institutio Christianae Religionis", eine kurze Zusammenfassung der ev. Lehre. Als er 1536 durch Genf reiste, wurde ihm ein kirchl. Lehr-

amt angeboten, woraufhin C. bis zu seinem Tod das Ziel verfolgte, eine vollkommene reformator. Durchgestaltung der Stadt zu erreichen. Das ganze Leben der Stadt, der Alltag mit Schule und Wiss., Politik und Wirtschaft, das ganze private und öff. Leben sollte ein Gottesdienst sein. 1541 erließ der Rat eine von C. verfaßte Kirchenordnung, die sog. „Ordonnances ecclésiastiques", mit der charakterist. Struktur der vier Ämter (Prediger, Lehrer, Älteste, Diakone), der aus Predigern und Lehrern gebildeten „Vénérable compagnie", v. a. aber des aus Ältesten (in der Mehrzahl Ratsherren) und Pfarrern zusammengesetzten „Consistoire". Dessen Aufgabe bestand (gemäß Matth. 18) darin, „Sünder" zu mahnen, eventuell vom Abendmahl auszuschließen, im Notfall dem als Justizbehörde fungierenden Kleinen Rat zur Bestrafung (mit Buße, Haft, Verbannung, Hinrichtung) zu übergeben. - Dem Aufbau einer vollkommen reformator. durchgestalteten Stadt diente wahrscheinl. in erster Linie C. Tätigkeit als Prediger an der Kathedrale Saint-Pierre, als Lehrer (bes. an der 1559 gegr. Akad.) und als theolog. Schriftsteller. C. verfaßte Kommentare zu fast allen Büchern des A. T. und N. T., theolog. Traktate (meist Streitschriften zur Verteidigung der Gesamtreformation oder eigener Positionen). Immer wieder überarbeitete er jedoch die „Institutio", die bedeutendste Dogmatik der Reformationszeit. In C. Theologie finden sich die folgenden Leitideen: die Betonung der Souveränität und Ehre Gottes, die Betonung der Einzigartigkeit Christi, die Betonung des Wortes Gottes als ausschließl. Kriterium der Wahrheit und Gerechtigkeit, an dem die Kirche zu messen ist. - C. Aufbauwerk in Genf erfolgte nicht ohne Widerstand. Die strenge Lehr- und Kirchenzucht verwickelte ihn in zahlr. Prozesse (u. a. mit dem Antitrinitarier M. Servet [1553 auf Betreiben C. verbrannt]), die das Andenken C. bis heute belasten). - C. war nicht nur Reformator in Genf, als Berater und Führer wurde er im Laufe der Jahre auch zum aner-

Calvin

kannten Reformator weiter Teile Westeuropas (Frankr., Schottland, Niederlande) und Osteuropas (Polen, Ungarn, Siebenbürgen). C. universaler Geist hat auch viel zur Entwicklung der modernen Welt überhaupt beigetragen: Im Blick auf die von C. geprägte Form des Protestantismus entwickelte Max Weber seine bis heute diskutierte ↑ Protestantismusthese; unbestreitbar war C. Einfluß auf die Entwicklung neuer demokrat. Strukturen, des ↑ Widerstandsrechtes und des sozialen und wirtsch. Verhaltens in der Neuzeit (↑ Kalvinismus).

📖 *Ganoczy, A./Scheld, S.: Die Hermeneutik Calvins. Stg. 1983. - Stauffer, R.: Dieu, la création et la Providence dans la prédication de C. Bern 1978. - Staedtke, J.: J. C. Gött. u. a. 1969. - Wendel, F.: C. Ursprung u. Entwicklung seiner Theologie. Dt. Übers. Neukirchen-Vluyn 1968.*

C., Melvin [engl. 'kælvɪn], *Saint Paul (Minn.) 8. April 1911, amerikan. Chemiker. - Prof. an der University of California in Berkeley. C. untersuchte den chem. Verlauf (""Dunkelreaktion"") der ↑ Photosynthese, wobei Kohlendioxid in Kohlenhydrate umgewandelt wird (**Calvin-Zyklus**); erhielt 1961 den Nobelpreis für Chemie.

Calvino, Italo, *Santiago de las Vegas (Kuba) 15. Okt. 1923, †Siena 19. Sept. 1985, italien. Schriftsteller. - Erzählwerke zunächst sozialist. Prägung, dann eher märchenhaft-utop. Romane (u. a. ""Der geteilte Visconte"", 1952; ""Der Baron auf den Bäumen"", 1957; ""Der Ritter, den es nicht gab"", 1959; ""Palomar"", 1983).

Calvisius, Sethus, eigtl. Seth Kalwitz, *Gorsleben (Bez. Halle) 21. Febr. 1556, †Leipzig 24. Nov. 1615, dt. Komponist und Musiktheoretiker. - Seit 1594 Thomaskantor in Leipzig; komponierte geistl. Werke; förderte mit seinen theoret. Schriften den Übergang vom linearen Kontrapunktstil zum harmon. bestimmten Stil des 17. Jahrhunderts.

Calvodoktrin, auf den argentin. Juristen und Historiker C. Calvo (*1824, †1906) zurückgehende Völkerrechtstheorie von der Unverletzlichkeit der Gebietshoheit eines souveränen Staates sowie der rechtl. Gleichstellung des Fremden mit dem Inländer.

Calvo Sotelo, José [span. 'kalβo], *Túy (Galicien) 6. Mai 1893, †Madrid 13. Juli 1936, span. Politiker. - Cortesabg. seit 1919; 1925-30 Finanzmin.; während der ersten Jahre der 2. Republik im Exil; trat dann als Propagandist und Wortführer der Rechten in den Cortes für die Restauration der Monarchie ein. Seine Ermordung 1936 war ein auslösendes Ereignis des Span. Bürgerkriegs.

Calw [kalf], Krst. in Bad.-Württ., im Nagoldtal, am O-Rand des Schwarzwalds, 326-520 m ü. d. M., 22 200 E; pädagog. Akademie; Textilind., Holz- und Lederwarenherstellung, elektrotechn. Ind., Motorenbau, feinmechan. Werkstätten. - Entstand als Burgweiler (1277 Civitas). 1975 mit **Hirsau** vereinigt (C.-Hirsau), seit 1976 wieder C. - Erste Klostergründung im Ortsteil Hirsau 830; 1049 Neugründung; 1079 Zentrum der kluniazens. Reformbewegung in Deutschland; berühmte Schreibschule im 12.Jh.; 1534 Einführung der Reformation. Im 16.Jh. herzogl. württemberg. Sommersitz, 1692 von frz. Truppen zerstört. Die Siedlung entstand im 18. Jh. - In Calw Brückenkapelle Sankt Nikolaus (um 1400); zahlr. Fachwerkbauten (nach 1692), Marktbrunnen (1686). In Hirsau sind Teile der Basilika (1059-71) in der Pfarrkirche erhalten, die 1955 wiederhergestellt wurde (Kastenaltar, Altarwand und Reliquienschrein von O. H. Hajek, Glasfenster von W. Geyer); Ruinen der Klosterkirche (1082-91) und des Kreuzgangs.

C., Landkr. in Baden-Württemberg.

Calypso [ka'lɪpso; Herkunft unsicher], aus Jamaika stammender figurenreicher Modetanz im $^2/_2$- oder $^4/_4$-Takt.

Calzabigi, Ranieri [italien. kaltsa'bɪːdʒi], *Livorno 23. oder 24. Dez. 1714, †Neapel im Juli 1795, italien. Dichter. - Librettist Glucks (""Orpheus und Euridike"", ""Alceste"").

CAM ↑Computer.

Camacho [span. ka'matʃo], Marcelino, *Osmala Rasa (Prov. Soria) 21. Jan. 1918, span. Arbeiterführer. - Maschinenschlosser; Mitgründer und Führer der zunächst illegalen ""Arbeiterkommissionen"" (Comisiones obreras); mehrfach in Haft. Mgl. des Politbüros der span. KP; Kongreß-Mgl. seit 1977.

C., Manuel Ávila ↑Ávila Camacho, Manuel.

Camagüey [span. kama'ɣwɛɪ], Hauptstadt der Prov. C. im östl. Kuba, 245 000 E. Bischofssitz; Univ.; Zentrum eines ausgedehnten Rinderzuchtgebietes; Bahnknotenpunkt, ✈. - Gegr. 1514. - Altstadt mit kolonialzeitl. Charakter, Kathedrale (1617), Kirche La Merced (um 1750).

Camaieu [kama'jøː; frz.], svw. ↑Kamee. ◆ Malerei in einer einzigen Grundfarbe in verschiedenen Abtönungen.

Camaldoli, Teil der italien. Gemeinde Poppi, Toskana. Stammkloster der Kamaldu-

Calw. Fachwerkbauten

188

lenser, 1012 gegr. (Kloster und Einsiedelei); hatte im 15. Jh. eine berühmte Akademie („Disputationes Camaldulenses").

Câmara, Hélder Pessôa (genannt „Dom Hélder") [brasilian. ˈkɐmara], * Fortaleza (Ceará) 7. Febr. 1909, brasilian. kath. Theologe. - Seit 1964 Erzbischof von Olinda und Recife; einer der profiliertesten Vertreter des progressiven Flügels der kath. Kirche Brasiliens; verlangt nachdrückl. eine gezielte Entwicklungs- und Bildungspolitik und plädiert für einen im Evangelium begr. Sozialismus. *Werke:* Revolution für den Frieden (1968), Es ist Zeit (1970), Die Spirale der Gewalt (1970). - Abb. S. 187.

Camare, archäolog. Komplex im Tal des Río Pedregal, im venezolan. Staat Falcón; datiert 14 000–11 000.

Camargo, Marie-Anne de Cupis de, * Brüssel 15. April 1710, † Paris 20. April 1770, frz. Tänzerin. - Trat seit 1726 an der Pariser Oper auf; zeichnete sich durch Anmut und Virtuosität aus.

Camargue [frz. kaˈmarg], frz. Landschaft im Rhonedelta, zentraler Ort ist Arles. Auf eine Strand- und Lagunenzone mit alten Strandwällen und Dünen, durchsetzt von Lagunen und Flußdammufern, folgen landeinwärts eine Dammufer- und Sumpfzone mit Auwald. Versteppungsphase im 16. und 17. Jh.; seit dem 19. Jh. immer stärkere landw. Nutzung; die Salzsteppen dienen als Kampfstier- und Pferdeweiden; Reis- und Weinanbau, Seesalzgewinnung. Z. T. Naturpark mit dem Étang de Vaccarès, einem bed. europ. Rückzugsgebiet für Wasservögel. - Abb. S. 190.

Camarguepferd [frz. kaˈmarg], in S-Frankr. (bes. in der Camargue) gezüchtete Rasse bis 1,45 m schulterhoher, halbwilder Ponys mit üppigem Mähnen- und Schweifhaar; meist Schimmel; temperamentvolle, ausdauernde Reitpferde.

Camaro, Alexander, * Breslau 27. Sept. 1901, dt. Maler. - Malt zarte, träumer. Szenen auf imaginären Bühnen.

Camars, antike Stadt, ↑ Chiusi.

Cambacérès, Jean-Jacques Régis de [frz. kɑ̃baseˈrɛs], Herzog von Parma, * Montpellier 18. Okt. 1753, † Paris 8. März 1824, frz. Jurist und Politiker. - Seit 1794 Präs. des Konvents und des Wohlfahrtsausschusses; setzte sich v. a. für die Schaffung eines Revolutionstribunals ein; seit Juli 1799 Justizmin., seit Nov. 1799 2. Konsul der Republik, seit 1804 Erzkanzler; maßgebl. an der Schaffung des Code Civil beteiligt; 1815 verbannt (bis 1818).

Camberg, Bad ↑ Bad Camberg.

Cambert, Robert [frz. kɑ̃ˈbɛːr], * Paris um 1628, † London 1677, frz. Komponist. - Zusammen mit P. Perrin Begründer der frz. Oper (u. a. „Pomone", 1671). Von Lully verdrängt, ging C. 1673 nach London, wo er die Royal Academy of Music gründete.

Cambiata [italien.] ↑Wechselnote.

Cambon, Paul [frz. kɑ̃ˈbõ], * Paris 20. Jan. 1843, † ebd. 29. Mai 1924, frz. Diplomat. - Bereitete als Min.resident in Tunis (1882–86) das frz. Protektorat vor; seit 1886 Botschafter in Madrid, 1890 in Konstantinopel und 1898 in London (bis 1920); zählt zu den Schöpfern der Entente cordiale und hatte Anteil am Zustandekommen der Tripelentente.

Camborne-Redruth [engl. ˈkæmbɔːnˈrɛdruːθ], engl. Bergbau- und Ind.siedlung, Gft. Cornwall, 46 000 E. Bergbauhochschule; geolog. Museum. Zw. beiden Orten, die 6 km auseinanderliegen, befindet sich noch eine der wenigen Zinnerzminen Cornwalls.

Cambrai [frz. kɑ̃ˈbrɛ], frz. Stadt an der bis C. schiffbaren Schelde, 35 000 E. Starke Konzentration der woll- und baumwollverarbeitenden Ind. - Stadt der kelt. Nervier (**Camaracum**), seit etwa 400 Hauptstadt der **Civitas Nerviorum**, 445 eines Reichs der sal. Franken, um 500 zum merowing. Frankenreich (seitdem Sitz eines Bischofs, seit 1559 eines Erzbischofs; 1802–41 wieder eines Bischofs); gehörte später zum ostfränk.-dt. Reich. Seit 1677/78 zu Frankr., im 1. und 2. Weltkrieg stark zerstört. - Stadttor Porte de Paris (1390), Kathedrale (18. Jh.) mit Barockausstattung, Kirche Saint-Géry (18. Jh.) mit Renaissancelettner, klassizist. Rathaus (19. Jh.). - Die **Liga von Cambrai**, 1508 zw. Kaiser Maximilian I. und Ludwig XII. von Frankr. geschlossen, durch den Beitritt v. a. des Papstes, Spaniens und Englands zur Koalition geweitet, verfolgte das Ziel, den italien. Festlandbesitz der Republik Venedig zu erobern und aufzuteilen. - Im **Frieden von Cambrai** (1529) zw. Kaiser Karl V. und König Franz I. von Frankr., ausgehandelt durch Luise von Savoyen und Margarete von Österreich (daher auch **Damenfriede**), verzichtete die frz. Krone neben der Lehnshoheit über Flandern und Artois auf alle Ansprüche in Italien, erhielt aber das Hzgt. Burgund zurück.

Cambridge [engl. ˈkeɪmbrɪdʒ], engl. Stadt am Cam, 80 km nördl. von London, 13 m ü. d. M., 90 000 E. Verwaltungssitz der Gft. Cambridgeshire; Univ.stadt (C. University, gegr. 1209; heute etwa 2 Dutzend Colleges); zahlr. Museen; Bibliotheken; Theater; botan. Garten; bed. Ind.forschung; Forschungs- und Informationszentrum für die Polargebiete. Druckereien, Verlage, Herstellung von wiss. Instrumenten; ♞. - Entstand aus einer frühgeschichtl. Siedlung; seit 1066 Hauptort einer Gft. - Im Perpendicular style u. a. Pfarrkirche Great Saint Mary (1487–1608), Kings College Chapel (1446–1515). Eines der bedeutendsten Colleges ist das Corpus Christi College (1352) mit Kapelle (1579) und Bibliothek (Manuskripte des 10./11. Jh.).

C., Stadt in Massachusetts, USA, im westl. Vorortbereich von Boston, 95 000 E. Sitz der

Cambridgeshire

Camargue. Pferdezucht

Harvard University (gegr. 1636) und des Massachusetts Institute of Technology (gegr. 1861), Inst. für Orientforschung, Akad. für ma. Forschungen; Bibliotheken (v. a. John F. Kennedy Memorial Library), Museen; bed. Handels- und Ind.stadt. - 1630 kurze Zeit Hauptsitz der Massachusetts Bay Company.

Cambridgeshire [engl. 'kɛɪmbrɪdʒʃɪə], Gft. in SO-England.

Camden [engl. 'kæmdən], Stadt im sw. New Jersey, USA, am Delaware River, gegenüber Philadelphia, 8 m ü. d. M., 85 000 E. Sitz eines kath. Bischofs; Schiffbau, Textilind., Konservenfabriken u. a.

Camellia [nach dem dt.-mähr. Botaniker G. J. Camel, * 1661, † 1706], Gatt. der Teegewächse mit der bekannten Art ↑ Kamelie.

Camelopardalis [griech.] ↑ Sternbilder (Übersicht).

Camelot [frz. kamə'lo], Hof der Artussage, an dem der König residiert. Der Artushof wird in England u. a. vermutet in Caerlon (Montmoutshire), Queen Camel (Somerset), Camelford (Cornwall), Winchester (Hampshire), seit den archäolog. Ausgrabungen von 1967 in Cadbury Castle (South Cadbury/Somerset).

Camelots du Roi [frz. kamlody'rwa], 1908 gegr. Jugendorganisation der Action française.

Camelus [semit.-griech.], Gatt. der Kamele mit den Arten ↑ Kamel und ↑ Dromedar.

Camembert ['kaməbɛːr, kamã'bɛːr, kam'bɛːr; frz.; nach dem gleichnam. Ort in der Normandie (Dep. Orne)], Weichkäse, mit weißer Schimmelkultur (Penicillium camemberti) bedeckt.

Camera obscura [lat., eigtl. „dunkle Kammer"], Urform der photograph. Kamera; ein Kasten mit transparenter Rückwand, auf der durch eine an der Vorderseite befindl. kleine Öffnung (Lochkamera) oder eine Sammellinse ein kopfstehendes, seitenverkehrtes Bild erzeugt wird.

Camerarius, Joachim, eigtl. J. Kammer-

meister, * Bamberg 12. April 1500, † Leipzig 17. April 1574, dt. Humanist. - Ev. Theologe; seit 1535 Prof. in Tübingen, seit 1541 in Leipzig; Schüler und Biograph Melanchthons (1566); beteiligt an der Abfassung des Augsburger Bekenntnisses.

Camerata [lat.-italien.], Name eines Kreises von Musikern, Dichtern, Philosophen und gelehrten Angehörigen des Adels Ende des 16. Jh. in Florenz, die um die Schöpfung einer einstimmigen, instrumentalbegleiteten [Sprech]gesangmusik bemüht waren. Ergebnis waren der neue rezitativ. Stil und mit ihm die Anfänge der Oper.

Cameron, Verney Lovett [engl. 'kæmərən], * Radipole (Dorset) 1. Juni 1844, † Soulbury bei Leighton Buzzard 27. März 1894, brit. Marineoffizier und Afrikaforscher. - Ihm gelang als erstem Europäer 1873–75 die O–W-Durchquerung Z-Afrikas, für dessen genaue Kartierung er durch zahlr. Höhenmessungen wichtige Voraussetzungen schuf.

Cameron Highlands [engl. 'kæmərən 'haɪləndz], Bergland im Innern der Halbinsel Malakka, bis 2 182 m ü. d. M.; trop. Höhenklima; Tee- und Kaffeeplantagen.

Camilla (Kamilla), weibl. Vorname lat. (bzw. etrusk.) Ursprungs, eigtl. „Opfer-, Altardienerin".

Camillo de Lellis, hl., * Bucchianico (Chieti) 25. Mai 1550, † Rom 14. Juli 1614, italien. Ordensgründer. - 1575 Kapuziner; gründete 1582 in Rom eine Gemeinschaft für Krankenpfleger, aus der der Orden der Kamillianer hervorging. Fest: 18. Juli.

Camillus, Marcus Furius, † angebl. 365 v. Chr., röm. Konsulartribun und Diktator aus patriz. Geschlecht. - Erster Römer, dessen histor. Bed. sich trotz Sagenbildung fassen läßt; eroberte 396 als Diktator Veji.

Camisards [frz. kami'za:r] ↑ Kamisarden.

Cammin, ehem. dt. Bistum und Territorium, entstand um 1176; 1188 vom Papst als exempt anerkannt; umfaßte den größten Teil Pommerns sowie die Uckermark und Neumark bis Küstrin und reichte bis Güstrow in Mecklenburg; 1255 Verlegung des Bischofssitzes nach Kolberg, der Stiftsregierung nach Köslin; nach der Einführung der Reformation war das Stift seit 1556 prakt. eine Sekundogenitur des pommerschen Herzogshauses; 1648 säkularisiert, der Ostteil fiel an Brandenburg, der Westteil mit der Stadt C. i. Pom. folgte 1679.

Cammin i. Pom. (poln. Kamień-Pomorski), Stadt im Verw.-Geb. Stettin, Polen¹, 62 km nnö. von Stettin, 10 m ü. d. M., 6 600 E. Museum. Solbad und Erholungsort, Fischereihafen. - Im 12. Jh. Hauptstadt von Pommern und Sitz eines Bistums. Nach der Zerstörung durch Brandenburg (1273) 1274 nach lüb. Recht neu gegr.; 1648 unter schwed. Herrschaft, 1679 an Brandenburg.

Camões, Luís de [portugies. kamõiʃ], * Lissabon (oder Coimbra?) Dez. 1524 oder Jan. 1525, † Lissabon 10. Juni 1580, portugies. Dichter. - Unsteter Lebenswandel, nachdem er wegen eines Duells des Hofes verwiesen worden war; mehrfach im Gefängnis. Erhielt für seine Kriegstaten (Malabar, Molukken) und literar. Verdienste einen bescheidenen königl. Ehrensold (lebte seit 1570 in Lissabon). 1572 wurden „Die Lusiaden" (dt. 1806) gedruckt, das bedeutendste portugies. Epos, in dem in 10 Gesängen (nach dem Vorbild von Vergils „Äneis") bes. die Fahrt Vasco da Gamas nach Indien in mytholog. Rahmen dargestellt ist. Chroniken, Tagebücher, Reiseberichte und nicht zuletzt eigene Fahrten waren die Quellen dieses Werkes, dessen Held das portugies. Volk ist. Schuf als Lyriker nach petrarkist. Anfängen (Kanzonen) v.a. vollendete Sonette und Redondillas, die vom eigenen Erleben getragen sind.

Camorra [italien.], Name eines terrorist. polit. Geheimbundes in Neapel und S-Italien; zeichnete sich durch eine bes. straffe Organisation aus und wurde zeitweise aus polit. Gründen geduldet; verlor seinen Einfluß erst 1911, als seine Führer hingerichtet wurden; lebte nach den Weltkriegen immer wieder auf und hatte v. a. in den USA eine bed. polit. Macht.

Camouflage [kamuˈflaːʒə; frz.], Täuschung, Tarnung. - Als publizist. Technik der Versuch, „zw. den Zeilen" zu schreiben, v. a. in Zeiten unterdrückter Meinungsfreiheit.

Camp [kɛmp; engl. kæmp; zu lat. campus „Feld"], Feld-, Zeltlager; Gefangenen-, Konzentrationslager.

Campagnola [italien. kampaɲˈɲɔːla], Domenico * Padua oder Venedig vor 1500, † Padua 10. Dez. 1564, italien. Holzschneider. - Adoptivsohn und Schüler von Giulio C.; von Tizian beeinflußt; auch Landschaftszeichnungen sowie Gemälde, Fresken, Kupferstiche.

C., Giulio, * Padua 1482, † Venedig zw. 1515 und 1518, italien. Kupferstecher. - Seit 1507 in Venedig tätig; v. a. von Giorgione beeinflußt; auch Maler; Kupferstiche in Punktiertechnik.

Campanareliefs, nach ihrem ersten Sammler, G. Campana (* 1808, † 1880), ben. Terrakottaplatten mit bemalten Flachreliefs; von etwa 50 v.Chr. bis etwa 150 n.Chr. in bei Rom gelegenen Werkstätten hergestellt.

Campanella, Tommaso, * Stilo (Kalabrien) 5. Sept. 1568, † Paris 21. Mai 1639, italien. Philosoph und Utopist. - 1583 Dominikaner. Wurde 1591 in Rom der Ketzerei angeklagt und eingekerkert. Nach Freilassung 1598 Initiator eines Aufruhrs in Kalabrien gegen die span. Vorherrschaft; deswegen ab 1599 wieder Kerker. Verfaßte in Gefangenschaft sein berühmtestes Werk „La città del sole" (Der

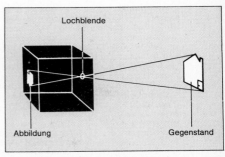

Camera obscura. Schematische Darstellung

Sonnenstaat, 1602), sein philosoph. bedeutendstes Werk „Metafisica" (lat. 1638) und die „Theologia". 1634 Flucht nach Frankreich. Die Utopie des „Sonnenstaates" ist das idealisierte Programm der eigenen polit. Aktionen: Herrschaft priesterl. Philosophen und Wissenschaftler. Wie bei T. Morus ist Privateigentum als Grundübel der Gesellschaft abgeschafft, alles, selbst Eheschließung und Zeugung, staatl. organisiert. Oberster Priester und Herrscher ist der Weiseste. Die Jesuiten versuchten, diese Utopie während ihrer Herrschaft in Paraguay 1588 bis 1768 zu verwirklichen. C. schrieb auch weitverbreitete Lyrik („Poesie", 1622).

Campanile ↑ Kampanile.

Campanini, Barbara, italien. Tänzerin, ↑ Barberina.

Campanula [lat.], svw. ↑ Glockenblume.

Campari ⓦ [italien.], roter, bittersüßer italien. Aperitif (mit Soda).

Campbell [engl. kæmbl], schott. Adelsfamilie, ↑ Argyll.

Cambridge. Saint John's College (1511 gegründet)

Campbell

Campbell, William Wallace [engl. kæmbl], * Hancock County (Ohio) 11. April 1862, † San Francisco 14. Juni 1938, amerikan. - Erwarb sich große Verdienste um die Vermessung von Sternspektren und die Technik der Bestimmung der Radialgeschwindigkeiten von Fixsternen; bestimmte die Bewegung der Sonne innerhalb des Milchstraßensystems.

Campbell-Bannerman, Sir Henry [engl. 'kæmbl 'bænəmən], * Glasgow 7. Sept. 1836, † London 22. April 1908, brit. Politiker. - 1886 und 1892–95 Fraktionsvors. der Liberalen; Premiermin. 1905–08; leitete durch die Transvaal 1906 gegebene Autonomie und den Ausgleich mit den Buren die Bildung des bur.-brit. Gesamtstaates (Südafrika) ein.

Campbell Island [engl. 'kæmbl 'aɪlənd], südlichste der zu Neuseeland gehörenden Inseln, meteorolog. und Radiotelegrafenstation. - 1810 entdeckt.

Campe, Joachim Heinrich, * Deensen bei Holzminden 29. Juni 1746, † Braunschweig 22. Okt. 1818, dt. Pädagoge. - Studierte ev. Theologie, war Hauslehrer in der Familie von Humboldt, Mitarbeiter von J. B. Basedow (Philanthropin in Dessau), Leiter eigener Erziehungsanstalten, 1786–1805 Schulrat (Braunschweigische Schulreform). V. a. von Rousseau beeinflußt. Bes. erfolgreich war seine Bearbeitung von J. Defoes „Robinson Crusoe". C. sammelte das aufklärer. Gedankengut der ersten pädagog. Reformbewegung in Deutschland in einem Kompendium u. d. T.: „Allgemeine Revision des gesamten Schul- und Erziehungswesens" (16 Bde., 1785–1792). Verfaßte auch ein „Wörterbuch der dt. Sprache" (5 Bde., 1807–11).

Campeador [span. kampea'ðor „Kriegsheld"], Beiname des ↑ Cid.

Campeche [span. kam'petʃe], Hauptstadt des mex. Staates C., an der W-Küste der Halbinsel Yucatán, 152 000 E. Bischofssitz; Univ.; Handelszentrum, Fischerei; Hafen, ⚓. - Schon von den Maya besiedelt.
C., Staat in Mexiko, im W der Halbinsel Yucatán, 50 812 km², 428 000 E (1984), Hauptstadt C.; Holzgewinnung u. Landwirtschaft.

Campen, Jacob van [niederl. 'kɑmpə], niederl. Baumeister, ↑ Kampen, Jacob van.

Campendonk, Heinrich, * Krefeld 3. Nov. 1889, † Amsterdam 9. Mai 1957, dt. Maler und Graphiker. - 1911 Mgl. des Blauen Reiters; malte Landschaften, figürl. Kompositionen (u. a. Pierrots) und Stilleben von märchen- und traumhafter Stimmung; Hinterglasbilder, Holzschnitte.

Camper, Petrus, * Leiden 11. Mai 1722, † Den Haag 7. April 1792, niederl. Arzt und Anatom. - Prof. in Amsterdam und Groningen; nahm als einer der ersten anthropolog. Messungen vor (Gesichtswinkelbestimmung); entwickelte wichtige gynäkolog. Instrumente.

Camphausen, Ludolf, * Hünshoven (= Geilenkirchen) 10. Jan. 1803, † Köln 3. Dez. 1890, preuß. Politiker. - Gemäßigter Liberaler; setzte sich als preuß. Min.präs. (März-Juni 1848) und preuß. Bevollmächtigter für provisor. Zentralgewalt in Frankfurt am Main (seit Juni 1848) für die Selbständigkeit Preußens im Rahmen des Dt. Bundes und die Kaiserwahl des preuß. Königs ein.

Camphen [mittellat.] (3,3-Dimethyl-2-methylen-norcamphan), dem ↑ Kampfer nahe verwandter, in vielen äther. Ölen vorkommender Kohlenwasserstoff.

Camphill-Bewegung [engl. 'kæmphɪl], internat. heilpädagog. Bewegung mit Heimschulen und Dorfgemeinschaften für Behinderte. Erste Heimgründung auf dem Landsitz Camphill in Schottland durch den Wiener Arzt K. König (* 1902, † 1966) auf der Grundlage der Lehre von R. Steiner.

Campi, italien. Künstlerfamilie in Cremona z. Zt. des Manierismus u. frühen Barock.

Campignien [kãpiˈɲɛ̃; frz.], nach Funden bei dem Campignyhügel bei Blangy-sur-Bresle (Seine-Maritime) ben. neolith. westeurop. Kultur, deren Kennzeichen geschlagene Feuersteingroßgeräte sind.

Campin, Robert [niederl. kɑmˈpiːn], fläm. Maler, ↑ Meister von Flémalle.

Campina Grande [brasilian. kɐmˈpina ˈɡrɐndi], brasilian. Stadt, 110 km wsw. von João Pessoa, 550 m ü. d. M., 248 000 E. Bischofssitz; wichtigster Ind.standort des nordostbrasilian. Binnenlandes (Spinnereien und Webereien, Nahrungsmittelind.).

Camping ['kɛmpɪŋ, 'kampɪŋ; zu lat. campus „Feld"], Leben im Freien (auf C.plätzen) in Zelten oder Wohnwagen während der Ferien und am Wochenende. Das C. kam zw. den beiden Weltkriegen auf und erreichte nach dem 2. Weltkrieg, bes. durch die wachsende Motorisierung, eine breite, ständig steigende Anhängerschaft.

Campmeeting [engl. 'kæmp,miːtɪŋ „Zeltversammlung"], Begriff für die in den USA seit Mitte des 19. Jh. von der Erweckungsbewegung ausgehende Missionstätigkeit in Zelten oder im Freien.

Campobasso, Hauptstadt der italien. Region Molise und der Prov. C., 170 km östl. von Rom, 700 m ü. d. M., 50 000 E. Bischofssitz; Handels- und Gewerbestadt des agrar. Umlands, traditionelles Kunsthandwerk. - Die Altstadt wird vom Castello Monforte (15. Jh.) überragt.

Campoformido, italien. Gemeinde, 8 km sw. von Udine, Friaul=Julisch-Venetien, 6 200 E. Bekannt durch den 1797 zw. Frankr. und Österreich geschlossenen **Frieden von Campoformio** (so im einheim. Dialekt), in dem Österreich auf die östr. Niederlande, Mailand, Modena und Mantua verzichtete, in Geheimartikeln der Abtretung des linken Rheinufers von Basel bis Andernach an Frankr. zustimmte und dafür Venetien links der Etsch, Istrien und Dalmatien erhielt.

Campo Grande [brasilian. 'kɐmpu 'grɐndi], Hauptstadt des brasilian. Bundesstaates Mato Grosso do Sul, 540 m ü. d. M., 292 000 E. Erzbischofssitz; Univ.; Handels- und Wirtschaftszentrum von Mato Grosso.

Campos [brasilian. 'kɐmpus], brasilian. Stadt am Rio Paraíba, 40 km oberhalb der Mündung in den Atlantik, 14 m ü. d. M., 349 000 E. Bischofssitz; Ind.- und Handelszentrum des wichtigsten brasilian. Zuckerrohranbaugebiets.

Campos [brasilian. 'kɐmpus; zu lat. campus „Feld"], offene Vegetationsformation Innerbrasiliens. Die **Campos cerrados** sind ein lichtes Gehölz von Bäumen und Sträuchern mit großen, harten Blättern und Grasunterwuchs. Sie wechseln mit baumarmen (**Campos sujos**) und baumfreien Grasfluren (**Campos limpos**) und sind teilweise von immergrünen Galeriewäldern durchzogen.

Camposanto [italien., eigtl. „heiliges Feld"], Bez. für den italien. Friedhof, häufig eine architekton. Anlage. Berühmt ist v. a. der **Camposanto von Pisa** (Fresken des 14. und 15. Jh., z. T. zerstört, z. T. abgenommen).

Camposanto Teutonico, exterritoriales Gebiet in Rom, das neben dem Friedhof eine Kirche und ein wiss. Priesterkolleg umfaßt. Der C. T. geht zurück in fränk. Zeit („Schola Francorum"). Um 1450 wurde die Bruderschaft zur schmerzhaften Mutter Gottes (seit 1579 Erzbruderschaft) gegr., die Priesterhaus, Friedhof, Kirche, Herberge und Hospital führte. Seit 1887 auch Sitz des Röm. Instituts der Görres-Gesellschaft.

Campus [engl. 'kæmpʊs; zu lat. campus „Feld"], in den USA Bez. für das geschlossene Hochschulgelände mit Einrichtungen für Lehre und Forschung, Sport- und Erholungsanlagen, Wohngebäuden für Studenten und Dozenten.

Campus Majus [lat.] (Maifeld) ↑ Märzfeld.

Campus Martius [lat.] ↑ Marsfeld, ↑ Märzfeld.

Camrose, William Ewert Berry, Viscount (seit 1941) [engl. 'kæmroʊz], * Merthyr Tydfil (Wales) 23. Juni 1879, † Southampton 15. Juni 1954, brit. Zeitungsverleger. - Besitzer eines der größten brit. Zeitungskonzerne (u. a. „Sunday Times", „The Daily Telegraph and Morning Post").

Camulodunum ↑ Colchester.

Camus [frz. ka'my:], Albert, * Mondovi (Algerien) 7. Nov. 1913, † bei Villeblevin (Yonne) (Autounfall) 4. Jan. 1960, frz. Schriftsteller. - Mgl. der Résistance während des 2. Weltkriegs, Mitbegründer ihrer Zeitung „Combat", zeitweilig Mgl. der KP; 1952 Bruch mit J.-P. Sartre. Seit 1954 zahlr. Versuche einer Vermittlung im Algerienkonflikt, 1957 Nobelpreis für Literatur. Sein Werk wird dem Exi-

stentialismus zugerechnet, es umfaßt u. a. Romane, philosoph. Essays und Theaterstücke. Nach C. verlangt der Mensch nach einer sinnvollen Welt, findet aber keinen Sinn vor; gegen dieses Absurde revoltiert er. In der Revolte erfährt er die Möglichkeit der Solidarität im Kampf für ein besseres Dasein. Der Freiheitsspielraum (das Maß) hält sich zw. Einwilligung in Knechtschaft und Anmaßung der Herrschaft. Dem Nein an Gott und den Selbstmord (die Einsicht des Absurden) und dem Nein an die Geschichte und den Mord (die Einsicht der Revolte) entspricht ein Ja zum Leben (die Einsicht des Maßes), das von C. in vielfältigen Bildern (Sonne, Meer, Glück, Mittag, Sand usw.) und mit klass. Einfachheit des Stils gestaltet wird.

Werke: Hochzeit des Lichts (Essays, 1938), Der Mythos von Sisyphos (Essays, 1942), Der Fremde (R., 1942), Das Mißverständnis (Dr., 1944), Caligula (Dr., 1942), Die Pest (R., 1947), Der Belagerungszustand (Dr., 1948), Die Gerechten (Dr., 1950), Der Mensch in der Revolte (Essays, 1951), Heimkehr nach Tipasa (Essays, 1954), Der Fall (R., 1956), Das Exil und das Reich (En., 1957), Die Besessenen (Dr., 1959). Tagebücher aus den Jahren 1935–51.
📖 Pieper, A.: A. C. Mchn. 1984. - Wernicke, H.: A. C. Hildesheim 1984. Lottman, H. R.: A. C. Paris 1978. - Lebesgue, M.: A. C. in Selbstzeugnissen und Bilddokumenten. Dt. Übers. Rbk. [10]1971.

C., Marcel, * Chappes (Ardennes) 21. April 1912, † Paris 13. Jan. 1982, frz. Filmregisseur. - Wurde berühmt durch seinen in den Armenvierteln von Rio de Janeiro spielenden Film „Orfeu Negro" (1958).

Can [engl. 'kæ:n „(Konserven)dose"], 1968 gegr. dt. Rockmusikgruppe; gilt mit ihrer elektron. verfeinerten harten Rockmusik, mit der Kino- und Fernsehfilme untermalt wurden, als eine der bedeutendsten europ. Formationen.

Caña ['kanja; span.], aus Zuckerrohr gewonnener Branntwein.

Canabae [lat.], urspr. die Schenken und Buden in der Nähe röm. Militärlager, dann die sich daraus entwickelnden Siedlungen.

Canadian-Pacific-Gruppe [engl. kə'neɪdjən pə'sɪfɪk], größtes privates Verkehrsunternehmen der Welt, Sitz Montreal. Die C.-P.-G. betreibt Schiffahrt, Luftfahrt, Straßengütertransport, Eisenbahnen (bes. die **Canadian Pacific Railway** mit einem Streckennetz von 37 000 km, von Montreal bis Vancouver) und Nachrichtenverkehr.

Canadian Press [engl. kə'neɪdjən 'prɛs] ↑ Nachrichtenagenturen (Übersicht).

Çanakkale [türk. tʃɑ'nɑkkɑˌlɛ], türk. Hafenstadt an der engsten Stelle der Dardanellen, auf asiat. Seite, Hauptstadt des Verw.-Geb. C., 40 000 E. Landw. Handelszentrum; Fähre zum europ. Ufer (Halbinsel von Gelibolu). - Entstand im 15. Jahrhundert.

Canal de l'Est [frz. kanaldə'lɛst], Kanal in Frankr., zw. Maas und Saône; 419 km lang, 158 Schleusen. - Erbaut 1874–82.

Canal du Midi [frz. kanaldymi'di], Kanal in S-Frankr., Verbindung zw. Atlantik und Mittelmeer, 241 km lang, 65 Schleusen und 1 Tunnel. - Erbaut 1666–81.

Canaletto, eigtl. Giovanni Antonio Canal, * Venedig 18. Okt. 1697, † ebd. 20. April 1768, italien. Maler. - Begann als Theatermaler, studierte dann in Rom; schuf topograph. genaue Veduten, bes. von Venedig, auch von London, wo er sich 1746–50 und 1751–53 aufhielt. - Abb. S. 127.

C., italien. Maler, † Bellotto, Bernardo.

CanAm-Serie [engl. 'kæn'æm] (Canadian-American Challenge Cup), Autorennen (seit 1967) für zweisitzige Sportwagen ohne Gewichts- und Hubraumbeschränkung (nur auf kanad. und amerikan. Rennstrecken).

Cañar [span. ka'ɲar], Prov. im südl. Z-Ecuador, in den Anden, 3 377 km², 175 000 E (1982), Hauptstadt Azógues.

Canaris, Wilhelm, * Aplerbeck bei Dortmund 1. Jan. 1887, † KZ Flossenbürg 9. April 1945, dt. Admiral. - Seit 1935 Konteradmiral und Chef der Abwehrabteilung, 1938–44 Leiter des Amtes Ausland/Abwehr im OKW; unterstützte bes. 1938–41 aktiv die Widerstandsbewegung gegen Hitler; lehnte ein Attentat ab, dennoch nach dem 20. Juli 1944 verhaftet und hingerichtet.

Canasta [span., eigtl. „Korb"], in Südamerika nach dem 2. Weltkrieg entstandenes und über die USA nach Europa gekommenes Kartenspiel, das meist von 4 Teilnehmern, von denen je 2 ein Paar bilden, in verschiedenen Varianten gespielt wird.

CanAug (CanA), Abk. für lat.: Canonici Augustiniani („Augustiner-Chorherren").

Canaveral, Kap [engl. kə'nævərəl] (1964–73 Kap Kennedy), Kap an der O-Küste Floridas mit dem wichtigsten Raketenstartplatz der amerikan. Raumforschung.

Canberra [engl. 'kænbərə], Hauptstadt des Austral. Bundes, in den Ostaustral. Kordilleren, 250 km sw. von Sydney, etwa 140 km², 600 m ü. d. M., 251 000 E. Sitz eines kath. Erzbischofs und eines anglikan. Bischofs; Bildungs- und Forschungszentrum, u. a. Sitz der Austral. Akad. der Wiss., Nationalbibliothek und -archiv, Univ. (gegr. 1946), Observatorien; austral. Münze, Regierungsdruckerei; botan. Garten; Eisenbahnendpunkt, ✈. - 1913 gegründet. - In der Stadtmitte der Lake Burley Griffin mit dem ihn im N bzw. S überragenden Zentren City Hill und Capital Hill; strenge räuml. Trennung der Funktionen, ausgedehnte Parks und Grünanlagen.

Cancan [kã'kã; frz.], vermutl. aus Algerien stammender, galoppartiger Schautanz im ²/₄-Takt, um 1830 in Paris eingeführt.

Cancer ['kantsər; lat.] † Sternbilder (Übersicht).

Cancer ['kantsər; engl. 'kænsə; lat.], seltene Bez. für † Krebs.

Canción [kan'sjon; span. kan'θjon; zu lat. cantio „Gesang"], Bez. für zwei span. lyr. Kunstformen. 1. Die *ma. C.* in Acht- oder Sechssilbern besteht meist aus einer einzigen Strophe, der ein kurzes Motto vorausgeschickt ist. 2. Die *Renaissance-C.* (auch „C.

Canaletto, Molo nach Westen mit Blick auf Santa Maria della Salute (undatiert). London, Wallace Collection

petrarquista") ist eine Nachahmung der italien.↑ Kanzone.

Cancioneiro [portugies. kɐ̃sju'nɐjru (zu ↑ Canción)] (span. Cancionero), in der portugies. und span. Literatur Sammlung lyr. Gedichte.

cand., Abk. für lat.: **cand**idatus (Kandidat vor dem Abschlußexamen).

Candela, Felix, * Madrid 27. Jan. 1910, span.-mex. Ingenieur und Architekt. - 1939 Emigration nach Mexiko. Baut seit 1950 in Schalenbauweise; u.a. Überdachung des Strahlenlaboratoriums in Mexiko (1950–52). *Weitere Werke:* Santa Maria Milagrosa in Mexiko (1954–58), stilist. von Gaudí beeinflußt, Markthallen von Coyoacán (1956), Sankt-Vinzenz-Kapelle ebd. (1959–1960).

Candela [lat. „Talg-, Wachslicht"], SI-Einheit der ↑ Lichtstärke. 1 C. (Einheitenzeichen cd) ist die Lichtstärke, mit der $^1/_{600000}$ m^2 der Oberfläche eines ↑ schwarzen Strahlers bei der Temperatur des beim Druck von 101 325 Pascal (1 atm) erstarrenden Platins senkrecht zu seiner Oberfläche leuchtet.

Candelkohle, svw. ↑ Kännelkohle.

Candid, Peter, eigtl. Pieter de Witte (de Wit), * Brügge um 1548 (?), † München 1628, fläm. Maler. - In Florenz Mitarbeiter von Vasari, 1586 an den Münchner Hof berufen; spätmanierist. Altarbilder (Freisinger Dom, um 1600; Frauenkirche in München, 1620), Fresken sowie Entwürfe für Wandteppiche schuf.

Candida (Kandida), weibl. Vorname lat. Ursprungs, eigtl. „die blendend Weiße, Lautere".

Candida [lat.], Gatt. der Hefepilze, deren Vertreter auf Haut und Schleimhäuten vorkommen, z.T. Krankheitserreger (↑ Soor).

Candilis, Georges [frz. kãdi'lis], * Baku 11. April 1913, frz. Architekt griech. Abkunft. - Arbeitete 1946–50 bei Le Corbusier; Arbeitsschwerpunkte: sozialer Wohnungs- und Städtebau: Tanger 1951–54, Bagnols-sur-Cèze 1956–61, Le Mirail (zu Toulouse) seit 1961, Leucate (zu Le Barcarès) seit 1964. Auch avantgardist. städtebaul. Projekte.

Candolle, Augustin Pyrame de [frz. kã'dɔl], * Genf 4. Febr. 1778, † ebd. 9. Sept. 1841, schweizer. Botaniker. - Prof. in Montpellier (seit 1808) und Genf (seit 1816); entwarf eine Pflanzensystematik, die im Ggs. zu der von Linné auf der natürl. Verwandtschaft der Pflanzen aufbaute.

Canelones, Hauptstadt des Dep. C. im südl. Uruguay, 40 km nördl. von Montevideo, 16 000 E. Bischofssitz; Industriefachschule; Papierherstellung, Mühlen. - 1774 gegr.

C., Dep. im südl. Uruguay, 4 533 km^2, 314 000 E (1975), Hauptstadt C. Bed. Agrargebiet; Badeorte an der Küste.

Canes Venatici [lat.] ↑ Sternbilder (Übersicht).

Canetti, Elias, * Rustschuk (= Russe, Bulgarien) 25. Juli 1905, Schriftsteller. - Sohn span.-jüd. Eltern; 1913 in Wien, 1916–21 in Zürich, 1921–24 in Frankfurt am Main; studierte in Wien, 1938 Emigration nach England. Sein kulturphilosoph., krit. Denken kreist um die Phänomene der Macht und der Masse, um die Situation des Geistes und kulturelles Überleben. Nobelpreis 1981. *Werke:* Hochzeit (Dr., 1932), Die Blendung (R., 1936), Komödie der Eitelkeit (Dr., 1950), Masse und Macht (Essay, 1960), Die Befristeten (Dr., 1964), Der andere Prozeß. Kafkas Briefe an Felice (Essay, 1969), Der Ohrenzeuge. 50 Charaktere (1974), Das Gewissen der Worte (Essays, 1975), Die gerettete Zunge. Geschichte einer Jugend (1977), Fackel im Ohr. Lebensgesch. 1921–1931 (1980), Das Augenspiel. Lebensgesch. 1931–1937 (1985).

Canevas ↑ Kanevas.

Can Hasan [türk. dʒan ha'san], vorgeschichtl. Ruinenhügel in der S-Türkei, 13 km nö. von Karaman; besiedelt von etwa 5500–4000 v.Chr.; brit. Ausgrabungen seit 1961; wichtig für die frühe Chronologie Kleinasiens (Nachweis von Gerste, Weizen, Erbsen).

Canis [lat. „Hund"], Gatt. der Hunde mit etwa 8 Arten, darunter ↑ Schakale, ↑ Wolf, ↑ Haushund.

Canisius, Petrus, eigtl. Pieter Kanijs, * Nimwegen (Niederlande) 8. Mai 1521, † Freiburg (Schweiz) 21. Dez. 1597, dt. Jesuit (seit 1543). - Nahm 1547 und 1562 als Theologe am Tridentinum teil und widmete sich der kath. Erneuerung in Deutschland (2. Apostel Deutschlands genannt). Als Provinzial (1556–69) errichtete er Kollegien der Jesuiten und wirkte v.a. als Prof. und Prediger, u.a. in Ingolstadt, Wien, Prag, Augsburg, Innsbruck und Freiburg (seit 1580). Von großem Einfluß waren seine drei Katechismen. - 1925 wurde C. heiliggesprochen und zum Kirchenlehrer proklamiert; Fest in Deutschland: 27. April (allgemein: 21. Dez.).

Canis Maior [lat.] ↑ Sternbilder (Übersicht).

Canis Minor [lat.] ↑ Sternbilder (Übersicht).

Canities [ka'ni:tsiɛs; lat.] (Poliose), das Ergrauen der Haare.

Canitz, Friedrich Rudolf Freiherr von, * Berlin 27. Nov. 1654, † ebd. 11. Aug. 1699, dt. Schriftsteller. - Verkörpert die Wende zur Aufklärung (Satiren, Oden u.a. nach dem Vorbild von N. Boileau-Despréaux).

Cankar, Ivan [slowen. 'tsaːŋkar], * Vrhnika bei Ljubljana 10. Mai 1876, † Ljubljana 11. Dez. 1918, slowen. Schriftsteller. - Stellt in Romanen und Erzählungen das Leiden der Menschen an ihrer kleinbürgerl. Umwelt dar; auch Dramen. - *Werke:* Das Haus zur barmherzigen Mutter Gottes (E., 1904), Der Knecht Jernej (E., 1907), Aus dem Florianertal (Satire, 1908).

Canna [lat.], svw. ↑ Blumenrohr.

Cannabich, Christian, ≈ Mannheim 28.

Cannabinol

Dez. 1731, † Frankfurt am Main 20. Jan. 1798, dt. Komponist. - Als bed. Vertreter der ↑Mannheimer Schule bedeutsam für W. A. Mozart. Sein umfangreiches Werk umfaßt etwa 90 Sinfonien, Violinkonzerte, Kammermusik, zwei Opern und mehr als 40 Ballette.

Cannabinol (Kannabinol) [griech./arab.], Bestandteil des Haschisch, Absonderung aus den ♀ Blütenständen des Indischen Hanfs.

Cannabis [griech.], svw. ↑Hanf.

Cannae, im Altertum apul. Ort am rechten Ufer des unteren Aufidus (Ofanto); berühmt durch die Umfassungsschlacht, in der

216 v. Chr. etwa 80 000 Römer und Bundesgenossen von etwa 50 000 karthag. Söldnern und Bundesgenossen unter Hannibal fast völlig vernichtet wurden.

Canned Heat [engl. 'kæ:ndhi:t „Hitze in Dosen"], 1965 gebildete, 1967 wiedergegr. amerikan. Popmusikgruppe; spielt einen durch Country-, Rockmusik und Jazz beeinflußten Blues; hervorragende weiße Blues-Interpreten.

Canneloni [italien.; zu lat. canna „kleines Rohr"], mit Fleisch gefüllte und mit Käse überbackene Röllchen aus Nudelteig.

Cannery-Siedlungen [engl. 'kænərı „Konservenfabrik"], saisonal bewohnte Fischereisiedlungen in Nordamerika.

Cannes [frz. kan], frz. Stadt an der Côte d'Azur, Dep. Alpes-Maritimes, 72 000 E. Seebad; Internat. Filmfestspiele. Die Blumenzucht um C. bildet die Grundlage einer bed. Parfümind. - Geht auf das röm. **Castrum Marcellinum** zurück, kam im 14. Jh. zur Provence, mit dieser 1481 zu Frankreich. - Die *Konfe-*

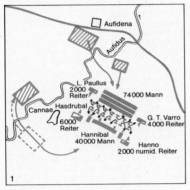

röm. Lager	karthag. Lager
röm. Fußtruppen	karthag. Fußtruppen
röm. Reiterei	karthag. Reiterei

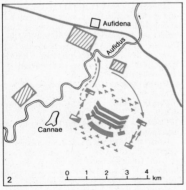

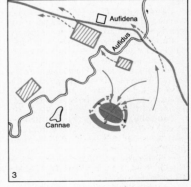

Schlacht von Cannae (2. August 216 v. Chr.). 1. Im Zentrum stehen 74 000 Mann Leichtbewaffnete und schwerbewaffnetes römisches Fußvolk etwa 40 000 Mann schwerbewaffnetem karthagischem Fußvolk gegenüber, auf den Flügeln 6 000 römische Reiter etwa 10 000 karthagischen Reitern. 2. Die karthagischen Reiter des linken Flügels werfen die römischen Reiter zurück und stoßen in den Rücken des römischen Heeres vor. Das römische Fußvolk dringt in das Zentrum des absichtlich zurückweichenden karthagischen Heeres ein. 3. Karthagisches Fußvolk und Reiterei schließen von den Flanken und vom Rücken her das römische Heer ein.
Römische Verluste: etwa 46 000 Gefallene, 22 000 Gefangene. Karthagische Verluste: etwa 6 000 Gefallene

renz des Obersten Rates der Alliierten in C. 1922 erbrachte für die dt. Reparationen ein Teilmoratorium und führte zum Sturz Briands. - In der Altstadt die spätgot. Kirche Notre-Dame-de-l'Espérance (1521–1648) mit roman. Kapelle und der 20 m hohe Suquetturm (11.–14. Jh.).

Canning, George [engl. 'kænɪŋ], * London 11. April 1770, † Chiswick (= London) 8. Aug. 1827, brit. Politiker. - 1807–09 und seit 1822 Außenmin.; förderte die Unabhängigkeitsbestrebungen der span. Kolonien in Südamerika und die nat. Freiheitsbewegung in Griechenland und löste Großbrit. von der Heiligen Allianz.

Cannizzaro, Stanislao, * Palermo 13. Juli 1826, † Rom 10. Mai 1910, italien. Chemiker. - Prof. in Genua, Palermo und Rom. Die von ihm 1853 entdeckte **Cannizzarosche Reaktion** (Aldehyde gehen unter gewissen Bedingungen zur Hälfte in die entsprechenden Alkohole, zur anderen Hälfte in die entsprechenden Carbonsäuren über) eröffnete für die organ. Chemie neue präparative Möglichkeiten.

Cannstatt, Bad, Ortsteil von ↑Stuttgart.

Cano, Alonso, gen. el Granadino, ≈ Granada 19. März 1601, † ebd. 3. Sept. 1667, span. Bildhauer, Maler und Baumeister. - V. a. bekannt als Bildhauer barocker, bemalter Holzskulpturen in der Kathedrale von Granada, deren Fassade er entwarf (1667–1703 ausgeführt).

C., Melchior, * Tarancón (Prov. Cuenca) 6. Jan. 1509, † Toledo 30. Sept. 1560, span. Dominikanertheologe. - Bed. Vertreter des Schule von Salamanca; nahm 1551/52 am Tridentinum teil. Bekämpfte u. a. den neugegr. Jesuitenorden. Theologiegeschichtl. bedeutsam ist sein 1563 erschienenes Werk „De locis theologicis".

Cano, Pico de [portugies. 'piku ðə 'kɐnu], höchste Erhebung der Kapverd. Inseln, aktiver Vulkan auf Fogo, 2 829 m hoch.

Canon ↑Kanon.

Cañon ['kanjɔn; span. „Hohlweg"] (Canyon), tief eingeschnittenes, schluchtartiges und steilwandiges Engtal, vorwiegend durch rückschreitende Erosion an Stufenrändern in Gebirgen mit fast horizontaler Gesteinslagerung entstanden.

Canossa, Burg 20 km sw. von Reggio nell'Emilia, am nördl. Abhang des Apennin auf einem 689 m hohen Felsen gelegen; um 940 errichtet, heute Ruine; berühmt v. a. durch den Bußgang Heinrichs IV., der hier nach dreitägigem Warten 1077 die Lossprechung vom päpstl. Bann erreichte und durch diese persönl. Erniedrigung die polit. Handlungsfreiheit zurückgewann (↑Investiturstreit).

Canova, Antonio, * Possagno (Treviso) 1. Nov. 1757, † Venedig 13. Okt. 1822, italien. Bildhauer. - Seit 1779 in Rom; Hauptvertreter des italien. Klassizismus. Seine zu seiner Zeit

vielbewunderten, kühlen Werke sind von glatter, mitunter sentimentaler Schönheit. Er schuf neben monumentalen Grabmälern mytholog. Gruppen und Idealbildnisse von Napoleon I. und dessen Familie.

Cánovas del Castillo, Antonio [span. 'kanoβaz ðɛl kas'tiʎo], * Málaga 8. Febr. 1828, † Santa Águeda (Guipúzcoa) 8. Aug. 1897, span. Schriftsteller und Staatsmann. - 1874–97 sechsmal Min.präs.; schuf 1876 die bis 1923 bzw. 1931 geltende Verfassung und setzte 1890–92 das allg. Wahlrecht durch; förderte den Parlamentarismus, um den Einfluß der Militärs auf die Politik zurückzudrängen. Autor histor. Arbeiten; wurde Opfer eines anarchist. Attentats.

Canso, Strait of [engl. 'streɪt əv 'kænsoʊ] ↑Cape Breton Island.

Canstein, Carl Hildebrand Freiherr von, * Lindenberg bei Frankfurt/Oder 4. Aug. 1667, † Berlin 19. Aug. 1719, dt. pietist. Theologe. - Gründete 1710 die nach ihm ben. erste dt. ↑Bibelgesellschaft; erste Ausgabe des N. T. 1712, der ganzen Bibel 1713.

Cant [engl. kænt; zu lat. cantare „singen"], engl. Bez. für Rotwelsch, Jargon; auch für eine mit heuchler. Phrasen versehene Redeweise.

cantabile [italien.], musikal. Vortragsbez.: gesanghaft.

Cantal [frz. kã'tal], Dep. in Frankreich. **C.,** größtes erloschenes Vulkangebiet Frankr. im Zentralmassiv, zw. Mont Dore und Aubrac, im Plomb du C. 1 858 m ü. d. M.

cantando [italien.], musikal. Vortragsbez.: singend.

Cantate ↑Kantate.

Cantemir, rumän. Fürstenfam. der Moldau, im 17. und frühen 18. Jh.; bed.:

C., Dimitrie, * Fălciu (Kreis Vaslui) 26. Okt. 1673, † Dimitrowka bei Charkow 21. Aug. 1723, Fürst der Moldau (1693 und 1710/11), humanist. Gelehrter und Schriftsteller. - Verbündete sich mit Peter dem Großen, um die

Cañon. Canyon de Chelly National Monument. Arizona, USA

Moldau von osman. Oberhoheit zu befreien; wurde aber mit diesem 1711 besiegt und mußte seine letzten Lebensjahre als Vertrauter des Zaren in Rußland verbringen; erster rumän. Wissenschaftler von internat. Ruf; verfaßte u. a. eine der ersten Geschichten des Osman. Reiches, die erste geograph.-ethnograph. rumän. Monographie und den ersten rumän. Sittenroman „Istoria ieroglifică" (Hieroglyphengeschichte, 1705).

Canterbury [engl. 'kæntəbəri], Stadt in England, 26 km nw. von Dover, 34 000 E. Metropole des Erzbistums C. und Sitz des Primas der anglikan. Kirche; Univ. (gegr. 1965); King's School, eines der ältesten und bekanntesten Internate Englands (gegr. 600); Museum, Bibliothek, Theater; Fremdenverkehr; Zentrum der Verarbeitung landw. Produkte in der Gft. Kent, Leder- und Druckereiindustrie. - An der Stelle der Stadt der kelt. Cantier wurde seit 43 n. Chr. das röm. **Durovernum** angelegt; seit Ende 6. Jh. Hauptstadt des Kgr. Kent (**Cantwaraburh**); seit 597 Erzbischofssitz; 1942 starke Zerstörungen. - Reste aus der Römerzeit; Kathedrale (1130 geweiht; 1174 abgebrannt, Neubau), Langhaus und der 71 m hohe Zentralturm entstanden im Perpendicular style; Glasmalereien (12. und 13. Jh.); an das N-Schiff der Kathedrale angrenzend die Klostergebäude (14./15. Jh.).

C., Erzbistum, 597/601 von Augustinus von Canterbury gegr., bis heute eines der beiden Erzbistümer der anglikan. Kirche.

Canth, Minna, eigtl. Ulrika Vilhelmina, geb. Johnsson, * Tampere 19. März 1844, † Kuopio 12. Mai 1897, finn. Schriftstellerin. - Sozialkrit. Erzählungen und einflußreiche Dramen, u. a. „Trödel-Lopo" (E., 1889).

Canticum canticorum [lat. „Lied der Lieder"], lat. Bez. für das ↑Hohelied.

Cantor, Georg, * Petersburg 3. März 1845, † Halle/Saale 6. Jan. 1918, dt. Mathematiker dän. Herkunft. - Prof. in Halle; Begründer der für die moderne Mathematik grundlegenden ↑Mengenlehre („Grundlage einer allgemeinen Mannigfaltigkeitslehre", 1883).

Cantor ↑Kantor.

Cantus [lat. „Gesang"], in der mehrstimmigen Musik des MA Bez. für die vorgegebene Stimme, v. a. die Oberstimme. - **Cantus firmus** („feststehender Gesang"), urspr. dem MA) Bez. für den einstimmigen Gregorian. Choral. Als Bez. seit dem 18. Jh. verwendet für die vorgegebene, meist in größeren Notenwerten geführte Melodiestimme einer mehrstimmigen Komposition. Für den C. firmus werden zunächst Melodien bzw. Melodieausschnitte des liturg. Gesangs, später geistl. von weltl. Melodien verwendet. - **Cantus mensurabilis** („meßbarer Gesang") hieß die unterschiedl. Notenwerte verwendende mehrstimmige Musik des MA, seit dem 15. Jh. als **Cantus figuratus** („figurierter Gesang"), auch als **Musica figurata** (Figuralmusik) bezeichnet,

im Ggs. zum **Cantus planus** („ebener Gesang"), dem einstimmigen Gregorian. Choral, der auf eine Differenzierung der Notenwerte verzichtet.

Cantwaraburh [engl. 'kæntwærəburch] ↑Canterbury.

Canyon [engl. 'kænjən], svw. ↑Cañon.

Cão, Diogo [portugies. kɐ̃ʊ̯], † vermutl. 1486, portugies. Seefahrer. - Gründete auf seiner ersten Fahrt im Auftrag Johanns II. von Portugal (1482/83) Fort Elmina, entdeckte die Kongomündung und erreichte auf seiner 2. Fahrt (1485-86), an der M. Behaim teilnahm, Kap Cross (Südwestafrika).

Caodaismus [kaʊ...], eine neue vietnames. Religion, die etwa 2 Mill. Anhänger besitzt. Ihr Name leitet sich ab von dem vietnames. **Cao-Dai,** das wörtl. „Großer Palast" bedeutet und den obersten *Gottesbegriff* der C. ausdrückt. 1926 begr. von dem Mandarin Levan-Trung in Tây Ninh, dem späteren Zentrum des C. Es handelt sich hier um eine synkretist. Religion, die ostasiat., ind. und christl. Elemente vereinigt. Charakterist. ist der Geisterglaube. Die Ethik des C. ist altruistisch.

Capa, Robert, * Budapest 22. Nov. 1913, † Thai-Binh (Indochina) 25. Mai 1954, frz. Photograph. - Kriegsreporter u. a. im Span. Bürgerkrieg (1936), bei der japan. Invasion in China (1938), als Korrespondent von Life in Europa während des 2. Weltkrieges, in Israel (1948), Indochina (1954).

Capa ↑Cappa.

Cape [ke:p; engl. kɛip; zu ↑Cappa], ärmelloser Umhang, mit oder ohne Armschlitze, oft mit Kapuze.

Cape Breton Island [engl. 'kɛip 'brɛtən 'ailənd], kanad. Insel an der Atlantikküste, zw. dem Sankt-Lorenz-Golf und dem offenen Ozean, durch die **Strait of Canso** von der Halbinsel der Prov. Nova Scotia getrennt, 10 311 km², bis 532 m ü. d. M.

Cape Coast [engl. 'kɛip 'koʊst], Stadt in Ghana, am Golf von Guinea, 72 000 E. Verwaltungssitz der Central Region und Sitz eines kath. Erzbischofs; Univ. (gegr. 1962); Handelsplatz für Kolanüsse u. a., Hafen.

Čapek [tschech. 'tʃapɛk], Josef, * Hronov 23. März 1887, † KZ Bergen-Belsen im April 1945, tschech. Maler und Schriftsteller. - Kubist., später sozial engagierte Großstadtbilder, bed. Buchillustrationen (Bücher seines Bruders Karel Č.). Polit. Karikaturen gegen die dt. Agression; Zeichnungen aus Bergen-Belsen. Schrieb u. a. „Schatten der Farne" (R., 1930), Feuilletons.

C., Karel, * Malé Svatoňovice 9. Jan. 1890, † Prag 25. Dez. 1938, tschech. Schriftsteller. - Erste Werke gemeinsam mit seinem Bruder Josef Č.; erfolgreiche, zivilisationskrit. Romane („Das Absolutum oder die Gottesfabrik", 1922; „Der Krieg mit den Molchen", 1936). Auch Reiseberichte, Kinderbücher,

Feuilletons, eine Biographie Masaryks. *Weitere Werke:* Krakatit. Die große Versuchung (R., 1924), Aus einer Tasche in die andere (R., 1929), Trilogie: Hordubal (R., 1933), Povětroň (Das gewöhnl. Leben, R., 1934), Die erste Kolonne (R., 1937), Die weiße Krankheit (Dr., 1937), Mutter (Dr., 1938), Vom Menschen (Feuilletons, hg. 1940).

Capella, Martianus ↑Martianus Capella.

Capella [lat.], einer der hellsten Fixsterne; Riesenstern, Entfernung ≈ 45 Lichtjahre.

Capella [mittellat.], Bez. für den Mantel des hl. Martin von Tours, den dieser nach der Legende mit dem Schwert teilte, um einen Bettler zu bekleiden, und der in merowing. und karoling. Zeit als Reichskleinod galt. Der Name wurde von der Reliquie auf deren Aufbewahrungsort übertragen, dann auf kleine Kirchen, schließl. auch auf eine kirchl. Sängergruppe (↑Kapelle).

Capellanus, Andreas ↑Andreas Capellanus.

Capelle, Jan van de ↑Cappelle, Jan van de.

Capestrano, Johannes von ↑Johannes von Capestrano.

Capet ↑Hugo Capet, König von Frankr.

Cap-Haïtien [frz. kapai'sjɛ̃], Stadt in N-Haiti am Karib. Meer, 64 000 E. Bischofssitz; jurist. Fachschule; Handelszentrum; Hafen (offene Reede). - 1670 von frz. Piraten gegr., 1805 Hauptstadt der Republik Haiti; 1842 durch Erdbeben zerstört.

Capitano [italien.], kom. Figur der ↑Commedia dell'arte, der prahlsüchtige Offizier (↑Bramarbas).

Capito, Wolfgang, eigtl. W. Köpfel, * Hagenau 1478, † Straßburg 3. Nov. 1541, dt. Humanist und Reformator. - 1515 Münsterprediger in Basel, 1516 auch Prof. der Theologie; bed. Hebraist; 1520 kurmainz. Domprediger und Rat. Ging 1523 nach Straßburg (1524 Heirat) und wirkte für die Reformation oberdt. Prägung. Verständigungsbereit gegenüber Bauern (1525), Täufern, Lutheranern und Katholiken; Verfasser u. a. eines Katechismus (1527).

Capitulare de villis [lat. „Erlaß über die Güter"], Verordnung Karls d. Gr. zur Verwaltung der karoling. Krongüter; erlassen wohl im letzten Jahrzehnt des 8. Jahrhunderts.

Capitularia ↑Kapitularien.

Capodimonte, Schloß in Neapel, 1738-1839 erbaut, u. a. mit bed. Sammlung italien. Gemälde; 1743-59 Sitz einer bed. Porzellanmanufaktur (Geschirr mit antiken Reliefs).

Capodistrias ↑Kapodistrias.

Capogrossi, Giuseppe, * Rom 7. März 1900, † ebd. 10. Okt. 1972, italien. Maler. - Seine Bilder sind mit bogenförmigen, kammähnl. Zeichen bedeckt.

Capone, Al[phonse] oder Alfonso [italien. ka'po:ne, engl. kə'poʊn], gen. Scarface, * Neapel 17. Jan. 1899, † Miami (Fla.) 25. Jan. 1947, amerikan. Bandenchef. - Seit 1920 in Chicago; der Mitwirkung an zahlr. brutalen Bandenmorden beschuldigt, 1931 nur wegen nachweisl. Steuerdelikte zu elfjähriger Haft verurteilt; 1939 vorzeitig entlassen; geschätzter Gewinn der Bande 1927 aus Prostitution und Glücksspiel, dem Betrieb sog. „speak-easies" (illegale Kneipen z. Z. der Prohibition), dem sog. „protection racket" (erzwungene Inanspruchnahme des Schutzes bes. Gangsterorganisationen): 105 Mill. $.

Caporal, Korporal; **le petit caporal,** „der kleine Korporal", Spitzname Napoleons I.

Capote, Truman [engl. kə'poʊti], eigtl. T. Streckfus Persons, * New Orleans 30. Sept. 1924, † Los Angeles-Hollywood 25. Aug. 1984, amerikan. Schriftsteller. - Bed. Schilderer gesellschaftl. Zustände; der dekadenten Gesellschaft des amerikan. Südens entfliehen die Gestalten eines Romans „Die Grasharfe" (1951) in eine symbolhafte Traumwelt (1952 auch dramatisiert). - *Weitere Werke:* Andere Stimmen, andere Räume (R., 1948), Baum der Nacht (Kurzgeschichten, 1949), Frühstück bei Tiffany (R., 1958), Kaltblütig (R., 1966), Musik für Chamäleons (En., 1980).

Cappa (Capa) [lat.], Kapuze oder ärmelloser Kapuzenmantel; schon in der Antike gebräuchl., noch im MA Alltagstracht der Geistlichen.

Cappadocia, röm. Prov., ↑Kappadokien.

Cappella ↑a cappella, ↑Kapelle.

Cappella Sixtina, nach der Sixtin. Kapelle ben. Sängerchor des päpstl. Hofes, bes. bed. vom 15. bis 17. Jh.

Cappelle (Capelle), Jan van de, * Amsterdam 25. Jan. 1626, † ebd. 26. Dez. 1679, niederl. Maler. - Seestücke und Küstenbilder in zartem, atmosphär. Licht.

Cappenberg, ehem. Prämonstratenserkloster (1122-1802), 4 km nördl. von Lünen, NRW. Bed. Ausstattung und Kirchenschatz, u. a. das berühmte Kopfreliquiar mit dem Porträt Friedrich Barbarossas (nach 1155). - Abb. S. 200.

Cappiello, Leonetto, * Mailand 9. April 1875, † Cannes 12. Febr. 1942, italien.-frz. Graphiker. - Bed. Plakatkünstler.

Cappuccino [italien. kapu'tʃi:no; zu cappuccio „Kapuze"], heißer Kaffee mit aufgeschäumter Milch (auch Sahne), mit etwas Kakaopulver serviert.

Capra, Frank [engl. 'kæprə], * Palermo 19. Mai 1897, amerikan. Filmregisseur italien. Herkunft. - Drehte originelle satir. und sozialkrit. Filme, u. a. „Es geschah eines Nachts" (1934), „Mr. Deeds geht in die Stadt" (1936), „Mr. Smith geht nach Washington" (1939), „Gestatten: John Doe" (1941), „Arsen und Spitzenhäubchen" (1943).

Caprarola, italien. Gemeinde 15 km sö. von Viterbo, 510 m ü. d. M., 4 500 E. - **Palazzo**

Farnese (1559 ff.; heute Sommerresidenz des italien. Staatspräs.).

Caprera, italien. Insel vor der NO-Küste Sardiniens, 10 km lang, 15,8 km², im C. di Garibaldi 212 m hoch. - Wohnsitz Garibaldis.

Capri, italien. Insel vor dem S-Eingang des Golfes von Neapel, 10,4 km² groß, im Monte Solaro 589 m hoch, von unzugängl. Steilküsten umgeben. Mildes, ausgeglichenes Klima; artenreiche, immergrüne Vegetation, Zitrus-, Reb- und Ölbaumgärten; Höhlenbildungen (**Blaue Grotte**); Fremdenverkehr. Hauptorte **Capri** (175 m ü. d. M., 7 500 E) und **Anacapri** (275 m ü. d. M., 4 600 E). - Bereits in paläolith. Zeit besiedelt; Kaiser Augustus erwarb C. 29 v. Chr.; Kaiser Tiberius lebte hier 27 bis 37. Später Verbannungsort.

Capriccio [ka'prɪtʃo; italien. „Laune, unerwarteter Einfall"], scherzhafte musikal. Komposition von freier Form, im 16. Jh. zunächst für Vokalkompositionen, später auch für Instrumentalstücke. Neben Capricci für mehrere Instrumente entstanden viele für Tasteninstrumente, seit dem 18. Jh. in größerer Zahl auch für virtuose Violine (u. a. Paganini, Kreutzer); in Orchesterkompositionen und Solowerken des 19./20. Jh. Charakterstück mit originellen, überraschenden Wendungen.

Capricornus [lat.] ↑Sternbilder (Übersicht).

Caprina [lat.], Gatt. fossiler Muscheln aus der Kreidezeit; linke Schale groß, spiralig eingerollt; mit der rechten Schalenklappe festsitzend.

Cappenberg. Kopfreliquiar mit dem Porträt Friedrich Barbarossas

Caprinsäure [lat./dt.] (Decansäure(1)), gesättigte Monocarbonsäure; natürl. Vorkommen v. a. in Kuh- und Ziegenbutter, in Palmkern- und Kokosöl. Die wohlriechenden Ester der C. (*Caprinate*) werden u. a. zur Herstellung von Parfüms verwendet.

Caprivi, Georg Leo Graf von C. de Caprera de Montecuccoli, *Berlin 24. Febr. 1831, †Skyren bei Crossen/Oder 6. Febr. 1899, dt. General und Politiker. - Wurde 1890 Nachfolger Bismarcks als Reichskanzler und (bis 1892) preuß. Min.präs. Seine Politik des „Neuen Kurses" stützte sich auch auf Zentrum und Linksliberale. Bed. Reformen in der Sozialpolitik (Maximalarbeitstag, Gewerbegerichte). Seine liberale Handelspolitik war v. a. um internat. Entspannung bemüht: 1891–94 Handelsverträge u. a. mit Rußland, Italien und Österreich; Senkung der dt. Landwirtschaftszölle. Außenpolit. wirkte C. für den Ausgleich mit England (Helgoland-Sansibar-Vertrag, 1890) und Rußland (Nichterneuerung des Rückversicherungsvertrages ausgeglichen durch die Beendigung des Handelskrieges mit Rußland). Stürzte 1894 auf Grund der Gegnerschaft der Agrarier und der Schwächung seiner Stellung in Preußen.

Caprivizipfel, Landstreifen im nö. Namibia, reicht bis zum Sambesi, 450 km lang, nur 30–100 km breit, Eingeborenenreservat. - Kam 1890 unter Reichskanzler Caprivi zu Deutsch-Südwestafrika, um diesem einen Zugang zum Sambesi zu verschaffen.

Caprolactam [lat.] (6-Aminohexansäurelactam), cycl. Säureamid, Ausgangsmaterial zur Herstellung von Polyamid-6 (Perlon ®); ↑Kunststoffe, ↑Fasern (Übersicht).

Capronsäure [lat./dt.] (n-Hexansäure), gesättigte Fettsäure aus Kuh- und Ziegenbutter von unangenehmem, ranzigem Geruch; ihre fruchtartig riechenden Ester (**Capronate**) finden Verwendung bei der Herstellung von Fruchtessenzen.

Caprylsäure [lat./griech./dt.] (n-Octansäure), gesättigte Fettsäure mit schleimhautreizendem Geruch und Geschmack; Insektenvernichtungsmittel und Antiseptikum.

Capsa, antike Stadt, ↑Gafsa.

Capsanthin [lat./griech.], tief karminroter Farbstoff (Karotinoid) der Paprikaschoten, fettlösl. Lebensmittelfarbstoff.

Capsicum [lat.] ↑Paprika.

Capsien [kapsi'ɛ̃; frz.], nach Fundstellen in der Nähe von Gafsa, dem antiken Capsa, in Tunesien ben. mesolith. Kulturgruppe; anfängl. Oberbegriff für alle spätsteinzeitl. Kulturen des Maghreb; jetzt nur noch Bez. (typ. C.) für eine im südl. Tunesien und im östl. Algerien vorkommende Fundgruppe (etwa 7. Jt. v. Chr.); Steinwerkzeuge (Klingen, Spitzen und Kratzer); vereinzelt Steinplatten mit Ritzungen.

Capstanantrieb [engl. 'kæpstən „Haspel, Spill"], Bandantriebssystem bei Tonbandgeräten. Das Band wird von einer Gummiandruckrolle gegen die Tonwelle gedrückt, die von einem eigenen Motor (**Capstanmotor**) direkt (ohne Zwischengetriebe) angetrieben wird.

Capsula [lat.], svw. Kapsel.

Captatio benevolentiae [lat. „Haschen nach Wohlwollen"], Bez. für Redewendungen, mit denen um das Wohlwollen der Zuhörer geworben wird.

Capua, italien. Stadt 40 km nördl. von Neapel, in Kampanien, 23 m ü. d. M., 18 000 E. Erzbischofssitz; Museum; Nahrungsmittel- und Glaswarenind. - Das heutige C. liegt an der Stelle der röm. Stadt **Casilinum;** nach Zerstörung durch die Sarazenen 840 Anlage einer neuen Ansiedlung mit dem Namen C. 856; 900–1134 selbständiges Ft., gehörte bis 1860 zum Kgr. Sizilien(-Neapel). 4 km sö. des heutigen C. lag das antike C., die ehem. reichste und größte Stadt Kampaniens (heute **Santa Maria Capua Vetere**); vermutl. 471 von Etruskern an der Stelle einer osk. Siedlung (neu) gegr.; trat im 2. Pun. Krieg auf die Seite Hannibals; 211 von den Römern zurückerobert. - Dom (11. Jh.; nach Zerstörungen im 2. Weltkrieg wiederhergestellt) mit Säulen antiker Tempel. Im antiken C. Amphitheater (1. Jh.); Triumphbogen des Hadrian, Mithräum.

Capuana, Luigi, * Mineo bei Catania 28. Mai 1839, † Catania 29. Nov. 1915, italien. Schriftsteller. - Begründer des verist. Romans in Italien, u. a. „Der Marchese von Roccaverdina" (R., 1901).

Capuchon [kapy'ʃõ:; lat.-frz.], Damenmantel mit Kapuze.

Caput [lat.], svw. ↑ Kopf.

Caput mortuum [lat. „Totenkopf" (nach einer Bez. in der Alchimie)] (Polierrot, Englischrot), bes. feinpulvriges rotes Eisen(III)-oxid; Malerfarbe (Venezianisch-Rot).

Carabinieri [italien.], italien. Polizeitruppe, Teil des Heeres; 1814 aufgestellt.

Carabobo, Staat in N-Venezuela, am Karib. Meer, 4 650 km², 1,062 Mill. E (1981). Hauptstadt Valencia; wichtiges Ind.gebiet.

Carabus [griech.], Gatt. der ↑ Laufkäfer mit den bekannten Arten ↑ Goldschmied, Gartenlaufkäfer, ↑ Lederlaufkäfer.

Caracalla (Marcus Aurelius Antoninus), eigtl. Bassianus, * Lugdunum (= Lyon) 4. April 186, † bei Carrhae 8. April 217 (ermordet), röm. Kaiser (seit 211). - Sohn des Septimius Severus; 196 zum Caesar, 198 zum Augustus erhoben, ließ er seinen Bruder Geta bald nach dem gemeinsamen Regierungsantritt ermorden; zahlr. Kriegszüge gegen den Osten; 212 Verleihung des röm. Bürgerrechts an alle freien Reichsbewohner (**Constitutio Antoniniana**).

Caracallathermen (Thermae Antoninianae), kolossale Thermenanlage in Rom. Von Kaiser Caracalla seit 212 errichtet; bot

mehr als 1 500 Badenden Platz; bis ins 6. Jh. in Betrieb, Einsturz 847 durch Erdbeben; Ausgrabungen seit 1824.

Caracas, Hauptstadt Venezuelas und eines Bundesdistriktes, in der Hochbeckenzone der Küstenkordillere, 920 m ü. d. M., 2,07 Mill. E, städt. Agglomeration 3,04 Mill. E. Sitz eines Erzbischofs; fünf Univ. (älteste 1725 gegr.), mehrere wiss. Akademien und Gesellschaften, Forschungseinrichtungen, Goethe-Inst., dt. Schule, Musikakad., Konservatorien, Nationalarchiv, Bibliotheken, Nationalmuseum. Nahrungsmittel-, Textil-, Glasind., Reifenfabrik, chem. und pharmazeut. Ind.; U-Bahn; internat. ⚓. - 1567 gegr., 1786 Hauptstadt einer aus sieben Prov. gebildeten Audiencia, 1831 Hauptstadt Venezuelas. - Zahlr. neue Bauten; große Elendsviertel.

Caracciola, Rudolf [kara'tʃo:la], * Remagen 30. Jan. 1901, † Kassel 28. Sept. 1959, dt. Automobilrennfahrer. - Gewann 3 dt. und 6 Europameisterschaften.

Caradoc [engl. kə'rædək] ↑ Caratacus.

Carafa (Caraffa, Carrafa), neapolitan. Adelsgeschlecht seit dem 12. Jh.; seit dem 14. Jh. bed. im polit., kirchl., kulturellen und militär. Leben Italiens, später auch Frankr., Spaniens und Österreichs.

C., Gian Pietro ↑ Paul IV., Papst.

Caragiale, Ion Luca [rumän. kara'dʒale], * Haimanale (= Ion Luca Caragiale) bei Dîmbovița 29. Jan. 1852, † Berlin 22. Juni 1912, rumän. Schriftsteller. - Bedeutendster rumän. Dramatiker, ging 1904 ins Exil; heftige Angriffe gegen Bourgeoisie und Chauvinismus.

Carales, antike Stadt, ↑ Cagliari.

Caratacus, britann. König des 1. Jh. n. Chr. - Führer des Widerstands der Kelten gegen die röm. Eroberung Britanniens unter Claudius (43 n. Chr.); unter dem Namen **Caradoc** Ritter der Tafelrunde von König Artus.

Caravaggio [italien. kara'vaddʒo], eigtl. Michelangelo Merisi (Amerighi), * Caravaggio bei Bergamo 28. Sept. 1573, † Porto Ercole bei Civitavecchia 18. Juli 1610, italien. Maler. - Seine ersten röm. Bilder (um 1590), Halbfiguren mit Stillebenbeiwerk („Die Wahrsagerin", Louvre; „Der Lautenspieler", Eremitage; „Bacchus", Uffizien), verraten lombard. Einfluß und machten C. schnell bekannt. Seine Lebensspuren sind festgehalten in Prozeßakten, Schmähschriften, Verleumdungen. 1606 floh er nach Neapel, wo Meisterwerke wie Rosenkranzmadonna (1604/05; Wien, Kunsthistor. Museum) und die Geißelung Christi (1607; Neapel, San Domenico Maggiore) entstanden, weiter nach Malta und Sizilien. Zu seinen Hauptwerken zählen „Bekehrung des Saulus" (1600–01; Rom, Santa Maria del Popolo), „Berufung des hl. Matthäus" (um 1600; Rom, San Luigi dei Francesi), „Grablegung Christi" (1602–04; Vatikan, Sammlungen), „Tod Mariens" (1605/1606;

Louvre). Sein geniales Werk, die Faszination einer Lichtdramatik (Helldunkelmalerei), die den krassen Naturalismus der Handlung zugleich akzentuiert und ins Religiöse überhöht, bedeutet die Überwindung des herrschenden Manierismus und war schulebildend (Spanien, Niederlande, Frankreich, Italien); er beeinflußte Velazquez, Frans Hals, Rubens und Rembrandt.

Caravan ['ka(:)ravan; engl. 'kærəvæn; zu italien. caravana „Karawane"], engl. Bez. für Wohnwagen; Verkaufswagen. **Caravaning**, das Reisen, das Leben im Caravan.

Carbamate [Kw.], Ester und Salze der ↑Carbamidsäure.

Carbamidsäure [Kw.], Monoamid der Kohlensäure, $H_2N-COOH$; Salze und Ester der C. werden als *Carbamate* (die Ester auch als ↑Urethane) bezeichnet.

Carbanion (Carbeniation) [lat./griech.], chem. Verbindung mit negativ geladenem

Kohlenstoffatom, $-C|\ominus$; tritt als kurzlebiges

Zwischenprodukt bei chem. Reaktionen auf.

Carbazol [lat./griech.-frz./arab.] (Dibenzopyrrol), Vorkommen im Steinkohlenteer; Ausgangsstoff zur Herstellung von Farbstoffen.

Carbene [lat.], sehr reaktionsfähige, kurzlebige Homologe des Methylens (CH_2), die nur intermediär bei gewissen Zersetzungs- und Eliminierungsreaktionen entstehen.

Carbeniumion [lat./griech.], chem. Verbindung mit positiv geladenem 3bindigem

Kohlenstoffatom, $-C\oplus$; **Carboniumion** mit

5bindigem Kohlenstoffatom; treten als kurzlebige Zwischenprodukte bei Reaktionen auf.

Carbide [lat.], Sammelbez. für die binären Kohlenstoffverbindungen. Die *metallartigen C.* sind als legierungsartige Stoffe anzusehen, z. B. das techn. wichtige, sehr harte Eisencarbid Fe_3C (↑Zementit). Die *salzartigen C.*, die Metallverbindungen des Acetylens sind sehr instabil und sogar hoch explosiv, z. B. das Silberacetylid Ag_2C_2. Die *kovalenten C.*, z. B. Borcarbid B_4C und das Siliciumcarbid SiC (Carborundum) dienen als billig herstellbarer Diamantersatz zum Schleifen, Polieren und Bohren.

Carbo [lat.], wiss. Bez. für pflanzl. und tier. Kohle, z. B. *C. medicinalis*, medizin. Kohle, eine Aktivkohle, die als absorbierendes Mittel bei Darmstörungen verwendet wird.

Carboanhydrase [lat./griech.], wichtiges Enzym für den Gasaustausch in der Lunge, die Säureproduktion im Magen und die Wasserausscheidung in den Nieren.

carbocyclische Verbindungen ↑cyclische Verbindungen.

Carbohydrasen [lat./griech.], Sammelbez. für kohlenhydratspaltende Enzyme, z. B. ↑Maltase, ↑Lactase, ↑Zellulase u. a.

Carbol [lat.] (Carbolsäure), svw. ↑Phenol.

Carbolux [lat.], Mitteltemperaturkoks, hergestellt durch Verkoken von Gasflammkohle; flüchtige Anteile 10–12 %.

Carbonari ↑Karbonari.

Carbonate (Karbonate) [lat.], Salze der Kohlensäure, allg. Formel Me_2CO_3 (z. B. K_2CO_3 oder $CaCO_3$). In den ↑Hydrogencarbonaten ist nur ein H-Atom durch ein Metallatom ersetzt. Die C. sind eine der häufigsten Verbindungsklassen der unbelebten Natur, z. B. $CaCO_3$ (↑Calcit, ↑Calciumcarbonat, ↑Kalk) oder $MgCa(CO_3)_2$ (↑Dolomit) als Gebirgsbildner.

Carboneria [lat.-italien.] ↑Karbonari.

Carboneum [lat.] ↑Kohlenstoff.

Carboniumion ↑Carbeniumion.

Carbonsäuren [lat./dt.], chem. Verbindungen mit der Gruppe -COOH (Carboxylgruppe). Nach der Anzahl der COOH-Gruppen im Molekül unterscheidet man ↑Monocarbonsäuren, ↑Dicarbonsäuren und ↑Polycarbonsäuren. Die C. treten in der Natur in freier Form und als Ester oder Salze in vielen pflanzl. und tier. Organismen auf.

Carbonyle [lat./griech.], Verbindungen von Schwermetallen (reine C.) oder Metallsalzen (salzartige C.) mit Kohlenmonoxid, CO. Beim Erwärmen zersetzen sich die C. unter CO-Abspaltung wieder in die Metalle; diese Eigenschaft wird beim **Carbonylverfahren** zur Gewinnung sehr reiner Metalle (Eisen oder Nickel) ausgenutzt.

Carbonylgruppe (Ketogruppe, Oxogruppe), in der organ. Chemie die sehr reaktionsfähige, zweiwertige Gruppe $=C=O$; Charakteristikum der Aldehyde und Ketone.

Carbonylierung [lat./griech.], Verfahren der Acetylenchemie zur Herstellung von Carbonsäuren und Carbonsäurederivaten (Ester, Alkohole, Amide u. a.) durch Reaktion des Acetylens mit Kohlenmonoxid (CO) und Wasser, Alkoholen oder Aminen.

Carborundum ⊛ [Kw. aus engl. **carb**on „Kohlenstoff" und co**rundum** „Korund"] (Karborund), Verbindung aus Silicium und Kohlenstoff (↑Siliciumcarbid); Schleifmittel mit einer Härte ähnl. der von Diamanten.

Carboxylase [lat./griech.], Enzym, das die bei der alkohol. Gärung entstehende Brenztraubensäure unter CO_2-Abspaltung (Decarboxylierung) zu Acetaldehyd abbaut.

Carboxylgruppe [lat./griech./dt.], die für alle Carbonsäuren charakterist. funktionelle Atomgruppe -COOH; Strukturformel:

$$-C\diagdown{}_{OH}^{O}$$

Carboxylierung [lat./griech.], die Anlagerung von aktiviertem Kohlendioxid (CO_2) an organ. Substanzen, z. B. im menschl. und tier. Stoffwechsel die durch Enzyme bewirkte C. von Brenztraubensäure zu Oxalessigsäure.

Carcassonne [frz. karka'sɔn], frz. Stadt, 85 km sö. von Toulouse, 111 m ü. d. M., 41 000 E. Verwaltungssitz des Dep. Aude; Bischofssitz (seit dem 6. Jh.); Kunst- und Altertumsmuseum; Handels- (insbes. Weinhandel), Ind.- und Dienstleistungszentrum des oberen Audegebietes; Fremdenverkehr. Das vorröm. **Carcasso** wird im 1. Jh. v. Chr. erstmals erwähnt; in der Römerzeit **Colonia Julia Carcasso**; seit 462 westgot., 725 arab.; um 759 von den Franken zurückerobert; seit 1247 zur frz. Krondomäne. - In der Oberstadt mit doppelter Ringmauer und zahlr. Türmen (5./6.–13. Jh.) liegt die ehem. Burg (12. Jh.) sowie die Basilika Saint-Nazaire (11.–14. Jh.), in der Unterstadt die got. Kirche Saint-Vincent (14. Jh.) und die Kathedrale Saint-Michel (13. Jh.).

Carcer [lat.], Kerker, Karzer.

Carcer Mamertinus (Mamertin. Gefängnis), vermutl. im 3. Jh. v. Chr. erbautes röm. Staatsgefängnis am Ostabhang des Kapitols. Über einem unterird. Raum (Tullianum, Ort für Hinrichtungen) wurde vermutl. um 100 v. Chr. ein zweiter Raum für Gefangene gebaut. Die noch im 4. Jh. n. Chr. als Kerker dienenden Räume wurden später als Kapellen eingerichtet (heute **San Pietro in Carcere**).

Carchi [span. 'kartʃi], Prov. in N-Ecuador, 3 701 km², 123 000 E (1971). Hauptstadt Tulcán.

Carcinoma [griech.] ↑Krebs.

Cardamomes, Chaîne des [frz. ʃɛːndekarda'mɔm], über 150 km langer Gebirgszug

Carcassonne. Die von einem doppelten Mauerring umgebene Altstadt

Caravaggio, Madonna dei Palafrenieri (1604/05). Rom, Galleria Borghese

im sw. Kambodscha, bis 1 744 m hoch; Kardamomgewinnung.

Cardamom Hills [engl. 'kɑːdəmɔm 'hɪlz], Gebirgshorst in S-Indien, bis 1 922 m hoch; Kautschuk-, Tee-, Gewürzplantagen (Kardamom).

Cardano, Geronimo (Girolamo), latini-

siert Hieronymus Cardanus, * Pavia 24. Sept. 1501, † Rom 20. Sept. 1576, italien. Mathematiker, Arzt und Naturforscher. - Prof. in Mailand, Pavia und Bologna; befaßte sich als erster mit der mathemat. Wahrscheinlichkeit, beschrieb die schon vor ihm erfundene kardanische Aufhängung und das Kardangelenk. Er versuchte der Medizin eine wiss. Grundlage zu geben und sie als theoret. Disziplin der prakt. Heilkunde an die Seite zu stellen.

Cardarelli, Vincenzo, * Tarquinia 1. Mai 1887, † Rom 15. Juni 1959, italien. Dichter. - 1919 Mitbegr. der Zeitschrift „La Ronda", vertrat einen strengen Klassizismus.

Cardenal, Ernesto [span. karðe'nal], * Granada (Nicaragua) 1925, nicaraguan. Lyriker. - Kath. Priester; lebte 1978/79 im Exil; wurde im Juli 1979 Kultusminister. Verbindet in seinen Dichtungen religiöses Empfinden mit polit. Engagement. Erhielt 1980 den Friedenspreis des Dt. Buchhandels. - *Werke:* Zerschneide den Stacheldraht (Ged., 1964), Gebet für Marilyn Monroe u. a. Gedichte (1965), Für die Indianer Amerikas. Lateinamerikan. Psalmen (1969), Orakel über Managua (1973), Heimweh nach der Zukunft (Ged. 1981).

Cárdenas, Lázaro [span. 'karðenas], * Jiquilpan (Michoacán) 25. Mai 1895, † Mexiko 19. Okt. 1970, mex. General und Politiker. - 1931 Innen- und 1933 Kriegsmin.; beendete als Staatspräs. (1934–40) die Epoche der gewaltsamen Präs.wechsel; setzte mit der beginnenden Enteignung des Großgrundbesitzes und dessen Verteilung eine weitgehende Bodenreform durch; enteignete 1938 die meisten brit. und nordamerikan. Erdölgesellschaften.

Cardi... ↑ Kardi...

Cardiff [engl. 'kɑːdɪf], Hauptstadt von Wales, Verwaltungssitz der Gft. South Glamorgan, an der Mündung des Taff in den Bristolkanal, 280 000 E. Kath. und anglikan. Erzbischofssitz; College der University of Wales (gegr. 1883), TH; Nationalmuseum (gegr. 1907); Eisen-, Stahl- u. Autoind., Erdöl-, Textil-, Papierind., Hafen und ⚓. - 75 n. Chr. bis Ende 4. Jh. röm. Lager, 1090–93 Bau einer normann. Burg; 1350 Stadtrecht.

Cardigan Bay [engl. 'kɑːdɪgən 'beɪ], Bucht des Sankt-Georgs-Kanals an der W-Küste von Wales mit zahlr. Seebädern.

Cardin, Pierre [frz. kar'dɛ̃], * Sant'Andrea in Barbarana bei Treviso 7. Juli 1922, frz. Modeschöpfer. - Zunächst Mitarbeiter von C. Dior; vertritt eine junge, elegante, oft auffallende, extravagante Linie.

Cardinale, Claudia, * Tunis 15. April 1939, italien. Filmschauspielerin. - Spielte u. a. in „Cartouche, der Bandit" (1961), „Der Leopard" (1962) und „Das rote Zelt" (1969), „Claretta" (1984), „L'Été prochain" (1985).

Cardio... ↑ Kardio...

Carducci, Giosuè [italien. kar'duttʃi],

Pseud. Enotrio Romano, * Valdicastello (= Pietrasanta, Toskana) 27. Juli 1835, † Bologna 16. Febr. 1907, italien. Lyriker. - In feierl., pathet. und schwungvoller Sprache (z. T. Nachgestaltung antiker Metren) verherrlichte er die Größe einer held. Vergangenheit, u. a. „Odi barbare" (1877–89); Nobelpreis 1906; auch Literarhistoriker.

Cardy [...di; lat.], svw. ↑ Kardone.

CARE [engl. kɛə], Abk. für: ↑ Cooperative for American Remittances to Europe.

care of [engl. 'kɛər ɔv], Abk. c/o, bei, per Adresse, zu Händen (in Anschriften).

Carex [lat.], svw. ↑ Segge.

Cargados-Carajos-Inseln [engl. kɑː'gɑːdoʊs kə'rɑːʒoʊs] ↑ Mauritius.

Cargo ↑ Kargo.

Cargo-Kulte [zu lat.-engl. cargo „Ladung, Frachtgut"], religiöse Bewegungen auf Neuguinea und in der melanes. Inselwelt, die aus der Konfrontation der Eingeborenen mit zivilisator. Werten und Erzeugnissen entstanden sind und z. T. zur Wiederbelebung heidn. Riten in bereits christianisierten Gebieten geführt haben. Zugrunde liegt die Vorstellung, die Güter westl. Zivilisation seien von den Ahnen der Melanesier hergestellt und für ihre Nachkommen bestimmt, diese aber von den Weißen vorenthalten worden. Im Mittelpunkt der meisten dieser Kulte, in krasser Weise das Gefälle von Arm (Eingeborene) und Reich (Weiße) beleuchten, steht die Hoffnung, eines Tages werde dieser Betrug aufgedeckt werden, und die Ahnen würden Schiffsladungen (Cargos) mit Gütern, die den Reichtum der Weißen ausmachen, richtig zu den Eingeborenen gelangen lassen. Teils gewaltsam niedergeschlagen, teils von selbst aufgelöst auf Grund der Enttäuschung über das Ausbleiben dieser Güter, blieben diese Bewegungen jeweils nur kurze Zeit am Leben; sie sind aber außerordentl. zahlr. und entstanden noch in jüngster Vergangenheit.

Cariboo Mountains [engl. 'kærɪbu: 'maʊntɪnz] ↑ Columbia Mountains.

Carica [griech.-lat.], svw. ↑ Melonenbaum.

Caries [...i-ɛs] ↑ Karies.

Carillon [kari'jõ; frz.; zu lat. quaternio „Vierzahl" (von Glocken)], mit Klöppeln geschlagenes oder mit einer Tastatur gespieltes Musikinstrument, das aus mehreren Glocken zusammengestellt ist.

Carina (Karina), im 20. Jh. aus dem Italien. übernommener weibl. Vorname, eigtl. „die Hübsche".

Carina [lat.] ↑ Sternbilder (Übersicht).

Carina [lat.], in der *Zoologie* svw. Brustbeinkamm bei Vögeln.

Carissimi, Giacomo, ≈ Marino 18. April 1605, † Rom 12. Jan. 1674, italien. Komponist. - 1628/29 Kirchenkapellmeister in Assisi, danach Kapellmeister an San Apollinare in Rom. C. hatte mit seinen Oratorien (16 Werke erhalten) über Italien hinaus großen Einfluß auf die Komponisten in Frankr. und Deutschland bis zur Mitte des 18. Jh.; bed. sind auch seine 12 Messen, über 200 Motetten und etwa 130 Kantaten.

Caritas ↑ Karitas.

Carl, männl. Vorname, ↑ Karl.

Carl, Karl, eigtl. Karl von Bernbrunn, * Krakau 7. Nov. 1787, † Bad Ischl 14. Aug. 1854, östr. Theaterdirektor und Volksschauspieler. - War 1827–45 Direktor des Theaters an der Wien und des Josefstädter Theaters in Wien, seit 1838 auch des Leopoldstädter Theaters (1847 Carltheater). Schuf die Hanswurstfigur des Staberl.

Carl Duisberg-Gesellschaft e. V. ↑ Duisberg, Carl.

Carletonville [engl. 'kɑːltənvɪl], Stadt in SW-Transvaal, 65 km wsw. von Johannesburg, 93 000 E. Zentrum der westl. Witwatersrand-Goldfelder mit Leichtindustrie.

Carl XVI. Gustav, König von Schweden ↑ Karl XVI. Gustav.

Carlisle [engl. kɑːlaɪl], Stadt in N-England, 100 km westl. von Newcastle upon Tyne, 72 000 E. Verwaltungssitz der Gft. Cumbria; anglikan. Bischofssitz; Textilind., Bau von Kränen und Containern, Nahrungsmittel- und Süßwarenind., Eisenbahnknotenpunkt; ⚓. - Bis zum Ende der 4. Jh. röm. Lagerstadt **Luguvallium** am Hadrianswall. - Röm. Mauerreste; Kathedrale (11. und 15. Jh.).

Carlisten ↑ Karlisten.

Carlone, zu den ↑ Comasken gehörende Künstlerfamilie des 17. und 18. Jh. Sie stammt - neben weiteren Künstlerfamilien desselben Namens - aus dem Val d'Intelvi bei Como. Vermittlung der italien. Barockkunst nach Deutschland und den Alpenländern; bed.:

C., Carlo Antonio, * Scaria (= Lanzo d'Intelvi-Scaria, Como) um 1635, † Passau 3. Mai 1708, Baumeister. - Leitete die Barockisierung der Stiftskirche in Kremsmünster (mit Fischbehälter [1690 ff.]). Sein Hauptwerk ist die Stiftskirche und der Entwurf der Klosteranlage von Sankt Florian (1686–1708) im Markt Sankt Florian.

Carlos, Infanten von Spanien:

C., Don C., * Valladolid 8. Juli 1545, † Madrid 24. Juli 1568, Sohn König Philipps II. aus seiner 1. Ehe mit Maria von Portugal. - Infolge enger Verwandtschaft seiner Eltern erbl. belastet; von Kindheit an körperl. und geistig zurückgeblieben, später zunehmend psychopath.; sollte von der Nachfolge ausgeschlossen werden; 1568 gefangengesetzt, als er seine Flucht aus Spanien vorbereitete; starb vor Beginn seines Prozesses. Literar. häufig unhistor. dargestellt, so u. a. in Schillers Drama „Don C." (1787); Oper Verdis: „Don C." (1867).

C., Don C. María Isidro de Borbón, Herzog von Molina, * Madrid 29. März 1788, † Triest 10. März 1855, Thronprätendent (Karl V., 1833–44). - Sohn König Karls IV.; weigerte

sich, die Möglichkeit weibl. Erbfolge anzuerkennen; nahm nach dem Tode seines Bruders Ferdinand VII. den Königstitel an und verursachte den - für ihn erfolglosen - 1. Karlistenkrieg 1833–39; flüchtete nach Frankr. und verzichtete 1844 auf seine Ansprüche zugunsten seines Sohnes.

Carlow [engl. 'kɑːloʊ], ir. Brückenstadt am O-Ufer des Barrow, 70 km wsw. von Dublin, 12 000 E. Verwaltungssitz der Gft. C. - Stadtrecht im 13. Jahrhundert.

Carlsbad [engl. 'kɑlzbæd], Stadt und Kurort auf der O-Abdachung der Rocky Mountains, N. Mex., USA, 380 km sö. von Santa Fe, 25 000 E. Mineralquellen; Zentrum eines Kalibergbaugebiets.

Carlsbad Caverns [engl. 'kɑːlzbæd 'kævənz], Höhlensystem im sö. N. Mex., USA, etwa 40 km sw. von Carlsbad, im S-Teil der Rocky Mountains. Die in drei Niveaus übereinanderliegenden C. C. gehören zu den größten Tropfsteinhöhlen der Erde.

Carlsbergrücken ↑ Arabisch-Indischer Rücken.

Carlyle, Thomas [engl. kɑː'laɪl], * Ecclefechan (Dumfries) 4. Dez. 1795, † London 4. Febr. 1881, schott. Essayist und Geschichtsschreiber. - 1865 Lordrektor der Univ. Edinburgh. Zu seinen Hauptwerken gehören „Sartor Resartus oder Leben und Meinungen des Herrn Teufelsdröckh" (1834), eine Schrift, die eine vom „Wilhelm Meister" beeinflußte Weltanschauung der Entsagung und des moral. Werts der Arbeit entwickelt, und der Vortragsreihe „Über Helden, Heldenverehrung und das Heldentümliche in der Geschichte" (1841). Eigenwilliger, kraftvoller, oft hymn.-pathet. Stil. Wollte die brit. Nation in neuer eth.-religiöser Bindung zu sittl.-patriot. Bewährung führen. Das ausgewählte brit. Volk habe Aufgabe, Recht und weltmissionar. Verpflichtung, seinen Glauben und seine Zivilisation über unzivilisierte Völker zu verbreiten (Sendungsideologie mit Elementen des Imperialismus).

Carl-Zeiss-Stiftung, 1889 von E. Abbe in Jena gegr. Stiftung, der er am 1. Juli 1891 die Firma Carl Zeiss (gegr. 1846) und seine Anteile an der Firma Jenaer Glaswerk Schott & Gen. (gegr. 1882) übertrug; seit 1919 Alleininhaberin beider Firmen. Seit 1948 Sitze in Heidenheim an der Brenz und Mainz. Aufgaben: Schaffung vorbildl. Arbeitsbedingungen; Förderung gemeinnütziger Projekte.

Carmagnole [frz. karma'nɔl; nach der italien. Stadt Carmagnola], 1792/93 allgemein verbreitetes anonymes frz. Revolutionslied (Refrain: „Dansons la C., vive le son du canon!"); von Napoleon I. verboten.

Carmarthen [engl. kə'mɑːðən] (Caermarthen), walis. Stadt am rechten Ufer des Towy, 35 km nw. vom Swansea, 12 000 E. Verwaltungssitz der Gft. Dyfed. - 1227 Stadtrecht.

Carmen

Carmen, aus dem Span. übernommener weibl. Vorname. Eigtl. Virgen del C. („Jungfrau [Maria] vom Berge Karmel").

Carmer, Johann Heinrich Casimir Graf von, * Bad Kreuznach 29. Dez. 1720, † Rützen (Schlesien) 23. Mai 1801, preuß. Jurist und Minister. - Seit 1763 Präs. der preuß. Reg. in Breslau; seit 1768 Justizmin. in Schlesien; oberster Justizmin. und Großkanzler (1779–95); 1779 von Friedrich II. mit der Neuordnung des Justizwesens beauftragt; schuf die Grundlage für die Preuß. Allg. Gerichtsordnung von 1793; Mitschöpfer des Allg. Landrechts [für die preuß. Staaten] (1794).

Carmichael, Stokeley [engl. kɑːˈmaɪkl], * Port of Spain (Trinidad) 29. Juni 1941, Führer der Black-Power-Bewegung. - Zunächst aktiv in der Bürgerrechtsbewegung, lehnte aber bald jede Zusammenarbeit mit ihr ab und forderte den revolutionären Befreiungskampf der Farbigen in den USA; 1967–69 Vors. der Black Panther Party.

Carmina Burana [mittellat. „Lieder aus Beuren"], ma. Anthologie mit überwiegend lat. Texten des (11.) 12. und 13. Jh., überliefert in einer Pergamenthandschrift des 13. Jh., die 1803 im bayr. Kloster Benediktbeuern entdeckt wurde; sie befindet sich heute in der Bayer. Staatsbibliothek München. Die rund 250 Texte sind in vier Gruppen gegliedert; moral.-satir. Dichtungen; Liebes-, Tanz- und Frühlingslieder; Lieder von Trunk und Spiel; geistl. Schauspiele. Zw. den lat. Gedichten finden sich wenige lat.-dt. und lat.-frz. Mischtexte, außerdem 45 mittelhochdt. Strophen, von denen einige in anderen Handschriften Dietmar von Aist, Reinmar von Hagenau, Heinrich von Morungen, Walther von der Vogelweide, Neidhart [von Reuenthal] zugewiesen sind. Die C. B. gelten als Inbegriff der ma. Vagantendichtung. Diese Klassifizierung trifft im eigentl. Sinne jedoch nur auf einen Teil der Texte zu. Eine Auswahl aus den C. B. wurde von C. Orff vertont (1937).

Carmina Cantabrigiensia [mittellat. „Lieder aus Cambridge"] (Cambridger Lieder), Sammlung von meist aus dem 10. und 11. Jh. stammenden Texten, die Teil (10 Blätter) eines seit etwa 1700 in der Universitätsbibliothek Cambridge aufbewahrten Kodex ist. Die C. C. bestehen aus 50 lat. Texten verschiedener Form und unterschiedl. Inhalts.

Carmona, António Oscar de Fragoso [portugies. kɐrˈmonɐ], * Lissabon 24. Nov. 1869, † ebd. 18. April 1951, portugies. General und Politiker. - Teilnehmer am Militärputsch von 1926, Min.präs.; 1928–1951 Staatspräs.; berief 1932 Salazar zum Min.präs.

Carmona, span. Stadt, 30 km onö. von Sevilla, 214 m ü. d. M., 22 000 E. Mittelpunkt eines Agrargebiets. - Das röm. **Carmo** war auch unter westgot. und maur. Herrschaft als Festung wichtig. - Nahebei röm. Nekropole (über 900 Gräber).

Carnac [frz. karˈnak], frz. Gemeinde an der breton. S-Küste, 13 km sw. von Auray, Dep. Morbihan, 4 000 E. Austernzucht; Seebad **Carnac-Plage.** - Bekannt durch prähistor. Monumente aus der 2. Hälfte des 3. Jt. v. Chr.; zwei Grabhügel (Saint-Michel und Le Moustoir), die mit ähnl. Hügeln bei Locmariaquer als **Carnacgruppe** bezeichnet werden und neolith.-frühbronzezeitl. Gräber einer gehobenen Bev.schicht sind; kilometerlange Alignements (in Reihen angeordnete Menhire) von Ménec, Kermario und Kerlescan.

Carnap, Rudolf, * Ronsdorf (= Wuppertal) 18. Mai 1891, † Santa Monica (Calif.) 14. Sept. 1970, dt.-amerikan. Philosoph. - 1931 Prof. in Prag, 1936 in Chicago, 1952 am Institute for Advanced Study in Princeton (N. J.), 1954–61 in Los Angeles; bedeutendstes Mgl. des † Wiener Kreises, Mitbegründer und Hauptvertreter des † logischen Empirismus († auch analytische Philosophie), wendet die formale Logik erstmals auf die empir. Wissenschaften (bes. Physik) an. C. beschränkt sein Interesse auf die Sprache der Wissenschaften, da Welt nur als sprachl. artikulierte Welt theoret. zugänglich sei.
Werke: Der log. Aufbau der Welt (1928), Log. Syntax der Sprache (1934), Einführung in die symbol. Logik (1954), Induktive Logik und Wahrscheinlichkeit (1959), Einführung in die Philosophie der Naturwissenschaften (1966). ⟐ *Krauth, L.:* Die Philosopie C. Wien ’1970.

Carnaubawachs † Karnaubawachs.

Carné, Marcel [frz. karˈne], * Paris 18. Aug. 1909, frz. Filmregisseur. - Mitbegr. des „poet. Realismus" im Film, v. a. mit „Hafen im Nebel" (1938) und seinem klass. Hauptwerk „Kinder des Olymp" (1945). Drehte auch „Les Assassins" (1971), „La Merveilleuse" (1974), „La Bible" (1976).

Carnac. Menhire der Megalithkultur

Carnegie, Andrew [engl. kɑːˈnɛgɪ], *Dunfermline 25. Nov. 1835, † Lenox (Mass.) 11. Aug. 1919, amerikan. Industrieller schott. Herkunft. - Erwarb sich in der Stahlind. in den USA ein großes Vermögen, das er in Stiftungen für wiss. Forschung und Weiterbildung (New York, Pittsburgh, Washington) anlegte.

Carnegie Endowment for International Peace [engl. ˈkɑːnɛgɪ ɪnˈdaʊmənt fə ɪntəˈnæʃənəl ˈpiːs „Carnegiestiftung für den internat. Frieden"], 1910 durch A. Carnegie errichtete Stiftung zur Friedenssicherung und zur Völkerverständigung durch Kriegsursachen- und Kriegsverhütungsforschung, Förderung des Völkerrechts und der polit. Bildung; Sitz: New York (seit 1953), Außenstelle Genf (seit 1953).

Carneol (Karneol) ↑ Chalzedon.

Carner, Josep [katalan. kərˈne], *Barcelona 5. Febr. 1884, † Uccle bei Brüssel 4. Juni 1970, katalan. Lyriker. - Unter dem Einfluß des frz. Symbolismus einflußreichster Vertreter des katalan. Modernismo.

Carney, Harry Howell [engl. ˈkɑːnɪ], *Boston 1. April 1910, † New York 10. Okt. 1974, amerikan. Jazzmusiker. - Wichtigster Baritonsaxophonist des Swingstils.

Carnivora, svw. ↑ Karnivoren.

Carnot [frz. karˈno], Lazare, *Nolay (Dep. Côte-d'Or) 13. Mai 1753, † Magdeburg 2. Aug. 1823, frz. Politiker und Mathematiker. - Zunächst Ingenieuroffizier; 1793 in den Wohlfahrtsausschuß berufen, organisierte das frz. Militärwesen; gilt als Schöpfer des Revolutionsheeres (Levée en masse); Mgl. des Direktoriums seit 1795; mußte nach Deutschland fliehen; 1800 zurückgerufen und Kriegsmin.; 1815 Innenmin.; nach der Rückkehr der Bourbonen verbannt.

C., Marie François Sadi, *Limoges 11. Aug. 1837, † Lyon 24. Juni 1894 (ermordet), frz. Politiker und Ingenieur. - 1871 als Abg. der linken Mitte Mgl. der Nationalversammlung; seit 1887 Präs. der Republik.

C., Sadi, *Paris 1. Juni 1796, † ebd. 24. Aug. 1832, frz. Ingenieur und Physiker. - Sohn von Lazare C.; entwickelte die physikal. Grundlagen der Dampfmaschine unter Benutzung eines Gedankenversuchs, des ↑ Carnot-Prozesses, und vertrat die Auffassung, daß Wärme aus der Bewegung der kleinsten Teilchen resultiert. Auf dieser Basis hat er lange vor J. R. Mayer das mechan. Wärmeäquivalent berechnet.

Carnotit [nach dem frz. Chemiker und Mineralogen M.-A. Carnot, *1839, † 1920] (Uranglimmer), $K_2[(UO_2)_2|V_2O_8] \cdot 3 H_2O$, grünlichgelbes Uran- und Vanadinerz; Mohshärte 4; Dichte 4,5 g/cm³.

Carnot-Prozeß [frz. karˈno; nach S. Carnot], idealisierter, zw. zwei Wärmebehältern unterschiedl. Temperatur erfolgender umkehrbarer Kreisprozeß mit dem höchstmögl. therm. Wirkungsgrad; sind T_1 und T_2 die absoluten Temperaturen der beiden Wärmebehälter, dann gilt für den Wirkungsgrad η **(Carnotscher Wirkungsgrad):**

$$\eta = (T_2 - T_1)/T_2 \quad (T_2 > T_1)$$

Der C.-P. bildet die theoret. Grundlage sowohl der Wärmekraftmaschinen als auch der Kältemaschinen.

Carnotum, antike Stadt, ↑ Chartres.

Carnuntum, röm. Ruinenstadt bei Petronell und Bad Deutsch Altenburg (Niederösterreich); seit 15 n. Chr. röm. Hauptstützpunkt an der pannon. Donaugrenze. Neben dem Legionslager entstand eine große Zivilstadt (106 Hauptort der Prov. Pannonia superior, unter Hadrian Munizipium, von Septimius Severus zur Kolonie erhoben). 375 wohl weitgehend verfallen, um 400 von Germanen zerstört. Seit 1885 wurden zwei Amphitheater, Ruinen eines Palastes und von Wohnhäusern, Thermen, Heiligtümern u. a. ausgegraben.

Carol, rumän. Könige, ↑ Karl.

Carola [kaˈroːla, ˈkaːrola], weibl. Vorname, latinisierte Form von ↑ Karla.

Carolina (Constitutio Criminalis C.) [lat.], Abk. C.C.C., Peinl. Gerichtsordnung, die 1532 von Kaiser Karl V. auf dem Reichstag von Regensburg zum Reichsgesetz erhoben wurde; stellt das erste allg. Strafgesetz mit Strafprozeßordnung dar; blieb bis zur Mitte des 18. Jh. (in Norddeutschland bis 1871) in Kraft.

Carolina [engl. kærəˈlaɪnə], Name zweier US-Staaten, ↑ North Carolina und ↑ South Carolina.

Carolus [kaˈroːlʊs, ˈkaːrolʊs], männl. Vorname, latinisierte Form von ↑ Karl.

Carolus Magnus ↑ Karl der Große.

Carosche Säure [nach H. Caro] ↑ Schwefelsauerstoffsäuren.

Carossa, Hans, *Bad Tölz 15. Dez. 1878, † Rittsteig bei Passau 12. Sept. 1956, dt. Schriftsteller. - Arzt; gestaltete vorwiegend eigenes Erleben in stilist. eleganten Gedichten, Romanen und autobiograph. Werken (u. a. „Verwandlungen einer Jugend", 1928; „Der Tag eines jungen Arztes", 1955).

Carothers, Wallace Hume [engl. kəˈrʌðəz], *Burlington (Iowa) 27. April 1896, † Philadelphia 29. April 1937 (Selbstmord), amerikan. Chemiker. - Stellte 1932 die erste Chemiefaser aus Polyamiden her (Nylon).

Carotin ↑ Karotin.

Carotinoide ↑ Karotinoide.

Carotis ↑ Halsschlagader.

Carpaccio, Vittore [italien. karˈpattʃo], *Venedig 1455 oder 1465, † ebd. 1526, italien. Maler. - Bed. Vertreter der venezian. Renaissancemalerei, angeregt v. a. von G. Bellini. Schuf warmtonige Zyklen in subtiler Lichtbehandlung (Szenen aus dem Leben der hl. Ursula, etwa 1490-95, für die Scuola di Sant'-Orsola, heute Gallerie dell'Accademia; Szenen aus dem Leben des hl. Georg, 1502–08, Scuola di San Giorgio degli Schiavoni).

Carpeaux, Jean-Baptiste [frz. kar'po], * Valenciennes 11. Mai 1827, † Schloß Bécon bei Asnières 11. Okt. 1875, frz. Bildhauer, Maler und Radierer. - Schüler von F. Rude. Die bewegte Wirkung seiner plast. Gruppen beruht wesentl. auf Licht- und Schattenführung; u. a. Giebelskulpturen am Florapavillon des Louvre (1863–66).

Carpe diem [lat. „pflücke den Tag"], Zitat aus Horaz, Oden I, 11,8 mit der Bed.: nutze den Tag, genieße den Augenblick.

Carpentariagolf [engl. kɑːpən'tɛərɪə], Meeresbucht an der N-Küste Australiens, greift bis 750 km (im O) weit ins Landesinnere ein, im W durch Arnhemland, im O durch die Kap-York-Halbinsel begrenzt.

Carpenter-Effekt [engl. 'kɑːpɪntə], die 1873 von dem brit. Physiologen W. B. Carpenter (* 1813, † 1885) festgestellte Erscheinung, daß bei Wahrnehmung oder Vorstellung von Bewegungen Tonusverlagerungen in der Muskulatur des wahrnehmenden oder vorstellenden Individuums ausgelöst werden, die zum ansatzweisen Mitvollzug der Bewegungen führen und zwar ohne Zutun des bewußten Wollens.

Carpenters [engl. 'kɑːpəntəz], amerikan. Popmusikgruppe um die Geschwister Karen (* 1950, † 1983) und Richard Carpenter (* 1946); ihre Platten mit romantisierenden Rocksongs erreichten Mill.-Auflagen.

Carpentier, Alejo [span. karpen'tjɛr]. * Havanna 26. Dez. 1904, † Paris 24. April 1980, kuban. Dichter frz.-russ. Herkunft. - Vertreter eines „mag. Realismus"; Allegorien und Archetypen bestimmen die Struktur seiner sonst realist. angelegten Werke; u. a. „Explosion in der Kathedrale" (R., 1962).

Carpentras [frz. karpã'tra], frz. Stadt 20 km nö. von Avignon, Dep. Vaucluse, 24 000 E. Marktzentrum. - Hauptstadt der kelt. Meminer, im Altertum **Carpentoracte.** Im 3. Jh. Bischofssitz (bis 1789), 1229/74 Hauptstadt der Päpstl. Comtat Venaissin. - Gallo-röm. Monumentaltor (wohl 1. Jh. n. Chr.).

Carpi, italien. Stadt, Region Emilia-Romagna, 61 000 E. Bischofssitz; Nahrungsmittelind., traditionelles Handwerk (geflochtene Hüte, seit dem 15. Jh.). - 1530 kam C. (seit 1535 Ft.) an die Este und teilte die Geschicke Modenas. - Alter Dom (12. Jh.; 1515 erneuert), Neuer Dom (1514–1667).

Carpzov, Benedict ['karptso], * Wittenberg 27. Mai 1595, † Leipzig 21. (30.?) Aug. 1666, dt. Jurist. - Seit 1645 Prof. in Leipzig; gilt als einer der Begr. der dt. Rechtswissenschaft; mit der „Jurisprudentia ecclesiastica seu consistorialis" (1649) schuf C. das erste vollständige System des prot. Kirchenrechts.

Carrà, Carlo [italien. kar'ra], * Quargnento (Prov. Alessandria) 11. Febr. 1881, † Rom 13. April 1966, italien. Maler und Kunstschriftsteller. - 1916 lernte er de Chirico kennen und schloß sich dessen „Pittura Metafisica" an (bis 1920): Bilder mit perspektiv., leerem Raum und plast., schneiderpuppenartigen Figuren. Mitarbeiter (1919–22) der Zeitschrift „Valori Plastici".

Carracci [italien. kar'rattʃi], italien. Malerfamilie aus Bologna; Wegbereiter des Barock. Bed. Vertreter:

C., Agostino, * Bologna 15. Aug. 1557, † Parma 23. Febr. 1602, Maler und Kupferstecher. - 1583–94 Freskoarbeiten in Bologneser Palästen; 1597–1600 Mitarbeiter seines Bruders Annibale am Freskenzyklus des Palazzo Farnese, Rom. Nahm dann einen Auftrag in Parma an. Kühle und rhetor. Aufwand kennzeichnen sein Werk und machen es zum Schulbeispiel des „akadem. Carraccismus".

C., Annibale, ≈ Bologna 3. Nov. 1560, † Rom 15. Juli 1609, Maler. - Seit 1590 zahlr. Fresken in Bologneser Palästen in Zusammenarbeit mit seinem Bruder Agostino. Sein Hauptwerk sind die Fresken im Palazzo Farnese, Rom (begonnen 1595). Zahlr. Studien nach der Natur, der Antike und Raffael gingen der Ausführung der Fresken voran. Bed. seine Landschaftsdarstellungen („Christus und die Samariterin", Wien, Kunsthistor. Museum). Sie wirkten auf Domenichinos und Poussins heroische Landschaften.

C., Lodovico, ≈ Bologna 21. April 1555, † Ebd. 13. Nov. 1619, Maler. - Vetter von Annibale und Agostino C.; begr. 1585 in Bologna eine Akademie und damit die Zusammenarbeit der C.; in Gemälden apokalypt. gesteigerte Stimmung (Geist der Gegenreformation).

Carrara, italien. Stadt 45 km nw. vor Pisa, Region Toskana, 80 m ü. d. M., 69 000 E. Bildhauerakad.; Schule für Marmorbearbeitung; Bibliothek; berühmteste der toskan. Marmorstädte mit zahlr. Marmorsägen, -schleifereien und Bildhauerwerkstätten. 10 km entfernt an der ligur. Küste der Badeort **Marina di Carrara.** - Bereits die Römer, v. a. aber die Baumeister des Spät-MA und der Renaissance begründeten die Marmorind. - Roman.-got. Dom (12.–14. Jh.), Palazzo Ducale (16. Jh.).

Carrauntoohil [engl. kærən'tuːəl], höchster Berg Irlands, in den Macgillycuddy's Reeks, 1 041 m hoch.

Carrel, Alexis, * Sainte-Foy-lès-Lyon (Rhône) 28. Juni 1873, † Paris 5. Nov. 1944, frz. Chirurg und Physiologe. - Schuf ein Verfahren, mit dem Gewebskulturen in einer Nährflüssigkeit längere Zeit lebensfähig erhalten werden können; 1912 Nobelpreis für Physiologie oder Medizin.

Carreño, Teresa [span. ka'rrɛɲo], * Caracas 22. Dez. 1853, † New York 12. Juni 1917, venezolan. Pianistin. - Gefeierte Klaviervirtuosin ihrer Zeit; auch Sängerin, Dirigentin und Komponistin.

Carrera, Rafael, * Guatemala 24. Okt. 1814, † ebd. 14. April 1865, Präs. von Guatemala (seit 1847). - Übernahm 1837 die Führung des Aufstands gegen die zentralamerikan. Union; proklamierte 1839 die Unabhängigkeit der Republik Guatemala; 1854 Präs. auf Lebenszeit; herrschte als Diktator, gestützt auf Militär und Kirche.

Carrero Blanco, Luis, * Santoña (Santander) 3. März 1903, † Madrid 20. Dez. 1973 (Attentat), span. Offizier und Politiker. - Marineoffizier 1918-67 (zuletzt Admiral); seit 1951 im Min.rang; seit 1943 Vizepräs. der Cortes; 1967-73 Vizepräs., 1973 Min.präs.; engster Vertrauter Francos.

Carretera Interamericana ↑ Panamerican Highway.

Carretera Panamericana ↑ Panamerican Highway.

Carrhae (Carrhä) ↑ Charran.

Carriacou Island [engl. kɛrjə'ku aɪlənd] ↑ Grenada.

Carriera, Rosalba, * Venedig 7. Okt. 1675, † ebd. 15. April 1757, italien. Malerin. - Zarte Miniaturbildnisse und Pastelle in Rokokostil; in den letzten Lebensjahren erblindet.

Carrière, Eugène [frz. ka'rjɛːr], * Gournay-sur-Marne (Seine-Saint-Denis) 29. Jan. 1849, † Paris 27. März 1906, frz. Maler und Lithograph. - Familienporträts und Einzelstudien (Paul Verlaine [1891, Louvre]); Farbgebung mit eigenartiger Monochromie.

Carriers [engl. 'kærɪəz; lat.-engl.], stoffübertragende Substanzen. In der Biochemie [koenzymartige] Verbindungen, die Elektronen oder Ionen (bes. Protonen, H⁺, aber auch ganze funktionelle Gruppen) von einem Molekül auf ein anderes übertragen.

Carrillo, Santiago [span. kar'riʎo], * Gijón 18. Jan. 1915, span. Politiker. - Redakteur; seit 1936 Mgl. der KP Spaniens, seit 1937 Mgl. des ZK; ging 1939 nach Frankr. nach Lateinamerika ins Exil; ab 1942 mit dem Aufbau einer Geheimorganisation der KP in Spanien beauftragt; 1960-82 Generalsekretär der KP Spaniens, in der er sich auch nach deren Wiederzulassung 1977 als entschiedener Verfechter eines eurokommunist. Kurses behaupten konnte.

Carrington, Peter Alexander [engl. 'kærɪŋtən], Baron of C., * London 6. Juni 1919, brit. Politiker. - Seit 1946 konservatives Mgl. des Oberhauses; 1956-59 brit. Hochkommissar in Australien; 1959-63 1. Lord der Admiralität; 1970-74 Verteidigungs-, 1974 Energiemin.; 1974-79 Führer der konservativen Opposition im Oberhaus; Außenmin. 1979 -April 1982, seit 1984 Generalsekretär der NATO.

Carrión-Krankheit [span. ka'rrjon; nach dem peruan. Medizinstudenten D. A. Carrión, * 1850, † 1885], svw. ↑ Oroyafieber.

Carroll, Lewis [engl. 'kærəl], eigtl. Charles Lutwidge Dodgson, * Daresbury (Chesh-

Annibale Carracci, Apollon und Marsyas (um 1600). Ausschnitt aus einem Fresko im Palazzo Farnese, Rom

ire) 27. Jan. 1832, † Guildford 14. Jan. 1898, engl. Schriftsteller. - Hervorragender Mathematiker und Schachexperte, der die log. Struktur seiner Werke durch Nonsense-Techniken verfremdete; bed. seine Sprachspielereien und -paradoxien. - *Werke:* „Alice im Wunderland" (1865) und „Alice in den Spiegeln" (1871).

Carson, Rachel Louise [engl. kɑːsn], * Springdale (Pa.) 27. Mai 1907, † Silver Spring (Md.) 14. April 1964, amerikan. Schriftstellerin. - Engagierte Umweltschützerin; bed. v. a. „Der stumme Frühling" (1962).

Carson City [engl. 'kɑːsn 'sɪtɪ], Hauptstadt von Nevada, USA, in der Sierra Nevada, 40 km ssö. von Reno, 1 420 m ü. d. M., 34 000 E. - Handelszentrum eines Viehzucht- und Bergbaugebietes; Fremdenverkehr.

Carsten ↑ Karsten.

Carstens, Asmus Jakob, * Sankt Jürgen bei Schleswig 10. Mai 1754, † Rom 25. Mai 1798, dt. Maler. - Ging 1788 nach Berlin und 1792 nach Rom, wo er v. a. in Raffael und Michelangelo seine Vorbilder fand. C. ist ein bed. Vertreter des dt. Klassizismus. Er gestaltete seine allegor. und mytholog. Themen in monumentalen, strengen Kompositionen, die v. a. als Kartons, Zeichnungen und Aquarelle erhalten sind; u. a. „Die Nacht mit ihren Kindern" (1795; Kreidezeichnung; Weimar, Staatl. Kunstsammlungen).

C., Karl, * Bremen 14. Dez. 1914, dt. Jurist und Politiker. - 1945-49 Rechtsanwalt; seit 1960 Prof. für Staats- und Völkerrecht in Köln; 1960-69 Staatssekretär im Auswärtigen Amt, dann im Verteidigungsministerium bzw. im Bundeskanzleramt; seit 1972 MdB (CDU); 1973-76 Fraktionsvors. der CDU/ CSU im Bundestag; 1976-79 Bundestagspräs.; 1979-84 Bundespräs. - Abb. S. 210.

C., Lina, * Wiesbaden 6. Dez. 1892, † München 22. Sept. 1978, dt. Schauspielerin. - Zahlr. Rolleninterpretationen (v. a. derb-schlaue Frauen) am Theater (Leipzig, Hamburg, Berlin, München) und im Film (zuletzt u. a. in „Lina Braake", 1975).

Cartagena [span. karta'xena], span. Hafenstadt am Mittelmeer, 45 km ssö. von Murcia, 2 m ü. d. M., 173 000 E. Bischofssitz; Hauptkriegshafen Spaniens, Garnison; Handels- und Passagierhafen. Hüttenwerke, Glas-, Düngemittel- und Nahrungsmittelind. - Urspr. **Mastia,** kam 237 v. Chr. in karthag. Besitz, als **Carthago Nova** karthag. Machtzentrum auf der Iber. Halbinsel; 209 v. Chr. röm., im 2. Jh. v. Chr. Hauptstadt der röm. Prov. Hispania Citerior, ab etwa 297 n. Chr. der Prov. Carthaginiensis. 425 durch die Vandalen zerstört, seit 534 unter oström. Herrschaft; seit 624 westgot.; 711 arab., 1243 zurückerobert, endgültig 1269; 1706/07 brit. besetzt; 1873/74 Sitz der föderalist. Aufständischen.

C., Hauptstadt des Dep. Bolívar in N-Kolumbien, am Karib. Meer, 368 000 E. Sitz eines Erzbischofs; Univ. (gegr. 1827), Histor. Akad., Handelszentrum eines großen Agrargebietes; Nahrungsmittel- und Textilind., keram. und chem. Ind., Erdölraffinerien, Hafen, ⚓ - 1533 gegr., seit der 2. Hälfte des 16. Jh. ausgebaut; erklärte sich 1811 für selbständig (Republik von C.); 1815–21 erneut span. - Stadtbefestigung (17./18. Jh.) mit Toren und Forts, Kathedrale (1577–85, 1600–07 nach Einsturz z. T. neu gebaut), Palast der Inquisition (um 1706; Portal 1770).

Cartago [span. kar'tayo], Hauptstadt der Prov. C. im zentralen Costa Rica, 1 440 m ü. d. M., 24 000 E. Herstellung von Seife und Pharmazeutika. - Gegr. 1563.

Cartan, Élie [Joseph] [frz. kar'tã], * Dolomieu (Isère) 9. April 1869, † Paris 6. Mai 1951, frz. Mathematiker. - Seine Arbeiten zur Theorie kontinuierl. Gruppen und zur Differentialgeometrie (Anwendungsgebiet v. a. die allg. Relativitätstheorie) waren von großem Einfluß auf die moderne Mathematik.

Carte blanche [frz. kartə'blãːʃ „weiße Karte"], unbeschränkte Vollmacht.

Cartellverband der katholischen deutschen Studentenverbindungen, Abk. CV, 1856 gegr.; einer der größten dt. Korporationsverbände; Neugründung für die BR Deutschland 1950 in Mainz.

Carter [engl. 'kɑːtə], Bennett Lester („Benny"), * New York 8. Aug. 1907, amerikan. Jazzmusiker. - Einer der vielseitigsten Instrumentalisten des Swing-Stils, auch Arrangeur und Komponist.

C., Howard, * Swaffham (Norfolk) 9. Mai 1873, † London 2. März 1939, brit. Archäologe. - Entdeckte im Tal der Könige 1922 das Grab des Tutanchamun.

C., James Earl („Jimmy"), * Plains (Ga.) 1. Okt. 1924, 39. Präs. der USA (1977–81). - Farmer; 1970–74 Gouverneur von Georgia; im Juli 1976 mit überwältigender Mehrheit zum Präsidentschaftskandidaten der Demokrat. Partei nominiert; konnte bei den Wahlen im Nov. 1976 Präs. G. R. Ford knapp schlagen; stellte zunächst die Themenbereiche „Menschenrechte" und „Energieeinsparungen" in den Vordergrund der Politik; unterlag nach nur geringen innen- wie außenpolit. Erfolgen bei den Präsidentschaftswahlen 1980 deutl. dem Republikaner R. W. Reagan.

Carteret, John [engl. 'kɑːtərɛt], Earl of Granville, ↑ Granville, John Carteret, Earl of.

cartesisch ↑ kartesisch.

Carthago Nova, antike Stadt, ↑ Cartagena, Spanien.

Cartier, Jacques [frz. kar'tje], * Saint-Malo 1491, † ebd. 1. Sept. 1557, frz. Seefahrer und Kolonisator. - Erreichte auf der Suche nach dem nordwestl. Seeweg nach Asien 1534 Neufundland (und nahm es für Frankr. in Besitz), auf zwei weiteren Reisen 1535 und 1541 den Sankt-Lorenz-Strom (gründete das erste Montreal); gilt als Begr. des frz. Kolonialreiches in Nordamerika.

Cartier-Bresson, Henri [frz. kartjebrɛ-

Karl Carstens
(1977)

Fidel Castro

James Earl Carter
(1977)

'sõ], *Chanteloup (Seine-et-Marne) 22. Aug. 1908, frz. Photograph. - Photoreporter und Porträtphotograph; Mitbegr. der Photoagentur „Magnum"; ergreifende Aufnahmen von zahlr. Weltreisen; zahlr. Ausstellungen (u. a. New York, Paris).

Cartier Island [engl. kɑːtjɛɪ 'aɪlənd] ↑Ashmore and Cartier Islands.

Cartoon [engl. kɑːˈtuːn], entlarvende Zeichnung, oft als Zeichnungsfolge (↑auch Comic strip). Der Begriff entstand, als der wöchentl. erscheinende engl. „Punch" auf die in einem Wettbewerb 1843 ausgestellten Kartons (engl. „cartoons") für Fresken im Westminster Palace in London mit der satir. Serie der „Punch Cartoons" reagierte, und entspricht dem Begriff Karikatur überhaupt.

Cartwright, Edmund [engl. 'kɑːtraɪt], *Marnham (Nottinghamshire) 24. April 1743, † Hastings 30. Okt. 1823, brit. Erfinder. - Pfarrer und Domherr an der Kathedrale von Lincoln; befaßte sich seit 1784 mit der Konstruktion eines mechan. Webstuhls. Erfand auch eine Wollkämmaschine, eine Seilwickelmaschine und einen Dreifurchenpflug.

Cärularius, Michael ↑Michael Kerularios.

Carus, Carl Gustav, *Leipzig 3. Jan. 1789, † Dresden 28. Juli 1869, dt. Mediziner, Naturwissenschaftler, Maler und Philosoph. - 1814 Prof. für Medizin in Dresden. Anhänger einer umfassenden kosmolog. Naturphilosophie; für die Theorie des Unbewußten im Seelenleben und zur Ausdruckskunde wegweisende Schriften. - In Dresden kam C. in näheren Kontakt mit C. D. Friedrich, der ihn in seinen Zeichen- und Malstudien förderte und beeinflußte. Er malte v. a. dämmrige Waldszenerien oder Landschaften im Mondlicht. - *Werke:* Vorlesungen über Psychologie (1831), Psyche. Zur Entwicklungsgeschichte der Seele (1846), Symbolik der menschl. Gestalt (1853), Natur und Idee (1861).

Caruso, Enrico, *Neapel 27. Febr. 1873, † ebd. 2. Aug. 1921, italien. Sänger (Tenor). - Seit Erfolgen in Italien 1902 in London und 1903 an der New Yorker Metropolitan Opera, wo er dann vorwiegend wirkte. C., eine der faszinierendsten Sängerpersönlichkeiten seiner Zeit, besaß sowohl eine strahlende, techn. hervorragend geführte Stimme als auch große darsteller. Begabung. Er war außerdem ein talentierter Karikaturist.

Cary, [Arthur] Joyce [engl. 'kɛərɪ], *Londonderry 7. Dez. 1888, † Oxford 29. März 1957, ir. Schriftsteller. - Verf. skurril-kom. und doch melanchol. Werke, u. a. der Romantrilogie „Frau Mondays Verwandlung" (1941), „Im Schatten des Lebens" (1942), und „Des Pudels Kern" (1944), in der die gleichen Begebenheiten von jeweils einer anderen Person dargestellt werden.

Casa, Lisa della, *Burgdorf (Kt. Bern) 2. Febr. 1919, schweizer. Sängerin (Sopran). -

Seit 1947 Mgl. der Wiener Staatsoper, seit 1953 auch der New Yorker Metropolitan Opera, v. a. bed. Mozart- und R. Strauss-Sängerin.

Casablanca (arab. Dar Al Baida), wichtigste marokkan. Hafenstadt, am Atlantik, 2,1 Mill. E. Verwaltungssitz der Prov. C.; Univ.; Ozeanograph. Inst. mit Aquarium, Schule für bildende Künste, Goethe-Inst. Wirtschaftszentrum des Landes. Die Hälfte der gesamten Industriekapazität Marokkos hat hier ihren Standort. Internat. Messe (alle zwei Jahre), Handels- und Fischereihafen; zwei ✿. - Im 16. Jh. von Portugiesen gegr.; 1755 fast völlig durch Erdbeben zerstört und von den Portugiesen geräumt; 1757–90 wieder aufgebaut; 1907 frz. besetzt. Elendsviertel („Bidonvilles") am Stadtrand. - Auf der **Konferenz von Casablanca** (1943) zur Intensivierung der Kriegsanstrengungen und Festlegung gemeinsamer Strategien in Europa und Asien vereinbarten Roosevelt und Churchill die Invasion in Sizilien im Sommer 1943, die Landung in Frankr. 1944 und die Forderung nach der bedingungslosen Kapitulation Deutschlands, Italiens und Japans.

Casablancastaaten, Gruppe afrikan. Staaten (Ghana, Guinea, Mali, Marokko,

Henri Cartier-Bresson, Leningrad, Auf dem Palast-Platz (1973)

VAR [Ägypten], der alger. Exilregierung und bis Mai 1961 Libyen), die in Casablanca 1961 (bis 1963) die Bildung eines gemeinsamen militär. Oberkommandos und einer afrikan. Konsultativversammlung beschlossen; erstrebten im Ggs. zu den Brazzavillestaaten wirtsch. und polit. Unabhängigkeit von den beiden Weltblöcken.

Casa d'Austria [italien.] ↑Österreich, Haus; ↑auch Habsburger.

Casadesus, Robert [frz. kazad'sy], * Paris 7. April 1899, † ebd. 19. Sept. 1972, frz. Pianist und Komponist. - Internat. bekannt v. a. als Mozart-Interpret; komponierte Orchester-, Kammer- und Klaviermusik.

Casals, Pablo (katalan. Pau), * Vendrell (Katalonien) 29. Dez. 1876, † San Juan de Puerto Rico 22. Okt. 1973, span. Cellist, Dirigent und Komponist. - Errang auf zahllosen weltweiten Konzertreisen triumphale Erfolge als Cellovirtuose; gründete 1919 in Barcelona das Orquesta Pau Casals, ließ sich nach Ende des Span. Bürgerkrieges in Prades (Pyrénées-Orientales, Frankr.) nieder (seit 1950 alljährl. Festspiele); spielte zeitweise mit A. Cortot (Klavier) und J. Thibaud (Violine) in einem Trio.

Casamari, Zisterzienserabtei 25 km östl. von Frosinone; gegr. im 11. Jh., seit 1152 Zisterzienserkloster. Got. Kloster und Kirche (12./13. Jh.) zählen zu den bedeutendsten Denkmälern der Zisterzienserbaukunst.

Casanova, Giacomo Girolamo, nannte sich Giacomo Girolamo C., Chevalier de Seingalt, * Venedig 2. April 1725, † Schloß Dux (Nordböhm. Gebiet) 4. Juni 1798, italien. Abenteurer und Schriftsteller. - Bereiste in wechselnden Diensten ganz Europa, hielt sich u. a. an den Höfen Friedrichs II., Josephs II. und Katharinas II. auf und war ständig in Händel verwickelt (1755 in Venedig wegen Atheismus eingekerkert, 1756 Flucht aus den Bleikammern); 1785 Bibliothekar des Grafen Waldstein in Dux, wo er seine berühmten, zahlr. erot. Abenteuer enthaltenden Lebenserinnerungen schrieb. Die Ausgabe der „Histoire de ma vie" nach den Handschriften (1960–62; dt. 1964–67, „Geschichte meines Lebens") zeigt die kulturhistor. Bedeut. seines Werkes. Mit dem utop. Roman „Eduard und Elisabeth oder Die Reise in das Innere des Erdballs" (1787) wurde C. Vorläufer von J. Verne und H. G. Wells. Um C. bildeten sich zahlr. Legenden, er wurde auch Mittelpunkt vieler literar. Werke, einer Oper und eines krit. Films (Fellini).

Cäsar, männl. Vorname lat. Ursprungs (Caesar ist altröm. Familienname); frz. Form: César, italien. Form: Cesare.

Cäsar (Gajus Julius Caesar), * Rom 13. Juli 100 oder 102, † ebd. 15. März 44, röm. Staatsmann, Feldherr und Schriftsteller. - Kam als Neffe des Gajus Marius 87–84 in engen Kontakt zum Führer der Popularen, Lucius Cornelius Cinna (um 85 ∞ mit dessen Tochter Cornelia). 68 Quästor in Spanien, 65 kurul. Ädil, 63 Pontifex maximus (einer der nicht greifbaren Hintermänner des Lucius Sergius ↑Catilina), 62 Prätor, 61/60 Proprätor in Spanien. Nach Rom zurückgekehrt, verbündete C. sich mit Gnaeus ↑Pompejus Magnus († 48) und Marcus Licinius ↑Crassus Dives im 1. Triumvirat (60–53) gegen den Senat und verwirklichte 59 als Konsul die Pläne der Triumvirn mit Gewalt und unter Rechtsbruch (Übergehen des Senats und des 2. Konsuls). Sein Prokonsulat in Gallia Cisalpina und Transalpina mit dem Oberbefehl über vier Legionen sicherte seine Machtstellung als Voraussetzung für die Eroberung ganz Galliens (58–51): 58 Sieg über die Helvetier bei Bibracte und über den Swebenkönig Ariovist; 57 Eroberung der heutigen Normandie und Bretagne, 56 Aquitaniens. Weitere Unternehmungen: zwei Rheinübergänge (55 und 53 im Neuwieder Becken), zwei Züge nach Britannien (55/54). 52 mußte C. die ganz Gallien erfassende Erhebung unter Vercingetorix niederwerfen. Der Senatsbeschluß vom 7. Jan. 49, der Pompejus und den Konsuln diktator. Vollmachten übertrug und von C. die Entlassung des Heeres verlangte, veranlaßte C. zur Überschreitung (10./11. Jan.) des Rubikon (Grenze zum röm. Bürgergebiet Italiens), womit der Bürgerkrieg (49–45) begann. C. ließ sich zum Konsul für 48 wählen, unterwarf Spanien (49), schlug Pompejus am 9. Aug.

Gajus Julius Cäsar. Lebensgroßer Marmorkopf. Vatikanische Sammlungen

48 bei Pharsalos in Thessalien und verfolgte ihn bis nach Ägypten, wo Pompejus ermordet wurde. C. entschied in Alexandria den ägypt. Thronstreit zugunsten Kleopatras VII. und behauptete sich 48/47 gegen die Anhänger ihres Bruders Ptolemaios XIII. 47 sicherte er Kleinasien im Kampf gegen Pharnakes II., den König des Bosporan. Reiches. Nach Siegen über die Pompejaner in N-Afrika (bei Thapsus, 6. April 46) und in Spanien (bei Munda, 17. März 45) hatte C. die Alleinherrschaft erlangt (Febr. 44 Diktator auf Lebenszeit). Diese Macht und sein Streben nach der Königswürde führten zur Verschwörung des Brutus und Cassius, der C. an den Iden des März 44 im Senat zum Opfer fiel. - C. literar. Schaffen: u. a. 7 Bücher über den Gall. Krieg, 3 Bücher über den Bürgerkrieg.

Ⅲ *Meier, Christian: Caesar. Bln. 1982. - Caesar. Hg. v. D. Rasmussen. Darmst. ³1980.*

Cäsarea ↑Caesarea.

Cäsarenwahnsinn, Bez. für krankhafte Übersteigerung des Macht- und Aggressionstriebs bei Herrschern und Diktatoren, oft verbunden mit Wahnzuständen (Zwangsvorstellungen u. a.). Der Begriff geht auf Verhalten und Handlungspraxis von Mgl. des jul.-claud. Kaiserhauses (den Caesares) zurück, bei Tacitus „furor principum" („Fürstenwahnsinn") genannt.

Cäsarion ↑Kaisarion.

Cäsarismus, von Julius Cäsar abgeleitete, zw. 1800 und 1830 aufgekommene Bez. für eine Herrschaftstechnik; Kennzeichen: Vereinigung der polit. Macht in den Händen eines einzelnen, Legitimation durch Plebiszite und [schein]demokrat. Institutionen, Stützung des Regimes durch bewaffnete Macht und Beamtenapparat.

Cäsarius von Heisterbach, * Köln um 1180, † Heisterbach (= Königswinter) nach 1240, Zisterzienser, mittelalt. Schriftsteller und Geschichtsschreiber. - Neben Predigten über bibl. Themen bes. bed. der „Dialogus miraculorum" (1219-23), eine Niederschrift von etwa 750 Predigtmärlein; verfaßte auch eine Biographie des Erzbischofs Engelbert von Köln, die Lebensbeschreibung der hl. Elisabeth von Thüringen sowie eine selbständige Fortsetzung des Katalogs der Kölner Erzbischöfe 1167-1238.

Casaroli, Agostino, * Castel San Giovanni (Prov. Piacenza) 24. Nov. 1914, italien. Theologe, Kardinal (seit 1979), päpstl. Diplomat. - 1937 Priester, seit 1940 im päpstl. diplomat. Dienst, seit 1979 Kardinalstaatssekretär und Präfekt des „Rates für die Öffentl. Angelegenheiten der Kirche", der als „Außenministerium des Hl. Stuhles" gilt.

Cäsaropapismus [lat.], die Vereinigung der höchsten weltl. und geistl. Gewalt in einer, der weltl. Hand, die dann unbeschränkte Macht auch im Bereich der Kirche besitzt; zunächst polem. gebraucht, ist der C. charak-

terist. für das Byzantin. Reich sowie für das russ. Staatskirchentum 1721-1917.

Casas Grandes, archäolog. Fundort und Kultur in N-Chihuahua, Mexiko, 20 km sw. von Nueva C. G.; drei Perioden: 1. Viejo (500-1000), 2. Medio (1000-1300), 3. Tardío (1300-1500).

Cascade Range [engl. kæs'kɛɪd 'rɛɪndʒ], Gebirgszug im W der USA, von N-Kalifornien über Oregon und Washington bis in das südl. British Columbia (Kanada) reichend, über 1 100 km lang, im vergletscherten Mount Rainier 4 392 m hoch. Bed. Holzwirtschaft. Aktive Vulkane, z. B. Mount ↑Saint Helens.

Cascais [portugies. kəʃ'kajʃ], portugies. Luxusseebad, 25 km westl. von Lissabon, 20 500 E. Museum, Bibliothek.

Cascararinde [span./dt.] (Cascara sagrada, Sagradarinde), Rinde des Amerikan. Faulbaums; als Abführmittel wirksam.

Casein ↑Kasein.

Case Law [engl. 'kɛɪs 'lɔː], Fallrecht; das im angloamerikan. Recht durch Gerichtsentscheidungen (Präjudizien, engl.: *precedents*) gebildete Recht im Unterschied zum Gesetzesrecht *(statute law, statutory law)*. Im Konfliktfall geht das Gesetzesrecht dem C. L. vor; doch gehen die Gerichte bei der Auslegung von Gesetzen von dem Grundsatz aus, daß diese nur dann das bestehende C. L. ändern, wenn dies im Gesetz unmißverständl. zum Ausdruck kommt.

Casella, Alfredo, * Turin 25. Juli 1883, † Rom 5. März 1947, italien. Komponist. - Strebte nach einer „neuen Klassizität" und wurde zum führenden Komponisten Italiens. Komponierte u. a. Opern, Ballette, Kammer- und Klaviermusik.

Casement, Sir (seit 1911) Roger David [engl. kɛɪsmənt], Dublin 1. Sept. 1864, † London 3. Aug. 1916, ir. Freiheitskämpfer. - 1892-1911 im brit. Konsulardienst; suchte 1914 in Deutschland Unterstützung für die Unabhängigkeit Irlands; wurde von einem dt. U-Boot in Irland abgesetzt; von brit. Behörden verhaftet; wegen Hochverrats hingerichtet.

Caserta, italien. Stadt in Kampanien, 30 km nördl. von Neapel, 68 m ü. d. M., 65 000 E. Hauptstadt der Prov. C.; Bischofssitz; Nahrungsmittel- und Glasind., Handel mit landw. Produkten. - Entstand im 18. Jh.; *Caserta Vecchia* liegt 5 km nö. der neuen Stadt, langobard. Gründung, (8. Jh.?), 879 an Capua, 1057 eroberten es die Normannen. - Planmäßige Anlage, barocker Palazzo Reale (1752-74), das „Versailles von Neapel". In C. Vecchia Reste eines Kastells (13. Jh.), roman. Dom (12. Jh.).

Casework [engl. 'kɛɪswɜːk] ↑Sozialarbeit.

Cash, Johnny [engl. kæʃ], * Kingsland (Ark.) 26. Febr. 1932, amerikan. Sänger. - Gehört seit 1954 zu den bedeutendsten Vertretern der amerikan. „Country music".

Cash and carry

Cash and carry [engl. 'kæʃ ənd 'kærı „in bar bezahlen und mitnehmen"], Vertriebsform des Groß- und Einzelhandels, bei der die aus dem Verzicht auf Service (z. B. Bedienung) resultierenden Kostenersparnisse an die Abnehmer weitergegeben werden.

Cash-and-carry-Klausel [engl. 'kæʃ ənd 'kærı], amerikan. Waffenlieferungsklausel; Bestimmung der amerikan. Gesetzgebung von 1939, nach der Kriegsmaterial an kriegführende Staaten nur gegen Barzahlung und auf nichtamerikan. Schiffen geliefert werden durfte; 1941 (v. a. zugunsten Großbrit.) durch das Leih- und Pachtgesetz aufgehoben.

Cashewnuß [engl. 'kəʃu:; indian.-portugies./dt.] (Acajounuß), nierenförmige, einsamige Frucht des Nierenbaums; mit giftiger Schale, aus der Cashewnußschalenöl (Verarbeitung zu techn. Harzen und medizin. Präparaten) gewonnen wird sowie mit verdicktem, eßbarem Fruchtstiel und eßbarem, etwa 21 % Eiweiß und über 45 % Öl (Acajouöl) enthaltendem Samen.

Cash-flow [engl. kæʃ 'flou „Geldfluß"], Kennziffer zur Beurteilung der finanziellen Struktur eines Unternehmens. Der C.f. ist der Quotient aus dem Betrag der langfristigen Schulden, dividiert durch die Summe aus dem Bilanzgewinn, dem Betrag, der den Rücklagen zugeführt wird, und den Abschreibungen einer Periode.

A. M. Cassandre, Plakat für Barwagen (1932). Zürich, Kunstgewerbemuseum

Casilinum, antike Stadt, ↑Capua.

Casinum, antike Stadt, ↑Cassino.

Cäsium [zu lat. caesius „blaugrau"], chem. Symbol Cs, metall. Element aus der I. Hauptgruppe des Periodensystems der chem. Elemente (↑auch Alkalimetalle); Ordnungszahl 55, relative Atommasse 132,91, weißglänzendes, sehr dehnbares und weiches Leichtmetall, Dichte 1,87 g/cm³, Schmelzpunkt 28,4°C, Siedepunkt 690°C. Das C. tritt nur in Verbindungen auf, z. B. Polluzit ($Cs_2[Al_2Si_4O_{12}] \cdot H_2O$). Gewonnen wird C. vorwiegend durch Reduktion von C.verbindungen durch Magnesium im Wasserstoffstrom; auch durch Elektrolyse von C.salzschmelzen. Das radiaktive Isotop Cs 137 wird in der Medizin zur Strahlenbehandlung von Krebs verwendet. Chem. stellt. C. das unedelste und reaktionsfähigste Metall dar; in seinen Verbindungen ist es einwertig. Das leicht ablösbare „einsame" Elektron auf der Außenschale macht es geeignet für die Herstellung von Photozellen und anderen elektron. Bauelementen.

Cäsiumuhr, eine magnet. Kernresonanzanordnung, bei der als Standard die Frequenz von 9 192 631 770 ± 20 Hz dient, die dem [Hyperfeinstruktur]übergang des $^2S_{1/2}$-Grundzustand des ungestörten ^{133}Cs-Atoms entspricht. Die Genauigkeit der C. ist besser als 10^{-12}, d. h. 0,3 s Fehler in 10 000 Jahren. - ↑auch Atomuhr.

Čáslavská, Věra [tschech. 'tʃa:slafska:], *Prag 3. Mai 1942, tschechoslowak. Turnerin. - Mehrfache Weltmeisterin; gewann u. a. 7 Goldmedaillen bei den Olymp. Spielen von 1964 und 1968.

Casona, Alejandro, eigtl. A. Rodríguez Álvarez, *Besullo (Asturien) 23. März 1903, †Madrid 17. Sept. 1965, span. Dramatiker. - 1937-62 in der Emigration (Buenos Aires); Verfasser bühnenwirksamer, lyr.-poet. Volksstücke: „Frau im Morgengrauen" (Kom. 1944), „Bäume sterben aufrecht" (Kom., 1949), „Ines de Castro" (Dr., 1955).

Caspar, Horst, *Radegast/Anhalt 20. Jan. 1913, †Berlin 27. Dez. 1952, dt. Schauspieler. - C., der in Bochum, München, Berlin, Wien und Düsseldorf engagiert war, verkörperte den Typus des klass. jugendl. Helden.

Caspar-Filser, Maria, *Riedlingen 7. Aug. 1878, †Degerndorf a. Inn 12. Febr. 1968, dt. Malerin. - An Cézanne geschulter klarer Bildaufbau; festlich-heitere Blumenstücke, Stilleben und Landschaften.

Caspary-Streifen [...ri; nach dem dt. Botaniker R. Caspary, *1818, †1887] ↑Wurzel.

Cassadó, Gaspar [span. kasa'ðo, katalan. kəsə'ðo], *Barcelona 30. Sept. 1897, †Madrid 24. Dez. 1966, span. Cellist und Komponist. - Schüler von P. Casals; komponierte Kammer-, Orchester- und Vokalmusik.

Cassander ↑Kassandros.

Cassandre, A. M. [frz. ka'sã:dr], eigtl. Adolphe Mouron, * Charkow 24. Jan. 1901, † Paris 19. Juni 1968, frz. Werbegraphiker. - Bed. Plakatentwürfe, u. a. „L'Étoile du Nord" (1927) und „Dubonnet" (1932).

Cassa per il Mezzogiorno [italien. 'kassa per il meddzo'dʒɔrno „Kasse für den Süden"], durch Gesetz vom 10. 8. 1950 geschaffenes italien. Kreditinstitut, das vom Staat zur Verfügung gestellte Kredite zu günstigen Bedingungen vergibt, um Landw., Ind. und Tourismus in Süditalien zu fördern.

Cassatt, Mary [engl. kə'sæt], * Pittsburg (Pa.) 22. Mai 1845, † Le Mesnil-Théribus (Oise) 14. Juni 1926, amerikan. Malerin. - Stellte mit dem frz. Impressionisten aus; ihr Hauptmotiv war das Thema Mutter und Kind.

Cassave [indian.], svw. ↑Maniok.

Cassavetes, John [engl. kæso'vɛti:s], * New York 9. Dez. 1929, amerikan. Schauspieler und Regisseur. - Bed. ist v. a. sein Film „Eine Frau unter Einfluß" (1974); drehte auch „Gloria" (1980), „Big Trouble" (1985).

Cassettenrecorder ↑Kassettenrecorder.

Cassia, svw. ↑Kassie.

Cassianus, Johannes ↑Johannes Cassianus.

Cassiar Mountains [engl. kæsɪ'ɑ: 'maʊntɪnz], Teil der Kordilleren, im N der kanad. Prov. British Columbia und im S des Yukon Territory, mehrere Gipfel über 2400 m ü. d. M.; z. T. vergletschert.

Cassin, René [frz. ka'sɛ̃], * Bayonne 5. Okt. 1887, † Paris 20. Febr. 1976, frz. Jurist und Politiker. - Prof. in Lille (ab 1920) und Paris (ab 1929); 1924–38 Mgl. der frz. Delegation beim Völkerbund; ab 1940 führend im Freien Frankreich tätig; an der Abfassung der Menschenrechtserklärung der UN maßgebl. beteiligt; Präs. des Europ. Gerichtshofs für Menschenrechte 1965–68; erhielt 1968 den Friedensnobelpreis.

Cassinari, Bruno, * Piacenza 29. Okt. 1912, italien. Maler. - Um 1948 bildner. Auseinandersetzung mit dem orph. Kubismus (↑Orphismus); seit 1950 Einflüsse Picassos.

Cassini, Giovanni Domenico (Jean Dominique), * Perinaldo bei Nizza 8. Juli 1625, † Paris 14. Sept. 1712, frz. Astronom italien. Herkunft. - Entdeckung der ersten vier Saturnmonde und der nach ihm ben. Teilung des Saturnringes durch den dunklen „Cassin. Streifen" (1675).

Cassino, italien. Stadt in Latium, 50 km osö. von Frosinone, 45 m ü. d. M., 31 000 E. Landw.- und Handelszentrum. - Entstand aus der volsk., dann samnit. Stadt Casinum, die röm. Munizipium wurde. Im 2. Weltkrieg fast völlig zerstört. - Oberhalb der Stadt das Benediktinerkloster ↑Montecassino.

Cassiodor (Flavius Magnus Aurelius Cassiodorus), * Scylaceum (= Squillace, Kalabrien) um 490, † Kloster Vivarium bei Squillace um 583, röm. Staatsmann, Gelehrter und Schriftsteller. - Hatte unter Theoderich dem Großen verschiedene hohe Staatsämter inne und leitete unter dessen Tochter Amalasuntha die Zivilverwaltung Italiens; suchte die röm. Bev. mit der got. Verwaltung des Weström. Reiches auszusöhnen; gründete nach 550 das Kloster Vivarium, wo er die selbst gesammelten Handschriften abschreiben ließ und so zum Retter bed. Schriften der Antike wurde; schrieb u. a. eine Geschichte der Goten.

Cassiopeia (Kassiopeia) [nach der griech. Sagengestalt Kassiopeia] ↑Sternbilder (Übersicht).

Cassirer, Bruno, * Breslau 12. Dez. 1872, † Oxford 29. Okt. 1941, dt. Verleger. - Vetter von Ernst und Paul C.; gründete 1898 mit letzterem in Berlin Verlagsbuchhandlung und Kunstsalon B. und Paul C. und übernahm bei der Trennung 1901 den Verlag B. C. (bildende Kunst, Philosophie). Emigrierte 1933.

C., Ernst, * Breslau 28. Juli 1874, † New York 15. Mai 1945, dt. Philosoph. - Vetter von Bruno und Paul C.; Schüler von H. Cohen und P. Natorp, 1919 Prof. in Hamburg, 1933 entlassen, im gleichen Jahr Prof. in Oxford, 1935 in Göteborg, 1941 an der Yale University, 1945 an der Columbia University in New York. - Seine Philosophie ist der Transzendentalphilosophie Kants verpflichtet, dessen Vernunftskritik er auf alle Gebiete menschl. Kultur ausweitet.

Werke: Das Erkenntnisproblem in der Philosophie und Wissenschaft der neueren Zeit (4 Bde., 1906–57), Substanzbegriff und Funktionsbegriff (1910), Freiheit und Form (1917), Die Philosophie der symbol. Formen (1923–1929), Zur Logik der Kulturwissenschaften

Castel del Monte. Luftaufnahme

(1942), Was ist der Mensch (engl. 1944, dt. 1960), Vom Mythos des Staates (engl. 1946, dt. 1949), Wesen und Wirken des Symbolbegriffs (1956).

C., Paul, * Görlitz 21. Febr. 1871, † Berlin 7. Jan. 1926 (Selbstmord), dt. Kunsthändler und Verleger. - Vetter von Ernst und Bruno C.; verheiratet mit Tilla Durieux. Übernahm 1901 den Kunstsalon und unterstützte die Berliner Sezession. 1908 gründete er den Verlag P. C., in dem er H. Mann und v. a. Werke des literar. Expressionismus herausgab.

Cassislikör [frz.], Fruchtsaftlikör aus schwarzen Johannisbeeren. **Cassisgeist** ist Branntwein aus schwarzen Johannisbeeren.

Cassiterit [griech.], svw. ↑ Zinnstein.

Cassius, Name eines röm. Geschlechtes, das in histor. Zeit plebejisch war; bekannt:

C., Gajus C. Longinus, † bei Philippi (Makedonien) im Okt. 42 v. Chr., Prätor (44). - Im Bürgerkrieg 49/48 Flottenkommandant des Pompejus; nach der Schlacht von Pharsalos durch Cäsar begnadigt; seit 47 dessen Legat; wurde mit seinem Schwager Brutus 44 Haupt der Verschwörung gegen Cäsar; 42 von den Triumvirn Oktavian, Antonius und Lepidus geächtet; beging, bei Philippi geschlagen, Selbstmord.

Cassone [italien.], Prunkmöbel (Truhe) der italien. Renaissance.

Cassou, Jean [frz. ka'su], Pseud. Jean Noir, * Deusto (= Bilbao) 9. Juli 1897, † Paris 15. Jan. 1986, frz. Schriftsteller und Kunsthistoriker. - Der span. Literatur stark verbundener Erzähler; seine Werke, u. a. „Das Schloß Esterhazy" (R., 1926), sind von der dt. Romantik und dem Surrealismus beeinflußt; literatur- und kunstkrit. Essays und Monographien. „Une vie pour la liberté" (Autobiogr., 1981).

Castagno, Andrea del [italien. kas'taɲɲo], * Castagno oder San Marino a Corella um 1423, † Florenz im Aug. 1457, italien. Maler. - Bed. Vertreter der florentin. Frührenaissance; ausdrucksvolle, individualisierte Charakterisierung. Fresken im C.-Museum, Refektorium des ehem. Benediktinerinnenklosters Sant'-Apollonia (1445–50); ebd. die 9 Fresken berühmter Persönlichkeiten aus der Villa Carducci in Legnaia (nach 1450). Bed. auch das Fresko der Dreifaltigkeit mit Heiligen (1454/55; Santissima Annunziata) und das in Grisaille gemalte Reiterdenkmal des Nicola da Tolentino (1456) im Dom.

Casteau [frz. kas'to], Ortsteil der belg. Stadt Soignies, 45 km sw. von Brüssel, seit 1967 Sitz des NATO-Hauptquartiers (SHAPE).

Castelar y Ripoll, Emilio, * Cádiz 8. Sept. 1832, † San Pedro del Pinatar (Prov. Murcia) 25. Mai 1899, span. Schriftsteller und Politiker. - Seit 1769 Abg. der Cortes; 1873 Außenmin., 1873/74 Min.präs., vertrat nach der Restauration Alfons' in den Cortes einen

konservativen Republikanismus. Einer der glänzendsten Redner seiner Zeit; hinterließ ein umfangreiches, vielfältiges literar. Werk.

Castel del Monte, Stauferburg auf der apul. Murge, 15 km südl. von Andria, 540 m ü. d. M., 1240 ff. unter Kaiser Friedrich II. als Jagdschloß erbaut; oktogonaler Grundriß. - Abb. S. 215.

Castel Gandolfo, italien. Stadt am Albaner See, Latium, 426 m ü. d. M., 6 200 E. Weinbau, Fischfang. - Kastell der Familie Gandolfi (12. Jh.), 1596 von der Apostol. Kammer übernommen; Bau des Palazzo Papale (1624–29). Sommerresidenz der Päpste, seit 1929 exterritorialer Besitz des Hl. Stuhls.

Castell, Gemeinde am W-Fuß des mittleren Steigerwalds, Bayern, 317 m ü. d. M., 832 E. Weinbau. - Schon 816 bezeugt. - Barockschloß (17. Jh.).

Castellammare di Stabia, italien. Hafenstadt und Kurort am SO-Ende des Golfes von Neapel, Kampanien, 5 m ü. d. M., 71 000 E. Bischofssitz; archäolog. Museum; Schiffbau, Nahrungsmittel-, Papier- und Baustoffind., Fischfang; Fremdenverkehr, zahlr. schwefelhaltige Mineralquellen (v. a. „Terme Stabiane"). - **Stabiae** wurde 89 v. Chr. von Sulla zerstört; beim Vesuvausbruch 79 n. Chr. verschüttet (seit 1950 Ausgrabungen).

Castellón de la Plana [span. kaste'ʎon de la 'plana], span. Stadt 60 km nö. von Valencia, 126 000 E. Verwaltungssitz der Prov. C.; Apfelsinenhandel; Eisen- und Stahlind., Erdölraffinerie.

Castellum [lat.] ↑ Kastell.

Castelnuovo-Tedesco, Mario, * Florenz 3. April 1895, † Los Angeles 16. März 1968, italien. Komponist. - Seit 1939 in den USA; vertrat eine gemäßigte moderne Richtung, komponierte v. a. dramat. Musik, u. a. die Oper „La mandragola" (1926), Oratorien, Ballette, daneben Bühnen- und Filmmusik, Orchester-, Klavier- und Kammermusik sowie Lieder.

Castelo Branco, Camilo [portugies. kɐ'tɛlu 'brɐŋku], Visconde de Correia Botelho (seit 1885), * Lissabon 16. März 1825, † São Miguel de Seide (Minho) 1. Juni 1890 (Selbstmord), portugies. Schriftsteller. - Verf. von zunächst sentimentalen, dann realist. Romanen; auch Lyriker und Literaturhistoriker.

C. B., Humberto de Alencar [brasilian. kɐs'tɛlu 'brɐŋku], * Messejana (Ceará) 20. Sept. 1900, † bei Fortaleza (Flugzeugabsturz) 18. Juli 1967, brasilian. General und Politiker. - Generalstabschef der Armee; nach Militärputsch 1964–67 Interimspräs.; entmachtete im Kongreß, verschaffte seinem Amt unbegrenzte Machtbefugnisse, löste die traditionellen Parteien auf.

Castelseprio, italien. Stadt in der Lombardei, 300 m ü. d. M., 1 100 E. - War langobard. Zentrum. - Die Datierung der anscheinend byzantin. beeinflußten Fresken in der kleinen Kirche Santa Maria ist umstritten.

Castelvetro, Lodovico *Modena um 1505, † Chiavenna 21. Febr. 1571, italien. Gelehrter. - Seine Übersetzung mit Kommentar der „Poetik" des Aristoteles (1570) ist eine Hauptquelle für die Theorien der frz. Klassik.

Castiglione, Baldassarre Graf [italien. kastiʎˈʎoːne], *Casatico bei Mantua 6. Dez. 1478, † Toledo (Spanien) 7. Febr. 1529, italien. Staatsmann und Schriftsteller. - Humanist. gebildet, lebte an den Höfen von Urbino und Mantua; Gesandtschaftsreisen führten ihn nach England, Frankr. und Rom; seit 1525 war er im Auftrag Klemens' VII. Nuntius bei Karl V. in Spanien. Sein Hauptwerk „Il libro del cortegiano" (1528, dt. 1565 u. d. T. „Der Hofmann") ist eine humanist.-höf. Bildungslehre, in der ma. Züge mit dem neuen Menschenbild der Renaissance vereinen; bed. v. a. als kulturhistor. Quelle. Als Zeitdokument von Interesse ist sein Briefwechsel („Lettere", 2 Bde., hg. 1769–71).

Castiglioni [italien. kastiʎˈʎoːni], Enrico, *Busto Arsizio 1914, italien. Architekt. - Gestalter großzügiger, plast. durchgeformter, einfallsreich konzipierter Schalenbauten: Hauptbahnhof von Neapel (Entwurf 1954), Peugeot-Hochhaus in Buenos Aires (1957), Wallfahrtskirche Madonna delle Lacrime in Syrakus (1957), Berufsschule in Arsizio (1965).
C., Niccolò, *Mailand 7. Juli 1932, italien. Komponist. - Studierte in Mailand und Salzburg, lebt in den USA; komponierte, v. a. unter Verwendung vielseitiger, neuester Prinzipien, u. a. „Tropi" für fünf Instrumente und Schlagzeug (1959), Radiooper „Attraverso lo specchio" (1961), „Concerto per orchestra" (1967), Flötenkonzert (1971), „Couplets" für Cembalo und Orchester (1979).

Castilho, João de [portugies. kaʃˈtiʎu], *Santander 1490, † 1553 (?), portugies. Baumeister. - Hauptvertreter des prunkvollen † Emanuelstils, jahrzehntelang Leiter der wichtigsten portugies. Bauten. Sein Hauptwerk ist das Hieronymitenkloster (1517–51) in Belém (= Lissabon).

Castilla, Ramón [span. kasˈtija], *Tarapacá 31. Aug. 1797, † Arica 30. Mai 1867, peruan. Politiker. - Mestize, polit. Aufstieg im Unabhängigkeitskampf gegen die Spanier; 1845–51 und 1855–62 Präs. von Peru; konservativ, gab Peru erstmals inneren Frieden und durch Reformen wirtsch. Aufschwung; beseitigte Sklaverei und Indianertribut.

Castilla [span. kasˈtiʎa], span. für † Kastilien.

Castillo [span. kasˈtiʎo], Bernal Díaz del † Díaz del Castillo, Bernal.
C., Jorge, *Pontevedra (Galicien) 16. Juli 1933, span. Zeichner, Maler, Graphiker. - Wuchs in Buenos Aires auf, ging 1955 nach Spanien, 1966 nach Italien und 1969 nach Berlin. Zeichnungen und Aquarelle mit mytholog. Szenerien in verschwimmender Atmosphäre.

C., Michel del, *Madrid 3. Aug. 1933, frz. Schriftsteller span. Herkunft. - Schildert seine Jugenderfahrungen (u. a. KZ) in „Elegie der Nacht" (1953); es folgen Romane über schwere menschl. Schicksale, u. a. „Der Plakatkleber" (1958), „Der Tod der Gabrielle Russier" (1970); schrieb auch „La gloire de Diana" (R., 1984).

Casting [engl.], Wettkampfform des Sportfischens; besteht aus Ziel- und Weitwerfen.

Castle, Barbara [engl. kɑːsl], *Chesterfield 6. Okt. 1911, brit. Politikerin. - Seit 1929 Mgl. der Labour Party; seit 1945 Unterhausabg.; 1958/59 Parteivors.; 1964/65 Entwicklungshilfe-, 1965–68 Transportmin., 1968–70 Min. für Arbeit und Produktivität; 1974–76 Sozialmin.; versuchte vergebl., die brit. Gewerkschaften zu reformieren; seit 1979 Mgl. des Europ. Parlaments.

Castle [engl. kɑːsl; lat.], engl. für: Burg, Schloß.

Castlebar [engl. ˈkɑːslbɑː], ir. Stadt, 18 km onö. von Westport, 6400 E. Verwaltungssitz der Gft. Mayo, Marktzentrum.

Castle-Ferment [engl. kɑːsl; nach dem amerikan. Internisten W. B. Castle, *1897], svw. † Intrinsic factor.

Castlereagh, Robert Stewart, Viscount [engl. ˈkɑːslrɛɪ], Marquis of Londonderry (seit 1821), *Mount Stewart (Irland) 18. Juni 1769, † North Gray Farm (Kent) 12. Aug. 1822 (Selbstmord), brit. Staatsmann. - 1805/06 und 1807–09 Kriegsmin.; maßgebl. am Zustandekommen der Union zw. Irland und dem Vereinigten Kgr. (1801) beteiligt; bestimmte als Außenmin. 1812–22 die antinapoleon. Politik Großbrit. und seit 1814 zunehmend Europas; Initiator der Quadrupelallianz; wahrte auf dem Wiener Kongreß die brit. Interessen, erreichte die Wiederherstellung des Gleichgewichts der europ. Mächte.

Castlereagh [engl. ˈkɑːslrɛɪ], Distrikt in Nordirland.

Castletown [engl. ˈkɑːsltaʊn], Hafenstadt an der S-Küste der autonomen brit. Insel Man, 3100 E. ⚓ . - Bis 1862 Hauptstadt der Insel Man. - Nautik- und Hexenmuseum.

Castor (Castorit) [griech.] † Petalit.

Castoreum [griech.], svw. † Bibergeil.

Castor und Pollux † Dioskuren.

Castra [lat.], in der röm. Republik mit Wall und Graben befestigte Marschlager oder bei Belagerungen vorübergehend angelegte Lager in quadrat. Form; später entstanden ähnl. Standlager zur Verteidigung der Reichsgrenzen. Bekannte C. u. a.: C. Batava (= Passau), C. Caecilia (= Cáceres), C. Cevana (= Chester), C. Regina (= Regensburg), C. Vetera = Xanten).

Castres [frz. kastr], frz. Ind.stadt, Dep. Tarn, 65 km östl. von Toulouse, 172 m ü. d. M., 46000 E. - Röm. **Castra Albiensium.** Das Edikt von Nantes (1598) machte die seit

1561 prot. Stadt zum Sicherheitsplatz für Hugenotten; 1629 von königl. Truppen erobert. - Ehem. Kathedrale (17. und 18. Jh.), Rathaus (17. Jh.), zahlr. Renaissancehäuser.

Castries [engl. 'kɑːstrɪs, kɑːs'triː], Hauptstadt des Inselstaats Saint Lucia, Kleine Antillen, 45 000 E. Handelsplatz, Hafen, ⚓.

Castrismo (Castrism'), svw. ↑ Fidelismo.

Castro, Cipriano [span. 'kastro], * Capacho (Táchira) 12. Okt. 1858, † San Juan (Puerto Rico) 5. Dez. 1924, venezolan. Politiker. - Revoltierte 1899 gegen Präs. Andrade und herrschte nach dessen Sturz diktator. bis 1908.

C., Emilio Enrique, * Montevideo 2. Mai 1927, methodist. Theologe, seit 1985 Generalsekretär des Ökumen. Rates der Kirchen, Anhänger der Befreiungstheologie.

C., Eugénio de [portugies. 'kaʃtru] (Castro e Almeida), * Coimbra 4. März 1869, † ebd. 17. Aug. 1944, portugies. Schriftsteller. - Bed. portugies. Symbolist; seine ästhet. Auffassungen beeinflußten auch die span. Literatur.

C., Fidel [span. 'kastro], * Mayarí (Oriente) 13. Aug. 1927, kuban. Politiker. - Urspr. Rechtsanwalt; nach mißglücktem Putschversuch 1953, polit. Haft und Exil in den USA Rückkehr 1956 mit wenigen Anhängern; nach erfolgreichem Guerillakrieg gegen den Diktator Batista y Zaldívar 1959 Min.präs.; seit 1965 1. Sekretär der KP Kubas; seit 1976 auch Vors. des Staatsrats (Staatsoberhaupt). C. führte eine Bodenreform durch, enteignete die amerikan. Zuckerplantagen (Handelsembargo der USA und Abbruch der diplomat. Beziehungen), verstaatlichte allmähl. die gesamte Wirtschaft des Landes, erreichte die Umstrukturierung der Landw., führte die Planwirtschaft ein und schuf ein neues Volksbildungssystem. Auf wirtsch. und polit. Druck der USA reagierte C. mit militär. Aufrüstung und enger wirtsch. und polit. Anlehnung an die UdSSR (Höhepunkt: Stationierung sowjet. Raketen auf Kuba und Kubakrise Okt. 1962); engagierte seit Mitte der 1970er Jahre kuban. Truppen in Befreiungskämpfen in Afrika. - Abb. S. 210.

C., Inês de [portugies. 'kaʃtru], * um 1320, † Coimbra 1355, galicische Adlige.- Hofdame der 1. Gemahlin des Infanten Dom Pedro von Portugal, der sie nach deren Tod 1354 heiml. heiratete. König Alfons IV. lehnte diese Verbindung ab und ließ Inês de C. ermorden. Nach seiner Thronbesteigung nahm Dom Pedro an den Mördern grausame Rache. - Das Schicksal der Inês de C. lieferte den Stoff für rd. 200 literar. Bearbeitungen.

C., José Maria Ferreira de [portugies. 'kaʃtru], * Salgueiros (Distrikt Aveiro) 24. Mai 1898, † Porto 29. Juni 1974, portugies. Schriftsteller. - Bekannt v. a. durch den Roman „Die Auswanderer" (1928), in dem er das Leben der Emigranten am Amazonas schildert.

C., Juan José [span. 'kastro], * Avellaneda bei Buenos Aires 7. März 1895, † Buenos Aires

3. Sept. 1968, argentin. Komponist und Dirigent. - Bed. Vertreter der neueren argentin. Musik; u. a. Opern („Die Bluthochzeit", 1956), Ballette und Orchesterwerke.

C., Raúl [span. 'kastro], * auf Kuba 3. Juni 1931, kuban. Politiker. - Bruder von Fidel C.; 1959 Befehlshaber der Streitkräfte und seit 1960 Verteidigungsmin.; 1960-76 (1972-76 1.) stellv. Min.präs.; seit 1976 1. Vizepräs. des Staatsrates und des Min.rats.

C., Rosalía de [span. 'kastro], * Santiago 21. Febr. 1837, † Padrón (Prov. La Coruña) 15. Juli 1885, span. Dichterin. - Schwermütige Gedichte, z. T. in galic. Mundart, die zu den innigsten und persönlichsten der span. Lyrik des 19. Jh. gehören; Vorläuferin des span. Modernismus.

Castro Alves, Antônio de [brasilian. 'kastru 'alvis], * bei Muritiba (Bahia) 14. März 1847, † Bahia (= Salvador) 6. Juli 1871, brasilian. Dichter. - Setzte sich in [romant.] Werken (Lyrik, Dramen) für die Abschaffung der Sklaverei ein.

Castrop-Rauxel, Stadt im östl. Ruhrgebiet, NRW, 53-135 m ü. d. M., 77 000 E. Westfäl. Landestheater; Ind.stadt mit hohem Anteil des Steinkohlenbergbaus; Hafen am Rhein-Herne-Kanal. - Das 834 zuerst genannte Castrop kam vor 1236 zur Gft. Kleve; 1926 Zusammenlegung u. a. mit dem 1266 erstmals genannten Rauxel.

Casus [lat.], Fall, Zufall.

Casus belli [lat.], Kriegsfall, Kriegsgrund, ein Ereignis, das zum Krieg führt.

Casus foederis ['føːdɛrɪs; lat.], ein in einem Bündnisvertrag umschriebenes Ereignis, dessen Eintritt ein Recht auf Inanspruchnahme von Hilfe der einen und eine entsprechende Hilfeleistungspflicht der anderen Vertragsseite auslöst.

Casus obliquus [lat.], in der Grammatik abhängiger (eigtl. schiefer) Fall; *oblique Kasus* sind der Genitiv, Dativ und Akkusativ im Ggs. zum Nominativ, dem *Casus rectus*, d. h. dem unabhängigen (eigtl. geraden) Fall.

CAT [engl. 'siːɛ'tiː, kæt], Abk. für ↑ Clear-Air-Turbulenz.

Catalaunorum Civitas ↑ Châlons-sur-Marne.

Çatal Hüyük [türk. tʃɑ'tɑl hy'jyk „Gabelhügel"], vorgeschichtl. Ruinenhügel in der Türkei, 52 km sö. von Konya. Brit. Ausgrabungen 1961-65 erbrachten zwölf Schichten einer frühneolith. Großsiedlung (von vor 6 500 bis etwa 5 500 bzw. etwa 5 000 bis 4 000).

Catamarca, Hauptstadt der argentin. Prov. C., 150 km nö. von La Rioja, 505 m ü. d. M., 88 000 E. Bischofssitz. C. liegt in einer Gebirgsfußoase; Anbau von Baumwolle, Reben und Obstbäumen. Thermalquellen, Wallfahrtskirche. - Gegr. 1683.

C., Prov. in NW-Argentinien, 99 818 km², 172 000 E (1970), Hauptstadt C.

Catanduanes, philippin. Insel, östl. der

O-Küste SO-Luzons, 1 430 km²; Reis, Kopra und Manilahanf sind die wichtigsten Produkte der noch weithin unerschlossenen Insel. - 1573 von Spaniern erobert.

Catania, italien. Hafenstadt an der sizilian. O-Küste, 37 m ü. d. M., 378 000 E. Hauptstadt der Prov. C.; Erzbischofssitz; vulkanolog. Inst., Observatorium; Univ. (gegr. 1434), Ingenieurschulen; Nahrungs- und Genußmittel-, Textil- u.a. Ind.; Exporthafen; ♨. - C. (lat. **Catina**) wurde 729 v. Chr.(?) gegr.; 403 von Dionysios I., 263 von den Römern erobert; 123 v. Chr. durch Vulkanausbruch zerstört; im 9. Jh. von Arabern, 1061 von Normannen erobert; 1169 durch erneuten Ätnaausbruch, 1693 durch Erdbeben so stark zerstört, daß die Stadt neu gebaut werden mußte. - Röm. Odeion und Amphitheater; in der Altstadt das „Castello Ursino" (um 1240) und der barocke Dom (nach 1693 ff.).

Catanzaro, italien. Stadt, 10 km vom Ion. Meer entfernt, 343 m ü. d. M., 102 000 E. Hauptstadt der Region Kalabrien und der Prov. C.; Erzbischofssitz; bed. Textilind. (v. a. Seide und Samt). - Entstand im 10. Jh. als byzantin. Festung. Seit dem 11. Jh. bed. Seidenindustrie.

Cataracta [griech.-lat.], svw. Katarakt (↑ grauer Star).

Catargiu, Lascăr [rumän. katar'dʒiu], * Jassy im Nov. 1823, † Bukarest 11. April 1899, rumän. Politiker. - Hatte maßgebl. Anteil an der Vertreibung des Fürsten Cuza und der Thronbesteigung Karls I. (1866); Min.-präs. 1866, 1871-76, 1889 und 1891-95; profiliertester konservativer Politiker Rumäniens im 19. Jh.

Catay ↑ Kathei.

Catbalogan [span. kaδβa'loɣan], philippin. Stadt an der W-Küste der Insel Samar, 35 000 E. Wichtigste Hafen- und Handelsstadt der Insel.

Catboot [engl. kæt], kleines, einmastiges Segelboot, nur mit Gaffel oder Hochsegel.

Catch [engl. kætʃ „das Fangen"; zu lat. captare „fangen"], im England des 17. und 18. Jh. beliebter, metr. freier Rundgesang, meist heiteren, oft derben Inhalts, als Kanon dargeboten.

Catch-as-catch-can [engl.'kætʃəz'kætʃ 'kæn „greifen, wie man nur greifen kann"] (Catchen), seit 1900 von Berufsringern (**Catchern**) ausgeübte Art des Freistilringens, bei dem fast alle Griffe erlaubt sind.

Cateau-Cambrésis, Friede von [frz. katokåbre'zi], geschlossen 1559 zw. Philipp II. von Spanien und Heinrich II. von Frankr.; beendete den um Italien und Burgund seit Beginn des 16. Jh. andauernden Kampf; Frankr. mußte bei Verlust aller Rechte auf die burgund. Territorien die erhebl. gestärkte Position der burgund. (niederl.) Herrschaft Spaniens anerkennen. Spanien festigte seine Herrschaft über die Apenninenhalbinsel.

Catechine [malai.], in vielen Pflanzen vorkommende, farblose, kristalline Naturstoffe. Sie sind Bestandteile vieler natürl. Gerbmittel und gehen durch Dehydrieren und Polymerisieren in ↑ Phlobaphene über.

Catechismus Romanus [lat.], als Antwort auf die Katechismen der Reformatoren vom Konzil von Trient angeordnete zusammenfassende Darstellung des kath. Glaubens, 1566 in Rom lat. und italien. veröffentlicht.

Catenaverbindungen [lat./dt.] (Catenane), chem. Verbindungen aus ineinandergreifenden Molekülringen (wie die Glieder einer Kette: lat. catena „Kette"); erstmals über die ↑ Ansaverbindungen dargestellt.

Catene ↑ Katene.

Cathedra [griech.-lat. „Armsessel"], in der Antike sesselartiges Gestühl in Grabanlagen für den Totenkult, auch Sitzmöbel des Lehrers, später für den Bischofssitz (Bischofsthron) im Kirchenraum verwendet, dann übertragen für Bischofssitz allgemein. Lehrentscheidungen des Papstes, die er **ex cathedra** (etwa „aus der Vollmacht der höchsten Lehrautorität heraus") trifft, gelten in der kath. Kirche als unfehlbar.

Cather, Willa [engl. 'kæðə], * Winchester (Va.) 7. Dez. 1876, † New York 24. April 1947, amerikan. Schriftstellerin. - Bed. v. a. ihr aus kath. Glauben (Konvertitin) lebender und an H. James orientierter Roman „Der Tod kommt zum Erzbischof" (1927).

Catilina, Lucius Sergius, * um 108, ✗ bei Pistoria (= Pistoia) im Jan. 62, röm. Prätor (68). - Aus altem patriz. Geschlecht; Ende 66 an erfolglosen Plänen beteiligt, die auf die Ermordung der Konsuln des Jahres 65 abzielten (sog. 1. Catilinar. Verschwörung); bereitete 63 einen Staatsstreich vor, der mit der Ermordung des Konsuls Cicero beginnen sollte; Cicero erreichte die Erklärung des Staatsnotstandes durch den Senat mit der ersten seiner 4 Catilinar. Reden, daß C. Rom verließ und offen den Kampf begann; seine Anhänger in Rom wurden z. T. hingerichtet; C. fiel in der Schlacht bei Pistoria.

Catlett, Sidney („Big Sid") [engl.'kætlıt], * Evansville (Ind.) 17. Jan. 1910, † Chicago 24. März 1951, amerikan. Jazzmusiker. - Bed. Schlagzeuger des Swing und modernen Jazz; spielte u. a. in Bands von L. Armstrong.

Catlin, George [engl. 'kætlın], * Wilkes-Barre (Pa.) 26. Juli 1796, † Jersey City (N. J.) 23. Dez. 1872, amerikan. Sachbuchautor. - Stellte z. T. satir., aber mit ethnograph. Interesse und Präzision das Leben der Indianer in Wort und Bild dar.

Catlinit [nlat., nach G. Catlin], rötl., verfestigter Ton, aus dem die nordamerikan. Indianer Pfeifenköpfe herstellen; auch als Schmuckstein verwendet.

Cato, röm. Beiname, v. a. im Geschlecht der Porcier. Bed. v. a.:

C., Marcus Porcius C. Censorius (C. Maior,

Cato

Cato d. Ä.), *Tusculum (= Frascati) 234, † 149, röm. Staatsmann und Schriftsteller. - 195 Konsul; richtete sich v. a. gegen Korruption und das Vordringen hellenist. Lebensart auf Kosten der altröm. Sitten; trat in seinen letzten Lebensjahren dafür ein, Karthago völlig zu vernichten („Ceterum censeo Carthaginem esse delendam"); wurde wegen seiner Ablehnung des Griech. zum Schöpfer der lat. Prosa; von seinem Hauptwerk, den „Origines" (Ursprünge), einem annalist. Geschichtswerk, sind nur Fragmente überliefert.

C., Marcus Porcius C. Uticensis (C. Minor, Cato d. J.), *95, † Utica (Nordafrika) im April 46, röm. Staatsmann. - Urenkel des C. Censorius; Stoiker, überzeugter Republikaner, bekämpfte erfolglos die überragende Stellung von Pompejus und Cäsar; nahm nach deren Zerwürfnis 49/48 auf der Seite des Pompejus am Bürgerkrieg teil, führte nach der Niederlage von Pharsalos (Aug. 48) in Afrika den Kampf gegen Cäsar fort, beging aber nach der Niederlage der Pompejaner bei Thapsus (46) Selbstmord, weil er eine Begnadigung durch Cäsar ablehnte.

Cattell, Raymond Bernard [engl. kæ'tɛl], *West Bromwich (Devon) 20. März 1905, brit. Psychologe. - Prof. an der University of Illinois (USA); trug wesentl. zur Entwicklung der experimentell orientierten Persönlichkeitsforschung bei. Aus seinen Arbeiten zur Persönlichkeitstheorie resultieren zahlr. Tests, u. a. der 16-PF-Test, der den Ausprägungsgrad von 16 Persönlichkeitsfaktoren mißt.

Cattenom [frz. kat'nõ], frz. Gem. in Lothringen, an der Mosel, nahe der dt. und der luxemburg. Grenze, 2 200 E. Kernkraftwerk mit 4 Blöcken zu je 1 270 MW (elektr. Leistung) im Bau; Block I wurde im Okt. 1986 in Betrieb genommen.

Cattleya [nach dem brit. Botaniker W. Cattley, † 1832], Gatt. der Orchideen mit etwa 65 Arten im trop. Amerika mit meist 1–2 dicklederigen Blättern und großen, prächtig gefärbten Blüten in meist wenigblütigen Blütenständen. C.arten und -züchtungen sind beliebte Gewächshausorchideen.

Cattolica, italien. Badeort in der Emilia-Romagna, an der Adria, 20 km sö. von Rimini, 16 000 E. Fischerei und Bootsbau.

Catull (Gajus Valerius Catullus), *Verona um 84, † Rom um 54, röm. Dichter. - Studierte in Rom, wo er dem Kreis der Neoteriker (moderne Dichter) angehörte. Seine Lyrik (116 Gedichte sind überliefert) ist zum ersten Mal in der röm. Literatur von persönl. Erlebnis bestimmt ist. Bes. aber die Liebeslieder auf Lesbia (die von C. verehrte Clodia, die Frau des Metellus) drücken die persönl. Leidenschaft des Dichters aus. C. wurde für die Literatur der röm. Klassik bahnbrechend als Vorbild impulsiver Lyrik.

Caturiges, kelt. Stamm, † Katurigen.

Catuvellauni † Katuvellauner.

Cau, Jean [frz. ko], *Bram (Aude) 8. Juli 1925, frz. Schriftsteller. - 1945–57 Sekretär Sartres; Literaturkritiker der Zeitschrift „Temps modernes"; schrieb „Das Erbarmen Gottes", R., 1961), „Mon lieutenant (R., 1985).

Cauca [span. 'kauka], Dep. in SW-Kolumbien, am Pazifik, 29 398 km², 822 000 E (1983). Hauptstadt Popayán; Ackerbau und Viehzucht.

Cauca, Río [span. 'rrio 'kauka], linker und bedeutendster Zufluß des Río Magdalena, entspringt in der Zentralkordillere, mündet im nordkolumbian. Tiefland, rd. 1 000 km lang.

Cauchy, Augustin [Louis] Baron [frz. ko'ʃi], *Paris 21. Aug. 1789, † Sceaux 23. Mai 1857, frz. Mathematiker und Physiker. - Prof. an der Sorbonne und École polytechnique; arbeitete an einer wiss. exakten Begründung der höheren Mathematik. Über 800 Veröffentlichungen u. a. auf folgenden Gebieten: Differentialgleichungen (**Cauchy-Riemannsche Differentialgleichung**), Theorie unendl. Reihen (**Cauchysches Konvergenzkriterium**), Funktionentheorie (**Cauchysche Integralformel**), Zahlen-, Determinanten-, Wahrscheinlichkeitstheorie und Elastizitätslehre. Bed. sind seine Verbesserungen von störungstheoret. Methoden der Himmelsmechanik.

Caucus [engl. 'kɔːkəs; indian.], in den USA Bez. für inoffizielle Parteiversammlungen, in denen die Kandidatenaufstellung für Wahlen zu den polit. Ämtern (bis zum Beginn des 20. Jh.; †auch Primary) oder allg. polit. Richtlinien abgesprochen wurden.

Cauda [lat. „Schwanz"], in der Anatomie Bez. für das schwanzförmig auslaufende Ende (C. equina) des Rückenmarks mit den hier austretenden Rückenmarksnervenwurzeln.

Caudillo [kau'diljo; span.], urspr. Bez. für Häuptling; im maa. Spanien auch Bez. für Heerführer; in Lateinamerika seit dem 19. Jh. Bez. für einen polit. Machthaber, bes. für einen militär. Diktator; offizieller Titel des span. Staatschefs Franco Bahamonde.

Cauer, Minna, geb. Schelle, verw. Latzel, *Freyenstein bei Wittstock 1. Nov. 1842, † Berlin 3. Aug. 1922, dt. Frauenrechtlerin. - 1895 Führerin des linken Flügels der bürgerl. Frauenbewegung im Kampf für das Frauenstimmrecht (u. a. „Die Frau im 19. Jh.", 1898).

Caulaincourt, Armand Augustin Louis Marquis de [frz. kolɛ̃'ku:r], Herzog von Vicenza (seit 1808), *Caulaincourt (Aisne) 9. Dez. 1773, † Paris 19. Febr. 1827, frz. General und Politiker. - 1807–11 Gesandter in Rußland, bemühte sich vergebl. um einen Ausgleich zw. Zar Alexander I. und Napoleon I.; nahm 1812 am Rußlandfeldzug teil; unterzeichnete als Außenmin. (seit 1813) den Vertrag über die Abdankung Napoleons I.; 1815 während der „Hundert Tage" erneut Außenmin.; wichtige Memoiren.

Causa [lat. „Grund, Ursache"], in der *scholast. Philosophie* Begriff für Ursache. Entsprechend den vier Ursachen des Aristoteles unterscheidet die Scholastik die beiden **Causae internae:** die **Causa materialis,** das, woraus ein Ding entsteht, und die **Causa formalis,** das, wodurch ein Ding seine Eigenschaften erhält, und die beiden **Causae externae:** die **Causa efficiens** (Wirkursache), das, was durch sein (äußeres) Wirken ein Ding hervorbringt, und die **Causa finalis** (Zweckursache), das, um dessentwillen ein Ding hervorgebracht wird. Ferner war in der Scholastik bedeutsam die Platon. **Causa exemplaris,** das Muster, nach dem ein Ding durch eine (vernünftige) **Causa efficiens** hervorgebracht wird. ◆ im geltenden *Recht* der typ. regelmäßig von beiden Vertragsparteien gewollte Zuwendungszweck (= Zuwendungserfolg), z. B. der Erwerbs- oder Austauschzweck, der Schenkungszweck, der Erfüllungszweck. Die C. gehört bei den meisten Verpflichtungen zum Inhalt des Rechtsgeschäfts.

Cause célèbre [frz. kozse'lɛbr], aufsehenerregender Rechtsfall, berüchtigte Angelegenheit.

Causerie [kozə'ri:; frz. „Plauderei"], Bez. für eine leichtverständl., unterhaltend dargebotene Abhandlung oder einen Vortrag. - **Causeur** und **Causeuse,** Bez. für einen guten Unterhalter bzw. eine gute Unterhalterin.

Causses [frz. ko:s], Landschaft im südl. Zentralmassiv, Frankr., nw. der Cevennen; durch zahlr., meist schluchtartig eingeschnittene Täler in einzelne Plateaus gegliedert. Extensive Weidewirtschaft (v. a. Schafhaltung); Herstellung von Roquefortkäse.

Cauvery [engl. 'kɔːvərɪ], Fluß in S-Indien, auf dem Hochland von Dekhan, entspringt in den Westghats, spaltet sich 130 km oberhalb seiner Mündung in den Golf von Bengalen in mehrere Arme zu einem großen Delta; wichtigster Mündungsarm ist heute der **Coleroon;** Länge etwa 760 km; den Hindus heilig.

Cauvin, Jean [frz. ko'vɛ̃], frz.-schweizer. Reformator, ↑Calvin, Johannes.

Caux [frz. ko], heilklimat. Kurort im schweizer. Kt. Waadt, Teil der Gemeinde Montreux, 1 050 m ü. d. M., Konferenzzentrum der Stiftung für ↑Moralische Aufrüstung.

Cavaillé-Coll, Aristide [frz. kavaje'kɔl], * Montpellier 4. Febr. 1811, † Paris 13. Okt. 1899, frz. Orgelbauer. - Berühmtester Orgelbauer seiner Zeit; baute u. a. die Orgel von Notre-Dame in Paris.

Cavalcanti, Guido, * Florenz um 1255, † ebd. 27. (28.?) Aug. 1300, italien. Dichter. - Neben Dante der bedeutendste Dichter des Dolce stil nuovo und ein von Aristoteles und der oriental. Philosophie beeinflußter Denker. Gedichte von überraschender Gefühlsintensität.

Cavalieri, Emilio de' (E. del Cavaliere),

* Rom um 1550, † ebd. 11. März 1602, italien. Komponist. - Mgl. der Camerata in Florenz; maßgebl. an der Ausbildung des monod. Stils beteiligt. Sein Hauptwerk ist das geistl. Drama „Rappresentazione di anima e di corpo" (1600, mit D. Isorelli).

C., [Francesco] Bonaventura, * Mailand 1598 (?), † Bologna 30. Nov. 1647, italien. Mathematiker. - In seinem Hauptwerk „Geometria indivisibilibus ..." (1635) knüpfte C. an Archimedes' und Keplers Körperberechnungen an. Er formulierte das heute nach ihm benannte ↑Cavalierische Prinzip.

Cavalierisches Prinzip [nach B. Cavalieri], allg. Prinzip zum Vergleichen der Rauminhalte zweier Körper: Werden zwei Körper von zwei parallelen Ebenen begrenzt und haben sie sowohl in diesen, als auch in allen dazwischen verlaufenden Parallelebenen inhaltsgleiche Schnittfiguren, so haben sie gleiches Volumen.

Cavalli, Francesco, eigtl. Pier-F. Caletti-Bruni, * Crema 17. Febr. 1602, † Venedig 14. Jan. 1676, italien. Komponist. - Mit seinen 42 Opern (u. a. „Giasone", 1649) prägte er den venezian. Opernstil.

Cavallini, Pietro, eigtl. P. Cerroni, * Rom um 1250, † ebd. zw. 1340 und 1350, italien. Maler. - Wegweisender Mosaizist und Freskenmaler der röm. Schule. Führt über die formelhafte Raumandeutung byzantin. geprägter Malerei hinaus. Die Fresken von San Paolo fuori le mura (1277–90) sind 1823 verbrannt (Nachzeichnung aus dem 17. Jh. erhalten); um 1291 „Szenen aus dem Marienleben" in Santa Maria in Trastevere (Mosaik). - Abb. S. 224.

Cavation (Kavation) [italien.-frz.], im Fechtsport Bez. für die Lösung aus der gegner. Bindung durch Umgehen der gegner. Faust mit Streckung des Waffenarms.

Cattleya. Blüte

Cavea [lat.], im Halbkreis angelegter, ansteigender Zuschauerraum in röm. Theatern.

cave canem! [lat. „hüte dich vor dem Hund"], Warnung vor Hunden auf den Schwellen oder an den Türen altröm. Häuser; übertragen: hüte dich!

Cavendish [engl. 'kævəndiʃ], engl. Adelsfamilie, die sich von Sir William C. (* 1557) herleitet; führt seit dem 17. Jh. die Herzogtitel von Devonshire und Newcastle; seit der Einheirat in das Geschlecht der Bentinck (Herzöge von Portland) **Cavendish-Bentinck.**

Cavendish, Henry [engl. 'kævəndiʃ], * Nizza 10. Okt. 1731, † London 24. Febr. 1810, brit. Naturforscher. - Bestimmte die spezif. Wärme zahlr. Stoffe, die Gravitationskonstante und die Zusammensetzung der Luft. Durch Verbrennen von Wasserstoff mit Sauerstoff zu Wasser konnte er zeigen, daß Wasser kein chem. Element ist.

Cavendish [engl. 'kævəndiʃ], Bez. für in Blöcke oder Tafeln gepreßten Tabak.

Cavendish-Bentinck, Lord William Henry [engl. 'kævəndiʃ 'bentiŋk], * Portland 14. Sept. 1774, † Paris 17. Juni 1839, brit. General und Politiker. - Wurde 1803 Gouverneur von Madras, 1811 Botschafter am Hofe des Königs von Neapel; 1827 Gouverneur von Bengalen; 1833–35 1. Generalgouverneur von Indien; seit 1837 Unterhausmitglied.

Cavite, philippin. Stadt auf Luzon, 15 km sw. von Manila, 75 000 E. Hauptstadt der Prov. C.; Basis der philippin. Marine und amerikan. Flottenstützpunkt; Produktion von Ausrüstungsgegenständen für die Marine, Tabakverarbeitung.

Cavour, Camillo Benso Graf von [italien. ka'vur], * Turin 10. Aug. 1810, † ebd. 6. Juni 1861, italien. Staatsmann. - Seit 1848 polit. tätig, liberal-konservativer Realpolitiker, der wirtsch. Stärke als Basis polit. Macht und Voraussetzung zu nat. Wiedergeburt ansah, freil. das Interesse der Monarchie und Sardinien-Piemonts der italien. Einheit voranstellte. Seit 1852 sardin. Min.präs. Er ging davon aus, daß die italien. Einheit von einem liberal reformierten Sardinien aus nur im europ. Rahmen und gegen Österreich erreichbar sei. Das Bündnis mit Frankr. (gegen Abtretung Savoyens mit Nizza) sicherte ihm den Erfolg im Sardin.-Frz.-Östr. Krieg (1859). 1860 gelang C. der Anschluß M-Italiens. Sein diplomat. Spiel beflügelte die Freischarenzüge Garibaldis, deren revolutionäre Impulse C. aber auffing. 1861 erweiterte C. das sardin. zum italien. Parlament. Italien (ohne Rom) wurde konstitutionelle Monarchie mit zentralist. Verwaltung nach frz. Vorbild.

Caxton, William [engl. 'kækstən], * in Kent um 1422, † London 1491, engl. Buchdrucker. - Gründete 1476 in London die erste Druckerei Englands. Bed. Verdienste um die engl. Schriftsprache mit seinen rund 100 Drucken; zahlr. [eigene] Übersetzungen.

Cayatte, André [frz. ka'jat], * Carcassonne 3. Febr. 1909, frz. Filmregisseur. - Dreht gesellschafts- und sozialkrit. Filme um Justizprobleme: „Schwurgericht" (1950), „Wir sind alle Mörder" (1952), „Die schwarze Akte" (1955), „Das Urteil" (1974), „Les avocats du diable" (1980).

Cayenne [frz. ka'jɛn], Hauptstadt von Frz.-Guayana, Hafen an der Mündung des Cayenne in den Atlantik, 38 000 E. Institut Français d'Amérique Tropicale, geolog. und bergbautechn. Forschungsinst., medizin. Inst., Bibliothek, Museum, botan. Garten. Zentrum eines Agrargebiets, internat. ⚓ 1604 frz. Niederlassung; 1656–64 niederl., danach wieder frz., 1809–17 portugiesisch.

Cayennepfeffer [frz. ka'jɛn] ↑ Paprika.

Cayenneratte [frz. ka'jɛn] (Proechimys cayennensis), Stachelrattenart im trop. S-Amerika; rötlichbraun mit weißer Bauchseite.

Cayes, Les [frz. le'kaj] (auch Aux Cayes), Hafenstadt in Haiti, 34 000 E. Verwaltungssitz des Dep. Sud, Bischofssitz; wichtigster Hafen an der SW-Küste. - Gegr. 1786.

Caymangraben [engl. 'kɛimən], Tiefseegraben im Karibischen Meer.

Cayman Islands [engl. 'kɛimən 'aıləndz], Inselgruppe im Karib. Meer, südl. von Kuba, brit. Kronkolonie, 259 km², ·18 800 E (1983), Hauptstadt Georgetown auf Grand Cayman Island. - Von Kolumbus 1503 entdeckt; Spanien trat die unbewohnten Inseln 1670 an England ab; 1734 erste Siedler; seit 1962 eigene Kolonie.

Caytoniales [kai..., ke...; nach dem ersten Fundort Cayton Bay (Yorkshire)], fossile Ordnung hochentwickelter Samenfarne; v. a. in der Trias und im mittleren Jura.

Cayuga [engl. kɛi'ju:gə] ↑ Irokesen.

CB-Funk (Abk. für engl.: Citizen Band „Bürgerfrequenzband"; Jedermann-Funk, Bürgerfunk), Sprechfunk in einem bestimmten Frequenzbereich (11-m-Band; 26 960 bis 27 410 kHz; 40 Kanäle), der ohne bes. Funklizenz von jedermann betrieben werden kann. Voraussetzung für das Errichten und Betreiben einer „Sprechfunkanlage kleiner Leistung" ist eine (je nach Gerät bzw. DBP-Prüfnummer) allg. oder Einzelgenehmigung der Dt. Bundespost.

CBS [engl. 'si:bi:'ɛs], Abk. für: ↑ Columbia Broadcasting System.

CC (cc.), Abk. für lat.: Canones (Mrz. von Canon), ↑ Kanon [im Kirchenrecht].

C. C. (CC), Abk. für frz.: Corps consulaire („konsular. Korps").

C.C.C., Abk. für: Constitutio Criminalis Carolina (↑ Carolina).

CCD [Abk. für engl.: charge-coupled device „ladungsgekoppeltes Baulement"] (Ladungsverschiebeelement), ein Halbleiterbauelement, das u. a. als digitaler Speicher und als Strahlungsempfänger für sichtbare und infrarote Strahlung verwendet wird, z. B. in *CCD-*

Bildwandlern, die in *CCD-Kameras* eingebaut sind (Umwandlung von Licht in elektr. Signale, die magnet. gespeichert werden).

cd, Einheitenzeichen für: ↑ Candela.

Cd, chem. Symbol für: ↑ Cadmium.

c.d., Abk. für: ↑ colla destra.

CD, Abk. für: Compact disc (↑ Schallplatte).

C.D. (CD), Abk. für frz.: Corps diplomatique („diplomatisches Korps").

CD-ROM [Abk, für engl.: compact disc read-only memory], Speicherplatte (Festwertspeicher) für Personalcomputer, die nach dem Prinzip der Compact disc (↑ Schallplatte) mit Laserabtastung arbeitet. Speicherkapazität 500 Megabyte (entspricht rund 300 000 Schreibmaschinenseiten).

CdS-Zelle ↑ Photowiderstand.

CDU, Abk. für: ↑ Christlich-Demokratische Union.

Ce, chem. Symbol für: ↑ Cer.

C.E. [frz. se'ə], Abk. für frz.: Conseil de l'Europe bzw. engl.: Council of Europe, ↑ Europarat.

Ceará [brasilian. sja'ra], nordostbrasilian. Bundesstaat, 150 630 km², 5,8 Mill. E (1984), Hauptstadt Fortaleza. C. liegt im Bereich der nö. Abdachung des Brasilian. Berglandes. Landw. im Küstenbereich; das von Dürren bedrohte Innere wird v. a. durch extensive Weidewirtschaft genutzt; daneben auch Sammelwirtschaft; im S Wolframerzbergbau, im N Gipsgewinnung.

Ceauşescu, Nicolae [rumän. tʃaʊ'ʃesku], * Scorniceşti (Kr. Olt) 26. Jan. 1918, rumän. Politiker. - Mgl. der KP seit 1936; seit 1945 im ZK, 1952 Kandidat und seit 1955 Mgl. des Politbüros, spätestens seit 1960 Leiter des Parteiapparats sowie seit 1965 1. Parteisekretär und 1967–74 auch Vors. des Staatsrats (Staatsoberhaupt), seit 1974 Staatspräs.; ist bemüht, die „nat. Linie" der rumän. Außenpolitik fortzusetzen; versucht, der wirtsch. Schwierigkeiten des Landes Herr zu werden.

Cebotari, Maria [tʃebo'tari], eigtl. M. Cebotaru, * Kischinjow 10. Febr. 1910, † Wien 9. Juni 1949, östr. Sängerin (Sopran) rumän. Herkunft. - Mozart- und Strauss-Interpretin.

Cebu, philippin. Hafenstadt an der O-Küste der Insel Cebu, 490 000 E.; Hauptstadt der Prov. C., kath. Erzbischofssitz; vier Univ.; Museen; nach Manila das wichtigste Zentrum der Philippinen; internat. ☒. - 1565 wurde hier die erste span. Siedlung auf den Philippinen gegründet.

C., Insel im Zentrum der philippin. Inselwelt, 4 320 km², 220 km lang, bis 36 km breit. Neben Landw. und Fischerei Abbau von Braunkohle und Kupfererzen.

Čechy [tschech. 'tʃɛxɪ], histor. Gebiet im Westteil der ČSSR, ↑ Böhmen.

Cecil [engl. sɛsl], berühmte engl. Familie,

deren Einfluß William C. Lord Burghley begründete, und durch dessen Ehen die Familie C. 1605 die Titel eines Earl of Exeter und eines Earl of Salisbury erlangte. Bed.:

C., Edgar Algernon Robert, Viscount (seit 1923) C. of Chelwood, * Salisbury 14. Sept. 1864, † Tunbridge Wells (Kent) 24. Nov. 1958, brit. Politiker und Diplomat. - Seit 1906 konservativer Abg.; 1923–46 Präs. des Völkerbunds; stimmte 1938 gegen das Münchner Abkommen; erhielt 1937 den Friedensnobelpreis.

C., William, Baron Burghley, engl. Staatsmann, ↑ Burghley, William Cecil, Baron.

Cedille [se'di:j(ə); frz.; zu span. zedilla „kleines Z"] (frz. cédille), kommaartiges diakrit. Zeichen, meist unterhalb eines Buchstabens; z. B. in frz. maçon („Maurer") zeigt die C. an, daß c wie [s] auszusprechen ist (auch vor a, o, u). Auch in anderen Sprachen zur Kennzeichnung unterschiedl. Lautwerte.

Cedmon ['kɛːtmɔn] ↑ Caedmon.

Cefalù [italien. tʃefa'lu], italien. Hafenstadt an der N-Küste von Sizilien, 30 m ü. d. M., 14 000 E. Bischofssitz; Museum; Fischfang und -handel; Fremdenverkehr. - Die schon in der Antike bestehende Stadt wurde 254 von den Römern erobert; nach byzantin. Herrschaft 858 sarazen.; 1063 von den Normannen zerstört, im 12. Jh. neu aufgebaut. - Normann. Dom (1131–48).

Ceiba, La [span. la 'sɛjβa], Hauptstadt des Dep. Atlántida in N-Honduras, am Karib. Meer, 190 km nnö. von Tegucigalpa, 69 000 E. Hafen (v. a. Bananenexport).

Ceilometer [silo..., lat./griech.], Gerät zur Messung von Wolkenhöhen durch Bestimmung der Laufzeit eines an der Wolkenbasis reflektierten Lichtimpulses.

Cela, Camilo José [span. 'θela], * Iria Flavia bei La Coruña 11. Mai 1916, span. Schriftsteller. - Begann mit surrealist. Lyrik, schrieb dann experimentelle, auch an klass. Vorbildern orientierte, kraß naturalist. Romane, u. a. „Pascual Duartes Familie" (1942), „Der Bienenkorb" (1951), „Geschichten ohne Liebe" (1962), „Mazurca para dos muertos" (1983); auch Reiseberichte.

Čelakovský, František Ladislav [tschech. 'tʃɛlakɔfskiː], * Strakonice 7. März 1799, † Prag 5. Aug. 1852, tschech. Philologe. - Sammelte und bearbeitete nach dem Vorbild Herders slaw. literar. Volksgut; übersetzte u. a. Goethe und Herder.

Celan, Paul [tse'laːn], eigtl. P. Antschel, * Tschernowzy 23. Nov. 1920, † Paris Ende April 1970 (Selbstmord; seine Leiche wurde am 1. Mai 1970 in der Seine gefunden), deutschsprachiger Lyriker. - 1942/43 Arbeitslager in Rumänien, seit 1948 in Paris. Hervorragender Übersetzer (A. Rimbaud, P. Valéry, R. Char, A. Blok, O. Mandelschtam). Seine Dichtung steht unter dem Einfluß des frz. Symbolismus und Surrealismus.

Werke: Mohn und Gedächtnis (1952), Von Schwelle zu Schwelle (1955), Sprachgitter (1959), Die Niemandsrose (1963), Atemwende (1967), Fadensonnen (1968), Lichtzwang (hg. 1970), Schneepart (hg. 1971).

Celebes [⌣−−, −⌣−] (indones. Sulawesi), drittgrößte der Großen Sundainseln, Indonesien, zw. Borneo und den Molukken, 189 035 km² (einschließl. kleiner Inseln). Der zentrale Teil der Insel wird durch 2 500–3 455 m (im Rantekombola) hohe Gebirgsketten mit tief eingeschnittenen Tälern und langgestreckten tekton. Senken bestimmt. Nach N, O und S schließen sich gebirgige Halbinseln mit z. T. aktiven Vulkanen an, die durch tief eingreifende Buchten getrennt sind. Im allg. erhält C. ganzjährige starke Niederschläge. Fast 50 % der Insel sind von immergrünen trop. Tieflands- und Bergwäldern bedeckt. - Die malaiische Bev. hat im dünnbesiedelten Innern ihre traditionellen Lebensformen vielfach bewahrt; in den Städten haben sich u. a. Chinesen angesiedelt. Die Landw. ist großenteils in schlechtem Zustand, u. a. wegen der ungünstigen sozialen Verhältnisse (etwa 40 % der Bauern sind Teilpächter; 25 % des Kulturlandes sind im Besitz des Ortsadels). Fischerei wird außer auf den großen Seen des Innern bes. an der S- und SW-Küste betrieben. An die Küste sind auch Schiffbau (Praue) und Salzgewinnung gebunden. In den letzten Jahren wurden mit ausländ. Kapitalhilfe größere Industriebetriebe erstellt.
Geschichte: Der S und O gehörten seit dem

14. Jh. zum ostjavan. Reich Madjapahit, der N kam Mitte 16. Jh. unter die Herrschaft des muslim. Sultanats Ternate (1683 niederl.), im 17. Jh. kam die ganze Insel unter islam. Herrschaft; Vertreibung der Portugiesen 1660–69 und Eroberung des Reichs Makasar durch die Niederländer; vollständige Unterwerfung erst 1860; seit 1949 zu Indonesien.

Celebessee (Sulawesisee), Teil des Australasiat. Mittelmeeres nördl. von Celebes.

Celesta [tʃeˈlɛsta; lat.-italien.], ein 1886 in Paris erfundenes, äußerl. dem Klavier ähnl., zartklingendes Tasteninstrument, das zur Tonerzeugung Stahlplatten und abgestimmte röhrenförmige Resonatoren benutzt.

Celibidache, Sergiu [rumän. tʃelibiˈdake], * Roman 28. Juni 1912, rumän. Dirigent. 1945 vorübergehend Leiter der Berliner Philharmoniker, danach zahlr. Gastspielreisen, seit 1979 Chefdirigent der Münchner Philharmoniker und Generalmusikdirektor der Stadt München.

Céline, Louis-Ferdinand [frz. seˈlɛ̃], eigtl. Louis Ferdinand Destouches, * Courbevoie 27. Mai 1894, † Meudon 1. Juli 1961, frz. Schriftsteller. - Arzt im Armenviertel von Paris; Antisemit und Faschist; wegen Kollaboration 1944 verurteilt (Aufhebung des Urteils 1951). Pessimismus und Menschenverachtung, Nihilismus und die Überzeugung von der Absurdität des Lebens bestimmen sein Werk. Die Sprengkraft seiner Bilder bes. in den Romanen „Reise ans Ende der Nacht" (1932), „Tod auf Kredit" (1936) beeinflußte Sartre, Queneau und Genet. - *Weitere Werke:* Von einem Schloß zum andern (R., 1957), Norden (R., 1960), Rigodon (R., hg. 1969).

Celio [italien. ˈtʃɛːlio], Enrico, * Ambri

Pietro Cavallini, Das jüngste Gericht (Wandmalerei; um 1295–1300). Rom, Kirche Santa Cecilia in Trastevere

(Tessin) 19. Juni 1889, † Lugano 23. Febr. 1980, schweizer. Politiker (kath.-konservative Partei.). - 1940–50 Bundesrat für Post- und Eisenbahn, 1943 und 1948 Bundespräsident. **C.,** Nello, * Quinto (Tessin) 12. Febr. 1914, schweizer. Politiker. - 1962–66 Präs. der Freisinnig-demokrat. Partei; 1966–73 Bundesrat (Leiter des Militär-, seit 1968 des Finanzdepartements); 1972 Bundespräsident.

Cella [lat.], Hauptraum im antiken Tempel, Standort des Kultbildes (im rückwärtigen Teil des Raumes).
◆ früher Bez. für die Mönchszelle, auch für ein kleines Kloster.

Celle, Krst. an der Aller, am S-Rand der Lüneburger Heide, Nds., 40 m ü. d. M., 71 000 E. Verwaltungssitz des Landkr. C.; Bundesforschungsamt für Kleintierzucht, Landesinstitut für Bienenforschung, Fachschulen (u. a. Deutsche Bohrmeisterschule), Bomann-Museum, Kirchenministerialbibliothek, Schloßtheater, Oberlandesgericht, Landessozialgericht; Landesgestüt; Leder- und Elektroind., Keksfabrik, Seidenherstellung, Orchideenzucht. - 990 erstmals erwähnt; stand früher an der Stelle des heutigen Dorfes **Altencelle,** das vor 1249 Stadt war; 1292 planmäßige rechteckige Neugründung 3 km allerabwärts bei der bereits bestehenden Burg; 1301 Stadtrecht; bis 1705 Residenz von Braunschweig-Lüneburg; 1524 Einführung der Reformation. - Im NW-Turm des Schlosses (15. und 16. Jh.) liegt das Schloßtheater (1683–95). Das Alte Rathaus wurde 1573–79 im Stil der Renaissance ausgebaut; das Neue Rathaus erhielt 1785 eine klassizist. Fassade; zahlr. Fachwerkhäuser.
C., Landkr. in Niedersachsen.
C., Bez. für das Ft. Lüneburg der Welfen, entstanden durch die nach 1371 erfolgte Verlegung der Residenz von Lüneburg nach Celle, sowie für die 1569 abgespaltene jüngere Linie des Hauses Lüneburg und das von ihr regierte, aus dem größten Teil des lüneburg. Territoriums bestehende Fürstentum.

Cellini, Benvenuto [italien. tʃelˈliːni], * Florenz 3. Nov. 1500, † ebd. 14. Febr. 1571, italien. Goldschmied, Medailleur und Bildhauer. - Seit 1523 in päpstl. Diensten, 1540–45 am Hof Franz' I. von Frankr., dann im Dienst Cosimos I. de'Medici in Florenz. Seine Werke gehören dem Manierismus an, wobei auch seine großplast. Werke (z. B. das Bronzestandbild des Perseus in Florenz, 1545–54; Loggia dei Lanzi) in ihrer Detailfreude deutl. Arbeiten eines Goldschmieds sind. C. Autobiographie wurde von Goethe übersetzt.
Weitere Werke: Diana, bronzene Lünette für Fontainebleau (1543/44; Louvre); Bronzebüste Cosimos I. de' Medici (1544–47; Florenz, Bargello), marmornes Kruzifix (1562; Escorial).

Cello [ˈtʃɛlo; italien.], Kurzbez. für: ↑Violoncello.

Cellobiose ↑Zellobiose.

Cellophan ⓦ [lat./griech.], glasklare, feste, etwas dehnbare Folie aus Zelluloseregenerat; Material für Verpackungs- und Verschlußzwecke.

Celluloid ↑Zelluloid.

Cellulose ↑Zellulose.

Celsius-Skala, von dem schwed. Astronomen Anders Celsius (* 1701, † 1744) 1742 eingeführte Temperaturskala, bei der der Abstand zw. dem Gefrierpunkt (0 °C) und dem Siedepunkt des Wassers (100 °C) in 100 gleiche Teile (**Celsius-Grade**) unterteilt ist.

Celsus, Aulus Cornelius, † Mitte des 1. Jh. n. Chr., röm. Schriftsteller. - Verf. enzyklopäd. Schriften, erhalten 8 Bücher über die Medizin, einziges Zeugnis der klass. röm. Medizin.

Celtis (Celtes), Konrad, eigtl. K. Pickel oder Bickel, * Wipfeld bei Schweinfurt 1. Febr. 1459, † Wien 4. Febr. 1508, dt. Humanist. - Schüler Agricolas in Heidelberg, 1486/87 Magister in Leipzig. Seine „Ars versificandi et carminum" (1486) ist die erste Poetik der dt. Humanismus. 1487 zum Dichter gekrönt. Erhielt 1497 in Wien einen Lehrstuhl für Poetik und Rhetorik. Er leitete die theatral. Aufführungen am Wiener Hof, reformierte die Lehrpläne, gab Tacitus' „Germania" (1500) und ihm wiederentdeckte Werke (u. a. Hrotsvit von Gandersheim, 1501) heraus. Schrieb die „Quatuor libri amorum" (1502) nach dem Vorbild Ovids, ferner Oden und Epigramme sowie prunkvolle Festspiele.

Cembalo [ˈtʃɛmbalo; italien., Kurzbez. für: Clavicembalo (zu mittellat. clavis „Taste" und griech.-lat. cymbalum „Schallbecken")] (Kielflügel, frz. Clavecin), Tasteninstrument mit Zupfmechanik in Flügelform. Die Toner-

Cembalo

Benvenuto Cellini, Salzgefäß tur
Franz I. von Frankreich (1539–43).
Wien, Kunsthistorisches Museum

zeugung im C. erfolgt durch Anzupfen von dünnen Messing-, Bronze- oder Stahlsaiten unterschiedl. Länge und Stärke, die über einen Resonanzboden mit Stegen gespannt sind. Beim Drücken einer Taste zupft der im Springer bewegl. angebrachte Kiel (meist aus Leder oder Kunststoff) die Saite an. Im Ggs. zum Klavier ist die Lautstärke und somit die Dynamik nicht durch die Anschlagstärke beeinflußbar. Um eine Klangänderung während des Spielens zu ermöglichen, besitzen deshalb größere Cembali 2 terrassenartig angeordnete Klaviaturen (Manuale) und mehrere in Tonlage und Klangcharakter verschiedene Register (16-, 8- und 4-Fuß, Lautenzug), die während des Spielens durch Pedale oder Knie- und Handhebel zu- oder abschaltbar sind (Umfang der Klaviatur $4^1/_2$ bis 5 Oktaven).

Geschichte: Das C. entstand in der 2. Hälfte des 14. Jh. Vom 16.–18. Jh. stand es als Tasteninstrument etwa gleichberechtigt neben Orgel und Klavichord; als Soloinstrument wurde es in der 2. Hälfte des 18. Jh. allmähl. vom Hammerklavier verdrängt.

Cenabum, antike Stadt, ↑Orléans.

Cénacle [frz. se'nakl; zu lat. cenaculum „Speisezimmer"], urspr. frz. Dichterkreis um die literar. Zeitschrift „La Muse française" (1823/24). 1827/28–30 bestand der zweite romant., von V. Hugo gegr. C. (u. a. A. de Vigny, A. de Musset, C. A. Sainte-Beuve, T. Gautier, P. Mérimée, G. de Nerval).

Cendrars, Blaise [frz. sã'dra:r], eigtl. Frédéric Sauser, *La Chaux-de-Fonds 1. Sept. 1887, † Paris 21. Jan. 1961, frz. Schriftsteller schweizer. Herkunft. - Schrieb suggestive Lyrik mit zwingenden Bildern und anarchist., rauschhafte Romane. Sein stark autobiograph., avantgardist. Werk gab bed. Anstöße. *Werke:* Poèmes élastiques (Ged., 1919), Gold

(R., 1925), Moloch (Prosa, 1926), Kleine Negermärchen (1928), Dan Yack (Autobiogr., 1929), Wahre Geschichten (1937), L'homme foudroyé (Autobiogr., 1945, dt. Auszüge: Zigeuner-Rhapsodien, 1963, Der alte Hafen, 1964), Madame Thérèse (R., 1956).

Ceneri, Monte [italien. 'monte 'tʃe:ne-ri], Paß im schweizer. Kt. Tessin, 554 m ü. d. M., Standort des italienischsprachigen Mittelwellensenders der Schweiz.

Cenis, Mont [frz. mõs'ni] ↑Alpenpässe (Übersicht).

Cenotes [span. se'notes], Dolinen im N der Halbinsel Yucatán; oft einzige Möglichkeit der Wasserversorgung; daher Kristallisationspunkt voreurop. Besiedlung.

Censor ↑Zensor.

Census ↑Zensus.

Cent [tsɛnt; engl.; zu lat. centum „hundert"], Untereinheit ($^1/_{100}$) der Währungseinheiten *Dollar* (USA, Kanada u. a.), *Gulden* (Niederlande, Curaçao u. a.), *Rand* (Republik Südafrika u. a.), *Leone* (Sierra Leone), *Rupie* (Indien u. a.) und *Shilling* (Kenia, Tansania).

CENTAG [engl. 'sɛntæg] ↑NATO (Tafel).

Centaurus [griech.] ↑Sternbilder (Übersicht).

Centavo [sɛn'ta:vo; span. und portugies.; zu lat. centum „hundert"], Untereinheit ($^1/_{100}$) der Währungseinheiten *Peso* (Argentinien, Bolivien u. a.), *Sol de Oro* (Peru), *Córdoba* (Nicaragua), *Lempira* (Honduras), *El-Salvador-Colón, Cruzeiro* (Brasilien), *Sucre* (Ecuador), *Quetzal* (Guatemala) und dem portugies. *Escudo.*

Center ['sɛntə; engl.], 1. Großeinkaufsanlage [mit Selbstbedienung], 2. Geschäftszentrum.

Centerpartiet [schwed. 'sɛntərparti:ət] (Zentrumspartei, Zentrum), schwed. Partei; seit 1958 Name der um 1900 gegr. Bondeförbundet („Landbundpartei"); Teilnahme an der Reg. 1936–39, 1951–57, 1976–78 und 1979–82.

Centesimo [tʃɛn'te:zimo; italien.; zu lat. centesimus „der hundertste"], Untereinheit ($^1/_{100}$) der Währungseinheiten *Lira* (Italien u. a.).

Centésimo [sɛn'te:zimo; span.; zu lat. centesimus „der hundertste"], Untereinheit ($^1/_{100}$) der Währungseinheiten *Balboa* (Panama), des chilen. *Escudo* und des uruguayischen *Peso.*

Centi... ↑auch Zenti...

Centime [sã'ti:m; frz.; zu lat. centum „hundert"], Untereinheit ($^1/_{100}$) der Währungseinheiten *Franc* (Frankr., Belgien u. a.) und *Gourde* (Haiti).

Céntimo ['sɛntimo; span.; zu lat. centum „hundert"], Untereinheit ($^1/_{100}$) der Währungseinheiten *Peseta* (Spanien u. a.), *Bolívar* (Venezuela) und des *Costa-Rica-Colón.*

cent nouvelles nouvelles, Les [frz. lesãnuvɛlnu'vɛl], älteste (anonyme) frz. Novellensammlung, entstanden um 1462, gedruckt 1486 (dt. 1907 u. d. T. „Die 100 neuen Novellen"), meist frivole Stoffe.

Cento [lat. „Flickwerk"], aus Versen bekannter Dichter zusammengesetztes Gedicht.

CENTO ['tsɛnto, engl. 'sɛntoʊ], Abk. für engl.: ↑ Central Treaty Organization.

centr..., Centr... ↑ auch zentr..., Zentr...

Central [span. sen'tral], Dep. in Paraguay, an der argentin. Grenze, 2 465 km², 494 000 E (1982); Hauptstadt Ypacarai.

Central, Cordillera [span. kɔrði'ʎera θen'tral] ↑ Kastilisches Scheidegebirge.

C., C., [span. kɔrði'jera sen'tral] Gebirgszug im zentralen Costa Rica mit noch tätigen Vulkanen, im Irazú 3 432 m hoch. Die S-Abdachung gehört zu den wirtsch. Kernräumen des Landes mit intensivem Feldbau und Milchwirtschaft.

C., C., [span. kɔrði'jera sen'tral] die Hauptgebirgskette in Puerto Rico, erstreckt sich im S des Landes in O–W-Richtung, im Cerro de Punta 1 338 m hoch.

C., C., [span. kɔrði'jera sen'tral] Gebirge im Zentrum über Hispaniola, in der Dominikan. Republik, im Pico Duarte (früher Pico Trujillo) 3 175 m ü. d. M. (höchste Erhebung der Antillen).

Central Army Group [engl. 'sɛntral 'ɑːmɪ 'gruːp] ↑ NATO (Tafel).

Central Clydeside [engl. 'sɛntral 'klaɪdsaɪd], städt. Agglomeration am Clyde, Region Strathclyde, Schottland, Zentrum ist Glasgow, 1,6 Mill. E. Wichtigster Ind.standort Schottlands (v. a. Schwerind., Schiffbau).

Centrale Marketing-Gesellschaft der deutschen Agrarwirtschaft mbH (CMA), auf Grund des Gesetzes über die Errichtung eines zentralen Fonds zur Absatzförderung der dt. Land-, Forst- und Ernährungswirtschaft vom 26. 6. 1969 von 53 Spitzenverbänden dieser Wirtschaftszweige gegr. Gesellschaft (Sitz in Bonn-Bad Godesberg), deren Aufgabe es ist, mit den ihr von dem (öff.-rechtl.) **Absatzfonds** zur Verfügung gestellten Mitteln den Absatz und die Verwertung von Erzeugnissen der dt. Land-, Forstund Ernährungswirtschaft zu fördern.

Central Intelligence Agency [engl. 'sɛntral ɪn'tɛlɪdʒəns 'ɛɪdʒənsɪ], Abk. CIA, Zentralamt des amerikan. Geheimdienstes, 1947 gegr., untersteht dem United States Intelligence Board (USIB). CIA und Defense Intelligence Agency (DIA) unterstützen und ergänzen einander. Mitte der 1970er Jahre wurde aufgedeckt, daß die CIA auch innerhalb der USA tätig geworden war, dort v. a. Gegner des Vietnamkrieges überwacht, Organisationen infiltriert und das Briefgeheimnis verletzt hatte. Darüber hinaus wurde bekannt, daß es auch jahrelang Pläne gegeben hatte, mißliebige ausländ. Politiker und Staatsmänner ermorden zu lassen. Im Zuge der Enthüllungen

mußten 1975 zahlr. hohe CIA-Beamte ausscheiden. Ein Untersuchungsausschuß des Kongresses deckte 1976 noch weitere Verfehlungen auf und forderte eine stärkere Kontrolle des Geheimdienstes durch Legislative und Exekutive.

Central Pacific Railroad [engl. 'sɛntral pə'sɪfɪk 'reɪlroʊd], der westl. Teil der ersten Eisenbahnlinie, die den nordamerikan. Kontinent durchquerte; 1869 mit dem östl. Teil, der **Union Pacific Railroad** am N-Ufer des Great Salt Lake vereint.

Central Region [engl. 'sɛntral 'riːdʒən], Region in Schottland.

Central Standard Time [engl. 'sɛntral 'stændəd 'taɪm], Zonenzeit in Z-Kanada (Manitoba), Mexiko (ausgenommen westl. Teile) und in den Zentralstaaten der USA; gegenüber MEZ 7 Stunden nachgehend.

Central Treaty Organization [engl. 'sɛntral 'triːtɪ ɔːgənaɪ'zeɪʃən], Abk. CENTO, Nachfolgeorganisation des Bagdadpaktes, Sitz seit 1960 Ankara. Nachdem Iran im März 1979 die Mitarbeit in der CENTO eingestellt hatte, beschlossen Pakistan, die Türkei, Großbrit. sowie die USA die Auflösung des Pakts zum 28. Sept. 1979.

Centre [frz. sãːtr], Region in M-Frankr., umfaßt die Dep. Cher, Eure-et-Loir, Indre, Indre-et-Loire, Loir-et-Cher und Loiret, Regionshauptstadt ist Orléans.

Centre Beaubourg [frz. sãtrobu'buːr], svw. Centre Georges-Pompidou, Paris, ↑ Museen (Übersicht).

Centre Georges-Pompidou [frz. sãtrɔʒɔrʒpõpi'du] ↑ Museen (Übersicht).

centum [lat.], hundert.

Centula, ehem. Benediktinerabtei (heute Saint-Riquier bei Abbeville), gegr. im 7. Jh., von Abt Angilbert wieder errichtet. Die damals (790–99) erbaute Kirche gehörte zu den bedeutendsten Bauten der Karolingerzeit.

Centumcellae ↑ Civitavecchia.

Centurie ↑ Zenturie.

Centurio ↑ Zenturio.

Cephal... ↑ auch Zephal...

Cephalium [griech.], blütentragender, rippenloser, wollhaariger Endabschnitt mancher Kakteen.

Cephalon [griech.], Bez. für den aus Protocephalon und den nachfolgenden, die Mundgliedmaßen tragenden Körpersegmenten bestehenden Kopf der Gliedertiere.

Cephalopoda [griech.], svw. ↑ Kopffüßer.

Cephalosporine [griech.], Gruppe halbsynthet. Antibiotika, die sich von dem aus Cephalosporium acremonium gewonnenen **Cephalosporin C** ableiten; chem. dem Penicillin verwandt, mit ähnl. antibiot. Wirkungsspektrum.

Cephalothorax [griech.] (Kopfbrust), Verwachsung der Brustsegmente mit dem Kopf bei Krebsen und Spinnentieren.

Cephalus ↑ Kephalos.

Cepheiden [griech.], in ihrer Helligkeit, ihrem Durchmesser, ihrer Dichte u. a. period. Schwankungen unterliegende Sterne, ben. nach dem Prototyp der Klasse, dem Stern δ Cephei. Perioden zw. 2 und 100 Tagen. Aus der Perioden-Leuchtkraft-Beziehung läßt sich die Entfernung eines C. bestimmen. Danach wurden die Entfernungen der nächsten extragalakt. Systeme bestimmt und die kosm. Entfernungsskala geeicht.

Cepheus (Kepheus) [griech.] ↑ Sternbilder (Übersicht).

Cer (Cerium, Zer) [lat., nach dem Planetoiden Ceres], chem. Symbol Ce; chemisches Element aus der Reihe der Lanthanoide im Periodensystem der chemischen Elemente; Ordnungszahl 58, mittlere Atommasse 140,12; graues, gut verformbares und chem. sehr reaktionsfähiges Metall; Schmelzpunkt 798 °C, Siedepunkt 3 257 °C. Kommt in der Natur v. a. im Monazit und Cerit vor. Die Gewinnung erfolgt durch Reduktion von C.dioxid mit Magnesium oder durch Elektrolyse von C.chlorid. Es wird hauptsächl. als Legierungszusatz bei warmfesten, rostfreien Stählen und für Zündsteine (70 % Cer, 30 % Eisen) verwendet.

cer..., Cer... ↑ auch zer..., Zer...

Ceram, C. W., eigtl. Kurt W. Marek, * Berlin 20. Jan. 1915, † Hamburg 12. April 1972, dt. Schriftsteller. - Schrieb u. a. den Bestseller „Götter, Gräber und Gelehrte" (1949), ein fesselnder Bericht über die archäolog. Forschung der letzten 200 Jahre, „Enge Schlucht und schwarzer Berg" (1955) über die Entdeckung des Hethiterreiches, „Der erste Amerikaner" (1972).

Ceram (indones. Seram), Insel der S-Molukken, Indonesien, 340 km lang, bis 70 km breit, von einer zentralen bewaldeten Gebirgskette durchzogen, bis 3 019 m hoch. - Seit Anfang des 16. Jh. unter der Herrschaft des muslim. Sultanats Ternate (1650 an die Niederländer abgetreten); gehörte 1950 zur Republik der Südmolukken.

Ceratium

Ceramsee, Teil des Australasiat. Mittelmeeres im O des Malaiischen Archipels.

Ceratites [zu griech. kéras „Horn"], Gatt. der Kopffüßer, die hauptsächl. im oberen Muschelkalk (Ceratitenkalk) der german. Trias M-Europas verbreitet waren; Durchmesser der Tiere zw. 4 und 26 cm. Kennzeichnend für die C. ist die **ceratit. Lobenlinie,** bei der die Sättel ganzrandig, die Loben dagegen fein zerteilt sind.

Ceratium [griech.], Algengatt. der Dinoflagellaten mit etwa 80 v. a. im Meer vorkommenden Arten; der Zellkörper ist von einem Zellulosepanzer umhüllt und hat meist 1–4 horn- bis stachelförmige Schwebefortsätze und viele Poren.

Cerberus ↑ Zerberus.

Cercaria, svw. ↑ Zerkarie.

Cercle [frz. sɛrkl; zu lat. circulus „Kreis"], vornehmer Gesellschaftskreis, Empfang, geschlossene Gesellschaft.

Cerealien ↑ Zerealien.

Cerebellum [lat.], svw. Kleinhirn (↑ Gehirn).

cerebral ↑ zerebral.

Cerebrum [lat.], svw. ↑ Gehirn.

Cereme [indones. tʃeˈreme] (Tjereme), tätiger Vulkan auf W-Java, 3 078 m hoch.

Ceres, röm. Göttin der Feldfrucht. Früh mit der griech. Demeter identifiziert. Am 19. April wurden die ihr geweihten **Cerealia** festl. begangen.

Ceres [lat., nach der röm. Göttin C.], einer der größten Planetoiden im Sonnensystem; Durchmesser etwa 770 km.

Ceresin [lat.] ↑ Erdwachs.

Cergy-Pontoise [frz. sɛrʒipõˈtwaːz], Neue Stadt in Frankr., nw. von Paris, 117 000 E; ausgebaut als Cergy (Verwaltungssitz des Dep. Val-d'Oise), Pontoise und einigen ländl. Gemeinden; Hochschule für Wirtschafts- und Sozialwiss., Internat. Inst. für Umwelt und Städtebau; Museum.

Ceriterden [lat./dt.], Sammelbez. für die Oxide des Lanthans, Cers, Praseodyms, Neodyms und Samariums, die meist zus. in Mineralen auftreten, z. B. Cerit und Monazit.

Cerium ↑ Cer.

CERN (C. E. R. N.) [frz. sɛrn], Abk. für frz.: Organisation (vor 1954: Conseil) Européenne pour la Recherche Nucléaire (engl. European Organization for Nuclear Research; dt. Europ. Organisation für Kernforschung), eine auf Anregung der UNESCO 1952 gegr. Organisation für Kernforschung mit Sitz in Genf und Forschungszentrum in Meyrin bei Genf. Ziel: Zusammenarbeit auf dem Gebiet der Kern-, Hochenergie- und Elementarteilchenphysik. Im CERN-Forschungszentrum befindet sich u. a. ein 28-GeV-Protonensynchrotron und seit 1976 ein 400-GeV-Superprotonensynchrotron (SPS); rd. 5 000 Mitarbeiter.

Černik, Oldřich [tschech. ˈtʃɛrɲiːk],

* Ostrau 27. Okt. 1921, tschechoslowak. Politiker. - Seit 1945 Mgl. der KPČ, 1956 Mgl. und Sekretär im ZK, 1963 stellv. Min.präs. und Vors. der staatl. Plankommission, 1966 Mgl. im Parteipräsidium, 1968 Min.präs.; 1970 als führender Vertreter des tschechoslowak. Reformkommunismus aus der Partei ausgeschlossen.

Cernunnus, kelt. Gott, Spender von Fruchtbarkeit und Reichtum.

Cerro de las Mesas [span. 'sɛrrɔ ðe laz 'mesas], archäolog. Stätte im mex. Staat Veracruz; 50 km ssö. von Veracruz Llave, besiedelt 300 v. Chr. - 600 n. Chr. (Nachfolgekultur von La Venta) und 1200–1500; Blütezeit 300–600.

Cerro de Pasco [span. 'sɛrrɔ ðe 'pasko], Hauptstadt des zentralperuan. Dep. Pasco, 170 km nnö. von Lima, 4 330 m ü. d. M., 76 000 E. Univ.; Abbau verschiedener Erze seit dem 17. Jahrhundert.

Cerro Largo [span. 'sɛrrɔ 'larɣo], Dep. im nö. Uruguay, an der Grenze gegen Brasilien, 13 548 km², 74 000 E (1975), Hauptstadt Melo; Viehzuchtgebiet.

Certaldo [italien. tʃer'taldo], italien. Stadt in der Toskana, 130 m ü. d. M., 16 000 E. In der mit Wehrmauern umgebenen Oberstadt befindet sich u. a. das Wohn- und Sterbehaus Boccaccios (Museum).

Certosa [italien. tʃer'to:za, eigtl. „Kartause"], auf dem Gelände eines Klosters des Kartäuserordens gelegenes etrusk. Gräberfeld bei Bologna, namengebend für die *C.stufe* (5./4. Jh.), deren Kennzeichen, die C.fibel, für die Chronologie der jüngeren Eisenzeit im nordalpinen Gebiet (La-Tène-Zeit) bed. ist.

Certosa [italien. tʃer'to:za] ↑ Kartause.

Certosa di Pavia [italien. tʃer'to:za di pa'vi:a], italien. Gemeinde in der Lombardei, 15 km nördl. von Pavia, 91 m ü. d. M., 2 800 E. - Die Kartause (C. di P.) wurde 1396 gegr., 1782–1843 und 1866 aufgehoben, 1932–1947 wieder von Kartäusern, heute von unbeschuhten Karmeliten besiedelt. - Kirche mit Marmorfassade (1491 bis um 1540); Klosterbauten (15. und v. a. 17. Jh.).

Cerussit ↑ Zerussit.

Cervantes Saavedra, Miguel de [sɛr'vantɛs, span. θɛr'βantes saa'βeðra], * Alcalá de Henares vielleicht 29. Sept. 1547, ≈ 9. Okt. 1547, † Madrid 23. April 1616, span. Dichter. - Verfaßte in seinem abenteuerl. und schweren Leben (1571 Verstümmelung der linken Hand bei Lepanto, 1575–80 Gefangener alger. Piraten, 1598 und 1602 Gefängnishaft) ein alle literar. Gattungen umfassendes Werk, das seine Spannung aus der Auseinandersetzung mit Geist und Geschichte der Epoche und deren Überhöhung ins Überzeitliche gewinnt. Während seine zumeist in Dramen und Novellen eingestreute Lyrik und seine u. a. von biograph. Erfahrungen inspirierten Dramen - abgesehen von den „Zwischenspie-

len" („Entremeses", 1615) - nur geringere Bed. besitzen, gehören seine Novellen und Romane, insbes. sein „Don Quijote" zum unverlierbaren Bestand der Weltliteratur. Vor dem Hintergrund einer sowohl eigentüml. span. (J. de Montemayor) als auch übernat., bukol.-arkad. und neuplaton. Tradition entwarf C. in seinem Hirtenroman „Galathea" (1585) Möglichkeiten von Rationalisierung

Cerro de las Mesas. Der alte Feuergott (Räuchergefäß; 6.–1. Jh. v. Chr.). Mexiko, Museo Nacional

und Moralisierung der Liebe, in seinen formvollendeten „Exemplar. Novellen" (1613) fing er zeitgenöss. span. Lebenswirklichkeit ein. „Leben und Taten des scharfsinnigen Edlen Don Quijote von La Mancha" (I, 1605, II, 1615) waren als Satire auf die zeitgenöss. Ritterromane gedacht. C. S. erzählt mit grandioser Erfindungsgabe die tragikom. Abenteuer Don Quijotes, eines armen Adligen, der in einer Traumwelt verflossener Ritterherrlichkeit lebt, und seines treuen, pfiffigen, bäuerl.-nüchternen Waffenträgers Sancho Pansa; in ihnen ist der Ggs. zw. weltfremdem Idealismus und prakt. Vernunft verkörpert.

Weitere Werke: Numancia (Dr., 1584), Die Reise zum Parnaß (ep. Ged. 1614), Die Leiden des Persiles und der Sigismunda (phantast. Abenteuer-R., 1617).

📖 *Byron, W.: C. Dt. Übers. Mchn. 1982.*

Paul Cézanne, Stilleben (1892—94).
Washington, National Gallery

Cerveteri [italien. tʃer'vɛ:teri] ↑ Caere.

Cervix (Zervix) [lat.], in der Anatomie Bez. für: 1. Hals, Nacken; 2. halsförmiger Abschnitt eines Organs, z. B.: **Cervix uteri,** Gebärmutterhals, der unterste Abschnitt der Gebärmutter.

Cervus [lat.], Gatt. der Hirsche mit etwa 10 Arten in Eurasien; u. a. ↑ Rothirsch, ↑ Sikahirsch, ↑ Sambarhirsch, ↑ Zackenhirsch, ↑ Leierhirsch.

Ces, Tonname für das um einen chromat. Halbton erniedrigte C (auf dem Klavier ident. mit H).

Césaire, Aimé [frz. se'zɛ:r], * Basse-Pointe (Martinique) 25. Juni 1913, frz. Dichter. - Bürgermeister und Abg.; schrieb engagierte polit. Essays. C. ist der erste bed. farbige Dichter frz. Sprache. Sein Werk vereinigt frz. Kultur und afrikan. Erbe. Bed. Vertreter der ↑ Négritude. - *Werke:* Zurück ins Land der Geburt (Ged., 1947), An Afrika (Ged., dt. Ausw. 1968).

Cesalpino, Andrea [italien. tʃezal'pi:no], latinisiert Andreas Caesalpinus, * Arezzo um 1519, † Rom 23. Febr. 1603, italien. Philosoph, Botaniker und Mediziner. - Leibarzt Papst Klemens' VIII.; beschäftigte sich u. a. mit der Bewegung des Blutes, die er bereits als Zirkulation beschrieb. Verfaßte ein auf Früchten und Blüten basierendes Pflanzensystem.

Cesar [span. se'sar], Dep. in N-Kolumbien, 23 794 km², 510 000 E (1972), Hauptstadt Valledupar. Ackerbau und Viehzucht.

Cesarotti, Melchiorre [italien. tʃeza'rɔtti], * Padua 15. Mai 1730, † Selvazzano bei Padua 4. Nov. 1808, italien. Gelehrter. - Seine Nachdichtung des Ossian (1763—72) übte großen Einfluß aus, bes. auf Alfieri; übersetzte auch Homer.

Cesena [italien. tʃe'zɛ:na], italien. Stadt in der östl. Emilia-Romagna, 30 km südl. von Ravenna, 40 m ü. d. M., 89 000 E. Bischofssitz; Gemäldegalerie, „Biblioteca Mala-

testiana" mit wertvollen Handschriften; Nahrungs- und Genußmittelind. - Geht auf das röm. Munizipium **Caesena** zurück; 493 fiel es an Theoderich; 1357 kam C. an den Kirchenstaat. - Die Stadt wird beherrscht von der Rocca Malatestiana (v. a. 15. Jh.).

České Budějovice [tschech. 'tʃɛskɛ: 'budjɛjɔvitsɛ] ↑ Budweis.

Československá Socialistická Republika [tschech. und slowak. 'tʃɛskɔslɔvɛnska: 'sɔtsijalitska: 'rɛpublika], Abk. ČSSR, amtl. Name der ↑ Tschechoslowakei.

Český Krumlov [tschech. 'tʃɛski 'krumlɔf] (dt. [Böhmisch-]Krumau), Stadt in der ČSSR, 20 km sw. von Budweis, 509 m ü. d. M., 14 000 E. Holzverarbeitende, Textil- und Bekleidungsind. - 1274 als Stadt genannt. - Ehem. Jesuitenkolleg (1586—88; seit 1878 Hotel); spätgot. Kirche Sankt Veit (1407—39); zahlr. Häuser der Renaissance; über der Stadt liegt das Schloß (13./14. Jh.).

Český Těšín [tschech. 'tʃɛski 'tjɛʃi:n] (dt. Teschen), Stadt in der ČSSR, am linken Ufer der Olsa, gegenüber der poln. Stadt Cieszyn, 25 km sö. von Ostrau, 25 000 E. Schwerind., Nahrungsmittel- und holzverarbeitende Ind. - 1155 zuerst erwähnt, im 13. Jh. Ansiedlung von Deutschen; 1281 Hauptort des piast. Hzgt. Teschen, 1292 Stadtrecht; 1327 böhm.; 1920 wurde die Stadt in das tschech. Č. T. und das poln. Cieszyn geteilt; 1938—45 waren beide Teile als Cieszyn, zunächst unter poln. Oberhoheit, nochmals vereinigt.

Çeşme [türk. 'tʃɛʃmɛ], türk. Ort an der Küste des Ägäischen Meeres, 70 km wsw. von İzmir, 4 000 E. Tabakbau, Reb- und Feigenkulturen. - Hier lag **Erythrai,** einer der 12 ion. Stadtstaaten Kleinasiens; 191 v. Chr. unter röm. Oberhoheit; im MA seldschuk., dann osman.; später verlassen, Anfang des 19. Jh. als **Litri** wiedergegründet.

Céspedes, Alba de [italien. 'tʃɛspedes, * Rom 11. März 1911, italien. Schriftstellerin. - Legt einfühlsam v. a. die Probleme der Frau in Familie und Beruf dar, u. a. „Allein in diesem Haus" (R., 1952), „Die Bambolona" (R., 1967).

Cesti, Pietro Antonio [italien. 'tʃesti], gen. Marc Antonio C., ≈ Arezzo 5. Aug. 1623, † Florenz 14. Okt. 1669, italien. Komponist. - Einer der bedeutendsten Opernkomponisten des 17. Jh. (u. a. „La Dori", 1661, und die Hochzeitsoper für Kaiser Leopold I., „Il pomo d'oro", 1667).

Cestius, Gajus C. Epulo, † vor 12 v. Chr., röm. Volkstribun, Prätor und Septemvir. - Bekannt durch sein Grabmal, die vermutl. in frühaugusteischer Zeit an der Straße nach Ostia errichtete 37 m hohe **Cestiuspyramide** (heute neben der Porta San Paolo).

c'est la guerre [sɛla'gɛ:r; frz. „das ist der Krieg"], Redensart: das bedeutet Krieg, hat Krieg zur Folge; auch: im Krieg gibt es keine Rücksicht.

Cestodes [griech.], svw. ↑ Bandwürmer.

Cetan [griech.] (Hexadecan), $C_{16}H_{34}$, ein gesättigter Kohlenwasserstoff; er zeigt optimales techn. Betriebsverhalten als Dieselkraftstoff und dient als Eichkraftstoff zur Ermittlung der **Cetanzahl** (Abk. CZ, CaZ; Maß für die Zündwilligkeit eines Dieselkraftstoffs). Dem sehr zündwilligen C. schreibt man die Cetanzahl 100, dem zündträgen α-Methylnaphthalin die Cetanzahl 0 zu. Die Cetanzahl gibt dann an, wieviel Volumenprozent C. sich in einem Gemisch mit α-Methylnaphthalin befinden, das in einem Prüfmotor dieselbe Zündwilligkeit aufweist wie der untersuchte Dieselkraftstoff.

Ceterum censeo Carthaginem esse delendam [lat. „im übrigen meine ich, daß Karthago zerstört werden muß"], stehende Schlußformel in den Senatsreden des älteren Cato, daher sprichwörtl. für eine hartnäckig wiederholte Forderung.

Cetinje [serbokroat. ˌtsɛtinjɛ], jugoslaw. Stadt 30 km westl. von Titograd, 672 m ü. d. M., 12 000 E. Sitz eines serb.-orth. Metropoliten. - 1440 erstmals genannt, 1878–1918 Hauptstadt des Kgr. Montenegro.

Četnici [serbokroat. ˈtʃɛtniːtsi] (Tschetniks), serb. Freischärler, die sich zum Schutz der serb. Bev. in Makedonien vor den Türken und vor der Inneren Makedon. Revolutionären Organisation zusammenfanden; nach 1919 im wesentl. ein serb.-nat. Traditionsverband; bildeten im 2. Weltkrieg Partisanengruppen gegen die dt. Besatzung in Bosnien und Herzegowina sowie in den serb. besiedelten Gebieten Kroatiens gegen die Ustaša, kämpften auch gegen kommunist. Gruppen.

Cetus [griech.-lat.] (Walfisch) ↑ Sternbilder (Übersicht).

Ceulen, Ludolph van [niederl. ˈkøːlə], eigtl. Ackermann (?), latinisiert Colonus, * Hildesheim 28. Jan. 1540, † Leiden 31. Dez. 1610, dt.-niederl. Mathematiker. - Berechnete die Zahl π (nach ihm auch **Ludolphsche Zahl**) auf 36 Stellen genau.

Ceuta [span. ˈθeu̯ta], span. Hafenstadt an der marokkan. Mittelmeerküste, 19 km², 65 000 E. Schiffbau und -reparatur, Meerwasserentsalzungsanlage. Schon im Altertum Festung mit Hafen, 715 von Arabern erobert, 1415 portugies., seit 1580 bei Spanien.

Ćevapčići [tʃeˈvaptʃitʃi; serbokroat.], gegrillte, stark gewürzte Hackfleischröllchen (Hammel- oder Lammfleisch).

Cevennen [se...], äußerster SO-Rand des Zentralmassivs, Frankr., mit steilem Abfall zum Languedoc und zur Rhonesenke sowie allmähl. Abdachung zur atlant. Seite, im Mont Lozère 1 702 m hoch, z. T. Nationalpark.

Ceylon, Insel im Ind. Ozean, ↑ Sri Lanka.

Ceylonbarbe (Puntius cumingi), bis etwa 5 cm lange Zierbarbenart in Bergwaldbächen Ceylons; Warmwasseraquarienfisch.

ceylonesische Kunst, in ihren wesentl. Zeugnissen der buddhist. Kunst zugehörig. Von der ersten Hauptstadt und einst glänzendem buddhist. Zentrum Anuradhapura ist heute ein großes Ruinenfeld freigelegt mit Überresten bed. architekton. Leistungen, Bauplastik (Mondsteine) und Großplastik aus dem 3. Jh. v. Chr.–10. Jh. n. Chr. (Bronzestatuen des 3. Jh. im Museum von Colombo, ebenso Fresken des 6. Jh. aus Sigirija). Seit Mitte des 8. Jh. wurde mehrfach Polonnaruwa Hauptstadt, wo Ziegelbauten und Großplastik aus dem 12. Jh. relativ gut erhalten sind.

Ceylonmoos (Gracilaria lichenoides), im Ind. Ozean weitverbreitete, stark gabelig verzweigte Rotalge.

Ceylonzimt, svw. Kaneel (↑ Zimt).

Cézanne, Paul [frz. seˈzan], * Aix-en-Provence 19. Jan. 1839, † ebd. 22. Okt. 1906, frz. Maler. - Lebte seit 1879 in der Provence. Dort löste er sich von den impressionist. Einflüssen, die sein Werk seit 1871 bestimmten, und in seinen Stilleben, Landschaften, Figurenkompositionen und Bildnissen tritt die Bildverfestigung als eine neue Form der Monumentalität zutage. Seine Kunst baut auf Strukturen auf, die auf Farb- und Helligkeitswerten, Umriß- und Volumenbildung (geometr. bzw. kub. Formfindung) gründen. Die maler. Gestaltungsweise C. enthält wesentl. Aufbauelemente des Kubismus und der abstrakten Malerei.

Werke: Mont Sainte-Victoire (mehrere Fassungen, u. a. 1883, New York, Metropolitan Museum; 1885–87, Washington, D. Phillips Memorial Gallery; 1904, Philadelphia, Museum of Art), Die Bucht von l'Estaque (1886, Chicago, Art Institute), Jas de Bouffan (1885–87, Prag, Nationalgalerie), Die blaue Vase (1885–87), Stilleben mit Zwiebeln (1895–1900, beide Louvre), Stilleben mit Apfelkorb (1890–94, Chicago, Art Institute), Badende (1890–94, Louvre; 1900–05, Chicago, Art Institute), Château noir (um 1904, Zürich, Sammlung Reinhart).

cf (c. & f.), Abk. für engl.: cost and freight (↑ Handelsklauseln).

Cf, chem. Symbol für: ↑ Californium.

cf. (cfr., conf.), Abk. für lat.: confer! („vergleiche!").

c.f., Abk. für: Cantus firmus (↑ Cantus).

CFA-Franc [frz. seɛˈfafrã], Währungseinheit verschiedener afrikan. Staaten, die der Communauté Financière Africaine angehören.

CFK, Abk. für **carbonfaserverstärkte Kunststoffe** (↑ Verbundwerkstoffe).

CFLN, Abk. für: Comité français de libération nationale (↑ Französisches Komitee der Nationalen Befreiung).

cfr. ↑ cf.

CFR-Motor ↑ Oktanzahl.

CGB, Abk. für: Christl. Gewerkschaftsbund Deutschlands (↑ Gewerkschaften).

C. G. T. (CGT) [frz. seʒe'te], Abk. für: Confédération Générale du Travail († Gewerkschaften [Übersicht; Europa]).

C.H. (CH), Abk. für lat.: ↑ Confoederatio Helvetica.

Chaban-Delmas, Jacques Michel Pierre [frz. ʃabãdɛl'maːs], eigtl. J. Delmas, * Paris 7. März 1915, frz. gaullist. Politiker. - Seit 1940 Mitarbeiter in der Résistance (Deckname „Chaban"); seit 1946 Abg.; seit 1947 Bürgermeister von Bordeaux; 1954–58 Min. in verschiedenen Ressorts (u.a. 1957/58 Verteidigungsmin.); 1958–69, 1978–81 und seit 1986 Präs. der Nat.versammlung; 1969–72 Premierminister.

Chabarowsk [russ. xa'barɛfsk], Hauptstadt der sowjet. Region C. in der RSFSR, im Fernen Osten, an der Mündung des Ussuri in den Amur, 568 000 E. Mehrere Hochschulen; Bodenempfangsstation für Fernmeldesatelliten; Schiff- und Maschinenbau, Erdölraffinerie u.a. Ind.; Hafen am Amur, Bahnstation an der Transsib, ⚓. - Entstand 1858 als Militärstützpunkt, seit 1880 Stadt, seit 1884 Sitz eines Gouverneurs, 1922 sowjetisch.

Lynn Chadwick, Zwei Figuren (1956). Mannheim, Kunsthalle

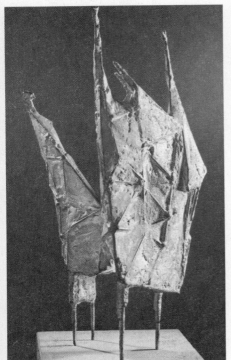

Chablais [frz. ʃa'blɛ], nördlichstes Massiv der frz. Voralpen, südl. des Genfer Sees, im Mont Buet 3 099 m hoch.

Chabrier, Alexis Emanuel [frz. ʃabri'e], * Ambert (Puy-de-Dôme) 18. Jan. 1841, † Paris 13. Sept. 1894, frz. Komponist. - Komponierte u.a. Orchesterwerke (z.B. Rhapsodie „España", 1883) und unter dem Einfluß R. Wagners stehende Opern.

Chabrol, Claude [frz. ʃa'brɔl], * Paris 24. Juni 1930, frz. Filmregisseur und -kritiker. - Von F. Lang und A. Hitchcock beeinflußt, galt seit seinem Film „Die Enttäuschten" (1958) als Exponent der „Neuen Welle". - *Weitere Filme:* Schrei, wenn du kannst (1959), Die untreue Frau (1968), Das Biest muß sterben (1969), Der Schlachter (1969), Violette Nozière (1978), Hühnchen in Essig (1985).

Chac [tʃak], Regengott der Mayakultur; sein Kult verlangte Kinderopfer.

Cha-Cha-Cha ['tʃa'tʃa'tʃa], Modetanz aus Kuba, in den 1950er Jahren aus dem Mambo entwickelt.

Chac-Mool ['tʃak mo'ɔl], Steinskulpturentyp des präkolumb. Mexiko (mit der Kultur der Tolteken verbunden).

Chaco [span. 'tʃako], nordargentin. Prov. im südl. Gran Chaco 99 633 km², 701 000 E (1980), Hauptstadt Resistencia.

Chacokrieg [span. 'tʃako], Krieg zw. Bolivien und Paraguay (1932–35), der nach jahrelangen Feindseligkeiten um das durch Erdölfunde wirtsch. interessant gewordene nördl. Chacogebiet (sog. Chaco boreal) und das Problem des Meereszugangs Boliviens über den Paraguay ausbrach. 1938 erhielt das siegreiche Paraguay den größten Teil des umstrittenen Gebiets, Bolivien einen Korridor zum Paraguay.

Chaconne [ʃa'kɔn; frz.] (span. Chacona; italien. Ciaccona), mäßig bewegter Tanz im ³/₄-Takt, wahrscheinl. aus Spanien; eine der Hauptformen des frz. Ballet de cour und der frz. Oper des 17./18. Jh. In der Instrumentalmusik erscheint die C. als Variationskomposition über einem meist viertaktigen ostinaten (ständig wiederholten) Baßthema, beliebt bis in das 18. Jh. (J. S. Bach, C. in der Solo-Partita d-Moll für Violine).

chacun à son goût [frz. ʃakœasõ'gu], Redensart: jeder nach seinem Geschmack.

Chadatu [xa...], assyr. Provinzhauptstadt, ↑ Arslan Taş.

Chadidscha [xa'didʒa], * Mekka um 560, † ebd. 619, erste Gemahlin des Propheten Mohammed. - Als Kaufmannswitwe betraute sie Mohammed mit der Leitung ihrer Geschäfte und heiratete ihn später. Der Ehe entstammt ↑ Fatima.

Chadir, Al [arab. al'xadır „der Lebendige"], legendäre Heiligengestalt im Islam; die Chadirlegende knüpft an Sure 18, Vers 59 ff. des Korans an und enthält verschiedene Sagenmotive.

Chadwick [engl. 'tʃædwɪk], George, * Lowell (Mass.) 13. Nov. 1854, † Boston 4. April 1931, amerikan. Komponist. - Organist und Kompositionslehrer in Boston; seine nachromant. Werke (u. a. Opern, Sinfonien, Chorwerke) waren in Amerika sehr erfolgreich.

C., Sir (seit 1945) James, * Manchester 20. Okt. 1891, † Cambridge 23. Juli 1974, brit. Physiker. - Entdeckte 1932 bei Bestrahlung von Beryllium mit Alphateilchen das Neutron. Nobelpreis für Physik 1935.

C., Lynn, * London 24. Nov. 1914, engl. Eisenplastiker. - Schuf vorwiegend mantelumhüllte Figuren und Tierplastiken, die auf dünnen Stäben stehen.

Chafadschi [xa...], altoriental. Ruinenstätte im Irak, 15 km östl. von Bagdad am Unterlauf der Dijala. Amerikan. Ausgrabungen (1930–38 und 1957 ff.) fanden drei Siedlungen, in Tell A eine des 3. Jt., im Tell B und C ein Fort des 17. Jh., nach dem Sohne Hammurapis Dur-Samsuiluna benannt. Tell D ist das alte Tutub (2. Jt.; Fund altbabylon. Texte).

Chafre ['ça...], ägypt. König, ↑ Chephren.

Chagall, Marc [frz. ʃa'gal], * Liosno bei Witebsk 7. Juli 1887, † Saint-Paul-de-Vence 28. März 1985, russ. Maler und Graphiker. - Seit 1910 in Paris Studium der Malerei (Einfluß des Orphismus), 1914–22 in Rußland, dann ab 1923 wieder in Paris, 1941–47 in den USA und seit 1949 in Vence. C. streut Erinnerungen an seine Heimat, dörfl. Szenen, Hähne, Fische, Pferde, die Sonne, Liebespaare, Bräute, Sträuße und legendenhafte Motive aus der Welt des russ.-jüd. Volkslebens und des Chassidismus über die Fläche des Bildes. C. wirkte anregend auf den dt. Expressionismus und den Surrealismus. Auch bed. Buchillustrationen, Radierungen zu Gogol (1926), La Fontaine (1928–31) und zur Bibel (1931–1939, 1952–56) u. a. Erhielt zahlr. Aufträge für Wandbilder, Glasfenster (auch für St. Stephan in Mainz), Bühnenbilder, Teppiche.

Chagas-Krankheit ['ʃaːgas; nach dem brasilian. Bakteriologen C. Chagas, * 1879, † 1934], in M- und S-Amerika auftretende akute oder chron. Infektionskrankheit, deren Erreger, Trypanosoma cruzi, durch den Stich von Raubwanzen auf Tier und Mensch, bes. auf Kinder übertragen wird. Symptome sind Blutarmut, Lymphknotenschwellung, Milz- und Lebervergrößerung, beschleunigte Herztätigkeit und Blutdruckabfall; mögl. sind auch Erkrankung des Zentralnervensystems und tödl. Herz-Kreislauf-Versagen.

Chagos Islands [engl. 'tʃaːgoʊs 'aɪləndz] (Oil Islands), Gruppe von Koralleninseln im Ind. Ozean, südl. der Malediven; auf der Hauptinsel **Diego Garcia** amerikan. Militärstützpunkt. - Gehörte bis 1965 zu Mauritius, bildet das British Indian Ocean Territory.

Chac-Mool (Steinskulptur).
Mexiko, Museo Nacional

Chagrin [ʃa'grɛ̃:; türk.-frz.], Leder aus Pferde- oder Eselshäuten mit typ. Erhöhungen auf der Narbenseite.

Chailley, Jacques [frz. ʃa'jɛ], * Paris 24. März 1910, frz. Musikforscher und Komponist. - Seit 1953 Prof. für Musikwiss. an der Sorbonne, seit 1962 auch Leiter der Schola Cantorum in Paris. Komponierte Opern, das Ballett „Die Dame und das Einhorn" (1953, nach J. Cocteau), Orchester-, Kammermusik, Chorwerke, Lieder, Bühnen- und Filmmusiken. Veröffentlichte u. a. „Histoire musicale du moyen âge" (1950), „Les passions de J. S. Bach" (1963), „La flûte enchantée, opéra maçonnique" (1968), „Parsifal" (1979).

Marc Chagall, Ich und das Dorf (1911).
New York, Museum of Modern Art

Chain, Sir Ernst Boris [engl. tʃɛɪn], * Berlin 19. Juni 1906, † Castlebar (Mayo County, Irland) 12. Aug. 1979, brit. Chemiker russ. Herkunft. - Prof. in Rom und London; klärte zusammen mit H. W. Florey die chemotherapeut. Wirkung und die Struktur des Penicillins auf. Nobelpreis für Physiologie oder Medizin 1945 zus. mit A. Fleming und H. W. Florey.

Chair Ad Din ['xaɪɐr a'diːn] (Cheireddin), gen. Barbarossa C. Ad D., * Lesbos um 1467, † Konstantinopel 4. Juli 1546, islamisierter Grieche, Herrscher in Algier und türk. Admiral. - Folgte 1518 seinem Bruder Horuk in der Herrschaft über Algier, das er 1519 osman. Oberhoheit unterstellte; unterwarf 1534 Tunis; 1535 auf frz. Seite von Kaiser Karl V. bei Goletta geschlagen; 1533 Oberbefehlshaber der türk. Flotte, schlug 1538 die kaiserl. Flotte, vernichtete 1540 bei Kandia (Kreta) eine christl. Flotte.

Chairman [engl. 'tʃɛəmən; zu chair „Stuhl"], in Großbrit. und in den USA Bez. des Vorsitzenden einer öff. oder sonstigen Körperschaft oder eines Gremiums.

Chaironeia [çaɪ...] (lat. Chaeronea), antike griech. Stadt in W-Böotien; berühmt durch den Sieg Philipps II. von Makedonien über die Koalition der Griechen unter Führung Athens und Thebens (338 v. Chr.), der den Makedonien die Oberherrschaft über Griechenland verschaffte. 551 n. Chr. durch Erdbeben zerstört; einzelne Baudenkmäler (u. a. Theater) sind erhalten.

Chaise ['ʃɛːzə; frz.], zwei- oder vierrädriger Wagen mit Verdeck; kam im 17. Jh. in Frankr. auf.

Chaiselongue [ʃɛz'lõ; frz., eigtl. „langer Stuhl"], gepolsterte Liegestatt mit Kopfpolster.

Chakassen [xa...] (Abakan-Tataren), Volk im Autonomen Gebiet der C., UdSSR, in mehrere Stämme gegliedert; Ackerbauern und Viehzüchter. Sprechen Chakassisch, eine Turksprache.

Chakassen, Autonomes Gebiet der [xa...], sowjet. autonomes Gebiet innerhalb der Region Krasnojarsk, RSFSR, in Südsibirien, 61 900 km², 533 000 E; Hauptstadt Abakan. Überwiegend waldreiches Gebirgsland, im zentralen Teil Steppe; Vorkommen von Kohle, Erzen, Nephelin u. a.; Holzverarbeitung, Nahrungsmittelind. - 1930 errichtet.

Chalap ['xa...] (Chalapa) ↑ Aleppo.

Chalaza ['çaː..., 'kaː...; griech.], svw. ↑ Hagelschnur (bei Vogeleiern),
◆ svw. ↑ Nabelfleck (bei Samenanlagen von Blütenpflanzen).

Chalcedon [çal...], ehem. Stadt am Bosporus, ↑ Chalkedon.

Chalcedon [kal...], Schmuckstein, ↑ Chalzedon.

Chalcidius [çal...] (Calcidius), röm. Neuplatoniker griech. Herkunft, um 400 n. Chr. - Verfasser eines umfangreichen Kommentars

zu Platons „Timaios" nebst lat. Übersetzung, einer wichtigen Quelle für die Wissenschaftsgeschichte der Spätantike.

Chaldäa [kal...], Land der Chaldäer, eigtl. Teil S-Babyloniens, in griech.-röm. Quellen meist allg. Name für Babylon.

Chaldäer [kal...], wichtigster Großstamm der Aramäer in Babylonien; seit Anfang des 1. Jt. v. Chr. in S-Babylonien seßhaft und an babylon. Kultur und Sprache angepaßt; übernahmen 626 v. Chr. die Macht. Unter der Dynastie der C. erlebte Babylonien eine letzte kulturelle Blüte, bis es 539 v. Chr. von Kyros II., dem Großen, erobert wurde.

chaldäische Kirche [kal...], Bez. für die mit Rom unierten Teile der alten ostsyr. (assyr.) Kirche; ihr gehören heute etwa 200 000 Christen an, das Oberhaupt der c. K. residiert in Bagdad.

Chalder ['kal...] ↑ Urartäer.

Chalet [ʃa'le:, ʃa'lɛ; frz.], Sennhütte, Schweizer Häuschen; für den Tourismus erstelltes [Holz]haus.

Chalfont, Alun Gwynne-Jones [engl. 'tʃælfənt], Baron (seit 1964), * Llantarnam (Wales) 5. Dez. 1919, brit. Offizier und Politiker. - Mgl. der Labour Party bis 1974; Min. für Abrüstungsfragen (1964–67); leitete 1967–69 als „Europamin." die brit. Delegation bei den Beitrittsverhandlungen zur EWG.

Chalid, Ibn Abd Al Asis Ibn Saud [arab. 'xaːlɪt], * Ar Rijad 1913, † Taif bei Mekka 13. Juni 1982, König von Saudi-Arabien (seit 1975). - Halbbruder König Sauds und König Faisals; 1965 zum Kronprinzen ernannt; übertrug als Nachfolger Faisals die eigtl. Regierungsgeschäfte an Kronprinz Fahd.

Chalid Ibn Al Walid ['xaːlɪt...], † Medina oder Homs 642, arab. Heerführer. - Nach seinem Übertritt zum Islam 629 einer der erfolgreichsten Feldherrn („Schwert des Islams"); 633–636 maßgebl. an der Eroberung des Irak und Syriens beteiligt.

Chalkedon [çal...] (Kalchedon; Chalcedon, Chalzedon), Stadt in der Antike, an der asiat. Seite des Bosporus gegenüber von Byzantion, 685 v. Chr. von Megara gegr.; seit 74 v. Chr. röm., 365 von Kaiser Valens zerstört, seit dem 5. Jh. wieder aufgebaut; Tagungsort des 4. ökumen. Konzils (451); 7.–14. Jh. von Persern, Arabern und Türken oft belagert, erobert und zerstört; heute Kadıköy (Stadtteil von Istanbul).

Chalkedon, Konzil von [çal...], das 4. ökumen. Konzil; 451 von dem byzantin. Kaiser Markian (⚰ 450–457) einberufen. Das vom Konzil verabschiedete Glaubensbekenntnis, **Chalcedonense**, enthält die folgenden Aussagen: in der einen Person Christus sind zwei Naturen, die göttl. und die menschl., *ungetrennt* und *unvermischt* enthalten. Dieses Glaubensbekenntnis ist verbindl. geblieben für die orth. und die kath. Kirche sowie für die ev. Kirchen.

Chalkidike [çal...], Halbinsel in Makedonien, N-Griechenland, reicht vom Festland etwa 110 km in das nördl. Ägäische Meer hinein; in drei schmale, langgestreckte Halbinseln aufgefächert: **Kassandra, Sithonia** und **Ajion Oros**; im zentralen Teil 1 200 m, im Athos 2 033 m hoch. - Urspr. von Thrakern besiedelt; 8.–6. Jh. Einwanderung von Griechen aus Euböa; der **Chalkid. Bund** (Anfang 4. Jh.–348) war schärfster Konkurrent Makedoniens in N-Griechenland, dessen Schicksal die Städte der C. dann teilten. Im MA beim Byzantin. Reich; seit dem 15. Jh. osman.; seit 1913 zu Griechenland.

Chalkis ['çal...], griech. Stadt an der W-Küste von Euböa, 55 km nördl. von Athen, 45 000 E. Hauptort des Verw.-Geb. Euböa; orth. Erzbischofssitz; über eine Zugbrücke mit dem Festland verbunden; zwei Häfen. - In archaischer Zeit eine bed. Handelsstadt.

Chalkogene [çal...; griech.] (Erzbildner), Sammelbez. für die Elemente der VI. Hauptgruppe des Periodensystems der chem. Elemente: Sauerstoff, Schwefel, Selen und Tellur.

Chalkolithikum [çal...; griech.] (Kupfersteinzeit, Eneolithikum), v. a. in der prähistor. Archäologie Vorderasiens gebräuchl. Bez. für das jüngere Neolithikum, in dem neben Steingeräten bereits Kupfergegenstände auftreten.

Chalkopyrit [çal...; griech.], svw. ↑ Kupferkies.

Chalkosin [çal...; griech.], svw. ↑ Kupferglanz.

Challenger [engl. 'tʃæləndʒə], Name eines ↑ Raumtransporters (Space shuttle) der NASA; erster Start am 4. April 1983; bei seinem 10. Start am 28. Jan. 1986 in rund 16 000 m Höhe explodiert, die 7 Astronauten fanden den Tod.

Chalmers, Thomas [engl. 'tʃɑːməz], * East Anstruther (Fife) 17. März 1780, † Edinburgh 30. Mai 1847, schott. Theologe. - Prof. in Saint Andrews und Edinburgh. Das von ihm aufgebaute kirchl. Sozialwerk wirkte über die Grenzen Schottlands hinaus.

Chalone, zelleigene Mitosehemmstoffe.

Châlons-sur-Marne [frz. ʃalõsyr'marn], frz. Stadt an der Marne, 51 000 E. Verwaltungssitz des Dep. Marne; Bischofssitz; Akad. für Kunst und Handwerk; bed. Handelszentrum der mittleren Champagne; Garnison. - Hauptort der kelt. Katalauner, als **Catalaunorum Civitas** der röm. Prov. Belgica II erwähnt; entwickelte sich im 12./13. Jh. zu einem der bedeutendsten frz. Handelsplätze. - Zahlr. Kirchen, u. a. Kathedrale Saint-Étienne (13. Jh.) mit barocker Fassade, Saint-Alpin (12., 15. und 16. Jh.), Rathaus (18. Jh.),

Chalon-sur-Saône [frz. ʃalõsyr'soːn], frz. Stadt an der Saône, Dep. Saône-et-Loire, 179 m ü. d. M., 56 000 E. Weinhandelszentrum und Marktort der westl. Bresse; Metall-, Textil-, Elektro- und Nahrungsmittelind.; Fluß-

hafen. - **Cabillonum,** ein Ort der Äduer, kam nach Zerstörungen durch die Vandalen (406) und Hunnen (451) an Burgund (471), 534 fränk.; seit dem 4. oder 5. Jh. Bischofssitz bis 1790. - Ehem. Kathedrale Saint-Vincent (12.–15. Jh.), ehem. Bischofspalast (15. Jh.), zahlr. Häuser des 16. und 17. Jahrhunderts.

Chalosse [frz. ʃa'lɔs], Gebiet in SW-Frankr. im Vorland der W-Pyrenäen, zw. Adour und Gave de Pau; Weinbau.

Chalumeau [frz. ʃaly'mo, zu griech.-lat. calamus „Rohr"], im MA und bis ins 17. Jh. hinein gebräuchl. volkstüml. Holzblasinstrument mit einfachem Rohrblatt; aus der C. entwickelte sich die ↑ Klarinette.

Chaluz [hebr. „Pionier, gerüstet"], Name der Mgl. der zionist. Jugendorganisation **He-Chaluz** (Anfang des 20. Jh. in Rußland gegr., breitete sich schnell über viele Länder aus), kämpften beim Aufstand im Warschauer Ghetto 1943 gegen die SS.

Chalwatijja [xal...] (Chalwetije), Derwischorden, benannt nach dem legendären Stifter Umar Al Chalwati († Täbris 1397), gegr. von Jahja Schirwani († Baku 1465); breitete sich im 16. und 17. Jh. über das ganze Osman. Reich aus. Im 18. Jh. löste sich der Orden in mehrere Gruppen auf, die z. T. bis ins 19. Jh. bestanden.

Chalzedon, ehem. Stadt am Bosporus, ↑ Chalkedon.

Chalzedon (Chalcedon) [kal...; griech., nach der Stadt Chalkedon], Mineral, SiO_2; entspricht im kristallinen Aufbau weitgehend der Quarzstruktur; als C. i. e. S. gilt der durchscheinende, oft schön gefärbte Schmuckstein mit traubiger, glaskopfartiger Oberfläche, Dichte 1,59 bis 2,61 g/cm^3, Mohshärte 6,5–7. Zahlr. Varietäten: rot gefärbter C. wird als **Karneol,** grüner als **Chrysopras,** undurchsichtiger als **Jaspis,** brauner, rot durchscheinender als **Sarder** bezeichnet. Die wichtigste C.varietät ist der ↑ Achat.

Cham [tʃam], indones. Volk, gründete das Reich Champa; heute nur noch Minderheiten in Kambodscha und Vietnam.

Cham [kaːm], Krst. in Bayern, am Regen, in der C.-Further-Senke, 379 m ü. d. M., 16 100 E. Elektro- und Textilind., Holzverarbeitung; Fremdenverkehr. - 1135 ist die Siedlung Altenmarkt belegt, 1210 eine Neustadt C.; 1293 Stadtprivilegien. - Reste der Stadtbefestigung; Rathaus (15. Jh.), Stadtpfarrkirche (18. Jh., auf Fundamenten des 13. Jh.).

C., Landkr. in Bayern.

Chamaeleon (Chamäleon) [ka'mɛ:...; griech.] ↑ Sternbilder (Übersicht).

Chamäleonfliege [ka...] (Stratiomyia chamaeleon), etwa 15 mm große einheim. Waffenfliege mit wespenähnl. schwarzgelber Zeichnung; häufig auf Doldenblütlern.

Chamäleons [ka...; griech.] (Wurmzüngler, Chamaeleonidae), seit der Kreidezeit

Chamaven

bekannte Fam. 4–75 cm körperlanger Echsen mit etwa 90 Arten in Afrika, S-Spanien, Kleinasien und Indien; Körper seitl. abgeplattet mit Greifschwanz und (durch Verwachsung von 2 oder 3 Zehen) Greifklauen, die der Fortbewegung auf Bäumen und Sträuchern dienen; Kopf häufig mit Nackenfortsatz und (bei einigen Arten) hornartigen Auswüchsen zw. Stirn und Nase; die klebrige Zunge wird zum Beutefang hervorgeschleudert. Die Fähigkeit zum Farbwechsel dient nicht zur Tarnung, sondern ist stimmungsabhängig und kann durch verschiedene Faktoren (wie Angst, Hunger, Wärme, Änderung der Lichtverhältnisse) beeinflußt werden. In Europa (S-Spanien) kommt nur das **Gewöhnliche Chamäleon** (Chamaeleo chamaeleon) vor, 25–30 cm lang, Färbung in wechselnder Anordnung gelb, grün, braun, grau und schwarz.

Chamaven [ça...] (lat. Chamavi; Chamaver), german. Volksstamm am Niederrhein zw. Lippe und IJssel; erhob sich 9 n. Chr. mit den Cheruskern gegen Rom.

Chamberlain [engl. ˈtʃɛɪmbəlɪn], Arthur Neville, * Edgbaston bei Birmingham 18. März 1869, † Heckfield bei Reading 9. Nov. 1940, brit. Politiker. - Sohn von Joseph C., Halbbruder von Joseph Austen C.; seit 1918 konservativer Abg., 1922/23 Generalpostmeister; baute als Gesundheitsmin. (1923, 1924–1929) die Sozialgesetzgebung aus u. setzte als Schatzkanzler 1931–37 eine Schutzzollpolitik durch; Premiermin. 1937–40; gab die bisherige brit. Gleichgewichtspolitik auf und versuchte, durch persönl. Diplomatie eine Politik des Einvernehmens mit den faschist. Regierungen Europas durchzusetzen; glaubte, durch Nachgeben gegenüber den „berechtigten" Forderungen Hitlers 1938 einen Krieg verhindern zu können; erkannte erst 1939 die Fehler seiner Politik des Appeasements; erfolglose Kriegsführung führte zu seinem Rücktritt.

C., Houston Stewart, * Portsmouth 9. Sept. 1855, † Bayreuth 9. Jan. 1927, brit. Kulturphilosoph und Schriftsteller. - ∞ mit R. Wagners Tochter Eva in Bayreuth; Verehrer R. Wagners; seit 1916 dt. Staatsangehörigkeit; verkündete in seinen kulturphilosoph. Schriften, bes. in seinem Hauptwerk „Die Grundlagen des 19. Jh." (1899) eine völk.-myst. Ideologie, die auf einer unkrit. Verschmelzung naturwiss. und philosoph. Ideen beruhte; starker Einfluß auf die nat.-soz. Rassenideologie.

C., Joseph, * London 8. Juli 1836, † ebd. 2. Juli 1914, brit. Politiker. - Industrieller; 1873–76 Unterhausabg.; trat als Handelsmin. Gladstones für weitgehende soziale Reformen ein; wechselte aus Protest gegen die Homerulevorlage für Irland mit den „Liberalen Unionisten" zur Konservativen und Unionist. Partei; 1895–1903 Kolonialmin.; führender Repräsentant des liberalen Imperialismus, der in einem Schutzzollsystem innerhalb der brit.

Empires, Übersee-Expansion und sozialen Reformen im Mutterland ein Heilmittel gegen alle sozialen Erschütterungen sah; wesentl. an den dt.-brit. Bündnisbesprechungen (1898–1901) beteiligt.

C., Sir Joseph Austen, * Birmingham 16. Okt. 1863, † London 16. März 1937, brit. Politiker. Sohn von Joseph C.; seit 1912 konservativer Abg.; 1903–05 und 1919–21 Schatzkanzler, 1915–17 Staatssekretär für Indien, 1918 Mgl. des engeren Kriegskabinetts, 1921/22 Lordsiegelbewahrer und Führer des Unterhauses; 1921/22 Parteiführer der Konservativen; als Außenmin. 1924–29 wesentl. am Zustandekommen des Locarnopaktes 1925 beteiligt; Friedensnobelpreis 1925 (mit C. Dawes).

C., Owen, * San Francisco 10. Juli 1920, amerikan. Physiker. - 1942–45 an der Entwicklung der Atombombe beteiligt; entdeckte 1955 das Antiproton. Nobelpreis 1959 (mit E. Segrè).

Chamberlain [engl. ˈtʃɪmbəlɪn] (Chamberer), Kammerherr; vor der Eroberung Englands durch die Normannen Verwalter der Finanzen; später erbl. Ehrentitel. Heute ist der Lord C. Vorsteher des königl. Hofstaates.

Chamber of Commerce [engl. ˈtʃɛɪmbə əv ˈkɒməːs], Bez. für die in Großbritannien und den USA übl. Form der Handelskammer: freiwilliger, regional abgegrenzter Zusammenschluß von Unternehmen, Geschäftsleuten, Verbänden und interessierten Bürgern.

Chambéry [frz. ʃabeˈri], Stadt in den nördl. frz. Voralpen, 270 m ü. d. M., 53 000 E. Verwaltungssitz des Dep. Savoie; Erzbischofssitz; neues Universitätszentrum; Museen. Textil-, Glas-, Zement-, Druckerei-, Nahrungsmittelind., Fremdenverkehr, ⚒. - 1232 an Savoyen, seit 1860 endgültig frz. - Got. Kathedrale (15. und 16. Jh.), Schloß der Hzg. von Savoyen (13. Jh.–15. Jh.).

Chambi, Djebel [frz. dʒebɛlʃamˈbi], höchster Berg Tunesiens, im W des mitteltunes. Gebirgsrückens, 1 544 m hoch.

Chambonnières, Jacques Champion de [frz. ʃabɔˈnjɛːr], * Paris zw. 1601 und 1611, † ebd. Ende April oder Anfang Mai (vor dem 4. Mai) 1672, frz. Cembalist und Komponist. - Begründer der frz. Klaviermusik (2 Bücher „Pièces de Clavecin", 1670).

Chambord, Henri Charles de Bourbon, Graf von [frz. ʃaˈbɔːr], Herzog von Bordeaux, * Paris 29. Sept. 1820, † Frohsdorf bei Wiener Neustadt 24. Aug. 1883, frz.-bourbon. Thronprätendent. - Enkel Karls X.; die Legitimisten versuchten 1836, 1848 und 1870–73 vergebl., ihn auf den Thron zu bringen; C. weigerte sich, Trikolore und Verfassung anzuerkennen.

Chambord [frz. ʃaˈbɔːr], frz. Ort im Dep. Loir-et-Cher, 15 km östl. von Blois, 197 E. Ein bed. Werk der frz. Renaissancearchitektur ist das für Franz I. 1519–37 erbaute Schloß C. mit 440 Zimmern und Sälen und Schloßkapelle (1508–43) mit Flamboyantstil. - In C.

Chambord. Schloß

wurde 1552 zw. der dt. Fürstenverschwörung unter Moritz von Sachsen und König Heinrich II. von Frankr. ein Vertrag gegen Kaiser Karl V. geschlossen.

Chambre [ˈʃãːbrə; frz.; zu lat. camera „Gewölbe"], frz. für Zimmer; abgesonderter kleiner Raum in Restaurants.
◆ frz. für Kammer, polit. Körperschaft, Richterkollegium; z. B. **Chambre civile,** Zivilkammer, **Chambre de commerce,** Handelskammer, **Chambre des pairs,** 1814–48 die 1. Kammer des frz. Parlaments, **Chambre des députés,** 1814–48 und 1875–1940 die Abg.kammer, **Chambre ardente,** frz. Sondergericht des 16. und 17. Jahrhunderts.

Chamfort [frz. ʃãˈfɔːr], eigtl. Sébastien Roch Nicolas, * bei Clermont (= Clermont-Ferrand) 6. April 1741, † Paris 13. April 1794, frz. Schriftsteller. - Schrieb Gedichte, Fabeln, Komödien, die Tragödie „Mustapha et Zéangir" (1776), Ballette und literaturkrit. Arbeiten. Verf. einflußreicher Kritiken und bed. Aphorismen („Maximes...", hg. 1796).

Cham-Further Senke [ˈkaːm], durchschnittl. 400 m hoch gelegene Einmuldung am S-Rand des Oberpfälzer Waldes, von Cham und Regen durchflossen.

Chamisso, Adelbert von [ʃaˈmiso], eigtl. Louis Charles Adélaïde de C. de Boncourt, * Schloß Boncourt (Champagne) 30. Jan. 1781, † Berlin 21. Aug. 1838, dt. Schriftsteller. - Aus lothring. Adelsgeschlecht, 1790 Flucht vor der Revolution nach Preußen; Verbindung zu Arnim, Brentano, W. Grimm und H. von Kleist, Uhland, A. W. Schlegel und Madame de Staël. Wurde Kustos am Berliner Botan. Garten. Seine Einfälle lassen ihn als Romantiker erscheinen, obwohl er mit manchen Stoffen in die realist. Vorstellungswelt eindringt; z. T. soziale Themen („Die alte Waschfrau", „Der Invalide"; 2 Balladen), bekannteste Balladen: „Das Riesenspielzeug", „Die Sonne bringt es an den Tag". Weltruhm durch die romant. Geschichte des Mannes, der seinen Schatten verkaufte („Peter Schlemihls wundersame Geschichte", 1814).

Chammurapi [xa...] ↑Hammurapi.

chamois [ʃamoˈa; frz. „gemsfarben"], Bez. für die gelbl. Färbung des Papieruntergrundes bei bestimmten Photopapieren.

Chamois [ʃamoˈa; frz. „Gemse"], bes. weiches Gemsen-, Ziegen- oder Schafleder.

Chamonix-Mont-Blanc [frz. ʃamɔnimõˈblã], frz. Klimakurort, Wintersport- und Alpinistenzentrum am N-Fuß des Montblanc, Dep. Haute-Savoie, 1035 m ü. d. M., 8700 E. 1924 Austragungsort der 1. Olymp. Winterspiele. Der 11,6 km lange **Montblanctunnel** verbindet C.-M.-B. mit Courmayeur und dem Aostatal.

Chamoun, Camille [frz. ʃaˈmun] ↑Schamun, Kamil.

Champa [ˈtʃampa], seit dem 2./3. Jh. nachweisbares histor. Reich der Cham im Küstengebiet des heutigen Vietnam; höchste kulturelle Blüte im 8./9. Jh.; geriet zunehmend unter den Einfluß von China, Annam und der Khmer; 1471 von Annam erobert.

Champacabaum [ˈtʃam...; Sanskrit/dt.] (Schampakka, Michelia champaca), Magnoliengewächs; in trop. Asien beheimateter bis 9 m hoher Baum mit gelben bis orangeroten, stark duftenden Blüten, deren äther. Öle (**Champacaöl**) zum Parfümieren von Tee und Kosmetika verwendet werden.

Champagne [frz. ʃãˈpaɲ], aus Kreidekalken aufgebaute Plateaulandschaft im östl. Pariser Becken, erstreckt sich bis zu den Ardennen bzw. Argonnen; je nach Gesteinsbeschaffenheit bzw. den Böden Anbau von Weizen und Raps, bis ins Altertum zurückreichender Weinbau sowie Weideland. - In der Völkerwanderungszeit häufig Schauplatz von Kämpfen; 486 fränk., seit 814 Gft. C., die 923 an das Haus Vermandois fiel; im 10. Jh. um Meaux sowie einige Lehen des Erzbistums Reims erweitert; 1023 erbte das Haus Blois die C.; 1314/61 der frz. Krondomäne einverleibt. - Die Prov. C. (Hauptstadt Châlons-sur-Marne seit 1635) wurde 1790 im wesentl. auf die Dep. Aube, Marne, Ardennes, Yonne, Seine-et-Marne und Haute-Marne aufgeteilt; während des 1. Weltkriegs durch schwere Schlachten verwüstet.

Champagne-Ardenne [frz. ʃãpaɲar-ˈdɛn], Region in NO-Frankr., umfaßt die Dep. Ardennes, Aube, Marne und Haute-Marne, 25 606 km², 1,35 Mill. E (1982); Hauptstadt Reims.

Champagner [ʃamˈpanjər] (frz. champagne), Schaumwein, der aus Pinottrauben (Pinot noir, Chardonnay) der Champagne durch zwei Gärungen hergestellt wird. - ↑auch Schaumwein.

Champagnerbratbirne [ʃamˈpanjər] ↑Birnen (Übersicht).

Champagnerrenette [ʃamˈpanjər] ↑Äpfel (Übersicht).

Champaigne (Champagne), Philippe de [frz. ʃãˈpaɲ], ≈ Brüssel 26. Mai 1602, † Paris 12. August 1674, fläm.-frz. Maler. - Seit 1621 in Paris; bevorzugter Maler Ludwigs XIII. und Richelieus, von denen er vorzügl. Porträts malte. C. wurde schließl. Anhänger der Jansenisten und „peintre de Port-Royal"; aus diesem Geist heraus schuf er u. a. das berühmte Bild „Ex-voto 1662" (Louvre).

Champignon [ˈʃampɪnjõ, ˈʃãˈpɪnjõ; frz.; zu lat. campania „flaches Feld"] (Egerling, Agaricus), Gatt. der Lamellenpilze mit etwa 30 Arten hauptsächl. in den gemäßigten Breiten, davon rd. 20 Arten in Deutschland; Hut des weißl. bis bräunl. Fruchtkörpers meist von Hautfetzen (Reste des Velums) bedeckt, in der Jugend stärker gewölbt, im Alter flacher werdend; unterseits durch die reifenden Sporen zunächst rosarot, zuletzt schokoladenbraun (im Unterschied zu den ähnl., giftigen Knollenblätterpilzen). Bekannte einheim. eßbare Arten sind u. a. der auf Wiesen und in Gärten vorkommende **Gartenchampignon** (Agaricus bisporus) mit graubraunem Hut und kurzem, dickem, weißem, innen hohlem Stiel; nußartiger Geschmack. Seine bes. auf Pferdemist in Kellern, stillgelegten Bergwerken u. a. bei gleichbleibend milder Temperatur gezüchteten Formen sowie die des Wiesen-C. werden als **Zuchtchampignons** bezeichnet. Auf Humus in Laub- und Nadelwäldern vom Juni bis zum Herbst wächst der **Schafchampignon** (Agaricus arvensis) mit bis 15 cm breitem, glockigem, später flach ausgebreitetem, schneeweißem bis cremefarbenem Hut. Bes. auf Kalkböden der Wälder von Juli bis Okt. kommt der bis 9 cm hohe **Waldchampignon** (Agaricus silvaticus) mit zimtbraunem, bis 8 cm breitem Hut vor; Fleisch weiß, beim Anschneiden karminrot anlaufend. Oft in Ringen auf gedüngten Wiesen, Weiden und in Gärten wächst vom Sommer bis zum Herbst der **Wiesenchampignon** (Agaricus campestris) mit weißseidigem, bis 12 cm breitem Hut. Leicht zu verwechseln mit dem Schafchampignon ist der schwach giftige **Tintenchampignon** (Karbol-C., Agaricus xanthoderma), der vom Hochsommer bis zum Spätherbst auf Kalk- und Lehmböden, auf Wiesen und an Waldrändern vorkommt; Stiel

und Hut färben sich bei Verletzung sofort intensiv chromgelb.

Champion, Jacques [frz. ʃãˈpjõ] ↑Chambonnières, Jacques Champion de.

Champion [engl. ˈtʃæmpjən; galloroman.; zu lat. campus „Schlachtfeld"], der jeweilige Meister in einer bestimmten Sportart; auch übertragen gebraucht; **Championat,** Meisterschaft.

Champlain, Samuel de [frz. ʃãˈplɛ̃], * Brouage (= Hiers-Brouage, Charente-Maritime) um 1567, † Quebec 25. Dez. 1635, frz. Entdecker. - Bereiste 1599–1609 Westindien und Mexiko; erforschte seit 1603 auf mehreren Reisen Nordamerika, gründete 1604 Port Royal, 1608 Quebec; entdeckte 1609 den Lake Champlain, 1615 den Huronsee; seit 1633 erster Gouverneur von Kanada.

Champlain, Lake [engl. ˈlɛɪk ʃæmˈplɛɪn], buchten- und inselreicher See in den nö. USA und der kanad. Prov. Quebec, etwa 200 km lang, bis 18 km breit; entwässert zum Sankt-Lorenz-Strom und ist nach S durch den **Champlain Canal** mit dem Hudson River verbunden, wodurch eine bed. Wasserstraße von New York zum Sankt-Lorenz-Strom besteht.

Champollion, Jean-François [frz. ʃãpɔ-ˈljõ], * Figeac (Lot) 23. Dez. 1790, † Paris 4. März 1832, frz. Ägyptologe. - Entzifferte als erster die ägypt. Hieroglyphen; 1831 erster Prof. für Ägyptologie in Paris.

Champs-Élysées [frz. ʃãzeliˈze „elysäische Gefilde"], 1 880 m lange Prachtallee in Paris zw. Place Charles de Gaulle (früher Place de L'Étoile) und Place de la Concorde.

Chan ↑Khan.

Chance [ˈʃãːs(ə); frz.; zu lat. cadere „fallen"], urspr. der glückl. „Fall" des Würfels beim Glücksspiel; Glücksfall, günstige Gelegenheit, Aussicht.

Chancelier [frz. ʃãsəˈlje; zu lat. cancellarius „Kanzleidirektor"], in Frankr. im 12. und 13. Jh. entstandenes Hofamt. Heute ledigl. Titel des Großkanzlers (Grand Chancelier) der Ehrenlegion.

Chancellor, Richard [engl. ˈtʃaːnsələ], † an der Küste von Aberdeenshire (Schottland) 10. Nov. 1556, engl. Entdecker. - Suchte die nordöstl. Durchfahrt; erreichte von Archangelsk aus Moskau; kam bei einer zweiten Moskaureise (1555/56) ums Leben; seine Reisen trugen zur Eröffnung des engl.-russ. Handels bei.

Chancellor of the Exchequer [engl. ˈtʃaːnsələ əv ðɪ ɪksˈtʃɛkə], seit dem 18. Jh. Titel des brit. Schatzkanzlers (Finanzmin.), stets Mgl. des Unterhauses.

Chancengleichheit [ˈʃãsən-], gesellschafts- und kulturpolit. Forderung, nach der alle Bürger gleiche Lebens- und Sozialchancen in Ausbildung und Beruf haben sollen; seit Mitte der 60er Jahre, z. T. im Zusammenhang um den Bildungsnotstand, vertreten, bes.

mit Hinblick auf wirkliche oder vermeintl. „Privilegien" bestimmter gesellschaftl. Gruppen oder Schichten; in liberaler Sicht, v. a. als **Chancengerechtigkeit,** die Ermöglichung (auch mit materieller Unterstützung) des allg. Zugangs zu allen Bildungswegen, dessen Wahrnehmung von der Tüchtigkeit des einzelnen abhängt. Die Verwirklichung der C. wird bes. durch bildungspolit. und schulreformer. Maßnahmen angestrebt (Ausbau der Vorschule, Ganztagsschulen, Lehrplanrevision, Gesamtschulen und -hochschulen, Abbau von Bildungsbarrieren, kompensator. Erziehung, Begabtenförderung u. a.).

In den 80er Jahren trat das Anliegen der Schaffung neuer Bildungschancen hinter den Problemen der Akademikerarbeitslosigkeit und der qualifikationsgemäßen Beschäftigung zurück.

Chan-Chan [span. 'tʃan'tʃan], Ruinenstadt in NW-Peru, 6 km nw. von Trujillo; Hauptstadt des Reiches der Chimú, zählte in ihrer Blütezeit über 100 000 E; entstand seit dem 12./13. Jh., 1460 von den Inka erobert. Eine Gliederung der Stadtanlage in zehn rechteckige ummauerte Viertel jeweils mit Tempelanlage mit kleiner Stufenpyramide ist erkennbar.

Chanchito [tʃan'tʃi:to; span.] (Cichlasoma facetum), bis etwa 30 cm langer Buntbarsch aus dem trop. S-Amerika; rote Augen, bläul. bis schwarze, senkrechte Streifen auf graugelbl. Grund, fächerförmige Schwanzflosse; Aquarienfisch.

Chandigarh ['tʃan...], ind. Stadt im Pandschab, 380 000 E. Seit 1966 gemeinsame Hauptstadt der Bundesstaaten Punjab und Haryana sowie ind. Unionsterritorium mit 114 km²; Univ. (gegr. 1947); Verkehrsknotenpunkt im nordind. Bahnnetz. - Da die alte Hauptstadt des Pandschab an Pakistan gefallen war, wurde C. 1950/51 als Hauptstadt des Staates Punjab nach dem von Le Corbusier konzipierten Gesamtplan gegr.: 36 rechteckige Sektoren, davon 30 Wohnsektoren („Nachbarschaften"), Palast des Gouverneurs (1965),

Parlament (1959–62), Regierungsgebäude (1952–56) u. a.

Chandler, Raymond Thornton [engl. 'tʃɑːndlə], * Chicago 23. Juli 1888, † La Jolla (Calif.) 26. März 1959, amerikan. Kriminalschriftsteller. - Klassiker des Detektivromans; seine karge, dichte Prosa, v. a. in „Der tiefe Schlaf" (1939), „Das hohe Fenster" (1942), „Die kleine Schwester" (1949), vermittelt eindringl. die Verlorenheit seines Detektivs Marlowe (in klass. Filmen der schwarzen Serie von H. Bogart verkörpert); auch Drehbücher.

Chandrasekhar, Subrahmanyan [engl. tʃændrə'ʃeɪkə], * Lahore 19. Okt. 1910, amerikan. Astrophysiker ind. Herkunft. - Prof. in Chicago. Bed. Arbeiten zum inneren Aufbau der Sterne und zur Sternentstehung (u. a. über die Grenzmasse weißer Zergsterne und zur Theorie der schwarzen Löcher) sowie über die Theorie des Strahlungstransports und die Stabilität von Plasmen. Erhielt 1983 (zus. mit W. A. Fowler) den Nobelpreis für Physik.

Chanel, Coco [frz. ʃa'nɛl], eigtl. Gabrielle Chasnel, * Saumur 19. Aug. 1883, † Paris 10. Jan. 1971, frz. Modeschöpferin. - War Inhaberin eines Modehauses in Paris. Berühmt ist das von ihr kreierte kurze Kleid der Charlestonepoche, das sog. „kleine Schwarze", und ihr immer nur leicht variiertes C.-Kostüm sowie ein bes. Parfüm.

Changaigebirge, Gebirge im Innern der Mongol. VR, etwa 700 km lang (NW–SO), durch zahlr. Ausläufer bis 200 km breit, im NW bis 4 031 m (Otchon-Tengri) hoch.

Changchun ↑ Tschangtschun.

Chang Ch'un-ch'iao (Zhang Chunqiao) [chin. dʒaŋtʃyəntɕjaʊ], * 1911, chin. Politiker. - Ab 1967 stellv. Leiter der zentralen Gruppe Kulturrevolution und Vors. des Revolutionsrates von Schanghai, seit 1971 1. Sekretär der KPCh in Schanghai; nach dem Tode Mao Tse-tungs als einer der 4 Hauptvertreter („Viererbande") der linken Parteigruppierung verhaftet, aus allen Ämtern entfernt und im Juli 1977 aus der Partei ausgeschlossen; Mitte Nov. 1980 angeklagt, im Jan. 1981 zum Tode

Waldchampignon

Wiesenchampignon

verurteilt, Anfang 1983 zu lebenslanger Haft begnadigt.

Chang Chung-ching [chin. dʒaŋdʒɔŋdzɪŋ], chin. Arzt um 200. - Berühmt ist sein Werk „Shanghan lun" („Abhandlung über das Fieber"), das erste chin. medizin. Werk, das auch therapeut. Ratschläge enthält.

changieren [ʃãʒiːrən; frz.], veraltet für: wechseln, verändern.
◆ [verschieden]farbig schillern.
◆ im *Pferdesport:* die Reithand wechseln

Changkiakow [chin. dʒaŋdziakɔu], chin. Stadt, 170 km nw. von Peking, 1 Mill. E. Nahrungsmittel- und Schwerind. - Seit der Hanzeit Tor zur mongol. Steppe, ist die Stadt im Westen unter dem Namen **Kalgan** bekannt (nach dem Wort Hagalga „Paß" bzw. „Tor").

Changsha ↑Tschangscha.

Chankasee [ˈxa...], See im Fernen Osten, N-Teil zu China gehörend, Hauptteil in der UdSSR, 95 km lang, bis 70 km breit, 68 m ü. d. M.; Abfluß durch die **Sungatscha** (Grenzfluß zw. UdSSR und China) in den Ussuri; von Nov. bis April zugefroren.

Chankiang [chin. dʒandziaŋ], chin. Hafenstadt auf der Halbinsel Leitschou, 370 km sw. von Kanton, 220 000 E. Textil-, Nahrungsmittel- und metallverarbeitende Ind.; Bahnendpunkt. - Ursprüngl. Seeräuberstützpunkt, 1898 von der frz. Flotte besetzt, für 99 Jahre an Frankr. verpachtet, **Fort-Bayard** genannt, unterstand bis 1945 als Freihandelshafen dem frz. Generalgouverneur von Indochina.

Channel Islands [engl. ˈtʃænl ˈaıləndz], Inselgruppe im Kanal, ↑Kanalinseln.

Chanson [ʃaˈsõː; frz. „Lied"; zu lat. canere „singen"], 1. in der frz. Literatur des MA jedes singbare volkssprachl. ep. oder lyr. Gedicht. - i. e. S. das Minnelied der Trouvères (Canso). - 2. Zum einstimmigen C. des Hoch-MA tritt gegen Ende des 13. Jh. das mehrstimmige C. (teils mit Refrain) neben Ballade, Rondeau und Virelai; seit dem 17. Jh. zunehmend polit. akzentuiert, v. a. „Ça ira" und „La Carmagnole" aus der Frz. Revolution. - 3. Heute eine literar.-musikal. Vortragsgattung, meist nur von einem Instrument begleitet; starke Strophengliederung und Vorliebe für den Refrain. Das C. behandelt Themen aus allen Lebensbereichen, bes. aktuelle. Berühmte Interpreten: A. Bruant, M. Chevalier, C. Aznavour, G. Brassens, E. Piaf, J. Gréco; dt. polit. C. u. a. von W. Biermann, D. Süverkrüp und F. J. Degenhardt.

Chanson baladée [frz. ʃãsõbalaˈde] ↑Virelai.

Chanson de geste [frz. ʃãsõdˈʒɛst], frz. Heldenepos des MA, in dem Stoffe aus der nat. Geschichte, insbes. aus der Karolingerzeit, gestaltet sind. Insgesamt sind etwa 80 C. d. g. überliefert, die meisten anonym; die erhaltenen Zeugnisse stammen aus dem 11.-13./14. Jh.; wichtigste Werke: „Rolandslied", „Pèlerinage de Charlemagne à Jerusa-

lem", „Chanson de Guillaume", „Girart de Roussillon"; Wirkung u. a. auf die dt. Volksbuch („Haimonskinder") und auf Ariosto („Orlando furioso").

Chansonnette [ʃãsɔˈnɛt(ə); frz.], kleines Lied kom. oder frivolen Inhalts; auch Bez. für Chansonsängerin.

Chansonnier [ʃãsɔniˈeː; frz.], Bez. für den frz. Liederdichter des 12.-14. Jh. (Trouvère); heute Bez. für Chansonsänger.
◆ Liedersammlung, z. B. der berühmte „C. du roi" (13. Jh.), eine Handschrift mit provenzal. Troubadourliedern.

Chant [zu lat. canere „singen"; frz. ʃã], Gesang, [meist ernstes] Lied; zum Singen bestimmtes Gedicht, Ode, Hymne; Melodie, Weise; auch Teil eines Epos.
◆ [engl. tʃɑːnt] (Chanting) Bez. für den Psalmen- und Canticagesang der anglikan. Kirche.

Chanten [ˈxa...] (Ostjaken), Volk am mittleren und unteren Ob, sprechen Ostjakisch, eine finn.-ugr. Sprache; überwiegend Fischer, Jäger und Renzüchter.

Chantilly [frz. ʃãtiˈji], frz. Gemeinde in der Picardie, Dep. Oise, 37 km nördl. von Paris, 10 000 E. Porzellanmanufaktur, Photo- und Nahrungsmittelind. - Schloßanlage der Renaissance; Musée Condé.

Chantillyspitze [frz. ʃãtiˈji; nach der Stadt Chantilly] ↑Klöppelspitze.

Chanty-Mansisk [xa...], Hauptstadt des Nat. Kr. der Chanten und Mansen innerhalb des sowjet. Gebietes Tjumen, RSFSR, im Westsibir. Tiefland, am Irtysch, 25 000 E. Fischkonservenind.; Anlegeplatz.

Chanukka [xa...; hebr. „Einweihung"], jüd. Fest, das im Dez. gefeiert wird zur Erinnerung an die 165 v. Chr. von Judas Makkabäus veranlaßte Wiederaufnahme des Jerusalemer Tempeldienstes. Charakterist. für das achttägige Fest ist das tägl. fortschreitende Anzünden der Lichter des achtarmigen C.leuchters; daher auch **„Lichterfest".**

Chao Meng-fu [chin. dʒaʊməŋfu], *Huchow (Schekiang) 1254, † 1322, chin. Maler. - Landschafts- und Bambusmaler, einer der berühmtesten Pferdemaler der chin. Malerei.

Chaos [ˈkaːɔs; griech., eigtl. „klaffende Leere (des Weltraums)"] in der antiken Vorstellung mit ungeformtem und unbegrenztem Urstoff gefüllte Raum als Vorstufe des endl. und wohlgeordneten Kosmos. - Bei Platon und Aristoteles wird der Urstoff nicht als real gedacht, sondern dient als gedankl. Konstruktion einer keinerlei Unterscheidung aufweisenden Vorstufe der Gegensätze. - Im allg. Sprachgebrauch svw. Durcheinander, totale Verwirrung, Auflösung jeder Ordnung.

Chaoten [ka...; griech.], polem. abwertende Bez. für Anhänger linksradikaler polit. Gruppen, v. a. maoist. Ausrichtung (↑ auch K-

Gruppen); der Begriff soll deren Verhalten kennzeichnen, das keinen log. Zusammenhang zw. ihren erklärten Zielen und ihren Aktionen erkennen läßt.

Chao Tzu-yang (Zhao Ziyang) [chin. dʒaʊdzɨjaŋ], * in der Prov. Honan, chin. Politiker. - Sohn eines Gutsbesitzers; seit 1938 Mgl. der KPCh; wurde 1965 Parteivors. für die Prov. Kwangtung; nach Ausbruch der Kulturrevolution von seinen Ämtern abgesetzt; ab 1971 wieder polit. Funktionen in der Inneren Mongolei; ab 1973 Mgl. des ZK der KPCh; ab 1977 Kandidat, ab 1979 Mgl. des Politbüros des ZK der KPCh; seit Febr. 1980 Mgl. des Ständigen Komitees des ZK, seit April 1980 stellv. Min.präs., seit Sept. 1980 als Nachfolger Hua Kuo-fengs Min.präsident, seit Jan. 1987 Vorsitzender der KPCh.

Chapadas [ʃa...; portugies. „Ebenen"], langgestreckte einförmige, von Flüssen zerschnittene Abdachungsflächen in Brasilien.

Chaparral [span. tʃapaˈrral], niedrige immergrüne Strauchformation, aus Hartlaubgehölzen und Kakteen, im subtrop. Winterregengebiet des sw. Nordamerika.

◆ lichte Savannenformation mit krüppelhaften Bäumen im nördl. Südamerika.

Chapeau claque [frz. ʃapoˈklak], zusammenklappbarer Zylinder.

Chapelain, Jean [frz. ʃaˈplɛ̃], * Paris 4. Dez. 1595, † ebd. 22. Febr. 1674, frz. Kritiker und Dichter. - Mitbegr. der Académie française, deren erste Statuten er erarbeitete und deren Wörterbuch er veranlaßte; bedeutendster frz. Kritiker vor Boileau; wichtig seine Sonette, Madrigale und Briefe.

Chapiru [ˈxaːpiru, xaˈpiːru] (Chabiru, Habiru), Name bestimmter nichtseßhafter Bev.gruppen in Keilschrifttexten des 2. Jt. v. Chr.; ein Zusammenhang mit dem Namen der Hebräer (Ibri) ist sehr fraglich.

Chaplin, Charlie [engl. ˈtʃæplɪn], eigtl. Charles Spencer C., * London 16. April 1889, † Vevey 25. Dez. 1977, brit. Filmschauspieler, Drehbuchautor und Produzent. - Seit 1914 Filmkomiker in Hollywood; begr. 1918 die Charles C. Film Corporation, 1919 mit M. Pickford, D. Fairbanks und D. W. Griffith die United Artists Corporation, für die er seit 1923 alle seine Filme drehte. 1952 auf Europareise, wurde C. v.a. wegen seiner „Sympathien mit dem Kommunismus" verwarnt und ihm im Falle einer Rückkehr in die USA mit einem Prozeß gedroht; blieb daraufhin in der Schweiz (USA-Besuch erst wieder 1972). Differenziert die groteske Situationskomik der Slapstick-comedies mit Hilfe pantomim., mim. und psycholog. Mittel zur Tragikomödie des „kleinen Mannes"; später auch sozialkrit. Akzente. Bed. v.a. „The tramp" (1915), „Der Vagabund und das Kind" (1921), „Goldrausch" (1925), „Moderne Zeiten" (1936), „Der große Diktator" (1940); sein amerikakrit. Film „Ein König in New York" (1956/57) stellt die Gründe für seine Abkehr von den USA dar.

C., Geraldine, * Santa Monica 31. Juli 1944, amerikan. Filmschauspielerin. - Spielte in

Charlie Chaplin in verschiedenen Filmen (von links): „Der große Diktator", „Goldrausch", „Moderne Zeiten"

„Doktor Schiwago" (1966), „Les Uns et les Autres" (1981), „La vie est un roman" (1983), „L'Amour par terre" (1984).

Chapman, George [engl. 'tʃæpmən], * bei Hitchin (Hertford) 1559 (?), † London 12. Mai 1634, engl. Dramatiker. - Verf. histor. Schauertragödien, dialogorientierte realist. Komödien (z. T. mit Jonson und Marston); Übersetzer Homers.

chaptalisieren [ʃa...; nach dem frz. Chemiker und Industriellen J. A. Chaptal, * 1756, † 1832], Wein durch ↑Zuckerung verbessern.

Chapultepec [span. tʃapulte'pɛk], Schloß und Park in der Stadt Mexiko; das hier 1945 geschlossene Abkommen (C.-Akte) sollte die Zusammenarbeit aller Staaten des amerikan. Kontinents verstärken.

Char, René [frz. ʃaːr], * L'Isle-sur-la-Sorgue (Vaucluse) 14. Juni 1907, frz. Lyriker. - Zunächst Surrealist, dann eigenständige Gedichte mit kühner dunkler Metaphorik.

Chara ['çaː...; lat.], wichtigste, weltweit verbreitete Gatt. der ↑Armleuchteralgen.

Charade [frz. ʃa'radə] ↑Clermont-Ferrand.

Charakter [ka...; griech., eigtl. „eingeprägtes Zeichen" (bes. Schriftzeichen)], 1. die Eigentümlichkeit eines Dinges oder komplexen Gebildes. - 2. In der *Psychologie* das strukturelle Gefüge ererbter Anlagen und erworbener Einstellungen und Strebungen, das nach außen als relative Stetigkeit von Verhaltensmustern die individuelle Eigenart eines Menschen bestimmt.

Charakterart [ka...], Pflanzen- oder Tierart, die fast ausschließl. in einem bestimmten Lebensraum vorkommt.

Charaktere [ka...], allg. Bez. für Persönlichkeitstypen.

◆ Schriftzüge und Zeichen, die mag. wirken sollen.

charakterisieren [ka...; griech.], kennzeichnen, treffend schildern.

Jean-Baptiste Siméon Chardin,
Stilleben mit Rauch- und Trinkutensilien
(um 1762). Paris, Louvre

Charakteristik [ka...; griech.], Kennzeichnung, treffende Schilderung einer Person oder Sache.

◆ Kennlinie, graph. Darstellung einer [physikal.] Gesetzmäßigkeit. So ist z. B. die Strom-Spannung-C. eine graph. Darstellung der Abhängigkeit der elektr. Stromstärke von der an das betreffende Gerät oder Schaltelement angelegten Spannung. Nimmt die Stromstärke proportional mit der Spannung zu, so spricht man von einer linearen C., andernfalls von einer nichtlinearen Charakteristik.

Charakteristikum [ka...; griech.], bezeichnende, hervorstechende Eigenschaft.

Charakterkunde [ka...] (Charakterologie), die Lehre vom einzelmenschl. wie vom gruppen- bzw. stammes- und volksmäßig ausgeprägten Charakter; wiss. seit etwa hundert Jahren im Rahmen der Seelenkunde einzelthemat. wie auch in Gesamtentwürfen einer Charakterlehre ausgearbeitet. Als psycholog. Disziplin stellt sich die C. die Aufgabe, die Erscheinungsformen des einzelnen Charakters zu beschreiben, die charakterl. Einzelfunktionen zu erfassen, den inneren Zusammenhang zw. Körperbau und Charakter aufzuzeigen, den strukturellen Aufbau des Charakters zu entwerfen, die Grundzüge einer Charakterdiagnostik zu erarbeiten und die charakterl. Fehlentwicklungen auf ihre ursächl. Herkunft hin zu untersuchen und Wege zu ihrer Verhütung aufzuzeigen.

Bed. Wegbereiter der C. und Forscher auf diesem Gebiet waren L. Klages, E. Kretschmer, W. H. Sheldon, C. G. Jung, E. Rothacker, P. Lersch und E. Spranger. Nach 1945 trat die angloamerikan. Persönlichkeitsforschung und die differentielle Psychologie weitgehend die Nachfolge der C. an. Innerhalb dieser beiden Disziplinen der Psychologie bemüht man sich, bei der Erforschung der Persönlichkeit quantitative Methoden anzuwenden und nur solche Aussagen zu machen, die sich empir. nachprüfen lassen.

Geschichte: Ansätze zu einer C. finden sich bereits in den Schriften der Antike, so v. a. in den Charakterbildern Theophrasts und in der von Galen überlieferten Lehre von den vier Temperamenten, im 17. Jh. v. a. bei den frz. Moralisten. Zu Beginn des 19. Jh. finden sich Beiträge zur C. in Schriften, die zum Gebrauch für Maler und Bildhauer bestimmt waren („Handwörterbuch der Seelenmahlerey"). Aus dieser Zeit datieren auch die Schädellehre F. J. Galls und die Physiognomik J. C. Lavaters. Der Begriff Charakterologie selbst geht auf J. Bahnsen zurück, der 1867 seine „Beiträge zur Charakterologie" veröffentlichte.

📖 *Aureus, W.: C. und Schicksal. Bayreuth ²1982. - Rothacker, E.: Die Schichten der Persönlichkeit. Bonn ⁸1969.*

Charakterrolle [ka...], Rollenfach im Theater (oft individuell profilierter, widersprüchl. Charakter, z. B. Othello, Hamlet).

Charakterstück [ka...], kürzeres Musikstück, v. a. für Klavier; kennzeichnend ist der häufig im Titel (z. B. Nocturne [„Nacht"]) bezeichnete Stimmungsgehalt.

Charan ↑ Charran.

Charcot, Jean Martin [ʃar'ko], * Paris 29. Nov. 1825, † beim Stausee Settons (Nièvre) 16. Aug. 1893, frz. Neurologe. - Prof. in Paris; wichtige Arbeiten auf allen Gebieten der Nervenpathologie (insbes. Arbeiten über Hysterie, Neurosen, Hypnotismus und Rückenmarkserkrankungen).

Chardin, Jean-Baptiste Siméon [frz. ʃar'dɛ̃], * Paris 2. Nov. 1699, † ebd. 6. Dez. 1779, frz. Maler. - Bed. Stillebenmaler, seit 1732 auch figürl. Szenen. In seinen Farbharmonien und Lichteffekten erscheint er als Vorläufer des Impressionismus, während die Gegenstände fest und plast. gesehen sind. Zahlr. Werke im Louvre, u. a. „Der Rochen" (1728), „Das Büfett" (1728), „Das Kartenhaus" (1737 oder 1741).

Charente [frz. ʃa'rãːt], Dep. in Frankr. **C.,** Fluß in SW-Frankr., entspringt im westl. Limousin; mündet bei Rochefort in den Golf von Biskaya; 360 km lang.

Charente-Maritime [frz. ʃarãtmari-'tim], Dep. in Frankreich.

Chares von Lindos ['ça:...], griech. Bildhauer um 300. - Schüler des Lysipp; schuf im Auftrag der Rhodier etwa 302 bis 290 den „Koloß von Rhodos", die über 32 m hohe Bronzestatue des Helios beim Hafen von Rhodos, die zu den Sieben Weltwundern gerechnet wurde (stürzte 224/23 um, nicht erhalten).

Charga, Al [al'xa:rga], ägypt. Oase in der Libyschen Wüste, 200 km sw. von Asjut, in einem langgestreckten Becken von 3 000 km². Zentrum von Kultivierungsmaßnahmen; warmes Grundwasser, über 100 artes. Brunnen; ⚭. - Al C. ist die **Oasis magna** des Altertums. - Nördl. von Al C. ein von Darius I. erbauter Tempel; nahebei ein frühchristl. Friedhof mit ein christl. Kloster.

Charge ['ʃarʒə; frz., eigtl. „Bürde" (z. B. eines Amtes)], Nebenrolle mit meist einseitig gezeichnetem Charakter; **chargieren,** mit Übertreibung spielen.

◆ Bez. für (militär.) Dienstgrad; auch für die Person.

◆ (Chargierter) einer der drei Vorsitzenden einer student. Verbindung.

◆ Hochofenbeschickung mit Koks, Erz und Zuschlägen.

Chargé d'affaires [frz. ʃarʒeda'fɛr] ↑ Geschäftsträger.

Charidschiten [xa...; zu arab. charidschi „außerhalb Befindliche"], Anhänger der ältesten islam. Sekte. Die C. versagten 657 dem 4. Kalifen Ali den Gehorsam. Sie vertraten die Ansicht, daß das Kalifat dem würdigsten Muslim zukomme, unabhängig von etwaiger Verwandtschaft mit dem Propheten Mohammed. Sie unternahmen ständig Aufstände, die bis in das 9. Jh. andauerten. Noch heute gibt es in N-Afrika und Oman einige C. Charakterist. sind ihre strengen eth. Forderungen.

Charisma ['ça...; griech. „Gnadengabe"], im theolog. Sprachgebrauch eine weder vom Menschen selbst herbeizuführende noch durch Sakramente zu vermittelnde Einwirkung des göttl. Geistes. Zu den bes. Charismata gehört das ekstat. Stammeln (die sog. „Zungenrede" [Glossolalie]), ferner nach Paulus (1. Kor. 12–14) Weisheit, Erkenntnis, Heilungsgabe, prophet. Rede, Unterscheidung der bösen von den guten Geistern. Träger eines C. ist der **Charismatiker.** *Übertragen* auch die bes. Eigenschaft, die Personen auf Grund von angenommenen Verbindungen mit schicksalsbestimmenden Gewalten zugesprochen wird. Maßgebend sind nicht objektive, sondern subjektiv den Charismatikern von ihren Anhängern zugeschriebene Attribute. Kennzeichen des C. sind bes. seine „Außeralltäglichkeit" und sein irrationaler Charakter.

Charité [frz. ʃari'te „Barmherzigkeit" (zu ↑ Karitas)], früher allg. Bez. für kirchl. oder staatl. geführte Kranken- und Pflegeanstalten für Bedürftige; die Berliner C. (Berlin [Ost]; gegr. 1710) ist heute Teil der Humboldt-Univ.

Chariten [ça...], in der griech. Mythologie (nach Hesiod) die drei „anmutigen" segenspendenden Töchter des Zeus und der Eurynome, **Aglaia** (Glanz), **Euphrosyne** (Frohsinn) und **Thalia** (Blüte), denen bei den Römern die drei Grazien entsprechen.

Charivari [frz. ʃariva'ri „Katzenmusik, Lärm"], illustrierte frz. satir. Zeitschrift, erschien 1832–93, 1929–37 und seit 1957. Zu den berühmtesten Karikaturisten des C. zählen: H. Daumier, Grandville, P. Gavarni u. a.

Charkow [russ. 'xarjkəf], sowjet. Gebietshauptstadt im NO der Ukrain. SSR, 1,5 Mill. E. Eines der bed. Wirtschafts- und kulturellen Zentren der UdSSR, nach Leningrad und Moskau der drittgrößte Verkehrsknotenpunkt der UdSSR. Univ. (gegr. 1805), zahlr. Hochschulen; Museen, Planetarium; 6 Theater, Philharmonie; Maschinenbau; Metallverarbeitung, Textil-, Leder-, Pharma- und Nahrungsmittelind., ⚭. - Entstand um 1655/56 als Militär-Grenzstützpunkt; 1765 Gouvernementsstadt. Nach 1917 vorübergehend und 1919–34 Hauptstadt der Sowjetukraine. - Kloster und Kathedrale Mariä Schutz' und Fürbitte (seit 1689), Mariä-Himmelfahrtskathedrale (um 1780); im frühklassizist. Palast befindet sich heute ein Teil der Universität.

Charleroi [frz. ʃarlə'rwa], belg. Stadt an der Sambre, 50 km südl. von Brüssel, 135 m ü. d. M., 220 000 E. Ind.- und Musikhochschule; archäolog. Museum, Kunstgalerie. Ein Zentrum des südbelg. Kohlenreviers, bed. Schwerpunkt der Eisen- und Stahlind.; auch

Kongreßstadt; ♨. - Das Dorf Charnoy wurde 1666 von den Spaniern zur Festung ausgebaut, 1667/68 von Vauban vollendet.

Charleroi-Brüssel-Kanal [frz. ʃarlə-'rwa], 1827–32 erbauter 73 km langer belg. Kanal, von der Sambre bis Brüssel; überwindet die Maas-Schelde-Wasserscheide über 55 Schleusen und einen Tunnel.

Charles [frz. ʃarl; engl. tʃɑːlz], männl. Vorname, ↑ Karl.

Charles, Prince of Wales (seit 1958) [engl. tʃɑːlz], * London 14. Nov. 1948, brit. Thronfolger. - Ältester Sohn von Königin Elisabeth II. und Prinz Philip, Herzog von Edinburgh. Heiratete 1981 Diana Frances Spencer (* 1961).

Charles, Jacques Alexandre César [frz. ʃarl], * Beaugency (Loiret) 12. Nov. 1746, † Paris 7. April 1823, frz. Physiker. - Entdeckte noch vor L. Gay-Lussac das nach diesem ben. Gasgesetz; stieg mit dem von ihm erfundenen Luftballon (**Charlière**) 1783 in Paris auf.

C., Ray [engl. tʃɑːlz], eigtl. Ray Charles Robinson, * Albany (Ga.) 23. Sept. 1932, amerikan. Jazzmusiker. - Blinder Sänger, Pianist und Orchesterleiter v. a. des Rhythm and Blues und Soul.

Charleston [engl. 'tʃɑːlstən], Stadt in South Carolina, USA, an der Atlantikküste, 71 000 E. Sitz eines kath. und eines anglikan. Bischofs; Militärakad. (gegr. 1842), College. Bed. Hafen für den Küsten- und Überseehandel; Motoren- und Schiffbau, Nahrungsmittel-, Textil- und chem. Ind.; Erdölraffinerie. Fremdenverkehr, ♨. - 1860 Tagungsort des ersten Sezessionskongresses; den Ausbruch des Sezessionskrieges markierten Beschießung und Kapitulation von Fort Sumter, einer Inselfestung in der Hafeneinfahrt 1861. **C.,** Hauptstadt des Bundesstaates West Virginia, USA, 64 000 E. Sitz eines anglikan. und eines methodist. Bischofs; College, Konservatorium, Kunsthochschule; chem. und Glasind., Druckereien; ♨. - Gegr. 1794; Hauptstadt des Bundesstaates W. Va. 1870–75 und seit 1885.

Charleston ['tʃɑrlstən; nach der gleichnamigen Stadt in South Carolina], nordamerikan. Modetanz der 1920er Jahre mit stark synkopiertem Grundrhythmus.

Charlestonmaschine ['tʃɑrlstən...; engl.], in den 1920er Jahren verwendetes Rhythmusinstrument im Tanz- und Jazzorchester, bestehend aus zwei waagrecht auf einem Ständer montierte Becken, deren oberes durch Pedaltritt gegen das untere geschlagen wird; Vorläufer der Hi-hat-Maschine.

Charleville-Mézières [frz. ʃarləvilme'zjɛːr], frz. Stadt an der Maas, 75 km nö. von Reims, 148 m ü. d. M., 59 000 E. Verwaltungssitz des Dep. Ardennes; Ardennenmuseum; metallverarbeitende Betriebe; Flußhafen. - Charleville wurde 1608 durch Karl von

Gonzaga gegr.; seit 1966 mit dem benachbarten Mézières vereinigt.

Charlière [frz. ʃarli'ɛːr] ↑ Charles, Jacques Alexandre César.

Charlotte [ʃar...], aus dem Frz. übernommener weibl. Vorname, Weiterbildung des männl. Vornamens Charles (↑ Karl); italien. Form: Carlotta, span. Form: Carlota.

Charlotte [ʃar...], Name von Herrscherinnen:
Luxemburg:
C., * Schloß Berg (Luxemburg) 23. Jan. 1896, † Schloß Fischbach (Luxemburg) 9. Juli 1985, Großherzogin (1919–64). - Aus dem Hause Nassau; emigrierte 1940 nach der Besetzung Luxemburgs durch dt. Truppen mit ihrer Regierung zunächst nach Großbrit., dann in die USA (bis 1945).
Mexiko:
C. (Marie C.), * Laeken (= Brüssel) 7. Juni 1840, † Bouchoute bei Brüssel 19. Jan. 1927, Kaiserin von Mexiko (1864–67). - Tochter Leopolds I. von Belgien; seit 1857 ∞ mit dem östr. Erzherzog Maximilian; verfiel 1866 in geistige Umnachtung; lebte nach 1867 auf belg. Schlössern.

Charlotte [ʃar...; frz.], warme oder kalte Süßspeise; eine mit Biskuits o. ä. ausgelegte Form mit verschiedenen Füllungen; die warme C. wird gebacken und gestürzt und mit Weinschaumsoße serviert; die kalte C. wird mit Früchten [und Schlagsahne] garniert.

Charlotte Amalie [engl. 'ʃɑːlət ə'mɑːljə], Hauptstadt der Virgin Islands of the United States, auf Saint Thomas, Kleine Antillen, 12 000 E. Seehafen; Fremdenverkehr. - 1755–1917 in dän. Besitz, dann an die USA verkauft.

Charlottetown [engl. 'ʃɑːləttaʊn], Hauptstadt der kanad. Prov. Prince Edward Island, 15 000 E. Sitz eines kath. und eines anglikan. Bischofs; kath. Univ. (gegr. 1955); Haupthandelszentrum und Haupthafen der Insel; Fremdenverkehr. - 1720 frz. Handelsposten, 1763 brit., 1768 nach der Gattin Georgs III. ben.; 1875 City.

Charm [engl. tʃɑːm], in der Elemtarteilchenphysik Bez. für eine ladungsartige Quantenzahl, die dem sog. c-Quark und seinem Antiteilchen zugeordnet wird.

Charme [ʃarm; frz.; zu lat. carmen „Gesang, Zauberformel"], Anmut, Zauber, Liebreiz; **charmant,** anmutig, bezaubernd; **Charmeur,** Schmeichler, betont liebenswürdiger Mensch.

Charollais [frz. ʃarɔ'lɛ], frz. Landschaft am NO-Rand des Zentralmassivs, größtenteils Bergland (630 m). Weidewirtschaft und Zucht von Fleischrindern. - Die Baronie C. wurde 1272 aus der zum Hzgt. Burgund gehörenden Gft. Chalonais ausgegliedert und 1316 zur Gft. erhoben; 1477 frz., seit 1684 im Besitz der Fürsten von Condé, seit 1761 zur frz. Krondomäne.

Charon ['ça:...], Fährmann der Toten in der griech. Mythologie, der die Verstorbenen über den Unterweltsfluß Acheron zum Reich des Hades übersetzt. Er weist Unbestattete zurück. Den Fährlohn, das **Charonsgeld,** legte man den Toten in Form einer Münze unter die Zunge. - Dem griech. C. entsprach der etrusk. **Charun,** dessen dämon. Züge z. T. auf den röm. Gott ↑ Dispater übergingen.

Charonton, Enguerrand [frz. ʃarõ'tõ] ↑ Quarton, Enguerrand.

Charpentier [frz. ʃarpã'tje], Gustave, * Dieuze (Moselle) 25. Juni 1860, † Paris 18. Febr. 1956, frz. Komponist. - Spätromantiker, bekannt v. a. durch seine Orchestersuite „Impressions d'Italie" (1889) sowie die Oper „Louise" (1900).

C., Marc-Antoine, * Paris um 1634, † ebd. 24. Febr. 1704, frz. Komponist. - In Rom Schüler Carissimis, Kapellmeister in Paris; bed. ist v. a. seine geistl. Musik; u. a. über 20 Oratorien (u. a. „Le Reniement de Saint Pierre"), Messen, Motetten, Psalmen und Cantica, Hymnen (4 Tedeums), Antiphonen, Litaneien und Sequenzen; Bühnenwerke, u. a. Oper „Médée" (1693), Divertissements.

Charran [xa...] (Haran, lat. Carrhae, Carrae; Harran, Charan, Karrhai, Carrhä), ehem. Stadt etwa 35 km sö. von Urfa in der SO-Türkei; als bed. Handelsstadt des alten Orients seit dem 18. Jh. v. Chr. bezeugt, nach dem A. T. kurze Zeit Sitz der Familie Abrahams; assyr. Prov.hauptstadt und Residenz des letzten assyr. Königs; bekannt v. a. durch den Kult des Mondgotts von C. (Bel; Sin; Kuschuch); Ausgrabungen 1951–56.

Charrat, Janine [frz. ʃa'ra], * Grenoble 24. Juli 1924, frz. Tänzerin und Choreographin. - Gründete 1951 in Paris „Les Ballets J. C." (später „Ballets de France"). Berühmte Choreographien, u. a. „Adam miroir" (Paris 1948), „Tristan et Iseult" (Genf 1964), „Les Collectionneurs" (Paris 1972).

Charrière, Henri-Antoine [frz. ʃa'rjε:r], * 1906, † Madrid 28. Juli 1973, frz. Schriftsteller. - Hatte Welterfolge mit den Sträflingsromanen „Papillon" (1969) und „Banco" (1972).

Charsamarder ['tʃar...; 'çar...; Mandschu-tungus./dt.] (Martes flavigula), bis über 70 cm körperlanger Marder in S- und SO-Asien; Kopf mit Ausnahme der weißen Kehle braunschwarz bis schwarz, ebenso Extremitäten und Schwanz, übriger Körper hellgelb.

Charta (Charte, Carta) ['karta; griech.-lat.], urspr. Blatt aus dem Mark der Papyrusstaude, dann verallgemeinert für alle Arten von Schreibmaterialien und für Buch. - Im MA bes. neben Diplom in der Bed. von „Urkunde" (z. B. Magna Carta libertatum), im heutigen Staats- und Völkerrecht für eine Urkunde gebraucht, die für das Rechtsleben bestimmend ist (z. B. die C. der Vereinten Nationen [↑ UN-Charta], in Frankr. die oktroyierte Verfassung [Charte] von 1814 bzw. 1830).

Charta 77 ['karta], am 1. Jan. 1977 in der Tschechoslowakei gegr. Bürgerrechtsgruppe; setzt sich für „die Respektierung der Bürger- und Menschenrechte" in der ČSSR und in der Welt ein.

Chartepartie ['ʃart(ə); lat.-frz.], dem Frachtbrief entsprechende schriftl. Urkunde

Chartres. Westfassade (rechts) und Glasfenster (Kreuzigung Christi; 2. Hälfte des 12. Jh.) der Kathedrale

über einen Chartervertrag im Seefrachtgeschäft.

Charter ['tʃar..., 'ʃar...; engl.; zu lat. chartula „kleine Schrift"], Urkunde, Freibrief.
◆ Miete eines Verkehrsmittels oder von Teilen seines Laderaums zur Beförderung von Gütern oder Personen.

Charterflug ['tʃar..., 'ʃar...], Flug mit einem von einer privaten Gesellschaft o. ä. [für eine Reise] gemieteten Flugzeug.

Chartergesellschaft ['tʃar..., 'ʃar...], ehem. Form der Handelsgesellschaft für Export und Import mit eigenen Hoheitsrechten in den überseeischen Niederlassungen.
◆ Gesellschaft, die Personen oder Güter mit gemieteten oder gepachteten Verkehrsmitteln befördert (insbes. mit Schiff oder Flugzeug).

chartern ['tʃar..., 'ʃar...; lat.-engl.], Flugzeuge oder Schiffe mieten oder pachten.

Chartervertrag ['tʃar..., 'ʃar...], im *Seeverkehr:* Frachtvertrag über die Miete eines Schiffes (Vollcharter) oder einzelner Laderäume (Teilcharter) für eine Reise mit bestimmtem Ziel (Reisecharter) oder für eine bestimmte Zeit (Zeitcharter). Vertragspartner sind der Verfrachter (Vermieter) und der oder die Befrachter (Mieter). Im *Luftverkehr* heißen die Vertragspartner Carrier (Vermieter) und Charterer (Mieter).

Chartier, Émile [frz. ʃar'tje:] ↑Alain.

Chartismus [tʃar'tismos, ʃa...; lat.-engl.], erste brit. organisierte Arbeiterbewegung; entstand seit 1836; legte ihre Forderungen in der „People's Charter" (1839) nieder: u. a. Einführung des allg. Stimmrechts, geheime Abstimmung, Abschaffung aller aus dem Besitz abgeleiteten polit. Vorteile, Gesetzgebung gegen wirtsch. und polit. Ausbeutung und Entrechtung; 1839 blutige Zusammenstöße und Aufstand in Birmingham; erhielt 1840 eine straffere Organisation, die aber bald wieder zerfiel; verlor nach 1848 ihre Massenbasis und bald auch jeden polit. Einfluß auf die Arbeiterschaft; hatte großen Einfluß auf K. Marx und F. Engels.

Chartres [frz. ʃartr], frz. Stadt und Wallfahrtsort an der Eure, 75 km sw. von Paris, 37 000 E. Verwaltungssitz des Dep. Eure-et-Loir; Kunstmuseum; Marktzentrum; chem. Ind., Bau von Maschinen und landw. Geräten u. a.; ✺. - In der Antike **Autricum,** als Hauptstadt der kelt. Carnuten auch **Carnotum.** Seit dem 4. Jh. Bischofssitz (außer 1793–1821); 849, 1124, 1146 und 1300 Konzilstagungsort. Seit dem 10. Jh. Hauptstadt einer Gft., die 1286 an den frz. König verkauft, 1528 zum Hzgt. erhoben wurde und seit 1623 eine Apanage der Orléans war. Seit 1790 Hauptstadt des Dep. Eure-et-Loir. - Die urspr. Kathedrale (11. Jh.) brannte 1194, mit Ausnahme der Türme im W, ab. Die jetzige Basilika mit dreischiffigem, weit ausladendem Querhaus und Chor mit Kapellenkranz wur-

de 1260 geweiht; bed. farbige Glasfenster (12. und 13. Jh.). Die etwa 1 800 Bildwerke am Außenbau sind themat. wie künstler. nach einem theolog. Programm angelegt, wegweisend für die got. Kathedralen der Folgezeit, insbes. für Reims und Amiens. Das früheste Portal ist das Königsportal, dessen Gewändefiguren von bes. kunsthistor. Bed. sind. - Abb. S. 245.

Chartres, Schule von [frz. ʃartr], bed. Schule von Philosophen und Theologen im 11. und 12. Jh. Ihr Gründer war Fulbert von Chartres († 1028), Hauptvertreter waren die Brüder Bernhard und Thierry von Chartres, Gilbert von Poitiers, Wilhelm von Conches, Clarenbaldus von Arras und Johannes von Salisbury. Charakterist. für die Schule ist ein durch das Studium der Klassiker geprägter Humanismus. In der Philosophie galt das Interesse vorwiegend kosmolog. und mathemat. Fragen. Platon, von dem allerdings nur ein Fragment des „Timaios" bekannt war, und Boethius, der das Gedankengut Platons vermittelte, waren die Autoritäten. Auch Aristoteles, von dem man nur die log. Schriften kannte, genoß Ansehen. In der Theologie strebten die Lehrer von Chartres nach einer Synthese von weltl. Wissen und Offenbarungslehre.

Chartreuse [frz. ʃar'trø:z] (La Grande C.), nach dem frz. Bergmassiv ↑Grande Chartreuse nördl. von Grenoble ben. Kartäuserkloster, das der Ordensstifter Bruno von Köln 1084 gründete und das seither Muster- und Mutterkloster des Kartäuserordens ist. 1792 wurde die C. säkularisiert, 1816–1903 und seit 1940 wieder von Mönchen besiedelt.

Chartreuse [frz. ʃar'trø:z], ⓦ, urspr. von den Mönchen des gleichnamigen Klosters hergestellter Kräuterlikör; es gibt zwei Sorten: *C. jaune* (gelb, 43 Vol.-%) und *C. verte* (grün, 55 Vol.-%).

Charybdis [ça...], Seeungeheuer der griech. Mythologie. Tochter des Poseidon und der Gäa. An einer Meerenge (die man später mit der von Messina identifizierte), der ↑Skylla gegenüber, schlürft sie dreimal am Tag das Wasser ein und speit es dreimal wieder aus; Jason und Odysseus müssen sie auf ihren Fahrten passieren.

Chasaren [xa...], halbnomad. Turkstamm, beherrschte 4.–11. Jh. zw. Dnjepr, Wolga und Kaukasus weite Gebiete; Niederwerfung des Bulgar. Reiches 679; im 8. Jh. Blütezeit; Ende seiner Vorherrschaft im 9./10. Jh.; nach 1223 nicht mehr bezeugt.

Chasini, Al [al'xa:zini], arab. Physiker griech. Abstammung aus der 1. Hälfte 12. Jh. in Merw (Turkestan). - Neben Alhazen der bedeutendste Experimentalphysiker des MA; faßte das physikal. Wissen seiner Zeit in dem Handbuch „Waage der Weisheit" zusammen, das noch auf Nikolaus von Kues starken Einfluß ausübte.

Chaskowo ['xas...], Hauptstadt des bulgar. Verw.-Geb. C., 15 km südl. von Dimitrowgrad, 88 000 E. Wirtsch. Mittelpunkt eines Agrargebietes mit bed. Tabakverarbeitung und Seidenraupenzucht.

Chasmogamie [ças...; griech.] (Offenblütigkeit), bei den Samenpflanzen eine Form der Blütenbestäubung, bei der im Ggs. zur ↑Kleistogamie die Blüte geöffnet ist.

Chasmus ['ças...; griech.], svw. ↑Gähnkrampf.

Chasse [ʃas; lat.-frz. „Jagd"], in der frz. Musik des 14. Jh. im Ggs. zur italien. ↑Caccia ein dreistimmiger, gesungener Kanon (im Einklang); später Bez. für Jagdmusikstück.

Chasséen [ʃase'ɛ̃; frz.] ↑Chasseykultur.

Chasselas [frz. ʃa'sla], in Frankr. und am Genfer See gebräuchl. Name für die Rebsorte ↑Gutedel (im Wallis und Elsaß auch *Fendant* genannt).

Chassériau, Théodore [frz. ʃase'rjo], * Sainte-Barbe-de-Samana (Dominikan. Republik) 20. Sept. 1819, † Paris 8. Okt. 1856, frz. Maler. - Schüler von J. A. D. Ingres, dessen klassizist. Strenge er mit dem maler. Stil von E. Delacroix verband; malte mytholog. oder allegor. Szenen, v. a. Frauenakte; auch Fresken.

Chasseurs [frz. ʃa'sœ:r], Bez. für die Jägertruppenteile der frz. Armee; seit 1779 reitende Jäger (**Chasseurs à cheval**), seit 1794 Jäger zu Fuß (**Chasseurs à pied**), seit 1831 reitende afrikan. Jäger (**Chasseurs d'Afrique**), seit 1888 Alpenjäger (**Chasseurs alpins**).

Chasseykultur [frz. ʃa'sɛ] (Chasséen), nach Funden auf der vorgeschichtl. Höhensiedlung Camp-de-Chassey (Dep. Saône-et-Loire) ben. mittel-, süd- und westfrz. neolith. Kulturgruppe (etwa Anfang des 3. Jt. v. Chr.); kennzeichnend v. a. qualitätvolle rundbodige Keramik, Steingeräte, Schieferarmringe u. a.

Chassidim [xa...; hebr. „Fromme"], Bez. verschiedener Gruppen des Judentums. 1. Anhänger einer bes. gesetzesstrengen, nat. gesinnten Volkspartei, die sich 167/166 mit den ↑Makkabäern gegen Antiochos IV. Epiphanes zusammenschlossen. Sie gingen in den Essenern und Pharisäern auf. In ihren Kreisen entstanden die Bücher Daniel und Henoch. 2. Bez. für Juden in Deutschland 1150–1250, deren Ideal ein Leben in Askese, Gleichgültigkeit gegenüber Freud und Leid, Hinwendung zum Nächsten, selbst gegen das Religionsgesetz, war. 3. Anhänger des ↑Chassidismus.

Chassidismus [xa...; zu hebr. Chassidim „Fromme"], auf dem kabbalist. System (↑Kabbala) des jüd. Mystikers Isaak Luria aufbauende Richtung des Judentums, die die Liebe Gottes betont und eine Verinnerlichung des religiösen Lebens erstrebt, begr. in Galizien von Israel Ben Elieser, gen. Baal Schem Tov. Wesentl. an der Frömmigkeit des C. ist, daß der Fromme (der Chassid) die Allgegenwart Gottes erkennt und sich mit ihr auf

myst. Weise vereinigen kann, indem er seine Seele an Gott „anschmiegt". Die Erlösung des einzelnen geschieht dadurch, daß die den Menschen von Gott trennende „Verhüllung" (all das, was ihn an der Vereinigung mit Gott hindert) niedergerissen wird. Studium der Bibel, Gebet, aber auch Musik und Tanz gehören zur Vorbereitung dieser Vereinigung. Innerhalb des C. entstanden mehrere Gruppierungen, die vom orth. Judentum und von der jüd. Aufklärung bekämpft wurden. Der Leiter der Gemeinden des C. ist der Zaddik (der „Gerechte"); er verhilft durch sein Vorbild den Mitmenschen zum rechten Umgang mit Gott. - Der C. ist typ. für das osteurop. Judentum (Podolien, Galizien, Litauen), wo er im 18. Jh. entstand und im 18./19. Jh. auch seine Blüte erlebte.

📖 *Scholem, G.: Die jüd. Mystik in ihren Hauptströmungen. Ffm. 1980. - Wehr, G.: Der C. Freib. 1978. - Buber, M.: Der Weg des Menschen nach der chassid. Lehre. Hdbg. 1977.*

Chassis [ʃa'si:; frz.; zu lat. capsa „Behältnis"], in der *Fahrzeugtechnik* svw. Fahrgestell.
◆ Montagegestell für elektr. oder elektron. Bauelemente, z. B. in Rundfunkempfängern.

Chasuble [frz. ʃa'zybl; zu lat. casula „Mantel mit Kapuze"], in der Frauenkleidung ärmelloses Überkleid bzw. Jacke.

Château [frz. ʃa'to; zu lat. castellum „Festung"], Schloß, Herrenhaus, Landgut, Weingut.

Chateaubriand, François René Vicomte de [frz. ʃatobri'ɑ̃], * Saint-Malo 4. Sept 1768, † Paris 4. Juli 1848, frz. Schriftsteller und Politiker. - Lebte 1793–1800 als Emigrant in Großbrit., wo ein Essay über die Revolution entstand (1797 veröffentlicht), 1800 Rückkehr nach Frankr. Sein Essay „Der Genius des Christentums oder ..." (mit der Novelle „René", 1802), eine Reaktion auf die religiöse Indifferenz der Aufklärung, ist eine romant. Verklärung des Christentums. War 1823 als Außenmin. für die Intervention in Spanien verantwortl.; wechselte zur Opposition über. Bedeutendster und einflußreichster Vertreter der frz. Frühromantik. Neigte zu träumer. Melancholie („René-Stimmung") und lyr. Gefühlsüberschwang, gestaltete seine Themen mit sprachl. Eleganz, wobei die Grenzen zu rhetor. Pathos fließend waren, und lebte im Zwiespalt von Empfinden und Erkennen, den er in seinem Werk eindrucksvoll nachzeichnete.

Weitere Werke: Atala (Nov., 1801), Die Märtyrer (R., 1809), Tagebuch einer Reise von Paris nach Jerusalem (Reisebericht, 1811), Die Natchez (R., 1826), Die Abenteuer des letzten der Abencerage (Nov., 1826), Denkwürdigkeiten nach dem Tode (1849; dt. auch [gekürzt] u. d. T. Erinnerungen).

Chateaubriand [frz. ʃatobri'ɑ̃; nach F. R. Vicomte de Chateaubriand], doppelt dick geschnittenes Steak aus der Mitte der Rinderlende für zwei Personen; gegrillt oder in der Pfanne gebraten.

Château-d'Oex [frz. ʃato'de, ʃato'dɛ], Kurort und Wintersportplatz im schweizer. Kt. Waadt, 20 km östl. von Montreux, 970 m ü. d. M., 2900 E. Museum. - Savoyisches Lehen, seit 1555 bern. Untertanenort; verzichtete 1798 auf die bern. Herrschaft. - Burg (13. Jh.).

Châteaudun [frz. ʃato'dœ̃], frz. Stadt in der Beauce, Dep. Eure-et-Loir, 45 km wnw. von Orléans, 15 000 E. Marktstadt mit Werkzeugmaschinenbau, Elektro- u. a. Ind. - Seit 1281 Stadt; 1870 im Dt.-Frz. Krieg großenteils zerstört. - Schloß (12.–16. Jh.; restauriert 1948–51) mit Donjon (12. Jh.) und Sainte-Chapelle (1451–64).

Châteauroux [frz. ʃato'ru], frz. Industriestadt an der Indre, 100 km sö. von Tours, 52 000 E. Verwaltungssitz des Dep. Indre; Museum. Bed. Zentrum der Woll- und Leinenindustrie. - 1230 Stadtrecht; seit 1790 Hauptstadt des Dep. Indre.

Château-Thierry [frz. ʃatotjɛ'ri], frz. Stadt an der Marne, Dep. Aisne, 80 km östl. von Paris, 15 000 E. Museum; Herstellung von landw. Maschinen und Geräten, Musikinstrumenten u. a. - 1231 Stadtrecht, 1361 zur frz. Krondomäne. 1814 besiegte Napoleon I. bei C.-T. die Preußen unter Blücher.

Châtelet, Gabrielle Émilie Le Tonnelier de Breteuil, Marquise du [frz. ʃa'tlɛ], * Paris 17. Dez. 1706, † Lunéville 19. Sept. 1749, frz. Mathematikerin, Naturwissenschaftlerin und Philosophin. - Übersetzte Newtons „Principia mathematica" ins Frz. (hg. 1756). Unter ihrem Einfluß kommentierte Voltaire Newton und wandte sich den Naturwiss. zu.

Châtelguyon [frz. ʃatɛlgɥi'jɔ̃], frz. Heilbad, Dep. Puy-de-Dôme, 15 km nördl. von Clermont-Ferrand, 430 m ü. d. M., 4400 E. Thermalquellen mit dem höchsten bekannten Magnesiumgehalt.

Châtellerault [frz. ʃatɛl'ro], frz. Ind.-stadt im Poitou, an der Vienne, Dep. Vienne, 36 000 E. Metall-, Elektro- und Nahrungsmittelind. - Seit 1562 Stadt.

Chaumont-sur-Loire. Schloß

Châtelperronien [ʃatɛlpɛroni'ɛ̃:; frz.], nach einer nahe Châtelperron (Dep. Allier) gelegenen Höhlenstation ben., v. a. in S- und M-Frankr. verbreitete frühe jungpaläolith. Kulturgruppe; kennzeichnend die sog. C.spitzen mit gebogenem, eng retuschiertem Rükken und gestreckt halbmondförmiger Gestalt.

Chatham, William Pitt, Earl of [engl. 'tʃætəm] ↑Pitt, William, d. Ä., Earl of Chatham.

Chatham [engl. 'tʃætəm], engl. Hafenstadt am Medway, Gft. Kent, 45 km osö. von London, 62 000 E. Bildet mit Rochester und Gillingham eine städt. Agglomeration. Hauptversorgungsbasis für die brit. Seestreitkräfte; Marinereparaturwerft. - Unter Heinrich VIII. und Elisabeth I. wurden Hafen und Arsenal angelegt; 1890 Stadtrecht.

Chatham House [engl. 'tʃætəm 'haʊs], ehem. Wohnsitz des Earl of Chatham in London, heute Sitz des 1920 gegr. Royal Institute of International Affairs.

Chatham Islands [engl. 'tʃætəm 'aɪləndz], Inselgruppe im sw. Pazifik, zu Neuseeland. - 1790 entdeckt.

Chatib [xa...; arab. „Sprecher"], islam. Kultbeamter, der am Freitagmorgen als Vorbeter (Imam) den Gebetsgottesdienst in der Hauptmoschee (Dschami) leitet und die zu Beginn stattfindende Predigt (Chutba) hält.

Châtillon-sur-Seine [frz. ʃatijɔ̃syr'sɛn], frz. Stadt an der oberen Seine, Dep. Côte-d'Or, 7600 E. Markt für Agrarprodukte; metallverarbeitende Ind. - Entstand aus den zwei Orten Chaumont (Stadtrecht 1213) und Bourg (Stadtrecht 1423). - Im **Kongreß von Châtillon** (5. Febr.–19. März 1814) boten die Verbündeten Napoleon I. einen Friedensschluß auf der Grundlage der frz. Grenzen von 1792 an, doch lehnte dieser ab.

Chat-Noir [frz. ʃa'nwa:r „schwarze Katze"], erstes literar. Künstlerkabarett auf dem Montmartre; gegr. 1881, bestand bis 1896; in ihm trat A. ↑Bruant auf.

Chatschaturjan, Aram Iljitsch [russ. xɐtʃɛtu'rjan], * Tiflis 6. Juni 1903, † Moskau 1. Mai 1978, armen.-sowjet. Komponist. - Seine Werke sind durch die Volksmusik seiner Heimat bestimmt, u. a. Sinfonien, Konzerte für Klavier, Violine und Violoncello, Ballette (u. a. „Gajaneh", darin der „Säbeltanz"), Bühnen- und Filmmusiken.

Chatten ['ka..., 'ça...] (lat. Chatti), bed., den Cheruskern benachbarter german. Volksstamm zw. Eder, Fulda und Schwalm; von den Römern zu den Herminonen gezählt; 203 zum letzten Male erwähnt. Im 7. Jh. treten im ehem. Gebiet der C. zuerst die Namen Hassii, Hessi, Hessones (später Hessen) auf.

Chatterton, Thomas [engl. 'tʃætətn], * Bristol 20. Nov. 1752, † London 24. oder 25. Aug. 1770, engl. Dichter. - Vorläufer der Romantik; verfaßte aus originärer, schöpfer. Phantasie Gedichte im Stil des MA, die er als Werke eines fiktiven Thomas Rowley ausgab; beging, entlarvt, Selbstmord.

Chatti ['xati], akkad. Name des altkleinasiat. Hattus, der inneranatol. Landschaft im Bogen des Kızılırmak (des antiken Halys) um die gleichnamige Stadt und spätere Hauptstadt des Hethiterreiches († Boğazkale).

Chattuarier [xa...] (lat. Chattuarii), german. Stamm, ↑ Attuarier.

Chattusa ['xa...] (Chattuscha, Hattusa), alte hethit. Hauptstadt, ↑ Boğazkale.

Chattuschili [xa...] (Chattusili), Hethiterkönig, ↑ Hattusili.

Chaucer, Geoffrey [engl. 'tʃɔːsə], * London um 1340, † ebd. 25. Okt. 1400, engl. Dichter. - Stand zeitweise dem Hof nahe; lernte auf diplomat. Missionen Petrarca und Boccaccio kennen. Steht, in der Sprache noch dem MA verpflichtet, an der Schwelle zur Renaissance, bes. mit seinem unvollendeten Hauptwerk „The Canterbury tales" (1387 ff., gedruckt um 1478; dt. 1827 u. d. T. „Canterburysche Erzählungen"), eine Sammlung von Versnovellen, die von 29 Teilnehmern einer Wallfahrt zum Grabe des hl. Thomas von Canterbury erzählt und durch eine Rahmengeschichte zusammengehalten werden. *Weitere Werke:* Das Parlament der Vögel (Versdichtung, entstanden um 1382), Troilus and Criseyde (Epos, entstanden 1385).

Chaudeau [frz. ʃo'do] (Weinschaumsoße), dicker Schaum aus Weißwein, Ei, Zucker, Zitronensaft und Gewürzen.

Chaudet, Paul [frz. ʃo'dɛ], * Rivaz (Kt. Waadt) 17. Nov. 1904, † Lausanne 7. Aug. 1977, schweizer. Politiker. - 1958-54 als Mgl. der Freisinnig-demokrat. Partei Nationalrat; 1954-66 Bundesrat (Leiter des Militärdepartements); 1959 und 1962 Bundespräsident.

Chauffeur [ʃo'føːr; frz.; urspr. „Heizer"], Kraftwagenfahrer; **chauffieren,** einen Kraftwagen lenken.

Chauken ['çaʊkən] (lat. Chauci), german. Stamm; siedelten urspr. an der Nordseeküste zw. unterer Ems und Elbe, seit 58 n. Chr. bis zum Rhein; Fischer und Seefahrer; seit dem 4. Jh. n. Chr. nicht mehr erwähnt, gingen vermutl. im sächs. Stammesverband auf.

Chaulmugraöl [tʃo:l'mu:gra; Bengali/dt.] (Oleum chaulmoograe, Oleum hydnocarpi), gelbbraunes, eigenartig riechendes, zähflüssiges Öl oder weiches Fett aus den Samen von Chaulmugrasamenbaumarten (Vorder- und Hinterindien; Malaiischer Archipel). Wird zur Behandlung der Lepra und der Hautuberkulose verwendet.

Chaumont [frz. ʃo'mõ], frz. Stadt auf einem Sporn am Zusammenfluß von Suize und Marne, 200 m ü. M., von Nancy, 28 000 E. Verwaltungssitz des Dep. Haute-Marne; Museum, Bibliothek. Verkehrsknotenpunkt, Handschuhmacherei, Metall-, Schuh- und Papierind. - Kam im 14. Jh. zur frz. Krondomäne; seit 1790 Hauptstadt des Dep. Haute-

Marne. - Got. Kirche Saint-Jean-Baptiste (13.-16. Jh.). - Am 1. März 1814 wurde der **Bündnisvertrag von Chaumont** geschlossen (↑ Quadrupelallianz).

Chaumont-sur-Loire [frz. ʃomõsyr-'lwaːr], frz. Ort an der Loire, Dep. Loir-et-Cher, 842 E. - Schloß in exponierter Lage (1466-1510); bed. v. a. der festungsartige spätgot. Amboiseturm und der Ehrenhof im Frührenaissancestil.

Chausson, Ernest [frz. ʃo'sõ], * Paris 20. Jan. 1855, † Limay (Yvelines) 10. Juni 1899, frz. Komponist. - Schüler von Massenet und C. Franck; gilt als Vorläufer des frz. musikal. Impressionismus; komponierte Sinfonien, Opern und sinfon. Dichtungen.

Chautauqua Institution [engl. ʃə'tɔːkwə ɪnstɪ'tjuːʃən], amerikan. Erwachsenenbildungseinrichtung; am *Chautauqua Lake* (N. Y.) entstanden; seit 1874 nach und nach feste Unterkünfte, Unterrichtsräume, ein Amphitheater (1893), Bibliotheken, Theater, Konzertsäle. Heute nehmen jährl. etwa 40 000 Besucher an den verschiedenen Programmen der C. I. teil.

Chauvinismus [ʃovi...; frz.; nach der (vielleicht auf ein histor. Vorbild zurückgehenden) Gestalt des extrem patriot. Rekruten Chauvin, die durch das Lustspiel „La cocarde tricolore" von C. T. Cogniard (* 1806, † 1872) und seinem Bruder H. Cogniard (* 1807, † 1882) populär wurde], exzessiver Nationalismus, meist militarist. Prägung; bezeichnet seit der 3. Republik über seinen frz. Ursprung hinaus jede extrem patriot. und blind nationalist. Haltung. - Die Bez. **männl. Chauvinismus** zielt auf übertriebenes männl. Selbstwertgefühl und gesellschaftl. Bevorzugung der Angehörigen des männl. Geschlechts.

Chauviré, Yvette [frz. ʃovi're], * Paris 22. April 1917, frz. Tänzerin. - Primaballerina an der Pariser Oper; ihre berühmtesten Interpretationen waren „Giselle" und „Schwanensee".

Chaux-de-Fonds, La [frz. laʃod'fõ], Bezirkshauptort im schweizer. Kt. Neuenburg, 15 km nw. von Neuenburg, 994 m ü. d. M., 37 200 E.; Uhrmachereimuseum, Mittelpunkt der schweizer. Uhrmacherei (seit 1705). - Das planmäßige Stadtbild mit rechtwinkligem Straßennetz entstand beim Wiederaufbau nach einem Großbrand (1794).

Chavan, Yeshwantrao Balwantrao [engl. 'tʃaːvən], * Devashtre (Maharashtra) 12. März 1914, † Delhi 25. Nov. 1984, ind. Jurist und Politiker. - Seit 1939 Mgl. der Kongreßpartei; 1956-60 Chefmin. im Gliedstaat Bombay, 1960-62 im Gliedstaat Maharashtra; 1962-66 Verteidigungs-, 1966-70 Innen-, 1970-74 Finanz-, 1974-77 Außenmin.; seit 1977 Fraktionsvors. der Kongreßpartei und bis 1979 Oppositionsführer; 1979-80 stellv. Premiermin. und Innenminister.

Chávez, Carlos [span. 'tʃaβes], * Mexiko

13. Juni 1899, † ebd. 2. Aug. 1978, mex. Komponist. - Von mex.-aztek., motor. Formelementen bestimmte Werke, u. a. Indioballett „Los cuatro soles", Arbeiterballett „Horsepower", „Sinfonía proletaria".

Chavín de Huantar [span. tʃaˈβin de ɥanˈtar], Ruinenstätte eines Heiligtums im westl. Z-Peru, am O-Abhang der Cordillera Blanca, osö. von Huaraz; erhalten sind Reste einer Gruppe massiver, rechteckiger Gebäude mit Plattformen, um einen in O−W-Richtung orientierten Innenhof gruppiert. In ihre Außenwände sind Steinmasken (menschl. Gesichter mit Raubtiergebiß) und Friese mit stilisierten Darstellungen von Raubtieren und Kombinationen verschiedener Tiere eingelassen. Freistehende Reliefstelen zeigen das typ. Motiv der nach C. de H. benannten **Chavínkultur** (9.−4./3. Jh.), die sich bis an die N-Küste Perus ausbreitete: die geometr. aufgelöste, kurvige Darstellung von Jaguarmenschen mit Schlangengürtel und verschiedenen Attributen (z. B. auf der berühmten Raimondi-Stele in Lima). Kennzeichnend sind weiterhin ornamentaler Darstellungsstil, einfarbig rote oder braune, dekorierte Keramik.

Cheb [tschech. xɛp] ↑ Eger.

Chechaouen [frz. ʃeʃaˈwɛn] (arab. Schifschawan), marokkan. Prov.hauptstadt im westl. Rifatlas, 610 m ü. d. M., 24 000 E. Hl. Stadt der Muslime. - 1471 gegr., mit aus Granada vertriebenen Mauren besiedelt, 1920−56 von Spanien besetzt.

checken, svw. ↑ abchecken.

Checker, Chubby [engl. ˈtʃɛkə], eigtl. Ernest Evans, *Philadelphia 3. Okt. 1941, amerikan. Rockmusiker. - Wurde berühmt durch den Hit „The Twist"; später als Soulmusik-Interpret erfolglos.

Checklist [engl. ˈtʃɛklɪst], für jeden Flugzeugtyp speziell ausgearbeitete Prüfliste, an Hand derer vor jedem Start Triebwerke, Steuerung und alle Bordsysteme in festgelegter Reihenfolge überprüft werden.

Checkpoint [engl. ˈtʃɛkpɔɪnt], engl. Bez. für Kontrollpunkt; u. a. an den Übergängen von Berlin (West) nach Berlin (Ost), z. B. der *C. Charlie.*

Checkup [engl. ˈtʃɛkʌp], Endkontrolle und Endabnahme; Bez. der letzten Phase eines ↑ Countdown.

Cheddarkäse [ˈtʃɛdər; nach der engl. Ortschaft Cheddar (Somerset)], gut ausgereifter, fetter Hartkäse mit feinem, nußähnl. Geschmack.

Cheder [ˈxɛ...; hebr. „Zimmer"], traditionelle Grundschule des früheren osteurop. Judentums für Knaben vom vierten Lebensjahr an.

Chedive [çɛ..., xɛ...] ↑ Khedive.

cheerio! [engl. tʃɪərɪˈoʊ; zu cheer „Heiterkeit" (ältere Bed. „Gesicht"; letztl. zu griech. kára „Haupt")] (cheers!), angloamerikan. für: prost!, zum Wohl!

Cheeseburger [engl. tʃiːzbəːgə], mit Käse überbackener Hamburger.

Chef [ʃɛf; frz.; zu lat. caput „Kopf"], Haupt, Leiter, Anführer, bes. in Wirtschaft und Verwaltung der Vorgesetzte; häufig Bestimmungswort von Zusammensetzungen mit der Bed. „Haupt..., Ober...". In *Gastronomie und Hotelwesen:* **Chef de cuisine,** Küchen-C.; **Chef de rang,** Abteilungskellner; **Chef de service,** 1. Oberkellner; **Chef de partie,** Leiter einer Kochabteilung; **Chef d'étage,** Etagen- und Zimmerkellner; **Chef de réception,** Empfangschef. - Im *Militärwesen:* 1. die Führer von Kompanien, Batterien (früher auch Schwadronen): **Kompaniechef, Batteriechef** (früher Schwadron-C.). 2. **Chef des Stabes,** Offizier im Stabe eines Korps, einer Division und eines Wehrbereichskommandos, mit der Leitung und Koordination der Stabsarbeit beauftragt. 3. **Chef des Generalstabs,** bis 1945 dienstältester Generalstabsoffizier im Stabe eines höheren Truppenführers. 4. **Chef eines Regiments,** bis 1914 (vereinzelt bis 1945) ein mit einem Regiment „beliehener" Fürst bzw. verdienter General. 5. Bei der Marine **Flottenchef, Geschwaderchef, Flottillenchef** svw. - In *[Wirtschafts]unternehmen:* **Chef**arzt, leitender Arzt in einem Krankenhaus. **Chef**dramaturg, der erste Dramaturg. **Chef**redakteur, der Leiter einer Redaktion. - **Chef de mission,** Leiter einer sportl. Delegation, v. a. bei den Olymp. Spielen.

Chef d'œuvre [frz. ʃɛfˈdœːvr], Hauptwerk, Meisterwerk, Meisterstück.

Chefren [ˈçeː...], ägypt. König, ↑ Chephren.

Cheilanthes [çaɪ...; griech.] (Keuladerfarn, Lippenfarn), Gatt. kleiner Tüpfelfarngewächse mit etwa 130 Arten in wärmeren Trockengebieten aller Erdteile (zwei Arten im europ. Mittelmeergebiet).

Cheilon [ˈçaɪ...] ↑ Chilon.

Cheiloplastik [çaɪ...; griech.], Lippenplastik; plast. operatives Verfahren zur Beseitigung einer Lippenspalte.

Cheilose (Cheilosis) [çaɪ...; griech.], entzündl. Rötung und Schwellung der Lippen mit Schuppung, Schrundenbildung u. Faulecken; u. a. bei Vitamin-B_2-Mangel, durch Herpesvirus und Syphiliserreger.

Cheiranthus [çaɪ...; griech.], svw. ↑ Goldlack.

Cheireddin [xaɪ...] ↑ Chair Ad Din.

Cheiron [ˈçaɪ...] (Chiron), Kentaur der griech. Mythologie, urspr. aller thessal. Heilgott. Sohn des Titanen Kronos, der ihn in der Gestalt eines Hengstes mit der Nymphe Philyra zeugt. Anders als seine gewalttätigen Brüder ist C. freundl. und weise, Meister der Heilkunde, des Leierspiels und der Jagdkunst und Erzieher der berühmtesten Helden.

Cheironomie [çaɪ...; griech.], in der *Tanzkunst* die mim. Bewegung und Gebärdensprache der Hände; ihr Ursprung liegt sehr wahrscheinl. im fernen Orient; in Südasien und Ostasien wird sie noch heute gepflegt. ◆ in der *altgriech. und frühchristl.* Musik die Handbewegungen, mit denen dem Sängerchor melod. Verlauf, Rhythmus und Tempo eines Gesanges angezeigt wurden.

Cheju [korean. tʃedʒu], südkorean. Insel im Ostchin. Meer, 72 km lang, 30 km breit, Hauptort Cheju (135 000 E); im Halla-san 1950 m hoch; Reis-, Sojabohnen- und Baumwollanbau; Fischerei.

Chejustraße [korean. tʃedʒu], Meeresstraße zw. der SW-Küste Koreas und der Insel Cheju; verbindet die Koreastraße mit dem Gelben Meer.

Chelate [çe...; zu griech. chēlē „Krebsschere"], chem. Verbindungen, bei denen Metallionen an organ. Liganden mit mindestens zwei funktionellen Gruppen gebunden vorliegen und dabei von den Liganden „nach Art einer Krebsschere" umfaßt werden. C. sind meist sehr stabile Verbindungen; mit geeigneten Chemikalien hergestellte C. spielen u. a. in der analyt. Chemie beim Nachweis vieler chem. Elemente, bei der Wasserenthärtung und bei der Metallrückgewinnung aus Abwässern eine Rolle; wichtige natürl. C. sind z. B. Chlorophyll, Hämoglobin, Zytochrom.

Chelčický, Petr [tschech. 'xɛltʃitski:] (Peter von Cheltschitz), * Chelčice bei Wodňan um 1380, † ebd. nach 1452, tschech. hussit. Laientheologe und Sozialtheoretiker. - Landedelmann; geistiger Vater der Böhmischen Brüder; verwarf Mönchtum und Kriegsdienst, lehnte jede welt. Obrigkeit und polit. Organisation und die damalige Ständeordnung ab.

Chélia, Djebel [frz. dʒebɛlʃe'lja] ↑Aurès.

Chelicerata [çe...; griech.], svw. ↑Fühlerlose (Überklasse der Gliederfüßer).

Chelidonium [çe...; griech.], svw. ↑Schöllkraut.

Chéliff [frz. ʃe'lif], längster Fluß Algeriens, entspringt im Saharaatlas, mündet 10 km nnö. von Mostaganem ins Mittelmeer; 725 km lang. Im Mittellauf Talsperren, der Unterlauf bewässert ein wichtiges Agrargebiet.

Chelizeren [çe...; griech.], svw. ↑Kieferfühler.

Chelléen [ʃele'ɛ̃; frz.], nach der frz. Stadt ↑Chelles benannte. altpaläolith. Kulturphase; in der „klass." frz. Periodisierung des Paläolithikums die älteste; in neuerer Zeit nur noch in Afrika für die älteste Phase der Faustkeilkulturen gebräuchlich. - ↑auch Acheuléen.

Chelles [frz. ʃɛl], frz. Stadt östl. von Paris, Dep. Seine-et-Marne, 42 000 E. Nahrungsmittel- und Ziegeleiindd. - In der merowing. Pfalz **Cala** wurde 584 König Chilperich I. ermordet. Um 650 Gründung des Nonnenklosters Notre-Dame, eines der reichsten in Frankreich.

Chełm [poln. xɛym] (dt. Cholm), Haupt-

stadt des Verw.-Geb. C., Polen, 65 km osö. von Lublin, 250 m ü. d. M., 58 000 E. Zementfabriken, Glashütte.

C. (Oberschles. Höhenrücken), Muschelkalkrücken sö. von Oppeln, Polenᵛ, Teil der Oberschles.; im Annaberg 385 m hoch.

Chełmno [poln. 'xɛymnɔ], Stadt in Polen, ↑Culm.

Chelmsford, Frederick John Napier Thesiger Viscount (seit 1921) [engl. 'tʃelmsfəd], * London 12. Aug. 1868, † Ardington House (bei Wantage) 1. April 1933, brit. Politiker. - 1905–09 Gouverneur von Queensland, 1909–13 von Neusüdwales; Vizekönig von Indien 1916–21; 1924 1. Lord der Admiralität.

Chelmsford [engl. 'tʃelmsfəd], engl. Stadt am Zusammenfluß von Chelmer, Can und Wid, 58 000 E. Verwaltungssitz der Gft. Essex; anglikan. Bischofssitz; Museum; alter Marktort, heute Ausbaustadt von London. - Röm. Gründung (**Caesaromagus**); 1888 Stadtrecht.

Chelsea [engl. 'tʃɛlsɪ], ehem. engl. Stadt, heute zu Groß-London.

Chelseaporzellan [engl. 'tʃɛlsɪ], in einer Manufaktur im Londoner Stadtteil Chelsea von etwa 1745–84 hergestelltes Weichporzellan mit bunter Bemalung; anfängl. Nachahmung Meißner Porzellans; bes. charakterist. die **Chelsea toys,** bemalte Riechfläschchen, Schnupftabakdosen, Bonbonnieren u. a.

Cheltenham [engl. 'tʃɛltnəm], engl. Stadt, Gft. Gloucester, 10 km onö. von Gloucester, 73 000 E. Schul-, Wohn-, Einkaufs- und Industriezentrum; Forschungsinst. des National Coal Board; Museum, Gemäldegalerie; Festival zeitgenöss. Musik; Pferderennbahn. - Erstmals 1223 erwähnt. Nach der Entdeckung der Mineralquellen (1715) beliebter Badeort; 1876 Stadtrecht.

Chemical Mace [engl. 'kɛmɪkəl 'mɛɪs], engl. Bez. für ↑chemische Keule.

Chemie [çe...; arab.; bis um 1800 Chymie; vermutl. Rückbildung aus ↑Alchimie], die Lehre von den Stoffen, von ihrem Aufbau, ihren Eigenschaften und von ihren Veränderungen. Sie befaßt sich mit den chem. Elementen in freiem oder in gebundenem Zustand, den Reaktionen, Umsetzungen, Umwandlungen und Wechselwirkungen der chem. Elemente und ihrer Verbindungen sowie mit der Bestimmung, Steuerung und Voraussage, Deutung, Auswertung und Anwendung und den Mechanismen der Reaktionen. Abstrakter formuliert ist die C. die Naturwiss., die sich mit den Ursachen und Wirkungen von Elektronenabgabe, -aufnahme und -verteilung zw. Atomen und Molekülen befaßt. Wegen des sehr umfangreichen Arbeitsgebietes werden sowohl die reine wie auch die angewandte C. in einzelne Bereiche gegliedert. Innerhalb der **reinen Chemie** gibt es zunächst die beiden großen Gebiete der anorgan. und

GESCHICHTE DER CHEMIE (Auswahl)

rd. 8000 v. Chr.		erste Keramik
rd. 7000 v. Chr.		Ziegel
rd. 4000 v. Chr.		Kalk, Bleiweiß, Holzkohle, Grünspan, Mennige, Zinnober, Bleisulfid, Kupfer
rd. 3500 v. Chr.	Ägypten	Bier, Wein
rd. 3000 v. Chr.	Ägypten	Bronze
rd. 2800 v. Chr.		Eisen
rd. 2400 v. Chr.	Sudan	Indigofärbung
rd. 2000 v. Chr.	Ägypten	Gerberei
rd. 2000 v. Chr.	Ägypten	Gold
rd. 2000 v. Chr.	Nubien	Blei
rd. 2000 v. Chr.	Sumer	Seife
rd. 2000 v. Chr.	Ägypten	Glas
rd. 1600 v. Chr.	Ägypten	
rd. 600 v. Chr.	Thales von Milet	„Wasser ist der Urstoff aller Dinge"
rd. 500 v. Chr.	Rom	Destillation; Zinn rein, Purpur, Krapp, Soda, Pottasche, Gips, Mörtel, Alaun, Ätzkali
rd. 450 v. Chr.	Empedokles	Feuer, Wasser, Luft, Erde als „Grundelemente"
rd. 200 v. Chr.	Griechenland	Ultramarin
rd. 160 v. Chr.	Demokrit	„Atomtheorie"
rd. 80 v. Chr.	Gallien	Salmiak
rd. 600 n. Chr.	China	Herstellung von Porzellan

Von der Zeitenwende bis etwa 1500 Entwicklung, Blüte und Niedergang der Alchimie

1619	Sennert	Begründung der neuen Atomtheorie
1620	England	Koks
1630	Jungius	Begründung des modernen Elementebegriffes
1661	Boyle	
1669	Brand	Phosphor
1693	Tschirnhaus	Hartporzellan
1697	Stahl	Phlogistontheorie
1738	Bernoulli	kinetische Gastheorie
1747	Marggraf	Zucker aus Rüben
1750	Watson	Platin
1750	Roebuck	Schwefelsäure
1751	Cronstedt	Nickel
1771	Scheele, Priestley	Entdeckung des Sauerstoffs
1772	D. Rutherford	Stickstoff
1774	Scheele	Chlor
1776	Scheele	Oxalsäure
1777	Wenzel, Richter	Gesetz von den konstanten Gewichtsverhältnissen. Damit Beginn der wiss. Chemie
1783	Lavoisier	richtige Deutung des Verbrennungsprozesses
1783	Cavendish	erste genaue Analyse der Luft
1789	Klaproth	Uran
1789	Lavoisier	erste Elementaranalysen
1798	Ritter	wiss. Grundlagen der Elektrochemie
1799	Proust	konstante Verbindungsgewichte
1808	Dalton	Gesetz von den multiplen Proportionen. Atomtheorie
1811	Avogadro	Aufstellung des Avogadroschen Gesetzes
1811	Biot, Arago	Entdeckung der opt. Aktivität organ. Stoffe
1814	v. Berzelius	erste Atomgewichtstafel
1824	Wöhler	Synthese der Oxalsäure; Begründung der synthet. organ. Chemie
1825	Faraday	Entdeckung des Benzols
1826	Unverdorben	Darstellung von Anilin aus Indigo
1828	Wöhler	Harnstoffsynthese
1830	v. Berzelius	Begriff der Isomerie
1836	v. Berzelius	Begriff der Katalyse
1839	Daguerre	offizielle Verkündung des ersten photograph. Verfahrens (Daguerreotypie)

1840	v. Liebig	Begründung der künstl. Düngung
1842	J. R. v. Mayer	Gesetz von der Erhaltung der Energie
1844	C. Goodyear	erste Vulkanisation von Kautschuk
1856	Perkin	erster synthet. organ. Farbstoff (Mauvein)
1857	Kekulé, v. Stradonitz	Entdeckung der Vierwertigkeit des Kohlenstoffs; Begründung der organ. Strukturchemie
1858	Grieß	erste Azofarbstoffe
1860	Bunsen, Kirchhoff	Entwicklung der Spektralanalyse
1861	Bunsen	Entdeckung des Rubidiums
1861	Crookes, Lamy	Entdeckung des Thalliums
1861	Graham	Begründung der Kolloidchemie
1865	Kekulé, v. Stradonitz	Aufstellung der ringförmigen Benzolformel; Begründung der modernen organ. Chemie
1867	Nobel	Dynamit
1867	Güldberg, Waage	mathemat. Formulierung des Massenwirkungsgesetzes
1869	L. Meyer, Mendelejew	Periodensystem der chem. Elemente
1874	van t Hoff, Le Bel	Begründung der Stereochemie
1884	Ostwald, Arrhenius, van't Hoff	Ionentheorie
1884	Chardonnet de Grange	Begründung der Chemiefaserind.
1885	Auer v. Welsbach	Entdeckung der Elemente Praseodym und Neodym
1886	Winkler	Entdeckung des Germaniums und damit Bestätigung des Periodensystems
1895	Ramsay, Rayleigh u. a.	Entdeckung der Edelgase in der Luft
1896	Becquerel	erste Beobachtung radioaktiver Erscheinungen
1898	M. und P. Curie	Entdeckung von Radium und Polonium
1900	M. Planck	Einführung des Planckschen Wirkungsquantums
1902	E. Fischer	Beginn der systemat. Analyse der Eiweißstoffe
1904	Bayliss, Starling	Einführung des Begriffs „Hormon"
1907	Baekeland	Begründung der Kunstharzind.
1909	Hofmann	erster Synthesekautschuk
1911	Haber, Bosch	Ammoniaksynthese
1911	E. Rutherford	Theorie der Atomstruktur
1912	Pregl	Entwicklung der quantitativen organ. Mikroanalyse
1913	Thomson	erstmalige Zerlegung eines Elements in seine Isotope
1913	Bergius	erstes Patent zur Benzinsynthese durch Kohlehydrierung (Kohleverflüssigung)
1913	Bohr	Aufstellung des Atommodells des Wasserstoffatoms
1913	Bragg	Erforschung des Gitteraufbaus der Kristalle durch Röntgenstrahlen
1913	v. d. Broek	Erkenntnis der Übereinstimmung der Ordnungszahl im Periodensystem mit der entsprechenden Rutherfordschen Kernladungszahl
1916	Lewis, Kossel	Entwicklung der modernen Elektronentheorie der Valenz (Edelgaskonfiguration, Oktettprinzip)
1919	E. Rutherford	erste Kernumwandlung (Stickstoff)
1920	Staudinger	Aufklärung der Polymerisation; Begründung der makromolekularen Chemie
1923	Lowry, Brønsted	Säure-Base-Definition auf der Grundlage des Protonenaustausches
1928	Szent-Györgyi, Karrer, Hirst, Reichstein	Isolierung des Vitamins C
1928	Fleming	Entdeckung des Penicillins
1932	Wieland, Dane, Rosenheim, King	Strukturaufklärung des Cholesterins

Geschichte der Chemie (Forts.)

Jahr		Jahr	
1932	Urey, Brickwedde, Murphy — Entdeckung des schweren Wassers	1952	Gates, Tschudi — Totalsynthese des Alkaloids Morphin
1933	Ingold, Pauling — Erklärung der Stabilität einiger organ. Verbindungen durch den Mesomerie-Begriff	1953	Watson, Crick, Wilkins — Helixmodell der Nukleinsäuren
1934	Butenandt, Marker, Pincus — Isolierung des Sexualhormons Progesteron	1953	Ziegler — Niederdruckpolyäthylen
1935	Domagk — Entdeckung der Heilwirkung der Sulfonamide	1955	Sanger — Sequenzanalyse des Insulins
1935	Laqueur, Butenandt, Ruzicka — Isolierung des Sexualhormons Testosteron	1956	Calvin, Witt — Aufklärung der Photosynthese
1937	Segrè, Perrier — künstl. Darstellung des Elements Technetium	1960	Bartlett — Edelgasverbindungen
1938	Schlack, Carothers — erste Synthesefasern aus Polyamiden	1961	Hoppe, u. a. Matthei, Nirenberg, Ochoa — Entzifferung des Basencodes der Nukleinsäuren
1939	Hahn, Straßmann — Spaltung von Urankernen mit Hilfe von Neutronen	1962	Kendrew, Perutz — Strukturermittlung des Hämoglobins und Myoglobins durch Beugung von Röntgenstrahlen
1939	Perey — künstl. Darstellung des Elements Francium	1965	Holley u. a. — erste Sequenzermittlung einer Nukleinsäure
1940	Corson, MacKenzie, Segrè — künstl. Darstellung des Elements Astat	1966	Khorana, Nirenberg — Teilsynthese der DNS
1941	Seaborg, McMillan, Kennedy, Wahl — künstl. Darstellung des Elements Plutonium	1969	Hirschmann, Merrifield, Moore, Stein, Anfinsen — erste Synthese eines Enzyms
1941	Rochow, Müller — techn. Synthese der Silicone	1970	Khorana — erste Totalsynthese eines Gens
1944	Avery — Desoxyribonukleinsäure wird als Träger genet. Information erkannt; Begründung der Molekulargenetik	1970	Temin, Baltimore — Entdeckung der reversen Transkriptase
1945	Marinsky, Glendenin, Coryell — künstl. Darstellung des Elements Promethium	1972	Woodward, Eschenmoser — Synthese des Vitamins B_{12}
1946	Libby — Altersbestimmung organ. Stoffe mit radioaktivem ^{14}C	1973	Kim — erste Röntgenstrukturanalyse einer Transfer-RNS
1950	Pauling, Corey — Helixmodell der Proteine	1975	Henderson, Unwin — erste Bestimmung der dreidimensionalen Struktur eines Proteins unter dem Elektronenmikroskop
		1976	Sänger — Strukturaufklärung der Viroide
		1976	Bahl — erste Synthese einer DNS mit nachweisbarer biolog. Aktivität
		1982	Gray u. a. — Gewinnung von gentechnolog. hergestelltem γ-Interferon

der organ. C. Die **anorganische Chemie** beschäftigt sich mit denjenigen Elementen, Legierungen und Verbindungen, die keinen Kohlenstoff enthalten. Eine Ausnahme bilden hierbei einige einfache Kohlenstoffverbindungen wie Kohlenmonoxid, Kohlendioxid und Schwefelkohlenstoff sowie die von ihnen abgeleiteten Verbindungen. In der modernen C. wird die Grenze zur organ. C. wegen der steigenden Anzahl der elementorgan. Verbindungen (z. B. Silicone) zunehmend unschärfer. Das zweite größere Teilgebiet, die **organische Chemie**, umfaßt die Verbindungen des Kohlenstoffs. Obwohl sich der überwiegende Teil der organ. Verbindungen nur aus wenigen Elementen (neben Kohlenstoff meist nur Wasserstoff und Sauerstoff, daneben auch Stickstoff, Schwefel und Phosphor) zusammensetzen, sind sie - u. a. wegen der Vierbindigkeit der Kohlenstoffatome und wegen ihrer Fähigkeit, sich untereinander zu mehr oder weniger langen Kettenmolekülen oder Ringen zu verbinden und der sich daraus ergebenden zahllosen Kombinationsmöglichkeiten - wesentl. zahlr. als die anorgan. Verbindungen (etwa 4–6 Mill. organ. Verbindungen gegenüber 40 000–120 000 anorgan. Verbindungen). Die organ. C. wird allg. in die Teilbereiche der C. der acycl. sowie der C. der cycl. Verbindungen unterteilt, daneben weiter in zahlr. Fachgebiete wie z. B. Farbstoffchemie, Lebensmittelchemie, Polymerchemie. Zw. 1840 und 1880 fand eine gegenseitige Durchdringung von organ. C. und Physiologie statt, in deren Folge sich die Biochemie als eigenständige Wiss. abtrennte. Die ↑Naturstoffchemie jedoch blieb weiterhin ein gemeinsames Grenzgebiet beider Disziplinen. - Alle anderen Zweige der reinen C. sind von der Methode her begründet und befassen sich sowohl mit anorgan. als auch mit organ. Stoffen. Zu diesen Zweigen zählen u. a. die analyt. C., die präparative C., die physikal. C. sowie die theoret. C. Die **analytische Chemie** beschäftigt sich mit der Zerlegung und Strukturaufklärung von Verbindungen und der Bestimmung von Verbindungs- oder Gemengeteilen. Die **präparative Chemie** befaßt sich mit der Herstellung von Verbindungen („Präparaten") im chem. Laboratorium. Sie ist eine Grundlage der chem. Forschung, da sie die Entwicklung neuer Substanzen ermöglicht und zur Ausarbeitung neuer Synthesewege führt. Die **physikalische Chemie** (Physikochemie) untersucht die bei chem. Vorgängen auftretenden physikal. Erscheinungen und den Einfluß physikal. Einwirkungen auf chem. Vorgänge sowie Stoffe und Vorgänge mit physikal. Methoden und beschreibt und erklärt diese mit Hilfe physikal. Vorstellungen bzw. Theorien. Wichtige Zweige sind u. a. Elektrochemie, Kolloidchemie, Kristallchemie, Reaktionskinetik. Die physikal. C. liefert auch die theoret. Grundlagen der chem. Technologie und der Verfahrenstechnik. Die **theoretische Chemie** befaßt sich mit der Aufklärung der Bindungsstruktur und des Reaktionsverhaltens von Molekülen und versucht, diese mit Hilfe von theoret.-physikal. Vorstellungen, insbes. mit quantenmechan. begründeten Elektronenmodellen, zu beschreiben. Dabei erfolgt auch die mathemat. Ableitung der von der physikal. C. gefundenen Gesetzmäßigkeiten und experimentellen Ergebnisse. Viele Teilgebiete der **angewandten Chemie** untersuchen chem. Vorgänge in anderen Wissensgebieten und benutzen verschiedene Methoden der reinen C. zur Lösung unterschiedl. Probleme, z. B. in der Landw. (Agrikulturchemie), bei der Untersuchung von Lebensmitteln (Nahrungsmittelchemie), bei der Entwicklung neuer Heilmittel (pharmazeut. Chemie), bei der Analyse von Mineralen und Gesteinen (Mineralchemie), bei der Aufklärung von Straftaten (Gerichtschemie, forens. Chemie), bei der Entwicklung techn. Produktionsverfahren (technische Chemie).

Geschichte: In der Antike wurden chem. Kenntnisse v. a. bei der Arzneimittelherstellung und Gewinnung von Giften angewandt, ferner gab es spezielle Techniken zur Gewinnung und Verarbeitung wertvoller Naturstoffe. Noch im 17. und 18. Jh. spielte die ↑Alchimie eine große Rolle und wurde nur langsam von der eigentl. C. abgelöst, die sich ausschließl. der Untersuchung der Materie und ihrer Umwandlungen widmete. Die Unterscheidung anorgan. - organ. stammt aus dem 17. Jh. Die angewandte C. ist gekennzeichnet durch die Entstehung der chem. Ind. Den Abschluß der Entwicklung der C. zur Systemwiss. bildete die Formulierung des Periodensystems der chem. Elemente (1869). Eine Vereinheitlichung der chem. Nomenklatur wurde 1892 auf einer Konferenz in Genf erreicht.

📖 *Christen, H. R.:* Grundll. der organ. C. Ffm. [6]1985. - *Römpp, H./Raaf, H.:* C. des Alltags. Stg. [25]1982. - *Radmacher, W. u. a.:* Einf. in die C. Essen [4]1979.

Chemiefasern [çe...], Sammelbez. für alle auf chem. Wege erzeugten Fasern. Man unterscheidet *vollsynthet.* Fasern, deren Makromoleküle durch ↑Polymerisation, ↑Polykondensation oder ↑Polyaddition entstanden sind, und Fasern auf *Naturstoffbasis,* z. B. Zelluloseregenerate. Die Herstellung der C. kann aus der Lösung nach dem Trockenoder dem Naßspinnverfahren oder aus der Schmelze nach dem Schmelzspinnverfahren erfolgen. Beim *Trockenspinnverfahren* werden die Makromoleküle in leicht verdampfbaren Lösungsmitteln wie Aceton oder Schwefelkohlenstoff gelöst und bei 5–15 bar durch Spinndüsen gepreßt; das rasch verdampfende Lösungsmittel wird abgesaugt und das Fadenkabel auf Spulen aufgerollt. Beim *Naßspinnverfahren* wird die Polymerlösung durch

Chemieunterricht

Düsen in ein Fällbad gepreßt (*Viskose*). Thermoplast. Makromoleküle wie Polyäthylen, Polyamide und Polyester werden aus der Schmelze verarbeitet. Die Abkühlung nach dem Pressen und Verspinnen erfolgt durch Einblasen von Kühlgasen. Durch anschließendes Verstrecken orientieren sich die Makromoleküle parallel zur Faserrichtung, wobei sich Nebenvalenzen ausbilden (z. B. Wasserstoffbrückenbindungen zw. Carbonyl- und Aminogruppen). C. besitzen gegenüber Naturfasern eine höhere Reiß- und Scheuerfestigkeit, sie sind knitterarm und vielfach auch wasser-, licht-, wetter- und chemikalienfest (↑ Kunststoffe).

Chemieunterricht [çe...], C. wurde vereinzelt in Verbindung mit Mineralienkunde im 18. Jh. in den sog. „Realschulen" eingeführt; in den Gymnasien wurde er erst 1892 als Teil der Physik in den Lehrplan der Untersekunda aufgenommen, aber erst 1925 - zunächst in Preußen - an allen Gymnasien eingeführt. In der BR Deutschland wird der C. in der Hauptschule im Rahmen der Naturkunde, in der Realschule wie im Gymnasium als selbständiges Fach erteilt, nicht selten in einer Koppelung mit Biologie- und Physikunterricht.

Chemikalien [çe...; arab.], industriell hergestellte chem. Stoffe; man unterscheidet **Feinchemikalien** mit hohem Reinheitsgrad für den Gebrauch in den Laboratorien und **Schwerchemikalien,** die in der Ind. als Rohstoff für die Gewinnung anderer Stoffe dienen, z. B. Mineralsäuren.

Chemilumineszenz (Chemolumineszenz) [çe...; arab./lat.], die durch bestimmte Reaktionen bewirkte Aussendung von sichtbarem oder ultraviolettem Licht ohne wesentl. Temperaturerhöhung; z. B. leuchtet weißer Phosphor schon bei Zimmertemperatur. Diese Lichtenergie entstammt der chem. Energie, die bei der langsamen Oxidation der spurenweise abgegebenen Phosphordämpfe zu Phosphor(V)-oxid frei wird. Die C. von Organismen wird als **Biolumineszenz** bezeichnet. Dieses Leuchten beruht auf der Oxidation bestimmter Leuchtstoffe (Luciferine) unter katalyt. Wirkung des Enzyms Luciferase. Sie tritt u. a. bei Tiefseefischen, Insekten (Glühwürmchen) und Einzellern (Ursache des Meeresleuchtens) sowie bei faulendem Holz auf.

Chemin [frz. ʃəˈmɛ̃], Weg, Straße.

Chemin-Petit, Hans [frz. ʃəmɛ̃pˈti], *Potsdam 24. Juli 1902, †Berlin (West) 12. April 1981, dt. Komponist und Dirigent. - Komponierte u. a. Opern, Chorwerke, Orchesterwerke, Kammermusik in polyphonem Stil.

Chemins des Dames [frz. ʃəmɛ̃deˈdam] ↑ Damenweg.

chemische Analyse [çe...], die Auftrennung von Stoffgemischen in ihre Einzelkomponenten und deren anschließende Identifizierung; weiter die Ermittlung der eine Verbindung aufbauenden Elemente sowie Ermittlung der strukturellen Anordnung der Atome oder Atomgruppen in den Molekülen. Die *qualitative Analyse* vermittelt die Zusammensetzung einer Verbindung oder eines Stoffgemisches, die *quantitative Analyse* stellt die Menge der Bestandteile fest, die eine Verbindung aufbauen oder die in einem Stoffgemisch enthalten sind.

Bei der qualitativen Analyse anorgan. Verbindungen geht es darum, durch bestimmte, für die einzelnen Ionen charakterist. Nachweisreaktionen die An- oder Abwesenheit des jeweiligen Elementes in der Analysensubstanz festzustellen. Da viele Elemente den einwandfreien Nachweis anderer Elemente stören, wird dazu ein Trennungsgang durchgeführt, bei dem bestimmte Gruppen ähnl. reagierender Ionen durch geeignete Reagenzien von der Analysensubstanz abgetrennt werden. Diese Gruppen werden anschließend weiter aufgetrennt, bis ein einwandfreier Nachweis eines Elements mögl. ist. Um den Trennungsgang soweit wie mögl. zu vereinfachen, werden vor Beginn des Trennungsgangs Vorproben ausgeführt, deren Ausfall Hinweise auf die Zusammensetzung der Substanz liefert. Zur Durchführung des Trennungsgangs wird die Analysensubstanz zunächst gelöst, unlösl. Bestandteile werden aufgeschlossen. Die qualitative Analyse organ. Verbindungen besitzt nur eine untergeordnete Bed., da neben Kohlenstoff, Wasserstoff und Sauerstoff nur wenige weitere Elemente am Aufbau organ. Verbindungen beteiligt sind.

📖 *Bartels, H. A.: C. A. Basiswissen. Hdbg. 1977.*

chemische Bindung [ˈçe...], Art des Zusammenhalts von Atomen in Molekülen und Kristallen; die bindenden Kräfte sind elektr. Natur, da alle Atome durch Elektronenabgabe oder -aufnahme versuchen, die energiemäßig günstigere und stabilere Edelgasschale als im Periodensystem der nächsten Elemente nächsten Edelgases auszubilden. Nach der Elektronenverteilung unterscheidet man: **Atombindung** (kovalente oder homöopolare Bindung, Elektronenpaarbindung), bei der ein oder mehrere Elektronen den beteiligten Atomen gemeinsam angehören; sie tritt v. a. bei Molekülen nichtmetall. Elemente auf. **Ionenbindung** (heteropolare, elektrostat. polare Bindung), bes. bei Salzen auftretende Bindungsart, bei der Metalle Elektronen abgeben (Kationenbildung) und Nichtmetalle Elektronen aufnehmen (Anionenbildung); die c. B. wird hier durch die elektr. Ladung bewirkt. Die **Koordinationsbindung** (koordinative, dative oder semipolare Bindung) steht der Atombindung nahe, unterscheidet sich aber von dieser dadurch, daß das gemeinsame Elektronenpaar nur von einem Atom gestellt wird, während das andere über eine besetzbare

Elektronenlücke verfügen muß. Die koordinative Bindung ist v. a. maßgebl. am Aufbau der ↑Koordinationsverbindungen beteiligt. Die **metallische Bindung** ist eine spezif. Bindung der Metalle und Legierungen, bei der die Elektronen im durch Metallionen gebildeten Gitter frei bewegl. sind. Zw. allen Arten der c. B. sind Übergänge mögl.

chemische Elemente ['çe:...], Grundstoffe, die sich chem. nicht weiter zerlegen lassen. Die kleinste Einheit, die noch die dem Element typ. Eigenschaften trägt, ist das ↑Atom. Unterscheiden sich die Atome eines Elements in ihrer Atommasse (bzw. Neutronenzahl) voneinander, so spricht man von Isotopen eines Elements. Von den zur Zeit bekannten 108 Elementen sind 11 Elemente gasförmig (bei 20°C: Argon, Chlor, Fluor, Helium, Krypton, Neon, Radon, Sauerstoff, Stickstoff, Wasserstoff, Xenon), zwei Elemente sind flüssig (Brom, Quecksilber), die übrigen Elemente sind fest. Die chem. Elemente mit den Ordnungszahlen 95 bis 109 sowie das Element Technetium (Ordnungszahl 43) sind nur durch Kernreaktionen künstl. darstellbar (↑auch superschwere Elemente, ↑Transurane). 93 Elemente kommen in der Natur vor, wobei allerdings die Elemente 93 (Neptunium) und 94 (Plutonium) sich bei radioaktiven Prozessen ledigl. intermediär und in verschwindend geringen Mengen bilden. Die Elemente mit niedrigeren Ordnungszahlen sind wesentl. häufiger in der Erdkruste; so sind die Elemente mit den Ordnungszahlen 1 bis 29 etwa 1 000mal häufiger vertreten als der Rest. Die häufigsten Elemente der oberen Erdkruste einschließl. der Ozeane und der Atmosphäre sind der Sauerstoff mit 49,5, das Silicium mit 28,8, das Aluminium mit 7,57, das Eisen mit 4,7 und das Calcium mit 3,4 Gewichtsprozenten, so daß diese fünf Elemente bereits einen Gewichtsanteil von mehr als 90 % ausmachen. - Um eine internat. verständl. chem. Zeichen- und Formelsprache zu ermöglichen, ist jedem c. E. ein Symbol zugeordnet, das aus dem ersten Buchstaben seines meist lat. Namens besteht. - ↑auch Periodensystem der chemischen Elemente.

📖 Engels, S./Nowak, A.: Auf der Spur der Elemente. Lpz. ²1977. - Taube, P. R./Rudenko, J. I.: Die c. E. Dt. Übers. Köln 1971.

chemische Formeln ['çe:...], internat. vereinbarte Schreibweise, bei der man die Bruttozusammensetzung, die Teilstruktur oder auch die Struktur von Verbindungen mit Hilfe von Elementsymbolen, Zahlen, Bindungsstrichen bzw. Punkten darstellt. Die **stöchiometrische Formel** (Verhältnisformel) gibt an, welche Arten von Atomen in der betreffenden Verbindung vorliegen und in welchem Zahlenverhältnis die Atome der Verbindungsbestandteile am Aufbau der Verbindung beteiligt sind. Kommt eine bestimmte Atomgruppe mehrfach im Molekül vor, so

Chemische Bindung. Strukturformeln der Atom- und Ionenbindung sowie Übergänge zwischen Atom- und Ionenbindung

Beispiele chemischer Formeln

wird diese in runde Klammern gesetzt und entsprechend ihrer Anzahl mit einer tiefgestellten Indexzahl versehen. - Die **Bruttoformel** (Summenformel) gibt Art und Anzahl der am Aufbau eines Moleküls beteiligten Atome an. Bei organ. Verbindungen werden zunächst die Kohlenstoffatome, dann die Wasserstoffatome und zuletzt die anderen Atome in alphabet. Reihenfolge (jeweils mit Angabe der Anzahl als Index) genannt; die Verbindung $CH_2Cl-CHOH-CH_2Cl$, 1,3-Dichlor-2-propanol hat die Bruttoformel $C_3H_6Cl_2O$. - In der **Strukturformel** (Konstitutionsformel) werden alle am Aufbau des betreffenden Moleküls beteiligten Atome einzeln durch ihre Symbole und alle Atombindungen durch Valenzstriche angegeben. Zugleich wird dargestellt, in welcher Reihenfolge die Atome im Molekül miteinander verknüpft sind und wieviele Atombindungen jeweils zwei Atome miteinander eingehen. Einfachbindungen werden durch einen, Doppelbindungen durch zwei, Dreifachbindungen durch drei Valenzstriche angezeigt. Werden in der Strukturformel nicht nur die Atombindungen, sondern auch die nicht an Bindungen beteiligten Außen-

chemische Geräte

elektronen der Atome dargestellt, so erhält man die **Elektronenformel**. Die Außenelektronen werden durch zusätzl. Punkte oder Punktpaare (bzw. Striche) gekennzeichnet. - Die räuml. Anordnung der Atome in einem Molekül zeigt die **Konfigurationsformel;** sie ist v. a. wichtig für die Darstellung von cis-trans-Isomeren.

chemische Geräte ['çe:...] (Laborgeräte), im chem. Laboratorium verwendete Arbeitsgeräte und Apparate, die möglichst aus chem. und therm. widerstandsfähigen Materialien (v. a. Glas, Porzellan, Platin, Blei, Kunststoffe) angefertigt sein müssen, z. B. Kolben, Meßzylinder, Pipetten, Büretten u. a.

chemische Gleichung ['çe:...], Beschreibung chem. Reaktionen mit Hilfe chem. Formeln. Die chem. Reaktionsgleichungen bestehen immer aus zwei quantitativ gleichwertigen Seiten, die durch einen den Reaktionsablauf anzeigenden Richtungspfeil getrennt werden. Die Gleichheitsbedingung bezieht sich auf die Zahl und die Art der Atome der Ausgangs- und Endprodukte, d. h. auf beiden Seiten einer c. G. müssen die gleiche Anzahl und die gleichen Sorten von Atomen vorliegen; z. B. $KCl + HClO_4 \rightarrow KClO_4 + HCl$.

chemische Industrie ['çe:...], der die industrielle Herstellung von anorgan. und organ. Chemikalien sowie von chem. Spezialerzeugnissen umfassende Ind.zweig. In der c. I. arbeiten 1986 mit rd. 562 000 Beschäftigten in ungefähr 1 160 Unternehmen etwa 8 % aller in der Ind. der BR Deutschland Beschäftigten. Der Umsatz der c. I. betrug 1985 ca. 148 Mrd. DM; im internat. Vergleich lag die c. I. der BR Deutschland 1985 an vierter Stelle hinter den USA, der Sowjetunion und Japan. In den Export gingen (1985) Produkte für insgesamt 76,9 Mrd. DM.

Geschichte: Vorindustrielle Formen der Produktion chem. Erzeugnisse treten bereits in der Antike auf (Färberei, Glasherstellung, Gerberei u. ä.). Im MA stand v. a. die Metallurgie in hoher Blüte. Ab der Mitte des 17. Jh. entwickelte sich die Färberei, Glas- und Eisenind. Um 1800 begann man, mit Chlor und Chlorverbindungen zu bleichen, was die Produktion von Chlor sowie die Textilind. starken Auftrieb gab. Den größten Aufschwung erlebte die c. I. in der zweiten Hälfte des 19. Jh. Als neuer Produktionszweig entstand die Fabrikation synthet. Farbstoffe (dt. Anteil an der Weltproduktion 1900 über 80 %). Außerdem fallen in diese Zeit die Erfindung des Dynamits (1867), ein neues Verfahren zur Sodaherstellung (Solvay-Verfahren), die elektrochem. Produktion von Leichtmetallen, die Entstehung der Düngemittelind. und die Herstellung synthet. Medikamente. Im 20. Jh. entwickelten sich v. a. petrochem. Ind. und Kunststoffproduktion.

chemische Keule ['çe:...] (Chemokeule,

engl. Chemical Mace), v. a. bei polizeil. Einsätzen verwendetes Sprühgerät für Reizstoffe (Augen und Atemwege); Einsatz umstritten, da körperl. Dauerschäden nicht ausgeschlossen sind bzw. bei z. B. herzkranken Menschen die Anwendung den Tod verursachen kann.

chemischer Apparatebau ['çe:...], Zweig des Apparatebaus, der sich mit den speziellen Anforderungen der chem. Ind. an Produktionsanlagen befaßt; in der BR Deutschland von der DECHEMA (Dt. Gesellschaft für chem. Apparatewesen e. V.) auf gemeinnütziger Grundlage gefördert.

chemische Reaktion ['çe:...] ↑ Reaktion.

chemische Reinigung ['çe:...], die Reinigung von textilen Materialien, Leder und Pelzen durch Eintauchen in organ. Lösungsmittel, z. B. Benzin oder Perchloräthylen. Bei der Nachbehandlung mit Wasser und Seife werden auch wasserlösl. Verschmutzungen entfernt; das Lösungsmittel wird destillativ abgetrennt und wiederverwendet.

Chemischer Ofen ['çe:...] ↑ Sternbilder (Übersicht).

chemische Sedimente ['çe:...] ↑ Gesteine.

chemisches Gleichgewicht ['çe:...], Zustand einer chem. Reaktion, bei dem Ausgangs- und Endprodukte in bestimmten, stets gleichbleibenden Konzentrationen vorliegen. Das Bestehen eines c. G. wird durch einen Doppelpfeil (⇌) angedeutet.

chemische Sinne ['çe:...], zusammenfassende Bez. für Geruchssinn und Geschmackssinn bei Tier und Mensch.

chemische Technologie ['çe:...], die Lehre von den Verfahrenswegen, die zur Herstellung chem. Produkte notwendig sind. Ziel ist die rationellste, den jeweiligen Bedingungen (Ausgangsrohstoffe, zur Verfügung stehende Energie) und den Bedürfnissen des Marktes am besten angepaßte Produktionsweise.

chemische Verbindungen ['çe:...], Stoffe, die aus zwei oder mehreren chem. Elementen aufgebaut sind, wobei die Anzahl der beteiligten Atome eines Elements durch die Gesetze der ↑ Stöchiometrie festgelegt ist und durch eine chem. Formel ausgedrückt wird. Eine c. V. besitzt völlig andere Eigenschaften als die einzelnen Elemente selbst. Nach der Anzahl der Atomarten, aus denen eine c. V. aufgebaut ist, unterscheidet man binäre (aus zwei Bestandteilen, z. B. NaCl), ternäre (aus drei Bestandteilen, z. B. HClO), quaternäre c. V. (aus vier Bestandteilen, z. B. Na_2HPO_4) usw. Nach der Art der chem. Bindung zw. den Atomen lassen sich polar aufgebaute und homöopolar aufgebaute c. V. unterscheiden. Zur Zeit sind etwa 6 Mill. c. V. bekannt; jährl. kommen rd. 100 000 neue c. V. dazu.

chemische Waffen ['çe:...] ↑ ABC-Waffen.

Chemise [ʃəˈmiːzə; frz. ʃəˈmiːz „Hemd"], das typ. Kleid des † Directoire, ein hochgegürtetes Kleid in hemdartigem Schnitt aus leichtem Stoff; nach engl. Anregungen in Frankr. in Mode gekommen und weiterverbreitet.

Chemisette [ʃəmiˈzɛt(ə); frz.], gestärkte Hemdbrust (zu Frack und Smoking).

Chemismus [arab.], Gesamtheit der chem. Vorgänge zw. Ausgangsstoff und Endprodukt einer chem. Reaktion, bes. im pflanzl. und tier. Stoffwechsel.

Chemisorption (Chemosorption) [çe...; arab./lat.], Ad- bzw. Absorption von Atomen oder Molekülen durch feste oder flüssige Körper beim Ablauf chem. Reaktionen; Bildung sog. **Adsorptionsverbindungen.**

Chemnitz [ˈkɛm...], Bogislaw Philipp von, * Stettin 9. Mai 1605, † auf Gut Hallstad (Schweden) 17. Mai 1678, dt. Historiker und Publizist. - Enkel von Martin C.; arbeitete seit 1642 in schwed. Auftrag an der Geschichte des „Königl. schwed. in Teutschland geführten Kriegs" (1648 ff.); 1644 offizieller schwed. Reichshistoriograph; schrieb unter dem Pseudonym **Hyppolithus a Lapide** (1640/47) ein gegen das Haus Österreich und das Zusammengehen von Kaiser und Reichsständen gerichtetes Pamphlet.
C., Martin, * Treuenbrietzen 9. Nov. 1522, † Braunschweig 8. April 1586, dt. ev. Theologe. - Schüler Melanchthons, seit 1567 Superintendent in Braunschweig. Er vermittelte in dem Streit zw. Philippisten (Anhänger Melanchthons) und Lutheranern. Zehn Jahre arbeitete er an der Konkordienformel; Darstellung des Tridentinums „Examen Concilii Tridentini" (1565–73).

Chemnitz [ˈkɛm...] † Karl-Marx-Stadt.

Chemokeule [ˈçe:...; arab./dt.], svw. † chemische Keule.

Chemonastie [çe...; arab./griech.] † Nastie.

Chemoresistenz [çe...; arab./lat.] (Chemotherapieresistenz), bei der Behandlung von Infektionen entstehende Unempfindlichkeit mancher Erregerstämme gegen ursprüngl. wirksame Chemotherapeutika (v. a. Antibiotika, Sulfonamide).

Chemorezeptoren [çe...; arab./lat.], Sinneszellen oder Sinnesorgane, die der Wahrnehmung chem. Reize dienen, v. a. die Geruchs- und Geschmackssinneszellen bzw. -organe.

Chemose (Chemosis) [çe...; griech.], ödematige Schwellung der Augenbindehaut u. a. bei schwerer allerg. Bindehautentzündung.

Chemosterilanzien [çe...; arab./lat.], chem. Verbindungen (Wirkstoffe), die bei Tieren Unfruchtbarkeit bewirken; sie hemmen die Keimdrüsenentwicklung, z. B. von Schadinsekten.

Chemosynthese [çe...; arab./griech.], Form der Kohlenstoffassimilation († Assimi-

lation) bei autotrophen, farblosen Bakterien. Die zum Aufbau von Kohlenhydraten aus Kohlendioxid und Wasser benötigte Energie wird aus der (exergon.) Oxidation anorgan. Verbindungen gewonnen, nicht wie bei der Photosynthese durch Lichtabsorption.

Chemotaxis [çe...; arab./griech.] † Taxie.

Chemotherapeutika [çe...; arab./griech.], Arzneimittel (z. B. Sulfonamide), die zur spezif. Behandlung von Infektionskrankheiten, d. h. zur Abtötung *(bakterizide Wirkung)* oder zur Wachstumshemmung *(bakteriostat. Wirkung)* von krankheitserregenden Keimen (u. a. Bakterien, Viren, Protozoen) verwendet werden. Über die Brauchbarkeit der C. entscheidet der **chemotherapeut. Index,** d. h. das Verhältnis der größten, für den Organismus des Kranken nicht schädl. Dosis zur kleinsten, gegen den Krankheitserreger wirksamen Menge eines Chemotherapeutikums. Je größer der chemotherapeut. Index, desto besser ist die Anwendbarkeit des chemotherapeut. Mittels.

Chemotherapie [çe...; arab./griech.], Behandlung von Infektionskrankheiten mit chem. Substanzen, die im menschl. (oder tier.) Organismus lebende Krankheitserreger in ihrem Wachstum hemmen sowie abtöten, ohne die Zellen des Wirtsorganismus zu schädigen; i. w. S. Bez. für jede Behandlung mit chem. Substanzen.
Geschichte: Eine erste C. wurde 1910 mit der Einführung des Salvarsans in die Syphilisbehandlung durch P. Ehrlich vorgenommen. 1935 entdeckte G. Domagk die elektive Wirkung eines Sulfonamids (Prontosil) auf Streptokokken. 1928 entdeckte A. Fleming das Penicillin, das auf Grund seiner Heilwirkung bei verschiedenen Infektionen eine neue Epoche in der Therapie der ansteckenden Krankheiten einleitete. Ihm folgte die Einführung der Antibiotika durch H. Florey und E. Chain.

Chemotropismus [çe...; arab./griech.] † Tropismus.

Chemurgie [çe...; arab./griech.], Forschungsgebiet, das die Verwendung von Agrarprodukten in der chem. Ind. umfaßt (z. B. Herstellung von Chemiefasern aus Zellulose).

Chenab [ˈtʃe:...], einer der 5 Pandschabflüsse, entsteht auf ind. Boden im Himalaja (zwei Quellflüsse), durchbricht in tiefen Schluchten das Gebirge und tritt in die Ebene des Pandschab (Pakistan) ein. Der gemeinsame Lauf von C., Jhelum und Ravi bis zur Einmündung des Sutlej wird **Trinab** genannt; etwa 1 100 km lang.

Chenchow † Tschengtschou.

Chengteh [chin. tʃəŋdʌ], chin. Stadt, 180 km nö. von Peking, 200 000 E. Textilind., Steinkohlen- und Kupfererzabbau. - Seit 1703 zur kaiserl. Sommerresidenz ausgebaut, bis 1860 Sitz der chin. Reg.zentrale vom 5.–9.

Chengtu

Monat eines jeden Jahres; in Europa als **Jehol** bekannt.

Chengtu, Stadt in China, ↑ Tschengtu.

Chénier [frz. ʃeˈnje], André [de], * Konstantinopel 30. Okt. 1762, † Paris 25. Juli 1794, frz. Lyriker. - Verf. polit. Aufsätze; seine Gedichte („Hymne à la France", „Le jeu de Paume", „Iambes", „La jeune captive"), formal an der Antike orientiert, durch Erlebenstiefe und Natürlichkeit des Empfindens auf die Romantik hinweisend, erweisen ihn als bedeutendsten frz. Lyriker des 18. Jh. Als Monarchist hingerichtet.

C., Marie-Joseph [de], ≈ Konstantinopel 11. Febr. 1764 (* 2. Febr. 1764?), † Paris 10. Jan. 1811, frz. Schriftsteller. - Bruder von André C.; Anhänger der Revolution und Napoleons; Verf. patriot. Hymnen und zeitgebundener, histor. Tragödien.

Chenonceaux [frz. ʃənõˈso], frz. Ort am Cher, Dep. Indre-et-Loire, 30 km östl. von Tours, 314 E. Das elegante Renaissanceschloß wurde 1515–22 in das Flußbett hineingebaut. Sitz der Diane de Poitiers, seit 1560 der Katharina von Medici.

Ch'en Po-ta [chin. tʃənbɔda], * Hweian (Prov. Fukien) 1904, chin. Politiker und marxist. Theoretiker. - 1937–56 Privatsekretär Mao Tse-tungs; ab 1949 Direktor des Instituts für Marxismus-Leninismus, 1958–71 Chefredakteur des offiziösen Parteiorgans „Rote Fahne"; neben Mao führender Parteiideologe; 1966–71 Mgl. des Politbüros; im Jan. 1981 (Prozeß gegen die „Viererbande") zu 18 Jahren Haft verurteilt.

Chephrenpyramide mit der Sphinx und dem Tempel der Sphinx von Gise

Ch'en Yi [chin. tʃən-i], * Loshan (Prov. Szetschuan) 1901, † Peking 6. Jan. 1972, chin. Marschall (seit 1955) und Politiker. - Seit 1923 Mgl. der Kuomintang; kommandierte 1937–47 die 4. Armee, die in O-China die Truppen Chiang Kai-sheks vernichtend schlug, dann die Volksbefreiungsarmee O-Chinas; seit 1954 stellv. Min.präs. der VR China, 1956–69 Mgl. des Politbüros; forcierte als Außenmin. 1958–70/72 die Aufrüstung Chinas mit Kernwaffen.

Cheops [ˈçe:...] (ägypt. Chufu), ägypt. König der 4. Dyn. (gräzisierte Namensform). - Regierte 23 Jahre, um 2530 v. Chr.; Erbauer der Cheopspyramide.

Cheopspyramide [ˈçe:...], größte Pyramide Ägyptens, gehört zu der 8 km sw. von Gise gelegenen Pyramidengruppe mit Chephrenpyramide und Mykerinospyramide. Urspr. 146,6 m, jetzt 137 m hoch; Seitenlänge der quadrat. Grundfläche 230,38 m, jetzt 227,5 m; ehem. glatt mit weißem Kalkstein verkleidet. Im Innern mehrere Gänge und drei, aus verschiedenen Bauentwürfen stammende Sargkammern. Verschiedene Maß- und Zahlentheorien zur C. sind wiss. nicht erwiesen. An der Ostseite wurden Reste des Totentempels gefunden.

Chephren [ˈçe...] (ägypt. Chafre?; Chefren), ägypt. König der 4. Dyn. (gräzisierte Namensform). - Sohn des Cheops; regierte um 2500, erbaute die Chephrenpyramide.

Chephrenpyramide [ˈçe...], zweithöchste ägypt. Pyramide, gehört zu der Pyramidengruppe mit ↑Cheopspyramide. Urspr. 143,5 m, jetzt 136,5 m hoch; Seitenlänge der quadrat. Grundfläche 210 m. An den Wänden des zugehörigen Tempels standen ehe-

mals 23 überlebensgroße Königsstatuen (einige heute in Kairo, Ägypt. Museum).

Chepre ['çe:...], in der ägypt. Mythologie der Sonnengott in der Gestalt der Morgensonne.

Chequers [engl. 'tʃɛkəz] (C. Court), Landsitz in der südengl. Gft. Buckingham, rund 50 km nw. von London; schon im 12. Jh. belegt; seit 1921 offizieller Landsitz des brit. Premierministers.

Cher [frz. ʃɛːr], Dep. in Frankreich.
C., linker Nebenfluß der Loire, Frankr., entspringt im nördl. Zentralmassiv, mündet wenige km unterhalb von Tours, 350 km lang.

Cherbourg [frz. ʃɛr'buːr], frz. Hafenstadt an der N-Küste der Halbinsel Cotentin, Dep. Manche, 28 000 E. Nat. Kriegs- und Befreiungsmuseum; Schiffbau und -reparaturen. - 912 zum Hzgt. Normandie, 1203 frz.; fiel im Hundertjährigen Krieg 1450 endgültig an Frankr.; seit dem 17. Jh. einer der wichtigsten frz. Kriegshäfen. 1944 durch die Alliierten schwer zerstört.

Cherchell [frz. ʃɛr'ʃɛl], alger. Fischereihafen an der zentralen Küste, 80 km wsw. von Algier, 12 000 E. - Nachfolgesiedlung des von Juba II. zu Ehren des Augustus ben. **Caesarea**; entstanden an der Stelle des karthag. Handelsplatzes **Iol**; bed. hellenist. Kulturmittelpunkt; gilt als größte antike Stadt N-Afrikas; verfiel nach der arab. Eroberung des Landes (7./8. Jh.).

cherchez la femme! [frz. ʃɛrʃela'fam „sucht nach der Frau"], sprichwörtl. Ausdruck für: dahinter steckt sicher eine Frau!

Chéreau, Patrice [frz. ʃe'roː], * Lézigné (Maine-et-Loire) 2. Nov. 1944; frz. Regisseur. - Avantgardist. Inszenierungen 1966–69 in Paris-Sartrouville, seit 1972 in Lyon-Villeurbanne; Gastinszenierungen u. a. in Bayreuth („Der Ring des Nibelungen", 1976).

Cherkassky, Shura [engl. tʃə'kæskɪ], * Odessa 7. Okt. 1911, amerikan. Pianist russ. Herkunft. - V. a. erfolgreich mit Interpretationen von Werken Liszts und Rachmaninows.

Cherokee [engl. 'tʃɛrəkiː], einer der bekanntesten und größten Indianerstämme in den sw. Ausläufern der Appalachen, USA; sprechen eine irokes. Sprache. Eine der „Fünf Zivilisierten Nationen". Die C. lebten in befestigten Dörfern und betrieben intensiven Akkerbau. Anfang des 19. Jh. entwickelten die C. eine Silbenschrift. 1835 wurden die meisten C. nach Oklahoma deportiert.

Cherrapunji [tʃɛra'pʊndʒɪ], ind. Ort im W von Assam, am S-Hang der Khasi Hills; regenreichstes Gebiet der Erde; langjähriges Jahresmittel 14 250 mm.

Cherry, Donald („Don") [engl. 'tʃɛrɪ], * Oklahoma City 18. Nov. 1936, amerikan. Jazzmusiker. - Einer der wichtigsten Trompeter des Free Jazz.

Cherry Brandy [engl. 'tʃɛrɪ 'brændɪ], Kirschlikör; Alkoholgehalt 25–30 Vol.-%.

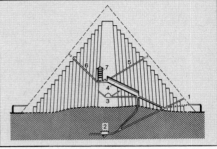

Cheopspyramide (Schnitt): 1 Eingang an der Nordseite, 2 älteste, unvollendete Grabkammer, 3 kleine Grabkammer mit unvollendeten Luftschächten, 4 „Große Galerie" mit 8,50 m hohem Kragsteingewölbe, 5 ursprünglich für die Grabkammer angelegter Luftschacht, 6 späterer Luftschacht der 5,80 m hohen Grabkammer mit Sarkophag und fünf Entlastungsräumen (7)

Cherson, sowjet. Gebietshauptstadt in der Ukrain. SSR, am Dnjepr, 340 000 E. Vier Hochschulen, Museen; Schiffbau, Konserven-, Baumwoll-, Baustoffkombinat u. a.; See- und Flußhafen, Bahnknotenpunkt.

Chersones (Cherronesos, Cherson) [çɛr...], Name einer im 6. Jh. v. Chr. gegr. ion. Kolonie auf der Krim, 5 km sw. vom heutigen Sewastopol; Teil des Byzantin. Reichs, 998 durch das Kiewer Reich erobert; im 14. Jh. verlassen; seit 1827 Ausgrabungen, ab 1931 systemat. freigelegt.
C. (Cherronesos), Name mehrerer Halbseln in der Antike, bekannt v. a.: die **Thrak. Chersones,** heute Halbinsel Gelibolu (Türkei) und die **Taur. Chersones,** heute Krim (UdSSR).

Cherub ['çeːrʊp, 'keːrʊp] (Mrz. Cherubim) [hebr.], im Alten Orient Schutzgeist, im A. T. geflügelter Engel mit menschl. Antlitz, in unmittelbarer Nähe Gottes.

Cherubini, Luigi [italien. keru'biːni], * Florenz 8. (14.?) Sept. 1760, † Paris 15. März 1842, italien. Komponist. - Direktor des Conservatoire in Paris. Von der traditionellen italien. Oper und den Grundlagen der Klassik ausgehend, führte er die frz. Oper zu neuer Höhe („Démophoon", 1788; „Lodoïska", 1791; „Médée", 1797; „Les deux journées", 1800, sein bekanntestes Werk). Seine kirchenmusikal. Werke sind durch eine für die Zeit ungewöhnl. sensible Verfeinerung des kontrapunkt. Stils geprägt. Komponierte u. a. auch Streichquartette, Klaviersonaten und Lieder.

Cherubinischer Wandersmann [kerʊ..., çerʊ...] ↑Angelus Silesius.

Cherusker (lat. Cherusci) [çe...], german.

Volksstamm nördl. des Harzes zw. Weser und Elbe siedelnd; 12 und 9 v. Chr., dann 4 n. Chr. unterworfen, erhoben sich gegen Rom und erlangten nach der Schlacht im Teutoburger Wald (9 n. Chr.) die Freiheit wieder; im 1. Jh. n. Chr. von den Chatten unterworfen; gingen wahrscheinl. im sächs. Stammesverband auf.

Cherwell, Frederick Alexander Lindemann Viscount (seit 1956) [engl. 'tʃɑːwəl], * Baden-Baden 5. April 1886, † Oxford 3. Juli 1957, brit. Physiker dt. Abstammung. - Während des 2. Weltkriegs Churchills Berater in physikal.-techn. Wehrangelegenheiten, entwickelte u. a. die Konzeption der Flächenbombardierung dt. Städte; ab 1951 Leiter der brit. Atomforschung.

Chesapeake Bay [engl. 'tʃɛsəpiːk 'bɛɪ], flache, z. T. stark gegliederte Bucht des Atlantiks in SO-Maryland und O-Virginia, USA, mit bed. Hafenstädten, u. a. Baltimore.

Cheshire [engl. 'tʃɛʃə], Gft. in Großbritannien.

Chester [engl. 'tʃɛstə], Stadt in NW-England, am Dee, 25 km südl. von Liverpool, 58 000 E. Verwaltungssitz der Gft. Cheshire; anglikan. Bischofssitz; Museum, Bibliotheken, Theater; Handels-, Ind.- und Einkaufszentrum; Fremdenverkehr; ⚓. - Röm. Legionslager **Castra Cevana**; 1070 fiel C. als letzter engl. Ort in die Hand Wilhelms des Eroberers. 1238 Stadtrecht. - Reste eines röm. Amphitheaters; Kathedrale (13.–15. Jh.). Zahlr. Fachwerkbauten (16. und 17. Jh.); vollständig erhaltener Mauerring (14. Jh.).

Chesterfield, Philip Dormer Stanhope, Earl of [engl. 'tʃɛstəfiːld], * London 22. Sept. 1694, † ebd. 24. März 1773, brit. Politiker und Schriftsteller. - Seit 1726 Mgl. des Oberhauses, vertrat liberale Ansichten; 1745/46 Vizekönig von Irland; 1747 Staatssekretär; wurde berühmt durch die „Briefe an seinen Sohn Philipp Stanhope" (6 Bde., dt. 1774–77), die skrupellos Ratschläge erteilen, wie man gesellschaftl. avanciert.

Chesterfield [engl. 'tʃɛstəfiːld], engl. Ind.stadt, Gft. Derby, 20 km südl. von Sheffield, 71 000 E. Forschungszentrum des National Coal Board. Ein Zentrum der Schwerind. in den East Midlands. - 1204 Stadtrecht.

Chesterkäse ['tʃɛstər; nach der engl. Stadt Chester], gelbl.-orange gefärbter Hartkäse.

Chesterton, Gilbert Keith [engl. 'tʃɛstətən], * London 29. Mai 1874, † ebd. 14. Juni 1936, engl. Schriftsteller. - 1922 Übertritt zum Katholizismus; bekannt v. a. durch die den herkömml. Kriminalroman parodierenden Pater-Brown-Geschichten, z. B. „Das Geheimnis des Pater Brown" (1927); Essays.

Chetumal [span. tʃetuˈmal], Hauptstadt des mex. Staats Quintana Roo, an der O-Küste der Halbinsel Yucatán, 35 000 E. Holzwirtschaft; Hafen, ⚓. - 1898 gegr.

Chevalier, Maurice [frz. ʃəvaˈlje], * Paris 12. Sept. 1888, † ebd. 1. Jan. 1972, frz. Chansonnier und Filmschauspieler. - Einer der erfolgreichsten frz. Chansonniers der Gegenwart (u. a. Partner der Mistinguett); spielte in zahlr. Filmen, u. a. in „Schweigen ist Gold" (1947), „Ariane - Liebe am Nachmittag" (1956), „Gigi" (1957).

Chevalier [frz. ʃəvaˈlje; eigtl. „Reiter" (zu lat. caballus „Pferd")], Bez. des berittenen Kriegers (dt. Ritter, italien. cavaliere, span. caballero), später Mgl. eines Ritterordens. **Chevalerie,** ritterl. Lebensform und Haltung; auch Reiterei (Kavallerie).

Chevallaz, Georges-André [frz. ʃevaˈla], * Lausanne 7. Febr. 1915, schweizer. Politiker. - Mgl. der Freisinnig-demokrat. Partei; 1959–73 Nationalrat; 1974–83 Bundesrat (bis 1979 Finanz- und Zolldepartement, ab 1980 Militärdepartement); Bundespräs. 1980.

Chevallier, Gabriel [frz. ʃəvaˈlje], * Lyon 3. Mai 1895, † Cannes 5. April 1969, frz. Schriftsteller. - Berühmt v. a. seine satir. „Clochemerle"-Trilogie (1934, 1951, 1963), die in einem Weinort Burgunds spielt.

Chevetogne [frz. ʃəvˈtɔɲ], belg. Gemeinde 15 km osö. von Dinant, 430 E. - Das Benediktinerpriorat C. wurde 1926 in Amay (Prov. Lüttich) gegr. und 1939 nach C. verlegt; Zentrum des kath. Ökumenismus, wobei die Bemühungen bes. der Wiedervereinigung der Ostkirchen mit der kath. Kirche gelten.

Cheviot Hills [engl. 'tʃɛvɪət hɪlz], Bergland an der engl.-schott. Grenze, bis 816 m hoch, Wasserscheide zw. Tweed und Tyne.

Chevreau [ʃəˈvro; ˈʃɛvro; lat.-frz.], weiches Ziegenleder mit feiner Narben.

Chevrolet Motor Co. [engl. 'ʃɛvroʊlɛɪ 'moʊtə 'kʌmpənɪ], amerikan. Unternehmen der Automobilind., Sitz Detroit (Mich.), gegr. 1911; gehört seit 1917 zu der General Motors Corp.

Chevron [ʃəˈvrõː; frz.], Bez. für Wollstoffe in Fischgratmusterung.

Cheyenne [engl. ʃaɪˈɛn], Hauptstadt des Bundesstaates Wyoming, USA, am Fuß der Laramie Range, 1850 m ü. d. M., 47 000 E. Kath. Bischofssitz; Erdölraffinerie, Handelszentrum eines Viehzuchtgebietes, ⚓. - 1862 gegr.

Cheyenne [engl. ʃaɪˈɛn], Stamm der Prärieindianer, zur Sprachfamilie der Algonkin gehörend.

Cheyne-Stokes-Atmung [engl. 'tʃɛɪnɪ 'stoʊks; nach dem brit. Mediziner J. Cheyne, * 1777, † 1836, und dem ir. Arzt W. Stokes, * 1804, † 1878], krankhafte Atmung mit period. An- und Abschwellen der Atemtiefe, zuweilen von kurzdauerndem Atemstillstand unterbrochen; tritt bei Schädigung des Atemzentrums auf, z. B. bei Morphinvergiftung, schwerer Herzinsuffizienz und Arteriosklerose der Gehirngefäße.

Cheysson, Claude [frz. ʃɛˈsõ], * Paris 13. April 1920, frz. Diplomat und Politiker. -

1966–69 Botschafter in Indonesien, ab 1970 in der Industrie tätig; 1973–81 EG-Kommissar für Entwicklungshilfe; maßgebl. beteiligt am Abkommen von Lomé mit den AKP-Staaten (1975); 1981–85 Außenmin., seither Mgl. der EG-Kommission in Brüssel.

Chi, zweiundzwanzigster Buchstabe des griech. Alphabets, X, χ.

CHI [frz. sea'ʃi], Abk. für: Concours Hippique International, internat. Reitturnier mit mehreren Disziplinen.

Chiang Ch'ing [tʃjaŋ 'tʃiŋ], * Chucheng (Prov. Schantung) 1914, chin. Politikerin. - Aus verarmter Kaufmannsfamilie; 1930–37 Schauspielerin; seit 1937 Mgl. der KPCh; seit 1939 ∞ mit Mao Tse-tung; als Mgl. des ZK und Politbüros der KPCh (seit 1969) bed. Rolle während der Kulturrevolution. Nach dem Tode Maos scheiterte ihr Versuch, die Parteiführung zu übernehmen; am 6. Okt. 1976 verhaftet, aus der Partei ausgeschlossen und seitdem als Haupt der sog. „Viererbande" scharf kritisiert; steht seit Mitte Nov. 1980 vor Gericht unter Anklage verschiedener Verbrechen im Zusammenhang mit der Kulturrevolution 1966–69; 1981 zum Tode verurteilt, 1983 zu lebenslanger Freiheitsstrafe begnadigt.

Chiang Ching-kuo [tʃjaŋtʃiŋ'guɔ], * Fenghwa (Prov. Tschekiang) 18. März 1910, chin. Politiker. - Ältester Sohn Chiang Kaisheks; 1965–69 Verteidigungsmin. in Taiwan, 1969–72 stellv. Min.präs., 1972–78 Min.präs.; seit 1975 Parteivors. der Kuomintang; seit 1978 Präs. von Taiwan.

Chiang Kai-shek [tʃjaŋkaɪ'ʃɛk] (chin. Chiang Chieh-shih; Tschiang Kai schek), eigtl. Chiang Chung-cheng, * Feng Hwa (Che-

kiang) 31. Okt. 1887, † Taipeh 5. April 1975, chin. Politiker und Marschall. - Schloß sich nach der Revolution 1911 der Reformbewegung Sun Yat-sens an; nach dessen Tod (1925) führender General und Politiker der Kuomintang-Regierung in Kanton; brach 1927 mit den Kommunisten und mit der UdSSR; kontrollierte 1926–28 ganz S-China; Präs. der chin. Republik ab 1928; floh nach Kapitulation der Kuomintang-Truppen (1948) Ende 1949 mit den Resten seiner Armee nach Taiwan (dort seit 1950 Staatspräs.).

Chiang Mai (Chiengmai) [tʃjəŋ'maɪ], Stadt in N-Thailand, am Ping, 100 000 E. Kath. Bischofssitz; Univ. (gegr. 1964); Teakholzhandel; Herstellung von Seidengeweben, Töpfer-, Silber- und Lackwaren; Eisenbahnendpunkt, ✈. - 1296 gegr. Hauptstadt des Teilkgr. Lan Na. - Zahlr. Tempel (13.–15. Jh.), Monument der Weißen Elefanten (um 1200).

Chianti [italien. 'kjanti], italien. Landschaft in der Toskana, in den Monti del C. bis 893 m hoch; Reb- und Ölbaumanbau.

Chianti [italien. 'kjanti; nach der gleichnam. italien. Landschaft], kräftiger, herber italien. Rotwein; die Konsumweine sind in strohumwickelten bauchigen Flaschen abgefüllt. Der anspruchsvollere **Chianti classico** ist ein bis zu acht Jahren in Eichenfässern ausgereifter Qualitätswein.

Chiao Kuan-hua, * Yencheng (Kiangsu) 27. März 1912, † Peking 22. Sept. 1983, chin. Politiker. - Arbeitete eng mit Chou En-lai zusammen; einer der stellv. Außenmin. seit 1964; 1974–76 Außenminister.

Chiapas ['tʃjapas], Staat in S-Mexiko, 73 887 km², 2,3 Mill. E (1984), Hauptstadt Tuxtla Gutiérrez. Erstreckt sich vom Pazifik über die Sierra Madre de C. (bis über 4 000 m

Chichén Itzá. Kriegertempel

ü. d. M.), das Tal des Río Grijalva und das anschließende Hochland bis in das Golfküstentiefland; u. a. Kaffeeanbau. - Ruinenstätten der Maya, u. a. Palenque.

Chiaramonti, Luigi Barnaba [italien. kjara'monti] ↑ Pius VII., Papst.

Chiasma [çi...; griech.], in der Genetik die Überkreuzung je einer väterl. und einer mütterl. Chromatide; erfolgt beim Crossingover während der Prophase der Reduktionsteilung.

Chiasma opticum [çi...; griech.], svw. Sehnervenkreuzung (↑ Auge).

Chiasmus [çi...; griech., nach der Form des griech. Buchstaben Chi: χ], rhetor. Figur; kreuzweise syntakt. Stellung von aufeinander bezogenen Wörtern oder Redeteilen, z. B. „Eng ist die Welt und das Gehirn ist weit" (Schiller, „Wallenstein").

Chiasso [italien. 'kjasso], Gemeinde im schweizer. Kt. Tessin, an der italien. Grenze, mit Como zusammengewachsen, 8 600 E. Bed. Grenzübergang, ausgedehnte Bahnanlagen, Sitz zahlr. Speditionsfirmen.

Chiavenna [italien. kja'venna], italien. Stadt in der Region Lombardei, nördl. des Comer Sees, 333 m ü. d. M., 7 700 E. Seidenind., Sportartikelfabrikation; Verkehrsknotenpunkt am Treffpunkt der Straßen vom Malojapaß und Splügen.

Chiaveri, Gaetano [italien. 'kja:veri], * Rom 1689, † Foligno 5. März 1770, italien. Baumeister. - Baute u. a. die barocke Hofkirche in Dresden (1739–55; 1945 ausgebrannt, wiederhergestellt).

Chiavette [kia'vɛtə; lat.-italien. „Schlüsselchen"], Bez. für die in der Vokalmusik des 15.–17. Jh. häufig gegenüber ihrer Normalstellung auf den Linien versetzten Schlüssel, die zur leichteren Lesbarkeit entfernt liegender Tonarten gegenüber den übl. Schlüsseln um eine Terz tiefer oder höher geschoben wurden.

Chibcha ['tʃɪptʃa], bed. indian. Sprachfamilie im nördl. S-Amerika (Kolumbien, Ecuador) und im südl. M-Amerika (Panamá, Costa Rica). Sie umfaßt etwa 45 Sprachen.

Chibinen, höchstes Bergmassiv auf der Halbinsel Kola, UdSSR, bis 1 191 m ü. d. M.; Apatitbergbau.

chic [frz. ʃik] ↑ schick.

Chica ['tʃi:ka; span.] (Chicarot), aus den Blättern des brasilian. Bignoniengewächses *Arrabidaea chica* gewonnener zinnoberroter Farbstoff; von den Indianern zum Bemalen des Körpers und zum Färben von Baumwollstoffen verwendet.

Chicago [engl. ʃɪ'ka:goʊ], 1968 (als C. Transit Authority) gegr. amerikan. Rockmusikgruppe; wurde mit der Fusion von Jazz und Rockmusik v. a. an den amerikan. Universitäten und Colleges berühmt und erfolgreich.

Chicago [engl. ʃɪ'ka:goʊ], Stadt in Illi-

nois, USA, am SW-Ufer des Michigansees, 179 m ü. d. M., 3,0 Mill. E (Metropolitan Area 7,2 Mill.). Sitz eines kath. Erzbischofs, eines anglikan. und methodist. Bischofs; geistiges und wirtsch. Zentrum des Mittleren Westens: mehrere Univ., etwa 200 Colleges, Kunsthochschule; Planetarium; Bibliotheken, Museen, Oper; Zoo. C. ist eines der größten Handelszentren der Erde mit Schlachthöfen, Großmühlen, Getreidesilos, Landmaschinen- und Waggonfabriken. Bed. Konsumgüterind., vielseitige Leichtind. Schwerind. am S-Rand des Michigansees. C. ist der größte Eisenbahnknotenpunkt sowie der größte Binnenhafen der Erde, durch den Sankt-Lorenz-Seeweg für Seeschiffe erreichbar; der internat. ✈ O'Hare Field ist der frequentierteste ✈ der Erde. Die Stadt erstreckt sich mit Vororten etwa 100 km am Michigansee entlang, erreicht aber kaum 30 km Breite.
Fast alle ethn. und sozialen Gruppen der Bev. haben ihre eigenen Wohnviertel.

Geschichte: Vorläufer war das 1803 errichtete Fort Dearborn; 1833 Town, 1837 City; 1871 durch Feuer weitgehend zerstört; nach dem Ende des Sezessionskriegs verstärkt einsetzender Ausbau der Ind. und wachsende Zahl von Einwanderern; es folgten schwere soziale Unruhen (Streiks, Gangsterunwesen und Rassenkonflikte), die bis heute nicht abgeklungen sind.

Bauten: Unter Denkmalschutz steht der alte Wasserturm, der das Feuer von 1871 überdauerte. 1884/85 wurde in C. das erste Hochhaus in Stahlskelettbauweise errichtet; höchstes Gebäude: Sears Tower (1973) mit 443 m und 110 Stockwerken.

Chicagoer Schule [ʃi'ka:goɐ], Architekturschule in Chicago, ↑ Hochhaus.

Chicagostil [ʃi'ka:go], im Jazz Bez. für eine zu Anfang der 20er Jahre in Chicago entwickelte Variante des ↑ Dixieland.

Chicha ['tʃitʃa; indian.-span.], süßes südamerikan. Getränk; aus Mais, verschiedenen Früchten, Honig und Zuckerrohr durch Gärung gewonnen; geringer Alkoholgehalt.

Chichén Itzá [tʃi'tʃen it'sa „am Brunnen der Itzá"], Ruinenstadt der Maya im N der Halbinsel Yucatán, 110 km osö. von Mérida, an der Straße Mérida-Puerto Juárez; älteste Siedlungsreste stammen aus der spätformativen Zeit (300–100); Bauten lassen sich erst für die spätklass. Zeit (600–900) nachweisen; um 918 durch die Itzá besetzt, um 987 durch Tolteken; C. I. wurde zum bedeutendsten Ort in Yucatán bis etwa 1200; „Heiliger Brunnen" als Wallfahrtsort; zahlr. bed. Bauten: sog. Nonnenkloster mit Anbau und „Kirche", „Caracol", sog. Grab des Hohenpriesters, Ballspielplatz mit Tempeln, Tausendsäulenkomplex. - Abb. S. 263.

Chichester, Francis Sir (seit 1967) [engl. 'tʃitʃɪstə], * Devon 17. Sept. 1901, † Plymouth 26. Aug. 1972, brit. Segler. - Segelte 1966 als

Einhandsegler mit seinem Boot „Gipsy Moth IV" in 107 Tagen von Plymouth nach Sidney und um Kap Hoorn zurück.

Chichester [engl. 'tʃitʃistə], engl. Stadt, 20 km östl. von Portsmouth, 24 000 E. Verwaltungssitz im. West Sussex; anglikan. Bischofssitz; theolog. Hochschule; Museum; Festspieltheater, Marktstadt. - Röm. Gründung (**Noviomagus Regnensium**), in sächs. Zeit Hauptstadt Englands. - Kathedrale Holy Trinity (1085) mit Kampanile (14. Jh.), Guildhall (13. Jh.).

Chichicastenango [span. tʃitʃikaste-'naŋgo], Wallfahrtsort 70 km nw. von Guatemala, 2 070 m ü. d. M., 2 600 E. Museum (Mayakultur); Handels- und religiöses Zentrum der etwa 20 000 Indianer der Umgebung. Fremdenverkehr. - 1524 gegr.; angelegt im Schachbrettschema.

Chichimeken [tʃitʃi...], Sammelbez. für Nomadenstämme aus N-Mexiko und Texas, die mehrfach in das Hochtal von Mexiko eindrangen.

Chickasaw [engl. 'tʃikəsɔː], Muskogeestamm, eine der „Fünf Zivilisierten Nationen" im nördl. Mississippi, USA.

Chiclayo [span. tʃi'klajo], Hauptstadt des peruan. Dep. Lambayeque, 660 km nw. von Lima, 280 000 E. Bischofssitz; Univ. (gegr. 1970); Handels- und Verarbeitungszentrum in einem Bewässerungsfeldbaugebiet, Schuh- und Möbelind.; ⚒.

Chicle [span. 'tʃikle; indian.-span.], Milchsaft des Sapotillbaums; Rohstoff für die Kaugummiherstellung.

Chicorée ['ʃikore; ʃiko're:; griech.-frz.], sww. ↑Salatzichorie.

Chiemgau ['ki:m...], Landschaft um den Chiemsee, Bayern, umfaßt i. w. S. das Moränenland zw. Salzach und Inn.

Chiemgauer Alpen ['ki:m...], zw. Inn und Saalach gelegener Teil der Bayer. Voralpen, höchste Erhebung Sonntagshorn (1 960 m). Grünlandwirtschaft mit bed. Viehzucht. Bed. Fremdenverkehr.

Chiemsee ['ki:m...], größter See des bayr. Alpenvorlandes, 518 m ü. d. M., 80,1 km², bis zu 73,6 m tief; Entwässerung durch die Alz. Die Orte am Ufer des C. sind Zentren des Fremdenverkehrs wie auch die 3,28 km² große Herreninsel (Schloß ↑Herrenchiemsee) und die 0,15 km² große Fraueninsel (Benediktinerinnenabtei ↑Frauenchiemsee).

Ch'ien Hsüan [chin. tɕjænɕy̆æn], *1235, †um 1300, chin. Maler. - Gilt als einer der größten chin. Maler des 13. Jh.; bevorzugte Themen: Frauen und Mädchen, Blumen, Vögel, Landschaften. Eines seiner bekanntesten Werke ist der „Frühherbst" (Detroit, Institute of Arts).

Ch'ien Lung [chin. tɕjænluŋ], *1711, †1799, chin. Kaiser der Tsingdyn. (1736-95). - Unter ihm erreichte das Mandschu-Kaiserreich höchste Blüte und Ausdehnung (Mon-

golei, Turkestan und Tibet einverleibt).

Chiesa, Francesco [italien. 'kjɛːza], *Sagno bei Mendrisio (Tessin) 5. Juli 1871, †Lugano 13. Juni 1973, schweizer. Schriftsteller italien. Sprache. - Heimatgebundener Erzähler („Schicksal auf schmalen Wegen", E., 1941).

Chieti [italien. 'kjɛːti], italien. Stadt, Region Abruzzen, über der Pescara, 55 000 E. Hauptstadt der Prov. C.; Erzbischofssitz; archäolog. Museum; Textil- und Bekleidungsind., Agrarmarkt. - **Teate Marrucinorum** war Hauptort der Marrukiner, 335 v. Chr. röm., 802 von König Pippin erobert. Im 15. Jh. Hauptstadt der Abruzzen. - Reste eines röm. Theaters; Dom (11. Jh.).

Chiffon [ʃi'fõ:; frz.], feines Gewebe aus Endlosgarnen für Schals, Kleider- und Blusenstoffe.
◆ sehr feiner Batist.

Chiffoniere [ʃifoni'ɛ:r(ə); frz.], schweizer. für Kleiderschrank.

Chiffre ['ʃifər; frz.; zu mittellat. cifra „Null" (von arab. sifr „leer")], Ziffer, Zahlzeichen, Namenszeichen, Kennziffer; Zeichen, das bei der Übermittlung einer Nachricht zur Verkürzung oder/und Verschlüsselung (meist zur Geheimhaltung) verwendet wird. - ↑auch Code.
Als metaphys. Begriff zuerst 1758 bei J. G. Hamann, für den das Buch der Natur und der Geschichte nur C., „verborgene Zeichen", sind, die der Auslegung bedürfen; von bes. Bedeutung bei K. Jaspers: C. ist Sprache der Transzendenz, Träger „schwebender", Subjekt und Objekt umgreifender Bedeutung, daher weder method. objektivierbarer noch in einem System darstellbarer Bedeutung. Alles (Natur, Geschichte, Kunstwerke, philosoph. Systeme, Mythen, der Mensch) kann zu C. werden. In der Literatur, v. a. der modernen Lyrik, Stilfigur, deren Sinn aus der Funktion in einem vom Dichter selbst gesetzten vieldeutigen System von Zeichen und Assoziationen liegt.

Chifley, Joseph Benedict [engl. 'tʃiflɪ], *Bathurst (Neusüdwales) 22. Sept. 1885, †Canberra 13. Juni 1951, austral. Politiker. - 1945-51 Führer der Labour Party; 1929-31 Verteidigungsmin., 1941-45 Schatzkanzler; Premiermin. 1945-49.

Chigi [italien. 'ki:dʒi], aus Siena stammendes italien. Adelsgeschlecht; urkundl. bezeugt seit dem 13. Jh.; 1377 in den Adelsstand erhoben; berühmt durch den Bankier und Geldgeber mehrerer Päpste *Agostino C.*, gen. „il Magnifico" (*1465, †1520) und *Fabio C.*, der 1655 als Alexander VII. den päpstl. Thron bestieg; 1712 wurden die C. Marschälle der röm. Kirche und damit Hüter des Konklaves. - Der **Palazzo Chigi** in Rom (1562 ff.), war seit 1923 Sitz des Außenministeriums und ist seit 1961 Amtssitz des italien. Min.präs.

Chignon [ʃin'jõ:; frz.], im Nacken getra-

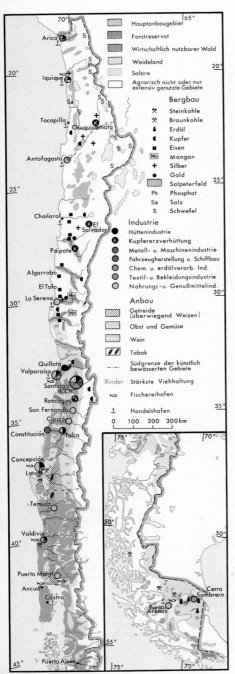

Chile. Wirtschaftskarte

gener, geschlungener oder auch geflochtener Haarknoten.

Chihuahua [span. tʃi'uaua], Hauptstadt des mex. Staates C., 1 400 m ü. d. M., 407 000 E. Erzbischofssitz; Univ. (gegr. 1954), Museen; Hüttenwerke u. a. Ind.zweige; Bahn- und Straßenknotenpunkt, ✈. - 1639 gegr. - Barocke Kathedrale (1717–89).

C., Staat in NW-Mexiko, 247 087 km², 2,1 Mill. E (1984). Hauptstadt C. C. umfaßt den NW des nördl. Hochlandes von Mexiko. Landw. sowie Bergbau auf Blei, Zink, Eisen, Mangan, Kupfer, Silber, Gold. - Etwa um 1530 erstmals von Europäern durchzogen; nach 1562 span.; bildete mit Durango die Prov. Neugalizien.

Chihuahua [span. tʃi'uaua] (Mexikan. Zwergterrier), seit der vorkolumb. Zeit bekannte Rasse bis 20 cm schulterhoher Haushunde; kleinster Hund mit übergroßen, fledermausartigen, aufrichtbaren Ohren, spitz zulaufender Schnauze und großen Augen.

Child, Lydia Maria [engl. tʃaɪld], * Medford (Mass.) 11. Febr. 1802, † Wayland (Mass.) 20. Okt. 1880, amerikan. Schriftstellerin. Veröffentlichte eine der ersten Schriften gegen die Sklaverei: „An appeal in favour of that class of Americans called Africans" (1833); auch pädagog. Schriften und Erzählungen.

Childebert I. ['çil...], * um 495, † 558, fränk. König (Merowinger). - Sohn Chlodwigs I., erhielt 511 den NW des Frankenreichs (Hauptstadt: Paris), dann den SW Aquitaniens, nach Chlodomers I. Tod (524) den N von dessen Reichsteil; konnte in Kämpfen gegen Westgoten und Ostgoten seine Macht bis zu den Pyrenäen und in die Provence ausdehnen; erhielt 534 den Mittelteil von Burgund, übernahm die innen- und kirchenpolit. Führung des Frankenreichs.

Childerich I. ['çil...], † um 842, König der sal. Franken (seit etwa 456). - Kämpfte mit den Römern gegen Westgoten und Sachsen; bereitete die Großreichsbildung seines Sohnes Chlodwig I. vor. - Sein Grab, das **Childerichsgrab,** wurde 1653 in Tournai (Belgien) entdeckt; eines der wenigen frühma. Gräber, das einer histor. Persönlichkeit zugeordnet werden kann und wegen des feststellbaren Todesjahres ein Fixpunkt in Archäologie und Kunstgeschichte des frühen MA ist. Die erhaltenen Beigaben (die meisten Funde wurden 1831 gestohlen und in die Seine geworfen) zeigen got. Einflüsse; sie befinden sich heute in der Bibliothèque Nationale in Paris.

Childers, Erskine Hamilton [engl. 'tʃɪldəz], * London 11. Dez. 1905, † Dublin 17. Nov. 1974, ir. Politiker. - Hatte 1954–73 verschiedene Min.ämter inne; 1973/74 ir. Staatspräsident.

Children of God ['tʃɪldrən ʌv 'gɔd; engl. „Gotteskinder"] ↑ Family of Love.

Chile

[çi:le; 'tʃi:le] (amtl. Vollform: República de Chile), Staat im sw. S-Amerika, zw. 17°15' und 56° s. Br. sowie 67° und 76° w. L. **Staatsgebiet:** Umfaßt den schmalen, langgestreckten Festlandstreifen (einschließl. vorgelagerter Inseln) von den Anden bis zum Pazifik sowie mehrere weiter entfernte Inseln; grenzt im N an Peru, im NO an Bolivien, im O an Argentinien. **Fläche:** 756 626 km², davon 15 178 km² Wasserfläche. **Bevölkerung:** 11,7 Mill. E. (1983), 15,4 E/km². **Hauptstadt:** Santiago de Chile. **Verwaltungsgliederung:** 13 Regionen. **Amtssprache:** Spanisch. **Nationalfeiertag:** 18. Sept. (Unabhängigkeitstag). **Währung:** Chilen. Peso (chilS) = 100 Centavos. **Internat. Mitgliedschaften:** UN, OAS, ALALC, SELA, GATT. **Zeitzone:** Atlantikzeit, d. i. MEZ − 5 Std.

Landesnatur: Alle drei Großformen des rd. 4 300 km langen und 90–400 km breiten Landes verlaufen in meridionaler Richtung: die Hochkordillere der Anden, die im N (Ojos del Salado, 6 880 m) nach S an Höhe und Breite abnimmt, die Längssenke, die im mittleren C. am deutlichsten ausgeprägt ist (Chilen. Längstal), im N durch Hochbecken (Pampas) repräsentiert ist und im S unter den Meeresspiegel abtaucht, sowie das bis etwa 2 000 m hohe Küstengebirge, das im S in Inseln aufgelöst ist und dem z. T. Küstenebenen vorgelagert sind. Von N nach S lassen sich folgende Landschaftszonen unterscheiden: 1. Der Große Norden (bis zum Río Ruasco), der im wesentl. aus der Nordchilen. Wüste oder Atacama besteht; 2. der Kleine Norden (bis zum Río Aconcagua), wo Hochkordillere und Küstengebirge unmittelbar aneinandergrenzen; 3. Zentralchile (bis zur Wasserscheide zw. Río Bío-Bío und Río Imperial) mit dem von Hochkordillere und Küstengebirge eingefaßten Chilen. Längstal; 4. der Kleine Süden (bis zum Golf von Ancud und der Insel Chiloé) mit dem noch heute von Araukanern bewohnten Gebiet der Frontera im N und der Chilen. Schweiz (Chilen. Seengebiet) im S; 5. der Große Süden, der die Patagon. Kordillere mitsamt den vorgelagerten Halbinseln und Inseln (d. h. Westpatagonien) sowie, an der Magalhãesstraße, den südlichsten Teil von Ostpatagonien und schließl. den chilen. Anteil am Feuerlandarchipel umfaßt. C. erhebt seit 1940 Anspruch auf den Sektor der Antarktis zw. 53° und 90° w. L., ein Gebiet, das z. T. von Großbrit. in Besitz genommen worden ist, z. T. von Argentinien reklamiert wird.

Klima: Der Längserstreckung entsprechend ergibt sich eine Klimaabfolge von N nach S von einer subtrop. Zone mit spärl. Sommerregen über eine subtrop. Trockenzone im Großen Norden, sommertrockene Subtropen

im Kleinen Norden zur kühlgemäßigten immerfeuchten Zone im Kleinen Süden sowie dem hochozean., kühlgemäßigten Westwindklima des Großen Südens.

Vegetation: Die Vegetationszonen entsprechen dem Klima: xerophyt. Strauch- und Polstervegetation in der Hochkordillere, die im Innern vegetationslose Wüstenzone der Atacama mit Sukkulenten und Zwergsträuchern an der Küste, Zwergstrauchsteppe sowie Dornstrauch- und Sukkulentenvegetation im Kleinen Norden, der heute fast völlig in Kulturland umgewandelte Hartlaubwald in Z-Chile, der sommergrüne Laubwald im Kleinen Süden, der immergrüne Regenwald im Großen Süden und die ostpatagon. Steppe. **Tierwelt:** Die Tierwelt ist relativ artenarm. Charakterist. sind Lama, Alpaka und Vikunja.

Bevölkerung: Die Bev. setzt sich zus. aus etwa 70 % Mestizen, 25 % Weißen und 2 % Indianern; 89 % sind röm.-kath. Die einzige geschlossene nichtspan. Bev.gruppe sind die seit 1852 im Seengebiet der Chilen. Schweiz angesiedelten Deutschen (ca. 5 000, zur Hälfte Protestanten). Reinrassige Indianer sind die Araukaner in der Frontera. Schulpflicht besteht von 7–15 Jahren, die Analphabetenquote betrug 1973 auf dem Lande rd. 10 %, in den Städten 5 %. C. verfügt über 8 Hochschulen.

Wirtschaft: Die chilen. Wirtschaft ist seit dem 19. Jh. vom Bergbau abhängig; bis zum 1. Weltkrieg war der in der Atacama gewonnene Salpeter das wichtigste Produkt. C. liefert den größten Teil des Weltbedarfs an Jod. Die größte Rolle spielt heute der Abbau von Kupfererzen, daneben auch Kohlengruben. In Ostpatagonien und auf Feuerland wird Erdöl und Erdgas gefördert. - 20 % der Landfläche werden landw. genutzt; 80 % der Anbauflächen konzentrieren sich auf Z-Chile sowie den N des Kleinen Südens. Die Produktion reicht nicht zur Selbstversorgung aus, v. a. Weizen muß eingeführt werden. Nadelholz- und Eukalyptusbestände werden forstwirtsch. genutzt. Die Fischerei dient der Selbstversorgung und der Fabrikation von Fischmehl. C. beansprucht das alleinige Fischrecht innerhalb 200 Seemeilen.

Verkehr: Die staatl. Eisenbahn unterhält ein Streckennetz von 10 100 km; es bestehen Verbindungen nach Argentinien und Bolivien. Von den 78 025 km Straßen sind 9 600 km asphaltiert. V. a. im unwegsamen S kommt der Küstenschiffahrt große Bed. zu. Neben der staatl. Línea Aérea Nacional de Chile bestehen private Fluggesellschaften. Der internat. ✈ von Santiago de C. wird von 14 ausländ. Fluggesellschaften angeflogen.

Außenhandel: C. exportiert v. a. Kupfer, Eisenerze und deren Konzentrate, Fischmehl, Zellstoff, Papier, Pappe und Chilesalpeter. Importiert werden techn. und elektr. Ausrü-

Chile

stungen, Transportmittel, Chemikalien, Nahrungsmittel, Textilien u. a. Die wichtigsten Partner sind die USA, Argentinien, die BR Deutschland, Großbrit., Frankr. und Japan.

Geschichte: Die z. Z. bekannten ältesten Funde stammen aus Calama (Prov. Antofagasta). Der dortige Chuquikomplex wird vor oder um 12000 v. Chr. datiert. Die um 9500 v. Chr. datierten folgenden Komplexe zählen zum Andean Biface Horizon. In die gleiche Zeit gehören die ältesten Fundgegenstände von der Magalhãesstraße. Dort läßt sich durch Höhlenfunde die Entwicklung durch 5 Stufen zu den histor. Jägern, Fischern und Sammlern verfolgen. Ähnl. Kulturen kennzeichnen S-C. In N-C. bildeten sich seit 4000 v. Chr. Fischerkulturen heraus. Keramik und Kulturpflanzen treten in N-C., aus Peru kommend, erst gegen 300 v. Chr. auf. Während der mittleren keram. Periode (700–1000) verstärkten sich die Einflüsse aus dem N. Um 1480 unterwarf Topa Inca Yupanqui N- und M-C. ohne größeren Widerstand es gliederte es dem Inkareich an. Die span. Eroberung begann, als F. Pizzaro 1539 P. de Valdivia von Peru nach S entsandte. Dieser gründete 1541 das heutige Santiago de Chile als erste europ. Stadt auf chilen. Boden, bei seinem weiteren Vordringen nach S 1550 das heutige Concepción, doch konnte südl. des Río Bío-Bío der Indianerstamm der Araukaner in wechselvollen Kämpfen lange seine Unabhängigkeit behaupten. Im Frieden von Negrete (1726) erkannten die Araukaner die Oberhoheit der Spanier an, bei deren Verzicht auf jedes Vordringen südl. des Río Bío-Bío. Ab 1606 besaß das span. C. eine Audiencia mit Sitz in Santiago de Chile. 1778 wurde es Generalkapitanat, unabhängig von Peru.

Streitigkeiten zw. Santiago de Chile und Concepción kennzeichnen den Beginn der Unabhängigkeitsbestrebungen in C. ab 1808. Zwar führte eine erste Erhebung gegen Spanien 1811 unter J. M. Carrera (seit 1812 1. chilen. Präs.) zur Unabhängigkeit. Doch die Spanier eroberten C. ab 1813 von S her zurück. 1817 überschritt eine argentin.-chilen. Armee unter J. de San Martín und B. O'Higgins die Anden und schlug die span. Armee bei Chacabuco entscheidend. Am 1. Jan. 1818 wurde die Unabhängigkeit formell ausgerufen und O'Higgins zum „director supremo" ernannt. Der S blieb zunächst in span. Hand und bildete den Ausgangspunkt für einen neuen Angriff, wurde jedoch nach dem Sieg der Chilenen von diesen erobert. In den folgenden inneren Wirren bis 1831 setzten sich die Konservativen durch (Verfassung von 1833). Um die Mitte des 19.Jh. begann C. die Eroberung, Erschließung und Besiedlung der Frontera, südl. des Río Bío-Bío, und unterwarf die Araukaner. Chilen. Unternehmer begannen vor der Mitte des 19.Jh., die Salpetervorkommen in der Atacama in großem Maße abzubauen, woraus C. territoriale Ansprüche ableitete. Im sog. Salpeterkrieg 1879–83 gewann C. mit dem Sieg über Peru und Bolivien Antofagasta und Arica. Wirtsch. Aufschwung und polit. Expansion führten nach einer Revolution 1891 zur Errichtung eines liberalen, parlamentar. Systems. In der Zeit nach dem 1. Weltkrieg bis zur Weltwirtschaftskrise geriet C. in eine sich ständig verschärfende wirtsch. und soziale Krise, weil das chilen. Salpetermonopol durch die Gewinnung von Stickstoff aus der Luft wertlos geworden war. Unter Beteiligung des Militärs gelang es konservativen Kräften, die Lage zu stabilisieren. Kurz vor Ausbruch des 2. Weltkrieges scheiterte eine Volksfrontregierung. Im 2. Weltkrieg nahm C. erneut einen großen wirtsch. Aufschwung, der auf dem Export wichtiger Rohstoffe, v. a. in die USA, beruhte. Das Abklingen der Nachfrage führte nach Kriegsende zu einer schweren wirtsch. Krise, die eine polit. Krise zur Folge hatte, in der die Arbeiterschaft immer nachdrücklicher soziale Reformen forderte. Eine zusätzl. Verschlechterung der allg. Lage wurde durch schwere Naturkatastrophen (v. a. das Erdbeben von 1960) herbeigeführt. Nach dem Wahlsieg von E. Frei (christl. Demokrat) 1964 wurde ein umfassendes Reformprogramm in Angriff genommen. Er setzte eine Reihe wesentl. Strukturreformen durch, u. a. die Landreform und die Übernahme der Kapitalmehrheit an den großen Kupferminen, die zuvor im Besitz amerikan. Unternehmen waren. 1970 übernahm der Sozialist Salvador Allende Gossens, der als Kandidat einer mehrere linksgerichtete Parteien umfassenden Volksfront mit knapper Mehrheit gewählt worden war, die Präsidentschaft. Sein Versuch einer Verbesserung der wirtsch. und sozialen Situation (Verstaatlichung ausländ. Unternehmen, Fortführung der Landreform) wurde durch konservative Kräfte bekämpft und schließl. durch den Militärputsch vom Sept. 1973, bei dem Allende ums Leben kam, beendet. Eine Militärjunta unter Vorsitz General A. Pinochets übernahm die Reg.gewalt, verhängte den Belagerungszustand und setzte weite Teile der Verfassung außer Kraft. Führende Politiker der Reg.koalition wurden verhaftet, zahlr. Funktionäre und Parteigänger mußten außer Landes fliehen oder wurden in Lagern gefangengehalten oder erschossen. Nach offiziellen Mitteilungen waren Mitte 1978 noch 218 polit. Gefangene in Haft, jedoch gelten mindestens 1 500 Personen als verschollen. Im Juli 1977 kündigte Pinochet die stufenweise Rückkehr zur Zivilregierung bis 1985 an und löste darauf die 1974 geschaffene Geheimpolizei DINA (Dirección de Intelegencia Nacional) auf. Im Juli 1978 versuchte Pinochet seine Position zu festigen, indem er Kräfte in der chilen. Luftwaffe ausschaltete (insbes. den Oberbefehlshaber der Luftwaffe, General G. Leigh), die für eine baldige Rückkehr zu verfassungsmäßigen Zuständen in C. eintraten. Der 1978 von einer Juristenkommission ausgearbeitete Verfassungsentwurf wurde seit März 1979 vom Staatsrat geprüft und am 11. Sept. 1980 in einer Volksabstimmung von 67% der Wähler angenommen (Grundzüge: Präsidialsystem, Zweikammerparlament mit direkt gewählter Abg.kammer). Im März 1978 wurde der Belagerungszustand aufgehoben (der Ausnahmezustand blieb jedoch aufrechterhalten). Im April nahm der Präs. im Sinne einer schrittweisen Rückkehr zu einer Zivilregierung erstmals Zivilisten in sein Kabinett auf. Im Juli 1979 wurden Gesetze erlassen, die den Gewerkschaften bei angestrebter Entpolitisierung ein eingeschränktes Streikrecht zugestanden. Eine neue Verfassung wurde 1980 von 67% der Wähler angenommen.

Außenpolit. veranlaßte der Austritt aus dem Andenpakt 1976 C. zu einer stärkeren Annäherung an die La-Plata-Staaten. Allerdings verschärfte sich der Streit mit Argentinien wegen des Beaglekanals im Feuerlandarchipel, bis durch Vermittlung des Vatikans Anfang 1984 eine gegenseitige Gewaltverzichtserklärung zustande kam.

Politisches System: Nach der Verfassung von 1980 (teilweise in Kraft seit März 1981) ist C. eine präsidiale Republik. Wesentl. Bestimmungen, u.a. das Verbot der Wiederwahl des Präs. und die Wahl parlamentar. Körperschaften, wurden bis 1989 suspendiert. *Staatsoberhaupt* und Inhaber der *Exekutive* ist z.Z. der Vors. der seit Sept. 1973 herrschenden Militärjunta, der seit Dez. 1974 den Präs.titel führt (A. Pinochet Ugarte). Die *Legislative* liegt bei der Junta. Nach der neuen Verfassung können sich *Parteien* und *Gewerkschaften* bilden, doch bleibt ihre Tätigkeit starken Beschränkungen unterworfen. Nach der Neugliederung der *Verwaltung* ist C. in 13 Regionen (einschl. der hauptstädt. Region) und 40 bzw. 41 Prov. gegliedert. Den Regionen stehen ernannte Gobernadores vor, den Prov. Intendenten. Das *Recht* ist an frz. und span. Vorbild orientiert. Neben dem Obersten Gerichtshof gibt es 15 Appellationsgerichtshöfe. Eine unabhängige Rechtsprechung ist seit dem Militärputsch nicht mehr gewährleistet. Die *Streitkräfte* haben eine Stärke von rd. 96 000 Mann (Heer: 53 000, Marine: 28 000, Luftwaffe: 15 000); paramilitär. Kräfte umfassen rd. 27 000 Mann.

Ⓤ *C. - Legenden u. Wirklichkeit. Hg. v. W. Stegmann. Bln. 1982. - Bähr, J.: C. Stg.* ²*1981. - Landflucht u. Verstädterung in C. Hg. v. W. Lauer. Wsb. 1976. - Kaltenegger, M.-L.: C. Klassenkampf u. bewaffneter Widerstand. Dokumentation einer Diktatur. Wien u. Mchn. 1974. - Nohlen, D.: C. - das sozialist. Experiment. Hamb. 1973. - Korth, E. H.: Spanish policy in colonial C. The struggle for social justice. 1535-1700. Stanford (Calif.) 1968.*

Chilefichte ['çi:..., 'tʃi:...] (Chilen. Araukarie, Araucaria araucana), bis 45 m hohe, pyramidenförmige Araukarie in Chile und SW-Argentinien, wo sie lichte (als Pinares bezeichnete) Wälder bildet.

chilenische Literatur [çi..., tʃi...], als bedeutendstes Werk der Kolonialzeit gilt das Epos von P. de Oña „Arauco domado" (1596). A. Bello (* 1781, † 1865) und J. V. Lastarria (* 1817, † 1888) sind die Protagonisten einer nat. Literatur im Gefolge der europ. Romantik. Landesspezif. Züge gewinnt die chilen. Prosa unter dem Einfluß von Realismus (A. Blest Gana [* 1830, † 1920]) und Naturalismus (B. Lillo [* 1867, † 1923]). Die noch zur Zeit des Modernismo unbedeutende Lyrik erreicht Weltrang mit G. Mistral, V. Huidobro, P. de Rokha (* 1894, † 1968) und P. Neruda. Letzterer wird mit seiner z. T. sozial und antiimperialist. engagierten, z.T. subtil transparenten, den Gegenständen des Alltags gewidmeten Dichtung Vorbild in Lateinamerika. Mit den Romanen M. Rojas wird gegenüber der Regionalistenschule M. Latorres (* 1886, † 1955), dem psychologisierenden Naturalismus von J. Edwards Bello (* 1887, † 1968) oder E. Barrios (* 1884, † 1963) eine symbolhaft vertiefte, erzähltechn. modern strukturierte Prosa eingeleitet. In individuell prägnanter Thematik wird diese Linie von C. Droguett (* 1912), F. Alegría (* 1918), J. Donoso (* 1925), E. Lafourcade (* 1927), A. Dorfman (* 1940), A. Skármeta (* 1940), die sich seit dem Militärputsch von 1973 im Exil befinden, fortgeführt. Die Verbindung von Volkslied und polit. engagierter Lyrik in der Bewegung des „Neuen Chilen. Liedes" gelang v. a. V. Jara (* 1938, † 1973), der kurz nach dem Militärputsch erschossen wurde.

Ⓤ *Kunst u. Kultur des demokrat. Chile. Hg. v. M. Jürgens u. T. Metscher. Fischerhude 1977.*

Chilenischer Peso [çi..., tʃi...], Abk. chil$, Währungseinheit in Chile; 1 chil$ = 100 Centavos.

Chilenische Schweiz [çi..., tʃi...], Seengebiet im Kleinen Süden Chiles, von z. T. noch tätigen, vergletscherten Vulkanen umgeben.

Chilenisches Längstal [çi..., tʃi...], wichtigstes Siedlungs- und Wirtschaftsgebiet Chiles, eine N–S verlaufende Senke in Z-Chile und im Kleinen Süden.

Chilesalpeter ['çi:..., 'tʃi:...] ↑Salpeter.

Chili ['tʃi:li; indian.-span.], svw. Cayennepfeffer (↑Paprika).

Chiliasmus [çi...; zu griech. chílioi „tausend"], die Lehre von einer tausendjährigen Herrschaft Christi auf Erden (auch lat. *Millennium* „Jahrtausend") am Ende der geschichtl. Zeit. Sie beruht auf Aussagen der Johannesapokalypse (Apk. 20, 1–10), wo von einer Fesselung Satans für eine Zeit von tausend Jahren gesprochen wird. Diese Zeit soll nach der „ersten" Auferstehung der Gerechten

Chililabombwe

stattfinden und bis zur „zweiten", endgültigen Auferstehung dauern. Die Lehre des C. ist im MA am deutlichsten und nachhaltig wirksam von dem italien. Theologen Joachim von Fiore (* um 1130, † 1202) formuliert worden, der eine umfassende Geschichtstheologie entwickelte: auf das Zeitalter des Vaters (Zeitalter des A.T.) folgt die Zeit des Sohnes (des N.T.), deren Ende er für das Jahr 1260 erwartete. Danach sollte das tausendjährige Zeitalter des Geistes anbrechen. - Religiöse Bewegungen der Neuzeit, v. a. in der Dritten Welt, die den Anbruch eines Friedensreiches auf Erden erwarten, werden häufig *chiliast.* genannt.

📖 *Ladd, G. E. u. a.: Das Tausendjährige Reich. Dt. Übers. Marburg. 1983. - List, G.: Chiliastische Utopie und Radikale Reformation. Mchn. 1973.*

Chililabombwe [tʃi:...], Bergbauort im NW des Kupfergürtels von Sambia, 8 km von der Grenze gegen Zaïre entfernt, 1 360 m ü. d. M., 62 000 E. Bel. Kupfermine.

Chillán [span. tʃi'jan], Hauptstadt der Prov. Ñuble in Z-Chile, 121 000 E. Bischofssitz; wichtiges landw. Handelszentrum; Bahnstation, ✈. - Gegr. etwa 1580; Zerstörungen durch Erdbeben 1833 und 1939.

Chillida, Eduardo [span. tʃi'ʎiða], * San Sebastián 10. Jan. 1924, span. Metallbildner. - Konstruktivist., geschmiedete Plastiken, auch zahlreiche Zeichnungen.

Chillon [frz. ʃi'jõ], stark befestigtes Schloß auf einer Insel des Genfer Sees bei Montreux (12. und 13. Jh.; Innenausstattung 14. Jh.). Um 1150 war C. im Besitz der Grafen von Savoyen, 1536-1733 bern. Landvogtei. Diente als Gefängnis.

Chilon ['çi...] (Cheilon), spartan. Staatsmann des 6. Jh. v. Chr. - 556/555 Ephor; auf ihn wird die Militarisierung spartan. Lebens zurückgeführt; nach Platon einer der ↑ Sieben Weisen.

Chilopoda [çi...; griech.], svw. ↑ Hundertfüßer.

Chilpancingo de los Bravo [span. tʃilpan'singo ðe lɔz 'βraβo], Hauptstadt des mex. Staates Guerrero, in der Sierra Madre del Sur, 1 360 m ü. d. M., 57 000 E. Univ. (gegr. 1867); Zentrum eines Agrargebietes. - 1591 gegr.; 1902 schwere Erdbebenschäden.

Chilperich I. ['çil...], fränk. König (Merowinger), * 539, † bei Chelles 584. - Sohn Chlothars I., erhielt bei der Reichsteilung von 561 den N (Hauptstadt: Soissons) und den S von Aquitanien; kämpfte ständig mit Brüdern und Neffen.

Chimära [çi...; griech.], in der griech. Mythologie ein dreiköpfiges bzw. dreigestaltiges (Löwe, Schlange, Ziege), feuerschnaubendes Ungeheuer.

Chimäre [çi...; griech.], in der *Botanik* ein Organismus oder einzelner Trieb, der aus genet. verschiedenen Zellen aufgebaut ist. Die

C. entsteht entweder bei Pfropfungen (Pfropf-C.), wenn sich an der Verwachsungsstelle des eingesetzten Zweiges mit der Unterlage aus Zellen beider Partner ausnahmsweise ein Vegetationspunkt bildet, oder aber durch natürl. oder künstl. Mutation einer Meristemzelle eines Sproßvegetationspunktes (Zyto-C.). Bei der Periklinal-C. liegen die Zellen des einen Typs im Inneren des Vegetationspunktes und die des anderen als einheitl., mehr oder mehrschichtige Decke darüber. Bei der Sektorial-C. sind die beiden Zelltypen gruppenweise über den ganzen Vegetationspunkt verteilt.

Chimären [çi...; griech.], svw. ↑ Seedrachen.

Chimborasso [tʃim...], Andenvulkan mit vielen erloschenen Kratern und 16 Gletschern, höchster Berg Ecuadors (6 267 m).

Chimborazo [span. tʃimbo'raso], Prov. in Z-Ecuador, in den Anden, 5 556 km², 320 000 E (1982). Hauptstadt Riobamba. Anbau von Gerste und Mais; Viehzucht.

Chimbote [tʃim...], peruan. Hafenstadt an der Bahía de C., 216 000 E. Zentrum der peruan. Schwerind.; Fischerei, Fischmehlfabriken. - 1970 durch Erdbeben zerstört.

Chimú. Flasche im Chimústil. Berkeley, University of California

Chimú [span. tʃi'mu] (auch Chimor), Indianerstamm in NW-Peru, Gründer des ersten bed. Reiches in S-Amerika (12.–15. Jh. n. Chr.), dessen Kerngebiet in den nordwestperuan. Tälern des Río Chicama, Río Virú und Río Moche (nördl. und südl. von Trujillo) mit der Hauptstadt Chan-Chan lag. Das Reich war wahrscheinl. keine polit. Einheit, sondern eine Verbindung relativ selbständiger Stadtstaaten. - In der **Chimúkultur** werden Motive und Formen aus der Kunst der Mochekultur wiederbelebt; Keramik meist schwarzgrundig, daneben rote Gebrauchskeramik; bed. Goldschmiedekunst.

Chin [chin. dzın], chin. Dynastie, ↑ chinesische Geschichte.

Chin [tʃın], tibeto-birman. Volksgruppe im westl. Birma, deren Eigenständigkeit durch Einrichtung des Chingebietes gewürdigt wurde; einzige Wirtschaftsform ist ein primitiver Rodungsfeldbau.

Ch'in [chin. tɕın], altchin. Dynastie, ↑ chinesische Geschichte.

China

['çi:na] (amtl. Vollform: Chung-hua Jen-min Kung-ho-kuo; [Zhonghua Renmin Gonghegou]; deutsch: VR China), VR in O-Asien, zw. 18° und 53° 57' n. Br. sowie 71° und 135° ö. L. **Staatsgebiet:** Erstreckt sich mit einer O-W-Ausdehnung von rd. 4 500 km und einer maximalen N-S-Ausdehnung von 4 200 km vom Pamir bis zum Pazifik; im N gemeinsame Grenzen mit der UdSSR und der Mongol. VR, im NO mit Nord-Korea, im W mit Afghanistan (Wakhan) und Pakistan, im SW und S mit Indien (Grenzverlauf umstritten), Nepal, Bhutan, Birma, Laos und Vietnam, im SO mit Macau und Hongkong. C. beansprucht die im Südchin. Meer gelegenen Paracel- und Spratlyinseln, auf die auch Vietnam bzw. Taiwan und die Philippinen Besitzrechte geltend machen, sowie die Pratasinseln und die Macclesfield-Bank. **Fläche:** 9 597 000 km². **Bevölkerung:** rund 1,025 Mrd. E (1983), rd. 107 E/km². **Hauptstadt:** Peking. **Verwaltungsgliederung:** 3 regierungsunmittelbare Städte, 5 Autonome Regionen. 21 Prov. **Amtssprache:** Chinesisch. **Nationalfeiertage:** 1. Aug. (Gründung der Volksbefreiungsarmee) und 1. Okt. (Gründung der VR). **Währung:** Renminbi Yuan (RMB.¥) = 10 Jiao = 100 Fen. **Internationale Mitgliedschaften:** UN. **Zeitzonen** (von W nach O): MEZ + 5 Std., bzw. + 7 Std., bzw. + 8 Std.

Landesnatur: Große Teile des Landes sind gebirgig, fast ²/₃ der Gesamtfläche liegen höher als 1 000 m ü. d. M. Charakterist. ist ein Abfall der Landoberfläche in mehreren Staffeln zum Pazifik hin. Im SW stellt das Hochland von Tibet zw. Kunlun bzw. Nanschan im N und Himalaja im S mit einer mittleren Höhe von 4 500 m ü. d. M. die höchstgelegene Landmasse der Erde dar. Die Gebirgsumrandung des Hochlandes weist Erhebungen zw. 7 000 und 8 000 m auf (im Kunlun bis 7 723 m ü. d. M.). Der auf dem Hauptkamm des Himalaja auf der Grenze gegen Nepal gelegene Mount Everest erreicht 8 848 m. Im Bereich der nächstfolgenden Landstaffel schließen nördl. von Kunlun und Nanschan die abfluß-

losen Hochbecken und die Hochländer Z-Asiens an, mit dem Tarimbecken (tiefste Stelle 780 m ü. d. M.) und der Dsungarei (tiefste Stelle 190 m ü. d. M.), getrennt durch den Tienschan (bis 7 439 m ü. d. M.; in der Turfansenke mit 154 m u. d. M. tiefster Punkt des Landes), sowie dem Hochland der Inneren Mongolei (durchschnittl. 800–1 000 m), das im O durch den Großen Chingan (bis 2 034 m) abgeschlossen wird. Nördl. des Tsinlingschan, der C. in Fortsetzung von Kunlun und Nanschan von N nach O als wichtigstes Scheidegebirge des Landes durchzieht, erstrecken sich die Lößbergländer der Prov. Schensi und Schansi (800–1 800 m), südl. des Gebirges das Becken von Szetschuan (333–600 m) und das Yünnan-Plateau (1 800–2 000 m ü. d. M.), das in das Kweitschou-Plateau übergeht (durchschnittl. 1 000 m ü. d. M.). Östl. einer stellenweise bis über 2 000 m aufragenden Landstufe, die vom O-Abfall des Großen Chingan im N über denjenigen des Taihangschan, den Abbruch des Tsinlingschan und die O-Umrandung des Beckens von Szetschuan bis zum O-Rand des Kweitschou-Plateaus hinzieht, folgt die niedrigste Landstaffel. Sie umfaßt die Bergländer im SO (im Nanlingschan bis 1 922 m), des Hwaijangschan (bis 1 900 m), von Schantung (bis 1 545 m), der Halbinsel Liaotung und der Ostmandschurei (bis 2 744 m) sowie die ausgedehnten Tieflandgebiete Ost-C., mandschur. Ebene, Große Ebene (größtenteils unter 100 m ü. d. M.), zentralchin. Tiefebene (im Mittel 45–180 m) am Jangtsekiang, und die Küstenebene Südchinas. Der teilweise stark gegliederten Küste sind etwa 2 900 Inseln vorgelagert, unter denen Hainan die größte ist. Mit Ausnahme größerer Gebiete des zentralasiat. Raumes wird C. nach O entwässert, der NO durch die Hauptströme Liaoho, Sungari und Amur, das mittlere C. durch Hwangho und Jangtsekiang, der SO durch den Sikiang.

Klima: Auf Grund seiner großen Längen- und Breitenerstreckung liegt C. in verschiedenen Klimazonen, von den kühlgemäßigten hochkontinentalen, extrem winterkalten Gebieten der Mandschurei und Hochasiens und den wüstenhaft trockenen Zonen Z-Asiens bis zu den subtrop.-trop. Gebieten im S. Ein großer Teil, v. a. der dicht bevölkerte O, liegt im Bereich warmgemäßigten Klimas. Im äußersten N der Inneren Mongolei und der Mandschurei sind Dauerfrostböden verbreitet. Die sommerl. Temperaturen sind im ganzen Land annähernd gleich.

Vegetation: Nur etwa 12 % der Gesamtfläche sind bewaldet. Nadelwälder reichen den osttibet. Randgebirgen bis auf 3 000–4 000 m ü. d. M. Die sommergrünen Laubwälder zw. Amur und Jangtsekiang sowie die subtrop. immergrünen Lorbeerwälder des S mußten z. T. der Landw. weichen. Weite Teile des Hochlands von Tibet liegen oberhalb der

China

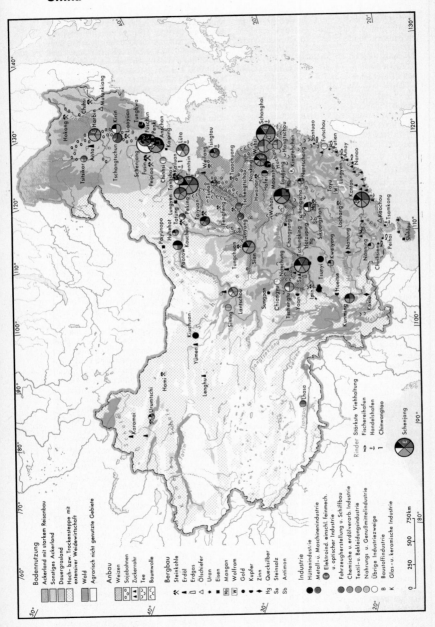

China. Wirtschaftskarte

Baumgrenze; hier finden sich Zwergsträucher, Hochsteppen und hochalpine Matten. Die Vollwüsten des Tarimbeckens, der östl. Dsungarei und der westl. Gobi werden von Halbwüsten und Trockensteppen umschlossen. An der Küste der Prov. Kwangtung und auf Hainan findet sich trop. Vegetation.

Tierwelt: In den Tiefländern ist die urspr. Tierwelt durch den Menschen stärker dezimiert worden als in den Hochländern und Gebirgen, in denen u. a. Wildjak, Braunbär, Wildschaf, Wolf, Gazellen- und Antilopenarten vorkommen. Unter Naturschutz steht der Bambusbär.

Bevölkerung: Über 90 % der Bev. gehören zur Gruppe der Han, daneben leben nat. Minderheiten in C. (u. a. Uiguren, Kasachen, Tibeter, Mandschu, Mongolen). Vorherrschend ist ein von Konfuzianismus und Taoismus beeinflußter Buddhismus; in Tibet und der Inneren Mongolei ist der lamaistische Buddhismus, in Sinkiang und Ningsia der Islam verbreitet; etwa 5 Mill. Chinesen sind Christen (v. a. röm.-kath.). Dicht besiedelt sind die östl. und südl. Landesteile, am mittleren und unteren Jangtsekiang leben sogar über 2 000 E/km², in Tibet dagegen nur 1,2 E/km². Die Gesundheitsfürsorge ist v. a. auf dem Land grundlegend verbessert worden; hier sind u. a. rd. 1,6 Mill. sog. Barfußärzte tätig. Der Ausbau des Schulwesens und die Vereinfachung der chin. Schrift auf nur 3 000–4 000 Wortzeichen ermöglichten die Einführung der allg. Schulpflicht. In der Ausbildung wird eine enge Verbindung von Schule und Arbeitswelt angestrebt. Für die höheren Ausbildungsstätten werden unterschiedl. Zahlen angegeben, für 1984: 802 Hochschulen und Universitäten.

Wirtschaft: Grundlage ist die Landwirtsch.; ihr Anteil am Nationaleinkommen beläuft sich auf 45%. Zur Sicherung der Agrarproduktion gegen Dürren und Überschwemmungen haben Wasserbauarbeiten seit 1949 eine große Rolle gespielt (Deich- und Brunnenbau, künstl. Seen, Terrassierung des Geländes). Die Aufforstung eines Waldgürtels von 3 000 km Länge dient dem Schutz der Ackerflächen vor der Wüste. - C. ist der größte Reisproduzent der Erde; wichtig ist auch der Anbau von Weizen, Mais, Hirse, Baumwolle, Zuckerrohr und -rüben, Ölsaaten, Obst, Gemüse, Heilpflanzen, Tee und Tabak; die Seidenraupenzucht wurde intensiviert. In der Viehhaltung spielt die Schweinezucht die Hauptrolle. Die Forstwirtschaft bemüht sich v. a. um umfangreiche Wiederaufforstung. Die Binnenfischerei dient der Selbstversorgung. - C. ist reich an Bodenschätzen. Steinkohle deckt rd. 70 % des chin. Energiebedarfs. Bed. Erdölvorkommen befinden sich u. a. auf dem Schelf sowie in den Prov. Schantung, Kwangtung und in der Mandschurei; hier verläuft vom Erdölfeld Taching eine 1 152 km lange Pipeline zum Exporthafen Chinwangtao bzw. nach Peking. In der Prov. Szetschuan liegen die wichtigsten Erdgaslagerstätten. Eisen-, Zinn-, Wolfram-, Antimon- und Uranerzvorkommen sind bed. Die dezentralisierte Ind. dient in erster Linie der Landw. Parallel zum steigenden Ausstoß der Eisen- und Stahlind. erfolgt der Ausbau der Maschinen-, Fahrzeug-, elektrotechn. und elektron. Ind. Erdölraffinerien und petrochem. Werke sind entstanden.

Außenhandel: Exportiert werden v. a. Erzeugnisse der Leichtind. in Länder der Dritten Welt (Maschinen, Textilien), Erdöl, Zinn und andere Bergbauprodukte, pflanzl. und tier. Rohstoffe. Die Importe setzen sich aus Investitionsgütern (Maschinen, Fabrikanlagen), Rohstoffen (Pflanzenfasern, Naturkautschuk, NE-Metalle), Eisen und Stahl, Nahrungsmitteln und Kunstdüngern zusammen.

Verkehr: Außer Tibet sind alle Landesteile an das Eisenbahnnetz (Streckenlänge 51 600 km) angeschlossen. Die Gesamtlänge des Straßennetzes betrug 1984 920 000 km, davon 220 000 km Allwetterstraßen; v. a. im westl. C. spielt der Kraftfahrzeugverkehr über Fernstraßen eine große Rolle. Die Binnenwasserstraßen (109 000 km) sind z. T. auch für Hochseeschiffe befahrbar. Die Küstenschiffahrt ist ebenfalls ein wichtiger Verkehrsträger. Wegen des gestiegenen Außenhandels werden z. Z. 40 Seehäfen ausgebaut; in Tientsin wurde der erste Containerterminal des Landes eröffnet. Die staatl. CAAC (Civil Aviation Administration of China) fliegt 91 Städte des Inlands sowie Auslandsflughäfen in Asien, Afrika, Amerika und Europa (Belgrad, Bukarest, Frankfurt am Main, London, Moskau, Paris und Zürich) an. Internat. Flughäfen befinden sich in Peking, Schanghai und Kanton, weitere Flughäfen sind im Ausbau.

Politisches System: Nach der Verfassung von 1982 ist die VR C. ein „sozialist. Staat der demokrat. Diktatur des Volkes". Die Verfassung stellt die Aufgabe, „C. nach und nach zu einem sozialist. Land mit moderner Ind., Landw., Verteidigung, Wiss. und Technik sowie zu einer hochstehenden Demokratie und Zivilisation aufzubauen". Die „vier Grundprinzipien" werden bekräftigt: Sozialismus, demokrat. Diktatur des Volkes, Marxismus-Leninismus-Mao-Tse-tung-Ideen, Führung der Kommunist. Partei. Auch die KP hat sich an Verfassung und Gesetze zu halten und steht nicht über diesen. Die Verfassung erkennt die Prinzipien der „friedl. Koexistenz" an, die Beziehungen zu anderen Staaten sollen ausgebaut werden, C. will den Weltfrieden verteidigen und gegen „Imperialismus, Hegemonismus und Kolonialismus" kämpfen. Hauptaufgabe ist die Wiedervereinigung mit Taiwan. Für diesen Fall wie auch für die Rückgewinnung von Hongkong und Macau ist in der Verfassung die Errichtung von „Sonderverwaltungsbezirken" vorgesehen.

Legislative und „höchstes Organ der Staats-

VERWALTUNGSGLIEDERUNG (Stand 1983)

Verwaltungseinheit (in Klammern: neue Schreibweise [Pinyin])	Fläche 1 000 km²	Einwohner (in Mill.)	Hauptstadt (in Klammern: neue Schreibweise [Pinyin])
regierungsunmittelbare Städte			
Peking (Beijing)	17	9,3	–
Schanghai (Shanghai)	6	11,9	–
Tientsin (Tianjin)	11	7,9	–
Provinzen			
Anhwei (Anhui)	139	50	Hofei (Hefei)
Fukien (Fujian)	121	26	Futschou (Fuzhou)
Heilungkiang (Heilungjiang)	469	33	Harbin (Harbin)
Honan (Henan)	167	76	Tschengtschou (Zhengzhou)
Hopeh (Hebei)	188	54	Schihkiatschuang (Shijiazhuang)
Hunan (Hunan)	210	55	Tschangscha (Changsha)
Hupeh (Hubei)	186	48	Wuhan (Wuhan)
Kansu (Gansu)	454	20	Lantschou (Lanzhou)
Kiangsi (Jiangxi)	169	34	Nantschang (Nanchang)
Kiangsu (Jiangsu)	103	61	Nanking (Nanjing)
Kirin (Jilin)	187	23	Tschangtschun (Changchun)
Kwangtung (Guangdong)	212	61	Kanton (Guangzhou)
Kweitschou (Guizhou)	176	29	Kweijang (Gviyang)
Liaoning (Liaoning)	146	36	Schenjang (Shenyang)
Schansi (Shanxi)	156	26	Taijüan (Taiyuan)
Schantung (Shandong)	153	76	Tsinan (Jin'nan)
Schensi (Shaanxi)	206	29	Sian (Xian)
Szetschuan (Sichuan)	567	101	Tschengtu (Chengdu)
Tschekiang (Zhejiang)	102	40	Hangtschou (Hangzhou)
Tsinghai (Qinghai)	721	4	Sining (Xi'ning)
Yünnan (Yunnan)	394	33	Kunming (Kunming)
Autonome Regionen			
Innere Mongolei (Nei Monggol)	1 183	20	Huhehot (Huhhot)
Kwangsi (Guangxi)	236	37	Nanning (Nanning)
Ningsia (Ningxia)	66	4	Yinchwan (Yinchuan)
Sinkiang (Xinjiang)	1 600	13	Urumtschi (Urumqi)
Tibet (Xizang)	1 228	2	Lhasa (Lhasa)

macht" ist der Nat. Volkskongreß, dessen rd. 3 000 Abg. für 5 Jahre indirekt in den Prov., autonomen Gebieten, regierungsunmittelbaren Städten und in der Volksbefreiungsarmee gewählt werden. Der Nat. Volkskongreß soll einmal jährl. zusammentreten. Zw. den Sitzungen nimmt sein Ständiger Ausschuß (z. Z. 133 Mgl.) die legislativen Funktionen wahr, der auch den *Staatspräsidenten* (seit 1983 Li Hsien-nien) und den Vizepräsidenten auf 5 Jahre wählt.

Exekutive und zentrales Verwaltungsorgan ist der Staatsrat mit dem Min.präs. (seit Sept. 1980 Chao Tzu-yang) an der Spitze. Der Min.präs., die Min. und die sonstigen Mgl. des Staatsrats werden auf Vorschlag des ZK der KPCh vom Nat. Volkskongreß bestellt und abberufen. Sie sind dem Nat. Volkskongreß und dessen Ständigem Ausschuß verantwortlich. Einzig entscheidende *Partei* ist die KPCh, mit (1985) über 40 Mill. Mgl. die größte KP der Welt. Ihre wichtigsten Führungsgremien

sind: das vom Parteitag gewählte Zentralkomitee (ZK), dessen Vorsitz seit Juni 1981 Hu Yao-pang innehat, mit 210 Vollmgl. und 133 Kandidaten; das Politbüro mit 23 Vollmgl.; der Ständige Ausschuß des Politbüros mit 7 Mgl. Neben der KPCh existieren noch mehrere unbed. nichtkommunist. Parteien, die sich der KPCh untergeordnet haben und mit ihr die Nat. Front bilden. Die Nat. Front stellt die Einheitslisten für die Wahl der Volkskongresse auf allen Ebenen auf.

Gewerkschaften: Dachverband der 15 Ind.gewerkschaften und 29 lokalen Gewerkschaftsräte mit insgesamt rd. 80 Mill. Mgl. ist der 1925 gegr. Allchin. Gewerkschaftsbund. Den Gewerkschaften steht weder Tarifautonomie noch Streikrecht zu.

Mittlere, direkt der Zentralreg. unterstehende *Verwaltungseinheiten* der VR C. sind die 21 Prov. und die 5 autonomen Gebiete, die jeweils in Präfekturen, Kreise und Bez. unterteilt sind, sowie die 3 regierungsunmittelbaren

Städte, die in Stadtbez. gegliedert sind. Die autonomen Gebiete wurden zur gesetzl. geschützten Selbstverwaltung der nat. Minderheiten geschaffen. Auf allen Verwaltungsebenen bestehen gewählte örtl. Volkskongresse, die als ihre ständigen Organe und „örtl. Volksreg." die örtl. Revolutionskomitees bestellen. Die *Rechtsprechung* wird durch das Oberste Volksgericht, die örtl. Volksgerichte aller Ebenen und die bes. Volksgerichte ausgeübt. Die Volksgerichte aller Ebenen sind den Volkskongressen der entsprechenden Ebenen und deren ständigen Organen verantwortl. In zunehmendem Maße wurden Funktionen der Gerichtsbarkeit auf die Partei übertragen und rechtl. Sanktionen durch polit. ersetzt. Der Oberbefehl über die chin. *Streitkräfte* liegt seit der Verfassung von 1982 bei einem Zentralen Militärrat, dessen Vorsitzender dem Nationalen Volkskongreß verantwortl. ist. Im Unterschied zu den Streitkräften der meisten anderen Länder ist die „Chin. Volksbefreiungsarmee" nicht nur eine Kampftruppe, sondern gleichzeitig eine Arbeits- und Produktionstruppe. Es besteht allg. Wehrpflicht für Männer; die Dienstzeit beträgt im Heer 3 Jahre, in Luftwaffe und Marine 4 Jahre. Die Gesamtstärke der Volksbefreiungsarmee beträgt rd. 3,9 Mill. Mann (Heer 2,97 Mill., Marine 350 000, Marineinfanterie 86 500, Luftwaffe - einschließl. strateg. und Nuklearstreitkräfte - 490 000 Mann). Neben den reguläre Streitkräften besteht eine bewaffnete Volkmiliz mit rd. 12 Mill. Mann.

📖 *Englert, S./Grill, G.: Klipp u. klar 100 × C. Mhm. u.a. 1981. - C. Natur, Gesch. Gesellschaft, Poliik, Staat, Wirtschaft, Kultur. Hg. v. B. Staiger. Tüb. 1980. - Klenner, W.: Ordnungsprinzipien im Industrialisierungsprozeß der VR C. Planung - Organisation - Unternehmenskonzept. Hamb. 1979. - Kraus, W.: Wirtschaftl. Entwicklung u. sozialer Wandel in der VR C. Bln. u.a. 1979.*

Chinakohl ['çi:...] (Brassica chinensis; Pekingkohl), Kohlart aus Ostasien; alte chin. Kulturpflanze mit zahlr. Varietäten, in den gemäßigten Zonen Europas und N-Amerikas zunehmend kultiviert; zweijähriges oder ausdauerndes Kraut mit lockerem, strunklosem Kopf aus aufrechten, schmalen oder spateligen Blättern, die als Salat oder Gemüse gegessen werden; die Samen liefern ein Speise- und Brennöl.

◆ svw. ↑Schantungkohl.

Chinakrepp ['çi:...] ↑Crêpe.

Chinamensch ['çi:...], svw. Pekingmensch (↑Mensch).

Chinampas [tʃi'nampas; mex.-span.], im alten Mexiko Flöße aus Flechtwerk, die als „schwimmende Gärten" an den Ufern der flachen (heute ausgetrockneten) Seen verankert wurden. Sie lieferten 3 bis 4 Ernten im Jahr. Heute lange, schmale Felder, von engen Kanälen durchzogen (bei Xochimilco).

Chinapapier ['çi:...], svw. ↑Reispapier.

Chinarinde ['çi:...] (Fieberrinde, Perurinde, Cortex chinae, Cortex cinchonae), Rinde von Bäumen der Gatt. Chinarindenbaum. Die Rinden enthalten zw. 2 und etwa 14 % Chinarindenalkaloide, außerdem Bitterstoffe und das Glykosid Chinovin. C. wurde als Fieber- und Malariamittel verwendet.

Geschichte: C. wurde von Jesuiten verwendet und in Europa verbreitet, wo sie lange als „Jesuitenrinde" bekannt war. Die erste botan. Beschreibung gab 1738 der frz. Forschungsreisende C. M. de La Condamine, der sie Quinquina (nach dem Inkawort „quina" für Rinde) nannte.

Chinarindenalkaloide ['çi:...], Sammelbez. für eine Gruppe von etwa 30, teilweise in stereoisomeren Formen auftretenden Pflanzenalkaloiden aus den Baumrinden trop. Bäume der Gatt. Remijia und Chinarindenbaum. Wichtigstes Alkaloid ist das ↑Chinin. Als Mittel gegen Malaria sind sie heute weitgehend durch synthet. Medikamente ersetzt.

Chinarindenbaum ['çi:...] (Fieberrindenbaum, Cinchona), Gatt. der Rötegewächse mit etwa 16 Arten in der trop. Amerika; meist hohe Bäume mit großen ellipt. oder fast eiförmigen Blättern und rosafarbenen oder gelblichweißen Blüten in großen Blütenrispen. Einige Wildarten und Kreuzungen liefern Chinarinde.

Chinaseide ['çi:...], Bez. für Naturseidenstoffe mit Unregelmäßigkeiten in der Garnstärke.

Chinchilla [tʃin'tʃil(j)a; span.], svw. Wollmäuse (↑Chinchillas).

◆ (Chinchillakaninchen) Hauskaninchenrasse, die vermutl. aus Kreuzungen von Blauen Wienern mit Russenkaninchen hervorgegangen ist; Fell oberseits bläul. aschgrau, mit welliger, schwärzl. Schattierung, unterseits weiß, bes. dicht- und weichhaarig, liefert gute Pelze (Chinchillakanin).

◆ Bez. für die aus Fellen von Chinchillas (Wollmäuse) gewonnenen, bes. edlen Pelzwaren.

Chinchillaratten [tʃin'tʃil(j)a] (Abrocomidae), Fam. der Meerschweinchenverwandten mit der einzigen Gatt. *Abrocoma;* zwei Arten (*Abrocoma cinerea* und *Abrocoma bennetti*) von S-Peru über Bolivien und Chile bis NW-Argentinien; etwa 15–25 cm körperlang, Gestalt rattenähnl., Gliedmaßen kurz, Schwanz weniger als körperlang, sehr kurz behaart; Fell im übrigen dicht, lang und weich, ähnl. den Chinchillas, aber nicht so wollig; leben gesellig in Erdhöhlen.

Chinchillas [tʃin'tʃil(j)as; span.], (Chinchillidae) Fam. der Nagetiere mit drei Gatt. im westl. und südl. S-Amerika: Große C. (↑Viscachas), Chinchillas i. e. S. (siehe unten) und ↑Hasenmäuse; Körper etwa 22–65 cm lang, von dichtem, meist weichem und langhaarigem Fell bedeckt.

◆ (Wollmäuse, Chinchilla) Gatt. der Chinchillidae mit den beiden Arten **Kurzschwanzchinchilla** (Chinchilla chinchilla) und **Langschwanzchinchilla** (Chinchilla laniger, von dem die meisten heutigen Farmtiere abstammen) in den Anden Perus, Boliviens und N-Chiles; in freier Wildbahn weitgehend ausgerottet; etwa 22–35 cm körperlang, Fell außerordentl. weich und dicht (jeder Haarwurzel entspringen mehrere Haare), begehrte Pelztiere; überwiegend bläul. bis bräunlichgrau, Schwanz häufig dunkler; Tasthaare sehr lang, Augen groß, schwarz; lassen sich in Gefangenschaft leicht halten und züchten.

Chindwin, Fluß in Birma, entsteht in den Patkai Hills und in der Kumon Range (mehrere Quellflüsse), mündet in den Irawadi bei Myingyan; rd. 800 km lang, über 650 km schiffbar.

Chinesernelke [çi...] (Chin. Nelke, Dianthus chinensis), in zahlr. Zuchtformen kultivierte Nelkenart aus China mit großen, duftlosen Blüten.

Chinesische Aralie [çi...] ↑Aralie.

chinesische Geschichte [çi...], **Vorgeschichte:** Die Überreste des in der Prov. Jünnan gefundenen chin. Urmenschen sind nach Auffassung. chin. Wissenschaftler rd. 1,7 Mill. Jahre alt. Grabungen bei Choukout'ien in der Nähe von Peking und Ting-tsun (Shansi) brachten neben Steinwerkzeugen auch menschl. Skelettreste (Homo erectus, Sinanthropus) aus dem mittleren Pleistozän (ca. 500 000 v. Chr.) zutage. Die Anfänge des Neolithikums scheinen im S Chinas bis ins 8./7. Jt. zurückzugehen. Die vollneolith. Yangshaokultur (6.–4. Jt.) lag im Flußgebiet des Hwangho (rotgrundige Tongefäße mit schwarzer Bemalung). Die folgende Lungshankultur (3. Jt. und Anfang des 2. Jt.) leitet in die bronzezeitl. Anyang-Periode der Shangzeit und damit zur histor. Periode über.

Geschichte: S h a n g d y n a s t i e : Nach der orthodoxen Chronologie soll die Shangdynastie von 1766–1122 v. Chr. geherrscht haben. Das Herrschaftsgebiet beschränkte sich auf M-China. Eine feste Residenz gab es nicht, achtmal wurde die Hauptstadt verlegt. Die ersten schriftl. Zeugnisse sind die sog. Orakeltexte: Auf Schildkrötenschalen oder Knochen wurden zur Erfragung der Zukunft Schriftzeichen eingeritzt. Bekannt waren weiter Bronzeguß, Streitwagen, wallgeschützte Städte und eine Kalenderrechnung. Höchste Gottheit war der *Shang-ti*, der Ahnengeist der Herrscherfamilie (seit dem 3. Jh. v. Chr. bedeutet *ti* auch Kaiser). Der Glaube an ein Fortleben nach dem Tode war verbreitet. C h o u d y n a s t i e (1122–249 v. Chr.): Im Verlauf der ausgehenden Shangzeit bildete sich im Tal des Weiho eine Föderation der Sippengemeinschaft der Chou, die um 1122 die damalige Hauptstadt Yin eroberte und zerstörte. Die neue Dyn. organisierte sich in der

Form eines Lehnsstaates. Da die Lehnsherren im Unterschied zum Zentralherrscher des in der Mitte gelegenen Kronlandes imstande waren, ihre Gebiete ständig durch neue Landnahmen (Sublehen) zu erweitern, übertraf ihre Macht die des Königs. Seit 770 kam dem Herrscherhaus der Chou nur noch die Repräsentation und nicht mehr die Ausübung des *Mandats des Himmels* (T'ien-ming) zu. Die *Frühling-und-Herbst-Periode* (771–481) - so ben. nach einer von Konfuzius redigierten Chronik des Staates Lu - ist durch die Kämpfe der Lehnsherren gegeneinander charakterisiert. Aus diesen Kämpfen ging gegen Ende der *Zeit der Streitenden Reiche* (481–249) der Staat Ch'in durch eine Reihe von Reformmaßnahmen (Auflösung „feudalist." Verhältnisse durch die freie Verkäuflichkeit von Grund und Boden, zentralisierte und militarisierte Staatsführung, Aufstellung von Gesetzen) unter dem Prinzen Cheng als Sieger hervor, und China wurde vereint. Die Zerfallsphase der Choudynastie brachte eine in der späteren chin. Geschichte kaum wieder erreichte Hochblüte des Geisteslebens (↑auch Konfuzius, ↑Laotse, ↑Chuang Tzu).

C h ' i n d y n a s t i e (221–206 v. Chr.): König Cheng von Ch'in nahm 221 den Kaisertitel *Shih Huang Ti* („Erhabener Kaiser des Anfangs") an. In dem geeinten Staatsgebiet wurde die Vereinheitlichung der Maße, des Geldes und der Schrift durchgesetzt. Die noch bestehenden Lehnsdomänen wurden umgewandelt in Bezirke und Kreise, die der Zentrale direkt unterstanden. Die Opposition der Konfuzianer und Vertreter der untergegangenen feudalist. Gesellschaftsordnung wurde durch die Bücherverbrennung von 213 und andere Zwangsmaßnahmen unterdrückt. Nach außen wurde das Reich durch Feldzüge nach N (Ordosgebiet) und nach S vorübergehend bis in die Gegend des heutigen Kanton erweitert. Nach dem Tode Shih Huang Tis kam es auf Grund der hohen Fronarbeiten und Besteuerungen der Bauern zu Aufständen, die zum Fall der Dyn. führten. Dennoch wurde die von Shih Huang Ti erstmals realisierte Reichsidee verpflichtende Norm für die folgende 2000jährige chin. Geschichte.

H a n d y n a s t i e (206 v. Chr.–220 n. Chr.): Unter dem Gründer der Dyn. (Liu Pang, einem aus dem Volk aufgestiegenen Heerführer) entstand zunächst eine Art Mischstaat aus Feudaldomänen und staatl. Verwaltungsgebieten bis sich ein auf konfuzian. Schriften beruhendes Prüfungsverfahren für die Beamtenauswahl durchsetzte. Es bildete sich nicht nur eine neue Elite in der Staatsverwaltung, sondern, da die im Amt erworbenen Reichtümer in Land angelegt wurden, auch eine neue Klasse von Großgrundbesitzern. Unter Kaiser Wu Ti (140–86) erfuhr China seine bislang größte Ausdehnung. Kriege gegen die Hunnen endeten mit deren Niederlage. Seit

125 v. Chr. gab es erstmals Kunde von Ländern außerhalb des chin. Kulturbereichs. Das Interregnum Wang Mangs (9–23) und seine Versuche, die Institutionen der Chouzeit zu restaurieren, fanden ein rasches Ende durch den Aufstand der *Roten Augenbrauen*, einer Organisation der durch Verschuldung und Überschwemmungen heimatlos gewordenen Landarbeiter. Die zunächst erfolgreiche Wiedererrichtung der Hanregierung durch die Kaisersippe Liu zerfiel während des Aufstands der *Gelben Turbane*, einer Volksbewegung messian. Charakters. Im Verlauf der Unterdrückung der Aufstandsbewegungen ging die Macht an Heerführer über, die den Staat schließl. aufteilten.

S p a l t u n g d e s R e i c h e s ("3 Reiche": Shu, Wei, Wu; 220–265) und C h i n d y n a s t i e (265–421) und Spaltung des Reiches: Das Reich ließ sich in 3 Staaten auf, von denen der Nordstaat Wei (220–265) als Träger der legalen Nachfolge galt. Der N und NW ging durch den Einbruch von Fremdvölkern für das Reich verloren. Während des nun folgenden Spaltung (südl. und nördl. Dyn.; 420–589) wurde der Buddhismus unter Zurückdrängung des einheim. Taoismus nicht nur zur führenden Religion, sondern erhielt durch das Mönchswesen und die auf dem Klostergelände abgehaltenen Märkte auch eine beherrschende soziale und wirtsch. Stellung.

S u i d y n a s t i e (589–618) und T ' a n g d y n a s t i e (618–907): Nach der kurzlebigen Suidynastie, in deren Verlauf die Reorganisation der Verwaltung und der Wiederaufbau des Landes in Angriff genommen wurden (u. a. Ausbau des Kaiserkanals), entstand mit der T'angdynastie (Gründer Li Yüan, kanonisiert als Kao-tsu) der konfuzian. Bürokratismus, der bis 1911 bestehen blieb. Die höf. Kultur des Reiches erlebte ihren Höhepunkt und wirkte bis nach Japan als Vorbild. Durch die Verlagerung der militär. Schwerkraft von der Hauptstadt Ch'ang-an in die Außenbezirke kam es 755 zum Aufstand des Grenztruppenführers An Lu-shan. Trotz Maßnahmen zur Neuverteilung des Bodens gelang es der Reg. nicht, den Landankauf des Hochadels, der Beamten und Klöster zu beschränken. Die Notlage der unteren Schichten führte zu einem Aufstand unter Huang Ch'ao, im Verlauf dessen die Prov.gouverneure so erstarkten, daß der T'angstaat sich prakt. auflöste.
Z e i t d e r ,,5 D y n a s t i e n " (Wu-toi; 907–960) und S u n g d y n a s t i e (960–1280): Die Sungdynastie mußte den chin. Raum mit anderen Staaten teilen, von denen der Liao-(Kitan-)Staat (907–1125) der bedeutendste war, bis er von dem Chin-(Tschurtschen-)Staat (1115–1234) abgelöst wurde. Der während dieser Dyn. erreichte wirtsch. und auch kulturelle Höhepunkt (Verbreitung des Drucks) wurde jäh durch den Einbruch der Mongolen beendet.

Y ü a n d y n a s t i e (1280–1368): China wurde Teil des mongol. Weltreiches. Die Mongolen versuchten ihre Herrschaft über die Chinesen durch Rassenpolitik aufrechtzuerhalten. Die Gefahr einer Vernichtung der chin. Kultur wurde erst beseitigt, als der letzte Yüankaiser - durch Volksaufstände gezwungen - sich in die Mongolei zurückzog.
M i n g d y n a s t i e (1368–1644): Die in der Sungzeit erreichte Machtstellung der Bürokratie wurde reduziert, und der Kaiser übernahm die Kontrolle der Ministerien und errichtete eine absolute Monarchie. Erneute Auseinandersetzungen mit den Mongolen verliefen nicht immer erfolgreich. Übersee-Expeditionen des Eunuchen Cheng Ho führten bis nach Ostafrika. Europäer gelangten an den Kaiserhof (Matteo Ricci) und verbreiteten die Kenntnis des Christentums und der abendländ. Wissenschaften.
C h ' i n g d y n a s t i e (1644–1911): Heereseinheiten verschiedener Teilstämme der Mandschuren, eines halbnomad. Volks und Nachfahren der Tschurtschen, gelang es durch Zusammenschluß unter Nurhatschi (1559–1626) chin. Gebiete nördl. und nö. der Großen Mauer zu erobern. Gleichzeitig wurde das Reich im Innern durch Aufstände der von Li Tzuch'eng (1605–45) und Chang Hsien-chung (1605–47) geführten Bauernarmeen erschüttert. Im Jahre 1644 eroberte Li Tzu-ch'eng mit seinen Truppen Peking. Der letzte Mingkaiser beging Selbstmord. Durch den Verrat des Minggenerals Wu San-kuei (1612–78), der mit seinen Truppen zur Ch'ingarmee überlief, kam es im Mai 1644 zum Einmarsch der Mandschu in die Hauptstadt und zur Errichtung der Mandschudynastie. Bis zum Ende des Kaiserreiches im Jahre 1911 stand China damit unter einer Fremdherrschaft. In den Jahren zw. 1630 und 1660 fanden Mill. Menschen in China den Tod. (Die gleiche Bev.zahl, näml. 150 Mill. E für 1600 und 1700; stärkerer Anstieg erst wieder im 18. und 19. Jh.: 1800 wurden über 300 Mill., für 1880 schon 430 Mill. geschätzt.)
Die Mandschu übernahmen den Verwaltungsapparat im wesentl. so, wie sie ihn von der Mingdynastie vorgefunden hatten. Heiraten zw. Chinesen und Mandschuren waren verboten, doch in Bezug auf Sitten, Sprache und Nationalcharakter wurden die Mandschuren immer stärker von den Chinesen absorbiert und im Laufe der Zeit sogar völlig sinisiert. In die Reg.zeit von Sheng Tsu (Herrschername K'ang Hsi [1662–1723]), des bedeutendsten Herrschers der Dynastie, fiel der Vertrag von Nertschinsk (1689), der erste Vertrag mit einer fremden Macht (Regelung des chin.-russ. Grenzverlaufs). Die Annektion Tibets wurde abgeschlossen. Kunst und Wiss. erlebten unter K'ang Hsi eine neue Blüte (Kompilierung umfangreicher Enzyklopädien u. Lexika). Unter dem Kaiser Kao Tsung

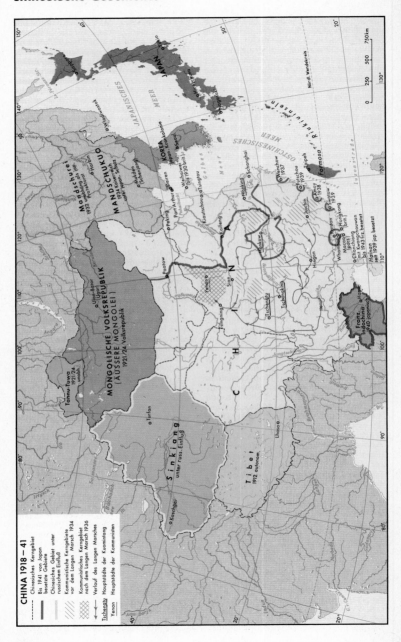

CHINA 1918–41

- – – – – Chinesisches Kerngebiet
- Bis 1941 von Japan besetzte Gebiete
- Chinesisches Gebiet unter russischem Einfluß
- ///// Kommunistische Kerngebiete vor dem Langen Marsch 1934
- XXXX Kommunistisches Kerngebiet nach dem Langen Marsch 1936
- → Verlauf des Langen Marsches
- Tschengtu Hauptstädte der Kuomintang
- Yenan Hauptstädte der Kommunisten

(1736–96) weitere Gebietsausdehnungen in Z-Asien. Birma und Annam wurden 1788 bzw. 1789 tributpflichtig. Das Reich erfuhr damit die größte territoriale Ausdehnung seiner Geschichte. In der 2. Hälfte des 19. Jh. wachsender europ. Einfluß auf die chin. Kultur (Übersetzungen Yen Fus und Lin Shus aus dem Engl. ins Chin.).

Die einschneidendste Zäsur der chin. Geschichte vollzog sich mit der in den 30er Jahren des 19. Jh. intensivierten militär.-ökonom. Intervention des Westens. Die Ausdehnung des von der brit. Ostind. Kompanie betriebenen Opiumhandels führte zu einer rapiden Verschlechterung der chin. Außenhandelsbilanz und dem Abfluß großer Silbermengen ins Ausland. Zur Durchsetzung eines von Kaiser Tao Kuang im Jahre 1839 erlassenen totalen Opiumverbots wurde Lin Tse-hsü (* 1785, † 1850) nach Kanton entsandt. Durch waffentechn. Überlegenheit der Briten wurde jedoch 1842 zu Nangking der erste der *Ungleichen Verträge* abgeschlossen: Hongkong wurde für immer an Großbrit. abgetreten, fünf Vertragshäfen geöffnet und China wurde eine Kriegsentschädigung von 21 Mill. mex. Dollar auferlegt. Im Verlauf neuer krieger. Auseinandersetzungen drang eine brit.-frz. Flotte nach N vor. Die Taku-Forts wurden eingenommen und Truppen marschierten in Peking ein (1860 Plünderung und Zerstörung des Sommerpalastes). Die Ratifikation der Verträge von Tientsin zwang den Chinesen weitere Zugeständnisse ab: die Errichtung ausländ. Gesandtschaften in Peking, Öffnung weiterer Häfen, Handelsschiffahrt auf dem Jangtsekiang bis Hangkou, Missionsfreiheit für kath. und ev. Missionare, Handelsfreiheit für brit. Kaufleute. Ähnl. Konzessionen wie Großbrit. wurden auch Frankr., Rußland und den USA eingeräumt. An Rußland verlor China bis 1860 die Gebiete nördl. des Amur und östl. des Ussuri.

Zusätzl. zur ausländ. Aggression wurde das Reich seit 1850 länger als 2 Jahrzehnte durch schwerste innenpolit. Unruhen erschüttert. Die von Hung Hsiu-ch'üan geführte *Taiping-Rebellion* sammelte im Laufe der Zeit über 1 Mill. Aufständische, die sich bes. aus den verelendeten Bauernmassen rekrutierten. Die Ideologie dieser größten Bauernbewegung in der chin. Geschichte basierte teils auf chin., teils auf abendländ.-christl. Vorstellungen. Die europ. Mächte verhielten sich der Bewegung gegenüber zunächst neutral, später schlossen sich brit. und frz. Truppen der Reg.-armee an. Der Aufstand wurde von den Befehlshabern Tseng Kuo-fan, Li Hung-chang und Tsao Tsung-t'ang niedergeschlagen.

Unter dem Eindruck der Aufteilung Chinas in Interessensphären durch die imperialist. Großmächte im letzten Jahrzehnt des 19. Jh. wurde 1898 unter K'ang Yu-wei eine Reformbewegung ins Leben gerufen. Obwohl diese die Unterstützung des jungen Kaisers Kuang Hsü genoß, scheiterte sie an der konservativen Partei unter Führung der Kaiserinwitwe Tz'u Hsi und der Intervention des Truppenführers Yüan Shih-k'ai.

Die 1899 ausgebrochene *Boxerbewegung* (I-ho-t'uan) war der Aufstand eines fremdenfeindl. und anfangs antidynast. Geheimbundes. Als er die Interessen der ausländ. Mächte gefährdete, wurde Peking im Herbst 1900 von der *Vereinigten Armee der acht Staaten* (darunter auch Deutschland) besetzt. Das 1901 unterzeichnete Boxerprotokoll legte China u. a. eine Kriegsentschädigung von 450 Mill. Silbertaels auf.

Angesichts der sich verschärfenden wirtsch. Krise und des Ausgangs des Russ.-Jap. Krieges (1905), in dem zum erstenmal eine modernisierte asiat. Macht eine europ. Großmacht besiegt hatte, konnte sich auch der Kaiserhof der Notwendigkeit von Reformen nicht länger verschließen. Die konfuzian. Staatsprüfungen, aus denen seit fast 2000 Jahren die Beamtenschaft hervorging, wurden abgeschafft, die Ausarbeitung einer Verfassung und die Errichtung eines Parlaments nach europ. Muster geplant. Überholt wurde diese Entwicklung jedoch durch die von Sun Yatsen (* 1866, † 1925) geführte revolutionäre Bewegung, deren Programm in Suns Lehre von den 3 Volksprinzipien niedergelegt war: Nationalismus, Demokratie und Volkswohlstand. Aufstände und die Bildung einer Regierung in Nangking (1. Präs. war Sun Yat-sen) führten 1912 zur Abdankung der Ch'ingdynastie und Gründung der Republik China.

Republik China (1912–49): Die 1912 von Sun Yat-sen gegr. *Nationalpartei* (Kuomintang) konnte sich zunächst nicht gegen das von Yüan Shih-k'ai geführte Militärregime behaupten. Nach Yüans Shih-k'ais vergebl. Versuch, sich zum Kaiser einer neuen Dynastie zu erklären, und seiner Ermordung 1916 herrschte in China bis 1927 Bürgerkrieg zw. regionalen Militärführern, während die Zentralregierung in Peking zur Bedeutungslosigkeit herabsank.

Am 4. Mai 1919 demonstrierten die Studenten von Peking, unterstützt durch Solidaritätsstreiks von Arbeitern und Kaufleuten in anderen Städten, gegen die im Friedensvertrag von Versailles (1919) beschlossene Übertragung dt. Privilegien in China an Japan. Im Verlauf der auch kulturelle Erneuerung anstrebenden *4.-Mai-Bewegung* ersetzten Sprachreformen die klass. chin. Schriftsprache durch die moderne chin. Hochsprache. Seit der Mitte der 1920er Jahre polarisierte sich die innenpolit. Kräfte in der Auseinandersetzung zw. der Kommunist. Partei (gegr. in Shanghai, 1. Parteitag am 20. Juli 1921) und den von Chiang Kai-shek geführten Nationalisten. Von Chiang Kai-shek gegen kommunist. Stützpunktgebiete in Kiangsi geführte Feldzüge zwangen die *Rote Armee* auf den sog. *Langen Marsch* (Okt. 1934–Okt. 1935), einen strateg. Rückzug durch 11 Prov. Die während des chin.-jap. Krieges (1937–45) gebildete Einheitsfront der Kommunisten und Nationalisten zerbrach endgültig im Aug. 1945 nach der bedingungslosen Kapitulation Japans und führte bis 1949 zu neuem Bürgerkrieg. Die kommunist. Truppen eroberten das gesamte Festland. Chiang Kai-shek mußte nach Taiwan fliehen.

Volksrepublik China (seit 1949): Nach der am 1. Okt. 1949 von Mao Tse-tung proklamierten Gründung der VR China wurden neben Maßnahmen zur Konsolidierung der neuen Herrschaft umfassende Bodenreformprogramme eingeleitet. Die zw. 1950 und 1953 durchgeführte Verteilung von Grund und Boden an die Bauern war Vorstufe zu der 1953–1957 betriebenen Kollektivierungspolitik, die ihren Höhepunkt in dem 1958 angestrebten *Großen Sprung nach vorne* und der Bildung von *Volkskommunen* fand. Die durch das Experiment des Großen Sprungs ausgelösten Schwierigkeiten (die *Drei Bitteren Jahre* 1960–62) erzwangen die erste Revision des von Mao Tse-tung vertretenen mobilisator. Konzeptes zugunsten einer dem sowjet. Entwicklungsmodell verpflichteten Politik, deren führende Vertreter Liu Shao-ch'i und Teng Hsiao-p'ing wurden. Dieser sog. *Kampf zweier Linien* in der Partei zu sich verschärfenden Macht- und Richtungskämpfen, die sich in der *Kulturrevolution* von 1966–69, aus der die Armee als Sieger hervorging, der Lin-Piao-Krise von 1971 und der Übergangskrise von 1973–77 entluden.

Das Bündnis mit der UdSSR, die China zw. 1950 und 1960 beim Aufbau des Landes unterstützt hatte, zerbrach und ließ in der von Chou En-lai geführten Außenpolitik China die Aufnahme von Beziehungen zum Westen suchen (Aufnahme der VR China in die UN am 25. Okt. 1971, Besuch Nixons im Febr. 1972, diplomat. Anerkennung durch die USA 1978).

Auf den Tod Mao Tse-tungs am 9. Sept. 1976 folgte die Ausschaltung der radikalen Fraktion um Maos Witwe Chiang Ch'ing (sog. *Viererbande*). Mit Unterstützung der Armee übernahm Hua Kuo-feng (der im April 1976 mit der kulturrevolutionären Linken Teng Hsiao-p'ing entmachtet hatte) die Nachfolge Mao Tse-tungs als Vors. des ZK der KPCh. Gegen seinen Willen erzwangen regionale Militärkommandeure und Funktionärsveteranen im Mai 1977 die erneute Rehabilitierung Teng Hsiao-p'ings und die Wiedereinsetzung in seine Ämter (1. Stellv. Ministerpräs., stellv. Vors. des ZK der KPCh). Auf dem XI. Parteitag im Aug. 1977 gewannen Militärs und Funktionärsveteranen die bestimmende Mehrheit in den neuen Führungsorganen der Partei und auf dem V. Nat. Volkskongreß

im März 1978 auch im Staatsapparat. Seither wird die chin. Innenpolitik bestimmt von einer deutl. Herabsetzung des Kollektivierungsniveaus in der Landw., einer strikten Befolgung des Leistungsprinzips im Lohnsystem, Bemühungen um breiten Technologieimport aus dem Westen, eindeutigem Vorrang der Fachausbildung vor der polit. Indoktrinierung im Erziehungssystem, der Rückbesinnung auf klass. chin. Traditionen in der Kultur und wachsender Kritik an Person und Ideologie Maos. Im Sept. 1980 schieden Hua Kuo-feng und Teng Hsiao-p'ing aus ihren Ämtern als Min.präs. bzw. stellv. Min.präs. aus. Min.präs. wurde Chao Tzu-yang. In der Parteiführung wurde Hua Kuo-feng im Juni 1981 von Hu Yao-pang abgelöst. Am 4. Dez. 1982 verabschiedete der Nat. Volkskongreß eine neue Verfassung, die die Staatsorgane zu Lasten der Partei stärkt.

Beträchtl. personelle Veränderungen und eine deutl. Verjüngung in den obersten Führungsgremien der KPCh gab es Ende 1985, als 131 Parteiveteranen um Entlassung aus ihren Ämtern baten. Die Wirtschaftsreform, die im 6. Fünfjahrplan 1981–85 einen durchschnittl. jährl. Zuwachs um rd. 10% brachte, wird ebenso wie die Öffnung nach außen weitergeführt (Europareise Hu Yao-pangs im Juni 1986). Mit Großbrit. erreichte C. im Sept. 1984 ein Abkommen über die Zukunft der brit. Kronkolonie Hongkong.

□ *Wolter, G. A.: China-Spiegel. Das Reich der Mitte in 4 Jt. Herford 1978.* - *Wiethoff, B.: Grundzüge der neueren c. G. Darmst. 1977.* - *Bauer, W.: China u. die Hoffnung auf Glück. Mchn. 1971.* - *Eberhard, W.: Gesch. Chinas. Von den Anfängen bis zur Gegenwart. Stg. Neuausg. 1971.*

chinesische Kunst [çi...], **Vorgeschichte** (2500–1500 v.Chr.): Unter den neolith. Töpferwaren des 3.Jt. mit sorgfältig gearbeiteten Formen und schwungvollem Dekor ist bes. die Buntkeramik der nach dem ersten Fundort in Honan benannten Yangshaokultur mit ihrem Höhepunkt in Kansu berühmt. Der schon hier zum Ausdruck kommende Sinn für rhythm. Linienspiel wird typ. Merkmal chin. Kunst. Ebenfalls der Yangshaostufe zugerechnet wird eine über ganz N-China und darüber hinaus verbreitete unbemalte graue Ware, deren Formen (Dreifuß- und kugelbödige Gefäße) keine Entsprechungen in anderen Kulturen haben. Die in NO-China vorkommende unbemalte schwarze polierte Lungshankeramik ist schon mit der Töpferscheibe gedreht.

Shang (Yin) (bis 1122 v.Chr.): In die Epoche der ältesten histor. Dynastie fällt die erste Blüte einer hohen Kunst mit großartigen Bronzen (Kultgefäße). Die Anyangbronzen sind von großer Schönheit und Monumentalität der Form mit einer plast. [Tier]ornamentik geometr. Charakters. Hauptmotiv ist die

Tao-t'ieh-Maske, die die obere Kopfpartie eines Tierdämons darstellt.

Chou (1122–249 v. Chr.): In dem nach den Funden im Huaital benannten Stil zeigen die neuen Bronzegefäßtypen jetzt eine verschlungene Ornamentik und z. T. Tierformen (Einfluß des euras. Tierstils der Steppenvölker, bes. der Ordosbronzen). Ebenfalls neu ist die Tauschierungstechnik. Erhalten sind profane Gebrauchsgegenstände einer hochentwickelten feudalen Hofkultur, v. a. Spiegel sowie kostbare Schmuckstücke aus Jade. Die Keramik der Shang und Chou zeigt in Form und Ornament Anlehnung an die Bronzen. In Anyang gefundener weißer Scherben enthält Kaolin und ist vom Material her schon dem Porzellan ähnl. Neu zum Ende der Chouzeit (Chan-kuo, „Zeit der streitenden Reiche") ist das Aufkommen von Glasuren, insbes. einer

Chinesische Kunst.
Links: Fan K'uan, Reise zwischen Bergen und Flüssen (undatiert).
Taipeh, Nationalmuseum;
oben rechts: Li Ti, Zwei rote Hibiskusblüten (um 1150).
Tokio, Nationalmuseum;
unten rechts: Ni Tsan,
Bäume in einem Flußtal
(Ausschnitt; 1371).
Privatbesitz

dunkel- bis hellgrünen Bleiglasur auf Irden-
ware, sowie die Erfindung des Steinzeugs, des
sog. Protoporzellans (älteste Stücke aus
Shoushouchou); das aus Yüeh gilt als Vorläufer des berühmten Yüeh-yao mit olivfarbener
Glasur der Hanzeit und der späteren Seladon-
gattung.
Han (206 v.–220 n. Chr.): Nach vereinzelten
Beispielen einer figürl. Keramik mit Lack-
überzug in chouzeitl. Gräbern nehmen unter
den Han die tönernen, glasierten Grabbeigaben einen breiten Raum ein. Den künstler. Höhepunkt bilden die Statuetten (Tänze-
rinnen, Musikanten, Krieger und Pferde) aus
den Gräbern. Die glatten Bronzen der Hanzeit sind durch Tauschierungen belebt (Ur-
nen, Spiegel). Ein wichtiges Kapitel der Han-
kunst bilden die schönen Lacke, die, ebenso
wie die Seidenmalerei, schon in der späten
Chouzeit gepflegt wurden (Funde in Tschang-
schu). Die von Palastwerkstätten der Hankai-
ser hergestellten Handelswaren (Lackgegen-
stände, Seidenstoffe) wurden v. a. in den
Randgebieten des Reiches gefunden: Nord-
mongolei (Noin Ula) und Korea (Lolang),
u. a. ein Lackkorb (Grab des Wang Kuang),
dessen Figurenmalerei von konfuzian. Ethik
inspiriert ist. Ähnl. Motive finden sich an
den Wänden der Grabkammern wieder
(Schantung).
Sog. **Zeit der „Sechs Dynastien"** (221–618):
Der ab dem 1. Jh. nach China gelangende
Buddhismus erweitert die Themen der Skulptur (bisher steinerne Grabplastik, monumen-
tale Tier- und Dämonenskulpturen [Han]).
Die zahllosen Buddhaskulpturen in den Grotten der Höhlenklöster (Tunhwang, Lungmen
u. a.), die über mehrere Jh. hindurch entstanden, veranschaulichen die Weiterentwicklung
der Plastik bis hin zur Figurinentechnik der
städt.-kosmopolit. geprägten T'angzeit. - Nur
wenige spätere Kopien („Ermahnungen an
die Hofdamen" von Ku K'ai-chih [* 344,
† 406]) bezeugen die Blüte der Bildrollen- und
Wandmalerei. Der in der Figurenmalerei der
Hanzeit in Ansätzen vorhandene Sinn für die
Gruppierung von Personen ist hier voll entwickelt und ruft auch ohne Schatten und Per-
spektive ein Raumgefühl hervor. Alleiniges
Ausdrucksmittel ist die schön geschwungene
kalligraph. Linie. Die für das „Knochen"gerüst wichtige Pinseltechnik zählt der Theoretiker Hsieh Ho (um 500) nächst der „Wider-
spiegelung des in der Natur wirkenden dualist. Prinzips" zu den obersten Regeln für die
Malkunst, nach denen die chin. Maler fortan
die innere Struktur der Gegenstände zu erfassen suchen.
T'ang (618–907): Der städt. Kultur der T'ang
entspricht die klass. Phase der chin. Kunst.
Ab dieser Zeit sind Malereien erhalten. Als
Schöpfer gewaltiger Kompositionen und
größter Maler seines Jh. genießt Wu Tao-tzu
(* 680, † 760) legendären Ruhm. Bed. Maler

der höf. Gesellschaft sind Yen Li-pen, Chang
Hsüan, Ch'en Hung und Han Kan. Li Szu-
Hsün begründet mit seinen Landschaften
den farbenprächtigen minuziösen, kühlen
Stil der „Nordschule", Wang Wei mit seinen
monochromen „hingetuschten" Landschaften
als Vorläufer des spontanen, intuitiven Stils
die „Südschule" der Sungzeit. Tuschemalerei
und lyr. Dichtung gehen eine spezif. chin.
Synthese ein: auf der Bildrolle erscheint zusätzl. ein Gedicht mit gleichem themat. Bezug.
Sung (einschließl. Zeit der fünf Dynastien
und Yüan, 907–1368): Li Cheng, Fan Kuan,
Tung Yüan und Kuo Hsi leiteten die Epoche
der Sunglandschaft ein. Ferne und Raumtiefe
der Shan-shui (Berge und Gewässer, d. h.
Landschaft schlechthin) genannten Kunst
werden durch einen freigelassenen atmosphär. Raum zw. Vorder- und Hintergrund
erzeugt (Luftperspektive). Aus der antiaka-
dem. „Gesellschaft des Westgartens" (1087)
gehen Li Lung-mien, Mi Fu und Su T'ung-po
hervor, die wie die späteren „Literatenmaler"
(der Mingzeit) mit sparsamsten Mitteln ein
Höchstmaß an Ausdruck anstreben. Li Ti,
Ma Yüan und Hsia Kuei (alle 12. Jh.) schaffen
unnachahml. Stimmungsbilder im „Eineck-
stil", der sich auf eine Seite der Malfläche
beschränkt. Der Kunst des Ch'an-Buddhismus (jap. Zen) genügt eine Andeutung in monochromer Tuschemalerei; Liang K'ai und
Mu-Ch'i zählen zu den größten chin. Malern
überhaupt. Die melanchol. Landschaften des
letzten Ch'an-Meisters der Yüanzeit (Ni Tsan;
* 1301, † 1374) fanden viele Nachahmer.
Ming (1368–1644) und **Ch'ing** (1644–1911):
Die führende Rolle spielt die Malerei, die
aber in der Tradition verharrt bzw. diese aus-
baut. Aus dem elfenbeinweißen Steinzeug der
T'ang und dem schon durchscheinenden
T'ing-yao der Sung mit monochromer Glasur
und reliefartig eingeschnittenem Dekor entwickelt sich das eigtl. Prozellan, dessen größte
Epoche mit der Dynastie Ming beginnt und
ihren Höhepunkt unter den Ch'ing erlebt.
Die Architektur der Ming und Ch'ing bietet
die tradierten Formen. Grundform ist die
Breithalle in Holzkonstruktion auf steiner-
nem Sockel. Das konkav geschwungene Dach
(oft auch mehrere übereinander) aus farbig
glasierten Ziegeln ruht auf mehreren Pfosten.
Die Zwischenräume sind mit glasierten Ziegeln, in der Mingzeit mit Lackschnitzereien
(Rotlack) gefüllt. Die älteste Form des Ziegel-
baus ist die buddhist. Pagode, in der sich
bodenständige Elemente (Turm mit Stu-
dio [„Lou"]) und solche der ind. Stupa vermischt haben. Im monumentalen Steinbau
sind die Balken- und Bogenbrücken (die älteste aus dem Jahre 550) von erstaunl. techn.
Vollkommenheit und hoher ästhet. Wirkung.
Nach der Revolution von 1911 werden die
Traditionen in Kunst und Architektur nicht
abrupt abgebrochen, sondern zunehmend mit

neuen sozialist. Inhalten gefüllt (Arbeits- und Bauernleben, Geschichte der Revolution, Produktionskampf, v. a. in der tradierten Tuschetechnik, im Holzschnitt sowie auch als [westl.] Ölmalerei) und auch für neue Bauaufgaben zweckmäßige Formen (unter Einfügung traditioneller Elemente) entwickelt, andererseits aber auch zahlr. Restaurierungen vorgenommen. Es entwickelte sich auch eine breite Laienmalerbewegung, bes. der Bauernmaler aus Hu-hsien (Prov. Shensi).

📖 *Lion-Goldschmidt, D., u. a.: C. K.* Zürich 1980. 2 Bde. - *Speiser, W.: China. Geist u. Gesellschaft.* Baden-Baden 1979.

chinesische Literatur [çi...], in der westl. Chouzeit (11. Jh.–771 v. Chr.) entstehen die ersten literar. Werke: Das „Shih-ching" (Buch der Lieder; Sammlung von 305 Volksliedern und religiösen Hymnen) und das „I-ching" (Das „Buch der Wandlungen"; Weissagebuch mag. und naturphilosoph. Inhalts). Während der Ch'un-ch'iu-Zeit (770–476), so genannt nach dem „Ch'un-ch'iu" (den Frühlings- und Herbstannalen des Staates Lu), dem ältesten Geschichtswerk Chinas, und der Zeit der Streitenden Reiche (475–221) entstehen als Reaktion auf die unruhigen polit. Verhältnisse die „Hundert Philosophenschulen" (↑ chinesische Philosophie). Die Konfuzianer redigieren die Fünf kanon. Bücher, „Shih-ching", „I-ching", „Ch'un-ch'iu" sowie „Shu-ching" (Buch der Urkunden der Shang-Dyn.) und „Li-chi" (Aufzeichnungen über die gesellschaftl. Normen) und die vier klass. Bücher „Lun-yü" (Gespräche des Konfuzius), „Meng tzu" (Buch des Meng Tzu), „K'ung-chung" (Maß und Mitte) und „Ta-hsüeh" (Die erhabene Lehre). Diese Werke bilden ab der Hanzeit (206 v. Chr.) bis zum 19. Jh. den Prüfungsstoff für die Staatsprüfungen, wodurch der für China charakterist. Gesellschaftsstand der „Beamtenliteraten" geformt wird: Der Staatsbeamte ist Dichter und Gelehrter, dem Dichter und Gelehrten steht als einziger Berufsweg der des Staatsbeamten offen. Das schriftunkundige Volk bleibt von der Literatur ausgeschlossen. Der erste namentl. bekannte Dichter Chinas ist Ch'ü Yüan (* 332, † 295?) mit seinen „Ch'u-tz'u" (Elegien von Ch'u). Der Konfuzianismus wird in der Hanzeit zur Staatsdoktrin. Die Historiker Ssu-ma Ch'ien (* 145, † um 86) und Pan Ku (* 32, † 92) begründen die bis ins 17. Jh. fortgeführte Tradition der Vierundzwanzig dynast. Geschichtswerke, die jede untergegangene Dynastie vom Standpunkt der nächsten schildern. In der Poesie entstehen das exklus. Lied Yüeh-fu und das Fu (poet. Beschreibung, eine Art lyr. Porsa), bes. vertreten von Ssu-ma Hsiang-ju († 117 v. Chr.). Bis zur T'angzeit (618–907) entfaltet sich das Kunstgedicht (Shih) in verschiedenen Formen in 4, 8 und mehr Zeilen (Versen) zu je 5 oder 7 Silben (Wörter) pro Zeile mit bis in

die letzte Feinheit vorgeschriebener Prosodie. Berühmt ist die Bukolik des T'ao Yüan-ming (365–427). Der kaiserl. Kronprinz Hsiao T'ung (501–531) stellt die wichtigste Quelle der chin., nicht durch die konfuzian. Dogmatik beeinflußten Literatur zus.: das „Wen-hsüan" (Auswahl aus der Literatur). In der T'angzeit erreicht die Verskunst ihren Höhepunkt: Die später (18. Jh.) zusammengestellte „Ch'üan T'ang-shih" (gesammelte Gedichte der T'angzeit) umfaßt über 48 000 Gedichte von mehr als 2 200 Autoren. Hervorragend sind: Li Po (* 699, † 762), vom Taoismus beeinflußt, und Tu Fu (* 712, † 770), der dem Konfuzianismus nahesteht. Neben ihnen Wang Wei (* 699, † 759), Meng Hao-jan (* 689, † 740) und Po Chü-i (* 772, † 846). Die kunstvoll verfeinerte und mit gelehrten Anspielungen überladene Prosa der früheren Jh. (P'ien-wen, „Parallelprosa") wird durch Han Yü (* 768, † 824) und Liu Tsung-yüan (* 773, † 819) reformiert: Klar verständliche, an den Prosaklassikern des 4. und 3. Jh. orientierte literar. Prosa (Ku-wen). Während man die T'angzeit als Höhepunkt des Gedichts (Shih) ansprechen kann, ist die Sungzeit (1127–1279, nördl. und südl. Sung) Höhepunkt des klass. Liedes (Tz'u). Das Tz'u ist Synthese von Poetik, Prosodie und Musik. Größter Tz'u-Dichter ist Li Yü (* 937, † 978; „Die Lieder des Li Yü"), letzter Herrscher der südl. T'ang. Außerdem, auch als Prosaisten ersten Ranges, Ou-yang Hsiu (* 1007, † 1072) und Su Tung-p'o (* 1036, † 1101). Unter mongol. Herrschaft 1127–1368 entstehen unter dem Einfluß der nördl. Steppenvölker die literar. Formen der Ch'ü (nachklass. Lied, Arie im Drama), die umgangssprachl. volkstüml. Erzählung und der umgangssprachl. Roman. Sieht man von den Gaukel- und Possenspielen der Han- und T'angzeit ab, hat das chin. Drama seinen Ursprung in den Schauspielen der Yüanzeit (1280–1368). Es bilden sich das nördl. und südl. Drama heraus, das eine mit Prolog, 4 Akten und Intermezzi, in den Arien (Ch'ü) vorgeschriebene Prosodie, das andere mit nicht vorgeschriebener Anzahl der Akte und freier Prosodie. Zu nennen sind für das erste „Das Westzimmer" von Wang Shih-fu (um 1300) und für das letztere „Die Laute" von Kao Ming (um 1350). Die folgende Ming-Zeit (1368–1644) ist die Blütezeit des chin. Romans, der früheste ist „Die Räuber vom Liang-shan Moor" von ↑ Lo Kuan-chung (* um 1330, † 1400), der auch „Die Schwurbrüder vom Pfirsichgarten" verfaßt. Der Roman „Hsi-yu-chi" (Die Reise nach dem Westen [Indien]) von Wu Ch'eng-en (1500–1580) ist ein satir. Roman gegen Volksaberglauben u. Buddhismus. Das „Chin-p'ing-mei" (Pflaumenblüten in der Goldvase) und seine Fortsetzung „Ko-lien-hua-ying" (Blumenschatten hinter dem Vorhang), beide anonym, sind Höhepunkte des sozialkrit., stark mit erot. Motiven

chinesische Literatur

Chinesische Mauer
nordöstlich von Peking

durchwobenen Gesellschaftsromans. Auf dem Gebiet der Novelle, die im Ggs. zum in Umgangssprache verfaßten Roman in klass. Literatursprache abgefaßt ist, ragt P'u Sung-ling (* 1640, † 1715) mit seinem „Liao-chai-chih-i" (Denkwürdige Begebenheiten aus der Studierstube Liao-chai) hervor. Das südl. Drama wird weitergepflegt mit T'ang Hsien-tsus Schauspiel „Mu-tan t'ing" (1588; Der Päonienpavillon; dt. u. d. T. „Die Rückkehr der Seele"). Die folgende Fremddyn. der Mandschus (Ch'ingzeit, 1644–1911) bildet den Höhepunkt der klass.-philolog., wiss. Literatur. Der Roman erreicht seinen Gipfel in Ts'ao Chans (* um 1715, † 1764) „Traum der roten Kammer", dem umfangreichsten und philosophisch tiefsten Roman Chinas. Bemerkenswert außerdem das „Julin wai-shih" (Das Privatleben der Gelehrten) von Wu Ching-tzu (* 1701, † 1754), ein bissiges zeitkrit. Werk. Das Drama im Stil der Ming wirkt weiter: v.a. Li Yü (* 1611, † 1677?), der ebenfalls bedeutendster Theaterkritiker Chinas ist, und Hung Sheng (* 1659, † 1704). Im 19. Jh. gewinnen die Pekingoper (Ching-hsi) im Norden und die Kuang-tung Oper (Yüeh-hsi) im Süden an Einfluß. Beide sind Unterhaltungsstücke mit Musik und farbenprächtigen Kostümen; die Fabel, stets moralisierend mit militär. („wu") oder bürgerl. („wen") Inhalt, geht auf histor. Ereignisse zurück. Die typisierten Rollen werden im chin. Theater seit der Regierungszeit Kaiser Kao Tsungs (Ch'ienlung; 1736–96) nur von Männern gespielt,

die gleichzeitig auch akrobat. und taschenspieler. Einlagen vorführen. Die Bühne, auf der auch das Orchester plaziert ist, verzichtet dabei auf Dekor und Kulissen. Die atmosphär. Stimmung (Mondschein, Wolken, strahlende Sonne) wurde durch Schwenken von Tüchern dargestellt. Durch die gesamte Ch'ingzeit war die umfassende Weiterentwicklung oder Neubesinnung der Literatur durch die wiederholten Bücherverbrennungen und das rigorose Verbot jeglicher staatskrit. Literatur gehemmt. Folge war in vieler Hinsicht Erstarrung in Formalismus und bloße Kopie alter Vorbilder. Einen Umschwung bringt erst nach der bürgerl. Revolution (1911) die literar. Revolution (4. Mai-Bewegung, 1919). Angeführt von Hu Shih (* 1891, † 1962) und Lu Hsün (* 1881, † 1936) fordern die fortschrittl. Literaten den totalen Bruch mit der dogmat. literar. Tradition, insbes. verständl. Umgangssprache (Pai-hua) statt in der nur Gelehrten zugängl. klass. Literatursprache (Wen-yen); ihr Kampfruf lautet „Nieder mit dem Konfuzius-Laden". Das fordern u. a. auch Pa Chin (* 1904), Lao She (* 1898, † 1966) und v. a. der Historiker und Literat Kuo Mo-jo (* 1892), jetziger Präs. der chin. Akad. der Wiss., der wie Lu Hsün europ. Literatur übersetzt. In den Gedichten und Liedern Mao Tse-tungs (* 1893, † 1976) im klass. Stil sowie im lyr. Werk von Chu Teh (* 1886, † 1975) und Ch'en I (* 1901) findet eine Synthese von literar. Erbe und revolutionärem Gedankengut statt. Die zeitgenöss. Literatur steht im Geist der Reden in Yenan (Mao Tse-tung 1942), d. h. Hauptthemen sind Probleme der sozialen Umgestaltung des feudalen China und Aufbau moderner Strukturen. Neben den neuen literar. Formen Kurzgeschichte, Reportage und Gedicht in Umgangssprache sind nach wie vor Lyrik im klass. Stil und Kunstprosa lebendig. In der Hundert-Blumen-Bewegung 1956 werden die Literaten aufgefordert, mit Kritik und Diskussion beim sozialen Aufbau mitzuarbeiten. Bedeutsam v. a. der sog. Dichter der Bauern, Hao Jan, mit „Yen-yang t'ien" (Frühlingshimmel, 1964), Yang Mos „Ch'ing-ch'un chih ke" (Frühlingslied; 1958), Yao Hsüeh-yin's Biographie (1976) des Rebellen Li Tzu-ch'eng (1606–45), und Chang T'ien-mins Roman „Ch'uan-yeh" (Die Pioniere, 1977). Die moderne Lit. wird in literar. Zeitschriften mit hoher Auflage diskutiert. Auf dem Gebiet des Dramas wurde während der Kulturrevolution 1965–69 die alte Peking-Oper zu einer Kunstform mit revolutionärem und propagandist. Inhalt umgestaltet. Die Handlungen sind zumeist der Geschichte der chin. Revolution und den ersten Jahren des sozialist. Aufbaus entnommen, die Musik enthält Einflüsse der europ. Musiktradition, Schauspielkunst, Instrumentalmusik, Gesang und Akrobatik bilden eine neuartige Synthese. Bekannt sind „Hung-se-niang-tzu-chün" (Das rote Frauenbataillon), „Pai-mao-nü" (Das weißhaarige Mädchen) und „Chih-ch'ü-wei-hu-shan" (Mit taktischem Geschick den Tigerberg erobern).

📖 *Eberstein, B.: Das moderne chines. Theater. Hamb. 1983. - Studien zur modernen c. L. Hg. v. J. Průšek. Dt. Übers. Bln. 1964. - Kaltenmark-Chéquier, O.: Die c. L. Dt. Übers. Hamb. 1960.*

chinesische Mathematik [çi...], die im chin. Kulturbereich etwa ab 2000 v. Chr. entwickelte und bis ins 16. Jh. betriebene eigenständige Mathematik. Schon 1000 v. Chr. besaßen die Chinesen ein Zahlensystem auf dezimaler Basis. Das älteste erhaltene Werk der c. M. ist die „Mathematik in neun Büchern" (Chiu ch'ang suan shu) aus der Hanzeit (3. Jh. v. Chr.). Diese für Praktiker bestimmte umfangreiche Aufgabensammlung enthält Probleme der Unterhaltungsmathematik, gibt Anweisungen über das Rechnen mit Brüchen und negativen Zahlen und behandelt Aufgaben der Vermessungstechnik. Lineare Gleichungssysteme werden mit Hilfe einer Matrizenrechnung gelöst. Auch die Berechnung rechtwinkliger Dreiecke und die näherungsweise Berechnung der Kreisfläche sind bekannt. Ein Algorithmus ermöglicht es, Quadrat- und Kubikwurzeln beliebig genau zu berechnen. Vermutl. durch wiss. Beziehungen zu Indern und Arabern erreichte die c. M. im 13. Jh. einen Höhepunkt.

Chinesische Mauer [çi...] (Große Mauer), in N-China errichtete Schutzmauer, erstreckt sich vom chin. Turkestan bis zum Pazifik (von Kansu bis zum Golf von Liaotung); mißt in ihrer Gesamtlänge etwa 6 250 km; ab Ende des 3. Jh. errichtet, bis ins 6. Jh. n. Chr. weiter ausgebaut, während der Herrschaft der Mingdyn. (1368–1644) in die heutige Form gebracht; Daten von den nördl. Abschnitten: massiv gebaute Wachttürme im Abstand von 100–2 000 m, Mauerhöhe 6–9 m, Breite am Fuß 7,6 m, an der Krone 4,5–4,9 m, Turmhöhe 11–12 m, Breite 12 m; besteht aus einem Geröllkern, mit Steinen oder Ziegeln ummantelt; Maße und Bauweise wechseln in den örtl. Teilen.

chinesische Medizin [çi...], die traditionelle chin. Heilkunde, die seit der Gründung der VR China (1949) neben der westl. naturwiss. Medizin, dieser gleichrangig, praktiziert u. erforscht wird. Sie stand schon in vorchristl. Zeit auf einer beachtl. Höhe. Das heute noch wichtige Standardwerk der inneren Medizin, „Nei-ching" (innere Krankheiten), wird bereits dem legendären „gelben Kaiser" (Huang-ti) zugeschrieben. Die ältesten medizin. Texte sind im „Tso-chuan" enthalten (etwa 540 v. Chr.). Die aus dem 4. vorchristl. Jh. stammende Sammlung von Krankheitsbeschreibungen „Nan-ching" (Buch der Leiden) wird Pien Ch'iu zugeschrieben. Die Hanzeit brachte eine Reihe klass. Werke hervor, die jedoch bis auf das „Nei-ching" verlorengegangen sind. Das klass. Werk über Akupunktur schrieb Huang-fu Mi (* 215, † 282), die klass. Pulslehre, die im MA auch ins Lat. übersetzt wurde, Wang Shu-ho (3. Jh.). Durch die naturphilosoph. beeinflußten Schulen des Taoismus konstituierte sich in der Zeit vom 3.–7. Jh. die klass. c. M. T'ao Hung-ching (* 453, † 536) redigierte und kommentierte die offizielle Pharmakologie „Pen-ts'ao-ching" (nicht erhalten). Die Arzneilisten standen unter staatl. Kontrolle und wurden dem 10. Jh. von kaiserl. Kommissionen zusammengestellt. In der Folgezeit wurden Ätiologie und Klassifizierung der Syndrome im Sinne der taoist. Prinzipienlehre verfeinert. Die Chirurgie kannte den Starstich und die orthopäd. Behandlung von Knochenbrüchen. Die Verwendung von Quecksilberamalgam für Zahnfüllungen, die in Europa erst im 19. Jh. aufkam, war gebräuchl. Unter den Ming (1368–1644) vermittelten Missionare Kenntnisse der europ. Medizin (M. Ricci), die jedoch auf den Kaiserhof beschränkt bleiben und die c. M. nicht beeinflußten. Dagegen wurde die c. M. durch die weit verbreitete „Materia medica" („Pen-ts'ao-Kang-mu", grundlegende Übersicht über Wurzeln und Kräuter) von Li Shih-chen (* 1518, † 1593) in Europa und den anderen Ländern des Ostens bekannt. Eine bis heute maßgebl. Enzyklopädie der Akupunktur schrieb Lis Zeitgenosse Yang Chi-chou. In der späteren Mandschuzeit drang die westl. Medizin in weite Bereiche vor. Die moderne c. M. westl. Prägung ist durch bed. Erfolge in der Seuchenbekämpfung und der Antibiotikaforschung und -herstellung gekennzeichnet.

Die traditionalist. c. M. baut auf der Grundlage des Taoismus, bes. der Elementen- und der Yin-Yang-Lehre, sowie einigen Elementen ind.-buddhist., lamaist., iran. und arab. Herkunft auf. Die intensive klin. Untersuchung umfaßt die grundsätzl. Maßnahmen Inspektion (wang), Abhorchen und Riechen (wen), Befragung (wen) und Palpation (chieh). Die Inspektion erstreckt sich auf alle Teile des Körpers und die Ausscheidungen, für das Abhorchen sind u. a. auch Klangfarbe der Stimme, Lachen, Weinen, Schluchzen und Husten wichtig. Entsprechend vielseitig sind die Möglichkeiten der Therapie, die sich nicht nur nach der Krankheit, sondern auch nach der Konstitution des Kranken und den jahreszeitl., klimat. und geograph. Umständen richtet. Sie benutzt in wechselnder Kombination Arzneien, Diät, Heilgymnastik, psychosomat. Techniken, Massage, Akupunktur und Kauterisation, d. h. die Verursachung von Mikrotraumen durch Auflegen glühender Arzneikegel auf die Haut.

chinesische Musik [çi...], die Herausbildung der chin. Musikkultur muß um die

Chinesische Nachtigall

Mitte des 3. vorchristl. Jt. unter dem Einfluß älterer Kulturzentren Z-Asiens erfolgt sein. Der Mythos spricht davon, daß auf Veranlassung von Huang Ti das Maß des Grundtons Huang-chung (die gelbe Glocke) des chin. Tonsystems aus dem Westen ins chin. Reich geholt wurde, daß damals sogar schon die 12 Halbtöne (Lü) innerhalb der Oktave erfunden worden seien, die sich in je 6 männl. (Yang) und weibl. (Yin) teilen. Das Prinzip des dem Himmel zugeordneten Yang und des auf die Erde bezogenen Yin kann dem aus einem Zirkel von 12 Quintfortschreitungen resultierenden chin. Tonsystem erst in der Shangzeit zugrundegelegt worden sein. Die Herausbildung der im 2. Jh. v. Chr. allg. bekannten zwölfstufigen Materialleiter absoluter Tonhöhen war ein langwieriger Prozeß, dem die Ableitung der pentaton. Gebrauchsleiter durch 4 Quintschritte vom Ton Huangchung (f') aus vorangegangen sein muß. Die daraus resultierende Tonqualitätenreihe im Sinne unserer Solmisationssilben führt zur halbtonlosen pentaton. Gebrauchsleiter f-g-a-c-d („kung-shang-chiao-chi-yü", die in bezug auf die Tonhöhe relativ und bis heute für die Melodiebildung c. M. fundamental ist. Da jeder der 5 Töne Grundton eines Modus sein kann, ließen sich aus dieser Leiter bereits 5 Tonarten bilden, die auch für die ältesten uns bekannten sakralen Hymnen bestimmend sind. Erst die aus 12 Halbtönen bestehende Skala ermöglichte es, die 5 Modi auf allen Halbtonstufen zu errichten und somit 60 halbtonfreie Modi („Tiao") zu bilden, die Himmelsrichtungen, Jahreszeiten, Gemütserregungen usw. zugeordnet waren. Konfuzius, der die musiktheoret. Kenntnisse der Chouzeit (1122–249) zusammenfaßte und 300 Hymnen und Lieder sammeln ließ, überlieferte in den „Chia-yü" (Hausgespräche) das alte Gesetz, wonach die 12 Lü auch jeweils für einen Monat den Stammton der Fünftonleiter zu stellen hätten. Als am Ende der Chouzeit unter dem Einfluß nördl. und westl. Völker siebentönige Melodien nach China eindrangen, wurden die pentaton. Leitern durch zwei Halbtöne („Pien") erweitert, die indes erst in der Suidynastie (589–618) endgültig akzeptiert wurden, so daß nun die Bildung von 84 Modi mögl. war. Nach 1500 v. Chr. setzte nicht nur eine Entwicklung ein, die dem Aufbau eines Rituals sakraler und höf. Zeremonien bewirkte, sondern auch zu einer mathemat. Durchdringung der musikal. Materie führte, die 1596 in der exakten Temperierung der Lü gipfelte. Die Reinhaltung der Musik für das Wohlergehen des einzelnen wie auch des Staates war stets ein primäres Anliegen der chin. Herrscher; es kam darum schon in der Chouzeit zur Gründung eines Musikministeriums. Die zentralist. Lenkung der Musik blieb auch dann typ. für die chin. Musikkultur, als der aufkommende Buddhismus neue Musikarten bewirkte, als die dramat. Bühnentanz aufkam und sich die chin. Oper als Synthese von Gesang, Mimik und Tanz im 13. Jh. herausbildete. Ein reiches Repertoire an Volksmusik bildet heute die Basis allen neuen Musikschaffens.

📖 *Lieberman, F.: C. M. An annotated bibliography, New York ²1976. - Reinhard, K.: C. M. Eisenach u. Kassel ²1957.*

Chinesische Nachtigall [çi...], svw. ↑Chinesischer Sonnenvogel.

chinesische Naturwissenschaft [çi...], die chin. Naturbeschreibung ist nicht nur bildhaft und mehrdeutig, sondern auch praxis- und menschbezogen; es fehlt der Wunsch nach einer menschenunabhängigen, objektiven Naturerkenntnis, auf dem die griech.-abendländ. Naturwissenschaft basiert. Allerdings war man dem prakt. Auswirkungen solcher Erkenntnisse gegenüber stets aufgeschlossen. So haben die urspr. eigenständige Astrologie, Alchimie, Magie und Wahrsagekunst sehr viele Elemente der Praktiken der Hochkulturen des Orients, der Griechen, Inder und Araber sowie später der Europäer übernommen.

Vermutl. aus dem 13. Jh. v. Chr. stammt die Bestimmung der Jahreslänge zu 365 $\frac{1}{4}$ Tagen. Der Zeitbestimmung dienten Sonnen- und Wasseruhren. Die ältesten Nachtuhren stammen aus der Mitte des ersten Jt. v. Chr., die ältesten Sonnenuhren aus dem 5. Jh. n. Chr. Schon in vorchristl. Zeit war die Eisenhütten- und Gußtechnik so weit fortgeschritten, daß gußeiserne Gebäude errichtet werden konnten. Die Erfindung des Papiers fällt ins 2. Jh., der Buchdruck von geschnitzten Holzplatten folgte bald (das älteste erhaltene datierbare Druckwerk stammt aus dem Jahre 868). Im 8. Jh. war das Schießpulver bekannt. Weitere Erfindungen, die das Abendland übernahm oder aber erneut erfinden mußte, sind u. a. das Porzellan und der Kompaß, Flugdrachen, Schubkarren, Segelwagen, Kettenbrücken, Kolbengebläse, wassergetriebene Blasebälge.

chinesische Philosophie [çi...], im Mittelpunkt der c. P. stehen eth.-polit. Theorien; es wird versucht, darauf Antwort zu finden, wie sich ein Gemeinwesen (Staat, Dorfgemeinschaft, Sippe) am besten organisieren und regieren läßt, welche Stellung den einzelnen bzw. einzelnen Gruppen innerhalb eines solchen sozialen Verbandes zukommt. In diesem Zusammenhang entstehen bereits früh Legitimationstheorien für die „gerechte" Herrschaft einzelner gesellschaftl. Gruppen. In der ersten Blütezeit der c. P. (5.–3. Jh.) entwickeln sich die „Hundert Philosophenschulen", die unterschiedl. gesellschaftl. Interessen und Bedingungen widerspiegeln. Bed. der **Konfuzianismus**, der ab dem 2. Jh. in seiner eklektizist. Ausprägung durch Tung Chungshu (*179, †104) bis ins 20. Jh. die orth.

Staatstheorie wird. Zentrales Anliegen ist die Legitimation der Herrschaft einer gesellschaftl. Oberschicht über das Volk durch eine über den gesellschaftl. Schranken stehende „Humanität" bzw. „Liebe". Im Ggs. dazu die **Schule der Legalisten** von Shang Yang († 338) und Han Fei († 233): Ein Staat kann nicht durch „Menschlichkeit" sondern nur durch positive „Gesetze", d. h. ein System von „Belohnungen und Strafen" regiert werden, dem alle Klassen gleichermaßen unterworfen sind. Diese Vorstellungen kamen bei der Gründung des ersten zentralisierten chin. Staates (221) zum Tragen. Mo Ti (4. Jh. v. Chr.), der Begründer der **mohist.** Schule, vertritt die Theorie einer „allumfassenden Menschenliebe", d. h. der Mensch ist von Natur aus gut. Die **Schule der Taoisten,** begr. von Laotse (4./3. Jh. v. Chr.) und Chuang Tzu (4./3. Jh. v. Chr), sieht das Ziel im „sich widerspruchslos Einfügen in das im Kosmos waltende dualist. Prinzip". Ähnl. die **Yin-Yang Schule** unter Tsou Yen (4. Jh. v. Chr.), Anfänge einer Naturphilosophie und kosmolog. Ordnungsspekulation. Nach der Lehre der sog. **Ackerbauphilosophen** wird gesellschaftl. Harmonie dadurch erreicht, daß alle Mitglieder Landw. betreiben; die sog. **Strategiephilosophen,** v. a. Sun Wu (6./5. Jh. v. Chr.) vertreten eine machiavellist. Staats- und Kriegstheorie. Der seit dem 1. Jh. verstärkt nach China eindringende Mahajana-Buddhismus entwickelt sich auf spezif. chin. Formen weiter, v. a. von mag. Richtungen im Taoismus beeinflußt: Neben der **Schule der drei Abhandlungen** des Seng Chao (* 384, † 414) und der **Fa-hsiang-Schule** des subjektiven Idealismus, eingeführt von Hsüan Tsang (* 596, † 664) sind bed. die **T'ient'ai-Schule** des Chih-i (* 538, † 597) und die **Hua-yen-Schule** des Fa Shun († 640). Als wichtigste Schule entwickelt sich seit dem 7. Jh. als chin. Form die Meditationsschule der **Ch'an-Buddhismus** (jap.: Zen-Buddhismus); es entstehen zwei Richtungen, die meditativ orientierte nördl., begr. von Shen Hsiu († 706) und die philosoph. orientierte südl. von Hui Neng (* 638, † 713). In der orth. Philosophie setzt mit Chu Hsi (* 1130, † 1200) die endgültige Reform des Konfuzianismus zum **Neokonfuzianismus** ein; sein später von Wang Yang-ming (* 1472, † 1528) vollendetes Erklärungssystem der Beziehungen zwischen Individuum und Gesellschaft, Herrscher und Beherrschten, Staat und Kosmos erstarrt bald zu einer intoleranten Staatsideologie, im Bereich derer Opposition nur durch eine Weiterentwicklung der Philosophie mögl. wird: v. a. die **T'ai-chou-Schule** unter Wang Chi (* 1498, † 1583) und Wang Ken (* 1483, † 1541), die eine Emanzipation des „Individuums" von der übermächtigen Tradition forderten. Der in seiner Ethik stark buddhist. beeinflußte Li Chih (* 1527, † 1602) stößt das Dogma von der Allgemeingültigkeit der kon-

fuzian. Werturteile um. In seiner Nachfolge steht Wang Fu-Chih (* 1619, † 1692), der eine Abkehr vom spekulativen Idealismus und eine Rückkehr zum Materialismus bejahte. Die sog. konfuzian. „Gegenreformation" wird v. a. von Ku Yen-wu (* 1613, † 1682) getragen und setzt sich allg. durch. Zu Beginn des 20. Jh. wird die Notwendigkeit einer gesellschaftl. und geistigen Erneuerung in China v. a. von K'ang Yu-wei (* 1858, † 1927) erkannt, für den die Grundideen des „urspr." Konfuzianismus zur Überwindung der Klassenunterschiede taugl. sind. Sun Yat-sen (* 1866, † 1925) entwickelte seine polit. Theorie der „Drei Prinzipien": Nationalismus, d. h. Befreiung Chinas von den Ausländern, Republikanismus, d. h. Abschaffung des Kaisertums, und Sozialismus, d. h. Bodenreform und Befreiung der Bauern. Die 4.-Mai-Bewegung von 1919 bringt neben der literar. Revolution eine zunehmende Beschäftigung mit europ., bes. marxist. Philosophie mit sich: Hu Shih (* 1891, † 1962), der sich später wieder dem konfuzian. Weltbild zuwendet und Feng Yu-lan (* 1895). Mao Tse-tung (* 1893, † 1976) entwickelt die theoret. Grundlagen für die Umgestaltung Chinas, indem er insbes. die marxist. Dialektik auf die spezif. Bedingungen der chin. Gesellschaft anwendet. Sein Satz „Eins teilt sich in zwei" wurde das Motto der chin. Kulturrevolution. Die heutige chin. Philosophie beschäftigt sich vorwiegend mit Fragen der polit. Ökonomie, der marxist. Geschichtstheorie und der Einschätzung der traditionellen chin. Philosophie.

Granet, M.: Das chin. Denken. Dt. Übers. Ffm. Neuaufl. 1985. - Graf, O.: Tao u. Jen. Wsb. 1970. - Forke, A.: Gesch. der c. P. Hamb. [2]*1964. 3 Bde.*

Chinesische Rose [çi...] (Bengalrose, Rosa chinensis), Rosengewächs aus China; niedriger, meist kaum beschachtelter Strauch mit langgestielten, rosafarbenen, dunkelroten oder gelbl. Blüten; v. a. Sorten der Zuchtform *Zwergrose* als Freiland- und Topfpflanzen in Kultur.

Chinesischer Sonnenvogel [çi...] (Chin. Nachtigall, Leiothrix lutea), vom Himalaja bis SO-China verbreitete, etwa 15 cm große Timalienart; Oberseite grauolivgrün, Kehle gelb, gegen die ockergelbe Unterseite zu orangefarben; Flügel mit gelber, gelbroter und blauer Zeichnung, Schwanz schwarzblau, leicht gegabelt; melod. flötender Käfigvogel.

chinesische Schrift [çi...], eine Wortschrift, die kein Spiegelbild des Lautkomplexes, sondern graph. Darstellung zur Vermittlung eines komplexen Inhalts ist. Die chin. Schriftzeichen haben alle die gleiche Größe und eine quadrat. Form. Sie werden bis in die jüngste Zeit hinein von oben nach unten und von rechts nach links angeordnet, in der VR China von links nach rechts in horizonta-

chinesische Sprache

len Zeilen. Es gibt grundsätzl. so viele Zeichen wie Begriffe. Da die c. S. von der Aussprache unabhängig ist, kann z. B. die Pekinger Zeitung auch von Menschen in Schanghai gelesen werden, die die Pekinger Sprache nicht verstehen.

Unter den chin. Zeichen lassen sich 6 Kategorien unterscheiden (vgl. Tabelle Schriftzeichenklassen der chin. Schrift). Die ältesten überlieferten Zeichen werden *alte Schrift* genannt. Ihre Weiterentwicklung führt zur *Großen Siegelschrift*. Sie ist in der Gestaltung komplizierter. In der Hofkanzlei der Ch'indyn. wird die *Kleine Siegelschrift* verwendet, die bei gleichbleibendem Duktus die Strichzahl vermindert. Mit der Einigung Chinas (221 v. Chr.) verbreitet sie sich im ganzen Lande. Seit dieser Zeit hat die c. S. lediglich formale, aber keine wesentl. Änderungen erfahren. Aus der damals gebräuchl. *Kurialschrift* geht im 4. Jh. n. Chr. die mustergültige *Normalschrift* hervor. Schon frühzeitig bilden sich im Ausgleich zu den eckigen Formen der Kurialschrift die fließenden Formen der *Kursivschrift* und die *Schnellschrift* heraus. Die Kursivschrift ist flüchtiger als die Kurialschrift, deutlicher aber als die Schnellschrift. Zur Zeit der Sungdyn. (960–1280) wird eine zierl. anmutige Nebenform der Normalschrift gepflegt, die *Sungschrift*.

Wann die c. S. aufgekommen ist, läßt sich nicht mit Gewißheit sagen. Die frühesten inschriftl. Zeugnisse reichen bis in die Mitte des 2. Jt. v. Chr. zurück. Sie lassen erkennen, daß die Schrift bereits damals voll ausgebildet war. Die heute verwendeten Zeichen unterscheiden sich von den frühesten nicht wesentlich. Schon 1892 suchte man eine Lautschrift einzuführen, die aber keinen Anklang fand. 1926 erschien eine mit lat. Buchstaben geschriebene Lautschrift, die wenig Zustimmung fand. Die letzten umwälzenden Reformen fanden in der VR China statt. Die Schriftzeichen wurden zwar vereinfacht, man sah aber von der Einführung einer Lautschrift ab, weil man fürchtete, das Alphabet könnte die selbständige Ausbildung der Dialekte begünstigen und so die Einheit des Volkes gefährden.

⊡ *Debon, G.: Grundbegriffe der chin. Schrifttheorie u. ihre Verbindung zu Dichtung u. Malerei. Wsb. 1978.*

chinesische Sprache [çi...], zu den sinotibet. Sprachen gehörende Sprache der Chinesen, die von der Sprecherzahl her die größte Sprache der Erde ist. Sie kommt in zwei Formen vor: der Umgangssprache und der klass. Sprache. Hauptbestandteil des stets einsilbigen Wortes ist ein Vokal, dem ein Konsonant vorausgehen und ein Nasal [n, ŋ] folgen kann; drittes Element ist der Tonfall, der für die Identität des Wortes entscheidend ist. Das Wort erfährt im Satz grundsätzl. keine Veränderung. Die Sprache macht die Wortbeziehung durch ein komplexes Verfahren kenntlich: bestimmte Stellung im Satz, Neubildung vielsilbiger Wörter aus den einsilbigen, wobei jedoch die Bedeutung der einsilbigen Wörter stets gewahrt und dem Sprechenden auch be-

---

Schriftzeichenklassen der chinesischen Schrift

1. Einfache Bilder

木 Baum 子 Kind 人 Mensch

山 Berg 女 Frau 日 Sonne

2. Symbolische Bilder

Sonne 日 über dem Horizont __ = „früh" 旦

Sonne 日 hinter dem Baum 木 = „Osten" 東

3. Symbolische Zusammensetzungen

zwei Bäume 木 = „Wald" 林

Sonne 日 und Mond 月 = „hell" 明

Frau 女 und Kind 子 = „gut" „lieben" 好

Frau 女 unter dem Dach 宀 = „Friede" 安

4. Umkehrung

Fürst 后 umgekehrt = „Beamter" 司

5. Entlehnte Zeichen

之 chi „gehen" = Objektpronomen der 3. Person oder Genitiv- bzw. Attributpartikel

安 an „Friede" = Fragepartikel „ob, wie, wieso"

6. Zeichen mit sinnangebendem und tonangebendem Element

Insekt 虫, das lautet wie 堂 t'ang „Halle" = „Fangheuschrecke" 螳

---

chinesische Schriftzeichen

alte Form	moderne Form	Bedeutung	Erklärung
手	手	Hand	Unterarm fünf Fing...
米	木	Baum	Stamm m... Zweigen u... Wurzeln
우욱	子	Kind	
屮	心	Herz	
屳雨	雨	Regen	Himmels- gewölbe m... Regentro...
貝	貝	Kostbarkeit, Reichtum	Kauri- schnecke

wußt bleibt. Das Chin. steht auf Grund dieser typolog. Merkmale und eines Vokabulars jenen Sprachen nahe, die westl. und sw. von China gesprochen werden, dem Tibet., dem Birman. und den Thaisprachen. - Die *Umgangssprache* gliedert sich in eine nördl. und eine südl. Dialektgruppe, zw. denen eine gegenseitige Verständigung nicht mögl. ist. Zur südl. Gruppe zählen Wu, Min und Yüeh, zur nördl. der Dialekt von Peking (Mandarin), auf dessen Grundlage sich eine allg. Hochsprache herausgebildet hat *(Beamtensprache, Hochchines.)*, die gesamtchines. Einheitssprache werden soll. In dieser Sprache werden seit der literar. Revolution von 1917 sowohl literar. als auch wiss. Texte verfaßt. Sie tritt so das Erbe der Beamtensprache an und wird *Reichssprache* bzw. *Nationalsprache* genannt. Die *klass.* Sprache wird nur gelesen und geschrieben, aber nicht im tägl. Gespräch gebraucht. Um 100 v. Chr. löste sich die Umgangssprache von der Schriftsprache ab. Die klass. Sprache hat einen sakralen Charakter: sie ist die Sprache der Konfuzian. Schriften, der Throneingaben und der kaiserl. Annalen; heute nur noch an Universitäten gepflegt.

🕮 *Martin, H.: Chines. Sprachplanung. Bochum 1982. - Kuan Yu Chien: Die Grundregeln des Modernen Hochchinesisch. Hamb. ²1977. - Kalgren, B.: Schrift u. Sprache der Chinesen. Dt. Übers. Hdbg. 1975.*

Ch'ing [chin. tɕ͜ŋ] (Tsing, Tsching), Mandschudyn. in China, ↑ chinesische Geschichte.

Chingola [tʃɪŋ...], Stadt im N des Kupfergürtels von Sambia, 50 km nw. von Kitwe, 146 000 E. 🜨. Im N von C. liegt die bed. Kupfermine **Nchanga**.

Chinin [çi...; indian.], erstmals 1820 von P. J. Pelletier und J. B. Caventou aus der Chinarinde isoliertes Alkaloid; heute fast ausschließl. vollsynthet. hergestellt; dient als fiebersenkendes Mittel und als Chemotherapeutikum gegen Malaria; C. ist in hohen Dosen giftig. - Chem. Bruttoformel: $C_{20}H_{24}O_2N_2$.

Chinkiang [chin. dʒən'dʒjaŋ], chin. Stadt am unteren Jangtsekiang, 250 000 E. Medizin. Hochschule; Seidenwebereien, Nahrungsmittelind., Flußhafen. - Seit 221 nachweisbar; 1858/60 als Vertragshafen dem europ. Handel geöffnet.

Chino ['tʃi:no; span.], span. Bez. für Mischling zw. Indianer(in) und Neger(in).

Chinois [ʃino'a; frz., eigtl. „chinesisch"], kandierte, kleine, unreife Pomeranzen oder Zwergorangen.

Chinoiserie [ʃinoazə'ri:; frz.], durch Reisebeschreibungen über China und Einfuhr von chin. (überhaupt ostasiat.) Kunstgegenständen angeregter Dekorationsstil des 18. Jh.; zunächst vorbildgebundene Kopien, dann Phantasieschöpfungen; bei Fayencen, Porzellan, aus Bauplastik (Stuckierung), an Möbeln (v. a. Lackmöbel), auf Tapeten, Textilien usw., oft als komplette Innenausstattun-

gen (chin. Zimmer, Spiegelkabinette).

Chinolin [çi...; indian.], C_9H_7N, aromat. Stickstoffverbindung, aus Steinkohlenteer gewonnen oder synthet. hergestellt; Ausgangsstoff für viele Arzneimittel und die Chinolinfarbstoffe (z. B. Chinolingelb für Druckfarben und Buntpapier).

Chinon [frz. ʃi'nõ], frz. Stadt, Dep. Indreet-Loire, 40 km sw. von Tours, 8 600 E. Zentrum eines Weinbaugebiets. Die Nachbargemeinde **Avoine** ist Standort von 3 Kernkraftwerken. - Kelt. Gründung; kam 1205 zur frz. Krondomäne. - Über C. die Ruinen von drei Burgen aus dem 12.–15. Jahrhundert.

Chinone [çi...; indian.], Verbindungen, die das Grundgerüst des ortho- oder des para-Benzochinons enthalten. Nach dem vorhandenen Kohlenstoffskelett unterscheidet man Benzo-, Naphtho-, Anthra-, Phenanthren-C. usw. Viele natürl. vorkommende oder synthet. hergestellte C. dienen als Farbstoffe (Indanthrenfarbstoffe). In der Zellatmung haben Chinonabkömmlinge als Redoxsysteme eine wichtige Funktion bei der Übertragung von Wasserstoff in der Atmungskette.

Chinook [engl. tʃɪˈnʊk], i. w. S. eine indian. Sprachfamilie, Untergruppe des Penuti. I. e. S. ein ausgestorbener Stamm am N-Ufer des unteren Columbia River; seine Sprache war als Handelssprache in Washington und Teilen Oregons bis 1850 verbreitet.

Chinook [engl. tʃɪˈnʊk; nach den Chinook-Indianern], warmer, trockener, föhnartiger Fallwind an der Ostseite der Rocky Mountains, meist mit rascher Schneeschmelze verbunden.

Chinwangtao [chin. tɕ͜ɪnxṷaŋ'daṷ], chin. Stadt, 280 km östl. von Peking, 210 000 E. Wichtiger eisfreier Exporthafen (Steinkohle, Erdöl); Bahnknotenpunkt. Pipeline vom Erdölfeld Taching.

CHIO [frz. seaʃi'o], Abk. für: Concours Hippique International Officiel, offizielles internat. Reitturnier mit mehreren Disziplinen.

Chioggia [italien. 'kjɔddʒa], italien. Stadt in Venetien, am S-Ende der Lagune von Venedig, auf Pfählen erbaut, 53 000 E. Bischofssitz; Fischereihafen. - 1110 Stadt. - Dom (11. Jh.; 1662–74 erneuert), spätgot. Kirche San Martino (14. Jh.).

Chios ['çi:ɔs], Stadt auf der griech. Insel C., 24 000 E. Hauptstadt des Verw.-Geb. C.; orth. Bischofssitz; Museen; Fischfang; Schiffsverbindung mit Athen, Lesbos und den Dodekanes, Personenfähre nach Çeşme (Türkei). 🜨. - 9 km von C. entfernt liegt das Frauenkloster Nea Moni (1042–54) mit bed. Goldmosaiken (um 1054; restauriert).

C., griech. Insel im Ägäischen Meer, vor der kleinasiat. Küste, durch einen nur 8 km breiten Sund vom Festland getrennt, 806 km^2, Hauptstadt C.; höchste Erhebung 1298 m. Agrarisch intensiv genutzt ist v. a. das Hügelland im SO-Teil. Abbau von Marmor, Schwe-

Chip

fel und Antimon; Fremdenverkehr.

Geschichte: Von Ioniern besiedelt; ab Mitte 6. Jh. v. Chr. unter pers. Herrschaft; später Mgl. des Att.-Del. Seebunds; in hellenist. Zeit und unter röm. Herrschaft (ab 190 v. Chr.) weitgehend autonom; nach mehrfachem Besitzwechsel (Byzantin. Reich, Latein. Kaiserreich, Kaiserreich Nizäa) ab 1304 unter genues., ab 1566 unter osman. Herrschaft; kam erst 1912 zu Griechenland.

Chip [engl. tʃɪp], dünnes Halbleiterplättchen (Größe meist einige mm²) als Träger miniaturisierter elektron. Schaltungen. Herstellung (jeweils einer Vielzahl gleicher C.) auf sog. *Wafers*, meist Siliciumeinkristallscheiben von rund 12 cm Durchmesser, durch gezieltes Aufbringen elektr. leitender, halbleitender und isolierender Schichten sowie von Dotierungsstoffen, genauestes Bearbeiten (z. B. Ätzen kleinster „Fenster"), Anbringen von Kontakten, Einbringen bzw. Vergießen in Gehäusen. C. können tausende elektron. Schaltelemente enthalten und komplizierteste Funktionen ausführen. C. dienen auch als Datenspeicher in Computern, wobei der sog. *Megabit-C.* 1 Mill. Bit (entspricht etwa 100 Schreibmaschinenseiten) speichern kann.

Ch'i Peng-fei [chin. tɕiɓəŋˈfɛi̯], * Prov. Schensi 1929, chin. Politiker. - Seit 1950 im Auswärtigen Dienst tätig; gilt als einer der Initiatoren der amerikan.-chin. Gespräche; 1972–74 Außenmin.; seit 1973 Mgl. des ZK der KPCh; 1975–79 Generalsekretär des Nat. Volkskongresses; 1979–82 stellv. Min.präs., seit 1982 Staatsrat.

Chipkarte [engl. tʃɪp], einen Chip enthaltende, programmierbare Kunststoffkarte z. B. für bargeldlosen Geldverkehr, Bedienung von Zugangskontrollsystemen.

Chipmunks [engl. 'tʃɪpmʌŋks; indian.], Gruppe nordamerikan. Erdhörnchen mit rd. 20 Arten; Körperlänge etwa 8–16 cm, Schwanz meist knapp körperlang mit starker Behaarung; Färbung häufig sehr kontrastreich mit verschieden stark ausgeprägten hellen und dunklen Längsstreifen.

Chippendale, Thomas [engl. 'tʃɪpəndɛɪl], ≈ Otley (Yorkshire) 5. Juni 1718, □ London 13. Nov. 1779, engl. Kunsttischler. - Nur wenige Möbel können ihm mit einiger Sicherheit zugeschrieben werden. Berühmt wurde sein Vorlagebuch „The gentleman and cabinet maker's director" (1754).

Chippendalestil [engl. 'tʃɪpəndɛɪl; nach T. Chippendale], engl. Möbelstil des 18. Jh.; gerade, flache und eher schwere Sitzmöbel aus Mahagoni mit durchbrochenen Rückenlehnen.

Chips [engl. tʃɪps], kalte knusprige Kartoffelscheibchen (roh in Fett gebacken).
◆ beim Roulett die Spielmarken.

chir..., Chir..., chiro..., Chiro... [griech.], Bestimmungswort von Zusammensetzungen mit der Bedeutung „Hand...".

Chirac, Jacques René [frz. ʃiˈrak], * Paris 29. Nov. 1932, frz. Politiker. - 1967/68 und seit 1976 Mgl. der Nat.versammlung (UDR bzw. RPR); Min. für Beziehungen zum Parlament 1971/72, Landwirtschaftsmin. 1972–74; Innenmin. 1974; 1974–76 und seit März 1986 Premiermin.; 1974/75 Generalsekretär der UDR; seit 1976 Vors. des RPR; seit 1977 Bürgermeister von Paris.

Chiragra ['çi:...; griech.], Gicht in den Hand- und Fingergelenken.

Chiricahua [engl. tʃɪrɪˈkɑːwə], Apachestamm in SO-Arizona, USA; wegen der Kämpfe gegen Mexikaner und Amerikaner unter ihren Anführern Cochise, Victorio, Loco und Geronimo auch in der populären Literatur über den Westen bekannt geworden.

Chirico [italien. 'ki:riko], Andrea de (De) ↑ Savinio, Alberto.

C., Giorgio de (De), * Wolos (Griechenland) 10. Juli 1888, † Rom 20. Nov. 1978, italien. Maler. - Bruder von A. de Savinio; studierte in München; 1910 in Italien, 1911–15 in Paris, 1915–19 in Ferrara, wo er Carlo Carrà sowie F. de Pisis kennenlernte; sie begründeten 1917 die „Scuola metafisica". Bereits 1919/20 gab er die ↑ Pittura metafisica zugunsten einer akadem. Malweise auf. Zu seinen Hauptwerken zählen: „Die Vergeltung der Wahrsagerin" (1913; Philadelphia Museum of Art), „Melancholie und Geheimnis einer Straße" (1914; Privatsammlung), „Der große Metaphysiker"

Thomas Chippendale, Entwurf eines Stuhls (1754)

(1917; New York, Museum of Modern Art), „Die berunruhigenden Musen" (1916; Mailand, Gianni-Mattiolo-Stiftung), „Großes metaphys. Interieur" (1917). Sein Frühwerk ist eine Parallelerscheinung zum Surrealismus.

Chirimoya [tʃi..; indian.] (Rahmapfel), grüne, kugelige bis eiförmige, bis 20 cm große Sammelfrucht des amerikan. Annonengewächses Annona cherimola, das in den Tropen und Subtropen angebaut wird. Das weiße, zarte Fruchtfleisch schmeckt leicht säuerl. und ähnl. wie Erdbeeren oder Ananas.

Chiriquí [span. tʃiri'ki], höchster Berg Panamas, ein erloschener Vulkan, 3 475 m.

Chirographum [çi...; griech. „Handschreiben"] (Charta partita, Charta indentata, Zerter), im ma. Recht: Urkundingart, vorwiegend im privaten Rechtsverkehr gebräuchl.; zw. die doppelte oder dreifache Ausfertigung eines Vertrags auf einem Pergamentblatt wurden Buchstaben oder Worte (z. B. „C.") geschrieben, die durchschnitten wurden. Jeder Partner erhielt so eine Urkunde, deren Echtheit durch Zusammenfügen mit dem Gegenstück bewiesen werden konnte.

Chirologie [çi...] (Cheirologie, Chirognomie), svw. ↑Handlesekunst.
◆ die Hand- und Fingersprache der Taubstummen (↑Taubstummensprache).

Chiromantie [çi...; griech.], svw. Handwahrsagekunst (↑Handlesekunst).

Chiron [ˈçi...] ↑Cheiron.

Chironja [tʃi'rɔŋxa; span.], Zitrusfrucht aus Puerto Rico mit gelber, leicht zu lösender Schale; sehr saftig und von zartem Aroma; vermutl. aus einer natürl. Kreuzung zw. Grapefruit und Orange entstanden.

Chiropraktik [çi...], manuelles Einrichten „verschobener" (subluxierter) Wirbelkörper und Bandscheiben durch ruckartige Drehung der Wirbelsäule oder direkte Einwirkung auf die Dornfortsätze der betroffenen Wirbelkörper bei weitgehender Entspannung der Muskulatur (Massage, Einleitung einer Narkose). - 1895 von D. Palmer in Amerika entwickelt, als sog. **Chirotherapie** auch bzw. vorwiegend von Ärzten ausgeführt. Die C. setzt eine gründl. diagnost. und röntgenolog. Untersuchung voraus.

Chiroptera [çi...; griech.], svw. ↑Flattertiere.

Chirripó Grande [span. tʃirri'po ˈɣrande], höchster Berg Costa Ricas und höchster nichtvulkan. Berg M-Amerikas, 3 920 m.

Chirurg [çi...; griech., eigtl. „Handwerker"] (Arzt für Chirurgie), offizielle Bez für einen Arzt, der für die Diagnostik sowie für die konservative und operative Behandlung der die ↑Chirurgie betreffenden Krankheiten ausgebildet wurde.

Chirurgenfische, svw. ↑Doktorfische.

Chirurgie [çi...; griech.], Teilgebiet der Medizin, umfaßt die Lehre von der konservativen (unblutigen) oder operativen Behandlung von Krankheiten, Verletzungen und Körperfehlern durch mechan. oder instrumentelle Eingriffe am oder im lebenden menschl. Körper. Innerhalb der C. entwickelten sich mit fortschreitender Spezialisierung neue Teilgebiete, u. a. ↑Neurochirurgie, ↑Herzchirurgie, ↑Gefäßchirurgie, ↑plastische Chirurgie, ↑Thoraxchirurgie, ↑Unfallchirurgie. Die sog. **kleine Chirurgie** umfaßt im Ggs. zur sog. **großen Chirurgie** nur solche Maßnahmen, die unter Lokalanästhesie oder Kurznarkose ambulant und u. U. auch vom Nichtfacharzt ausgeführt werden können, wie z. B. einfache Wundversorgung, Einrenken von verrenkten Gliedern, Behandlung einfacher Knochenbrüche, Entfernen von Fremdkörpern, Öffnen von Abszessen und schließl. auch bestimmte Punktionen.

Geschichte: Die C. ist einer der ältesten medizin. Bereiche. Die Behandlung von Knochenbrüchen, die Schädeltrepanation (Schädelöffnung) und der Kaiserschnitt wurden vermutl. bereits in vorgeschichtl. Zeit durchgeführt. Im alten Ägypten wurden alle Arten von Wunden, Brüchen, Geschwülsten behandelt, außerdem kannte man auf Grund genauer Beobachtungen auch die eventuellen nachteiligen Folgen der chirurg. Eingriffe. Im MA wurden die niederen chirurg. Arbeiten wie Aderlaß, Zahnextraktion, Steinschnitt bei Blasensteinen, Starstich usw. von umherzie-

Giorgio de Chirico, Großes metaphysisches Interieur (1917). Privatbesitz

henden Chirurgen, Badern und Feldschern ausgeführt. Im 18. Jh. wurde die C. ein medizin. Universitätsfach. Im 19. Jh. nahm die C. ihren größten Aufschwung mit der Einführung der Antisepsis und der Asepsis, der Entdeckung der Mikroben als Krankheitserreger sowie der Entwicklung der Anästhesie. Im 20. Jh. kamen neue Methoden und Hilfsmittel wie Röntgendiagnostik, Schocktherapie, Bluttransfusionen, Wiederbelebungsmethoden, die Herz-Lungen-Maschine, ferner Sulfonamide und Antibiotika dazu.

Chitarrone [ki...; italien.; zu griech. kithára „Zither"], italien. Baßlaute, mit über den 1. Wirbelkasten geradlinig verlängertem Hals (mit dem 2. Wirbelkasten für die Bordunsaiten).

Chitin [çi...; griech.], stickstoffhaltiges Polysaccharid, bildet den Gerüststoff im Außenskelett der Gliederfüßer (auch in Zellmembranen von Pilzen); sehr widerstandsfähig gegen Verdauungsenzyme.

Chiton [çi...; griech.], Gatt. der Käferschnecken mit dicken, stark gerippten Schalenplatten an den europ. Küsten.

Chiton [çi...; griech.], griech. ärmelloses Gewand aus einem Stück, über einer Schulter zusammengehalten durch eine Fibel; er wurde gegürtet, von Männern meist knielang, von Frauen lang getragen.

Chittagong ['tʃi...], Hafenstadt in Bangladesch, an der Mündung des Karnafuli in den Golf von Bengalen, 1,388 Mill. E. Kath. Bischofssitz; mehrere Colleges; zahlr. Banken und Handelsniederlassungen, Tee-, Tabak- und Streichholzfabriken, chem., pharmazeut. und elektrotechn. Ind., Maschinenbau, Stahlwerk, Papierfabrik und Erdölraffinerie; Eisenbahnendpunkt, Exporthafen, ⚓. - Mit Unterbrechungen ab 1287 zum Kgr. von Arakan; 1666 zum Mogulreich; fiel 1760 an die brit. Ostind. Kompanie.

Chiusa [italien. 'kiusa] ↑ Klausen.

Chiusi [italien. 'kiusi], italien. Stadt in der Region Toskana, 40 km westl. von Perugia, 9 300 E. Bischofssitz; Etrusk. Museum. - Das antike **Camars** (lat. **Clusium**) war eine bed. Stadt der Etrusker; Hauptstadt eines langobard. Hzgt. - Dom (12. Jh.) mit Kampanile.

Chiuta, Lake [engl. 'leɪk ʃi:'u:tə], See in O-Afrika, beiderseits der Grenze zw. Malawi und Moçambique, 65 km lang, 3–13 km breit, heißt im N-Teil **Lagoa Amaramba.**

Chiwa ['çi:...], sowjet. Stadt in einer Oase am unteren Amu-Darja, Usbek. SSR, 26 000 E. Landwirtschaftstechnikum; Baumwollentkörnung, Teppichweberei. - Als Stadt im 10. Jh. erwähnt; 1511 Hauptstadt des Khanats von C., 1873 an Rußland, 1924 zur Usbek. SSR. - Oriental. Altstadt, von einer Mauer umgeben, mit zahlr. Baudenkmälern.

Chladek, Rosalia ['xla:...], * Brünn 21. Mai 1905, östr. Tänzerin, Choreographin und Tanzpädagogin. - Verbindet klass. Ballett mit Ausdruckstanz.

Chladni, Ernst Florens Friedrich ['kla...], * Wittenberg 30. Nov. 1756, † Breslau 3. April 1827, dt. Phyiker. - Begründer der experimentellen Akustik; untersuchte die mechan. Schwingungen zahlr. Körper, entdeckte die nach ihm benannten C.-Figuren und zeigte, daß (v. a. bei Saiten und Stäben) nicht nur transversale Schwingungen, sondern auch longitudinale und Drehschwingungen auftreten.

Chladni-Figuren ['kla...; nach E. F. F. Chladni] ([Chladnische] Klangfiguren), Bez. für die Gesamtheit derjenigen Linien bzw. Flächen, die bei Erregung stehender Wellen in elast. schwingenden zwei- bzw. dreidimensionalen Medien ständig in Ruhe bleiben. Chladni machte sie auf Metallplatten sichtbar, indem er diese mit feinem Pulver (Lykopodium) bestreute und durch Streichen mit einem Geigenbogen zu Eigenschwingungen anregte.

Chlaina ['çlaɪna; griech.] (lat. Chlaena), langer ungenähter griech. Umhang aus Wolle; einfach oder doppelt gelegt über dem Chiton getragen.

Chlamydien [çla...; griech.] (Bedsonien, Chlamydiales, Bedsoniales), Ordnung der Bakterien mit etwa 10 Arten; 0,2 bis 0,7 μm große, innerhalb der Zellen lebende Parasiten bei Vögeln und Säugetieren; beim Mensch Erreger der ↑ Papageienkrankheit und des ↑ Trachoms.

Chlamydomonas [çla...; griech.], Gatt. einzelliger Grünalgen v. a. in Süßwasser und feuchter Erde; Zellen meist ellipsoidisch, 15 bis 18 μm groß. Die frei bewegl. Arten tragen zwei gleichlange Geißeln. Einige im Schnee der Arktis und im Gebirge lebende Arten verursachen durch ihre von Hämatochrom rot gefärbten Zellen den ↑ Blutschnee.

Chlamydosporen [çla...; griech.], Dauersporen der niederen und höheren Pilze.

Chlamys ['çla:mys, çla'mys; griech.], kurzer griech. Schultermantel (bes. für Krieger) aus einer rechteckigen Tuchbahn, der wohl aus N-Griechenland (Thessalien) stammte. Die C. wurde über dem Chiton getragen und über der rechten Schulter festgesteckt.

Chlebnikow, Welemir (eigtl. Wiktor) Wladimirowitsch [russ. 'xljɛbnikɛf], * Malyje Derbety (Gouv. Astrachan) 9. Nov. 1885, † Santalowo (Gouv. Nowgorod) 28. Juni 1922, russ. Lyriker. - 1912 Mitunterzeichner des futurist. Manifests; neben semant. klarer Prosa experimentelle Lyrik.

Chloasma [klo...; griech.], vermehrte Pigmentierung der Haut, die entweder als umschriebener gelblichbrauner Fleck (↑ Leberfleck) oder flächenhaft ausgebreitet (z. B. C. gravidarum; bei Schwangeren) auftritt.

Chlodio ['klo:...], † um 460, fränk. König. - Erster histor. bezeugter Merowinger, König eines sal. Teilstammes im heutigen Brabant; eroberte ein Gebiet bis zur Somme; 432 von Aetius geschlagen.

Chlodomer I. ['klo:...], *495, ⚔ 524, fränk. König (seit 511). - Sohn Chlodwigs I., erhielt bei der Teilung von 511 den S des älteren Reichsbestandes (Hauptstadt: Orléans), bald auch den N Aquitaniens; fiel im Kampf (seit 523) gegen Burgund.

Chlodwig I. ['klo:tvɪç], *um 466, †Paris 27. Nov. (?) 511, fränk. König (Merowinger). - Sohn Childerichs I., dem er um 482 als König der sal. Franken folgte. Beseitigte allmähl. durch List, Verrat und Gewalt alle fränk. Gaukönige und dehnte das Fränk. Reich, zu dessen Mittelpunkt er 508 Paris machte, aus durch Eroberung des röm. gebliebenen Teils Galliens (Sieg über Syagrius bei Soissons 486/487) sowie eines großen Teils Alemanniens (496/506) und Aquitaniens (d. h. des östl. Teils des westgot. Tolosan. Reiches; 507). Mit seiner Taufe (wohl 498) durch Bischof Remigius in Reims, durch die er in Ggs. zu dem arian. Ostgotenkönig Theoderich d. Gr. .geriet, wurde die röm. Kirche auf den Weg der ma. Staats- bzw. Reichskirche geführt. C. übernahm das zentralist. Verwaltungssystem der Römer, bewahrte aber auch die german. Tradition (1. Kodifizierung der Lex Salica).

Chlor [klo:r; zu griech. chlōrós „gelblichgrün"], chem. Symbol Cl, nichtmetall. Element aus der VII. Hauptgruppe (↑ Halogene) des Periodensystems der chem. Elemente; Ordnungszahl 17, mittlere Atommasse 35,453; ein stechend riechendes, zweiatomiges, gelbgrünes Gas, Schmelzpunkt −100,98°C, Siedepunkt −34,6°C, Dichte 3,214 g/Liter; leicht verflüssigbar, in Wasser lösl. C. gehört zu den chem. reaktionsfähigsten Elementen, reagiert bes. heftig mit Alkalimetallen (unter Lichterscheinung); ein Gemisch von $Cl_2 + H_2$ (Molverhältnis 1:1) reagiert im Sonnenlicht explosionsartig (↑ Chlorknallgas). C. kommt in großen Men-

gen in Form seiner Salze (↑ Chloride) in der Erdkruste und im Meerwasser vor, z. B. Natriumchlorid NaCl (Steinsalz, Kochsalz), Sylvin, KCl, und Karnallit, $KCl \cdot MgCl_2 \cdot 6 H_2O$. Die techn. Gewinnung erfolgt v. a. durch die ↑ Chloralkalielektrolyse. Verwendung findet C. zur Herstellung anorgan. und organ. C.verbindungen (Chloride, Hypochlorite, Chlorate, Bleichmittel, Kunststoffe, Farbstoffe) und zur Desinfektion von Wasser. - K. W. Scheele stellte 1774 C. her, indem er Salzsäure auf Braunstein einwirken ließ; 1810 wurde es als Element erkannt.

Chloral [klo...; Kw.] (Trichloräthanal), chem. Formel CCl_3CHO, bildet beständiges Hydrat (Chloralhydrat), das früher als Schlafmittel Verwendung fand.

Chloralkalielektrolyse ['klo:r...], bed. großtechn. Verfahren zur Gewinnung von Alkalilaugen (v. a. Natronlauge), Chlor und Wasserstoff aus Alkalichloriden unter Einwirkung des elektrischen Stroms. - Beim **Quecksilber-** oder **Amalgamverfahren** laufen Anoden- und Kathodenvorgang in zwei getrennten Zellen ab; in der einen Zelle wird an der Anode Chlor abgeschieden, während sich an der Quecksilberkathode Natriumamalgam $(NaHg_x)$ bildet, das dann in der zweiten Zelle, dem Zersetzer, an Graphitkohle mit Wasser zu bes. reiner (chloridfreier) Natronlauge und Wasserstoff zersetzt wird $(NaHg_x + H_2O → NaOH + xHg + 1/2H_2)$. Beim **Diaphragmaverfahren** sind Anoden- und Kathodenraum durch ein Diaphragma getrennt, das den Stromtransport ermöglicht, eine Wiedervereinigung der Elektrolyseerzeugnisse jedoch verhindert.

Chloramine [klo...], Verbindungen des Ammoniaks bzw. der Amine, bei denen Chloratome direkt an den Stickstoff gebunden sind. Grundkörper der Verbindungsgruppe ist das **Chloramin**, $Cl-NH_2$, das u. a. bei der Einwirkung von Hypochlorit auf Ammoniak entsteht. Techn. Bed. haben bes. die organ. C., $RNHCl$ bzw. R_2NCl (R Alkyl- und/oder Arylreste), die als Chlorierungs-, Oxidationsund Bleichmittel sowie als Desinfektionsmittel verwendet werden.

Chloramphenicol [klo...; Kw.], Han-

Chloralkalielektrolyse.
1 Amalgamverfahren;
2 Diaphragmaverfahren

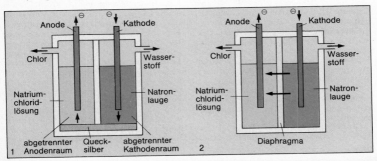

1	Anode	Kathode		Anode	Kathode	2
	Chlor	Wasserstoff		Chlor	Wasserstoff	
	Natriumchloridlösung	Natronlauge		Natriumchloridlösung	Natronlauge	
	abgetrennter Anodenraum	Quecksilber	abgetrennter Kathodenraum		Diaphragma	

delsname: *Chloromycetin;* 1947 entdecktes, heute synthet. gewonnenes Breitbandantibiotikum; hochwirksam und gut verträglich.

Chlorargyrit ['klo:r...; griech.] (Chlorsilber, Silberhornerz, Kerargyrit), in grauen bis gelben oder schwarzen bis braunen Kristallen auftretendes Mineral, AgCl; Silbergehalt bis zu 75 %. C. stellt ein wichtiges Silbererz dar. Mohshärte 1,5; Dichte 5,5–5,6 g/cm³.

Chlorate [klo...; griech.], Salze der Chlorsäure (↑Chlorsauerstoffsäuren), allg. Formel Me^{I}ClO$_3$; leicht wasserlösl. Verbindungen, die als Oxidationsmittel für Sprengstoffe und Feuerwerkskörper verwendet werden, z. B. Bariumchlorat, Kaliumchlorat.

Chloration [klo...; griech.], älteres Laugeverfahren zur Goldgewinnung aus Erzen.

Chloratit [klo...; griech.] ↑Sprengstoffe.

Chlorcholinchlorid ['klo:r...] (2-Chloräthyl-trimethylammoniumchlorid), synthet. Pflanzenwachstumshemmstoff, der u. a. im Getreidebau die Standfestigkeit durch Kurzhaltung der Halme verbessert.

Chlordan [klo:r...; Kw.], als Insektizid verwendete aromat. Verbindung.

Chlorella [klo...; griech.], weltweit verbreitete Gatt. der Grünalgen mit etwa 10 Arten in Gewässern, feuchten Böden und als Symbionten in Flechten und niederen Tieren.

chloren ['klo:rən] ↑chlorieren.

Chlorhydrine ['klo:r...; griech.], Chlorverbindungen, die entstehen, wenn in mehrwertigen Alkoholen eine oder mehrere Hydroxidgruppen durch Chlor ersetzt werden; dienen als Lösungsmittel und für die Synthese vieler organ. Verbindungen.

Chloride [klo...; griech.], Verbindungen des Chlors mit Metallen und Nichtmetallen, z. B. Salze der Salzsäure. C. in der Natur treten C. in Form zahlr. Minerale (z. B. Steinsalz, NaCl, Sylvin, KCl) auf; in der organ. Chemie sind die C. wichtige Alkylierungsmittel.

chlorieren [klo...; griech.], in einer chem. Verbindung bestimmte Atome oder Atomgruppen durch Chloratome ersetzen.

◆ (chloren) mit Chlor[gas] behandeln und dadurch keimfrei machen, z. B. Trinkwasser.

Chlorite [klo...; griech.], meist unbeständige Salze der Chlorsäure(III), allg. Formel Me^{I}ClO$_2$; richtiger Nomenklaturname: Chlorate(III). C. dienen in saurer Lösung vielfach als Bleich- und Oxidationsmittel.

Chlorkalk ['klo:r...] (Bleichkalk), CaCl(OCl), ein ↑Hypochlorit; zum Bleichen, als Desinfektionsmittel und zum Sterilisieren von Trinkwasser verwendet; setzt leicht einatomiges, aggressives Chlor frei, das eine sehr starke oxidative (keimtötende) Reaktion zeigt.

Chlorkautschuk ['klo:r...], durch Chlorierung von Synthese- und Naturkautschuk gewonnenes Produkt; v. a. für Schutzanstriche verwendet.

Chlorknallgas ['klo:r...], aus gleichen Teilen Chlorgas und Wasserstoff bestehendes Gemisch; setzt sich bei Wärmezufuhr oder Lichteinstrahlung explosionsartig zu Chlorwasserstoff um: $H_2 + Cl_2 \rightarrow 2\ HCl$ ($\Delta H = -184{,}8$ kJ/Mol).

Chlorkohlenwasserstoffe ['klo:r...], aliphat. oder aromat. ↑Kohlenwasserstoffe, in denen ein oder mehrere H-Atome durch Cl-Atome ersetzt sind; z. T. hochtox. (Dioxine).

Chlorobakterien [klo...; griech.] (Grüne Schwefelbakterien, Chlorobiaceae), Fam. der Bakterien mit etwa 10 Arten, v. a. in sauerstofffreien, durch Faulprozesse schwefelwasserstoffhaltigen Süß- und Meeresgewässern.

Chloroform [klo...; Kw. aus *Chlor* und lat. acidum *formicicum* „Ameisensäure"] (Trichlormethan), CHCl$_3$, leicht flüchtige, nicht brennbare Flüssigkeit; Verwendung v. a. als Lösungsmittel, früher als Inhalationsanästhetikum.

Chlorom [klo...; griech.], seltene, meist bösartige, grünfarbene Geschwulst, die bes. im Knochenmark und in anderen blutbildenden Organen vorkommt.

Chlorophyll [klo...; zu griech. chlōrós „gelblichgrün" und phýllon „Blatt"] (Blattgrün), Bez. für eine Gruppe biolog. äußerst bedeutsamer Pigmente, die den typ. Pflanzenzellen ihre grüne Farbe verleihen und sie zur ↑Photosynthese befähigen; sie sind in den Chloroplasten in regelmäßig geschichteten Membranstapeln (Thylakoiden) gerichtet eingelagert. Der Grundbaustein eines C.moleküls ist das Pyrrol. Im C. vereinigen sich vier Pyrrolkerne über Methinbrücken (−CH=) zu einem ringförmigen Porphingerüst. Das Zentrum des Porphinrings von einem komplexgebundenen Magnesiumatom besetzt. Am dritten Pyrrolring setzt ein fünfgliedriger, isocyclischer Ring an, dessen Carboxylgruppe (−COOH) mit Methylalkohol (CH$_3$OH) verestert ist. Als Seitenketten sind vier Methyl- (−CH$_3$), eine Äthyl- (−C$_2$H$_5$) und eine Vinylgruppe (CH$_2$=CH−) sowie ein Propionsäurerest (−C$_2$H$_4$COOH) vorhanden. Der Propionsäurerest ist mit einem langkettigen Alkohol verestert. Typisch für alle assimilierenden Pflanzenzellen (mit Ausnahme der Zellen photosynthet. tätiger Bakterien) ist das blaugrüne *Chlorophyll a*. In allen Blütenpflanzen und in zahlr. Klassen der Kryptogamen (Grünalgen, Moose, Farne u. a.) wird es vom gelbgrünen *Chlorophyll b* begleitet, bei dem die Methylgruppe des zweiten Pyrrolrings durch eine Aldehydgruppe (−CHO) ersetzt ist. Bei verschiedenen Algenklassen treten an die Stelle des C. b die *Chlorophylle c, d* und *e*. Die Fähigkeit der C.moleküle zur Absorption sichtbaren Lichtes beruht wesentl. auf dem Vorhandensein der zahlr. konjugierten Doppelbindungen. Hauptsächl. wird rotes und blaues Licht absorbiert. *Biosynthese:* Das Porphingerüst als Grundbaustein nicht nur der C., sondern auch der Hämverbindungen und der Zytochrome, wird in pflanzl. und tier. Zellen nach dem gleichen Reaktionsmechanismus (aus dem Protoporphyrin) aufgebaut. Die Bausteine stammen aus dem ↑ Zitronensäurezyklus und aus einem Vorrat freier Aminosäuren. In den Chloroplasten finden sich neben den C. immer Begleitfarbstoffe wie ↑ Karotinoide und bei Blau- und Rotalgen ↑ Phykobiline. Zus. mit verschiedenen Karotinoiden bilden die C. die Pigmentsysteme I und II (↑ Photosynthese). Die Destillation eines Auszugs meist aus Brennesseln oder Gräsern mit heißem Weingeist oder Aceton (und etwas Kupfersulfatlösung) ergibt das *Roh-C.* und dessen Benzolauszug nach Destillation das *Rein-C.*, das mit Schweineschmalz oder Palmfett vermischt zu [medizin.] Salben verwendet wird. Durch Kochen des Alkoholauszugs mit Na_2CO_3 erhält man das wasser-, alkohol- und glycerinlösl. **Chlorophyllin** in Form eines blauschwarzen, glänzenden Pulvers. Als solches findet C. Anwendung als Medikament in Form von Dragees, Salbe oder Pulver gegen Geschwüre, Ekzeme, Abszesse, Furunkel sowie zur Wundheilung; außerdem wird es auch gegen allg. Schwächezustände, Blutunterdruck u. zur Stoffwechselsteigerung angewendet. Eine weitere Bed. hat C. als Färbemittel für Spirituosen, Fette, Seifen, Wachse und kosmet. Präparate. - Abb. S. 296.

Chloroplasten [klo...; griech.] ↑ Plastiden.

Chloropren [klo...; Kw.] (2-Chlor-1,3-butadien), $CH_2=CH-C(Cl)=CH_2$, ein Chlorkohlenwasserstoff, hergestellt aus Butadien durch Chlorieren; farblose, sehr reaktionsfähige, giftige Flüssigkeit; dient zur Herstellung von C.kautschuk.

Chloropsie [klo...; griech.], vergiftungsbedingtes „Grünsehen", z. B. bei ↑ Botulismus.

Chloroquin [klo...; griech./indian.], Chinolinderivat, wichtig als Medikament zur Behandlung und Vorbeugung gegen Malaria und Rheumatismus.

Chlorose [griech.], (Bleichsucht) ↑ Anämie.

◆ bei Pflanzen fehlende oder gehemmte Ausbildung des Blattgrüns; kann u. a. durch Eisenmangel, Staunässe und Lichtmangel bedingt sein.

Chlorpromazin ['klo:r...; Kw.], farbloses, bitter schmeckendes Derivat des Phenothiazins; als Antihistaminikum und Neuroleptikum verwendet.

Chlorsauerstoffsäuren ['klo:r...], durch Einleiten von Chloroxiden in Wasser entstehende Verbindungen. Man unterscheidet: hypochlorige Säure, nomenklaturgerechte Bez. *Chlorsäure(I)*, $HClO$, chlorige Säure, nomenklaturgerecht *Chlorsäure(III)*, $HClO_2$, Chlorsäure, nomenklaturgerecht *Chlorsäure(V)*, $HClO_3$, und Perchlorsäure, nomenklaturgerecht *Chlorsäure(VII)*, $HClO_4$.

Chlorsilber [klo:r], svw. ↑ Chlorargyrit.

Chlorwasserstoff ['klo:r...] (Salzsäuregas), HCl, farbloses, stechend riechendes, unbrennbares Gas; in Wasser ist C. sehr gut lösl., die entstehende Lösung heißt Salzsäure; C. dient als Chlorierungsmittel und als Ausgangsstoff für andere Chlorverbindungen.

Chlorwasserstoffsäure ['klo:r...], svw. ↑ Salzsäure.

Chlothar ['klo:tar], fränk. Könige aus dem Hause der Merowinger:

C. I., * um 500, † Compiègne 29. Nov. (Dez.?) 561. - Sohn Chlodwigs I., erhielt bei der Teilung 511 das altsal. Land im N (Hauptstadt: Soissons), dazu den S Aquitaniens, 524 Tours mit Poitiers; übernahm 555 das östl. Teilreich und 558 das Gesamtreich.

C. II., * 584, † Ende 629. - Sohn Chilperichs I., folgte diesem schon 584 unter der Regentschaft seiner Mutter Fredegunde. Das ihm 614 in Paris vom Adel abgezwungene „Edictum Chlotharii" festigte dessen Macht und die der Hausmeier; mußte 623 seinem Sohn Dagobert I. Austrien überlassen.

C. III., * 654, † 673. - Sohn Chlodwigs II., folgte diesem 657 in Neustrien unter der Regentschaft seiner Mutter; kurze Zeit auch König in Austrien, das er 662 seinem Bruder Childerich II. überlassen mußte.

Chlumecký, Johann Freiherr von [klu'mɛtski], * Zadar 23. März 1834, † Bad Aussee 11. Dez. 1924, östr. Politiker. - Führte seit 1870 im Reichsrat die „gemäßigten Linken" (Großgrundbesitzer); Min. für Ackerbau (1871–75) und Handel (1875–79), 1893–97 Präs. des Abg.hauses, seit 1897 Mgl. des Herrenhauses.

Chlysten ['xlʏstən; russ. „Geißler"], Mgl. einer auf den Bauern D. Filippow (Mitte 17. Jh.) zurückgehenden russ. Gemeinschaft, die sich selbst als „christy" (Christen) oder „boschji ljudi" (Gottesleute) bezeichnen; die Frömmigkeit der C. ist durch myst. und ekstat. Züge gekennzeichnet. Ob die Gemeinschaft heute noch besteht, ist nicht bekannt.

Chmelnizki (Chmielnizki), Sinowi Bogdan Michailowitsch [russ. xmilj'nitskij], * um 1595, † Tschigirin (Ukraine) 6. Aug. 1657, Hetman der Kosaken (seit 1648) und ukrain. Nationalheld. - Leitete, unterstützt von den Krimtataren, 1648 den ukrain. Kosakenaufstand gegen die poln. Magnaten; strebte für die Kosaken eine Autonomie in der Ukraine an und leistete deshalb 1654 den Eid auf den Moskauer Zaren Alexei Michailowitsch, der diesen Akt als Unterwerfung und „Wiedervereinigung der Ukraine mit Rußland" auslegte.

Chmelnizki [russ. xmilj'nitskij], sowjet. Gebietshauptstadt im W der Ukrain. SSR, 210 000 E. Maschinenbau, Beton-, Nahrungsmittel-, Schuhind.; Bahnknotenpunkt.

Chňoupek, Bohuslav [slowak. 'xnjo̯upɛk], * Preßburg 10. Aug. 1925, tschecho-

Chnum

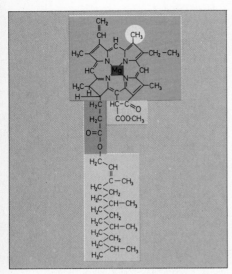

Chlorophyll. Porphyrinsystem (braunes Feld), Cyclopentanonring (hellbraun); das dunkelblaue Rechteck umgrenzt den Propionsäurerest, dessen Carboxylgruppe mit dem im hellblauen Rechteck abgebildeten Alkohol Phytol verestert ist

slowak. Politiker. - 1969/70 Generaldirektor des Tschechoslowak. Rundfunks; 1970/71 Botschafter in der Sowjetunion, seit 1971 Außenmin.; seit 1969 Mgl. des ZK der KPČ.

Chnum [xnu:m], ägypt. Gott in Gestalt eines Widders oder eines Menschen mit Widderkopf. Er wurde an vielen Orten Ägyptens verehrt als Gott, der auf der Töpferscheibe die Menschen formte.

Choanen [ço...; griech.], paarige innere Nasenöffnungen im Gaumen der vierfüßigen Wirbeltiere (einschließl. Mensch) ausgel Quastenflosser; verbinden die Nasenhöhlen mit der Mund- bzw. Rachenhöhle.

Chocano, José Santos [span. tʃoˈkano], * Lima 15. Mai 1867, † Santiago de Chile 13. Dez. 1934 (ermordet), peruan. Dichter. - Diplomat; entwickelte sich, beeinflußt von Whitman, zum Künder einer nationalbewußten lateinamerikan. Literatur.

Hauptwerke: Iras santas (Ged., 1895), La epopeya del Morro (Ged., 1899), Cantos del Pacífico (1904), Alma América (Ged., 1906).

Chocó [span. tʃoˈko], Dep. in W-Kolumbien, am Pazifik und Karib. Meer, 46 530 km², 254 000 E (1983). Hauptstadt Quibdó. Erstreckt sich vom Pazifik bis auf die Westkordillere.

Choctaw [engl. 'tʃɔktɔ:], volkreichster Stamm der westl. Muskogee, Mgl. der „Fünf Zivilisierten Nationen"; die meisten Großsiedlungen lagen in Z- und SO-Mississippi, USA.

Choden ['xo:dən], tschech. Bevölkerungsgruppe an der böhm. W-Grenze, im 11. und 12. Jh. als Wehrbauern angesiedelt.

Choderlos de Laclos, Pierre Ambroise François [frz. ʃɔdɛrlodlaˈklo] ↑Laclos, Pierre Ambroise François Choderlos de.

Chodowiecki, Daniel [kodoviˈɛtski, ço..., xo...], * Danzig 16. Okt. 1726, † Berlin 7. Febr. 1801, dt. Kupferstecher, Zeichner und Maler poln. Abkunft. - 1764 Mgl. der Akademie in Berlin, 1797 deren Direktor. Schuf über 2 000 [mit der kalten Nadel überarbeitete] Radierungen, vorwiegend Illustrationen zu Almanachen und Kalendern, auch zu literar. Werken, sowie etwa doppelt so viele Handzeichnungen; charakterist. sind kleinformatige Genreszenen.

Choiseul [engl. ʃwɑːˈzɔːl], eine der Salomoninseln, sö. von Bougainville, 2 538 km²; Nickelerzvorkommen.

Choiseul-Amboise, Étienne-François, Marquis von Stainville, Herzog von [frz. ʃwazœlãˈbwaːz], * Stainville (Meuse) 28. Juni 1719, † Paris 7. Mai 1785, frz. Staatsmann. - Günstling der Marquise de Pompadour; seit 1758 Min. des Auswärtigen, 1761–66 Kriegsmin., beherrschte seit 1770 die frz. Außenpolitik; verbesserte das Heer, schuf eine neue frz. Flotte, pflegte die frz.-östr. Freundschaft; setzte 1762 das Verbot des Jesuitenordens in Frankr. durch und bewirkte 1768 den Ankauf von Korsika; 1770 von der Gräfin Dubarry gestürzt.

Choke [engl. tʃoʊk; zu to choke „würgen"] (Starterklappe), im Lufteintrittsrohr des Vergasers sitzende Klappe, bei deren Betätigung der Luftzutritt in den Vergaser gedrosselt wird, so daß eine Verfettung (Anreicherung mit Kraftstoff) des Kraftstoff-Luft-Gemischs eintritt und der kalte Motor leichter anspringt.

Chol [tʃɔl], Indianerstamm der Maya-Sprachgruppe, leben in den trop. Wäldern des mex. Staates Chiapas.

chol..., Chol... ↑chole..., Chole...

Cholagoga [ço...; griech.], zusammenfassende Bez. für die Gallenblasenentleerung (**Cholekinetika**) und die Gallenabsonderung in der Leber (**Choleretika**) fördernde Mittel.

Cholämie [ço...; griech.], Übertritt von Gallebestandteilen ins Blut, u. a. bei Verschluß der ableitenden Gallenwege. Symptome sind u. a. Gelbfärbung des Blutserums, später Gelbsucht.

Cholangitis [ço...; griech.] ↑Gallenblasenentzündung.

chole..., Chole... (selten: cholo..., Cholo...; vor Vokalen: chol..., Chol...) [griech.], Bestimmungswort von Zusammensetzungen mit der Bed. „Galle...", Gallenflüssigkeit...".

Choledochus [çole'dɔxɔs, griech.] (Ductus choledochus), Gallengang; entsteht durch Vereinigung des Gallenblasengangs mit dem Ausführungsgang der Leber; mündet in den Zwölffingerdarm.

Choleinsäuren [ço...; griech./dt.] ↑Gallensäuren.

Cholekinetika [ço...; griech.] ↑Cholagoga.

Cholelith [ço...; griech.], svw. ↑Gallenstein.

Cholelithiasis [ço...; griech.], svw. ↑Gallensteinleiden.

Cholera ['ko:...; griech., zu cholḗ „Galle"] (C. asiatica, C. epidemica), in Asien (v. a. in Indien) epidem. und endem. auftretende, schwere, akute Infektionskrankheit mit Erbrechen, heftigen Durchfällen und raschem Kräfteverfall. Erreger ist der kommaförmige Bazillus *Vibrio cholerae*, der sich hauptsächl. im Darm der Erkrankten vermehrt und mit dem Stuhl ausgeschieden wird. Gelangen die Erreger bei unzureichenden hygien. Verhältnissen ins Trinkwasser, so kann es zu Masseninfektionen kommen; außer mit dem Trinkwasser kann der Erreger auch durch Kontaktinfektion und mit Nahrungsmitteln übertragen werden. Nach einer Inkubationszeit von 1–4 Tagen setzt die Krankheit plötzl. mit Erbrechen und heftigen, reiswasserähnl. Durchfällen ein. Die großen Flüssigkeitsverluste führen innerhalb kurzer Zeit zum spitzen, verfallen aussehenden C.gesicht, zu Kollaps mit Blauverfärbung und Erkalten der Gliedmaßen, zu allg. Untertemperatur, verminderter Harnausscheidung, Anurie und raschem Kräfteverfall. Unbehandelt fallen bis zu 70 % der Erkrankten dem ersten C.anfall zum Opfer. Normalerweise klingt die Erkrankung nach 2–3 Tagen ab, ohne allerdings eine bleibende Immunität zu hinterlassen, oder es kommt zu fiebrigen Rückfällen mit typhusähnl. Darmerkrankung. Die Behandlung der C. besteht in möglichst rascher, reichl. Flüssigkeitszufuhr, am wirksamsten in Form intravenöser Infusionen steriler Salzlösungen, und in der Applikation von Breitbandantibiotika. Zur Vorbeugung der C. werden Impfungen mit abgetöteten Erregern durchgeführt. In der BR Deutschland ist die C. nach dem BundesseuchenG meldepflichtig. **Geschichte:** Im 19. Jh. wurden weite Gebiete von mehreren, ein bis zwei Jahrzehnte dauernden C.pandemien heimgesucht. 1892 starben bei einer Epidemie in Hamburg etwa 8 000 Menschen innerhalb von sechs Wochen. Der Erreger der C. wurde 1883 von Robert Koch isoliert.

Choleretika [ço...; griech.] ↑Cholagoga.

Choleriker [ko...; griech.], unter den hippokrat. Temperamentstypen der zu starken Affekten neigende, in seinen Gefühlen wechselhafte Mensch.

Cholesteatom [ço...; griech.] (Perlgeschwulst), zu den ↑Teratomen zählende, gutartige Geschwulst, die von den Schließungsrändern der Schädelknochen zw. Spinngewebehaut und harter Hirnhaut in den Schädelraum wächst (**echtes Cholesteatom**); stammt aus embryonal versprengter Haut und enthält Hornschuppen und Cholesterin. - Das **falsche Cholesteatom** ist eine bes. Art der chron. Mittelohrknocheneiterung mit Plattenepithelwucherungen im Knochen und fortschreitender Knochenzerstörung.

Cholesterin [ço...; zu griech. cholḗ „Galle" und stereós „fest, hart"], wichtigstes, in allen tier. Geweben vorkommendes Sterin. C. kann in allen Geweben gebildet werden, jedoch entstehen im menschl. Körper etwa 92 % in Leber und Darmtrakt. Die Bildung von C. in der Leber ist durch von außen zugeführtes C. hemmbar, in den übrigen Organen nicht. Im Blut liegt C. zu etwa 65 % mit Fettsäuren verestert vor; die Gesamtmenge ist hier abhängig von Alter und Geschlecht sowie Körpergewicht; sie steigt von etwa 200 mg pro 100 ml im Alter von 20 Jahren auf 250–290 mg mit 60 Jahren an. Ein zu hoher C.spiegel im Blut fördert die Entstehung von Arterienverkalkung, bei der C.ester auf den Gefäßwänden abgelagert werden, die später verkalken. C.reiche Nahrungsmittel sind Lebertran, Butter und fettes Fleisch. Eine Verringerung des C.spiegels wird durch eine Ernährung mit hochungesättigten pflanzl. Fetten erreicht. Abbau und Ausscheidung des C. finden in der Leber statt. Das mengenmäßig wichtigste Abbauprodukt sind die Gallensäuren. Ein weiteres Abbauprodukt wird in die Haut transportiert und geht dort bei Sonnenbestrahlung in das Vitamin D_3 über. Etwa $\frac{1}{4}$ des tägl. gebildeten C. wird v. a. in der Nebennierenrinde und den Keimdrüsen zu Steroidhormonen umgebaut.

Cholezystektomie [ço...; griech.], das operative Entfernen der Gallenblase.

Cholezystitis [ço...; griech.], svw. ↑Gallenblasenentzündung.

Cholezystographie [ço...; griech.], röntgenolog. Darstellung der Gallenblase nach Einnahme oder Einspritzung jodhaltiger Kontrastmittel; dient v. a. der Feststellung von Gallensteinen, entzündl. Herden und Geschwülsten der Gallenblase und Gallengänge; ist auch zur Leber- und Gallenblasenfunktionsprüfung geeignet.

Choliambus [ço...; griech. „Hinkjambus"], antikes Versmaß; jamb. ↑Trimeter, dessen letzter Halbfuß durch einen Trochäus ersetzt ist: ‿ ‑ ‿ ‑ | ‿ ‑ ‿ ‑ | ‿ ‑ ‿ ‿.

Cholin [ço...; griech.] (Trimethyl-hydroxyäthylammoniumhydroxid), in der Natur, meist als Bestandteil des ↑Lezithins, weit verbreitete organ. Base von großer physiolog. Bedeutung. C. wird als Mittel bei Leberschäden verwendet; zudem wirkt es auf die Tätigkeit der glatten Muskulatur (Blutgefäße, Darm, Uterus). Überragende Bed. hat der Essigsäureester des C., das ↑Acetylcholin.

Cholinesterase [ço...; griech.] ↑Acetylcholin.

Cholm [xɔlm], Stadt in Polen, ↑Chełm.

cholo..., Cholo... ↑chole..., Chole...

Cholos ['tʃoːloːs; span.], Mischlinge aus Indianern und Mestizen in Südamerika.

Cholsäure ['çoːl...] ↑Gallensäuren.

Choltitz, Dietrich von ['kɔl...], *Schloß Wiese bei Neustadt O. S. 9. Nov. 1894, † Baden-Baden 4. Nov. 1966, dt. General. - Lehnte als Wehrmachtsbefehlshaber von Paris 1944 die Durchführung von Hitlers Befehl ab, ohne Rücksicht auf Wohnviertel und Kunstdenkmäler alle Brücken und wichtigen Einrichtungen zu zerstören und übergab die Stadt kampflos.

Cholula de Rivadabia [span. tʃo'lula-ðɛrriβa'ðaβja], mex. Stadt im Staat Puebla, im zentralen Hochland, 2150 m ü. d. M., 15 000 E. Marktort eines Agrargebietes; Textilind. - Um 800 n. Chr. von einer Gruppe von Mixteken, Azteken u. a. erobert, wurde Hauptort eines Reiches; der Tempel der Hauptpyramide (größte Pyramide der Welt: 160 000 m² Grundfläche, 62 m Höhe), dem Quetzalcoatl geweiht, war bed. Kultzentrum des vorspan. Mexiko; Mitte 15. Jh. von den Azteken erobert; wichtiger Handelsplatz und berühmtes Töpferzentrum der aztek. Reiches; 1519 durch die Spanier weitgehend zerstört; nach Wiederaufbau 1537 Stadtrecht; Wallfahrtsort.

Chomaini, Ruhollah [pers. xomej'niː] (Chomeini, Khomeini), *Chomain 1902 (?), iran. Schiitenführer (Ajatollah) und Politiker. - C. studierte an der islam. Hochschule in Ghom und war dann als Lehrer tätig. Als Schah Mohammad Resa Pahlawi die „Weiße Revolution" ausrief und dabei den Landbesitz der Mollas beschnitt, trat C. erstmals als Agitator erfolgreich hervor (1963). Im erzwungenen Exil in An Nadschaf (Irak) verstand er es, die Gegner des Schahs um sich zu sammeln. Aus Irak auf Druck des Schahs ausgewiesen, ließ er sich im Okt. 1978 in der Nähe von Paris nieder. In der durch blutige Unruhen gekennzeichneten innenpolit. Situation in Iran wurde C., obwohl persönl. abwesend, zur beherrschenden Figur der Opposition gegen den Schah. Nachdem Schah Mohammad Resa Pahlawi im Jan. 1979 Iran verlassen hatte, kehrte C. am 1. Febr. 1979 nach Teheran zurück und setzte die letzte vom Schah ernannte Reg. ab. Ohne ein offizielles polit. Amt zu bekleiden, steht er an der Spitze der durch Volksabstimmung errichteten Islam. Republik Iran.

Chomjakow, Alexei Stepanowitsch [russ. xɛmɪ'kɔf], *Moskau 13. Mai 1804, † Iwanowskoje (Gebiet Lipezk) 5. Okt. 1860,

russ. Schriftsteller. - Bed. Theoretiker der Slawophilen; beeinflußt durch Schelling, schätzte Hegel; Verf. religiöser und polit.-nat. Lyrik und Dramen.

Chomsky, Noam [engl. 'tʃɔmskɪ], *Philadelphia 7. Dez. 1928, amerikan. Sprachwissenschaftler. - Seit 1955 Prof. für Linguistik am Massachusetts Institute of Technology. Schüler des amerikan. Strukturalisten Z. S. Harris; Begründer der generativen Transformationsgrammatik (↑generative Grammatik). Seine Theorie stellte er zuerst in den „Syntactic structures" (1957) dar und entwickelte sie in dem Werk „Aspekte der Syntax-Theorie" (1965) weiter.

chondr..., Chondr... ↑chondro..., Chondro...

Chondriosomen [çɔn...; griech.], svw. ↑Mitochondrien.

Chondriten (Chondrites) [çɔn...; griech.], vom Kambrium bis zum Tertiär vorkommende Abdrücke in Gesteinen; man vermutet, daß es sich um Freß- und Wohnbauten mariner Würmer handelt.

Chondriten [çɔn...; griech.], häufigste Art von Steinmeteoriten (Anteil 82 %) aus 0,1 bis 5 mm großen kugeligen Silicataggregaten (Chondren) von Hypersthen, Enstatit, Bronzit, Pigeonit, Olivin und Serpentin in Nickeleisen.

Chondritis [çɔn...; griech.], Entzündung des Knorpelgewebes.

chondro..., Chondro... (selten auch chondri..., Chondri...; vor Vokalen meist chondr..., Chondr...) [griech.], Bestimmungswort von Zusammensetzungen mit der Bed. „Knorpel..., Knorpelgewebe...".

Chondrodermatitis [çɔn...], Ausbildung linsengroßer, weißgelber, sehr druck- und kälteempfindl. Knötchen am oberen Rand der Ohrmuschel; wahrscheinl. verursacht durch Verletzungen oder Erfrierungen mit nachfolgender entzündl. Degeneration der Knorpelhaut; kommt fast nur bei Männern vor.

Chondrodystrophie [çɔn...] (Chondrodysplasie), erbbedingte Knorpelbildungsstörung bei Tier und Mensch, die schon während der Embryonalentwicklung einsetzt und zu einer vorzeitigen Beendigung der Knochenbildung führt. Die Folge ist eine Verkürzung der Röhrenknochen, wodurch es zu einem unproportionierten Zwergwuchs mit stark verkürzten Armen und Beinen, engem Becken und abgeplatteter Nase bei sonst normal gewachsenem Rumpf und Schädel kommt. Sog. chondrodystrophe Rassen sind die Dackel, Anconschaf und Telemarkrind.

Chondroitinschwefelsäure [çɔndroi...; griech./dt.], aus Glucuronsäure, Chondrosamin und Schwefelsäure bestehendes ↑Mukopolysaccharid; Hauptbestandteil der menschl. und tier. Binde- und Stützgewebe (Knorpel, Knochen).

Chondrom [çɔn...; griech.], gutartige Geschwulst des Knorpelgewebes, v. a. an Fingern und Zehen.

Chondros ['çɔn...; griech.], svw. ↑ Knorpel.

Chondrosarkom, vom Knorpelgewebe ausgehende bösartige Geschwulst, am häufigsten im Bereich der Gelenkenden der Röhrenknochen.

Choniates, Michael [çɔ...] (der Name **Akominatos** ist griech. nicht belegt), * Chonai um 1138, † Muntinitsa um 1222, griech. Theologe und Schriftsteller. - Seit 1182 Metropolit von Athen, 1204 vertrieben, seit 1217 in Muntinitsa nahe den Thermopylen; hinterließ v. a. Predigten, hagiograph. Arbeiten und Briefe.

Chonos, Archipiélago de los [span. artʃiˈpjelaɣo ðe los ˈtʃonos], chilen. Inselgruppe vor der S-Küste Chiles, besteht aus über 1 000 meist unbewohnten Inseln und Klippen.

Chons [xɔns; ägypt. „Wanderer"], ägypt. Gott des Mondes; menschengestaltig, mit Sonnenscheibe und Mondsichel auf dem Kopf dargestellt.

Chopin, Fryderyk (Frédéric) [frz. ʃɔˈpɛ̃], * Żelazowa-Wola bei Warschau 22. Febr. 1810 (laut Taufurkunde; nach eigenen Angaben am 1. März 1810), † Paris 17. Okt. 1849, poln. Komponist und Pianist. - Sohn des in Warschau tätigen frz. Sprachlehrers Nicolas C. (* 1771, † 1844) und einer Polin. Trat bereits achtjährig in Konzerten auf. 1831 ließ er sich in Paris nieder, wo er Aufnahme in die Kreise der das Kunstleben beherrschenden Musiker (Liszt, Berlioz, Meyerbeer) sowie Literaten (Heine, Balzac) und durch sie Zugang zu den aristokrat. Salons fand. C. war als Pianist und Komponist ebenso geschätzt wie als Lehrer. Liszt vermittelte C. Verbindung mit der Dichterin George Sand, die ihn im Winter 1838 nach Mallorca begleitete, wo er Heilung einer aufgebrochenen Lungentuberkulose suchte. Von einer Konzertreise nach London und Schottland kehrte er 1848 todkrank zurück.

Seine Kompositionen sind wesentl. von seiner Herkunft geprägt und verbinden geistvolle Intellektualität mit stark gefühlsbetonter Ausdruckskraft. Die Mannigfaltigkeit harmon. Klangfarben ermöglicht vorher nicht gekannte Modulationen und jähe Umschwünge der Stimmung. C. romant.-poet. Klavierkunst hat die Klaviermusik bis ins 20. Jh. beeinflußt.

Werke: Für Klavier und Orchester: Klavierkonzerte e-Moll op. 11 (1830) und f-Moll op. 21 (1829); Große Fantasie über poln. Weisen op. 12 (1828); Konzertrondo „Krakowiak" op. 14 (1828); Große Polonaise Es-Dur op. 22 (1831/32). - Klaviertrio op. 8 (1828/29) und Stücke (u. a. Sonate op. 65) für Violoncello und Klavier. - Für Klavier: 16 Polonaisen, 60 Mazurken, 22 Walzer, 3 Sonaten (c-Moll op. 4, 1827; b-Moll op. 35, 1839; h-Moll op.

58, 1844), 20 Nocturnes, 27 Etüden, 4 Balladen, 25 Préludes, 4 Impromptus, 4 Scherzi, Variationen, Fantasien und weitere Einzelstücke.

Chopper [engl. 'tʃɔpə], (Chopping tool) Hauer bzw. Hauwerkzeug, aus einer Geröllknolle oder einem Steinbrocken geschlagen; gehören zu den frühesten menschl. Werkzeugen; als C.-(Chopping-tool-)Kreis werden die altpaläolith. Fundgruppen O-Asiens von der Faustkeilkultur abgegrenzt.

◆ (Zerhacker) mechan. oder elektron. Vorrichtung zum „Zerhacken" eines Teilchenstrahles oder einer Gleichspannung in einzelne Impulse.

◆ svw. ↑ Easy-rider.

Chor [koːr; griech.], urspr. der [kult.] Tanzplatz, dann auch der mit Gesang verbundene Tanz und die ausführende Personengruppe *(Theater)*. - Der altgriech. C. bestand aus einem C.führer und den maskierten Chorsängern (**Choreuten**). Älteste Form einer chor. Aufführung war der Vortrag durch den Chorführer, unterbrochen durch die refrainartigen Rufe des C. Bei Aischylos noch nicht fest in Handlung integriert, steht der C. bei Sophokles außerhalb des dramat. Geschehens und hat nur noch deutend-betrachtende und allenfalls mahnende, warnende und bemitleidende Funktion, bei Euripides sind die Lieder des C. zu lyr. Intermezzi geworden. Im geistl. Spiel des MA ist der C. Bestandteil des festl. liturg. Rahmens. Die Chöre im Drama des 16. Jh. (↑ Humanistendrama) dienen, nach dem Vorbild der Tragödien des Seneca, nach Aktgliederung.

◆ in der *Musik* die Gemeinschaft von Sängern im gemeinsamen Vortrag einer Komposition bei mehrfacher Besetzung der Einzelstimme, in der einstimmigen Musik (z. B. im Gregorian. Gesang) ebenso wie in der Mehrstimmigkeit. Von der Sängergruppe wurde die Bez. auch auf die für sie bestimmte Komposition übertragen. Eine Differenzierung der Chöre erfolgt durch die Nennung der beteiligten Gruppen (Männer-, Knaben-, Frauen-, Mädchen-C., z. B. aus Sopran und Alt der Frauen- sowie Tenor und Baß der Männerstimmen), der Stimmenzahl (z. B. vierstimmiger C.), oder im Blick auf ihre Bestimmung als Kirchen-, Kammer-, Opernchor.

◆ in der *kirchl. Baukunst* der für die Sänger (den C.) bestimmte Ort in der Kirche. In der altchristl. Basilika war C. der Platz vor dem Altar (z. T. durch niedrige Schranken, sog. Cancelli abgegrenzt); dieser Platz wurde in größeren Bauten durch das Querhaus erweitert. Im frühen MA wurde nördl. der Alpen der C. bzw. die Vierung vom Schiff durch C.schranken abgetrennt und durch Stufen vom erhöhten Altarraum (der seinerseits erweitert wurde und die Apsis immer weiter nach O schob) getrennt. Der C. konnte ins Langhaus verlängert werden. Er war für

Choral

die gemeinsam gesungene Liturgie und das Chorgebet des Mönchsklerus oder des Domkapitels bestimmt. Da die Errichtung von Nebenaltären ebenfalls C.räume erforderl. machte, entstanden Chorkapellen, die beiderseits des Hauptaltarraumes und diesen umgebend angeordnet wurden. Etwa seit der Mitte des 14. Jh. wurde der C. aus der Vierung verlegt und jenseits des Querhauses mit dem Altarraum zu einem Raum vereinigt (immer aber durch einige Stufen vom Altar getrennt), der fortan als C. bezeichnet wurde (seitdem auch die Bez. ↑ Chorumgang). - **Doppelchörige Anlagen** (Kirchenbauten mit zwei gegenüberliegenden Chören) wurden v. a. wegen des Kults eines Nebenpatrons, einer wichtigen Grablage oder einer angeschlossenen Kongregation gebaut.

Choral [ko...; zu mittellat. (cantus) choralis „Chorgesang“], seit dem Spät-MA gebrauchte Bez. für den ↑ Gregorianischen Gesang.

◆ seit dem Ende des 16. Jh. verwendete Bez. für das volkssprachige ev. ↑ Kirchenlied.

Choralbearbeitung [ko...], Bez. für alle Formen vokaler oder instrumentaler Bearbeitung einer Choralmelodie, sowohl aus dem Bereich des kath. liturg. Gesangs als auch aus dem des ev. Kirchenliedes.

Choralnotation [ko...], die zur Aufzeichnung der Melodien des Gregorian. Gesangs aus den ↑ Neumen entwickelte Notenschrift, mit der auf Linien der Melodieverlauf und die Notenverteilung auf die Textsilben fixiert werden. Es gibt zwei Formen: die *Quadratnotation* (röm. C.), die an der quadrat.

Form der Noten erkennbar ist, und die got. oder dt. C. (auch *Hufnagelnotation*), die in Parallele zur got. Schrift rautenförmige Noten ausbildet.

Chorasan [xo...], Gebiet, das den NO Irans umfaßt, als Verw.-Geb. 314 282 km², 3,3 Mill. E (1976). Hauptstadt Meschhed; wird im N von Ketten des Gebirgsbogens zw. Elbursgebirge und Paropamisus durchzogen, hat im W Anteil an den großen inneriran. Wüsten, die nach O in ein arides Hochland (2 000–2 700 m ü. d. M.) übergehen. Die Bev. konzentriert sich in den fruchtbaren Tälern im N sowie in Gebirgsfußoasen. Der N ist Durchgangsland nach Afghanistan (Fernstraße Teheran–Herat–Kabul). - Größtenteils mit dem antiken Baktrien ident., bildete nach der Eroberung durch die muslim. Araber 651 eine Prov. des Kalifenreichs; kam in den folgenden Jh. unter die Herrschaft der Abbasiden, Tahiriden, Samaniden, Ghasnewiden und Seldschuken; 1220 Invasion der Mongolen; seit 1598 endgültig in pers. Hand. Im 19. Jh. gingen der N und O von C. verloren; 1863 kam Herat an Afghanistan. 1884 mußte Merw (heute Mary) an Rußland abgetreten werden. Während des Bürgerkriegs 1911–14 in Persien war der N zeitweilig russ. besetzt.

Chorasan [xo...] (Chorassan) ↑ Orientteppiche (Übersicht).

Chorda dorsalis [ˈkɔrda; griech./lat.] (Rückensaite, Achsenstab, Notochord), elast., unsegmentierter Stab, der den Körper der ↑ Chordatiere als Stützorgan vom Kopf bis zum Schwanzende (außer bei Manteltieren) durchzieht; besteht aus blasigen, durch hohen Innendruck stark aneinandergepreßt liegenden Zellen (**Chordazellen**). Embryonal stets

Chor: Grundriß von Saint Rémy in Reims (1005 begonnen); der Chor ist im Querschiff durch acht Chorkapellen gegen Osten erweitert; oben links); Grundriß von Querhaus und Chor der Kathedrale von Reims (1211 begonnen) mit einem Chorumgang (hellgrau) und dahinterliegendem Kapellenkranz (links); Grundriß einer doppelchörigen Anlage (Sankt Michael in Hildesheim; 1033 geweiht)

angelegt, wird die C. d. bei den erwachsenen, höher entwickelten Chordatieren mehr und mehr reduziert und durch die ↑Wirbelsäule ersetzt.

Chordatiere ['kɔrda] (Chordaten, Chordata), Stamm bilateral-symmetr. ↑Deuterostomier, die zeitlebens oder nur in frühen Entwicklungsstadien eine ↑Chorda dorsalis als Stützorgan besitzen (stets mit darüberliegendem Rückenmark als Nervenzentrum). Die C. umfassen drei Unterstämme: ↑Schädellose, ↑Manteltiere und ↑Wirbeltiere.

Chordienst [ko:r], der tägl. gemeinsame Gottesdienst, zu dem die Mgl. eines Stifts, Mönche und Chorherren, verpflichtet sind.

Chorditis [kɔr...; griech.], svw. ↑Stimmbandentzündung; **Chorditis nodosa**, svw. ↑Sängerknötchen.

Chordophone [kɔr...; griech.], Musikinstrumente, die zur Klangerzeugung Schwingungen gespannter Saiten verwenden, z. B. Violine, Gitarre, Klavier.

Chordotomie [kɔr...; griech.], operative Durchtrennung der die Schmerz- und Temperaturempfindung leitenden Vorderseitenstrangbahnen des Rückenmarks bei schweren, anhaltenden Schmerzzuständen im Bereich der unteren Extremitäten, z. B. bei inoperablen bösartigen Geschwülsten.

Chordotonalorgane [kɔr...; griech.], trommelfellose Sinnesorgane der Insekten, die saitenartig zw. zwei gegeneinander bewegl. Teilen des Chitinskeletts ausgespannt sind. Die C. registrieren Lageveränderungen der Körperteile (und damit auch Erschütterungen) und kommen daher v. a. in den Fühlern (sog. *Johnston-Organ*), Beinen, Flügeln, Mundgliedmaßen und den Rumpfsegmenten vor. - Ggs. ↑Tympanalorgane.

Chorea [ko...; griech.], ma. Bez. für Tanzlied, Reigen.
◆ svw. ↑Veitstanz.

Chorege [ço..., ko...; griech. „Chorführer"], im antiken Griechenland reicher Bürger, der die [hohen] Kosten für die Unterhaltung eines Chores trug, oft auch die künstler. Leitung der chor. Aufführung übernahm. Beim Sieg im Wettkampf wurden ihm - wie dem Dichter - Denkmäler gesetzt (**choregische Monumente**).

Choreograph [ko...; griech.], [ehem.] Tänzer, der sich mit der künstler. Gestaltung und Einstudierung von Tänzen und Tanzwerken befaßt. Bekannte C.: M. I. Petipa, M. Fokin, G. Balanchine, J. Robbins, G. Kelly, R. Petit, J. Cranko, M. Béjart; bekannte Choreographinnen: T. Gsovsky, B. Nijinka, N. de Valois, M. Wigman.

Choreographie [ko...; griech.], Tanzschrift aus Buchstaben oder eigens entwickelten Zeichen, mit denen Stellung, Haltung und Bewegungsabläufe für die Tänzer fixiert werden.

Choresmien [xo...] (arab. Chwarism), Stammesgebiet der ostiran. Choresmier, südl. des Aralsees um das heutige Chiwa am Unterlauf des Amu-Darja (Oxus). Im Altertum war der König von C. Vasall der Perserkönige; im 2. Jh. n. Chr. selbständig, aber bald abhängig von den türk. Hephthaliten. 712 durch muslim. Araber erobert, 998 durch Mahmud von Ghazni und 1043 von den Seldschuken, von denen sich 1100 der Chwarism-Schah selbständig machte. Seine Nachfolger brachten fast ganz Iran unter ihre Herrschaft, wurden aber 1220 von den Mongolen vernichtend geschlagen. C., 1379 von Timur-Leng verwüstet und 1388 wieder aufgebaut, kam 1484 kurze Zeit an Persien; bildete dann das usbek. Khanat Chiwa.

Choresmisch [xo...] ↑Chwaresmisch.

Choreuten [ço...; griech.] ↑Chor.

Chorgestühl ['ko:r...], im 13. Jh. entwickelte Form gestufter Sitzreihen an beiden Längsseiten des Chores für die Geistlichkeit (Domkapitel oder Mönche); hinterer Abschluß meist durch eine hohe Rückwand *(Dorsale)*. Die Chorstühle *(Stallen)* sind meist Klappsitze mit Armlehnen, vielfach durch Trennwände abgeteilt. Unter den Sitzen befinden sich Gesäßstützen *(Miserikordien)*. C. sind oft mit Schnitzereien verziert.

Chorherren ['ko:r...] (Canonici Regulares, Abk. CanR[eg], dt. Kanoniker), Ordensleute, die nicht nach einer Mönchsregel, sondern nach den Richtlinien *(Canones)* für Kleriker leben. Sie entstanden im Gefolge der ma. Kirchenreform (Gregorian. Reform). Wichtigste Aufgabe ist der gemeinsame Chordienst neben Seelsorge, Unterricht, Wiss. Unter den C. fanden die Augustiner-C. (Abk. CanA[ug]) die weiteste Verbreitung.

Chorin [ko...], Gemeinde in der Uckermark, Bez. Frankfurt, DDR, 720 E. - Ehem. Zisterzienserkloster (gegr. 1258, seit 1272 in C.) mit frühgot. Backsteinbasilika. Teile des Klostergebäude erhalten.

Chorioidea [ko...; griech.], svw. Aderhaut (↑Auge).

Chorioiditis [korio-i...; griech.], svw. ↑Aderhautentzündung.

Chorion ['ko:...; griech.], äußere Embryonalhülle der Amnioten (↑Serosa).

Chorionepitheliom ['ko:...], svw. ↑Zottenkrebs.

Choripetalae [ço...; griech.], zweikeimblättrige Pflanzen mit freiblättriger Blumenkrone (Blütenblätter untereinander nicht verwachsen, z. B. Gänsefußgewächse, Rosengewächse).

Chorismos [ço...; griech. „Trennung"], ein v. a. von neukantian. Philosophiehistorikern (P. Natorp, E. Cassirer, E. Hoffmann) verwendeter Begriff zur Kennzeichnung des Verhältnisses der Ideen zu den Einzeldingen in der Philosophie Platons.

C-Horizont, unentmischter Rohboden, ↑Bodenkunde.

Chorjambus [ço...; griech.], antiker Versfuß der Form $-\cup\cup-$, gedeutet als Zusammensetzung aus einem Choreus (= Trochäus: $-\cup$) und einem Jambus ($\cup-$).

Chorknaben ['ko:r...] ↑Ministranten.

Chorlied ['ko:r...], i. e. S. Kultlied der Antike (↑Chor); kunstmäßige Ausbildung im 7. Jh.; Höhepunkt im 5. Jh. v. Chr. (Simonides, Bakchylides, Pindar).

Chorog [russ. xa'rɔk], Hauptstadt des Autonomen Gebietes Bergbadachschan innerhalb der Tadschik. SSR, im sw. Pamir, 2200 m ü. d. M., 12300 E. - Botan. Garten; Nahrungsmittelindustrie; ☒.

Chorologie [ço...; griech.], svw. ↑Arealkunde.

Choromański, Michal [poln. xɔrɔ'majski], *Jelisawetgrad (= Korowograd) 22. Juni 1904, †Warschau 24. Mai 1972, poln. Schriftsteller. - Lebte in seiner Jugend in Rußland, 1939–58 v. a. in Kanada. Realist. Romane mit strukturellen Neuerungen; bed. v. a. „Die Eifersüchtigen" (1932).

Chorramabad [pers. xorræmɑ'bɑːd], iran. Stadt im nördl. Sagrosgebirge, 1310 m ü. d. M., 105000 E. Hauptstadt des Verw.-Geb. Lorestan; Handelszentrum, ☒.

Chorramschahr [pers. xorræm'ʃæhr], Hafenstadt in SW-Iran, an der Mündung des Karun in den Schatt Al Arab, 147000 E. Endpunkt der transiran. Eisenbahn, Sitz vieler ausländ. Import- und Exportfirmen, von Banken und Konsulaten.

Chorsabad [xor...], Ort im N-Irak, 20 km nö. von Mosul bei den Ruinen der assyr. Stadt Dur-Scharrukin („Sargons-Burg"), die der assyr. König Sargon II. 713–708 erbaute. Die Stadt, von einer Mauer mit 183 vorspringenden Türmen und 7 Toren umgeben, hatte fast quadrat. Grundriß (etwa 3 km²). An ihrem NW-Rand lag erhöht die Zitadelle, in ihr der Nabutempel und der Königspalast. Wandreliefs und Torstatuen, bed. Werke der assyr. Kunst, befinden sich heute überwiegend in Paris, London, Bagdad und Chicago.

Chorschranken ['ko:r...], die den Chor einer Kirche abschließenden Schranken aus Stein, meist schon im MA entfernt; u. a. im Bamberger Dom erhalten (um 1225).

Chorschwestern ['ko:r...], diejenigen Nonnen, die in Klöstern Chordienst versehen, im Ggs. zu den Laienschwestern.

Chorumgang ['ko:r...] (lat. Deambulatorium), Weiterführung der Seitenschiffe einer Kirche um den Chor (Altarraum und Chor im engeren Sinn), oft mit strahlenförmig angeordneten Kapellen; zum Hauptaltar durch Bogenstellungen geöffnet.

Chorus ['ko:rʊs; griech.], im *Jazz* Bez. für das einer Komposition zugrundeliegende Form- und Akkordschema, das zugleich die Basis für die Improvisation bildet.

Chosrau [pers. xos'roʊ], Name pers. Könige:

C. **I. Anoscharwan**; mittelpers. Anoschagruwan [„mit der unsterbl. Seele"] (Chosroes), † im Febr. 579, König (seit 531) aus der Dyn. der Sassaniden. - Führte nach der Revolution des Masdak Staatsreformen durch und bekämpfte das Oström. Reich unter Justinian I.

C. **II. Aparwes** [„der Siegreiche"] (Chosroes), † 628, pers. König (seit 590) aus der Dyn. der Sassaniden. - Enkel von C. I.; eroberte 608 Teile Kleinasiens, 614 Palästinas, 619 N-Ägyptens; 627 von Herakleios bei Ninive besiegt; durch seinen Sohn ermordet; Held pers. Sagen und Dichtungen.

Chosrau Pascha [xɔs...] ↑Chusrau Pascha.

Chosrew Pascha [xɔs...] ↑Chusrau Pascha.

Chosroes ['çɔsro-ɛs], Name von Perserkönigen, ↑Chosrau.

Chota Nagpur Plateau [engl. 'tʃoʊtaː 'nɑːɡpʊə 'plætoʊ], Bergland in Indien, nö. Ausläufer des Hochlands von Dekhan, durch das Damodarbecken zweigeteilt.

Chotek, Sophie Gräfin ['xɔtɛk], Herzogin von Hohenberg (seit 1909), *Stuttgart 1. März 1868, † Sarajevo 28. Juni 1914. - Seit 1900 ∞ mit dem östr. Thronfolger Franz Ferdinand in morganat. Ehe; mit ihrem Gemahl ermordet.

Chotjewitz, Peter O. ['kɔtjəvɪts], *Berlin 14. Juni 1934, dt. Schriftsteller. - Bekannt durch parodist.-iron., experimentelle, z. T. provozierende Prosatexte, Gedichte und Hörspiele, u. a. „Hommage à Frantek, Nachrichten für seine Freunde" (1965), „Trauer im Auge des Ochsen" (En., 1972), „Der dreißigjährige Friede. Ein biograph. Bericht" (1977), „Mein Mann ist verheiratet" (E., 1985).

Chou [chin. dʒoʊ], altchin. Dynastie, ↑chinesische Geschichte.

Chou, Weng-Chung [chin. dʒoʊ], *Chefoo 29. Juni 1923, amerikan. Komponist chin. Herkunft. - Schüler u. a. von B. Martinů und E. Varèse, lehrt seit 1964 an der Columbia University in New York. Komponierte Orchesterwerke (u. a. „Landscapes", 1949; „Metaphors", 1961), Kammer- und Klaviermusik, Vokalwerke, Filmmusiken.

Chouans [frz. ʃwã], die royalist. Gegner der Frz. Revolution in Maine, der Normandie und der Bretagne, ben. nach dem Beinamen ihres ersten Führers, J. Cottereau, der den Ruf eines Waldkauzes (frz. chat huant) als Erkennungszeichen benutzte; erhoben sich 1792 (1797 unterworfen), 1799 und gegen den zurückkehrenden Napoleon I. 1815.

Chou En-lai [chin. dʒoʊan'laɪ], *Shaohsing (Prov. Tschekiang) 1898, † Peking 8. Jan. 1976, chin. Politiker. - Studierte u. a. in Paris, Göttingen und Berlin; 1921 Mitbegr. der KP Chinas; nahm 1934/35, nachdem er 1931 Kontakte mit Mao Tse-tung in Kiangsi aufgenommen und seitdem gepflegt hatte, am „Langen Marsch" teil; Vertreter Maos 1935;

Hauptunterhändler in den Verhandlungen mit der Kuomintang-Regierung und Chiang Kai-shek; seit 1949 Min.präs. (Vors. des Staatsrates) und 1949–58 zugleich Außenmin. der VR China, seit 1969 Mgl. des fünfköpfigen Ständigen Ausschusses des Politbüros der KP Chinas; vertrat seitdem China bei allen wichtigen außenpolit. Verhandlungen.

Chou En-lai

Choukoutien (chin. Chou-k'ou-tien [chin. dʒɔᴜkɔᴜdiæn]), etwa 40 km sw. von Peking gelegener Ort; bekannt durch bed. Ausgrabungen (u. a. Elefanten, Nashörner, Riesenbiber, Säbelzahntiger, Pekingmensch).

Chow-Chow ['tʃaᴜ'tʃaᴜ; chin.-engl.], seit etwa 2000 Jahren in China gezüchtete Rasse bis 55 cm schulterhoher, kräftiger Haushunde mit dichtem, meist braunem Fell und blauschwarzer Zunge.

Chrennikow, Tichon Nikolajewitsch [russ. 'xrjennikɐf], *Jelez 10. Juni 1913, sowjetruss. Komponist. - Komponierte hauptsächl. Chor- und Opernwerke in einem heroisch-gefühlvollen Stil, u. a. „Im Sturm" (1939), „Die Mutter" (1957, nach Gorki), „Rasputin" (1967), ferner Bühnenmusiken.

Chrétien (C[h]restien) **de Troyes** [frz. kretjɛ̃də'trwa], *Troyes (?) vor 1150, †vor 1190, altfrz. Epiker. - Lebte vermutl. am Hofe Heinrichs I. von Champagne und später des Grafen Philipp von Flandern. C. verfaßte bed. höf. Versepen, deren Stoff er dem breton. Sagenkreis entnahm und mit höf. und phantast. Elementen sowie mit Themen aus dem provenzal. Frauendienst verband. Den Stoff psycholog. durchdringend, gestaltete C. in leichter Vers- und Reimführung, eleganter Dialogführung und konsequentem Aufbau seine Werke. In seinen Romanen „Érec et Énide" (entstanden um 1165), „Cligès" (um 1164/70), „Lancelot" (um 1170), „Yvain" (um 1175) und „Perceval" (vor 1190, unvollendet) geht C. z. T. über die höf. Ideale hinaus, im „Perceval" dadurch, daß der Dienst am Gral nicht innerweltl., sondern als Dienst am Christentum zu verstehen ist.

Chrisam ['çri:zam; griech.] (Chrisma), durch den Bischof geweihtes Salböl, in der kath. und orth. Liturgie v. a. bei Taufe, Firmung, Bischofsweihe und Priesterweihe verwendet.

Chrismon ['çrıs...; griech.] ↑Urkunde.

Christ, Lena [krıst], *Glonn bei Rosenheim 30. Okt. 1881, †München 30. Juni 1920 (Selbstmord), dt. Schriftstellerin. - Populäre, stark autobiograph. Romane (u. a. „Mathias Bichler", 1914; „Madam Bäuerin", 1919) über den sozialen „Aufstieg Besitzloser.

Christa ['krısta], weibl. Vorname, Kurzform von Christiane.

Christbaum ['krıst...] ↑Weihnachtsbaum.

Christchurch [engl. 'kraısttʃə:tʃ], größte Stadt auf der Südinsel von Neuseeland, 322000 E (städt. Agglomeration), Sitz eines anglikan. Erzbischofs und eines kath. Bischofs, Univ.; Verkehrsknotenpukt; Nahrungsmittel-, Textil-, Leder- und chem. Ind.; internat. ✈. Durch einen 2 km langen Straßentunnel mit dem Hafen *Lyttelton* verbunden. - Erste europ. Siedlung 1843, planmäßig besiedelt seit 1850.

Christdorn ['krıst...] (Paliurus spinachristi), Art der Gatt. Stechdorn; 2–3 m hoher Dornstrauch mit 2–4 cm langen, asymmetr. eiförmigen Blättern und zu einem Dornpaar umgewandelten Nebenblättern; Blüten etwa 2 mm groß, gelb, in kleinen Blütenständen; wächst in S-Europa bis Persien.

Christel (Christl) ['krıstəl], weibl. Vorname, Verkleinerungs- oder Koseform von Christiane bzw. der Kurzform Christa.

Christelijke Volkspartij [niederl. 'krıstələkə 'vɔlkspartɛj], Abk. CVP (frz. Parti Social Chrétien, Abk. PSC), belg. polit. Partei; ging 1945 aus der seit 1830 bestehenden kath. Partei hervor; stärkste Partei Belgiens; 1949–1954 u. seit 1958 an der Regierung beteiligt; seit 1968 in einen fläm. und einen wallon. Flügel geteilt.

Christelijk-Historische Unie [niederl. 'krıstələk hıs'to:rısə 'y:ni:], Abk. CHU, zweite große kalvinist.-konservative Partei der Niederlande; entstand im Jahre 1908; schloß sich mit der Katholieke Volkspartij und der Anti-Revolutionaire Partij 1976 zur Christen Democratisch Appèl zusammen.

Christen, Ada ['krıstən], eigtl. Christiane von Breden, geb. Frederik, *Wien 6. März 1844, †ebd. 19. Mai 1901, östr. Schriftstellerin. - Übte mit erot. und sozialer Lyrik bed. Einfluß auf den frühen Naturalismus aus.

Christen Democratisch Appèl, 1976 gegr. niederl. Sammelpartei, Zusammenschluß von Anti-Revolutionaire Partij, Christelijk-Historische Unie und Katholieke Volkspartij; nach den Wahlen von 1983 in der 1. Kammer der Generalstaaten mit 26 Sitzen, in der 2. Kammer nach der Wahl von 1986 mit 54 Sitzen vertreten; seit 1977 Reg.partei.

Christengemeinschaft

Christengemeinschaft [ˈkrɪs...], 1922 von dem ev. Pfarrer F. Rittelmeyer gegr. Religionsgemeinschaft; vertritt im Anschluß an die Anthroposophie R. Steiners eine eigene Auffassung des Evangeliums und des christl. Gottesdienstes; feiert sieben Sakramente; Mittelpunkt des Kultes bildet die sog. „Menschenweihehandlung". Die C. hat etwa 25 000 Mgl., davon etwa 7 000 in der BR Deutschland.

Christentum [ˈkrɪs...], Bez. der Gesamtheit der Anhänger des christl. Glaubens sowie dieses Glaubens selbst. Die Anhänger des christl. Glaubens sind in zahlr. und unterschied. Gemeinschaften und Organisationen zusammengeschlossen, wie Kirchen, Freikirchen, religiösen Gemeinschaften (die z. T. von den Mgl. größerer Organisationen als „Sekten" bezeichnet werden) und religiösen Bewegungen. Die größten organisierten christl. Gemeinschaften sind die kath. Kirche, die aus der Reformation hervorgegangenen prot. Kirchen und die orth. Kirchen. Die Zahl der Anhänger des C. wird (1976) auf etwa 951 Mill. geschätzt. Davon entfallen auf die kath. Kirche rd. 542 Mill., auf die prot. Kirchen rd. 324 Mill., auf die orth. Kirchen rd. 85 Mill.

Zentraler **Inhalt** des christl. Glaubens ist zunächst ihr Stifter Jesus Christus selbst, der für die Christen der *Sohn Gottes* ist, der in die Welt gekommen ist, um die Menschheit zu erlösen. Durch seinen *Tod am Kreuz* hat Gott nach christl. Auffassung offenbart, daß er durch Jesus Christus sich den Menschen gleichgestellt hat, indem er Mensch wurde bis zum Tod. Dabei hat er sich jedoch durch seinen Tod den Menschen nicht nur gleichgesetzt, sondern hat durch seine *Auferstehung von den Toten* den Tod überwunden. Zum anderen bestehen die zentralen Inhalte des christl. Glaubens in der *Verkündigung Jesu*, wie sie im N. T. niedergelegt ist: diese Verkündigung ruft alle Menschen zur Änderung ihres Verhaltens, von der Liebe zum Ich zur Nächstenliebe, die nicht nur die auch in anderen Religionen gebotene Liebe zum Mitmenschen umfaßt, dessen Leid man sich in solidar. Handeln annehmen soll, sondern die darüber hinausgeht, indem das Liebesgebot zum Gebot der *Feindesliebe* erweitert wird. Das im A. T. formulierte Gebot Gottes wird im N. T. also einerseits verschärft, andererseits wird es durch die „Frohe Botschaft", das Evangelium, in seiner Geltung relativiert: die selbstverständl., geschichtl. Zusammenhänge, in denen alle Menschen leben, und damit auch ihre Wertvorstellungen, werden als begrenzt und endl. dargestellt, da mit der Verkündigung Jesu vom *Reich Gottes* alle diesseitigen Bezüge und Wertvorstellungen des Menschen aufgehoben werden. Die Menschen können dabei das Reich Gottes nach den Aussagen des N. T. nicht selbst durch ein bestimmtes Handeln, auch nicht durch die Erfüllung der alttestamentl. Gebote, herbeiführen oder aus eigener Kraft verwirklichen wollen, da dieses Handeln und diese Zielrichtung selbst ebenfalls durch die Verkündigung vom Reich Gottes relativiert wird: der Mensch gilt im christl. Glauben auch in seinem positiven Streben als Sünder. Eine Veränderung dieses Zustands, die „*Rechtfertigung*" des Sünders kann nur von Gott her kommen. Auch der *Glaube* selbst kann nach christl. Auffassung nicht, vom Menschen gewollt, die Distanz zw. Gott und den Menschen überwinden, da auch der Glaube von Gott durch den Hl. Geist im Menschen bewirkt wird. Die Inhalte des christl. Glaubens sind nicht nur im N. T. als seiner Offenbarungsurkunde formuliert, für das C. gilt das A. T., das Buch, das vom Handeln Gottes in der Geschichte berichtet und das Gesetz Gottes enthält, ebenfalls als Offenbarung. Vom A. T., dem Offenbarungsbuch der israelit.-jüd. Religion, übernimmt das C. den Gottesbegriff: Gott ist nicht nur Schöpfer und Erhalter der Welt, sondern er greift auch in die Geschichte ein. Waren diese Eingriffe in der israelit.-jüd. Religion weitgehend auf das Volk Israel beschränkt, um dessentwillen Gott die Geschichte lenkte, so ist der Eingriff Gottes in die Geschichte durch die Menschwerdung in Jesus Christus ein Geschehen, das allen Menschen gilt. Der Gottesbegriff des A. T. wird also übernommen und zu einer Trinität erweitert, insofern Gott die Menschen durch seine Menschwerdung in Jesus Christus „versöhnt" hat und als Person Jesus Christus erschienen ist und insofern nach christl. Auffassung der Geist Gottes, der „Hl. Geist", eine Offenbarungsweise Gottes ist, die durch ihre unsichtbare und von außerhalb des christl. Glaubens schwer deutbare Weise den Glauben im Menschen bewirkt und damit ständig den Lebenswandel der Christen sowie die Tradition der Auslegung, mit der für jede Epoche die Offenbarung Gottes mit anderen, zeitgemäßen Worten den Menschen verkündet wird, leitet.

Die Grundaussagen des christl. Glaubens sind im ↑ Apostolischen Glaubensbekenntnis formuliert. Dennoch werden sie unterschiedl. interpretiert. Dies beruht auf den verschiedensten Ursachen, die nicht zuletzt auf die Kompliziertheit der christl. Glaubensaussagen zurückzuführen sind. Wegen dieser unterschiedl. Interpretation gibt es keine einheitl. Organisationsform, in der sich alle Christen zusammengeschlossen hätten. Allen Christen gemeinsam aber ist die Auffassung, daß die Christen insgesamt - unabhängig von der ins Auge fallenden Organisationsform - eine Einheit bilden. Sichtbares Zeichen für die Zugehörigkeit zur Gemeinschaft der Christen ist die *Taufe*, in welcher Form auch immer sie vollzogen wird. Das Leben als Christ besteht im wesentl. darin, die Offenbarung Gottes

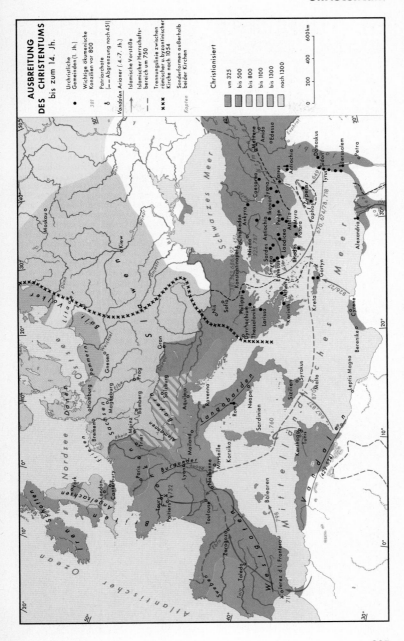

AUSBREITUNG DES CHRISTENTUMS
bis zum 14. Jh.

• Urchristliche Gemeinden (1. Jh.)
381 Wichtige ökumenische Konzilien vor 800
δ Patriarchate
(— — Abgrenzung nach 451)
Vandalen Arianer (4.–7. Jh.)
→ Islamische Vorstöße
--- Islamischer Herrschaftsbereich um 750
××× Trennungslinie zwischen römischer u. byzantinischer Kirche nach 1054
Sonderformen außerhalb beider Kirchen
Kopten

Christianisiert
um 325
bis 500
bis 800
bis 1100
bis 1300
nach 1300

0 200 400 600 km

305

in Form der Aussagen der Bibel des A. T. und des N. T. ernst zu nehmen und davon auszugehen, daß die Liebe Gottes, die Gott durch seine Offenbarung den Menschen erwiesen hat, im Leben der Menschen miteinander deutlich und bewußt gemacht werden soll. Es ist unter Christen umstritten, ob ein *Austritt* aus dieser Gemeinschaft, die über die Grenzen der christl. Kirchen und Gemeinschaften hinweg besteht, überhaupt mögl. ist. Das berührt die offene Frage, ob ein Austritt aus einer organisierten Gemeinschaft oder aus einer Kirche, der in jedem Land staatskirchenrechtl. geregelt ist, gleichzeitig bedeutet, daß dieser Mensch nun kein Christ mehr ist. Die **Geschichte** des C. umfaßt die Auswirkungen des Glaubens an Person und Wirken Jesu Christi, wie er von den christl. Kirchen und Gemeinschaften in der Auseinandersetzung mit fremden Religionen, den geistigen und weltanschaul. Strömungen der verschiedenen Zeiten sowie mit den polit. Mächten entwickelt worden ist. In dieser Geschichte lassen sich vier Abschnitte unterscheiden: die Epoche innerhalb des *Römischen Reiches*, im *Mittelalter*, in der *Neuzeit* mit den religiösen Bewegungen der Reformation und Gegenreformation und schließl. die Epoche der neuzeitl. *Ausbreitung des C.* mit seinen Auseinandersetzungen mit nichtreligiösen Ideologien und Wertsystemen sowie mit anderen Religionen und christl. Konfessionen in der Gegenwart. Die *erste Epoche*: Die christl. Gemeinde galt im Röm. Reich zunächst als eine jüd. Sekte. Der röm. Staat entzog dieser schnell wachsenden Gemeinschaft bald die religiösen und rechtl. Privilegien, die er dem Judentum eingeräumt hatte. Die Auseinandersetzung mit dem Röm. Reich wurde intensiv seit der Mitte des 3. Jh. geführt. Kaiser Konstantin d. Gr. stellte die Christenverfolgungen ein und machte das C. zu der mit allen zeitgenöss. Kulten gleichberechtigten und schließl. zur allein berechtigten Religion im Reich (Toleranzedikt von 311). Damit hatte er eine Entwicklung eingeleitet, die zur Entstehung der Reichskirche als einer von dem Reich letztl. abhängigen Einrichtung führte. Durch den oström. Kaiser Theodosius I. wurde 380 der christl. Glaube für alle Bürger des Reiches verbindl., die christl. Kirche wurde so zur Staatskirche. Die *zweite Epoche* in der Geschichte des C. beginnt mit dem Übergang des christl. Glaubens auf die german., roman. und slaw. Völker. Wie der Kirche allmähl. die Hoheit über den Staat zufiel und der Papst als der Herr der Welt erscheinen konnte, der die Fürsten und die Bischöfe als seine Untergebenen betrachtete, so schien der christl. Glaube in geistiger Hinsicht die *eine* Weltanschauung zu sein, mit der alle Probleme des Lebens gelöst werden sollten. Im Zusammenhang mit dieser monopolartigen Machtstellung stellten sich

in der Kirche Verfallserscheinungen ein, die den Ruf nach einer Reform an „Haupt und Gliedern" (d. h. an Papst und Klerus) laut werden ließen. Die *dritte Epoche* war die Zeit der Reformation und Gegenreformation, sie umfaßt das 16. und 17. Jh., in denen es zur Umbildung der gesamten Kirche kam. An die äußeren Formen des christl. Glaubens hat Luther die Kriterien der Bibel und des bibl. begr. Glaubens angelegt; er konnte aber infolge der auf dem Reichstag zu Worms (1521) bekundeten Haltung Kaiser Karls V. die Reform der Kirche für das Reich nicht durchführen. Diese mußte nun den Weg über die Länder nehmen, so daß es zur Entstehung territorial und nat. begrenzter Landeskirchen kam. Auf dem Reichstag zu Augsburg (1530) legten diese Landeskirchen ein erstes grundlegendes Bekenntnis ab, das Augsburg. Bekenntnis, und sie fanden im Augsburger Religionsfrieden (1555) ihre reichsrechtl. Anerkennung. Die Reformation in der Schweiz vollzog sich zunächst unter dem Einfluß Zwinglis, dann aber v. a. Calvins. Calvin gab den hier entstehenden Kirchen Lehre, Verfassung und kirchl. Ordnungen. In England kam es nach der Verwerfung der obersten Leitungsgewalt (Suprematie) des Papstes zur Entstehung der anglikan. Kirche. Im dt. und schweizer. Protestantismus trennten sich die Täufer und die Spiritualisten von den reformator. Kirchen, wobei sie schließl. wegen ihrer z. T. radikalen Versuche, das Reich Gottes auf Erden zu verwirklichen, von den offiziell anerkannten Kirchen verfolgt wurden. Die Reformation löste die Gegenreformation aus. Im Mittelpunkt dieser Erneuerung steht das Konzil von Trient (1545–63), auf dem die Lehren des Katholizismus gegenüber denen der ev. oder prot. Kirchen fixiert wurden. Die *vierte Epoche* der Geschichte des C. ist in der neuzeitl. Ausbreitung des C. zu sehen, die im Anschluß und im Zusammenhang mit der polit. Expansion der europ. Mächte (Kolonialismus und Imperialismus) geschah. Dabei kam es sowohl zur religiösen Legitimation des Kolonialismus wie auch zum erhebl. Widerstand der Missionen gegen kolonialist. Unterdrückung und Ausbeutung. Im Zuge der missionar. Ausbreitung des C. fanden vielfach Begegnungen mit fremden, einheim. Religionen statt, und auf der Grundlage von durch Missionare und Reisende erhobenen Tatsachen aus fremden Religionen entstand das Bewußtsein einer religiösen Vielfalt, die zur wiss. Beschäftigung mit fremden Religionen und damit zur Entstehung einer neuzeitl. Religionswiss. führte. Neben dieser Auseinandersetzung und Beschäftigung mit fremdem religiösen Gedankengut mußte sich das C. in der Neuzeit zudem mit antireligiösen Ideologien und Weltanschauungen auseinandersetzen. Bes. diese Auseinandersetzung hat die

Besinnung auf das Gemeinsame unter den christl. Konfessionen gefördert und in den letzten Jahren wesentl. Impulse für die ökumen. Bewegung geliefert.

📖 *Küng, H.: Christ sein. Mchn. ¹¹1983. - Maas, F.: Was ist C.? Tüb. ³1982. - Frieling, R.: Vom Wesen des C. Stg. ³1979. - Bultmann, R.: Das Urchristentum im Rahmen der antiken Religionen. Zürich u. Stg. ⁴1976. - Ratzinger, J.: Einf. in das C. Mchn. ¹¹1970.*

Christenverfolgungen ['krıs...], allg. die zu verschiedenen Zeiten erfolgten Maßnahmen staatl. Mächte, das Christentum zu unterdrücken oder zu beseitigen, i. e. S. die Verfolgungen durch den röm. Staat, die v. a. durch die Weigerung der Christen, am Kaiserkult teilzunehmen, ausgelöst wurden. Die C. unter Nero blieben zunächst ohne wesentl. Folgeerscheinungen. Die erste staatl. Regelung von C. enthält eine Urkunde des Kaisers Trajan an Plinius den Jüngeren. Die energ. Restaurationsversuche des Röm. Reichs unter Decius (⚰ 249–251), Valerian (⚰ 253–260) und Diokletian (⚰ 284–305) führten zu den größten systemat. C. der Spätantike. Im ganzen erreichten die C. ihr Ziel nicht. Die Konsequenz zog Kaiser Galerius (mit seinen Mitregenten) im Toleranzedikt von 311, das den Christen Religionsfreiheit gewährte und der christl. Religion als staatserhaltende Macht neben den nichtchristl. Religionen anerkannte.

Christian ['krıs...], aus dem Lat. übernommener männl. Vorname griech. Ursprungs: „christl., zu Christus gehörend"; dän. und schwed. Form: **Kristian**. Weibl. Namensform: Christiane.

Christian ['krıs...], Name von Herrschern:

A n h a l t - B e r n b u r g :

C. I., * Bernburg/Saale 11. Mai 1568, † ebd. 17. April 1630, Fürst (seit 1603), kurpfälz. Diplomat. - Trat 1595 in kurpfälz. Dienste; stellte die konfessionelle Idee in den Mittelpunkt seiner Politik und aktivierte die kalvinist.-prot. Opposition gegen das kath. Kaisertum; betrieb die Gründung der prot. Union (1608); 1620 geächtet, unterwarf sich 1624 dem Kaiser.

D ä n e m a r k :

C. I., * 1426, † Kopenhagen 21. Mai 1481, König von Dänemark (seit 1448), Norwegen (seit 1450), Schweden (seit 1457), Herzog von Schleswig und Graf von Holstein (seit 1460). - Begr. der dän. Königshauses der oldenburg. Königshauses in Dänemark; erreichte 1450 eine Vereinigung Dänemarks mit Norwegen; begr. 1460 die Personalunion Schleswigs und Holsteins mit Dänemark.

C. II., * Nyborg 1. Juli 1481, † Kalundborg 25. Jan. 1559, König von Dänemark und Norwegen (1513–23), König von Schweden (1520–23), Herzog von Schleswig und Holstein. - Enkel von C. I.; setzte sich erst nach

langjährigen blutigen Kämpfen (Stockholmer Blutbad, 1520) in Schweden durch; 1523 von Gustav Wasa vertrieben; mußte nach 1522 auch Dänemark verlassen; 1531 gefangengenommen.

C. III., * Gottorf 12. Aug. 1503, † Koldinghus bei Kolding (Jütland) 1. Jan. 1559, König von Dänemark und Norwegen, Herzog von Schleswig und Holstein (seit 1536). - Sohn Friedrichs I.; führte 1536 in Dänemark und Norwegen die Reformation ein; hob 1537 die norweg. Selbstverwaltung auf.

C. IV., * Frederiksborg 12. April 1577, † Kopenhagen 28. Febr. 1648, König von Dänemark und Norwegen, Herzog von Schleswig und Holstein (seit 1588). - Enkel von C. III., Sohn Friedrichs II.; Initiator zahlr. Renaissancebauten in Kopenhagen; Teilnahme am Dreißigjährigen Krieg, 1626 von Tilly geschlagen; 1643–45 schwere Niederlagen durch die Schweden; volkstümlichster König Dänemarks.

C. VII., * Kopenhagen 29. Jan. 1749, † Rendsburg 13. März 1808, König von Dänemark und Norwegen, Herzog von Schleswig und Holstein (seit 1766). - Sohn Friedrichs V.; früh geisteskrank; überließ die Regierungsgeschäfte seinen Günstlingen, von denen v. a. Struensee bed. Macht gewann.

C. VIII., * Kopenhagen 18. Sept. 1786, † ebd. 20. Jan. 1848, König von Dänemark, Herzog von Schleswig und Holstein (seit 1839). - Seit 1813 Statthalter in Norwegen; 1814 König von Norwegen; erklärte 1846 in seinem berühmten „Offenen Brief", daß auch Schleswig in der Erbfolge dem dän. Königsgesetz von 1665 unterliege.

C. IX., * Gottorf 8. April 1818, † Kopenhagen 29. Jan. 1906, König von Dänemark (seit 1863). - Sohn Herzog Wilhelms von Schleswig-Holstein-Sonderburg-Glücksburg, zum Nachfolger Friedrichs VII. bestimmt; bestätigte die sog. eiderdän. Verfassung, durch die Schleswig Dänemark einverleibt werden sollte; was 1864 zum Dt.-Dän. Krieg führte.

C. X., * Charlottenlund 26. Sept. 1870, † Kopenhagen 20. April 1947, König von Dänemark (seit 1912), König von Island (1918–1943). - Bestätigte 1915 eine neue demokrat. Verfassung; bewahrte im 1. Weltkrieg die Neutralität; übergab 1940 nach erfolglosem Widerstand das Land den dt. Truppen; lebte 1943–45 als Gefangener auf Schloß Amalienborg.

M a i n z :

C. I. (C. von Buch), * um 1130, † Tusculum (= Frascati) 25. Aug. 1183, Erzbischof von Mainz (seit 1165). - 1162 von Friedrich I. Barbarossa zum Kanzler ernannt; nahm an den Italienzügen teil, siegte 1167 mit Rainald von Dassel bei Tusculum über die Römer; energ. Vertreter der kaiserl. Interessen; erfolgreicher Vermittler zw. Papst Alexander III. und dem Kaiser.

Christian August

Schleswig-Holstein-Sonderburg-Augustenburg:
C. [**Karl Friedrich**] **August,** * Kopenhagen 10. Juli 1798, † Primkenau (Niederschlesien) 11. März 1869, Herzog (seit 1814). - Hielt am Erbrecht auf Schleswig und Holstein fest; schloß sich der Bewegung gegen die dän. Einverleibungsbestrebungen an; 1851 verbannt; verzichtete 1852 auf die Thronfolge.

Christian, Charles („Charlie") [engl. 'krɪstjən], * Dallas (Tex.) 20. Jan. 1916, † New York 2. März 1947, amerikan. Jazzmusiker. - Bed. Gitarrist; benutzte virtuos die elektr. verstärkte Gitarre als Soloinstrument; einer der Anreger des Bebop.

C., Johann Joseph ['krɪs...], * Riedlingen (Landkr. Donauwörth) 12. Febr. 1706, † ebd. 22. Juni 1777, dt. Bildhauer. - Bed. Vertreter des schwäb. Rokoko; u. a. Chorgestühle und Bauskulpturen der Klosterkirchen Zwiefalten und Ottobeuren.

Christiane (Christiana) [krɪs...], weibl. Form des männl. Vornamens Christian.

Christian Endeavor ['krɪstjən ɪn'dɛvə; engl. „christl. Streben"] (Young People's Society of C. E.), 1881 gegr. Jugendbewegung; ging aus der Erweckungsbewegung hervor; 1894 auch in Deutschland (in der ref. Gemeinde in Bad Salzuflen), konstituierte sich 1905 als dt. Verband der „Jugendbünde für Entschiedenes Christentum"; Hauptstelle für Deutschland in Kassel; über 3 Mill. Mgl.

Christiania [krɪs...], 1624–1924 Name von † Oslo.

christianisieren [krɪs...; griech.], für das Christentum gewinnen.

Christian-Jaque [frz. kristjã'ʒak], eigtl. Christian Maudet, * Paris 4. Sept. 1904, frz. Filmregisseur. - Drehte v. a. Unterhaltungsfilme, u. a. „Fanfan der Husar" (1952), „Nana" (1954).

Christian Science ['krɪstjən 'saɪəns; engl. „christl. Wissenschaft"], von Mary Baker-Eddy (* 1821, † 1910) begr. Lehre des „geistigen Heilens". Sie beruht auf der Anschauung, daß der Mensch in Wirklichkeit Ausdruck des vollkommenen göttl. Wesens ist und daß Disharmonien des menschl. Lebens, Krankheiten eingeschlossen, nicht zu seinem gottgegebenen Wesen gehören. Um dieses göttl. Heilsein zu erleben, wird eine Umwandlung von einer materiellen zu einer geistigen Gesinnung gefordert. Organisationsform der C. S. ist die **Kirche Christi, Wissenschafter.** In der BR Deutschland befinden sich 119 der insgesamt 3 200 Zweigkirchen und 500 Hochschulorganisationen in aller Welt, die sich demokrat. selbst verwalten. „**The Christian Science Monitor**" (Boston 1908 ff.) gilt als eine der angesehensten Tageszeitungen

Christie, Dame (seit 1971) Agatha [engl. 'krɪstɪ], geb. Miller, * Torquay 15. Sept. 1890, † Wallingford (bei Oxford) 12. Jan. 1976, engl. Schriftstellerin. - Verfaßte zahlr. Detektivromane, später auch Dramen, die, aufregend und ausgeklügelt, großen Erfolg hatten. Held ist meistens der intuitiv handelnde Hercule Poirot.

Werke: Der Mord auf dem Golfplatz (1923), Letztes Weekend (1939; als Dr. u. d. T. „Zehn kleine Negerlein"), Zeugin der Anklage (Dr., 1956, verfilmt 1957), Alter schützt vor Scharfsinn nicht (1973).

C., Julie [engl. 'krɪstɪ], * Assam 14. April 1940, brit. Filmschauspielerin. - Spielte in „Fahrenheit 451" (1966), „Doktor Schiwago" (1966), „Der Himmel soll warten" (1978).

Dame Agatha Christie

Christie's [engl. 'krɪstiːz] (Christie, Manson and Woods Ltd.), von J. Christie (* 1730, † 1803) 1766 gegr. Kunstauktionshaus in London.

Christine (Christina) [krɪs...], weibl. Vorname, Nebenform von Christiane, schwed. Form: **Kristina**, dän. Formen: **Kristine, Kirstine.**

Christine [krɪs...], * Stockholm 18. Dez. 1626, † Rom 19. April 1689, Königin von Schweden (1632–54). - Tochter Gustavs II. Adolf; regierte bis 1644 unter der Vormundschaft des Reichsrates unter Führung des Reichskanzlers Axel Graf Oxenstierna, trat dann selbst die Regierung an, bis 1646 den Ratschlägen ihres Kanzlers folgend, dem sie danach Gabriel de la Gardie vorzog; förderte die Wiss., unterstützte einheim. Gelehrte und korrespondierte mit ausländ.; zog u. a. Descartes und Grotius an ihren Hof; dankte 1654 zugunsten ihres Vetters Karl Gustav von Pfalz-Zweibrücken ab; konvertierte heimlich zum Katholizismus, lebte in Rom.

Christine de Pisan [frz. kristindəpi'zã], * Venedig um 1365, † Poissy (?) nach 1429, frz. Dichterin. - Verfaßte Balladen, Rondeaus, sentimentale Verserzählungen, Briefe, Schriften im zeitgenöss. höf. Stil.

Christkatholische Kirche ['krɪst...], Name für die altkath. Kirche der Schweiz (25 000 Anhänger); wie die † Altkatholiken gehört sie der † Utrechter Union an.

Christkönigsfest ['krɪst...], Fest der kath. Kirche, 1925 eingeführt, seit 1965 am letzten Sonntag des Kirchenjahres gefeiert; Inhalt: das universale Königtum Jesu Christi.

Christlich Demokratische Union (Christl. Demokrat. Union Deutschlands) [ˈkrɪst...], Abk. CDU, als christl. Sammelbewegung 1945 entstandene dt. Partei. Die regionalen, zunächst nur lose verbundenen Parteigründungen hatten dabei unterschiedl. Ausrichtung: „christl. Sozialismus" (Berlin), interessenausgleichende Volkspartei unter Betonung des konfessionellen Unionsgedankens (Köln), nat.liberale und nat.konservative bzw. dt.nat. Prägung (NW-Deutschland); für Bayern ↑Christlich-Soziale Union.

In der SBZ/DDR wurde die CDU im Rahmen der „Blockpolitik" seit 1948 völlig von der SED abhängig. Bis heute stellt sie Abg. und Minister.

In den Westzonen konnte die CDU in den Landtagswahlen große Wählergruppen ansprechen und 1947 die Führung im Wirtschaftsrat der Bizone übernehmen. In Abkehr vom **Ahlener Programm,** das 1947 bei Kritik am Kapitalismus u. a. die Vergesellschaftung von Schlüsselind. und die Mitbestimmung gefordert hatte, wandte sich die CDU L. Erhards Konzept der sozialen Marktwirtschaft zu. Zugleich setzten sich die außenpolit. Ansichten K. Adenauers, der einen Ausgleich mit der UdSSR zur Abwehr der dt. Spaltung für unmögl. hielt, in der CDU durch. Die Bundestagswahl 1949 brachte 25,2 % der Stimmen (mit CSU 31 %). Bundeskanzler Adenauer, seit dem 1. Parteivors. 1950 förderte das Selbstverständnis der CDU als große staatstragende Reg.partei. Programmatik u. die fast nur zu Wahlkämpfen aktivierte Organisation traten an Bed. zurück. In den Bundestagswahlen 1953 und 1957 weitete die CDU ihre Wählerschaft stark aus (1953: 36,4 %, mit CSU 45,2 %; 1957: 39,7 %, mit CSU 50,2 %). Die Bundestagswahlen kurz nach dem Bau der Berliner Mauer 1961 brachten der CDU starke Einbußen (35,8 % mit CSU 45,3 %). Der Erfolg in der Bundestagswahl 1965 (38 %, mit CSU 47,6 %) unter der Führung Erhards (Bundeskanzler 1963–66, Parteivors. 1966/67) überdeckte nur die innen-, außen- und wirtschaftspolit. Auseinandersetzungen innerhalb der Union. Erhard wurde im März 1967 auch im Parteivorsitz durch den neuen Bundeskanzler K. G. Kiesinger ersetzt. Nach der Bundestagswahl 1969 (36,6 %, mit CSU 46,1 %) wurde die CDU/CSU erstmals in die Opposition verwiesen. R. Barzel wurde als Parteivors. (1971–73) nach der verlorenen Bundestagswahl von 1972 (35,2 %, mit CSU 44,9 %) von H. Kohl abgelöst. Nachdem auch die Bundestagswahl 1976 (38 %, mit CSU 48,6 %) nicht die Rückkehr an die Reg. gebracht hatte, wurde die Krise in der Zusammenarbeit mit der CSU mit deren - bald widerrufener - Aufkündigung der Fraktionsgemeinschaft deutlich. Bei der

Wahl 1980 mit F. J. Strauß als Kanzlerkandidat mußte die CDU beträchtl. Einbußen hinnehmen (34,2 %, mit CSU 44,5 %). Im Okt. 1982 bildete die CDU mit der FDP eine Koalitionsreg. unter H. Kohl. Bei den Wahlen vom März 1983 errang die CDU 38,2 % (mit CSU 48,8 %), im Jan. 1987 34,5 % (mit CSU 44,3 %). **Programm:** Das Grundsatzprogramm der CDU (beschlossen auf dem Ludwigshafener Parteitag 1978) geht aus von den Grundwerten „Freiheit, Solidarität und Gerechtigkeit". Die CDU versteht sich als Volkspartei und begründet ihre Politik auf dem christl. Menschenbild. Sie bekennt sich zur sozialen Marktwirtschaft und zu den „festen sozialen Lebensformen" (Ehe, Familie, Staat, Kirche). **Organisation:** Der Parteitag wählt den Bundesvorstand: Vors., 7 stellv. Vors., Schatzmeister und Generalsekretär gehören dem Parteipräsidium an. Die CDU hatte 1983 722 600 Mgl. Nach wie vor beruht die Parteifinanzierung zu einem beträchtl. Teil auf Spenden von Firmen und Verbänden. Von den Vereinigungen der CDU sind v. a. die Wirtschaftsvereinigung und die Sozialausschüsse von Bedeutung. Die **Junge Union** ist die gemeinsame Jugendorganisation von CDU und CSU.

📖 *Pütz, H.: Die CDU. Entwicklung, Organisation u. Politik ...Düss.* [4]*1985.*

Christlichdemokratische Volkspartei der Schweiz [krɪst...], Abk. CVP, seit 1970 Name der 1912 konstituierten „Schweizer. Konservativen Volkspartei" (Vorgänger: „Konservative Union", 1881/82 und „Kath. Volkspartei", 1894–98), 1957–70 „Konservativ-christlichsoziale Volkspartei der Schweiz"; tritt für die christl. Weltanschauung und für soziale Wirtschaftsgestaltung ein und versucht, sich seit den 1970er Jahren unter Verzicht auf ausgesprochen konfessionspolit. Forderungen als „dynam. Mitte" stärker nach links zu profilieren; verfügte 1980 über 44 Sitze im Nationalrat und 18 Sitze im Ständerat.

Christliche Arbeiter-Jugend [ˈkrɪst...], Abk. CAJ, 1947 gegr. dt. kath. Jugendorganisation innerhalb der „Jeunesse Ouvrière Chrétienne" (J.O.C.); selbständige Jugendorganisation der Kath. Arbeiterbewegung und des Werkvolks und Mgl. des Bundes der Dt. Kath. Jugend.

Christliche Friedenskonferenz [ˈkrɪst...], Abk. CFK, im Juni 1958 in Prag gegr. Friedensbewegung christl. Kirchen Osteuropas, die für Abrüstung eintritt. ↙

christliche Gewerkschaften [ˈkrɪst...], in Deutschland Ende des 19. Jh. aus der christl.-sozialen Bewegung gegr. Arbeitnehmermerorganisationen, die den Klassenkampf u. eine parteipolit. Bindung ablehnen. 1901 wurde der „Gesamtverband c. G." (150 000 Mgl.) 1908 entstand die „Allg. christl. Internationale", die Deutschland, die Schweiz, Österreich, die Niederlande, Schweden, Italien und Polen umschloß. Nach dem 1. Weltkrieg waren die c. G. im christl.-nat. „Dt. Gewerkschaftsbund" bestimmend. 1949 gingen die 1933 aufgelösten c. G. in dem als Einheitsgewerkschaft 1949 neugegr. „Dt. Gewerkschaftsbund" (DGB) auf. Interne Spannungen im DGB führten 1955 zur Neugründung der „Christl. Gewerkschaftsbewegung Deutschlands" (CGD), seit 1959 „Christl. Gewerkschaftsbund Deutschlands" (CGB) mit 17 Berufsgewerkschaften und 297 000 Mgl.; weltweiter Zusammenschluß ist der „Internat. Bund C. G." (IBCG).

christliche Kunst ['krɪst...], jede dem Christentum verpflichtete bildende Kunst; sie existiert seit etwa 200 (↑ frühchristliche Kunst). Immer ein Teil der künstler. Entwicklung des Volkes, der Kultur- oder Kunstlandschaft, in der sie sich findet, ist sie nur vom Inhalt her als christl. zu bestimmen; einen christl. Stil dagegen gab es nie.

christliche Literatur ['krɪst...], 1. im engsten Sinn: das Schrifttum, das zum Zwecke der Glaubensunterweisung, der Mission oder der Glaubensverteidigung die Inhalte christl. Glaubens darlegt oder zum christl. Leben anleitet; 2. in einem weitergefaßten Sinn auch die Dichtung mit christl. Thematik aus Bibel, Heiligenviten und Legende (z. B. geistl. Spiele); 3. im weitesten Sinn auch Schrifttum unterschiedlichster Thematik oder Gattung, das aus christl. Verständnis von Welt und Mensch entstanden ist.

christliche Parteien ['krɪst...], seit dem 19. Jh. in Reaktion auf Säkularisierung, Liberalisierung und Demokratisierung zunächst in Europa entstandene konfessionelle Parteien. Der anfängl. dominierende Charakter der c. P. als konfessionell-kirchl. Interessenvertretungen trat im 20. Jh. zugunsten einer Betonung gemeinsamer interkonfessioneller Interessen (bes. in der Auseinandersetzung mit Faschismus und Kommunismus) zurück. Das Ideal einer christl.[-ständ.] Staats- und Wirtschaftsgesellschaft wich der Anerkennung des modernen polit.-gesellschaftl. Pluralismus.

Die ersten bed. c. P. entwickelten sich im kath. Raum. Seit 1823 bildete sich in Irland eine kath. Partei mit nat. und sozialemanzipator. Charakter. In Deutschland kam es - nach Vorformen seit 1848 - in der Auseinandersetzung mit dem Liberalismus 1869 zur Gründung kath. Parteiorganisationen in Baden (Kath. Volkspartei) und Bayern (Patriotenpartei) und 1870 zur Bildung des Zentrums (in Bayern 1918 Gründung der Bayer. Volkspartei), das bis zu seiner Auflösung 1933 die bedeutendste c. P. war. In Österreich-Ungarn wurde 1891 die Christlichsoziale Partei gegr., in der Schweiz 1894 die kath. Konservative Volkspartei, in den Niederlanden 1896 die Röm.-Kath. Staatspartei. Infolge des päpstl. Verbots polit. Tätigkeit für die italien. Katholiken 1868 kam es in Italien erst 1918 zur

Gründung des Partito Popolare Italiano, der 1926 von den Faschisten aufgelöst wurde und seit 1941/43 in der Democrazia Cristiana eine Nachfolgeorganisation fand. In Frankr. entwickelte sich erst aus der Résistance des 2. Weltkrieges heraus eine c. P., der Mouvement Républicain Populaire. In Lateinamerika entstanden c. P. nur in Ländern mit entwickeltem Vielparteiensystem (Chile, Kolumbien, Venezuela). Auf prot. Seite kam es bes. im Kalvinismus zur Bildung c. P., so in den Niederlanden 1879 der Anti-Revolutionaire Partij, 1908 der Christelijk-Historische Unie. Erste Parteibildung des dt. Protestantismus war 1878 die Christlichsoziale Arbeiterpartei, die 1896 ihren linken Flügel an den Nationalsozialen Verein verlor. Unter den heute bestehenden c. P. nehmen die CDU, die CSU und die ↑ Christen Democratisch Appèl als bikonfessionelle Parteien eine Sonderstellung ein.

📖 *Buchheim, K.:* Gesch. der c. P. in Deutschland. Mchn. ²1966.

Christliche   Pfadfinderschaft Deutschlands ['krɪst...] ↑ Pfadfinder.

christliche Philosophie ['krɪst...], Grundrichtung abendländ. Denkens und Philosophierens. Ausgehend von philosoph. Traditionen (u. a. des Platonismus und Aristotelismus) bzw. Wissenschaftspositionen der jeweiligen Gegenwart setzte sich die c. P. auseinander mit den Aussagen christl. Glaubens und christl. Theologie über Gott, den Logos, die Welt (Schöpfung), den Menschen und seine Geschichte (Heils- und Weltgeschichte). - Die innere wissenschafts- und erkenntnistheoret. Problematik c. P. besteht darin, daß sie zwei grundsätzl. nicht miteinander zusammenhängende Bereiche, den des Glaubens bzw. der Offenbarung und den der Vernunft, (weltimmanenten) Wissens und Erfahrung, zu einer widerspruchsfreien Einheit und Synthese verbinden müßte.

Geschichte: Grundlage der c. P. zur Zeit des frühen Christentums war der Platonismus und der Neuplatonismus. Enge sachl. und formale Berührungen bes. im Gottes- und Logosbegriff trugen zur Entwicklung der trinitar. und christolog. Dogmas bei. Zur ersten Begegnung mit der antiken Philosophie kam es z. Z. der Apologeten, die teils durch Harmonisierungsbestrebungen (Justinus, Minucius Felix), teils durch Zurückweisung (Tatian, Tertullian) bestimmt war. In Reaktion auf den Gnostizismus lehnte insbes. Irenäus von Lyon jede philosoph. Vermittlung christl. Glaubens ab. Nach ersten Ansätzen in der alexandrin. Schule (Klemens, Origenes) baute Augustinus in seinem philosoph.-theolog. Denkgebäude eine c. P. auf, die den Höhepunkt und Abschluß dieser Periode darstellte und im Augustinismus im MA, z. T. sogar bis in die Neuzeit (z. B. bei Descartes), weiterwirkte. - Die Scholastik war gekennzeichnet durch eine zunehmend schärfere Unterscheidung von Philosophie und Theologie und durch Verwendung aristotel. Methode und aristotel. Denkelemente. Anselm von Canterbury leitete in Anknüpfung an Augustinus mit der Forderung der philosoph. Durchdringung und Auslegung der Glaubensaussagen dabei eine neue Phase der c. P. des MA ein: Als Kriterium galt die Vereinbarkeit mit dem Glauben. Abälard gestand der Vernunft eine selbständige Entscheidungsbefugnis in Zweifelsfällen zu. Thomas von Aquin unterschied zwei Erkenntnisquellen: die der Vernunft bzw. der Philosophie (Lumen naturale) und die der Theologie (Lumen supranaturale) und entwickelte auf dieser Grundlage seine Synthese christl.-aristotel. Philosophie und Theologie. - In der Neuzeit sind die Grenzen zw. christl. und säkularer Philosophie häufig nicht scharf zu ziehen. Scholast. Denken wurde bis ins 18. Jh. fortentwickelt (Suárez; Melanchthon). Descartes und Leibniz suchten die Übereinstimmung ihrer Philosophie mit christl. Denken. Bei Pascal, der - in Hinwendung zur konkreten menschl. Existenz - die „Logik des Herzens" (Liebe, Glaube) zum Erkenntnisprinzip erhebt, werden Denkansätze sichtbar, die bei Kierkegaard und M. Scheler wieder ins Bewußtsein treten. Der dt. Idealismus ist wie die Existenzphilosophie (Jaspers, Heidegger) ohne die christl. Denktradition nicht denkbar.

$\square$ *Löwith, K.: Weltgesch. u. Heilsgeschehen. Stg. ⁷1979. - McGiffert, A. C.: A history of Christian thought. New York Neuaufl. 1965. 2 Bde. (mit Bibliogr.).*

Christlicher Gewerkschaftsbund Deutschlands ['krıst...] ↑ christliche Gewerkschaften.

Christlicher Verein Junger Männer ['krıst...], Abk. CVJM, freie Vereinigung der ev. Jugend; gegr. 1844 von G. Williams in London als *Young Men's Christian Association* (Abk. YMCA). Ziel des CVJM ist es, eine christl. orientierte Gemeinschaft unter jungen Menschen zu pflegen; betont wird das soziale Engagement. Sitz des Weltbundes der YMCA ist Genf, Sitz der dt. Zentrale des CVJM ist Kassel.

Christliche Volkspartei ['krıst...], Abk. CVP, 1945 gegr. saarländ. Partei, die ein von Deutschland unabhängiges und im frz. Protektorat stehendes Saarland propagierte und sich für enge wirtsch. und kulturelle Kontakte mit Frankr. einsetzte; hatte 1946-55 die absolute Mehrheit der Wählerstimmen im Saarland; schloß sich 1965 der CDU an.

Christliche Welt ['krıst...], Abk. CW, prot. Zeitschrift, 1886-1941, von M. Rade, F. Loofs u. a. gegr., spielte eine bed. Rolle im sog. „Freien Protestantismus"; befaßte sich auch mit sozialen Fragen.

Christliche Wissenschaft ['krıst...] ↑ Christian Science.

Christlichsoziale Arbeiterpartei ['krıst...] (1881-1918 Christlichsoziale Partei), 1878 von A. Stoecker in Berlin gegr. konservativ-soziale dt. Partei; 1881-96 selbständige Gruppe in der Dt. Konservativen Partei; nach Neugründung 1896 nahezu bedeutungslos; ging 1918 in der DNVP auf.

christlich-soziale Bewegungen ['krıst...], im 19. Jh. in den christl. Kirchen als Antwort auf die sozialen Probleme im Übergang zur Industriegesellschaft entstandene Bewegungen. 1. Erste theoret. Ansätze zu einem *sozialen Katholizismus* finden sich seit den 1830er Jahren bei F. von Baader. F. J. von Buß und P. F. Reichensperger kritisierten bes. die ungebundene Konkurrenzwirtschaft mit ihren Folgen und forderten staatl. Unterstützung von Handwerk und Landw., Arbeitsschutz, Sozialversicherung, Dezentralisation der Kapitalien und Maschinen, Wiederherstellung des „korporativen Geistes". 1849 gründete A. Kolping den ersten kath. Gesellenverein. Seit 1864 entstanden die v. a. von W. E. von Ketteler geprägten christl.-sozialen Arbeitervereine. Seit 1880 kam es zu einer bed. kath. Sozialbewegung. Bes. die seit 1891 in verschiedenen päpstl. Enzykliken formulierte kath. Soziallehre hat den sozialen Katholizismus geprägt. Dieser ist bis heute in kath. Verbänden wie auch in den Sozialausschüssen der CDU wirksam. 2. Der *soziale Protestantismus* begann im 19. Jh. in Deutschland unter pietist. Einfluß mit der Gründung von „Rettungsanstalten" u. a. für Waisen, Arbeitslose und mit der Erneuerung der weibl. Diakonie. 1848 forderte J. H. Wichern die „christl.-soziale Aufgabe" für die „Innere Mission". Sein „christl. Sozialismus" sollte die sittl. und sozialen Verhältnisse verbessern und die Revolution bekämpfen. Ev.-soziale Parteibildungen waren 1878 die Christlichsoziale Arbeiterpartei und 1896 der Nationalsoziale Verein. Im 20. Jh. ist der soziale Protestantismus theolog. vertieft und nach 1945 in der EKD institutionell verankert worden (z. B. Kammer für soziale Ordnung, Ev. Akademien, Sozialakademien). Die Vielfalt der im 19. Jh. in Europa entstandenen c.-s. B. konzentriert sich seit 1945 v. a. in der ökumen. Arbeit.

$\square$ *Budde, H.: Hdb. der c.-s. B. Recklinghausen 1967.*

Christlichsoziale Partei ['krıst...], Abk. CP, östr. kath. Partei, gegr. 1891, entstanden aus einem Zusammenschluß des Christl. Sozialen Vereins und des konservativen Liechtensteinclubs mit kleinbürgerl. Gruppen um K. Lueger; 1907-11 stärkste Fraktion im Reichsrat; vertrat die antiliberale und protektionist. Politik; erste größere antisemit. Partei Europas; 1919-34 bedeutendste Partei Österreichs (bedeutendste Politiker: Prälat I. Seipel, Bundeskanzler 1922-24 und 1926-29); unter dem wachsenden Einfluß der Heimwehren ging die CP in den 1930er Jahren immer mehr zu einem autoritären Kurs über; 1934 von ihren Führern aufgelöst; die Mgl. wurden der „Vaterländ. Front" angeschlossen, die sich zum Sammelbecken der Gegner von NSDAP und Anschluß entwickelte.

Christlich-Sozialer Volksdienst [ˈkrɪst...], Abk. CSVD, 1929 gegr. prot. konservative Partei; ging aus verschiedenen, seit 1924 sich zusammenschließenden prot. Vereinigungen hervor; errang 1930 14 Mandate und hatte während der Regierung Brüning, die der CSVD unterstützte, einigen Einfluß auf die Reichspolitik; strebte einen autoritären Staat an; 1933 freiwillige Gleichschaltung und Selbstauflösung.

Christlich-Soziale Union [ˈkrɪst...], Abk. CSU, 1945/46 als christl.-konservative Partei von A. Stegerwald, F. Schäffer, J. Müller und A. Hundhammer in Bayern gegründet. Stellt sich bisher nur in Bayern zur Wahl und bildet mit der CDU im Bundestag eine gemeinsame Fraktion, die sie erhebl. Einfluß hat. Insgesamt konservativer als die CDU, vertritt die CSU u.a. folgende Grundsätze: Betonung des Föderalismus, Schutz der Familie und des Eigentums, Förderung der Klein- und Mittelbetriebe. Außer 1954-57 führte die CSU stets die bayr. Landesregierung. Die Wochenzeitung „Bayernkurier" ist das publizist. Organ der CSU, die 1980 172 000 Mgl. hatte und bei der Bundestagswahl 1980 mit F. J. Strauß den (unterlegenen) Kanzlerkandidaten von CDU/CSU stellte. Stimmenanteile bei Bundestagswahlen (in % des Bundesergebnisses): 1949 5,8 %, 1953 8,8 %, 1957 10,5 %; 1961 9,6 %; 1965 9,6 %; 1969 9,5 %; 1972 9,7 %; 1976 10,6 %; 1980 10,3 %; 1983 10,6 %, 1987 9,8 %. Vors.: H. Ehard, ab 1955 H. Seidel, seit 1961 F. J. Strauß.

Christmas [engl. ˈkrɪsməs], Kurzwort Xmas, im Engl. urspr. svw. Christmesse, dann Bez. für Weihnachten und die ganze Weihnachtszeit bis zum 6. Januar; **Christmas Day**, der erste Weihnachtsfeiertag (25. Dez.), **Christmas Eve**, Heiliger Abend.

Christmas Island [engl. ˈkrɪsməs ˈaɪlənd], austral. Insel im östl. Ind. Ozean, 18 km lang, bis 8 km breit, bis 357 m ü. d. M.; Abbau von Kalkphosphat. - Wurde am Weihnachtsabend 1643 entdeckt; 1888 von Großbrit. annektiert, 1958 an Australien abgetreten.

C. I., Koralleninseln der Line Islands im zentralen Pazifik, 50 km lang, 8-25 km breit; Kokospalmplantagen. - Am 24. Dez. 1777 von James Cook entdeckt; 1956, 1958 und 1962 Kernwaffenversuche. Als Kiritimati seit 1979 Teil von ↑ Kiribati.

Christmette [ˈkrɪst...], eigtl. die Matutin (dt. Mette) des kath. Stundengebets zu Weihnachten. Die C. wird heute - auch in manchen ev. Kirchen - zw. den Abendstunden des Hl. Abends und den Morgenstunden des 1. Weihnachtstages gefeiert.

Christo [engl. ˈkrɪstoʊ], eigtl. C. Javacheff, * Gabrowo 13. Juni 1935, amerikan. Künstler bulgar. Herkunft. - Wurde bekannt durch „Verpackungen" vom Möbel über Großgebäude, Straßenzüge bis zum Küstenabschnitt, dann den 380 m breiten Vorhang durch ein Coloradotal (1972) und den „Running fence" (laufender Vorhang) in Kalifornien (1976).

Christoff, Boris [ˈkrɪstɔf], * Plowdiw 18. Mai 1918, bulgar. Sänger (Baß). - V. a. Interpret russ. („Boris Godunow"), italien. und frz. Opernpartien sowie von Liedern.

Christologie [ˈkrɪs...; griech.], die Lehre der christl. Kirchen von ↑ Jesus Christus.

Christoph (Christof) [ˈkrɪstɔf], männl. Vorname, griech. Ursprungs, eigtl. „Christusträger"; engl. Form: **Christopher**.

Christoph, Name von Herrschern:
Dänemark:
C. III., * 26. Febr. 1418, † Hälsingborg 5. oder 6. Jan. 1448, Pfalzgraf bei Rhein, König von Dänemark, (als C. I.) von Schweden und Norwegen. - 1439 vom dän. Reichsrat zum Reichsvorstand und 1440 zum König gewählt (1441 in Schweden, 1442 in Norwegen); bestätigte 1442 eine neue Fassung des schwed. Landrechts (**Kristofers landslag**).
Württemberg:
C., * Urach 12. Mai 1515, † Stuttgart 28. Dez. 1568, Herzog (seit 1550). - Sohn Herzog Ulrichs; erließ als Lutheraner die sog. Große Kirchenordnung von 1559, förderte das Schulwesen, unterstützte die Protestanten in Italien, Österreich und Ungarn, bemühte sich um Ausgleich zw. den prot. Parteien und um Annäherung an den Katholizismus.

Christophe, Henri [frz. kriˈstɔf], * auf Grenada (Kleine Antillen) 16. Okt. 1767, † Port-au-Prince (Haiti) 8. Okt. 1820, König von Haiti. - Urspr. Sklave; später zum General ernannt; wurde nach Ermordung von Dessalines 1807 Präs.; ließ sich 1811 als **Henri I.** zum König krönen, beherrschte aber nur den NO der Insel; verfiel in Größenwahn und beging, als die Bev. sich gegen ihn erhob, Selbstmord.

Christophorus [krɪs...; griech. „Christusträger"], legendärer, unhistor. Märtyrer aus der Ostkirche; im Abendland als Träger des Christuskindes verehrt. Der Überlieferung zufolge soll er unter Kaiser Decius (☒ 249-251) hingerichtet worden sein. Sein Kult ist schon für die Jahre 450-52 durch Bau und Weihe einer C.kirche in Chalkedon bezeugt. Nach dem 2. Vatikan. Konzil wurde sein Name aus der Liste der kanon. Heiligen im „Calendarium Romanum" (1969) gestrichen. - Die Legende geht auf die „Acta Bartholomaei" (5. Jh.) zurück. Im 12. Jh. entwickelte sich in Süddeutschland die bekannte Christusträgerlegende: C. trägt das Christuskind über einen Fluß, wird von der Last des Kindes unter Wasser gedrückt und getauft.

Das Legendenmotiv wurde von der bildenden Kunst immer wieder behandelt. Die Popularität des Heiligen bezeugen großflächige Außenwandfresken an Kirchen, bes. des alpenländ. Raumes. Im Volksglauben ist C. als vielseitiger Schutzpatron bekannt. Das Spät-MA zählte ihn zu den 14 ↑Nothelfern. C. gilt als Patron der Pilger, Reisenden, Fuhrleute, Schiffer, Kraftfahrer (seit etwa 1900), Gärtner sowie gegen den „jähen Tod", die Pest, Augenleiden u. a. - Fest: 25. Juli (orth. Kirche: 9. Mai). - Abb. S. 314.

Christophskraut ['krıs...; nach Christophorus] (Actaea), Gatt. der Hahnenfußgewächse mit etwa 7 Arten auf der nördl. Halbkugel; Stauden mit kleinen weißen Blüten in aufrechten Trauben und mehrsamigen Beerenfrüchten. - In M-Europa kommt nur das **Ährige Christophskraut** (Actaea spicata) mit 30–60 cm hohen Stengeln, 2–3 fach gefiederten Blättern und schwarzen Beeren vor.

Christrose ['krıst...] (Schneerose, Schwarze Nieswurz, Helleborus niger), geschütztes Hahnenfußgewächs in den Kalkalpen, Karpaten und im Apennin, mit weißen, später purpurfarben getönten Blüten; als Gartenpflanze blüht die C. oft schon im Dezember.

Christstollen ['krıst...] ↑Stollen.

Christ und Welt [krist], 1971 mit der „Deutschen Zeitung" zusammengelegt, ging 1979 im „Rheinischen Merkur" auf (↑Zeitungen [Übersicht]).

Christus ['krıstʊs; griech.-lat. „der Gesalbte"] ↑Jesus Christus.

Christus, Petrus ['krıstʊs], * Baarle (Nordbrabant) um 1420, † Brügge 1472 oder 1473, niederl. Maler. - Vermutl. Schüler Jan van Eycks, dessen maler. und perspektiv. Techniken er weiterentwickelte (poesievolle Landschaftshintergründe und genrehafte Beifügungen). Werke u. a. in Berlin-Dahlem; Hauptwerk: „Hl. Eligius" (New York, Sammlung R. Lehmann).

Christusbild ['krıstʊs...], das erste C. ist für gnost. Sekten bezeugt. Nachdem im 3. Jh. Christussymbole übl. geworden waren, begannen um 300 Versuche, ein ideales C. zu schaffen. Nach 350 kamen zwei Grundtypen auf, ein Jüngling, meist langhaarig, und ein Mann mit kurzem Vollbart und langem Haar für den himml. Christus (vom 5. Jh. an auch in Passionsszenen), der seit dem 6. Jh. vorherrschende Typus. In Byzanz stand der Allherrscher („Pantokrator") im Mittelpunkt; auch in der abendländ. Romanik war der König und Herrscher der Welt Hauptaspekt („Majestas Domini", der thronende Christus in der Mandorla). In der Gotik herrschte der Passions-Christus eindeutig vor (neben dem Kruzifix der Schmerzensmann sowie Christus in der Rast). Seit der Renaissance wirkte sich die Wiederentdeckung des schönen Körpers

aus. Barock und Rokoko betonten den Himmelskönig, daneben den Menschen Jesus. Dem 20. Jh. ist der Passions-Christus näher. Schon früh wurde Christus als Kind dargestellt, in der Geburt Christi und in der Heiligen Familie.

Christusdorn ['krıstʊs...] (Euphorbia splendens), Wolfsmilchgewächs auf Madagaskar, in den Tropen und Subtropen als Heckenpflanze weit verbreitet; bis 2 m hoher Strauch mit kurzgestielten Blättern, schwarzbraunen Dornen und kleinen, gelben, in Trugdolden stehenden Scheinblüten, die jeweils von einem Paar zinnoberroter oder hellgelber Hochblätter umgeben sind.

Christus-Johannes-Gruppe ['krıstʊs], Andachtsbild (Christus und Johannes der Abendmahlsszene); meist unterlebensgroße Holzbildwerke, aber auch Miniaturen und Glasgemälde des 13.–16. Jh.

Christusbild. Kopf des gekreuzigten Christus (12. Jh.). Cappenberg, Klosterkirche

Christusmonogramm ['krıstʊs...] (Christogramm), zusammengefügt aus den großen griech. Anfangsbuchstaben des Namens Christus (XP); es erscheint seit dem 3. Jh. und wird häufig ergänzt durch ↑Alpha und Omega. Im 15. Jh. verbreitete Bernhardin von Siena das aus den griech. Anfangsbuchstaben des Namens Jesus gebildete Zeichen IHS (auch gedeutet als „Iesus hominum salvator" [Jesus, Erlöser der Menschen], volksetymolog. als „Jesus, Heiland, Seligmacher").

Christusmystik [ˈkrɪstʊs...] ↑ Mystik.

Christusorden [ˈkrɪstʊs...], portugies. Ritterorden, 1317 nach Auflösung des Templerordens gestiftet und mit dessen Gütern ausgestattet; von bes. Bed. für die portugies. Kolonisation; 1797 säkularisiert.

◆ päpstl. Auszeichnung, ↑ Orden.

Chrodegang [ˈkro:...], hl., * im Haspengau um 715, † Metz 6. März 766, Bischof von Metz (seit 742). - Gehört mit Bonifatius zu den Reformern der karoling.-fränk. Kirche.

Chrom [kro:m; zu griech. chrõma „Farbe"], chem. Symbol Cr, metall. Element aus der VI. Nebengruppe des Periodensystems der chem. Elemente; Ordnungszahl 24, mittlere Atommasse 51,996, sehr hartes und sprödes Gebrauchsmetall, Mohshärte 7 bis 9, Dichte 7,2 g/cm³, Schmelzpunkt 1857 °C, Siedepunkt 2672 °C. Es kommt (außer als Bestandteil von Meteoriten) in der Natur nicht gediegen vor. Wichtigstes Erz ist der ↑ Chromit. Verwendet wird C. v.a. als Legierungsbestandteil korrosionsbeständiger C.stähle und als Oberflächenschutz. In seinen Verbindungen tritt C. zwei-, drei-, vier-, fünf- und v.a. sechswertig auf. Metall. C. ist wegen seiner Unlöslichkeit prakt. ungiftig, und auch die dreiwertigen C.verbindungen zeigen keine tox.

Christophorus. Holzschnitt von Lucas Cranach d. Ä. (1509)

Wirkung. Äußerst giftig sind dagegen alle 6-wertigen C.verbindungen. Die Chrom(III)-salze finden Verwendung als Beiz- und Ätzmittel in der Färberei und Gerberei (C.leder). Die **Chromate(VI)** sowie die Dichromate von der allg. Formel $Me_2Cr_2O_7$ dienen als Oxidationsmittel. Einige Chromate(VI) werden als Gelbpigmente verwendet (↑ Chromgelb). Die Gesamtförderung an C.erzen betrug 1984 9,496 Mill. t. Hauptförderländer waren Südafrika (3,006 Mill. t), Sowjetunion (2,994 Mill. t), Albanien (871 000 t; geschätzt), Türkei (608 000 t), Simbabwe (454 000 t).

chromaffin [krom-a...; griech./lat.], mit Chromsalzen anfärbbar; gesagt von Zellen (v. a. im Mark der Nebennieren, in den Paraganglien an der Gabelung der Kopfschlagader) in histolog. Präparaten, die sich nach Behandlung mit kaliumdichromathaltigen Reagenzien braun färben.

chromat..., Chromat... ↑ chromo..., Chromo...

Chromate [kro...; griech.] ↑ Chrom.

Chromatiden [kro...; griech.] ↑ Chromosomen.

Chromatik [kro...; zu griech. chrõma „Farbe"], die „Verfärbung" (↑ Alteration) diaton. Tonstufen, d.h. der Ersatz einer diaton. Stufe (↑ Diatonik) durch einen oberen oder unteren Halbton. Urspr. neben Diatonik und ↑ Enharmonik Grundlage des griech. Tonsystems, wurde die C. in der abendländ. Musik seit der Mitte des 16. Jh. als Mittel der Textausdeutung bedeutsam und führte im 19. Jh. zur chromat. Alterationsharmonik (R. Wagner). In der atonalen Musik verliert sie ihren Sinn, da hier der qualitative Unterschied von diaton. und chromat. Tonstufen aufgehoben ist. **Chromat. Tonleiter**, die aus 12 gleichen Halbtönen innerhalb der Oktave gebildete Tonleiter.

Chromatin [kro...; griech.], der mit Kernfarbstoffen anfärbbare Teil des Zellkerns während der ↑ Interphase.

chromatische Aberration [kro...] ↑ Farbfehler.

chromato..., Chromato... ↑ chromo..., Chromo...

Chromatogramm [kro...], Schaubild, das bei der chromatograph. Stofftrennung entsteht und das qualitative und quantitative Trennergebnis in Form von Kurvenzügen, Zahlenkolonnen oder Farbflecken sichtbar macht.

Chromatographie [kro...], Verfahren zur Trennung eines Stoffgemisches, wobei durch wiederholte Verteilung des Stoffgemisches in einer relativ großen Grenzschicht zw. zwei nicht mischbaren, gegeneinander bewegten Phasen mit Hilfsstoffen die verschiedenen Bestandteile unterschiedl. stark in ihrer Bewegung gehemmt (verzögert) und so getrennt werden. Analysenverfahren sind die ↑ Dünnschichtchromatographie, die ↑ Gaschromatographie, die ↑ Papierchromatographie und die ↑ Säulenchromatographie.

Chromatophoren [kro...; griech.], (Farbstoffträger) bei *Tieren* pigmentführende Zellen der Körperdecke (bei Krebsen, Tintenfischen, Fischen, Amphibien, Reptilien), die den ↑ Farbwechsel dieser Tiere bewirken.
◆ bei *Pflanzen* ↑ Plastiden.

Chromatopsie [kro...; griech.], Sehstörung, bei der ungefärbte Gegenstände in bestimmten Farbtönen, aber auch Farbtöne bei geschlossenen Augen (subjektiv) wahrgenommen werden.

Chromatose [kro...; griech.] (Dyschromie), Sammelbez. für krankhafte Farbveränderungen der Haut, hervorgerufen durch abnorme Ablagerung verschiedener Pigmente.

Chrombeizen ['kro:m...], in der Färberei und Zeugdruckerei verwendete Chromverbindungen; machen Färbungen bes. echt; bei Lodenstoff wird die wasserabweisende Wirkung durch Chrombeizen erreicht.

Chromdioxid ['kro:m...] ↑ Chromoxide.

Chromfarbstoffe ['kro:m...], eine Gruppe von Beizenfarbstoffen, die mit Chromsalzen naßechte, gut haftende, waschechte Farblacke auf Fasern bilden.

Chromgelb ['kro:m...] (Bleichromat), gelbes Pigment (für Ölfarben, Drucke und Lacke), chem. $PbCrO_4$, meist vermischt mit Bleisulfat.

Chromgerbung ['kro:m...] ↑ Leder.

Chromgrün ['kro:m...] (Deckgrün, Russischgrün), Mischfarbe aus ↑ Chromgelb mit ↑ Berliner Blau.

Chromit [kro...; griech.] (Chromeisenerz, Chromeisenstein), in fast undurchsichtigen, bräunl.-schwarzen Aggregaten auftretendes Mineral, $(Fe,Mg)Cr_2O_4$; wichtigstes Chromerz; Mohshärte 5,5; Dichte 4,5 bis 4,8 g/cm^3; größere Lagerstätten in Südafrika.

Chromleder ['kro:m...], mit Chromsalzen gegerbtes Leder.

Chromnickelstahl ['kro:m...], nicht rostender, kaum magnetisierbarer und sehr korrosionsbeständiger Stahl mit etwa 18 % Chrom und mindestens 8 % Nickel.

chromo..., Chromo... (chromato..., Chromato...; vor Vokalen und h meist: chrom..., Chrom...; chromat..., Chromat...) [kro:mo...; griech.], Bestimmungswort mit der Bed.: „Farbe", „Pigment", z. B. Chromosom.

Chromogene [kro...; griech.] ↑ Farbstoffe.

Chromomeren [kro...; griech.], anfärbbare Verdichtungen der Chromosomenlängsachse.

Chromoplasten [kro...] ↑ Plastiden.

Chromoproteide [kro...], zusammengesetzte Eiweißstoffe, die neben der Proteinkomponente eine nichtproteinartige Gruppe enthalten, die Farbstoffcharakter besitzt; z. B. Hämoglobine und andere Blutfarbstoffe, Fla-voproteide, Katalasen, Peroxidasen, der Sehfarbstoff Rhodopsin und die Chlorophyll-Protein-Komplexe.

Chromosomen [kro...; griech. eigtl. „Farbkörper" (so ben., weil C. durch Färbung sichtbar gemacht werden können)] (Kernschleifen), fadenförmige Gebilde im Zellkern jeder Zelle (mit Ausnahme der Prokaryonten - Bakterien und Blaualgen -), die die aus DNS bestehenden Gene tragen und für die Übertragung der verschiedenen, im Erbmaterial festgelegten Eigenschaften von der sich teilenden Zelle auf die beiden Tochterzellen verantwortl. sind. Chem. gesehen bestehen sie hauptsächl. aus kettenartig hintereinandergeschalteten, die DNS-Stränge bildenden Nukleotiden, bas. Proteinen (↑ Histone) und nicht bas. Proteinen mit Enzymcharakter. Vor jeder Zellteilung werden die C. in Form ident. Längseinheiten (**Chromatiden**) verdoppelt (ident. redupliziert). Während der Kernteilungsphase verdichten sie sich durch mehrfache Spiralisation zu scharf begrenzten, durch bas. Farbstoffe anfärbbaren, unter dem Mikroskop deutl. sichtbaren Gebilden. Die Längseinheiten werden dann bei der Kernteilung voneinander getrennt und exakt auf die beiden Tochterkerne verteilt. - Die Gesamtheit der C. eines Kerns bzw. einer Zelle heißt **Chromosomensatz**. Man unterscheidet normale C. *(Autosomen)* und Geschlechts-C. *(Heterosomen)*. Meist sind von jedem C. zwei ident. Exemplare im Zellkern jeder Zelle vorhanden. Diese beiden C. eines Paares werden *homologe C.* genannt.

Chromosomenzahlen (2 n) verschiedener Lebewesen		
Pflanzen		Tiere
Natternzunge	1 260	Ruhramöbe 12
Streifenfarn	144	Pferdespulwurm 2
Birke	28	Fruchtfliege 8
Apfelbaum	34	Karpfen 104
Himbeere	14	Taube 16
Kartoffel	48	Huhn 78
Mais	20	Kaninchen 44
Hafer	42	Schwein 40
		Rind 60
		Schaf 54
		Pferd 66
		Hund 78

Die diploiden Körperzellen des Menschen enthalten 46 C., die sich nach Form und Genbestand in 22 Autosomenpaare (Chromosom 1–22, aufgeteilt in die Gruppen A–G) und ein Paar Geschlechts-C. (XX bei der Frau, XY beim Mann) unterteilen lassen. Die durch Reduktionsteilung entstehenden (haploiden) Keimzellen (Eizellen, Spermien) enthalten 22 Autosomen und 1 Geschlechts-C. (X- oder Y-Chromosom). - Über die Anordnung der DNS-Moleküle im C. existieren bislang nur Hypothesen (Vielstranghypothese, Einstranghypothese). - Die graph. Darstellung der Gen-

Chromosomenaberration

orte mit der Angabe der Reihenfolge der Gene auf einem C. und ihre relativen Abstände zueinander heißt **Chromosomenkarte.** Die Werte erhält man u. a. aus der Häufigkeit des Faktorenaustauschs zw. gekoppelten Genen.

Die Prokaryonten besitzen als C.äquivalent ein Nukleoid, auf dem die Gene in linearer Aufeinanderfolge angeordnet sind. Bei Viren liegt die Erbinformation in Form von einfachen oder (meist) doppelten DNS- oder RNS-Fäden vor.

📖 Nagl, W.: C. Hamb. u. Bln ²1980. - C.praktikum. Hg. v. F. Göltenboth. Stg. 1978. - Murken, J. D., u. a.: Die C. des Menschen. Mchn. 1973.

Chromosomenaberration [kro...] (Chromosomenmutation), Veränderung in der Chromsomenstruktur durch Verlust, Austausch oder Verdopplung eines Chromosomenstückes als Folge eines ↑ Crossing-over an nicht homologen Stellen (illegitimes Crossing-over) innerhalb eines Chromosoms oder zw. homologen oder nichthomologen Chromosomen. Durch eine C. werden v. a. die Reihenfolge, die Anzahl oder die Art (bei Austausch zw. nichthomologen Genen) der Gene auf einem Chromosom verändert.

Chromosomenanomalien [kro...], durch Genom- oder Chromosomenaberration entstandene Veränderungen in der Zahl (numerische C.) oder Struktur (strukturelle C.) der ↑ Chromosomen, die sich als Komplex von Defekten äußern können und beim Menschen die Ursache für viele klin. Syndrome bilden. Da mindestens 0,5 % aller Neugeborenen C. aufweisen, kommt ihnen große Bed. in der modernen Medizin zu (↑ Chromosomendiagnostik). - Numerische C. entstehen durch Fehlverteilung eines Chromosoms bei einer Zellteilung. Daraus resultiert eine Monosomie (Fehlen eines von zwei homologen Chromosomen) oder Trisomie (ein Chromosom liegt statt als Paar in dreifacher Form vor). Individuen mit Monosomie sind i. d. R. nicht lebensfähig. Die Monosomie eines X-Chromosoms (XO) führt beim Menschen zum ↑ Turner-Syndrom. Häufige Trisomien sind das ↑ Klinefelter-Syndrom (XXY) und das Down-Syndrom (↑ Mongolismus), dem eine Trisomie des Chromosoms Nr. 21 zugrunde liegt. Weitere Trisomien sind die Trisomie

Chromosomen. Männlicher (links) und weiblicher (rechts) Chromosomensatz des Menschen

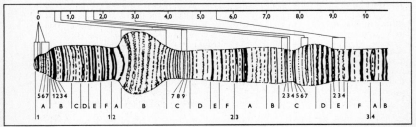

Chromosomen. Zytologische Chromosomenkarte anhand eines Endabschnitts des X-Chromosoms (Riesenchromosom) aus einer Speicheldrüsenzelle der Taufliege mit der topographischen Einteilung und mit Angabe der Bereiche (oben), innerhalb deren die Rekombinationswerte aus der diesem Chromosom entsprechenden genetischen Chromosomenkarte liegen müssen. Die dunklen Bänder sind die Chromomeren

18, das ↑Edwards-Syndrom und die Trisomie 13, das ↑Pätau-Syndrom. Die Häufigkeit der Trisomien steigt an, wenn die Schwangere mehr als 35 Jahre alt ist. Strukturelle C. beruhen meistens auf einem Stückverlust eines Chromosoms oder auf dem Austausch von Bruchstücken zw. zwei verschiedenen Chromosomen. Der Verlust eines mittleren Chromosomenbruchstückes (Deletion) vom Chromosom Nr. 5 ist beim Menschen relativ häufig und führt zum Cri-du-chat-Syndrom (Schwachsinn, katzenartiges Schreien und verschiedene Mißbildungen). Eine häufige Form einer ↑Translokation ist die Fusion eines Chromosoms Nr. 21 mit einem Chromosom Nr. 22 oder einem Chromosom der Gruppe D (Robertsonsche Translokation). Das so entstandene Translokationschromosom führt zu einer vererbbaren Form des Mongolismus.

Chromosomendiagnostik [kro...], Feststellung von Chromosomenanomalien auf Grund zytolog. Befunde; wichtig für die Fam.beratung, um zu verhindern, daß mißgebildete Kinder geboren werden.

Chromosomenmutation [kro...], svw. ↑Chromosomenaberration.

Chromosphäre [kro...], eine Schicht der Sonnenatmosphäre; ihre Strahlung ist schwach und nur für die Dauer einer totalen Sonnenfinsternis als farbiger Saum sichtbar, wenn der Mond gerade die helle Photosphäre abdeckt.

Chromoxide ['kro:m...], Verbindungen des Chroms mit Sauerstoff; techn. Bed. besitzen das *Chrom(III)-oxid*, Cr_2O_3, in seiner amorphen Form als Pigment *(Chromoxidgrün)* und das stark ferromagnet. *Chrom(IV)-oxid* (**Chromdioxid**) zur Herstellung von Tonbändern. *Chrom(VI)-oxid* dient v. a. in der Galvanotechnik zum Verchromen sowie als Oxidations- und Bleichmittel.

Chrompigmente ['kro:m...], Chromverbindungen, die wegen ihrer Farbe, guten Deckkraft und leichten Streichbarkeit vielfach Verwendung als Pigmente finden (Chromgelb, Chromorange, Chromgrün, Chromoxidgrün und Chromoxidhydrat).

Chromschwefelsäure ['kro:m...], zur Reinigung von Glasgefäßen verwendetes Gemisch von Schwefelsäure und Chromtrioxid.

Chromstahl ['kro:m...], Stahl, dem Chrom zulegiert wurde zur Erhöhung von Festigkeit, Härte und Schneidkraft; hochwertiger Bau-, Werkzeug- und Dauermagnetstahl; bei polierter Oberfläche rostfrei, aber weniger chemikalienbeständig als ↑Chromnickelstahl.

chron..., Chron... ↑chrono..., Chrono...

Chronaxie [kro...; griech.], Zeitmaß für die elektr. Erregbarkeit von Muskel- oder Nervenfasern; Zeitspanne, in der ein elektr. Strom von der doppelten Intensität der Langzeitschwelle (↑Rheobase) auf eine Muskeloder Nervenfaser einwirken muß, um gerade noch eine Erregung hervorzurufen.

Chronik ['kro:nɪk; griech.; zu chrónos „Zeit"], Form der Geschichtsschreibung (bes. im MA und im 16./17. Jh.), die sachl. und ursächl. Zusammenhänge zw. den Ereignissen und chronolog. Phasen herzustellen versucht. C. gehen oft von den Anfängen (der Welt, des bestimmten Klosters, der bestimmten Stadt) aus und ordnen die Geschehnisse in den Rahmen der Heilsgeschichte ein. Die Grenzen zu den ↑Annalen und der ↑Historie sind fließend, die Begriffe wurden häufig synonym verwendet. - Die Fülle der überlieferten C. läßt sich ordnen: 1. nach der Sprache (lat. und volkssprachl. C.), 2. nach der Form (Prosa- oder Reimchroniken) und v. a. 3. nach dem Inhalt: Welt-, Kaiser-, Landes-, Kloster-, Städte- und Geschlechterchroniken. Im 14. Jh. kamen Bilder-C. auf, die die Berichte des Schreibers durch Darstellungen erläutern.

Chronikbücher [kro...], zwei Geschichtsbücher des A. T., wahrscheinl. um 300 v. Chr. niedergeschrieben; sie fassen die Zeit von Adam bis Saul genealog. zusammen und stellen ausführl. die Zeit Davids, Salomos und der Könige von Juda dar.

Chronique scandaleuse [frz. krɔnikskáda'lø:z], Sammlung von Skandal- und Klatschgeschichten einer Epoche oder eines bestimmten Milieus; zuerst Titel von J. de Roy um 1488 verfaßten Schrift über Ludwig XI. von Frankr. und die gesellschaftl. Zustände Mitte 15. Jh.

chronisch ['kro:nɪʃ; zu griech. chrónos „Zeit"], im Ggs. zu ↑akut sich langsam entwickelnd und lange dauernd.

Chronist [kro...; griech.], Verfasser einer Chronik; auch Bez. für jemand, der ein Ereignis o. ä. genau beobachtet und darüber berichtet.

chrono..., Chrono... (chron..., Chron...) [griech.], Bestimmungswort mit der Bed. „Zeit...", z. B. Chronometer.

Chronogramm [kro...], ein Satz in lat. Sprache, in dem hervorgehobene lat. Großbuchstaben als Zahlzeichen gelesen die Jahreszahl eines bestimmten histor. Ereignisses ergeben. In Versform als **Chronostichon** (ein Vers) oder als **Chronodistichon** (zwei Verse).

Chronograph des Jahres 354 [kro...], 354 n. Chr. entstandene Ausgabe eines für die Bev. Roms bestimmten Kalenderwerkes und Staatshandbuches; enthält einen Kalenderteil, Konsularfasten (509/508 v. Chr. bis 354 n. Chr.); Ostertafeln (312–354, ergänzt bis 411); eine Liste der röm. Stadtpräfekten (254–354); einen Katalog der Bischöfe Roms mit Angabe ihrer Amtsdauer (230–354), ein Verzeichnis ihrer Todestage (255–352) und der Märtyrer Roms; eine Weltchronik; eine Stadtchronik Roms (bis 325); eine Beschreibung der Stadtregionen Roms.

Chronologie [kro...] ↑Zeitrechnung.

chronologisch [kro...], zeitl. [geordnet].

Chronometer

Chronometer [kro...], transportable Uhr mit amtl. geprüfter und durch Prüfungszeugnis beglaubigter höchster Ganggenauigkeit, bes. für Astronomie, Schiffahrt. Die v. a. in der Seefahrt verwendeten *Box-C. (Schiffs-, Marine-, See-, Dosen-C.)* sind kardan. aufgehängt, so daß sich ihr Gehäuse stets horizontal einstellt.

Chronos ['krɔnɔs], bei den Griechen die Personifikation der Zeit. Durch die Namensähnlichkeit früh mit Kronos vermengt.

Chronostichon [kro...; griech.] ↑ Chronogramm.

chronotrop [kro...; griech.], die Frequenz der Herztätigkeit beeinflussend.

Chrotta ['krɔta] ↑ Crwth.

Nikita Sergejewitsch
Chruschtschow

Chruschtschow, Nikita Sergejewitsch [russ. xru'ʃtʃɔf], * Kalinowka (Gouv. Kursk) 17. April 1894, † Moskau 11. Sept. 1971, sowjet. Politiker. - Stieß 1918 zu den Bolschewiki; Mgl. des ZK der KPdSU (seit 1934) und des Politbüros (seit 1939), Erster Parteisekretär von Moskau (Stadt 1935–38, Gebiet 1949–53) und der Ukraine (1938–49, mit kurzer Unterbrechung 1947) und ZK-Sekretär (1949–53); im 2. Weltkrieg Politkommissar bei den sowjet. Streitkräften; 1943 Generalleutnant; nach dem Tod Stalins, zu dessen engerem Führungskreis er fast 20 Jahre gehörte, 1953 Erster ZK-Sekretär und - nach Ausschaltung der Malenkow-Molotow-Kaganowitsch-Gruppe 1957–1958 auch Min.präs.; versuchte, der sowjet. Innen- und Außenpolitik neue Impulse zu geben (v. a. Entstalinisierung), konnte seine weitgesteckten polit. Ziele aber nicht erreichen; auf Grund zunehmender wirtsch. Mißerfolge und der Verschärfung des Konflikts mit der VR China 1964 als Partei- und Reg.chef gestürzt (bei gleichzeitigem Verlust der Politbüro- und 1966 auch der ZK-Mitgliedschaft); lebte zurückgezogen als Pensionär in Moskau.

Chrysalis ['çry:...; griech.], svw. ↑ Puppe (bei Insekten).

Chrysander [çry...], Friedrich, * Lübtheen 8. Juli 1826, † Bergedorf (= Hamburg) 3. Sept. 1901, dt. Musikforscher. - Begründete die Händelforschung auf der Basis systemat. Quellenforschung mit seiner Händelbiographie (1858–67, nicht abgeschlossen) und der Händelgesamtausgabe (1858–94).

Chrysanthemen [çry..., kry...; griech.] (Winterastern), allg. Bez. für die als Zierpflanzen kultivierten Arten, Unterarten, Sorten und Hybriden aus der Gatt. Chrysanthemum († Wucherblume).

Chrysanthemum [çry...; griech.], svw. ↑ Wucherblume.

chryselephantin [çry...; griech.], in Goldelfenbeintechnik gearbeitet, d. h. eine Figur (Holzkern) wird mit Elfenbeinplättchen und Goldblech verkleidet; außerdem Verwendung von Edelsteinen, Glas, Glaspaste und Malerei. Am berühmtesten waren im antiken Griechenland Athena Parthenos und Zeus des Phidias sowie Hera des Polyklet in Argos (alle 2. Hälfte des 5. Jh. v. Chr.).

Chrysippos [çry...], Gestalt der griech. Mythologie. Sohn des Pelops und einer Nymphe; wird auf Betreiben seiner Stiefmutter Hippodameia von seinen Halbbrüdern Atreus und Thyestes erschlagen, die daraufhin der Fluch des Pelops trifft.

Chrysippos [çry...], * 281/277, † 208/204, Philosoph aus Soloi in Kilikien. - Kam 260 nach Athen; gilt als „zweiter Gründer" der ↑ Stoa, deren vage formuliertes theoret. System er im Rückgriff v. a. auf Zenon von Kition vollendete.

Chrysler Corporation [engl. 'kraizlə kɔːpəˈreiʃən], bed. amerikan. Automobilkonzern, Sitz Detroit (Mich.), gegr. 1925. Bekannte Marken: Chrysler, Dodge, Imperial, Plymouth, Rootes, bis 1978 auch Simca.

Chryso... [griech.], Bestimmungswort mit der Bed. „Gold...".

Chrysoberyll [çry...], seltenes Berylliummineral, Al_2BeO_4; Mohshärte 8,5; Dichte 3,7 g/cm^3; wird als Schmuckstein verwendet; es gibt drei Arten: **Chrysoberyll** i. e. S. (blaß- bis honiggelb), **Cymophan** (gelblichgrün) und **Alexandrit** (tiefgrün bis rot).

Chrysographie [çry...], die Kunst mit Goldtinktur aus Blattgold (alte Handschriften, Ikonen) zu schreiben oder zu malen.

Chrysokoll [çry...; griech.] (Kieselkupfer, Kieselmalachit, Kupfergrün), grünes oder blaues Kupfererz, $CuSiO_3 \cdot nH_2O$; Dichte 2,0–2,4 g/cm^3; Mohshärte 2–4.

Chrysologus, Petrus [çry...] ↑ Petrus Chrysologus.

Chrysomonadina [çry...; griech.], Ordnung einzeln lebender oder koloniebildender ↑ Flagellaten, v. a. in Süßgewässern; Massenvermehrungen führen zur sog. Wasserblüte oder zu goldglänzenden Oberflächenschichten.

Chrysophyllum [çry...; griech.], Gatt.

der Seifenbaumgewächse mit etwa 90 Arten in den Tropen und Subtropen, darunter das ↑Goldblatt.

Chrysopras [çry-...; griech.] ↑Chalcedon.

Chrysostomos [çry-...] ↑Johannes I. Chrysostomos.

Chrysostomus [çry-...], männl. Vorname griech. Ursprungs, eigtl. „Goldmund".

Chrysostomusliturgie [çry-...], Liturgie in allen orth. und mit Rom unierten Ostkirchen mit byzantin. Ritus, seit dem 11. Jh. gebräuchl., Johannes I. Chrysostomos zugeschrieben.

chthonisch ['çto:nɪʃ; zu griech. chthṓn „Erde"], der Erde angehörend, unterirdisch.

chthonische Mächte ['çto:...], der Erde verhaftete Götter und Geister im Ggs. zu *uran.* (himml.) Gottheiten. Die c. M. walten im Innern der Erde, sie können Fruchtbarkeit und Leben spenden, sind aber auch Mächte der Unterwelt und des Totenreichs und tragen daher oft düstere und schreckenerregende Züge.

Chuang Tzu [chin. dʒuaŋdzi], eigtl. Chuang Chou (Tschuangtse), chin. Philosoph und Dichter der 2. Hälfte des 4. Jh. v. Chr. - Autor oder teilweise Autor des antikonfuzian. taoist. „Wahren Buches vom südl. Blütenland" (um 350), das als bedeutendste altchin. Prosaschrift gilt.

Chubut [span. tʃu'βut], argentin. Prov. in Patagonien, 224 686 km², 263 000 E (1980). Hauptstadt Rawson; Schafzucht; Erdöl- und Erdgasfelder an der Küste.

Chubut, Río [span. 'rrio tʃu'βut], Fluß in Patagonien, Argentinien; entspringt in den Anden südl. von San Carlos de Bariloche, mündet bei Rawson in den Atlantik, rd. 800 km lang.

Chuckwalla [engl. 'tʃʌkwɑ:lə; indian.] (Sauromalus ater), etwa 30–45 cm lange Leguanart in trockenen, felsigen Wüstengebieten des sw. Nordamerika; Pflanzenfresser.

Chukiang ↑Perlfluß.

Chulpa (Chullpa) ['tʃulpa; indian.], präkolumb. Bauwerk (zw. 1100 und 1532) im Hochland von Bolivien und S-Peru; meist in Gruppen oder Zeilen stehend; aus Stein, lufttrockenen Lehmziegeln oder einer Kombination von beiden, oft turmartig mit rundem oder rechteckigem Grundriß; dienten als Totenhäuser; den Aymará zugeschrieben.

Chums, Al [al'xums] (Homs), Prov.-hauptort an der Syrtenküste, Libyen, 89 000 E. Küstenoase, Ölmühle; Zementfabrik. - Im 16. Jh. von Türken gegr.; 3 km östl. liegen die Ruinen von ↑Leptis Magna.

Chun, Carl [ku:n], * Höchst (= Frankfurt am Main) 1. Okt. 1852, † Leipzig 11. April 1914, dt. Zoologe. - Prof. in Königsberg, Breslau und Leipzig; arbeitete über Meerestiere; 1898/99 Leiter der wiss. bed. dt. Tiefsee-Expedition „Valdivia" im Atlant. und Indischen Ozean.

Chunchon [korean. tʃhuntʃhʌn], korean. Stadt, 155 000 E. Verwaltungssitz der Prov. Kangwon-do; Handelszentrum für Reis und Sojabohnen; Endpunkt einer Stichbahn von Seoul.

Chungking ↑Tschungking.

Chung-yung [chin. dʒʊŋjʊŋ „Maß und Mitte"], eine der kanon. vier Schriften des Konfuzianismus. Sie wird dem Enkel des Konfuzius, K'ung Chi (* 492, † 431) zugeschrieben; sie zeichnet die Grundzüge der konfuzian. Ethik.

Chuquicamata [span. tʃukika'mata], chilen. Ort im Großen Norden, 3 180 m ü. d. M., 220 km nö. von Antofagasta, 21 000 E. Einer der größten Kupfererztagebaubetriebe der Erde (18 Stufen).

Chuquisaca [span. tʃuki'saka], Dep. in Bolivien, 51 524 km², 435 000 E (1982). Hauptstadt Sucre; liegt im Ostbolivian. Bergland, der äußerste O bereits im Gran Chaco. In Tälern und Hochbecken (2 000–4 000 m ü. d. M.) Anbau von Mais, Kartoffeln und in günstigen Lagen Weizen; im SW Weinbau.

Chuquitanta [span. tʃuki'tanta], großes vorspan. Zeremonialzentrum im Tal des unteren Río Chillón, nahe der Küste Zentralperus. Erste große Tempelanlage in Peru (2500–1850).

Chur [ku:r], Hauptstadt des schweizer. Kt. Graubünden, unterhalb der Vereinigung von Vorder- und Hinterrhein, 595 m ü. d. M., 31 000 E. Kath. Bischofssitz; Theolog. Hochschule; Museen; Bibliothek; Theater; Garnison; Fremdenverkehr; Nahrungsmittel- und Textilind. - Als röm. **Curia Rhaetorum** seit dem 5. Jh. nachweisbar; spätestens seit 451 Bischofssitz; die Siedlung C. kam im 10. Jh. aus königl. Besitz in den Besitz des Bischofs, der 1299 auch die Reichsvogtei erhielt; seit 1489 freie Reichsstadt, 1498 zugewandter Ort der Eidgenossenschaft; Übertritt der Stadt zur Reformation 1526; seit 1820 Kantonshauptstadt. - Roman.-got. Kathedrale (12./13. Jh.); Bischöfl. Schloß (17. Jh.; im 18. Jh. barock umgestaltet), Rathaus (15. und 16. Jh.); Reste der Befestigungsanlagen.

C., Bistum, im 4./5. Jh. gegr., gehörte bis 843 zur Kirchenprov. Mailand, dann bis 1803 zu Mainz; 1803 direkt dem Hl. Stuhl unterstellt. - ↑auch katholische Kirche (Übersicht).

Church [engl. tʃə:tʃ], Frederic Edwin, * Hartford (Conn.) 4. Mai 1826, † New York 7. April 1900, amerikan. Maler. - Mgl. der ↑Hudson River School; breite, panoramenartige Formate, oft mit dramat. Beleuchtungseffekten.

C., Richard, * London 26. März 1893, † Cranbrook (Kent) 4. März 1972, engl. Schriftsteller. - Naturlyriker in der Nachfolge von Wordsworth; psycholog. Romane über existentielle Probleme; u. a. „Die Nacht der Bewährung" (1942).

Churchill [engl. 'tʃə:tʃɪl], engl. Familie,

die mit John C., Herzog von Marlborough (seit 1702), berühmt wurde; die Nachkommen seiner Tochter Anna, seit 1700 ∞ mit C. Spencer, nahmen den Namen Spencer Churchill an; bed.:

C., John, Herzog von Marlborough, † Marlborough, John Churchill, Herzog von.

C., Randolph Henry Spencer Lord, * Blenheim Palace, Woodstock (Oxford) 13. Febr. 1849, † London 24. Jan. 1895, brit. Politiker. - Vater von Sir Winston C.; vertrat einen aggressiven Hochkonservatismus. 1883 Mitbegr. der Primrose League; einer der Führer der konservativen Partei.

Sir Winston Churchill

C., Sir (seit 1953) Winston [Leonard Spencer], * Blenheim Palace, Woodstock (Oxford) 30. Nov. 1874, † London 24. Jan. 1965, brit. Staatsmann. - Sohn von Lord Randolph Henry Spencer C.; im Internat Harrow und in der Kadettenanstalt Sandhurst erzogen; Kavallerieleutnant. Seit 1900 konservativer Unterhausabg., trat 1904 zur Liberalen Partei über und begann als Freund Lloyd Georges einen steilen polit. Aufstieg; wurde 1906 Unterstaatssekretär für die Kolonien, 1908 Handels-, 1910 Innenmin., 1911 1. Lord der Admiralität (Rücktritt 1915). Wurde nach einem Frontkommando 1917 Munitions-, 1918 Heeres- und Luftwaffenmin., 1921 Kolonialmin. (bis 1922). Kehrte wegen des Zerfallsprozesses bei den Liberalen und aus antisozialist. Motiven zur Konservativen und Unionist. Partei zurück, 1924–29 Schatzkanzler. Seine Kritik an der mangelnden Rüstung und an der Appeasement-Politik N. Chamberlains brachten ihn in Ggs. zu seiner Partei. 1929–39 widmete C. sich v. a. seinen histor. Arbeiten, ehe seine öff. Warnungen vor der nat.-soz. Gefahr seit 1938 wachsende Resonanz fanden. Bei Kriegsausbruch 1939 wieder 1. Lord der Admiralität und am 10. Mai 1940 unter öff. Druck Premier- und Verteidigungsmin. einer großen Kriegskoalition. C. wurde zum Motor des brit. Widerstands gegen Hitler und zum Symbol des brit. Durchhaltewillens („Blut, Mühsal, Tränen, Schweiß") und war der maßgebl. Initiator der „Grand Alliance" zw.

Großbrit., den USA und der UdSSR, in der sein Einfluß freil. begrenzt war. Seine Vorstellungen, die die Zurückdrängung des sowjet. Einflusses im Nachkriegseuropa bezweckten, konnte er gegenüber Stalin und Roosevelt nicht durchsetzen. Durch eine Wahlniederlage im Juli 1945 als Premiermin. abgelöst; plädierte für ein westl. Verteidigungsbündnis sowie die westeurop. Einigung (allerdings ohne Großbrit.); 1951–55 erneut Premiermin. Die Vielfalt seiner Talente als Kriegsführer, Parlamentarier, Redner, histor. Schriftsteller (Nobelpreis für Literatur 1953) und Maler macht C. zu einer der herausragenden Gestalten der brit. Geschichte.

Werke: Marlborough (4 Bde., 1933–38), Der Zweite Weltkrieg (6 Bde., 1948–53).

📖 *Hughes, E.:* C. Ein Mann in seinem Widerspruch. Dt. Übers. Kiel 1986. - *Brendon, P.:* C. Mchn. 1984.

Churchill [engl. 'tʃɔːtʃıl], kanad. Hafenort an der W-Küste der Hudsonbai, 1 600 E. Kath. Bischofssitz; Eskimomuseum, meteorolog. Station.

Churchill River [engl. 'tʃɔːtʃıl 'rıvə], Fluß in Kanada, im N der Prov. Saskatchewan und Manitoba, entfließt dem Lac La Loche, mündet bei Churchill in die Hudsonbai, 1 600 km lang.

C. R. (früher Hamilton River), Zufluß zum Atlantik in Labrador, entfließt dem Sandgirt Lake, 335 km lang, bildet u. a. die 75 m hohen **Churchill Falls** (in der Nähe ein Kraftwerk mit 5 000 MW Leistung).

Church of England [engl. 'tʃɔːtʃ əv 'ıŋglənd] ↑anglikanische Kirche.

Church of God ['tʃɔːtʃ əv 'gɔd; engl. „Kirche Gottes"], Name verschiedener religiöser Gruppen, bes. in den USA, die seit dem 19. Jh. v. a. aus der ↑Pfingstbewegung und der ↑Heiligungsbewegung hervorgegangen sind. Sie sind bestrebt, das Ideal des urchristl. Gemeindelebens in möglichst großem Umfang zu verwirklichen.

Churfirsten ['kuːr...], Bergkette nördl. des Walensees, Schweiz, im Hinterrugg bis 2 306 m hoch.

Churriguera, José de [span. tʃurri'γera], * Madrid 21. März 1665, † ebd. 2. März 1725, span. Bildhauer und Baumeister. - Bed. Vertr. des nach ihm ben. ↑Churriguerismus. Von G. Guarini beeinflußt, bes. beim Rathaus von Salamanca (1722/23) und Innenhof des Jesuitenkollegs ebd. In Madrid ist San Cajetano (vollendet 1776) erhalten, von zahlr. Altären u. a. drei in San Estéban in Salamanca (1693).

Churriguerismus [tʃurige'rısmus], nach J. de Churriguera ben., in ganz Spanien verbreiteter Barockstil (etwa 1650–1798). Angeregt von italien. Bauten, verbunden mit gotisierenden Elementen des ↑platteresken Stils, wirkt sich der C. v. a. in reichen, oft überladenen Dekorationen aus.

Churriter [xʊ...], (Hurriter), altoriental.

Volk im 3.–2. Jt. in N-Mesopotamien und N-Syrien; urspr. südl. des Vansees beheimatet, traten erstmals um 2200 in N-Assyrien, um 2000 im O-Tigrisland auf; breiteten sich nach W über den oberen Euphrat hinüber aus; bildeten im Euphratbogen mit einer Oberschicht von Ariern gegen 1500 v. Chr. das zeitweise mächtige Reich Mitanni (auch Chanigalbat bzw. „Land Churri" genannt; Hauptstadt Wassukanni), das bis an die Grenzen des Hethiterreichs und des ägypt. Reichs in NO-Syrien reichte und um 1350 v. Chr. während innerer Wirren dem Angriff der Hethiter erlag. Die Nennung der C. im A. T. (Horiter) meint wohl eine Restgruppe. - Die *Religion* der C. war in Kleinasien und Syrien weit bekannt. V. a. der Mythenkreis um den Göttervater Kumarbi mit dem Motiv der Göttergenerationen wurde von Phöniern und Griechen aufgenommen. Das Gesellschaftssystem war ritterl.-feudal mit einer kleinen Schicht von Streitwagenkämpfern an der Spitze.

Churritisch [xʊ...], Sprache der Churriter, die mit keiner bekannten Sprache des Alten Orients verwandt ist außer mit dem späteren ↑ Urartäischen. Sie ist agglutinierend und heute erst z. T. verständlich. Churrit. Texte sind aus Mari, Ugarit und v. a. der Hethiterhauptstadt Hattusa bekannt. Dazu kommen zahllose churrit. Personennamen in akkad. Texten. Die Churriter übernahmen Werke der babylon. Literatur und gaben sie neben Eigenem weiter, u. a. an die Hethiter.

Chusestan [pers. xuzesˈtaːn], Gebiet in SW-Iran, als Verw.-Geb. 65 000 km², 2,19 Mill. E, Hauptstadt Ahwas; erstreckt sich vom versumpften Tiefland nördl. des Pers. Golfes zu den anschließenden Sagrosvorbergen sowie einem kleinen Teil des Sagrosgebirges; wichtiges Erdölfördergebiet; künstl. Bewässerung ermöglicht landw. Nutzung; zentraler Ort im gebirgigen N ist Chorramabad. - Seit Sept. 1980 im irak.-iran. Krieg umkämpft.

Chusrau Pascha [ˈxʊsraʊ] (türk. Hüsrev; Chosrau, Chosrew), * um 1756, † bei Konstantinopel 26. Febr. 1855, osman. Politiker. - Urspr. Sklave; seit 1801 Kommandant von Alexandria, Wesir und Statthalter von Ägypten; unterlag 1804 Mehmet Ali; seit 1827 Serasker (Kriegsmin.) mit fast unbegrenzter Macht; 1836 gestürzt; 1838 Chef des Kabinetts und Reformer der Zivilverwaltung, 1839 Großwesir; 1840 abgesetzt und (bis 1841) verbannt; 1846/47 nochmals Serasker.

Chu Te [chin. dʒudʌ], * Linglung-tsai (Prov. Szetschuan) 1886, † Peking 6. Juli 1976, chin. Marschall (seit 1955). - 1916 Brigadegeneral; wurde in Europa Mgl. der KP Chinas, kehrte 1927 nach China zurück; stellte bei Ausbruch des chin. Bürgerkriegs eine „Rote Armee" auf und vereinigte diese 1928 mit den Truppen Mao Tse-tungs zur 4. Armee; 1954–59 Vizepräs. der VR China; als Vors.

des Ständigen Ausschusses des 4. Nat. Volkskongresses seit 1975 fakt. Staatsoberhaupt der VR China.

Chutney [engl. ˈtʃʌtnɪ; Hindi], Paste aus zerkleinerten, aber nicht passierten Früchten mit Gewürzen (Ingwer, Zucker); Beigabe zu (asiat.) Fischgerichten und kaltem Fleisch; bekannt v. a. *Tomaten-* und *Mango-Chutney.*

Ch'u-tz'u [chin. tʃutsɨ „Elegien von Ch'u"], chin. Anthologie, im 2. Jh. n. Chr. aus lyr. Dichtungen zusammengestellt, die in der Zeit vom 3. Jh. v. Chr. bis zum 1. Jh. n. Chr. im Kgr. Ch'u in Mittelchina entstanden; aus schamanist. Beschwörungsliedern entwickelt, daher stark mytholog. Züge.

Ch'ü Yu [chin. tɕyjoʊ], * Hangtschou 1341 (?), † ebd. 1428, chin. Dichter. - Verfaßte die weit verbreiteten und vielfach nachgeahmten „Chien-teng hsin-hua" (Neue Gespräche beim Putzen der Lampe), um 1378 abgeschlossen, um 1400 gedruckt, 21 Novellen buddhist.-konfuzian. Moral.

Ch'ü Yüan [chin. tɕyȳæn], * 332, † 295 (?), chin. Dichter. - Man schrieb ihm die ↑„Ch'u-tz'u" zu; wahrscheinl. geht jedoch nur das „Li-sao" (Trennung vom Leid), ein sprachgewaltiges Langgedicht, auf ihn zurück.

Chuzpe [ˈxʊtspə; hebr.-jidd.], verächtl. für: Dreistigkeit, Unverschämtheit.

Chvostek, Franz [ˈxvɔstɛk], * Friedek-Mistek (= Frýdek-Místek, Nordmähr. Gebiet) 21. Mai 1835, † Wien 16. Nov. 1884, östr. Internist. - Prof. an der militärärztl. Akademie in Wien; arbeitete über innere Medizin und Nervenheilkunde.

C., Franz, * Wien 3. Okt. 1864, † Burg Groppenstein (Mölltal, Kärnten) 17. April 1944, östr. Mediziner. - Sohn von Franz C.; Prof. in Wien; hob die Bed. der Konstitution für das Krankheitsgeschehen hervor. Ausgehend von der Rolle der Rachenmandeln in der Entstehung z. B. des Gelenkrheumatismus begründete er die Lehre der Herdinfektion.

Chvostek-Zeichen [ˈxvɔstɛk; nach F. Chvostek, * 1835, † 1884], (Fazialisphänomen) blitzartige Zusammenziehung der Gesichtsmuskulatur beim Beklopfen des Fazialisstamms unmittelbar vor dem Ohrläppchen; charakterist. bei Tetanie.

◆ [nach F. Chvostek, * 1864, † 1944] Gesamtbez. für die bei chron. Leberleiden (z. B. Leberzirrhose) auftretenden Veränderungen der Sekundärbehaarung. Ursache: relativer Östrogenüberschuß durch verminderten Östrogenabbau in der Leber.

Chwaresmisch [xva...] (Choresmisch), die im äußersten Norden des iran. Sprachgebiets, am Unterlauf des Amu-Darja bis in islam. Zeit gesprochene mitteliran. Sprache, die v. a. dem Sogdischen nahesteht.

Chwarism [xvaˈrɪzəm], altertüml. Namensform von ↑Choresmien.

Chwarismi, Al [alxvaˈrɪsmi], Abu Abd Allah Muhammad Ibn Ahmad (Khowarezmi,

Khwarazmi), arab. Enzyklopädist der 2. Hälfte des 10. Jh. - Verfasser der ältesten arab. Enzyklopädie „Mafātiḥ al'ulūm" (Die Schlüssel zu den Wissenschaften).

C., Al, Muhammad Ibn Musa (pers. Al Charesmi, Mohammad Ebn Musa; Al Charismi), * in Choresmien um 780, † Bagdad nach 846, pers.-arab. Mathematiker und Astronom. - Verfasser der ältesten systemat. Lehrbücher über Gleichungslehre (die Begriffe Algebra und Algorithmus leiten sich von einem Werktitel bzw. dem Namen Al C. her), über das Rechnen mit ind. Ziffern und über die jüd. Zeitrechnung. Er schrieb ferner das älteste astronom. und trigonometr. Tafelwerk der Araber.

Chwarism-Schah [xva'rɪzəm], Titel der von etwa 1100 bis 1220 in Choresmien herrschenden Fürsten, die sich von der Seldschukenherrschaft selbständig machten.

Chylurie [çy...; griech.], Ausscheidungen von ↑Chylus im Harn; wird u. a. bei Parasitenbefall (z. B. bei Filariose) verursacht; Symptome: milchig getrübter Harn ohne Anzeichen einer Nieren- oder Harnwegeerkrankung.

Chylus ['çy:lʊs; griech.] (Milchsaft, Darmlymphe), Flüssigkeit (Lymphe) der Darmlymphgefäße; sieht nach Nahrungsaufnahme durch Fetttröpfchen milchig trüb aus; nimmt die Nahrungsstoffe aus dem Darmtrakt auf und leitet sie weiter.

Chymosin [çy...; griech.], svw. ↑Labferment.

Chymotrypsin [çy...; griech.], eiweißspaltendes Enzym, das im Darm durch Trypsin aus einer Vorstufe (Chymotrypsinogen) aktiviert wird; spaltet bes. bei zykl. Aminosäuren die Peptidbindungen.

Chymus ['çy:mʊs; griech.], Bez. für den im Magen aus der aufgenommenen Nahrung angedauten und vor dort in den Darm gelangenden Speisebrei.

Chytridiales [çy...; griech.], Ordnung der Pilze; einzellige, ein- bis vielkernige Parasiten auf Ein- oder Vielzellern im Erdboden oder Wasser.

Ci, Einheitenzeichen für: ↑Curie.

CIA [engl. 'si:aɪ'eɪ], Abk. für: ↑Central Intelligence Agency.

Ciaccona [italien. tʃa'ko:na] ↑Chaconne.

CIAM [frz. seiɑ'ɛm, sjam], Abk. für: Congrès International d'Architecture Moderne, in der Schweiz in La Sarraz 1928 gegr. internat. Vereinigung moderner Architekten. Leitsätze (bes. von Le Corbusier) wurden in der „Charta von Athen" festgehalten (1933). Es fanden 1928–59 10 Kongresse statt.

Ciano, Galeazzo [italien. 'tʃa:no], Graf von Cortellazzo, * Livorno 18. März 1903, † Verona 11. Jan. 1944 (hingerichtet), italien. Diplomat und Politiker. - Seit 1925 im diplomat. Dienst; heiratete 1930 Mussolinis Tochter Edda, wurde 1933 dessen Pressechef und 1934 Leiter des Staatssekretariats (seit 1935

Ministeriums) für Presse und Propaganda; begr. als Außenmin. seit 1936 die Achse Berlin–Rom und war mitverantwortl. für die italien. Intervention im Span. Bürgerkrieg, die Besetzung Albaniens 1939 und den Angriff auf Griechenland 1940; begann 1939, die enge Bindung an Deutschland zu kritisieren, trat zu Beginn des 2. Weltkriegs für die Neutralität Italiens ein und distanzierte sich nach den italien. Niederlagen 1942/43 offen von der Kriegspolitik Mussolinis; 1943 entlassen, stimmte im Faschist. Großrat (Mgl. seit 1935) für den Sturz Mussolinis; flüchtete nach Deutschland, interniert, später ausgeliefert, zum Tod verurteilt und erschossen. Seine Tagebücher und Aufzeichnungen sind eine wichtige Quelle für die Vorkriegs- und Kriegszeit.

CIBA-GEIGY AG, schweizer. Chemiekonzern, Sitz Basel, entstanden 1970 durch Fusion der CIBA AG (gegr. 1859, seit 1884 AG) mit der J. R. Geigy AG (gegr. 1758, seit 1901 AG); Produktion von Pharmazeutika, Agrochemikalien und Farbstoffen.

Cibao [span. si'βao], Landschaft (Senkungszone) im N der Dominikan. Republik, 15–40 km breit.

Ciborium ↑Ziborium.

CIC, Abk. für: ↑Codex Iuris Canonici.

Cicer [lat.], Gatt. der Schmetterlingsblütler mit der kultivierten Art ↑Kichererbse.

Cicero, Marcus Tullius, * Arpinum (= Arpino) 3. Jan. 106, † bei Caieta (= Gaeta) 7. Dez. 43, röm. Staatsmann, Redner und Philosoph. - Als erfolgreicher Anwalt (berühmt v. a. Prozeß und Anklage gegen Verres, 70) schuf C. die Voraussetzungen für seine polit. Karriere, die ihn aus dem Ritterstand kommenden „Homo novus" zur Prätur (66) und zum Konsulat (63) führte. Bes. durch die Aufdeckung und energ. Unterdrückung der Verschwörung des Catilina (vier Reden gegen Catilina) gelang es ihm, den Führungsanspruch des Senats ein letztes Mal durchzusetzen, doch scheiterte sein Widerstand gegen die Maßnahmen des Konsuls Cäsar (59), mit dessen Einverständnis ihn sein persönl. Feind, der Volkstribun Clodius Pulcher, zum Exil zwang (März 58–Sept. 57). Danach entstanden seine Hauptwerke „De oratore" („Über den Redner"; 55), „De re publica" („Über den Staat"; 54–51), „De legibus" („Über die Gesetze"; postum veröffentlicht). 51/50 verwaltete C. als Prokonsul erfolgreich die Prov. Kilikien. Trotz Cäsars Werben schloß C. sich im Bürgerkrieg zögernd Pompejus an (Juni 49), blieb aber passiv und wurde von Cäsar begnadigt (25. Sept. 47). Bald wandte er sich jedoch enttäuscht wieder der literar. Tätigkeit zu: u. a. „Tusculanae disputationes" („Gespräche in Tusculum"; 45). An der Verschwörung gegen Cäsar war er nicht beteiligt, begrüßte aber dessen Ermordung (15. März 44) als Chance zur Wiederherstellung der alten Verfassung.

Im Kampf gegen Antonius wurde C. noch einmal zum Führer des Senats (seit Dez. 44; 14 Philipp. Reden gegen Antonius), wobei er sich mit den Konsuln und dem jungen Oktavian verband. Der Tod der Konsuln (April 43), der Staatsstreich Oktavians (Aug. 43) und dessen Verständigung mit Antonius und Lepidus (Okt. 43) machten seine Pläne illusorisch. Als Geächteter wurde C. bei dem Versuch, zu Brutus und Cassius in den O zu entkommen, im Auftrag des Antonius ermordet. - Die Verbreitung der griech. Philosophie in der röm. Welt und ihre Verbindung mit den Überlieferungen der Res publica ist die eigtl. Leistung seiner zahlr. philosoph. Schriften, die das Denken der christl. Spätantike (Hieronymus, Augustinus) und des Abendlandes (seit Petrarca) nachhaltig beeinflußten.

📖 *Giebel, Marion: C. Rbk. 1977. - Görler, W.: Unterss. zu Ciceros Philosophie. Hdbg. 1974.*

Cicero, nach einem typograph. Maßsystem Bez. für den Schriftgrad von 12 Punkt (ungefähr 4,5 mm Kegelhöhe), weil angebl. Ciceros Briefe zuerst in diesem Schriftgrad gedruckt wurden (1467).

Cicerone [tʃitʃeˈroːnɔ; italien.; so ben. auf Grund eines scherzhaften Vergleichens mit der Beredsamkeit Marcus Tullius Ciceros], Bez. für einen [redseligen] Fremdenführer.

Cichla ['tsɪçla; griech.], Gatt. der Augenbarsche mit dem bis etwa 60 cm langen **Augenfleckbarsch** (C. ocellaris) im trop. Südamerika: graugrün bis silbrigweiß, mit dunklen Querbinden und einem tiefschwarzen, golden gerahmten Fleck an der Schwanzflossenwurzel; Warmwasseraquarienfisch.

Cichlidae ['tsɪçlidɛ; griech.], svw. ↑Buntbarsche.

Cichorium [tsɪˈçoː....; griech.-lat.], svw. ↑Wegwarte.

Cicisbeo [tʃitʃɪsˈbeːo; italien.] (Cavaliere servente), der Hausfreund in Italien im 18. Jh., vom Ehemann geduldet, gelegentl. sogar im Heiratsvertrag rechtl. verbrieft; hatte die Aufgabe, die Ehefrau in die Kirche, auf Spaziergängen, ins Theater und bei Besuchen zu begleiten.

Cicognani, Amleto Giovanni [italien. tʃikoɲˈɲaːni], *Brisighella bei Ravenna 24. Febr. 1883, † Rom 17. Dez. 1973, italien. Theologe, Kurienkardinal (seit 1958). - Prof. für Kirchenrecht an der Lateran-Univ., 1933–1958 Apostol. Delegat in den USA, 1961–69 Kardinalstaatssekretär; 1972 Dekan des Kardinalskollegiums.

Ciconia [lat.], Gatt. der Störche in Eurasien und Afrika mit vier Arten; am bekanntesten der Weiße Storch und der Waldstorch.

Cicuta [lat.], Gatt. der Doldenblütler mit der bekannten Art Wasserschierling.

Cid, el [tsiːt, siːt; span. θið; frz. sid; von arab. saijid „Herr"], gen. el Campeador („der

Kämpe"), eigtl. Rodrigo (Ruy) Díaz de Vivar, *Vivar del Cid bei Burgos um 1043, † Valencia 10. Juni 1099, span. Ritter und Nationalheld. - Als Sohn eines kastil. Adligen mit dem späteren König Sancho II. erzogen, dem er im Kampf um das Erbteil des Bruders, Alfons VI. von León, diente; nach der Ermordung Sanchos II. (1072) von dessen Nachfolger Alfons VI. dennoch in seine Dienste genommen und mit einer Verwandten, Jimena Díaz vermählt; trat 1081 auf die Seite des maur. Fürsten von Zaragoza und kämpfte u. a. auch gegen die Christen. Eroberte 1094 Valencia, das er bis zu seinem Tode gegen die Almoraviden behauptete. - Das älteste erhaltene span. Heldenepos um die Gestalt des C. ist das um 1140 entstandene, nur in einer Kopie von 1307 überlieferte „Poema del C." (auch „Cantar de mío C.", hg. 1779), eines der glanzvollsten Epen des roman. Sprachbereichs; zahlr. weitere Dichtungen des Abendlandes, u. a. von P. Corneille (Dr., 1637).

Cidaris [griech.], Gatt. der Lanzenseeigel mit nur wenigen Arten; am bekanntesten die von Norwegen über das Mittelmeer bis zu den Kapverd. Inseln verbreitete Art **Cidaris cidaris:** bis etwa 6,5 cm groß, graugelb, grünl. oder rötl., mit großen, bis 13 cm langen Stacheln.

Cidre [frz. sidr] (engl. Cider), bekannter frz. Apfelwein aus der Normandie und Bretagne (im Geschmack dem Most nahe).

Cie., veraltete Abk. für frz.: Compagnie.

Cimabue, Kruzifixus (um 1265). Arezzo, San Francesco

Ciechanów [poln. tɛɛ'xanuf], Hauptstadt des poln. Verw.-Geb. C. 76 km nw. von Warschau, 130 m ü. d. M., 38 000 E. Metall- und Baustoffind., Zuckerfabrik; regionaler Verkehrsknotenpunkt.

Ciechocinek [poln. tɛɛxɔ'tɕinɛk], poln. Stadt 20 km sö. von Thorn, 35 m ü. d. M., 4 100 E. Einer der ältesten und bekanntesten Kurorte Polens (Solquelle [36,5 °C, Schüttung 5 000 l/min], Gradierwerke).

Ciego de Ávila [span. 'sjeɣo ðe 'aβila], Stadt in M-Kuba, 74 000 E. Verwaltungssitz einer Provinz; Theater; Handelszentrum eines Agrargebietes.

Cienfuegos [span. sjen'fɣeɣɔs], kuban. Hafenstadt sw. von Santa Clara, 102 000 E. Verwaltungssitz einer Provinz; Bischofssitz; Observatorium, bed. Exporthafen.

Cieplice Śląskie Zdrój [poln. tɛɛ'plitsɛ 'ɛlɔskjɛ 'zdruj] † Bad Warmbrunn.

Cieszyn [poln. 'tɛɛʃin] (dt. Teschen), poln. Krst. 60 km sw. von Kattowitz, 310 m ü. d. M., 32 000 E. Metall- und Holzverarbeitung, Elektroind.; Grenzübergang zur ČSSR. - C. ist der älteste bekannte Name von Teschen, 1920 geteilt in das poln. C. und das tschech. ↑ Český Těšín.

cif [tsɪf, sɪf], Abk. für engl.: cost, insurance, freight (↑ Handelsklauseln).

Cignani, Carlo [italien. tʃiɲ'ɲa:ni], * Bologna 15. Mai 1628, † Forlì 6. Sept. 1719, italien. Maler. - In der Carracci-Tradition stehender bologues. Maler (u. a. Ausmalung der Kuppel des Doms von Forlì, 1686–1706).

Cigoli, Ludovico [italien. 'tʃi:goli], eigtl. L. Cardi da C., * Cigoli (= San Miniato) 12. Sept. 1559, † Rom 8. Juni 1613, italien. Maler und Baumeister. - Begr. des Barockstils in Florenz; malte u. a. das „Martyrium des hl. Stephanus" (1597; Florenz, Palazzo Pitti) und „Ecce Homo" (um 1606; ebd.) und erbaute in Florenz u. a. den Hof des Palazzo non finito (1596) sowie die Hauptchorkapelle von Santa Felicità (1610–20).

Cikker, Ján [slowak. 'tsikɛr], * Neusohl (= Banská Bystrica) 29. Juli 1911, tschechoslowak. Komponist. - Komponierte v. a. Opern, u. a. „Auferstehung" (1962, nach Tolstoi); auch Orchester- und Kammermusik.

Cilacap [indones. tʃi'latʃap] (Tjilatjap), Hafenstadt auf Java, Indonesien, 290 km sö. von Jakarta, 60 000 E. Erdölraffinerien; einziger bed. Hafen an der S-Küste der Insel, durch Bahnlinie und Straße mit Jakarta und Yogyakarta verbunden.

Cilèa, Francesco [italien. tʃi'lɛ:a], * Palmi 23. Juli 1866, † Varazze bei Genua 20. Nov. 1950, italien. Komponist. - Komponierte verist. Opern (↑ Verismus), u. a. „Adriana Lecouvreur" (1902), sowie Orchester- und Kammermusik.

Ciliata [lat.], svw. ↑ Wimpertierchen.

CIM ↑ Computer.

Cima [italien. 'tʃi:ma], svw. Bergspitze.

Cima da Conegliano [italien. 'tʃi:ma dakkoneʎ'ʎa:no], eigtl. Giovanni Battista C., * Conegliano um 1460, □ ebd. 3. Sept. 1517 oder 1518, italien. Maler. - Bed. Vertreter der venezian. Frührenaissance, v. a. von Antonello da Messina beeinflußt; stellt seine religiösen Motive gern in idyll., von Licht erfüllte italien. Landschaften; u. a. „Taufe Christi" (1494; Venedig, San Giovanni in Bragora), „Maria unter dem Orangenbaum" (um 1496; Venedig, Galleria dell'Accademia).

Cimabue [italien. tʃima'bu:e], eigtl. Cenni di Pepo, * Florenz um 1240, † Pisa 1302 (?), italien. Maler. - Urkundl. nachweisbar 1272 in Rom und 1302 in Pisa. C. wandte noch die Formen der „maniera greca" an, erfüllte sie aber mit ausdrucksstarker, warmer Menschlichkeit. Um 1265 entstand wohl der gemalte Kruzifixus in Arezzo, San Francesco, kurz nach 1270 wohl der Kruzifixus von Santa Croce in Florenz, um 1280 die Madonna aus San Trinità, Florenz (Uffizien) und die Fresken der Oberkirche in Assisi und schließl. das Apsismosaik der Kathedrale von Pisa (1302). - Abb. S. 323.

Cimarosa, Domenico [italien. tʃima-'rɔ:za], * Aversa 17. Dez. 1749, † Venedig 11. Jan. 1801, italien. Komponist. - Von seinen nahezu 80 Opern in einem Mozart nahestehenden Stil noch „Die heiml. Ehe" (1792) noch heute gespielt; daneben u. a. auch Oratorien, Sinfonien und Klaviersonaten.

Cimbalom [ungar. 'tsimbɔlɔm; griech.-lat.] ↑ Hackbrett.

Cimelie ↑ Zimelie.

Cimiotti, Emil [tʃimi'ɔti], * Göttingen 19. Aug. 1927, dt. Bildhauer. - Schöpfer bewegter, völlig ineinander verschmolzener Figurengruppen, später neorealist. Plastik

Cîmpulung [rumän. kɨmpu'luŋg], rumän. Stadt 50 km nnö. von Piteşti, 32 000 E. Mittelpunkt eines Obstbaugebiets; Automobil- und Bekleidungsind.; Luftkurort. - 1300 erstmals erwähnt. Nach 1330 Residenz der Fürsten der Walachei.

Cinchonin [sɪntʃo...; span.], ein ↑ Chinarindenalkaloid; wirkt schwächer als Chinin.

Cinch-Steckverbinder [engl. sɪntʃ „Sattelgurt, fester Halt"], v. a. bei Aufnahme- und Wiedergabeanschlüssen von Geräten der Unterhaltungselektronik verwendeter zweipoliger Steckverbinder für Koaxialkabel; Stecker mit zentr. Stift und ihn koaxial umgebender Hülse als 2. Pol.

Cincinnati [engl. sɪnsɪ'næti], Stadt in SW-Ohio, USA, am rechten Ufer des mittleren Ohio, 160 m ü. d. M., 383 000 E; Metropolitan Area 1,39 Mill. E. Sitz eines kath. Erzbischofs und eines anglikan. Bischofs; zwei Univ. (gegr. 1819 bzw. 1831), mehrere kath. Colleges, Hebrew Union College - Jewish Institute of Religion (gegr. 1875), Kunstakad.; Bibliothek, Kunstmuseum. Bed. Zentrum u. a. der Werkzeugmaschinen- und Seifenherstellung; Verkehrsknotenpunkt, 2 ⚒. - 1788 am Übergang mehrerer Indianerwege über den Ohio errichtet.

Cincinnatus, Lucius Quinctius, röm. Staatsmann des 5. Jh. v. Chr. aus patriz. Geschlecht. - Soll 458 vom Pflug weggeholt und zum Diktator ernannt worden sein, um das von den Äquern eingeschlossene Heer des Konsuls Lucius Minucius Esquilinus zu befreien; legte nach Sieg und Triumph die Diktatur nieder; 439 erneut Diktator, um die Unruhen der Plebejer zu unterdrücken.

CINCNORTH [engl. 'sɪŋk'nɔ:θ] ↑ NATO (Tafel).

CINCSOUTH [engl. 'sɪŋk'saʊθ] ↑ NATO (Tafel).

Cinderella [engl. sɪndə'rɛlə], engl. für Aschenputtel.

Cineast [sine'ast; griech.-frz.], Filmkenner, -forscher, -schaffender; auch Bez. für: Filmfan.

Cinemagic [engl. sɪnə'mædʒɪk; griech.-engl.], Verfahren der Trickfilmtechnik, das durch Mischung von Real- und Trickaufnahmen die Illusionswirkung v. a. utop. Filme verstärkt.

Cinemascope ⓦ [sinema'sko:p; griech.-engl.] ↑ Breitbildverfahren.

Cinemathek [si...] ↑ Kinemathek.

Cinéma-vérité [frz. sinemaveri'te „Kino-Wahrheit"], Stilrichtung der Filmkunst, in Frankr. u. a. von J. Rouch und E. Morin in den 50er Jahren entwickelt. Durch spontanes Spiel und den Einsatz von Stilmitteln des Dokumentarfilms soll beim Zuschauer die Illusion unverfälschter Wirklichkeit entstehen (z. B. durch Interviews mit den frei improvisierenden Laiendarstellern).

Cinerama ⓦ [si...; griech.-engl.] ↑ Breitbildverfahren.

Cingulum [lat.], (C. militiae) im röm. Heer im 1. Jh. n. Chr. eingeführter Ledergürtel, der über die Hüften getragen wurde und in einem Schurz aus metallbeschlagenen Lederriemen zum Schutz des Unterleibes endete. ◆ ↑ Zingulum.

Cinna, röm. Familienname, v. a. im patriz. Geschlecht der Cornelier und im plebej. Geschlecht der Helvier:

C., Lucius Cornelius, † Ancona 84 v. Chr., röm. Konsul. - Gegen Sullas Willen zum Konsul für 87 gewählt; aus Rom vertrieben, verband sich mit Marius und eroberte die Stadt; der anschließenden Schreckensherrschaft fielen viele polit. und persönl. Gegner zum Opfer; jährl. wiedergewählter Konsul 86–84; von meuternden Soldaten getötet, als er gegen Sulla Truppen nach Epirus übersetzen wollte.

C., Lucius Cornelius, röm. Prätor (44 v. Chr.). - Lobte die Mörder Cäsars, weshalb ihn das erbitterte Volk lynchen wollte, wegen einer Verwechslung aber den Volkstribunen Gajus Helvius Cinna tötete (März 44).

Cinnabarit [griech.], svw. ↑ Zinnober.

Cinnamomum [griech.-lat.], svw. ↑ Zimtbaum.

Cinquecento [tʃinkve'tʃɛnto; italien.], italien. Bez. für das 16. Jh., im Zusammenhang mit Kultur und Kunst in Italien (Renaissance, Manierismus) verwendet.

Cinque Ports [engl. 'sɪŋk 'pɔːts „fünf Häfen"], Bez. für den Bund der engl. Hafenstädte Hastings, Romney, Hythe, Dover, Sandwich, später noch Winchelsea und Rye, denen 30 Städte in Kent und Sussex assoziiert waren; entstanden wohl im 11. Jh.; stellten als Leistung für außerordentl. Privilegien bis ins 14. Jh. den Kern der engl. Flotte.

Cinqueterre [italien. tʃiŋkve'tɛrre], italien. Küsten- und Vorgebirgslandschaft in Ligurien, westl. von La Spezia.

Cinto, Monte [italien. 'monte 'tʃinto], höchste Erhebung auf Korsika, 2 706 m ü. d. M.

CIO [engl. 'si:aɪ'oʊ], Abk. für engl.: Congress of Industrial Organizations (↑ Gewerkschaften [Übersicht; Amerika]).

Cione [italien. 'tʃo:ne] ↑ Orcagna, Andrea di Cione Arcangelo.

C., Nardo di ↑ Nardo di Cione.

Cioran, Émile [frz. sjɔ'rã, rumän. tʃo'ran], * Rǎşinari (Kreis Sibiu) 8. April 1911, Essayist rumän. Herkunft.- Lebt in Paris; schreibt frz.; u. a. „Geschichte und Utopie" (1960) über die Absurdität der Geschichte, „Der Absturz in die Zeit" (1964), „Die verfehlte Schöpfung" (1969), „Exercices d'admiration" (1986).

Cippus [lat.], im antiken Rom ein nach oben sich verjüngendes Grenzzeichen aus Holz oder Stein; in Etrurien Grabaufsatz, Grabstele und Markierung der Grabanlage.

circa [lat.], Abk. ca., häufige Schreibung für: zirka, ungefähr.

Circe, Zauberin der griech. Mythologie. Tochter des Sonnengottes Helios und der Perse. Fremde, die ihre Insel Aia betreten, werden von ihr in Tiere verwandelt; so verzaubert sie auch die Gefährten des Odysseus in Schweine, bricht jedoch den Bann, nachdem es Odysseus gelungen ist, ihre Gunst zu gewinnen.

Circinus [lat.] (Zirkel) ↑ Sternbilder (Übersicht).

Circlaere, Thomasin von ↑ Thomasin von Circlaere.

Circuittraining [engl. 'sə:kɪt,trɛɪnɪŋ; zu circuit „Kreis-, Umlauf"], moderne Trainingsmethode; besteht aus einer Kombination von 10–20 verschiedenen [Kraft]übungen, die mehrmals hintereinander (mit Pausen) an unterschiedl., in Kreisform aufgestellten Geräten wiederholt werden.

Circulus vitiosus [lat. „fehlerhafter Kreis"], im allg. Sprachgebrauch der „Teufelskreis" von unangenehmen Situationen, aus dem jemand nicht herausfindet, i. e. S. ein Beweisfehler, bei dem die zu beweisende Aussage für den Beweis vorausgesetzt wird.

circum...

◆ in der *Medizin* das gleichzeitige Auftreten zweier oder mehrerer Störungen, die einander ungünstig beeinflussen (z. B. Diabetes mellitus und Bluthochdruck).

circum..., Circum... ↑zirkum..., Zirkum...

Circus [griech.], Gatt. der Weihen; von den 9 Arten kommen in M-Europa Rohrweihe, Kornweihe und Wiesenweihe vor.

Circus maximus [lat.], größter und ältester Zirkus Roms, im Tal zw. Palatin und Aventin; 600 m lang und 150 m breit; angebl. schon in der Königszeit gegr., seit dem 4. Jh. v. Chr. mehrmals umgebaut; soll zuletzt zw. 140 000 und 385 000 Zuschauer gefaßt haben; Ort der ↑zirzensischen Spiele.

Cirebon [indones. 't∫irəbɔn] (Tjirebon), Stadt an der N-Küste W-Javas, Indonesien, 224 000 E. Islam. Univ.; chem., Textil- und Tabakind.; Fischerei; Hafen, Bahnknotenpunkt. - Ehem. Sitz eines Sultans.

Cirencester [engl. 'saɪərənsɛstə], engl. Marktsiedlung am SO-Rand des Cotswold Hills, Gft. Gloucester, 16 000 E. Landw. Hochschule; Museum; Landmaschinen- und Elektrogerätebau. - 1403 Stadtrecht. - Normann. Kirche (1515 umgestaltet). - Nahebei befand sich die zweitgrößte Stadt des röm. Britannien (**Corinium Dobunnorum**); 1963 Freilegung der Fundamente.

Cirksena ['tsɪrksəna], ostfries. Häuptlingsgeschlecht; begründete seine Herrschaft von Greetsiel aus; 1464 mit der Reichsgrafschaft Ostfriesland belehnt; 1654 in den Fürstenstand erhoben; 1744 erloschen.

Cirripedia [lat.], svw. Rankenfüßer.

Cirta, antike Stadt, ↑Constantine.

Cis, Tonname für das um einen chromat. Halbton erhöhte C.

cis..., Cis... ↑zis..., Zis...

Circus maximus. Lageplan des antiken Roms

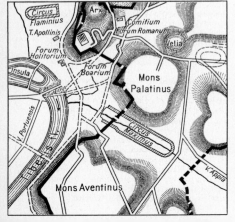

Cisalpinische Republik ↑Zisalpinische Republik.

cis-Form ↑cis-trans-Isomerie.

Ciskei, Autonomstaat der Xhosa in der östl. Kapprovinz, Republik Südafrika, 12 075 km², 660 000 E (1981), Hauptstadt Zwelitsha, künftige Hauptstadt Bisho. Amtssprachen sind Englisch, Afrikaans und Xhosa. Erhielt 1972 als 3. Bantuheimatland Selbstregierung, wurde im Dez. 1981 formell unabhängig.

Cisleithanien ↑Zisleithanien.

Cismar, Gemeindeteil von Grömitz, Schl.-H., auf der Halbinsel Wagrien; ehem. Benediktinerkloster und Wallfahrtsort. Der einschiffige Backsteinbau der Klosterkirche entstand um 1250, der Ostchor gegen 1270, das Langhaus um 1400.

Cisneros, Francisco Jiménez de ↑Jiménez de Cisneros, Francisco.

Cispadanische Republik ↑Zispadanische Republik.

Cisrhenanische Republik ↑Zisrhenanische Republik.

Cissus ['si...; griech.], svw. ↑Klimme.

Cister [lat.-frz.] (im 18./19. Jh. auch Sister, in Deutschland auch Cither oder Zitter), seit dem MA bekanntes Zupfinstrument mit einem charakterist. birnenförmigen Korpus und 4–14 Metallsaitenpaaren; über ganz Europa verbreitet, bes. im 16.–18. Jh. beliebt; als Volksinstrument unter dem Namen **Harzer Zither** oder **Thüringer Zither** bis heute erhalten.

Cistercienser ↑Zisterzienser.

cis-trans-Isomerie [lat./griech.] (geometr. Isomerie), Bez. für die bei Molekülen mit Doppelbindungen (bei denen im Ggs. zu Einfachbindungen keine freie Drehbarkeit mehr mögl. ist) auftretende ↑Isomerie. Wenn an beiden der Doppelbindung beteiligten Atomen verschiedene Substituenten vorhanden sind, ergeben sich zwei räuml. Isomere, die als **cis-Form** und **trans-Form** bezeichnet werden.

cis-1,2-Dichloräthen   trans-1,2-Dichloräthen

$$H-\underset{\|}{C}-Cl \qquad H-\underset{\|}{C}-Cl$$
$$H-C-Cl \qquad Cl-C-H$$

Cistron [engl.], Bez. für die Untereinheit eines Gens (in der Bakterien- und Bakteriophagengenetik oft mit Gen gleichgesetzt); in der Molekularbiologie Bez. für einen Ribonukleinsäure- oder Desoxyribonukleinsäureabschnitt, der die Information für die Synthese einer Polypeptidkette enthält.

Cistus [griech.], svw. ↑Zistrose.

cit..., Cit... ↑zit..., Zit...

Cité [frz. si'te:], frz. für Stadt, v. a. Bez. der Altstadt im Ggs. zu den neueren Vororten; die **Île de la Cité** in Paris war die Keimzelle der späteren Stadt.

Cîteaux [frz. si'to], frz. Kloster in Bur-

Civil Rights

gund, Dep. Côte-d'Or, in der Gemeinde Saint-Nicolas-lès-C., 23 km südl. von Dijon. 1098 von Robert von Molesme und Alberich gegr. Reformkloster, das zum Mutterkloster des Zisterzienserordens wurde. Die ma. Klosteranlage ist nicht mehr erhalten; einige Bauten aus dem 15., 16. und 18. Jh. bestehen noch.

citius, altius, fortius [lat. „schneller, höher, stärker"], Leitmotiv der Olymp. Spiele der Neuzeit.

Citlaltépetl [span. sitlal'tepɛtl], der höchste Berg Mexikos, am O-Rand der Cordillera Volcánica, 5 700 m hoch; Vulkan, 1687 letzter Ausbruch, 1848 erstmals bestiegen.

Citoyen [sitoa'jɛ̃:; lat.-frz.], Bürger; urspr. der stimm- und wahlberechtigte Bürger der Cité („Stadt"); C. und Citoyenne wurden 1792 in Frankr. als allg. Anrede an Stelle von Monsieur und Madame eingeführt (bis 1804; außerdem 1848).

Citrate (Zitrate), die Salze und Ester der ↑ Zitronensäure.

Citrin (Zitrin) ↑ Amethyst.

Citrine, Walter McLennan, Baron (seit 1946) C. of Wembley [engl. sɪ'tri:n], * Liverpool 22. Aug. 1887, † Brixham 22. Jan. 1983, brit. Gewerkschaftsführer. - Seit 1914 Gewerkschaftssekretär, 1926-1946 Generalsekretär des Trades Union Congress (TUC), 1928-45 Präs. des Internat. Gewerkschaftsbundes, 1945/46 des Weltgewerkschaftsbundes.

Citroën S. A., Société des Automobiles [frz. sɔsje'te dezɔtɔmɔ'bil sitrɔ'ɛn ɛs'a], frz. Unternehmen der Automobilind., Sitz Paris, gegr. 1915; 1974 Fusion mit der Peugeot S. A., ↑ Unternehmen (Übersicht).

Citronensäure ↑ Zitronensäure.

Citrullus [lat.], svw. ↑ Wassermelone.

Citrus [lat.], svw. ↑ Zitruspflanzen.

Cittadella [italien. tʃitta'dɛlla], italien. Stadt in Venetien, 49 m ü. d. M., 17 400 E. - Um 1220 gegr. - Erhalten ist die ma. Stadtmauer mit 4 Toren und 32 Türmen.

Città del Vaticano [italien. tʃit'tadelvati'ka:no] ↑ Vatikanstadt.

City ['sɪtɪ; engl.; zu lat. civitas „Bürgerschaft, Gemeinde"], im engl. Sprachbereich urspr. ein histor.-rechtl. Begriff, eine Stadt mit eigener Verwaltung und beschränkter Gesetzgebungsgewalt; heute - im Ggs. zu Town - jede größere Stadt.
◆ Bez. für eine bestimmte Kategorie der Stadtmitte, gekennzeichnet durch Konzentration von Dienstleistungsbetrieben, Geschäften und Büros, hohe Arbeitsplatz- und Verkehrsdichte, hohe Bodenpreise und Mieten; starker Rückgang der Wohnbevölkerung. Im Erscheinungsbild fallen v. a. die Geschoßüberhöhung, moderne Sacharchitektur, durchgehende Ladenfronten, z. T. Fußgängerzonen und die Massierung von Reklame auf. - In der BR Deutschland lassen sich zwei Typen unterscheiden: 1. Die C. ist ident. mit der Altstadt (Bremen, Essen, Nürnberg). 2.

Die C. liegt zw. Altstadt und Hauptbahnhof (Frankfurt am Main, München, Stuttgart).

Ciudad [span. θju'ðað; zu lat. civitas „Gemeinde"], span. Bez. für Stadt.

Ciudad Bolívar [span. sju'ðað βo'liβar], Hauptstadt des venezolan. Staates Bolívar am Orinoko, 54 m ü. d. M., 130 000 E. Erzbischofssitz; Handelszentrum. 1 678 m lange Brücke über den Orinoko; der Hafen ist für Ozeanschiffe erreichbar. ⚓ - 1764 gegr., **Angostura** („Enge") genannt; 1819 berief S. Bolívar hier den sog. Kongreß von Angostura ein, der die Bildung von Groß-Kolumbien beschloß; zur Erinnerung daher 1846 in C. B. umbenannt.

Ciudad Juárez [span. sju'ðað 'χuares], mex. Stadt am Rio Grande, durch drei Brücken mit der gegenüberliegenden Stadt El Paso (Texas, USA) verbunden, 1 100 m ü. d. M., 567 000 E. Bischofssitz; Baumwollentkörnung, Brennereien, Pflanzenölgewinnung; Fremdenverkehr; Eisenbahnendpunkt, ⚓ - Gegr. 1659.

Ciudad Real [span. θju'ðar rrɛ'al], span. Stadt in der Mancha, 626 m ü. d. M, 51 000 E. Verwaltungssitz der Prov. C. R.; Bischofssitz; landw. Marktzentrum. - 1255 als Festung zur Sicherung des Weges in das kurz zuvor eroberte Andalusien gegr.; 1420 Stadt.

Ciudad Trujillo [span. sju'ðað tru'xijo] ↑ Santo Domingo.

Ciudad Victoria [span. sju'ðað βik'toria], Hauptstadt des mex. Staates Tamaulipas, am Fuß der Sierra Madre Oriental, 340 m ü. d. M., 153 000 E. Bischofssitz; Univ. (gegr. 1950/51); Marktort eines Agrargebietes; nahebei Gold-, Silber-, Blei- und Kupfererzbergbau; Bahnstation, ⚓ - Gegr. 1750.

Cividale del Friuli [italien. tʃivi'da:le del fri'u:li], italien. Stadt in Friaul·Julisch-Venetien, 15 km onö. von Udine, 138 m ü. d. M., 11 300 E. Archäolog. Museum; Textil- und Zementind. - Röm. Forum Iulii, 569-774 Sitz langobard. Herzöge; seit etwa 737-1238 Residenz der Patriarchen von Aquileja. Nach 774 als Civitas Austriae Sitz fränk. Markgrafen; im 9. und 10. Jh. zerstört; 1419/20 an Venedig. - Der Dom wurde nach 1502 im Frührenaissancestil umgebaut. Bei der Porta Brossana liegt der Bau des „Tempietto Longobardo" (8. Jh.) mit Wandmalereien, Stuckreliefs und -figuren; Wahrzeichen der Stadt ist der Ponte del Diavolo (Mitte des 15. Jh.).

Civilis, Gajus Julius, german. Freiheitskämpfer aus vornehmem Geschlecht der Bataver im 1. Jh. n. Chr. - Stand in röm. Dienst; zettelte 69 n. Chr. einen Befreiungskrieg gegen Rom an, der 69/70 zum Abfall gall. Gebiete, german. Föderierter und röm. Legionen führte; mußte schließl. 70 kapitulieren.

Civil Rights [engl. 'sɪvɪl 'raɪts], im Sprachgebrauch der USA bestimmte Bürgerrechte, die darauf abzielen, daß alle Bürger ohne Rücksicht auf Rassenzugehörigkeit,

Civil service

Hautfarbe, nat. Herkunft, Religion und Geschlecht im staatl. und gesellschaftl. Leben die gleichen Rechte genießen und nicht diskriminiert werden sollen. Die C. R. gehen über die klass. Grundrechte (**Civil Liberties**) hinaus, die dem Bürger ledigl. eine staatsfreie Sphäre sichern, d. h. ihn davor bewahren, daß die staatl. Gewalt ohne zwingenden Grund seine Freiheit beschränkt (z. B. Schutz des Eigentums und der Vertragsfreiheit). Die erste C. R. Act wurde nach dem amerikan. Bürgerkrieg im Jahre 1866 erlassen. Sie bestimmte u. a., daß alle Bürger der USA ohne Rücksicht auf Rasse und Farbe berechtigt sind, zu erben, zu kaufen und zu verkaufen, zu mieten sowie Eigentum zu haben und zu übertragen. Die Einhaltung der C.-R.-Gesetzgebung wird von einer Reihe von Behörden (u. a. Generalstaatsanwalt) und Vereinigungen überwacht.

Civil service [engl. 'sɪvɪl 'səːvɪs], in Großbritannien und in den USA Bez. für den öffentl. Dienst.

Civis [lat.], im antiken Rom ein Angehöriger der röm. Bürgerschaft *(civitas Romana)*; Vollbürger oder Halbbürger ohne Stimmrecht *(civis sine suffragio)*. - ↑Civitas.

Civitali, Matteo [italien. tʃi...], * Lucca 5. Juni 1436, † ebd. 12. Okt. 1501, italien. Bildhauer und Baumeister. - Von der florentin. Frührenaissance beeinflußt, tätig v. a. in Lucca: Grabdenkmäler, Statuen und Reliefs; kleiner Tempel für den „Volto Santo" im Dom (1482–84), Palazzo Pretorio (1501).

Civitas (Mrz. Civitates) [lat.], im *Röm. Reich* Bez. für jede Art Staatswesen mit den Voraussetzungen kommunaler Selbstverwaltung; auch Bez. für die röm. Bürgergemeinde selbst.
◆ das für das Mgl. einer C. gültige Bürgerrecht, in Rom durch Geburt, Verleihung oder Freilassung erworben (↑auch Civis).
◆ Bez. für die geschlossenen, polit. selbständigen german. Volksgemeinden; in Gaue untergliedert; in der Völkerwanderungszeit ging die Bez. auf die ummauerten Städte über.

Civitas Austriae ↑Cividale del Friuli.

Civitas Dei [lat. „Stadt (Gemeinde) Gottes"], Titel eines der Hauptwerke des Aurelius Augustinus und Zentralbegriff seiner Geschichtstheologie. Der C. D. gehören v. a. Engel und Menschen im Himmel an, sie verwirklicht sich aber auch schon in den auf Erden wandernden Gottesvolk; der **Civitas terrena** („die ird. Stadt"; ihr Gegenbegriff, hat ihre Hauptrepräsentanten in den heidn. Staatsgebilden von Babylon und Rom. Umstritten ist, inwieweit Augustinus die sichtbare Kirche mit der C. D. identifiziert.

Civitas terrena [lat. „ird. Stadt"], in der Geschichtstheologie des Augustinus der Bereich ird. Macht im Ggs. zum Herrschaftsbereich Gottes, der ↑Civitas Dei.

Civitavecchia [italien. tʃivitaˈvɛkkja], italien. Hafenstadt in Latium, 60 km wnw. von Rom, 46 000 E. Bed. Ind.standort, Fische-

rei- und Handelshafen. - 106/107 n. Chr. als Hafen (**Centumcellae**) angelegt. Im 15. Jh. fiel C. an den Kirchenstaat, Heimathafen der päpstl. Kriegsflotte. Nach starker Zerstörung im 2. Weltkrieg wiederaufgebaut. - Am Hafen das Forte Michelangelo (1508–57).

Cixous, Hélène [frz. sik'sus], * Oran 1937, frz. Schriftstellerin dt.-jüd. Abstammung. - Kritikerin; schreibt v. a. Romane, u. a. „Innen" (1969), „Portrait du soleil" (1974), „Illa" (1980), „L'histoire terrible mais inachevée de N. Sihanouk, roi du Cambodge (Stück, 1985).

Čižek, Franz ['tʃɪʒɛk], * Leitmeritz (= Litoměřice) 12. Juli 1865, † Wien 17. Dez. 1946, östr. Kunstpädagoge. - Seine „Methode der kindl. Selbsttätigkeit" im Zeichnen und Malen gewann großen Einfluß auf den Kunstunterricht in der Schule.

Cl, chem. Symbol für ↑Chlor.

Claassen Verlag GmbH ↑Verlage (Übersicht).

Clactonien [klɛktoni'ɛ̃ː; nach einer bei Clacton on Sea (Gft. Essex) gelegenen Fundstelle], altpaläolith. Fundgruppe in NW-Europa ohne Faustkeile; kennzeichnend sind u. a. vielseitig verwendbare Abschläge.

Cladocera [griech.], svw. ↑Wasserflöhe.

Cladophora [griech.], svw. ↑Zweigfadenalge.

Claes, Ernest [André Jozef] [niederl. klaːs], Pseud. G. van Hasselt, * Zichem bei Diest 24. Okt. 1885, † Brüssel 2. Sept. 1968, fläm. Schriftsteller. - Schrieb gemütsbetonte, realist. Prosa, u. a. „Flachskopf" (R., 1920).

Claesz, Pieter [niederl. klaːs], * Burgsteinfurt 1596 oder 1597, □ Haarlem 1. Jan. 1661, niederl. Maler. - Seit etwa 1617 in Haarlem tätig; malte fast ausschließl. Stilleben in helltoniger zurückhaltender, allmähl. monochrom werdender Farbgebung.

Clair, René [frz. klɛːr], eigtl. R. Chomette, * Paris 11. Nov. 1898, † Neuilly-sur-Seine 15. März 1981, frz. Filmregisseur und Drehbuchautor. - Unter dem Einfluß der Dadaisten drehte C. seine ersten Stummfilme („Paris qui dort", 1923; „Entr'acte", 1924) in impressionist. Stil („cinéma pur"). Die für seine Spielfilme typ. Spannung zw. Realität und Phantasie, Poesie und distanzierter Ironie beherrscht bereits seinen ersten Tonfilm „Unter den Dächern von Paris" (1930). Weiter bed. Filme sind u. a. „Es lebe die Freiheit" (1931), „Meine Frau, die Hexe" (1942), „Pakt mit dem Teufel" (1949), „Die Schönen der Nacht" (1952), „Die Mausefalle" (1957). Schrieb auch filmtheoret. Werke.

Clairaut, Alexis Claude [frz. klɛ'ro] (Clairault), * Paris 7. Mai 1713, † ebd. 17. Mai 1765, frz. Mathematiker, Physiker und Astronom. - Neben Untersuchungen zur Theorie der Differentialgleichungen befaßte er sich v. a. mit Problemen der Geodäsie, deren Begründer er ist. 1759 schloß er aus Bahnstörungen des Halleyschen Kometen auf die Existenz des 1781 von F. W. Herschel entdeckten Planeten Uranus.

Claire [klɛːr] (Cläre, Kläre), aus dem Frz. übernommener weibl. Vorname, frz. Form von Klara.

Clairette [frz. klɛˈrɛt; lat.-frz.], Bez. für eine in S-Frankr. weit verbreitete Rebsorte; auch für den aus ihr gekelterten, leichten, säurearmen Weißwein mit geringem Bukett.

Clair-obscur [klɛrɔpsˈkyːr; frz.] (italien. Chiaroscuro) ↑ Helldunkelmalerei.

Clairon, Mademoiselle [frz. klɛˈrõ], eigtl. Claire Josèphe Hippolyte de La Tude, * Condé-sur-l'Escaut (Nord) 25. Jan. 1723, † Paris 29. Jan. 1803, frz. Tragödin. - Spielte seit 1743 an der Comédie-Française v. a. trag.-heroische Rollen (Phädra, Medea), bes. in Dramen Voltaires.

Clairon [klɛˈrõː; lat.-frz.], frz. Signalhorn; seit 1822 Signalinstrument in der frz. Armee. ◆ Zungenstimme der Orgel (auch Clarino).

Clairvaux, Bernhard von ↑ Bernhard von Clairvaux.

Clairvaux [frz. klɛrˈvo], ehem. Zisterzienserabtei in der Champagne, Dep. Aube, Frankr.; zur Gemeinde Ville-sous-la-Ferté, 55 km osö. von Troyes. Das Kloster wurde 1115 von Bernhard von C. als 3. und berühmtestes Tochterkloster von Cîteaux gegr., 1792 aufgehoben; seit 1808 Gefängnis.

Claisen, Ludwig, * Köln 14. Jan. 1851, † Bad Godesberg (= Bonn) 5. Jan. 1930, dt. Chemiker. - Prof. in Aachen, Kiel und Berlin; arbeitete über organ. Synthesen, u. a. die Herstellung von β-Ketocarbonsäureestern (z. B. Acetessigsäureäthylester) durch Kondensation von zwei Molekülen Carbonsäureestern in bas. Medium (**Claisen-Esterkondensation**).

Clam, östr. Adelsgeschlecht aus dem Raum Wallersee (Salzburg); 1655 Reichsfreiherrn, 1759 östr. Grafen; 1768 wurde die Linie **Clam-Gallas,** 1792 die Linie **Clam-Martinic** begr.; bed.:

C.-Martinic (C.-Martinitz) [...nɪts], Heinrich Karl Maria Graf, * Wien 1. Jan. 1863, † Schloß Clam bei Grein 7. März 1932, Politiker. - Polit. und persönl. dem Thronfolger, Erzherzog Franz Ferdinand, verbunden; seit 1894 einer der führenden Vertreter der Großgrundbesitzer im böhm. Landtag und östr. Herrenhaus; 1916 Ackerbaumin., 1916/17 östr. Min.präs.; sein Ausgleichsversuch mit den Nationalitätengruppen scheiterte.

Clan [klaːn; engl. klæn; gäl. „Abkömmling"], Sippen- oder Stammesverband im inselkelt. Bereich (heute noch v. a. im schott. Hochland), dessen Angehörige sich nach ihrem gemeinsamen Stammvater nennen; meist Verbindung des Namens mit „Mac" („Sohn"; z. B. McNeill). Die Farben der C., in Stoff eingewebte Karomuster (Tartan, Kilt), wurden erst im 18. Jh. zu festen Abzeichen.

◆ in der *Völkerkunde* ↑ Klan.

Claparède, Édouard [frz. klapaˈrɛd], * Genf 24. März 1873, † ebd. 29. Sept. 1940, schweizer. Psychologe und Pädagoge. - Seit 1908 Prof. in Genf; Arbeiten v. a. zur Kinderpsychologie und psycholog. Grundlegung der Pädagogik.

Clapeyron, Benoit Paul Émile [frz. klapɛˈrõ], * Paris 21. Febr. (?) 1799, † ebd. 28. Jan. 1864, frz. Ingenieur. - War maßgebl. an der Planung und Ausführung der ersten Eisenbahnlinien in Frankr. beteiligt. Nahm bislang kaum beachtete Gedanken S. Carnots auf und trug durch mathemat. und graph. Darstellung zu ihrem besseren Verständnis bei. Eine dabei benutzte Relation wurde 1850 von R. Clausius verallgemeinert (↑ Clausius-Clapeyronsche Gleichung).

Clapperton, Hugh [engl. ˈklæpətn], * Annan (Dumfries) 18. Mai 1788, † bei Sokoto (Nigeria) 13. April 1827, brit. Afrikaforscher. - Erreichte von Tripolis aus 1822/23 den Tschadsee und Bornu; dann Kano, Katsina, Sokoto und Zaria; brach 1825 mit R. Lander vom Golf von Benin zum Niger auf, den sie überquerten, und von wo aus sie über Kano nach Sokoto reisten.

Clapps Liebling ↑ Birnen (Übersicht).

Clapton, Eric [engl. ˈklæptən], * Ripley (Surrey) 30. März 1945, brit. Rockmusiker (Gitarrist). - Spielte u. a. bei „The Yardbirds", später bei „Cream" und „Blind Faith"; einer der besten Gitarristen der Rockmusik.

Claque [frz. klak], bestellte, mit Geld oder Freikarten bezahlte Gruppe von Beifallklatschern (**Claqueure**).

Clare, John [engl. klɛə], * Helpston bei Peterborough 13. Juli 1793, † Northampton 20. Mai 1864, engl. Dichter. - Verfaßte reizvolle, beschreibende Naturlyrik mit bäuerl. Thematik.

Cläre ↑ Claire.

Clarendon [engl. ˈklærəndən], Adelstitel (Earl of C.) in der engl. Familie *Hyde* (1661–1753) und in der Familie *Villiers* (seit 1776).

C., Edward Hyde, Earl of (seit 1661), * Dinton (Wiltshire) 18. Febr. 1609, † Rouen 9. Dez. 1674, engl. Staatsmann. - Seit 1643 Mgl. des Geheimen Rats, Schatzkanzler und Berater des späteren Karl II.; festigte als Lordkanzler Karls II. (1660–67) die Restauration der Staatskirche; 1667 gestürzt und des Hochverrats angeklagt; mußte nach Frankr. fliehen; zahlr. bed. histor. Schriften.

C., George William Frederick Villiers, Earl of (seit 1838), * London 12. Jan. 1800, † ebd. 27. Juni 1870, brit. Politiker und Diplomat. - 1847–52 Vizekönig von Irland, schlug den ir. Aufstand 1848 nieder; Außenmin. 1853–58, 1865/66 und 1868–70.

Clarendon Press, The [engl. ðə ˈklærəndən ˈprɛs], Verlag der Oxford University.

Clarholz, Ortsteil von Herzebrock, 8 km

Clarino

nw. von Rheda-Wiedenbrück, NRW, ehem. Prämonstratenserkloster (1138/39–1803). Ehem. Klosterkirche (Mitte des 12. Jh.), in der 1. Hälfte des 14. Jh. zur got. Hallenkirche umgebaut.

Clarino [italien.; zu lat. clarus „hell, klar"], Bez. für die hohen Trompetenpartien, bes. im 17./18. Jh., von diesen abgeleitet auch als Instrumentenname gebraucht. Als Bachtrompete wird heute eine speziell für die C.-Passagen der Bachzeit gebaute hohe Ventiltrompete bezeichnet.
◆ im 18. Jh. italien. Bez. für die Klarinette, sonst für deren Mittellage gebräuchlich.

Clark [engl. klɑːk], Jim, eigtl. James C., * Duns 4. März 1936, † auf dem Hockenheimring 7. April 1968, brit. Automobilrennfahrer. - Siegte in 25 Großen Preisen; Weltmeister 1963 und 1965.

C., John Pepper, * Kiagbodo 6. April 1935, nigerian. Schriftsteller. - Journalist; schreibt in engl. Sprache Gedichte und Dramen über die harten Lebensbedingungen in Afrika.

C., Joseph, * High River (Alberta) 5. Juni 1939, kanad. Politiker. - Seit 1972 Unterhausabg. für die Progressive Conservative Party, 1976–83 deren Parteiführer; 1976–79 und erneut seit Dez. 1979 Oppositionsführer; Mai–März 1980 Premierminister.

C., Mark Wayne, * Madison Barracks (N. Y.) 1. Mai 1896, † Charleston 17. April 1984, amerikan. General. - 1941/42 Stabschef in N-Afrika, wo er die Landung der Alliierten in Italien vorbereitete; nahm 1944 Rom ein; 1945–47 Hoher Kommissar in Wien; 1952/53 Oberbefehlshaber in Korea.

Clarke [engl. klɑːk], Arthur Charles, * Minehead (Somerset) 16. Dez. 1916, engl. Schriftsteller. - Urspr. Radarspezialist; Verf. anspruchsvoller Science-fiction-Romane, die sich mit dem Weltraumflug beschäftigen.

C., Austin, * Dublin 9. Mai 1896, † ebd. 20. März 1974, ir. Schriftsteller. - U. a. Begr. der Irish Lyric Theatre Group. Schrieb oft humorist., ep. und lyr. Gedichte, Versdramen und Erzählungen, z. T. mit gäl. Stoffen.

C., Jacob Augustus Lockhart, * London 1817, † ebd. 25. Jan. 1880, brit. Mediziner. - Untersuchungen zur Anatomie und bes. zur Pathologie des Rückenmarks; nach ihm ist die **Clarksche Säule,** eine Gruppe von Nervenzellen am Hinterhorn des Rückenmarks, benannt.

C., Kenneth Spearman („Kenny"), gen. Klook, muslim. Name Liaqat Ali Salaam, * Pittsburgh 9. Jan. 1914, † Montreuil-sous-Bois 27. Jan. 1985, amerikan. Jazzmusiker. - Einer der bedeutendsten Schlagzeuger des modernen Jazz; beteiligt an der Entwicklung des Bebop.

C., Marcus Andrew Hislop, * London 24. April 1846, † Melbourne 2. Aug. 1881, austral. Schriftsteller. - Sein Hauptwerk, der Roman „Deportiert auf Lebenszeit" (1874), behandelt das Leben in austral. Sträflingskolonien.

C., Samuel, * Norwich 11. Okt. 1675, † Leicester 17. Mai 1729, engl. anglikan. Theologe und Philosoph. - Der Hofprediger C. richtete sich gegen Deismus und Pantheismus und begründete einen rationalist. Supranaturalismus. Er trug wesentl. zur Verbreitung der naturwiss. Erkenntnisse Newtons bei.

Clary und Aldringen, Manfred Graf [ˈklaːri], * Wien 30. Mai 1852, † Schloß Hernau bei Salzburg 12. Febr. 1928, östr. Verwaltungsjurist und Politiker. - 1896/97 Landespräs. im östr. Schlesien; 1898–1918 (mit kurzer Unterbrechung) letzter Statthalter der Steiermark; baute eine moderne Verwaltung auf; 1899 kurzfristig östr. Ministerpräsident.

Claß, Heinrich, Pseud. Einhart; Daniel Frymann, * Alzey 29. Febr. 1868, † Jena 16. April 1953, dt. Publizist und Politiker. - Verbandsvors. der Alldeutschen 1908–39. Seine Konzeption der „völk. Diktatur" und der Weltmachtstellung Deutschlands war eine wesentl. Vorform der NS-Ideologie; nach 1933 einflußlos.

C., Helmut, * Geislingen an der Steige 1. Juli 1913, dt. ev. Theologe. - 1967 Prälat von Stuttgart, 1969–79 Landesbischof der ev. Landeskirche in Württemberg, 1973–79 außerdem Vors. des Rates der EKD.

Clathrate [griech.-lat.] ↑Einschlußverbindungen.

Clauberg, Johann, * Solingen 24. Febr. 1622, † Duisburg 31. Jan. 1665, dt. Philosoph. - Seit 1651 Prof. in Duisburg; beeinflußt durch den Kartesianismus; Vorläufer des ↑Okkasionalismus. Hauptwerk „Elementa Philosophiae sive Ontosophia" (1647).

Claude [frz. kloːd], aus dem Frz. übernommener männl. Vorname; frz. Form von Claudius.

Claude [frz. kloːd], Albert, * Longlier (Luxemburg) 23. Aug. 1899, † Brüssel 22. Mai 1983, belg. Mediziner. - Seit 1949 Direktor des Jules-Bordet-Instituts in Brüssel. Mit Hilfe der von ihm entwickelten Methode des fraktionierten Zentrifugierens konnten elektronenmikroskop. Bilder von Körperzellen und Zellstrukturen gemacht werden, die Einblicke in die funktionelle Organisation der Zellen gestatteten; Entdecker des ↑endoplasmatischen Retikulums; 1974 erhielt er (gemeinsam mit C. de Duve und G. B. E. Palade) den Nobelpreis für Physiologie oder Medizin.

C., Georges, * Paris 24. Sept. 1870, † ebd. 23. Mai 1960, frz. Physiker und Chemiker. - Entwickelte 1902 ein Verfahren zur Luftverflüssigung *(Claude-Verfahren)* und 1917 ein Ammoniaksyntheseverfahren.

C., Jean, * La Sauvetat-du-Dropt (Lot-et-Garonne) 1619, † Den Haag 13. Jan. 1687, frz. ref. Theologe. - Seit 1654 Pfarrer und Prof. in Nîmes; vertheidigte das kalvinist. Auffassung vom Abendmahl in seinem Werk „La défense de la réformation" (1673). 1685 nach der Aufhebung des Edikts von Nantes ausgewiesen, ging C. nach Den Haag; wichtige Schriften über die Hugenotten.

Claudel, Paul [frz. klo'dɛl], * Villeneuve-sur-Fère (Aisne) 6. Aug. 1868, † Paris 23. Febr. 1955, frz. Dichter. - Diplomat; als Dichter spät anerkannt. Wesentl. persönl. Erlebnisse waren seine Entdeckung Rimbauds und seine Rückkehr zum kath. Glauben, aus dem sein dichter. Werk lebt; C., der christl. und kosm. Weltgefühl verbindet, ist keiner literar. Gruppe zuzurechnen. Strömende Lyrismen, großartige Bilder, mehrzeilige reimlose Prosa in freien Rhythmen kennzeichnen seinen Stil nicht nur der Lyrik, sondern auch seiner Dramen. Hauptthema ist der Konflikt zw. Körper und Geist, der in der als Neuschöpfung der Welt durch das Wort verstandenen Dichtung als „co-naissance" alles Lebens gestaltet wird. Das Hauptwerk des Dichters des Renouveau catholique ist „Der seidene Schuh" (Dr., 1930).
Weitere Werke: Goldhaupt (Dr., 1891), Der Ruhetag (1901), Ars poetica mundi (Prosa, 1907), Fünf große Oden (1910), Verkündigung (Dr., 1912), Dramentrilogie: Der Bürge (1911), Das harte Brot (1918), Der erniedrigte Vater (1920); Mémoires improvisés (Gespräche, 1954), Journal 1904–1932 (hg. 1969), Journal 1933–1955 (hg. 1969).

Claude Lorrain [frz. klodlɔ'rɛ̃], eigtl. Claude Gellée, * Chamagne bei Mirecourt 1600, † Rom 23. Nov. 1682, frz. Maler und Radierer. - Ausbildung in Rom, Neapel, kehrte 1627 endgültig nach Rom zurück. Er begann mit kleinformatigen Bildern, die Hinwendung zur großformatigen klassizist., idealisierten Landschaft (mit Staffagefiguren aus Mythologie und Bibel) zeigen die Bilder für Buen Retiro (1639/40; heute im Prado). C. L. entwickelte eine völlig neue und selbständige Auffassung von der Landschaft als psych. Ausdrucksträger, bes. poet. Stimmungen. Sein eigtl. Medium ist das Licht. C. L. wurde für die Maler der Romantik und den frühen Impressionismus, in erster Linie für W. Turner, zum Vorbild. Er schuf einen Katalog seiner Werke (200 lavierte Federzeichnungen).
Werke: Einschiffung der Königin von Saba (1648; London, National Gallery), Acis und Galathea (1657; Dresden, Gemäldegalerie), Verstoßung der Hagar (1668; München, Alte Pinakothek), Allegorien der 4 Jahreszeiten (zw. 1661/72; Eremitage). - Abb. S. 332.

Claudia (Klaudia), weibl. Form des männl. Vornamens Claudius.

Claudianus, Claudius, * Alexandria um 375, † nach 404, röm. Dichter. - Seit 395 am Hofe des Kaisers Honorius; stand in der Gunst Stilichos; schrieb polit.-zeitgeschichtl. Epen und Schmähgedichte; sein bedeutendstes Werk, das mytholog. Epos in 3 Büchern „De raptu Proserpinae", blieb unvollendet.

Claudische Straße ↑ Römerstraßen.

Claudius, männl. Vorname lat. Ursprungs, eigtl. „der aus dem Geschlecht der Claudier".

Claudius, Name röm. Kaiser:

C. (Tiberius Claudius Nero Germanicus), * Lugdunum (= Lyon) 1. Aug. 10. v. Chr., † Rom 13. Okt. 54, röm. Kaiser (seit 41). - Sohn des Nero Claudius Drusus; Nachfolger Caligulas; 43 Eroberung des SO Britanniens (röm. Prov.; ebenso Noricum, Thrakien, Mauretanien), Befestigung der Donaugrenze. Religiös, literar. interessiert, in der Rechtsprechung engagiert, stand C. sehr unter dem Einfluß seiner Gattinnen, bes. der dritten, Valeria ↑ Messalina (sein ehrloses Lebenswandels mit dem Tode bestraft), und Agrippinas d. J., die ihn schließl. ermorden ließ.

C. II. Gothicus (Marcus Aurelius Valerius Claudius), † Sirmium (= Sremska Mitrovica) 270, röm. Kaiser (seit 268). - Ihm gelang durch energ. Kriegsführung (Sieg über die Alemannen am Gardasee, vernichtende Niederlage der Goten bei Naissus [= Niš]) eine erneute Stärkung des Reichs.

Claudius, Name eines altröm. Patriziergeschlechtes (seit dem 4. Jh. v. Chr. auch eines plebej. Zweiges); bekannt v. a.:

C., Appius C. Caecus, röm. Zensor (312 v. Chr.) und Konsul (307 und 296). - Führte Neuerungen im Bauwesen (u. a. Straßenbau: Via Appia), im religiösen und im polit. Bereich (u. a. Ergänzung des Senats mit Söhnen von Freigelassenen) ein. Kämpfte als Konsul (296) und als Prätor (295) in Samnium und Etrurien; stellte sich 280 im Senat gegen das Friedensangebot des Pyrrhus.

Claudius, Eduard, eigtl. E. Schmidt, * Buer (= Gelsenkirchen) 29. Juli 1911, † Potsdam 13. Dez. 1976, dt. Schriftsteller. - Maurer; 1932 KPD-Mgl., 1933–45 in der Emigration (Teilnahme am Span. Bürgerkrieg, autobiograph. bestimmter Roman „Grüne Oliven und nackte Berge", 1945), ging 1947 in die DDR, über deren „sozialist. Aufbau" er mehrere Romane schrieb, u. a. „Menschen an unserer Seite" (1951).

C., Hermann, * Langenfelde bei Hamburg 19. Okt. 1878, † Hamburg 8. Sept. 1980, dt. Schriftsteller. - Urenkel von M. Claudius; zeigte sich als „Arbeiterdichter" an sozialen Fragen interessiert; schrieb innige, von tiefer Frömmigkeit erfüllte Lyrik; Kinderlieder, Biographien.

C., Matthias, Pseud. Asmus, * Reinfeld (Holstein) 15. Aug. 1740, † Hamburg 21. Jan. 1815, dt. Dichter. - Pfarrerssohn, studierte Theologie und Jura. Wandte sich nach anakreont. Gedichten religiös-moral. Themen zu. 1771–76 Hg. des „Wandsbecker Boten", der ersten dt. Volkszeitung mit polit., wiss., literar. und belehrenden Beiträgen; seine eigenen Beiträge in einfachem, volkstüml. Ton sollten der christl.-sittl. Erziehung dienen und prägten die Weiterentwicklung des Zeitungs- und Ka-

Claude Lorrain, Seehafen beim Aufgang
der Sonne (1674). München, Alte
Pinakothek

lenderwesens; sie erschienen 1775 gesammelt
unter dem Pseud. Asmus. Seine volksliedhaf-
te, schlichte Lyrik erlangte in ihrer Frömmigkeit, kindl. Gläubigkeit und persönl. Färbung
zeitlose Gültigkeit (u. a. „Der Mond ist aufgegangen", „Stimmt an mit hellem Klang",
„Der Tod und das Mädchen").

Clauren, Heinrich, eigtl. Karl Gottlieb
Heun, * Dobrilugk (= Doberlug-Kirchhain)
20. März 1771, † Berlin 2. Aug. 1854, dt.
Schriftsteller. - Pseudoromant. Unterhal-
tungsschriftsteller, u. a. „Mimili" (R., 1816),
von W. Hauff im „Mann im Mond" parodiert.

Claus, Prinz der Niederlande (Prins Claus
George Willem Otto Frederik der Neder-
landen, Jonkheer van Amsberg), * Hitzacker
6. Sept. 1926. - 1957–65 im diplomat. Dienst
der BR Deutschland; heiratete 1966 Prinzes-
sin Beatrix der Niederlande.

Claus, Carl [Friedrich], * Kassel 2. Jan.
1835, † Wien 18. Jan. 1899, dt. Zoologe. - Prof.
in Marburg, Göttingen und Wien; arbeitete
über Polypen, Medusen und Krebstiere;
schrieb das zoolog. Standardwerk „Grundzüge der Zoologie" (1868).

C., Hugo, * Brügge 5. April 1929, fläm.
Schriftsteller. - Schrieb realist. Dramen, Er-
zählungen und Gedichte, u. a. „Die Reise nach
England" (Dr., 1955), „Zucker" (Dr., 1958).

C., Karl Ernst, * Dorpat 22. Januar 1796,
† ebd. 24. März 1864, dt.-russ. Chemiker. -
Urspr. Apotheker, seit 1837 Prof. der Chemie
in Kasan, seit 1852 Prof. der Pharmazie in
Dorpat; entdeckte 1845 das Ruthenium.

Clausewitz, Carl Philipp Gottfried von,

* Burg bei Magdeburg 1. Juni 1780, † Breslau
16. Nov. 1831, preuß. General und Militär-
theoretiker. - Schloß sich 1808 dem Kreis der
Reformer um Scharnhorst, Gneisenau und
Boyen an; 1812–15 in russ. Diensten; 1815–
18 Stabschef beim Generalkommando in Koblenz, dann als Generalmajor Verwaltungsdi-
rektor der Allg. Kriegsschule (später Kriegs-
akademie) in Berlin; 1831 Chef des Gene-
ralstabes der preuß. Observationsarmee.
Sein Hauptwerk „Vom Kriege" (1832–34)
machte C. zum Begr. der modernen Kriegs-
lehre. Seine Auffassungen über Strategie basieren, abgesehen vom theoret.-philosoph.
Aspekt, auf Untersuchungen der Feldzüge
Friedrichs d. Gr. und Napoleons I. und waren
lange von großem Einfluß (u. a. auf Lenin).

Clausius, Rudolf [Julius Emanuel],
* Köslin 2. Jan. 1822, † Bonn 24. Aug. 1888,
dt. Physiker. - Prof. in Zürich, Würzburg, seit
1861 in Bonn; Begründer der mechan. Wär-
metheorie; stellte den zweiten Hauptsatz der
Thermodynamik auf und führte den Begriff
der † Entropie ein; baute die kinet. Gastheorie
aus und war einer der Mitbegründer der statist. Mechanik.

Clausius-Clapeyronsche Gleichung
[frz. klapɛˈrõ; nach R. Clausius und B. P. É.
Clapeyron], thermodynam. Gleichung zur
Angabe der Druckabhängigkeit des Siede-
punkts einer Flüssigkeit. Der Siedepunkt ist
um so höher, je höher der äußere Druck ist.

Clausiussches Prinzip, von R. Clausius formuliertes, experimentelle Erfahrungen
zusammenfassendes Prinzip der Wärmelehre:
„Es ist unmöglich, Wärme ohne Nebenwir-
kungen (d. h. ohne gleichzeitig Arbeit aufzu-
wenden oder an den beteiligten Körpern irgen-
dwelche Veränderungen herbeizuführen)

von einem niedrigeren auf ein höheres Temperaturniveau zu heben."

Claussen, Sophus [dän. 'klaṷ'sən], * Helletofte (Langeland) 12. Sept. 1865, † Gentofte bei Kopenhagen 11. April 1931, dän. Dichter. - Symbolist. Lyrik, von Baudelaire und Verlaine beeinflußt; schrieb auch Novellen, Reiseberichte; Übersetzer Shelleys und Baudelaires.

Clausthal-Zellerfeld, Bergstadt im W-Harz, Nds., 540–604 m ü. d. M., 16 900 E. TU (gegr. 1775 als Bergakad.), Berg- und Hüttenschule; Oberharzer Bergwerks- und Heimatmuseum; ganzjähriger Fremdenverkehr. - Entstand 1924 aus der Vereinigung von Clausthal und Zellerfeld. 1526 wurde der Bergbau in Zellerfeld, 1530 in Clausthal aufgenommen (bis 1930). - Hölzerne Pfarrkirche in Clausthal (1639–42).

Clausula rebus sic stantibus [lat. „Vorbehalt dafür, daß die Dinge so bleiben, wie sie sind"], 1. seit den ↑ Postglossatoren der [vereinbarte oder als vereinbart geltende] Vorbehalt, kraft dessen ein Schuldversprechen (später eine Geschäft) bei Veränderung der Verhältnisse seine bindende Wirkung verliert; 2. im Völkerrecht eine Doktrin der Staatenpraxis, nach der die vorzeitige Auflösung von völkerrechtl. Verträgen begründet wird, wenn Voraussetzungen oder Umstände, die bei Vertragsabschluß gegeben waren, sich in der Folgezeit geändert haben.

Claus-Verfahren [nach K. E. Claus], ein Verfahren zur Gewinnung von Schwefel aus Schwefelwasserstoff oder Sulfiden im sog. **Claus-Ofen.**

Clavaria [lat.], svw. ↑ Keulenpilz.

Clavecin [frz. klav'sɛ̃], svw. ↑ Cembalo.

Clavel [frz. kla'vɛl], Bernard, * Lons-le-Saunier 29. Mai 1923, frz. Schriftsteller. - Schildert realist. das Leben der Menschen seiner burgund. Heimat, oft aus der Erinnerung der Kriegs- und Nachkriegszeit; u. a. Romanzyklus „La grande patience" (1962–68). In dt. Übers.: „Das offene Haus" (R., 1958), „Der Fremde im Weinberg" (R., 1959); ferner „Le royaume du Nord" (R.-Zyklus, Bd. 1: „Harricana", 1982; Bd. 2.: „L'or de la terre", 1984).

C., Maurice, * Frontignan (Hérault) 10. Nov. 1920, † Asquins bei Vézelay 23. April 1979, frz. Schriftsteller. - Schrieb Bühnenwerke, in denen er die Erneuerung des klass. frz. und des Shakespeare-Dramas erstrebte; auch gesellschaftskrit. Romane und Filmdrehbücher; Übersetzungen.

Clavelina [lat.], Gatt. kleiner Seescheiden mit der in allen europ. Meeren (mit Ausnahme der Ostsee) verbreiteten, in der Küstenzone, v. a. auf Felsen, lebenden Art **Clavelina lepadiformis:** etwa 2–3 cm lang, keulenförmig, glashell durchsichtig; koloniebildend.

Claver, Petrus [span. kla'βɛr], hl., * Verdú (Katalonien) 1580, † Cartagena (Kolumbien)

8. Sept. 1654, span. Jesuit, Patron der kath. Negermissionen. - Seit 1610 in Kolumbien; betreute 40 Jahre lang in Cartagena die Negersklaven.

Clavicembalo [klavi't∫ɛmbalo; italien.], svw. ↑ Cembalo.

Claviceps [lat.], Gatt. der Schlauchpilze, zu der der ↑ Mutterkornpilz gehört.

Clavichord ↑ Klavichord.

Clavicula [lat.], svw. ↑ Schlüsselbein.

Clavijo y Fajardo, José [span. kla'βixo i fa'xarðo], * auf Lanzarote um 1730, † Madrid 1806, span. Schriftsteller und Gelehrter. - Mit Voltaire und Buffon, dessen Naturgeschichte er ins Span. übersetzte, befreundet; Vertr. der Aufklärung. Sein Liebesverhältnis mit der Schwester von Beaumarchais regte Goethe zur Tragödie „Clavigo" (1774) an.

Clavis [lat. „Schlüssel"], Bez. für lexikograph. Werke, bes. zur Erläuterung antiker Schriften oder der Bibel.

Clavus ↑ Klavus.

Clay [engl. klɛɪ], Cassius, amerikan. Boxer, ↑ Muhammad Ali.

C., Henry, * Hanover County (Va.) 12. April 1777, † Washington 29. Juni 1852, amerikan. Politiker. - Demokrat. Abg.; 1806 auch Senator von Kentucky; 1811 in das Repräsentantenhaus gewählt, dessen Sprecher er fünfmal war; überbrückte in der Innenpolitik durch Kompromisse die regionalen Gegensätze: Missourikompromiß (1820), Zollkompromiß (1833), Kompromiß zw. N und S (1850); Außenmin. 1825–29; mehrmals Präsidentschaftskandidat.

C., Lucius D[uBignon], * Marietta (Ga.) 23. April 1897, † Chatham (Mass.) 16. April 1978, amerikan. General. - Seit 1945 Stellvertreter D. D. Eisenhowers; 1947–49 Militärgouverneur in der amerikan. Besatzungszone Deutschlands; Mitinitiator und Organisator der Luftbrücke während der Berliner Blockade; 1961/62 persönl. Beauftragter Präs. Kennedys in Berlinfragen.

Clayton, Wilbur („Buck") [engl. klɛɪtn], * Parsons (Kans.) 12. Nov. 1911, amerikan. Jazzmusiker. - Hervorragender Trompeter des Swing; führender Solist und Arrangeur bei Count Basie (1936–43).

Clayton-Bulwer-Vertrag [engl. 'klɛɪtn'bʊlwə] ↑ Panamakanal.

Claytonie (Claytonia) [kle...; nach dem brit. Botaniker J. Clayton, * 1685, † 1773], Gatt. der Portulakgewächse mit etwa 20 Arten in N-Amerika und der Arktis; kahle, fleischige Stauden mit langgestielten, grundständigen Blättern; Blüten meist klein, weiß oder rosarot, in Blütenständen. Als Zierpflanze wird v. a. **Claytonia virginica** mit dunkelrot geaderten Blüten kultiviert.

Clear-Air-Turbulenz [engl. 'klɪə'ɛə „klare Luft"], Abk. CAT, Turbulenz (Böigkeit) im wolkenfreien Raum, die insbes. für schnelle Flugzeuge gefährl. werden kann.

Clearance

Clearance [engl. 'klıǝrɛns „Aufräumen"; zu lat. clarus „hell"], Reinigung einer bestimmten Blutplasmamenge von in ihr befindl. körpereigenen *(endogene C.)* oder künstl. eingebrachten Substanzen *(exogene C.)* durch ein Ausscheidungsorgan (z. B. Nieren oder Leber). - Als **renale Clearance** (medizin. kurz C. genannt) Bez. für die Blutplasma- oder Serummenge, die beim Durchfluß durch die Nieren pro Minute von Harnstoff oder sonst einer harnfähigen Substanz vollständig befreit wird. Der bei der Nierenfunktionsprüfung ermittelte **Clearancewert** *(Klärwert)* ist das Maß für die Ausscheidungsfähigkeit bzw. -geschwindigkeit der Nieren.

Clearing [engl. 'klıǝrıŋ; zu clear „frei von Schulden" (von lat. clarus „hell")], Bez. für ein Abrechnungsverfahren, das auf Grund einer Vereinbarung zw. den Mgl. eines begrenzten Teilnehmerkreises angewendet wird, um im Wege der Aufrechnung (Saldierung) den Ausgleich von gegenseitigen Verbindlichkeiten und Forderungen vorzunehmen. Zur Durchführung dient eine Abrechnungsstelle (in der BR Deutschland bei den Landeszentralbanken), bei der sämtl. Teilnehmer Konten unterhalten, deren Salden nach erfolgter Abrechnung in bar oder bargeldlos beglichen werden. Im internat. Zahlungsverkehr werden auf Grund von Verrechnungsabkommen die im Wirtschaftsverkehr zw. zwei oder mehreren Ländern entstandenen Forderungen und Verbindlichkeiten aufgerechnet, entweder als bilaterales C. über die Notenbanken oder als multinat. C. über die Bank für Internat. Zahlungsausgleich (BIZ).

Cleaver, Eldridge [engl. 'klıːvǝ], * Wabbaseka (Ark.) 1935, amerikan. schwarzer Politiker. - Wuchs in den Ghettos verschiedener Städte Kaliforniens auf; 1954-66 mit kurzen Unterbrechungen im Zuchthaus; Anhänger von Malcolm X., Beitritt zur Black Panther Party und „Informationsmin." der Partei; floh nach Haftandrohung 1968 in den Untergrund, lebte 1969-75 in Algier, seit 1975 wieder in den USA.

Clebsch, Rudolf Friedrich Alfred, * Königsberg (Pr) 19. Jan. 1833, † Göttingen 7. Nov. 1872, dt. Mathematiker. - Prof. in Karlsruhe, Gießen und Göttingen; Arbeiten über Kurven- und Flächentheorie (Anwendung der Abelschen Funktionen), Invariantentheorie und Variationsrechnung.

Cleistocactus [griech.], Gatt. strauchig wachsender Kakteen mit etwa 25 Arten in S-Amerika; zuweilen 2-3 m hoch. Am bekanntesten ist die **Silberkerze** (Cleistocactus straussii) mit dicht von schneeweißen, borstenartigen Dornen und weißfilzigen Areolen eingehüllten Trieben und bis 9 cm langen, dunkelkarminroten Blüten.

Cleland, John· [engl. 'klɛlǝnd], * 1709, † London 23. Jan. 1789, engl. Schriftsteller. - C. war Konsul in Smyrna; schrieb den klass.

Roman der erot. Literatur „Die Memoiren der Fanny Hill" (2 Bde., 1748/49, dt. 1963).

Clematis ['kleːmatıs, kleˈmaːtıs; griech.], svw. ↑ Waldrebe.

Clemen, Carl, * Sommerfeld bei Leipzig 30. März 1865, † Bonn 8. Juli 1940, dt. ev. Theologe und Religionswissenschaftler. - 1910 Prof. in Bonn; bed. Vertreter der religionsgeschichtl. Schule.
Werke: Religionsgeschichtl. Erklärung des N. T. (1909), Urgeschichtl. Religion (1932), Altgerman. Religionsgeschichte (1934).

Clemenceau, Georges Benjamin [frz. klemãˈso], * Mouilleron-en-Pareds (Vendée) 28. Sept. 1841, † Paris 24. Nov. 1929, frz. Politiker. - Republikaner; im 2. Kaiserreich wiederholt inhaftiert; seit 1876 Abg., Führer der radikalsozialist. Linken mit dem Ziel einer Vollendung der Frz. Revolution. In den Panamaskandal verwickelt, verlor der brillante Redner 1893 sein Abg.mandat, wurde aber nach seinem Einsatz gegen die Rechte in der Dreyfusaffäre 1902 Senator. Als Min.präs. 1906-09 stützte er sich auf eine radikalsozialist. Mehrheit, anfangs auch auf die Sozialisten. Die angestrebte soziale Demokratie konnte er wegen der Gegensätze zw. radikalsozialist. Kleinbürgern und Bauern und sozialist. Arbeitern nicht verwirklichen. Nach Kriegsausbruch 1914 forderte er die Mobilisierung aller Kräfte der Nation, die er dann als Min.präs. (seit Nov. 1917) mit diktator. Vollmachten durchführte. Überzeugt von der dt. Kriegsschuld trat er für harte Friedensbedingungen ein. Bei den Präsidentschaftswahlen 1920 unterlegen; zog sich, wohl die stärkste polit. Persönlichkeit der 3. Republik, aus der Politik zurück.

Clemens ↑ Klemens.

Clemens, Päpste, ↑ Klemens, Päpste.

Clemens, Herrscher ↑ Klemens, Herrscher.

Clemens, Titus Flavius C. Alexandrinus ↑ Klemens von Alexandria.

· **Clemens non Papa,** Jacobus, eigtl. Jacques Clément, * zw. 1510 und 1515, † wahrscheinl. Middelburg um 1555, niederl. Komponist. - Bed. Komponist der niederl. Schule. Seine Werke (Messen, Motetten, Chansons, Souterliedekens) zeichnen sich durch Melodik und großen Wohlklang aus.

Clément, René [frz. kleˈmã], * Bordeaux 18. März 1913, frz. Filmregisseur. - Psycholog. realist. Spielfilme, u. a. „Es war einmal" (1946, zus. mit Cocteau), „Verbotene Spiele" (1952), „Nur die Sonne war Zeuge" (1960), „Brennt Paris?" (1965), „Baby Sitter" (1975).

Clementi, Muzio, * Rom 23. Jan. 1752 (laut Sterberegister), † Evesham (Worcestershire) 10. März 1832, italien. Komponist. - Lebte seit 1766 in England, unternahm als Klaviervirtuose zahlr. Konzertreisen; seine Sonatinen und 106 Sonaten werden noch heute im Unterricht gebraucht; wichtig sind auch seine „Méthode pour le pianoforte" (1801) und die „Gradus ad Parnassum" (1817).

Clementia ↑ Klementia.

Clementine ↑ Klementine.

Clerici, Fabrizio [italien. 'klɛːritʃi], * Mailand 15. Mai 1913, italien. Maler, Zeichner und Graphiker. - Phantasievolle, an den röm. Manierismus anknüpfende bizarre Landschaften und Bauwerke.

Clermont-Ferrand [frz. klɛrmõfɛ'rã], frz. Stadt im Zentralmassiv, 147 000 E. Verwaltungssitz des Dep. Puy-de-Dôme und der Region Auvergne; kath. Bischofssitz; Univ. (gegr. 1854; Observatorium, Museen; Oper, Theater; botan. Garten; Grand-Prix-Rennstrecke **Charade** (8 km lang). Markt- und Handelszentrum der Auvergne, Gummi-, Flugzeug- und Eisenbahnind., Maschinenbau u. a. Ind.; Druckerei der Bank von Frankr.; ⌧. - Clermont, seit dem 4. Jh. Bischofssitz, hieß im MA **Mons clarus;** 1556 wurde Clermont die Hauptstadt der Prov. Auvergne; seit 1630 bzw. 1731 mit der Nachbarstadt **Montferrand** (gegr. im 11. Jh.) zu C.-F. vereinigt. - Got. Kathedrale (1248; W-Fassade und Türme 19. Jh.; Glasmalerei 13. Jh.), Notre-Dame-du-Port (11./12. Jh.) im roman.-auvergnat. Stil.

Clerodendrum [griech.], svw. ↑Losbaum.

Clethra [griech.], svw. ↑Scheineller.

Cleve, Joos van [niederl. 'kleːvə] (auch J. van de Beke), * Kleef um 1490 (?), † Antwerpen vor dem 13. April 1541, fläm. Maler. - 1511 Aufnahme in die Antwerpener Lukasgilde, wo er den Manieristen nahestand; dazu traten Einflüsse Leonardos. Allgemein wird heute der anonyme „Meister des Todes Mariä" (Flügelaltäre in Köln, Wallraf-Richartz-Museum [1515] und München, Alte Pinakothek [kurz vor 1523]) mit J. van C. identifiziert. Außerdem Porträts und weitere Altarbilder.

C., Per Theodor [schwed. ˌkleːvə], * Stockholm 10. Febr. 1840, † Uppsala 18. Juni 1905, schwed. Chemiker. - Prof. in Uppsala; entdeckte 1879 die Elemente Thulium und Holmium.

Cleve, Herzogtum, ↑Kleve.

Cleveland, Stephen Grover [engl. 'kliːvlənd], * Caldwell (N. J.) 18. März 1837, † Princeton (N. J.) 24. Juni 1908, 22. und 24. Präs. der USA. - Gouverneur von New York (1882); setzte sich als Präs. 1885–89 und 1893–97 für eine gesunde Finanzpolitik ein und trat in der Tarifreform von 1894 als Gegner der Schutzzollpolitik hervor; zwang 1895 Großbrit. zu einer friedl. Regelung des Grenzkonfliktes mit Venezuela; sorgte in der Hawaii- (1893) und in der Kubakrise (1895) für friedl. Lösungen.

Cleveland [engl. 'kliːvlənd], Stadt in Ohio, USA, am S-Ufer des Eriesees, 200 m ü. d. M., 573 000 E (Agglomeration 1,9 Mill.

E). Sitz eines kath. und eines anglikan. Bischofs; drei Univ. (gegr. 1886, 1964 und 1968), Colleges, Konservatorium, Kunstschule; NASA-Forschungszentrum; Museen, Bibliothek. Bed. Hafen, Standort der Schwer-, Auto- und Farbenind.; bed. Handels- und Verkehrsknotenpunkt, auch für die Schiffahrt auf den Großen Seen; drei ⌧. - 1796 gegründet. **C.,** 1974 gebildete Gft. in NO-England.

Cleveland Orchestra ['kliːvlənd 'ɔːkistrə], 1918 gegr. Sinfonieorchester, das sich unter der Leitung von G. Szell (1946–70) zu einem der amerikan. Spitzenorchester entwickelte.

clever [engl.], klug, listig, geschickt; **Cleverness,** Klugheit, Erfahrung.

Cliburn, Van [engl. 'klaɪbən], eigtl. Harvey Lavan C., * Shreveport (La.) 12. Juli 1934, amerikan. Pianist. - Interpret v. a. Tschaikowskis, Liszts, Chopins, Rachmaninows; gewann zahlr. Preise.

Cliff-dwellings [engl. 'klɪfˌdwɛlɪŋz „Felsenwohnungen"], Siedlungstyp der Anasazitradition während der Pueblo-III-Phase (1100–1300), bes. in SW-Colorado; Anlage der mehrstöckigen Häuser vom Pueblotyp unter überhängenden Felsen entlang tiefeingeschnittener Täler.

Clifford [engl. 'klɪfəd], Thomas, Baron C. of Chudleigh (seit 1672), * Ugbrooke bei Exeter 1. Aug. 1630, † ebd. 18. Aug. 1673, engl. Politiker. - Seit 1666 Mgl. des Geheimen Rates König Karls II. und des Cabalministeriums; 1672 Lord Treasurer, trat als Katholik nach Annahme der Testakte zurück.

C., William Kingdon, * Exeter 4. Mai 1845, † Madeira 3. März 1879, engl. Mathematiker und Philosoph. - Prof. in London; führte eine Theorie der Biquaternionen (Verallgemeinerung der Hamiltonschen Quaternionen) und einen neuen Parallelenbegriff ein. Methodolog. von Kant ausgehend, entwickelte C. später eine H. von Helmholtz und E. Mach nahestehende wissenschaftstheoret. Position.

Clift, Montgomery, * Omaha (Nebr.) 17. Okt. 1920, † New York 24. Sept. 1966, amerikan. Schauspieler. - Sensibler Darsteller zahlr. Charkterrollen bei Bühne und Film, u. a. „Verdammt in alle Ewigkeit" (1953), „Plötzlich im letzten Sommer" (1959), „Nicht gesellschaftsfähig" (1960).

Climacus [griech.-lat.], ma. Notenzeichen, ↑Neumen.

Clinch [engl. klɪn(t)ʃ], Umklammern und Festhalten des Gegners im Boxkampf.

Clio, weibl. Vorname, der auf den Namen der griech. Muse der Geschichtsschreibung (Klio) zurückgeht.

Clipper ↑Klipper.

Clique ['klɪkə; frz.; eigtl. „Klatschen, beifällig klatschende Masse"], Sippschaft, Gruppe, Bande, Klüngel, Partei; meist in abschätzigem Sinn gebraucht. In der *Soziologie* alle informellen Gruppen innerhalb einer Organisation, die deren bestehende Ordnung aufzulösen versuchen. C.bildung gibt es v. a. bei Machtkämpfen innerhalb einer Organisation. Die C. versucht, ihre Ziele gegen die Verhaltensregeln der Gesamtgruppe durchzusetzen. In der C. herrscht eine Pseudosolidarität vor, die etwa Konkurrenzdenken nur scheinbar verdeckt.

Clitellum [lat.] ↑ Gürtelwürmer.

Clitoris [griech.], svw. ↑ Kitzler.

Clive, Robert [engl. klaɪv], Baron C. of Plassey (seit 1762), * Styche (Shropshire) 29. Sept. 1725, † London 22. Nov. 1774 (Selbstmord), brit. General und Staatsmann. - Kam 1743 als Angestellter der Ostind. Kompanie nach Madras; wurde Offizier; sein entscheidender Sieg über den Nabob von Bengalen bei Plassey 1757 wurde Basis der brit. Macht in Ostindien; als Gouverneur und Oberbefehlshaber der brit. Streitkräfte in Ostindien gelang es ihm 1765, mit dem Großmogul für die Ostind. Kompanie Verwaltungsverträge für die Prov. Bengalen, Bihar und N-Orissa abzuschließen; 1767 wegen Amtsmißbrauchs angeklagt, aber rehabilitiert.

Clivia, svw. ↑ Klivie.

Clivis [mittellat.] (Flexa), ma. Notenzeichen, ↑ Neumen.

Cloaca maxima [lat.], der älteste, vom 6.–1. Jh. gebaute, zugleich bedeutendste Entwässerungskanal Roms; ermöglichte die Anlage des Forum Romanum.

Clochard [frz. klɔ'ʃa:r], frz. Bez. für Bettler, Landstreicher, Herumtreiber (bes. in Städten).

Clodia, * um 94 v. Chr., Römerin. - Schwester des Volkstribunen Publius Clodius Pulcher, Gattin des Quintus Caecilius Metellus Celer; schön und gebildet, durch ihren Lebenswandel berüchtigt, als „quadrantaria" („Groschenhure") bezeichnet; von Catull als Lesbia verherrlicht.

Clodius Pulcher, Publius, * um 92 v. Chr., † bei Bovillae (vor Rom) 20. Jan. 52, röm. Volkstribun (58). - Setzte die Verbannung Ciceros durch; gestützt auf die röm. Plebs, terrorisierte er mit gedungenen Banden Rom; von den Leuten seines Gegners Milo im Straßenkampf erschlagen.

Cloete, Stuart [engl. kloʊ'i:tɪ, 'klu:tɪ], * Paris 23. Juli 1897, † Kapstadt 20. März 1976, südafrikan. Schriftsteller engl. Sprache. - 1925–35 Farmer in Transvaal; 1937–45 in New York; wurde v. a. durch seine Kulturbilder und Romane aus den Buren bekannt, u. a. „Wandernde Wagen" (R., 1937).

Cloisonné [kloazo'ne:; lat.-frz.], Zellenschmelz (bei Goldemaillearbeiten); auf eine Platte aufgelötete Stege bilden Zellen für die mehrfarbige Schmelzmasse (Glasfluß). Kostbare C.arbeiten: u. a. Pala d'Oro in San Marco in Venedig und Staurothek im Dom von Limburg a. d. Lahn.

Clonmacnoise [engl. klɔnmək'nɔɪz], ir.

Ort am Shannon, ssw. von Athlone. - C. war eine der berühmtesten ir. Klosterstädte des MA. Das Bistum (Klosterbistum, gegr. 544/548) wurde 1568 mit dem von Meath vereinigt, das Kloster 1729 aufgelöst. - Von 12 Kirchen (10.–15. Jh.) sind noch 7 erhalten, darunter die 904 begonnene Kathedrale (im 14. Jh. erneuert).

Cloos, Hans, * Magdeburg 8. Nov. 1885, † Bonn 26. Sept. 1951, dt. Geologe. - Prof. in Breslau und Bonn; Forschungsreisen durch Europa, Nordamerika, Südafrika und Indonesien; Tektonik und Vulkanismus waren seine speziellen Arbeitsgebiete.

Cloppenburg, Krst. in Nds., an der Soeste, 42 m ü. d. M. 21 400 E. Marktort für ein überwiegend landw. orientiertes Umland; Nahrungsmittel- und Textilind., Fahrradfabrik. - Die Grafen von Tecklenburg errichteten vor 1297 die Burg. C., die Burgsiedlung erhielt 1435 Stadtrechte. - Das *Museumsdorf C.* ist das älteste dt. Freilichtmuseum (gegr. 1934).

C., Landkr. in Niedersachsen.

Cloqué [klo'ke:; frz.] (Blasenkrepp), Doppelgewebe aus einem Obergewebe aus ungedrehten Garnen und einem Untergewebe aus Kreppgarnen. Die Kreppgarne ziehen sich bei der Nachbehandlung zusammen und geben dem Gewebe ein blasenartig gewelltes Aussehen. Der Blaseneffekt entsteht auch durch örtl. Einwirkung eines Quellmittels.

Close, Chuck [engl. kloʊs], * Monroe (Wash.) 5. Juli 1940, amerikan. Maler. - Malt und zeichnet ausschließl. überdimensionale Porträts, oft mit Hilfe photograph. Vergrößerungen. - Abb. S. 338.

Closed shop [engl. 'kloʊzd 'ʃɔp „geschlossener Betrieb"], ein Betrieb, in dem auf Grund eines Abkommens zw. Gewerkschaften und Unternehmen nur organisierte Arbeitnehmer eingestellt werden; in der BR Deutschland nicht zulässig.

Clostridium [griech.], Gatt. stäbchenförmiger, anaerober, grampositiver Bakterien; knapp 100, meist im Boden lebende und von dort gelegentl. in den menschl. und tier. Körper sowie in Nahrungsmittel übertragbare Arten. Manche Arten bilden außerordentl. giftige, für Mensch und Tier lebensgefährl. Exotoxine, v. a. *C. botulinum* (↑ Botulismus), *C. tetani* (↑ Wundstarrkrampf), *C. perfringens* und andere Arten (↑ Pararauschbrand, ↑ Gasbrand).

Clou [klu; frz., eigtl. „Nagel"], Glanz-, Höhepunkt; Zugstück, Schlager.

Clouet [frz. klu'ɛ], François, * Tours (?) 1505/1510, † Paris 22. Sept. 1572, frz. Maler. - Sohn von Jean C.; dessen Nachfolger als Bildnismaler am frz. Hof. Die Zuschreibungen (etwa 50 Porträtzeichnungen sowie einige Bildnisse) sind auf signierte Werke, u. a. das Porträt des Apothekers Pierre Quthe (1562; Louvre) gestützt. - Abb. S. 341.

C., Jean, * in Flandern (?) vermutl. um 1480, † Paris 1540/41, frz. Zeichner und Maler. - Seit 1516 Hofmaler König Franz' I. in Tours, seit etwa 1522 in Paris; beeinflußt von der flandr. und niederrhein. Schule, v. a. von J. Gossaert; 130 minutiöse Porträtzeichnungen im Musee Condé in Chantilly sowie einige Gemälde, u. a. „Franz I." (Louvre), werden ihm zugeschrieben.

Clough, Arthur Hugh [engl. klʌf], * Liverpool 1. Jan. 1819, † Florenz 13. Nov. 1861, engl. Schriftsteller. - Begann mit humorvollen und idyll. Gedichten, kam jedoch mehr und mehr zu einem schließl. ausweglosen Skeptizismus. - *Werke:* The bothie of Tober-na-Vuolich (Idylle, 1848), Dipsychus (Dr., 1850).

Clouzot, Henri Georges [frz. klu'zo], * Niort (Deux-Sèvres) 20. Nov. 1907, † Paris 12. Jan. 1977, frz. Filmregisseur. - Wurde berühmt als Regisseur harter Thriller, u. a. „Lohn der Angst" (1953), „Die Teuflischen" (1955), „Die Wahrheit" (1960), „Die Hölle" (1964), „Seine Gefangene" (1968).

Cloviskomplex [engl. 'kloʊvis], paläoindian. Kultur in den USA (9500–8500), ben. nach der Stadt Clovis in New Mexico (eigtl. Llanokultur), v. a. Mastodontenjagd; verbreitet im SW und in den Prärien der USA; Steingeräte; kennzeichnend die **Clovisspitzen,** Projektilspitzen aus Stein mit Auskehlung an einer, selten an beiden Seiten.

Clown [klaʊn; engl. (wohl zu lat. colonus „Bauer")], urspr. der kom. „Bauerntölpel" im Elisabethan. Theater Englands, trat nicht nur in Komödien, sondern auch in Tragödien auf, zunächst in kom. Zwischenspielen, später als Kontrastfigur zum hohen Pathos des Helden; im 18. bzw. 19. Jh. vom Theater in den Zirkus verbannt. Die kom. Nummern des Zirkus-C. zeigen meist den tragikom. Kampf mit der Tücke des Objekts oder dem überlegenen Gegner. Berühmt u. a. C. Rivel, Grock.

Club of Rome, The [engl. ðə 'klʌb əv 'roʊm], lockere Verbindung von Wissenschaftlern und Industriellen. Ziele: Untersuchung, Darstellung und Deutung der „Lage der Menschheit" (sog. „Weltproblematik") sowie Aufnahme und Pflege von Verbindungen zu nat. und internat. Entscheidungszentren zum Zweck der Friedenssicherung, wobei „Frieden" verstanden wird als menschl. Zusammenleben auf der Grundlage sozialer Gerechtigkeit und Achtung vor den anderen Menschen sowie der Harmonie der Natur (globaler Rohstoffhaushalt und Umweltschutz). 1972 veröffentlichte der C. of R. „Die Grenzen des Wachstums"; Friedenspreis des Dt. Buchhandels 1973.

Cluj [rumän. kluʒ] ↑ Klausenburg.

cluniacensische Reform ↑ kluniazensische Reform.

Cluny [frz. kly'ni], frz. Ort in Burgund, Dep. Saône-et-Loire, 20 km nw. von Mâcon, 4 400 E. C. entstand bei der zw. 908 und 910 gegr. Benediktinerabtei, die zum bed. Reformzentrum für das abendländ. Mönchtum und die Gesamtkirche wurde (↑ kluniazensische Reform). Im frühen 12. Jh. setzte der Niedergang der Mutterabtei und des Klosterverbandes ein. C. kam unter die Herrschaft des frz. Königs. Die Glaubensspaltung im 16. Jh. und die Frz. Revolution brachten den Untergang von C. (1790 Aufhebung der Abtei). - Nach zwei Vorgängerbauten wurde 1088 unter Abt Hugo der Bau der größten ma. Kirche des Abendlandes begonnen (vollendet 1225). Sie besaß ein fünfschiffiges Langhaus, zwei Querschiffe mit Apsiden, rundum Chorschluß mit Umgang und fünf Kapellen, im W eine dreischiffige Vorkirche. Die Basilika war in allen Teilen gewölbt. Der Außenbau war bestimmt durch die Staffelung der Baugruppen.

Clusium, antike Stadt, ↑ Chiusi.

Clusius-Dickelsches Trennrohr [nach den dt. Physikochemikern K. Clusius, * 1903, † 1963, und G. Dickel, * 1913], Gerät zur Isotopenanreicherung bzw. -trennung. Von zwei senkrechten, koaxialen Rohren, in deren Zwischenraum sich das gasförmige Isotopengemisch befindet, wird das innere beheizt, das äußere gekühlt. Durch Thermodiffusion (leichtere Atome zu) wandern Moleküle [diffundieren] bevorzugt in Richtung zunehmender Temperatur, schwere entgegengesetzt) reichern sich die leichteren Isotope an der warmen Innenwand an und steigen infolge ihrer Erwärmung nach oben (Konvektion). Durch wiederholte Trennung lassen sich fast reine Isotope herstellen. So wird die Anreicherung des für Reaktoren und Atomwaffen benötigten Uran 235 als gasförmiges Uranhexafluorid UF_6 in bis zu 100 m langen Trennrohren durchgeführt.

Cluster [engl. 'klʌstə „Klumpen, Traube"], in der *Physik* Bez. für eine als einheitl. Ganzes zu betrachtende Menge von zusammenhängenden Einzelteilchen.
◆ eigtl. „tone-cluster", von H. Cowell 1930 eingeführte Bez. für einen aus großen oder kleinen Sekunden (oder kleinsten Intervallen) geschichteten Klang von konstanter oder bewegl. Breite. C. werden z. B. auf dem Klavier mit der ganzen Hand oder dem Unterarm hervorgebracht; **Flageolett-Clusters** entstehen, wenn zu den angedrückten Tasten tiefere Töne angeschlagen werden.

Cluster-Modell [engl. 'klʌstə], ein Kernmodell, das davon ausgeht, daß Alphateilchen und andere leichte Atomkerne großer Bindungsenergie teilweise als Unterstrukturen in schwereren Kernen auftreten.

Clutha River [engl. 'kluːθə 'rɪvə], Fluß in Neuseeland, im S der Südinsel, entfließt dem Lake Wanaka, mündet in zwei Armen 80 km sw. von Dunedin in den Pazifik, 340 km lang.

Cluytens, André [frz. klɥi'tɛ̃:s, niederl. 'klœytəns], * Antwerpen 26. März 1905,

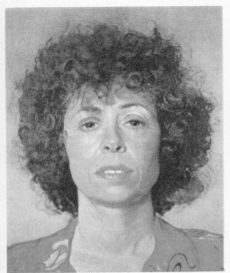

Chuck Close, Linda (1975/76). New York, Pace Gallery

† Neuilly-sur-Seine 3. Juni 1967, belg.-frz. Dirigent. - 1949–60 Leiter des Orchesters der Pariser Société des Concerts du Conservatoire, dann des Orchestre National de Belgique in Brüssel; Interpret v. a. von Debussy und Ravel, frz. Opern sowie R. Wagners.

Clwyd [engl. klɔɪd], Gft. in Wales.

Clyde [engl. klaɪd], Zufluß des Firth of C., längster Fluß Schottlands, entsteht im südschott. Bergland, mündet bei Dumbarton in den rd. 100 km langen, 1,5–60 km breiten **Firth of Clyde;** 171 km lang, am schiffbaren Unterlauf Schwer- und Schiffbauindustrie.

Clymenia [griech.], ausgestorbene Gatt. flacher, scheibenförmiger Ammoniten mit einfacher Lobenlinie; wichtiges Leitfossil aus dem jüngeren Oberdevon.

Clypeaster [lat./griech.], Gatt. der zu den Irregulären Seeigeln zählenden † Sanddollars mit zahlr. Arten in trop. und subtrop. Gewässern; meits stark abgeflacht und nahezu kreisrund; bis etwa 15 cm lang; leben eingegraben im Sand der Gezeitenzone.

Cm, chem. Symbol für † Curium.

C + M + B, Abk. für: Caspar, Melchior, Balthasar, die Namen der Hl. Drei Könige (urspr. Abk. für lat.: Christus mansionem benedicat [„Christus möge dies Haus segnen"]); wird bes. in ländl. kath. Gegenden in Verbindung mit der Jahreszahl zum Dreikönigsfest als Segensformel auf den Türbalken geschrieben.

C-14-Methode † Altersbestimmung.

Cn., Abk. für den altröm. Vornamen Gnaeus.

CNC [Abk. für engl.: computerized numerical control], numer. Steuerung einer Maschine durch einen frei programmierbaren Computer.

Cnicus [griech.-lat.], Gatt. der Korbblütler mit der einzigen Art † Benediktenkraut.

Cnidaria [griech.], svw. † Nesseltiere.

Cnidosporidia (Knidosporidien) [griech.], Klasse parasit. lebender Sporentierchen; bilden Sporen mit Polkapseln, aus denen Polfäden herausschnellen und der Festheftung am Wirt dienen. C. befallen v. a. Fische, Ringelwürmer und Gliederfüßer.

CNT [span. θeene'te], Abk. für: Confederación Nacional del Trabajo († Spanien, Geschichte).

CN-Zyklus, svw. † Bethe-Weizsäcker-Zyklus.

Co, chem. Symbol für † Kobalt.

Co., Abk. für frz.: Compagnie bzw. engl.: Company.

c/o, Abk. für engl.: † care of.

Co A, Abk. für: Coenzym A († Koenzym A).

Coach [kо:tʃ, engl. koʊtʃ], Bez. für eine vierrädrige Kutsche für vier Personen (sich paarweise gegenübersitzend).
◆ Sportlehrer; Trainer und Betreuer eines Sportlers oder einer Sportmannschaft.

Coagulum [lat.], svw. † Blutgerinnsel.

Coahuila [span. koa'ɣila], Staat in N-Mexiko, 151571 km², 1,56 Mill. E (1980), Hauptstadt Saltillo; umfaßt den NO des nördl. Hochlandes von Mexiko mit Anteil an der Sierra Madre Oriental; auf den Höhen Trockenwald, im inneren Hochland Halbwüsten und Wüstenvegetation. Feldbau (mit künstl. Bewässerung), Viehzucht. Wichtigstes mex. Kohlenbergbaugebiet; auch Abbau von Blei-, Zink-, Kupfer- und Eisenerzen, an der Grenze gegen die USA Erdgasfelder.
Geschichte: Seit Mitte des 16. Jh. von span. Konquistadoren durchzogen; seit 1575 kolonisiert; bildete 1824 einen Staat, dem 1830–36 Texas angeschlossen war; spielte im Krieg von 1846 mit den USA eine strateg. Rolle.

Coast Mountains [engl. 'koʊst 'maʊntɪnz], Gebirge in † British Columbia.

Coast Ranges [engl. 'koʊst 'reɪndʒɪz], äußerer Bogen der pazif. Küstenketten in den USA, Fortsetzung der Außenkette Kanadas, reicht bis nördl. von Los Angeles; 80 km breit, im Thompson Peak bis 2744 m hoch.

Coated particles [engl. 'koʊtɪd pɑːtɪklz „umhüllte Teilchen"], Brennstoffteilchen für Kernreaktoren, die mit einer pyrolyt. Kohlenstoffschicht umhüllt sind; dadurch wird der Austritt von Spaltprodukten verhindert bzw. herabgesetzt.

Coating [engl. 'koʊtɪŋ], Beschichtung von Werkstücken zum Schutz vor Verschleiß bei hohen Temperaturen und Belastungen und wenig oder nicht vorhandener Schmierung oder Kühlung.

Coatsland [engl. kouts], von Inlandeis bedeckter Teil der Ostantarktis zw. Filchner-Eisschelf und Königin-Maud-Land. Der westl. Küstenabschnitt wird **Prinzregent-Luitpold-Küste**, der östl. **Cairdküste** genannt.

Cobaea [nach dem span. Naturforscher B. Cobo, * 1582, † 1657], svw. ↑ Glockenrebe.

Cobalamine [Kw.], die Vitamine der B$_{12}$-gruppe.

Cobán [span. ko'βan], Hauptstadt des Dep. Alta Verapaz in Z-Guatemala, im nördl. Bergland, 44 000 E; Kaffeeanbau.

Cobbett, William [engl. 'kɔbɪt], * Farnham (Surrey) 9. März 1763, † bei Guildford 18. Juni 1835, brit. Politiker. - 1792–1800 in der Emigration (USA); bekämpfte in London bis 1803 die brit. Friedenspolitik gegenüber Napoleon I.; Anwalt des sozialen und polit. Rechts der verelendeten Land- und Fabrikarbeiter; seit 1815 Führer der unorganisierten brit. Arbeiterschaft; ab 1832 Mgl. des Unterhauses.

Cobbler [engl.], geeister Cocktail auf der Basis von Likör, Weinbrand oder Weißwein, mit Früchten.

Cobden, Richard, * Dunford Farm bei Midhurst (Sussex) 3. Juni 1804, † London 2. April 1865, brit. Nationalökonom und Wirtschaftspolitiker. - Initiierte 1838 die ↑ Anti-Corn-Law-League, wurde 1841 Unterhaus-Abg.; sein größter Erfolg war die Abschaffung der Getreidezölle 1846. Als Nationalökonom versuchte er, die freihändler. Anschauungen der Vertreter des Manchestertums in der polit. und wirtsch. Praxis durchzusetzen.

Cobden-Sanderson, Thomas [James] [engl. 'sɑ:ndəsn], * Alnwick (Northumberland) 2. Dez. 1840, † Hammersmith (= London) 7. Sept. 1922, engl. Buchkünstler. - Gründete 1893 die Doves Bindery und 1900 die Doves Press. Sein Einbandstil hatte Einfluß auf die dt. „Pressen".

Cobenzl, Ludwig Graf von, * Brüssel 21. Nov. 1753, † Wien 22. Febr. 1809, östr. Diplomat und Politiker. - Unterzeichnete 1797 den Frieden von Campoformio, führte 1801 die Friedensverhandlungen von Lunéville; 1801–05 Hof- und Staatsvizekanzler sowie Außenminister.

C., Philipp Graf von, * Ljubljana 28. Mai 1741, † Wien 30. Aug. 1810, östr. Politiker. - Vetter von Ludwig Graf von C.; schloß 1779 den Frieden von Teschen ab, wurde danach Hof- und Staatsvizekanzler, 1792/93 Hof- und Staatskanzler sowie Außenminister.

Cobigolf [Kw.] ↑ Bahnengolf.

Cobija [span. ko'βixa], Hauptstadt der nordbolivian. Dep. Pando, am Río Acre, 3 600 E. Sammelzentrum für Wildkautschuk und Paranüsse, Markt für Agrarprodukte.

Cobla ['ko:bla; katalan. 'kobblə], volks-

tüml. katalan. Tanzkapelle; heute übl. Besetzung: Einhandflöte, Trommel, Schalmeien, Kornette, Flügelhörner, Posaune und Kontrabaß.

COBOL, Abk. für: Common business oriented language, Programmiersprache zur problemorientierten Formulierung von Programmen der Datenverarbeitung.

Cobra, eine sich 1949 nach den Anfangsbuchstaben ihrer Ausstellungsstädte **Co**penhagen, **Br**üssel, **A**msterdam nennende niederl.-skand. Künstlervereinigung. P. Alechinsky, K. Appel, Constant, Corneille, A. Jorn sind Vertreter des ↑ abstrakten Expressionismus.

Coburg, Stadt in Bayern, im sw. Vorland des Thüringer Waldes, 297 m ü. d. M., 44 800 E. Verwaltungssitz des Landkr. C.; Landesbibliothek; Kunstsammlungen Veste Coburg, Museum Schloß Ehrenburg, Naturwiss. Museum; Theater; Volkssternwarte. Trotz der ungünstigen Verkehrslage seit 1945 Standort einer mannigfaltigen Ind., in der Metallverarbeitung überwiegt. - Um 1240 Stadt, fiel 1347 an die Markgrafen von Meißen; nach 1543 Residenz; 1920 nach Volksentscheid an Bayern. - Got. Pfarrkirche Sankt Moriz, mit Chor (um 1320) und zwei Türmen (15. Jh.). Die Ehrenburg entstand seit 1543 als dreiflügeliges, an die Stadtmauer anschließendes Renaissanceschloß, nach Brand (1690) z. T. neu erbaut; Rathaus (1578–80); zahlr. Häuser aus dem 16. Jh. Die **Veste Coburg** entstand als ma. Ringburg auf einer Bergnase, im 16. und 17. Jh. zur Landesfestung ausgebaut. - Abb. S. 340.

C., Landkr. in Bayern.

Coburger Convent akademischer Landsmannschaften und Turnerschaften, Abk. CC, 1951 als Zusammenschluß der Dt. Landsmannschaft und des Verbandes der Turnerschaften gegr. Konvent. Alljährl. Pfingsttreffen in Coburg. - ↑ auch Landsmannschaft, ↑ Turnerschaft.

Coca-Cola Company [engl. 'koukə-'koulə 'kʌmpənɪ], führender Erfrischungsgetränkeproduzent der Welt, Sitz Atlanta (Ga.), gegr. 1886; zahlr. Tochtergesellschaften.

Cocceji, Samuel Freiherr von (seit 1749) [kɔk'tse:ji], * Heidelberg 20. Okt. 1679, † Berlin 4. Okt. 1755, preuß. Jurist. - Prof. in Frankfurt/Oder; bed. Reformer des preuß. Justizwesens: u. a. preuß. Gerichtsordnung (1747–49), Vereinheitlichung der Gerichtsverfassung, Visitationsordnung (1754).

Coccejus, Johannes [kɔk'tse:jʊs], eigtl. J. Koch, * Bremen 9. Aug. 1603, † Leiden 5. Nov. 1669, dt. ref. Theologe. - 1630 Prof. in Bremen, 1650 in Leiden; sein Hauptanliegen war die Bestimmung des Verhältnisses von A. T. und N. T. zueinander; die Heilsgeschichte ist nach ihm eine Folge von Bundesschlüssen Gottes mit den Menschen (**Föderaltheologie**).

Coccidia ↑ Kokzidien.

Coccioli, Carlo [italien. 'kɔttʃoli], * Livorno 15. Mai 1920, italien. Schriftsteller. - Schreibt seit 1956 auch in frz. Sprache; psycholog. Romane, u. a. „Himmel und Erde" (1950), „Manuel der Mexikaner" (1956), „Ein Selbstmord" (1959), „Sonne" (1965).

Coccolithophoridae (Kalkflagellaten), Ordnung pflanzl. Flagellaten; Kalkalgen.

Cochabamba [span. kotʃa'βamba], Hauptstadt des bolivian. Dep. C., in einem der agrar. wichtigsten Becken des Ostbolivian. Berglandes, am Río Rocha, 2 560 m ü. d. M., 282 000 E. Erzbischofssitz; Univ. (gegr. 1832), landw. Handelszentrum; Erdölraffinerie, Kfz.bau; internat. ☒. - C., Dep. in Z-Bolivien, 55 631 km², 909 000 E (1982), Hauptstadt C.; im W und S Anteil am Tiefland von Santa Cruz. Bergland, im NO am Tiefland von Santa Cruz. Die weiten Hochbecken (2 400–2 800 m) sind die bedeutendsten Agrargebiete Boliviens und daher dicht besiedelt.

Cochabamba, Cordillera de [span. kɔrði'jera ðe kotʃa'βamba], östl. Zweig der Ostkordillere, in Z-Bolivien, bis 5 200 m hoch (Tunari).

Cochem, Krst. in Rhld.-Pf., an der unteren Mosel, 86–380 m ü. d. M., 5 800 E. Verwaltungssitz des Landkr. C.-Zell; Weinbauamt. Wirtsch. bed. sind Weinbau und -handel sowie der Fremdenverkehr. - 866 zuerst genannt; um 1020 Bau der Burg C., seit 1332 Stadt; 1689 von frz. Truppen zerstört. - Stadtbefestigung (1332) z. T. erhalten.

Cochem-Zell, Landkreis in Rhld.-Pf.

Cochin, Charles Nicolas, d. Ä. [frz. kɔ'ʃɛ̃], * Paris 29. April 1688, † ebd. 16. Juli 1754, frz. Kupferstecher. - Bed. Reproduktionsstecher (Watteau und Chardin); mit seinem Sohn **Charles Nicolas C. d. J.** (* 1715, † 1790) v. a. Illustrator und Porträtstecher; Radierfolge der Feste am Hofe Ludwigs XV.

Cochin ['kotʃin], ind. Hafenstadt im Bundesstaat Kerala, an der Malabarküste, 552 000 E. Univ. (gegr. 1971), Seifenfabriken, Textilindustrie. - 1341 nach einer Flutkatastrophe als Hauptstadt des Ft. Cochin neu erbaut; seit 1502 in portugies., 1663–1795 in

niederl. Besitz, seit 1795 bed. Handelshafen von Brit.-Indien, ☒. - Franz-Xaver-Kirche (1510), die älteste europ. Kirche in Indien, Mattanchari-Palast (16. Jh.) mit Wandmalereien, Synagoge (1568).

Cochise [engl. 'koʊtʃi:z, kə'tʃi:z], † 1874, Indianerhäuptling. - Kämpfte als Anführer von Apachentrupps gegen weiße Siedler und Soldaten in Arizona und Mexiko; Held von Western- und Populärromanen und zahlreicher Wildwestfilme.

Cochisekultur [engl. 'koʊtʃi:z, kə'tʃi:z], vorgeschichtl. Kulturfolge im SW der USA (Staaten Arizona und New Mexico); ben. nach dem eiszeitl. Lake Cochise in SO-Arizona; Grundlage der Anasazitradition, Hohokamkultur und Mogollonkultur; drei Phasen: Sulphur Springs (7000–5000); Chiricahua (5000–2000); San Pedro (2000–200).

Cochläus, Johannes [kɔx...], eigtl. Dobneck, Dobeneck, * Wendelstein bei Schwabach 10. Jan. 1479, † Breslau 11. Jan. 1552, dt. Humanist und kath. Theologe. - Rektor der Lateinschule in Nürnberg 1510–15; gab 1512 die Kosmographie des Pomponius Mela heraus, der er die 1. selbständige Beschreibung Deutschlands von einem Deutschen beifügte. 1540 als Hofkaplan Georgs von Sachsen in Augsburg, wo er zu den Verfassern der kath. Gegenschrift zum Augsburger Bekenntnis, der „Confutatio", gehörte; an den Religionsgesprächen in Hagenau, Worms und Regensburg (1540/41 und 1546) beteiligt. Seine Lutherbiographie (1549) hat bis ins 20. Jh. das kath. Lutherbild bestimmt.

Cochlea ['kɔxlea; griech.-lat.], svw. Schnecke (des Innenohrs; ↑ Gehörorgan).

◆ Gehäuse der Schnecken.

Cochonnerie [kɔʃɔnə'ri:; frz.], Schweinerei; Unflätigkeit, Zote.

Cochran, Eddie [engl. 'kɔkrən], * Oklahoma City 3. Okt. 1938, † bei London 17. April 1960 (Autounfall), amerikan. Rockmusiker (Gitarrist und Sänger). - Beeinflußte insbes. die brit. Rockmusiker; gilt als „James Dean der Rockmusik".

Cockcroft, Sir (seit 1948) John Douglas [engl. 'koʊkrɔft], * Todmorden (Yorkshire) 27. Mai 1897, † Cambridge 18. Sept. 1967, brit. Physiker. - Entwickelte mit E. T. S. Walton den

Die Veste Coburg (Luftaufnahme)

↑ Kaskadengenerator *(C.-Walton-Generator)*; mit den in dieser Hochspannungsanlage beschleunigten Protonen und Heliumkernen konnten beide 1932 die ersten künstl. Kernumwandlungen hervorrufen; Nobelpreis für Physik 1951 (zus. mit Walton).

Cocker, John Robert „Joe" [engl. ˈkɔkə], * Sheffield 20. Mai 1944, brit. Rockmusiker. - Sänger mit Soul-Stimme; tauchte, dem Tourneerummel nicht gewachsen, mehrfach unter, hatte jedesmal ein Schallplatten-Comeback.

Cockerill-Ougrée-Providence et Espérance-Longdoz, S. A. [frz. sɔsjeˈte anɔˈnim kɔkˈril uˈgre prɔviˈdãs e ɛspeˈrãs lõdo], belg. Unternehmen der Eisen- u. Stahlind., Sitz Seraing, gegr. 1817, heutige Firma durch Fusionen 1955 entstanden.

Cockerspaniel [engl.; zu to cock „Waldschnepfen (woodcocks) jagen"], in England ursprüngl. für die Jagd gezüchtete Rasse etwa 40 cm schulterhoher, lebhafter, lang- und seidenhaariger Haushunde mit zieml. langer Schnauze, Schlappohren und kupierter Rute.

Cockney [engl. ˈkɔknɪ], volkstüml., weithin als ungebildet geltende engl. Mundart der alteingesessenen Londoner Bevölkerung; i. e. S. die für diese Mundart typ. Aussprache; auch Bez. für eine C. sprechende Person.

Cockpit [engl., eigtl. „Hahnengrube" (vertiefte Einfriedung für Hahnenkämpfe)], Pilotenkanzel im Flugzeug.
◆ Platz des Fahrers in Sport- und Rennwagen.
◆ (Plicht) vertiefter, ungedeckter Sitzraum für die Besatzung auf Segel- und Motorbooten; zumeist selbstlenzend (überkommendes Wasser läuft von selbst wieder ab).

Cocktail [engl. ˈkɔktɛɪl; eigtl. „Hahnenschwanz"], alkohol. Mixgetränk (auf der Basis von Gin oder Whisky, auch Rum, Weinbrand oder Wodka).

Cocktailkleid [engl. ˈkɔktɛɪl], Kleid für kleinere festl. Anlässe.

Cockpit eines zweimotorigen Turbopropflugzeugs

François Clouet, Badende Dame (um 1550). Washington, National Gallery of Art

Cocktailparty [engl. ˈkɔktɛɪlˌpɑːtɪ], zwanglose GesellIgkeit, meist in den frühen Abendstunden, bei der Cocktails gereicht werden.

Cocléphasen [span. koˈkle], voreurop. Kulturabschnitte in der Prov. Coclé (Panama): frühe Phase: 500–800, späte Phase: 800–1100.

Coco, Río [span. ˈrrio ˈkoko], längster Fluß Z-Amerikas, entspringt im äußersten S von Honduras, bildet im Mittel- und Unterlauf die Grenze zw. Nicaragua und Honduras, mündet am Kap Gracias a Dios in das Karib. Meer; 750 km lang.

Cocobolo [indian.-span.] ↑ Hölzer (Übersicht).

Cocos

Cocos [span.], Gatt. der Palmen mit der ↑Kokospalme als einziger Art.

Cocos Islands ['koukous 'aıləndz] ↑Kokosinseln.

Cocteau, Jean [frz. kɔk'to], * Maisons-Laffitte bei Paris 5. Juli 1889, † bei Milly-la-Forêt bei Paris 11. Okt. 1963, frz. Dichter, Filmregisseur und Graphiker. - Der zahlr. Kontakte pflegende, in verschiedenen Stilrichtungen experimentierende Künstler und Kritiker fand in den 20er Jahren seinen eigenen Stil; die Entwicklung führte von neuromant. Anfängen über futurist. und dadaist. Versuche zum originellen Surrealisten. Zeitweise war er auch von Rimbaud beeinflußt. C. gab allen avantgardist. Strömungen der Kunst entscheidende Impulse. Dichter. Virtuosität, Leichtigkeit und eleganter Stil machten ihn für Jahrzehnte zu einer der interessantesten Gestalten des literar. Frankreich. In seinem verrätselten Werk ist der Tod stets gegenwärtig. Vielfach schöpfte C. aus der Mythologie. Die Romane „Der große Sprung" (1923) und „Kinder der Nacht" (1929) gehören mit den Dramen „Orpheus" (1927) und der „Höllenmaschine" (1934) zu seinen bedeutendsten Werken. Sein erstes Filmwerk, „Das Blut eines Dichters" (1930), ist ein Hauptwerk des Surrealismus. Berühmt sind „Es war einmal" („La belle et la bête"; 1946) und „Orphée" (1950). C. schrieb auch Libretti, u.a. für Strawinski und Milhaud, und war ein bed. Förderer des Musiklebens; brillanter Illustrator; als Maler und Bildhauer. Seit 1955 war er Mgl. der Académie française.

CoD, Abk. für: ↑Córdoba-Durchmusterung (Sternkatalog).

Cod., Abk. für: **Codex** (↑Kodex).

Coda ↑Koda.

Code [koːt; lat.-frz.], in der frz. Rechtssprache svw. Gesetzeswerk, Gesetzbuch (↑auch Kodex), v.a. die fünf napoleon. Gesetzbücher: 1. **Code civil** (C. civil des Français, **Code Napoléon**), das frz. Zivilgesetzbuch vom 21.3.1804; es ist trotz zahlr. Änderungen heute noch gültig. Auf Grund seiner einfachen und klaren Sprache sowie seiner damals fortschrittl., der Frz. Revolution entstammenden Grundgedanken (Gleichheit vor dem Gesetz, Anerkennung der Freiheit des Individuums und des Eigentums, Trennung von Staat und Kirche durch Einführung der obligator. Zivilehe) hat der C. civil erhebl. Einfluß auf den europ. Rechtskreis ausgeübt; er gilt auch in Belgien und Luxemburg. - 2. **Code de procédure civile,** das frz. Zivilprozeßbuch von 1806; er führte den Mündlichkeitsgrundsatz, den Öffentlichkeitsgrundsatz sowie die Grundsätze der freien Beweiswürdigung und des Parteibetriebes im Zivilprozeß ein und übte starken Einfluß auf die Rechtsentwicklung in Deutschland aus. - 3. **Code de commerce,** die Kodifikation des gesamten frz. Handelsrechts von 1807. - 4. **Code d'instruction crimi-**nelle, die frz. Strafprozeßordnung von 1808. Sie schaffte den geheimen schriftl. Inquisitionsprozeß ab und ersetzte ihn durch ein mündl., öffentl., durch eine Anklage der Staatsanwaltschaft eingeleitetes Verfahren. Durch sie wurde das Schwurgericht zum ersten Male auf dem Kontinent nach engl. Vorbild eingeführt. - 5. **Code pénal** von 1810, das frz. Strafgesetzbuch.

Code [koːt; frz. und engl.; von lat. codex „Buch, Verzeichnis"], (Informationscode) System von Regeln und Übereinkünften, das die Zuordnung von Zeichen (oder auch Zeichenfolgen) zweier verschiedener Alphabete erlaubt; auch für die konkreten Zuordnungsvorschriften selbst. Die Zeichenumsetzung (Codierung) ist im allg. umkehrbar eindeutig. Beispiel für einen Informationscode zur Nachrichtenübertragung ist das Morsealphabet.

Neben dem C. zur Nachrichtenübertragung spielen C. zur Informationsdarstellung und zur Datenverarbeitung eine große Rolle. Wegen der bei heute übl. binären Arbeitsweise von Rechenanlagen sind alle in der Datenverarbeitung benutzten C. binärer Natur, d.h. sie bestehen aus einem Alphabet mit nur 2 Zeichen, meist als 0 und 1 oder O und L geschrieben.

📖 *Heise, W./Quattrocchi, P.: Informations- u. Codierungstheorie. Bln. u. a. 1983. - Duske, J./ Jürgensen, H.: Codierungstheorie. Mhm. 1977.*

◆ in der *Sprachwissenschaft* ein vereinbartes Inventar von Sprachzeichen und Regeln zu ihrer Verknüpfung. Dabei wird zwischen *semant.* C. (Zeichen, die den Vorstellungen des Sprechers inhaltl. entsprechen), *syntakt.* C. (Regeln zur Kombination der Zeichen) und *phonolog.* C. (Regeln zur Kombination der Laute, welche die Zeichen repräsentieren) unterschieden. In der ↑Soziolinguistik ist C. Bez. für eine schichtenspezif. unterschiedene Weise der Sprachverwendung: *elaborierter C.,* Sprechweise der Ober- und Mittelschicht; *restringierter C.,* Sprechweise der Unterschicht.

Code Bustamante [koːt] ↑Bustamante y Sirvén, Antonio Sánchez de.

Code civil [frz. kɔdsi'vil] ↑Code.

Codeïn ↑Kodein.

Code Napoléon [frz. kɔdnapɔle'õ] ↑Code.

Coder [lat.-engl.], in der *Elektroakustik* eine Schaltung, die aus den Stereosignalen der Rechts- und Linksinformation ein für die Aussendung durch UKW-Sender geeignetes Multiplexsignal erzeugt, das auch von einem Monoempfänger verarbeitet werden kann. ◆ Gerät zum Codieren einer Nachricht.

Codex ↑Kodex, ↑Kodifikationen.

Codex argenteus [lat. „silberner Kodex" (nach dem Einband des 17. Jh.)], Evangeliar in got. Sprache, in Silber-, teilweise in Goldschrift auf Purpurpergament geschrieben; enthält Fragmente aus den vier Evangelien. Ursprüngl. 336, heute 186 Blätter (etwa 20 × 24 cm). Der Kodex ist die Abschrift der got. Bibelübersetzung des ↑ Ulfilas und wurde um 500 in Norditalien geschrieben; seit 1669 in der Universitätsbibliothek Uppsala. Die Schlußseite wurde 1970 im Speyerer Dom entdeckt.

Codex aureus [lat. „goldener Kodex"], Bez. für mehrere kostbare Handschriften des MA mit Goldschrift oder goldenem Einband, z. B. für das Evangeliar aus dem Regensburger Kloster Sankt Emmeram, 870 von den Mönchen Liuthard und Berengar im Stil der Reimser Schule im Auftrag Karls des Kahlen geschrieben und illuminiert (heute in der Bayer. Staatsbibliothek, München). - Abb. S. 344.

Codex Dresdensis [nlat. „Dresdner Kodex" (nach dem Aufbewahrungsort)], die älteste und am besten erhaltene der drei Mayahandschriften aus vorkolumb. Zeit, vermutl. aus dem 14. Jh. Der Inhalt bezieht sich auf den Kalender und auf Wahrsagerei.

Codex Euricianus [lat.] ↑ Eurich, König der Westgoten.

Codex Iuris Canonici [lat. „Gesetzbuch des Kanon. Rechts"], Abk. CIC, Gesetzbuch der kath. Kirche für den Bereich der lat. Kirche; es enthält die Grundlagen des kath. Kirchenrechts: Personen-, Sachen-, Prozeß- und Strafrecht. Auf Anordnung Pius' X. (19. März 1904) erarbeitet und am 27. Mai 1917 amtl. veröffentlicht; am 19. Mai 1918 in Kraft getreten. Für den Bereich der kath. Ostkirchen wurde 1929 mit den Kodifikationsarbeiten begonnen; wichtige Teilstücke wurden 1949–57 veröffentlicht. - Die Reform des CIC oblag einer Kardinalskommission, die von Johannes XXIII. 1963 eingesetzt und von Paul VI. erweitert wurde. Im Jan. 1983 wurde die Neufassung verkündet.

Codex Justinianus [lat.] ↑ Corpus Juris Civilis.

Codex Sinaiticus (Sinaiticus) [lat.], Sigel ℵ, wichtige Pergamenthandschrift der Bibel aus dem 4. Jh.; 1844 von K. von Tischendorf im Katharinenkloster auf der Sinaihalbinsel (daher der Name) entdeckt.

Codex Vaticanus (Vaticanus) [lat. (nach dem Aufbewahrungsort)], Sigel B, wichtigste und bedeutendste Pergamenthandschrift der Bibel, wohl um 350 in Ägypten entstanden.

Codices Madrid [nlat.], 1973 veröffentlichte Ausgabe von Handschriften mit Zeichnungen Leonardo da Vincis.

codieren [lat.-frz.], allg. eine Nachricht verschlüsseln; i. e. S. ein Rechenprogramm in die Maschinensprache einer Datenverarbeitungsanlage übersetzen.

Codon [lat.-frz.] (Triplett), in der Molekularbiologie Bez. für die drei aufeinanderfolgenden Basen (Nukleotide) einer Nukleinsäure (DNS, RNS), die den Schlüssel (Kodierungseinheit) für eine Aminosäure im Protein darstellen.

Codreanu, Corneliu Zelea, *Jassy 13. Sept. 1899, † Bukarest-Jilava 29. oder 30. Nov. 1938, rumän. Politiker. - Begr. mit A. C. Cuza 1923 die Liga Christlicher Nat. Verteidigung, die er 1927 in die Legion des Erzengels Michael (seit 1930 ↑ Eiserne Garde) umbildete; 1938 wegen Hoch- und Landesverrats verurteilt; in der Haft ermordet.

Coducci, Mauro [italien. koˈduttʃi], gen. il Moretto, * Lenna (Bergamo) um 1440, † Venedig im April 1504, italien. Baumeister. - Bed. Vertreter der lombard.-venezian. Renaissance mit flächigen, maler. Fassaden aus vielfarbigem Material; schuf in Venedig u. a. San Michele auf der Isola di San Michele (1469 ff.), Torre dell'Orologio (1496), San Giovanni Crisostomo (1497), Fassade von San Zaccaria (um 1500 vollendet).

Cody, William Frederick [engl. ˈkoʊdɪ], amerikan. Pionier, ↑ Buffalo Bill.

Coecke van Aelst, Pieter [niederl. ˈkuːkə vɑn ˈaːlst], * Aalst 14. Aug. 1502, † Brüssel 6. Dez. 1550, fläm. Holzschneider, Maler und Publizist. - Steht in der Nachfolge seines Lehrers B. van Orley in Brüssel; Künstlerwerkstatt in Antwerpen (u. a. Lehrer P. Breughels d. Ä.). Holzschnittfolge mit türk. Szenen (nach 1534; 7 Teile; als Wandteppich geplant); Stuckarbeiten (u. a. Rathaus, Antwerpen).

Coehnsche Regel (Coehnsches [Auf]ladungsgesetz) [kɔːn], physikal. Gesetzmäßigkeit, nach der beim Aneinanderreiben zweier Stoffe der Stoff mit der höheren Dielektrizitätskonstante positiv aufgeladen wird.

Coel... ↑ auch Zöl...

Coelenterata [tsø...; griech.], svw. ↑ Hohltiere.

Coelestin [tsø...] ↑ Cölestin.

Coelho, Francisco Adolfo [portugies. ˈkweʎu], * Coimbra 15. Jan. 1847, † Carcavelos 9. Febr. 1919, portugies. Philologe. - Prof. in Lissabon; gilt mit seinen sprachgeschichtl. Arbeiten als Begründer der portugies. Philologie; Hg. der ersten Sammlung portugies. Märchen (1879).

Coelius Antipater [ˈtsø:...] ↑ Cölius Antipater.

Coello, Alonso Sánchez ↑ Sánchez Coello, Alonso.

Coen, Jan Pieterszoon [niederl. kuːn], * Hoorn (Nordholland) 8. Jan. 1587, † Batavia (= Jakarta) 21. Sept. 1629, niederl. Kolonialpolitiker. - Begr. die niederl. Kolonialmacht in SO-Asien; 1618–23 und 1627–29 Generalgouverneur von Niederl.-Indien; gründete 1619 die Stadt Batavia.

Coen... ↑ auch Zön...

Coena Domini [ˈtsø:na; lat. „Mahl des Herrn"], svw. ↑ Gründonnerstag.

Coenobit [tsø...] ↑ Zönobit.

Coenobium [tsø...; griech.-lat.], svw. ↑ Zellkolonie.

Coenzym [ko-ε...] (Koenzym) ↑ Enzyme.

Coesfeld ['koːsfɛlt], Krst. in NRW, am Rand der Baumberge, 80 m ü. d. M., 31 200 E. Maschinen- und Apparatebau, Textil- und Möbelind. - 1197 Stadtrecht. - Pfarrkirche Sankt Lamberti (1473–1524); Zerstörungen im 2. Weltkrieg.

C., Kreis in NRW.

Cœur [køːr; lat.-frz.], dem Herz oder Rot der dt. Karte entsprechende frz. Spielkarte.

Coffea [engl.], svw. ↑ Kaffeepflanze.

Coffein ↑ Koffein.

Coffinit [nach dem amerikan. Geologen R. C. Coffin], radioaktives Mineral (USiO₄).

Coggan, Donald [engl. 'kɔgən], * London 9. Okt. 1909, engl. anglikan. Theologe, Erzbischof von Canterbury. - 1937–44 Prof. für N. T. in Toronto, seit 1956 Bischof von Bradford, 1961–74 Erzbischof von York, 1974–80 Erzbischof von Canterbury.

Cogito ergo sum [lat. „ich denke, also bin ich"], Grundsatz der theoret. Philosophie Descartes'. Er ist Ergebnis eines radikalen Zweifels an allem bisherigen Wissen und Ausdruck der Selbstgewißheit des Denkenden. Die Frage, ob es sich hierbei um einen *Schluß* handelt, der den allg. Satz „alles was denkt, ist (existiert)" voraussetzt, oder nur um eine *Einsicht*, ist bei Descartes nicht völlig geklärt.

Cognac [frz. kɔ'ɲak], frz. Stadt 40 km westl. von Angoulême, Dep. Charente, 21 000 E. Zentrum der frz. Cognac-Erzeugung (seit dem 17. Jh.). - 1215 Stadtrecht, 1308 zur Krondomäne. - Kirche Saint-Léger (12. und 15. Jh.); Häuser des 15. und 16. Jh.; ma. Stadttor (15. Jh.). - In der **Liga von Cognac** schloß König Franz I. von Frankr. 1526 mit Papst Klemens VII., Mailand, Florenz und Venedig ein Bündnis zur Wiederaufnahme des Kampfes gegen Kaiser Karl V.; führte 1527 zum ↑ Sacco di Roma.

Cognac ['kɔnjak; frz. kɔ'ɲak], aus Weinen der Charente (Zentrum die Stadt Cognac) hergestellter frz. Weinbrand.

Cohen, Hermann ['koːhən, ko'heːn], * Coswig 4. Juli 1842, † Berlin 4. April 1918, dt. Philosoph. - Seit 1876 Prof. in Marburg, seit 1912 an der Lehranstalt für die Wiss. des Judentums in Berlin; einflußreicher Hauptvertreter des Neukantianismus der Marburger Schule; faßte im Unterschied zu Kant das Denken als nicht auf die Sinnlichkeit angewiesen auf. Seine Ethik zielt auf die Verwirklichung der Idee der Menschheit und eines eth. Sozialismus ab.
Werke: Kants Theorie der Erfahrung (1871), Kants Begründung der Ethik (1877), System der Philosophie (1902–12), Der Begriff der Religion im System der Philosophie (1915), Die Religion der Vernunft aus den Quellen des Judentums (1919), Jüd. Schriften (1924).

C., Leonard [Norman] [engl. 'koʊn], * Montreal 21. Sept. 1934, kanad. Schriftsteller, Komponist und Sänger. - Schrieb u. a. Gedichte um Liebe, Angst, Einsamkeit; Sänger seiner selbstkomponierten Lieder; auch Romanautor, u. a. „Schöne Verlierer" (1966).

C., Stanley [engl. 'koʊn], * New York 17. Nov. 1922, amerikan. Biochemiker. - Seit 1976 Prof. an der Vanderbilt-Univ. in Nashville (Tenn.). Für seine Entdeckung des „Epidermal Growth Factor" (EGF), eine das Zellenwachstum der Haut steuernde hormonähnliche Substanz, erhielt C. 1986 (zus. mit R. Levi-Montalcini) den Nobelpreis für Physiologie oder Medizin.

Cohn, Ferdinand [Julius], * Breslau 24. Jan. 1828, † ebd. 25. Juni 1898, dt. Botaniker und Bakteriologe. - Arbeiten v. a. über die Biologie und Systematik der Bakterien; gilt als einer der Begründer der modernen Bakteriologie.

Cohnheim, Julius, * Demmin 20. Juli 1839, † Leipzig 15. Aug. 1884, dt. Mediziner. - Prof. in Kiel, Breslau und Leipzig; arbeitete über allg. Pathologie, über den Entzündungsvorgang und über Embolie.

Cohunepalme [indian./dt.] (Corozopalme, Orbignya cohune), bis 20 m hohe schlankstämmige Palme in M-Amerika; die eßbaren Samen liefern Öl, das als Speiseöl, techn. Öl und zur Seifenherstellung verwendet wird.

Coimbatore ['kɔɪmbəˈtoː], Stadt im ind. Bundesstaat Tamil Nadu, am Noyil, 437 m ü. d. M., 701 000 E. Verwaltungssitz eines Distrikts; landwirtschaftl. Hochschule; Textil-, Zement- und Nahrungsmittelindustrie.

Codex aureus aus dem Regensburger Kloster Sankt Emmeram. Vorderdeckel des Einbandes (870)

Coimbra. Hof der Universität mit Uhrturm

Coimbra [portugies. 'kuimbɐ], portugies. Stadt am Mondego, 100 km ssö. von Porto, 72000 E. Verwaltungssitz des Distrikts C.; kath. Bischofssitz; älteste portugies. Univ. (gegr. 1290 in Lissabon, 1308 nach C. verlegt); Papier- und Nahrungsmittelind.; Freilichtmuseum. - Das röm. **Aeminium** war noch in westgot. Zeit bed.; 878 den Mauren entrissen, danach von Einwohnern und dem Bischof des antiken **Conimbriga** (Ausgrabungen) besiedelt. 1064 endgültig in christl. Hand; im 12. und 13. Jh. Hauptstadt des neuen Portugal. - Roman. Alte Kathedrale (etwa 1170; erneuert im 16. Jh.), mit frühgot. Kreuzgang (13. Jh.); Neue Kathedrale (16. Jh.); Alte Universität.

Coincidentia oppositorum [ko-ɪn...; lat. „Zusammenfall der Gegensätze"], philosoph. Grundbegriff bei Nikolaus von Kues: Gegensätze und Widersprüche gelten als im Unendlichen (in Gott) aufgelöst; wieder aufgenommen bei Schelling.

Coing, Helmut, * Celle 28. Febr. 1912, dt. Jurist. - Prof. in Frankfurt am Main (seit 1940); Direktor des Max-Planck-Instituts für Europ. Rechtsgeschichte (seit 1964). Vors. des Wissenschaftsrates (1958–61); Hg. des „Handbuches der Quellen und Literatur der neueren europ. Privatrechtsgeschichte" (1972 ff.).

Cointreau ⓦ [frz. kwɛ̃'tro], frz. Orangenlikör.

Coitus [lat.], svw. ↑ Geschlechtsverkehr.

Cojedes [span. kɔ'xeðes], Staat in N-Venezuela, 14800 km², 134000 E (1981). Liegt in den Llanos, nur im N von Ausläufern der Küstenkordillere durchzogen; Ackerbau und Rinderzucht.

Coke, Sir Edward [engl. kʊk], * Mileham (Norfolk) 1. Febr. 1552, † Stoke Poges bei Slough, 3. Sept. 1634, engl. Jurist und Politiker. - Führte 1620–29 die Opposition des Unterhauses gegen absolutist. Ansprüche der Königsmacht und nahm nachhaltigen Einfluß auf die ↑ Petition of Right; verfaßte eine systemat. Darstellung des Common Law.

Cola [afrikan.], svw. ↑ Kolabaum.

Cola di Rienzo ↑ Rienzo, Cola di.

Colbert, Jean-Baptiste [frz. kɔl'bɛːr], Marquis de Seignelay (seit 1658), * Reims 29. Aug. 1619, † Paris 6. Sept. 1683, frz. Staatsmann. - Seit 1661 Oberintendant der Finanzen, später auch der königl. Bauwerke, der schönen Künste, der Fabriken und der Marine; schuf durch grundlegende administrative, wirtsch. und finanzielle Reformen im Innern die Voraussetzungen für die Außen- und Kolonialpolitik Ludwigs XIV., auf den er 1661–72 großen Einfluß ausübte; bedeutendster Vertreter des Merkantilismus (**Colbertismus**). Förderte Ind., Außenhandel und Schiffahrt, betrieb eine systemat. Kolonialpolitik, wurde der eigtl. Schöpfer der frz. Seemacht, verbesserte im Innern u. a. die Finanzverwaltung, begr. 1666 die Académie des sciences.

Colchester [engl. 'kʊʊltʃɪstə], engl. Hafenstadt am Colne, Gft. Essex, 80 km nö. von London, 82000 E. Univ. (gegr. 1961); Markt- und Einkaufszentrum; neuere Entwicklung zur Ind.stadt. - Erste röm. Niederlassung (43 n. Chr.) auf den Brit. Inseln (**Camulodunum**); um 1080 Bau einer normann. Burg; 1189 Stadtrecht. - Röm. Stadttor; Reste der röm. Ummauerung; Augustinerabtei Saint Botolph (Ende des 11. Jh.); Kirche Holy Trinity (1050).

Colchicum [griech.-lat.], svw. ↑Zeitlose.

Cold Cream [engl. 'koʊld 'kriːm „Kühlsalbe"], Hautpflegemittel; halbfette Creme mit hohem Gehalt an Wasser, durch dessen Verdunstung sie kühlend wirkt.

Cold Rubber [engl. 'koʊld 'rʌbə „kaltes Gummi"], ein ↑Synthesekautschuk (Buna-S-Typ).

Cole [engl. koʊl], Nat („King"), eigtl. Nathaniel Coles, * Montgomery (Ala.) 17. März 1917, † Santa Monica (Calif.) 15. Febr. 1965, amerikan. Jazzmusiker und Schlagersänger. - Zunächst Jazzpianist; seit den 50er Jahren Schlagersänger der „weichen Welle".

C., Thomas, * Belten-le-Moors (Lancashire) 1. Febr. 1801, † Catskill (N. Y.) 11. Febr. 1848, amerikan. Maler. - Vertreter der ↑Hudson River School; Führer der romant. Landschaftsmaler Amerikas; malte auch große allegor. und religiöse Kompositionen.

Coleman, Ornette [engl. 'koʊlmən], * Forth Worth (Tex.) 19. März 1930, amerikan. Jazzmusiker. - Altsaxophonist, auch Trompeter, Violinist und Komponist; einer der Initiatoren des ↑Free Jazz.

Colemanit [nach dem amerikan. Bergwerksunternehmer W. T. Coleman, * 1824, † 1893], in durchsichtigen bis weißen, monoklinen Kristallen auftretendes Mineral, $Ca[B_3O_4(OH)_3] \cdot H_2O$; wichtiges Bormineral; Mohshärte 4,5, Dichte 2,42 g/cm^3.

Coleopter [griech.], senkrecht startendes und landendes Flugzeug mit einem Ringflügel, der den Rumpf und das Antriebssystem (Luftstrahltriebwerk oder gegenläufige Luftschrauben) umschließt und im Reiseflug den Auftrieb liefert.

Coleoptera [griech.], svw. ↑Käfer.

Coleraine [engl. 'koʊlrɛɪn], Distrikt in Nordirland.

Coleridge, Samuel Taylor [engl. 'koʊlrɪdʒ], * Ottery Saint Mary (Devonshire) 21. Okt. 1772, † London 25. Juli 1834, engl. Dichter. - Plante einen „pantisokrat." Staat nach radikaldemokrat. u. kommunist. Prinzipien (zus. mit Southey); enge Freundschaft mit Wordsworth. Während eines Aufenthaltes in Deutschland (1798/99) Studium des Kants und Schellings; v. a. von Schiller (übersetzte den „Wallenstein") und Bürger beeindruckt, machte in Italien Bekanntschaft u. a. mit Tieck und Humboldt. Einer der Hauptvertreter der engl. Romantik. Sein wenig umfangreiches poet. Werk wirkte nachhaltig auf die engl. Literatur. Das Erscheinen der „Lyrical ballads" (1798), die in Zusammenarbeit mit Wordsworth entstanden, markiert den Beginn der literar. Romantik in England. In der Ballade „The ancient mariner" (1798; dt. 1898 u. d. T. „Der alte Matrose"), einer suggestiven, myst. Dichtung von großer Klangschönheit, kommt C. Bestreben, das Übersinnliche natürl. darzustellen, bes. deutl. zum Ausdruck. Bed. auch als anfangs revolutionärer, später konservativer Denker, als Literaturkritiker und -theoretiker.

Coleridge-Taylor, Samuel [engl. 'koʊlrɪdʒ 'teɪlə], * London 15. Aug. 1875, † ebd. 1. Sept. 1912, engl. Komponist afroengl. Herkunft. - Kompositionen teilweise auf dem Hintergrund afrikan. Musik (Orchester-, Kammermusik, Chorwerke, Lieder, u. a. „Song of Hiawatha" für Soli, Chor und Orchester [1898–1900]), die oft dem Bereich der Unterhaltungsmusik nahestehen.

Coleroon [engl. koʊl'ruːn], Mündungsarm des ↑Cauvery.

Cölestin (Coelestin), männl. Vorname lat. Ursprungs, eigtl. „der Himmlische".

Cölestin, Name von Päpsten:

C. I., hl., Papst (10. Sept. 422–27. Juli 432). - Römer; in den christolog. Kämpfen verurteilte er die Lehren des Nestorius auf einer Synode 430 und durch seine drei Legaten auf dem Konzil von Ephesus 431.

C. V., hl., * Isernia 1215, † Schloß Fumone bei Anagni 19. Mai 1296, vorher Petrus von Murrone, Papst (5. Juli–13. Dez. 1294). - Einsiedler in den Abruzzen, aus dessen Zelle die Eremitengemeinde der **Cölestiner** entstand. Erließ am 10. Dez. eine Konstitution über die mögl. Abdankung von Päpsten und dankte am 13. Dez. 1294 ab.

Colette [frz. kɔ'lɛt], eigtl. Sidonie Gabrielle C., * Saint-Sauveur-en-Puisaye (Yonne) 28. Jan. 1873, † Paris 3. Aug. 1954, frz. Schriftstellerin. - Nach ihren erfolgreichen „Claudine"-Romanen (1900–03) als Artistin, Kritikerin, Schriftleiterin tätig. Internat. Erfolge waren „Mitsou" (R., 1919), „Chéri" (R., 1920), „Gigi" (R., 1945).

Colhuacán [span. kolua'kan] (Culhuacán), bed. vorspan. Stadt im Hochtal von Mexiko, am Rande des ehem. Sees, heute Teil von Mexiko. Im 10. Jh. zeitweise Sitz der Tolteken; seit 1160 Hauptstadt des wichtigsten toltek. Nachfolgestaates, der bis 1350 das westl. Hochtal beherrschte. C., 1413 von den Tepaneken erobert, war später eine Stadt des aztek. Reiches.

Coligny, Gaspard de [frz. kɔli'ɲi], Seigneur de Châtillon, * Châtillon-sur-Loing (= Châtillon-C., Dep. Loiret) 16. Febr. 1519, † Paris 24. Aug. 1572, frz. Hugenottenführer. - 1552 Admiral von Frankr., 1555 Gouverneur der Picardie; geriet 1557 in span. Gefangenschaft und trat zum Kalvinismus über; übernahm neben Condé die Führung der Hugenotten; gewann großen Einfluß auf Karl IX. und versuchte, Frankr. in die prot. Front gegen Spanien einzugliedern; nach Scheitern eines Anschlags seiner Gegner, Katharinas von Medici und der Herzöge von Guise, eines der Opfer der Bartholomäusnacht.

Colijn [niederl. ko:'lɛin], Alexander ↑Colin, Alexander.

C., Hendrikus, *Haarlemmermeer 22. Juni 1869, †Ilmenau 16. Sept. 1944, niederl. Politiker. - Seit 1909 Abg. für die Anti-Revolutionaire Partij, seit 1922 ihr Vors.; mehrmals Min. (u. a. Finanzmin. 1923–25), 1925/26 und 1933–39 Min.präs.; 1941 von den dt. Besatzungsbehörden interniert.

Colima, Hauptstadt des mex. Staates C., in den südl. Ausläufern der Cordillera Volcánica, 500 m ü. d. M., 71 000 E. Bischofssitz; Univ. (gegr. 1867); Marktort eines Agrargebietes. - C. war Hauptort eines Indianerreiches, das 1521 von den Spaniern erobert wurde. Erhalten sind zahlr. aus Grabfunden stammende Skulpturen u. Gegenstände aus Ton.

C., Staat in W-Mexiko, am Pazifik, 5 455 km², 379 000 E (1984), Hauptstadt C.; liegt im sw. Randgebiet der Cordillera Volcánica und in der vorgelagerten Küstenebene. Die Landw. ist der wichtigste Erwerbszweig; Viehzucht v. a. in höheren Gebieten. - 1522 von Spaniern durchquert, seit 1523 kolonisiert; seit 1857 Staat.

Colima, Nevado de [span. ne'βaðo ðe], Vulkan in einem sw. Ausläufer der Cordillera Volcánica in W-Mexiko, 4 339 m hoch.

Colin (Colijn), Alexander, *Mecheln 1527 oder 1529, †Innsbruck 17. Aug. 1612, fläm. Renaissancebildhauer. - Schuf Figuren und Reliefarbeiten, u. a. 1558 ff. Teile des dekorativen Schmuckes für den Ottheinrichsbau des Heidelberger Schlosses und 1562 ff. in Innsbruck feine Marmorreliefs sowie Figuren für das Grabmal Kaiser Maximilians I.

Colitis [griech.], svw. ↑Dickdarmentzündung.

Cölius Antipater, Lucius (lat. Coelius A.; Cälius A.), *zw. 180 und 170, †nach 121, röm. Geschichtsschreiber. - Verfaßte eine Darstellung des 2. Pun. Krieges in 7 Büchern, die erste histor. Monographie in Rom (nur Fragmente erhalten).

colla destra [italien.], Abk. c. d., in der Musik Spielanweisung: mit der rechten Hand [zu spielen] (Klavier u. a.).

Collage [kɔ'la:ʒə; frz. „das Leimen" (von griech. kólla „Leim")], *Kunstobjekt* des 20. Jh., ganz oder teilweise aus Papierausschnitten geklebtes Bild. Die hier erfolgte Integration von realen, außerkünstler. Elementen in das Kunstwerk wird Gestaltungsprinzip weiterer neuer, heute unter „Objektkunst" zusammengefaßter Realisationsformen (Readymade, Assemblage, Montage, Environment). Die ersten C. waren kubist. Zeichnungen mit eingeklebten Papierstreifen (z. B. Zeitungsausschnitten) von J. Gris, Braque und Picasso. Innerhalb der surrealist. Bewegung hat Max Ernst das Prinzip C. v. a. für seine „Bildromane" genutzt.

Colima. Hund aus Ton. Mexiko, Museo Nacional

◆ in der *Literatur* seit Ende der 1960er Jahre Bez. der Technik der zitierenden Kombination von oft heterogenem vorgefertigtem sprachl. Material; auch Bez. für derart entstandene literar. Produkte. Vorher wurde die Bez. Montage dafür verwendet. Erste literar. C. als ausgesprochene Mischformen im Futurismus, Dadaismus und Surrealismus. Diesen futurist.-dadaist. Techniken sind z. B. Romane von J. Dos Passos, A. Döblin, J. Joyce verpflichtet.

◆ in der *Musik* eine Komposition, die aus einer Verschränkung vorgegebener musikal.

Collage. Pablo Picasso, Stilleben mit Violine und Früchten (1913). Philadelphia Museum of Art

Materialien besteht (im Unterschied zum musikal. Zitat, das innerhalb einer Komposition auftritt). Entscheidend ist dabei nicht die Gegenüberstellung bzw. das Aufeinanderprallen der heterogenen Materialien, sondern zugleich die Deformation des diesen Materialien urspr. innewohnenden Sinns.

colla parte [italien.], in der Musik Spielanweisung für die Begleitung, mit der Hauptstimme zu gehen bzw. sich dieser im Tempo anzupassen.

coll'arco [italien.] (arco), Abk. c. a., in der Musik Spielanweisung für Streicher, mit dem Bogen zu spielen, nach vorausgegangenem ↑ pizzicato.

colla sinistra [italien.], Abk. c. s., in der Musik Spielanweisung: mit der linken Hand [zu spielen] (Klavier u. a.).

colla voce ['vo:tʃe; italien.], in der Musik Spielanweisung für Instrumente, die Vokalstimmen mitzuspielen, z. B. von A-cappella-Sätzen.

College [engl. 'kɔlidʒ; zu lat. collegium „Gemeinschaft"], in *Großbritannien* 1. eine höhere private Schule mit Internat, in der Lehrer u. Zöglinge eine Lebensgemeinschaft bilden. Die größte und berühmteste Anstalt dieser Art ist das Eton C. (seit 1440). 2. einer Univ. angegliederte Wohngemeinschaft von Dozenten und Studenten mit Selbstverwaltung und häufig eigenem Vermögen. Die Tradition des C. reicht bis ins 13. Jh. zurück. 3. Fachschule und Fachhochschule. C. mit Hochschulcharakter können selbständig oder Teil einer Univ. sein.

♦ im Bildungswesen der *USA* die Eingangsstufe des Hochschulwesens. Das **Liberal Arts College** bietet das 4jährige Grundstudium („undergraduate study") an, das zum Bachelor's degree (B. S.; B. A.) führt. Auf die „lower division" (das 2jähriges allgemeinbildendes Studium) folgt die „upper division" mit „junior" und „senior year", es besteht die Wahl zw. Weiterführung der allgemeinbildenden Fächer („liberal arts") und Spezialisierung auf zahlr. Fachrichtungen. Das 2jährige **Junior College** bietet entweder die „lower division" des Liberal Arts C. an oder als höhere berufsbildende Schule (Berufsfachschule) einen Kursus mit eigenem Abschluß (Associate in Arts oder Associate in Science degree). Das **Teachers College** (das oft nur die Bez. C. führt) bildet Lehrer und Verwaltungsangestellte für Schulen der Elementar- und Sekundarstufe aus. - Univ. haben z. T. den Namen C. beibehalten, manche Liberal Arts C. führen die Bez. Universität.

Collège [frz. kɔ'lɛːʒ (↑ College)], in *Frankr.* v. a. Bez. für 4jährige Schulen der Sekundarschulstufe. Diese **Collèges d'enseignement secondaire** sind in 3 Typen (sections) gegliedert: ein im Lehrstoff der Unterstufe der Lyzeen (lycées) entsprechender Typ, ein „allgemeinbildender" Typ (gibt es auch als selbständige Schulen: **Collèges d'enseignement général**) und einen prakt. Typ. Außerdem gibt es 1–3jährige techn. C. in 4 Typen (**Collèges d'enseignement technique**). In einigen Städten gibt es **Collèges universitaires**. Sie führen bis zum Abschluß der ersten beiden Jahre des „enseignement superieur". Auch Lehrerbildungsanstalten heißen C. In *Belgien* bezeichnet C. eine nichtstaatl. Schule der Sekundarstufe. In der französischsprachigen *Schweiz* ist C. die Bez. für eine höhere Schule (6.–12. Klasse) oder deren Unterstufe (6.–9. Klasse).

Collège de France [frz. kɔlɛʒdə'frãːs], wiss. Institut, gegr. 1530, heute mit einem Kollegium von 50 Gelehrten aus allen Sparten der Geistes- und Naturwissenschaften. Am C. de F. können keine Prüfungen abgelegt werden; alle Vorlesungen und Übungen sind frei.

Collegium ↑ Kollegium.

Collegium Germanicum ↑ Germanicum.

Collegium musicum [lat.], aus den Kantoreien des 16. Jh. hervorgegangene freie Vereinigung von Musikliebhabern; stand im 17./18. Jh. in Deutschland, der Schweiz, den Niederlanden und England in bes. Blüte und wurde seit 1908 wieder belebt.

col legno [kɔl 'lɛnjo; italien.], in der Musik Spielanweisung für Streicher, die Saiten mit der Bogenstange anzustreichen oder zu schlagen.

Collembola [griech.], svw. ↑ Springschwänze.

Colleoni, Bartolomeo, * Solza (= Rivera d'Adda bei Bergamo) 1400, † Malpaga bei Venedig 4. Nov. 1475, italien. Kondottiere. - Zunächst in neapolitan., dann in venezian. und mailänd. Diensten; 1454 von Venedig zum Generalkapitän ernannt, das sein reiches Erbe erhielt und ihm von A. del Verrocchio das berühmte Reiterstandbild errichten ließ.

Collett, Jacobine Camilla, * Kristiansand 23. Jan. 1813, † Kristiania 6. März 1895, norweg. Schriftstellerin. - Frauenrechtlerin; gilt mit ihren sozial engagierten Tendenzromanen als Begründerin des norweg. Realismus, u. a. „Die Amtmanns-Töchter" (R., 1855).

Colli, Mrz. von Collo (↑ Kollo).

Collico Ⓦ [Kw.], zusammenlegbare Metall-Transportkiste (Faltkiste); wird von der Dt. Bundesbahn vermietet.

Collie [...li; engl.], svw. ↑ Schottischer Schäferhund.

Collier [kɔli'e:] ↑ Kollier.

Collin, Heinrich Joseph von (seit 1803), * Wien 26. Dez. 1771, † ebd. 28. Juli 1811, östr. Dichter. - Verfaßte napoleonfeindl. patriot. Lyrik und Balladen sowie pathet. Dramen; zu seinem Trauerspiel „Coriolan" (1804) schrieb Beethoven die Ouvertüre.

Collins [engl. 'kɔlınz], Judy, * Seattle (Washington) 1. Mai 1939, amerikan. Popmusikerin (Gitarristin und Sängerin). - Zählt zu den bed. Folkmusic-Interpreten; wie J. Baez engagierte Bürgerrechtlerin und Pazifistin.

C., Michael, * bei Clonakilty (Cork) 16. Okt. 1890, ✕ bei Bandon (Cork) 22. Aug. 1922, ir. Politiker. - Als Mgl. der Sinn-Féin-Bewegung unter de Valera Innen- und Finanzmin. (1919) sowie Chef für Organisation und Nachrichtenwesen der ir.-republikan. Armee; gehörte dann zu den Unterzeichnern des Vertrags über den Dominionstatus Irlands 1921; Mgl. der provisor. ir. Reg.; fiel im Bürgerkrieg als Oberbefehlshaber der Reg.truppen.

C., [William] Wilkie, * London 8. Jan. 1824, † ebd. 23. Sept. 1889, engl. Erzähler. - Schrieb vielgelesene, spannende Romane mit Horroreffekten und kriminalist. Einschlag (z. T. neu übersetzt von Arno Schmidt). - *Werke:* Die Frau in Weiß (R., 1860), Der rote Schal (R., 1866), Der Monddiamant (R., 1868), Lucilla (R., 1872).

C., William, * Chichester 25. Dez. 1721, † ebd. 12. Juni 1759, engl. Dichter. - Formvollendete Lyrik von großer Schlichtheit („Persian eclogues", 1742); erst die Nachwelt schätzte seine Dichtung und erkannte ihn als Wegbereiter der Romantik.

Collo ↑ Kollo.

Collodi, Carlo, eigtl. Carlo Lorenzini, * Florenz 24. Nov. 1826, † ebd. 26. Okt. 1890, italien. Schriftsteller. - Berühmt durch sein in sehr viele Sprachen übersetztes Kinderbuch „Die Abenteuer des Pinocchio" (1883).

Colloquium ↑ Kolloquium.

Colloredo, weitverzweigtes östr. Adelsgeschlecht, dessen Ahnherr, der schwäb. Adlige Wilhelm von Mels, 1302 Burg C. bei Udine erbaute; 1591 Vereinigung mit den Freiherren **von Waldsee (Wallsee);** 1629 und 1724 in den Reichsgrafenstand erhoben; der fürstl. Zweig (1763 Erhebung in den Reichsfürstenstand) nannte sich seit 1789 **Colloredo-Mannsfeld;** bed.:

C.-Waldsee, Franz de Paula Graf von, * Wien 23. Mai 1736, † ebd. 10. März 1806, östr. Politiker. - Erzieher des späteren Kaisers Franz II. (I.), 1792 zum Kabinetts- und Konferenzmin. ernannt; leitete 1801–05 mit L. Graf von Cobenzl die Außenpolitik.

C.-Waldsee, Joseph Graf von, * Regensburg 11. Sept. 1735, † Wien 26. Nov. 1818, kaiserl. Feldmarschall (seit 1789). - Führte als General-Artillerie-Direktor (seit 1779) wichtige Reformen durch; nahm 1788–90 am Türkenkrieg teil; seit 1809 Staats- und Konferenzmin., 1809–14 zugleich Kriegsminister.

Collot d'Herbois, Jean Marie [frz. kɔlodɛr'bwa], * Paris 19. Juni 1749, † Sinnamary (Frz.-Guayana) 8. Jan. 1796, frz. Revolutionär. - Nach 1789 Volksredner und Mgl. des Konvents; ließ in Lyon Massenhinrichtungen vornehmen; wurde, als er sich gegen Robespierre stellte, zur Deportation verurteilt; schrieb einige Dramen.

coll'ottava [italien.], in der Musik die Vorschrift, eine Stimme in der oberen Oktave mitzuspielen (zu oktavieren).

Collum [lat.], in der Anatomie Bez. für: 1. Hals; 2. halsförmig verengter Abschnitt eines Organs, z. B. **Collum femoris** (Oberschenkelhals).

Colman, George [engl. 'koʊlmən], d. J., * London 21. Okt. 1762, † ebd. 17. Okt. 1836, engl. Schriftsteller. - Schrieb Possen und Komödien (u. a. „John Bull", 1802); auch Opernlibrettist.

Colmar ['kɔlmar, frz. kɔl'ma:r], frz. Stadt im Oberelsaß, am Fuß der Vogesen, 62 000 E. Verwaltungssitz des Dep. Haut-Rhin; technolog. Universitätsinst.; Zentrum des elsäss. Weinbaus, bed. Ind.standort. Kanalverbindung zum Rhein-Rhone-Kanal. - 823 erstmals erwähnt (**Columbarium**), karoling. Königshof; 1278 Stadtrecht; reichsunmittelbar; seit 1282 zu einer der stärksten Festungen des Reichs ausgebaut; 1575 Einführung der Reformation; seit 1673/97 frz.; 1790 Hauptstadt des Dep. Haut-Rhin; 1871–1918/19 Hauptstadt des Bez. Oberelsaß im dt. Reichsland Elsaß-Lothringen. - Das ehem. Dominikanerinnenkloster Unterlinden beherbergt seit 1850 das Unterlindenmuseum mit Werken der oberelsäss. Kunst, u. a. den Isenheimer Altar des Mathias Grünewald (1513–15) und Werke Martin Schongauers; Stiftskirche Sankt Martin (1237–1366) mit Schongauers „Maria im Rosenhag" (1473). - Abb. S. 350.

Colmarer Liederhandschrift, aus Colmar stammende, jetzt in der Bayer. Staatsbibliothek München aufbewahrte Handschrift, die um 1460 in Mainz geschrieben wurde und über 900 Lieder (v. a. Minnesang) enthält, davon 105 mit Melodien.

Colomb-Béchar [frz. kɔlõbe'ʃa:r] ↑ Béchar.

Colombe, Michel [frz. kɔ'lõ:b], * im Berry (Bourges?) um 1430, † Tours zw. 1512/14, frz. Bildhauer. - Bed. Vertreter der Spätgotik, in seinem Stil z. T. der Renaissance nahe; u. a. „Grabmal Franz' II. von der Bretagne und seiner Gemahlin" (1502–07; Nantes, Kathedrale).

Colombey-les-deux-Églises [frz. kɔlõbɛledø'ʒgli:z], frz. Ort im Dep. Haute-Marne, 50 km östl. von Troyes, 688 E. - Landsitz General de Gaulles, der hier auch begraben wurde (1970).

Colombina, Figur der ↑ Commedia dell'arte.

Colombo, Cristoforo ↑ Kolumbus, Christoph.

C., Emilio, * Potenza 11. April 1920, italien. Politiker (Democrazia Cristiana). - Seit 1955 Min. in verschiedenen Ressorts; trug als Schatzmin. 1963–70 entscheidend dazu bei, die wirtsch. Krisen in Italien zu überwinden und hatte erhebl. Anteil an der Ausgestaltung der EWG; zeitweilig Präs. des Min.rats der EWG; 1970–72 Min.präs.; 1973/74 Finanz-,

Colombo

1972 und 1974–76 erneut Schatzmin.; 1977–79 Präs. des Europ. Parlaments; 1980–83 italien. Außenminister.

Colombo, Hauptstadt von Sri Lanka, 586 000 E. Erzbischofssitz; zahlr. Forschungsinst. und wiss. Gesellschaften; 3 Univ., mehrere Colleges; Museen und Bibliotheken, Theater; wirtsch. und kultureller Mittelpunkt des Landes; einer der bedeutendsten Häfen im Weltverkehr, am Schnittpunkt aller Seewege im Ind. Ozean. Die meisten Ind.zweige stehen im Zusammenhang mit dem Hafen und den Plantagenprodukten des Hinterlandes. ✈ 35 km nördl. von C. - Seit 949 bezeugt; liegt in nächster Nähe des buddhist. Wallfahrtsortes **Kelaniya** (heute zu C.), dessen Geschichte sich bis ins 3. Jh. v. Chr. zurückverfolgen läßt; **Kotte,** ein anderer Vorort von C., war Residenz der Könige Ceylons im 15./16. Jh.; im 16. Jh. wichtigster Stützpunkt der Portugiesen auf Ceylon; seit 1656 Sitz der niederl. Zentralverwaltung und Hauptort eines der 3 Verwaltungs-Bez. der Insel; blieb auch unter brit. Herrschaft (seit 1796) Hauptstadt Ceylons. - Charakteristisch für das Stadtbild ist das Nebeneinander fernöstl. und westl. Architektur; zahlr. Hindutempel sowie buddhist. Tempel, Moscheen und Basare, bed. christl. Kirchen, repräsentative Profanbauten im niederl.-angelsächs. Kolonialstil; Eingeborenen-Basarviertel „Pettah". Die alten niederl. Befestigungen wurden 1872 geschleift; Nationalmuseum (1873).

Colombo-Plan, 1950 in Colombo bei einer Konferenz der Außenmin. der Commonwealth-Staaten gefaßter, seit 1951 in Kraft stehender Beschluß zur Unterstützung der finanziellen, techn. und wirtsch. Entwicklung der Länder S- und SO-Asiens; nicht auf Mgl. des Commonwealth beschränkt; Mgl. sind: Afghanistan, Bangladesch, Bhutan, Birma, Fidschi, Indien, Indonesien, Iran, Kambodscha, Süd-Korea, Laos, Malaysia, Malediven, Nepal, Pakistan, Papua-Neuguinea, Philippinen, Singapur, Sri Lanka, Thailand, Vietnam; unterstützende Mgl. Großbrit., Kanada, Australien und Neuseeland, Japan, USA.

Colon [griech.], svw. Grimmdarm (↑ Darm).

◆ ↑ Kolon.

Colón, Cristóbal ↑ Kolumbus, Christoph.

Colón, Hauptstadt der Prov. C. in Panama, Enklave in der Panamakanalzone, 78 000 E. Freihandelszone; der Hafen für C. ist Cristobal, mit dem es zusammengewachsen ist. - 1852 gegr.; hieß bis 1890 **Aspinwall.**

Colón, Bez. für die Währungseinheiten in Costa Rica und El Salvador.

Colonel [frz. kɔlɔ'nɛl; engl. kɔːnl; span. kolo'nɛl; frz., eigtl. „Kolonnenführer" (zu lat. columna „Säule")], Stabsoffizier im Rang eines Obersten.

Colonia (Mrz. Coloniae) [lat. „Ansiedlung"], in der Antike Bez. für Siedlungen außerhalb Roms und des röm. Bürgergebietes. Bekannte Kolonien: **Colonia Agrippinensis (Colonia Claudia Ara Agrippinensium)** = Köln; **Colonia Iunonia** = Karthago; **Colonia Caesaraugusta** = Zaragoza; **Colonia Raurica (Colonia Augusta Raurica** oder **Rauricorum)** = Augst; **Colonia Ulpia Traiana** = Xanten. - ↑ auch Kolonie.

Colonia del Sacramento, Hauptstadt des Dep. Colonia in SW-Uruguay, Hafen am Río de la Plata, 17 000 E. Zentrum eines Agrargebietes. - 1680 als erste europ. Dauer-

Colmar. Fachwerkhäuser

siedlung in Uruguay von Portugiesen gegr., 1750 an Spanien abgetreten.

Colonna, seit dem frühen 12. Jh. erwähntes röm. Adelsgeschlecht; meist auf der Seite der Ghibellinen; seit dem 13. Jh. Rivalen der Orsini, neben denen sie bis zum 16. Jh. in der röm. Geschichte eine wichtige Rolle spielten; bed.:
C., Oddo (Oddone, lat. Odo) ↑ Martin V., Papst.
C., Vittoria, * Castello di Marino bei Rom um 1492, † Rom 25. Febr. 1547, Dichterin. - Mittelpunkt eines bed. Gelehrten- und Künstlerkreises; Freundschaft mit Michelangelo, der seine berühmten Sonette an sie richtete. Sonette und Kanzonen im Stil Petrarcas.

Color [lat. „Farbe"], ma. musikal. Bez. für Verzierung, auch für Wiederholung; in der Notation Bez. für die Anwendung farbiger Noten (in ma. Handschriften), um eine Änderung ihres Wertes anzuzeigen.

Color... [lat.], Bestimmungswort in Zusammensetzungen mit der Bed. „Farbe.... Farb...", z.B. Colorphoto (Farbphoto[graphie]).

Colorado [kolo'ra:do, engl. kɔlə'rɑːdoʊ], B.staat der USA, 269 998 km², 3,04 Mill. E (1982); 11 E/km², Hauptstadt Denver. C. umfaßt 63 Counties.

Landesnatur: C. hat Anteil an zwei nordamerikan. Großlandschaften, den Great Plains und den Rocky Mountains. Die Schichtstufenlandschaft der Great Plains mit lehmigsandigen Böden ist bei ausreichender Bewässerung recht fruchtbar, doch stark erosionsgefährdet. Von den Great Plains setzen sich die Rocky Mountains mit einer kräftigen Stufe ab. Sie bilden keinen einheitl. Gebirgskörper, zwei große N–S-verlaufende Kettensysteme stehen durch einzelne kurze Quergebirge miteinander in Verbindung, dazwischen liegen Becken, sog. „Parks". Die Wasserscheide zw. Pazifik und Atlantik wird von der Sawatch Range im W gebildet. Hier liegt auch der höchste Berg des Staates, der Mount Elbert (4 395 m). Im W schließt sich das Colorado Plateau an. - Die Rocky Mountains wirken als Klimascheide; sie trennen das sommertrockene C. Plateau von den wintertrockenen Great Plains. - Die urspr. Vegetation der Great Plains besteht aus Kurzgrassteppe, in feuchten Tälern finden sich einzelne Waldstücke. In den Rocky Mountains überwiegt Nadelwald, über 3 500 m Höhe alpine Latschenvegetation.

Bevölkerung, Wirtschaft, Verkehr: Die Bev. konzentriert sich in den städt. Gebieten am O-Fuß des Gebirges. Sie besteht überwiegend aus Weißen. Der Anteil der Schwarzen beträgt 3%, der der Indianer nur 0,4% der Gesamt-Bev. C. verfügt neben zahlr. Colleges über 5 Univ. an erster Stelle der Wirtschaft steht der Bergbau. Abgebaut werden Zinn, Vanadium, Uran, Molybdän, Gold und Sil-

ber; im NW liegen große Erdöl- und Erdgasfelder sowie Kohlenbergwerke. Die Landw. konzentriert sich in den Great Plains. Im N wird Bewässerungsfeldbau betrieben, im S Viehzucht. Intensiv agrar. genutzt werden auch die Parks. Auf Bergbau und Landw. basiert die Ind.: Stahlerzeugung, metallverarbeitende Betriebe, Elektronik- sowie Nahrungsmittelind. Nationalparks und Staatswälder sowie schneesichere Wintersportgebiete ziehen ganzjährig den Fremdenverkehr an. - Das Eisenbahnnetz hat eine Länge von rd. 7 240 km. Das Straßennetz beträgt 129 500 km, davon sind 15 000 km Fernstraßen. In C. gibt es über 200 ✈, Denver verfügt über einen internat. ✈.

Geschichte: Seit dem 16. Jh. erforscht; bis 1763 in großen Teilen zw. Spanien und Frankr. umstritten; durch den Verkauf von Louisiane ganz in span. Besitz; der östl. Teil wurde 1800 wieder frz.; die USA kauften ihn 1803 mit dem gesamten Louisiane; der westl., span. Teil kam 1821 an Mexiko, der O dieses Gebietes (1835 von Texas annektiert) 1845 zu den USA; 1848 war ganz C. in amerikan. Besitz; 1861 wurde das Territorium C. in den Grenzen des heutigen Staats geschaffen; seit 1876 38. Bundesstaat der USA.
📖 Hafen, L. R.: C., the story of a western commonwealth. New York 1970.

C., Fluß im SW der USA, entspringt im Middle Park, durchquert in tief eingeschnittenen Schluchten das Colorado Plateau, u. a. die Schlucht des **Grand Canyon** (350 km lang, 6–30 km breit, bis 1 800 m tief; zum größten Teil Nationalpark; Fremdenverkehr), biegt nach Durchfließen des Lake Mead scharf nach S um, fließt durch ein wüstenhaftes Gebiet und mündet südl. von Yuma auf mex. Territorium mit einem Delta in den Golf von Kalifornien; 2 334 km lang, Einzugsgebiet über 676 000 km². Stark schwankende Wasserführung; Verdunstung und zahlr. Stauseen (Energiegewinnung, Wasserversorgung von Los Angeles, riesige Bewässerungsprojekte) entziehen dem C. im Unterlauf große Wassermengen.

Colorado Desert [engl. kɔlə'rɑːdoʊ 'dɛzət], Trockengebiet in S-Kalifornien, USA.
Colorado Plateau [engl. kɔlə'rɑːdoʊ 'plætoʊ], semiarides Tafelland im SW der USA, zw. 1 800 und 3 000 m hoch, mit tief eingekerbten Schluchten und ausgedehnten Plateaus. Das Gebiet wird v. a. vom Colorado und seinen Nebenflüssen entwässert.
Colorado River [engl. kɔlə'rɑːdoʊ 'rɪvə], Fluß in Texas, entspringt am O-Rand des Llano Estacado, mündet in den Golf von Mexiko, rd. 1 440 km lang; zahlr. Stauwerke.
Colorado Springs [engl. kɔlə'rɑːdoʊ 'sprɪŋz], Stadt in Z-Colorado, am O-Abfall der Rocky Mountains, 1 800 m ü. d. M., 231 000 E. Luftwaffenakad.; Hauptquartier des North American Air Defense Command;

Color-field-painting

Teil der Univ. of Colorado; Zentrum eines Bergbaugebiets; Fremdenverkehr. - Gegr. 1871 als **Fountain Creek.**

Color-field-painting [engl. kʌlə'fiːld-ˌpɛɪntɪŋ] ↑ Farbfeldmalerei.

Colosseum [engl. kɔlɔ'siːəm], brit. Popmusikgruppe 1968–71; schuf durch Integration von Elementen aus Jazz, Blues, Rockmusik und klass. Musik eine Art konzertanten Jazz-Rock; instrumental eine der bedeutendsten Gruppen.

Colosseum [lat.] ↑ Kolosseum.

Coloureds [engl. 'kʌlədz; zu lat. color „Farbe"], allg. svw. Farbige; bezeichnet i. e. S. im Gesellschaftssystem Südafrikas die Mischlinge und die Nachkommen der eingewanderten Inder, die als rechtl., polit. und sozial abgegrenzte Gruppe von den Schwarzafrikanern und den Weißen unterschieden werden.

Colt ⊛ [engl. koʊlt; nach dem amerikan. Industriellen S. Colt, * 1814, † 1862], Bez. für die von S. Colt entwickelten und hergestellten Revolver mit Kipplauf; beim Spannen des Hammers wird gleichzeitig die als Patronenmagazin dienende Walze weitergedreht (Single-action-Prinzip).

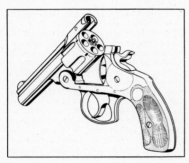

Colt

Coltrane [engl. koʊl'trɛɪn], Alice, * Detroit (Mich.) 27. Aug. 1937, amerikan. Jazzmusikerin. - Pianistin, Organistin; ∞ seit 1966 mit John C., mit dem sie bis zu dessen Tod gemeinsam auftrat; gründete danach eigene Gruppen.
C., John [William], * Hamlet (N. C.) 23. Sept. 1926, † Huntington (N. Y.) 17. Juli 1967, amerikan. Jazzmusiker. - Tenor- und Sopransaxophonist, zunächst Vertreter des Hard-Bop, dann Mitbegr. des ↑ Free Jazz.

Colum, Padraic [engl. 'kɔləm], * Longford (Irland) 8. Dez. 1881, † Enfield (Conn.) 11. Jan. 1972, ir. Dichter. - Verfasser schlichter Naturlyrik; schrieb auch Kinderbücher, sammelte ir. Volkserzählungen („Der Königssohn von Irland", 1920) und arbeitete über hawaiische Folklore; erfolgreicher Dramatiker.

Columban (Columba) d. Ä., hl., gen. Columcille („Kirchentaube"), * Donegal 7. Dez. um 520, † auf Hy (= Iona) 9. Juni 597, ir. Missionar und Abt. - Gründete zahlr. Kirchen und Klöster in Irland; um 563 errichtete C. das westschott. Inselkloster Hy, von wo aus er die Pikten in Schottland missionierte.
C. d. J., hl., * Leinster (Irland) um 543, † Bobbio bei Piacenza 23. Nov. 615, ir. Missionar und Abt. - Verließ um 590 mit 12 Gefährten das Kloster Bangor, predigte im Frankenreich, wo er die Klöster Anegray, Fontaine und Luxeuil gründete.

Columbarium, röm. Grabkammer, ↑ Kolumbarium.

Columbia [engl. kə'lʌmbɪə], Hauptstadt des B.staates South Carolina, USA, am Congaree River, 90 m ü. d. M., 101 000 E (Agglomeration 1980: 423 000). Sitz eines anglikan. und eines methodist. Bischofs; Univ. (gegr. 1801), Handelszentrum eines Agrargebietes; Textilfabriken, Cottonölgewinnung, Herstellung von Kunstdünger, Stahl und Maschinenteilen; Verkehrsknotenpunkt, ✈.

Columbia [engl. kə'lʌmbɪə] ↑ Raumfahrt (Übersicht: Bemannte Raumflüge).

Columbia, Kap [engl. kə'lʌmbɪə], Kap auf Ellesmere Island, der nördlichste Punkt Kanadas.

Columbia Broadcasting System [engl. kə'lʌmbɪə 'brɔːdkɑːstɪŋ 'sɪstɪm], Abk. CBS, private Rundfunkorganisation in den USA, Sitz: New York; gegr. 1928; betreibt Hörfunk- und Fernsehsender und produziert für kleinere Rundfunkgesellschaften Programme; besitzt in der BR Deutschland als Tochtergesellschaft die **CBS Schallplatten GmbH,** Frankfurt am Main, gegr. 1963.

Columbia Icefield [engl. kə'lʌmbɪə 'aɪsfiːld], das größte Vergletscherungsgebiet der kanad. Rocky Mountains, zw. Banff und Jasper, 337 km²; höchster Punkt ist der **Mount Columbia** (3 748 m).

Columbia Mountains [engl. kə'lʌmbɪə 'maʊntɪnz], Gebirgssystem im S der kanad. Kordilleren, von der Grenze gegen die USA bis zum Knie des Fraser River bei Prince George, von den Rocky Mountains im O durch den Rocky Mountain Trench getrennt, im W an das Fraser Plateau grenzend. Die C. M. umfassen im N die **Cariboo Mountains** (im Mount Sir Wilfried Laurier 3 581 m hoch), in S verbreitern sie sich zu drei parallelen Gebirgszügen: **Monashee Mountains, Selkirk Mountains, Purcell Mountains,** die durch lange schmale Gräben getrennt werden, denen das Gewässernetz angepaßt ist.

Columbia Plateau [engl. kə'lʌmbɪə 'plætoʊ], Großlandschaft im NW der USA, Becken zw. Cascade Range im W, Rocky Mountains im O und N, im S Übergang in das Great Basin, etwa 500 000 km², mit ausgedehnten Lavadecken. Das Klima ist semiarid bis arid, extensive Weidewirtsch. (Rin-

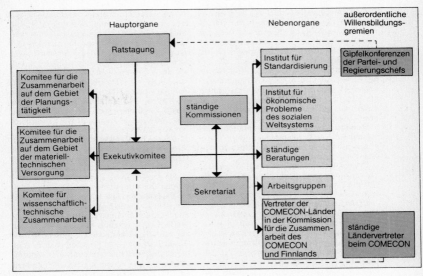

COMECON. Organisationsstruktur

der und Schafe); Bewässerungsfeldbau in den Tälern des Columbia River und Snake River, bed. Weizenanbau.

Columbia River [engl. kə'lʌmbɪə 'rɪvə], Strom in Nordamerika, entspringt im SO der kanad. Prov. British Columbia, mündet bei Astoria, Oreg., in einem 15 km breiten Ästuar in den Pazifik; 1953 km lang, Einzugsgebiet 671 000 km². Fließt zunächst in nw., später in südl. Richtung, dann in weitem Bogen nach W, durchbricht in einem engen Tal nach S das Columbia Plateau und danach, nach W, in tiefen Schluchten die Cascade Range und die Coast Ranges. Bis 650 km oberhalb der Mündung schiffbar.

Columbit ↑ Kolumbit.

Columbus, Christoph ↑ Kolumbus, Christoph.

Columbus [engl. kə'lʌmbəs], Hauptstadt des Bundesstaates Ohio, USA, 230 m ü. d. M., 562 000 E. Kath. Bischofssitz; 3 Univ. (gegr. 1850, 1870 bzw. 1911); Waggon- und Maschinenbau, Nahrungsmittel- und Bekleidungsind.; Herstellung von Flugzeug- und Autoteilen; Druckereien und Verlage. - 1797 als **Franklinton** gegründet.

Columella [lat. „Säulchen"], (C. auris) säulenförmiges Gehörknöchelchen im Mittelohr der Lurche, Kriechtiere und Vögel; dient als schalleitendes Element zw. Trommelfell und häutigem Labyrinth und wird bei den Säugetieren (einschließl. Mensch) zum Steigbügel.

◆ zentrale Gewebesäule der Sporenbehälter bzw. Sporenkapseln von Algenpilzen und Laubmoosen; bei letzteren dient die C. als Nährstoffleiter und Wasserspeicher für die sich entwickelnden Sporen.

Columna [lat. „Säule"], Bez. für den Stiel der Seelilien.

◆ (C. vertebralis) svw. ↑ Wirbelsäule.

Columnea [nach dem italien. Gelehrten F. Colonna (latinisiert: Columna), *1567, †1650], Gatt. der Gesneriengewächse mit etwa 160 Arten im trop. Amerika; Sträucher, Halbsträucher oder immergrüne Kräuter, oft kletternd oder kriechend, mit gegenständigen Blättern und einzeln oder zu mehreren stehenden Blüten.

Coma Berenices [griech., nach der ptolemäischen Königin Berenike] (Haupthaar der Berenike) ↑ Sternbilder (Übersicht).

Comanche [engl. kə'mæntʃɪ] (dt. Komantschen), einer der bekanntesten krieger. Indianerstämme der südl. Great Plains, USA; die C. spezialisierten sich auf die Büffeljagd und verbreiteten das Pferd in den nördl. Great Plains.

Comasken [italien.], Baumeister und Steinbildhauer aus der Gegend des Luganer Sees (ehemals zum Bistum Como gehörend), die vom frühen MA an (643 schon erwähnt) bis in die Barockzeit in Italien, aber auch nördl. der Alpen wirkten.

Comayagua [span. koma'jaɣua], Hauptstadt des Dep. C. in Z-Honduras, 630 m ü. d. M., 28 000 E. - Gegr. 1540 als **Valladolid la Nueva;** bis 1880 Hauptstadt von Honduras. - Zahlr. Kirchen und Gebäude aus der Kolonialzeit.

Combe-Capelle

Combe-Capelle [frz. kõbka'pɛl], wichtiges Abri (vorgeschichtl. Wohnstätte unter einem Felsüberhang) 38 km osö. von Bergerac (Dordogne) mit mehreren paläolith. Kulturschichten; Bestattung eines etwa 40–50 Jahre alten Mannes.

Combes, Émile [frz. kõ:b], * Roquecourbe (Tarn) 6. Sept. 1835, † Pons (Charente-Maritime) 25. Mai 1921, frz. Politiker. - Führte als Min.präs. 1902–05 (zugleich Innen- und Kultusmin.) die radikale Trennung von Staat und Kirche durch.

Combo [zu lat.-engl. combination „Zusammenstellung"], kleines Jazz- oder Tanzmusikensemble, in dem die einzelnen Instrumente nur einmal vertreten sind.

Comeback [kam'bɛk, engl. 'kʌmbæk „Zurückkommen"], [erfolgreiches] Wiederauftreten nach längerer Pause, bes. von Künstlern, Sportlern, Politikern.

COMECON (Comecon), Abk. für engl.: Council for Mutual Economic Assistance (seltener: Aid), dt.: Rat für gegenseitige Wirtschaftshilfe (Abk. RGW), Organisation zur wirtsch. Integration Ost- und Ostmitteleuropas auf der Basis der Koordination der nat. Volkswirtschaftspläne und der Spezialisierung und Kooperation der industriellen Produktion innerhalb der internat. sozialist. Arbeitsteilung.

Der C. wurde am 25. Jan. 1949 in Moskau von Vertretern der UdSSR, Polens, der Tschechoslowakei, Ungarns, Rumäniens und Bulgariens gegr. Am 21. Febr. 1949 traten ihm Albanien, am 29. Sept. 1950 die DDR bei. Die Mongol. VR wurde am 7. Juni 1962 Vollmitglied, Jugoslawien schloß am 17. Sept. 1964 einen Assoziierungsvertrag ab; Kuba gehört ihm seit 1972 an. Albanien, formell weiter Mgl., ist seit 1962 den Tagungen ferngeblieben; 1978 erfolgte der Beitritt Vietnams. Der C. wurde als Reaktion auf die Wirtschaftspolitik in Westeuropa geschaffen, speziell unter dem Eindruck der ersten Erfolge des Marshallplans und der Gründung der OEEC (heute OECD). Das realpolit., mit der Bildung eines sozialist. Wirtschaftsblocks verfolgte Ziel war die Durchsetzung des sowjet. Planwirtschaftssystems in den ostmittel- und südosteurop. Ländern auf der Grundlage polit. Gleichschaltung und Bindung an die UdSSR. Anfang der 80er Jahre betrug der Anteil der C.-Länder an der Fläche und Bevölkerung der Erde rund 20% bzw. 10%, ihr Anteil am Welthandel 8% und der Anteil an der Weltindustrieproduktion etwa 25%. In der koordinierenden Tätigkeit der C. hatte der Warenaustausch Vorrang; Der Anteil des innerhalb des C. abgewickelten Handels an dessen Gesamthandel beträgt etwa 55%. Die UdSSR ist für alle C.-Länder der wichtigste Handelspartner als Hauptlieferant von Energie und Rohstoffen. Als Gegenleistung bezieht sie hauptsächl. industrielle Erzeugnisse. Der Warenaustausch innerhalb des C. erfolgt immer noch überwiegend zweiseitig, d. h., ein Ausgleich der Handelsinteressen (und Zahlungsverpflichtungen) wird im direkten Gegengeschäft gesucht (Bilateralismus) und nicht auch indirekt über ein drittes Land, wie das i. d. R. zw. westl. Ländern mögl. und vorteilhaft ist (Multilateralismus). Soweit Zahlungsverkehr zw. den C.-Ländern nötig ist, wird er über die **Internat. Bank für wirtschaftl. Zusammenarbeit (COMECON-Bank,** gegr. 1963, Sitz Moskau) mit Hilfe eines nicht frei konvertierbaren Verrechnungsrubels abgewickelt. Bei Preisvereinbarungen zw. den Staatshandelsorganisationen der Mitgliedsländer dienen die Preise als Orientierungshilfe, die auf den Weltmärkten außerhalb des C. für vergleichbare Erzeugnisse beobachtet werden. Die vereinbarten Preise, die in früheren Planperioden fünf Jahre unverändert blieben, sollen seit 1975 jährl. auf der Basis der durchschnittl. Weltmarktpreise der vergangenen fünf Jahre revidiert werden. Von Anfang an war die techn.-wiss. Zusammenarbeit (Koordinierung der Forschung und Austausch der Forschungsergebnisse, Standardisierung u. a.) ein Hauptziel des C.; 1971 erhielt sie eine neue Grundlage mit dem sog. 20-Jahre-Komplex-Programm.

Oberstes Organ ist die Mgl.versammlung, die sog. RGW-Tagung. Zw. den RGW-Tagungen ist oberstes Gremium das Exekutivkomitee. Die parität. zusammengesetzten C.-Organe sind keine supranat. Behörden mit einer übergeordneten Entscheidungsfunktion; anders als die Europ. Gemeinschaften können sie nur auf Grund einstimmiger Beschlüsse Empfehlungen abgeben. Diese werden erst nach Bestätigung durch nat. Instanzen wirksam, was einem Vetorecht jedes Mgl. gleichkommt. Wiederholte Versuche der UdSSR, eine übernat. Entwicklungsplanung der C.-Länder durchzusetzen, scheiterten nicht zuletzt an der Befürchtung der weniger entwickelten C.-Länder, daß damit ihre Produktionsstruktur endgültig festgelegt werden würde. Da jedoch eine stärkere Arbeitsteilung auch mehr Koordination verlangt, waren nichtmarktwirtsch. Ersatzlösungen erforderlich. Zw. der UdSSR und allen übrigen C.-Staaten wurden 1970 und 1975 zweiseitige Protokolle über die Koordinierung der nat. Wirtschaftspläne für die Perioden 1971–1975 und 1976–1980 unterzeichnet. Sie bilden die Grundlage mittelfristiger Handelsabkommen sowie der Verwirklichung gemeinsamer Investitionsprojekte, zu deren Finanzierung im Jahre 1970 die Internat. Investitionsbank gegr. wurde. Insbes. an der Erschließung und dem Ausbau der sowjet. Rohstoffwirtschaft beteiligen sich die übrigen C.-Länder mit Krediten, tembes. und der Bereitstellung von Arbeitskräften. - Abb. S. 353.

📖 *Lex. RGW. Hg. v. M. Engert u. H. Stephan.*

Comedian Harmonists (1931). Von links:
Walther Joseph (lt. Biberti),
Ari Leschnikow, Harry Frommermann-
Frohmann, Roman Cykowski,
Erich Abraham Collin, Robert Biberti

Lpz. 1981. - Ribi, R. C.: Das C. Eine Unters. über die Problematik der wirtsch. Integration sozialist. Länder. Zürich u. St. Gallen 1970.

COMECON - Mineralöl - Fernleitungssystem (Erdölleitung Freundschaft), ein vom ↑ Zweiten Baku (UdSSR) ausgehendes Netz von Pipelines in die Ostblockstaaten (UdSSR, DDR, Polen, ČSSR und Ungarn) mit einer Gesamtlänge von 4 665 km (davon 2 500 km auf sowjet. Gebiet); 1960–64 erbaut.

Comedian Harmonists [engl. kə'mi:djən 'hɑ:mənɪsts], berühmte dt. Gesangsgruppe (1927–35) mit internat. Erfolg; ihre brillante Technik, Stimmen instrumental einzusetzen, wirkte auf den Kleinchorgesang.

Comedia [griech.-span.], span. dreiaktiges Versdrama ernsten oder heiteren Inhalts mit überraschendem, meist glückl. Ende; Stoffe v. a. aus Geschichte und Sage, der Bibel, der Märtyrer- und Heiligenlegende. Als Begründer gilt (nach Anfängen im 15./16. Jh.) Lope de Vega; im 19. Jh. starker Einfluß auf das dt. und östr. Drama.

Comédie [frz. kɔme'di; griech.-frz.], frz. Schauspiel ernsten oder heiteren Charakters.

Comédie-Française [frz. kɔmedifrã'sɛːz], das frz. Nationaltheater; 1680 von Ludwig XIV. durch Zusammenschluß der verschiedenenen frz. Schauspieltruppen gegr.; 1804 unter Napoleon I. neu organisiert, der der C.-F. ihr teilweise heute noch geltendes Statut gab (Okt. 1812). Kennzeichnend sind ein stark konservatives Repertoire (klass. frz. Tragödien, Komödien von Molière, Marivaux u. a.) und traditioneller deklamator. Inszenierungs- und Spielstil.

Comédie larmoyante [frz. kɔmedilarmwa'jãːt], „Rührstück", frz. Variante eines in der 1. Hälfte des 18. Jh. verbreiteten Typus der europ. Aufklärungskomödie; gilt als wichtiger Vorläufer des ↑ bürgerlichen Trauerspiels; Hauptvertreter war P. C. Nivelle de La Chaussée („Mélanide", 1741).

Comedy of manners [engl. 'kɔmɪdɪ əv 'mænəz] ↑ Sittenstück.

Comenius, Johann Amos, eigtl. Jan Amos Komenský, * Nivnice (Südmähr. Gebiet) 28. März 1592, † Amsterdam 15. Nov. 1670, tschech. Theologe und Pädagoge. - Studierte ev. Theologie, wurde Lehrer und 1616 Prediger, 1631 Bischof der Böhm. Brüder; zahlr. Reisen. Verstand die Schöpfung als Weltgeschichte, an der der Mensch im Auftrag Gottes mitwirken soll. Dafür bedarf es der Einsicht in die Schöpfung, also einer universalen Bildung („formatio"). Sie soll allen Menschen gleichermaßen offenstehen; C. forderte eine allg. Schulpflicht (auch für Mädchen). Es sollen nicht nur Sprache (Muttersprache, ab dem 13. Jahr Latein), sondern auch Weltinhalte („verba et res") gelehrt werden („Pampaedia", hg. 1566; dt. 1960). Die Unterrichtsmethode muß dem Lernprozeß, der eher dem Spielen als dem Arbeiten verwandt ist, angepaßt werden („Didactica magna", 1627–32, dt. [2]1960 u. d. T. „Große Didaktik"). Sprach- und Sachunterricht sind aufeinander zu beziehen. Von seinen Lehrbüchern waren seine Bilderfibel „Orbis sensualium pictus" (1658, Die sichtbare Welt) sowie sein „Informatorium der Mutterschul" (dt. 1633) und seine „Janua linguarum reserata" (1628–31, Die offene Sprachenpforte) weit verbreitet. Außerdem verfaßte C. religiöse Traktate, oft mit stark myst. Einflüssen, und Schriften philosoph. und philolog. Inhalts. Er schrieb in tschech. Sprache den Roman „Das Labyrinth der Welt und das Paradies des Herzens" (1631, dt. 1908).

Comenius-Institut, ev. Arbeitsstätte für Erziehungswissenschaft e. V., Münster (Westf.), gegr. 1954; Tätigkeitsgebiete: Studienkommissionen und Expertentagungen zu Fragen der allg. Erziehungswiss., Sozialpädagogik und Religionspädagogik.

Comer See, oberitalien. See, 51 km lang, bis zu 4,5 km breit, 198 m ü. d. M.; im S in die Arme von Como und Lecco gespalten; mildes Klima, mediterrane Pflanzenwelt.

Comes (Mrz. Comites) [lat. „Begleiter"],

zunächst Bez. für Mgl. der Stäbe röm. Statthalter und Feldherren; seit Augustus in kaiserl. Dienst und mit amtsähnl. Funktionen betraut, erhielten in der späten Kaiserzeit im zivilen und militär. Bereich bestimmte Kompetenzen; oft nur ein auszeichnender Titel. ◆ im Früh-MA der Gefolgsmann, dann auch der Graf; **Comes stabuli** ↑ Konnetabel; **Comes palatinus** ↑ Pfalzgraf.
◆ Musik: in der ↑ Fuge der dem ↑ Dux folgende 2. Einsatz des Themas, in einer anderen Stimme und auf einer anderen Tonstufe.

come sopra [italien.], wie oben, wie vorher (Musik).

Comic strips [engl. „komische Streifen"] (Comics), Bilderfortsetzungsgeschichten, die Bildkästchen („panels") und Sprechblasen („balloons") integrierend verbinden, wobei das Bild aber dominiert. Nach Vorformen in Europa (u. a. Bilderbogen und -geschichten) entstanden die ersten eigtl. C. s. um 1900 in amerikan. Tageszeitungen. Die erste große Erfolgsserie schuf R. Dirks mit „The Katzenjammer Kids" (1897 ff.), 1929 entstanden „Popeye", 1930 „Blondie". Mit „Mickey Mouse" (1930 ff.), „Donald Duck" (1938 ff.) u. ä. Tiercomics kam W. Disney, v. a. auch über den Zeichentrickfilm, zu weltweitem Erfolg. Seit den frühen 1930er Jahren eroberten Comicbooks (Comichefte) als Nachfolger der Groschenhefte in den USA („pulps") ein Massenpublikum; Helden sind u. a. „Tarzan", „Phantom", „Superman" und „Batman", Personifikationen unterschwelliger Wunschbilder, aufgeladen durch Zukunftsvision oder dunkle, myth. Vergangenheit. In den 1950er und 1960er Jahren erfolgte auf breiter Front der Anschluß an die Horrorwelle des Films und die Science-fiction-Literatur. Comics drangen auch in die Werbung wie in die Kunst ein (R. Lichtenstein), wie auch Pop-Elemente in die C. s. (v. a. bei denen mit Frauen als Helden: „Jodelle" und „Pravda" von G. Peellaert, „Barbarella" von J. C. Forest) eindrin-

gen. Verschiedene C. s. versuchen, das Trivialgenre durchlässig zu machen für revoltierende Selbstdarstellung und polit. Satire (z. B. die Undergroundserien „Head Comix" und „Fritz the Cat" von R. Crumb, andererseits die historisierenden „Asterix"-Serien von R. Goscinny und A. Uderzo). Liebenswürdig und psycholog. orientiert sind die „Peanuts" von C. M. Schulz. Zw. C. s. und anderen Medien (v. a. Film, Fernsehen und Hörfunk, auch Theater) haben stets Wechselbeziehungen bestanden (z. B. Verfilmungen von C. s. oder C. s. über Filmstars bzw. -geschichten). Die C. s. werden i. d. R. von Syndikaten vermittelt, die auch Herstellung und Vertrieb von Nebenprodukten der C. s., Spielsachen und Geschenkartikel, die in Beziehung zur jeweiligen Serie stehen, perfektioniert haben. Die ernsthafte Auseinandersetzung mit dem neuen Massenmedium C. s. v. a. unter pädagog. und ästhet.-künstler. Gesichtspunkten begann erst seit den 1950er Jahren.
Ⅲ Grünewald, D.: Comics - Kitsch oder Kunst? Whm. 1982. - Holtz, C.: Comics, ihre Entwicklung u. Bedeutung. Mchn. u. a. 1980.

Comines, Philippe de [frz. kɔ'min] ↑ Commynes, Philippe de.

Comité français de libération nationale [frz. kɔmitefrãsɛdliberasjõnasjɔ'nal] ↑ Französisches Komitee der Nat. Befreiung.

Comitia imperii [...ri-i; lat.], Bez. für den alten dt. ↑ Reichstag (bis 1806).

Comma Joanneum (C. Johanneum) [lat. „Johanneischer Abschnitt"], eine im 4. Jh. vorgenommene Erweiterung der Worte „Drei sind, die Zeugnis geben", 1. Joh. 5,7,durch „im Himmel: der Vater, das Wort und der Hl. Geist und diese drei sind eins; und drei sind, die Zeugnis geben auf Erden". Dieser Zusatz wurde von Luther als unecht nicht in die Bibelübersetzung aufgenommen, die kath. Kirche hält an seiner Echtheit fest.

Commandant [frz. kɔmã'dã; lat.], frz. Stabsoffizier im Range eines Majors.

Commedia dell'arte [italien.], um die Mitte des 16. Jh. in Italien entstandene, von Berufsschauspielern aufgeführte Stegreifkomödie, die nur Handlungsverlauf und Szenenfolge vorschrieb. Es bestand u. a. ein Repertoire an vorgefertigten Monologen und Dialogen, die, in den Aufführungen vielfältig variiert, immer wiederkehrten. Die Schauspieler verkörpern Typen. Dem jungen Liebespaar („amorosi") standen die kostümierten und maskierten kom. Figuren gegenüber, der „Dottore", der leer daherschwatzende gelehrte Pedant aus Bologna, und „Pantalone", der geizige Kaufmann und unermüdl. Schürzenjäger aus Venedig, sowie zwei Diener (der eine, „Zani", entwickelte sich zum Harlekin: „Arlecchino"). Zu ihnen gesellten sich der prahlsüchtige Militär „Capitano" und die kokette Dienerin „Colombina". Unter der Vielzahl von Gesellschaften erlangten die „Ge-

Figuren der Commedia dell'arte: Capitano (links), Colombina (Mitte) und Arlecchino

losi", die „Confidenti", die „Uniti" und die „Fedeli" auch im Ausland Berühmtheit (es waren Wanderbühnen) und Einfluß (Molière, Shakespeare). Goldonis Reform des italien. Theaters (Mitte des 18. Jh.) bedeutete ihr Ende. Merkmale der C. dell'arte wurden bis heute immer wieder aufgegriffen (z. B. F. Raimund; G. Strehler).

comme il faut [frz. kɔmil'fo], wie sich's gehört, vorbildl., musterhaft.

Commercial Banks [engl. kə'mɔːʃəl 'bæŋks], zum Geschäftsbankensystem der USA gehörende Depositenbanken, deren Geschäftstätigkeit sich v. a. auf die Annahme von Depositen, die Gewährung von Krediten und die Abwicklung des Zahlungsverkehrs erstreckt.

Commerzbank AG, dt. Großbank, Sitz Düsseldorf, gegr. 1870 als Commerz- und Disconto-Bank, Hamburg, seit 1940 heutige Firma. Die C. AG betreibt alle Bankgeschäfte; sie kooperiert internat. mit der Crédit Lyonnais, Paris, und der Banco di Roma, Rom.

Commines, Philippe de [frz. kɔ'min] ↑ Commynes, Philippe de.

Commissariat à l'Énergie Atomique [frz. kɔmisar'ja: alenɛr'ʒi atɔ'mik], Abk. C. E. A., 1945 gegr. frz. Atomenergiebehörde mit Sitz in Paris. Der Institution unterstehen Forschungs- und Entwicklungslaboratorien, sie unterhält Anlagen zur Erzeugung spaltbaren Materials.

Commodianus, lat. christl. Dichter syr. Herkunft, dessen Lebensdaten umstritten sind (3., 4. oder 5. Jh.). - Urspr. Heide; verf. u. a. das „Carmen apologeticum", eine in vulgärlat. Hexametern abgefaßte Verteidigung des Christentums gegen Juden und Heiden.

Commodity terms of trade [engl. kəmɔditi 'tɔːmz əv 'treɪd] ↑ Terms of trade.

commodo ↑ comodo.

Commodus, Marcus Aurelius C. Antoninus (seit 191 Lucius Aelius Aurelius C.), * bei Lanuvium (?) 31. Aug. 161, † Rom in der Nacht zum 1. Jan. 193, röm. Kaiser (seit 180). - Sohn Mark Aurels und Faustinas der Jüngeren; 166 Caesar, 177 Augustus; Willkürherrschaft, sich verschärfender Gegensatz zum Senat, Günstlingswirtschaft, Ausschweifungen sowie sich steigernde Vorstellungen von eigener Göttlichkeit führten zu seiner Ermordung.

Common Law [engl. 'kɔmən lɔː], 1. [urspr.] das im ganzen engl. Königreich für alle Personen einheitl. geltende Recht im Unterschied zu den nur örtl. geltenden Gewohnheitsrechten und den nur für bestimmte Klassen oder Berufsangehörige geltenden Rechtsregeln; 2. das in England entwickelte und später in vielen Ländern, dem angelsächs. Rechtskreis († angelsächsisches Recht), übernommene gemeine Recht im Unterschied zum Civil Law, d. h. den aus dem röm. Recht abgeleiteten Rechtsordnungen; 3. das von den Ge-

richten geschaffene Fallrecht im Gegensatz zum Gesetzesrecht.

Common Prayer Book ['kɔmən 'prɛɪbʊk; engl. „Buch des gemeinsamen Gebets"] (Book of Common Prayer), in den Jahren 1541–49 entworfenes, 1549 unter Eduard VI. eingeführtes, mehrfach revidiertes liturg. und katechet. Buch der anglikan. Kirche.

Commons [engl. 'kɔmənz zu lat. communis „gemein"], in England Vertreter der Ritter, Städte und Boroughs, 1265 erstmals mit dem feudalen Hochadel zu einem Parlament zusammengerufen; seit der Spaltung des Parlaments Mitte des 14. Jh. Bez. für die Mgl. des brit. Unterhauses (House of Commons).

Common sense [engl. 'kɔmən 'sɛns] (lat. sensus communis; frz. bon sens), wörtl. „allg. Sinn, Gemeinsinn", entspricht etwa dem „gesunden Menschenverstand".

Commonwealth [engl. 'kɔmənwɛlθ], engl. Bez. für öffentl. Wohl, Gemeinwesen; Name der engl. Republik 1649–60. - ↑ auch Britisches Reich und Commonwealth.

Commotio ↑ Kommotio; **Commotio cerebri,** svw. ↑ Gehirnerschütterung.

Communauté de Taizé [frz. kɔmynotedatɛ'ze] ↑ Taizé.

Commune ↑ Kommune.

Commune Sanctorum [lat. „das Gemeinsame der Heiligen"], in der kath. Liturgie eine Sammlung von Meß- und Breviergebetsformularen für Heiligenfeste.

Communicatio in sacris [lat. „Verbindung in heiligen Dingen"], Teilnahme an gottesdienstl. Handlungen andersgläubiger Religionsgemeinschaften, auch Gottesdienst- und Sakramentengemeinschaft zw. christl. Kirchen.

Communio [lat. „Gemeinschaft"], Begleitgesang zur Kommunion des Volkes in der kath. Eucharistiefeier.

Communio Sanctorum [lat.] ↑ Gemeinschaft der Heiligen.

Communis opinio [lat.], die allgemeine Auffassung, herrschende Meinung.

Commynes (Comines, Commines), Philippe van den Clyte, Seigneur de [frz. kɔ'min], * Schloß Commynes bei Hazebrouck (Dep. Nord) um 1447, † Schloß Argenton (= Argenton-Château, Deux-Sèvres) 18. Okt. 1511, frz. Diplomat und Geschichtsschreiber. - Diente seit 1464 Karl dem Kühnen, seit 1472 König Ludwig XI. von Frankr.; seine seit 1489 verfaßten „Mémoires" (1542) stehen am Anfang der neueren Memoirenliteratur.

Como, italien. Stadt in der Lombardei, am SW-Ufer des Comer Sees, 202 m ü. d. M., 94 000 E. Bischofssitz; traditionelle Seidenfabrikation (seit 1510); Fremdenverkehr. - Das antike **Comum** wurde 196 v. Chr. röm.; unter fränk. Herrschaft Mittelpunkt einer Gft.; 1127 von den Mailändern zerstört, von Friedrich I. Barbarossa wieder aufgebaut, 1451 endgültig an Mailand. - Roman. Klosterkirche (1013–95); Dom (1396 begonnen, 1487–1596 im Renaissancestil vollendet); ma. Türme.

comodo (commodo) [italien.], musikal. Vortragsbez.: gemächl., behagl., ruhig.

Comodoro Rivadavia [span. komo'ðorɔ rriβa'ðaβja], argentin. Stadt am Atlantik, wichtigste Stadt Patagoniens, 76 000 E. Bischofssitz; Univ. (gegr. 1961); Zentrum der bedeutendsten argentin. Erdöl- und Erdgasvorkommen. - Gegr. 1901.

Compact disc [engl. kəm'pækt 'dısk] ↑ Schallplatte.

Compagnie [kɔmpa'ni: (↑ Kompanie)], Handelsgesellschaft.

Company [engl. 'kʌmpənɪ (↑ Kompanie)], Abk. Comp., Handelsgesellschaft; **limited company:** [etwa] GmbH; **jointstock company:** [etwa] AG (Großbritannien) bzw. [etwa] KG auf Aktien (USA).

Compendium [lat.] ↑ Compiègne.

Compenius, dt. Orgelbauerfamilie des 16. und 17. Jh. Als bedeutendster Vertreter gilt Esaias C. (* 1560, † 1617), der M. Praetorius bei dessen „Organographia" beriet. Von seinen Orgeln ist die auf Schloß Frederiksborg in Dänemark erhalten.

Compère, Loyset [frz. kõ'pɛːr], * Saint-Omer (?) um 1450, † Saint-Quentin 16. Aug. 1518, niederl. Komponist. - Einer der führenden Komponisten der an Ockeghem anschließenden Generation; komponierte u. a. Messen, Motetten und Chansons.

Compiègne [frz. kõ'pjɛɲ], frz. Stadt in der Picardie, Dep. Oise, 40 000 E. Herstellung von Aluminiumlegierungen und Straßenbaumaschinen, Konfektions- und Nahrungsmittelind., Naherholungsgebiet von Paris (Wald von C., 14 450 ha groß). - Erstmals 557 erwähnt (Merowingerpfalz **Compendium**); 1153 Stadtrecht. Am 11. Nov. 1918 wurden im Wald von C. der Waffenstillstand zw. dem Dt. Reich und den Alliierten, am 22. Juni 1940 der dt.-frz. Waffenstillstand geschlossen. - Got. Kirche Saint-Jacques (13. und 15. Jh.), spätgot. Rathaus (16. Jh.) und klassizist. Schloß (18. Jh.).

Compiler [kɔm'paɪlər; engl.] ↑ Datenverarbeitung.

Complet [kõ'ple:] ↑ Komplet.

Completorium [lat.] ↑ Komplet.

Compound... [kɔm'paʊnt; lat.-engl.], Bestimmungswort in Zusammensetzungen mit der Bed. „Verbund...".

Compoundkern [kɔm'paʊnt] (Verbundkern, Zwischenkern), der bei Beschuß eines Atomkerns mit energiereichen Teilchen (Nukleonen, Alphateilchen) auftretende Zwischenzustand. Die C.theorie (**Compoundmodell**) geht von der Beobachtung aus, daß bei vielen Kernreaktionen ein hochangeregter Zwischenzustand entsteht, dessen Lebensdauer mit $10^{-17\pm3}$ s lang gegenüber der sonst für Kernreaktionen übl. Zeit von 10^{-22} s ist

und bei dem die Wahrscheinlichkeit für den Zerfall unabhängig von der Art der Bildung des C. ist.

Compoundtriebwerk [kɔm'paʊnt] (Verbundtriebwerk), Verbindung eines Flugmotors mit einer Abgasturbine zur Leistungssteigerung; die Abgasturbine überträgt Überschußleistung auf die Kurbelwelle des Motors; dadurch wird der Kraftstoffverbrauch verringert.

Comprehensive School [engl. kɔmprɪ'hɛnsɪv 'sku:l], Gesamtschule im Sekundarschulbereich Großbrit. (11–18 Jahre). Sie bietet die Fächer des altsprachl., neusprachl. und naturwiss. Zweiges an.

Compton, Arthur Holly [engl. 'kʌmptən], * Wooster (Ohio) 10. Sept. 1892, † Berkeley (Calif.) 15. März 1962, amerikan. Physiker. - Prof. in Chicago und Washington; entdeckte 1923 den ↑ Compton-Effekt, mit dem ein eindeutiger Beweis für die korpuskulare Natur des Lichtes erbracht wurde, und wies die vollständige Polarisation der Röntgenstrahlen sowie ihre Beugung an opt. Gittern nach. Nobelpreis für Physik zus. mit C. T. R. Wilson 1927.

Compton-Burnett, Dame Ivy [engl. 'kʌmptən bəː'nɛt], * London 5. Juni 1884, † ebd. 27. Aug. 1969, engl. Schriftstellerin. - Romane aus dem viktorian. England oder der Zeit vor dem 1. Weltkrieg; u. a. „Eine Familie und ein Vermögen" (1939), „The mighty and their fall" (1961).

Compton-Effekt [engl. 'kʌmptən], von A. H. Compton entdeckte, mit einer Änderung der Wellenlänge verbundene Streuung elektromagnet. Wellen (Photonen, speziell Röntgen- und Gammaquanten) an Elektronen oder Atomkernen. Ein Photon überträgt dabei einen Teil seiner Energie auf das Elektron und wird gegenüber der Einfallsrichtung abgelenkt bzw. gestreut. Energieverlust bzw. Vergrößerung der Wellenlänge sind vom Streuwinkel Θ abhängig und für Rückwärtsstreuung ($\Theta = 180°$) maximal. Die theoret. vorausgesagte Vergrößerung der Wellenlänge hat sich experimentell bestätigt und war eine der wichtigsten Stützen der Lichtquantenhypothese. Sie ist ferner ein Beweis für die Gültigkeit von Energie- und Impulssatz im atomaren Bereich.

Computer [kɔm'pju:tər; engl.; zu lat. computare „berechnen"], urspr. engl. Bez. für einen (menschl. oder maschinellen) Rechner, heute fast ausschließlich Synonym für ein System von Geräten zur Behandlung umfangreicher Aufgaben der ↑ Datenverarbeitung. Die fortschreitende ↑ Miniaturisierung und die Entwicklung von ↑ Mikrocomputern führte zu einer Vielzahl von kleineren C.typen *(Klein-C., Tisch-C.)*. Neben programmierbaren ↑ Taschenrechnern finden v. a. mit Tastatur, Mikroprozessor-Zentraleinheit und Speicher ausgerüstete **Heimcomputer** *(Homecomputer)*

Verwendung, deren Programmiersprache im allg. BASIC ist. Die meisten Heim-C. sind mit einem HF-Modulator ausgerüstet, der Zeichenreihen und graph. Darstellungen in modulierte HF-Signale umwandelt und so die visuelle Darstellung solcher Daten mit Hilfe eines Fernsehgeräts ermöglicht. Die Speicherkapazität eines Heim-c. kann durch den Einsatz von Kassettenrecorder und Floppy disk auf über 1 MByte erhöht werden. Zum Zubehör von Heim-C. gehören neben dem ↑ Bildschirmgerät und Diskettenlaufwerk ↑ Drukker (z. B. ein Matrixdrucker), Lichtstift und Modem bzw. ↑ Akustikkoppler (zur Herstellung einer Datenverbindung mit anderen C. über das Telefonnetz). Etwa die gleichen Möglichkeiten besitzen die in einen Aktenkoffer passenden **Hand-held-C.** mit integriertem Kassettenlaufwerk, Minidrucker und graphikfähiger Flüssigkristallanzeige (Speicherkapazität über 100 KByte). Noch weitergehende Möglichkeiten als Heim-C. liefern mit Bildschirmgeräten ausgerüstete **Personalcomputer,** die als **Arbeitsplatzcomputer** u. a. im kaufmännischen Bereich und zur Textverarbeitung eingesetzt werden. In der Unterhaltungselektronik wurden neben computergesteuerten ↑ Bildschirmspielen auch C. für herkömml. Spiele entwickelt, z. B. *Schach-C.,* die mit bes. Schachprogrammen ausgerüstet sind. In der Konstruktionstechnik wurde in den letzten Jahren zunehmend die (meist kurz als **CAD** [Abk. für engl. computer aided design] bezeichnete) *rechnergestützte Konstruktion* entwickelt. Dabei werden vielfach spezielle Kleincomputer **(CAD-Systeme)** zur Konstruktion herangezogen, deren Hardware v. a. konstruktionsorientierte Drucker und Bildschirmgeräte umfaßt und deren Software eine geeignete Programmbibliothek (Geometrieverarbeitung, Graphik, mathemat. Programme) aufweist. So kann z. B. auf einem Datensichtgerät ein Produkt oder Fertigungsteil entworfen und von jedem Blickwinkel und Schnittpunkt betrachtet, geprüft und verändert werden. Das so entstandene Konstruktionsprogramm kann danach in ein Fertigungsprogramm umgewandelt werden, mit dem ein **CAM-System (CAM** Abk. für engl. computer aided manufacturing „rechnerunterstützte Fertigung"; ↑ auch Numerikmaschinen) die Fertigung mehr oder weniger automatisch übernimmt. Die Produktionsoptimierung kann bei einem CAD/CAM-System durch eine weitere Systemkomponente, das sog. **CAT-System (CAT** Abk. für engl. computer aided testing „rechnerunterstütztes Testen"), übernommen werden. Bei vollständigem Datenverbund aller Systeme spricht man von *computerintegrierter Fertigung,* kurz **CIM** (Abk. für engl. computer integrated manufacturing).

Computerblitz [kɔm'pjuːtər] ↑ Elektronenblitzgerät.

Computergeld [kɔm'pjuːtər], eine Weiterentwicklung des Giralgeldes, bei der die Aufzeichnungen der Banken in den Magnetspeichern von Datenverarbeitungsanlagen erfolgen.

Computerkriminalität [kɔm'pjuːtər] ↑ Wirtschaftskriminalität.

Computerkunst [kɔm'pjuːtər], mit Hilfe von Computern hergestellte ästhet. Objekte (graph. Blätter, Musikkompositionen, Texte). Solche Produkte setzen Computerprogramme voraus, die mit einem Repertoire von Zeichen (z. B. Wörtern), einer endl. Anzahl von Regeln (z. B. syntakt. Regeln) und z. T. mit sog. Zufalls[zahlen]generatoren arbeiten. Mit diesen Zufallsgeneratoren wird ein vorgegebenes Schema (auf eine vom Programmierer im einzelnen nicht überblickbare Weise) durchkreuzt. Bei der Herstellung von Computergraphik steuert der Computer eine Zeichenanlage (Zeichengerät).

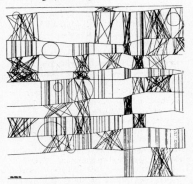

Computerkunst. Frieder Nake, ER 56-Z 6411/10/65 Nr. 2 (1965)

Computersatz [kɔm'pjuːtər] ↑ Setzerei.
Computertomographie [kɔm'pjuːtər] ↑ Röntgenuntersuchung.

Comsat [engl. 'kɔmsæt], Abk. für engl.: Communications Satellite Corporation („Nachrichtensatelliten-Gesellschaft"), 1962 gegr. Betriebsgesellschaft der ↑ INTELSAT.

Comte, Auguste [frz. kõːt], * Montpellier 19. Jan. 1798, † Paris 5. Sept. 1857, frz. Mathematiker und Philosoph. - C., Schüler Saint-Simons, gilt als Begründer des Positivismus, der jede Metaphysik ablehnt. Die von C. so benannte „Soziologie" untersucht die Gesetze, denen auch die Gesellschaft unterliege. In einer Gesellschaft herrsche Ordnung, solange in ihr weitgehendes Einverständnis über grundlegende Prinzipien besteht; Perioden des Umbruchs dienen dem Fortschritt, sofern sie zur Einsicht in die Gesetzmäßigkeit der gesellschaftl. Entwicklung und entsprechendem rationalen Handeln führen. Die Po-

Comte

litik wird der „positiven Moral" untergeordnet, die die Selbstverwirklichung durch Sozialgebundenheit ersetzt.

Werke: Cours de philosophie positive (1830–1846), Rede über den Geist des Positivismus (1846), Système de politique positive ... (1851–1854), Catéchisme positiviste ... (1852).

Comte [frz. kõ:t; zu lat. ↑comes], frz. Bez. für Graf; dem Rang nach zw. dem Baron und dem Marquis stehend.

Comtesse [frz. kõ'tɛs], frz. Bez. für Gräfin (↑auch Comte). - ↑auch Komteß.

Comuneros [lat.-span.], Anhänger des (schließl. zur sozialrevolutionären Volksbewegung gewordenen) kastil. Aufstandes von 1520/21, gegen König Karl I., König von Spanien (Kaiser Karl V.).

◆ Kurzname für den span. Geheimbund „Confederación de Caballeros C." (auch „Söhne des Padilla") mit demokrat. Zielsetzung, nach 1823 von der Restauration rücksichtslos verfolgt.

con..., Con... ↑auch kon..., Kon...

con affetto [italien.], musikal. Vortragsbez.: mit Leidenschaft, ausdrucksvoll bewegt.

Conakry [frz. kɔnaˈkri], Hauptstadt der Republik Guinea, auf der **Île de Tumbo** (4 km²) und der Halbinsel **Kaloum** (durch einen Damm verbunden), 763 000 E. Kath. Erzbischofssitz; polytechn. Hochschule, Verwaltungsfachschule, staatl. Inst. für Forschung und Dokumentation. Ind.- und Handelszentrum sowie wichtigster Hafen des Landes; Eisenbahnlinien nach Fria und ins Landesinnere; internat. ⚓. - 1887 nahm Frankr. die Île de Tumbo offiziell in Besitz.

con anima [italien.], musikal. Vortragsbez.: mit Seele, mit Empfindung, beseelt.

Conant, James Bryant [engl. ˈkɔnənt], * Dorchester (Mass.) 26. März 1893, † Hanover (N. H.) 11. Febr. 1978, amerikan. Chemiker und Politiker. - Seit 1929 Prof. an der Harvard University, deren Präs. 1933–53; 1953–55 Hochkommissar, 1955–57 erster Botschafter der USA in Bonn; zahlr. Arbeiten zur organ. Chemie und zur Bildungspolitik.

con brio [italien.] ↑brio.

Concarneau [frz. kõkarˈno], Hafenstadt an der breton. S-Küste, Dep. Finistère, 18 000 E. Fischereimuseum; Fischereihafen (Thunfisch, Langusten u. a.); Fischverarbeitung und -versand; Bootsbau, Fremdenverkehr. - Um 692 gegr.; 1557 Stadtrecht. - Ummauerte Altstadt auf einer Insel im Hafen.

Concentus [lat.], Bez. für die in der Liturgie der kath. und prot. Kirche vom rezitativen ↑Accentus unterschiedenen Gesänge (z. B. Antiphonen, Responsorien, Hymnen).

Concepción [span. konsɛpˈsjon], Hauptstadt des Dep. C., Paraguay, 220 km nördl. von Asunción, 24 000 E. Bischofssitz; Exporthandel mit Brasilien; v. a. Nahrungsmittelind. Binnenhafen am Paraguay (Freihafen für Brasilien); ⚓. - Gegr. 1773.

C., Stadt am Río Bío-Bío in Z-Chile, 210 000 E. Erzbischofssitz; Univ. (gegr. 1919), frz.-chilen. Kulturinst., dt. Schule; zweitwichtigstes Ind.zentrum Chiles. - Gegr. 1550; nach Zerstörung durch Erdbeben 1939 moderner Wiederaufbau.

Concept-art [engl. ˈkɔnsɛptˌɑːt] ↑Konzeptkunst.

Conceptio [lat.], svw. Konzeption (↑Empfängnis).

Conceptio immaculata [lat.] ↑Unbefleckte Empfängnis.

Concertgebouworkest [niederl. kɔnˈsɛrtxəbou̯-ɔrˌkɛst], 1888 gegr., nach dem 1882–88 in Amsterdam erbauten **Concertgebouw** (Architekt A. L. van Gendt) ben. niederl. Orchester; entwickelte sich unter der Leitung W. Mengelbergs (1895–1945) zu einem der führenden europ. Orchester. Spätere Dirigenten waren u. a. E. van Beinum, P. Monteux, B. Walter, E. Jochum, seit 1964 B. Haitink.

Concertino [kɔntʃɛrˈtiːno; italien.], (Konzertstück) meist einsätzige Komposition für Soloinstrument[e] und Orchester.

◆ die dem Orchester gegenüberstehende Solistengruppe im ↑Concerto grosso.

Concerto grosso [kɔnˈtʃɛrto; italien. „großes Konzert"], (Concerto) das Gesamtorchester im Ggs. zum solist. besetzten ↑Concertino.

◆ Hauptgattung des barocken Instrumentalkonzerts mit dem ihr eigentüml. Wechsel von vollem Orchester zu der einfach besetzten Solistengruppe des ↑Concertino. Bed. Vertreter waren A. Stradella, A. Corelli, A. Vivaldi, im 20. Jh. u. a. von Křenek, Hindemith, Strawinski wiederaufgegriffen.

Concerts spirituels [frz. kõsɛrspiriˈtɥɛl „geistl. Konzerte"], Name der ersten 1725 in Paris gegr. öff. Konzertreihe in Frankreich.

Concetto [kɔnˈtʃɛto; lat.-italien.], Sinnfigur, überraschendes (verrätseltes) Bild, eine scheinbar scharfsinnige Metapher, die aber oft logisch nicht auflösbar ist. Literar. Technik im span. Conceptismo, dem Marinismus in Italien, dem engl. Euphuismus, dem frz. Preziösentum und dem dt. Barock.

Concierge [frz. kõˈsjɛrʒ; zu lat. conservus „Mitsklave"], frz. für: Hausmeister[in], Portier[sfrau].

concitato [kɔntʃiˈtaːto; italien.], musikal. Vortragsbez.: erregt, aufgeregt.

Conclusio ↑Konklusion.

Concord [engl. ˈkɔŋkɔːd], Hauptstadt des Bundesstaates New Hampshire, USA, 100 km nnw. von Boston, 90 m ü. d. M., 30 000 E. Anglikan. Bischofssitz; Textil-, Lederindustrie.

Concorde [frz. kõˈkɔrd „Eintracht"], vierstrahliges brit.-frz. Überschallverkehrsflugzeug (Reisegeschwindigkeit rd. 2 200 km/h) für bis zu 144 Passagiere. Erstflug 1969, im Linieneinsatz seit 1976.

Concordia [lat.], bei den Römern die als göttl. Person gedachte „Eintracht".